책을 내면서...

『매3비』를 펴낸 후, 『매3비』와 함께 개설한 '안인숙 매3국어클리닉' 카페를 운영하면서 학생들이 국어 영역을 특히 힘들어 하는 이유를 알게 되었다. 덕분에 해를 거듭할수록 『매3비』가 업그레이드되었고, 『매3문』과 『매3언어와매체』, 『매3화법과작문』, 『매3어휘』와 『매3력』까지 집필하게 되었다.

새로 책을 낼 때마다 학생들은 안인숙표(?) 교재 중 어떤 책을 먼저 봐야 하는지를 질문했고, 이에 대한 답변으로 수능 국어 영역을 처음 준비하는 학생들에게는 『매3비』부터 시작해야 한다고 강조했다. 이 과정에서 느낀 점이 있다. 『매3비』가 좋은 문제와 잘 다듬어진 ▢▢▢▢▢되어 있고 제대로 공부법을 알려 주어 꼼꼼히 공부하고 싶지만 ▢▢▢▢▢▢▢▢ 어렵게 여기는 학생들이 있다는 것이다. 고민 끝에 『매3비』보▢▢▢▢▢▢▢▢ '준비편'을 만들기로 했다.

『예비 매3비』는 이렇게 탄생했고, 필자가 집필한 책▢▢▢▢▢▢▢▢▢▢ 쓰기에 나올 수 있었던 수능 국어 영역 기본서이다.

『매3비』가 수능 국어 베스트셀러가 된 이유는 '제대로 공부법'이 결합되어, 책에서 제시한 공부법에 따라 공부한 학생들이 실제로 성적이 오른 사례가 많아서라고 들었다. 이 점을 감안하여, 『예비 매3비』는 『매3비』의 구성 및 체제를 따르되 '준비편(입문편)'의 성격에 맞게 좋은 문제와 잘 다듬어진 지문이면서 수능 기출 문제보다 쉬운 지문과 문제들로 구성하였다.

그리고 '독해력을 길러 주는 지문 분석'과 '설명 속 어휘 풀이' 및 '복습을 위한 어휘 노트'와 '매3인사이트.집'을 통해 독해력과 어휘력을 기르게 하였다. 지문을 복습할 때 스스로 체크한 각 문단의 핵심어(구)와 간단히 메모한 중심 내용을 '독해력을 길러 주는 지문 분석'과 비교한 후 '문단 요약'을 읽으면서 문단별 내용을 한 번 더 익히면 국어 영역 공부의 핵심인 독해력 향상에 큰 도움이 될 것이고, 〈클리닉 해설〉과 부록 '매3인사이트.집'의 어휘 풀이를 참고하면 국어 성적의 발목을 잡는 어휘력이 향상될 것이다.

아울러, '나만의 오답 노트'의 중요성은 알지만, 어떻게 만들고 활용해야 할지를 모르는 학생들을 위해 누구나 쉽게 따라 만들 수 있게 '매3 오답 노트' 작성법과 실제 예시를 교재 곳곳에 녹여 구성하였다.

> 아무리 공부해도 국어는 성적이 오르지 않는다고 생각하는 학생,
>
> 중학교 때는 잘했는데 고등학교에서는 국어가 어려운 학생,
>
> 영어, 수학에 비해 국어가 특히 성적이 안 나오는 학생,
>
> 국어 공부를 어떻게 해야 할지 몰라 고민하는 학생,
>
> 시간이 부족해 문제를 끝까지 풀지 못하는 학생,
>
> 자신이 약한 부분(취약점)을 찾기 어려운 학생,
>
> 『매3비』가 어렵게 여겨지는 학생…

이 중 하나라도 해당되는 학생들은 『매3비』를 시작하기 전 『예비 매3비』부터 공부하기를 권하고, 중1·2 학생과 국어가 특히 약한 학생들은 『중학 매3비』부터 시작해 '『예비 매3비』 – 『라이트 매3비』 – 『매3비』' 순서로 공부하는 것을 추천한다. 공부하는 과정에서 궁금한 점은 '안인숙 매3국어클리닉' 카페에 질문하면 멘토의 입장에서 조언할 것을 약속한다.

구성과 **특징**

『예비 매3비』는 『매3비』의 구성 및 특징을 따르되, 국어 영역을 특히 어려워하는 학생들을 위해
『매3비』에 실린 지문과 문제보다 쉬운 기출로 구성하였고,
『매3비』와 연계하여 공부하는 방법을 제시함으로써
수능 국어 영역에서 가장 우선적으로 챙겨야 하는,
독해력 향상과 시간 부족 문제를 해결하는 데 실질적인 도움이 되게 만들었습니다.

1 | 엄선한 기출 지문과 문제 구성
쉬운 기출(고1 전국연합학력평가) 문제로 매일 지문 3개씩 제대로 공부하게!

- 국어 영역의 성적이 안 오르고, 특히 독해력이 부족한 학생들을 위해
- 쉬운 지문과 잘 다듬어진 기출 문제로,
- 매일 비문학 독서 지문 3개씩,
- 시간을 체크하며 공부하게 구성함.

2 | 문제 분석 및 해결책 강의
모든 문제 똑같은 공부법은 No, 문제 유형에 따라 달리 공부 Yes!

- 강의하듯이 문제를 분석하고 해법을 제시함.
- 문제 유형별로 제대로, 효과적으로 공부하는 방법을 제시함(아래 범례 참조).

범례	문제 유형	활용 방법	효과
지문 근거	지문 속에 근거가 제시되어 있는 문제(국어 영역 문제 대부분이 해당됨.)	틀렸거나 맞혔어도 헷갈렸을 경우 반드시 지문에서 근거를 찾아 체크하는 훈련을 해야 함.	시간 부족 문제도 해결되므로 국어 영역 등급이 쑥쑥~UP
둘중 헷	답지 두 개 중 고민되는 문제(국어 영역 고득점 방해꾼 1위임.)	다시 풀고, 2차 채점 후 틀린 원인을 〈클리닉 해설〉을 보고 반드시 알아야 함.	자신의 취약점이 무엇인지 알게 됨.
Q&A	학생들이 질문한 내용 중 새겨보면 도움이 되는 질문과 답변이 있는 문제	다른 학생들이 질문한 내용과 답변(Q&A)을 꼼꼼히 읽어야 함.	문제에 접근하고 해결하는 방법이 달라짐.
어휘 /개념	어휘 및 개념이 특히 중요하거나, 〈클리닉 해설〉에 어휘 풀이와 개념 설명이 있는 문제	정답을 쉽게 찾았어도 〈클리닉 해설〉에 있는 어휘 풀이와 개념 설명을 챙겨 봐야 함.	아는 것으로 착각하거나 잘못 알고 있는 어휘와 개념 때문에 틀리는 문제점을 개선해 줌.
부정 질문	상위권 학생조차 실수하기 쉬운 부정 발문의 문제(국어 영역 시험의 50% 내외를 차지함.)	반드시 부정 발문에 표시하는 습관을 기르고 오답지를 제외해 나가는 훈련(O, X, △)도 병행해야 함.	부정 발문에 낚이는 일이 없어 어이없게 점수를 잃는 일을 없애 줌.

지문 근거 · 둘중 헷 · Q&A · 어휘/개념 · 부정 질문

분석쌤 강의

● 분 석 지문에서 @이 포함된 4문단을 읽을 때 〈보기〉의 그림을 참조하면서 읽으면 지문 이해가 쉽고 이 문제도 빠르게 해결할 수 있어.
1. 지문을 읽기 전에 문제부터 봐야 하는 이유 중 하나와
2. 문제에 그림이나 그래프가 제시되어 있으면 지문을 읽을 때 그림(또는 그래프)을 참조해 읽으면 지문도 쉽고 빠르게 풀 수 있다는 문제 풀이 방식을 알려 주는 문제
● 해결案 〈보기〉의 그림에서 ㉮~㉰가 무엇인지를 확인한 다음, 지문의 4문단을 읽을 때 '원통부'는 ㉮, 원추부는 ㉯와 같이 표시하며 읽는다. 그런 다음 답지 ①부터 키워드(예: 원심력)를 체크하고, 그 키워드에 대해 설명한 지문 내용과 답지를 연결해 적절한지를 판단하여 O, X 표시를 해 나간다.
이때 @은 '조합 소용돌이'의 원리가 적용된 장치이지만, 조합 소용돌이는 '강제 소용돌이+자유 소용돌이'라는 점을 고려해 각 답지의 내용과 관련된 '강제 소용돌이(2문단), 자유 소용돌이(1문단)'에 대한 설명을 확인해야 오답에 답하는 것을 피할 수 있다.

3 | 채점 방법
채점 제대로, 내 문제점 내가 찾는다!

- 시간 부족 문제 해결을 위한 매일 소요 시간 체크
- 취약점 파악을 위한 1차 채점과 2차 채점 ☞ p.8
  ⇨ 제대로 채점법의 핵심인, 정답을 모르는 상태에서 다시 푸는 데 도움을 주는 〈모바일 자동 채점 프로그램〉 활용 가능
- 틀린 개수보다 더 중요한, 실수로 틀렸는지 몰라서 틀렸는지를 체크할 수 있게 구성함.

4 복습 방법
복습 제대로, 공부한 시간 대비 효과 백 배, 성적 up!

- '제대로' 복습 방법 ☞ p.12
- '독해력을 길러 주는 지문 분석' 〈클리닉 해설〉
  ⇨ 지문 복습 후, 내가 체크한 핵심어와 중심 문장, 중심 내용, 주제와 비교하기
- 매일 공부한 내용을 문제로 복습하는 '매일 복습 확인 문제'
  ⇨ 자신 있게 정답을 찾지 못한 경우 관련 내용 재복습하기
- 일주일마다 '제대로' 복습법을 지키며 공부했는지를 체크하는 '매3 주간 복습'
  ⇨ 나의 취약점을 파악하여 앞으로 공부에 적극 반영하기
- 어휘력 향상을 위한 '매3인사이트.집'과 '복습을 위한 어휘 노트'
  ⇨ 수능 비문학 지문에 자주 등장하는 어휘는 '매3인사이트.집'에, 『예비 매3비』에 나오는 꼭 알아 두어야 할 어휘는 '복습을 위한 어휘 노트'에 담아 '어휘 오답 노트'로 활용할 수 있게 함.
- 학습 효과를 2배로 올리는 최종 마무리 복습법까지 제시함. ☞ p.192

5 틀린 이유 클리닉 해설
자세하기만 한 해설 저리 가라!
내가 틀린 답지, 남들이 많이 틀린 답지에 대한 해설 와라!

- 정답인 이유와 오답인 이유, 가장 많이 답한 오답지와 특히 질문이 많았던 문제와 답지에 대해 지문과 발문(문두), 〈보기〉에 근거하여 해설함.
- 바로 옆에서 직접 설명해 주는 느낌을 받으며 궁금증이 해결되게 설명함.
- 학생들이 질문한 내용 중 새겨 보면 도움이 되는 'Q&A'와, 빈출 문제 유형에 대한 접근 방법과 해결책을 담은 '개념➕'를 제시함.
- 설명 속 어휘 중 모르고 지나칠 수 있는 어휘에 대한 쉬운 풀이를 제공함.
  ⇨ 상위권도 어려워하는 어휘력 향상을 위한 특허받은 국어 어휘 공부법 결합
  (특허 번호: 제 10-1652160호)

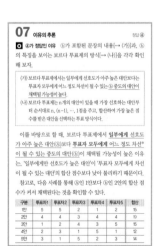

6 누구나 쉽게 따라 할 수 있는 오답 노트 작성법과 공부법 강의
오답 노트 작성법에서부터 공부법 컨설팅 노하우까지 여기에 모두!

- 지문을 쉽고 빠르게 이해하게 돕는 '독해력을 길러 주는 지문 읽기 및 복습법'
- 『매3비』와 오답 노트 덕분에 수능 시험에서 국어 100점을 맞은 선배가 『예비 매3비』를 직접 풀며 작성한 '매3 오답 노트'
- 공부법 관련 필자의 글과, 외부 특강 때 필자가 강조한 공부법
- 최근 수능 국어 영역 출제 경향에 따른 국어 고득점을 위한 '비문학 공부법'
- 학생들을 가르치면서, 컨설팅하는 과정에서 꼭 강조하고 싶었던 공부법을 적용하여 효과적으로 공부할 수 있도록 구성함.

예비 매3비를 효과적으로 공부하기 위한 십/계/명

1 매일 아침 시간을 정해 놓고 지문 3개씩 푼다.(국어 영역은 수능 1교시다.)

2 바로바로 채점한다.
- ▸ '제대로 채점법' 꼭 지키기 ☞ p.8
- ▸ '모바일 자동 채점 프로그램'을 활용해도 된다. ☞ 문제편 표지 QR 코드

3 1차 채점 후, 맞혔지만 헷갈렸던 문제는 체크(★)해 둔 다음, 정답을 모르는 상태에서 틀린 문제를 다시 푼다.

4 2차 채점 후, (1) 2차에서 맞힌 문제(△ 문항)는 1차에서 틀린 이유를 알고,
(2) 1차 때 맞혔지만 헷갈렸던 문제(★ 문항)는 정답과 오답의 근거를 확인하고,
(3) 2차에서 또 틀린 문제(✗ 문항)는 〈클리닉 해설〉을 통해 확실하게 이해하고 넘어간다.

5 문제 옆 '범례'와 '분석쌤 강의'를 본다.
- ▸ '범례'에서는 국어 영역 시험은 패턴이 있다는 것을,
- ▸ '분석쌤 강의'에서는 문제의 특징 및 접근 방법과 해결 방안을 확인한다.

6 '범례'에서 '둘중 헷'과 'Q&A', '어휘/개념'에 체크되어 있는 문제는 〈클리닉 해설〉에서 '가장 많이 질문한 오답은?'과 'Q&A', '어휘 풀이'와 '개념 ➕'를 챙겨 본다.
- ▸ '가장 많이 질문한 오답은?'에서는 가장 많이 질문한 오답지와 왜 그 답지에 많이 답했는지를 알고,
- ▸ 'Q&A'와 '어휘 풀이', '개념 ➕'를 챙겨 본 다음,
- ▸ 다시 봐야 할 내용은 체크하거나 '매3 오답 노트'에 메모해 둔다. 이때, 교재에 간단하게 메모해 두었다가, '매3 오답 노트'에 옮겨 적으면 핵심을 잘 정리할 수 있고, 복습의 효과도 거둘 수 있다.

7 '독해력을 길러 주는 지문 분석'을 참고해 지문 복습을 한 후 '매일 복습 확인 문제'로 빈틈 없이 복습한다.
- ▸ 지문 복습 시 '문단 요약'을 읽으며 지문 내용을 한 번 더 이해한다.

8 한 주가 끝나면 반드시 일주일 동안 공부한 내용과 채점 결과, '나만의 매3 오답 노트'를 챙겨 보고 '나의 취약점'을 돌아본 다음, 앞으로 공부할 때 반영·개선한다.
- ▸ '매3 주간 복습' 활용하기 ☞ p.58, 106, 154, 183

9 책을 따라 공부하되 4주 만에 끝낸 후, '나만의 매3 오답 노트'와 함께 어휘를 한 번 더 챙겨 본다.
- ▸ '복습을 위한 어휘 노트'와 '매3인사이트.집' 챙겨 보기 ☞ 〈클리닉 해설〉 p.195, 부록

10 책을 다 끝낸 다음, '자율 학습 체크리스트'를 활용해 나의 취약점을 한 번 더 체크하고 앞으로의 공부 방향을 정한다.
- ▸ '자율 학습 체크리스트' 활용하기 ☞ 〈클리닉 해설〉 p.199

4주 만에 끝내는 국어 영역 등급 up 프로그램

차례

'제대로 공부법'으로 훈련하는 기출 비문학 『예비 매3비』로 4주 만에 국어 등급 up!

▶ 국어 영역이 특히 약한 학생과 첫날 공부할 내용인 인문 제재가 까다롭게 여겨질 경우 p.6에 있는 '예비 매3비 공부 계획표'를 참고해 공부 순서를 정하기 바랍니다.

예비 매3비 **공부 계획표**

✓ 공부를 시작하기 전에 꼭 먼저 챙겨 봐야 할 내용

1. 책을 내면서 … p.1
2. 예비 매3비를 효과적으로 공부하기 위한 십계명 … p.4
3. 학습 효과를 높여 주는 제대로 채점법 … p.8
4. 매3 오답 노트, 이렇게 만들어 사용하세요! … p.10
5. 아무리 강조해도 지나침이 없는 제대로 복습법 … p.12

✓ 『예비 매3비』를 효과적으로 공부하는 방법

다음 3가지 중 한 가지를 선택하여 공부합니다.
❶ 책 구성 순서대로 공부한다.
❷ 제재별로 난이도를 고려하여 공부한다. … 오른쪽 표 참조
　– 가장 쉽다고 생각하는 제재를 먼저 선택!
　– 제재 내에서 난이도 순서대로!
❸ '1일 단위 공부 내용'을 난이도 순서대로 공부한다.
　　　　　　　　　　　　　　　　　　… p.7 참조
　– 제재와 무관하게 매일 공부할 내용을 난이도 순서대로!

✓ 『예비 매3비』를 끝낸 후…

1　국어 공부 방향 정하기
　▶ 예비 매3비 비문학 실전 훈련 복습 체크리스트(p.191)를 활용

2　주간&매일 공부 계획표 작성하기
　▶ 『라이트 매3비』 표지 참조

3　『예비 매3비』에서 익힌 '제대로 공부법'을 지키며 비문학 훈련 계속하기
　▶ 『예비 매3비』보다는 어렵고 『매3비』보다는 쉬운 『라이트 매3비』로 훈련

4　문학은 갈래별 제대로 공부법을 알고 공부를 시작하기
　▶ 수능과 내신(학교 시험) 국어 시험에 모두 적용되는 '고득점 공부법'이 담긴 『예비 매3문』으로 문학 공부

5　문학 개념어와 독해력의 걸림돌이 되는 국어 어휘는 예시와 함께 익히기
　▶ 『매3력』을 처음부터 끝까지 한 번 읽은 후 국어 공부하면서 궁금한 어휘는 그때그때 확인

✓ 난이도를 고려한 『예비 매3비』 공부 계획표

국어 공부의 시작, 국어 고득점을 위한

비문학 공부법

수능은 물론 내신 국어도 고득점의 관건은 독해력과 어휘력에 있다. 독해력과 어휘력이 부족하면,

❶ 지문 내용이 잘 와 닿지 않아 여러 번 읽느라 시간이 오래 걸려, 뒤에 있는 쉬운 문제를 풀지 못해 틀리기도 하고

❷ 지문 내용을 제대로 이해하지 못해, 정답 같은 오답에 답하기도 하고

❸ 아는 것으로 착각한 어휘 때문에 '적절한' 답지를 '적절하지 않은' 것으로, '적절하지 않은' 답지를 '적절한' 것으로 잘못 판단하여 문제를 틀리기도 한다.

특히, 최근 수능 시험에서는

❹ 비문학이 어렵게 출제되고,

❺ 지문 길이가 짧은 경우에도 정보량이 많아 비문학 때문에 문제 풀이 시간이 부족했다고 하는 학생들이 많은데

이와 같은 국어 영역 문제의 특징을 알고 제대로 대비하기 위해서는 '매3공부법'(p.4 참조)을 지키며 비문학(독서)으로 훈련해야 한다. 그리고 중요한 것은 지문 구성과 문제 유형이 어떻게 출제되더라도 변함없이 중요한 비문학 공부법이 있다는 것이다.

국어 고득점을 위한 비문학 공부의 핵심은,

❶ 다양한 제재(인문, 사회, 과학, 기술, 예술, 제재 융합 등)의 잘 다듬어진 글을 읽을 것!

❷ 읽은 내용을 잘 이해했는지를 체크할 수 있는 양질의 문제와 함께 훈련할 것!

선배들과 국어 전문가들이 이구동성으로, 국어 영역은 기출로 공부해야 효과적이라고 강조하는 이유가 바로 여기에 있다. 아울러 기출 문제로 훈련하되, 안정적으로 국어 영역 고득점을 받기 위해서는,

❸ 매일, 꾸준히, 시간을 재며 훈련할 것!

❹ 지문 복습과 함께 틀린 문제를 다시 볼 것!

❺ 공부하면서 막히는 어휘는 반드시 문맥 속에서 이해하고, 어휘 노트(매3인사이트.집)에 덧붙여 메모해 두고 틈틈이 익힐 것!

이와 같이 공부하면 국어 영역에서 가장 많이 고민하고 질문하는 시간 부족 문제도 해결할 수 있는데, 이 공부법이 적용된 교재가 '매3'이다. '매3'에서 제시한 공부법에 따라 공부하면 독해력과 어휘력이 자연스레 길러지고 국어 성적이 오르는 것을 경험할 수 있을 것이다.

학습 효과를 높여 주는 **제대로 채점법**

① 공부를 시작하면서 날짜와 시작 시각을 적습니다.

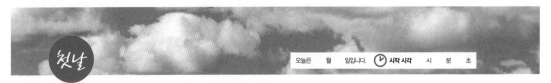

첫날

오늘은   월   일입니다. ⏱ **시작 시각**   시   분   초

- 매일 3개 지문씩 이와 같이 시간을 재고 풀면 문제 풀이 시간을 단축할 수 있습니다.
- 날짜와 시작 시각을 적은 다음, 바로 문제를 풉니다.

② 시험장에서 문제를 푸는 것처럼 교재에 체크하며 풉니다.

- 복습을 위해 체크를 하지 않고 풀거나, 체크 하고 푼 다음 지우는 것은 좋지 않습니다.
- 시험 칠 때와 똑같이 체크하며 문제를 풀어 야 제대로 훈련할 수 있습니다.

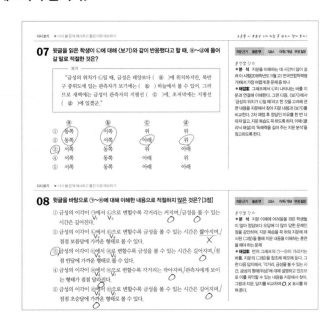

③ 종료 시각을 적고 채점한 다음, 초과 시간을 계산합니다.

▶ 정답을 모르는 상태에서 2차 풀이를 하기 위한 방법으로, 아래 채점표 대신 '모바일 자동 채점 프로그램'(문제편 표지 QR 코드)을 이용해도 된다.

⏱ **종료 시각❶** 8시 **25**분 **55**초

1 종료 시각을 적은 후, 문제에 체크한 '내가 쓴 답'을 ❶에 옮겨 적는다.
2 ❷에 채점을 하되, 틀린 문제에만 '/' 표시를 한다.
   (문제에 직접 채점하지 않는 이유는 다시 풀 때 정답을 모르는 상태에서 풀어야 제대로 훈련이 되기 때문)

문항 번호	1	2	3	4	5	6	7	8	9	10	11	12	13	14	15
❷ ❶내가 쓴 답	1	3	3	1	1	5	2	3	2	1	5	1	2	4	3
❸ ❷채 점	△	X		△		△		X	△		X	△		△	

☞ 정답은 《클리닉 해설》 p.200 (해설은 p.139)

3 틀렸거나 찍어서 맞힌 문제는 다시 푼다.
4 2차 채점을 할 때 다시 풀어서 맞힌 문항은 △, 또 틀린 문항은 X 표시를 한다.
5 △와 X문항은 반드시 다시 보고 틀린 이유를 알고 넘어간다.

④ 총 소요 시간   종료 시각 −시작 시각   **25**분 **55**초

목표 시간   25분 40초

초과 시간   총 소요 시간 −목표 시간   분 **15**초

채점 결과_ 19일째
반드시 체크해서 복습 때 활용할 것

⑤ 1차채점		**⑥** 2차채점	
총 문항 수	15개	△ 문항 수	**6**개
틀린 문항 수	**8**개	X 문항 수	**2**개

1 문제를 다 풀면 바로 채점표 **❶**에 종료 시각을 적습니다.

2 문제에 체크한 '내가 쓴 답'을 **❷**에 옮겨 적습니다.

3 채점란(**❸**)에 채점을 합니다. 틀린 문제에만 **/** 표시를 합니다.

4 **❹**에 총 소요 시간을 적고, 초과 시간을 계산해 적습니다.

• 제시된 목표 시간보다 약간 시간이 남아야 실제 모의고사를 풀 때 시간이 딱 맞게 됩니다.

• 왜냐하면 3개의 지문을 풀 때보다 6~7개의 지문을 연속으로 풀 때가 시간이 좀 더 걸리기 때문입니다.

5 '1차 채점란(**❺**)'에 틀린 문항 수를 적습니다.

6 틀린 문제로 가서 틀린 문항 번호 위에 **/** 표시를 합니다.

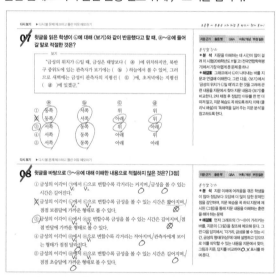

• 과감하게 표시(**/**)합니다.

7 **/** 표시한 틀린 문제를 다시 풉니다.

• **3**에서 채점한 다음 바로 다시 틀린 문제를 풀지 않고, 초과 시간을 계산하고 틀린 문항 수를 적는 등 **4**~**6**의 순서로 진행하는 것은, 정답을 모르는 상태에서 다시 풀기 위함입니다.

• 문제를 풀면서 체크한 것은 지우지 않아도 됩니다. 아니, 지 우지 않아야 학습 효과가 높습니다.

8 채점(**/**)된 문항 번호 위에 아래와 같이 2차 채점을 합니다.

• 맞힌 것은 문항 번호 위에 표시(**/**)된 곳에 **↘** 표시를 덧붙여 **△**로, 또 틀린 것은 **↘**를 덧붙여 **✗**로 채점합니다.

• 맞힌 문항의 경우에도 헷갈려 하며 자신이 없는 상태에서 맞혔다면 **★**로 표시합니다.

9 **△** 문항 수와 **✗** 문항 수를 채점표의 '2차 채점란(**❻**)'에 적습니다.

• **△** 문항은 1차 때 틀린 이유를 따져 보고,

• **✗** 문항은 〈클리닉 해설〉을 참조하여 정답과 오답인 이유를 확실하게 알고,

• **★** 문항도 반드시 다시 보면서 헷갈린 이유를 체크하고 넘어갑니다.

10 **✗** 문항보다 **△** 문항을 꼼꼼히 다시 봐야 성적이 오른다는 것을 기억합니다.

• 한 번 틀린 문제는 또 틀릴 수 있습니다.

• 특히 2차 풀 때 맞힌 **△** 문항은 1차 풀이 때 틀린 이유를 따져 알면 같은 실수를 반복하지 않게 됩니다.

• 따라서 **✗** 문항보다 **△** 문항을 더 꼼꼼히 챙겨 보고, 1차 때 틀린 이유를 아는 것이 중요합니다.

• 예비 매3비는 물론 다른 과목도 위와 같은 방법으로 문제를 풀고 채점하면 학습 효과가 높아집니다.
• 이와 같이 채점한 다음에는 그날 공부한 내용을 복습합니다. 구체적인 복습법은 p.12에서 확인하기 바랍니다.
• 최대한 정답을 모르는 상태에서 2차 풀이를 하기 위한 방법으로, '모바일 자동 채점 프로그램'(문제편 표지 QR 코드)을 이용해도 됩니다. 이때 위 **1**~**10** 중 **2**를 제외한 나머지는 모두 교재의 채점표를 활용합니다.

매3 오답 노트 이렇게 만들어 사용하세요!

내가 만든 오답 노트가 세상에서 가장 좋은 교재입니다.
'비문학 오답 노트 작성 방법'은 다음과 같습니다.

1. '유형편'과 '어휘편'으로 구분해 작성합니다.
2. '유형편'에는 유형, 틀린 이유, 새길 내용, 출처(관련 내용) 등을 적습니다.
3. '어휘편'에는 다시 봐야 할 어휘, 어휘가 포함된 문장의 핵심 간추리기, '매3어휘 풀이' 떠올리기, 출처 등을 적습니다.

4. '유형편'의 '유형'에는 〈보기〉 문제(자료 해석), 내용 일치(내용 이해), 제목(표제와 부제), 그래프 적용(도표, 그림 적용), 중심 화제(중심 내용, 주제, 취지), 논지 전개 방식(서술상의 특징), 내용 추론(내용 이해), 사례 적용 등을 적습니다.
5. '출처'에는 복습할 때 해당 문제와 함께 볼 수 있게 페이지를 적어 둡니다.
6. 나만의 오답 노트인 '매3 오답 노트'를 만들고, 내가 만든 '매3 오답 노트'는 꼭 다시 챙겨 봅니다.

● 유형편

유형	틀린 이유	새길 내용	출처(관련 내용)
〈보기〉 문제	지문을 잘못 연결함. 대민과 소민에 따라 차이 두기가 아닌데…ㅜㅜ	〈보기〉 문제는 지문과 연결하기! 답지는 꼼꼼하게!(두루뭉술 ✕)	예비 매3비 문제편 p.35 13번
이유 찾기	지문이 어려웠고 시간이 부족했음.	시간 단축 훈련 꼭 해야!(지문 복습 필수) 그리고 이유 찾기 문제는, 앞뒤에서 전개된 내용에 반드시 정답의 근거가 있음.	p.76, 170 3번 p.103, 159, 165 7번
그래프 적용	그래프 문제 맨날 틀림. ㅠㅠ	그래프의 가로축과 세로축부터 확인! 그래프와 관련된 지문 내용을 꼼꼼히 대조하며 풀기	p.77 4번 p.177 3번
표제 부제	지문과 일치하는 것에 답함.	지문에 언급되었다고 해서 제목 절대 아님. 글 전체를 포괄해야 함.	p.111 6번 p.116 1번
3점짜리 과학 기술	3점짜리고 과학 기술 지문이 라 어려울 거라 생각함.	3점 문제라고 해서, 과학 기술 지문이라고 해서 어려운 것은 아님.	p.129 13번 p.147 14번
내용 일치	시간에 쫓기며 풀었음. 2차 땐 쉽게 맞힘.	시간 부족 문제 해결법, 매일 비문학 3개 지문씩! 꾸준히 풀기!	p.137 11번
문제 풀이 방식	답지를 끝까지 읽지 않아서	③이 정답인 것 같아도 ⑤까지 꼭 읽을 것! 그리고 '가장'이 없어도 '가장' 적절한 것을 골라야 함.	p.140 2번
내용 이해	단어 하나(최초로!)를 놓침.	답지는 낱낱이 쪼개 각각 체크하기! 답지의 설명을 꼼꼼하게 O, △, ✕ 로 표시하며 풀기	p.157 2번

'매3 오답 노트'는 『매3비』에 자신의 오답 노트를 공유한 선배가
후배들의 질문을 보고 다시 작성한 것입니다.
이 선배는 '매3국어'와 오답 노트 덕분에 수능 시험에서 흔들리지 않고 국어 100점을 맞았다며,
『예비 매3비』를 직접 푼 후 누구나 쉽게 따라 할 수 있게
'매3 오답 노트'로 더 구체화하였음을 밝혀 둡니다.

● 어휘편

※ '핵심 간추리기'와 '매3어휘 풀이 떠올리기'는 『매3비』에서 강조하는 '어휘 문제 3단계 풀이법'을 적용해 어휘를 익히는 방법으로, 〈클리닉 해설〉의 '복습을 위한 어휘 노트'를 참고해 아래와 같이 '어휘 오답 노트'를 만들면 독해력의 걸림돌이 되는 어휘력을 기를 수 있습니다.

어휘	핵심 간추리기	'매3어휘 풀이' 떠올리기	출처(관련 내용)
필연성	인간의 생존을 위한 필연성	• 반드시(필히) 그렇게 될 수밖에 없는 성질. ※ '필연성'은 반드시! 　'개연성'은 아마도!(매3인사이트.집 p.9)	예비 매3비 문제편 p.20 13번
지양	공적인 것을 위해 사적인 것을 지양하다.	• 고양하는 것을 정지함. → '그만두는 것'으로 바꿔 읽으면 의미가 통함. ※ 지향(志向): 의지(뜻)가 어떤 목표로 향함.	p.21 16번
역설	군주는 백성을 두려워하는 태도를 지녀야 함을 역설했다.	• 역량(힘)껏 설명함. • 힘주어 설명함.	p.34 지문
상정	현실 세계에 존재하는 모든 것의 근원을 이데아로 상정하다.	• 가상하여 단정(결정)함.	p.42 지문
통념	• 통념을 비판(반박)하다. • 통념의 문제점을 제시하다.	• 통용되는 개념. • 일반적으로 널리 퍼져 있는 생각(상념).	p.50, 56, 104 9번
자의적	사물과 그것이 상징하는 특정한 사회적 지위와의 관계는 자의적이다.	• 방자하게(멋대로) 임의로(하고 싶은 대로) 하는 것. ㉴ 임의적	p.73 11번
희소성	희소성 높은 최고급 커피의 생두 　　　가공하기 전의 커피콩 ←	• 매우 드물고(희박함) 적은(소수) 성질.	p.100 지문
이완	심장은~매우 짧은 시간에 수축과 이완을 반복한다.	• 해이해지고 완화됨. • 바짝 조였던 것이 느슨해짐. ㉧ 수축	p.145 지문
내구성	책의 단가를 낮추고 내구성을 높이다.	• 오래(영구적으로) 견디는(인내) 성질.	p.172 8번

아무리 강조해도 지나침이 없는
제대로 복습법

학습 효과를 높여 주는 '제대로' 채점법(p.8)부터 먼저 봅니다. 매일 3개 지문씩 공부하고 복습은 그날그날 하도록 합니다. 진도를 나가는 것보다 복습을 하는 것이 훨씬 중요하다는 것을 거듭 강조합니다.

하루치 공부를 끝낸 다음, 그날 공부한 것을 다음과 같이 복습합니다!

1 단계 △ 문항부터 다시 봅니다.

⇨ 처음 풀었을 때 오답에 답한 이유를 체크해 봅니다. 해설부터 보지 말고 1차 때 틀린 이유를 지문에서 근거를 찾아 체크한 다음, 실수했거나 시간에 쫓겼거나 잘 몰랐다면 다시 봐야 할 내용을 '매3 오답 노트'에 메모해 둡니다('오답 노트' 작성법은 p.10 참조). 그리고 〈클리닉 해설〉에서 '가장 많이 질문한 오답은?'을 보고, 다른 친구들도 이 문제를 헷갈려했는지, 내가 답한 답지에 답해 틀렸는지를 확인합니다.

2 단계 ★ 문항을 봅니다.

⇨ ★ 문항은 다시 보지 않으면 또 틀릴 수 있습니다. 그러므로 1차 채점 후에 맞힌 문제 중 헷갈린 문제는 반드시 ★ 표시를 해 두고, △ 문항에 이어서 헷갈린 이유를 따지고 넘어갑니다.

3 단계 ✗ 문항을 봅니다.

⇨ 다시 풀었는데도 틀린 문항이므로 '정답인 이유'와 '오답인 이유'를 모두 체크합니다. 해설을 보지 않고 스스로 체크하면 좋지만, 시간이 지나치게 많이 걸릴 경우 〈클리닉 해설〉을 참고해서 보는 것도 나쁘지 않습니다. 〈클리닉 해설〉에 있는 '정답의 근거'를 반드시 확인하도록 합니다.

▶ ★, ✗ 문항도 △ 문항처럼 다시 봐야 할 내용은 '매3 오답 노트'에 메모해 둡니다.

▶ △, ★, ✗ 문항 모두 '분석쌤 강의'와 〈클리닉 해설〉의 '가장 많이 질문한 오답은?'을 꼼꼼히 보고 내가 푼 것과 비교해 보면 좋습니다.

4 단계 지문 복습을 합니다.

⇨ 문단별로 핵심어(구)에 동그라미를 치고, 문단의 중심 내용을 문단이 끝나는 부분에 간단하게 메모합니다. 메모한 중심 내용을 다시 읽으면서 전체 글에서 말하고자 하는 바(주제)를 적어 봅니다.

⇨ 체크하고 메모한 핵심어(구)와 문단의 중심 내용, 주제를 〈클리닉 해설〉의 '독해력을 길러 주는 지문 분석'과 비교해 본 다음, '문단 요약'을 읽으며 지문 내용을 완벽하게 이해합니다. 내가 메모한 것과 해설에 적힌 내용이 똑같지 않아도 됩니다. 글 전체의 흐름을 이해하는 것이 중요하기 때문입니다.

⇨ △, ★, ✗ 문항을 다시 보는 과정에서 지문 복습을 병행해도 좋습니다.

5 단계 '매일 복습'과 '주간 복습'을 꼭 합니다.

⇨ 위 ❶~❹의 과정으로 복습한 후 '매일 복습 확인 문제'를 풀며 재복습합니다.

⇨ '매3 주간 복습'을 활용하여 빈틈없이 복습합니다.

6 단계 '어휘 노트'와 '매3인사이트.집'을 챙겨 봅니다.

⇨ 〈클리닉 해설〉에 있는 '복습을 위한 어휘 노트'와 부록 '매3인사이트.집'을 챙겨 봅니다.

⇨ 자투리 시간을 활용해 일독한 후 4주차까지 모두 공부한 다음 다시 체크하면 어휘력은 물론 독해력도 길러 줍니다.

7 단계 내가 작성한 '매3 오답 노트'를 다시 보고, 다음 공부에 반영합니다.

⇨ 내가 만든 '매3 오답 노트'를 다시 봅니다. 학교에서 배운 내용 중에서 비문학 부문에서 다시 챙겨 봐야 할 내용을 여기에 덧붙여 적어 놓으면 참 좋습니다.

⇨ 다음 공부로 넘어가기 전에, 그리고 일주일마다 복습할 때와 중간·기말고사나 모의고사 또는 수능 시험을 보기 전에 '매3 오답 노트'를 반드시 다시 봅니다. 내가 만든 '오답 노트', 내가 공부한 교재에 직접 메모한 '오답 노트'가 가장 좋은 참고서입니다.

> 이제 '제대로' 공부하는 법, 시간 맞춰 풀고 채점하고, 복습하는 법과 지문 복습법, 오답 노트 작성법까지 확실하게 알았으니, 실천합시다!

1주차

인문/융합/주제 통합

→ 1주차 (인문/융합/주제 통합)에서는 '첫날'이 어렵습니다. 난이도 순서(p.6)를 참고해 '6일째'부터 먼저 공부해도 좋습니다.

1~5 다음 글을 읽고 물음에 답하시오.   2023학년도 6월 고1 전국연합학력평가 【16~20】 인문

상담 이론이자 상담 기법인 '현실요법'에서는 인간의 다섯 가지 기본 욕구를 제시하고 있다. 이 이론에서는 개인의 모든 행동은 기본 욕구를 충족시키기 위해서 그 자신이 선택하는 것이라 보았다. 만약 이러한 선택으로 문제가 발생한다면 다섯 가지 기본 욕구를 실현 가능한 수준으로 타협하고 조절해 새로운 선택을 할 필요가 있다고 ⓐ제안했다.

다섯 가지 기본 욕구 중 첫째는 '생존의 욕구'로, 자신의 삶을 유지하려는 생물학적인 속성이다. 사회적 규칙이나 상식을 지키려는 욕구이며, 생존에 필요한 것을 아끼고 모으려는 욕구이기도 하다. 이 욕구가 강한 사람은 건강과 안전을 중시하는 편이다. 둘째는 '사랑의 욕구'로, 사랑하고 나누며 함께하고자 하는 욕구이다. 이 욕구가 강한 사람은 타인을 잘 돕고, 사랑을 주는 만큼 받는 것도 중요하게 여기기에 인간관계에서 힘들어하기도 한다. 셋째는 '힘의 욕구'로, 경쟁하여 성취하고 인정받고 싶어 하는 욕구이다. 이 욕구가 강한 사람은 직장에서의 성공과 명예를 중시하고 높은 사회적 지위에 ⓑ도달하기 위해 노력한다. 또한 자기가 옳게 여기는 것에 대한 의지가 있어 자기주장이 강하며 타인에게 지시하는 일에 능하다. 넷째는 '자유의 욕구'로, 무언가에 얽매이지 않고 벗어나고 싶어 하는 욕구이다. 이 욕구가 강한 사람은 상대방을 구속하는 것, 자신을 구속시키는 것을 싫어한다. 그래서 상대방에게 대체로 관대하고, 혼자 하는 것을 좋아하며, 사람들과 적정한 거리를 유지하는 것을 편하게 여긴다. 다섯째는 '즐거움의 욕구'로, 새로운 것을 배우고 놀이를 통해 즐기고 싶어 하는 욕구이다. 이 욕구가 강한 사람은 취미 생활을 즐기며, 잘 웃고 긍정적 태도를 취한다. 또한 호기심이 많기에 배우는 것을 좋아한다.

현실요법에서는 이 다섯 가지 욕구들의 강도가 개인마다 달라 행동 양상이 다양하게 나타나고, 여러 가지 갈등을 겪을 수도 있다고 보았다. 현실요법은 우선 내담자*가 자신의 욕구를 들여다볼 수 있도록 한 다음, 약한 욕구를 북돋아 주거나 강한 욕구들 사이에서 타협과 조절을 하여 새로운 선택을 하도록 이끄는 단계를 밟는다. 예를 들어 사랑의 욕구가 강하고 힘의 욕구가 약한 사람이 타인의 부탁에 불편함을 느끼면서도 거절하지 못해 괴로워한다고 가정해 보자. 이 경우 현실요법에서는 ㉠힘의 욕구를 북돋아 자기주장을 표현할 수 있도록 도울 수 있다. 또 자유의 욕구와 힘의 욕구 모두가 강한 사람은 자신이 ⓒ선호하는 것을 우선시하고 이것이 방해받으면 불편해하며 주변 사람들과 갈등을 일으킬 수 있다. 이 경우 힘의 욕구를 조절하도록 이끌 수 있는데, 타인과의 사소한 의견 충돌 상황에서 자기주장을 강조하기보다는 타인의 마음을 헤아리고 그 의견을 ⓓ겸허하게 수용하는 연습을 하게 할 수 있다.

현실요법은 타인의 욕구 충족을 방해하지 않으면서 효과적인 선택을 통해 자신의 욕구를 충족시키려 한다. 이는 내담자가 외부 요인에 의해 통제되는 존재가 아니라 스스로 자신의 욕구를 조절할 수 있는 주체라고 보는 관점을 기반으로 한다. 현재 현실요법은 상담 분야에서 호응을 얻어 심리 상담에 널리 ⓔ활용되고 있다.

* 내담자: 상담실 따위에 자발적으로 찾아와서 이야기하는 사람.

다시보기 ▶ 다시 볼 문제 체크하고 틀린 이유 메모하기   [분석쌤 강의]는 2차 채점 후 반드시 챙겨 본다!

01 윗글에 대한 설명으로 가장 적절한 것은?

① 이론의 주요 개념을 밝히고 그 이론의 구체적 적용 사례를 들고 있다.

② 이론을 소개하고 장점을 밝힌 후 그 이론이 지닌 한계를 덧붙이고 있다.

③ 이론이 등장하게 된 사회적 배경과 이론이 발전하는 과정을 드러내고 있다.

④ 하나의 이론과 다른 관점의 이론을 대조하여 둘의 차이점을 부각하고 있다.

⑤ 이론의 주요 개념을 여러 유형으로 나눈 다음 추가할 새로운 유형을 소개하고 있다.

지문근거   물중헷   Q&A   어휘/개념   부정질문

분석쌤 강의
● **분 석** 2차 채점 후 〈클리닉 해설〉에서 '개념 ✚'를 챙겨 보면 유용한, 글(지문)에서 다룬 내용과 그 내용을 전개한 방식을 질문한 문제

● **해결案** 답지를 세부적으로 나누어, 그 각각을 모두 다루었는지를 따진다. ①을 예로 들면, '이론의 주요 개념을 밝'혔는지, 밝혔다면 '그 이론의 구체적 적용 사례를 들고 있'는지를 따져 두 부분이 ○○일 때 정답으로 체크하면 된다.

02 윗글의 내용과 일치하지 않는 것은?

① 약한 욕구를 강한 욕구로 대체해야 갈등에서 벗어날 수 있다.

② 개인이 지닌 욕구들의 강도에 따라 다양한 행동 양상이 나타난다.

③ 현실요법에서는 내담자는 외부 요인에 의해 통제되는 존재가 아니라고 본다.

④ 현실요법에 따르면 인간은 기본 욕구를 충족시키기 위해 스스로 행동을 선택한다.

⑤ 현실요법은 기본 욕구들을 실현 가능한 수준으로 타협하는 것이 가능하다고 본다.

지문 근거 둘중헷 Q&A 어휘/개념 부정 질문

분석썜 강의
● **분 석** 글의 내용을 정확하게 이해했는지를 평가하는 빈출 유형으로, 빠르고 정확하게 정답을 찾는 방법을 익혀야 하는 문제
☞ 〈클리닉 해설〉 p.8의 '개념 ✚' 참조
● **해결案** 답지마다 핵심이 되는 키워드를 찾은 다음, 그 키워드에 대해 설명한 부분을 지문에서 찾아 일치 여부를 확인하도록 한다.

03 ㉠의 구체적인 방법으로 가장 적절한 것은?

① 자신과 다른 의견을 경청하는 연습을 하도록 이끈다.

② 부탁을 거절하거나 자신의 불편함을 표출하도록 이끈다.

③ 혼자 어디론가 떠나거나 혼자만의 시간을 갖도록 권한다.

④ 타인과 약속을 잘 지킬 수 있는 원칙을 만들도록 권한다.

⑤ 사람들과 어울려 새로운 취미 생활을 즐길 수 있도록 권한다.

지문 근거 둘중헷 Q&A 어휘/개념 부정 질문

분석썜 강의
● **분 석** 특히 발문(문두)에 주목해야 정답을 빠르게 찾을 수 있는 문제
● **해결案** '㉠의 구체적인 방법'을 질문했으므로, ㉠은 기본 욕구들 중 어느 욕구에 문제가 있을 경우의 해결 방법인지를 따지고, 답지와 같이 하면 ㉠처럼 '힘의 욕구를 북돋아' 주고 '자기주장을 표현할 수 있도록' 돕는 것인지를 확인한다.

04 윗글을 바탕으로 〈보기〉를 이해한 내용으로 적절하지 않은 것은? [3점]

> ── 보기 ──
>
> ### A, B 학생의 욕구 강도 프로파일
>
> (5점: 매우 강하다, 4점: 강하다, 3점: 보통이다, 2점: 약하다, 1점: 매우 약하다)

다섯 가지 기본 욕구 측정 항목		욕구 강도	
		A	B
(가)	• 남의 지시와 잔소리를 싫어한다. • 자신의 방식대로 살고 싶다. ⋮	5	5
(나)	• 다른 사람의 잘못을 잘 짚어 준다. • 내 분야에서 최고가 되고 싶다. ⋮	4	1
(다)	• 친구를 위한 일에 기꺼이 시간을 낸다. • 친절을 베푸는 것을 좋아한다. ⋮	5	1
(라)	• 큰 소리로 웃는 것을 좋아한다. • 여가 활동으로 알찬 휴일을 보낸다. ⋮	1	3
(마)	• 균형 잡힌 식생활을 하려고 노력한다. • 저축을 중요하게 생각한다. ⋮	2	5

① A는 '즐거움의 욕구'보다 '힘의 욕구'가 더 강하다고 할 수 있겠군.

② B는 '힘의 욕구'가 '생존의 욕구'보다 더 약하다고 할 수 있겠군.

③ A는 B보다 '힘의 욕구'가 더 약하다고 할 수 있겠군.

④ A와 B는 모두 '자유의 욕구'가 매우 강하다고 할 수 있겠군.

⑤ A는 '사랑의 욕구'가 '즐거움의 욕구'보다 강하지만, B는 '즐거움의 욕구'가 '사랑의 욕구'보다 강하다고 할 수 있겠군.

지문 근거 둘중헷 Q&A 어휘/개념 부정 질문

분석썜 강의
● **분 석** 문제의 길이가 길고 고배점(3점)의 문제이지만, 지문과 〈보기〉의 설명을 정확하게 이해한 학생은 어렵지 않게 정답을 찾은 문제
● **해결案** 〈보기〉의 표에서 '다섯 가지 기본 욕구 측정 항목'의 내용을 바탕으로 (가)~(마)에 해당하는 기본 욕구가 무엇인지부터 지문에서 근거를 찾아 확인한다. 욕구 강도의 '1(점)~5(점)'가 나타내는 바도 체크한 다음, 답지 ①부터 '윗글을 바탕으로 〈보기〉를 이해한 내용'으로 적절한지의 여부를 O, X로 표시해 간다. 2차 채점 후 이와 같은 문제 유형을 빨리 푸는 방법도 한 번 더 체크하고 넘어가도록 한다.

1주차 2주차 3주차 4주차

05 ⓐ~ⓔ의 사전적 의미로 적절하지 <u>않은</u> 것은?

① ⓐ: 안이나 의견으로 내놓음.

② ⓑ: 사람이나 동식물 따위가 자라서 점점 커짐.

③ ⓒ: 여럿 가운데서 특별히 가려서 좋아함.

④ ⓓ: 스스로 자신을 낮추고 비우는 태도가 있음.

⑤ ⓔ: 충분히 잘 이용함.

지문 근거　물중헷　Q&A　어휘/개념　부정 질문

분석쌤 강의
● **분 석** 어휘 문제 3단계 풀이법'을 적용해 풀어야 하는, 사전적 의미를 묻는 문제
● **해결案** 어휘의 의미를 질문한 문제이므로, 밑줄 친 말의 의미를 살리는 핵심만 간추리고 (1단계), 답지에 제시된 사전적 의미를 대입한 다음(2단계), 바꿔 쓸 수 있는 다른 말과 예시문을 떠올려, 적절하지 않은 답지를 고른다(3단계).

6~11 다음 글을 읽고 물음에 답하시오.　　　　2023학년도 3월 고1 전국연합학력평가【28~33】 인문(주제 통합)

(가)

　19세기에 분트는 인간의 정신세계가 의식으로 이루어져 있다고 보고, 실험을 통해 인간의 정신 현상과 행동을 설명하는 실험심리학을 주창하였다. 이때 의식이란 깨어 있는 상태에서 자신이나 세계를 인식하는 모든 정신 작용을 의미한다. 그러나 프로이트는 정신 질환을 겪는 환자들을 치료하면서 인간에게 의식과는 다른 무의식 세계가 있다는 것을 발견하였다. 이에 그는 인간을 무의식의 지배를 받는 비합리적 존재로 간주하고, 정신분석이론 을 통해 인간의 정신세계를 ⓐ규명하려 하였다.

　프로이트에 의하면 인간의 정신세계 중 의식이 차지하는 영역은 빙산의 일각일 뿐, 무의식이 정신세계의 대부분을 차지한다. 그는 무의식의 심연에는 '원초아'가, 무의식에서 의식에 걸쳐 '자아'와 '초자아'가 존재한다고 보았다. 원초아는 성적 에너지를 바탕으로 본능적인 욕구를 충족하려는 선천적 정신 요소이다. 반면 자아는 외적 상황으로 인해 충족되지 못하고 지연되거나 좌절된 원초아의 욕구를 사회적으로 용인될 수 있는 방법으로 충족하려는 정신 요소이다. 마지막

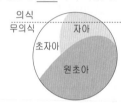

으로 초자아는 도덕률에 따라 원초아의 욕구를 억제하고 양심에 따라 행동하도록 하는 정신 요소로, 어린 시절 부모의 종교나 가치관 등을 내재화하는 과정에서 후천적으로 발달한다.

　이러한 원초아, 자아, 초자아는 역동적으로 상호작용하면서 개인의 성격을 형성한다. 가령, 원초아가 강할 때는 본능적인 욕구에 집착하는 충동적인 성격이, 초자아가 강할 때는 엄격하게 도덕을 지키려는 원칙주의적 성격이 나타난다. 자아는 원초아와 초자아의 요구 사이에서 이를 조정하는 역할을 하기 때문에, 정신적 균형을 이루기 위해서는 자아의 발달이 중요하다. 만일 자아가 제 역할을 하지 못하면 정신 요소의 균형이 깨져 불안감이 생기는데, 자아는 이를 해소하기 위해 무의식적으로 방어기제를 사용하게 된다. 대표적인 방어기제로는 억압이나 승화 등이 있다. 억압은 자아가 수용하기 힘든 욕구를 무의식 속으로 억누르는 것을, 승화는 그러한 욕구를 예술과 같이 가치 있는 활동으로 ⓑ전환하는 것을 의미한다. 개인마다 습관적으로 사용하는 방어기제가 다르기 때문에 어떤 방어기제를 사용하느냐 또한 개인의 성격 형성에 영향을 미친다.

　프로이트는 어린 시절에 해소되지 않은 원초아의 욕구나 정신 요소 간의 갈등은 성인이 된 후에도 지속적으로 영향을 주기 때문에, 이 시기에 부모와의 상호작용 경험이 성격 형성에 큰 영향을 준다고 설명하였다. 특히 그는 성인의 정신 질환을 어린 시절의 심리적 갈등이 재현된 것으로 보고, 이를 치유하기 위해서는 무의식에 내재되어 있는 과거의 상처를 의식의 세계로 끌어내는 과정이 필요하다고 주장하였다. 이러한 프로이트의 이론은 기존의 이론에서 ⓒ간과한 무의식에 대한 탐구를 통해 인간 이해에 대한 지평을 넓혔다는 평을 받고 있다.

(나)

　융은 프로이트의 정신분석이론에 반기를 들고, 분석심리학 을 주창하였다. 무의식을 단지 의식에서 수용할 수 없는 원초적 욕구나 해결되지 못한 갈등의 창고로만 본 프로이트와 달리, 융은 무의식을 인간이 잠재적 가능성을 실현할 때 필요한 창조적인 에너지의 샘으로 보았다는 점에서, 그의 분석심리학은 프로이트의 이론과 구별된다.

　융은 정신세계의 가장 바깥쪽에는 의식이, 그 안쪽에는 개인 무의식이, 그리고 맨 안쪽에는 집단 무의식이 순서대로 자리 잡고 있다고 보았다. 의식은 생각이나 감정, 기억과 같이 인간이 직접 인식할 수 있는 영역으로, 여기에는 '자아'가 존재한다. 자아는 의식을 지배하는 동시에 무의식과 교류하며 이를 조정하는 역할을 한다. 개인 무의식은 의식에 의

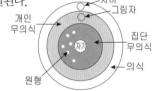

해 ⓓ배제된 생각이나 감정, 기억 등이 존재하는 영역이다. 이곳에 존재하는 '그림자'는 자아에 의해 억압된 '또 하나의 나'라고 할 수 있다. 마지막으로 집단 무의식은 태어날 때부터 누구나 가지고 있는 원초적이며 보편적인 무의식이다. 거기에는 진화를 통해 축적되어 온 인류의 경험이 '원형'의 형태로 존재한다. 가령 어두운 상황에서 누구나 공포심을 느끼는 것이 원형에 해당한다.

융에 따르면 집단 무의식의 가장 안쪽에는 '자기'가 존재한다. 이는 정신세계에 내재하는 개인의 근원적인 모습이라고 할 수 있다. 융은 자아가 성찰을 통해 무의식의 심연에 존재하는 자기를 발견하면, 인간은 비로소 타인과 구별되는 고유한 존재가 된다고 보고 이를 개별화라고 불렀다. 이는 의식에 존재하는 자아가 무의식과 끊임없이 상호작용하며 무의식의 영역을 의식으로 통합하는 과정, 즉 ㉠무의식을 의식화하는 과정을 통해 이루어진다. 이 과정에서 자아는 자신의 또 다른 모습인 그림자와 ㉢대면하게 되고, 집단 무의식에 존재하는 여러 원형들을 발견하게 된다. 결국 자아가 무의식의 심연에 존재하는 자기를 찾아가는 과정은 정신세계를 구성하는 자아와 그림자, 그리고 여러 원형들이 대립에서 벗어나 하나의 정신으로 통합되면서 정신적 균형을 이루는 과정이라 할 수 있다. 이러한 과정에서 개인은 내면의 성숙을 이루며 자신의 정체성을 찾게 된다.

다시보기 ▶ 다시볼 문제 체크하고 틀린 이유 메모하기

06 (가), (나)의 공통점으로 가장 적절한 것은?

① 인간의 무의식을 주장한 이론에 대한 상반된 평가를 제시하고 있다.
② 기존과 다른 관점에서 인간의 정신세계를 설명한 이론을 소개하고 있다.
③ 인간의 무의식을 설명한 이론이 등장하게 된 역사적 사건을 소개하고 있다.
④ 인간의 정신 질환을 분류하고 각각의 특징을 설명한 이론을 제시하고 있다.
⑤ 인간의 정신세계를 설명한 이론이 다른 학문 영역에 미친 영향을 분석하고 있다.

지문근거 둘중헷 Q&A 어휘/개념 부정질문

분석쌤 강의
● **분 석** 복습할 때 공통점을 묻는 문제를 푸는 방법을 체크하고 넘어가면 좋은 유형
● **해결案** 발문(문두)을 확인한 후, (1) (가)와 (나)를 읽은 후 비교적 쉬운 지문부터 체크하거나, (2) (가)를 읽고 답지를 체크한 다음, (나)를 읽고 앞서 ✗로 표시한 답지는 제외하고 남은 답지를 체크하는 방식으로 푼다.

다시보기 ▶ 다시볼 문제 체크하고 틀린 이유 메모하기

07 (가)의 '프로이트'와 (나)의 '융'의 관점에서 〈보기〉를 이해한 내용으로 적절하지 않은 것은? [3점]

지문근거 둘중헷 Q&A 어휘/개념 부정질문

분석쌤 강의
● **분 석** 오답에 답한 학생들이 많았던 문제로, 발문(문두)을 꼼꼼하게 읽어야 하고 답지와 〈보기〉, 그리고 (가)와 (나)의 내용을 연결해 정답 여부를 판단해야 하는 문제
● **해결案** 〈보기〉의 ㉮를 읽은 후 답지 ①부터 프로이트의 관점에서 ㉮에 대해 이해한 내용으로 적절한지를 살핀다. 이때 적절한지를 판단하는 근거는 (가)에 제시된 프로이트의 관점, 특히 '초자아'에 대해 언급한 내용과 연결하여 푼다. 나머지 답지들도 같은 방법으로 푼다.

— 보기 —

[헤르만 헤세의 연보]

○1877: 기독교인다운 엄격한 생활을 중시하는 경건주의 집안에서 태어남. ············· ㉮
○1881~1886: 자유분방한 기질로 인해 엄한 아버지의 교육 방식에 반항하며 불안감을 느낌. ············· ㉯
○1904~1913: 잠재된 문학적 재능을 발휘하여 왕성하게 작품 창작을 하며 불안에서 벗어남. ············· ㉰
○1916~1919: 아버지의 죽음을 접하고 심한 우울증을 경험함. ············· ㉱
○1945~1962: 성찰적 글쓰기 활동 속에서 심리적 안정감을 느끼며 여생을 보냄. ············· ㉲
○1962: 몬타뇰라에서 죽음.

① ㉮: 프로이트는 엄격한 집안 분위기가 헤세의 초자아가 발달하는 데 영향을 주었다고 보겠군.
② ㉯: 프로이트는 헤세의 불안감을 원초아와 초자아의 요구를 자아가 제대로 조정하지 못한 결과라고 보겠군.
③ ㉰: 프로이트는 헤세의 왕성한 창작 활동을 승화로, 융은 이를 무의식의 창조적 에너지가 발현된 것으로 보겠군.
④ ㉱: 프로이트는 헤세의 우울증을 유년기의 불안이 재현된 것으로, 융은 이를 자아와 그림자가 통합된 것으로 보겠군.
⑤ ㉲: 융은 헤세가 성찰하는 글쓰기 활동을 통해 자기를 발견하는 과정에서 심리적 안정감을 느낀 것으로 보겠군.

08 (가)의 내용과 일치하지 않는 것은?

① 분트는 인간의 정신세계가 의식으로만 구성되어 있다고 보았다.

② 프로이트는 인간을 무의식의 지배를 받는 비합리적 존재로 여겼다.

③ 프로이트는 원초아가 강할 때 본능적인 욕구에 집착하는 성격이 나타난다고 생각했다.

④ 프로이트는 세 가지 정신 요소들이 상호작용하면서 개인의 성격이 형성된다고 보았다.

⑤ 프로이트는 의식적으로 사용하는 방어기제와 무의식적으로 사용하는 방어기제를 구분하였다.

지문근거 둘중혯 Q&A 어휘/개념 부정질문

분석쌤강의
● **분 석** 부정적인 질문(않는)인 것만 놓치지 않으면 정답을 쉽게 확정할 수 있는 문제
● **해결案** (가)의 내용과 일치하면 ○, 일치하지 않으면 ✕로 표시하며 풀어야 한다.

---

09 (가)의 정신분석이론 과 (나)의 분석심리학 에서 모두 동의하는 진술로 가장 적절한 것은?

① 자아는 의식과 무의식의 세계에 걸쳐서 존재한다.

② 무의식은 성적 에너지로만 이루어진 정신 요소이다.

③ 무의식은 개인의 경험을 초월해 원형의 형태로 유전된다.

④ 무의식에는 자아에 의해 억압된 열등한 자아가 존재한다.

⑤ 정신적 균형을 이루기 위해서는 자아의 역할이 중요하다.

지문근거 둘중혯 Q&A 어휘/개념 부정질문

분석쌤강의
● **분 석** 정답과 오답인 이유도 따져 알아야 하지만 문제 풀이 시간을 단축하는 나만의 풀이법도 챙기고 넘어가야 하는 문제
● **해결案** '모두 동의하는 진술'을 묻고 있으므로 (가)와 (나) 중 하나를 선택해 먼저 답지들을 검토한다. 이때 ✕로 표시되는 답지는 정답에서 제외하는 방식으로 풀면 문제 풀이 시간을 단축할 수 있다. 쉽게 정답을 찾았어도 2차 채점 후 정답과 오답 모두 (가)와 (나) 각각에 대해 동의하는 진술인지를 따지고 넘어가도록 한다.

---

10 ㉠을 이해한 내용으로 가장 적절한 것은?

① 의식의 확장을 통해 타인과의 경계를 허무는 과정이다.

② 자신의 근원적인 모습을 찾아 나가는 개별화의 과정이다.

③ 의식에 의해 발견된 무의식의 욕구가 억눌리는 과정이다.

④ 무의식이 의식에서 분화되어 정체성이 실현되는 과정이다.

⑤ 과거의 경험들을 반복함으로써 성격이 형성되는 과정이다.

지문근거 둘중혯 Q&A 어휘/개념 부정질문

분석쌤강의
● **분 석** 이 문제를 비롯하여 이 지문에 딸린 문제들을 어렵게 푼 학생들이 많았으므로 2차 채점 후 지문 복습을 통해 이 지문에 딸린 문제들을 한 번 더 풀어 보면서 지문 내용을 익히고 문제 풀이 방법도 챙겨 보면 유용한 문제
● **해결案** ㉠ 앞뒤에 전개된 내용을 통해 ㉠의 의미를 파악한다. 그런 다음, 답지의 설명이 ㉠에 대한 이해로 적절한지를 따지되, 지문 내용과 어긋나는 것은 정답에서 제외한다.

---

11 ⓐ~ⓔ의 사전적 의미로 적절하지 않은 것은?

① ⓐ: 어떤 사실을 자세히 따져서 바로 밝힘.

② ⓑ: 주기적으로 자꾸 되풀이하여 돎.

③ ⓒ: 큰 관심 없이 대강 보아 넘김.

④ ⓓ: 받아들이지 아니하고 물리쳐 제외함.

⑤ ⓔ: 서로 얼굴을 마주 보고 대함.

지문근거 둘중혯 Q&A 어휘/개념 부정질문

분석쌤강의
● **분 석** 수능 빈출 유형이면서 비문학 어휘 문제에 자주 출제되는 어휘들로 구성된 문제
● **해결案** '사전적 의미를 묻는 문제군.' 한 다음, '어휘 문제 3단계 풀이법을 적용해서 풀어야겠군.' 한다. 그런 다음, 문장의 핵심을 간추린 후 답지에 제시된 사전적 의미를 대입해 본다. 모두 자연스럽다고 여겨지면 밑줄 친 말의 의미를 살리는 다른 말을 떠올려 보고, 복습할 때 각 어휘의 사전적 의미를 한번 더 챙겨 보도록 한다.

한나 아렌트는 정치를 어떤 관점에서 사유해야 하는지, 그래서 어떻게 현실을 이해해야 하는지에 대한 정치철학적 지평을 열어 준 철학자이다. 아렌트의 정치철학을 이해하기 위해서는 그녀가 생각하는 정치의 본질을 이해할 필요가 있다. 아렌트에 따르면 정치는 사적인 것이 아닌, 공적인 것에서부터 출발하고 공적인 것을 추구한다. 그렇다면 공적인 것과 사적인 것은 어떤 점에서 구별되는가? 아렌트가 이것과 관련하여 제기하는 핵심 문제는 바로 행위의 가능성이다. 그녀는 인간의 활동으로 '노동', '작업', '행위'를 제시하고 이 세 가지 활동이 서로 긴밀하게 연결되어 인간의 실존을 가능하게 한다고 말한다. 그녀가 생각하는 노동은 생물학적 욕구를 충족시키는 동물적 활동이다. 노동은 자기 보존의 수단일 뿐이고 생존을 위해 필요한 생산과 소비의 끊임없는 순환 과정 속에 종속된 것이다. 작업은 단순한 생존을 넘어서 삶의 편의를 위해 물건과 결과물을 만드는 것으로 자연과 구분되는 인간 세계를 구축하는 활동이다. 마지막으로 행위는 다른 존재들과 상호 소통하며 자신의 존재를 드러내는 것으로 다수의 사람들과 공동의 관심사에 대해 의견을 나누는 활동을 의미한다. 그녀는 행위가 노동, 작업과 달리 혼자서는 할 수 없기에 오직 행위만이 타인의 지속적인 현존을 전제 조건으로 삼는다고 밝힌다. 그리고 노동과 작업을 사적인 것으로, 행위를 공적인 것으로 구분하고 행위가 이루어지는 곳을 공적 영역으로 규정한다.

아렌트는 이러한 공적인 것과 사적인 것이 이루어지는 영역이 공간적으로 분리된다고 보았다. 그리고 이러한 생각의 모델을 고대 그리스의 가정과 폴리스*의 구분에서 찾았다. 그녀는 고대 그리스인들의 가정을 노동과 작업이 이루어지는 사적 영역으로 인식했으며 가정에서 이루어지는 모든 활동은 필연성의 지배를 받는다고 보았다. 노동은 인간이 생명을 보존해야 한다는 필연성의 구속을 받고, 작업은 인간의 필요에 따라 유용한 것만을 생산해야 한다는 필연성의 구속을 받는다는 것이다. 또한 가정은 가장을 중심으로 의견이 일치하는 획일성이 지배하는 불평등의 공간으로 인식했다. 이에 반해 폴리스는 공적 영역으로서 행위가 이루어지는 자유의 공간으로 인식했다. 아렌트는 사적 영역과 공적 영역을 엄격하게 분리했지만, 그렇다고 사적 영역을 부정하지는 않았다. 사적 영역은 공적 영역을 위해 존재한다고 보았고, 가정에서 삶의 필연성을 충족한 시민들이 폴리스라는 공적 영역으로 나아갈 수 있다고 여겼다. 가정 밖으로 나온 시민들은 폴리스에서 다른 시민들을 만나 함께 공적인 문제를 자유롭게 논의하고 결정했다. 이때 자유롭다는 것은 삶의 필연성에서 벗어나 어떠한 강제나 강요도 없이 시민 모두가 평등한 위치에서 각자의 서로 다른 의견을 표현하고 공유하는 것을 의미한다. 그들은 폴리스라는 공적 영역에서 언어적 소통을 통해 타인과 관계를 맺으며 내가 누구인지, 내 의견과 다른 사람들의 의견이 어떻게 다른지를 확인할 수 있었다. 아렌트는 이러한 행위가 바로 정치라고 보았다. 결국 고대 그리스인들이 공적 영역에서 행위를 통해 자유를 실현한 것처럼 아렌트는 정치의 본질을 자유의 실현이라고 생각했다.

그런데 아렌트는 근대 이후에 '사회'가 출현했고, 이 사회 의 출현으로 말미암아 정치의 의미가 왜곡되었다고 진단한다. 왜 아렌트는 사회의 출현을 부정적으로 생각한 것일까? 그것은 그녀가 사회를 경제적으로 조직된 여러 구성원의 거대한 가족 결합체로 보았기 때문이다. 고대 그리스에서 가정의 활동은 생계유지에 필요한 재화나 용역을 생산하고 소비하는 노동 활동을 중심으로 이루어졌었기에 경제 활동은 본래 사적 영역에서의 활동이었다. 그런데 이러한 가정에서의 경제 활동이 근대에 이르러 사회가 출현하고 시장이 발달하면서 공적 영역으로 옮겨갔고 이로 인해 공적 영역과 사적 영역의 경계가 허물어졌다. 경제 활동이 행위의 공간이었던 공적 영역에 자리하게 되면서 공적 영역이 사라지게 되었다는 것이 아렌트의 분석이다.

결국 아렌트가 말하는 사회의 문제점은 행위가 일어날 수 있는 가능성이 배제된다는 것이다. 그녀는 이러한 사회가 등장하며 새롭게 나타난 활동 양식을 '행동'이라 부른다. 행동은 행위가 일어났던 공적인 공간에서 사람들이 오로지 사적인 이익만을 추구하는 것을 말한다. 인간 삶의 모든 것을 경제적 가치가 지배하는 근대 이후의 사회에서 사람들은 더 이상 다양한 관점을 가질 수 없게 되었다. 사람들은 다른 사람들과 함께 공동의 문제를 위해 행위하지 않고 자신의 경제적 이익의 극대화를 위해 행동하기 때문이다. 그로 인해 철저하게 경제화된 근대 이후의 사회에서 사람들은 시장 경제 논리에 따라 움직이고, 궁극적으로 행위가 일어날 가능성도 박탈당한다. 이런 의미에서 사회에서의 행동은 결코 행위가 될 수 없다. 사람들은 오직 공적 영역에서만 자신의 행위 가능성을 보존하고 자유 실현의 가능성을 찾을 수 있다. 이것이 바로 아렌트가 말하는 공적 영역을 우리가 회복하고 보존해야 하는 이유인 것이다.

＊폴리스: 고대 그리스에서 지역별로 도시 국가의 형태로 이루어진 정치 공동체.

12 윗글의 내용 전개 방식으로 가장 적절한 것은?

① 특정 철학자의 정치 이론의 변화 과정을 설명하고 그의 견해가 지니는 의의를 강조하고 있다.

② 특정 철학자가 제시하는 인간 활동의 유형을 비교하고 그의 정치 이론이 지닌 한계를 평가하고 있다.

③ 특정 철학자가 밝힌 정치와 관련된 이론을 제시하고 그가 비판하는 근대 이후 사회의 문제를 설명하고 있다.

④ 특정 철학자의 정치와 관련된 가설을 소개하고 다양한 역사적 사례를 통해 가설의 타당성을 검토하고 있다.

⑤ 특정 철학자가 분석하는 정치 체제의 발달 단계를 고찰하고 근대 이후 사회에서 필요한 정치 체제를 제시하고 있다.

지문 근거 둘중헷 Q&A 어휘/개념 부정질문

분석쌤 강의
● 분 석 2차 채점 후 '글의 내용 전개 방식'을 묻는 문제 풀이 방법과 관련 개념을 한 번 더 챙겨봐야 하는, 수능 빈출 문제 유형
● 해결案 각 답지를 세부적으로 쪼개 O, X를 표시하며 푼다. ①을 예로 들면, 특정 철학자의 정치 이론의 변화 과정을 설명하고 있는지, 그의 견해가 지니는 의의를 강조하고 있는지 등에 대해 각각 체크하되, 한 부분이라도 지문과 어긋나는 내용이 있으면 정답에서 제외한다.

13 윗글에 대한 이해로 적절하지 않은 것은?

① 자유는 다른 사람과 관계를 맺는 행위를 통해 실현되는 것이다.

② 정치는 사람들이 자유를 실현하기 위해 개인의 행위를 강제하는 것이다.

③ 정치는 인간들이 평등한 위치에서 공적인 문제에 대해 논의하는 것이다.

④ 행위는 언어적 소통을 통해 다른 사람에게 자신의 존재를 드러내는 것이다.

⑤ 행위는 인간의 생존을 위한 필연성의 구속을 벗어난 곳에서 이루어지는 것이다.

지문 근거 둘중헷 Q&A 어휘/개념 부정질문

분석쌤 강의
● 분 석 정답과 오답의 근거를 지문에서 분명하게 확인할 수 있는데도 불구하고 지문을 어렵게 읽은 학생들이 오답에 많이 답한 문제
● 해결案 각 답지에서 설명한 내용을 지문에서 찾아 지문과 답지를 비교한다.

14 '한나 아렌트'의 견해에 대해 〈보기〉의 견해를 가진 사람이 비판한 내용으로 가장 적절한 것은?

───── 보기 ─────

인간은 노동을 통해 자아를 실현하는 창조적 존재이다. 인간에게 노동은 물질적 생활을 충족시키고, 자연과 상호작용하는 인간의 세계를 만드는 활동이다. 또한 노동은 동물과 구별되는 인간의 고유한 삶의 방식으로 노동을 통해 인간은 다른 사람들과 관계를 맺고 공동체의 구성원으로서의 자신의 삶을 깨닫게 된다. 이러한 노동으로 인간은 자유를 실현할 수 있고 인간다운 삶을 살 수 있게 된다.

① 당신은 노동을 자기 보존의 수단으로 보지만, 노동은 인간에게 자유를 가능하게 합니다.

② 당신은 노동을 정치적 활동으로 보지만, 노동은 인간의 물질적 생활을 충족시켜 줍니다.

③ 당신은 노동을 삶의 편의를 위해 물건을 만드는 활동으로 보지만, 노동으로 인간은 자아를 실현할 수 있습니다.

④ 당신은 노동을 다른 사람들과 관계를 맺는 활동으로 보지만, 노동은 다른 사람의 존재를 필요로 하지 않습니다.

⑤ 당신은 노동을 인간만이 할 수 있는 활동으로 보지만, 노동으로는 인간과 동물의 삶의 방식을 구분 지을 수 없습니다.

지문 근거 둘중헷 Q&A 어휘/개념 부정질문

분석쌤 강의
● 분 석 특정 오답지에 답한 학생들이 많았는데, 정답을 찾는 것도 중요하지만, 2차 채점 후, 정답을 찾는 과정에서 문제 풀이 시간을 단축하는 방법을 한번 더 챙겨 보면 유용한 문제
● 해결案 '한나 아렌트'의 견해를 잘 파악했는지는 지문에서, 〈보기〉의 견해를 가진 사람의 견해는 〈보기〉에서 찾아 각 답지에 O, X 표시를 하며 푼다. 이때 지문보다 〈보기〉의 분량이 적으므로 〈보기〉의 견해를 가진 사람의 생각부터 잘 파악했는지를 체크하면 오답을 빠르게 제외할 수 있어 문제 풀이 시간을 단축할 수 있다.

15 '한나 아렌트'가 말하는 [사회] 에 대한 이해로 적절하지 않은 것은?

① 사람들은 사회에서 행위를 하기 어렵겠군.

② 사람들은 사회에서 공동의 문제에 관심을 가지지 않겠군.

③ 사람들은 고대 그리스의 가정에서 했던 경제 활동을 사회에서 하겠군.

④ 사람들은 시장 경제가 발달한 사회일수록 정치를 실현할 수 있는 영역을 확장 하겠군.

⑤ 사람들은 사회를 지배하는 하나의 가치만을 추구할 뿐 다양한 관점은 갖지 못 하겠군.

지문 근거 둘중헷 Q&A 어휘/개념 부정질문

분석쌤 강의

● **분 석** 답지들 모두 적절한 것 같아 시간이 많이 걸렸을 뿐만 아니라 오답에 답한 학생들도 많았던 문제

● **해결案** 발문(문두)을 통해 '한나 아렌트가 말하는 '사회'에 대한 설명과 거리가 멀면 정답이겠군.' 한다. 그리고 각 답지들이 '사람들은~겠군.'으로 이루어져 있으므로 '사회'에서 활동하는 사람들에 대한 판단으로 적절한지를 체크한다. 정답과 오답의 근거는 지문에서 찾아야 한다.

16 윗글의 '한나 아렌트'와 〈보기〉의 '공자', '플라톤'을 비교한 내용으로 가장 적절한 것은? [3점]

보기

공자는 부자 관계에서 자식이 부모를 사랑하는 것을 정치로 간주하였고, 이러한 사랑이 국가 차원으로 확장된다고 여겼다. 즉 국가는 가정의 확장이기 때문에 공적 영역과 사적 영역은 구분할 수 없고 가정에서의 관계 맺음은 정치 체제의 근본 토대가 된다는 것이다.

한편 플라톤은 정치와 관련하여 사적 영역인 가정을 이상 국가를 만드는 데 방해물로 보았다. 국가를 위해서는 개인의 욕망을 절제해야 하는데 가정은 개인의 욕망을 보호하는 역할을 하기 때문이다. 그래서 플라톤은 정치가들에게 자식과 재산을 공유할 것을 주장하며, 공적인 것을 위해 사적인 것을 지양해야 한다고 강조했다.

① '공자'와 달리 '한나 아렌트'는 공적 영역과 사적 영역을 공간적으로 분리해서 인식하고 있군.

② '공자'와 '한나 아렌트'는 모두 사적 영역에서도 정치가 이루어진다고 보고 있군.

③ '공자'와 '한나 아렌트'는 모두 가족 구성원의 관계 맺음을 정치로 인식하고 있군.

④ '플라톤'과 달리 '한나 아렌트'는 공적인 것을 위해 사적인 것을 지양해야 한다고 여기고 있군.

⑤ '플라톤'과 '한나 아렌트'는 모두 사적인 것을 공유해야만 공적인 영역에서의 정치가 가능하다고 보고 있군.

지문 근거 둘중헷 Q&A 어휘/개념 부정질문

분석쌤 강의

● **분 석** 틀리면 억울한 고배점(3점) 문제인 만큼 정답과 오답인 이유를 한 번 더 따지고 넘어가야 하는 문제로, 정답의 근거가 지문과 〈보기〉에 분명히 제시되어 있음에도 불구하고 오답에 답한 학생들이 많았는데, 특정 오답지에 많이 답했다기보다는 오답들 모두 두루 답한 것은, 이 지문과 지문에 딸린 문제들이 이 시험에서 뒷부분에 배치되어 있어 앞에서 문제 풀이 시간을 많이 뺏겼기 때문일 수도 있다는 것을 고려하면 유용한 문제

● **해결案** 발문(문두)에서 '한나 아렌트, 공자, 플라톤을 비교'하는 문제라는 것을 체크한 후, 세 사람 중 한 사람을 선택해 답지의 설명이 적절한지를 살핀다. 지문보다 내용이 적은 〈보기〉에서 '공자' 또는 '플라톤'을 먼저 선택해 답지의 설명이 적절한지를 체크하면 오답지를 빠르게 제외할 수 있어 문제 풀이 시간을 단축할 수 있다.

▶ 정답을 모르는 상태에서 2차 풀이를 하기 위한 방법으로, 아래 채점표 대신 '모바일 자동 채점 프로그램'(문제편 표지 QR 코드)을 이용해도 된다.

🕐 **종료 시각**	시 분 초

1 종료 시각을 적은 후, 문제에 체크한 '내가 쓴 답'을 ❶에 옮겨 적는다.

2 ❷에 채점을 하되, 틀린 문제에만 ╱ 표시를 한다.
(문제에 직접 채점하지 않는 이유는 다시 풀 때 정답을 모르는 상태에서 풀어야 제대로 훈련이 되기 때문)

문항 번호	1	2	3	4	5	6	7	8	9	10	11	12	13	14	15	16
❶ 내가 쓴 답																
❷ 채 점																

☞ 정답은 〈클리닉 해설〉 p.200 (해설은 p.6)

3 틀렸거나 찍어서 맞힌 문제는 다시 푼다.

4 2차 채점을 할 때 다시 풀어서 맞힌 문항은 △, 또 틀린 문항은 ✗ 표시를 한다.

5 △와 ✗ 문항은 반드시 다시 보고 틀린 이유를 알고 넘어간다.

총 소요 시간	종료 시각 −시작 시각	**분**	**초**
목표 시간		24분	35초
초과 시간	총 소요 시간 −목표 시간	**분**	**초**

채점 결과_ 첫날
반드시 체크해서 복습 때 활용할 것

	1차채점	2차채점
총 문항 수	16개	△ 문항 수 개
틀린 문항 수	개	✗ 문항 수 개

1주차
2주차
3주차
4주차

1~5 다음 글을 읽고 물음에 답하시오.   2022학년도 3월 고1 전국연합학력평가 【21~25】 인문(주제 통합)

(가)

플라톤은 초월 세계인 이데아계와 감각 세계인 현상계를 구분했다. 영원불변의 이데아계는 현상계에 나타난 모든 사물의 근본이 되는 보편자, 즉 형상(form)이 존재하는 곳으로 이성으로만 인식될 수 있는 관념의 세계이다. 반면 현상계는 이데아계의 형상을 바탕으로 만들어진 세계로 끊임없이 변화하는 사물이 감각에 의해 지각된다. 플라톤에 따르면 ㉠현상계의 모든 사물은 형상을 본뜬 그림자에 불과하다.

이러한 관점에서 플라톤은 예술을 감각 가능한 현상의 모방이라고 보았다. 예를 들어 목수는 이성을 통해 침대의 형상을 인식하고 그것을 모방하여 침대를 만든다. 그리고 화가는 감각을 통해 이 침대를 보고 그림을 그린다. 결국 침대 그림은 보편자에서 두 단계 떨어져 있는 열등한 것이며, 형상에 대한 참된 인식을 방해하는 허구의 허구에 불과하다. 이데아계의 형상을 모방하여 생겨난 것이 현상인데, 예술은 현상을 다시 모방한 것이기 때문이다.

플라톤은 시가 회화와 다르다고 보았다. 고대 그리스에서 음유시인은 허구의 허구인 서사시나 비극을 창작하고, 이를 작품 속 등장인물의 성격에 어울리는 말투, 몸짓 같은 감각 가능한 현상으로 연기함으로써 다시 허구를 만들어 냈다. 이 과정에서 음유시인의 연기는 인물의 성격을 드러내는데, 이는 감각 가능한 외적 특성을 모방해 감각으로 파악될 수 없는 내적 특성을 드러내는 것이다.

플라톤은 음유시인이 용기나 절제 같은 덕성을 갖춘 인간이 아닌 저급한 인간의 면모를 모방할 수밖에 없다고 주장했다. 가령 화를 잘 내는 인물은 목소리가 거칠어지고 안색이 붉어지는 등 다양한 감각 가능한 현상들을 모방함으로써 쉽게 표현할 수 있지만, 용기나 절제력이 있는 인물에 수반되는 감각 가능한 현상은 표현하기 어렵기 때문이다. 따라서 플라톤은 음유시인의 연기를 보는 관객들이 이성이 아닌 감정이나 욕구와 같은 비이성적인 것들에 지배되어 타락하게 된다고 보았다.

(나)

아리스토텔레스는 이데아계가 존재한다고 보지 않았다. 예컨대 사람은 나이가 들며 늙는데, 만약 이데아계의 변하지 않는 어린아이의 형상과 성인의 형상을 바탕으로 각각 현상계의 어린아이와 성인이 생겨났다면, 현상계에서 어린아이가 성인으로 성장하는 것을 설명할 수 없기 때문이다.

아리스토텔레스는 ⎡형상⎤이 항상 사물의 생성과 변화의 바탕이 되는 ⎡질료⎤에 내재한다고 보고, 이를 가능태와 현실태라는 개념을 통해 설명하였다. 가능태란 형상을 실현시킬 수 있는 가능적 힘이자 질료를 의미하며, 현실태란 가능태에 형상이 실현된 어떤 상태이다. 가령 도토리는 떡갈나무가 되기 위한 가능태라면, 도토리가 떡갈나무가 된 상태가 현실태이다. 이처럼 생성·변화하는 모든 것은 목적을 향해 움직이므로 가능태에 있는 것은 형상이 완전히 실현된 상태인 '완전 현실태'를 향해 나아가는데, 이 이행 과정이 운동이다. 즉 운동의 원인은 외부가 아닌 가능태 자체에 내재한다.

아리스토텔레스에게 있어 예술의 목적은 개개의 사물에 내재하고 있는 보편자, 즉 형상을 표현해 내는 것이다. 이런 점에서 그는 시가 역사보다 우월하다고 주장했다. 역사는 개별적 사건들의 기록일 뿐이지만 시는 개별적 사건에 깃들어 있는 보편자를 표현한 것이기 때문이다.

아리스토텔레스는 인간이 예술을 통해 쾌감을 느낄 수 있다고 보았다. 특히 비극시는 파멸하는 주인공을 통해 인간의 근본적 한계를 다루기 때문에, 시를 창작하면 인간 존재의 본질을 인식하는 앎의 쾌감을 느낄 수 있다고 하였다. 비극시 속 이야기는 음유시인이 경험 세계의 개별자들 속에서 보편자를 인식해 내어, 그것을 다시 허구의 개별자로 표현한 결과물인 것이다. 또한 관객은 음유시인의 연기를 통해 앎의 쾌감을 느낄 수 있을 뿐 아니라 그와 다른 종류의 쾌감도 경험할 수 있다. 관객은 고통을 받는 인물의 이야기를 통해 그에 대한 연민과 함께, 자신도 유사한 고통을 겪을 수 있다는 공포를 느낀다. 이러한 과정에서 감정이 고조됐다가 해소되면서 얻게 되는 쾌감, 즉 카타르시스를 경험한다.

01 (가)와 (나)에 대한 설명으로 가장 적절한 것은?

① (가)와 (나)는 모두 특정 사상가의 예술을 바라보는 관점이 변화하게 된 이유를 설명하고 있다.

② (가)와 (나)는 모두 특정 사상가가 예술을 평가하는 데 바탕이 된 철학적 관점을 설명하고 있다.

③ (가)와 달리 (나)는 특정 사상가가 생각하는 예술의 불완전성을 설명하고 있다.

④ (나)와 달리 (가)는 특정 사상가의 예술관에 내재한 장점과 단점을 제시하고 있다.

⑤ (가)는 특정 사상가의 예술관이 보이는 한계를, (나)는 특정 사상가의 예술관이 주는 의의를 제시하고 있다.

지문 근거 둘중헷 Q&A 어휘/개념 부정 질문

분석쌤 강의
● 분 석 학생들이 많이 어려워하는 '철학' 제재이면서, 2018학년도 6월 모의평가에서도 다룬 '플라톤의 이데아'에 대해 설명한 지문에서 출제된, 내용 전개 방식을 질문한 문제
● 해결案 (가)와 (나)를 끝까지 읽은 후, 답지에서 (가)와 (나) 설명 각각에 대해 옳고 그름을 체크한다. 둘 중 하나라도 적절하지 않으면 바로 정답에서 배제하고 다음 답지를 검토하면 문제 풀이 시간을 단축할 수 있다.

02 (가)의 '플라톤'의 사상을 이해한 내용으로 적절하지 않은 것은?

① 예술은 형상에 대한 참된 인식을 방해한다.

② 형상은 감각이 아닌 이성을 통해서만 인식할 수 있다.

③ 현상계의 사물을 모방한 예술은 형상보다 열등한 것이다.

④ 예술의 표현 대상은 사물이 아니라 사물 안에 존재하는 형상이다.

⑤ 이데아계는 현상계에 나타난 모든 사물의 형상이 존재하는 곳이다.

지문 근거 둘중헷 Q&A 어휘/개념 부정 질문

분석쌤 강의
● 분 석 발문(문두)이 중요한, 발문을 놓치면 문제 풀이 시간이 오래 걸리는 문제
● 해결案 (가)의 '플라톤'의 사상에 대한 이해를 묻고 있으므로 (가)에서 근거를 찾아, '플라톤의 사상'에 대한 설명으로 적절한지를 O, X로 체크하며 푼다.

03 (나)의 '아리스토텔레스'의 관점에서 형상과 질료에 대해 이해한 내용으로 적절하지 않은 것은?

① 형상은 질료와 분리되어 존재할 수 없다.

② 질료는 형상을 실현시킬 수 있는 가능적 힘이다.

③ 형상이 질료에 실현되는 원인은 가능태 자체에 내재한다.

④ 형상과 질료 사이의 관계는 현실태와 가능태 사이의 관계와 같다.

⑤ 생성·변화하는 것은 형상이 질료에 완전히 실현된 상태인 완전 현실태를 향한다.

지문 근거 둘중헷 Q&A 어휘/개념 부정 질문

분석쌤 강의
● 분 석 정답보다 오답에 답한 학생들이 많았던 문제였던 만큼, 2차 채점 후 정답과 오답인 이유를 따져 알고 넘어가야 하는 문제
● 해결案 발문(문두)의 '(나)의 아리스토텔레스의 관점에서'를 염두에 둔 후, '형상'과 '질료'에 대해 다룬 지문의 문단 내용과 답지를 비교하여 적절하지 않은 것을 고른다.

04 (가)와 (나)를 참고할 때, '아리스토텔레스'의 입장에서 ㉠을 비판한 것으로 가장 적절한 것은?

① 현상계의 사물이 형상을 본뜬 것이라면 현상계의 사물이 생성·변화하는 이유를 설명할 수 없다.

② 형상이 변하지 않는 것이라면 현상계에 존재하는 사물들이 모두 제각기 다른 이유를 설명할 수 없다.

③ 형상과 현상계의 사물이 서로 독립적이라면 현상계에서 사물이 시시각각 변화하는 현상을 설명할 수 없다.

④ 형상이 현상계를 초월하여 존재하는 것이라면 형상을 포함하지 않는 사물을 감각으로 느끼는 것은 불가능하다.

⑤ 현상계의 모든 사물이 형상의 그림자에 불과하다면 그림자만 볼 수 있는 인간이 형상을 인식하는 것은 불가능하다.

지문 근거 둘중헷 Q&A 어휘/개념 부정 질문

분석쌤 강의
● 분 석 발문(문두)에 집중해서 풀어야 하는 문제로, 오답에 답한 학생들이 많았던 점을 감안하여 2차 채점 후 모든 답지에 대해 한 번 더 체크하고 넘어가야 하는 문제
● 해결案 '아리스토텔레스의 입장에서 ㉠을 비판한 것'을 질문하였으므로 답지를 검토할 때
(1) 아리스토텔레스의 입장인지
(2) ㉠(플라톤의 입장)을 비판한 것인지
를 하나하나 따져 둘 중 하나라도 어긋나면 정답에서 제외한다.
 따라서 각 답지의 앞부분에서는 플라톤의 입장인지를, 뒷부분에서는 이에 대해 아리스토텔레스의 입장에서 비판한 것으로 적절한지를 따지면 된다.

05 (가)의 '플라톤'과 (나)의 '아리스토텔레스'가 〈보기〉에 대해 보일 반응으로 적절하지 않은 것은? [3점]

— 보기 —

　　고대 그리스의 비극시 『오이디푸스 왕』의 주인공 오이디푸스는 자신에게 주어진 숙명에 의해 파멸당하는 인물이다. 비극시를 공연하는 음유시인은 목소리, 몸짓으로 작품 속 오이디푸스를 관객 앞에서 연기한다. 음유시인의 연기에 몰입한 관객은 덕성을 갖춘 주인공이 특별한 잘못이 없는데도 불행해지는 모습을 보고 연민과 공포를 느낀다.

① 플라톤: 오이디푸스는 덕성을 갖춘 현상 속 인물을 본떠 만든 허구의 허구이며, 그에 대한 음유시인의 연기는 이를 다시 본뜬 허구이다.

② 플라톤: 음유시인은 오이디푸스의 덕성을 연기하는 데 주력하겠지만, 관객은 이를 감각으로 파악할 수 없기 때문에 감정과 욕구에 지배되어 타락하게 된다.

③ 플라톤: 음유시인의 목소리와 몸짓을 통해 오이디푸스의 성격이 드러난다면, 감각 가능한 외적 특성을 모방하는 과정에서 감각되지 않는 내적 특성이 표현된 것이다.

④ 아리스토텔레스: 음유시인이 현상 속 인간의 개별적 모습들에서 보편자를 인식해 내어, 이를 다시 오이디푸스라는 허구의 개별자로 표현한 것이다.

⑤ 아리스토텔레스: 오이디푸스가 숙명에 의해 파멸당하는 것을 본 관객들은 인간 존재의 본질을 이해하는 쾌감을 느낄 뿐 아니라 카타르시스를 경험할 수 있다.

지문 근거　물중헷　Q&A　어휘/개념 부정 질문

분석쌤 강의

● **분 석** 이 시험(2022학년도 3월 고1 전국연합학력평가)을 어렵게 만든 3인방 중 하나로, 정답보다 오답에 답한 학생들이 많았던 문제

● **해결案** '플라톤'과 '아리스토텔레스'가 〈보기〉에 대해 보일 반응으로 적절하지 않은 것을 질문했으므로, 〈보기〉를 읽고 (가)와 연결해 ①, ②, ③번 답지를 먼저 검토한다. 이때 답지의 내용이 '플라톤'의 생각과 일치하는지도 따지되, 답지의 내용을 세부적으로 나누어 각각에 대해 모두 O, X 표시를 하며 적절성 여부를 판단해야 한다. ④와 ⑤는 〈보기〉와 (나)를 연결해 같은 방법으로 오답을 제외해 나가도록 한다.

6~10 다음 글을 읽고 물음에 답하시오.

2022학년도 6월 고1 전국연합학력평가 【16~20】 인문

　　㉠중화(中華)사상은 한족(漢族)이 자신들을 세계의 중심을 의미하는 중화로 생각하고, 주변국들이 자신들의 발달된 문화와 예법을 받아들여야 한다고 생각한 사상이다. 조선은 중화사상을 수용하여 한족 왕조인 명나라의 문화를 받아들이는 것을 당연시하였다. 17세기에 이민족이 ⓐ세운 청나라가 중국 땅을 차지하였지만, 조선은 청나라를 중화라고 생각하지 않고 명나라의 부활을 고대하였다. 당시 송시열은 '오랑캐는 중국을 차지할 수 없고 금수(禽獸)는 인류와 한 부류가 될 수 없다.'라고 하였는데, 이는 청나라를 공격하자는 북벌론과 청나라를 배척하자는 척화론으로 이어졌다.

　　18세기에 청나라가 정치적 안정을 이루고 조선이 북벌을 통해 명나라를 회복하기 어렵게 되자, 조선의 유학자들 사이에서는 조선이 중화의 계승자라는 인식이 보편화되었다. 이때 청나라가 가진 발달된 문물을 도입하자는 북학파가 등장하였다. 그중 홍대용은 청나라의 발달된 문물은 오랑캐인 청나라가 만든 것이 아니라, 청나라가 중국 땅을 차지하며 가지게 된 한족의 문물로 보았다. 이런 생각은 청나라와 청나라의 문물을 구별한 것으로, 그가 저술한 「을병연행록」에서도 발견된다. 이를 통해 이때까지도 그는 조선이 중화의 계승자라는 인식과 중화사상에서 벗어나지 못했음을 알 수 있다. 하지만 청나라 여행을 계기로 그곳에서 만난 학자들과 교류를 이어 가며 선진 문물과 새로운 학문을 탐구한 결과, 사상적 전환을 이루었고 이를 바탕으로 「의산문답」을 저술하였다.

　　홍대용의 사상적 전환을 잘 보여 주는 것은 「의산문답」에 실려 있는 ㉡지구설과 무한 우주설이다. 그는 하늘이 둥글고 땅이 모나다는 전통적인 천지관을 비판하고, 땅이 둥글다는 지구설을 주장하면서 그 근거로 일식과 월식을 이야기하였다. 일식과 월식이 둥글게 나타나는 것은 달과 우리가 사는 땅이 둥글기 때문이라는 것이다. 우리가 사는 땅은 둥글기 때문에 상하나 동서남북은 정해져 있지 않고, 개개인이 서 있는 곳이 각각 기준이 될 수 있다고 주장하였다. 또한 그는 하늘은 무한하여 형체를 알 수 없고 지구와 같은 땅이 몇 개가 되는지 알 수 없다는 무한 우주설을 주장하였다.

　　지구설과 무한 우주설은 세상의 중심과 그 주변을 구별하는 중화사상과 다른 생각이다. 홍대용은 하늘에서 우리가 사는 세상을 본다면 이 땅이 무한한 우주에 비해 티끌만큼도 안 되며, 안과 밖을 구별하거나 중심과 주변을 나눌 수 없다고 보았다. 따라서 중국 안과 밖을 구별할 수 없고 중화와 오랑캐라는 구별도 상대적이라고 생각했다. 이에 따라 중화와 오랑캐로 여겨졌던 국가가 모두 동등하며, 사람들이 각자 제 나라와 제 문화를 기준으로 살아가는 것이 당연하다고 생각하였다. 이러한 그의 생각은 모든 사람들이 중심이 될 수 있고 존재 가치가 있다는 생각으로 이어졌고, 이를 바탕으로 그는 당시 유교적

명분을 내세우며 특권을 누리려 했던 양반들을 비판하였다. 또한 재주와 학식이 있는 자는 신분이 낮은 농부의 자식이라도 높은 관직에 오를 수 있어야 한다고 주장하였다.

어떤 국가와 문화, 사람도 각자 중심이 될 수 있고 존재 가치가 있다고 생각한 홍대용의 사상은 평등주의와 다원주의를 우리 역사에서 선구적으로 보여 주었다는 점에서 의의가 있다.

---

06 ㉠과 ㉡을 이해한 것으로 가장 적절한 것은?

① ㉠은 ㉡을 통해 조선의 중심 사상으로 자리 잡았다.

② ㉠과 ㉡은 청을 오랑캐라 여기는 생각의 근거가 되었다.

③ ㉠은 북벌론의 바탕이 되었고, ㉡은 척화론의 바탕이 되었다.

④ ㉡은 홍대용이 ㉠에서 벗어났음을 보여 주는 학설이다.

⑤ ㉡은 조선의 유학자들이 가지고 있던 ㉠을 홍대용이 발전시킨 것이다.

지문 근거   둘중헷   Q&A   어휘/개념 부정질문

분석쌤 강의
● 분 석 2차 채점 후 정답과 오답인 이유를 한번 더 꼼꼼하게 짚고 넘어가야 하는 문제
● 해결案 지문을 읽을 때 ㉠과 ㉡에 집중하여 읽은 후, 답지를 살필 때 ㉠, ㉡ 각각에 대해 ○, ✕로 표시하고, 정답 여부는 ㉠과 ㉡이 포함된 문단과 그 앞뒤 내용을 근거로 판단한다.

---

07 다음은 학생이 윗글을 읽는 중 작성한 독서 활동지이다. 학생의 활동 내용 중 적절하지 않은 것은?

◆ 2문단까지 읽고 내용을 정리한 후, 이어질 내용을 예측하고 확인하며 읽어 보자.

읽은 내용 정리
○청나라가 중국 땅을 차지한 후 조선에서는 북벌론과 척화론이 나타남. ································· ①
○청나라가 정치적 안정을 이루고 북벌이 힘들어지자 조선의 유학자들은 조선이 중화의 계승자라고 생각함. ················· ②
○청의 문물을 배우자는 북학파가 등장하였고, 그중 홍대용은 선진 문물과 새로운 학문을 탐구하여 사상을 전환하고 「의산문답」을 저술함.

↓

이어질 내용 예측	확인 결과
○홍대용이 선진 문물과 새로운 학문을 탐구하여 깨달은 점이 언급될 것이다.	하늘이 둥글다는 것을 깨달음. ········· ③
○「의산문답」의 내용이 언급될 것이다.	지구설과 무한 우주설을 설명함. ········· ④
○홍대용이 아닌 다른 북학파 학자들의 사상이 언급될 것이다.	언급되지 않음. ········· ⑤

지문 근거   둘중헷   Q&A   어휘/개념 부정질문

분석쌤 강의
● 분 석 정답을 찾는 것도 중요하지만, 복습할 때 발문(문두)과 '독서 활동지'의 내용을 바탕으로 빠르게 정답을 확정 짓는 방법을 한 번 더 챙겨 보면 유용한 문제
● 해결案 ①과 ②는 '2문단까지 읽고 내용을 정리한' 것이므로 1, 2문단에서 근거를 찾아야 하고, ③, ④, ⑤는 이어지는 3문단 이후의 내용에서 확인할 수 있다는 것을 빠르게 파악한 다음, 각 답지의 근거를 지문에서 찾아 ○, ✕로 표시하며 푼다.

---

08 문맥상 ⓐ와 의미가 가장 유사한 것은?

① 그는 새로운 회사를 세웠다.

② 국가의 기강을 바로 세워야 한다.

③ 집을 지을 구체적인 방안을 세웠다.

④ 두 귀를 쫑긋 세우고 말소리를 들었다.

⑤ 도끼날을 잘 세워야 나무를 쉽게 벨 수 있다.

지문 근거   둘중헷   Q&A   어휘/개념 부정질문

분석쌤 강의
● 분 석 '매3'에서 강조하는 '어휘 문제 3단계 풀이법'을 적용하여 풀어야 하는 문제
● 해결案 ⓐ가 포함된 문장의 핵심을 간추린 후, ⓐ와 바꿔 쓸 수 있는 말을 떠올리고, 떠올린 말을 답지의 밑줄 친 말에 대입한다.

09 〈보기〉의 대화를 윗글과 관련지어 이해한 것으로 적절하지 <u>않은</u> 것은?

지문근거 둘중헷 Q&A 어휘/개념 부정질문

— 보기 —

갑: 천지 사이의 생물 가운데 오직 사람만이 귀합니다. 동물과 초목은 지혜가 없고 깨달음도 없으며, 오륜도 모릅니다. 그러므로 사람은 동물보다 귀하고, 초목은 동물보다 천합니다.

을: 오륜은 사람의 예의입니다. 무리 지어 다니고 소리를 내어 새끼들을 불러 먹이는 것은 동물의 예의입니다. 그리고 떨기로 나서 무성해지는 것은 초목의 예의입니다. 사람의 관점을 기준으로 하면 사람이 귀하고 사물이 천하지만, 사물의 관점을 기준으로 하면 사물이 귀하고 사람이 천한 것입니다. 하늘에서 보면 사람과 사물은 똑같습니다.

① 갑은 귀한 대상과 천한 대상을 나누어 생각한다는 점에서 송시열과 공통점이 있다.

② 갑이 동물보다 사람을 높게 평가한 것은 신분이 낮은 농부의 자식이라도 높은 관직에 오를 수 있어야 한다는 생각으로 이어질 수 있다.

③ 을이 동물과 초목이 각자의 예의가 있다고 한 것은 세상 사람들이 자기 나라와 자기 문화를 기준으로 살아가는 것이 당연하다는 생각과 연결될 수 있다.

④ 을이 사물의 관점을 기준으로 하면 사물이 귀하다고 한 것은 모든 사람이 존재 가치가 있다는 생각과 연결될 수 있다.

⑤ 을이 하늘에서 보면 사람과 사물이 똑같다고 한 것은 우리가 사는 이 땅에서 중심과 주변을 나눌 수 없다는 홍대용의 생각과 일맥상통한다.

분석쌤 강의

● **분 석** 〈보기〉와 지문을 연결하여 각각에 대해 옳고 그름을 따져야 하는 문제

● **해결案** 〈보기〉와 지문을 연결해 풀어야 하고, 적절하지 <u>않은</u> 것을 골라야 하는 문제군.' 한 다음 답지를 살핀다. 이때, 각 답지의 앞부분에 제시된 갑 또는 을의 생각은 〈보기〉에서, 뒷부분의 내용은 지문에서 그 근거를 찾아 적절한지를 판단한다.

10 〈보기〉는 심화 학습을 위해 조사한 자료이다. (가), (나)에 대해 보인 반응으로 적절하지 <u>않은</u> 것은? [3점]

지문근거 둘중헷 Q&A 어휘/개념 부정질문

— 보기 —

(가) 중국 의관이 변한 지 이미 100년이 넘은지라 지금 천하에 오직 우리 조선만이 오히려 명나라의 제도를 지키거늘, 청나라에 들어오니 무식한 부류들이 우리를 보고 웃지 않는 사람이 없으니 어찌 가련치 않겠는가? (중략) 슬프다! 번화한 문물을 오랑캐에게 맡기고 백 년이 넘도록 회복할 방법이 없구나. ― 홍대용, 『을병연행록』 ―

(나) 피와 살이 있으면 다 똑같은 사람이고, 강토를 지키고 있으면 다 동등한 국가이다. 공자는 주나라 사람이므로 그가 쓴 『춘추』에서 주나라 안과 밖을 구분한 것은 당연하다. 그가 바다를 건너 주나라 밖에 살았더라면 주나라 밖에서 도를 일으켰을 것이고, 그곳을 기준으로 생각하는 『춘추』가 나왔을 것이다. ― 홍대용, 「의산문답」 ―

① (가): 청나라를 오랑캐라고 말하고 있는 것에서, 홍대용이 중화사상을 가진 적이 있었다는 것을 확인할 수 있군.

② (가): 조선만이 명나라의 제도를 지킨다는 것에서, 홍대용이 조선을 중화의 계승자라고 생각했었음을 알 수 있군.

③ (가): 번화한 문물을 오랑캐에게 맡겼다고 한 것에서, 홍대용이 청나라와 청나라가 가지고 있는 문물을 구별하려 했음을 확인할 수 있군.

④ (나): 『춘추』에서 주나라 안과 밖을 구분한 것이 당연하다는 것에서, 중국 안과 밖을 구별하려는 홍대용의 생각이 드러나는군.

⑤ (나): 공자가 주나라 밖에 살았다면 그곳에서 도를 일으켰을 것이라는 부분에서, 중화와 오랑캐의 구별이 상대적이라는 홍대용의 생각이 드러나는군.

분석쌤 강의

● **분 석** 오답지에 답한 학생들이 많아 '둘중헷'에 표시가 되어 있는 문제인 점을 고려하여 정답에 쉽게 답한 경우에도 2차 채점 후 〈클리닉 해설〉에서 '가장 많이 질문한 오답'에 대한 설명도 챙겨보고 넘어가면 유용한 문제

● **해결案** 〈보기〉의 (가)와 (나)는 모두 홍대용의 책 내용으로, 홍대용의 생각이 담긴 것이다. 이것을 염두에 두고 답지를 살피되, 각 답지의 앞부분에서 언급한 것은 〈보기〉에서 확인하고, 뒷부분에서 언급한 것은 앞부분의 내용과 지문 내용을 함께 고려해 적절한 반응인지를 따진다.

(가)

　관중은 춘추 시대 제(齊)나라의 재상으로 군주인 환공을 도와 약소국이던 제나라를 부강한 국가로 성장시켰다. 관중이 생각한 이상적인 국가의 모습과 국가를 통치하는 방법은 『관자』를 통해 살펴볼 수 있다. 그는 자신이 살던 현실의 문제에 실리적으로 ⓐ대처하고 정치적인 분열을 적극적으로 막아 나라의 부강과 백성의 평안을 이루고자 하였다.

　관중은 백성이 국가 경제의 근본이라는 경제적 관점을 바탕으로 법의 필요성을 강조하였다. 그에 따르면, 군주는 법을 만들 수 있는 자격을 천부적으로 지닌 사람이다. 하지만 군주가 마음대로 법을 만들면 백성의 삶이 ⓑ피폐해질 수 있으므로 군주는 이익을 추구하는 백성의 본성을 고려해 백성의 삶이 윤택해질 수 있는 법을 만들어야 한다고 보았다. 이때 관중이 강조한 백성의 윤택한 삶은 도덕적 교화와 같은 목적을 위한 것이 아닌, 부강한 나라의 실현을 위한 것이라는 실리적 관점에서 이해할 수 있다.

　또한 관중은 군주가 자신에 대해서는 존귀하게 여기지 않는 것을 '패(覇)'라고 ⓒ규정하였는데, 이를 바탕으로 군주도 법의 적용에서 예외가 되지 않아야 한다고 주장하였다. 그에 따르면 군주는 '권세'를 지녀야 국가를 다스릴 수 있는데, 이때 군주가 패를 실천해야 백성이 권세를 인정하게 된다. ⓞ결국 군주가 법을 존중하는 것은 백성이 군주를 존중하는 것으로 이어지게 되는 것이다.

　관중은 권세를 가진 군주는 부강한 나라를 이루는 통치, 즉 '패업(覇業)'을 위한 통치를 펼쳐야 한다고 주장하고, 법을 통한 통치의 중요성을 강조하였다. 이때 군주는 능력 있는 신하를 공정하게 등용하되 신하들이 군주의 권세를 넘보거나 법질서를 혼란스럽게 하지 못하도록 자신의 권세를 신하에게 위임하지 말아야 하며 백성의 경제적 안정을 위한 정책들을 시행해야 한다고 보았다. 이러한 관중의 사상은 백성들의 경제적 안정을 기반으로 부강한 나라를 이루기 위해 법을 통한 통치를 도모한 것으로 평가할 수 있다.

(나)

　율곡은 유학적 사상을 기반으로, 자신이 생각하는 군주상을 제시하였다. 그는 『성학집요』에서 개인의 수양을 통해 앎을 늘리고 인격을 완성하는 것을 군주의 자격으로 보았다. 율곡은 군주가 인격을 완성하고 아는 것을 실천하면 백성의 선한 본성을 회복하는 도덕적 교화가 가능해진다고 본 것이다. 율곡은 자신이 이상적으로 생각하는 왕도정치가 실현되기 위해서는 군주가 신하를 통해 백성을 다스려야 한다고 생각했는데, 만약 군주가 포악한 정치를 펼쳐 신하들의 지지를 얻지 못하거나 민심을 잃으면 교체될 수 있다고 여겼다.

[A]
　　율곡은 군주의 통치에 따라 태평한 시대인 치세와 혼란스러운 시대인 난세가 구분된다고 보고, 이를 중심으로 군주의 유형과 통치 방법을 나누어 설명했다. 치세를 만드는 군주는 재능과 지식이 출중해 신하를 능력에 맞게 발탁하여 일을 분배할 줄 알거나, 재능과 지식은 ⓓ부족하지만 현명한 신하를 분별하여 그에게 나라의 일을 맡길 줄 안다. 이들의 통치 방법은 '왕도(王道)'와 '패도(覇道)'로 나뉜다. 왕도는 군주의 인격 완성을 통해 백성의 도덕적 교화까지 이루어 내는 것이고, 패도는 군주의 인격이 완성되지 않아 백성의 도덕적 교화까지는 이루어지지 않았지만 백성의 경제적 안정은 이루어 내는 것이다.
　　난세를 만드는 군주는 자신의 총명만을 믿고 신하를 불신하거나, 간신의 말을 믿고 의지하여 눈과 귀가 가려진 군주이다. 이들은 백성을 괴롭히고 충언을 받아들이지 않아 스스로 멸망에 이르는 폭군, 간사한 자를 분별하지 못하고 총명함이 없으며 무능력한 혼군, 나약하여 자신의 뜻을 세우지 못하고 우유부단한 용군으로 분류된다. 이들의 통치 방법은 포악한 정치를 의미하는 '무도(無道)'이므로 율곡의 관점에서 무도를 행하는 군주는 교체되어야 할 존재이다.

　율곡은 백성의 도덕적 교화를 이루는 왕도정치를 위해서는 백성들의 삶이 경제적으로 편안한 것이 전제되어야 한다고 보았다. 이는 군주의 존재 근거가 백성이라고 보는 민본관에 의한 것으로, 조세 부담을 줄이는 등 백성의 경제적 기반을 유지할 수 있는 정책을 펼쳐야 함을 ⓔ역설한 것이다. 이처럼 율곡의 사상은 왕도정치를 실현하는 과정에서 백성의 현실적 삶에 주목하려는 시도로 볼 수 있다.

11 (가), (나)에 대한 설명으로 가장 적절한 것은?

① (가)와 (나)는 모두 특정한 사상가가 주장하는 군주의 통치술의 변화 과정을 소개하고 있다.

② (가)와 (나)는 모두 특정한 사상가가 주장하는 군주의 통치술에 담긴 내용을 중심으로 그 의의를 밝히고 있다.

③ (가)와 달리 (나)는 특정한 사상가가 주장하는 군주의 통치술이 갖는 한계를 드러내고 새로운 통치술을 제안하고 있다.

④ (나)와 달리 (가)는 특정한 사상가가 주장하는 군주의 통치술을 군주의 유형에 따라 범주화하여 제시하고 있다.

⑤ (나)와 달리 (가)는 특정한 사상가가 주장하는 군주의 통치술에 대한 상반된 입장을 제시하고 장단점을 비교하고 있다.

지문 근거   둘중헷   Q&A   어휘/개념 부정질문

분석쌤 강의
● **분 석** 유사한 화제에 대해 서로 다른 관점을 지닌 글을 제시하고 두 글에 사용된 설명 방식을 질문한 문제
● **해결案** 답지에는 모두 '특정한 사상가가 주장하는 군주의 통치술'이 포함되어 있다. 따라서 '(가), (나) 모두 특정한 사상가가 주장하는 군주의 통치술에 대해 다루고 있다.'는 것을 염두에 두고 답지를 살핀다. 이때 (가), (나) 중 하나에 대한 설명만 집중적으로 체크하며 풀면 빠르게 오답을 제외할 수 있어 문제 풀이 시간을 단축할 수 있다.

12 ⊙의 이유로 가장 적절한 것은?

① 군주가 마음대로 법을 만들 수 있는 패를 실천할 수 있기 때문이다.

② 군주가 법을 존중하면 법을 제정할 수 있는 기회를 얻을 수 있기 때문이다.

③ 군주가 법의 필요성을 인식해야 백성을 국가의 근본으로 여기게 되기 때문이다.

④ 군주가 자신에게도 법 적용에 예외를 두지 않음으로써 권세를 인정받게 되기 때문이다.

⑤ 군주가 백성의 본성을 고려하지 않고 나라의 부강을 우선시하는 법을 만들어야 하기 때문이다.

지문 근거   둘중헷   Q&A   어휘/개념 부정질문

분석쌤 강의
● **분 석** 앞에서 전개된 내용에서 정답의 근거를 찾아야 하는 '이유 찾기' 문제
● **해결案** ⊙의 앞에서 전개된 내용과 일치하지 않는 답지는 정답에서 제외한다. 그리고 일치하는 내용이어도 "왜" ⊙과 같이 말했는지에 대한 근거가 될 수 없으면 역시 정답에서 제외한다. ⊙의 이유는 ⊙ 앞에 전개된 내용과 일치해야 하고 ⊙과 같이 말할 수 있는 근거가 되어야 하는 것이다.

13 (나)에서 알 수 있는 '율곡'의 견해로 적절하지 <u>않은</u> 것은?

① 군주는 앎을 늘리는 것뿐 아니라 앎을 실천하는 것도 중요하다.

② 군주는 포악한 정치를 펼쳐 신하들에게 지지를 얻지 못하면 교체될 수 있다.

③ 군주는 왕도정치를 실현하기 위해 자신의 존재 근거를 백성으로 보아야 한다.

④ 백성의 도덕적 교화가 이루어져야 백성의 삶이 경제적으로 편안해질 수 있다.

⑤ 백성의 조세 부담을 줄이는 것은 백성의 경제적 기반을 유지할 수 있는 방법 중 하나이다.

지문 근거   둘중헷   Q&A   어휘/개념 부정질문

분석쌤 강의
● **분 석** 정답과 오답의 근거가 분명하게 지문에 제시되어 있는데도 불구하고 오답에 답한 학생들이 많았던 문제
● **해결案** 발문(문두)을 통해 '(나)에서 근거를 찾아야 한다'는 것과, '율곡의 견해'와 일치하지 않는 것이 정답이라는 것을 파악한 후 (나)에서 근거를 찾아 율곡의 견해와 일치하면 O, 일치하지 않으면 X로 표시하며 푼다.

14 (가)의 관점에서 [A]를 판단한 것으로 가장 적절한 것은?

① [A]에서 눈과 귀가 가려진 군주는, 정치적 분열을 막아 백성을 평안하게 하므로 패업을 이룰 수 있는 존재로 볼 수 있다.

② [A]에서 군주가 충언을 받아들이지 않는 것은, 법을 만들 수 있는 자격을 천부적으로 지닌 것이므로 패업으로 볼 수 있다.

③ [A]에서 군주가 자신의 총명을 믿고 신하를 불신하는 것은, 백성의 삶을 윤택하게 하려는 것이므로 패업으로 볼 수 있다.

④ [A]에서 군주가 자신의 뜻을 세우지 못하는 것은, 자신을 존귀하게 여기지 않은 것이므로 패업을 위한 통치의 방법으로 볼 수 있다.

⑤ [A]에서 군주가 신하를 능력에 맞게 발탁하여 일을 분배한 것은, 능력에 따라 신하를 공정하게 등용한 것이므로 패업을 위한 통치의 방법으로 볼 수 있다.

지문 근거   둘중헷   Q&A   어휘/개념 부정질문

분석쌤 강의
● **분 석** '(가)의 관점에서 [A]를 판단한 것'을 질문한, 발문(문두)이 중요한 문제
● **해결案** 발문을 염두에 두고 (가)의 관점에서 답지의 설명이 적절한지를 판단해야 한다. 그리고 모든 답지에 '패업'에 대한 내용이 나오므로 (가)에서 '패업'이 의미하는 바를 정확히 인식한 후에 답지를 검토한다. 즉, 각 답지의 앞에서 말한 [A]에 대한 내용이 (가)에서 '패업'으로 볼 수 있는지를 따져야 하는 것이다.

15 〈보기〉는 동서양 사상가들의 견해이다. 〈보기〉와 (가), (나)를 읽은 학생이 보인 반응으로 적절하지 않은 것은? [3점]

> **─ 보기 ─**
>
> ㉠ 군주는 권력을 얻기 전까지는 수단과 방법을 가리지 않는 것이 오히려 백성을 위한 것입니다. 하지만 권력을 얻은 후에는 법을 통해 통치함으로써 자신의 권력을 유지할 수 있습니다.
>
> ㉡ 군주에 따라 치세와 난세가 되는 것을 지양하기 위해 법을 제정하고 기준을 세우는 것이 필요합니다. 그리고 법을 통해 통치할 수 있는 권한은 군주만이 갖고 있어야 권력을 유지할 수 있습니다.
>
> ㉢ 군주는 타락한 현실에 의해 잃어버린 인간의 선한 본성인 도덕성을 회복시켜야 합니다. 이때 군주는 도덕성의 회복을 목적으로 백성의 기본적인 경제적 욕구를 충족시키고 인간다운 교육을 실시해야 합니다.

① 관중과 ㉠는 모두 법을 통한 통치의 중요성을 인식했다고 볼 수 있겠군.

② 관중과 ㉡는 모두 국가를 다스릴 수 있는 권한이 오로지 군주에게 있어야 함을 강조했다고 볼 수 있겠군.

③ 관중은 ㉢와 달리 백성의 경제적 안정의 목적이 도덕성 회복이 아니라고 보았군.

④ 율곡은 ㉡와 달리 군주의 인격 완성 여부에 따라 치세와 난세가 구분된다고 보았군.

⑤ 율곡과 ㉢는 모두 백성의 본성을 선한 것으로 인식했다고 볼 수 있군.

지문근거 둘중헷 Q&A 어휘/개념 부정질문

분석쌤 강의

● **분 석** 오답에 답한 학생들이 많았는데, 2차 채점 후 다시 챙겨 보면 이와 같은 문제의 정답률을 높이는 방법과 문제 풀이 시간을 단축하는 방법을 챙길 수 있는 문제

● **해결案** 발문(문두)에서 질문의 핵심을 이해한 다음, 답지에서 비교하는 대상과 관련된 내용을 바탕으로 정답 여부를 체크한다. ①을 예로 들면 '관중'은 (가)에서, '㉠'는 〈보기〉에서 '법을 통한 통치의 중요성을 인식했다고 볼 수 있'는지를 확인하는 방법으로 문제를 푼다.

---

16 ⓐ~ⓔ의 사전적 의미로 적절하지 않은 것은?

① ⓐ: 어떤 정세나 사건에 대하여 알맞은 조치를 취함.

② ⓑ: 지치고 쇠약해짐.

③ ⓒ: 바로잡아 고침.

④ ⓓ: 필요한 양이나 기준에 미치지 못해 충분하지 아니함.

⑤ ⓔ: 자신의 뜻을 힘주어 말함.

지문근거 둘중헷 Q&A 어휘/개념 부정질문

분석쌤 강의

● **분 석** 수능 출제 기관에서 출제한 2015학년도 9월 모의평가(B형)에 제시된 답지가 그대로 제시된 문제(라이트 매3비 p.17 참조)

● **해결案** '어휘 문제 3단계 풀이법'(핵심 간추리기 – 대입하기 – '매3어휘 풀이' 떠올리기)을 적용하여 푼다.

▶ 정답을 모르는 상태에서 2차 풀이를 하기 위한 방법으로, 아래 채점표 대신 '모바일 자동 채점 프로그램'(문제편 표지 QR 코드)을 이용해도 된다.

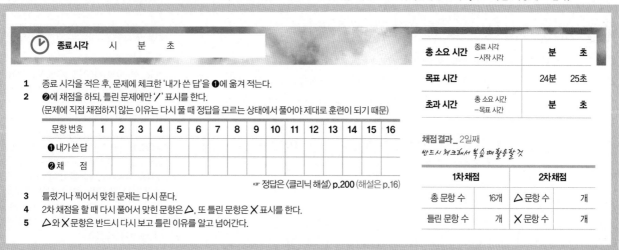

🕐 **종료 시각** 시 분 초

1 종료 시각을 적은 후, 문제에 체크한 '내가 쓴 답'을 ❶에 옮겨 적는다.
2 ❷에 채점을 하되, 틀린 문제에만 / 표시를 한다.
(문제에 직접 채점하지 않는 이유는 다시 풀 때 정답을 모르는 상태에서 풀어야 제대로 훈련이 되기 때문)

문항 번호	1	2	3	4	5	6	7	8	9	10	11	12	13	14	15	16
❶ 내가 쓴 답																
❷ 채 점																

☞ 정답은 〈클리닉 해설〉 **p.200** (해설은 p.16)

3 틀렸거나 찍어서 맞힌 문제는 다시 푼다.
4 2차 채점을 할 때 다시 풀어서 맞힌 문항은 △, 또 틀린 문항은 ✗ 표시를 한다.
5 △와 ✗ 문항은 반드시 다시 보고 틀린 이유를 알고 넘어간다.

총 소요 시간	종료 시각 -시작 시각	**분**	**초**
목표 시간		24분	25초
초과 시간	총 소요 시간 -목표 시간	**분**	**초**

채점결과_ 2일째
반드시 체크해서 복습 때 활용할 것

	1차채점		2차채점	
총 문항 수	16개	△ 문항 수		개
틀린 문항 수	개	✗ 문항 수		개

[1~5] **다음 글을 읽고 물음에 답하시오.**

2021학년도 6월 고1 전국연합학력평가 【21~25】 인문

　정약용은 조선 후기의 실학자로, 인간의 본성에 대한 탐구를 통해 인간의 선한 행위를 설명하고자 하였다. 그는 이전까지 절대적 권위를 가지고 있던 주희(朱熹)의 주자학을 비판하며 인간의 본성에 대한 자신의 이론을 정립했다는 점에서 주희와는 다른 관점을 보여 주었다.

　주희는 인간의 본성을 '본연지성(本然之性)'과 '기질지성(氣質之性)'으로 설명하였다. '본연지성'은 인간이 하늘로부터 부여받은 순수하고 선한 본성이고, '기질지성'은 본연지성에 사람마다 다른 기질이 더해진 것으로 사람에 따라 다양하게 나타난다. 그래서 주희는 인간의 기질이 맑으면 선한 행위를 하고 탁하면 악한 행위를 할 수 있다고 보았다. 그러나 정약용은 선한 행위와 악한 행위의 원인을 기질이라는 선천적 요인으로 본다면 행위에 인간의 의지가 개입되지 않으므로 악한 행위를 한 사람에게 윤리적 책임을 물을 수 없다고 주희의 관점을 비판하였다.

　정약용은 인간의 본성을 '기호(嗜好)'라고 보았다. 기호란 즐기고 좋아한다는 뜻으로, 생명이 있는 모든 존재는 각각의 기호를 본성으로 갖는다고 보았다. 꿩은 산을 좋아하는 경향성을 갖고 벼는 물을 좋아하는 경향성을 갖는 것처럼, 인간도 어떤 경향성을 갖는다는 것이다. 정약용은 인간에게 ㉠'감각적 욕구에서 비롯된 기호'와 ㉡'도덕적 욕구에서 비롯된 기호'가 있다고 보았다. 먼저, 감각적 욕구에서 비롯된 기호는 생명이 있는 모든 존재가 지니는 육체의 경향성으로, 맛있는 것을 좋아하고 맛없는 것을 싫어하는 것을 예로 ⓐ들 수 있다. 다음으로, 도덕적 욕구에서 비롯된 기호는 인간만이 지니는 영혼의 경향성으로, 선을 좋아하거나 악을 싫어하는 것을 예로 들 수 있다. 정약용은 감각적 욕구가 생존에 필요하고 삶의 원동력이 된다는 점에서 일부 긍정했으나, 감각적 욕구에서 비롯된 기호를 제어하지 못할 경우 악한 행위가 나타날 수 있고, 도덕적 욕구에서 비롯된 기호를 따를 경우 선한 행위가 나타난다고 보았다. 정약용은 선한 행위를 하거나 악한 행위를 하는 것이 온전히 인간의 자유 의지에 달려 있으므로, 악한 행위를 한 사람에게 윤리적 책임을 물을 수 있다고 보았다.

　그래서 정약용은 자유 의지로 선한 행위를 선택하고 이를 실천하는 것이 중요하다고 보았는데, 구체적인 실천 원리로 '서(恕)'를 강조하였다. 그는 '서'를 용서(容恕)와 추서(推恕)로 구분하고, 추서를 특히 강조하였다. 용서는 타인을 다스리는 것과 관련되어 '타인의 악을 너그럽게 보아 줌'을 의미하고, 추서는 자신을 다스리는 것과 관련되어 '내가 대접받고 싶은 대로 타인을 대우함'을 의미한다. 친구가 거짓말을 했을 때 잘못을 덮어 주는 행위는 용서이고, 내가 아우의 존중을 받고 싶을 때 내가 먼저 형을 존중하는 모습을 보여 주는 행위는 추서인 것이다. 그런데 용서는 타인의 악한 행위를 용인해 주는 문제가 발생할 수 있지만, 추서는 자신의 마음을 미루어 타인의 마음을 이해할 수 있으므로, 정약용은 추서에 따라 선한 행위를 실천해야 한다고 보았다.

다시보기　▶ 다시 볼 문제 체크하고 틀린 이유 메모하기

[분석쌤 강의]는 2차 채점 후 반드시 챙겨 본다!

01　윗글의 내용 전개 방식으로 가장 적절한 것은?

① 인간의 본성에 대한 여러 관점이 사회에 미친 영향을 설명하고 있다.

② 인간의 본성에 대한 기존의 관점을 비판하는 다른 관점을 소개하고 있다.

③ 인간의 본성에 대한 관점의 타당성 여부를 다양한 입장에서 분석하고 있다.

④ 인간의 본성에 대한 상반된 관점을 절충한 새로운 관점의 특징을 밝히고 있다.

⑤ 인간의 본성에 대해 대비되는 관점이 등장하게 된 시대적 배경을 설명하고 있다.

지문 근거　둘중헷　Q&A　어휘/개념 부정 질문

분석쌤 강의

● **분 석**　글의 내용 전개 방식을 묻는 문제로, 1주차 공부를 끝낸 후 주간 복습을 할 때 '글의 전개 방식'을 묻는 문제들의 답지에 쓰인 비문학 용어를 한번 더 챙겨 보면 유용한 문제 유형
☞ 〈클리닉 해설〉 p.7의 '개념＋' 참조

● **해결案**　'내용 전개 방식'을 질문하고 있고, 긍정 발문('~적절한 것은?')이므로 글 전체의 흐름을 염두에 두고 답지를 검토한다. 지문 내용과 거리가 멀거나 지문에서 다루지 않은 내용을 언급한 답지는 정답에서 제외하는 방식으로 풀면 되고, 복습할 때에는 답지에 포함된 어휘의 의미도 챙겨 보도록 한다.

02 윗글의 내용과 일치하지 <u>않는</u> 것은?

① 주희는 인간에게 하늘로부터 부여받은 본연지성이 있다고 보았다.

② 주희는 기질의 맑고 탁함에 따라 선하거나 악한 행위가 나타날 수 있다고 보았다.

③ 정약용은 추서에 따라 선한 행위를 실천하는 것이 중요하다고 보았다.

④ 정약용은 감각적 욕구가 악한 행위를 유도하므로 제거해야 한다고 보았다.

⑤ 정약용은 주희의 관점으로는 악한 행위를 한 사람에게 윤리적 책임을 물을 수 없다고 보았다.

지문근거 둘중햇 Q&A 어휘/개념 부정질문

분석쌤강의
● **분 석** 발문(문두)이 문제 풀이 방법을 알려 주고 있고, 정답의 근거도 쉽게 찾을 수 있어 대부분의 학생들이 맞힌 문제
● **해결案** 내용 일치 여부를 묻는 문제이므로, 답지에서 핵심이 되는 키워드를 체크한 다음, 체크한 키워드를 언급한 문단 내용과 답지를 비교하여 O, X 표시를 하며 푼다.

03 ㉠과 ㉡에 대한 이해로 가장 적절한 것은?

① ㉠은 인간이 제어할 수 없는 기호이다.

② ㉡은 생존에 필요한 욕구에서 비롯된 것이다.

③ ㉠은 ㉡과 달리 생명이 있는 모든 존재가 지닌다.

④ ㉡은 ㉠과 달리 욕구를 즐기고 좋아하는 경향성이다.

⑤ ㉠과 ㉡은 모두 타인의 잘못을 덮어 주는 행위와 직결된다.

지문근거 둘중햇 Q&A 어휘/개념 부정질문

분석쌤강의
● **분 석** '~과 달리'와 '모두'에 유의해 풀어야 하는, 두 개념을 비교하는 문제
● **해결案** ㉠과 ㉡이 포함된 문단의 내용을 바탕으로 ㉠과 ㉡에 대해 이해한 후 답지를 검토한다. 정답 여부는 지문에서 근거를 찾아 판단할 수 있다.

04 윗글을 바탕으로 〈보기〉를 이해한 내용으로 적절하지 <u>않은</u> 것은? [3점]

> **보기**
>
> 학급에서 복도 청소를 맡은 학생 A와 B가 있었다. A는 평소 청소를 잘하지 않았고, B는 항상 성실히 청소를 하였다. 복도가 깨끗한 것을 본 선생님이 복도 청소 담당인 두 학생을 모두 칭찬하였는데, 이때 A는 자신이 B보다 더 열심히 청소를 했다고 거짓말을 하였다. B는 A가 거짓말을 했다는 것을 알고 있었지만 이를 내색하지 않고 평소대로 열심히 청소하였고 A는 그러한 B를 보면서 부끄러움을 느꼈다. 이후, A는 B에게 자신의 행동을 사과하였으며, 책임감을 갖고 청소하였다.

① 주희는 거짓말을 한 것과 무관하게 A에게는 순수하고 선한 본성이 있다고 보겠군.

② 주희는 평소 청소를 잘 하지 않는 A와 항상 성실히 청소하는 B의 기질이 서로 다르다고 보겠군.

③ 정약용은 A가 책임감 있게 청소하게 된 것이 A의 자유 의지에 의한 것이라고 보겠군.

④ 정약용은 A가 도덕적 욕구에서 비롯된 기호를 따랐기 때문에 행동의 변화가 나타났다고 보겠군.

⑤ 정약용은 B가 추서로 A의 마음을 이해해 주었기 때문에 A의 거짓말을 용인하게 되었다고 보겠군.

지문근거 둘중햇 Q&A 어휘/개념 부정질문

분석쌤강의
● **분 석** 〈보기〉의 사례와 지문을 연결해 푸는 문제라고 해서 반드시 어려운 것은 아니라는 것을 보여 준 문제
● **해결案** 〈보기〉를 읽은 후 답지를 살피면 각 답지에서는 〈보기〉에 대한 주희와 정약용의 생각을 추론하고 있다. 따라서 주희에 대한 ①과 ②는 주희의 생각이 드러난 문단과 비교하고, 정약용에 대한 ③~⑤는 정약용의 생각이 드러난 문단과 비교해 O, X 표시를 하며 푼다.

05 ⓐ와 문맥적 의미가 가장 유사한 것은?

① 명확한 증거를 <u>들었다</u>.

② 감기가 <u>들어</u> 약을 먹었다.

③ 마음에 <u>드는</u> 사람이 있다.

④ 우리 집은 햇볕이 잘 <u>든다</u>.

⑤ 상자 안에 선물이 <u>들어</u> 있다.

지문근거 둘중햇 Q&A 어휘/개념 부정질문

분석쌤강의
● **분 석** 쉽게 정답에 답했어도 '3단계 풀이법'을 새기고 넘어가야 하는 어휘 문제
● **해결案** '핵심 간추리기-매3어휘 풀이' 떠올리기-대입하기'를 적용해 푼다.

31

아리스토텔레스의 고전 논리학에서는 기본 명제를 네 가지로 분류하고 이를 각각 '전체 긍정 명제', '전체 부정 명제', '부분 긍정 명제', '부분 부정 명제'라고 이름을 붙였다. 삼단 논법에 이용되는 명제는 어떤 것이든 이 네 가지 기본 명제 중 어느 하나의 형식을 가져야 하며, 이 명제들은 그 뜻이 애매하다거나 모호하지 않아야 하므로 **표준 형식**으로 고쳐 주어야 한다.

먼저, 전체 긍정을 뜻하는 명제의 표준 형식은 "모든 철학자는 이상주의자이다."와 같이 '모든 ~는 ~이다.'로 하면 된다. 전체 부정을 뜻하는 명제의 표준 형식의 경우, "모든 철학자는 이상주의자가 아니다."라는 말은 애매하다. 왜냐하면 "철학자는 한 사람도 이상주의자가 아니다."를 뜻하는 것인지, 아니면 "철학자 중에는 이상주의자가 아닌 사람도 있다."를 뜻하는 것인지 분명하지 않기 때문이다. 그러므로 '모든 ~는 ~가 아니다.'라는 형식은 전체 부정 명제의 표준 형식이 될 수 없다. 전체 부정의 뜻을 분명하게 나타내어 줄 수 있는 표준 형식은 "어느 철학자도 이상주의자가 아니다."와 같이 '어느 ~도 ~가 아니다.'로 하면 된다. 부분 긍정을 뜻하는 명제의 표준 형식은 "어떤 철학자는 염세주의자이다."와 같이 '어떤 ~는 ~이다.'라는 형식이면 된다. '어떤'이란 말이 '어떤 낯선 사람'이라고 할 때처럼 불확정적인 대상이라는 뜻을 가질 수도 있으나 그것은 부분 긍정을 뜻하는 데는 별 문제가 되지 않는다. 마지막으로, 부분 부정을 뜻하는 명제의 표준 형식은 "어떤 철학자는 도덕주의자가 아니다."에서와 같이 '어떤 ~는 ~가 아니다.'라는 형식이면 된다.

"고래는 포유동물이다."라는 일상 언어의 문장은 모든 고래에 대한 긍정을 뜻하는 것이므로 이것을 표준 형식의 명제로 고치면 "모든 고래는 포유동물이다."가 된다. 그러나 "칼을 쓰는 자는 칼로 망한다."라는 말은 전체 긍정의 뜻으로 받아들일 수도 있고 부분 긍정의 뜻으로 받아들일 수도 있다. 이것을 "칼을 쓰는 모든 사람은 칼로 망하는 사람이다."라고 한다면 전체 긍정이 되지만, "칼을 쓰는 어떤 사람은 칼로 망하는 사람이다."라고 한다면 부분 긍정이 된다. ㉠<u>어느 쪽 해석이 옳은가라는 문제는 논리학의 관심 문제가 아니다.</u> 그것을 사실의 서술로 보는 사람은 칼을 쓰는 사람들 중 일부분의 사람만 칼로 망하게 된다는 사실을 긍정하는 것으로 이해하는 것이며, 그 반면 그것을 하나의 교훈적인 말로 받아들이는 사람은 그것이 하나의 ⓐ<u>보편적</u>인 법칙 같은 것을 뜻하는 것으로 이해하기 때문에 전체 긍정으로 읽게 되는 것이다.

"대부분의 젊은이들은 현실 부정적이다."에서 '대부분'은 전체가 아니라는 뜻이므로 이런 경우는 '어떤'으로, 즉 부분 긍정이나 부분 부정으로 이해할 수밖에 없다. 전체 중에서 단 한 사람에 대한 긍정을 한 것도 부분 긍정으로 ⓑ<u>일반화</u>시킬 수밖에 없으며, 한 사람만 제외한 다른 모든 사람들에 대한 긍정도 부분 긍정으로 ⓒ<u>간주</u>할 수밖에 없다. 명제의 양을 전체와 부분으로만 나누어 두었기 때문에 전체에 관한 것이 아닌 것은 모두 부분에 관한 것으로 표현되어야 한다는 뜻이다. 부분에 관한 명제들 중에서 그 양의 정도가 다른 것을 나타낼 수 있는 방법은 없다. 이것은 곧 모든 명제를 네 가지 기본 형식으로만 나누어야 하는 고전 논리의 한계점이 된다. 그러므로 위의 명제도 "어떤 젊은이들은 현실 부정적인 사람이다."라고 고칠 수밖에 없다.

"미국 흑인들 외에는 아무도 흑인 영가*의 참뜻을 느낄 수 없다." 이 문장에는 흑인 영가의 참뜻을 느낄 수 있는 미국 흑인에 대한 것과 그것을 느낄 수 없는 다른 사람들에 대한 것이 포함되어 있다. 따라서 "모든 미국 흑인들은 흑인 영가의 참뜻을 느낄 수 있는 사람이다."라는 명제와 "미국 흑인이 아닌 모든 사람은 흑인 영가의 참뜻을 느낄 수 없는 사람이다."라는 명제로 고쳐야 한다. 그리고 둘째 명제는 다음과 같이 전체 부정 명제로 고쳐 쓸 수 있다. "미국 흑인이 아닌 어느 사람도 흑인 영가의 참뜻을 느낄 수 있는 사람이 아니다."

일상 언어의 문장은 그것이 어떤 사실을 긍정하는 것일지라도 위에서 ⓓ<u>검토</u>해 본 예문들처럼 그것의 논리적 의미가 분명치 못한 것이 많다. 그것이 이용되는 경우에 따라서, 또 내용에 따라서 그 의미가 다르게 이해되어야 할 때가 많다. 이러한 문제는 논리학의 범위에 속하지 않는 것이므로 그것을 사용하는 사람이 자기대로 ⓔ<u>타당한</u> 이해를 할 수밖에 없는 것이다. 그러한 문장을 표준 형식의 명제로 고치고자 할 때는 먼저 적절한 해석을 한 후 그것이 이해되는 뜻에 따라서 그것에 맞는 형식으로 고쳐 주면 된다.

　* 영가(靈歌): 미국의 흑인들이 부르는 일종의 종교적인 노래.

06 윗글의 내용과 일치하는 것은?

① "미국 흑인이 아닌 모든 사람은 흑인 영가의 참뜻을 느낄 수 없는 사람이다."는 다른 명제로 고칠 수 없다.

② "칼을 쓰는 모든 사람은 칼로 망하는 사람이다."를 교훈의 말로 받아들이는 사람은 부분 긍정으로 이해한다.

③ "모든 철학자는 이상주의자가 아니다."라는 말의 표준 형식은 "모든 ~는 ~가 아니다."라는 형식이 될 수 있다.

④ 부분 명제 중에서 그 양의 정도가 다른 것을 나타낼 수 있는 방법이 없다는 점은 고전 논리의 한계로 볼 수 있다.

⑤ 일상 언어의 문장은 어떤 사실을 긍정할 경우에만 그것의 논리적 의미가 분명해진다고 볼 수 있다.

> 지문 근거   둘중헷   Q&A   어휘/개념   부정질문
>
> *분석쌤 강의*
> ● **분 석** 정답의 근거를 쉽게 찾을 수 있었음에도 불구하고 특정 오답지에 답한 학생들이 많았던 문제로, 〈클리닉 해설〉 p.8의 '개념 ➕'에서 '내용 일치 여부를 묻는 문제' 유형의 풀이법을 챙겨 보면 유용한 문제
> ● **해결案** 답지에서 큰따옴표로 인용한 문장 또는 키워드가 포함된 문단을 찾아 지문과 답지를 비교해 ○, ✕를 표시하며 푼다. 그리고 복습할 때 정답과 오답의 근거를 빠르게 찾는 방법을 챙겨 보고, '가장 많이 답한 오답지'는 그 원인을 한번 더 따져 보도록 한다.

07 ㉠의 이유로 가장 적절한 것은?

① 일상 언어는 논리학의 표준 명제로 고칠 수 없기 때문이다.

② 논리학은 명제의 형식에 대해서는 문제로 삼지 않기 때문이다.

③ 일상 언어의 문장과 논리학의 문장은 본질적으로 다르기 때문이다.

④ 논리학은 일상 언어의 문장을 우선 네 가지 기본 명제의 형식으로 고친 후 해석해야 하기 때문이다.

⑤ 일상 언어의 문장들은 읽는 사람에 따라서 혹은 그것이 쓰이는 상황에 따라서 그것의 논리적 의미가 다르기 때문이다.

> 지문 근거   둘중헷   Q&A   어휘/개념   부정질문
>
> *분석쌤 강의*
> ● **분 석** ㉠ 앞뒤의 내용에서 정답의 근거를 찾아야 하는, '이유'를 추론하는 문제
> ● **해결案** ㉠의 앞뒤에 전개된 내용을 바탕으로 답지에 제시된 내용이 ㉠의 이유로 적절한지를 판단하되, 지문의 내용과 어긋나는 내용은 제외하며 푼다.

08 윗글을 참고하여 〈보기〉에 대해 판단한 내용으로 적절하지 <u>않은</u> 것은?

> ── 보기 ──
>
> "문제의식이 투철한 사람만 참석했다."

① '참석한 모든 사람은 문제의식이 투철한 사람이었다.'라는 뜻이군.

② '문제의식이 투철한 사람은 누구나 다 참석했다.'는 것을 뜻하지는 않는군.

③ '문제의식이 투철한 사람의 일부분이 참석했다.'라는 것을 긍정하지도 않는군.

④ 참석한 사람들만이 문제의식이 투철한 사람들인지 어떤지에 대한 긍정은 없군.

⑤ '문제의식이 투철한 사람만 참석했다.'는 하나의 표준 형식으로서 분명한 뜻을 지니는군.

> 지문 근거   둘중헷   Q&A   어휘/개념   부정질문
>
> *분석쌤 강의*
> ● **분 석** 이 시험을 어렵게 만든 3인방 중 하나로, 많은 학생들이 오답지에 답한 문제
> ● **해결案** 〈보기〉의 문장이 뜻하는 바를 이해한 후 답지를 검토하되, 답지와 같이 판단할 수 있는지를 체크할 때에는 문장의 뜻과 함께 표준 형식도 고려한다. 그리고 표준 형식의 경우 지문을 참고하여 옳은지 그른지를 판단하도록 한다.

09 ⓐ~ⓔ의 사전적 의미로 적절하지 <u>않은</u> 것은?

① ⓐ: 두루 널리 미치는

② ⓑ: 구체적인 것으로 됨

③ ⓒ: 상태, 모양, 성질 따위가 그와 같다고 봄

④ ⓓ: 사실이나 내용을 분석해 따짐

⑤ ⓔ: 일의 이치로 보아 옳은

> 지문 근거   둘중헷   Q&A   어휘/개념   부정질문
>
> *분석쌤 강의*
> ● **분 석** 낯선 어휘가 출제되었을 때 쉽게 문제에 접근하고 풀기 위해 〈클리닉 해설〉에서 '어휘 문제 3단계 풀이법'을 챙겨 봐야 하는, 사전적 의미를 묻는 문제
> ● **해결案** '어휘 문제 3단계 풀이법'(핵심 간추리기 – 대입하기 – '매3어휘 풀이' 떠올리기)을 적용해 풀고, 쉽게 정답에 답한 경우에도 오답지까지 3단계 풀이법을 적용해 복습한다.

1주차 · 2주차 · 3주차 · 4주차

10 윗글을 바탕으로, 〈보기〉의 문장들을 표준 형식의 명제로 고친 것으로 적절하지 않은 것은? [3점]

지문근거　둘중헷　Q&A　어휘/개념 부정질문

분석쌤 강의
● **분 석** 2차 채점 후 정답에 답한 학생들도 정답과 오답인 이유를 따져 알고, 정답을 찾는 과정을 한번 더 챙겨 봐야 하는 문제
● **해결案** 〈보기〉의 ㉮부터 ①과 같이 고치면 ㉮를 (1) 적절하게 해석한 것인지, 그리고 (2) 표준 형식에도 맞게 고쳤는지를 체크한다. (1)과 (2) 중 하나라도 적절하지 않으면 정답이 된다. 나머지 답지들도 모두 〈보기〉의 문장과 비교하여 (1)과 (2)를 각각 따지도록 한다. (2)만 체크해도 정답은 쉽게 찾을 수 있으나, 특정 오답지에 답한 학생들이 많았던 점을 감안하여 복습할 때 '가장 많이 질문한 오답'에 대한 해설을 챙겨 보도록 한다.

보기

㉮ 원숭이도 나무에서 떨어진다.
㉯ 소수의 사람들만이 특혜를 받았다.
㉰ 경마에 미친 사람은 경마만 좋아한다.
㉱ 비가 오는 날이면 언제나 그는 택시를 탄다.
㉲ 이번 여름은 피서지마다 초만원을 이루었다.

① ㉮: 어떤 원숭이는 나무에서 떨어지는 원숭이이다.
② ㉯: 어떤 사람은 특혜를 받은 사람이다.
③ ㉰: 경마에 미친 모든 사람은 경마를 좋아한다.
④ ㉱: 비가 오는 모든 날은 그가 택시를 타는 날이다.
⑤ ㉲: 이번 여름의 모든 피서지는 초만원을 이루는 곳이다.

11~15 다음 글을 읽고 물음에 답하시오.

2021학년도 3월 고1 전국연합학력평가 [16~20] 인문

　　조선 시대의 유학자들은 왕권의 기반이 민심에 있으며 민심을 천심으로 받아들여야 한다고 보는 민본(民本) 사상을 통치 기조로 삼을 것을 주장했다. 이러한 관점에서 군주는 백성의 뜻을 하늘의 뜻으로 받들며 섬기고 덕성을 갖춘 성군으로서 백성의 모범이 되어야 하며, 백성을 사랑하는 애민의 태도로 백성의 삶을 안정시키고 백성을 교화해야 하는 존재라고 강조했다. 또한 백성은 보살핌과 가르침을 받는 존재로서 통치에 ⓐ순응해야 한다고 보았다.

　　군주와 백성에 대한 이러한 관점은 조선 개국을 주도하고 통치 체제를 설계한 정도전의 주장에도 드러난다. 정도전은 군주나 관료가 백성에 대한 통치권을 지닌 것은 백성을 지배하기 위한 것이 아니라 백성을 보살피고 안정시키기 위한 것이라고 보았다. 군주나 관료가 지배자가 아니라 백성을 위해 일하는 봉사자일 때 이들의 지위나 녹봉은 그 정당성이 확보된다고 여긴 것이다. 또한 왕권이 정상적으로 작동하기 위해서는 왕을 정점으로 하여 관료 조직을 위계적으로 ⓑ정비하는 것과 더불어, 민심을 받들어 백성을 보살피는 자로서 군주가 덕성을 갖추는 것이 중요하다고 보았다. 백성을 위하는 관료의 자질 향상 및 책무의 중요성을 강조한 한편, 관료의 비행을 감독하는 감사 기능의 강화를 주장하기도 했다. 이러한 정도전의 주장은 백성을 보살핌의 대상으로 바라본 민본 사상의 관점에 입각한 것이라 할 수 있다.

　　조선 중기의 학자 이이 역시 군주의 바람직한 덕성을 강조한 한편 군주와 백성의 관계를 부모와 자식의 관계에 빗대어 백성을 보살펴야 하는 대상이라 논했다. 이이는 특히 애민은 부모가 자녀를 가르치듯 군주가 백성들을 도덕적으로 교화함으로써 실현되며, 교화를 ⓒ순조롭게 이루기 위해서는 우선 백성들을 경제적으로 안정시켜야 한다는 점을 강조했다. 또한 백성은 군주에 대한 신망을 지닐 수도 버릴 수도 있는 존재이므로, 군주는 백성을 두려워하는 **외민(畏民)** 의 태도를 지녀야 함을 역설했다. 백성을 보살피고 교화해야 할 대상으로 여긴 점은 정도전의 관점과 상통하는 지점이다. 다만 군주가 백성에 대한 두려움을 가지고 백성의 신망을 유지하기 위해 노력해야 한다는 것을 강조한 점에서 차이가 있다.

　　조선 후기의 학자 정약용은 환자나 극빈자, 노인과 어린이 등 사회적 약자에 속하는 백성을 적극적으로 보호하는 것이 애민의 내용이라고 주장했다. 이는 백성을 보살핌의 대상으로 바라보는 시각을 구체화한 것이라 할 수 있다. 한편 정약용은 백성을 통치 체제 유지에 기여해야 하는 존재라 보고, 백성이 각자의 경제적 형편에 ⓓ부합하는 역할을 수행해야 한다고 주장하여 백성에 대한 기존의 관점과 차이를 드러냈다. 그는 가난한 백성인 '소민'은 교화를 따름으로써, 부유한 백성인 '대민'은 생산 수단을 제공하고 납세의 부담을 맡음으로써 통치 질서의 안정에 기여해야 한다고 논했다. 이는 조선 후기 농업 기술과 상·공업의 발달로 인해 재산을 축적한 백성들이 등장한 현실을 고려한 것으로, 백성이 국가를 유지하는 근간이라고 보는 관점에 ⓔ기반한 주장이었다.

[A]　　조선 시대 학자들의 이와 같은 주장은 군주를 비롯한 통치 계층이 백성을 존중하는 정책을 펼치는 바탕이 되었다. 백성을 대상으로 한 교육 제도, 관료의 횡포를 견제하는 감찰 제도, 민생 안정을 위한 조세 및 복지 제도, 백성의 민원을 수렴하는 소원 제도 등은 백성을 위한 정책이 구현된 사례라 할 수 있다.

11 윗글에 대한 설명으로 가장 적절한 것은?

① 조선 시대 관료 조직의 위계를 분석하고 있다.
② 조선 시대 조세 제도의 문제점을 나열하고 있다.
③ 조선 시대 학자들의 백성에 대한 관점을 비교하고 있다.
④ 조선 시대 군주들의 통치관을 비판적으로 서술하고 있다.
⑤ 조선 시대 상업의 발달 과정을 통시적으로 기술하고 있다.

지문 근거 둘중헷 Q&A 어휘/개념 부정질문

분석쌤 강의
● **분 석** 정답을 쉽게 찾은 경우에도 답지에 제시된 어휘의 의미를 한 번 더 익히고 넘어가야 하는 문제
● **해결案** 일차적으로는 지문에서 확인할 수 있는지를 살피되, '~을 분석하고, 나열하고, 비교하고, 서술(기술)하고' 있는지를 따지도록 한다. 그래도 정답이 좁혀지지 않을 경우에는 '비판적으로, 통시적으로' 등 답지에 제시된 설명을 세부적으로 나누어 체크하도록 한다.

다시보기 ▶ 다시 볼 문제 체크하고 틀린 이유 메모하기

12 외민(畏民)에 대한 이해로 가장 적절한 것은?

① 백성이 군주에 대해 지녀야 할 마음가짐이다.
② 관료의 비행을 감독하기 위해 마련한 제도이다.
③ 군주와 백성을 부모와 자식의 관계에 비유하는 근거이다.
④ 민생이 안정되었을 때 드러나는 백성의 이상적 모습이다.
⑤ 백성이 군주에 대한 신망을 버릴 수 있다고 보는 관점이다.

지문 근거 둘중헷 Q&A 어휘/개념 부정질문

분석쌤 강의
● **분 석** 정답은 쉽게 찾을 수 있지만, 특정 오답지에 답한 학생들이 많았던 만큼 해당 오답지도 살펴보고 정답과 오답인 이유를 한 번 더 따져봐야 하는 문제
● **해결案** 앞뒤의 내용을 참고해 '외민(畏民)'의 뜻부터 파악한 후 답지의 설명이 적절한지를 살핀다. 이때 각 답지의 주어는 '외민은'으로, '외민'에 대한 설명으로 적절한지를 따져야 하고, 정답과 오답의 근거는 지문에서 찾을 수 있다는 것을 새기도록 한다.

다시보기 ▶ 다시 볼 문제 체크하고 틀린 이유 메모하기

13 윗글을 바탕으로 〈보기〉를 이해한 내용으로 적절하지 않은 것은? [3점]

> **보기**
>
> ㄱ. 옛날에 바야흐로 온 세상을 제압하고 나서 천자가 벼슬을 내리고 녹봉을 나누어 준 것은 신하들을 위해서가 아니라 백성들을 위한 것이었다. … 임금이 관리에게 책임을 지우는 것도 한결같이 백성에 근본을 두고, 관리가 임금에게 보고하는 것도 한결같이 백성에 근본을 두면, 백성은 중요한 존재가 된다. — 정도전, 『삼봉집』 —
>
> ㄴ. 청컨대 전하의 식사와 옷에서부터, 바치는 물건들과 대궐 안에서 일상적으로 쓰는 물건들 일체를 삼분의 일 줄이십시오. 이런 방식으로 헤아려서 모든 팔도의 진상·공물들도 삼분의 일 줄이십시오. 이렇게만 하신다면 은택이 아래로 미치어 백성들이 실질적인 혜택을 받게 될 것입니다. — 이이, 『율곡전서』 —
>
> ㄷ. 만일 목화 농사가 흉작이 되어 면포의 가격이 뛰어 오르는데 수백 리 밖의 고장은 풍년이 들어 면포의 값이 매우 쌀 경우 수령은 일단 백성에게 군포를 납부하지 말도록 해야 한다. 그리고 아전 중 청렴한 자를 골라 풍년이 든 곳에 가서 면포를 구입해 오도록 하여 군포를 바친다. 그리고 면포를 구입하는 데 쓴 돈은 백성들이 균등하게 부담케 하면 백성에게 큰 혜택이 돌아갈 것이다. — 정약용, 『목민심서』 —

① ㄱ은 관료의 녹봉이 백성을 위해 일하는 봉사자로서 얻는 것이라는 주장과 관련된다.
② ㄴ은 군주가 백성을 보살피는 존재라는 시각을 바탕으로 한다.
③ ㄷ은 대민과 소민에 따라 납세 부담에 차이가 있어야 한다는 주장을 구현하는 방법이다.
④ ㄱ과 ㄷ은 민본 사상의 관점에서 바람직한 관료의 면모를 보여 준다.
⑤ ㄴ과 ㄷ은 백성의 경제적 안정을 중시하는 관점에서 제안된 방안에 해당한다.

지문 근거 둘중헷 Q&A 어휘/개념 부정질문

분석쌤 강의
● **분 석** 정답보다 오답에 답한 학생들이 많았던 문제로, 〈보기〉와 지문 내용을 연결해 풀어야 하는 문제
● **해결案** 〈보기〉는 정도전, 이이, 정약용의 글인 점을 눈여겨본 다음, 답지를 검토할 때 지문에서 이 세 사람의 주장이 담긴 문단의 내용과도 비교한다. ①을 예로 들면, 일차적으로는 답지의 설명이 〈보기〉를 적절하게 해석한 것인지부터 체크한 다음, 정도전의 주장이 담긴 2문단과도 일치하는지를 살펴 O, X를 표시하며 풀면 된다.

14 다음은 윗글을 읽은 학생의 독후 활동이다. ㉮에 들어갈 내용으로 가장 적절한 것은?

지문 근거 둘중햇 Q&A 어휘/개념 부정질문

독후 활동

유사한 화제를 다룬 다음 자료를 읽고, 관점의 차이를 정리해 보자.

[자료]

> 조선 시대의 교육은 신분 질서 유지를 통해 통치 계층의 우위를 확보하는 데 기여했다. 현실적으로 통치 계층이 아닌 백성은 정치에 참여하는 관료가 되기 어려웠는데, 이는 신분에 따라 교육 기회가 제한된 것과 관련된다. 한편, 백성을 대상으로 하는 교육은 대체로 도덕적 교화를 위한 것에 한정되었다.

[결론]

[자료]와 [A]는 조선 시대의 (㉮)에 대하여 관점의 차이를 보이고 있다.

① 백성이 교육 기회를 얻고자 노력했는지
② 교육이 본질적으로 백성을 위한 것인지
③ 교육 방식이 현대적으로 계승되었는지
④ 신분 질서가 어떤 의미를 지니는지
⑤ 백성이 어떻게 정치에 참여했는지

분석쌤 강의
● **분 석** 질문의 핵심을 파악하는 것이 중요하고, 복습할 때 정답을 찾아가는 과정을 한 번 더 살펴 문제 풀이 시간을 단축해야 하는 문제 유형
● **해결案** [자료]는 지문과 유사한 화제를 다룬 것이면서 [A]와 관점의 차이를 드러낸 것이라고 했다. 그리고 관점의 차이는 조선 시대의 ㉮에 대한 것이라고 했으므로 ㉮에 들어갈 말은 [자료]와 [A]에서 다루고 있는 내용이면서 관점의 차이를 보이고 있는 것이어야 한다. 따라서 답지의 내용이 [자료]와 [A] 중 한 군데라도 언급되어 있지 않거나 미루어 짐작할 수 없으면 정답에서 제외하고 남은 답지들을 대상으로 [자료]와 [A]가 관점의 차이를 보이고 있는지를 따지면 된다.

15 문맥상 ⓐ~ⓔ와 바꿔 쓰기에 적절하지 않은 것은?

지문 근거 둘중햇 Q&A 어휘/개념 부정질문

① ⓐ: 따라야
② ⓑ: 가다듬는
③ ⓒ: 끊임없이
④ ⓓ: 걸맞은
⑤ ⓔ: 바탕을 둔

분석쌤 강의
● **분 석** 정답을 쉽게 찾은 경우에도 '매3어휘 풀이'를 떠올리며 어휘 문제에 접근하고 해결하는 방법을 새겨야 하는 문제
● **해결案** ⓐ~ⓔ가 포함된 문장의 핵심부터 간추린 다음, 답지의 말을 대입해 보고 자연스러운지를 살핀다. 이때 '순응, 정비, 순조, 부합, 기반'이라는 단어는 한자어이므로 한자어의 각 음절이 들어가는 다른 말을 떠올려 그 의미를 익혀 두면 낯선 어휘의 뜻도 짐작할 수 있다.

▶ 정답을 모르는 상태에서 2차 풀이를 하기 위한 방법으로, 아래 채점표 대신 '모바일 자동 채점 프로그램'(문제편 표지 QR 코드)을 이용해도 된다.

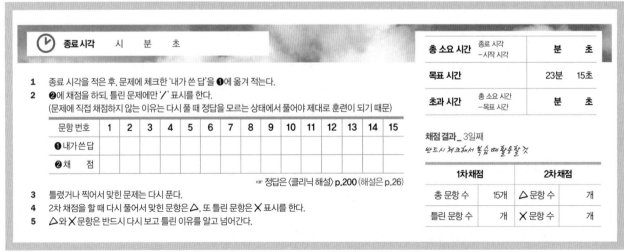

🕐 **종료 시각** 　시　　분　　초

총 소요 시간	종료 시각 −시작 시각	**분**	**초**
목표 시간		23분	15초
초과 시간	총 소요 시간 −목표 시간	**분**	**초**

1 종료 시각을 적은 후, 문제에 체크한 '내가 쓴 답'을 ❶에 옮겨 적는다.
2 ❷에 채점을 하되, 틀린 문제에만 '／' 표시를 한다.
(문제에 직접 채점하지 않는 이유는 다시 풀 때 정답을 모르는 상태에서 풀어야 제대로 훈련이 되기 때문)

문항 번호	1	2	3	4	5	6	7	8	9	10	11	12	13	14	15
❶내가쓴답															
❷채　점															

☞ 정답은 〈클리닉 해설〉 p.200 (해설은 p.26)

3 틀렸거나 찍어서 맞힌 문제는 다시 푼다.
4 2차 채점을 할 때 다시 풀어서 맞힌 문항은 △, 또 틀린 문항은 ✕ 표시를 한다.
5 △와 ✕ 문항은 반드시 다시 보고 틀린 이유를 알고 넘어간다.

채점 결과_ 3일째
반드시 체크해서 복습 때 활용할 것

	1차 채점		2차 채점
총 문항 수	15개	△ 문항 수	개
틀린 문항 수	개	✕ 문항 수	개

1~5 **다음 글을 읽고 물음에 답하시오.**   2018학년도 11월 고1 전국연합학력평가【33~37】 인문

일반적으로 사람들은 정서와 감정을 동일한 것으로 여긴다. 그런데 오늘날의 심리 철학에서는 '정서'라는 개념을 특정 시점에서의 주관의 정신 상태라고 정의하면서 정서와 감정을 개념적으로 구분하고, 정서의 본질에 대해 이전부터 계속되어 온 철학적 탐구를 이어가고 있다.

정서의 본질에 대한 전통적인 논의는 크게 두 방향의 이론으로 설명할 수 있는데, 하나는 '감정 이론'이고 다른 하나는 '인지주의적 이론'이다. 다음 사례에서 드러나는 정서의 요소를 바탕으로 두 이론의 대립하는 방향성을 확인할 수 있다. 민호가 전신주 옆에서 버스를 기다리고 있을 때, 전신주 변압기에서 연기가 솟아났고 민호는 갑자기 공포에 빠져들게 된 상황을 가정해 보자. 이때 민호의 공포라는 정서에서 감정적 요소에 해당하는 것은 민호가 느끼는 공포감이라는 느낌이고, 인지적 요소에 해당하는 것은 민호가 연기를 보았을 때 '민호 자신이 위험한 상황에 처했다.'라는 명제로 표현될 수 있는 판단이나 믿음이다. 감정 이론은 전자를 중심으로 정서를 정의하는 이론이고, 인지주의적 이론은 후자를 중심으로 정서를 정의하는 이론이다.

㉠감정 이론은 특정 정서를 그 정서가 내포하는 특정 감정, 즉 자신도 모르게 생기는 느낌과 동일시하는 이론이다. 감정 이론에 따르면, 정서를 이해하는 것은 인지적인 요소가 아니라 감정적인 요소를 통해서 가능하다. 즉 상황에 대해서 어떻게 판단하고 믿느냐가 아니라 어떻게 느끼느냐를 이해하는 것을 통해서만 가능하다는 것이다. 감정 이론은 앞의 예에서 공포라는 민호의 정서를 공포감이라는 감정적 요소와 동일시하면서 민호의 정서를 이해하는 데 있어 인지적 요소는 배제한다. 인지적 요소인 판단과 믿음은 앞의 예에서 민호가 연기를 보았다고 가정했을 때 그 '연기'와 같은 구체적인 대상을 전제하는데, 감정 이론은 판단과 믿음을 배제하기 때문에 정서의 지향적인 성격을 부정한다. 또한 감정 이론을 바탕으로 할 때, 감정은 정서와 동일시되므로 의지에 의해 통제되기 힘든 감정의 속성은 그대로 정서의 속성이 된다.

감정 이론은 사람들이 일상적으로 정서를 감정과 동일시하는 보편적인 성향을 잘 설명할 수 있다는 장점을 지닌다. 사람들이 '어떤 사람이 공포의 정서 상태에 있다.'라는 말의 의미를 전달하기 위해서, 이 말보다 '어떤 사람이 공포를 느낀다.'라는 말을 더 자연스럽게 여기는 것은 정서와 감정을 동일시하는 사람들의 보편적인 성향을 잘 보여 준다. 그러나 감정 이론은 정서들을 분류하는 데 한계를 지닌다. 왜냐하면 감정 이론은 감정 외적인 인지적 요소를 배제하고 감정적 요소만을 강조하기 때문에 개별 정서의 차이를 구분하여 설명하지 못하고 단지 각각의 정서가 다르게 느껴진다고 이야기한다. 그리고 감정 이론은 정서가 규범적 성격을 가질 수 있다는 점을 설명할 수 없다. 왜냐하면 감정 이론은, 어떻게 느끼느냐에 대한 감정 외적인 상황을 고려하지 않은 채 내적인 감정과 동일시되는 정서 자체에 초점을 맞추기 때문이다. 그래서 감정 이론은 그 정서의 규범적인 적절성 여부, 즉 그 정서가 당위적인 가치 기준에 부합하는지 여부를 판단하는 것이 불가능하다.

인지주의적 이론은 정서의 인지적 요소를 정서와 동일시하거나 적어도 정서의 필수적인 요소로 인정하는 이론이다. 이 이론에 따르면, 감정 자체는 정서와 동일시될 수 없고 판단이나 믿음과 같은 인지적 요소들의 복합체에 의해 초래되는 결과일 뿐이다. 인지주의적 이론은, 앞의 예에서 민호가 자신의 머리 위에 변압기가 떨어질 수 있다고 판단하여 위험한 상황에 처했다고 믿는 것을 민호가 경험하는 공포라는 정서 상태와 동일시하거나 적어도 이 공포라는 정서를 규정하는 데 필수적인 요소로 인정한다. 그리고 민호의 공포감은 민호의 판단과 믿음의 결과로 가지게 된 감정일 뿐이라고 본다.

인지주의적 이론의 장점은 앞서 언급한 감정 이론의 두 가지 문제점을 해결할 수 있다는 것이다. 인지주의적 이론은 정서들을 개별 정서로 분류하는 것이 가능하다. 왜냐하면 사람들이 비슷하다고 생각하는 정서를 판단이나 믿음이라는 인지적 요소를 바탕으로 각각의 정서로 구분할 수 있기 때문이다. 그리고 인지주의적 이론은 정서가 규범적 성격을 가질 수 있다는 점을 설명할 수 있다. 왜냐하면 인지주의적 이론이 정서와 동일시하거나 적어도 정서의 필수적인 요소로 여기는 판단과 믿음에는 당위적인 가치 기준이 개입될 수 있기 때문이다. 그러나 인지주의적 이론은 인지적 요소만을 지나치게 강조하기 때문에, 사람들의 보편적인 성향에서 드러나는 감정적 요소를 경시하고 있다.

ⓐ감정 이론과 인지주의적 이론은 유사한 맥락에서 한계를 지니고 있다. 그래서 오늘날의 심리 철학은 두 이론을 정서의 다면적인 성격을 설명하기 위한 철학적 바탕으로 삼되, 두 이론과 달리 정서의 다면적 성격을 종합적으로 설명할 수 있는 새로운 이론적 틀을 마련하기 위해 노력하고 있다.

01 윗글의 전개 방식에 대한 설명으로 가장 적절한 것은?

① 중심 화제에 대한 대비되는 두 이론을 소개한 후 각 이론의 장단점을 제시하고 있다.

② 중심 화제에 대한 상반된 이론을 제시한 후 두 이론을 절충한 새로운 이론을 비판하고 있다.

③ 중심 화제에 대한 두 이론의 가설을 제시하고 통계를 바탕으로 가설의 타당성을 검증하고 있다.

④ 중심 화제에 대한 두 이론의 대표적인 학자들을 제시하고 그들이 후속 연구에 미친 영향을 소개하고 있다.

⑤ 중심 화제에 대해 새롭게 등장한 두 이론과 각각의 등장 배경을 소개하고 기존 이론의 등장 배경과 대비하고 있다.

지문근거	둘중헷	Q&A	어휘/개념	부정질문

분석쌤 강의
● 분 석 정답을 쉽게 찾았어도 복습할 때 답지에 쓰인 어휘들의 뜻을 정확하게 알고 넘어가야 하는 문제
● 해결案 글의 전개 방식에 대해 질문하고 있으므로 각 답지의 설명에서 한 부분이라도 지문 내용과 어긋나면 과감하게 ✕ 표시를 하고 정답 후보에서 제외한다. 이때 답지의 설명을 두루뭉술하게 체크해서는 안 되고, 세부적으로 나누어 각각에 대해 옳고 그름을 따져야 한다. ①을 예로 들면, '중심 화제에 대한 대비되는 두 이론을 소개'(A)하고 있는지, '각 이론의 장단점을 제시'(B)하고 있는지, 그리고 A한 후에 B하고 있는지도 체크해야 한다.

02 윗글의 ㉠과 〈보기〉의 ㉮에 대해 보인 반응으로 적절하지 않은 것은?

> 보기
>
> ㉮제임스의 이론에 따르면, 사람이 공포라는 정서 상태에 있을 때 얼굴이 핼쑥해지고 등줄기에 식은땀이 흐르는 등 여러 가지 신체적 변화가 발생하는데 이러한 물리적인 변화는 의지에 의해 통제되기 힘든 특정 느낌을 동반한다. 제임스는 이러한 느낌을 중심으로, 느낌들의 복합체, 즉 신체적 감각의 복합체를 공포라는 정서와 동일시한다.

① ㉠과 ㉮는 정서의 지향적인 성격을 전제한다는 점에서 유사하겠군.

② ㉠과 ㉮는 느낌이라는 것을 중심으로 정서를 이해한다는 점에서 유사하겠군.

③ ㉠과 ㉮는 의지에 의해 통제되기 힘든 정서의 속성을 인정한다는 점에서 유사하겠군.

④ ㉠은 감정과 정서의 속성을 동일시하여 정서를 이해하려 하고 있군.

⑤ ㉮는 신체적 감각의 복합체를 정서와 동일시하여 정서를 이해하려 하고 있군.

지문근거	둘중헷	Q&A	어휘/개념	부정질문

분석쌤 강의
● 분 석 2차 채점 후, 학생들이 많이 헷갈려 한 답지가 오답인 이유도 챙겨 보고, 이와 같은 문제 유형을 빠르게 푸는 방법도 챙겨 봐야 하는 문제
● 해결案 지문과 〈보기〉를 읽은 다음, 답지를 검토한다. 이때 지문을 읽으면서 ㉠에 대해 이해했지만, 답지에서 비교적 짧은 〈보기〉의 ㉮에 대한 설명부터 먼저 옳고 그름을 판단하면 빠르게 오답을 제외할 수 있다.

03 ⓐ에 대한 설명으로 가장 적절한 것은?

① 감정 이론과 인지주의적 이론은 모두 정서가 규범적인 속성을 가질 수 있다는 점을 설명하지 못한다.

② 감정 이론과 인지주의적 이론은 모두 사람들이 느끼는 개별 정서의 차이를 구분하여 설명하지 못한다.

③ 감정 이론과 인지주의적 이론은 모두 특정 요소만을 강조하여 정서의 본질을 종합적으로 설명하지 못한다.

④ 감정 이론과 인지주의적 이론은 모두 정서에 대해서 사람들이 지니고 있는 보편적인 성향을 반영하지 못한다.

⑤ 감정 이론과 인지주의적 이론은 모두 상황에 따른 정서의 적절성 여부를 결정하는 당위적인 가치 기준을 제시하지 못한다.

지문근거	둘중헷	Q&A	어휘/개념	부정질문

분석쌤 강의
● 분 석 정답과 오답의 근거가 지문에 명확하게 제시되어 있는데도 불구하고 많은 학생들이 오답에 답한 문제
● 해결案 ⓐ에 대한 설명이 적절한지를 묻고 있으므로, ①번 답지부터 감정 이론과 인지주의적 이론의 한계에 대해 설명한 지문 내용과 일치하는지를 따진다. 두 이론 중 하나만 어긋나도 정답에서 제외한다.

04 윗글을 바탕으로 〈보기〉를 이해한 내용으로 적절하지 않은 것은? [3점]

┌─── 보기 ───

집에 가던 수아는 갑자기 비가 내리자 버스 정류장에서 비를 피하고 있었다. 그때 멀리서 수아를 본 어머니가 웃는 얼굴로 우산을 들고 수아에게 다가왔다. 어머니를 만난 수아는 행복이라는 정서를 가지게 되었다.

└──────────

① 감정 이론에 따르면, 수아가 집에 갈 때 어머니를 만난 특정 시점에서 가지게 된 행복이라는 정서는 수아가 느낀 감정인 행복감 자체와 동일시된다고 보겠군.

② 감정 이론에 따르면, 수아의 행복이라는 정서를 이해하려면 '수아가 비를 맞지 않게 하려고 어머니가 우산을 들고 나왔다.'라는 명제로 표현될 수 있는 요소는 배제해야겠군.

③ 인지주의적 이론에 따르면, 자신을 본 어머니의 웃는 얼굴을 보게 됨으로써 수아가 가지게 된 행복이라는 정서는 감정에서 비롯된 결과라고 보겠군.

④ 인지주의적 이론에 따르면, 수아의 행복이라는 정서를 설명하기 위해서는 어머니가 우산을 들고 수아에게 다가오는 상황을 고려해야 한다고 보겠군.

⑤ 인지주의적 이론에 따르면, 어머니의 표정과 행동이라는 구체적인 대상에 대한 수아의 판단은 수아가 가지게 된 행복이라는 정서 상태의 필수적인 요소로 인정되겠군.

지문 근거 물중헷   Q&A   어휘/개념 부정 질문

분석쌤 강의

● **분 석** 지문 내용에 대한 이해를 〈보기〉의 사례에 적용하는 것도 중요하지만, 각 답지에 공통으로 제시된 '~ 이론에 따르면'을 고려하여 정답 여부를 판단해야 하는 문제

● **해결案** 지문에서 설명한 감정 이론과 인지주의적 이론의 차이를 바탕으로 〈보기〉를 읽고 답지의 적절성 여부를 판단한다. 이때 중요한 것은 답지의 맨 앞에 제시된 '~ 이론에 따르면'을 놓쳐서는 안 된다는 것이다.

---

05 윗글과 〈보기〉에 대해 설명한 내용으로 가장 적절한 것은?

┌─── 보기 ───

정서의 본질을 설명하는 전통적인 이론 중에서 행동주의 이론은 정서의 본질을 인간에게 가해지는 자극과 이에 대한 반응의 관계를 통해 파악하려고 했다. 행동주의 이론에 따르면, 인간의 모든 기능은 공통적으로 자극과 반응의 원리를 통해 설명될 수 있기 때문에 인간의 정서도, 내적인 감정이 아니라 자극에서 초래된 외적인 반응으로서의 특정한 행동과 현상으로 기술될 수 있다는 것이다.

└──────────

① 감정 이론과 행동주의 이론은 모두 인간에게 가해지는 자극을 통해서 인지적인 요소가 정서의 필수적인 요소임을 증명할 수 있다고 보고 있다.

② 인지주의적 이론과 행동주의 이론은 모두 인간의 외적인 반응에 주목하여 사람의 마음에 일어나는 감정 그 자체인 정서를 설명하려 하고 있다.

③ 감정 이론은 행동주의 이론과 달리, 인간이 어떻게 느끼느냐에 대한 스스로의 판단은 특정한 행동을 하게 만든다는 사실에 초점을 두어 정서를 설명하려 하고 있다.

④ 행동주의 이론은 감정 이론과 달리, 인간의 정서는 내적인 감정이 아니라 자극과 반응으로 기술될 수 있다는 특징에 주목하여 정서라는 개념을 설명할 수 있다고 보고 있다.

⑤ 행동주의 이론은 인지주의적 이론과 달리, 인간의 모든 기능을 설명할 수 있는 공통적인 원리가 아닌 특수한 대상에 적용되는 원리를 바탕으로 정서에서의 감정적 요소를 설명하려 하고 있다.

지문 근거 물중헷   Q&A   어휘/개념 부정 질문

분석쌤 강의

● **분 석** 답지의 '모두'와 '~과 달리'에 유의하여 풀어야 하는 문제 유형

● **해결案** 감정 이론과 인지주의적 이론, 행동주의 이론의 특징(감정 중시, 판단과 믿음 중시, 자극과 반응 중시)을 염두에 두고 답지를 검토한다. 이때 각 답지에서 비교하고 있는 대상에 대한 내용이 한 부분이라도 틀리면 과감하게 ✕ 표시를 하고 정답에서 제외하되, '모두'와 '~과 달리'에 특히 유의하도록 한다.

북아메리카 원주민들에게는 독특한 방식으로 선물을 ⓐ주는 '포틀래치(potlatch)'라는 관습이 있다. 행사를 연 마을의 수장은 자신이 쌓아온 재물을 초대받은 다른 마을의 수장들에게 무료로 나누어 주기도 하고, 심지어 그것을 파괴하기도 한다. 손님들은 선물을 받고 자기 마을로 돌아와 '복수'를 맹세하는데, '복수'의 방법이란 그동안 선물을 준 사람들에게 답례 포틀래치를 열어 자기가 받은 것보다 더 많은 선물을 제공하는 것이다.

초기 인류학자들은 이러한 포틀래치라는 관습을 자신의 재산을 대가 없이 자발적으로 주는 일반적인 증여로 파악하고, 위신을 얻기 위해 재산을 탕진하는 비합리적인 생활양식으로 이해하였다. 하지만 모스와 레비스트로스 같은 후대 인류학자들은 포틀래치를 호혜적 교환 행위로 바라보았다. 호혜적 교환이란 일반적인 경제적 교역, 즉 사물의 가격을 측정하여 같은 값으로 교환하는 행위와는 달리, 돌려받을 대가나 시기를 분명하게 정하지 않고 사물을 교환하는 방식을 말한다. 모스는 포틀래치가 자발성을 띤 증여로 보이지만 실제적으로는 교환의 성격을 지닌다고 보았다. 왜냐하면 선물을 받은 사람은 의무적으로 답례를 해야 할 뿐만 아니라 더 많은 선물을 돌려주어야 하기 때문이다. 모스는 이러한 포틀래치가 집단 간의 유대 관계를 형성하는 역할을 한다고 보았다.

레비스트로스는 여기에서 더 나아가 포틀래치에 나타나는 호혜적 교환을 사회가 성립되는 원리로 제시하였다. 폐쇄적인 집단은 환경의 변화나 주변의 침략에 쉽게 무너질 수 있으므로, 인간은 생존하기 위해서 교환을 하며 다른 집단과 사회적 유대를 맺어야 한다는 것이다. 이때 포틀래치와 같이 상대방에게 선물을 주는 행위가 상대방에게 부채감을 ⓑ주고, 이 부채감이 다시 선물을 주는 행위로 이어지게 만들어 결국 교환이 이루어지도록 한다는 것이다. 한편 다른 집단과 동맹을 맺는 가장 좋은 방법은 그 집단과 결혼을 하는 것이므로, 레비스트로스는 교환을 위해 ㉠'친족 간의 결혼 금지'가 만들어졌다고 말한다. 그는 친족 간의 결혼 금지로 인해 우리 부족의 사람이 다른 부족으로 넘어가고, 새로운 사람이 우리 부족에 들어오는 호혜적 관계가 형성되었으며, 이를 통해 부족 간의 호혜적 교환이 가능해져 사회적 공동체가 형성되었다고 주장한다. 또한 그는 친족 간의 결혼 금지라는 규칙을 바탕으로 공동체에 필요한 다른 규칙들이 형성됨으로써 인간이 자연 상태에서 문명 상태로 접어들게 되었다고 말한다.

이처럼 레비스트로스는 포틀래치를 교환의 구조나 사회 규칙이라는 체계의 틀에서 이해하고자 하였다. 그의 견해에 따르면 인류의 보편적인 현상인 친족 간의 결혼 금지와 같은 결혼 제도도 인간의 본성이 아닌 사회적 유대 관계를 형성하는 구조 속에서 만들어진 결과이다. 이렇게 인간을 비롯한 대상의 의미나 본질은 하나의 개체로서가 아니라 전체 안에서 다른 것들과 맺은 관계 때문에 결정된다는 관점을 '구조주의'라고 한다. 이 관점에 따르면 인간은 결단의 주체가 아니며 인간의 특성과 정체성은 인간 스스로 결정하는 것이 아닌 그가 속한 사회 구조에 의해 결정된다.

구조주의 인류학자 레비스트로스는 인간은 어떤 고립된 개인으로 이해되어서는 안 된다고 말한다. 사회 구조가 인간을 만들기 때문에, 인간을 이해하려면 인간의 구체적인 행동보다는 그 인간이 속한 사회 구조를 살펴야 한다는 것이다. 그의 관점에 따르면 소유를 중시하고 치열한 경쟁을 하며 살아가는 현대인의 모습 역시 현대 사회의 구조 아래에서 형성된 특성에 불과하다. 그런 점에서 그의 연구는 현대 사회의 구조 변화가 현대인들의 삶의 변화로 이어질 수 있다는 가능성을 보여주었다는 평가를 받고 있다.

다시보기 ▶ 다시 볼 문제 체크하고 틀린 이유 메모하기　　　　　　　　*[분석쌤 강의]는 2차 채점 후 반드시 챙겨 본다!*

06 윗글을 통해 알 수 있는 내용으로 적절하지 않은 것은?

① 후대 인류학자들은 포틀래치가 유대 관계를 형성하는 역할을 한다고 보았다.

② 초기 인류학자들은 포틀래치를 위신을 얻기 위해 재산을 탕진하는 비합리적인 행위로 보았다.

③ 일반적인 증여는 자신의 재산을 상대방에게 대가 없이 자발적으로 제공하는 행위에 해당한다.

④ 일반적인 경제적 교역은 사물의 가치를 따져 같은 값으로 교환한다는 점에서 포틀래치와 차이가 있다.

⑤ 후대 인류학자들은 포틀래치를 선물을 받은 사람이 답례의 시행 여부를 선택할 수 있는 호혜적 행위라고 보았다.

지문 근거　둘중헷　Q&A　어휘/개념　부정질문

분석쌤 강의

● **분 석** 지문에 근거가 그대로 제시되어 있기도 하고, 미루어 짐작할 수 있기도 한 답지가 섞여 있는, 내용 이해 및 세부 내용 확인 문제

● **해결案** 발문(문두)을 확인한 후 바로 답지를 검토하되, 각 답지에서 핵심이 되는 키워드를 체크해, 체크한 말이 언급된 지문 내용과 비교한다. 이때 지문 내용과 어긋나면 바로 정답으로 확정 지어도 된다.

07 ㉠에 대한 '레비스트로스'의 견해로 가장 적절한 것은?

① 다른 부족과의 결혼을 유도하여 부족 간의 동맹을 약화시키는 규칙이다.

② 인류의 보편적인 현상이 아닌 인간의 본성에 의해 개별적으로 형성된 규칙이다.

③ 사람을 받아들인 부족은 부채감을 덜고, 보낸 부족은 부채감을 갖게 하는 규칙이다.

④ 인간이 자연 상태를 벗어나 문명 상태로 발전한 상황에서 사회적 구조에 의해 성립된 규칙이다.

⑤ 다른 집단과 동맹을 맺기 위한 목적으로 활용되어 호혜적 교환이 일어날 수 있게 하는 규칙이다.

지문근거 둘중헷 Q&A 어휘/개념 부정질문

분석쌤 강의

● **분 석** 발문(문두)이 중요한, '㉠에 대한 '레비스트로스'의 견해로 적절한 것'을 묻고 있다는 것을 염두에 두고 답지를 살펴야 하는 문제

● **해결案** 발문 유형은 다르지만 내용 일치 여부를 묻는 문제처럼, 각 답지의 내용이 언급된 지문을 찾아, 해당 내용과 답지를 비교해 적절한지를 따지고, '레비스트로스'의 견해에 부합하는지도 체크해 정답을 확정하도록 한다.

08 윗글의 '구조주의'와 〈보기〉의 사상을 비교한 내용으로 적절하지 않은 것은? [3점]

> **보기**
>
> '전통철학'에서는 인간이 선천적인 원리에 의해 미리 규정된 '특성'과 '본질'을 갖는다고 보았다. 그리고 인간은 그 특성과 본질을 이 세계에서 충실하게 실현해야 한다는 것이다. 하지만 '실존주의'에서는 인간은 결단의 주체이며 자신의 특성과 정체성을 스스로 결정할 자유로운 의식과 권리가 있고, 스스로 자신의 결정에 책임을 질 필요가 있다고 보았다. 따라서 실존주의에서는 인간을 하나의 현상이자 개별적인 존재로 보고 인간의 구체적인 행동에 관심을 두었다.

① 구조주의와 실존주의에서는 모두 인간을 자신의 결정에 책임을 지는 결단의 주체로 보는군.

② 구조주의에서는 실존주의와 달리 인간은 자신의 정체성을 스스로 결정하지 않는다고 보는군.

③ 실존주의에서는 구조주의와 달리 인간을 이해하기 위해서는 인간의 구체적인 행동에 주목해야 한다고 보는군.

④ 전통철학에서는 구조주의와 달리 인간에게는 충실하게 실현해야 할 본질이 미리 규정되어 있다고 보는군.

⑤ 구조주의에서는 전통철학과 달리 인간의 특성은 집단 안에서 다른 것들과 맺는 관계에 따라 결정된다고 보는군.

지문근거 둘중헷 Q&A 어휘/개념 부정질문

분석쌤 강의

● **분 석** 대부분의 학생들이 쉽게 정답에 답했지만, 이와 같은 문제 유형을 빠르게 푸는 방법을 복습하면서 한 번 더 챙겨 봐야 하는 비교하기문제

● **해결案** "지문의 '구조주의'와 〈보기〉의 '전통철학', '실존주의'를 비교하는 문제군." 한 다음, 비교적 빠르게 정답 여부를 판단할 수 있는 것부터 지문과 〈보기〉를 바탕으로 체크해 확실하게 적절하지 않은 것을 정답으로 확정한다. 이때 '모두', '~와/과 달리'에 유의한다.

09 ⓐ, ⓑ의 의미로 쓰인 예가 바르게 짝지어진 것은?

①
- ⓐ: 그는 아이에게 용돈을 주었다.
- ⓑ: 지나친 기대는 학생에게 부담을 준다.

②
- ⓐ: 선생님께서 학생에게 책을 주셨다.
- ⓑ: 그는 개에게 먹이를 주고 집을 나섰다.

③
- ⓐ: 오늘부터 너에게 3일의 시간을 주겠다.
- ⓑ: 나는 너에게 중요한 임무를 주겠다.

④
- ⓐ: 여행은 우리에게 기쁨을 주는 일이다.
- ⓑ: 손에 힘을 더 주고 손잡이를 돌려야 한다.

⑤
- ⓐ: 그 사람은 모두에게 정을 주는 사람이다.
- ⓑ: 어머니는 우리에게 조건 없이 사랑을 주는 분이다.

지문근거 둘중헷 Q&A 어휘/개념 부정질문

분석쌤 강의

● **분 석** 쉽게 정답에 답했어도 문제 풀이 방법을 한 번 더 챙겨 봐야 하는 문제 유형
☞ 〈클리닉 해설〉 참조

● **해결案** 지문에서 밑줄 친 ⓐ와 ⓑ의 의미부터 파악한 후, 답지에서 밑줄 친 '주다'의 의미가 ⓐ, ⓑ와 바르게 짝지어진 것인지를 확인한다. 이때에도 '매3'에서 강조하는 3단계 풀이법을 적용하여 정답을 확정 짓도록 한다.

서양 철학은 ⊙존재에 대한 물음에서 시작되었다. 고대 그리스 철학자 파르메니데스는 있는 것은 있고 없는 것은 없다고 말했다. 그는 어떤 존재가 있다가 없어지고 없다가 있게 되는 일은 불가능하다며 존재의 생성과 변화, 소멸을 부정했다. 그에게 존재는 영원하며 절대적이고 불변성을 가지는 것이었다. 이에 반해 헤라클레이토스는 존재의 생성과 변화를 긍정했다. 그는 존재하는 모든 것이 변화의 과정 중에 있으며 끊임없이 생성과 소멸을 반복하는 것이라고 생각했다. 존재에 대한 두 철학자의 견해는 플라톤의 이데아론에 영향을 주었다. 플라톤은 존재를 끊임없이 변하는 존재와 영원히 변하지 않는 존재로 나누었다. 그는 우리가 경험하는 현실 세계의 존재는 변한다고 생각했다. 그리고 현실 세계에 존재하는 모든 것의 근원을 이데아로 ⓐ상정하고 이데아를 영원하고 불변하는 존재, 그 자체로 완전한 진리로 여겼다. 반면에 현실 세계의 존재는 이데아를 모방한 것일 뿐 이데아와 달리 불완전하다고 보았다. 또한 감각을 통해 인식할 수 있는 현실 세계의 존재와 달리 이데아는 오직 이성에 의해서만 인식할 수 있다는 이성 중심의 사유를 전개했다. 플라톤의 이러한 철학적 견해는 이후 서양 철학의 주류가 되었다.

그러나 플라톤의 견해를 바탕으로 한 서양 철학의 주류적 입장은 근대에 이르러 니체에 의해 강한 비판을 받았다. 헤라클레이토스의 견해를 받아들인 니체는 영원히 변하지 않는 존재, 절대적이고 영원한 진리는 없다고 주장했다. 또한 우리가 살고 있는 현실 세계가 유일한 세계라면서 '신은 죽었다'라고 선언하며 형이상학적 이원론*이 말하는 진리, 신 중심의 초월적 세계, 합리적 이성 체계 모두를 부정했다. 니체는 형이상학적 이원론이 진리를 영원불변한 것으로 고정하고, 현실 너머의 이상 세계와 초월적 대상을 생명의 근원으로 설정함으로써 인간이 현실의 삶을 부정하도록 만들었다고 보았다. 그래서 생명의 근원과 삶의 의미를 상실한 인간은 허무에 ⓑ직면하게 되었다는 것이다.

니체는 허무에서 벗어나기 위해서는 생명의 본질을 ⓒ회복해야 한다고 했다. 그는 인간이 자신의 삶을 지탱할 수 있게 하는 것을 '힘에의 의지'로 보았다. 니체가 말하는 '힘에의 의지'는 주변인이나 사물을 자기 마음대로 지배하고 억압하려는 의지가 아니라 자기 극복을 이끌어 내고 생명의 상승을 지향하는 의지로 이해할 수 있다. 니체는 이러한 '힘에의 의지'가 생성과 변화의 끊임없는 과정 중에서 창조적 생성 작용을 하는데, 그 최고의 형태가 예술이라고 했다. 그는 본능에 내재한 감성을 바탕으로 하는 예술적 충동을 중시하였고, 예술가의 창작 활동을 인간의 삶의 가치 상승을 도와주는 '힘에의 의지'로 보았다. 그는 예술을 통해 생명력을 회복하고 허무를 극복할 수 있음을 강조한 것이다.

이러한 니체의 철학적 견해는 20세기 초의 예술가들에게 많은 영향을 주었는데, 특히 회화에서 독일의 표현주의가 니체의 철학을 ⓓ수용했다. 표현주의는 전통적인 사실주의 미학을 따르지 않았다. 사실주의 미학은 형이상학적 이원론에 근거하여 존재와 진리의 참모습을 모방하는 것을 예술의 목적으로 받아들이는 재현의 미학이었다. 그러나 니체의 철학적 관점에서 예술을 이해한 표현주의 화가들은 예술의 목적을 대상의 재현이 아니라 인간의 감정과 충동을 표현하는 것으로 생각했다. 그들은 사실주의 미학에서 이성보다 열등한 것이라고 여겼던 감정을 존재의 본질을 드러내는 것으로 보았다. 그들이 생각하는 인간의 감정은 시시각각 변화하며 생성과 소멸을 반복하는 것이었기에 그림을 그리는 동안에도 매 순간 변화하는 감정을 중시했다. 그래서 대상의 비례와 고유한 형태를 왜곡하고, 색채도 실제보다 더 강하게 과장해서 그리거나 대비되는 원색을 대담하게 사용하는 등의 방법을 통해 자신의 감정과 충동을 표현했다. 또한 원근법에 얽매이지 않는 화면 구성을 보임으로써 작품에서 드러나는 공간이 현실 공간의 재현이 아니라 화가 자신의 감정을 표현하기 위한 상징과 의미를 생산하는 공간이라는 인식을 드러냈다.

표현주의 화가들은 이성과 합리성의 가치를 추구하던 당시 사회의 분위기에 ⓔ반발하며 예술가로서의 감정적, 주관적인 표현을 예술이 추구해야 하는 가치로 보았다. 그들은 자유로운 형태와 색채로 자신들이 가지고 있던 내면의 불안, 공포, 고뇌 등을 예술로써 극복하려고 노력하면서 강한 생명력을 보여 주었다. 결국 화가의 내면을 적극적으로 표현했던 표현주의는 니체의 철학을 근거로 예술에 대한 새로운 해석을 보여 주었다고 할 수 있다.

* 형이상학적 이원론: 세계를 경험의 세계와 경험을 초월한 세계로 나누고, 사물의 본질과 존재의 근본 원리를 사유를 통해 연구하는 이론.

10 윗글에 대한 설명으로 가장 적절한 것은?

① 니체의 철학적 개념을 예술 양식의 발전 단계에 따라 정리하고 있다.

② 예술에 대한 니체의 견해가 시대에 따라 달리 평가받는 원인을 분석하고 있다.

③ 예술에 대한 니체의 시각과 서양 철학의 주류적 입장의 장단점을 비교하고 있다.

④ 예술에 대한 여러 철학자들의 견해가 니체에 의해 통합되는 과정을 살펴보고 있다.

⑤ 서양 철학의 주류적 입장을 부정하는 니체의 철학이 예술에 미친 영향을 설명하고 있다.

지문 근거   둘중헷   Q&A   어휘/개념 부정 질문

분석쌤 강의

● **분 석** 글의 전개 방식을 묻는 문제로, 글 전체의 흐름을 꿰뚫는 방식을 정답으로 골라야 하는 긍정 발문(~적절한 것은?)의 문제
    ☞ 〈클리닉 해설〉 p.7의 '개념 +' 참조
● **해결案** 글쓴이가 글을 전개할 때 개념을 정리(①)하고, 원인을 분석(②)하며, 장단점을 비교(③)하고 있는지 등을 O, X로 표시하며 푼다. 그리고 적절한 것을 묻고 있으므로 답지의 내용을 세부적으로 나누어 한 부분이라도 적절하지 않은 내용이 포함되어 있으면 바로 X 표시를 하여 정답에서 제외하도록 한다.

다시보기   ▶다시볼 문제 체크하고 틀린 이유 메모하기

11 ㉠에 대한 이해로 가장 적절한 것은?

① 헤라클레이토스와 니체는 ㉠이 변화한다고 생각했다.

② 파르메니데스와 플라톤은 ㉠이 불완전하다고 여겼다.

③ 플라톤과 헤라클레이토스는 영원히 변하지 않는 ㉠이 있다고 보았다.

④ 파르메니데스는 헤라클레이토스와 달리 ㉠의 생성을 긍정했다.

⑤ 플라톤은 니체와 달리 ㉠의 근원을 감각을 통해 인식할 수 있다고 보았다.

지문 근거   둘중헷   Q&A   어휘/개념 부정 질문

분석쌤 강의

● **분 석** '~와 달리'에 유의해야 하고, 두 사람의 생각에 대한 이해가 모두 적절한지를 하나하나 따져야 하는 비교하기 문제
● **해결案** ㉠에 대한 철학자들의 생각을 묻고 있으므로 답지 ①부터 해당 철학자에 대해 언급한 지문 내용을 찾아 옳은지 그른지를 판단한다.

다시보기   ▶다시볼 문제 체크하고 틀린 이유 메모하기

12 윗글에 나타난 니체의 사상과 연결 지어 〈보기〉의 작품을 감상한 내용으로 가장 적절한 것은? [3점]

─ 보기 ─

　독일 표현주의 화가인 키르히너의 「해바라기와 여인의 얼굴(1906)」은 창가에 놓인 해바라기 꽃병과 여인의 모습을 그린 작품으로 화가의 내면이 잘 표현되었다는 평가를 받는다. 해바라기는 노란색, 꽃병은 녹색, 배경은 주황색의 화려한 원색으로 그려져 있고, 해바라기 앞의 여인은 슬프고 우울해 보인다. 활짝 핀 해바라기의 윤곽은 빨갛고 두꺼운 선으로  그려져 해바라기의 노란색과 대비를 이루고 있다. 또한 여인보다 뒤에 있는 해바라기 꽃병이 더 크게 그려진 화면 구성을 보이고 있다.

① 여인을 슬프고 우울해 보이게 그린 것을 보니 인간은 결코 허무를 극복할 수 없다는 니체의 철학과 관련된 것으로 볼 수 있겠군.

② 해바라기를 강조한 화면 구성을 보니 현실 너머의 이상 세계를 생명의 근원이라고 여긴 니체의 견해가 반영된 것으로 볼 수 있겠군.

③ 해바라기의 노란색과 윤곽의 빨간색을 대비한 것을 보니 초월적 세계를 재현한 것이 현실 세계라는 니체의 입장과 관련된 것으로 볼 수 있겠군.

④ 해바라기, 꽃병, 배경 등을 화려한 원색으로 그린 것을 보니 감성을 바탕으로 한 예술적 충동을 중요하게 여겼던 니체의 생각에 영향을 받은 것으로 볼 수 있겠군.

⑤ 해바라기 꽃병과 여인을 원근법에 어긋나게 그린 것을 보니 인간은 자기 주변의 사물을 지배해야 한다는 의지를 강조한 니체의 주장이 수용된 것으로 볼 수 있겠군.

지문 근거   둘중헷   Q&A   어휘/개념 부정 질문

분석쌤 강의

● **분 석** 고배점(3점)이라고 해서, 문제의 길이가 길다고 해서, 〈보기〉가 있는 문제라고 해서 어려운 문제인 것은 아니라는 것을 일러 주는 문제
● **해결案** 〈보기〉와 지문을 연결해 적절한 감상인지를 따져야 하는 문제이므로, 각 답지의 앞부분은 〈보기〉의 내용과 일치해야 하고, 뒷부분은 지문에서 근거를 찾아 O, X 표시를 하며 풀어야 한다. 앞부분과 뒷부분 중 하나라도 X이면 정답에서 제외하면 된다.

1주차   2주차   3주차   4주차

13 윗글에 나타난 표현주의 화가들 의 생각으로 적절하지 않은 것은?

① 인간의 감정을 존재의 본질을 드러내는 것으로 인식했다.

② 존재와 진리의 참모습을 모방하는 것이 중요하다고 여겼다.

③ 시시각각 변화하며 생성과 소멸을 반복하는 감정을 중시했다.

④ 예술가로서의 주관적 표현을 예술이 추구해야 하는 가치라고 생각했다.

⑤ 작품에서 드러나는 공간을 화가의 감정을 표현하기 위한 공간으로 인식했다.

지문 근거   둘중헷   Q&A   어휘/개념 부정질문

분석쌤 강의

● **분 석** 지문에서 쉽게 근거를 찾을 수 있어 많은 학생들이 정답에 답한 문제지만, 2차 채점 후 〈클리닉 해설〉에서 비문학 빈출 어휘 하나를 챙겨 보면 유용한 문제

● **해결案** 발문(문두)에 집중하여 답지 ①부터 '표현주의 화가들의 생각'과 일치하는지를 따진다. 이때 정답과 오답의 근거는 '표현주의 화가들'에 대해 다룬 지문에서 찾는다.

14 ⓐ~ⓔ의 사전적 의미로 적절하지 않은 것은?

① ⓐ: 어떤 정황을 가정적으로 생각하여 단정함.

② ⓑ: 어떠한 일이나 사물을 직접 당하거나 접함.

③ ⓒ: 온전하게 보호하여 유지함.

④ ⓓ: 어떠한 것을 받아들임.

⑤ ⓔ: 어떤 상태나 행동 따위에 대하여 거스르고 반항함.

지문 근거   둘중헷   Q&A   어휘/개념 부정질문

분석쌤 강의

● **분 석** '매3'에서 강조하는 '어휘 문제 3단계 풀이법'을 적용해 풀어야 하는, 사전적 의미를 묻는 문제

● **해결案** 사전적 의미를 묻는 문제이므로
1. 밑줄 친 말이 포함된 문장에서 핵심 어구만 간추린 후,
2. 답지에 제시된 사전적 의미를 대입하고,
3. 바꿔 쓸 수 있는 다른 말과 예시문을 떠올려 적절성 여부를 판단한다.
  그리고 2차 채점 후 '3단계 풀이법'을 적용하여 복습하면 낯선 어휘 문제도 해결할 수 있다.

▶ 정답을 모르는 상태에서 2차 풀이를 하기 위한 방법으로, 아래 채점표 대신 '모바일 자동 채점 프로그램'(문제편 표지 QR 코드)을 이용해도 된다.

🕐 **종료 시각**   시   분   초

1 종료 시각을 적은 후, 문제에 체크한 '내가 쓴 답'을 ❶에 옮겨 적는다.
2 ❷에 채점을 하되, 틀린 문제에만 '✓' 표시를 한다.
  (문제에 직접 채점하지 않는 이유는 다시 풀 때 정답을 모르는 상태에서 풀어야 제대로 훈련이 되기 때문)

문항 번호	1	2	3	4	5	6	7	8	9	10	11	12	13	14
❶ 내가 쓴 답														
❷ 채 점														

☞ 정답은 〈클리닉 해설〉 p.200 (해설은 p.34)

3 틀렸거나 찍어서 맞힌 문제는 다시 푼다.
4 2차 채점을 할 때 다시 풀어서 맞힌 문항은 △, 또 틀린 문항은 ✗ 표시를 한다.
5 △와 ✗ 문항은 반드시 다시 보고 틀린 이유를 알고 넘어간다.

총 소요 시간	종료 시각 −시작 시각	**분**	**초**
목표 시간		22분	15초
초과 시간	총 소요 시간 −목표 시간	**분**	**초**

채점 결과_ 4일째
반드시 체크해서 복습 때 활용할 것

	1차채점		2차채점	
총 문항 수	14개	△ 문항 수		개
틀린 문항 수	개	✗ 문항 수		개

1~4 다음 글을 읽고 물음에 답하시오.

2018학년도 3월 고1 전국연합학력평가 【16~19】 인문

18세기 경험론의 대표적인 철학자 흄은 '모든 지식은 경험에서 나온다.'라고 주장하면서, 이성을 중심으로 진리를 탐구했던 데카르트의 합리론을 비판하고 경험을 중심으로 한 새로운 철학 이론을 구축하려 하였다. 그러나 지나치게 경험만을 중시한 나머지, 그는 과학적 탐구 방식 및 진리를 인식하는 문제에 대해서도 비판하기에 이른다. 그 결과 ㉠흄은 서양 근대 철학사에서 극단적인 회의주의자로 평가받는다.

흄은 지식의 근원을 경험으로 보고 이를 인상과 관념으로 구분하여 설명하였다. 인상은 오감(五感)을 통해 얻을 수 있는 감각이나 감정 등을 말하고, 관념은 인상을 머릿속에 떠올리는 것을 말한다. 가령, 혀로 소금의 '짠맛'을 느끼는 것은 인상이고, 머릿속으로 '짠맛'을 떠올리는 것은 관념이다. 인상은 단순 인상과 복합 인상으로 나뉘는데, 단순 인상은 단일 감각을 통해 얻은 인상을, 복합 인상은 단순 인상들이 결합된 인상을 의미한다. 따라서 '짜다'는 단순 인상에, '짜다'와 '희다' 등의 단순 인상들이 결합된 소금의 인상은 복합 인상에 해당한다. 그리고 단순 인상을 통해 형성되는 관념을 단순 관념, 복합 인상을 통해 형성되는 관념을 복합 관념이라 한다. 흄은 단순 인상이 없다면 단순 관념이 존재하지 않는다고 보았다. 그런데 '황금 소금'은 현실에 존재하지 않기 때문에 그 자체에 대한 복합 인상은 없지만, '황금'과 '소금' 각각의 인상이 존재하기 때문에 복합 관념이 존재할 수 있다. 따라서 복합 관념은 복합 인상이 없더라도 존재할 수 있다. 하지만 흄은 '황금 소금'처럼 인상이 없는 관념은 과학적 지식이 될 수 없다고 말하였다.

흄은 과학적 탐구 방식으로서의 인과 관계에 대해서도 비판적 태도를 보였다. 그는 인과 관계란 시공간적으로 인접한 두 사건이 반복해서 발생할 때 갖는 관찰자의 습관적인 기대에 불과하다고 말하였다. 즉, '까마귀 날자 배 떨어진다'라는 속담이 의미하는 것처럼 인과 관계는 필연적 관계임을 확인할 수 없다는 것이다. 그는 '까마귀가 날아오르는 사건'과 '배가 떨어지는 사건'을 관찰할 수는 있지만, '까마귀가 날아오르는 사건이 배가 떨어지는 사건을 야기했다.'라는 생각은 추측일 뿐 두 사건의 인과적 연결 관계를 관찰할 수 없다고 주장한다. 결국 인과 관계란 시공간적으로 인접한 두 사건에 대한 주관적 판단에 불과하므로, 이런 방법을 통해 얻은 과학적 지식이 필연적이라는 생각은 적합하지 않다고 흄은 비판하였다.

[A]
또한 흄은 진리를 알 수 있는가의 문제에 대해서도 회의적인 태도를 취했다. 전통적인 진리관에서는 진술의 내용이 사실(事實)과 일치할 때 진리라고 본다. 하지만 흄은 진술 내용이 사실과 일치하는지의 여부를 판단할 수 없다고 보았다. 예를 들어 '소금이 짜다.'라는 진술이 진리가 되기 위해서는 실제 소금이 짜야 한다. 그런데 흄에 따르면 우리는 감각 기관을 통해서만 세상을 인식할 수 있기 때문에 실제 소금이 짠지는 알 수 없다. 그러므로 '소금이 짜다.'라는 진술은 '내 입에는 소금이 짜게 느껴진다.'라는 진술에 불과할 뿐이다. 따라서 비록 경험을 통해 얻은 과학적 지식이라 하더라도 그것이 진리인지의 여부는 확인할 수 없다는 것이 흄의 입장이다.

이처럼 흄은 경험론적 입장을 철저하게 고수한 나머지, 과학적 지식조차 회의적으로 바라보았다는 점에서 비판을 받기도 했다. 하지만 그는 이성만 중시했던 당시 철학 사조에 반기를 들고 경험을 중심으로 지식 및 진리의 문제를 탐구했다는 점에서 근대 철학에 새로운 방향성을 제시했다는 평가를 받는다.

다시보기 ▶ 다시볼 문제 체크하고 틀린 이유 메모하기

[분석쌤 강의]는 2차 채점 후 반드시 챙겨 본다!

01 윗글을 통해 알 수 있는 내용이 <u>아닌</u> 것은?

① 데카르트는 이성을 중시하는 관점에서 진리를 찾으려고 하였다.
② 전통적 진리관에 따르면 진리 여부를 판단하는 것은 불가능하다.
③ 흄은 지식의 탐구 과정에서 감각을 통해 얻은 경험을 중시하였다.
④ 흄은 합리론에 반기를 들고 새로운 철학 이론을 구축하려 하였다.
⑤ 흄은 인상을 갖지 않는 관념은 과학적 지식이 될 수 없다고 보았다.

지문 근거 둘중 헷 Q&A 어휘/개념 부정 질문

분석쌤 강의
● **분 석** 지문을 통해 알 수 없거나 지문의 내용과 어긋나는 것을 찾는 문제 유형
● **해결案** 각 답지에서 키워드를 찾은 다음 그 키워드에 대해 설명한 지문 내용과 답지를 비교하여 정답인지 오답인지를 판단한다. 각 답지의 키워드는 다음과 같다.
① 데카르트   ② 전통적 진리관
③ 흄, 경험을 중시 ④ 흄, 합리론에 반기를 들고
⑤ 흄, 인상을 갖지 않는 관념

02 [A]를 바탕으로 할 때, ㉠의 이유로 가장 적절한 것은?

① 인상이 없는 지식은 진리가 아니라고 보았기 때문에

② 이성만으로는 진리를 탐구할 수 없다고 보았기 때문에

③ 실재 세계의 모습은 끊임없이 변한다고 보았기 때문에

④ 주관적 판단으로 진리를 찾을 수 있다고 보았기 때문에

⑤ 경험을 통해서도 진리를 확인할 수 없다고 보았기 때문에

지문 근거 둘중헷 Q&A 어휘/개념 부정질문

분석쌤 강의
● **분 석** 발문(문두)에서 '[A]를 바탕으로 할 때'와 '~의 이유'를 질문하고 있다는 것을 염두에 두고 풀어야 하는 문제
● **해결案** '이유'를 묻는 문제는 일반적으로 밑줄 친 부분의 앞뒤 문맥을 통해 정답을 찾을 수 있지만, 발문을 고려하여 ㉠의 앞뒤 내용도 참고하되 [A]를 바탕으로 정답을 골라야 한다.

---

03 윗글에서 언급된 '흄'의 관점에서 〈보기〉를 이해한 것으로 적절하지 않은 것은?

> 보기
>
> 사과의 맛이 달콤할 것 같아.   이 사과는 빨개.   매일 사과를 먹으니 피부가 고와졌어.

① 사과를 보면서 달콤한 맛을 떠올리는 것은 관념에 해당한다.

② 사과를 보면서 '빨개'라고 느끼는 것은 복합 인상에 해당한다.

③ 사과의 실제 색을 알 수 없으므로 '이 사과는 빨개.'라는 생각은 '내 눈에는 이 사과가 빨갛게 보여.'라는 의미일 뿐이다.

④ 사과를 먹는 것과 피부가 고와지는 것 사이의 인과적 연결 관계를 관찰할 수 없다.

⑤ '매일 사과를 먹으니 피부가 고와졌어.'라는 생각은 반복되는 경험을 통해 형성된 습관적 기대에 불과하다.

지문 근거 둘중헷 Q&A 어휘/개념 부정질문

분석쌤 강의
● **분 석** '흄의 관점에서 〈보기〉를 이해한 것'을 질문한 발문(문두)을 통해 문제 접근 방식을 낚아채야 하는 문제 유형
● **해결案** 발문을 읽으면서 '흄의 관점'을 설명한 지문 내용과 〈보기〉를 연결하여 답지를 검토해야 한다는 것을 새긴다. 이때, 답지에서 핵심이 되는 키워드를 체크한 후, 해당 키워드를 지문에서 찾으면 '지문 – 〈보기〉 – 답지'의 내용을 빠르게 비교하여 옳고 그름을 판단할 수 있다.

---

04 〈보기〉의 사례를 통해 '흄'의 주장을 반박한다고 할 때, 그 내용으로 가장 적절한 것은? [3점]

> 보기
>
> 아래 그림과 같이 무채색을 명도의 변화에 따라 나열한 도표가 있다고 가정하자. 도표의 한 칸을 비워 둔 채 어떤 사람에게 "5번 빈칸에 들어갈 색은 어떤 색인가요?"라고 질문하였다. 그 사람은 빈칸에 들어갈 색을 태어나서 한 번도 본 적이 없지만, 주변 색과 비교하여 그 색이 어떤 색인지 알아맞혔다.

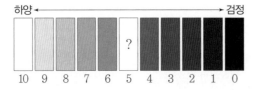

> 하양 ◀─────────────────▶ 검정
>
> 10 9 8 7 6 5 4 3 2 1 0

① 세계는 우리의 감각 기관과 독립하여 존재하지 않는다.

② 감각적으로 경험하지 않은 단순 관념이 존재할 수 있다.

③ 관찰과 경험을 통해서 얻은 지식은 필연성을 갖게 된다.

④ 관념을 단순 관념과 복합 관념으로 구분하는 기준은 없다.

⑤ 외부 세계가 어떤 모습인지를 객관적으로 확인할 수 있다.

지문 근거 둘중헷 Q&A 어휘/개념 부정질문

분석쌤 강의
● **분 석** 발문(문두)의 중요성을 한 번 더 새겨야 하는 문제
● **해결案** 정답은 '흄의 주장을 반박'한 것이면서 〈보기〉의 사례를 통해 이끌어 낼 수 있는 것이어야 한다. 따라서 답지를 검토할 때

(1) 〈보기〉에서 이끌어 낼 수 있는 내용인지,
(2) 지문에서 설명한 흄의 입장과 반대되는지

를 체크한다. 이때, (1)과 (2) 중 하나라도 확실하게 적절하지 않은 것은 ✗ 표시를 하며 정답에서 제외해 나가면 문제 풀이 시간을 단축할 수 있다.

중국 역사에서 전국 시대는 전쟁으로 점철된 시대였다. 여러 사상가들이 혼란한 정국을 수습하고 백성들을 고통에서 벗어나게 하기 위한 대안을 마련하였는데, 이 과정에서 그들의 이론을 뒷받침할 형이상학적 체계로서의 인성론이 대두되었다. 인성론은, 인간의 본성은 선하다는 성선설, 인간의 본성이 악하다는 성악설, 인간의 본성에는 애초에 선과 악이라는 구분이 전혀 없다는 성무선악설 등으로 분류될 수 있다. 맹자와 순자를 비롯한 사상가들은 인간 본성에 대한 이론적 탐구에서 더 나아가 사회적·정치적 관점으로 인성론을 구성하고 변형시켜 왔다.

[A]
맹자의 성선설이 국가 공권력에 저항하기 위해 호족들 및 지주들이 선한 본성을 갖춘 자신들을 간섭하지 말라는 이념적 논거로 사용되었다면, 순자나 법가의 성악설은 군주가 국가 공권력을 정당화할 때 그 논거로서 사용되었다. 즉 선악이란 윤리적 개념이 정치적 개념과 불가분의 관계에 놓여 있다는 사실을 확인할 수 있다. 성선설에서는 개체가 외부의 강제적인 간섭 없이도 '정치적 질서'를 낳고 유지할 수 있다고 본 반면, 성악설에서는 외부의 간섭이 없을 경우 개체는 '정치적 무질서'를 초래할 뿐인 존재라고 본 것이다.

한편 ㉠고자는 성무선악설을 통해 인간이 가지고 있는 식욕과 같은 자연적인 욕구가 본성이므로 이를 정치적이면서 동시에 윤리적인 범주로서의 선과 악의 개념으로 다룰 수 없다고 주장했다. 그는 인간의 본성을 '소용돌이치는 물'로 비유했는데, 이러한 관점은 소용돌이처럼 역동적인 삶의 의지를 지닌 인간을 규격화함으로써 그 역동성을 마비시키려는 일체의 외적 간섭에 저항하는 입장을 취하도록 하였다.

㉡맹자는, 인간의 본성을 역동적인 것으로 간주한 고자의 인성론을 비판하였다. 맹자는 살아 있는 버드나무와 그것으로 만들어진 나무 술잔의 비유를 통해, 나무 술잔으로 쓰일 수 있는 본성이 이미 버드나무 안에 있다고 보았다. 맹자는 인간이 선천적으로 지닌 이러한 본성을 인의예지 네 가지로 규정하였다. 고통에 빠진 타인을 측은히 여기는 동정심, 즉 측은지심은 인간이라면 누구나 갖고 있다고 보고, 측은한 마음은 인간의 의식적 노력에서 나온 것이 아니라 불쌍한 타인을 목격할 때 저절로 내면 깊은 곳에서 흘러나온다고 본 것이 맹자의 관점이었다. 다시 말해 인간은 스스로의 노력으로 본성을 실현할 수 있는 존재, 즉 타인의 힘이 아닌 자력으로 수양할 수 있는 존재라고 보았다. 이것이 바로 맹자 수양론의 기본 전제이다.

모든 인간은 선한 본성을 지니고 있고, 이 선한 본성의 실현은 주체 자신의 노력에 의해서만 가능하다는 맹자의 성선설을 순자는 사변적이고 낙관적이며 현실 감각이 결여된 주장으로 보았다. 선한 인간이 되기 위해서 인간은 국가 질서, 학문, 관습 등과 같은 외적인 것에 의존할 필요가 없다고 본 맹자의 논리는 현실 사회에서 국가 공권력과 사회 규범의 역할을 전적으로 부정하는 논거로도 사용될 수 있었기 때문이다. ㉢순자의 견해처럼 인간의 본성이 악하다고 전제할 때 그것을 교정하고 순치할 수 있는 외적인 강제력, 다시 말해 국가 권력이나 전통적인 제도들이 부각될 수 있다. 국가 질서와 사회 규범을 정당화하기 위한 순자의 견해는 성악설뿐만 아니라 현실주의적 인간관에서 비롯되었다.

순자는 인간의 욕망이 무한하지만 그것을 충족시켜 줄 재화는 매우 한정되어 있다고 보고 이런 모순을 해결하기 위해서 국가에 의해 예(禮)가 만들어졌다는 입장을 견지하였다. 만약 인간에게 외적인 공권력과 사회 규범이 없는 경우를 가정한다면 인간들은 자신들의 욕망 충족에 있어 턱없이 부족한 재화를 놓고 일종의 전쟁 상태에 빠지게 될 것이고, 그 결과 사회는 걷잡을 수 없는 무질서 상태로 전락하게 될 것이다. 맹자의 성선설이 비현실적일 뿐만 아니라 정치적 질서를 해칠 가능성이 있다고 본 순자의 비판은, 바로 인간과 사회에 대한 이와 같은 견해로부터 나온 것이다.

다시보기 ▶다시 볼 문제 체크하고 틀린 이유 메모하기

[분석쌤 강의]는 2차 채점 후 반드시 챙겨 보자!

05 윗글에 대한 설명으로 가장 적절한 것은?

① 인성에 대한 세 견해의 장단점을 비교하고 있다.
② 인성론의 등장 배경과 다양한 견해를 소개하고 있다.
③ 인성론의 역사적 의의와 한계에 대해 분석하고 있다.
④ 인성론이 등장한 시대적 상황을 구체적 자료를 통해 제시하고 있다.
⑤ 인성에 대한 두 견해를 제시하며 이를 절충한 이론을 소개하고 있다.

지문 근거 둘중헷 Q&A 어휘/개념 부정질문

분석쌤 강의
● **분 석** 글 전체를 읽은 후 서술어 '비교하고, 소개하고, 분석하고, 제시하고'에 유의하여 적절성 여부를 따져 O, X로 표시하며 풀어야 하는 문제
● **해결案** 답지 ①부터 정답 여부를 판단할 때 세부적으로 나누어 따진다. 즉, 인성에 대한 세 견해가 있는지, 그것의 장단점을 비교하고 있는지에 대해 각각 옳고 그름을 판단하도록 한다.

06 윗글의 '순자'와 〈보기〉의 '홉스'가 모두 동의할 만한 진술로 가장 적절한 것은?
[3점]

─ 보기 ─

홉스의 『리바이어던』에 따르면, 인간은 본성이 이기적이므로 자신의 이익을 극대화하기 위해 '자연 상태'에서 '만인의 만인에 대한 투쟁' 상태로 비참하게 살아갈 수밖에 없다. 이를 극복하기 위해 공동의 권력을 만들었는데 이것이 바로 리바이어던이다. 이는 공동의 평화와 방어를 위해 필요한 모든 힘과 수단을 이용할 수 있는 절대 권력이다. 사람들은 리바이어던 같은 절대 통치자에게 복종을 약속하고 대신 통치자는 사람들의 안전을 보장해 주는데, 국가는 바로 이러한 계약에 따라 만들어졌다.

① 인간의 이기적 본성이 사회의 혼란과 무질서를 초래함을 인정해야 한다.
② 인간은 공동의 평화를 위해 국가 권력에 대해 비판적 태도를 지녀야 한다.
③ 통치자는 권력을 유지하기 위해 한정된 재화의 균등한 분배에 힘써야 한다.
④ 대립적 상황의 해결을 위하여 인간의 본성이 발현되는 자연 상태로 돌아가야 한다.
⑤ 사회의 질서를 유지하기 위한 제도와 규범은 구성원들의 계약에 의해 마련되어야 한다.

분석쌤 강의
● **분 석** 고배점(3점)이라고 해서 어려운 것은 아니지만, 답지 2개 중에서 헷갈려 한 학생들이 많았던 문제였던 만큼 2차 채점 후 '가장 많이 질문한 오답은?'을 꼭 챙겨 봐야 하는 문제
● **해결案** 길이가 짧은 〈보기〉부터 읽고 답지 ①부터 홉스가 동의할 만한 진술인지를 체크한다. 그런 다음, 홉스가 동의할 만한 진술(O)이 제시된 답지들만을 대상으로 순자도 동의할 만한 진술인지를 지문을 바탕으로 따진다.

07 ㉠~㉢의 관점에서 〈보기〉를 이해한 것으로 적절하지 않은 것은?

─ 보기 ─

가난과 배고픔 때문에 빵을 훔친 장발장은 체포되어 19년 동안 감옥 생활을 한다. 출소한 장발장은 신분증에 전과가 적혀 있어 잠잘 곳도, 일자리도 구할 수 없게 된다. 오직 미리엘 주교만은 이런 그를 따뜻하게 맞아 주었으나, 장발장은 은촛대를 훔치다가 경관에게 붙잡힌다. 하지만 미리엘 주교는 은촛대는 장발장이 훔친 것이 아니라 선물로 준 것이라고 말하며 사랑을 베풀어 주었고, 이에 감동받은 장발장은 정체를 숨기고 선행을 베풀며 살아간다.

① ㉠: 장발장이 배가 고파 빵을 먹고 싶은 것은 인간의 자연스러운 욕구에서 비롯된 것으로 이해할 수 있다.
② ㉠: 미리엘 주교가 은촛대를 장발장에게 준 선물이라고 말한 것은 역동적 삶의 의지를 규격화하려는 행위로 볼 수 있다.
③ ㉡: 미리엘 주교가 장발장에게 편히 쉴 곳을 마련해 준 것은 불쌍한 사람을 측은히 여기는 마음에 따른 것으로 이해할 수 있다.
④ ㉡: 장발장이 선행을 베풀며 살아가는 모습은 스스로의 노력으로 선한 본성을 실현하는 것으로 볼 수 있다.
⑤ ㉢: 장발장이 체포되어 수감된 것은 본성을 바로잡기 위한 사회 규범에 의거한 것으로 볼 수 있다.

분석쌤 강의
● **분 석** 특정 오답지에 답한 학생들이 많았던 문제로, 2차 채점 후 정답처럼 보이는 답지가 오답인 이유와 근거를 따져 알면 비문학 훈련 방법을 새길 수 있는 문제
● **해결案** 〈보기〉를 읽은 다음, 답지를 검토한다. 이때 각 답지의 설명이 ㉠~㉢ 중 누구의 관점에 따른 것인지를 체크한 다음, 앞부분은 〈보기〉와 일치하는지를 체크하고, 뒷부분은 앞부분의 내용에 대해 해당 관점(㉠~㉢)에서 적절하게 이해한 것인지를 지문을 바탕으로 따지도록 한다.

08 [A]를 통해 '인성론'에 대해 이해한 내용으로 가장 적절한 것은?

① 사회의 발전을 위한 갈등 유지의 당위성을 인정하였다.

② 권력자의 윤리 의식과 통치력이 상반된다고 판단하였다.

③ 정치적 입장을 정당화하는 이념적인 수단으로 사용되었다.

④ 초자연적 존재와 대비되는 인간 본성의 우위를 추구하였다.

⑤ 인간의 타고난 본성을 거스르는 인위적 노력을 배격하였다.

지문근거 둘중헷 Q&A 어휘/개념 부정질문

분석쌤 강의

● **분 석** '[A]를 통해~'라는 발문(문두)에 집중하면 문제 풀이 시간을 단축할 수 있는 문제

● **해결案** 발문을 읽은 후 답지를 검토하되, [A]를 바탕으로, [A]에서 근거를 찾아 옳은지 그른지를 판단한다.

9~13 다음 글을 읽고 물음에 답하시오.

2019학년도 11월 고1 전국연합학력평가 【25~29】 인문

비트겐슈타인은 철학의 관심사가 사람이 '생각하는 바가 아닌 사람이 '생각하는 바를 표현하는 것'이어야 한다고 주장했다. 그는 정신이나 이성에 관심을 가졌던 종래의 철학이 명제와 사실의 관계를 간과했다고 지적하며, 새로운 철학은 '말할 수 있는 것'과 '말할 수 없는 것'의 한계를 명확하게 설정할 수 있어야 한다고 보았다.

이를 위해 비트겐슈타인은 먼저 명제와 사실의 관계를 분명히 했다. 그에 의하면 명제는 사실과 대응한다. 그래서 그는 명제와 사실을 비교해서 명제가 사실과 일치하면 참, 사실과 일치하지 않으면 거짓이라고 보았다. 이를테면 '지구는 태양 주위를 돈다.'라는 명제는 지구가 태양 주위를 돌고 있다는 실제 경험할 수 있는 사실과 비교할 때 사실과 일치하기 때문에 참이 된다. 반면 '태양은 지구 주위를 돈다.'라는 명제는 사실과 비교할 때 거짓이 된다. 이처럼 비트겐슈타인은 하나의 명제는 하나의 사실과 대응하여 참 또는 거짓으로 판단할 수 있다고 보았다.

그렇다면 '지구는 태양 주위를 돌고, 달은 지구 주위를 돈다.'와 같은 명제도 하나의 사실에 대응하는 것일까? 비트겐슈타인은 진리함수이론을 통해 이 같은 고민을 해결하고자 했다. 그는 어떤 명제는 그 안에 좀 더 단순한 형태의 명제들을 포함할 수 있다고 생각했다. 그래서 명제와 사실의 관계에 있어 논리적 기초가 되는 ⊙'요소명제'라는 언어 단위를 도입하였다. 그에 따르면 요소명제는 더 이상 분석할 수 없는 최소의 언어 단위로, 최소의 사실 단위인 '원자사실'에 대응한다. 그래서 그는 요소명제가 원자사실과 일치하면 '참(T)'이라는 진리값을, 일치하지 않으면 '거짓(F)'이라는 진리값을 갖는다고 보았으며, 명제의 진리값이 나올 수 있는 경우의 수를 진리가능성이라고 불렀다. 그에 의하면 요소명제의 진리가능성은 언제나 참과 거짓, 2개가 된다. 또한 그는 두 개 혹은 그 이상의 요소명제들로 구성된 명제를 '복합명제'라고 불렀는데, 복합명제를 구성하는 각각의 요소명제는 각각 하나의 원자사실과 대응하기 때문에 여기서 나올 수 있는 진리값을 조합한 모든 경우의 수가 복합명제의 진리가능성이 된다고 보았다. 결국 복합명제가 몇 개의 요소명제들로 이루어지느냐에 따라 요소명제의 수를 n이라고 보면, 복합명제의 진리가능성은 2^n개가 된다.

p	q	p∧q
T	T	T
F	T	F
T	F	F
F	F	F

〈표〉

그리고 비트겐슈타인은 복합명제의 진리값은 복합명제를 구성하는 각각의 요소명제들의 진리값에 대한 진리연산을 통해 얻을 수 있다고 보았다. 이때 진리연산은 요소명제들로부터 진리함수가 만들어져 나오는 방법이며, 진리연산의 결과는 복합명제가 참이 되거나 거짓이 되는 조건을 말해 주는 진리조건이 된다. 그래서 '지구는 태양 주위를 돌고, 달은 지구 주위를 돈다.'라는 복합명제의 경우에는 '지구는 태양 주위를 돈다.'라는 요소명제 p와 '달은 지구 주위를 돈다.'라는 요소명제 q가 '그리고'에 의해 결합되어 있으므로, 이 복합명제는 p와 q의 진리값에 대해 '그리고'라는 진리연산이 적용된 진리함수 p∧q로 표현할 수 있다. 진리함수 p∧q는 '지구는 태양 주위를 돈다.'가 참이고, '달은 지구 주위를 돈다.'도 참이 될 때에만 진리값이 참이 된다. 이를 비트겐슈타인이 고안한 진리표로 만들면, 〈표〉와 같이 p와 q의 진리가능성은 TT, FT, TF, FF가 되고, p∧q의 진리조건은 TFFF가 된다.

비트겐슈타인은 이렇게 복합명제를 진리표로 만들었을 때, 진리조건에 T와 F가 함께 표기되는 명제, 즉 사실과 비교함으로써 참 또는 거짓을 판단할 수 있는 명제를 '의미 있는 명제'라고 불렀다. 그리고 그는 의미 있는 명제가 바로 우리가 '말할 수 있는 것'의 영역에 포함된다고 보았다. 반면에 그는 우리가 '말할 수 없는 것'의 영역에 포함되는 명제로 '무의미한 명제'와 '의미를 결여한 명제'를 제시했다. 무의미한 명제는 그 명제에 대응하는 사실이 없어서 참과 거짓을 가려낼 수 없는 명제이다. 그리고 의미를 결여한 명제는 그 명제에 대응하는 사실은 없지만, 언제나 참이거나 언제나 거짓인 명제이다. 만약 의미를 결여한 명제를 진리표로 만든다면 그 진리조건은 언제나 모두 참이거나 모두 거짓으로 표기되겠지만, 이는 진리연산의 결과와 상관없는 표기이다. 결국 비트겐슈타인은 진리함수이론을 통해 우리가 말할 수 있는 것의 영역에는 참 또는 거짓으로 판단할 수 있는 의미 있는 명제밖에 없다는 것을 보여 줄 수 있었다.

09 윗글에 대한 설명으로 가장 적절한 것은?

① 명제와 사실이 갖는 한계를 지적하고, 이를 극복할 수 있는 방법을 소개하고 있다.

② 명제와 사실의 공통점을 사례를 중심으로 보여 주고, 특정 이론을 통해 이를 점검하고 있다.

③ 명제에 대한 통념을 비판하고, 다양한 철학자의 견해를 비교하여 새로운 주장을 내세우고 있다.

④ 명제와 사실의 관계를 밝히고, 이와 관련된 특정 이론을 구체적인 예시를 사용하여 설명하고 있다.

⑤ 명제에 대한 특정 철학자의 관점을 시대순으로 정리하고, 이에 대한 비판적 견해를 제시하고 있다.

지문 근거   둘중헷   Q&A   어휘/개념   부정질문

분석쌤 강의

● **분 석** 정답을 맞히는 것도 중요하지만, 2차 채점 후 오답인 이유도 따져 알고 정답을 빠르게 찾는 방법도 챙겨 보아야 하는, 글의 전개 방식을 묻는 문제

● **해결案** 각 답지를 세부적으로 나누어 O, X 표시를 하며 푼다. 답지 ①을 예로 들면, 이 글에서 '명제와 사실이 갖는 한계를 지적'하고 있는지와 '이를 극복할 수 있는 방법을 소개'하고 있는지 각각에 대해 체크하고, X 표시가 한 부분이라도 있으면 정답에서 제외한다. 그리고 각 답지에서 앞부분의 설명이 확실하게 X이면 뒷부분은 체크하지 않고 다음 답지를 검토해 X 표시가 없는 답지를 정답으로 선택하면 문제 풀이 시간을 단축할 수 있다.

10 비트겐슈타인의 관점에서 ㉠을 이해한 내용으로 적절하지 않은 것은?

① 요소명제는 더 이상 쪼갤 수 없는 언어 단위이다.

② 두 개 이상의 요소명제가 결합하여 복합명제를 만들 수 있다.

③ 원자사실과의 일치 여부에 따라 요소명제의 진리값이 정해진다.

④ 요소명제의 진리값이 나올 수 있는 경우의 수는 언제나 2개이다.

⑤ 요소명제는 '무의미한 명제'를 '의미를 결여한 명제'와 구분하는 기준이다.

지문 근거   둘중헷   Q&A   어휘/개념   부정질문

분석쌤 강의

● **분 석** 특정 오답지에 많이 답한 이유를 2차 채점 후 챙겨 봄으로써, 출제자가 오답지를 만드는 원리와 학생들이 정답지로 착각하게 된 이유를 알고 넘어가야 하는 문제

● **해결案** '비트겐슈타인의 관점에서 ㉠을 이해한 내용'으로 적절한지를 묻고 있다는 점을 염두에 두고 답지 ①부터 검토하되, 정답 여부는 지문에서 근거를 찾아 판단해야 한다.

※ 〈보기〉는 윗글을 참고하여, 임의의 두 명제를 각각 진리표로 만든 것이다. 11번과 12번의 두 물음에 답하시오.

보기

p	q	p∨q
T	T	T
F	T	T
T	F	T
F	F	F

[진리표 1]

p	q	p→(q→p)
T	T	T
F	T	T
T	F	T
F	F	T

[진리표 2]

11 윗글을 바탕으로 〈보기〉의 [진리표 1]을 이해한 내용으로 적절하지 않은 것은?

① 진리연산의 결과인 진리조건은 TTTF이다.

② 복합명제의 진리값이 F일 때는 p와 q에 대응하는 원자사실이 없는 경우이다.

③ 진리조건에 T와 F가 함께 표기되어 있으므로 이 복합명제는 '의미 있는 명제'이다.

④ p와 q의 진리가능성이 TT, FT, TF일 때에 진리함수 p∨q의 진리값은 참이 된다.

⑤ 복합명제를 구성하는 요소명제가 하나 더 추가되면 이 복합명제의 진리가능성은 2^3개가 된다.

지문 근거   둘중헷   Q&A   어휘/개념   부정질문

분석쌤 강의

● **분 석** 정답보다 오답에 답한 학생들이 많았던 문제로, 정답에 답한 학생들도 2차 채점 후 정답과 오답 이유를 챙겨 봄으로써 문제 풀이 전략과 문제 풀이 시간을 단축하는 방법까지 체크해야 하는 문제

● **해결案** 지문에 제시된 〈표〉와 그것을 해석한 설명을 바탕으로 〈보기〉의 [진리표 1]이 나타내는 바부터 이해한다. 그런 다음, 답지의 설명이 [진리표 1]을 제대로 이해한 것인지, 지문을 근거로 판단한다.

12 윗글을 읽은 학생이 〈보기〉의 [진리표 1]과 [진리표 2]에 대해 보인 반응으로 가장 적절한 것은? [3점]

① [진리표 1]과 [진리표 2]의 진리함수는 서로 같겠군.

② [진리표 1]과 달리 [진리표 2]는 '의미를 결여한 명제'를 진리표로 만든 것이겠군.

③ [진리표 1]과 달리 [진리표 2]의 복합명제는 '말할 수 있는 것'의 영역에 속하겠군.

④ [진리표 1]의 복합명제와 [진리표 2]의 복합명제에 적용된 진리연산은 서로 같겠군.

⑤ 원자사실과 대응하는 요소명제의 수는 [진리표 1]에는 1개, [진리표 2]에는 2개이겠군.

지문근거 둘중헷 Q&A 어휘/개념 부정질문

분석쌤강의
● 분 석 틀리면 안타까운 고배점(3점) 문제로, 11번 문제와 함께 정답과 오답인 이유를 모두 따져 알아야 하는 문제
● 해결案 지문을 바탕으로 [진리표 1]과 [진리표 2]부터 이해한다. 그런 다음, 각 답지에 제시된 반응에서 키워드를 체크해 해당 키워드에 대해 설명하고 있는 지문 내용과 비교해 적절한지를 판단한다. 예를 들면 ①에서는 '진리함수'를, ②에서는 '의미를 결여한 명제'를, ③에서는 '말할 수 있는 것'을 체크한 다음, 그것에 대해 설명하고 있는 지문 내용을 근거로 O, X 표시를 하며 푼다.

13 윗글을 이해한 학생이 비트겐슈타인의 입장에서 〈보기〉의 ⓐ에 대해 보인 반응으로 가장 적절한 것은?

─── 보기 ───

플라톤은 정신을 통해서만 이데아를 인식할 수 있다고 보았으며 ⓐ"이데아란 영원하고 불변하는 사물의 본질적인 원형이다."라고 했다. 즉 그에 의하면 이데아는 육안이 아니라 마음의 눈으로 통찰되는 사물의 순수하고 완전한 형태를 가리킨다.

① ⓐ는 철학의 관심사로 삼아야 할 내용을 담은 명제라고 할 수 있겠군.

② ⓐ는 '생각하는 바를 표현한 것'이므로 '의미 있는 명제'라고 할 수 있겠군.

③ ⓐ는 '말할 수 있는 것'과 '말할 수 없는 것'의 경계를 표현한 명제라고 할 수 있겠군.

④ ⓐ는 실제 경험할 수 있으므로 진리조건이 언제나 '거짓'으로 표기되는 명제라고 할 수 있겠군.

⑤ ⓐ는 대응하는 사실이 없어, '참'과 '거짓'을 판단할 수 없기에 '무의미한 명제'라고 할 수 있겠군.

지문근거 둘중헷 Q&A 어휘/개념 부정질문

분석쌤강의
● 분 석 '비트겐슈타인의 입장에서' 〈보기〉의 ⓐ에 대해 보인 반응'에 대해 묻고 있다는 것을 놓쳐서는 안 되는, 발문(문두)이 중요한 문제
● 해결案 〈보기〉에 제시된 플라톤의 입장이 비트겐슈타인의 입장과 어떻게 다른지부터 파악한다. 두 입장의 차이는 지문과 〈보기〉의 내용을 비교해 파악하면 되는데, 두 입장의 차이를 쉽게 파악하지 못한 경우에도 답지의 설명과 관련된 내용을 지문에서 찾아 확인하면 적절성 여부를 판단할 수 있다.

▶ 정답을 모르는 상태에서 2차 풀이를 하기 위한 방법으로, 아래 채점표 대신 '모바일 자동 채점 프로그램'(문제편 표지 QR 코드)을 이용해도 된다.

🕐 **종료 시각** 시 분 초

1 종료 시각을 적은 후, 문제에 체크한 '내가 쓴 답'을 ❶에 옮겨 적는다.
2 ❷에 채점을 하되, 틀린 문제에만 '╱' 표시를 한다.
(문제에 직접 채점하지 않는 이유는 다시 풀 때 정답을 모르는 상태에서 풀어야 제대로 훈련이 되기 때문)

문항 번호	1	2	3	4	5	6	7	8	9	10	11	12	13
❶내가 쓴 답													
❷채 점													

☞ 정답은 〈클리닉 해설〉 p.200 (해설은 p.42)

3 틀렸거나 찍어서 맞힌 문제는 다시 푼다.
4 2차 채점을 할 때 다시 풀어서 맞힌 문항은 △, 또 틀린 문항은 X 표시를 한다.
5 △와 X 문항은 반드시 다시 보고 틀린 이유를 알고 넘어간다.

총 소요 시간	종료 시각 −시작 시각	분	초
목표 시간		21분	25초
초과 시간	총 소요 시간 −목표 시간	분	초

채점 결과_5일째
반드시 체크해서 복습 때 활용할 것

	1차채점		2차채점
총 문항 수	13개	△ 문항 수	개
틀린 문항 수	개	X 문항 수	개

1~4 다음 글을 읽고 물음에 답하시오.

2017학년도 3월 고1 전국연합학력평가 【16~19】 인문

　사람들은 하루에도 수많은 일들을 판단하면서 살아간다. 판단을 할 때마다 필요한 모든 정보를 수집하여 이용하고자 하면, 정보를 수집하는 것도 힘들 뿐더러 그 정보를 처리하는 것도 부담이 된다. 그렇기 때문에 사람들은 과거 경험을 바탕으로 어림짐작을 하게 되는데, 이를 휴리스틱이라고 한다. 이러한 휴리스틱에는 대표성 휴리스틱과 회상 용이성 휴리스틱, 그리고 시뮬레이션 휴리스틱 등이 있다.

　대표성 휴리스틱은 어떤 대상이 특정 집단에 속할 가능성을 판단할 때, 그 대상이 특정 집단의 전형적인 이미지와 얼마나 닮았는지에 따라 판단하는 경향을 말한다. 우리는 키 198cm인 사람이 키 165cm인 사람보다 농구 선수일 가능성이 높을 것이라 판단한다. 이와 같이 대표성 휴리스틱은 흔히 첫인상을 형성할 때나 타인에 대해 판단을 할 때 작용한다. 그런데 대표성 휴리스틱에 따른 판단은 그 대상이 가지고 있는 특정 집단의 전형적인 속성에만 주목하여 이루어진 것이다. 따라서 이러한 판단은 신속한 결정을 내리는 데 도움이 되기도 하지만, 항상 정확하고 객관적인 것이라고 보기는 어렵다.

　회상 용이성 휴리스틱은 당장 머릿속에 잘 떠오르는 정보에 의존하여 판단하는 경향을 말한다. 사람들에게 작년 겨울 독감에 걸린 환자들이 얼마나 많았는지 물어보면, 일단 자기 주변에서 발생한 사례들을 떠올려 추정하게 된다. 이러한 추정은 적절할 수도 있지만, 실제 발생 확률과는 다를 수도 있다. 사람들은 최근에 자신이 경험한 사례, 생동감 있는 사례, 충격적이거나 극적인 사례들을 더 쉽게 회상한다. 그래서 비행기 사고 장면을 담은 충격적인 뉴스 보도 영상을 접하게 되면, 그 장면이 자꾸 떠올라 자동차보다 비행기가 더 위험하다고 생각하게 되는 것이다. 그러나 이것은 실제 사고 발생 확률을 고려하지 못한 잘못된 판단이다.

　시뮬레이션 휴리스틱은 과거에 발생한 특정 사건이나 미래에 일어날 일들을 마음속에 떠올려 그 장면을 상상해 보는 것이다. 범죄 용의자를 심문하는 경찰관이 그 용의자의 진술에 기초해서 범죄 장면을 머릿속에 그려 보는 것이 이에 해당한다. 이때 경찰관은 그 용의자를 범인으로 가정해야만 그가 범죄를 저지르는 장면을 머릿속에 떠올려 볼 수 있다. 이러한 가상적 장면을 자꾸 머릿속에 떠올리다 보면, 그 용의자가 정말 범인인 것처럼 생각하게 된다. 그래서 그가 범인임을 입증하는 객관적인 증거를 충분히 수집하기도 전에 그를 범인이라고 판단할 가능성이 높아지는 것이다.

　이처럼 휴리스틱은 종종 판단 착오를 낳기도 하지만, 경험에 기반하여 답을 찾는 효율적인 방법이라고 ⓐ볼 수도 있다. 일상생활에서 우리의 판단과 추론이 항상 합리적인 사고 과정을 거쳐 일어나는 것은 아니다. 우리는 '결정을 위한 시간이 많지 않다.'는 가정을 무의식적으로 하고 있다. 휴리스틱은 우리가 쓰고 싶지 않아도 거의 자동적으로 작용한다. 그리고 수많은 대안 중 순식간에 몇 가지 혹은 단 한 가지의 대안만을 남겨 판단하기 쉽게 만들어 준다. 이런 점에서 인간은 ㉠'인지적 구두쇠'라고 할 만하다.

다시보기　▶ 다시 볼 문제 체크하고 틀린 이유 메모하기

[분석쌤 강의]는 2차 채점 후 반드시 챙겨 본다!

01 윗글의 내용과 일치하지 않는 것은?

① 일상생활 속에서 사람들은 과거 경험을 바탕으로 어림짐작을 하게 된다.
② 사람들은 충격적인 경험을 충격적이지 않은 경험보다 더 쉽게 회상한다.
③ 휴리스틱에 따른 판단은 사실에 부합하는 판단일 수도 있고 그렇지 않을 수도 있다.
④ 가상적인 상황을 반복하여 상상하면 마치 그 상황이 실제 사실인 것처럼 느껴질 수 있다.
⑤ 다른 사람의 입장이 되어 가상적인 상황을 생각함으로써 정확하고 객관적인 판단을 내릴 수 있다.

지문 근거　둘중햇　Q&A　어휘/개념　부정질문

분석쌤 강의
● **분 석**　수능 국어 영역에서 빠지지 않고 출제되는 유형으로, 2차 채점 후 〈클리닉 해설〉 p.8의 '개념＋(빈출 문제 유형)'를 꼭 챙겨 봐야 하는 문제 유형
● **해결案**　답지 ①부터 키워드(과거 경험을 바탕으로)를 체크한 후, 그 키워드를 언급한 부분을 지문에서 찾아 지문과 답지를 비교해 O, X, △ 표시를 하며 풀면 빠르고 쉽게 정답과 오답을 구분할 수 있고 실수도 줄일 수 있다.

02 ㉠의 의미를 가장 잘 나타내고 있는 것은?

① 인간은 세상의 수많은 일들을 판단할 때 가능하면 노력을 덜 들이려는 경향이 있다.

② 인간은 주변 세계에 의미를 부여하고 앞으로 일어날 일을 예측하려는 욕구를 가지고 있다.

③ 인간은 과학적이고 체계적으로 정보를 처리하여 정확하고 객관적인 판단을 하려는 경향이 있다.

④ 인간은 판단에 필요한 정보나 판단하기 위한 시간이 부족하기 때문에 휴리스틱을 의도적으로 사용한다.

⑤ 인간은 일상생활 속에서 판단이나 결정을 할 때 가능한 모든 대안의 장점과 단점을 분석하여 결론을 도출한다.

지문 근거   둘중헷   Q&A   어휘/개념   부정 질문

분석쌤 강의
● **분 석** 문맥의 흐름을 통해 그 의미를 파악한 후 답지를 검토하고, 답지를 검토할 때 지문 내용과의 일치 여부도 따져야 하는 문제
● **해결案** 지문에서 ㉠의 의미부터 파악한 다음, ㉠의 의미로 해석할 수 있는 답지를 고른다. ㉠의 의미를 파악하기 어려울 경우에는 답지의 내용이 지문 내용과 일치하는지를 따지면 빠르게 오답지를 제외할 수 있다.

---

03 다음은 휴리스틱과 관련한 실험 내용이다. 윗글로 보아 〈보기〉의 ㉮에 들어갈 내용으로 가장 적절한 것은?

> ─── 보기 ───
>
> 한 심리학 실험에서 연구자들은 사람들에게 '영미는 31세로 감성적이며 새로운 곳에 대한 호기심이 많은 여성이다. 대학에서 국어국문학을 전공하였고 사진 동아리에서 꾸준히 활동하였다.'라는 정보를 제시한 후, 영미가 현재 어떤 모습일지 A와 B 중 가능성이 높은 순서대로 배열하도록 하였다.
>
> A. 영미는 은행원이다.
> B. 영미는 여행 블로그를 운영하는 은행원이다.
>
> B는 A의 부분집합이므로, 적어도 B보다 A일 가능성이 높다. 그러나 대부분의 사람들은 A보다 B일 가능성이 더 높다고 판단했다. 이에 대해 연구자들은 대표성 휴리스틱이 이러한 판단을 유도한 것이라고 보았다. 사람들이 (㉮) 보고, B의 '영미는 여행 블로그를 운영'에 주목했기 때문이라는 것이다.

① 최근에 여행 블로그가 유행하고 있다는 점을 고려해

② 대표적인 여행 블로그는 어떤 특징이 있는지 판단해

③ 영미가 은행원보다는 여행 블로그 운영자에 더 어울린다고

④ 가고 싶은 장소를 여행 블로그에서 검색했던 경험을 떠올려

⑤ 영미가 은행원이 되어 고객들에게 친절하게 대하는 모습을 상상해

지문 근거   둘중헷   Q&A   어휘/개념   부정 질문

분석쌤 강의
● **분 석** 국어 영역은 가장 적절한 답지를 정답으로 골라야 한다는 것, 헷갈리는 답지가 있을 경우 답지를 끝까지 읽은 후 판단해야 한다는 것을 새기게 해준 문제
● **해결案** 발문(문두)에서 〈보기〉는 '휴리스틱과 관련한 실험 내용'이라고 한 점을 체크한 후 〈보기〉를 읽는다. 그리고 ㉮에 들어갈 내용을 골라야 한다는 점을 감안하여 ㉮의 앞뒤 내용과 지문 내용을 고려하여 가장 적절한 것을 정답으로 고른다.

---

04 ⓐ와 가장 유사한 의미로 사용된 것은?

① 김 씨는 오십이 넘어 늦게 아들을 보았다.

② 나는 날씨가 좋을 것으로 보고 세차를 했다.

③ 그녀는 남편이 사업에 실패할까 봐 걱정했다.

④ 다른 사람의 흉을 보는 것은 좋지 못한 습관이다.

⑤ 그는 보던 신문을 끊고 다른 신문을 새로 신청했다.

지문 근거   둘중헷   Q&A   어휘/개념   부정 질문

분석쌤 강의
● **분 석** '어휘 문제 3단계 풀이법'을 적용해도 헷갈리는 답지가 있을 경우, '매3어휘 풀이 떠올리기' 단계를 한번 더 적용하면 정답을 압축할 수 있다는 것을 새기게 해 주는 문제
● **해결案** 1. 핵심 간추리기
  2. '매3어휘 풀이' 떠올리기
  3. 대입하기
를 통해 오답을 제외해 나간다.

[A]　고대 중국인들은 인간이 행하지 못하는 불가능한 일은 그들이 신성하다고 생각한 하늘에 의해서 해결 가능하다고 보았다. 그리하여 하늘은 인간에게 자신의 의지를 심어 두려움을 갖고 복종하게 하는 의미뿐만 아니라 인간의 모든 일을 책임지고 맡아서 처리하는 의미로까지 인식되었다. 그 당시에 하늘은 인간에게 행운과 불운을 가져다줄 수 있는 힘이고, 인간의 개별적 또는 공통적 운명을 지배하는 신비하고 절대적인 존재라는 믿음이 형성되었다. 이러한 하늘에 대한 인식은 결과적으로 하늘을 권선징악의 주재자로 보고, 모든 새로운 왕조의 탄생과 정치적 변천까지도 그것에 의해 결정된다는 믿음의 근거로 작용하였다.

하지만 그러한 하늘에 대한 인식은 인간 지혜의 성숙과 문명의 발달로 인한 새로운 시대의 요구에 의해서 대폭 수정될 수밖에 없었다.

순자의 하늘에 대한 주장은 그 당시까지 진행된 하늘의 논의와 엄격히 구분될 뿐만 아니라 그것을 매우 새롭게 변모시킨 하나의 획기적인 사건으로 규정지을 수 있다. 순자는 하늘을 단지 자연현상으로 보았다. 그가 생각한 하늘은 별, 해와 달, 사계절, 추위와 더위, 바람 등의 모든 자연현상을 가리킨다. 따라서 하늘은 사람을 가난하게 만들 수도 없고, 병들게 할 수도 없고, 재앙을 내릴 수도 없고, 부자로 만들 수도 없으며, 길흉화복을 줄 수도 없다. 사람들이 치세(治世)*와 난세(亂世)*를 하늘과 연결시키는 것은 심리적으로 하늘에 기대는 일일 뿐이다. 치세든 난세든 그 원인은 사람에게 있는 것이지 하늘과는 무관하다. 사람이 받게 되는 재앙과 복의 원인도 모두 자신에게 있을 뿐 불변의 질서를 갖고 있는 하늘에 있지 않다.

하늘은 그 자체의 운행 법칙을 따로 갖고 있어 인간의 길과 다르다. 천체의 운행은 불변의 정규 궤도에 따른다. 해와 달과 별이 움직이고 비가 내리고 바람이 부는 것은 모두 제 나름의 길이 있다. 사계절은 말없이 주기에 따라 움직일 뿐이다. 물론 일식과 월식이 일어나고 비바람이 아무 때나 일고 괴이한 별이 언뜻 출현하는 경우는 있을 수 있다. 하지만 이런 일이 항상 벌어지는 것은 아니며 하늘이 이상 현상을 드러내 무슨 길흉을 예시하는 것은 더더욱 아니다. 즉, 하늘은 아무 이야기도 하지 않는데 사람들은 하늘과 관련된 이야기를 만들어 낸다는 것이다. 그래서 순자는 천재지변이 일어난다고 해서 하늘의 뜻이 무엇인지 알려고 노력할 필요가 없다고 말한다. 그것이 바로 순자가 말하는 불구지천(不求知天)의 본뜻이다.

순자가 말한 '불구지천'의 뜻은 자연현상으로서의 하늘이 아니라 하늘에 무슨 의지가 있다고 주장하고 그것을 알아내겠다고 덤비는 종교적 사유의 접근을 비판하려는 것이다. 그러니까 억지로 하늘의 의지를 알려고 힘을 쏟을 필요가 없다. 사람들은 자연현상에 대해 특별한 의미를 부여하지 말고 오직 인간 사회에서 스스로가 해야 할 일을 열심히 해야 한다. 즉, 재앙이 닥치면 공포에 떨며 기도나 하는 것이 아니라 적극적인 행위로 그것을 이겨 내야 한다는 것이다.

순자의 관심은 하늘에 있지 않고 사람에 있었다. 특히 인간 사회의 정치야말로 순자가 중점을 둔 문제였다. 순자는 "하늘은 만물을 낳을 수 있지만 만물을 변별할 수는 없다."라고 말한다. 이는 인간도 만물의 하나로 하늘이 낳은 존재이나 하늘은 인간을 낳았을 뿐 인간을 다스리려는 의지는 갖고 있지 않다는 것이다. 따라서 하늘은 혈기나 욕구를 지닌 존재도 아니다. 그저 만물을 생성해 내는 자연일 뿐이다.

　*치세: 잘 다스려져 태평한 세상.
　*난세: 전쟁이나 사회의 무질서 따위로 어지러운 세상.

---

05 윗글의 논지 전개 방식으로 가장 적절한 것은?

① 특정 대상에 대한 새로운 관점을 제시하고 그 관점에 대한 내용을 구체화하고 있다.

② 문제를 제기한 후 그 원인을 다양한 측면에서 논리적으로 분석하고 있다.

③ 특정 이론에 대한 비판들을 검토하고 그 이론에 대한 의의를 밝히고 있다.

④ 상반된 입장의 장점과 단점을 종합하여 더 나은 결론을 도출하고 있다.

⑤ 특정한 가설을 설정하고 구체적 사례를 들어 증명하고 있다.

지문 근거　둘중헷　Q&A　어휘/개념　부정 질문

분석쌤 강의
●분 석　답지를 세부적으로 나눠 옳고 그름을 판단해야 하는, 글의 논지 전개 방식을 묻는 문제
●해결案　글 전체의 흐름을 이해한 다음 답지를 검토하되, 각 답지에 제시된 내용을 세부적으로 따져야 한다. ①을 예로 들면 '특정 대상에 대한 새로운 관점을 제시하고' 있는지와 '그 관점에 대한 내용을 구체화하고' 있는지에 대해 각각 체크해야 한다.

06 [A]에 드러나는 '하늘'에 대한 고대 중국인들의 인식으로 적절하지 <u>않은</u> 것은?

① 인간에게 자신의 의지를 심어 인간이 두려움을 갖고 복종해야 하는 존재로 인식하였다.

② 인간 왕조의 탄생이나 정치적 변천과 무관한 존재로 인식하였다.

③ 인간이 할 수 없는 불가능한 일을 해결할 수 있다고 인식하였다.

④ 인간의 힘으로 거스를 수 없는 신비한 존재로 인식하였다.

⑤ 인간의 길흉화복을 결정짓는 주체로 인식하였다.

| 지문근거 | 둘중헷 | Q&A | 어휘/개념 | 부정질문 |

분석쌤 강의

● **분 석** 정답과 오답의 근거를 [A]에서 모두 찾을 수 있어 대부분의 학생들이 정답에 답한 문제

● **해결案** '[A]에 드러나는~'이라는 발문(문두)에 집중하여 답지의 내용이 [A]에 드러나 있는지를 체크한다. [A]에 드러나 있지 않거나, 드러나 있어도 [A]에 드러나 있는 내용과 일치하지 않으면 적절하지 않은 것이 되고, [A]에 그대로 드러나 있지 않아도 [A]에 드러난 내용을 통해 미루어 짐작할 수 있으면 적절한 것이 된다.

07 불구지천 에 대한 설명으로 적절한 것을 〈보기〉에서 있는 대로 모두 고른 것은?

— 보기 —
ㄱ. 재앙이 닥쳤을 때 하늘에 기대기보다 인간들의 의지를 중시한다.
ㄴ. 자연은 제 나름대로 변화의 길이 있으며 이는 인간의 길과 다르다.
ㄷ. 치세와 난세의 원인을 권선징악의 주재자인 하늘에서 찾고자 한다.
ㄹ. 하늘의 의지를 알아보려는 종교적 사유의 접근을 비판하고자 한다.

① ㄱ, ㄴ   ② ㄱ, ㄷ   ③ ㄷ, ㄹ
④ ㄱ, ㄴ, ㄹ   ⑤ ㄴ, ㄷ, ㄹ

| 지문근거 | 둘중헷 | Q&A | 어휘/개념 | 부정질문 |

분석쌤 강의

● **분 석** '불구지천'의 앞뒤 문맥을 통해 정답과 오답의 근거를 찾을 수 있는 문제

● **해결案** 먼저 '불구지천'의 앞뒤에 전개된 내용을 통해 그 의미를 파악한 다음, 〈보기〉의 ㄱ부터 '불구지천'에 대한 설명으로 적절한지를 살핀다. 그리고 '불구지천'은 순자가 말한 것이라는 점을 염두에 두고 순자의 주장과 거리가 먼 설명이 포함된 것은 정답에서 제외한다.

08 윗글의 순자와 〈보기〉의 맹자의 견해를 비교한 내용으로 가장 적절한 것은? [3점]

— 보기 —

맹자는 하늘이 인륜의 근원이며, 인륜은 하늘의 덕성이 발현된 것으로 본다. 하늘이라는 존재는 이런 면에서 도덕적으로 의의를 가진다고 했다. 따라서 사람이 하늘의 덕성을 받아 그것을 자신의 덕성으로 삼고, 이를 노력하고 수양하여 실현해 나가면 사람의 덕성과 하늘의 덕성은 서로 통하게 된다는 것이다.

① 순자는 맹자와 달리 하늘은 인간에 내재하는 가장 본질적인 근원이라 생각하였다.

② 순자는 맹자와 달리 비가 내리고 바람이 부는 것을 하늘의 도덕적 의지의 표현이라 생각하였다.

③ 맹자는 순자와 달리 하늘은 인간의 도덕 근거로서의 의미를 지닌다고 생각하였다.

④ 맹자는 순자와 달리 자연의 힘을 이용할 줄 아는 인간의 주체적, 능동적 노력을 강조하였다.

⑤ 순자와 맹자는 인간이 하늘의 덕성을 본받아 자신의 능력을 최대한 발휘해야 할 것을 강조하였다.

| 지문근거 | 둘중헷 | Q&A | 어휘/개념 | 부정질문 |

분석쌤 강의

● **분 석** 정답에 쉽게 답했어도 복습할 때 〈클리닉 해설〉에 제시된 '문단 요약'을 참고해 지문 복습을 한번 더 해 두면 유용한 문제

● **해결案** 순자의 견해는 지문에서, 맹자의 견해는 〈보기〉에서 근거를 찾아 옳고 그름을 판단한다. 이때 답지에서, 지문보다 길이가 짧은 〈보기〉에 제시된 맹자에 대한 설명을 먼저 체크함으로써 오답을 제외해 나가면 빠르게 정답을 압축할 수 있다.

고려 말 중앙 집권 체제의 약화와 왕권의 쇠퇴 속에서 조선 왕조를 세운 신흥 사대부들은 지주층이었기 때문에 노비 노동력이 필요했다. 그러나 이들은 강력한 중앙 집권 체제의 확립을 위해 국역(國役)* 대상인 양인 계층의 폭을 넓히려 하였다. 따라서 노비가 꼭 있어야 하더라도 되도록 양인을 더 많이 확보하려는 것이 새 왕조가 추구한 국역 정책의 기본 방향이었다.

이처럼 국역 대상의 확보를 새 왕조 통치 체제의 발판으로 추구하면서, 법제적으로 모든 사회 구성원을 일단 ㉠양인과 ㉡천인으로 나누었다. 이들 사이에는 의무와 권리에서 차등이 있었는데 먼저 의무 면에서 양인 남자는 국역인 군역(軍役)과 요역(徭役)*의 의무가 있었다. 이에 비해 천인은 군역에서 철저히 배제되었다.

권리 면에서 양인과 천인은 신체와 생명의 보호와 같은 인간의 기본권을 공권력으로 보장받을 수 있는지에서 뚜렷이 차이가 났다. 천인인 노비는 재산으로 보아 매매·상속·양도·증여의 대상이 되었으며, 사는 곳을 옮길 자유가 없었다. 노비와 양인이 싸우면 노비가 한 등급 더 무거운 벌을 받는 것은 양·천 사이의 법적 지위의 차이를 잘 보여 준다. 그보다 권리 면에서 양·천의 가장 분명한 차이는 관직 진출권이 있느냐는 것이었다. 양인 중에도 관직 진출권이 제한된 사람이 적지 않았으나 양인은 일단 관직 진출권이 있었다. 더러 노비가 국가에 큰 공로를 세워 정규 관직인 유품직(流品職)을 받기도 하였으나 이때는 반드시 양인이 되는 종량(從良) 절차를 먼저 밟아야 했다.

그러나 이러한 양·천 구분은 국가의 법적 구분이었지, 실제 사회 구성은 좀 더 복잡했다. 양·천이라는 법적 구분 아래 사회 구성원은 상급 신분층인 양반 계층, 의관·역관과 같은 기술관이나 서얼 등의 중인 계층, 양인 중 수가 가장 많았던 평민 계층, 노비가 주류인 천민 계층으로 나뉘었다.

조선을 양반 관료 사회라고 규정하듯이 양반은 정치·사회·경제 면에서 갖가지 특권과 명예를 독점적으로 누리면서 그 아래인 중인·평민·천민과는 격을 달리했다. 이를 반상(班常)이라는 말로 표현한다. 반상은 곧 신분을 지배자와 피지배자로 나눈 것으로서, 반상의 반(班)에는 중인이 들어가지 않았지만 상(常)에는 평민부터 노비까지 포함되었다. 이러한 구분은 법적 구분과는 달리 사회 통념상으로 최고 신분인 양반의 지배자적 위치를 돋보이게 하려는 의식에서 생겼다고 하겠다.

이처럼 국가 차원의 법적 규범인 양천제와 당시 실제 계급 관계를 반영한 사회 통념상 구분인 반상제가 서로 섞여 중세의 신분 구조를 이루었다. 중세 사회가 발전하면서 신분 구조는 양천제라는 법제적 틀에서 차츰 사회 통념상의 신분 규범이 규정 요소로 확고히 자리 잡는 방향으로 변화했다. 이는 지주제의 확대와 발전, 그리고 조선 사회의 안정과 변동을 나타내는 것이기도 하였다.

*국역: 나라에서 백성들에게 지우던 부역.
*요역: 나라에서 16세 이상 60세 미만의 남자에게 관아의 임무 대신 시키던 노동.

다시보기 ▶ 다시 볼 문제 체크하고 틀린 이유 메모하기

[분석쌤 강의]는 2차 채점 후 반드시 챙겨 볼 것!

09 윗글을 통해 알 수 있는 내용으로 적절하지 않은 것은?

① 중인은 반상제에서 '반'에 포함되지 않았다.

② 양인 가운데 평민층의 수가 양반층의 수보다 더 많았다.

③ 조선 시대 사회 구성원은 사회 통념상 네 계층으로 나뉘었다.

④ 지주제의 확대와 발전은 양천제에서 반상제로의 변화와 관련이 있었다.

⑤ 조선의 국역 정책은 노동력 확보를 위해 노비의 수를 최대한 늘리는 것을 우선시하였다.

지문 근거   둘중 헷   Q&A   어휘/개념 부정질문

분석쌤 강의

● **분 석** 쉽게 정답에 답했어도 2차 채점 후 오답지들의 근거를 찾으며 〈클리닉 해설〉의 어휘 풀이를 참조해 지문을 다시 한 번 더 읽으면 복습 효과를 거둘 수 있는 문제

● **해결案** 각 답지에서 핵심이 되는 키워드(반상제, 양인, 사회 통념, 지주제, 국역 정책 등)를 체크한 다음, 해당 키워드가 언급된 지문과 답지를 비교한다. 이때, 알 수 있는 내용으로 적절하면 O, 일치하지 않거나 미루어 알 수 있는 내용으로 적절하지 않으면 X 표시를 하며 풀면 문제 풀이 시간을 단축할 수 있다.

10 ⊙과 ⓛ에 대한 설명으로 적절하지 <u>않은</u> 것은?

① ⊙과 ⓛ 모두 군역의 의무를 이행해야 했다.

② ⓛ은 ⊙과 달리 관직 진출권이 원칙적으로 없었다.

③ ⓛ이 국가에 큰 공을 세울 경우 ⊙이 될 수 있었다.

④ ⊙은 법적 지위 면에서 ⓛ보다 우월한 위치에 있었다.

⑤ ⓛ에 속하는 노비는 마음대로 거주지를 옮길 수 없었다.

| 지문근거 | 둘중헷 | Q&A | 어휘/개념 | 부정 질문 |

분석쌤 강의

● **분 석** '모두'와 '달리'에 주의해 옳고 그름을 판단해야 하는 문제

● **해결案** ⊙과 ⓛ을 확인하고, 답지에서 핵심이 되는 키워드(군역, 관직 진출권, 국가에 큰 공, 법적 지위 면, 거주지 등)를 체크한 다음, 체크한 키워드가 언급된 지문 내용과 답지를 비교해 옳고 그름을 판단하도록 한다.

11 '채수'의 견해를 윗글과 관련지어 이해한 내용으로 가장 적절한 것은? [3점]

> 사헌부 대사헌 채수가 아뢰었다. "어제 전지*를 보니 역관, 의관을 권장하고 장려하고자 능통하고 재주가 있는 자는 동서 양반에 발탁하여 쓰라고 특별히 명령하셨다니 듣고 놀랐습니다. 무릇 벼슬에는 높고 낮은 것이 있고 직책에는 가볍고 무거운 것이 있습니다. 의관, 역관은 사대부 반열에 낄 수 없습니다. 의관, 역관 무리는 모두 미천한 계급 출신으로 사족(士族)이 아닙니다."
>
> ─『성종실록(成宗實錄)』─
>
> *전지: 상벌(賞罰)에 관한 임금의 명(命)을 그 맡은 관아에 전달하던 일.

① 벼슬에는 높고 낮음이 있고 직책에는 가볍고 무거운 것이 있다고 한 것은 당시 모든 사회 구성원을 양인과 천인으로 나누려는 의도로 볼 수 있군.

② 의관, 역관 무리는 모두 미천한 계급 출신으로 사족이 아니라고 한 것은 국가의 법적 규범인 양천제가 흔들릴 것에 대한 위기감을 드러낸 것이군.

③ 의관, 역관과 같은 중인을 동서 양반에 발탁하려는 임금의 조치에 반대하는 것은 양반의 지배자적 위치를 돋보이게 하려는 의식을 반영한 것이겠군.

④ 기술직을 권장하는 대책을 세우고 시행하는 데 대해 우려를 나타낸 것은 양반들이 누려온 독점적 권력이 중인에게 집중될 것에 대한 불만을 표시한 것으로 보아야겠군.

⑤ 재주가 있는 자를 양반에 발탁하도록 한 임금의 명령에 놀라움을 드러낸 것은 신분에 따라 공권력으로 인간의 기본권을 보장받을 수 있는 범위에 대한 시각 차를 보여 주는군.

| 지문근거 | 둘중헷 | Q&A | 어휘/개념 | 부정 질문 |

분석쌤 강의

● **분 석** 모두 적절한 내용 같아 정답을 찾는 데 시간이 많이 걸렸고, 결국 정답 같은 오답지에 답한 학생들이 많았던 문제

● **해결案** 답지의 앞부분의 설명이 '채수'의 견해로 적절한지부터 자료에서 확인한다. 그런 다음, 답지의 뒷부분은 지문과 관련지어 '채수'의 견해에 대한 이해가 적절한지를 따진다. 이때, 지문에서 설명한 '양천제'와 '반상제'의 의미를 정확하게 이해하여 살피고, 2차 채점 후에는 '가장 많이 질문한 오답'에 대한 해설을 챙겨 보도록 한다.

▶ 정답을 모르는 상태에서 2차 풀이를 하기 위한 방법으로, 아래 채점표 대신 '모바일 자동 채점 프로그램'(문제편 표지 QR 코드)을 이용해도 된다.

⏰ **종료 시각** ___ 시 ___ 분 ___ 초

1 종료 시각을 적은 후, 문제에 체크한 '내가 쓴 답'을 ❶에 옮겨 적는다.

2 ❷에 채점을 하되, 틀린 문제에만 '／' 표시를 한다.
(문제에 직접 채점하지 않는 이유는 다시 풀 때 정답을 모르는 상태에서 풀어야 제대로 훈련이 되기 때문)

문항 번호	1	2	3	4	5	6	7	8	9	10	11
❶내가 쓴 답											
❷채 점											

☞ 정답은 〈클리닉 해설〉 p.200 (해설은 p.50)

3 틀렸거나 찍어서 맞힌 문제는 다시 푼다.

4 2차 채점을 할 때 다시 풀어서 맞힌 문항은 △, 또 틀린 문항은 ✗ 표시를 한다.

5 △와 ✗ 문항은 반드시 다시 보고 틀린 이유를 알고 넘어간다.

총 소요 시간	종료 시각 ─시작 시각	**분**	**초**
목표 시간		19분	0초
초과 시간	총 소요 시간 ─목표 시간	**분**	**초**

채점 결과_ 6일째
반드시 체크해서 복습 때 활용할 것

	1차채점		2차채점	
총 문항 수	11개	△ 문항 수		개
틀린 문항 수	개	✗ 문항 수		개

구분	1 공부한 날		2 초과 시간		총 문항 수	3 틀린 문항 수	4 △ 문항 수	5 ✕ 문항 수
첫날	월	일	분	초	16 개	개	개	개
2일째	월	일	분	초	16 개	개	개	개
3일째	월	일	분	초	15 개	개	개	개
4일째	월	일	분	초	14 개	개	개	개
5일째	월	일	분	초	13 개	개	개	개
6일째	월	일	분	초	11 개	개	개	개

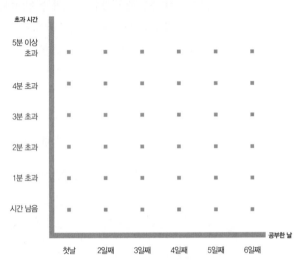

▲ 매일 체크한 시간을 동그라미로 표시하여 시간 변화를 한눈에 보자.

1주일간 공부한 내용을 다시 보니, ……

1 **매일 지문 3개씩 시간에 맞춰 풀었다. vs. 내가 한 약속을 못 지켰다.**
▶ 시간 부족 문제를 극복하기 위해서는 매일 비문학(독서) 지문 3개씩을 꾸준히 공부해야 효과적이다.

2 **시간이 단축되고 있음을 느낀다. vs. 문제 푸는 시간이 줄지 않는다.**
▶ 시간이 들쑥날쑥 하는 원인 중의 하나는 난이도일 수도 있다.
〈클리닉 해설〉에 있는 '지문별 난이도'(p.6)를 참고해서 내 실력 향상을 체크하자.

3 **틀린 문항 수가 거의 비슷하다.**
▶ 특정 제재에서 많이 틀렸는지, 특정 문항 유형에서 많이 틀렸는지를 확인하고
각 문항 오른쪽에 제시된 '분석쌤 강의'를 통해 문제점 극복 방안을 찾는다.

4 **△문항이 ✕문항보다 많다면, … △문항 수를 줄이는 것이 국어 영역 고득점의 지름길!**
▶ △ 문항을 줄이는 방법은 처음 틀렸을 때 왜 그 답지를 정답으로 생각했는지를 따져 보는 것이다.
다시 봤을 때 아무리 쉬워도, 틀린 문제는 또 틀릴 수 있다는 것을 명심하자.

5 **✕문항 수가 줄지 않는다면?**
▶ 〈클리닉 해설〉을 본다. 많은 학생들이 질문한 문제를 같은 생각에서 틀린 것인지,
아니면 쉬운 문제임에도 불구하고 틀린 것인지를 체크하여 내가 취약한 유형이 무엇인지를 파악한다.
〈클리닉 해설〉과 '분석쌤 강의'를 보고 확실하게 알고 넘어가고,
'매3 오답 노트'에 메모해 두었다가 한 달에 한 번 꼭 다시 복습한다.

! 1주일간 공부한 내용과 '매3 오답 노트'에 메모한 내용까지 다시 보니,

결론적으로,

내가 **취약한 부분**은 [＿＿＿＿＿＿＿＿＿＿] 이다.

취약점을 보완하기 위해서 나는 [＿＿＿＿＿＿＿＿＿＿] 을/를 해야겠다.

한 달 뒤 다시 봐야 할 내용과 지문, 어휘 등이 있는 페이지는 지금 바로 접어 두었다.
지문은 '문단 요약'을 참고해 한 번 더 읽어 두고, 어휘는 '매3어휘 풀이'를 떠올리며 익히고, '복습을 위한 어휘
노트'(〈클리닉 해설〉 p.195)와 '매3인사이트.집'(부록), '나만의 매3 오답 노트'는 시험 전에 꼭 다시 봐야겠다.

2주차

사회/융합

➡ 2주차 (사회/융합)에서는 '8일째'와 '9일째'가 어렵습니다. 난이도 순서(p.6)를 참고해 '13일째'부터 먼저 공부해도 좋습니다.

1~4 다음 글을 읽고 물음에 답하시오.

2023학년도 3월 고1 전국연합학력평가【19~22】 사회

경기가 침체되어 가계의 소비가 줄어들면 시중의 제품이 팔리지 않아 기업은 생산 규모를 축소하게 된다. 그 결과 실업률이 증가하고 가계의 수입이 감소하면서 소비는 더욱 위축된다. 이와 같은 악순환으로 경기 침체가 심화되면 국가는 이에서 벗어나기 위해 유동성을 늘리는 통화 정책을 시행한다.

유동성이란 자산 또는 채권을 손실 없이 현금화할 수 있는 정도로, 현금과 같은 화폐는 유동성이 높은 자산인 반면 토지나 건물과 같은 부동산은 유동성이 낮은 자산이다. 이처럼 유동성은 자산의 성격을 나타내는 용어이지만, 흔히 시중에 유통되는 화폐의 양, 즉 통화량을 나타내는 말로도 사용된다. 가령 시중에 통화량이 지나치게 많을 때 '유동성이 넘쳐 난다'고 표현하고, 반대로 통화량이 줄어들 때 '유동성이 감소한다'고 표현한다. 유동성이 넘쳐 날 경우 시중에 화폐가 흔해지는 상황이므로 화폐의 가치는 떨어지게 된다.

유동성은 금리와 밀접한 관련이 있기 때문에 국가는 정책적으로 금리를 올리고 내림으로써 유동성을 조절할 수 있다. 이때 금리는 예금이나 빌려준 돈에 붙는 이자율로, 이는 기준 금리와 시중 금리 등으로 구분된다. 기준 금리는 국가가 정책적인 차원에서 결정하는 금리로, 한 나라의 금융 및 통화 정책의 주체인 중앙은행에 의해 결정된다. 반면 시중 금리는 기준 금리의 영향을 받아 중앙은행 이외의 시중 은행이 세우는 표준적인 금리로, 가계나 기업의 금융 거래에 영향을 미친다. 가령 시중 금리가 내려가면 예금을 통한 이자 수익과 대출에 따른 이자 부담이 줄어 가계나 기업에서는 예금을 인출하거나 대출을 받으려는 경향성이 늘어난다. 그 결과 시중의 유동성이 증가하게 된다. 반대로 시중 금리가 올라가면 이자 수익과 대출 이자 부담이 모두 늘어나기 때문에 유동성이 감소하게 된다.

이와 같은 금리와 유동성의 관계를 고려하여, 중앙은행은 기준 금리를 조절하는 통화 정책을 통해 경기를 안정시키려고 한다. 만일 경기가 침체되면 중앙은행은 기준 금리를 인하하는 정책을 도입하여 시중 금리를 낮추도록 유도한다. 그 결과 유동성이 증가하여 가계의 소비가 늘고 주식이나 부동산에 대한 투자가 확대된다. 또한 기업의 생산과 고용이 늘고 다양한 분야에 대한 투자가 확대되어 물가가 상승하고 경기가 전반적으로 활성화된다. 반대로 경기가 과열되어 자산 가격이나 물가가 지나치게 오르면 중앙은행은 기준 금리를 인상하는 정책을 통해 유동성을 감소시킨다. 그 결과 기준 금리를 인하할 때와 반대의 현상이 나타나 자산 가격이 하락하고 물가가 안정되어 과열된 경기가 진정된다.

그러나 중앙은행이 경기 활성화를 위해 통화 정책을 시행했음에도 불구하고 애초에 의도한 결과가 나타나지 않기도 한다. 즉, 기준 금리를 인하하여 시중에 유동성을 충분히 공급하더라도, 증가한 유동성이 기대만큼 소비나 투자로 이어지지 않으면 경기가 활성화되지 않는다. 특히 심각한 경기 침체로 인해 경기 회복에 대한 전망이 불투명할 경우, 경제 주체들은 쉽게 소비를 늘리지 못하거나 투자를 결정하지 못해 돈을 손에 쥐고만 있게 된다. 이 경우 충분한 유동성이 경기 회복으로 이어지지 못해 경기 침체가 지속되는데, 마치 유동성이 함정에 빠진 것 같다고 하여 케인스는 이를 유동성 함정 이라 불렀다. 그는 이러한 유동성 함정을 통해 통화 정책의 한계를 설명하면서, 정부가 재정 지출을 확대하여 소비와 투자를 유도하는 정책을 시행하는 것이 중요하다고 역설하였다.

다시보기   ▶ 다시볼 문제 체크하고 틀린 이유 메모하기

[분석쌤 강의]는 2차 채점 후 반드시 챙겨 본다!

01 윗글을 통해 알 수 있는 내용이 아닌 것은?

① 중앙은행이 하는 역할
② 유동성이 높은 자산의 예
③ 기준 금리와 시중 금리의 관계
④ 경기 침체로 인해 나타나는 현상
⑤ 유동성에 대한 케인스 주장의 한계

지문 근거   둘중혯   Q&A   어휘/개념 부정질문

분석쌤 강의
● 분 석 발문(문두)에서 문제 풀이 방법을 알려 주는 문제 유형
● 해결案 '윗글을 통해 알 수 있는 내용이 아닌 것'을 질문했으므로 지문에서 확인할 수 없거나, 지문 내용과 일치하지 않거나, 지문에서 미루어 짐작할 수 없는 내용이 정답이 된다.

02 윗글을 바탕으로 할 때, 〈보기〉의 ㄱ~ㄷ에 들어갈 말로 적절한 것은?

— 보기 —

국가의 통화 정책이 정상적으로 작동될 때, 중앙은행이 기준 금리를 (ㄱ) 시중의 유동성이 (ㄴ)하며, 화폐의 가치가 (ㄷ)한다.

	ㄱ	ㄴ	ㄷ		ㄱ	ㄴ	ㄷ
①	내리면	증가	하락	②	내리면	증가	상승
③	내리면	감소	상승	④	올리면	증가	상승
⑤	올리면	감소	하락				

분석쌤 강의
● **분 석** 특정 오답지에 답한 학생들이 많았는데, 지문에서 〈보기〉와 연결되는 내용을 찾으면 정답을 찾을 수 있는 문제
● **해결案** ㄱ은 '기준 금리,' ㄴ은 '시중의 유동성', ㄷ은 '화폐의 가치'에 대한 내용이 들어가야 한다는 것을 먼저 파악한다. 그런 다음 답지를 살피면, ㄱ에 '내리면' 또는 '올리면'이 들어갈 경우 '시중의 유동성'과 '화폐의 가치'가 어떻게 달라지는지를 알아야 한다. 정답 여부를 빠르게 판단하기 위해서는 관련 지문을 찾아 ㄱ에 들어갈 말을 먼저 체크한 다음, 기준 금리(ㄱ)를 기준으로 ㄴ과 ㄷ에 들어갈 말을 체크한다.

03 유동성 함정 에 대해 이해한 내용으로 가장 적절한 것은?

① 시중에 유동성이 충분히 공급되더라도 경기 침체가 지속되는 상황을 의미한다.
② 시중 금리의 상승으로 유동성이 감소하여 물가가 하락하는 상황을 의미한다.
③ 기업의 생산과 가계의 소비가 줄어들어 유동성이 넘쳐 나는 상황을 의미한다.
④ 경기 과열로 인해 유동성이 높은 자산에 대한 선호가 늘어나는 상황을 의미한다.
⑤ 유동성이 감소하여 경기 회복에 대한 전망이 긍정적으로 바뀌는 상황을 의미한다.

분석쌤 강의
● **분 석** 네모 친 '유동성 함정' 앞뒤에 전개된 내용을 바탕으로 정답 여부를 판단해야 하는 문제
● **해결案** '유동성 함정'에 대한 질문임을 파악한 후 답지를 살피면 모두 '~상황을 의미한다.'고 했다. 이 점을 염두에 두고 '유동성 함정'은 어떤 상황을 의미하는지를, 앞뒤에 전개된 내용을 바탕으로 따지되, 지문 내용과 어긋나는 내용은 바로 ✕ 표시를 하고 정답에서 제외한다.

04 윗글을 바탕으로 경제 주체들이 〈보기〉의 신문 기사를 읽고 보일 수 있는 반응으로 적절하지 않은 것은? [3점]

— 보기 —

금융 당국 '빅스텝' 단행

금융 당국은 오늘 '빅스텝'을 단행하였다. 빅스텝이란 기준 금리를 한 번에 0.5%p 인상하는 것을 의미한다. 이처럼 금리를 큰 폭으로 인상한 것은 과도하게 증가한 유동성으로 인해 물가가 지나치게 상승하고 부동산, 주식 등의 자산 가격이 폭등했기 때문이다.

① 투자자: 부동산의 가격이 하락할 수 있으니, 당분간 부동산 투자를 미루고 시장 상황을 지켜봐야겠군.
② 소비자: 위축된 소비 심리가 회복되어 지금보다 물가가 오를 수 있으니, 자동차 구매 시기를 앞당겨야겠군.
③ 기업인: 대출을 통해 자금을 확보하는 것이 부담스러워질 수 있으니, 공장을 확장하려던 계획을 보류해야겠군.
④ 공장장: 당분간 우리 공장에서 생산한 부품에 대한 수요가 줄 수 있으니, 재고가 늘어날 것에 대비해야겠군.
⑤ 은행원: 시중 은행에 저축하려는 사람들이 늘어날 수 있으니, 다양한 상품을 개발하여 고객을 유치해야겠군.

분석쌤 강의
● **분 석** 지문을 읽을 때 '오르고(↑) 내리고(↓), 늘고(↑) 줄고(↓), 상승하고(↑) 하락하고(↓)'를 체크하며 읽으면 정답과 오답의 근거를 빠르게 찾을 수 있는 문제 유형
● **해결案** 〈보기〉의 상황에서 투자자와 소비자, 기업인과 공장장, 은행원 등이 답지와 같이 반응할 것인지를 살핀다. 각 경제 주체들이 보인 반응은 지문을 근거로 적절한지를 판단하되, 반응의 앞부분인 '~있으니'까지가 적절한지부터 체크하면 정답을 빠르게 확정지을 수 있다.

어떤 안건을 대하는 집단 구성원들의 생각은 각기 다르므로, 상이한 생각들을 집단적 합의에 이르게 하는 의사 결정 과정이 필요하다. 공공 선택 이론은 이처럼 집단을 구성하는 개인의 의사가 집단의 의사로 통합되는 과정을 다룬다. 직접 민주주의하에서의 의사 결정 방법으로 단순 과반수제, 최적 다수결제, 점수 투표제, 보르다(Borda) 투표제 등이 있다.

㉠단순 과반수제는 투표자의 과반수가 지지하는 안건이 채택되는 다수결 제도이다. 효율적으로 의사 결정이 이루어져 많이 사용되고 있으나, 각 투표자는 찬반 여부를 표시할 뿐 투표 결과에는 선호 강도가 드러나지 않아 안건 채택 시 사회 전체의 후생*이 감소할 가능성이 있다. 이는 다수의 횡포에 의해 소수의 이익이 침해되는 상황이 발생할 수 있음을 의미한다. 또한 어떤 대안들을 먼저 비교하는가에 따라 그 결과가 달라지는 ⓐ'투표의 역설' 현상이 나타날 수 있다. 예를 들어, 갑, 을, 병 세 사람이 사는 마을에 정부에서 병원, 학교, 경찰서 중 하나를 지어 줄 테니 투표를 통해 선택하라고 제안하였고, 이때 세 사람의 선호 순위가 다음 〈표〉와 같다고 하자. 세 가지 대안을 동시에 투표에 부치면 하나의 대안으로 결정되지 않는다. 그래서 먼저 병원, 학교, 경찰서 중 두 대안을 선정하여 다수결로 결정한 후 남은 한 가지 대안과 다수결로 승자를 결정하면 최종적으로 하나의 대안이 결정된다. 즉, 비교하는 대안의 순서에 따라 〈표〉의 투표 결과는 달라지게 된다.

선호 순위 투표자	1순위	2순위	3순위
갑	병원	학교	경찰서
을	학교	경찰서	병원
병	경찰서	병원	학교

〈표〉

[A] 최적 다수결제는 투표에 따르는 총비용이 최소화되는 지점을 산정한 후, 안건의 찬성자 수가 그 이상이 될 때 안건이 통과되는 제도이다. 이때의 총비용은 의사 결정 비용과 외부 비용의 합으로 결정된다. 의사 결정 비용은 투표자들의 동의를 구하는 데 드는 시간과 노력에 따른 비용을 의미하며, 찬성표의 비율이 높을수록 증가한다. 외부 비용은 어떤 안건이 통과됨에 따라 그 안건에 반대하였던 사람들이 느끼는 부담을 의미하며, 찬성표의 비율이 높아질수록 낮아지며 모든 사람이 찬성할 경우에는 0이 된다. 안건 통과에 필요한 투표자 수가 증가할수록 의사 결정 비용이 증가하므로 의사 결정 비용 곡선은 우상향한다. 이와 달리 외부 비용은 감소하므로 외부 비용 곡선은 우하향하며, 두 곡선을 합한 총비용 곡선은 U자 형태로 나타난다. 이때 총비용이 최소화되는 곳이 최적 다수결제에서의 안건 통과의 기준이 되는 최적 다수 지점이 된다. 이 제도는 의사 결정 과정을 이론적으로 명쾌하게 설명할 수 있지만, 최적 다수결의 기준을 정하는 데 시간을 지나치게 소비하게 된다는 단점이 있다.

㉡점수 투표제는 각 투표자에게 일정한 점수를 주고 각 투표자가 자신의 선호에 따라 각 대안에 대하여 주어진 점수를 배분하여 투표하는 제도로, 합산하여 가장 많은 점수를 얻은 대안이 선택된다. 투표자의 선호 강도에 따라 점수를 배분하므로 투표자의 선호 강도가 잘 반영된다. 소수의 의견도 투표 결과에 잘 반영되며, 투표의 역설이 나타나지 않는다는 장점이 있다. 하지만 전략적 행동에 취약하여 투표 결과가 불규칙하게 바뀔 수 있다는 단점이 있다. 전략적 행위란 어떤 투표자가 다른 투표자의 투표 성향을 예측하고 자신의 행동을 이에 맞춰 변화시킴으로써 자기가 원하는 것을 얻으려 하는 태도를 뜻한다. 이 행위는 어떤 투표 제도에서든 나타날 수 있으나, 점수 투표제에서 나타날 가능성이 높다.

㉢보르다 투표제는 n개의 대안이 있을 때 가장 선호하는 대안부터 순서대로 n, (n-1), …, 1점을 주고, 합산하여 가장 높은 점수를 받은 대안을 선택하는 투표 방식으로, 점수 투표제와 달리 오로지 순서에 의해서만 선호 강도를 표시한다. 이 제도하에서는 일부에게 선호도가 아주 높은 대안보다는 투표자 모두에게 어느 정도 차선이 될 수 있는 ⓑ중도의 대안이 채택될 가능성이 높으며, 점수 투표제와 마찬가지로 투표의 역설이 발생하지 않는다.

*후생: 사회 구성원들의 복지 수준.

다시보기 ▶ 다시 볼 문제 체크하고 틀린 이유 메모하기   [분석쌤 강의]는 2차 채점 후 반드시 챙겨 본다!

05 윗글에 대한 이해로 적절하지 않은 것은?

① 어떤 투표제에서든 투표자의 전략적 행위가 나타날 수 있다.
② 보르다 투표제에서는 가장 선호하지 않는 대안에 0점을 부여한다.
③ 단순 과반수제에서는 채택된 대안으로 인해 사회의 후생이 감소되기도 한다.
④ 점수 투표제는 최적 다수결제와 달리 대안에 대한 선호 강도를 표시할 수 있다.
⑤ 최적 다수결제는 단순 과반수제와 달리 안건 통과의 기준이 안건에 따라 달라질 수 있다.

지문 근거   둘중혯   Q&A   어휘/개념 부정질문

분석쌤 강의
● **분 석** 발문(문두)에서, 지문에서 근거를 찾아 O, X로 표시하며 풀어야 한다는 것을 알려 주는 문제 유형
● **해결案** 각 답지에서 핵심이 되는 키워드를 찾은 다음, 그 키워드에 대해 설명한 지문 내용을 찾아 둘을 비교하여 옳고 그름을 판단한다. 이때 '않은 것'을 질문했다는 것을 놓치지 않아야 한다.

06 ⓐ와 관련하여 〈표〉를 이해한 것으로 적절하지 <u>않은</u> 것은?

① '병원'과 '학교'를 먼저 비교할 경우, '병원'과 '경찰서'의 다수결 승자가 최종의 대안으로 결정된다.

② '학교'와 '경찰서'를 먼저 비교할 경우, '갑'과 '을'이 '학교'에 투표하여 최종적으로 '학교'가 결정된다.

③ '병원'과 '학교'를 먼저 비교하는지, '학교'와 '경찰서'를 먼저 비교하는지에 따라 투표의 결과가 달라진다.

④ '병원', '학교', '경찰서'를 동시에 투표에 부치면, 모두 한 표씩 얻어 어떤 대안도 과반수가 되지 않는다.

⑤ 대안에 대한 '갑', '을', '병' 세 사람의 선호 순위는 바뀌지 않아도, 투표의 결과가 바뀌는 현상이 나타난다.

지문 근거   둘중헷   Q&A   어휘/개념   부정질문

분석쌤 강의
● **분 석** 이 시험을 어렵게 만든 문제 중 하나로, 정답보다 오답에 답한 학생들이 많았던 문제
● **해결案** ⓐ(투표의 역설)는 '단순 과반수제'에서 나타난다고 한 것, '단순 과반수제'는 '투표자의 과반수가 지지하는 안건이 채택'되는 것이고, '비교하는 대안의 순서에 따라 〈표〉의 투표 결과는 달라지게 된다'는 것임을 염두에 둔다. 그런 다음 답지 ①부터 〈표〉를 이해한 내용으로 적절한지를 살피면 된다. 정답률이 낮은 문제라는 점에 주목하여, 복습할 때 각 답지들이 정답과 오답인 이유를 한번 더 체크해 보도록 한다.

07 ⓑ의 이유로 가장 적절한 것은?

① 주어진 점수를 투표자가 임의대로 배분할 수 있기 때문이다.

② 투표자는 중도의 대안에 관해서만 자신의 의사를 표현할 수 있기 때문이다.

③ 점수 투표제와 달리 투표자의 전략적 행동을 유발하여 투표 결과를 조작할 수 있기 때문이다.

④ 일부에게만 선호도가 높은 대안이 다수에게 선호도가 매우 낮으면 점수 합산 면에서 불리하기 때문이다.

⑤ 순서로만 선호 강도를 표시할 경우, 모든 투표자에게 선호도가 가장 높은 대안이라도 최종 승자가 아닐 수 있기 때문이다.

지문 근거   둘중헷   Q&A   어휘/개념   부정질문

분석쌤 강의
● **분 석** 특정 오답지에 많이 답한 문제로, '왜' ⓑ라고 했는지에 대한 답을 찾는, 이유 찾기 문제
● **해결案** ⓑ 앞에 제시된 내용을 바탕으로 ⓑ의 이유를 추론한 다음, 답지들 중에서 그 이유와 가장 가까운 것을 정답으로 고른다. ①부터 하나씩 살피되, ⓑ나 그 앞의 내용과 어긋나는 것은 바로 오답으로 표시하고 다음 답지를 검토하면 된다.

08 〈보기〉가 [A]의 각 비용들에 대한 그래프라고 할 때, 이에 대한 이해로 적절하지 <u>않은</u> 것은?

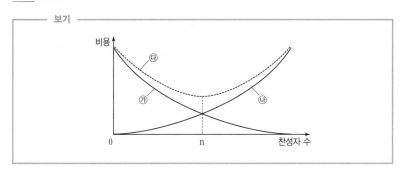

① ㉑는 외부 비용으로, 반대하는 투표자 수가 많아질수록 그 값이 커진다.

② ㉯는 의사 결정 비용으로, 투표 참가자들을 설득하는 데 드는 시간과 노력이 적을수록 그 값이 작아진다.

③ ㉰는 총비용으로, ㉑와 ㉯를 합한 값이 최소가 되는 지점 n이 최적 다수 지점이 된다.

④ 투표에 참가하는 모든 사람이 찬성하면 ㉑의 값은 0이 된다.

⑤ 안건 통과에 필요한 투표자가 많아지게 되면 ㉯는 이동하지만 ㉑는 이동하지 않는다.

지문 근거   둘중헷   Q&A   어휘/개념   부정질문

분석쌤 강의
● **분 석** 그림(그래프)에 적용하는 문제를 어려워하는 학생들이 많아 오답지들 모두 고루 답한 문제
● **해결案** [A]의 내용을 그래프에 적용하는 문제로, [A]의 내용을 바탕으로 〈보기〉의 ㉑~㉰가 무엇을 나타내는 그래프인지부터 파악하여 각 그래프 옆에 메모해 둔다. 그런 다음 답지 ①부터 해당 그래프에 대한 이해가 적절한지를 [A]와 〈보기〉의 그래프에서 근거를 찾아 확인한다. 이때 답지를 세분하여 앞부분이 맞는지, 앞부분이 맞으면 뒷부분도 맞는지를 각각 확인하여 ○, X 표시를 하며 풀면 빠르고 정확하게 정답을 찾을 수 있다.

09 대안 Ⅰ~Ⅲ에 대한 투표자 A~E의 선호 강도가 〈보기〉와 같다고 할 때, ㉠~㉢을 통해 채택될 대안으로 적절한 것은? [3점]

보기

대안＼투표자	A	B	C	D	E
Ⅰ	3	1	1	3	1
Ⅱ	1	7	6	2	5
Ⅲ	6	2	3	5	4

(단, 표 안의 수치가 높을수록 더 많이 선호함을 나타내며, 투표에 미치는 외부적인 요인과 투표자들의 전략적 행동은 없다고 가정한다.)

	㉠	㉡	㉢		㉠	㉡	㉢		㉠	㉡	㉢
①	Ⅰ	Ⅲ	Ⅱ	②	Ⅱ	Ⅱ	Ⅱ	③	Ⅱ	Ⅱ	Ⅲ
④	Ⅲ	Ⅰ	Ⅲ	⑤	Ⅲ	Ⅱ	Ⅱ				

지문근거　둘중헷　Q&A　어휘/개념　부정질문

분석쌤 강의

● **분 석** 특정 오답지에 답한 학생들이 많았던 만큼, 〈클리닉 해설〉에서 해당 오답지가 무엇인지, 또 어떤 이유에서 그 답지를 정답으로 생각했는지를 따져 알고 넘어가야 하는 문제

● **해결案** 먼저 지문을 통해 ㉠에서 대안을 채택하는 기준을 확인한 다음, 〈보기〉의 표에 적용하여 ㉠을 통해 채택될 대안을 파악하여 오답을 제외한다. 그런 다음 정답 후보가 되는 답지들을 비교하면 문제 풀이 시간을 단축할 수 있는데, 예를 들면 ㉠에서 Ⅰ이 채택되면 나머지 ㉡, ㉢을 확인하지 않아도 ①을 정답으로 고르면 되고, ㉠에서 Ⅱ가 채택되면 정답 후보인 ②와 ③을 비교하면 된다. 이때 ②와 ③은 모두 ㉡에서 Ⅱ가 채택된다고 보았으므로 ㉡을 건너뛰고 바로 ㉢을 확인하면 정답을 빠르게 고를 수 있다.

10~14 다음 글을 읽고 물음에 답하시오.

2021학년도 3월 고1 전국연합학력평가 【21~25】 사회

　공익을 위한 적법한 행정 작용으로 개인의 재산권*에 특별한 희생이 발생한 경우, 개인은 자신이 입은 재산상 손실을 보상하도록 요구할 수 있는 권리인 '손실 보상 청구권'을 갖는다. 여기서 '특별한 희생'이란 보호할 필요가 있는 재산권에 대한 침해를 이르는 말로, 이로 인한 손실은 국가가 보상해야 한다. 가령 감염병예방법에 따르면, 행정 기관이 감염병 예방을 위해 의료기관의 병상이나 연수원, 숙박 시설 등을 동원한 경우 이로 인한 손실을 개인에게 보상하여야 하는데, 이때의 재산권 침해가 특별한 희생에 해당하는 것이다.

　손실 보상 청구권은 ⓐ공적 부담의 평등을 위해 인정되는 헌법상 권리이다. 행정 작용으로 누군가에게 특별한 희생이 발생하면, 그로 인한 부담을 공공이 분담하는 것이 평등 원칙에 부합하기 때문이다. 또한 헌법 제23조 제3항은 "공공필요에 의한 재산권의 수용·사용 또는 제한 및 그에 대한 보상은 법률로써 하되, 정당한 보상을 지급하여야 한다."라고 하여, '공공필요에 의한 재산권의 수용·사용 또는 제한', 즉 공용 침해와 이에 대한 보상이 법률에 규정되어야 함을 명시하고 있다. 공용 침해 중 수용이란 개인의 재산권을 국가로 이전하는 것, 사용이란 행정 기관이 개인의 재산권을 일시적으로 사용하는 것, 제한이란 개인의 재산권 사용 또는 그로 인한 수익을 한정하는 것을 의미한다. 한편 제23조 제3항은 내용상 분리될 수 없는 사항은 함께 규정되어야 한다는 의미의 '불가분 조항'이다. 따라서 ⓑ공용 침해 규정과 보상 규정은 하나의 법률에서 규정되어야 한다.

　그러나 헌법은 제23조 제1항에서 "모든 국민의 재산권은 보장된다. 그 내용과 한계는 법률로 정한다."라고 규정하여, 재산권은 법률에 의해 구체화된다고 밝히고 있다. 또한 제2항에서 "재산권의 행사는 공공복리에 적합하도록 하여야 한다."라고 하여, 개인의 재산권 행사가 공익에 적합하여야 한다는 재산권의 '사회적 제약'을 규정하고 있다. 특히 토지처럼 공공성이 강한 사유 재산은 재산권 행사에 더욱 강한 사회적 제약을 받을 수 있다. 만약 재산권 침해가 ⓒ사회적 제약의 범위 내에 있다면 이로 인한 손실은 보상의 대상이 되지 않는다. 즉 재산권 침해가 특별한 희생에 해당할 때만 보상이 가능한 것이다.

　재산권의 사회적 제약과 특별한 희생의 구별에 대해 ㉠경계 이론과 ㉡분리 이론은 서로 다른 입장을 취한다. 경계 이론에 따르면 ⓓ양자는 별개가 아니라 단지 침해의 정도에 있어서만 차이가 있을 뿐이다. 재산권 침해는 그 정도가 사회적 제약의 범위를 넘어서면 특별한 희생으로 바뀐다는 것이다. 따라서 경계 이론은 사회적 제약을 벗어나는 재산권 침해는 보상 규정이 없어도 보상이 이루어져야 한다고 본다. 보상을 규정하지 않은 채 공용 침해를 규정하고 있는 법률은, 불가분 조항인 헌법 제23조 제3항에 위반되어 위헌이고, 위헌임이 밝혀진 법률에 근거한 공용 침해 행위는 위법한 행정 작용이 된다는 것이다. 경계 이론은 적법한 공용 침해 행위의 경우에 보상이 인정된다면, 위법한 공용 침해 행위의 경우에도 헌법 제23조 제3항을 근거로 보상을 인정해야 한다는 입장이다.

　이에 반해 분리 이론은 재산권의 사회적 제약에 대한 헌법 제23조 제2항의 규정과 특별한 희생에 대한 제3항의 규정은 ⓔ입법자의 의사에 따라 완전히 분리된다고 주장한다. 따라서 재산권 침해를 규정한 법률에 보상 규정이 없는 경우 입법자가 이러한 재산권 침해를 특별한 희생이 아닌 사회적 제약으로 규정한 것으로 본다. 재산권 침해가 사회적 제약 또는 특별한 희생 중 무엇에 해당하는지 결정하는 것은 법률을 제정하는 입법자의 권한이라는 것이다. 만약 해당 법률에 규정된

재산권 침해가 헌법 제23조 제2항에서 규정한 재산권의 공익 적합성을 넘어서서 개인의 재산권을 과도하게 침해한다면, 이러한 법률은 헌법 제23조 제2항을 위반하여 위헌이고, 위헌임이 밝혀진 법률에 근거한 행정 작용은 위법하게 된다. 분리 이론은 이러한 경우 ⓒ손실을 보상하는 것이 아니라, 위법한 행정 작용 자체를 제거해야 한다고 본다. 재산권을 존속시키는 것이 재산권을 침해하면서 그 손실을 보상하는 것보다 우선한다고 보기 때문이다.

*재산권: 재산의 소유권, 사용·수익권, 처분권 등 일체의 재산적 가치가 있는 권리.

다시보기 ▶ 다시볼 문제 체크하고 틀린 이유 메모하기

10 윗글에 대한 이해로 가장 적절한 것은?

① 헌법이 개인에게 보장하는 재산권의 내용은 법률로써 그 내용이 구체화된 것이다.

② 공용 침해 중 '사용'과 달리 '제한'의 경우, 행정 작용에도 불구하고 개인의 재산권은 국가로 이전되지 않는다.

③ 재산권을 침해하는 모든 행정 작용에 대해, 개인은 자신이 입은 손실을 보상하도록 요구할 수 있는 권리를 갖는다.

④ 재산권의 사회적 제약을 규정하는 모든 법률은 공용 침해와 손실 보상이 내용상 분리될 수 없다는 원칙에 어긋난다.

⑤ 감염병 예방을 위해 행정 기관이 사설 연수원을 일정 기간 동원하는 것은 공공 필요에 의한 재산권의 '수용'에 해당한다.

지문근거 둘중헷 Q&A 어휘/개념 부정질문

분석쌤 강의

● **분 석** 많은 학생들이 오답에 답한 문제로, 2차 채점 후 〈클리닉 해설〉에 있는 '문단 요약'을 참고해 다시 지문을 읽으면서 글 전체의 흐름을 이해하고, 정답과 오답인 이유를 한 번 더 따져 알아야 하는 문제

● **해결案** 발문(문두)을 확인한 후 각 답지에서 핵심이 되는 키워드를 체크해, 해당 키워드가 언급된 내용을 지문에서 찾는다. 그런 다음, 지문에서 찾은 내용과 답지를 비교하며 옳고 그름을 따진다. 이때 글 전체의 내용을 염두에 두고 판단하면 정답과 오답의 근거를 빠르게 찾을 수 있을 뿐만 아니라 정답 여부도 쉽게 판단할 수 있다.

다시보기 ▶ 다시볼 문제 체크하고 틀린 이유 메모하기

11 윗글을 참고하여 〈보기〉의 '헌법 재판소'의 판단에 대해 추론한 내용으로 적절하지 않은 것은? [3점]

─── 보기 ───

A 법률에 따르면, 국가는 도시 환경을 보전하기 위해 개발 제한 구역을 지정할 수 있고, 개발 제한 구역으로 지정된 토지에서는 건축 등 토지 사용이 제한된다. 하지만 A 법률은 개발 제한 구역 지정으로 인한 손실을 보상하는 규정은 포함하고 있지 않았다. 이러한 상황에서 A 법률에 대한 헌법 소원이 제기되었다.

헌법 재판소는 분리 이론의 입장을 취하면서, 토지 재산권의 공공성을 고려하면 A 법률은 원칙적으로 합헌이라고 판단하였다. 하지만 개발 제한 구역으로 지정되어 토지를 사용할 방법이 전혀 없는 등 개인에게 가혹한 부담이 발생하는 예외적인 경우에는 사회적 제약을 벗어나서 토지 소유자의 재산권을 과도하게 침해한다고 판단하였다. 따라서 이러한 예외적인 경우까지 고려하지 않은 A 법률은 헌법에 위반된다고 판단하였다.

① 헌법 재판소는 개발 제한 구역을 지정하는 행위가 헌법 제23조 제2항에 위반되는지를 판단하였겠군.

② 헌법 재판소는 개발 제한 구역을 지정하는 행위가 헌법 제23조 제3항과는 관련이 없다고 판단하였겠군.

③ 헌법 재판소는 개발 제한 구역을 지정하는 행위가 헌법에 위반되었는지 여부를 토지의 공공성을 근거로 판단하였겠군.

④ 헌법 재판소는 개발 제한 구역 지정으로 인한 재산권 침해는 개인에게 가혹한 부담이 발생하지 않는 범위 내에서만 가능하다고 판단하였겠군.

⑤ 헌법 재판소는 개발 제한 구역을 지정하는 행위가 개인에게 가혹한 부담을 초래한 경우, 이때의 재산권 침해는 특별한 희생에 해당한다고 판단하였겠군.

지문근거 둘중헷 Q&A 어휘/개념 부정질문

분석쌤 강의

● **분 석** 정답보다 오답에 답한 학생들이 많았던, 이 시험을 어렵게 만든 최고난도 문항이면서, 틀리면 억울한 고배점(3점) 문제

● **해결案** 〈보기〉에서 주어진 상황에 대해 '헌법 재판소'가 판단한 내용을 이해한 후, 답지와 같이 추론하는 것이 적절한지를 체크한다. 이때 헌법 재판소가 그와 같이 판단한 이유와 근거에 해당하는 것은 지문에서 확인하되, 헌법 재판소가 취한 입장을 염두에 두고 판단하도록 한다.

12 ㉠과 ㉡에 대한 이해로 적절하지 <u>않은</u> 것은?

① ㉠은 법률에 보상 규정이 없는 경우에도 헌법 제23조 제3항을 근거로 하여, 행정 작용으로 인한 재산상 손실을 보상할 수 있다고 본다.

② ㉡은 헌법 제23조 제2항과 제3항의 규정은 전혀 다른 내용을 규정하고 있다고 본다.

③ ㉠은 행정 작용으로 인한 재산상 손실을 항상 보상해야 한다고 보는 반면, ㉡은 보상하지 않을 수 있다고 본다.

④ ㉠은 재산권 침해의 정도를, ㉡은 입법자의 의사를 기준으로 손실 보상 청구권의 성립 여부를 판단해야 한다고 본다.

⑤ ㉠과 ㉡은 모두 보상 규정 없이 사회적 제약의 범위를 벗어나는 재산권 침해를 규정한 법률은 위헌이라고 본다.

분석쌤 강의
● **분 석** 정답보다 오답에 답한 학생들이 더 많았던 문제
● **해결案** 지문에서 ㉠에 대해 설명한 4문단을 읽은 후 답지에서 ㉠에 대한 내용을 체크하고, ㉠에 대한 답지의 설명이 모두 적절하면(○이면) ㉡에 대해 설명한 5문단을 읽은 후 ㉡에 대한 답지의 설명이 적절한지를 살핀다. 이때 ㉠과 ㉡을 바꾸어 체크하는 일이 없어야 하고, '항상'과 '모두' 등에 유의해야 한다.

13 ㉢의 전제로 가장 적절한 것은?

① 재산권은 입법자의 의사에 따라 보상 없이 제한해야 하는 권리이다.

② 공용 침해 규정과 손실 보상 규정이 동일한 법률에서 규정될 필요는 없다.

③ 재산권의 사회적 제약은 입법자의 의사에 따라 제한 없이 규정될 수 있다.

④ 행정 작용이 공익을 목적으로 한다면 이로 인한 손실은 보상할 필요가 없다.

⑤ 입법자가 별도로 규정하지 않는 한, 재산권은 그대로 보존되어야 하는 권리이다.

분석쌤 강의
● **분 석** 밑줄 친 부분의 앞뒤에 전개된 내용에서 정답의 근거를 찾아야 하는, 전제 찾기 문제
● **해결案** 전제는 결론을 내기 위해 앞서 제시한 이유 또는 근거에 해당하므로, ㉢과 같이 주장하는 이유 또는 근거에 해당하는 것을 찾는다. 이때 지문 내용과 어긋나는 것은 바로 정답에서 제외한다.

14 문맥상 ⓐ~ⓔ를 바꿔 쓴 것으로 적절하지 <u>않은</u> 것은?

① ⓐ: 행정 작용으로 인한 부담을 개인이 모두 떠안게 되는 불평등을 조정하기 위해

② ⓑ: 공공필요에 의해 개인의 재산권을 수용·사용·제한하는 규정과

③ ⓒ: 헌법 제23조 제2항에 규정된 재산권의 한계 안에

④ ⓓ: 경계 이론의 입장과 분리 이론의 입장은 전혀 다른 것이 아니라

⑤ ⓔ: 재산권 침해 정도에 따라 구분되는 것이 아니라 입법자의 서로 다른 의사가 반영된 것이라고

분석쌤 강의
● **분 석** 어휘 문제는 아니지만, '문맥적 의미'를 묻고 있으므로 '매3'에서 강조한 '어휘 문제 3단계 풀이법'을 적용하여 밑줄 친 부분이 포함된 문장에서 핵심을 간추린 후, 답지의 내용을 대입해 자연스러운지를 살피면 해결의 실마리가 보이는 문제
● **해결案** ⓐ~ⓔ가 포함된 문장의 핵심을 간추린 다음, 답지와 같이 바꿔 쓰면 자연스러운지를 살핀다. 이때 정답인지 오답인지는 ⓐ~ⓔ의 앞뒤에 전개된 내용을 통해 판단하도록 한다.

▶ 정답을 모르는 상태에서 2차 풀이를 하기 위한 방법으로, 아래 채점표 대신 '모바일 자동 채점 프로그램'(문제편 표지 QR 코드)을 이용해도 된다.

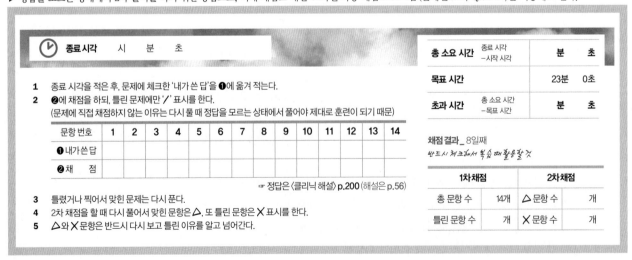

1~5 다음 글을 읽고 물음에 답하시오.

2021학년도 11월 고1 전국연합학력평가【20~24】사회

손해보험은 계약에서 정한 보험 사고가 발생했을 때 보험 가입자 측에게 생긴 재산상의 손해를 보상하는 보험이다. 교통 사고, 화재, 도난 등으로 생기는 피해에 대비하기 위해 가입하는 손해보험은 오늘날 우리 생활과 가까운 곳에 있다.

보험 사고가 발생할 때에 보험금을 받을 자를 피보험자, 보험금을 지급할 의무를 지는 자를 보험자라 한다. 손해보험의 피보험자는 보험의 목적에 피보험 이익을 가져야 한다. 이때 보험의 목적이란 보험 사고의 대상을 말한다. 손해보험 계약은 손해 보상을 목적으로 하는데, 손해의 전제로서 피보험자는 보험의 목적에 경제상의 이익을 가져야 하고, 이를 피보험 이익이라 한다. 시가 100원의 주택을 소유한 사람은 화재로 주택이 전소하면 100원을 잃는데, 이렇게 보험 사고 발생으로 잃어버릴 염려가 있는 이익이 피보험 이익이다. 피보험 이익이 없는 자에게 보험금 청구권을 인정하면, 보험 계약이 도박처럼 될 수 있고 고의로 보험 사고를 유발하는 보험 범죄의 가능성도 생길 수 있다.

피보험 이익으로 인정되려면 몇 가지 요건이 필요하다. 우선 객관적으로 금전으로 산정할 수 있는 경제적 가치를 가져야 한다. 따라서 개인적, 정신적, 도덕적 이익은 피보험 이익이 될 수 없다. 예컨대 소중히 간직한 자신의 일기장을 5억 원의 손해보험에 가입하는 것은 허용되지 않는다. 그리고 적법한 이익이어야 하며, 계약 체결 당시 그 가치가 객관적으로 확정되어 있거나 적어도 보험 사고가 발생할 때까지는 확정되어야 한다.

손해보험은 실손 보상 원칙을 기본 원칙으로 삼는다. 실손 보상 원칙이란 실제 발생한 손해만을 보상하고 그 이상은 보상하지 않는다는 것을 뜻한다. 따라서 손해보험을 통해 피보험자가 재산상 이익을 얻는 것은 허용되지 않는데, 이를 이득 금지의 원칙이라고 한다. 실손 보상 원칙은 손해보험 계약의 도박화를 막고 보험 범죄를 방지하는 역할을 한다.

[A] 보험 가액은 피보험 이익의 객관적인 금전적 평가액으로, 보험자가 보험금의 형태로 부담하게 되는 보상 책임의 법률상의 최고 한도액이다. 보험 가액은 고정된 것이 아니며 경제 상황 등에 따라 변동될 수 있는데, 이득 금지의 원칙과 관련해 피보험자에게 이득이 생겼는가 여부를 판단하는 기준이 된다. 이와 달리 보험 사고 발생 시 보험자가 지급하기로 보험 계약에서 실제 약정한 최고 한도액은 보험 금액이라 한다. 보험 금액은 당사자 간 약정에 의하여 일정한 금액으로 정해지며, 보험 기간 중에는 이를 변경하지 않는 것이 원칙이다. 보험금은 보험 사고가 발생할 때 실제로 보험자가 지급하는 금액이다. 보험 사고가 발생하였다고 해서 항상 보험 금액만큼 지급되는 것은 아니므로 보험 금액은 보험금의 최고 한도라는 의미만을 갖는다.

보험 가액과 보험 금액은 서로 일치하지 않을 수 있다. 보험 금액이 보험 가액을 현저하게 초과하는 경우를 초과 보험이라 한다. 시가 100원 상당의 건물을 보험 금액 200원으로 하여 가입한 화재보험이 그 예이다. 손해보험에서 보험 가액을 초과하는 부분에는 피보험 이익이 존재하지 않으므로 보험 금액을 보험 가액과의 비율에 따라 조정해야 한다. 위 사례에서 건물이 100% 손실을 입었다면 100원만을 지급한다는 의미이다. 보험 계약 체결 당시엔 초과 보험이 아니었으나 보험 가액이 감소한 경우처럼, 당사자가 의도하지 않은 채 초과 보험 계약을 한 경우는 단순한 초과 보험이라 한다. 이런 경우 예외적으로 보험자는 보험 금액의 감액을, 보험에 가입한 보험 계약자는 보험자에 지급하는 금액인 보험료의 감액을 각각 청구할 수 있다. 그러나 보험 계약자가 재산상 이익을 얻을 목적으로 초과 보험을 체결한 경우는 사기에 의한 초과 보험이라 하여 그 계약 전부를 무효로 한다.

한 명의 피보험자가 동일한 피보험 이익과 동일한 보험 사고에 관하여 여러 보험자와 계약을 체결한 경우에 그 보험 금액의 합계가 보험 가액을 초과하는 경우를 중복 보험이라 한다. 이때 각각의 보험은 보험의 목적이 서로 같아야 하고, 보험 기간도 공통이어야 한다. 중복 보험은 초과 보험과 유사하게 보험 계약자가 중복 보험을 의도한 경우와 그렇지 않은 경우를 구분하고 있다. 사기에 의한 중복 보험은 그 계약 전부를 무효로 한다. 단순한 중복 보험의 경우, 각 보험자가 보험 금액의 비율에 따라 연대 책임을 지지만 그 보상액은 각각의 보험 금액으로 제한된다. 예를 들어 보험 가액 100원인 건물에 대하여 각기 다른 세 보험자와 보험 금액을 각각 100원, 60원, 40원으로 하여 화재보험 계약을 한 경우, 각 보험자는 보험 사고가 발생할 때 가입 당시 보험 금액의 한도 내에서 연대 책임을 진다. 만약 100% 손실을 입으면 피보험자가 100원의 보상을 받을 수 있도록 각 보험자는 보험 금액의 비율에 따라 50원, 30원, 20원을 보험금으로 지급하게 된다.

01 다음은 윗글을 읽은 후 메모한 내용의 일부이다. ㉠에 들어갈 수 있는 내용으로 적절하지 않은 것은?

> ○ 글을 선택한 이유: 광고를 접하면서 손해보험에 관심이 생겨서.
> ○ 글을 통해 알게 된 내용: [　　　　　　㉠　　　　　　].
> ○ 더 알고 싶은 것: 손해보험이 아닌 보험에는 어떤 것이 있을까?

① 손해보험 계약이 초과 보험인 경우는 어떤 때인지
② 손해보험 계약에서 실손 보상 원칙이 어떤 역할을 하는지
③ 손해보험 계약에서 보험자, 피보험자란 각각 무엇을 의미하는지
④ 손해보험 계약이 보험 사고에 따른 보상이 이루어진 뒤에도 계속 효력이 유지되는지
⑤ 손해보험 계약에서 정신적, 도덕적 이익이 피보험 이익이 될 수 없는 이유는 무엇인지

지문근거　둘중헷　Q&A　어휘/개념　부정질문

분석쌤 강의
● 분 석 2017학년도 수능 시험에서도 출제된 '보험'을 소재로 한 지문에서 출제된 문제
● 해결案 ㉠에 들어갈 내용은 '글을 통해 알게 된 내용'이므로, 각 답지의 질문에 대한 답변을 지문에서 알 수 있으면 O, 알 수 없으면 X로 표시하며 푼다.

02 [피보험 이익]에 대한 설명으로 적절하지 않은 것은?

① 보험 가액을 초과하는 피보험 이익은 존재하지 않는다.
② 보험의 목적에 피보험 이익이 없으면 피보험자가 될 수 없다.
③ 피보험 이익이 서로 다른 손해보험 계약은 중복 보험으로 볼 수 없다.
④ 피보험 이익은 피보험자가 보험 사고의 대상에 갖는 경제상의 이익이다.
⑤ 보험 계약 체결 당시 그 가치가 확정되어 있어야만 피보험 이익으로 인정될 수 있다.

지문근거　둘중헷　Q&A　어휘/개념　부정질문

분석쌤 강의
● 분 석 정답의 근거를 놓쳐 문제 풀이 시간이 많이 걸린 문제
● 해결案 단순히 지문 내용과 일치 여부를 묻는 문제가 아니라, '피보험 이익'에 대해 질문하고 있다는 점을 염두에 두고 답지를 검토한다. 그리고 정답에 답했어도 정답인 근거를 놓친 학생들이 많았던 점을 감안하여 그 이유도 챙겨 보도록 한다.

03 [A]에 대한 이해로 적절하지 않은 것은?

① 보험금은 보험 가액을 초과할 수 없고 보험 금액을 초과할 수도 없다.
② 보험 금액은 변동될 수 있으나 보험 기간 중 보험 가액은 바뀌지 않는 것이 원칙이다.
③ 보험 가액은 보험금의 액수가 이득 금지의 원칙에 위배되는지 여부를 판단하는 기준이 된다.
④ 보험 가액은 객관적인 금전적 가치 평가에 의해, 보험 금액은 계약 당사자 사이의 약정에 의해 정해진다.
⑤ 보험자가 일정한 보험 금액을 약정했더라도 보험 사고 발생 시 항상 보험 금액만큼 지급하는 것은 아니다.

지문근거　둘중헷　Q&A　어휘/개념　부정질문

분석쌤 강의
● 분 석 [A]에 국한된 질문이고, 정답의 근거도 분명하게 제시되어 있는데도 불구하고 오답에 답한 학생들이 많았던 만큼, 2차 채점 후 지문 복습을 꼭 해서 '보험' 관련 내용에 자신감을 가져야 하는 지문에서 출제된 문제
● 해결案 각 답지에서 설명하고 있는 내용(보험금, 보험 금액, 보험 가액 등)부터 체크한 다음, 체크한 내용이 언급된 부분을 [A]에서 찾아 적절한지를 따지면 된다.

※ 〈보기〉는 윗글과 관련된 상황이다. 4번과 5번의 두 물음에 답하시오.

> ─ 보기 ─
>
> 갑은 2년 전 시가 1,000만 원의 건물 X를 소유하고 있었는데 당시 ㉮X에 대하여 보험사 A와 보험 금액을 600만 원으로 하는 화재보험에 가입하고, ㉯같은 건물에 대하여 보험사 B와 보험 금액 400만 원의 화재보험에 가입했다. 그런데 그 뒤 X의 시세가 하락해 현재 평가액은 800만 원이다. 갑이 가입한 손해보험의 보험 금액과 보험료는 모두 가입 당시와 달라지지 않았다.
> (단, 갑이 가입한 손해보험은 피보험자가 모두 갑 본인이다. 모두 계약일이 같으며 보험 기간은 5년이다.)

다시보기 ▶ 다시 볼 문제 체크하고 틀린 이유 메모하기

04 윗글을 읽은 학생이 〈보기〉의 ㉮와 ㉯에 대해 보인 반응으로 적절하지 않은 것은? [3점]

① ㉮와 ㉯는 보험의 목적과 보험 사고가 동일하고, 보험자는 서로 다른 손해보험이겠군.

② ㉮와 ㉯의 보험 금액의 합계는 가입 당시와 달리 현재는 보험 가액과 일치하지 않겠군.

③ 보험 계약 후 건물 시세가 하락하였지만 ㉮와 ㉯ 중 어느 것도 계약 전부가 무효로 되지 않겠군.

④ 계약에서 정한 보험 사고가 발생하기 전이라면, ㉮와 ㉯의 피보험자인 갑은 A와 B로부터 보상을 받을 수 없겠군.

⑤ 갑이 ㉮에 가입하지 않았다고 가정하면, ㉯의 보험자는 보험 가액의 변동을 근거로 보험 금액의 감액을 청구할 수 있었겠군.

지문근거 둘중헷 Q&A 어휘/개념 부정질문

분석쌤강의
●**분 석** 지문에 제시된 보험 관련 용어의 정확한 의미를 알아야 정답을 맞힐 수 있는 문제로, 지문을 읽을 때 개념을 정의한 부분은 눈에 띄게 체크하며 읽어야 정답을 빠르게 확정할 수 있다는 것을 알려 주는 문제
●**해결案** 〈보기〉의 상황을 지문 내용과 관련하여 이해한다. 그런 다음 답지를 살필 때에는 각 답지에 제시되어 있는 보험 관련 용어(보험자, 보험 금액, 보험 가액 등)의 개념을 정확하게 파악한 후 지문과 〈보기〉를 근거로 적절한 반응인지를 따진다.

다시보기 ▶ 다시 볼 문제 체크하고 틀린 이유 메모하기

05 다음은 〈보기〉와 관련한 보험 사고 상황이다. 윗글을 참고할 때 @~ⓒ에 들어갈 금액을 바르게 짝지은 것은?

> 건물 X에 화재가 일어나 50%의 손실이 발생하였다. 이에 갑은 보험사 A와 B에 보험금을 청구하였다. A는 보험 계약에서 실제 약정한 (@)의 한도 내에서 책임을 질 의무가 있다. 그런데 다른 보험사와 연대 책임을 질 의무가 있는 A는 각 보험사의 보험 금액의 비율에 따라 갑에게 (ⓑ)을 보험금으로 지급하였다. 역시 연대 책임을 질 의무가 있는 B는 (ⓒ)을 갑에게 보험금으로 지급하였다. 단, X의 평가액은 현재 기준으로 산정되었다.

	@	ⓑ	ⓒ
①	300만 원	240만 원	160만 원
②	300만 원	480만 원	320만 원
③	600만 원	240만 원	160만 원
④	600만 원	480만 원	320만 원
⑤	800만 원	480만 원	320만 원

지문근거 둘중헷 Q&A 어휘/개념 부정질문

분석쌤강의
●**분 석** 지문 내용을 정확하게 이해하고 시간적 여유를 가지고 풀었다면 어렵지 않게 정답을 찾을 수 있었는데 많은 학생들이 특정 오답지에 답한 만큼, 복습할 때 〈클리닉 해설〉에 있는 '문단 요약'을 참고해 지문을 한 번 더 읽으면서 정답과 오답인 이유를 따져 알면 유용한 문제
●**해결案** 〈보기〉와 관련한 보험 사고 상황부터 파악한다. 그런 다음, @~ⓒ에 들어갈 금액은 〈보기〉와 관련 지문 내용을 바탕으로 판단한다.

양면시장은 플랫폼 사업자가 서로 구분되는 두 개의 이용자 집단에 플랫폼을 제공하고 이용자들은 플랫폼을 통해 상대 집단과 거래하면서 경제적 가치나 편익을 창출하는 시장을 의미한다. 이때 플랫폼이란 양쪽 이용자 집단의 연결 고리 역할을 하는 물리적, 가상적, 제도적 환경을 일컫는다. 이용자 집단은 플랫폼을 통해 거래가 이루어지기까지의 시간이나 노력 등과 같은 거래비용을 절감하여 상대 집단과 거래하게 된다. 대표적인 플랫폼으로 신용 카드 회사가 제공하는 카드 결제 시스템을 들 수 있다. 플랫폼의 한쪽에는 카드로 결제하는 회원들이 있고, 플랫폼의 반대쪽에는 그것을 지불 수단으로 받는 가맹점들이 있다. 플랫폼 사업자인 신용 카드 회사 입장에서는 양쪽 이용자 집단인 카드 회원들과 가맹점들 모두가 고객이 된다.

플랫폼을 통해 연결되는 양쪽 이용자 집단의 관계는 '네트워크 외부성'을 통해 설명할 수 있다. 네트워크 외부성은 어떤 제품이나 서비스를 사용하는 이용자의 규모가 이용자의 효용에 영향을 미치는 것으로 직접 네트워크 외부성과 간접 네트워크 외부성으로 구분된다. 직접 네트워크 외부성이란 동일 집단 내에서 발생하는 것으로, 동일 집단에 속한 이용자의 규모가 커지면 집단 내 개별 이용자의 효용이 증가하는 특성이다. 이와 달리 간접 네트워크 외부성이란 서로 다른 집단 간에 발생하는 것으로, 한쪽 이용자 집단의 규모가 커지면 반대쪽 이용자 집단의 효용이 증가하고, 한쪽 이용자 집단의 규모가 작아지면 반대쪽 이용자 집단의 효용이 감소하게 된다. 양면시장에서는 간접 네트워크 외부성이 필수적으로 작용하므로 양쪽 이용자 집단이 서로 긴밀하게 영향을 주고받는다.

이를 바탕으로 플랫폼 사업자는 플랫폼 이용료를 통해 수익을 창출하기 때문에 양쪽 이용자 집단 모두를 플랫폼에 참여하도록 유도할 수 있는 가격 구조를 결정하게 된다. 이때 가격 구조란 플랫폼 이용료를 각각의 이용자 집단에 어떻게 부과하느냐를 의미한다. 플랫폼 사업자는 수익을 극대화할 수 있는 전략으로 양쪽 이용자 집단에 차별적인 가격을 부과하는 것이 일반적인데, 한쪽 이용자 집단의 플랫폼 이용료를 아주 낮게 책정하거나 한쪽 이용자 집단에 보조금을 지급하는 경우도 있다.

위에서 언급된 카드 결제 시스템을 바탕으로 간접 네트워크 외부성이 가격 구조에 미치는 영향을 살펴보면 다음과 같다. 카드 회원들이 가맹점에 미치는 간접 네트워크 외부성이 클수록, 카드 회사는 카드 회원 수를 늘리기 위해 낮은 연회비를 부과할 수 있다. 이에 따라 카드 회원 수가 늘어나면 가맹점들의 효용이 증가하기 때문에 가맹점은 높은 결제 건당 수수료를 지불하더라도 카드 결제 시스템을 이용하게 된다. 이는 가맹점이 카드 회원들에게 미치는 간접 네트워크 외부성이 큰 경우에도 마찬가지로 적용된다.

한편 가격 구조는 수요의 가격 탄력성에도 영향을 받는다. 수요의 가격 탄력성이란 가격이 오르거나 내릴 때 수요량이 얼마나 변동하느냐를 의미하는 것으로, 양면시장에서 양쪽 이용자 집단 각각은 플랫폼 이용료의 변동에 따라 이용자 수나 서비스 이용량과 같은 수요량에 영향을 받게 된다. 카드 회원의 수요의 가격 탄력성이 높은 경우에는 연회비가 오를 때 카드 회원 수가 크게 감소하고, 수요의 가격 탄력성이 낮은 경우에는 변동이 크지 않다. 따라서 플랫폼 사업자는 자신의 수익을 극대화하기 위해 양쪽 이용자 집단의 특성을 파악하여 각 집단에 최적의 이용료를 부과하게 된다. 일반적으로 플랫폼 사업자는 수요의 가격 탄력성이 높은 집단에 낮은 이용료를 부과하여 해당 집단의 이용자 수를 늘리려고 한다.

플랫폼 사업자가 수익을 창출하기 위해 사용하는 대표적인 전략으로 공짜 미끼와 프리미엄(free-mium) 등이 있다. 공짜 미끼 전략은 무료 서비스를 통해 한쪽 집단의 이용자 수를 늘리면서 반대쪽 집단 이용자의 플랫폼 참여를 유인하는 것이다. 프리미엄 전략은 기본적 기능은 무료로 제공하지만 추가적인 기능은 유료로 제공하는 것으로, 무료에서 유료로 전환한 이용자의 긍정적 경험이 무료 이용자에게 전파되어 그중 일부가 유료 이용자로 전환되도록 하는 것이다.

다시보기 ▶ 다시볼 문제 체크하고 틀린 이유 메모하기

[분석쌤 강의]는 2차 채점 후 반드시 챙겨 본다!

06 윗글을 이해한 내용으로 적절하지 <u>않은</u> 것은?

① 카드 결제 시스템은 카드 회원들과 카드 가맹점을 연결하는 플랫폼이다.

② 양면시장에서는 신용 카드 회사와 카드 회원 모두가 가맹점의 고객이 된다.

③ 플랫폼 사업자는 이용자 집단이 플랫폼에 참여하도록 보조금을 지급할 수 있다.

④ 플랫폼 사업자는 플랫폼 이용자들에게 경제적 가치를 창출하는 환경을 제공한다.

⑤ 프리미엄 전략은 유료로 전환한 이용자들이 무료 이용자들의 유료화에 영향을 미치는 것이다.

지문근거 둘중헷   Q&A   어휘/개념 부정질문

분석쌤 강의

● **분 석** 생소한 용어 때문에 지문을 잘 이해하지 못한 학생들이 많아 오답률이 높았던 문제

● **해결案** 지문을 읽을 때 생소한 용어(개념)에 〔 〕등으로 표시하며 읽고, 답지에서 해당 용어가 나올 때 지문의 〔 〕앞뒤 내용과 연결하여 답지의 옳고 그름을 꼼꼼하게 따진다.

07 가격 구조에 대한 설명으로 가장 적절한 것은?

① 플랫폼 사업자가 수익을 극대화하기 위해 고려하는 것이다.

② 양쪽 이용자 집단의 이용료 지불 수단을 결정하는 방법이다.

③ 양쪽 이용자 집단에 동일한 이용료를 부과하기 위한 원칙이다.

④ 양쪽 이용자 집단의 규모가 항상 고정되어 있음을 전제로 하는 것이다.

⑤ 플랫폼 사업자가 규모가 큰 이용자 집단에는 이용료를 부과하지 못한다.

지문근거 둘중혯 Q&A 어휘/개념 부정질문

분석쌤 강의

● 분 석 지문을 읽기 전 발문(문두)을 먼저 챙겨 보면 문제 풀이 시간을 단축할 수 있고 관련 내용을 읽을 때 더 집중할 수 있는 문제 유형

● 해결案 '가격 구조에 대해 묻고 있군.' 한 다음, '가격 구조'에 대한 질문이 있다는 것을 염두에 두고 3문단을 읽은 후 답지를 체크해도 된다. 다만 3문단만으로는 판단이 서지 않는 답지가 있을 수 있으므로 이 경우 지문을 끝까지 읽은 후 나머지 답지도 적절한지를 체크하도록 한다.

※ 윗글과 〈보기〉를 바탕으로 8번과 9번의 두 물음에 답하시오.

> ― 보기 ―
>
> P사가 개발한 메신저 프로그램은 이용자끼리 무료로 메시지를 주고받을 수 있어서 ㉠메신저 이용자들이 빠르게 증가했고, 메신저 이용자들끼리 서로 편하게 연락을 주고받을 수 있게 되었다. 그러자 광고 효과를 기대하고 P사와 계약한 ㉡광고주들이 크게 늘어났고, P사는 모든 광고주들에게 원래보다 높은 광고 비용을 부과했다. 이후 P사는 더 많은 메신저 이용자들을 확보하기 위해 메신저에서 사용할 수 있는 무료 이모티콘을 배포하였고, 이를 통해 ㉢이모티콘 사용에 익숙해진 이용자를 많이 확보할 수 있었다. 이모티콘을 사용하는 이용자들이 점점 많아지자 P사는 메신저를 통해 ㉣이모티콘 공급업체들이 유료 이모티콘을 판매할 수 있도록 하였다. P사가 높은 판매 수수료를 부과했음에도 불구하고 이용자들에게 이모티콘을 판매하고자 하는 업체들이 모여들게 되었다.

08 윗글을 바탕으로 〈보기〉를 이해한 내용으로 적절하지 <u>않은</u> 것은? [3점]

① P사가 메신저 이용자들에게 무료 이모티콘을 배포한 것은 무료 서비스를 통해 더 많은 메신저 이용자들을 플랫폼으로 유도하기 위한 공짜 미끼 전략이겠군.

② P사가 이모티콘 사용에 익숙해진 메신저 이용자들을 확보한 것은 메신저를 통해 적은 거래비용으로 이용자에게 이모티콘을 직접 판매하고자 하는 목적이겠군.

③ P사가 광고주들에게 부과한 광고 비용과 이모티콘 공급업체에게 부과한 판매 수수료는 P사의 수익 창출을 위한 플랫폼 이용료에 해당하겠군.

④ P사가 모든 광고주들에게 원래보다 높은 광고 비용을 부과한 것은 메신저 이용자들의 수가 늘어남에 따라 광고주들이 얻는 편익이 증가했다고 판단했기 때문이겠군.

⑤ P사가 개발한 메신저의 이용자 수가 많아져 이용자들끼리 더 편하게 연락을 주고받을 수 있게 된 것은 메신저 이용자들 사이에 직접 네트워크 외부성이 존재하는 것이겠군.

지문근거 둘중혯 Q&A 어휘/개념 부정질문

분석쌤 강의

● 분 석 틀리면 안타까운 고배점(3점) 문제

● 해결案 윗글의 내용을 〈보기〉에 적용하여 P사는 플랫폼 사업자, 메신저 프로그램은 플랫폼, 메신저를 통해 연락을 주고받는 이용자들과 광고주, 이모티콘 공급업체들은 이용자 집단이라는 것을 빠르게 알아차린다. 그런 다음 답지 ①부터 옳고 그름을 따지되, 앞부분의 주어부는 〈보기〉에서, 뒷부분의 서술부는 지문에서 근거를 찾아 서로 연결하여 적절한지를 따진다. 그리고 2차 채점 후 지문 내용과 〈보기〉를 연결해 양면시장의 특성을 한 번 더 익히고 넘어가도록 한다.

09 다음은 윗글과 〈보기〉를 읽은 학생이 보인 반응이다. A~C에 들어갈 내용으로 적절한 것은?

> ㉠의 수요의 가격 탄력성이 높고, ㉠이 ㉡에 미치는 간접 네트워크 외부성이 클 때, P사가 무료이던 메신저 이용료를 유료로 전환한다고 가정하면, ㉠의 수는 (A)하고 ㉡의 효용은 크게 (B)할 것이다. 한편 ㉣이 ㉢에 미치는 간접 네트워크 외부성이 크다고 가정하면, P사가 ㉣에 부과하는 판매 수수료는 (C)할 것이다.

	A	B	C		A	B	C		A	B	C
①	감소	증가	하락	②	증가	증가	하락	③	감소	증가	상승
④	증가	감소	상승	⑤	감소	감소	하락				

지문 근거 둘중 헷 Q&A 어휘/개념 부정질문

분석쌤 강의
● **분 석** 이 시험(2022학년도 11월 고1 전국연합학력평가)에서 가장 정답률이 낮은 3인방 중 하나로, 정답보다 오답, 특히 특정 오답지에 집중적으로 많이 답한 문제
● **해결案** 지문과 〈보기〉, 그리고 발문(문두) 아래의 '학생이 보인 반응'에서 가정한 상황을 모두 고려해서 풀어야 하는 문제로, '학생이 보인 반응'을 세부적으로 나눈 다음, 〈보기〉의 ㉠~㉣이 양면시장에 대해 설명한 지문 내용 중 무엇(또는 어디)과 연결되는지를 빠르게 체크한다. 이때 중요한 개념인 '수요의 가격 탄력성, 간접 네트워크 외부성'과 관련된 내용도 지문에서 찾은 다음, A~C 앞의 주어에도 주목하여 빈칸에 들어갈 내용을 체크한다.

10~14 다음 글을 읽고 물음에 답하시오.

2022학년도 3월 고1 전국연합학력평가【16~20】 사회

㉠마르크스는 사물의 경제적 가치를 사용가치와 교환가치로 구분하면서 자본주의 사회에서는 경제적 가치가 교환가치에 의해 결정된다고 보았다. 사용가치는 사물의 기능적 가치를, 교환가치는 시장 거래를 통해 부여된 가치를 의미하는데 사물 자체의 유용성은 고정적이므로 시장에서의 수요와 공급에 의해서만 경제적 가치가 결정된다고 보았기 때문이다. 또한 그는 사물의 거래 가격은 결국 사물의 생산 비용에 의해 결정된다는 점에서 소비를 생산에 종속된 현상으로 보고 소비의 자율성을 인정하지 않았다.

마르크스의 이러한 주장과 달리 ㉡보드리야르는 교환가치가 아닌 사용가치가 경제적 가치를 결정하며, 자본주의 사회는 소비 우위의 사회라고 주장했다. 이때 보드리야르가 제시한 사용가치는 사물 자체의 유용성에 대한 가치가 아니라 욕망의 대상으로서 기호(sign)가 ⓐ지니는 기능적 가치, 즉 기호가치를 의미한다.

기호는 어떤 대상을 지시하는 상징으로서 문자나 음성같이 감각으로 지각되는 기표와 의미 내용인 기의로 구성되는데, 기표와 기의의 관계는 자의적이다. 가령 '남성'이란 문자는 필연적으로 어떤 대상을 지시하는 것이 아니며 '여성'이란 기호와의 관계 속에서 의미 내용이 결정된다. 다시 말해, 어떤 기호의 의미 내용을 결정하는 것은 기표와 기의의 관계가 아니라 기호들 간의 관계, 즉 기호 체계 이다.

[A]
보드리야르는 자본주의 사회에서 대량 생산 기술이 급속하게 발전하면서 소비자가 기호가치 때문에 사물을 소비한다고 보았다. 대량 생산 기술의 발전으로 수요를 충족하고 남을 만큼의 공급이 이루어져 사물 자체의 유용성은 더 이상 소비를 결정하는 요인으로 작용할 수 없기 때문이다. 예를 들어 소비자는 특정 계층 또는 집단의 일원이라는 상징을 얻기 위해 명품 가방을 소비한다. 이때 사물은 소비자가 속하고 싶은 집단과 다른 집단 간의 차이를 부각하는 기호로서 기능한다. 따라서 보드리야르에 따르면 자본주의 사회에서 소비의 원인은 사물이 상징하는 특정 사회적 지위에 대한 욕구이다.

보드리야르는 현대인이 자연 발생적인 욕구에 따라 자유롭게 소비하는 것처럼 보이지만 사실은 강제된 욕구에 따르는 것에 불과하다고 보았다. 이는 기호가 다른 기호와의 관계 속에서 그 의미 내용이 결정되는 것과 관계된다. 특정 사물의 상징은 기호 체계, 즉 사회적 상징 체계 속에서 유동적이며, 따라서 ㉢상징 체계 변화에 따라 욕구도 유동적이다. 이때 대중 매체는 사물의 기의에 영향을 미침으로써 욕구를 강제할 수 있다. 현실이 대중 매체를 통해 전달될 때 현실은 현실 그 자체가 아니라 다른 기호와 조합될 수 있는 기호로서 추상화되기 때문이다. 가령 텔레비전 속 유명 연예인이 소비하는 사물은 유명 연예인이라는 기호에 의해 새로운 의미 내용이 부여된다. 요컨대 특정 사물에 대한 현대인의 욕망은 대중 매체를 매개로 하여 자기도 모르는 사이에 강제된다.

보드리야르는 기술 문명이 초래한 사물의 풍요 속에서 현대인의 일상생활이 사물의 기호가치와 이에 대한 소비에 의해 규정된다고 보고 자본주의 사회를 소비 사회로 명명하였다. 그의 이론은 소비가 인간에 미치는 영향을 비판적으로 성찰해야 한다는 점을 시사한다.

10 '자본주의 사회'에 대한 ㉠, ㉡의 주장을 이해한 내용으로 가장 적절한 것은?

① ㉠: 소비가 생산에 종속되므로 사용가치와 교환가치는 결국 동일하다.

② ㉠: 사물 자체의 유용성은 변하지 않으므로 소비자의 욕구를 중심으로 분석해야 한다.

③ ㉡: 소비자에게 소비의 자율성이 존재하므로 교환가치가 사용가치를 결정한다.

④ ㉡: 개인에게 욕구가 강제되므로 소비를 통해 집단 간의 사회적 차이가 소멸한다.

⑤ ㉡: 경제적 가치는 사회적 상징 체계에 따라 결정되므로 기호가치가 소비의 원인이다.

지문근거 둘중헷 Q&A 어휘/개념 부정질문

분석쌤 강의
● **분 석** 정답에 답한 학생들이 많았지만, 발문(문두)의 중요성을 한 번 더 새기고 넘어가야 하는 문제
● **해결案** '자본주의 사회'에 대한 ㉠과 ㉡의 주장에 대한 이해로 적절한 것을 질문했으므로, 각 답지의 설명이 ㉠, ㉡ 중 누구의 주장에 대한 것인지를 먼저 체크한다. 그런 다음, 지문에서 근거를 찾아 '자본주의 사회'에 대한 주장으로 적절한지를 따진다.

11 기호 체계 를 바탕으로 [A]를 이해한 내용으로 적절하지 <u>않은</u> 것은?

① 사물은 기표로서의 추상성과 기의로서의 구체성을 갖는다.

② 사물과 그것이 상징하는 특정한 사회적 지위와의 관계는 자의적이다.

③ 사물은 사물 자체가 아닌 사물 간의 관계를 통해 의미 내용이 결정된다.

④ 소비는 사물이라는 기호를 통해 특정 계층 또는 집단의 일원이라는 상징을 얻는 행위이다.

⑤ 기호가치는 사물의 기의와 그에 대한 소비자의 욕구와 관련될 뿐 사물의 기표에 의해 결정되는 것은 아니다.

지문근거 둘중헷 Q&A 어휘/개념 부정질문

분석쌤 강의
● **분 석** 이 시험을 어렵게 만든, 13번 문제 다음으로 어렵게 푼 문제
● **해결案** '기호 체계'를 설명한 지문 내용부터 이해한 다음 답지를 검토한다. 이때 정답과 오답 여부가 쉽게 판단되지 않을 때에는 확실하게 적절하지 않은 내용이 포함된 답지를 정답으로 확정하고, 복습할 때 지문과 답지를 비교해 정답과 오답인 이유를 따져 알고 넘어가도록 한다.

12 ㉢의 전제로 가장 적절한 것은?

① 상징 체계 변화에 의해 사물 자체의 유용성이 변화한다.

② 사물에 대한 욕구는 사람마다 제각기 다른 양상을 보인다.

③ 사물의 기호가치가 변화하면 사물에 대한 욕구도 변화한다.

④ 사물을 소비하는 행위는 개인의 자연 발생적 욕구에 따른 것이다.

⑤ 사물이 지시하는 의미 내용과 사물에 대한 욕구는 서로 독립적이다.

지문근거 둘중헷 Q&A 어휘/개념 부정질문

분석쌤 강의
● **분 석** 2021학년도 3월 고1 전국연합학력평가에 이어 다시 출제된 '전제' 문제
● **해결案** 전제를 찾는 문제는 '이유 또는 근거'를 찾으면 되고, 답지의 설명이 ㉢ 앞뒤에 전개된 내용과 어긋나면 바로 정답에서 제외하면 된다.

13 윗글의 '보드리야르'의 관점을 바탕으로 〈보기〉를 이해한 내용으로 적절하지 않은 것은? [3점]

지문 근거　둘중헷　Q&A　어휘/개념　부정질문

분석쌤 강의
● **분 석** 이 시험(2022학년도 3월 고1 전국연합학력평가)에서 정답률이 가장 낮았던. 정답보다 오답에 답한 학생들이 많았던 문제
● **해결案** 발문(문두)에 집중하면 정답은 '보드리야르'의 관점을 잘못 이해한 것이어야 한다. 즉 〈보기〉에서 언급한 내용이고 〈보기〉와 일치해도 '보드리야르'의 관점을 염두에 두고 답지를 검토해야 한다. 발문을 꼼꼼히 읽어야 한다는 것을 일러 주는 문제인 것이다.

> ─ 보기 ─
>
> 　개성이란 타인과 구별되는 개인만의 고유한 특성으로, 현대 사회의 개인은 개성을 추구함으로써 자신의 고유함을 드러내려 한다. 이때 사물은 개성을 드러낼 수 있는 수단이다. 찢어진 청바지를 입는 것, 타투나 피어싱을 하는 것은 사물을 통한 개성 추구의 사례이다. 이런 점에서 '당신의 삶에 차이를 만듭니다'와 같은 광고 문구는 개성에 대한 현대인의 지향을 단적으로 드러낸 것이라 할 수 있다.

① 타인과 구별되는 개성이란 개인이 소속되길 바라는 집단의 차별화된 속성일 수 있겠군.

② 소비 사회에서 사물을 통한 개성의 추구는 그 사물의 기호가치에 대한 욕구에서 비롯되겠군.

③ 찢어진 청바지는 개인만의 고유한 특성을 드러내는 수단이자 젊은 세대의 일원이라는 기호를 상징하는 것일 수 있겠군.

④ '당신의 삶에 차이를 만듭니다'라는 광고 문구는 그 광고의 상품을 소비함으로써 사회적 차이를 드러내고 싶다는 욕구를 강제하는 것일 수 있겠군.

⑤ 타투나 피어싱을 한 유명 연예인을 텔레비전에서 보고, 이를 따라하기 위해 돈을 지불하는 것은 대중 매체를 매개로 하여 추상화된 기호를 소비하는 것일 수 있겠군.

14 문맥상 의미가 ⓐ와 가장 가까운 것은?

지문 근거　둘중헷　Q&A　어휘/개념　부정질문

① 그는 항상 지갑에 현금을 지니고 있었다.

② 그녀는 어릴 때의 모습을 그대로 지니고 있다.

③ 우리는 자기가 맡은 일에 책임을 지녀야 한다.

④ 사람은 누구나 고정 관념을 지니고 살기 마련이다.

⑤ 그는 어린 시절의 추억을 항상 마음속에 지니고 있다.

분석쌤 강의
● **분 석** 2019학년도 수능에서도 출제된 '지니다'의 문맥적 의미를 묻는 문제
● **해결案** ⓐ가 포함된 문장의 핵심을 간추린 후, '다른 말'을 떠올려 보고, 떠올린 말을 답지의 밑줄 친 말에 대입하여 자연스러운지를 살핀다.
☞ 〈클리닉 해설〉 참조

▶ 정답을 모르는 상태에서 2차 풀이를 하기 위한 방법으로, 아래 채점표 대신 '모바일 자동 채점 프로그램'(문제편 표지 QR 코드)을 이용해도 된다.

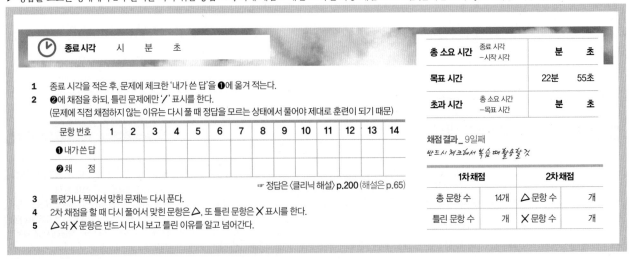

🕐 **종료 시각**　　시　　분　　초

1　종료 시각을 적은 후, 문제에 체크한 '내가 쓴 답'을 ❶에 옮겨 적는다.
2　❷에 채점을 하되, 틀린 문제에만 '╱' 표시를 한다.
　（문제에 직접 채점하지 않는 이유는 다시 풀 때 정답을 모르는 상태에서 풀어야 제대로 훈련이 되기 때문）

문항 번호	1	2	3	4	5	6	7	8	9	10	11	12	13	14
❶내가 쓴 답														
❷채　점														

☞ 정답은 〈클리닉 해설〉 p.200 (해설은 p.65)

3　틀렸거나 찍어 체크해 맞힌 문제는 다시 푼다.
4　2차 채점을 할 때 다시 풀어서 맞힌 문항은 △, 또 틀린 문항은 ✕ 표시를 한다.
5　△와 ✕ 문항은 반드시 다시 보고 틀린 이유를 알고 넘어간다.

	종료 시각		
총 소요 시간	─시작 시각	**분**	**초**
목표 시간		22분	55초
초과 시간	총 소요 시간 ─목표 시간	**분**	**초**

채점 결과 _ 9일째
반드시 체크해서 복습 때 활용할 것

	1차채점	2차채점	
총 문항 수	14개	△ 문항 수	개
틀린 문항 수	개	✕ 문항 수	개

1~5 다음 글을 읽고 물음에 답하시오.

2020학년도 3월 고1 전국연합학력평가【38~42】 융합(경제＋행정)

최근 수입품에 높은 관세를 부과하여 국제 무역 분쟁이 발생하면서 관세에 대한 관심이 높아지고 있다. 관세란 수입되는 재화에 부과되는 조세로, 정부는 조세 수입을 늘리거나 국내 산업을 보호하기 위한 목적으로 관세를 부과한다. 그런데 관세를 부과하면 국내 경기 및 국제 교역에 영향을 미치게 된다.

관세가 국내 경기에 미치는 영향을 살펴보기 위해서는 시장에서의 수요와 공급의 원리를 알아야 한다. 〈그림〉은 가격에 따른 수요량과 공급량의 변화를 나타내는 그래프이다. 여기서 수요 곡선은 재화의 가격에 따른 수요량의 변화를 나타내는데, 그래프에서 가격은 재화 1단위 추가 소비를 위한 소비자의 지불 용의 가격을 나타내기도 한다. 공급 곡선은 재화의 가격에 따른 공급량의 변화를 나타내는데, 그래프에서 가격은 재화 1단위 추가 생산을 위한 생산자의 판매 용의 가격을 나타내기도 한다.

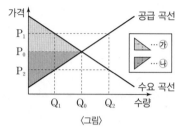

〈그림〉

수요와 공급의 원리에 따르면 재화의 균형 가격은 수요 곡선과 공급 곡선이 만나는 P_0에서 형성된다. 재화의 가격이 P_1로 올라가면 수요량은 Q_1로 줄어들고 공급량은 Q_2로 증가하지만, 재화의 가격이 P_2로 내려가면 수요량은 Q_2로 증가하고 공급량은 Q_1로 줄어든다.

이처럼 재화의 가격 변화로 수요량과 공급량이 달라지면 소비자 잉여와 생산자 잉여에도 변화가 생기게 된다. 여기서 잉여란 제품을 소비하거나 판매함으로써 얻는 이득으로, 소비자 잉여는 소비자가 어떤 재화를 구입할 때 지불할 용의가 있는 가격과 실제 지불한 가격의 차이이고, 생산자 잉여는 생산자가 어떤 재화를 판매할 때 실제 판매한 가격과 판매할 용의가 있는 가격의 차이이다. 〈그림〉에서 수요 곡선과 실제 재화의 가격의 차이에 해당하는 ㉮는 소비자 잉여를, 실제 재화의 가격과 공급 곡선의 차이에 해당하는 ㉯는 생산자 잉여를 나타낸다. 만일 재화의 가격이 P_0에서 P_1로 올라가면 소비자 잉여는 줄어들고 생산자 잉여는 늘어나는 반면, 재화의 가격이 P_2로 내려가면 소비자 잉여는 늘어나고 생산자 잉여는 줄어들게 된다.

이를 바탕으로 관세가 국내 경기에 미치는 영향을 살펴보자. 밀가루 수입 전에 형성된 K국의 밀가루 가격이 500원/kg이고, 국제 시장에서 형성된 밀가루의 가격이 300원/kg이라고 가정해 보자. K국이 자유 무역을 통해 관세 없이 밀가루를 수입하면 국산 밀가루 가격은 수입 가격 수준인 300원/kg까지 내려가게 된다. 그 결과 국산 밀가루 공급량은 줄어들지만 오히려 수요량은 늘어나기 때문에, 국내 수요량에서 국내 공급량을 뺀 나머지 부분만큼 밀가루를 수입하게 된다. 밀가루 수입으로 국산 밀가루 가격이 하락하면 결과적으로 생산자 잉여가 감소하지만 소비자 잉여는 증가하게 된다. 증가한 소비자 잉여가 감소한 생산자 잉여보다 크기 때문에 소비자 잉여와 생산자 잉여의 총합인 사회적 잉여는 밀가루를 수입하기 전에 비해 커지게 된다.

그런데 K국이 수입 밀가루에 100원/kg의 관세를 부과할 경우, 수입 밀가루의 국내 판매 가격은 400원/kg으로 올라가게 된다. 그렇게 되면 국산 밀가루 생산자는 관세 부과 전보다 100원/kg 오른 가격에 밀가루를 판매할 수 있으므로 국산 밀가루의 공급량이 늘어 관세를 부과하기 전보다 생산자 잉여가 증가하게 된다. 반대로 소비자 입장에서는 가격이 올라가면 그만큼 수요량이 줄어들게 되므로 소비자 잉여는 감소하게 된다. 하지만 증가한 생산자 잉여가 감소한 소비자 잉여보다 작기 때문에 소비자 잉여와 생산자 잉여의 총합인 사회적 잉여는 수입 밀가루에 관세를 부과하기 전에 비해 작아지게 된다.

그런데 관세 정책이 장기화될 경우, 국내 경기가 침체에 빠질 수 있다. 예컨대 K국 정부가 국내 밀가루 산업을 보호하기 위하여 수입 밀가루에 높은 관세를 부과할 경우, 단기적으로는 국내 밀가루 생산자의 이익을 늘려 자국의 밀가루 산업을 보호할 수 있다. 하지만 높은 관세로 국내 밀가루 가격이 상승하면 밀가루를 원료로 하는 제품들의 가격이 줄줄이 상승하게 되어, 국내 소비자들은 밀가루를 이용하여 만든 제품들의 소비를 줄이게 된다. 이러한 과정이 장기화된다면 K국의 경기는 결국 침체에 빠질 수도 있다. 실제로 1930년대 국내 산업을 보호할 목적으로 시행된 각국의 관세 정책으로 인해 오히려 경제 대공황이 심화된 사례가 이를 잘 보여 주고 있다.

이렇게 볼 때 국내 산업을 보호할 목적으로 부과된 ㉠관세는 사회적 잉여를 감소시키고, 해당 제품에 대한 국내 소비를 줄어들게 한다. 그리고 그와 관련된 다른 산업에까지 악영향을 미칠 수 있다. 또한 과도한 관세는 국제 교역을 감소시켜 국제 무역 시장을 침체시킬 뿐만 아니라, 국제 무역 분쟁을 야기할 소지도 있다. 이러한 이유로 대다수의 경제학자들은 과도한 관세에 대한 우려를 드러내고 있다.

01 윗글에 대한 설명으로 가장 적절한 것은?

① 상반된 두 입장을 제시한 후 이를 절충하고 있다.

② 문제 상황을 언급한 후 해결책을 구체화하고 있다.

③ 이론의 한계를 단계적인 순서에 따라 설명하고 있다.

④ 학설이 나타난 배경과 그 학문적 성과를 분석하고 있다.

⑤ 원리를 설명한 후 구체적 사례를 들어 이해를 돕고 있다.

지문 근거   둘중헷   Q&A   어휘/개념 부정질문

분석쌤 강의

● **분 석** '글의 전개 방식'으로 '적절한 것'을 묻고 있으므로 글 전체의 흐름을 염두에 두고 O, X 표시를 하며 풀어야 하는 문제

● **해결案** '적절한 것'을 묻고 있다는 것을 염두에 두고 답지 ①부터 상반된 두 입장을 제시(A)하고 있는지, 그리고 이를 절충(B)하고 있는지에 대해 각각 체크한다. 그런 다음, 둘 다 O인 경우 A한 후에 B하고 있는지도 살펴 모두 O인 답지를 정답으로 확정 짓는다.

02 윗글에 대한 이해로 적절하지 <u>않은</u> 것은?

① 소비자의 지불 용의 가격은 균형 가격보다 항상 높다.

② 균형 가격에서는 재화의 수요량과 공급량이 동일하다.

③ 원료의 가격은 이에 기반한 제품의 가격에 영향을 미친다.

④ 관세는 국가 간의 무역 분쟁의 원인으로 작용하기도 한다.

⑤ 대다수의 경제학자들은 과도한 관세에 대해 부정적 입장을 취한다.

지문 근거   둘중헷   Q&A   어휘/개념 부정질문

분석쌤 강의

● **분 석** 지문에 근거가 직접적으로 제시된 세부 내용을 확인하는 답지와 지문에서 근거를 찾아 추론해야 하는 내용 추론 답지가 섞여 있는 문제로, 지문 내용을 바탕으로 추론하는 답지는 정답 여부를 판단하는 데 시간이 오래 걸렸을 뿐만 아니라 오답을 정답으로 생각하게 만든 문제

● **해결案** 발문(문두)을 확인한 후 답지 ①부터 핵심이 되는 키워드를 체크해 그 키워드를 지문에서 찾는다. 그런 다음, 지문에서 찾은 키워드의 앞뒤 내용과 답지를 비교해 O, X로 표시하며 풀면 정답을 쉽게 찾을 수 있을 뿐만 아니라 문제 풀이 시간도 단축할 수 있다.

03 ㉠의 이유로 적절한 것은?

① 소비자 잉여 감소분이 생산자 잉여 증가분과 같기 때문에

② 소비자 잉여 감소분이 생산자 잉여 증가분보다 크기 때문에

③ 소비자 잉여 증가분이 생산자 잉여 증가분보다 크기 때문에

④ 소비자 잉여 감소분이 생산자 잉여 감소분보다 작기 때문에

⑤ 소비자 잉여 증가분이 생산자 잉여 감소분보다 작기 때문에

지문 근거   둘중헷   Q&A   어휘/개념 부정질문

분석쌤 강의

● **분 석** 앞뒤 문맥을 통해, 특히 앞 내용에서 근거를 찾아야 하는 '이유 찾기' 문제

● **해결案** ㉠을 확인한 후, ㉠ 앞에 전개된 내용에서 관세가 사회적 잉여를 감소시킨다고 한 부분을 찾아, 그것을 바탕으로 답지 ①부터 적절한지를 살핀다. 2차 채점 후 정답인 이유도 알아야 하지만, 오답인 이유도 확실하게 이해하고 넘어가야 하고, '이유 찾기' 문제를 푸는 방법도 한 번 더 챙겨보도록 한다.

04 윗글을 바탕으로 〈보기〉를 설명한 내용으로 적절하지 <u>않은</u> 것은? [3점]

─ 보기 ─

P국에서는 국산 바나나만을 소비하다 값싼 수입산 바나나를 관세 없이 수입하면서 국산 바나나 가격이 국제 시장 가격 수준으로 하락했다. 이에 정부에서는 국내 바나나 산업 보호를 위하여 관세를 부과하였다.

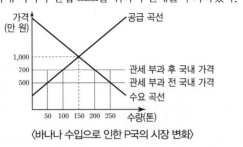

〈바나나 수입으로 인한 P국의 시장 변화〉

① 바나나를 수입하기 전 바나나의 국내 균형 가격은 톤당 1,000만 원이었다.

② 관세를 부과하기 이전에는 수입되는 바나나의 수량이 200톤이었다.

③ 관세를 부과하기 이전과 이후의 가격을 비교해 보니 톤당 200만 원만큼의 관세가 부과되었다.

④ 관세를 부과한 결과 국내 생산자는 바나나의 공급량을 50톤에서 100톤으로 늘리게 된다.

⑤ 관세를 부과한 결과 수입되는 바나나의 수량은 이전보다 50톤이 줄어드는 효과가 발생한다.

05 윗글의 '관세(A)'와 〈보기〉의 '수입 할당제(B)'에 대해 이해한 내용으로 적절하지 <u>않은</u> 것은?

─ 보기 ─

'수입 할당제'는 일정 기간 특정 재화를 수입할 수 있는 양을 제한하여 제한된 할당량까지는 자유 무역 상태에서 수입하고 그 할당량이 채워지면 수입을 전면적으로 금지하는 비관세 정책이다. 수입 할당제는 수입되는 재화의 양을 제한함으로써 그 재화의 국내 가격을 자연적으로 상승시켜 국내 생산자를 보호하는 기능을 한다.

① A는 수입품의 가격을 상승시키는 원인으로 작용하겠군.

② B는 수량을 기준으로 수입되는 재화의 양을 제한하겠군.

③ A는 B와 달리 정책 시행 시의 혜택을 국내 생산자가 보겠군.

④ B는 A와 달리 수입품에 대한 정부의 조세 수입이 없겠군.

⑤ A와 B 모두 국제 무역 규모의 감소를 유발할 수 있겠군.

어떤 제약 회사에서 특정한 병에 효과가 있는 새로운 약을 만들고 있다고 가정해 보자. 신약 개발은 엄청난 자본이 들어가는 일이기 때문에 경영자는 신중하게 판단을 해야 한다. 경영자는 신약이 효과가 있다는 것을 확인하기 위해 가설 검정 의 방법을 사용할 수 있다. 가설 검정은 ⓐ모순된 관계에 있는 두 개의 가설을 세우고 실험을 통해 얻은 통계 자료로 가설의 참 또는 거짓을 판단하는 것이다. 가설 검정을 위해 경영자는 '신약이 효과가 있다.'와 '신약이 효과가 없다.'라는 가설을 설정한다. 전자는 판단하는 이가 주장하려는 가설로 '대립(對立)가설'이라 하고 후자는 주장하고 싶은 내용과는 반대되는 가설인 '귀무(歸無)가설'이라 한다.

'신약이 효과가 있다.'라는 대립가설을 입증하기 위해서는 특정 질병을 겪고 있는 모든 환자에게 신약을 투약해 보면 된다. 하지만 전체를 대상으로 실험하는 것은 현실적으로 불가능하기 때문에 대립가설을 기준으로 가설 검정을 하지는 않는다. 대신 가설 검정에서는 귀무가설이 참이라고 가정한 상태에서, 일부 환자에게 투약해서 얻은 자료를 바탕으로 확률에 근거하여 귀무가설의 기각 여부를 결정한다. '신약이 효과가 없다.'라는 귀무가설 아래에서 투약하였는데 관찰한 결과 ⓑ병이 호전된 경우가 많았다고 하자. 이는 '신약이 효과가 없다.'가 타당하지 않은 것이므로, 경영자는 ⓒ귀무가설을 버리고 대립가설을 채택하면 된다. 한편 '신약이 효과가 없다.'라는 귀무가설 아래에서 투약하였고, 관찰 결과 병이 낫지 않은 경우가 더 많았다고 하자. 이때는 귀무가설을 버릴 수 없다. 이처럼 가설 검정은 '귀무가설을 기각한다.' 또는 '귀무가설을 기각하지 못한다.'라는 의사 결정을 중심으로 대립가설의 채택 여부가 결정된다.

경영자가 의사 결정을 하는 과정에서는 두 가지 오류가 발생할 수 있다. 귀무가설이 참인데도 불구하고 귀무가설을 기각하는 결정을 내린 것을 '1종 오류'라고 한다. 앞선 예에서 실제로는 약효가 없는데도 약효가 있다고 판단하는 것이다. 그리고 귀무가설이 참이 아닌데 귀무가설을 기각하지 못한 결정을 내린 것을 '2종 오류'라고 한다. 실제로는 약효가 있지만 약효가 없다고 판단하는 것이다. 이러한 오류는 판결에서도 나타날 수 있다. 증거에 의해 '피고인은 유죄이다.'라는 대립가설이 채택되기 전까지는 '피고인은 무죄이다.'라고 가정한다. 판사는 확보된 증거를 바탕으로 ⓓ귀무가설의 기각 여부를 판단해야 한다. 이때 판사가 무죄인 사람에게 유죄를 선고하는 것은 1종 오류, 유죄인 사람에게 무죄를 선고하는 것은 2종 오류에 해당한다.

오류들 중 상대적으로 더 심각한 문제를 초래하는 것은 1종 오류이다. 효과가 있는 약을 출시하지 못해서 기업이 수익을 창출할 기회를 잃어버리는 상황에 비해, 시장에 출시했는데 약의 효능이 없어서 회사가 신뢰를 잃는 위험이 더 크다. 또한 죄가 있는데 무죄 판결을 내리는 것보다 결백한 사람에게 유죄 판결을 내리는 것이 더 심각한 문제이다. 그런데 ⓔ두 가지 오류를 동시에 줄일 수는 없다. 한쪽 오류를 줄이면 그만큼 반대쪽 오류는 늘어나기 때문이다. 만약 경영자가 약의 효능과는 무관하게 일단은 약을 출시하기로 결정했다면 2종 오류는 배제할 수 있지만 그만큼 1종 오류는 늘어나게 된다.

따라서 가설 검정 과정에서는 1종 오류가 발생할 확률의 최대 허용 범위인 ㉠유의 수준을 가급적 낮게 정한다. 예를 들어 유의 수준이 5%라면 백 번의 시행 중 다섯 번 이내로 1종 오류가 발생하더라도 우연히 일어난 일로 보고 대립가설을 채택하지만, 이 값을 넘어서면 귀무가설을 기각하지 못한다는 것이다. 또한 유의 수준은 실험을 하기 전에 미리 정하며, 사람의 생명이나 인권과 결부된 것이라면 유의 수준은 더 낮게 잡아야 한다.

다시보기 ▶ 다시 볼 문제 체크하고 틀린 이유 메모하기

[분석쌤 강의]는 2차 채점 후 반드시 챙겨 본다!

06 가설 검정 에 대하여 윗글을 통해 답을 찾을 수 없는 질문은?

① 귀무가설을 기각할 때 새롭게 설정하는 가설은 무엇인가?

② 대립가설을 기준으로 가설을 검정하지 않는 이유는 무엇인가?

③ 대립가설의 채택 여부를 판단하기 위해 사용하는 가설은 무엇인가?

④ 1종 오류와 2종 오류를 함께 줄일 수 없는 이유는 무엇인가?

⑤ 1종 오류와 2종 오류 중 더 심각한 문제를 초래하는 오류는 무엇인가?

지문근거 둘중헷 Q&A 어휘/개념 부정질문

분석쌤 강의

● **분 석** 어렵지 않은 문제이지만, 꼼꼼하게 읽지 않아 놓친 단어 하나 때문에 오답에 답한 학생들이 많았던 문제

● **해결案** 답지 ①부터 윗글에서 답을 찾을 수 있으면 〇, 명확하게 찾을 수 없으면 ✕ 표시를 해 나간다. 모두 〇여서 정답을 찾을 수 없으면, 다시 ①부터 답지에 쓰인 단어 하나도 놓치지 않고 꼼꼼히 점검하도록 한다.

07 윗글의 내용과 일치하는 것은?

① 귀무가설이 기각되면 대립가설은 채택될 수 없다.

② 판결에서 대립가설의 기각 여부는 피고인이 판단한다.

③ 귀무가설은 대립가설이 채택될 때 받아들여지는 가설이다.

④ 귀무가설은 참과 거짓을 알기 전까지는 거짓으로 간주한다.

⑤ 신약 개발을 하는 경영자가 채택하고 싶은 것은 대립가설이다.

지문 근거 둘중헷 Q&A 어휘/개념 부정 질문

분석쌤 강의

● **분 석** 수능 비문학 빈출 문제 유형으로 문제 풀이 방법을 익히 알고 있는데도 불구하고 오답에 답한 학생들이 많았던 문제

● **해결案** 먼저 답지에서 키워드를 찾아, 그 키워드에 대해 설명한 부분을 지문에서 찾아 일치 여부를 판단한다.

08 윗글을 바탕으로 〈보기〉를 이해할 때, A~D에 대한 설명으로 적절하지 않은 것은? [3점]

―― 보기 ――

구분		실제 상황	
		귀무가설 참	귀무가설 거짓
의사 결정	귀무가설 기각 못함	A	B
	귀무가설 기각함	C	D

① 실제로 피고인이 죄를 저지르지 않은 것은 A와 C의 경우에 해당한다.

② 경영자가 신약의 효능이 없다고 판단하는 것은 A와 B의 경우에 해당한다.

③ A와 D는 피고인에 대해 판사가 내린 판결에 오류가 발생하지 않은 경우에 해당한다.

④ 법원이 B를 줄이면, 실제로 죄를 저지른 피고인을 무죄로 판결해서 사회로 돌려보내는 수가 늘어난다.

⑤ 제약 회사가 C를 줄이려는 이유는 약의 효능이 없어 시장에서 신뢰를 잃는 상황을 심각하게 생각하기 때문이다.

지문 근거 둘중헷 Q&A 어휘/개념 부정 질문

분석쌤 강의

● **분 석** 정답보다 오답에 답한 학생들이 많았고, 이 시험(2022학년도 6월 고1 전국연합학력평가)에서 정답률이 가장 낮았던 문제

● **해결案** 지문의 내용을 바탕으로 〈보기〉의 표를 이해하되, '귀무가설 참'과 '귀무가설 거짓'의 의미부터 체크한 다음에 답지 ①부터 적절한지를 따진다.

그리고 이 지문에 출제된 문제들이 전체적으로 정답률이 낮았다는 점을 고려하여 복습할 때 지문을 한 번 더 꼼꼼하게 다시 읽어 두도록 하자. 그러면 비슷한 소재를 다룬 지문이 나왔을 때 빠르고 정확하게 이해할 수 있는 힘이 생긴다.

09 ㉠에 대한 설명으로 적절한 것은?

① 인권과 관련된 판단일수록 값을 크게 설정한다.

② 귀무가설이 참일 확률과 거짓일 확률의 차이를 의미한다.

③ 값을 낮게 정할수록 대립가설을 채택할 확률이 낮아진다.

④ 실험이 이루어진 후에 자료를 분석할 때 결정하는 값이다.

⑤ 가설을 판단할 때 사용할 자료 개수의 최대 허용 범위이다.

지문 근거 둘중헷 Q&A 어휘/개념 부정 질문

분석쌤 강의

● **분 석** 지문 내용을 제대로 이해하지 못해 오답에 답한 학생들이 많았던 문제

● **해결案** ㉠의 앞뒤에서 근거를 찾아, 적절하지 않은 답지부터 정답에서 제외해 나간다. 2차 채점 후 복습할 때 지문의 근거를 놓치거나 지문 내용을 답지에 적용하지 못하면 오답에 답할 수 있다는 것을 새기도록 하자.

10 문맥상 ⓐ~ⓔ와 바꿔 쓰기에 적절하지 않은 것은?

① ⓐ: 동시에 참이 되거나 동시에 거짓이 될 수 없는

② ⓑ: 귀무가설과 어긋난

③ ⓒ: '신약이 효과가 없다.'라는 가설을 기각하고

④ ⓓ: '피고인은 유죄이다.'라는 가설

⑤ ⓔ: 1종 오류와 2종 오류

지문 근거 둘중헷 Q&A 어휘/개념 부정 질문

분석쌤 강의

● **분 석** 비문학 빈출 어휘 문제와는 달라 보이지만, 문맥상 의미를 묻고 있고, '바꿔 쓰기에 적절하지 않은 것'을 질문하고 있으므로 '어휘 문제 3단계 풀이법'을 적용해 풀면 유용한 문제

● **해결案** ⓐ~ⓔ가 포함된 문장의 핵심부터 간추린 후, ⓐ~ⓔ 앞뒤에 전개된 내용을 바탕으로 답지에 제시된 어구로 바꿔 쓰기에 적절한지를 따진다.

2002년 월드컵 조별 예선에서 우리나라가 폴란드를 이기고 사상 처음 1승을 거두자 'Be the Reds'라고 새겨진 티셔츠 수요가 폭발했다. 하지만 실제 월드컵 기간 동안 불티나게 팔린 티셔츠로 수익을 본 업체는 모조품을 판매하는 업체와 이를 제조하는 업체였다. 오히려 정품을 생산해 대리점에서 판매하는 ㉠스포츠 브랜드 업체는 수익을 내지 못했다. 실제로 많은 브랜드 업체들은 월드컵 이후 수요가 폭락해 팔지 못한 재고로 난처했다. 도대체 왜 이런 상황이 벌어졌을까?

간단한 문제 같지만 이 현상은 요즘 경영에서 유행처럼 번지는 공급 사슬망 관리(Supply Chain Management, SCM)의 핵심을 설명해 줄 수 있는 사례이다. 공급 사슬망이란 상품의 흐름이 고리처럼 연결되어 있고, 이들의 상관관계 또한 서로 긴밀하게 연결되어 있는 것을 말한다.

이 현상의 원인을 설명하기 위해서는 공급 사슬망의 '채찍 효과(Bullwhip effect)'를 우선 이해해야 한다. 아기 기저귀라는 상품을 예로 들어보면, 상품 특성상 소비자 수요는 일정한데 소매점 및 도매점 주문 수요는 들쑥날쑥했다. 그리고 이러한 주문 변동폭은 '최종 소비자-소매점-도매점-제조업체-원자재 공급업체'로 이어지는 공급 사슬망에서 최종 소비자로부터 멀어질수록 더 증가하였다. 공급 사슬망에서 이와 같이 수요 변동폭이 확대되는 현상을 공급 사슬망의 '채찍 효과'라 한다. 이는 채찍을 휘두를 때 손잡이 부분을 작게 흔들어도 이 파동이 끝 쪽으로 갈수록 더 커지는 현상과 유사하기 때문에 붙여진 이름이다. 이런 변동폭은 유통업체나 제조업체 모두 반길 만한 사항이 아니다. 왜냐하면 늘 수요가 일정하면 이를 기준으로 생산이나 마케팅의 자원을 적절히 분배하여 계획하고 효율적으로 운영할 수 있지만, 변동폭이 크면 계획이나 운영을 원활하게 수행하기 어렵기 때문이다.

그렇다면 이런 채찍 효과가 생기는 이유는 무엇일까? 여러 가지 이유가 있지만 첫 번째는 수요의 왜곡이다. 소비자의 수요가 갑자기 늘면 소매점은 앞으로 수요 증가를 기대하는 심리로 기존 주문량보다 더 많은 양을 도매점에 주문하게 된다. 그리고 도매점도 같은 이유로 소매점 주문량보다 더 많은 양을 제조업체에 주문한다. 즉, 공급 사슬망에서 최종 소비자로부터 멀어질수록 점점 더 심하게 왜곡되는 현상이 발생하는 것이다. 이러한 왜곡 현상은 공급자가 시장에서 제한적일 때 더 크게 발생한다. 즉 공급자가 한정된 상황에서는 더 많은 양을 주문해야 제품을 공급받기가 수월하기 때문이다. 티셔츠를 공급하는 제조업체에서 물량이 한정돼 있으면 한꺼번에 많은 양을 주문하는 도매업체에게 우선권을 주는 것은 당연하다. 결국 물건을 공급받기 위해서 업체들은 경쟁적으로 더 많은 주문을 해 공급을 보장받으려 한다. 결국 '수요의 왜곡'이 발생한다.

채찍 효과가 일어나는 두 번째 이유는 공급 사슬망에서 최종 소비자로부터 멀어질수록 대량 주문 방식을 요하기 때문이다. 예를 들면 소비자는 소매점에서 물건을 한두 개 단위로 구입하지만 소매점은 도매상에서 물건을 박스 단위로 주문한다. 그리고 다시 도매점은 제조업체에 트럭 단위로 주문을 한다. 이처럼 최종 소비자로부터 멀어질수록 기본 주문 단위가 커진다. 그런데 이렇게 주문 단위가 커질수록 재고량이 증가하게 되고, 재고량 증가는 변화에 민첩하게 대응하지 못하게 하는 원인이 된다.

채찍 효과의 세 번째 원인은 주문 발주에서 도착까지의 발주 실행 시간에 의한 시차 때문이다. 물건을 주문했다고 바로 물건이 도착하지 않는다. 주문을 처리하고 물류가 이동하는 시간이 있기 때문이다. 그런데 문제는 각 공급 사슬망 주체의 발주 실행 시간이 저마다 다르다는 데에 있다. 예를 들어 소매점이 도매점으로 주문을 했을 때 물건을 받기까지 걸리는 시간이 3~4일 정도라면, 도매점이 제조업체에 주문을 했을 때 물건을 받기까지는 몇 주 정도가 걸릴 수도 있다. 즉 최종 소비자로부터 멀어질수록 이런 물류 이동 시간이 증가하게 된다. 그리고 이처럼 발주 실행 시간이 길어지면 주문량이 많아지고, 이는 재고량 증가로 이어질 수 있다.

공급 사슬망에서 채찍 효과로 인해 발생하는 재고는 기업 입장에서는 큰 부담이 될 수 있다. 왜냐하면 재고를 쌓아둘 공간을 마련하거나 재고를 손상 없이 관리하는 데 큰 비용이 들기 때문이다. 그러므로 공급 사슬망에서 각 주체들 간에 수요와 공급 정보를 공유함으로써 불필요한 재고를 줄여야 한다.

11 윗글에 대한 설명으로 적절한 것은?

① 사회 현상과 관련된 이론의 문제점을 지적하고 있다.

② 사회 현상의 발생 원인을 관련 개념을 통해 설명하고 있다.

③ 사회 현상과 관련된 원인을 역사적 변천 과정에 따라 설명하고 있다.

④ 사회 현상의 원인에 대한 대립적 의견들을 소개하고 그 공통점과 차이점을 설명하고 있다.

⑤ 사회 현상의 원인을 파악하기 위해 가설을 설정하고 실험을 통해 그 타당성을 검증하고 있다.

지문근거　둘중햇　Q&A　어휘/개념　부정질문

분석쌤 강의

● **분 석** 발문(문두)에서 직접적으로 '글의 전개 방식으로 적절한 것은?'이라고 질문하지 않았지만, 답지의 서술어 부분(지적하고, 설명하고, 검증하고 있다)을 통해 '글의 전개 방식'으로 적절한 것을 질문한 문제임을 알고 풀어야 하는 문제 유형 ☞ 〈클리닉 해설〉 p.7의 '개념╋' 참조

● **해결案** 지문을 처음부터 끝까지 읽은 다음, 답지를 검토한다. 이때 각 답지의 설명을 세부적으로 나누어 O, X로 표시하며 푼다. ①을 예로 들면, '사회 현상과 관련된 이론'이 제시되어 있는지, 있다면 '이론의 문제점'을 지적하고 있는지 각각에 대해 체크한다. 그리고 지문에서 설명한 내용이 아닌 것이 답지에 포함되어 있으면 바로 X 표시를 하고 정답에서 제외하며 푼다.

12 윗글에 대한 이해로 적절하지 않은 것은?

① 주문 변동폭은 원자재 공급업체에 가까워질수록 커진다.

② 소비자의 수요가 일정한 상품에서는 채찍 효과가 나타나지 않는다.

③ 주문 변동폭이 클수록 유통업체와 제조업체의 계획이나 운영에 어려움이 생긴다.

④ 물건의 기본 주문 단위가 커질수록 재고량이 증가하고 변화에 민첩하게 대처하지 못한다.

⑤ 주문하고 바로 물건을 받을 수 없는 이유는 주문 처리 시간과 물류 이동 시간이 있기 때문이다.

지문근거　둘중햇　Q&A　어휘/개념　부정질문

분석쌤 강의

● **분 석** 정답과 오답의 근거가 되는 부분을 놓쳐 틀린 학생들이 많았던 문제로, 특히 특정 오답지에 집중적으로 답한 문제

● **해결案** 각 답지에서 핵심이 되는 키워드를 체크해, 해당 키워드가 언급된 문단의 내용을 찾아 답지와 비교한다. 이와 같은 문제에서 확실하게 적절한 것(O)과 적절하지 않은 것(X)에 표시해 두면, 그 답지는 다시 보지 않아도 되기 때문에 문제 풀이 시간을 단축할 수 있다.

13 윗글과 〈보기〉를 읽고 이해한 내용으로 적절하지 않은 것은?

─ 보기 ─

　예상치 못한 수요가 급격히 증가할 경우 소매점에서 재고량이 없다면 급히 도매점에 상품을 주문할 것이다. 만일 도매점에도 재고가 모자라 주문 물량을 다 소화할 수 없다면 제조업체에 추가 주문을 할 것이고 예상치 못한 주문에 야간 조업 등 계획에 없던 공장 가동을 할 수도 있다. 이처럼 최종 소비자의 갑작스러운 수요 증가로 인한 불확실성이 '소매점－도매점－제조업체'로 전달된다. 그러나 반대로 소매점에 갑작스러운 수요 증가를 흡수할 수 있는 충분한 재고가 있다면 소매점은 도매점에 계획에 없던 추가 주문을 할 필요도 없다. 공급 사슬망에서 재고는 한쪽에서 발생된 불확실성의 충격이 다른 곳으로 전이되는 것을 완화시켜 주는 기능이 있다.

① 공급 사슬망에서 재고는 긍정적 측면뿐만 아니라 부정적 측면도 있다.

② 수요의 왜곡 현상과 불확실성의 전이는 공급 사슬망의 주체들에게 부담을 준다.

③ 공급 사슬망의 채찍 효과로 인해 공급자가 최종 소비자로부터 가까울수록 주문량이 많다.

④ 소비자의 수요가 갑자기 늘어나면 수요의 왜곡 현상과 불확실성의 전이가 나타날 수 있다.

⑤ 수요의 왜곡을 겪은 도매점은 다음 주문부터는 기존 주문량보다 더 많은 양의 주문을 고려할 것이다.

지문근거　둘중햇　Q&A　어휘/개념　부정질문

분석쌤 강의

● **분 석** 정답과 오답인 이유를 따져 알 때, 지문과 〈보기〉에서 다룬 개념(수요의 왜곡, 채찍 효과 등)과 어휘(전이, 완화 등)를 한 번 더 이해하고 넘어가야 하는 문제

● **해결案** 〈보기〉를 읽은 후 답지를 검토하되, 지문과 〈보기〉의 설명에서 근거를 찾을 수 없거나, 일치하지 않는 내용이 포함되어 있으면 바로 X 표시를 하고 그 답지를 정답으로 확정한다.

1주차　2주차　3주차　4주차

14 윗글을 바탕으로 ⑤의 원인을 추론한 것으로 가장 적절한 것은?

지문근거 둘중헷 Q&A 어휘/개념 부정질문

① 적정 재고량을 유지했기 때문이겠군.

② 공급 사슬망에서 벗어났기 때문이겠군.

③ 시장에서 공급자가 제한적이기 때문이겠군.

④ 수익보다 재고 관리 비용이 적었기 때문이겠군.

⑤ 발주 실행 시간이 물건을 공급받기에 짧았기 때문이군.

분석쌤 강의

● **분 석** 오답에 답한 학생들이 많았던 문제로, ⑤의 앞뒤에 전개된 내용에서 추론해야 하는 원인(이유) 찾기 문제

● **해결案** ⑤의 원인을 질문하였으므로, ⑤이 "왜" 발생하였는지를 염두에 두고 답지를 살핀다. 이때, 각 답지에서 키워드(재고량, 공급 사슬망, 공급자, 재고, 발주 실행 시간 등)를 체크한 다음, 체크한 키워드가 언급된 문단의 내용과 답지를 비교해 적절한 추론인지를 따지도록 한다.

15 윗글을 바탕으로 〈보기〉에 대해 이해한 것으로 가장 적절한 것은? [3점]

지문근거 둘중헷 Q&A 어휘/개념 부정질문

─── 보기 ───

'협력 공급 기획 예측(CPFR) 프로그램'이란 제조사와 이동통신 사업자 간 협력을 통해 물량 수요 예측을 조정해 나가는 프로세스다. 국내 이동통신 시장은 돌발적인 수요 변화가 많다. 이런 환경에서 A전자와 B통신은 CPFR 프로그램을 이용하여 판매, 재고, 생산 계획의 정보를 실시간으로 공유하며 적기에 필요한 물량을 공급하고 재고를 최소화하기로 하였다. (단, 여기에서는 A전자와 B통신 외에 다른 요인이 작용하지 않는다.)

① B통신은 A전자 휴대폰을 항상 대량 주문할 것이다.

② A전자와 B통신의 휴대폰 재고량이 늘어나게 될 것이다.

③ A전자와 B통신이 서로 정보를 공유함으로써 과잉 주문이 줄어들 것이다.

④ B통신이 A전자 휴대폰 공장 근처로 이전하게 되어 주문량에 상관없이 물건을 받는 시간은 일정하게 유지될 것이다.

⑤ A전자가 휴대폰을 B통신에 안정적으로 공급함으로써 국내 이동통신 시장에서 돌발적인 수요 변화가 줄어들 것이다.

분석쌤 강의

● **분 석** 특정 오답지에 답한 학생들이 많았던 만큼, 2차 채점 후 〈클리닉 해설〉에서 '가장 많이 질문한 오답'과 그것에 대한 설명을 챙겨 보면 유용한 문제

● **해결案** 〈보기〉에서 설명하고 있는 CPFR 프로그램부터 정확하게 이해한 후 답지를 검토하되, 〈보기〉와 일치하지 않거나 〈보기〉를 통해 미루어 짐작할 수 없는 답지는 정답에서 제외한다.

▶ 정답을 모르는 상태에서 2차 풀이를 하기 위한 방법으로, 아래 채점표 대신 '모바일 자동 채점 프로그램'(문제편 표지 QR 코드)을 이용해도 된다.

11 일째

오늘은   월   일입니다.   🕐 시작 시각   시   분   초

1주차
2주차
3주차
4주차

1~5 다음 글을 읽고 물음에 답하시오.

2020학년도 9월 고1 전국연합학력평가【16~20】 사회

역사적으로 은행의 첫 장을 연 것은 금세공업자들이었다. 금을 스스로 보관하기 어렵다고 생각한 사람들은 금고를 가진 금세공업자에게 금을 맡기고 보관증을 받았다. 사람들은 물건을 거래할 때 금보다 보관증만을 주고받는 것이 훨씬 편리하다는 것을 알게 되면서 보관증을 오늘날의 지폐나 수표처럼 사용하게 되었다. 한편 금세공업자들은 금을 맡긴 사람들이 일시에 몰려와 금을 찾아가지 않는다는 것을 알고, 자신이 써 준 보관증만큼의 금을 반드시 가지고 있을 필요가 없음을 깨달았다. 그래서 그들은 보관된 금의 일정 부분만 남기고 나머지를 원하는 사람에게 빌려주며 수수료를 받아 이윤을 얻었다. 그 과정에서 금세공업자들은 금의 양이 많아질수록 더 많은 수입을 얻을 수 있다고 생각하여 금을 맡기는 사람에게 사례를 했다. ⊙금세공업자가 했던 일은 결국 오늘날의 은행이 하는 일과 크게 다르지 않다.

여기서 우리는 은행의 두 가지 기능을 알 수 있다. 첫째, 돈의 여유가 있는 사람으로부터 자금을 ⓐ조성하여 이를 필요로 하는 사람에게 융통해 주는 금융중개 기능이다. 은행은 금융중개 기능을 통해 금융 시장의 거래비용을 낮추고, 조성된 자금이 효율적으로 활용되도록 자금의 흐름을 조정하는 역할을 수행한다. 은행은 자금 수요자의 수익성과 안전성을 정확하게 평가할 수 있는 안목과 정보를 가지고 있어서, 조성된 자금이 한층 더 건전하고 수익성 높은 곳으로 투자되도록 ⓑ유도하기도 한다.

둘째, 화폐를 창출하는 예금창조 기능으로, 예금창조는 신용창조라고도 한다. 다시 금세공업자의 경우를 살펴보자. 만일 금세공업자가 맡아 놓은 금 전체를 그냥 가지고만 있다면 그 경제의 통화량은 변하지 않는다. 금세공업자가 써 준 모든 보관증에 기록된 금의 합은 그가 맡아 놓은 금의 양과 같을 것이기 때문이다. 그러나 맡아 놓은 금의 일부만 지급 준비용으로 ⓒ보유하고 나머지를 다른 사람에게 대출해 줄 경우 사정은 달라진다. 금세공업자들이 맡아 놓은 금의 30%만 남겨 놓기로 결정했다면, 70%만큼의 금을 다른 사람이 빌려다 필요한 곳에 쓸 수 있다. 이는 유통되는 금의 양, 즉 통화량이 그만큼 더 늘어난 것을 뜻한다. 만약 금을 대출받은 사람이 그것을 다른 금세공업자에게 맡기고 보관증을 받는다면 통화량은 한층 더 늘어난다. 그 금세공업자가 다시 30%만 남겨 놓고 나머지를 또 다른 사람에게 대출해 줄 것이기 때문이다.

이런 일이 반복되면 통화량은 처음의 몇 배 크기로 늘어나게 되고, 금세공업자들이 맡아 두었다고 기록된 금의 양도 늘어나게 된다. 이는 새로운 예금이 만들어진 셈으로 예금창조가 이루어졌다고 할 수 있다. 그러나 새롭게 만들어진 예금은 누군가가 빌려서 생긴 빚이기 때문에 사람들이 갚아야 할 빚도 그만큼 늘어난 상황으로 볼 수 있다. 은행의 예금창조 기능은 결국 예금의 일부만을 지급준비금으로 보유하는 지급준비제도에서 비롯되는 것이다. 은행은 예금의 일부만 보유하고 그 나머지를 대출하면서 예금통화라는 화폐를 창출하게 되고, 대출받은 사람들은 재화와 서비스를 구입할 수 있는 능력이 커지게 된다. 이러한 화폐 창출 과정이 이루어지면 ⓛ교환의 매개 수단으로 쓰이는 화폐의 양이 늘어 경제의 유동성은 증가하지만, 경제가 종전에 비해 더 부유해지는 것은 아니다.

은행의 일정 시점의 총체적 재무 상태를 기록해 놓은 대차대조표를 활용하면 은행의 예금창조 기능을 좀 더 자세히 이해할 수 있다. 자금의 ⓓ조달 원천을 나타내는 자본 및 부채의 내역은 대차대조표의 오른편에 기록되며, 자금의 운영 상태를 나타내는 자산의 내역은 왼편에 기록된다. 이때 대차대조표의 오른편을 대변, 왼편을 차변이라고 한다.

〈표〉는 가상 은행의 대차대조표를 요약해 놓은 것이다. 일반적으로 은행의 중요한 자금 조달 원천은 예금이기 때문에 은행은 예금을 많이 유치하려고 한다. 오른편을 보면 예금이 가장 큰 비중을 차지하고 있음을 알 수 있는데, 은행의 입장에서 예금은 언제든 ⓔ요구가 있으면 지급해야 하는 부채의 성격을 갖는다. 은행

자산		자본 및 부채	
지급준비금	300	예금	1,500
대출	1,200	기타 부채	300
유가증권	300	자본금	200
기타 자산	200	–	–
총계	2,000	총계	2,000

〈표〉 가상 은행의 대차대조표(단위: 십억 원)

이 다른 금융 기관이나 중앙은행으로부터 자금을 빌려 온 내역은 기타 부채로 나타나 있고, 마지막 항목은 은행의 자본금이다. 이렇게 조성된 자금은 왼편에 나타나 있는 여러 가지 형태의 자산으로 운영된다. 이 은행은 예금액의 일정 부분을 지급준비금으로 떼어 놓고, 나머지 자금은 대출을 해 주거나 유가증권 등 그 밖의 여러 가지 자산을 보유하는 데 사용하고 있다. 이렇듯 은행의 지급준비제도와 대출을 통해 예금통화가 창출되고 있는 것이다.

그렇다면 은행은 어떻게 이득을 얻을까? 대차대조표에서도 알 수 있듯이 은행은 주로 예금으로 자금을 조달하고 대출로 자금을 운영하는데, 통상 예금 이자에 비해 대출 이자가 높으므로 양 이자의 차이로 발생한 예대 금리 차가 은행의 주된 수익원이 된다. 대출 이자가 더 높은 까닭은 차입자가 원금과 이자를 갚지 못하는 대출 손실이 일어날 수 있어, 차입자의 신용도에 맞춰 위험 할증금을 부과하기 때문이다. 은행의 영업 이익은 예대 금리 차로 발생한 수익에서 인력과 지점 조직, IT 인프라를 유지하기 위한 경상 운영비를 차감한 것이 된다. 그래서 은행은 대출 손실을 영업 이익보다 적게 유지해야만 안정적으로 이득을 얻을 수 있다. 만일 대출 손실이 영업 이익을 넘어선다면 은행은 자본금까지 잠식당하게 된다. 따라서 예금을 받아 대출을 하되 신용 위험을 적극적으로 관리해야 하는 것이 은행업의 본질이다.

[A]

다시보기 ▶ 다시 볼 문제 체크하고 틀린 이유 메모하기

01 윗글의 내용으로 적절하지 **않은** 것은?

① 은행은 자금을 조성하여 필요한 사람에게 융통해 주며 금융 시장의 거래비용을 낮춘다.

② 은행의 입장에서 예금은 부채의 성격을 갖기 때문에 대차대조표에 기타 부채로 기재된다.

③ 은행의 예금창조는 예금의 일부만 보유하고 그 나머지를 대출해 주는 과정에서 일어난다.

④ 은행의 대차대조표에는 자금의 조달 원천을 나타내는 내역과 자금의 운영 상태를 나타내는 내역이 기록된다.

⑤ 은행은 조성된 자금이 수요자의 수익성과 안전성에 대한 정보를 바탕으로 건전한 곳에 투자되도록 유도한다.

지문 근거   둘중헷   Q&A   어휘/개념 부정 질문

분석쌤 강의
● **분 석** 지문에서 정답과 오답의 근거를 쉽게 찾을 수 있어 대부분의 학생들이 정답에 답했지만, 2차 채점 후 지문 복습을 통해 은행의 기능과 대차대조표에 대한 설명을 한 번 더 챙겨 봐야 하는 문제
● **해결案** 답지 ①부터 핵심이 되는 키워드를 체크하여, 체크한 내용이 담긴 지문 내용과 답지를 비교해 ○, ✕ 표시를 하며 푼다.

다시보기 ▶ 다시 볼 문제 체크하고 틀린 이유 메모하기

02 윗글을 읽은 학생이 ㉠에 대해 정리한 내용이다. 적절하지 **않은** 것은?

금세공업자가 했던 일	오늘날의 은행이 하는 일	
다른 사람의 금을 맡아 주는 것	고객의 돈을 보관해 주는 것	… ①
맡아 둔 금의 일정 부분을 남겨 두는 것	지급준비금을 보유하고 있는 것	… ②
맡아 둔 금의 일부를 원하는 사람에게 빌려주는 것	예금의 일부를 필요한 사람에게 대출해 주는 것	… ③
금을 많이 맡아 두려고 하는 것	예금을 많이 유치하려고 하는 것	… ④
금을 맡기는 사람에게 사례하는 것	대출에 대해 이자를 부과하는 것	… ⑤

지문 근거   둘중헷   Q&A   어휘/개념 부정 질문

분석쌤 강의
● **분 석** 특정 오답지에 답한 학생들이 많았던 문제로, 정답에 쉽게 답한 학생들도 〈클리닉 해설〉에서 '가장 많이 질문한 오답'과 해당 오답지에 답한 이유를 따져 알고, 풀이가 제시된 어휘의 의미도 익히고 넘어가면 유용한 문제
● **해결案** 지문에 전개된 내용을 바탕으로 〈표〉에서 '금세공업자가 했던 일'과 '오늘날의 은행이 하는 일'을 잘 연결했는지를 살핀다. '오늘날의 은행이 하는 일'은 익히 알고 있는 배경지식을 동원해서 풀기보다는 지문에 제시된 내용을 바탕으로 옳은지 그른지를 따지도록 한다.

대봉석쌤 강의는 2차 채점 후 반드시 챙겨 본다!

03 윗글을 바탕으로 ⓒ의 이유를 추론한 것으로 가장 적절한 것은?

① 대출을 받은 사람들에게 화폐라는 자산이 생기지만 그 경제의 통화량은 줄어들기 때문이다.

② 은행에 서류상으로 맡겨 놓은 예금이 늘어나는 만큼 창출되는 예금통화는 줄어들기 때문이다.

③ 대출을 받은 사람들이 그 돈을 다른 은행에 예금으로 맡겨도 통화량에 아무 변화가 일어나지 않기 때문이다.

④ 은행이 새로운 예금을 만들어 내는 만큼 은행에 돈을 맡긴 사람들이 부담해야하는 부채도 늘어나기 때문이다.

⑤ 대출을 받은 사람들이 재화와 서비스를 구입할 수 있는 능력이 커진 만큼 그에 상응하는 부채도 늘어나기 때문이다.

| 지문 근거 | 둘중헷 | Q&A | 어휘/개념 | 부정 질문 |

분석쌤 강의

● **분 석** 앞뒤에 전개된 내용에서 정답의 근거를 찾아야 하는 이유 찾기 문제

● **해결案** 질문의 핵심은 "왜" '경제의 유동성은 증가'하고, "왜" '경제는 종전에 비해 더 부유해지는 것은 아닌가' 하는 것이다. 정답은 '경제의 유동성이 증가하는 이유'와 '경제가 종전에 비해 더 부유해지는 것이 아닌 이유'를 담고 있어야 한다는 것을 염두에 두고 ⓒ의 앞뒤에 전개된 내용을 바탕으로 답지에 O, X로 표시하며 푼다.

04 [A]를 참고하여 〈보기〉를 이해한 내용으로 적절하지 <u>않은</u> 것은? [3점]

> **보기**
>
> 2019년 ○○은행의 자산은 1,000억 원인데, 이 자산은 모두 대출로 구성되어 있다. 이 중 900억 원은 예금으로, 100억 원은 자본금으로 조달한 것이다. 이 은행의 예금 금리는 평균 2%이고, 대출 금리는 평균 4%이다. ○○은행은 예대 금리 차에 의해 (1,000억 원×4%)−(900억 원×2%)에 해당하는 22억 원의 수익이 발생하였고, 12억 원은 경상 운영비로 사용하였다. (단, 다른 요인은 고려하지 않는다.)

① ○○은행의 영업 이익은 예대 금리 차에 의한 수익에서 경상 운영비를 차감한 10억 원이겠군.

② ○○은행의 수익은 22억 원으로, 주로 예금으로 자금을 조달하고 대출로 자금을 운영하여 발생한 것이겠군.

③ ○○은행의 대출 금리가 평균 4%로 평균 예금 금리보다 높은 것은 대출 손실에 대한 위험 할증금이 반영된 것이겠군.

④ 만약 ○○은행의 대출 손실이 12억 원 발생했다면, ○○은행의 자본금은 잠식되었겠군.

⑤ 만약 ○○은행이 평균 2%인 예금 금리를 올린다면, 지점 조직을 유지하기 위한 비용이 더 줄어서 수익이 늘어나겠군.

| 지문 근거 | 둘중헷 | Q&A | 어휘/개념 | 부정 질문 |

분석쌤 강의

● **분 석** 특정 오답지에 답한 학생들이 많았던 문제로, 복습할 때 정답과 오답인 이유도 따져 알아야 하지만, 지문 내용을 한 번 더 읽어 경제 지문에 익숙해지고, 〈보기〉에 적용해 푸는 문제를 해결하는 방법을 한 번 더 챙겨 봐야 하는 문제

● **해결案** [A]를 참고하여 〈보기〉의 상황을 이해한 후 ①부터 적절한지를 따진다. 이때 답지에 쓰인 '영업 이익, 예대 금리 차, 경상 운영비' 등의 개념은 [A]에서 정확하게 파악한 후 〈보기〉를 적절하게 적용하여 이해했는지를 판단한다.

05 ⓐ~ⓔ의 사전적 의미로 적절하지 <u>않은</u> 것은?

① ⓐ: 어떤 기준이나 실정에 맞게 정돈함.

② ⓑ: 사람이나 물건을 목적한 장소나 방향으로 이끎.

③ ⓒ: 가지고 있거나 간직하고 있음.

④ ⓓ: 자금이나 물자 따위를 대어 줌.

⑤ ⓔ: 받아야 할 것을 필요에 의하여 달라고 청함.

| 지문 근거 | 둘중헷 | Q&A | 어휘/개념 | 부정 질문 |

분석쌤 강의

● **분 석** 수능 빈출 문제 유형이면서, 수능 시험에 출제된 어휘가 포함된 문제

● **해결案** '사전적 의미'를 묻는 문제라고 해서 '사전'에 적힌 의미를 외워서 풀어야 하는 것은 아니다. 국어 영역에서 어휘 문제를 쉽게 푸는 방법은 '매3'에서 강조하는 '어휘 문제 3단계 풀이법'을 적용하는 것임을 기억하자!

심리학자인 카너먼은 인간이 논리적 사고 과정을 통해 합리적으로 문제를 해결하기보다는 직감에 의해 문제를 해결하는 경향이 강하다고 주장하였다. 예컨대 "영어 단어 중 R로 시작하는 단어와 R이 세 번째에 있는 단어 중 어느 것이 더 많은가?"라는 질문에, 실제로는 후자의 단어가 더 많지만 전자의 단어가 더 쉽게 떠오르기 때문에 대부분의 사람들은 R로 시작하는 단어가 더 많다고 대답한다. 그는 이를 ㉠해당 사례를 자주 접하거나 쉽게 떠올릴 수 있으면, 발생 빈도수가 높다고 판단하는 인간의 심리적 특성에 기인한다고 보았다. 그는 실제 인간의 행동에 나타나는 다양한 양상을 연구하여 인간은 합리적 선택을 한다는 전통 경제학의 전제에 반기를 들고, 심리학적 연구 성과를 경제학에 접목시킨 새로운 이론을 제안했다.

전통 경제학에서는 인간을 합리적 선택을 하는 존재로 가정하고, 시장에서의 재화와 용역의 생산, 분배, 소비 활동을 연구한다. 전통 경제학의 대표적 이론인 기대 효용 이론에 따르면, 인간은 대안이 여러 개일 때 각 대안의 효용을 계산하여 자신에게 최대 이득을 주는 대안을 선택한다. 이때 '효용'이란 재화를 소비할 때 느끼는 만족감이다. 어떤 대안의 기댓값인 기대 효용은, 대안을 선택했을 때 발생할 수 있는 개별 사건의 효용에, 각 사건의 발생 확률을 곱해 모두 더한 값이다.

예컨대 동전을 던져 앞면이 나오면 20,000원을 얻고 뒷면이 나오면 10,000원을 잃는 게임 A, 앞면이 나오면 10,000원을 얻고 뒷면이 나오면 5,000원을 잃는 게임 B가 있다고 해 보자. 화폐 효용은 그것의 액면가와 같다고 할 때, 동전의 앞면, 뒷면이 나올 확률은 각각 0.5이므로, 게임 A의 기대 효용은 (20,000원×0.5)−(10,000원×0.5)=5,000원, 게임 B의 기대 효용은 (10,000원×0.5)−(5,000원×0.5)=2,500원이다. 기대 효용 이론에 따라 합리적 판단을 한다면 기대 효용이 더 큰 게임 A를 선택해야 하지만, 실제 선택 상황에서는 대다수의 사람들이 게임 B를 선택한다.

카너먼은 이러한 선택의 문제를 설명하기 위해 전망 이론을 제시하였다. ⓐ전망 이론은 이득보다 손실에 대해 민감하게 반응하는 인간의 심리가 선택 행동에 미치는 영향을 설명하는 이론이다. 여기서 '전망'은 이득과 손실에 대해 사람들이 느끼는 심리 상태를 의미한다. 전망은 대안을 선택했을 때 발생할 수 있는 개별 성과의 가치에, 각각의 결정 가중치*를 곱해 모두 더한 값이다.

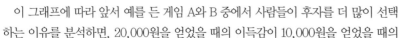

〈그림〉은 전망 이론에서 이득과 손실에 대한 인간의 반응을 설명하는 그래프다. 여기서 x축은 성과를, y축은 성과에 대해 사람들이 부여하는 가치(v)를 나타낸다. 그리고 두 축이 교차하는 지점은 현재 '나'의 상황을 의미하는 준거점으로, 이를 기준으로 오른쪽은 이득 영역이고, 왼쪽은 손실 영역이다. 이 그래프에서 이득 영역의 $v(a)$와 손실 영역의 $v(-a)$의 절댓값을 비교하면 후자의 값이 더 크다는 것을 알 수 있는데, 이는 같은 크기의 이득과 손실이 있을 때 이득감보다 손실감이 더 크다는 것을 의미한다.

이 그래프에 따라 앞서 예를 든 게임 A와 B 중에서 사람들이 후자를 더 많이 선택하는 이유를 분석하면, 20,000원을 얻었을 때의 이득감이 10,000원을 얻었을 때의 이득감보다 크지만, 10,000원을 잃었을 때의 손실감이 5,000원을 잃었을 때의 손실감보다 훨씬 더 크기 때문에, 더 큰 손실감을 피하고자 하는 심리가 반영된 결과로 해석할 수 있다.

전망 이론에서는 이러한 심리가 실제 선택 행동에 영향을 미치는 현상을 ⓑ'틀 효과'로 설명한다. 이에 따르면 사람들은 여러 대안 중 하나를 선택할 때, 선택 상황이 자신에게 이득을 주는지, 손실을 주는지에 따라 전자를 '긍정적 틀'로, 후자를 '부정적 틀'로 인식한다. 그 결과 사람들은 긍정적 틀에서는 확실한 이득을 주는 대안을 선택하고, 부정적 틀에서는 불확실한 손실을 주는 대안을 선택한다. 불확실성을 '위험'이라 할 때, 불확실성을 피해 확실성을 추구하는 것은 '위험 회피 성향'에, 불확실성을 추구하는 것은 '위험 추구 성향'에 해당하므로, 사람들은 긍정적 틀에서는 위험 회피 성향을, 부정적 틀에서는 위험 추구 성향을 보인다고 할 수 있다. 다음의 선택 상황에서 이와 같은 틀 효과를 확인할 수 있다.

[상황 1] 100만 원이 있으며, Ⓐ안과 Ⓑ안 중 택 1	**[상황 2]** 100만 원이 있으며, Ⓒ안과 Ⓓ안 중 택 1
○ Ⓐ안: 0.5의 확률로 100만 원을 받거나, 아무것도 받지 못한다.	○ Ⓒ안: 0.5의 확률로 100만 원을 잃거나, 아무것도 잃지 않는다.
○ Ⓑ안: 1의 확률로 50만 원을 받는다.	○ Ⓓ안: 1의 확률로 50만 원을 잃는다.

'상황 1'은 이득을 주는 상황으로, 사람들은 이를 긍정적 틀로 인식하므로 많은 사람들이 이득이 불확실한 Ⓐ안보다 이득이 확실한 Ⓑ안을 선택한다. 반대로 '상황 2'는 손실을 주는 상황으로, 사람들은 이를 부정적 틀로 인식하므로 많은 사람들이 손실이 확실한 Ⓓ안보다 손실이 불확실한 Ⓒ안을 선택한다.

전통 경제학은 인간이 합리적 선택을 한다는 전제로 이상적인 경제 상황을 설명했다면, 카너먼은 이러한 전제를 비판하며 실제 인간의 삶에서 나타나는 선택 행동의 특성을 심리학에 근거해 설명했다. 그 결과 인간의 선택 과정에 영향을 주는 요인들에 주목해 행동 경제학이라는 새로운 분야를 개척하였다.

* 결정 가중치: 어떤 성과에 대해 사람들이 주관적으로 느끼는 발생 확률.

06 윗글의 내용과 일치하지 <u>않는</u> 것은?

① 기대 효용 이론은 자신의 현재 상황을 준거로 하여 나타나는 선택 행동의 다양한 양상을 분석하였다.

② 기대 효용 이론에 따르면 인간은 여러 대안이 있을 때 자신에게 가장 큰 이득을 주는 대안을 선택한다.

③ 카너먼은 인간이 논리적 사고 과정보다는 직감에 의존해 문제를 해결하는 경향이 강하다고 주장하였다.

④ 카너먼은 심리학적 연구 성과를 경제학에 접목시켜 전통 경제학과 구별되는 새로운 이론을 구축하였다.

⑤ 카너먼은 인간이 합리적인 선택을 한다는 전통 경제학의 전제를 실제 인간의 행동을 근거로 반박하였다.

지문 근거　둘중헷　Q&A　어휘/개념　부정 질문

분석쌤 강의

● **분 석** 오답의 근거가 정답의 근거가 되는 '내용 일치 여부를 확인하는 문제'로, 틀린 학생들이 많았던 이유는 정답의 근거가 지문에 그대로 제시되어 있지 않고 미루어 짐작해야 했기 때문이었다. 따라서 '윗글의 내용과 일치하는(일치하지 않는) 것'을 질문하는 경우, 추론해야 하는 답지가 포함되어 있을 수 있다는 것을 새겨야 하는 문제

● **해결案** 발문(문두)을 통해 '지문에서 근거를 찾아 O, X 표시를 하며 풀어야 하는 문제군.'한다. 문제 유형을 확인한 다음에는 답지에서 핵심이 되는 키워드를 체크해, 체크한 키워드가 언급된 부분을 지문에서 찾아 서로 비교하여 일치 여부를 판단하도록 한다.

---

07 ㉠에 해당하는 사례로 가장 적절한 것은?

① (질문) 신은 존재하는가?

(대답) 그렇다. 왜냐하면 신이 없음을 증명한 사람이 없기 때문이다.

② (질문) '1부터 10까지의 합'과 '11부터 15까지의 합' 중 더 큰 것은?

(대답) 전자이다. 왜냐하면 전자가 후자보다 많은 숫자를 더하기 때문이다.

③ (질문) '교통사고로 인한 사망률'과 '당뇨로 인한 사망률' 중 사망률이 더 높은 것은?

(대답) 전자이다. 왜냐하면 전자를 후자보다 매체를 통해 자주 보기 때문이다.

④ (질문) '지방이 10% 함유된 우유'와 '지방이 90% 제거된 우유' 중 선택하고 싶은 것은?

(대답) 후자이다. 왜냐하면 후자가 전자보다 지방이 적게 함유된 식품으로 느껴지기 때문이다.

⑤ (질문) '한 명이 빵 한 개를 만드는 것'과 '열 명이 빵 열 개를 만드는 것' 중 시간이 더 오래 걸리는 것은?

(대답) 후자이다. 후자가 전자보다 힘이 더 많이 드는 일로 느껴지기 때문이다.

지문 근거　둘중헷　Q&A　어휘/개념　부정 질문

분석쌤 강의

● **분 석** 발문(문두)과 지문에서 밑줄 친 부분에 정답과 오답을 판단하는 기준이 담겨 있어 대부분의 학생들이 정답에 답한 문제

한편, 이 지문과 문제는 수능 출제 기관에서 출제한 시험(2006학년도 9월 모의평가)에서도 비슷한 내용을 다룬 바 있다. 이로 보아, 예비 매3비에서 다룬 지문은 2차 채점 후 꼼꼼히 다시 읽어 두면 수능 대비에 효과적이다.

● **해결案** ㉠에 해당하는 사례는 각 답지의 (질문)에 대한 (대답)의 근거가 밑줄 친 ㉠에 제시된 것이어야 한다. 즉, '자주 접하거나'(or) '쉽게 떠올릴 수 있'기 때문에 답지와 같이 (대답)한 것이 정답이 된다.

---

08 '카너먼'의 입장에서 윗글의 '상황 1'과 '상황 2'에 대해 설명한 것으로 적절하지 <u>않은</u> 것은?

① ⑧안의 50만 원과 ⑩안의 50만 원에 대해 사람들이 부여하는 가치는 다르다.

② ⑧안을 선택하는 사람들은 위험 회피 성향이고, ⓒ안을 선택하는 사람들은 위험 추구 성향이다.

③ ⓐ, ⓒ안은 이득이나 손실이 불확실한 대안, ⑧, ⑩안은 이득이나 손실이 확실한 대안에 해당한다.

④ '상황 1'에서 ⑧안을 선택하는 사람이 많은 것은 사람들이 불확실한 이득보다 확실한 이득을 선호하기 때문이다.

⑤ '상황 2'에서 ⓒ안을 선택하는 사람이 많은 것은 확실한 손실을 꺼리는 인간의 심리가 반영된 결과이다.

지문 근거　둘중헷　Q&A　어휘/개념　부정 질문

분석쌤 강의

● **분 석** 문제 유형이 다른 듯해도 국어 영역 문제 풀이의 핵심은 지문과 답지를 꼼꼼히 비교하며 푸는 것에 있다는 것을 일러 주는 문제

● **해결案** '상황 1'과 '상황 2'를 '카너먼'의 입장에서 이해한다. 그리고 '상황 1'과 '상황 2'에 대해 설명하고 있는 지문 내용을 바탕으로 답지의 설명이 옳은지 그른지를 판단한다.

09 ⓐ를 바탕으로, 〈보기〉의 밑줄 친 부분의 이유를 추론한 것으로 가장 적절한 것은?

지문근거　둘중헷　Q&A　어휘/개념 부정질문

분석쌤 강의
● **분 석** 'ⓐ를 바탕으로~'와 '이유를 추론'이라는 발문(문두)이 중요한 문제
● **해결案** ⓐ부터 파악한 후, 〈보기〉의 밑줄 친 부분의 이유로 적절한 것을 살핀다. 이때 ⓐ를 바탕으로 하지 않은 것과, 밑줄 친 부분의 이유에 해당하지 않는 것은 정답에서 제외한다.

> ── 보기 ──
>
> "먼저 써 보시고 한 달 후에 제품이 마음에 들지 않으면 반품하십시오. 금액은 전액 환불해 드립니다."라는 광고 문구에 많은 소비자들이 귀가 솔깃해져 쉽게 제품을 구매한다. 하지만 막상 한 달 후, 제품이 마음에 들지 않더라도 <u>사용하던 제품을 반품하고 구매한 금액을 환불받는 소비자는 소수에 지나지 않는다.</u> 이는 이득과 손실에 대한 심리 반응의 차이를 이용한 효과적인 판매 전략이라 할 수 있다.

① 제품을 사용하는 기간만큼 제품을 통해 얻는 이득감이 줄어들기 때문에
② 제품에 대한 불만족은 심리적인 현상일 뿐, 제품 자체의 문제가 아니기 때문에
③ 제품을 반품했을 때의 이득감이 제품을 그대로 사용했을 때의 이득감보다 더 크기 때문에
④ 제품을 반품할 때 느끼는 손실감이 구매한 금액을 환불받을 때 느끼는 이득감보다 크게 느껴지기 때문에
⑤ 제품을 구매하는 과정에 투입된 시간과 노력을 계산했을 때, 제품을 반품하는 것이 합리적 선택이기 때문에

10 ⓑ를 고려할 때, 〈보기〉의 '상황'에 대한 사람들의 선택을 예측한 것으로 적절한 것은? [3점]

지문근거　둘중헷　Q&A　어휘/개념 부정질문

분석쌤 강의
● **분 석** 오답에 답한 학생들이 많았던 점을 고려하여, 2차 채점 후 정답과 오답인 이유를 꼼꼼히 따져 지문과 〈보기〉를 연결하는 문제의 풀이 방법을 챙겨야 하는 문제 유형
● **해결案** ⓑ에 대해 설명하고 있는 7문단의 내용과 관련지어 〈보기〉의 '상황'을 이해한다. 이때 먼저 〈보기〉의 '상황'을 사람들이 긍정적 틀로 인식할지 부정적 틀로 인식할지를 파악한 다음, 해당 틀에서 사람들이 선택하는 대안 또한 7문단의 내용을 근거로 판단한다.

> ── 보기 ──
>
> **[상황]** ○○ 지역에 전염병이 돌아 600명의 주민이 죽을 것으로 예상된다. 이 전염병을 막기 위한 프로그램 ㉮와 ㉯가 있다.
> - 프로그램 ㉮ : 400명의 사람이 죽게 됨.
> - 프로그램 ㉯ : 아무도 죽지 않을 확률이 3분의 1이고, 600명이 죽게 될 확률이 3분의 2임.
>
> **[질문]** 만약 여러분이 정책 담당자라면 프로그램 ㉮와 ㉯ 중 어느 것을 선택하겠는가?

① 사람들은 상황을 부정적 틀로 인식하기 때문에 프로그램 ㉮를 선택하는 사람들이 더 많을 것이다.
② 사람들은 상황을 부정적 틀로 인식하기 때문에 프로그램 ㉯를 선택하는 사람들이 더 많을 것이다.
③ 사람들은 상황을 긍정적 틀로 인식하기 때문에 프로그램 ㉮를 선택하는 사람들이 더 많을 것이다.
④ 사람들은 상황을 긍정적 틀로 인식하기 때문에 프로그램 ㉯를 선택하는 사람들이 더 많을 것이다.
⑤ 사람들은 상황을 긍정적 틀로 인식하기 때문에 프로그램 ㉮와 ㉯를 선택하는 사람들이 비슷할 것이다.

11 〈보기〉는 윗글의 〈그림〉에 대한 설명이다. A, B에 들어갈 내용을 바르게 짝지은 것은?

지문근거 둘중햇 Q&A 어휘/개념 부정질문

보기

이득 영역에서는 성과가 동일한 크기로 증가할 때마다 성과에 대하여 부여하는 가치의 크기가 (A)하는 폭이 (B).

	A	B		A	B		A	B
①	증가	작아진다	②	증가	커진다	③	증가	같아진다
④	감소	작아진다	⑤	감소	커진다			

분석쌤 강의

● 분 석 1차 채점 때 정답에 답한 경우에도, 복습을 통해 그래프를 〈보기〉의 진술에 맞추어 해석하는 훈련을 해야 하는 문제
● 해결案 〈보기〉의 설명과 〈그림〉을 비교하되, A에 '증가'와 '감소'를 대입한 후 〈그림〉의 그래프와 비교한다. 그런 다음, B도 같은 방법으로 그래프의 모양을 고려하여 정답을 고른다. 이때 A에서는 '크기'가 증가하고 감소하는지를, B에서는 증가하고 감소하는 '폭이' 작아지는지, 커지는지, 같아지는지를 살핀다.

12~16 다음 글을 읽고 물음에 답하시오.   2019학년도 11월 고1 전국연합학력평가【33~37】 사회

현대 사회의 기업들은 새로운 내부 조직을 만들거나 다른 기업과 합병하는 등의 방식을 통해 기업의 규모를 변화시키기도 한다. 신제도학파에서는 기업들의 이러한 규모 변화를 거래비용이라는 개념으로 설명하는데, 이를 거래비용이론이라고 한다.

거래비용이론에서 말하는 **거래비용**이란 재화를 생산하는 데 드는 생산비용을 제외한, 경제 주체들이 재화를 거래하는 과정에서 발생하는 모든 비용을 말한다. 즉 경제 주체가 거래 의사와 능력을 가진 상대방을 탐색하는 과정, 가격이나 교환 조건을 상대방과 협상하여 계약을 하는 과정, 또 계약 후 계약 ㉠이행 여부를 확인하고 강제하는 과정 등에서 발생하는 비용을 거래비용이라고 할 수 있다.

[A]
거래비용이론에서는 기업은 시장에서 재화를 거래할 때 발생하는 거래비용인 '시장거래비용'을 줄이기 위해, 재화를 자체적으로 생산하는 것에 대해 ㉡고려하게 된다고 보았다. 이런 상황에서 기업이 새로운 내부 조직을 만들거나 다른 기업을 합병하여 내부 조직으로 흡수하는 등의 방법을 통해 거래를 내부화하면 기업의 조직 내에서도 거래가 일어나게 된다. 그 결과 거래비용이 발생하게 되고, 이를 '조직내거래비용'이라고 한다. 이때 시장거래비용과 조직내거래비용을 합친 것을 '총거래비용'이라고 하며, 기업은 총거래비용을 고려하여 기업의 규모를 결정하게 된다.

예를 들어 어떤 제품을 생산하는 기업을 가정해 보자. 이 기업에서는 시장거래를 통해 다른 기업으로부터 모든 부품을 조달하여 제품을 생산할 수도 있고, 반대로 기업 내부적으로 모든 부품을 제조하여 제품을 생산할 수도 있다. 만약 이 기업이 다른 기업과의 시장거래를 통해 모든 부품을 조달한다면 조직내거래비용은 발생하지 않고, 시장거래비용만 발생하게 될 것이다. 이런 상황에서 기업은 시장거래비용을 줄이기 위해 시장거래에서 조달하던 부품의 일부를 기업 내에서 생산하려 할 것이다. 이렇게 기업이 부품을 자체 생산하여 내부 거래를 증가시키면 시장거래비용은 감소하지만, 조직내거래비용은 증가하게 된다. 이때 기업은 총거래비용이 최소가 되는 지점까지 내부 조직의 규모를 확대하여 부품을 자체 생산할 수 있고, 이 지점이 바로 기업의 최적규모라고 할 수 있다.

그렇다면 ㉮거래비용이 발생하는 요인은 무엇일까? 거래비용이론에서는 이를 인간적 요인과 환경적 요인으로 나누어 설명한다. 인간적 요인에는 인간의 제한된 합리성과 기회주의적 속성이 있다. 먼저, 인간은 거래 상황 속에서 정보를 수집하고 처리할 때 완벽하게 합리적인 선택을 할 수 있는 존재는 아니라는 것이다. 다음으로 인간은 효용의 극대화를 위해 자신의 이익만을 추구하는 기회주의적 ㉢면모를 보일 가능성이 높다는 것이다. 이와 같은 인간적 요인으로 인해 거래 상황 속에서 인간은 완벽한 선택을 할 수 없고, 거래 상대를 전적으로 신뢰할 수는 없으므로 거래의 과정 속에서 거래비용이 발생하게 된다는 것이다.

환경적 요인에는 자산특수성과 정보의 불확실성 등이 있다. 먼저 자산특수성이란 다양한 거래 주체를 통해 일반적으로 구할 수 있는 자산이 아닌, 특정 거래 주체와의 거래에서만 높은 가치를 갖는 자산의 속성을 말한다. 따라서 특정 주체와의 거래에서는 높은 가치를 갖던 것이 다른 주체와의 거래에서는 가치가 하락하는 경우, 자산특수성이 높다고 할 수 있다. 이때 자산특수성이 높으면 경제 주체들은 기회주의적으로 행동할 가능성이 커질 수 있기 때문에 이를 ㉣보완하고자 다양한 안전장치를 마련하려 할 것이다. 이로 인해 거래비용은 더 높아질 수 있는 것이다. 다음으로 거래 상대의 정보를 확인할 수 없는 상황에서 거래 주체는 자신의 이익을 위해 정보를 ㉤공유하지 않을 가능성이 높다. 그렇기 때문에 일반적으로 정보가 불확실한 거래 상황일수록 거래 주체들은 상대의 정보를 알아내기 위한 노력을 할 것이고, 이로 인해 거래비용은 높아지게 된다.

12 윗글을 통해 알 수 있는 내용으로 적절하지 <u>않은</u> 것은?

① 거래비용의 종류

② 총거래비용의 개념

③ 시장거래비용을 줄이는 방법

④ 기업의 규모가 변화하는 이유

⑤ 기업 규모와 생산비용의 관계

지문 근거 둘중헷 Q&A 어휘/개념 부정질문

분석쌤 강의
● 분 석 특정 오답지에 답한 학생들이 많았던 문제로, 2차 채점 후 〈클리닉 해설〉에서 '가장 많이 질문한 오답은?'을 챙겨 봐야 하는 문제
● 해결案 '알 수 있는 내용'을 질문했으므로, 지문에 직접적으로 제시되어 있지 않더라도 미루어 짐작할 수 있는 내용이면 적절한 것이 된다.

13 거래비용 이 발생하는 상황으로 적절하지 <u>않은</u> 것은?

① 도자기 장인이 직접 흙을 채취하여 도자기를 빚을 때

② 집을 구매하려는 사람이 집을 판매하는 사람을 탐색할 때

③ 가구를 생산하는 사람이 원목 판매자와 재료 값을 흥정할 때

④ 소비자가 인터넷을 설치하기 위해 통신사와 약정서를 작성할 때

⑤ 제과업체가 계약대로 밀가루가 제대로 공급되고 있는지 확인할 때

지문 근거 둘중헷 Q&A 어휘/개념 부정질문

분석쌤 강의
● 분 석 정답을 쉽게 찾은 경우에도 지문을 근거로 오답인 이유를 체크하면서, 문제 풀이 시간을 단축하는 방법을 챙겨 보면 좋은 문제
● 해결案 지문에서 '거래비용'이 발생하는 과정부터 파악한 후, 답지의 상황을 지문에 제시된 과정과 연결해 적절한지를 따진다.

14 [A]를 바탕으로 〈보기〉를 이해한 내용으로 적절하지 <u>않은</u> 것은? [3점]

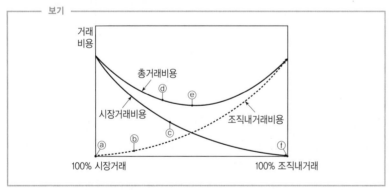

보기

① 조직내거래비용이 ⓐ에서 ⓑ로 증가했다면 기업은 시장에서 조달했던 부품의 일부를 자체 생산하겠다는 결정을 했기 때문이겠군.

② 시장거래비용이 ⓒ에서 ⓕ로 감소했다면 기업이 내부 거래를 증가시켰기 때문이겠군.

③ ⓓ에서 ⓔ로 총거래비용이 줄었다면 내부 조직의 규모를 축소하겠다는 결정을 했기 때문이겠군.

④ 총거래비용이 ⓔ에서 최소가 된다면 이 지점이 기업의 최적규모라고 할 수 있겠군.

⑤ ⓕ에서는 기업이 모든 부품을 기업 내부적으로 제조하기 때문에 시장거래비용은 발생하지 않겠군.

지문 근거 둘중헷 Q&A 어휘/개념 부정질문

분석쌤 강의
● 분 석 경제 제재에서 문제에 그래프가 제시되고 고배점(3점)일 경우 어렵다는 인식을 불식시켜 준 문제로, 쉽게 정답에 답한 경우에도 [A]와 〈보기〉의 그래프를 비교하며, 지문을 통해 그래프를 해석하는 훈련을 꼭 해야 하는 문제 유형
● 해결案 〈보기〉의 그래프는 시장거래비용과 조직내거래비용, 그리고 총거래비용을 나타내고 있다는 것과, ⓐ는 100% 시장거래가, ⓕ는 100% 조직내거래가 이루어지는 지점임을 이해한다. 그런 다음, 답지 ①부터 적절한지를 검토하되, 답지의 앞부분에 제시된 상황을 통해 뒷부분과 같은 추론을 이끌어 내는 것이 적절한지를 '[A]를 바탕으로' 판단한다.

15 ㉮를 바탕으로 〈보기〉를 이해한 내용으로 적절하지 <u>않은</u> 것은?

> ─ 보기 ─
>
> 사례 1: 자동차를 조립하여 판매하는 A 기업은 자동차에 들어가는 부품 중 볼트를 특정 기업을 선정하지 않고 다양한 기업을 통해 조달하고 있다.
>
> 사례 2: 의료기구 생산업체인 B 기업은 핵심 부품을 C 기업을 통해서만 조달하고 있어, 안정적인 생산과 조달을 위해 두 기업은 계약을 할 때 장기간의 계약 기간을 계약 조건으로 명시하였다.
>
> 사례 3: D 기업은 새로 개발한 제품의 원재료를 외국의 E 기업에서 조달하고자 하였으나, E 기업이 원재료의 품질 정보를 세부적으로 제공하지 않아 신제품 생산에 차질이 발생하게 되었다.

① A 기업이 조달하는 볼트의 자산특수성은 높지 않다고 할 수 있겠군.

② B 기업과 C 기업이 계약 조건으로 장기간의 계약 기간을 명시한 것은 거래에 있어 안전장치를 마련한 것으로 볼 수 있겠군.

③ B 기업과 C 기업은 거래하는 핵심 부품이 지닌 특성으로 인해 상대가 기회주의적으로 행동할 가능성을 염려했다고 볼 수 있겠군.

④ D 기업과 E 기업 간의 거래에서는 정보의 불확실성으로 인해 거래비용이 높아질 가능성이 있겠군.

⑤ E 기업이 원재료의 품질 정보를 세부적으로 제공하지 않은 것은 D 기업을 탐색하는 과정에서 완벽하게 합리적인 선택을 하였기 때문이겠군.

분석쌤 강의

● **분 석** 〈보기〉에 구체적 사례가 제시되어 있고 지문을 바탕으로 적절성 여부를 따지는 문제라고 해서 어려운 문제는 아니라는 것을 새기고, 복습할 때 지문을 바탕으로 〈보기〉를 이해하는 문제의 풀이 방법을 챙겨 보면 유용한 문제 유형

● **해결案** ㉮를 바탕으로 〈보기〉의 사례를 이해해야 한다는 것을 염두에 두고 답지 ①부터 적절한지를 검토한다. 이때 ①은 A 기업에 대한 내용이므로 A 기업에 대한 〈보기〉의 사례 1을 읽은 후, '특정 기업을 선정하지 않고 다양한 기업을 통해'에 주목하여 '자산특수성'이 높은 경우에 대해 설명한 지문 내용을 바탕으로 옳고 그름을 따진다. 나머지 답지들도 ①과 마찬가지로 〈보기〉의 사례와 답지에서 설명하는 핵심 내용을 다룬 지문을 비교하여 O, X 표시를 하며 풀면 된다.

---

16 ㉠~㉢의 사전적 의미로 적절하지 <u>않은</u> 것은?

① ㉠: 둘 이상의 일을 한꺼번에 행함.

② ㉡: 생각하고 헤아려 봄.

③ ㉢: 사람이나 사물의 겉모습이나 그 됨됨이.

④ ㉣: 모자라거나 부족한 것을 보충하여 완전하게 함.

⑤ ㉤: 두 사람 이상이 한 물건을 공동으로 소유함.

분석쌤 강의

● **분 석** 2차 채점 후 '가장 많이 질문한 오답은?'도 챙겨 봐야 하는 문제

● **해결案** '매3'에서 강조하는 '어휘 문제 3단계 풀이법'을 적용하여 풀되, '문맥적 의미'가 아니라, 사전에 제시되어 있는 '사전적 의미'로 적절한지를 묻고 있다는 것을 염두에 둘 것!

▶ 정답을 모르는 상태에서 2차 풀이를 하기 위한 방법으로, 아래 채점표 대신 '모바일 자동 채점 프로그램'(문제편 표지 QR 코드)을 이용해도 된다.

🕐 **종료 시각**   시   분   초

1 종료 시각을 적은 후, 문제에 체크한 '내가 쓴 답'을 ❶에 옮겨 적는다.
2 ❷에 채점을 하되, 틀린 문제에만 '／' 표시를 한다.
   (문제에 직접 채점하지 않는 이유는 다시 풀 때 정답을 모르는 상태에서 풀어야 제대로 훈련이 되기 때문)

문항 번호	1	2	3	4	5	6	7	8	9	10	11	12	13	14	15	16
❶ 내가 쓴 답																
❷ 채 점																

☞ 정답은 〈클리닉 해설〉 p.200 (해설은 p.83)

3 틀렸거나 찍어서 맞힌 문제는 다시 푼다.
4 2차 채점을 할 때 다시 풀어서 맞힌 문항은 △, 또 틀린 문항은 X 표시를 한다.
5 △와 X 문항은 반드시 다시 보고 틀린 이유를 알고 넘어간다.

총 소요 시간	종료 시각 −시작 시각	**분**	**초**
목표 시간		24분	30초
초과 시간	총 소요 시간 −목표 시간	**분**	**초**

채점 결과_ 11일째
반드시 체크해서 복습 때 활용할 것

	1차 채점		2차 채점
총 문항 수	16개	△ 문항 수	개
틀린 문항 수	개	X 문항 수	개

1~5 다음 글을 읽고 물음에 답하시오.　2018학년도 6월 고1 전국연합학력평가 【37~41】 사회

　　인간은 집단생활을 하기 때문에 분쟁이 발생할 수밖에 없다. 그래서 문제가 발생하는 것을 예방하거나 문제를 원만히 해결하기 위해 규칙을 만든다. 여러 규칙 중 사회 구성원들의 합의에 따라 만들어지고 강제성을 가진 규칙을 　법　이라고 한다. 이때 강제성은 공공의 이익을 실현하기 위해 사회 구성원들이 동의할 때만 발휘될 수 있다. 이러한 법은 몇 가지 특징이 있는데 먼저 법은 행동의 결과를 중시한다. 왜냐하면 다른 사람이 행동을 평가할 수 있고 그 변화도 확인할 수 있어야 하기 때문이다. 그리고 법은 국민의 자유와 권리를 보호한다. 만약 법이 없다면 권력자나 국가 기관이 멋대로 권력을 휘두를 수 있을 것이다. 마지막으로 법은 최소한의 간섭만 한다. 개인이 처리해도 되는 일까지 법이 간섭한다면 사람들은 숨이 막혀 평온하게 살기 힘들 것이다.

　　대표적인 법에는 ㉠민법과 형법이 있다. 민법은 국가 기관이 아닌, 사람들 간의 권리관계를 다루는 법률로서 재산 관계와 가족 관계로 구성되어 있다. 근대 사회에서 형성된 민법의 원칙은 오늘날까지도 중요하게 여겨지고 있다. 중요 원칙 중 하나는 개인의 사유 재산에 대해 절대적 지배를 인정하고 국가를 비롯한 단체나 개인은 다른 사람의 사유 재산 행사에 간섭하지 못한다는 것이다. 그리고 다른 사람에게 끼친 손해는 그 행위가 위법이고 동시에 고의나 과실에 의한 경우에만 책임을 진다는 원칙도 있다. 그런데 이 원칙들은 경제적 강자가 경제적 약자를 지배하는 수단으로 악용되기도 하여 20세기에 들면서 제한이 생겼다. 그 결과 개인의 사유 재산에 대한 지배는 여전히 보장되지만 공공복리에 적합하도록 행사해야 한다는 것과 같은 수정된 원칙들이 적용되고 있다.

　　반면, 형법은 범죄와 형벌을 규정하는 법률로서 ㉡'죄형법정주의'라는 기본 원칙이 있다. 죄형법정주의는 범죄의 행위와 그 범죄에 대한 처벌을 미리 법률로 정해 두어야 한다는 것이다. 그래서 범죄 발생 당시에는 없었던 법이 나중에 생겨도 그것을 소급해서 적용할 수 없다. 또한 민법과 달리 어떤 사항을 직접 규정한 법규가 없을 때, 그와 비슷한 사항을 규정한 법규를 유추하여 적용할 수도 없다.

[A]
　　형법을 위반한 범죄가 발생하면, 먼저 수사 기관이 수사를 한다. 수사를 개시하는 단서로는 고소, 고발, 인지가 있는데, 이 중 고소는 피해자가 하는 반면 고발은 제3자가 한다. 일반적으로 범죄는 수사 기관이 인지하는 것만으로도 수사를 시작할 수 있다. 하지만 명예훼손죄, 폭행죄 등은 수사를 진행했더라도 피해자가 원하지 않으면 처벌하지 않는다. 수사 결과 피의자*가 죄를 범했다고 의심할 만한 충분한 이유가 있다면 구속 영장을 받아 체포해 구속한다. 만약 범죄를 실행 중인 경우는 구속 영장 없이 체포 가능한데, 이 경우 48시간 이내에 구속 영장을 신청해야 하고, 법원은 신청서가 접수된 시간으로부터 48시간 이내에 구속 영장의 발부 여부를 결정해야 한다. 수사 결과 범죄 혐의가 인정되면 검사는 재판을 청구하는데 이를 기소라고 한다. 이때 검사는 피의자의 나이, 환경, 동기 등을 참작하여 기소를 하지 않을 수 있다. 기소로 재판 절차가 시작되면 법원은 사건을 심리*하여 범죄 사실이 확인된 경우 유죄를 선고한다. 유죄가 인정되면 법원이 형을 선고하고 집행 절차에 들어간다.

　　그런데 만약 동물이 위법한 행동을 하여 다른 사람에게 손해를 끼치면 어떻게 될까? 결론부터 말하면 동물은 아무런 책임이 없다. 법에서는 인간 이외의 것들은 생명의 유무와 상관없이 모두 물건으로 보는데 물건에는 법적 권리가 없다. 법적 권리가 없는 것은 의무와 책임도 없다. 그러므로 동물은 민, 형법상의 책임을 지지 않아도 된다. 다만 손해를 입은 사람은 민법에 따라 동물의 점유자*에게 배상을 받을 수 있다.

　*피의자: 수사 기관으로부터 범죄의 의심을 받게 되어 수사를 받고 있는 자.
　*심리: 재판의 기초가 되는 사실이나 법률적 판단을 심사하는 행위.
　*점유자: 어떤 물건을 소유하고 사실상 지배하는 사람.

01 법에 관한 설명으로 적절하지 <u>않은</u> 것은?

① 문제가 발생하는 것을 예방하기 위해 사회 구성원의 의사를 반영하여 만든다.

② 권력자의 권력 행사를 제한하여 국민들의 자유와 권리를 지키는 역할을 한다.

③ 법의 간섭이 지나치게 커지게 되면 개인이 삶을 평온하게 유지하기 힘들 것이다.

④ 다른 사람들이 행동을 평가하고 그 변화를 확인할 수 있어야 하므로 결과를 중시한다.

⑤ 목적이 공익과 무관하더라도 사회 구성원의 동의가 있다면 강제성이 발휘될 수 있다.

> 지문 근거 둘중헷 Q&A 어휘/개념 부정 질문
>
> *분석쌤 강의*
> ● **분 석** 정답과 오답의 근거를 지문에서 쉽게 찾을 수 있어 대부분의 학생들이 정답에 답한 문제
> ● **해결案** 발문(문두)을 통해 답지는 '법'에 대한 설명이라는 것을 염두에 두고 정답 여부를 살핀다. 이때 각 답지에서 키워드를 체크한 다음, 체크한 키워드를 지문에서 찾아 답지와 비교하면 쉽고 빠르게 오답을 제외하고 정답을 확정할 수 있다.

02 [A]를 바탕으로 〈보기〉를 이해한 내용으로 적절한 것은?

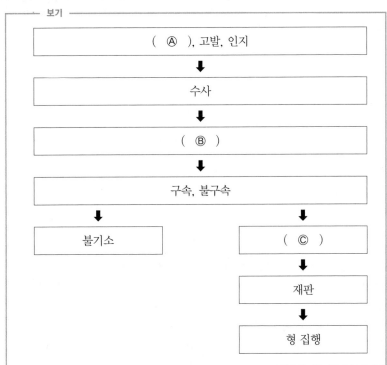

보기

(Ⓐ), 고발, 인지

↓

수사

↓

(Ⓑ)

↓

구속, 불구속

↓ ↓

불기소 (Ⓒ)

↓

재판

↓

형 집행

① Ⓐ는 범죄의 피해자와 연관이 있는 제3자가 한다.

② 명예훼손죄, 폭행죄는 Ⓐ가 없어도 수사를 진행할 수 있다.

③ 범죄를 실행 중인 범인을 Ⓑ하였을 경우 48시간 이내에 구속 영장을 발부받아야 한다.

④ 범죄 혐의가 인정될 경우 반드시 Ⓒ를 해야 한다.

⑤ 재판에서 심리를 담당하는 주체가 Ⓒ의 여부를 결정한다.

> 지문 근거 둘중헷 Q&A 어휘/개념 부정 질문
>
> *분석쌤 강의*
> ● **분 석** 이 시험(2018학년도 6월 고1 전국연합학력평가)에서 오답률 1위였던 문제로, 정답보다 특정 오답지에 답한 학생들이 훨씬 많았던 점을 고려하여 정답과 오답인 이유, 특히 '가장 많이 질문한 오답은?'을 꼭 챙겨 봐야 하는 문제
> ● **해결案** 먼저 [A]를 바탕으로 Ⓐ, Ⓑ, Ⓒ에 들어갈 말부터 체크한다. 그런 다음, 답지의 설명과 관련 있는 내용을 [A]에서 찾아 서로 비교 대조한다.

03 ⊙에 대한 설명으로 적절하지 않은 것은?

① 경제적 강자로부터 경제적 약자를 보호하기 위해 원칙이 수정되었다.

② 국가 기관이 아닌 사람들 간의 권리관계에 문제가 생겼을 경우 적용한다.

③ 위법한 행위가 발생했을 때 의도적으로 잘못을 한 경우에만 책임을 물을 수 있다.

④ 20세기에 들면서 공공복리에 적합하지 않을 경우 개인의 재산권 행사를 제한할 수 있게 되었다.

⑤ 개인이 재산을 사용하는 것에 대해 국가나 타인이 간섭하지 못한다는 원칙이 근대 사회에서 형성되었다.

> 지문근거 둘중혯 Q&A 어휘/개념 부정질문
>
> *분석쌤 강의*
> ● **분 석** 틀렸거나 헷갈린 이유가 특정 어휘를 놓쳐서인지를 따져 본 후, 해당 어휘뿐만 아니라 어렴풋이 아는 어휘를 의심 없이, 안다고 생각하고 넘긴 경우도 있을 수 있다는 것을 새겨야 하는 문제
> ● **해결案** ⊙에 대해 설명하고 있는 문단에서 근거를 찾아 답지와 비교한다. 쉽게 정답에 답했어도 정답지와 오답지를 만드는 원리를 챙겨 보면 유익하다.

04 ⓛ과 관련 있는 말로 적절한 것은?

① 착한 사람은 법이 필요 없고 나쁜 사람은 법망을 피해 간다.

② 법의 생명은 논리에 있는 것이 아니라 경험에 있다.

③ 형법의 반은 이익보다는 해를 끼칠지 모른다.

④ 법률이 없으면 범죄도 없고 형벌도 없다.

⑤ 철학 없는 법학은 출구 없는 미궁이다.

> 지문근거 둘중혯 Q&A 어휘/개념 부정질문
>
> *분석쌤 강의*
> ● **분 석** 발문을 꼼꼼히 읽은 학생은 정답에 답했고, 그렇지 않은 학생은 오답에 답한 문제
> ● **해결案** ⓛ의 개념부터 파악한 후, ⓛ과 관련 있는 말을 고른다. 맞는 말, 좋은 말이어도 ⓛ과 관련이 없는 말은 정답에서 제외한다.

05 윗글과 〈보기 1〉을 참조하여 〈보기 2〉를 이해한 내용으로 적절하지 않은 것은?

[3점]

보기 1

민법 제759조(동물의 점유자의 책임)

① 동물의 점유자는 그 동물이 타인에게 가한 손해를 배상할 책임이 있다. ……

형법 제257조(상해, 존속상해)

① 사람의 신체를 상해한 자는 7년 이하의 징역, 10년 이하의 자격정지 또는 1천만 원 이하의 벌금에 처한다. …….

보기 2

A는 사고로 몸의 대부분을 기계로 대체해 로봇같이 보이지만 여전히 직장생활을 하고 세금을 내는 등 이전과 같은 생활을 하고 있다. B는 C가 구입한 로봇으로 행동과 겉모습이 인간과 구별이 안 된다. 그런데 만약 A와 B가 사람을 때려 다치게 하였다면 법적으로 어떻게 해야 할까?

① 민법 제759조 ①에 따르면 B는 동물과 같이 물건이므로 법적 책임이 없다.

② 민법 제759조 ①을 유추하여 적용한다면 B의 점유자인 C에게 손해 배상 책임을 물을 수 있다.

③ 형법 제257조 ①에 따르면 A는 '사람의 신체를 상해한 자'에 해당하므로 형법에 따른 책임을 져야 한다.

④ 형법 제257조 ①을 유추하여 적용한다면 C는 징역이나 벌금에 처해질 수 있다.

⑤ 형법 제257조에 향후 B가 사람을 다치게 한 행위에 관한 조항이 추가되더라도 이번 사건에 대해서는 B를 처벌할 수 없다.

> 지문근거 둘중혯 Q&A 어휘/개념 부정질문
>
> *분석쌤 강의*
> ● **분 석** 오답에 답한 경우, 2차 채점 후 정답과 오답인 이유를 따져 알면 실수를 범하는 유형을 발견할 수 있고, 같은 실수를 반복하지 않기 위해 오답 노트에 메모해 두면 실수를 줄일 수 있는 문제
> ● **해결案** 윗글과 〈보기 1〉, 〈보기 2〉를 모두 고려하여 답지를 검토해야 한다. 이때 각 답지의 앞에 제시된 법이 민법인지 형법인지도 꼼꼼하게 따져 정답 여부를 판단해야 한다.

　　현대 사회에서 개인은 소비자로서 여러 가지 제품을 구매한다. 그런데 소비자 개인의 가치관, 구매하려는 제품의 특징, 그리고 구매와 관련된 상황에 따라 제품에 기울이는 소비자의 관심이 달라진다. 이를 설명하기 위한 개념으로 대표적인 것이 소비자의 '관여도'이다.

[A]
　　관여도란 주어진 상황에서 특정 제품에 대해 개인이 자신과의 관련성을 ⓐ지각하는 정도를 의미한다. 소비자의 관여도를 결정하는 요인에는 '개인적 요인', '제품에 의한 요인', '상황적 요인'이 있다. 개인적 요인은 개인에게 국한되는 성향이나 자아 정체성 등을 의미하는데, 이는 쉽게 변하지 않는 특징을 가진다. 소비자는 이 요인을 통해 의미를 ⓑ부여한 특정 제품에 지속적으로 높은 관여도를 가지게 된다. 예를 들어 품위 있는 겉모습을 중시하는 성향을 지닌 소비자는 자신의 품위를 충분히 드러낼 수 있다고 의미를 부여한 특정 의류에 지속적으로 높은 관여도를 유지한다. 다음으로 제품에 의한 요인은 특정 제품이 지닌 특징을 의미하는데, 이 특징은 대다수의 소비자들이 가지고 있는 욕구를 충족시킬 수 있는 것이다. 따라서 소비자들은 제품의 이러한 특징으로 인해 이 제품에 높은 관여도를 가지게 된다. 예를 들어 실용성을 극대화하여 제작된 특정 주방 기기가 있다고 한다면, 실용성을 ⓒ추구하는 대다수의 소비자들은 이 제품이 자신들의 욕구를 충족시켜 줄 수 있다고 생각하여 해당 제품에 높은 관여도를 가지게 된다. 마지막으로 상황적 요인은 소비자가 제품의 구매와 관련된 특정 상황을 의미하는데, 상황은 끊임없이 변화하기 때문에 상황적 요인은 개인적 요인에 비해 지속적이지 않다. 예를 들어 평소 오디오에 관심이 없던 소비자가 가족들을 위해 오디오를 구매해야 하는 상황에 놓이게 되면 오디오에 대한 관여도는 일시적으로 높아진다.

　　이와 같은 요인들이 상호 작용하여 결정되는 소비자 관여도는 제품에 대해 소비자가 자신과의 관련성을 인지하는 척도이다. 그러므로 소비자에게 제품을 판매하는 사람들의 입장에서는 소비자 관여도가 중요한 기준이 될 수밖에 없다. 즉 제품 판매자들은 더 많은 소비자들에게 자신들의 제품을 판매하기 위해 소비자 관여도를 바탕으로 제품들을 분류하고 이에 따라 판매 전략을 세운다.

　　'FCB Grid 모델'은 판매 전략을 세우기 위해 소비자 관여도에 따라 제품을 분류하는 대표적인 모델이다. 이 모델은 소비자 관여도를 두 가지 차원으로 구분한다. 첫 번째 차원은 소비자가 구매와 관련한 의사 결정 과정에 기울이는 노력의 정도를 바탕으로 소비자 관여도를 고관여와 저관여로 구분하는 것이다. 두 번째 차원은 소비자가 제품에 대해 반응하는 ⓓ경향에 따라 이성적 관여와 감성적 관여로 구분하는 것이다. FCB Grid 모델에서의 고관여와 저관여는 소비자들이 특정 제품에 대해 상대적으로 높거나 낮은 수준의 관련성을 갖는다고 지각하는 경우를 의미한다. 고관여는 구매할 제품이 소비자들 자신에게 유발할 수 있는 위험이 큰 경우, 제품의 가격이 높은 경우, 제품의 특성이 복잡한 경우, 선택 가능한 제품이 많은 경우 등에 주로 나타난다. 반면 저관여는 고관여와 각각 반대인 경우에 주로 나타난다. 그렇기 때문에 소비자들이 제품을 구매하는 과정은 고관여일 때와 저관여일 때가 다르다. 즉 고관여일 때는 소비자가 제품에 대해서 더 많이 알아보려는 노력을 기울이지만, 저관여일 때는 고관여일 때보다 노력을 덜 기울인다. 한편 이성적 관여와 감성적 관여는 소비자들이 특정 제품에 대해 이성적 혹은 감성적 부분에 상대적으로 높은 관련성을 갖는다고 지각하는 경우를 의미한다. 이성적 관여는 특정 제품에 대해 소비자들이 편리함, 성능, 실용성 등을 먼저 고려하는 것을 의미하고, 감성적 관여는 특정 제품에 대해 충족감, 즐거움, 자부심 등을 먼저 고려하는 것을 의미한다.

　　이러한 FCB Grid 모델을 바탕으로 제품 판매자들은 다음과 같은 판매 전략을 세울 수 있다. 먼저 고관여이며 이성적 관여에 해당하는 제품의 경우에는 소비자에게 제품의 편리함, 성능, 실용성에 대한 구체적인 정보를 제공하는 전략이 필요하다. 다음으로 고관여이며 감성적 관여에 해당하는 제품의 경우에는 소비자에게 제품에 대한 좋은 느낌을 줄 수 있는 광고 문구, 이미지 등의 다양한 정보를 제공하는 것이 좋다. 그리고 저관여이며 이성적 관여에 해당하는 제품의 경우에는 소비자에게 할인권이나 견본 등을 제공하여 소비자가 제품의 기능을 먼저 직접 경험하게 한 후 제품을 습관적으로 구매하도록 하는 전략이 필요하다. 마지막으로 저관여이며 감성적 관여에 해당하는 제품의 경우에는 광고에 인기 모델을 등장시켜 소비자가 이 모델과의 동일시를 통해 신중한 고민 없이 해당 제품을 구매하여 사용하게 한다. 이 과정에서 소비자가 제품에 대해 충족감을 느껴 지속적으로 그 제품을 구매하도록 유도하는 것이 좋다.

　　판매 전략을 세우기 위해 고안된 FCB Grid 모델은 제품을 분류하는 절대적인 기준은 아니다. 왜냐하면 사회나 시장 상황이 늘 변하고 문화권마다 차이가 존재하기 때문이다. 따라서 제품 판매자들은 FCB Grid 모델을 활용하되 제품 판매와 관련된 역동적이고 복잡한 제반 여건을 ⓔ반영하여 판매 전략을 세울 필요가 있다.

06 윗글에서 알 수 있는 내용으로 적절하지 않은 것은?

① 현대 사회에서 소비자가 특정 제품에 대해 가지는 관심의 정도는 다르다.

② 소비자 관여도는 제품에 대해 소비자가 자신과의 관련성을 인지하는 척도이다.

③ 소비자 관여도는 제품을 판매하는 사람들의 입장에서 중요한 기준이 될 수밖에 없다.

④ 'FCB Grid 모델'에 의해 제품이 분류된 양상은 사회의 변화와 문화권 차이에 따라 달라질 수 있다.

⑤ 'FCB Grid 모델'은 제품 판매 전략을 바탕으로 소비자 관여도를 두 가지 차원으로 구분한 모델이다.

지문 근거   둘 중 헷   Q&A   어휘/개념 부정 질문

분석쌤 강의

● **분 석** 특정 오답지에 답한 학생들이 아주 많았던 문제로, 정답에 답했어도 '가장 많이 질문한 오답은?'을 챙겨 봐야 하는 문제

● **해결案** 답지 ①부터 핵심이 되는 키워드를 체크한 다음, 체크한 키워드에 대해 설명하고 있는 지문 내용과 답지를 꼼꼼히 비교하여 옳고 그름을 판단하도록 한다.

※ 〈보기〉는 특정 시기의 'FCB Grid 모델'의 일부이다. 윗글과 〈보기〉를 바탕으로 7번과 8번의 두 물음에 답하시오.

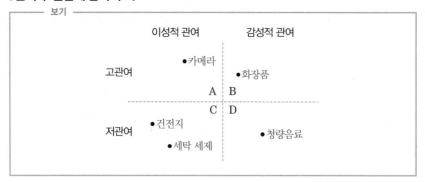

07 다음의 ㉠~㉺을 〈보기〉의 A~D로 분류한 것으로 가장 적절한 것은?

- 사람들은 ㉠의약품으로 인한 부작용이 걱정되어 의약품의 효능에 대해 꼼꼼하게 살펴보고 구매한다.
- 사람들은 가격이 싼 ㉡볼펜에 대해서는 성능을 따지기보다 예쁜 디자인이 주는 즐거움을 고려하여 즉흥적으로 볼펜을 구매한다.
- 사람들은 선택 가능한 제품이 많은 ㉢휴대폰에 대해 면밀하게 비교 분석하여 좀 더 사용하기에 편리한 것을 구매한다.
- 사람들은 ㉣통조림이 쉽게 음식이 상하지 않아 안심할 수 있기 때문에 실생활에서 유용하게 활용될 수 있다고 판단하여 별다른 고민 없이 구매한다.
- 사람들은 ㉤반지가 고가인 경우에 충분한 만족감을 얻을 수 있는지를 고려하여 여러 매장을 둘러보고 구매한다.
- 사람들은 ㉺치약이 구강을 청결하게 해 준다는 실용적인 기능 외의 다른 기능들이 상대적으로 적기 때문에 아무 제품이나 쉽게 구매한다.

	A	B	C	D
①	㉢	㉠	㉣, ㉤	㉡, ㉺
②	㉢	㉣	㉤, ㉺	㉠, ㉡
③	㉠, ㉡	㉢, ㉣	㉤	㉺
④	㉠, ㉢	㉤	㉣, ㉺	㉡
⑤	㉠, ㉢	㉣, ㉤	㉡	㉺

지문 근거   둘 중 헷   Q&A   어휘/개념 부정 질문

분석쌤 강의

● **분 석** 정답의 근거를 지문에서 쉽게 찾을 수 있어 대부분의 학생들이 정답에 답했지만, 2차 채점 후 복습할 때 문제 풀이 시간을 단축할 수 있는 방법도 체크하면 좋은 문제

● **해결案** 지문에서 〈보기〉에 적용된 분류 기준 네 가지(고관여, 저관여, 이성적 관여, 감성적 관여)의 특징을 체크한다. 그런 다음, ㉠부터 제품의 성격에 따라 A~D 중 어디에 해당하는지를 따진다.

08 〈보기〉의 A~D에 해당하는 제품에 대한 판매 전략으로 적절하지 <u>않은</u> 것은?

① 카메라 홍보 책자를 제작할 때는 제품의 구조나 작동 방식을 자세하게 기술하여 카메라의 실용성을 강조한다.

② 화장품 광고는 사람들에게 호감을 줄 수 있는 다양한 문구를 통해 사람들이 제품에 대한 좋은 느낌을 가질 수 있도록 유도한다.

③ 대형 판매점 입구에서 사람들에게 소량의 건전지를 무료로 나누어 주어 공익적 가치를 추구하는 기업의 이미지를 홍보한다.

④ 세탁 세제를 구매할 수 있는 할인권을 제공하여 사람들이 해당 제품을 부담 없이 구매하여 사용해 보게 한다.

⑤ 텔레비전 광고에서 유명 연예인이 청량음료를 마시는 장면을 연출하여 이 광고를 본 사람들이 자신과 연예인을 동일시하여 제품을 구매하도록 유도한다.

| 지문 근거 | 둘중헷 | Q&A | 어휘/개념 | 부정질문 |

분석쌤 강의
● **분 석** 〈보기〉와 답지, 그리고 지문 내용을 비교해 옳고 그름을 판단해야 하는 문제
● **해결案** 답지에 제시된 제품이 〈보기〉의 A~D 중 어디에 해당되는지를 먼저 체크한 다음, 지문에 제시된 A~D의 판매 전략과 답지에 제시된 판매 전략을 비교하여 적절성 여부를 따진다.

09 [A]를 바탕으로 〈보기〉를 이해한 것으로 적절하지 <u>않은</u> 것은? [3점]

> **보기**
>
> 어렸을 때부터 갑은 운동보다 독서를, 을은 독서보다 운동을 더 중시하는 성향을 보이며 살아왔다. 그래서 갑은 서적에, 을은 운동 기구에 더 큰 의미를 부여하여 왔다. 그런데 운동 부족으로 체력이 약해진 갑은 독서보다 운동이 절실하게 필요해져서 운동 기구를 알아보게 되었다. 그러던 중 갑은 자전거가 대다수의 사람들이 만족하는 운동 기구이어서 자전거를 구입하였다. 그리고 을은 갑을 위로하기 위해 평소에 관심이 없었던 시집에 대해 열심히 알아보고 그중 한 권을 구매해 선물하였다. 갑은 지금 시집보다 자전거가 필요하다고 판단하여 운동을 시작하였다. 그러나 곧 건강이 회복되자 운동을 그만두고 을이 선물한 시집을 읽기 시작하면서 다시 독서에 전념하였다.

① 갑은 자전거가 지닌 특징인 제품에 의한 요인에 의해 자전거에 대한 관여도가 높아졌군.

② 갑은 체력이 약해졌다는 상황적 요인에 의해 운동 기구에 대한 관여도가 일시적으로 높아졌군.

③ 을은 갑에게 선물을 하기 위한 상황적 요인에 의해 시집에 대한 관여도가 높아졌군.

④ 을은 갑을 위로해야 하는 개인적 요인에 의해 서적에 대한 관여도가 높아졌군.

⑤ 갑과 을은 각자가 갖고 있는 성향이 다르다는 개인적 요인에 의해 서로 다른 제품에 대해 각각 높은 관여도를 갖고 있군.

| 지문 근거 | 둘중헷 | Q&A | 어휘/개념 | 부정질문 |

분석쌤 강의
● **분 석** 특정 오답지에 답해 틀린 학생들이 많았는데, 2차 채점 후 '가장 많이 질문한 오답은?'을 챙겨 보며 "나는 헷갈리지 않은 답지인데…." 또는 "아, 이렇게 생각할 수 있겠네." 하며, 실수를 줄이고 정답을 쉽고 빠르게 찾는 방법을 챙겨보면 좋은 문제
● **해결案** [A]부터 읽은 후 〈보기〉를 읽는다. 그런 다음 답지를 검토할 때, 각 답지에서 '관여도를 결정하는 요인'이 적절하게 제시되었는지를 [A]와 〈보기〉의 내용을 비교해 판단하도록 한다.

10 ⓐ~ⓔ의 사전적 의미로 적절하지 <u>않은</u> 것은?

① ⓐ: 그러하다고 생각하여 옳다고 인정함.

② ⓑ: 사물이나 일에 가치, 의의 따위를 붙여 줌.

③ ⓒ: 목적을 이룰 때까지 뒤좇아 구함.

④ ⓓ: 현상이나 사상, 행동 따위가 어떤 방향으로 기울어짐.

⑤ ⓔ: 다른 것에 영향을 받아 어떤 현상을 나타냄.

| 지문 근거 | 둘중헷 | Q&A | 어휘/개념 | 부정질문 |

분석쌤 강의
● **분 석** '매3'에서 강조하는 '어휘 문제 3단계 풀이법'을 적용해 훈련해야 하는 문제
● **해결案** 사전적 의미를 묻는 문제도 3단계 풀이법을 적용해 풀자.
• 1단계: 핵심 간추리기
• 2단계: 대입하기
• 3단계: '매3어휘 풀이' 떠올리기

직장인 A 씨는 셔츠 정기 배송 서비스를 신청하여 일주일 간 입을 셔츠를 제공받고, 입었던 셔츠는 반납한다. A 씨는 셔츠를 직접 사러 가거나 세탁할 필요가 없어져 시간을 절약할 수 있게 되었다. 이처럼 소비자가 회원 가입 및 신청을 하면 정기적으로 원하는 상품을 배송받거나, 필요한 서비스를 언제든지 이용할 수 있는 경제 모델을 ㉠'구독경제'라고 한다.

신문이나 잡지 등 정기 간행물에만 적용되던 구독 모델은 최근 들어 그 적용 범위가 점차 넓어지고 있다. 이로 인해 사람들은 소유와 관리에 대한 부담은 줄이면서 필요할 때 사용할 수 있는 방식으로 소비를 할 수 있게 되었다. 이러한 구독경제에는 크게 세 가지 유형이 있다. 첫 번째 유형은 ⓐ정기 배송 모델인데, 월 사용료를 지불하면 칫솔, 식품 등의 생필품을 지정 주소로 정기 배송해 주는 것을 말한다. 두 번째 유형은 ⓑ무제한 이용 모델로, 정액 요금을 내고 영상이나 음원, 각종 서비스 등을 무제한 또는 정해진 횟수만큼 이용할 수 있는 모델이다. 세 번째 유형인 ⓒ장기 렌털 모델은 구매에 목돈이 들어 경제적 부담이 될 수 있는 자동차 등의 상품을 월 사용료를 지불하고 이용하는 것을 말한다.

최근 들어 구독경제가 빠르게 확산되고 있는데, 그 이유는 무엇일까? 경제학자들은 구독경제의 확산 현상을 '합리적 선택 이론'으로 설명한다. 경제 활동을 하는 소비자가 주어진 제약 속에서 자신의 효용을 최대화하려는 것을 합리적 선택이라고 하는데, 이때 효용이란 소비자가 상품을 소비함으로써 얻는 만족감을 의미한다. 소비자들이 한정된 비용으로 최대한의 만족을 얻기 위해 노력한 결과가 구독경제의 확산으로 이어졌다는 것이다. 이것은 최근의 소비자들이 상품을 소유함으로써 얻는 만족감보다는 상품을 사용함으로써 얻는 만족감을 더 중요시한다는 것을 보여 준다고 할 수 있다.

구독경제는 소비자의 입장에서 소유하기 이전에는 사용해 보지 못하는 상품을 사용해 볼 수 있다는 장점이 있다. 구독경제를 이용하면 값비싼 상품을 사용하는 데 큰 비용을 들이지 않아도 되고, 상품 구매 행위에 들이는 시간과 구매 과정에 따르는 불편함 등의 문제를 해결할 수 있다. 생산자의 입장에서는 상품을 사용하는 고객들의 정보를 수집하고, 이를 통해 개별화된 서비스를 제공하여 고객과의 관계를 지속적으로 유지할 수 있다. 또한 매월 안정적으로 매출을 올릴 수 있다는 장점도 있다.

그러나 구독경제의 확산이 경제 활동의 주체들에게 긍정적인 면만 있는 것은 아니다. 소비자의 입장에서는 구독하는 서비스가 지나치게 많아질 경우 고정 지출이 늘어나 경제적으로 부담이 될 수 있다. 생산자의 입장에서는 상품이 소비자에게 만족감을 주지 못하거나 고객과의 관계를 지속적으로 유지하지 못할 경우 구독 모델 이전에 얻었던 수익에 비해 낮은 수익을 얻는 경우도 있다. 따라서 소비자는 합리적인 소비 계획을 수립하고 생산자는 건전한 수익 모델을 연구하여 자신의 경제 활동에 도움이 되는 방향으로 구독경제를 활용할 필요가 있다.

다시보기 ▶ 다시 볼 문제 체크하고 틀린 이유 메모하기

[분석쌤 강의]는 2차 채점 후 반드시 챙겨 본다!

11 윗글의 내용과 일치하지 <u>않는</u> 것은?

① 생산자는 구독경제를 통해 이용 고객들에게 개별화된 서비스를 제공할 수 있다.

② 소비자는 구독경제를 이용함으로써 상품 구매 행위에 드는 시간을 줄일 수 있게 되었다.

③ 소비자는 구독경제를 통해 회원 가입 시 개인 정보를 제공해야 하는 부담을 없앨 수 있다.

④ 생산자는 구독경제를 통해 고객과의 관계를 지속적으로 유지할 경우 안정적으로 매출을 올릴 수 있다.

⑤ 한정된 비용으로 최대한의 만족을 얻으려는 소비자의 심리가 구독경제 확산에 영향을 미치게 되었다.

지문 근거 둘 중 헷 Q&A 어휘/개념 부정 질문

분석쌤 강의

● **분 석** 답지들의 근거를 쉽게 찾을 수 있어 대부분의 학생들이 정답에 답한, 세부 내용을 확인하는 문제

● **해결案** '윗글의 내용과 일치' 여부를 묻는 문제임을 확인한 다음, 각 답지에서 핵심이 되는 키워드를 체크해 관련 내용을 다룬 부분을 지문에서 찾아 답지와 비교한다. 한 부분이라도 지문 내용과 어긋나는 내용이 있다면 한 번 더 지문 내용과 답지를 꼼꼼히 비교하여 정답을 확정 짓도록 한다.

12 윗글의 ㉠과 〈보기〉의 ㉡을 비교한 내용으로 가장 적절한 것은?

━━ 보기 ━━

㉡'공유경제'는 한번 생산된 상품이나 서비스를 여럿이 공유해 사용하는 협력 소비를 통해 비용을 줄이고 소비자의 만족도를 높이는 경제 모델이다. 공유경제는 자원의 활용도를 높이고 자원의 불필요한 소비를 줄일 수 있어 친환경적이라는 평가를 받고 있다. 공유경제의 영역은 주택, 의류 등의 유형자원에서 시간, 재능 등의 무형자원으로 확장되고 있다.

① ㉠은 ㉡과 달리 여러 사람이 서비스를 공유하는군.

② ㉠은 ㉡과 달리 자원의 불필요한 소비를 줄일 수 있다는 점에서 친환경적이군.

③ ㉡은 ㉠과 달리 소비자에게 서비스를 주기적으로 제공하여 구매 비용을 줄이는군.

④ ㉠과 ㉡은 모두 유형자원보다 무형자원을 더 많이 활용하는군.

⑤ ㉠과 ㉡은 모두 소비자의 부담은 줄이면서 상품을 사용함으로써 얻는 효용에 관심을 가지는군.

| 지문 근거 | 둘중헷 | Q&A | 어휘/개념 | 부정질문 |

분석쌤 강의
● **분 석** 두 개념의 공통점과 차이점을 묻는 문제로, '~과 달리'와 '모두'에 유의하여야 하는 문제 유형
● **해결案** ㉠과 ㉡ 각각에 대해 적절한 설명인지를 따지되, ㉠은 지문에서, ㉡은 〈보기〉에서 근거를 찾아 ◯, Ｘ 표시를 하며 푼다. 이때 ㉠과 ㉡의 개념을 정확하게 이해한 후 답지를 검토해도 되지만, 지문에 비해 길이가 짧은 〈보기〉의 ㉡부터 답지에서 체크하여 ㉡에 대한 설명이 적절하지 않은 것부터 제외하면 문제 풀이 시간을 단축할 수 있다.

13 ⓐ~ⓒ에 해당하는 사례로 적절하지 <u>않은</u> 것은?

① ⓐ: 매월 일정 금액을 지불하고 정수기를 사용하는 서비스

② ⓐ: 월정액을 지불하고 주 1회 집으로 식재료를 보내 주는 서비스

③ ⓑ: 월 구독료를 내고 읽고 싶은 도서를 마음껏 읽을 수 있는 스마트폰 앱

④ ⓑ: 정액 요금을 결제하고 강좌를 일정 기간 원하는 만큼 수강할 수 있는 웹사이트

⑤ ⓒ: 월 사용료를 지불하고 정해진 기간에 집에서 사용할 수 있는 의료 기기

| 지문 근거 | 둘중헷 | Q&A | 어휘/개념 | 부정질문 |

분석쌤 강의
● **분 석** 각 답지의 앞에 제시된 ⓐ, ⓑ, ⓒ를 놓친 경우가 아니라면 대부분의 학생들이 정답에 답한 문제
● **해결案** ⓐ~ⓒ에 대해 설명한 지문 내용과 답지의 설명을 비교하되, 각 답지의 맨 앞에 제시된 ⓐ, ⓑ, ⓒ에 해당하는 사례가 맞는지를 체크한다.

▶ 정답을 모르는 상태에서 2차 풀이를 하기 위한 방법으로, 아래 채점표 대신 '모바일 자동 채점 프로그램'(문제편 표지 QR 코드)을 이용해도 된다.

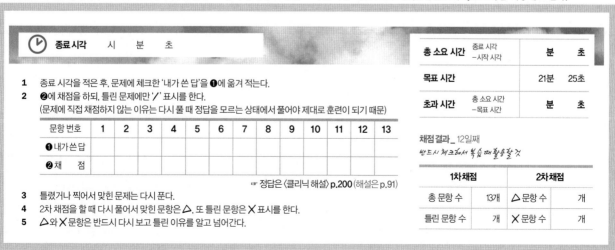

🕐 종료 시각 　시　　분　　초

1 종료 시각을 적은 후, 문제에 체크한 '내가 쓴 답'을 ❶에 옮겨 적는다.
2 ❷에 채점을 하되, 틀린 문제에만 '／' 표시를 한다.
(문제에 직접 채점하지 않는 이유는 다시 풀 때 정답을 모르는 상태에서 풀어야 제대로 훈련이 되기 때문)

문항 번호	1	2	3	4	5	6	7	8	9	10	11	12	13
❶내가 쓴 답													
❷채　점													

☞ 정답은 〈클리닉 해설〉 p.200 (해설은 p.91)

3 틀렸거나 찍어서 맞힌 문제는 다시 푼다.
4 2차 채점을 할 때 다시 풀어서 맞힌 문항은 △, 또 틀린 문항은 ✗ 표시를 한다.
5 △와 ✗ 문항은 반드시 다시 보고 틀린 이유를 알고 넘어간다.

총 소요 시간	종료 시각 −시작 시각	**분**	**초**
목표 시간		21분	25초
초과 시간	총 소요 시간 −목표 시간	**분**	**초**

채점 결과_ 12일째
반드시 체크해서 복습 때 활용할 것

	1차채점		2차채점
총 문항 수	13개	△ 문항 수	개
틀린 문항 수	개	✗ 문항 수	개

오늘은   월   일입니다.   🕐 **시작 시각**   시   분   초

1~4 다음 글을 읽고 물음에 답하시오.

2017학년도 6월 고1 전국연합학력평가 【19~22】 사회

희소성 높은 최고급 커피의 생두 가격은 어떻게 결정될까? 그것은 바로 경매이다. 경매를 통한 가격 결정 방식은 수요자들이 해당 재화의 가치를 서로 다르게 평가하고 있거나, 해당 재화의 가치를 정확히 ⓐ가늠할 수 없을 때 주로 사용된다. 커피나무는 환경에 ⓑ민감한 식물로, 일조량과 온도와 토질에 따라서 생두의 맛과 품질이 천차만별이다. 그래서 같은 지역이라 하더라도 매년 커피 생두의 품질이 달라지는 것이다. 이처럼 생두의 품질이 매년 다양한 이유로 달라지는 상황에서 해당 커피 생두의 가치를 결정하는 가장 수월한 방법은 단연 경매라 할 수 있다.

경매를 통한 가격 결정 방식을 사용하는 또 다른 이유는 구매자와 판매자의 숫자가 극단적으로 불일치할 때 가격을 결정하는 유용한 방법이기 때문이다. 특정 재화의 판매자가 한 명인데, 이를 구매하고자 하는 사람이 여러 명이라면 경매를 통해 가장 높은 가격을 ⓒ지불하고자 하는 사람에게 판매할 수 있다. 최고급 커피 생두 역시 이러한 이유에서 경매로 가격을 결정한다. 이 밖에도 골동품, 미술품 등은 현재 동일한 이유로 경매를 통해 가격을 결정하고 있다. 이와는 반대로 특정 재화의 구매자는 한 명인데, 이를 판매하고자 하는 사람이 여러 명일 경우에도 경매는 유용한 방식이다. 가장 저렴한 가격을 제시한 사람에게서 구매하면 되기 때문이다. 현재 전투기와 같이 정부만이 유일한 구매자라 할 수 있는 국방 관련 물품이 일종의 경매인 경쟁 입찰로 결정된다.

경매는 입찰* 방식의 공개 ⓓ여부에 따라 공개 구두 경매와 밀봉 입찰 경매로 구분할 수 있다. 먼저 공개 구두 경매는 경매에 참여하는 사람들을 모두 한자리에 모아 놓고 누가 어떠한 조건으로 경매에 응하는지를 공개적으로 진행하는 방식을 말한다. 이러한 공개 구두 경매는 다시 영국식 경매와 네덜란드식 경매로 구분할 수 있다. ㉠영국식 경매는 오름 경매 방식으로, 우리가 가장 흔히 접하는 낮은 가격부터 시작해서 가장 높은 가격을 제시한 사람이 낙찰자*가 되는 방식을 말한다. 이러한 영국식 경매를 통해 가격을 결정하고 있는 대표적인 품목으로는 와인과 앞서 소개한 최고급 생두가 여기에 해당한다.

이와는 반대로 판매자가 높은 가격부터 제시해 가격을 점점 낮추면서 가장 먼저 응찰*한 사람을 낙찰자로 정하는 방식이 ㉡네덜란드식 경매다. 이것이 내림 경매 방식이다. 내림 경매 방식은 튤립 재배로 유명한 네덜란드에서 오래 전부터 이용해 오던 방식이며, 국내에서도 수산물 도매시장에서 생선 가격을 결정할 때 이 방식을 통해 가격을 결정한다.

공개적으로 진행되는 경매와는 달리 경매 참여자들이 서로 어떠한 가격에 응찰했는지를 확인할 수 없는 밀봉 입찰 경매가 있다. 밀봉 입찰 경매는 낙찰자가 지불하는 금액을 어떻게 결정하느냐에 따라 최고가 밀봉 경매와 차가 밀봉 경매로 ⓔ구분된다. 최고가 밀봉 경매는 응찰자 중 가장 높은 가격을 적어 냈을 때 낙찰이 되는 것으로 낙찰자는 자신이 적어 낸 금액을 지불한다. 차가 밀봉 경매의 낙찰자 결정 방식은 최고가 밀봉 경매와 동일하다. 그러나 낙찰자가 지불하는 금액은 자신이 적어 낸 금액이 아니라 응찰자가 적어 낸 금액 중 두 번째로 높은 금액이다.

* 입찰: 경매 참가자에게 각자의 희망 가격을 제시하게 하는 일.
* 낙찰자: 경매나 경쟁 입찰 따위에서 물건이나 일을 받기로 결정된 사람.
* 응찰: 입찰에 참가함.

다시보기 ▶ 다시 볼 문제 체크하고 틀린 이유 메모하기

[분석쌤 강의]는 2차 채점 후 반드시 챙겨 본다!

01 윗글의 '경매'에 대한 설명으로 적절하지 않은 것은?

① 재화의 가치를 정확하게 평가할 수 없을 때 주로 쓴다.
② 오름 경매 방식에서는 최고가를 제시한 사람에게 낙찰된다.
③ 수요자가 재화의 가치를 서로 다르게 평가할 때 주로 쓴다.
④ 구매자와 판매자의 수가 극단적으로 불일치할 때 유용하다.
⑤ 내림 경매 방식은 구매자가 입찰 금액을 제시해 경매가 시작된다.

지문 근거   둘중헷   Q&A   어휘/개념   부정 질문

분석쌤 강의
● **분 석** 정답과 오답의 근거를 지문에서 쉽게 찾을 수 있어 대부분의 학생들이 맞힌 문제
● **해결案** 윗글과 일치하지 않는 것, 윗글의 내용으로 알 수 없는 것을 질문한 것이 아니라, '경매'에 대한 설명으로 적절하지 않은 것을 질문하고 있다. 이 점을 염두에 두고 지문에서 근거를 찾으면 빠르게 정답 여부를 판단할 수 있다.

02 ⑤과 ⑥에 대한 이해로 적절하지 <u>않은</u> 것은? [3점]

① ⑤은 경매에 참여한 사람이 경쟁자가 제시한 입찰 금액을 알 수 있다.

② 희소성이 있는 최고급 생두는 ⑤의 방식을 통해 가격을 결정하는 대표적 품목이다.

③ ⑥ 방식에서 낙찰 가격은 경매에서 최초로 제시된 금액보다 높아질 수 없다.

④ ⑤과 ⑥ 모두 경매에 나온 재화의 낙찰 가격을 알 수 있다.

⑤ 경매에 참가한 사람이 다수일 경우 ⑤과 ⑥ 모두 가장 먼저 응찰한 사람이 낙찰자가 된다.

지문 근거 둘중헷 Q&A 어휘/개념 부정 질문

분석쌤 강의
● **분 석** 쉽게 정답에 답했어도, 실전에서 이와 같은 문제가 출제되었을 때 문제 풀이 시간을 단축하는 방법을 2차 채점 후 챙겨 보면 유용한 문제
● **해결案** ⑤과 ⑥부터 확인한 후 답지를 검토하되, 정답 여부는 ⑤과 ⑥을 설명하고 있는 지문 내용과 비교해 판단하도록 한다.

03 윗글을 바탕으로 할 때, 〈보기〉의 ㉮~㉱에 들어갈 내용으로 적절한 것은?

> **보기**
>
> '밀봉 입찰 경매'로 진행되는 경매에 A, B, C 세 사람이 각각 10만 원, 8만 원, 6만 원으로 입찰에 참가하였다. 이 경매가 '최고가 밀봉 경매'라면 낙찰자는 (㉮)이며 낙찰자가 지불할 금액은 (㉯)이다. '차가 밀봉 경매'라면 낙찰자는 (㉰)이며 낙찰자가 지불할 금액은 (㉱)이다.

	㉮	㉯	㉰	㉱
①	A	10만 원	A	10만 원
②	A	10만 원	A	8만 원
③	A	8만 원	B	10만 원
④	B	8만 원	B	6만 원
⑤	B	8만 원	C	6만 원

지문 근거 둘중헷 Q&A 어휘/개념 부정 질문

분석쌤 강의
● **분 석** 지문과 〈보기〉를 꼼꼼히 비교하면 쉽고 빠르게 정답을 찾을 수 있는 문제
● **해결案** 〈보기〉에서는 '밀봉 입찰 경매'에 대해 설명하고 있으므로 지문에서 '밀봉 입찰 경매'에 대해 다루고 있는 내용을 바탕으로 ㉮~㉱에 들어갈 내용을 체크한다.

04 ⓐ~ⓔ의 사전적 의미로 적절하지 않은 것은?

① ⓐ: 목표나 기준에 맞고 안 맞음을 헤아려 봄.

② ⓑ: 자극에 빠르게 반응을 보이거나 쉽게 영향을 받음.

③ ⓒ: 어떠한 것을 받아들임.

④ ⓓ: 그러함과 그러하지 아니함.

⑤ ⓔ: 일정한 기준에 따라 전체를 몇 개로 갈라 나눔.

지문 근거 둘중헷 Q&A 어휘/개념 부정 질문

분석쌤 강의
● **분 석** '어휘 문제 3단계 풀이법'을 적용하여 풀어야 하는 '사전적 의미'를 묻는 문제
● **해결案** '핵심 간추리기(1단계) – 대입하기(2단계) – 매3어휘 풀이' 떠올리기(3단계)'를 적용하되, 2단계와 3단계는 문제 유형에 따라 순서를 바꾸어 적용해도 된다.

두 나라가 자발적으로 무역을 하기 위해서는 두 나라 모두 이익을 얻을 수 있어야 한다. 만일 무역 당사국이 이익을 전혀 얻지 못하거나 손실을 본다면, 이 나라는 무역을 하지 않을 것이기 때문이다. 그러면 무역을 통해 이익이 발생할 수 있는 이유는 무엇일까? 또 무역에서 수출입 재화는 각각 어떻게 결정될까?

A국과 B국에서 자동차와 신발을 생산하는 상황을 가정해 보자. 아래 〈그림〉과 같이 A국은 이용 가능한 생산요소*를 모두 투입하여 최대 자동차 10대 혹은 신발 1,000켤레를 만들 수 있다. 한편, B국에서는 동일한 조건하에 자동차 3대 또는 신발 600켤레를 생산할 수 있다.

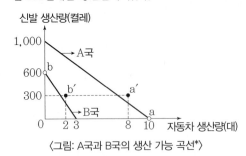

〈그림: A국과 B국의 생산 가능 곡선*〉

이때 국가 간 비교 우위 산업의 차이에 의해서 무역의 이익이 발생할 수 있다. 비교 우위란 어떤 재화 생산의 기회비용이 다른 나라보다 작은 경우를 의미하며, 이때 기회비용이란 그 재화 생산으로 인해 포기해야 하는 다른 재화의 가치를 말한다. 위의 상황에서 A국이 자동차를 1대 더 생산하기 위해서는 신발 생산을 100켤레 줄여야 한다. 즉, A국 입장에서 자동차 1대 생산의 기회비용은 신발 100켤레와 같다. 한편, B국은 자동차 1대 생산의 기회비용이 신발 200켤레가 된다. 이 경우 A국의 자동차 생산의 기회비용이 B국의 그것보다 작으므로, A국이 자동차 생산에 있어 비교 우위를 갖고 있다. 반면, ㉠B국은 신발 생산에 있어 비교 우위를 갖게 된다.

따라서 A국이 자동차를 특화해 B국에 수출하고, B국은 신발을 특화해 A국에 수출하면 무역을 하지 않을 때에 비해 양국 모두 이익을 얻을 수 있다. 위 〈그림〉에서 A국이 자동차만 10대 생산(a)하고 B국이 신발만 600켤레를 생산(b)해서 양국이 무역을 한다고 하자. 이때 A국이 자동차 2대를 수출하고 그 대신 B국으로부터 신발 300켤레를 수입한다면, A국은 자동차 8대와 신발 300켤레의 조합(a′)을, B국은 자동차 2대와 신발 300켤레의 조합(b′)을 소비할 수 있다. 즉 무역을 통해 양국은 무역 이전에는 생산할 수 없었던 재화량의 조합을 생산하는 것과 같은 효과를 갖게 되어 무역을 통한 이익을 얻을 수 있다.

이처럼 각국의 비교 우위 산업이 존재하는 이유에 대해 20세기 초의 경제학자 헥셔는 국가 간 생산요소 부존량*의 상대적 차이가 비교 우위를 낳는다고 보았다. 그에 따르면, 각국은 타국에 비해 상대적으로 풍부한 생산요소를 집약적으로 사용하는 재화의 생산에 비교 우위를 갖는다. 즉 재화마다 각 생산요소들이 투입되는 비율이 다르기 마련인데, 어떤 재화 생산에 특정 생산요소가 집약적으로 사용된다면 그 생산요소를 다른 나라들에 비해 풍부하게 보유하고 있는 국가가 해당 재화의 생산에 비교 우위를 갖게 된다는 것이다. 예를 들어, 어떤 국가가 자동차·선박 등 자본 집약재의 수출국이고 신발·의류 등 노동 집약재의 수입국이라면, 그 국가는 타국에 비해 자본은 상대적으로 풍부하고 노동은 그렇지 않다고 판단할 수 있다.

각국의 비교 우위 산업은 국가 간 생산요소 부존량의 상대적 차이가 변화함에 따라 바뀔 수도 있다. 우리나라도 과거 경공업 위주의 노동 집약적 산업에서 자본 집약적인 중화학 공업, 최근의 지식 집약적인 IT 산업까지 주요 산업 및 수출품이 변화해 왔다. 이는 경제 성장에 따라 각 생산요소들의 부존 비율이 변화함으로써 우리나라의 비교 우위 산업이 변화해 왔기 때문이다.

*생산요소: 재화를 생산하기 위해 필요한 노동, 자본 등의 투입 요소.
*생산 가능 곡선: 한 경제의 이용 가능한 생산요소들을 가장 효율적으로 투입하여 생산할 수 있는 각 재화 생산량의 조합을 나타낸 선.
*생산요소 부존량: 한 경제 내에 존재하고 있는 생산요소의 양.

다시보기 ▶ 다시 볼 문제 체크하고 틀린 이유 메모하기

[분석쌤 강의]는 2차 채점 후 반드시 챙겨 본다!

05 윗글에 대한 설명으로 적절하지 않은 것은?

① 단계적인 순서에 따라 이론의 한계를 지적하고 있다.
② 권위자의 견해를 들어 현상의 원인을 설명하고 있다.
③ 질문을 던짐으로써 독자의 관심을 유도하고 있다.
④ 핵심 개념을 설명하여 독자의 이해를 돕고 있다.
⑤ 가상적 상황을 예로 들어 현상을 설명하고 있다.

지문 근거   둘중헷   Q&A   어휘/개념   부정 질문

분석쌤 강의
● 분 석 답지의 설명을 꼼꼼히 따져 답해야 하는 '글의 설명 방식'을 묻는 문제
● 해결案 지문을 끝까지 읽은 후 답지의 설명이 적절한지를 체크한다. ①을 예로 들면, '단계적인 순서에 따라' 설명하고 있는지 체크해야 하고, '이론의 한계'를 지적하고 있는지도 따져야 한다.

06 윗글을 통해 답할 수 없는 질문은?

① 각국의 비교 우위 산업이 변할 수 있는 이유는 무엇인가?
② 자발적인 무역이 한 나라의 각 재화 생산에 어떤 영향을 미칠 수 있는가?
③ 어떤 재화 생산에 투입되는 각 생산요소의 비율은 어떻게 결정되는가?
④ 자발적인 무역에서 어떤 재화가 수출품이 되고 어떤 재화가 수입품이 되는가?
⑤ 국가 간 생산요소 부존량의 상대적 차이가 자발적인 무역에 미치는 영향은 무엇인가?

지문 근거 둘중헷 Q&A 어휘/개념 부정 질문

분석쌤강의
● **분 석** 정답보다 오답에 답한 학생들이 많았던 문제
● **해결案** 답지의 질문에 대한 답변을 지문에서 찾을 수 있으면 O, 바로 찾기 어려우면 △, 확실하게 찾을 수 없으면 X 표시를 하며 푼다. 이때, 각 답지에서 핵심이 되는 키워드를 체크한 다음, 그것에 대해 언급한 지문 내용을 찾으면 문제 풀이 시간을 단축할 수 있다.

07 ㉠의 이유로 가장 적절한 것은?

① B국의 신발 생산의 기회비용이 자국의 자동차 생산의 기회비용보다 크기 때문이다.
② B국의 신발 생산의 기회비용이 A국의 신발 생산의 기회비용보다 작기 때문이다.
③ B국의 신발 생산의 기회비용이 A국의 자동차 생산의 기회비용보다 작기 때문이다.
④ 이용 가능한 생산요소를 모두 투입했을 때, B국이 A국보다 신발 생산량이 더 커지기 때문이다.
⑤ 이용 가능한 생산요소를 모두 투입했을 때, B국의 자동차 생산량보다 신발 생산량이 더 커지기 때문이다.

지문 근거 둘중헷 Q&A 어휘/개념 부정 질문

분석쌤강의
● **분 석** 정답에 쉽게 답했어도 2차 채점 후 다른 학생들이 많이 답한 답지를 챙겨봐야하는 문제
● **해결案** ㉠의 이유를 파악하기 위해서는 '비교 우위'의 개념부터 이해해야 한다. 그런 다음, '비교 우위'의 개념을 근거로 답지의 옳고 그름을 판단하도록 한다.

08 윗글에 근거하여 〈보기〉의 상황을 이해한 것으로 적절하지 않은 것은? [3점]

보기

〈그림 1〉과 〈그림 2〉는 각각 갑국과 을국의 1970년과 2017년의 생산 가능 곡선을 나타낸 것이다. (단, 가발은 노동 집약적 재화, 선박은 자본 집약적 재화이다. 또한 생산요소는 노동과 자본만 존재한다.)

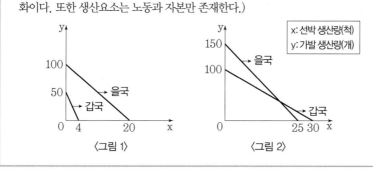

x: 선박 생산량(척)
y: 가발 생산량(개)

① 1970년, 갑국이 선박을 2척 더 생산하기 위해서는 가발 생산을 25개 줄여야 했을 것이다.
② 1970년, 갑국은 을국에 비해 자본보다는 노동이 상대적으로 풍부했을 것이다.
③ 2017년, 선박 생산의 기회비용은 을국이 갑국에 비해 2배 이상 클 것이다.
④ 2017년, 을국은 갑국에 비해 노동의 부존 비율이 상대적으로 클 것이다.
⑤ 2017년, 갑국이 을국에 선박 1척을 수출하고 을국으로부터 가발 4개를 수입한다면, 무역 전에 비해 갑국이 소비할 수 있는 재화량의 조합이 늘어날 것이다.

지문 근거 둘중헷 Q&A 어휘/개념 부정 질문

분석쌤강의
● **분 석** 정답보다 오답에 답한 학생들이 많았던, 이 시험(2017학년도 3월 고1 전국연합학력평가)에서 가장 어려워한 문제 중 하나
● **해결案** 〈보기〉에서 〈그림 1〉은 1970년, 〈그림 2〉는 2017년의 생산 가능 곡선을 나타낸다는 것과, 그래프의 x축은 선박 생산량을, y축은 가발 생산량을 가리킨다는 것을 먼저 체크한다. 그리고 가발은 노동 집약적 재화이고, 선박은 자본 집약적 재화라는 것을 확인한 다음 답지를 검토하되, 각 답지에서 설명하는 내용이 〈그림 1〉과 〈그림 2〉 중 어느 것에 대한 설명인지를 알고 해당 그림과 답지, 그리고 지문 내용을 고려해 적절성 여부를 따지도록 한다.

1주차
2주차
3주차
4주차

조세는 국가의 재정을 마련하기 위해 경제 주체인 기업과 국민들로부터 거두어들이는 돈이다. 그런데 국가가 조세를 강제로 부과하다 보니 경제 주체의 의욕을 떨어뜨려 경제적 순손실을 초래하거나 조세를 부과하는 방식이 공평하지 못해 불만을 야기하는 문제가 나타난다. 따라서 조세를 부과할 때는 조세의 효율성과 공평성을 고려해야 한다.

우선 ㉠조세의 효율성에 대해서 알아보자. 상품에 소비세를 부과하면 상품의 가격 상승으로 소비자가 상품을 적게 구매하기 때문에 상품을 통해 얻는 소비자의 편익*이 줄어들게 되고, 생산자가 상품을 팔아서 얻는 이윤도 줄어들게 된다. 소비자와 생산자가 얻는 편익이 줄어드는 것을 경제적 순손실이라고 하는데 조세로 인하여 경제적 순손실이 생기면 경기가 둔화될 수 있다. 이처럼 조세를 부과하게 되면 경제적 순손실이 불가피하게 발생하게 되므로, 이를 최소화하도록 조세를 부과해야 조세의 효율성을 높일 수 있다.

㉡조세의 공평성은 조세 부과의 형평성을 실현하는 것으로, 조세의 공평성이 확보되면 조세 부과의 형평성이 높아져서 조세 저항을 줄일 수 있다. 공평성을 확보하기 위한 기준으로는 편익 원칙과 능력 원칙이 있다. 편익 원칙은 조세를 통해 제공되는 도로나 가로등과 같은 공공재*를 소비함으로써 얻는 편익이 클수록 더 많은 세금을 부담해야 한다는 원칙이다. 이는 공공재를 사용하는 만큼 세금을 내는 것이므로 납세자의 저항이 크지 않지만, 현실적으로 공공재의 사용량을 측정하기가 쉽지 않다는 문제가 있고 조세 부담자와 편익 수혜자가 달라지는 문제도 발생할 수 있다.

능력 원칙은 개인의 소득이나 재산 등을 고려한 세금 부담 능력에 따라 세금을 내야 한다는 원칙으로 조세를 통해 소득을 재분배하는 효과가 있다. 능력 원칙은 수직적 공평과 수평적 공평으로 나뉜다. 수직적 공평은 소득이 높거나 재산이 많을수록 세금을 많이 부담해야 한다는 원칙이다. 이를 실현하기 위해 특정 세금을 내야 하는 모든 납세자에게 같은 세율을 적용하는 비례세나 소득 수준이 올라감에 따라 점점 높은 세율을 적용하는 누진세를 시행하기도 한다.

수평적 공평은 소득이나 재산이 같을 경우 세금도 같게 부담해야 한다는 원칙이다. 그런데 수치상의 소득이나 재산이 동일하더라도 실질적인 조세 부담 능력이 달라, 내야 하는 세금에 차이가 생길 수 있다. 예를 들어 소득이 동일하더라도 부양가족의 수가 다르면 실질적인 조세 부담 능력에 차이가 생긴다. 이와 같은 문제를 해결하여 공평성을 높이기 위해 정부에서는 공제 제도를 통해 조세 부담 능력이 적은 사람의 세금을 감면해 주기도 한다.

*편익: 편리하고 유익함.
*공공재: 모든 사람들이 공동으로 이용할 수 있는 재화나 서비스.

다시보기 ▶ 다시볼 문제 체크하고 틀린 이유 메모하기

[분석쌤 강의]는 2차 채점 후 반드시 챙겨 본다!

09 윗글에 대한 설명으로 가장 적절한 것은?

① 상반된 두 입장을 비교, 분석한 후 이를 절충하고 있다.
② 대상을 기준에 따라 구분한 뒤 그 특성을 설명하고 있다.
③ 대상의 개념을 그와 유사한 대상에 빗대어 소개하고 있다.
④ 통념을 반박하며 대상이 가진 속성을 새롭게 조명하고 있다.
⑤ 시간의 흐름에 따라 대상이 발달하는 과정을 서술하고 있다.

| 지문근거 | 둘중헷 | Q&A | 어휘/개념 | 부정질문 |

분석쌤 강의

●**분 석** 글의 흐름도 파악해야 하고, 답지에 쓰인 용어(개념)들도 잘 알고 있어야 정답을 찾을 수 있는. '글의 내용 전개 방식'을 묻는 문제

●**해결案** 지문을 끝까지 읽은 다음에 답지 ①부터 검토하되, 조금이라도 틀린 부분이 있으면 바로 ✕ 표시를 하고 다음 답지로 넘어간다. 틀린 부분이 없어 정답처럼 보이는 답지의 경우에는 그 답지를 부분으로 나누어 각 부분이 모두 옳은지를 꼼꼼히 따져야 한다. ①을 예로 들면, '두 입장'을 제시했는지, 그 두 입장이 '상반'되는지, 두 입장을 '비교, 분석'했는지, 두 입장을 '절충'하고 있는지를 하나하나 따져야 한다.

10 ㉠과 ㉡에 대한 설명으로 적절하지 않은 것은?

① ㉠은 조세가 경기에 미치는 영향과 관련되어 있다.

② ㉡은 납세자의 조세 저항을 완화하는 데 도움이 된다.

③ ㉠은 ㉡과 달리 소득 재분배를 목적으로 한다.

④ ㉡은 ㉠과 달리 조세 부과의 형평성을 실현하는 것이다.

⑤ ㉠과 ㉡은 모두 조세를 부과할 때 고려해야 하는 요건이다.

지문근거 둘중헷 Q&A 어휘/개념 부정질문

분석쌤 강의

●**분 석** '～과 달리' 등에 유의해 ㉠과 ㉡에 관한 정보를 바꾸어 생각하지 않아야 하는, 비교하기 문제

●**해결案** ㉠, ㉡을 확인한 후, 답지에서 핵심이 되는 키워드를 체크한다. 그런 다음, 체크한 키워드에 대해 언급한 지문을 찾아 지문 내용과 답지를 비교해 옳은지 그른지를 판단한다.

---

11 〈보기〉는 경제 수업의 일부이다. 윗글을 바탕으로 할 때, 선생님의 질문에 적절하게 답한 학생을 모두 골라 바르게 묶은 것은? [3점]

보기

선생님: 여러분, 아래 표는 소득을 기준으로, A, B, C의 세금 공제 내역을 가정한 것입니다. 표를 보고 조세의 공평성이 어떻게 적용되었는지 각자 분석해 볼까요?

구분	소득 (만 원)	세율 (%)	공제액 (만 원)	납부액 (만 원)	공제 항목
A	3,000	5	0	150	공제 없음
B	3,000	5	100	50	부양가족 2인
C	4,000	10	100	300	부양가족 2인

성근: A와 달리 B에게 공제 혜택을 부여함으로써 조세의 공평성이 약화되고 있어요. ·· ㄱ

수지: B가 A와 달리 부양가족 공제를 받은 것은 실질적인 조세 부담 능력을 고려한 것이네요. ······································· ㄴ

현욱: B와 C의 납부액에 차이가 있는 것은 편익 원칙을 적용하여 세금을 징수했기 때문이에요. ································· ㄷ

유미: B의 세율이 5%이고, C의 세율이 10%인 것은 수직적 공평을 위한 누진세가 적용된 결과겠네요. ················· ㄹ

① ㄱ, ㄴ ② ㄴ, ㄹ ③ ㄷ, ㄹ ④ ㄱ, ㄴ, ㄷ ⑤ ㄱ, ㄴ, ㄹ

지문근거 둘중헷 Q&A 어휘/개념 부정질문

분석쌤 강의

●**분 석** 경제 지문에서 〈보기〉의 사례에 적용하는 문제를 어렵게 생각하는 학생들이 많다는 것을 염두에 두고, 2차 채점 후 정답인 이유와 문제 풀이 방식을 한 번 더 챙겨 봐야 하는 문제

●**해결案** 〈보기〉의 표에서 A, B, C의 소득과 세율, 공제액과 납부액 등이 차이를 보이는 것을 확인한 후, ㄱ~ㄹ이 표의 내용을 적절하게 분석한 답변인지를 따진다. 이때, ㄱ~ㄹ의 앞부분은 표를 제대로 분석한 것인지를, 뒷부분은 '조세의 공평성'에 대해 설명한 지문의 내용을 잘 적용한 것인지를 각각 체크한다.

▶ 정답을 모르는 상태에서 2차 풀이를 하기 위한 방법으로, 아래 채점표 대신 '모바일 자동 채점 프로그램'(문제편 표지 QR 코드)을 이용해도 된다.

🕐 **종료 시각** 시 분 초

	총 소요 시간	종료 시각 -시작 시각	**분**	**초**

1 종료 시각을 적은 후, 문제에 체크한 '내가 쓴 답'을 ❶에 옮겨 적는다.

2 ❷에 채점을 하되, 틀린 문제에만 '／' 표시를 한다.
(문제에 직접 채점하지 않는 이유는 다시 풀 때 정답을 모르는 상태에서 풀어야 제대로 훈련이 되기 때문)

문항 번호	1	2	3	4	5	6	7	8	9	10	11
❶내가쓴답											
❷채 점											

☞ 정답은 〈클리닉 해설〉 p.200 (해설은 p.98)

3 틀렸거나 찍어서 맞힌 문제는 다시 푼다.

4 2차 채점을 할 때 다시 풀어서 맞힌 문항은 △, 또 틀린 문항은 ✕ 표시를 한다.

5 △와 ✕ 문항은 반드시 다시 보고 틀린 이유를 알고 넘어간다.

총 소요 시간	종료 시각 -시작 시각	**분**	**초**
목표 시간		19분	5초
초과 시간	총 소요 시간 -목표 시간	**분**	**초**

채점 결과_ 13일째
반드시 체크해서 복습 때 활용할 것

	1차채점		2차채점	
총 문항 수	11개	△ 문항 수		개
틀린 문항 수	개	✕ 문항 수		개

14 일째

구분	1 공부한 날	2 초과 시간	총 문항 수	3 틀린 문항 수	4 △ 문항 수	5 ✕ 문항 수
8일째	월 일	분 초	14 개	개	개	개
9일째	월 일	분 초	14 개	개	개	개
10일째	월 일	분 초	15 개	개	개	개
11일째	월 일	분 초	16 개	개	개	개
12일째	월 일	분 초	13 개	개	개	개
13일째	월 일	분 초	11 개	개	개	개

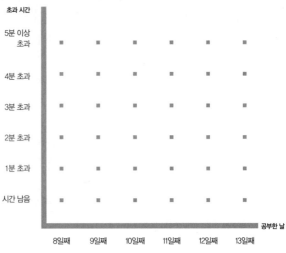

▲매일 체크한 시간을 동그라미로 표시하여 시간 변화를 한눈에 보자.

1주일간 공부한 내용을 다시 보니, ……

1   매일 지문 3개씩 시간에 맞춰 풀었다. *vs.* 내가 한 약속을 못 지켰다.
▶ 시간 부족 문제를 극복하기 위해서는 매일 비문학(독서) 지문 3개씩을 꾸준히 공부해야 효과적이다.

2   시간이 단축되고 있음을 느낀다. *vs.* 문제 푸는 시간이 줄지 않는다.
▶ 시간이 들쑥날쑥 하는 원인 중의 하나는 난이도일 수도 있다.
〈클리닉 해설〉에 있는 '지문별 난이도'(p.56)를 참고해서 내 실력 향상을 체크하자.

3   틀린 문항 수가 거의 비슷하다.
▶ 특정 제재에서 많이 틀렸는지, 특정 문항 유형에서 많이 틀렸는지를 확인하고
각 문항 오른쪽에 제시된 '분석쌤 강의'를 통해 문제점 극복 방안을 찾는다.

4   △문항이 ✕문항보다 많다면, … △문항 수를 줄이는 것이 국어 영역 고득점의 지름길!
▶ △ 문항을 줄이는 방법은 처음 틀렸을 때 왜 그 답지를 정답으로 생각했는지를 따져 보는 것이다.
다시 봤을 때 아무리 쉬워도, 틀린 문제는 또 틀릴 수 있다는 것을 명심하자.

5   ✕문항 수가 줄지 않는다면?
▶ 〈클리닉 해설〉을 본다. 많은 학생들이 질문한 문제를 같은 생각에서 틀린 것인지,
아니면 쉬운 문제임에도 불구하고 틀린 것인지를 체크하여 내가 취약한 유형이 무엇인지를 파악한다.
〈클리닉 해설〉과 '분석쌤 강의'를 보고 확실하게 알고 넘어가고,
'매3 오답 노트'에 메모해 두었다가 한 달에 한 번 꼭 다시 복습한다.

!

1주일간 공부한 내용과 '매3 오답 노트'에 메모한 내용까지 다시 보니,

결론적으로,

내가 **취약한 부분**은 [　　　　　　　　]이다.

취약점을 보완하기 위해서 나는 [　　　　　　　　]을/를 해야겠다.

한 달 뒤 다시 봐야 할 내용과 지문, 어휘 등이 있는 페이지는 지금 바로 접어 두었다.
지문은 '문단 요약'을 참고해 한 번 더 읽어 두고, 어휘는 '매3어휘 풀이'를 떠올리며 익히고, '복습을 위한 어휘 노트'(〈클리닉 해설〉 p.195)와 '매3인사이트.집'(부록), '나만의 매3 오답 노트'는 시험 전에 꼭 다시 봐야겠다.

3 주차

과학/융합

15 일째

오늘은 　월　일입니다.　🕐 **시작 시각**　시　분　초

→ 3주차 (과학/융합)에서는 '15일째'가 어렵습니다. 난이도 순서(p.6)를 참고해 '20일째'부터 먼저 공부해도 좋습니다.

1~5 다음 글을 읽고 물음에 답하시오.

2023학년도 6월 고1 전국연합학력평가 【21~25】 과학

　물이 담긴 욕조의 마개를 빼면 물이 배수구 주변에서 회전하며 소용돌이를 일으킨다. 배수구에서 멀리 떨어져 있으면 빨려 들어가는 속도의 크기가 0에 가깝고, 배수구 중앙에 가까울수록 속도가 빨라진다. 원운동을 하는 물체의 이동 거리, 즉 호의 길이가 시간에 따라 변하는 비율을 원주속도라고 한다. 욕조의 소용돌이 중심과 가장 가까운 부분에서 최대 원주속도가 나오고, 소용돌이 중심에서 멀어져 반지름이 커짐에 따라 원주속도가 감소한다. 이 소용돌이를 '자유 소용돌이'라 하는데, 배수구로 들어간 물은 물체의 자유낙하처럼 중력의 영향 아래 물 자체의 에너지로 운동을 유지한다.

　이와 달리 컵 속의 물을 숟가락으로 강하게 휘젓거나 컵의 중심선을 회전축으로 하여 컵과 물을 함께 회전시키는 상황을 생각해 보자. 이때 원심력 등이 작용해 중심의 물 입자들이 컵 가장자리로 쏠려 컵 중앙에 있는 물의 압력이 낮아지면서 ⊙가운데가 오목한 소용돌이가 만들어진다. 회전이 충분히 안정되면 물 전체의 회전 속도, 즉 회전하는 물체의 단위 시간당 각도 변화 비율인 ⓒ각속도가 똑같아져 마치 팽이가 돌 듯이 물 전체가 고체처럼 회전한다. 이때 물은 팽이의 회전과 같이 회전 중심은 원주속도가 0이 되고 중심에서 멀어질수록 반지름에 비례하여 원주속도가 증가하는 분포를 보인다. 이 소용돌이를 '강제 소용돌이'라 하는데, 용기 안의 물이 회전 운동을 유지하려면 에너지를 외부에서 인위적으로 제공해야 한다.

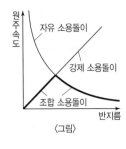

〈그림〉

　숟가락으로 컵 안에 강제 소용돌이를 만든 후 숟가락을 빼고 일정한 시간 동안 관찰하면 가운데에는 강제 소용돌이, 주변에는 자유 소용돌이가 발생한다. 〈그림〉에서 보는 것처럼 이를 '랭킨의 조합 소용돌이'라고 한다. 이는 전체를 강제로 회전시킨 힘을 제거했을 때 바깥쪽에서는 원주속도가 서서히 떨어지고, 중심에서는 원주속도가 유지되는 상태의 소용돌이다. 조합 소용돌이에서는 소용돌이 중심에서 원주속도가 최소가 되고, 강제 소용돌이에서 자유 소용돌이로 전환되는 점에서 원주속도가 최대가 된다. 조합 소용돌이의 예로 ⓒ태풍의 소용돌이를 들 수 있다.

　이러한 원리를 적용한 분체 분리기는 기체나 액체의 흐름으로 분진 등 혼합물을 분리하는 장치이다. 혼합물에 작용하는 원심력도 이용하기 때문에 원심 분리기, 공기의 흐름이 기상 현상의 사이클론과 비슷해서 사이클론 분리기라고도 한다. 그 예로 쓰레기용 필터가 없는 가정용, 산업용 ⓔ사이클론식 청소기를 들 수 있다. 원통 아래에 원추 모양의 통을 붙이고 원추 아래에 혼합물 상자를 두는데, 내부 중앙에는 별도의 작은 원통인 내통이 있다. 혼합물을 함유한 공기를 원통부 가장자리를 따라 소용돌이를 만들어 시계 방향으로 흘려보내면, 혼합물은 원통부와 원추부 벽면에 충돌하여 떨어져 바닥에 쌓인다. 유입된 공기는 아래쪽 원추부로 향할수록 원주속도를 증가시키는 자유 소용돌이를 만들고, 원추부 아래쪽에서는 강해진 자유 소용돌이가 돌면서 강제 소용돌이를 만들어 낸다. 강제 소용돌이는 용기 중앙의 내통에서 혼합물이 없는 공기로 흐르게 되어 반시계 방향으로 돌며 배기된다.

다시보기　▶ 다시 볼 문제 체크하고 틀린 이유 메모하기

[분석쌤 강의]는 2차 채점 후 반드시 챙겨 본다!

01 윗글의 내용과 일치하지 <u>않는</u> 것은?

① 자연에서 발생하는 소용돌이는 모두 자유 소용돌이이다.

② 배수구에서 멀어지면 원운동을 하는 물의 속도는 느려진다.

③ 강제 소용돌이는 고체처럼 회전하고 회전 중심의 속도는 0이다.

④ 분체 분리기는 자유 소용돌이로 강제 소용돌이를 만들어 낼 수 있는 기계 장치이다.

⑤ 용기 안의 강제 소용돌이는 외부에서 가해지는 힘이 있어야 운동을 유지할 수 있다.

지문 근거　둘중헷　Q&A　어휘/개념 부정질문

분석쌤 강의

● **분 석** 특정 오답지에 답한 학생들이 많았던, 지문과의 내용 일치 여부를 질문한 문제

● **해결案** 각 답지에서 키워드를 찾아 해당 키워드에 대해 설명한 지문 내용과 비교해 옳고 그름을 판단하면 된다. 지문을 읽을 때 문단의 핵심어(구)와 전문 용어에 ○나 □ 등으로 표시해 두면 이와 같은 문제를 빠르게 풀 수 있다.

02 ㉠에 대한 설명으로 적절한 것은?

① 물이 회전할 때 원심력과 압력은 서로 관련이 없다.

② 컵 중앙 부분으로 갈수록 물 입자의 양이 많아진다.

③ 컵 반지름이 클수록 물을 회전시키는 에너지 크기는 작아진다.

④ 컵 속에서 회전하는 물의 압력이 커진 부분은 수면이 높아진다.

⑤ 외부 에너지를 더 가하더라도 회전 중심의 수면 높이는 변화가 없다.

지문 근거 둘중헷 Q&A 어휘/개념 부정질문

분석쌤강의

● **분 석** 오답에 답한 학생들이 많았던 만큼, 2차 채점 후 〈클리닉 해설〉에서 ㉠이 포함된 문장과 그 앞 문장의 내용을 그림으로 나타낸 것을 참고하여 정답과 오답의 근거와 이유를 다시 챙겨 보면 유용한 문제

● **해결案** ㉠과 ㉠ 앞에서 설명한 내용을 꼼꼼하고 정확하게 읽고, 이 내용을 바탕으로 각 답지의 옳고 그름을 따진다. 이때 혹시 어휘의 의미를 잘못 이해해서 틀린 것은 아닌지도 따져 보도록 한다.

03 ㉡을 통해 알 수 있는 것은?

① 각속도가 시간이 지남에 따라 점점 빨라지겠군.

② 단위 시간당 각도가 변하는 비율이 수시로 달라지겠군.

③ 각속도는 회전 중심에서 가깝든 멀든 상관없이 일정하겠군.

④ 강제 소용돌이의 수면 어느 지점에서나 원주속도는 항상 같겠군.

⑤ 강제 소용돌이는 자유 소용돌이와 같은 원주속도 분포를 보이겠군.

지문 근거 둘중헷 Q&A 어휘/개념 부정질문

분석쌤강의

● **분 석** 오답에 답한 학생들이 많았지만, 질문 유형이 어떠해도 정답의 근거는 지문에서 찾아야 한다는 것을 알려 준 문제

● **해결案** ㉡에서 '각속도'의 뜻과 비유적 표현 (마치 팽이가 돌 듯이)을 고려하고, 앞뒤 내용까지 고려하여 그 의미를 이해한다. 그런 다음 답지 ①부터 ㉡을 통해 알 수 있는 내용인지 판단해 간다.

04 윗글을 바탕으로 ㉢을 이해할 때, 〈보기〉의 ⓐ~ⓒ에 들어갈 말로 적절한 것은?

— 보기 —

태풍 중심 부분은 '태풍의 눈'이라 하고 (ⓐ)의 중심에 해당한다. 강제 소용돌이와 자유 소용돌이의 경계층에 해당하는 부분은 '태풍의 벽'이라고 하여 바람이 (ⓑ). 이는 윗글 〈그림〉의 (ⓒ)에 해당한다.

	ⓐ	ⓑ	ⓒ
①	자유 소용돌이	강하다	자유 소용돌이와 강제 소용돌이의 교차점
②	자유 소용돌이	약하다	반지름이 가장 큰 자유 소용돌이의 지점
③	강제 소용돌이	강하다	반지름이 가장 작은 자유 소용돌이의 지점
④	강제 소용돌이	약하다	반지름이 가장 큰 강제 소용돌이의 지점
⑤	강제 소용돌이	강하다	자유 소용돌이와 강제 소용돌이의 교차점

지문 근거 둘중헷 Q&A 어휘/개념 부정질문

분석쌤강의

● **분 석** ㉢은 '조합 소용돌이의 예'라고 한 점에 주목하여, 지문과 〈보기〉를 비교하여 오답을 제외하는 방식으로 풀어야 하는 문제

● **해결案** ㉢은 '조합 소용돌이의 예'라고 했으므로 3문단에서 조합 소용돌이에 대해 설명한 내용 중 〈보기〉와 관련 있는 부분을 〈보기〉와 대응시킨다. 이때, 답지도 확인하여 ⓐ에는 '자유 소용돌이' 또는 '강제 소용돌이'가, ⓑ에는 '강하다' 또는 '약하다'가 들어간다는 것을 체크한 다음, ⓐ부터 오답지를 제외해 나가도록 한다.

05 〈보기〉는 ⓔ의 구조를 그림으로 나타낸 것이다. 윗글을 읽은 학생의 반응으로 적절하지 **않은** 것은? [3점]

― 보기 ―

입구
㉮ 원통부
㉱ 내통
㉯ 원추부
㉰ 혼합물 상자

① ㉮에서는 소용돌이가 시계 방향으로 돌아 혼합물에 원심력이 작용하겠군.

② ㉮보다 ㉯에서 소용돌이의 원주속도가 상대적으로 빠르겠군.

③ ㉯에 모인 쓰레기나 혼합물이 ㉱ 내부에서 도는 소용돌이를 통해 외부로 배출되겠군.

④ ㉱의 반지름이 커지면 ㉱에서 반시계 방향으로 도는 소용돌이의 원주속도는 빨라지겠군.

⑤ 산업용으로 돌조각을 분리한다면 ㉮와 ㉯에 충격이나 마모에 강한 소재를 써야겠군.

지문근거 둘중햇 Q&A 어휘/개념 부정 질문

분석쌤 강의

● **분 석** 지문에서 ⓔ이 포함된 4문단을 읽을 때 〈보기〉의 그림을 참조하면서 읽으면 지문 이해가 쉽고 이 문제도 빠르게 해결할 수 있어.

1. 지문을 읽기 전에 문제부터 봐야 하는 이유 중 하나와

2. 문제에 그림이나 그래프가 제시되어 있으면 지문을 읽을 때 그림(또는 그래프)을 참조해 읽으면 문제도 쉽고 빠르게 풀 수 있다는 문제 풀이방식을

알려 주는 문제

● **해결案** 〈보기〉의 그림에서 ㉮~㉰가 무엇인지를 확인한 다음, 지문의 4문단을 읽을 때 '원통부'는 ㉮, 원추부는 ㉯와 같이 표시하며 읽는다. 그런 다음 답지 ①부터 키워드(㉮, 원심력)를 체크하고, 그 키워드에 대해 설명한 지문 내용과 답지를 연결해 적절한지를 판단하여 O, X 표시를 해 나간다.

이때 ⓔ은 '조합 소용돌이'의 원리가 적용된 장치이지만, 조합 소용돌이는 '강제 소용돌이+자유 소용돌이'라는 점을 고려해 각 답지의 내용과 관련된 '강제 소용돌이(2문단), 자유 소용돌이(1문단)'에 대한 설명도 확인해야 오답에 답하는 것을 피할 수 있다.

6~10 다음 글을 읽고 물음에 답하시오.

2021학년도 6월 고1 전국연합학력평가 [16~20] 과학

'식욕'은 음식을 먹고 싶어 하는 욕망으로, 인간이 살아가는 데 필요한 영양분을 얻기 위해서 반드시 필요하다. 식욕은 기본적으로 뇌의 시상 하부*에 있는 식욕 중추*의 영향을 받는데, 이 중추에는 배가 고픈 느낌이 들게 하는 '섭식 중추'와 배가 부른 느낌이 들게 하는 '포만 중추'가 함께 있다. 우리 몸이 영양분을 필요로 하는 상태가 되면 섭식 중추는 뇌 안의 다양한 곳에 신호를 보낸다. 그러면 식욕이 느껴져 침의 분비와 같이 먹는 일과 관련된 무의식적인 행동이 촉진된다. 그러다 영양분의 섭취가 늘어나면, 포만 중추가 작용해서 식욕이 억제된다.

[A] 그렇다면 뇌에 있는 섭식 중추나 포만 중추는 어떻게 몸속 영양분의 상태에 따라 식욕을 조절하는 것일까? 여기에서 중요한 역할을 하는 것이 혈액 속을 흐르는 영양소인데, 특히 탄수화물에서 분해된 '포도당'과 지방에서 분해된 '지방산'이 중요하다. 먼저 탄수화물은 식사를 통해 섭취된 후 소장에서 분해되면, 포도당으로 변해 혈액 속으로 흡수된다. 그러면 혈중 포도당의 농도가 높아지고, 이를 줄이기 위해 췌장에서 '인슐린'이라는 호르몬이 분비된다. 이 포도당과 인슐린이 혈액을 타고 시상 하부로 이동하여 포만 중추의 작용은 촉진하고 섭식 중추의 작용은 억제한다. 반면에 지방은 피부 아래의 조직에 중성지방의 형태로 저장되어 있다가 공복 상태가 길어지면 혈액 속으로 흘러가 간(肝)으로 운반된다. 그러면 부족한 에너지를 보충하기 위해 간에서 중성지방이 분해되고, 이 과정에서 생긴 지방산이 혈액을 타고 시상 하부로 이동하여 섭식 중추의 작용은 촉진하고 포만 중추의 작용은 억제한다. 이와 같은 작용 원리에 따라 우리의 식욕은 자연스럽게 조절된다.

그런데 우리는 온전히 영양분 섭취만을 목적으로 식욕을 느끼는 것은 아니다. 예를 들어, '스트레스를 받으니까 매운 음식이 먹고 싶어.'처럼 영양분의 섭취와 상관없이 취향이나 기분에 좌우되는 식욕도 있다. 이와 같은 식욕은 대뇌의 앞부분에 있는 '전두 연합 영역'에서 조절되는데, 본래 이 영역은 정신적이고 지적인 활동을 담당하는 곳이지만 식욕에도 큰 영향을 미친다. 이곳에서는 음식의 맛, 냄새 등 음식에 관한 다양한 감각 정보를 정리해 종합적으로 기억한다. 또한 맛이 없어도 건강을 위해 음식을 섭취하는 것과 같이, 먹는 행동을 이성적으로 조절하는 일도 이곳에서 담당하는데, 전두 연합 영역의 지령은 신경 세포의 신호를 통해 섭식 중추와 포만 중추로 전해진다.

한편 전두 연합 영역의 기능을 알면, ⓐ음식을 먹은 후 '이젠 더 이상 못 먹겠다.'라고 생각하면서도 디저트를 먹는 현상을 쉽게 이해할 수 있다. 흔히 사람들이 '이젠 더 이상 못 먹겠다.'고 생각하는 이유는 ⓑ실제로 배가 찼기 때문일 수도 있고,

배가 차지는 않았지만 특정한 맛에 질렸기 때문일 수도 있다. 그런데 이런 상황에도 불구하고 디저트를 먹는 현상은 모두 전두 연합 영역의 영향을 받는다. 먼저, 배가 찬 상태에서는 전두 연합 영역의 영향으로 위(胃) 속에 디저트가 들어갈 공간을 마련할 수 있다. 전두 연합 영역의 신경 세포가 '맛있다'와 같은 신호를 섭식 중추로 보내면, 거기에서 '오렉신'이라는 물질이 나온다. 오렉신은 위(胃)의 운동에 관련되는 신경 세포에 작용해서, 위(胃)의 내용물을 밀어내고 다시 새로운 음식이 들어갈 공간을 마련하는 것이다. 다음으로, 배가 차지 않은 상태이지만 전두 연합 영역의 영향으로 특정한 맛에 질릴 수 있다. 그래서 식사가 끝난 후에는 대개 단맛의 음식을 먹고 싶어 하게 되는데, 이는 주식이나 반찬에는 그 정도의 단맛을 내는 음식이 없기 때문이다. 따라서 우리가 "디저트 먹을 배는 따로 있다."라고 하는 것은 생물학적으로 충분히 설득력 있는 표현이 되는 것이다.

* 시상 하부: 사람이 의식적으로 통제하지 못하는 다양한 신체 시스템을 감시하고 조절하는 뇌의 영역.

* 중추: 신경 기관 가운데, 신경 세포가 모여 있는 부분.

다시보기 ▶ 다시 볼 문제 체크하고 틀린 이유 메모하기

[분석쌤 강의는 2차 채점 후 반드시 챙겨 본다!]

06 윗글의 표제와 부제로 가장 적절한 것은?

① 식욕의 작용 원리
　　– 식욕 중추와 전두 연합 영역을 중심으로

② 식욕의 개념과 특성
　　– 영양소의 종류와 역할을 중심으로

③ 식욕이 생기는 이유
　　– 탄수화물과 지방의 영향 관계를 중심으로

④ 전두 연합 영역의 특성
　　– 디저트의 섭취와 소화 과정을 중심으로

⑤ 전두 연합 영역의 여러 기능
　　– 포도당과 지방산의 작용 관계를 중심으로

지문근거 둘중헷 Q&A 어휘/개념 부정질문

분석쌤 강의
● **분 석** 2009학년도 수능 시험에도 출제되었고, 수능 출제 기관인 한국교육과정평가원에서 출제한 모의평가(2020학년도 6월 · 2015학년도 6월 모의평가)에서도 출제된 표제와 부제 문제로, 3가지 조건(〈클리닉 해설〉의 '개념➕' 참조)을 충족하는 답지를 정답으로 골라야 하는 문제
● **해결案** 표제부터 체크하되,
1. 지문 내용과 일치하지 않으면 ✗
2. 지문 내용과 일치해도 핵심 내용이 아니거나 글 전체를 포괄하지 못하면 ✗
로 표시하며 정답을 좁혀 나간다.

다시보기 ▶ 다시 볼 문제 체크하고 틀린 이유 메모하기

07 윗글을 이해한 내용으로 적절하지 <u>않은</u> 것은?

① 식욕은 인간이 살아가는 데 반드시 필요한 욕망이다.
② 인간의 뇌에 있는 시상 하부는 인간의 식욕에 영향을 끼친다.
③ 위(胃)의 운동에 관여하는 오렉신은 전두 연합 영역에서 분비된다.
④ 음식의 특정한 맛에 질렸을 때 더 이상 먹을 수 없다고 생각할 수 있다.
⑤ 전두 연합 영역은 정신적이고 지적인 활동뿐만 아니라 식욕에도 관여한다.

지문근거 둘중헷 Q&A 어휘/개념 부정질문

분석쌤 강의
● **분 석** 정답과 오답의 근거가 지문에 그대로 제시된 경우도 있지만, 미루어 짐작해야 하는 경우도 있는 문제 유형
● **해결案** 발문(문두)이 정답을 빠르게 찾는 방법을 알려 주고 있다는 것을 확인한 후,
1. 답지에서 키워드를 체크한 다음,
2. 체크한 키워드에 대해 언급한 문단을 찾아
3. 해당 문단의 내용과 답지를 꼼꼼히 비교해 ◯, ✗ 표시를 하며 푼다.

다시보기 ▶ 다시 볼 문제 체크하고 틀린 이유 메모하기

08 ⓑ와 '식욕 중추의 작용'을 고려하여 ⓐ를 이해한 내용으로 적절한 것은?

① 섭식 중추의 작용이 억제되므로 ⓐ는 타당하다.
② 섭식 중추의 작용이 활발하므로 ⓐ는 모순적이다.
③ 포만 중추의 작용이 억제되므로 ⓐ는 모순적이다.
④ 포만 중추의 작용이 활발하므로 ⓐ는 모순적이다.
⑤ 섭식 중추와 포만 중추의 작용이 반복되므로 ⓐ는 타당하다.

지문근거 둘중헷 Q&A 어휘/개념 부정질문

분석쌤 강의
● **분 석** 발문(문두)이 중요함, 발문에서 질문하는 핵심에 집중하면 정답을 쉽게 찾을 수 있는 문제
● **해결案** ⓑ와 '식욕 중추의 작용'을 고려하여 ⓐ를 이해한 내용으로 적절한 것을 질문했으므로, ⓑ를 확인한 후 '식욕 중추의 작용'에 대해 설명한 문단 내용도 고려하여 ⓐ가 타당한지 모순적인지를 따지도록 한다.

09 [A]를 바탕으로 〈보기〉에 대해 설명한 내용으로 가장 적절한 것은?

— 보기 —

다음은 탄수화물이 포함된 식사 전후에 혈액 속을 흐르는 물질이 식욕 중추에 끼치는 영향 관계를 표현한 모식도이다.

① 혈관 속에 ㉠의 양이 줄어들면 ㉡이 분비된다.

② 혈관 속에 ㉠과 ㉡의 양이 많아지면 배가 고픈 느낌이 든다.

③ 공복 상태가 길어지면 ㉠과 ㉢은 시상 하부의 명령을 식욕 중추에 전달한다.

④ 공복 상태가 길어지면 혈관 속에 ㉠의 양은 줄어들고 ㉢의 양은 늘어난다.

⑤ 식사를 하는 동안에 ㉡은 ㉢의 도움으로 피부 아래의 조직에 중성지방으로 저장된다.

지문 근거 둘중햇 Q&A 어휘/개념 부정 질문

분석쌤 강의
● 분 석 발문(문두)에 '[A]를 바탕으로'가 주어지지 않아도 [A]를 바탕으로 풀어야 하는 문제로, 복습할 때 '[A]를 바탕으로'가 없다고 가정하고 정답과 오답인 이유를 체크해 보고, 그림의 이해를 돕는 지문 내용과 그림을 비교하면서 지문 내용을 한 번 더 짚어 보면 유용한 문제
● 해결案 [A]를 바탕으로 〈보기〉의 ㉠~㉢이 무엇인지부터 파악한다. 그런 다음 답지를 살피되, ㉠~㉢에 대한 설명이 적절한지는 [A]에서 설명한 내용과 답지를 비교하여 판단하도록 한다.

10 윗글을 바탕으로 〈보기〉를 이해한 내용으로 적절하지 않은 것은? [3점]

— 보기 —

(뷔페에서 음식을 먹은 후)

A: 너무 많이 먹어서 배가 터질 것 같아.

B: 나도 배가 부르기는 한데, 그래도 내가 좋아하는 떡볶이를 좀 더 먹어야겠어.

(잠시 후 디저트를 둘러보며)

A: 예전에 여기서 이 과자 먹어 봤는데 정말 달고 맛있었어. 오늘도 먹어 볼까?

B: 너 조금 전에 배가 터질 것 같다고 하지 않았니?

A: 후식 먹을 배는 따로 있다는 말도 못 들어 봤어?

B: 와! 그게 또 들어가? 진짜 대단하다. 나는 입맛에는 안 맞지만 건강을 위해 녹차나 마셔야겠어.

① A는 오렉신의 영향으로 위(胃)에 후식이 들어갈 공간이 더 마련되었겠군.

② A는 섭식 중추의 작용으로 뷔페의 과자가 맛있었다고 떠올릴 수 있었겠군.

③ B는 영양분의 섭취와는 무관하게 떡볶이가 먹고 싶다고 생각했겠군.

④ B는 전두 연합 영역의 작용으로 건강을 위해 입맛에 맞지 않는 녹차를 마셨겠군.

⑤ A와 B는 디저트를 둘러보기 전까지 섭식 중추의 작용이 점점 억제되었겠군.

지문 근거 둘중햇 Q&A 어휘/개념 부정 질문

분석쌤 강의
● 분 석 구체적 상황에 적용하는 문제는 어렵다고 생각하는 학생들이 많고, 이 문제 또한 어렵게 푼 학생들이 많은데, 복습할 때 왜 어려웠고, 정답과 오답인 이유와 근거는 어디에서 찾을 수 있는지를 따지며 다시 챙겨 보면 이와 같은 문제 유형에 자신감을 가질 수 있게 하는 문제
● 해결案 〈보기〉의 상황을 파악한 후, 지문 내용과 연결해 본다. 이때 〈보기〉의 상황 옆에 관련된 지문 내용을 간단하게 메모하면서 읽으면 좋지만, 빠르게 연결되지 않을 경우에는 답지를 검토하는 과정에서 해당 지문 내용과 비교해 O, X로 표시하며 풀어도 된다.

원자핵은 양성자나 중성자와 같은 핵자들의 결합으로 이루어져 있다. 원자핵을 구성하는 양성자와 중성자의 개수를 모두 더한 것을 질량수라고 하는데, 질량수가 큰 하나의 원자핵이 질량수가 작은 두 개의 원자핵으로 쪼개지는 것을 핵분열이라고 하고 질량수가 작은 두 개의 원자핵이 결합하여 질량수가 큰 하나의 원자핵이 되는 것을 핵융합이라고 한다.

핵분열이나 핵융합은 핵자당 결합 에너지로 설명할 수 있다. 원자핵의 질량은 그 원자핵을 구성하는 개별 핵자들의 질량을 모두 더한 것보다 작다. 이처럼 핵자들이 결합하여 원자핵이 되면서 질량이 줄어든 것을 질량 결손이라고 한다. '질량-에너지 등가 원리'에 따르면 질량과 에너지는 상호 간의 전환이 가능하고, 이때 에너지는 질량에 광속의 제곱을 곱한 값과 같다. 한편 핵자들의 결합에서 줄어든 질량은 에너지로 전환되는데, 이 에너지는 원자핵의 결합 에너지와 그 크기가 같다. 원자핵의 결합 에너지란 원자핵을 개별 핵자들로 분리할 때 가해야 하는 에너지이다. 원자핵의 결합 에너지를 질량수로 나눈 것을 핵자당 결합 에너지라고 하고 그 값은 원자핵의 종류에 따라 다르다.

원자핵을 구성하는 핵자들은 핵자당 결합 에너지가 클수록 더 강력하게 결합되어 있고 이는 원자핵이 더 안정된 상태라는 것을 의미한다. 모든 원자핵은 안정된 상태가 되려는 성질이 있으므로, 핵자당 결합 에너지가 작은 원자핵들은 핵분열이나 핵융합을 거쳐 핵자당 결합 에너지가 큰 상태가 된다. 핵분열이나 핵융합도 반응 전후로 질량 결손이 일어나고, 줄어든 질량은 에너지로 전환된다.

핵분열과 핵융합에서 발생하는 에너지를 발전에 이용할 수 있다. ⊙우라늄-235(^{235}U) 원자핵을 사용하는 핵분열 발전의 경우, 우라늄 원자핵에 중성자를 흡수시키면 질량수가 작고 핵자당 결합 에너지가 큰 원자핵들로 분열된다. 이때 2~3개의 중성자가 방출되는데 이 중성자는 다른 우라늄 원자핵에 흡수되어 연쇄 반응을 일으킨다. 이 과정에서 질량 결손으로 인해 전환되는 에너지를 발전에 이용하는 것이다.

핵분열 발전에서는 중성자의 속도를 느리게 해야 한다. 중성자가 너무 빠르게 움직이면 원자핵에 흡수될 확률이 낮기 때문이다. 특히 핵분열 과정에서 방출된 중성자는 속도가 매우 빠르기 때문에 이를 느리게 해야 연쇄 반응을 일으킬 수 있다. 그래서 물이나 흑연을 감속재로 사용하여 중성자의 속도를 느리게 만든다. 한편 연쇄 반응이 급격하게 일어나면 과도한 에너지가 발생하여 폭발이 일어날 수 있기 때문에 제어봉을 사용한다. 제어봉은 중성자를 흡수하는 장치로, 핵분열에 관여하는 중성자 수를 조절하여 급격한 연쇄 반응을 방지한다.

핵융합 발전을 위한 시도도 계속되고 있다. 태양이 에너지를 생성하는 방법이 바로 핵융합이다. ⓐ수소(^{1}H) 원자핵을 원료로 하는 태양의 핵융합은 주로 태양의 중심부에서 일어난다. 먼저 수소 원자핵 2개가 융합하여 중수소(^{2}H) 원자핵이 되고, 중수소 원자핵은 수소 원자핵과 융합하여 헬륨-3(^{3}He) 원자핵이 된다. 그리고 2개의 헬륨-3 원자핵이 융합하여 헬륨-4(^{4}He) 원자핵이 된다. 이러한 과정에서 줄어든 질량이 에너지로 전환되는 것이다.

지구는 태양과 물리적 조건이 달라서 태양의 핵융합을 똑같이 재현할 수 없다. 가장 많이 시도하는 방식은 ⓑD-T 핵융합이다. 이 방식에서는 중수소 원자핵과 삼중 수소(^{3}H) 원자핵이 융합하여 헬륨-4 원자핵이 된다. 중수소 원자핵과 삼중 수소 원자핵을 핵융합 발전의 원료로 사용하는 이유는 다른 원자핵들의 핵융합보다 반응 확률이 높고 질량 결손으로 전환되는 에너지도 크기 때문이다.

하지만 지구에서 핵융합을 일으키는 것은 간단하지 않다. 양(+)의 전하를 띤 원자핵은 음(-)의 전하를 띤 전자와 전기적 인력에 의해 단단히 결합되어 있어서 일반적인 상태에서 원자핵이 융합하는 것은 불가능하다. 따라서 핵융합 반응을 일으키기 위해서는 물질을 원자핵과 전자가 분리된 상태인 플라스마 상태로 만들어야 한다. 또한 원자핵은 양의 전하를 띠고 있어서 서로 가까이 다가갈수록 척력이 강하게 작용한다. 척력을 이겨 내고 원자핵이 융합하게 하기 위해서는 플라스마의 온도를 높여 원자핵이 고속으로 움직일 수 있도록 해야 한다. 따라서 핵융합 발전을 위한 핵융합로에서는 ⓒ플라스마를 1억℃ 이상으로 가열해서 핵융합의 확률을 높인다. 융합로에서 플라스마의 온도를 높인 이후에는 고온 상태를 일정 시간 이상 유지하는 것도 중요하다. 플라스마는 융합로의 벽에 접촉하면 온도가 내려가기 때문에 자기장을 활용해서 플라스마가 벽에 닿지 않게 하여 고온 상태를 유지할 수 있도록 한다. 안정적인 핵융합 발전을 위해서는 고온의 플라스마를 높은 밀도로 최소 300초 이상 유지해야 한다.

11 윗글의 내용과 일치하는 것은?

① 양성자의 질량과 중성자의 질량을 더한 것을 질량수라고 한다.

② 원자핵과 전자 사이에는 척력이 작용하여 서로 단단하게 결합되어 있다.

③ 원자핵의 결합 에너지는 핵자당 결합 에너지를 질량수로 나눈 것이다.

④ 질량−에너지 등가 원리에 따르면 질량은 에너지에 광속의 제곱을 곱한 값과 같다.

⑤ 핵자들이 결합하여 원자핵이 될 때 줄어든 질량이 전환된 에너지의 크기는 그 원자핵을 다시 개별 핵자들로 분리할 때 필요한 에너지의 크기와 같다.

지문 근거	둘중헷	Q&A	어휘/개념	부정 질문

분석쌤 강의

● **분 석** 다시 보면 정답과 오답의 근거가 지문에 그대로 제시되어 있는데, 정보량이 많은 과학 지문에 약한 학생들로 인해 오답률이 높았던 문제

● **해결案** 내용 일치 문제를 푸는 방법(답지에서 키워드 체크하기 – 체크한 키워드를 지문에서 찾기 – 해당 지문과 답지 비교하기)을 적용하여 풀되, 2차 채점 후 정답지와 오답지를 만드는 원리를 한번 더 챙겨 보도록 한다.

12 ㉠에 대한 이해로 적절하지 않은 것은?

① 우라늄−235 원자핵에 전자를 흡수시켜 핵분열을 일으킨다.

② 물이나 흑연을 감속재로 사용하여 중성자의 속도를 조절한다.

③ 제어봉으로 중성자를 흡수하여 과도한 에너지가 발생하지 않도록 한다.

④ 우라늄−235 원자핵이 분열되면 우라늄−235 원자핵보다 질량수가 작은 원자핵들로 나뉜다.

⑤ 우라늄−235 원자핵이 분열되면서 방출되는 중성자의 속도를 느리게 해서 연쇄 반응을 일으킨다.

지문 근거	둘중헷	Q&A	어휘/개념	부정 질문

분석쌤 강의

● **분 석** 어렵지 않은 문제임에도 특정 오답지에 많이 답한 만큼, 〈클리닉 해설〉에서 해당 오답지를 다시 보며 그 이유를 새겨야 하는 문제

● **해결案** 답지 ①부터 읽으면서 ㉠의 앞뒤에서 정답과 오답의 근거를 찾는다. 이때 근거가 되는 지문 내용과 답지의 설명을 비교하되, 어휘 하나도 놓치지 않고 꼼꼼하게 비교해야 한다.

13 ⓐ와 ⓑ에 대한 설명으로 적절하지 않은 것은?

① ⓐ의 과정에서 헬륨−4 원자핵의 개수는 늘어난다.

② ⓑ는 중수소 원자핵과 삼중 수소 원자핵을 원료로 사용한다.

③ 헬륨−4 원자핵은 ⓑ에서와 달리 ⓐ에서는 헬륨−3 원자핵이 융합하여 생성된다.

④ ⓐ와 ⓑ에서는 모두 반응 전후로 질량 결손이 일어나고 줄어든 질량은 에너지로 전환된다.

⑤ ⓑ를 일으키기 위해서는 ⓐ가 일어나기 위한 물리적 조건과 동일한 조건을 만들어 주어야 한다.

지문 근거	둘중헷	Q&A	어휘/개념	부정 질문

분석쌤 강의

● **분 석** 오답에 답한 학생들이 아주 많았던 문제로, 복습할 때 정답과 오답인 이유를 다시 짚어 보면서 지문 복습을 꼭 해야 하는, 정보량이 많은 과학 지문에서 출제된 문제

● **해결案** ⓐ와 ⓑ에 대해 설명하고 있는 6문단과 7문단을 바탕으로 답지를 살핀다. 이때 답지의 근거가 되는 지문과 답지의 설명을 꼼꼼히 비교해 O, X로 표시하며 푼다.

14 ㉡의 이유로 가장 적절한 것은?

① 원자핵이 융합로의 벽에 접촉하지 않게 하기 위해

② 자기장을 발생시켜 플라스마의 온도를 유지하기 위해

③ 원자핵이 척력을 이겨 내고 서로 융합할 수 있도록 하기 위해

④ 전자를 고속으로 움직이게 하여 핵융합의 효율을 높이기 위해

⑤ 원자핵들 사이에 전기적 인력을 발생시켜 핵융합의 확률을 높이기 위해

지문 근거	둘중헷	Q&A	어휘/개념	부정 질문

분석쌤 강의

● **분 석** 밑줄 친 부분의 앞뒤에서 정답의 근거를 확인할 수 있는 '이유 찾기' 문제

● **해결案** '이유'를 묻고 있으므로 '㉡과 같이 하는 이유가 뭔데?', '왜 ㉡과 같이 하는데?'라는 질문에 대한 답을 찾는다. 정답의 근거는 ㉡의 앞뒤에서 찾을 수 있다는 것도 기억하자.

15 윗글을 읽은 학생이 〈보기〉의 설명을 이해한 내용으로 가장 적절한 것은? [3점]

지문 근거　둘중헷　Q&A　어휘/개념 부정질문

— 보기 —

선생님: 이 그림은 여러 원자핵의 핵자당 결합 에너지를 나타내고 있어요. 철($_{26}^{56}$Fe) 원자핵은 다른 원자핵들에 비해 핵자당 결합 에너지가 크죠? 철 원자핵은 모든 원자핵 중에서 핵자당 결합 에너지가 가장 크고 가장 안정된 상태예요. 철 원자핵보다 질량수가 작은 원자핵은 핵융합을, 질량수가 큰 원자핵은 핵분열을 통해 핵자당 결합 에너지가 높은 원자핵이 된답니다.

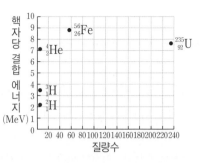

※원자핵의 질량수(A)와 양성자 수(Z)는 원소 기호(X)에 다음과 같이 표기한다.

$$_{Z}^{A}X$$

① 헬륨−4 원자핵은 핵융합을 거치면 더 안정된 상태의 원자핵으로 변하겠군.

② 중수소 원자핵은 삼중 수소 원자핵과 양성자의 수는 같지만 더 안정된 상태이겠군.

③ 철 원자핵의 결합 에너지는 철 원자핵의 핵자당 결합 에너지에 26을 곱한 값과 같겠군.

④ 우라늄−235 원자핵이 핵분열하여 생성된 원자핵들은 핵자당 결합 에너지가 9MeV 이상이겠군.

⑤ 우라늄−235 원자핵은 철 원자핵에 비해 원자핵을 구성하고 있는 핵자들이 더 강력하게 결합되어 있겠군.

분석쌤 강의
●분 석 정답보다 오답에 답한 학생들이 많았고, 〈보기〉에 그래프가 제시된 고배점(3점) 문제였던 만큼, 2차 채점 후 그래프를 해석하는 방법과 정답과 오답인 이유를 따져 알아야 하는 문제
●해결案 〈보기〉의 설명과 지문 내용을 바탕으로 〈보기〉의 그래프가 나타내는 바부터 먼저 파악한다. 이때 그래프를 해석할 때에는 그래프의 세로축과 가로축부터 확인하여 그래프가 나타내는 의미를 이해하도록 한다. 그런 다음 답지를 살피되, '더 안정된 상태'(①, ②), '곱한 값'(③), '∼ 이상'(④), '더 강력하게'(⑤) 등에서 비교하는 대상에 유의하여 정답과 오답의 근거가 되는 지문 내용과 〈보기〉를 꼼꼼히 비교하도록 한다.

1주차 2주차 3주차 4주차

▶ 정답을 모르는 상태에서 2차 풀이를 하기 위한 방법으로, 아래 채점표 대신 '모바일 자동 채점 프로그램'(문제편 표지 QR 코드)을 이용해도 된다.

🕐 **종료 시각**　시　분　초

총 소요 시간	종료 시각 −시작 시각		**분**	**초**
목표 시간			23분	45초
초과 시간	총 소요 시간 −목표 시간		**분**	**초**

1 종료 시각을 적은 후, 문제에 체크한 '내가 쓴 답'을 ❶에 옮겨 적는다.
2 ❷에 채점을 하되, 틀린 문제에만 '╱' 표시를 한다.
(문제에 직접 채점하지 않는 이유는 다시 풀 때 정답을 모르는 상태에서 풀어야 제대로 훈련이 되기 때문)

문항 번호	1	2	3	4	5	6	7	8	9	10	11	12	13	14	15
❶내가 쓴 답															
❷채　점															

☞ 정답은 〈클리닉 해설〉 p.200 (해설은 p.104)

3 틀렸거나 찍어서 맞힌 문제는 다시 푼다.
4 2차 채점을 할 때 다시 풀어서 맞힌 문항은 △, 또 틀린 문항은 ✗표시를 한다.
5 △와 ✗문항은 반드시 다시 보고 틀린 이유를 알고 넘어간다.

채점 결과_ 15일째
반드시 체크해서 복습 때 활용할 것

	1차 채점	2차 채점	
총 문항 수	15개	△ 문항 수	개
틀린 문항 수	개	✗ 문항 수	개

1~4 다음 글을 읽고 물음에 답하시오.

2019학년도 9월 고1 전국연합학력평가【27~30】과학

우리 몸에는 외부의 환경이나 미생물로부터 스스로를 지키기 위한 자기 방어 시스템이 있는데, 이를 자연 치유력이라고 한다. 우리 몸은 이상이 생겼을 때 자기 진단과 자기 수정을 통해 이를 정상적으로 회복하기 위해 노력한다. 인체의 자연 치유력 중 하나인 ㉠'오토파지'는 세포 안에 쌓인 불필요한 단백질과 망가진 세포 소기관*을 분해해 세포의 에너지원으로 사용하는 현상이다.

평소에는 우리 몸이 항상성*을 유지할 정도로 오토파지가 최소한으로 일어나는데, 인체가 오랫동안 영양소를 섭취하지 못하거나 해로운 균에 감염되는 등 스트레스를 받으면 활성화된다. 예를 들어 밥을 제때에 먹지 않아 영양분이 충분히 공급되지 않으면 우리 몸은 오토파지를 통해 생존에 필요한 아미노산과 에너지를 얻는다. 이외에도 몸속에 침투한 세균이나 바이러스를 오토파지를 통해 제거하기도 한다.

그렇다면 오토파지는 어떤 과정을 거쳐 일어날까? 세포 안에 불필요한 단백질과 망가진 세포 소기관이 쌓이면 세포는 세포막을 이루는 구성 성분을 이용해 이를 이중막으로 둘러싸 작은 주머니를 만든다. 이 주머니를 '오토파고솜'이라고 ⓐ부른다. 오토파고솜은 세포 안을 둥둥 떠다니다가 리소좀을 만나서 합쳐진다. '리소좀'은 단일막으로 둘러싸인 구형의 구조물로 그 속에 가수분해효소를 가지고 있어 오토파지 현상을 주도하는 역할을 한다. 오토파고솜과 리소좀이 합쳐지면 '오토파고리소좀'이 되는데 리소좀 안에 있는 가수분해효소가 오토파고솜 안에 있던 쓰레기들을 잘게 부수기 시작한다. 분해가 끝나면 막이 터지면서 막 안에 들어 있던 잘린 조각들이 쏟아져 나온다. 그리고 이 조각들은 에너지원으로 쓰이거나 다른 세포 소기관을 만드는 재료로 재활용된다.

이러한 오토파지가 정상적으로 작동하지 않으면 불필요한 단백질과 망가진 세포 소기관이 세포 안에 쌓이면서 세포 내 항상성이 무너져 노화나 질병을 초래한다. 그래서 과학자들은 여러 가지 실험을 통해 오토파지를 활성화시키는 방법을 연구하거나 오토파지를 이용해 병을 치료하는 방법을 찾고 있다. 자연 치유력에는 오토파지 이외에도 '면역력', '아포토시스' 등이 있다. '면역력'은 질병으로부터 우리 몸을 지키는 방어 시스템이다. ㉡'아포토시스'는 개체를 보호하기 위해 비정상 세포, 손상된 세포, 노화된 세포가 스스로 사멸하는 과정으로 우리 몸을 건강한 상태로 유지하게 한다. 이러한 현상들을 통해 우리는 우리 몸을 지킬 수 있는 것이다.

* 세포 소기관: 세포핵, 골지체, 소포체, 리보솜, 리소좀 등의 세포 안에 들어 있는 작은 기관들.
* 항상성: 생체가 여러 가지 환경 변화에 대응하여 생명 현상이 제대로 일어날 수 있도록 일정한 상태를 유지하는 성질. 또는 그런 현상.

다시보기 ▶ 다시 볼 문제 체크하고 틀린 이유 메모하기

[분석쌤 강의]는 2차 채점 후 반드시 챙겨 본다!

01 윗글의 표제와 부제로 가장 적절한 것은?

① 세포의 재생 능력
   – 리소좀의 구조와 기능을 중심으로

② 인체의 자연 치유력
   – 오토파지의 원리를 중심으로

③ 질병을 예방하는 방법
   – 세포의 면역력을 중심으로

④ 노화를 막기 위한 방법
   – 아포토시스의 원리를 중심으로

⑤ 우리 몸의 자기 면역 방어
   – 오토파지를 활성화시키는 방법을 중심으로

지문근거 둘중헷 Q&A 어휘/개념 부정질문

분석쌤 강의
● **분 석** 수능 빈출 유형으로, 문제 풀이 방법을 챙겨 봐야 하는 '표제와 부제'를 묻는 문제
☞ 〈클리닉 해설〉 p.108의 '개념➕' 참조
● **해결案** 내용 일치 여부를 묻는 문제가 아니라 표제와 부제를 묻는 문제라는 점에 집중하여, 지문에서 다루고 있지 않은 내용이면 ✗, 지문에서 다루고 있는 내용이어도 글 전체를 포괄하는 내용이 아니면 과감하게 ✗ 표시를 한다.

02 윗글을 바탕으로 〈보기〉를 이해한 내용으로 적절하지 <u>않은</u> 것은? [3점]

보기

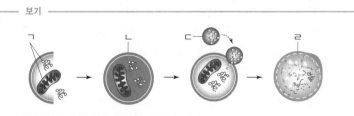

ㄱ: 불필요한 단백질과 망가진 세포 소기관
ㄴ: 오토파고솜
ㄷ: 리소좀
ㄹ: 오토파고리소좀

① 세포 안에 ㄱ이 쌓이면 오토파지가 일어나겠군.
② ㄴ은 ㄱ을 이중막으로 둘러싸 작은 주머니로 만든 것이겠군.
③ ㄴ이 ㄷ과 결합하면 ㄴ 안의 가수분해효소가 ㄱ을 잘게 분해하겠군.
④ 분해가 끝나면 막이 터지면서 ㄹ 안의 잘린 조각들이 쏟아져 나오겠군.
⑤ ㄹ에서 나온 조각들은 에너지원으로 쓰이거나 재활용되겠군.

지문 근거   둘중헷   Q&A   어휘/개념   부정질문

분석쌤 강의
● **분 석** 그림 아래에 ㄱ~ㄹ이 무엇인지에 대해 제시해 주지 않아도 풀 수 있어야 하는 문제로, 2차 채점 후 ㄱ~ㄹ이 없다고 가정하고 지문과 〈보기〉를 비교해 지문 복습을 하고, 특정 오답지에 답한 학생들이 많았던 만큼 〈클리닉 해설〉에서 '가장 많이 질문한 오답은?'도 챙겨 보면 유용한 문제
● **해결案** 〈보기〉에서 그림과 ㄱ~ㄹ이 가리키는 바를 먼저 확인한다. 그런 다음, 답지의 설명이 적절한지를 따질 때 ㄱ에서 ㄹ로 진행되는 '오토파지'의 작동 과정에 대해 설명하고 있는 지문 내용과 〈보기〉를 비교하여 짚어 가며 옳고 그름을 판단한다.

03 ㉠과 ㉡에 대한 설명으로 가장 적절한 것은?

① ㉠은 ㉡과 달리 세포 소기관보다는 개체를 보호하기 위해 일어난다.
② ㉡은 ㉠과 달리 손상된 세포가 스스로 사멸함으로써 우리 몸의 항상성을 유지한다.
③ ㉡은 ㉠과 달리 우리 몸에 영양 공급이 부족하거나 바이러스가 침투했을 때 발생한다.
④ ㉠과 ㉡은 모두 생존에 필요한 아미노산과 에너지를 다량으로 얻기 위해 작동한다.
⑤ ㉠과 ㉡은 모두 작동 과정에서 세포가 분해되어 다른 세포 소기관을 만드는 데 활용된다.

지문 근거   둘중헷   Q&A   어휘/개념   부정질문

분석쌤 강의
● **분 석** '~과 달리'와 '모두'에 유의하여 풀어야 하는, 두 대상의 공통점과 차이점을 묻는 문제
● **해결案** ㉠과 ㉡을 확인한 후, 답지 ①부터 ㉠과 ㉡에 대해 설명하고 있는 지문 내용을 근거로 적절한지를 살핀다. 이때 ㉠, ㉡ 중 적절성 여부를 쉽게 판단할 수 있는 것부터 체크하면 문제 풀이 시간을 단축할 수 있다.

04 문맥상 의미가 ⓐ와 가장 가까운 것은?

① 그는 속으로 쾌재를 <u>불렀다</u>.
② 푸른 바다가 우리를 <u>부른다</u>.
③ 그 가게에서는 값을 비싸게 <u>불렀다</u>.
④ 도덕 기준이 없는 혼돈 상태를 아노미라고 <u>부른다</u>.
⑤ 그녀는 학교 앞을 지나가는 친구를 큰 소리로 <u>불렀다</u>.

지문 근거   둘중헷   Q&A   어휘/개념   부정질문

분석쌤 강의
● **분 석** 2016학년도 수능 시험에서도 출제된 '부르다'의 문맥적 의미를 묻는 문제
● **해결案** '매3'에서 강조하는 '어휘 문제 3단계 풀이법'을 적용하여 풀고, 2차 채점 후 오답지에 쓰인 '부르다'의 의미도 챙겨 본다.

양전자 단층 촬영(PET)은 세포의 대사량 등 인체에 대한 정보를 확인하기 위해 몸속에 특정 물질을 ⓐ주입하여 그 물질의 분포를 영상화하는 기술이다. 이때 대사량이란 사람의 몸속 세포가 생명 유지를 위해 필요로 하는 에너지의 총량으로 정상 세포와 비정상 세포는 대사량에서 차이가 난다. PET는 특정 물질과 비정상 세포의 반응을 이용하여 이들의 분포를 확인할 수 있다.

PET를 통해 이를 확인하기 위해서는 우선 몸속에 방사성 추적자를 주입해야 한다. 일반적으로 PET에 사용되는 방사성 추적자 는 방사성 동위원소를 결합한 포도당 성분의 특정 물질로, 이는 특정한 원소 또는 물질의 이동 양상을 알아내기 위해 쓰인다. 이렇게 주입된 방사성 추적자는 에너지원으로 쓰이는 포도당과 유사하기 때문에, 대사량이 높아서 많은 에너지원을 필요로 하는 비정상 세포에 다량 흡수된다. 그런데 세포 안으로 흡수된 방사성 추적자는 일반 포도당과 달리 세포의 에너지원으로 사용되지 않고, 일정 시간 동안 세포 안에 머무른다.

세포 내에 축적된 방사성 추적자의 방사성 동위원소는 붕괴되면서 양전자를 ⓑ방출한다. 방출된 양전자는 몸속의 전자와 결합하여 소멸하는데, 이때 두 입자의 질량이 에너지로 바뀐다. 이 에너지는 180도 각도를 이루는 한 쌍의 감마선으로 방출되어 몸 밖으로 나온다.

몸 밖으로 나온 감마선은 PET 스캐너를 통해 검출되는데, PET 스캐너는 수많은 검출기가 검사 대상을 원형으로 둘러싸고 있는 구조이다. 180도로 방출된 한 쌍의 감마선은 각각의 진행 방향에 있는 검출기에 ⓒ도달하게 된다. 이때 한 쌍의 감마선이 도달한 검출기의 두 지점을 잇는 직선을 동시 검출 응답선이라고 하며 감마선의 방출 지점은 이 선의 어느 한 점에 있다고 할 수 있다. 그런데 한 쌍의 감마선이 각각의 검출기에 도달하는 시간에는 미세한 차이가 발생하는데, 이는 몸의 어느 지점에서 감마선이 방출되었는지에 따라 검출기까지의 거리가 달라지기 때문이다.

감마선이 PET 영상의 유효한 성분이 되기 위해서는 한 지점에서 방출된 한 쌍의 감마선이 PET 스캐너의 검출기로 동시에 도달해야 하는데 이 경우를 동시계수라고 한다. 하지만 ⊙한 쌍의 감마선이 완전히 동시에 도달하는 경우는 현실적으로 불가능하므로 PET 스캐너는 동시계수로 인정할 수 있는 최대 시간 폭인 동시계수 시간 폭을 설정하고 동시계수 시간 폭 안에 들어온 경우를 유효한 성분으로 ⓓ간주한다.

그런데 동시계수 시간 폭 내에 도달한 한 쌍의 감마선, 즉 동시계수 중에서도 PET 영상에 유효한 성분이 되지 않는 경우가 있다. 우선 감마선이 주변의 물질과 상호 작용을 일으켜 진행 방향이 바뀌면서 검출기에 도달하는 시간의 변화가 생겼으나 동시계수 시간 폭 내에 검출되는 경우가 있는데 이를 산란계수라고 한다. 다음으로 한 지점에서 방출된 두 개의 감마선 중 한 개의 감마선만이 검출기로 도달할 때, 다른 지점에서 방출된 한 개의 감마선과 동시계수 시간 폭 내에 도달하는 경우가 있는데 이를 랜덤계수라고 한다. 이 두 경우는 모두 실제 감마선이 방출된 지점이 동시 검출 응답선 위에 존재하지 않기 때문에 PET 영상의 정확도를 떨어뜨리는 요인이 된다. 즉, 한 지점에서 방출된 한 쌍의 감마선이 아무런 방해를 받지 않고 동시계수 시간 폭 내에 도달하는 참계수만이 유효한 영상 성분이 되는 것이다. 따라서 PET 영상의 정확도를 높이기 위해서는 산란계수와 랜덤계수의 검출을 최소화하기 위해 동시계수 시간 폭을 적절하게 ⓔ설정하는 것이 중요하다.

다시보기 ▶ 다시볼 문제 체크하고 틀린 이유 메모하기

[분석쌤 강의]는 2차 채점 후 반드시 챙겨 볼 것!

05 윗글의 내용과 일치하지 <u>않는</u> 것은?

① PET는 특정 물질과 비정상 세포의 반응을 이용한다.
② PET에서 동시 검출 응답선은 직선의 형태로 표현된다.
③ PET 스캐너는 감마선을 방출하여 PET 영상을 만든다.
④ PET는 인체의 정보를 확인하기 위한 영상화 기술이다.
⑤ PET 스캐너는 수많은 검출기로 이루어진 원형 구조이다.

지문 근거   돌중헷   Q&A   어휘/개념 부정질문

분석쌤 강의
● **분 석** 지문 내용을 이해하는 데에는 시간이 오래 걸렸으나 정답과 오답의 근거는 쉽게 찾을 수 있는 문제 유형
● **해결案** '내용 일치' 여부를 묻는 문제라는 것을 확인한 후 ⑴ 답지에서 키워드를 체크하고, ⑵ 그 키워드를 언급한 지문 내용을 찾아 답지와 비교하여 ○, ✕로 표시하며 푼다.

06 방사성 추적자 에 대한 설명으로 적절하지 않은 것은?

① 비정상 세포 내에 다량으로 흡수되어 축적된다.

② 세포의 대사량을 평소보다 높이기 위해 사용된다.

③ 일반 포도당과 유사하지만 에너지원으로 사용되지 않는다.

④ 특정 물질의 이동 양상을 밝히기 위해 사용되는 화합물이다.

⑤ 양전자를 방출하며 붕괴되는 방사성 동위원소가 결합된 물질이다.

지문근거 둘중햇 Q&A 어휘/개념 부정질문

분석쌤 강의
● **분 석** 〈클리닉 해설〉에서 정답과 오답의 근거를 확인하여 출제자가 정답지와 오답지를 구성하는 원리를 한번 더 새기면 유용한 문제
● **해결案** '방사성 추적자'에 대한 설명으로 적절하지 않은 것을 질문했으므로 해당 내용을 지문에서 찾아 답지와 일치 여부를 따진다.

07 ㉠의 이유를 추론한 내용으로 가장 적절한 것은?

① 방출된 감마선이 180도 방향으로 진행하기 때문이다.

② 양전자와 전자의 질량이 에너지로 바뀌었기 때문이다.

③ 한 쌍의 감마선이 동시에 검출기에 도달하면 동시계수로 인정되기 때문이다.

④ 한 쌍의 감마선 중 하나의 감마선만이 PET 영상의 유효한 성분이 되기 때문이다.

⑤ 감마선 방출 지점에 따라 두 감마선이 검출기까지 이동하는 거리가 서로 다르기 때문이다.

지문근거 둘중햇 Q&A 어휘/개념 부정질문

분석쌤 강의
● **분 석** 밑줄 친 부분의 앞 또는 뒤에서 정답의 근거를 찾을 수 있는, '이유 찾기' 문제
● **해결案** ㉠에서 '왜' 불가능하다고 했는지를 체크한다. '이유를 추론'한 것을 질문했으므로 ㉠ 앞뒤에 전개된 내용에서 정답의 근거를 찾으면 된다. 이때 대개는 ㉠이 포함된 문단에 그 이유가 제시되지만, 더러는 앞뒤에 있는 다른 문단에 이유가 제시되기도 한다는 점을 염두에 두자.

08 윗글을 바탕으로 〈보기〉를 이해한 내용으로 적절하지 않은 것은? [3점]

보기

구분	A	B	C
검출기에 도달한 두 감마선의 시간 차	5ns	7ns	10ns

○A~C는 모두 동시계수 시간 폭을 12ns로 설정한, 동일한 PET 스캐너로 감마선을 검출한 경우이고 ■는 감마선의 방출 지점을 나타낸다.

○ns는 시간 단위로 10억분의 1초를 나타낸다.

① A의 경우 한 쌍의 감마선이 주변 물질과 상관없이 도달했다면, 참계수라고 할 수 있겠군.

② B의 경우 한 감마선의 진행 방향이 바뀌었지만 동시계수 시간 폭 내에 도달하였다고 할 수 있겠군.

③ C의 경우 PET 영상에 유효한 성분이 될 수 없는 랜덤계수라고 할 수 있겠군.

④ A와 B의 경우 동시계수 시간 폭이 8ns이었다면, 산란계수는 검출되지 않았겠군.

⑤ B와 C의 경우 실제 감마선의 방출 지점이 동시 검출 응답선 위에 존재하지 않겠군.

지문근거 둘중햇 Q&A 어휘/개념 부정질문

분석쌤 강의
● **분 석** 지문의 이해를 돕는 그림이 있고, 그림을 이해하는 단서는 지문에 있다는 것을 알려 주는 문제
● **해결案** 지문에서 〈보기〉의 그림과 관련된 설명 내용을 찾는다. 이를 통해 A~C가 뜻하는 바를 이해한 다음, 각 답지에서 설명하는 내용이 A~C에 대해 적절하게 설명한 것인지를 따진다. 이때, 〈보기〉의 그림 아래의 표와 설명도 꼼꼼히 읽고 정답 여부를 판단하도록 한다.

09 ⓐ~ⓔ의 사전적 의미로 적절하지 않은 것은?

① ⓐ: 흘러 들어가도록 부어 넣다.

② ⓑ: 입자나 전자기파의 형태로 에너지를 내보내다.

③ ⓒ: 목적한 곳이나 수준에 다다르다.

④ ⓓ: 유사한 점에 기초하여 다른 사물을 미루어 추측하다.

⑤ ⓔ: 새로 만들어 정해 두다.

지문 근거 둘중혯 Q&A 어휘/개념 부정질문

분석쌤 강의

● **분 석** 특정 오답지에 답한 학생들이 많았고, 수능 시험에 출제된 어휘가 제시된 문제

· 간주하다: 2022학년도 · 2015학년도 수능
· 설정하다: 2019학년도 · 2015학년도 수능

● **해결案** '매3'에서 강조하는 '어휘 문제 3단계 풀이법'을 적용해 푼다.

10~14 **다음 글을 읽고 물음에 답하시오.**

2022학년도 6월 고1 전국연합학력평가【21~25】과학

전자 녹음 장치에 녹음된 자신의 목소리를 스피커를 통해 들으면 어색하게 느껴진다. 그 이유를 이해하기 위해서는 소리가 무엇이며 어떤 과정을 통해 들리게 되는지 살펴볼 필요가 있다.

소리는 물체의 진동에 의해 발생하고 매질의 진동으로 전달되는 파동이다. 소리가 들린다는 것은 매질의 진동이 내이에 도달하여 달팽이관 속 림프액을 진동시켜 섬모가 흔들리고, 이로 인해 발생한 전기 신호가 청각 신경을 따라 뇌에 전달됨을 의미한다. 이때 소리가 내이에 도달하는 방식으로는 외이와 중이를 거치는 공기 전도와 이를 거치지 않는 골전도가 있다.

공기 전도는 공기를 매질로 소리가 내이에 전달되는 것을 의미한다. 물체의 진동이 주변 공기를 진동시키면 귓바퀴가 이 진동을 모아 귓속으로 보내고, 그 결과 진동은 외이도를 지나게 된다. 귓바퀴와 외이도 등 진동이 지나가는 각 지점에서는 소리의 공명이 발생한다. 공명이란 공명 주파수*에서 진폭이 커지는 현상을 말하는데 외이도의 경우 공명 주파수는 성인 기준으로 2,500~2,700Hz이다. 공명 주파수는 외이도의 길이에 반비례하기 때문에, 외이도의 길이가 성인보다 짧은 유아는 공명 주파수가 더 높다. 이러한 공명에 의해 증폭된 진동은 고막을 진동시키고 고막의 진동은 청소골에서 더욱 증폭되어 내이에 전달된다.

이에 반해 골전도는 귀 주변 뼈를 매질로 소리가 내이에 바로 전달되는 것이다. 대화할 때 들리는 자신의 목소리에는 성대에서 발생한 진동이 공기 전도를 통해 전달된 소리와 골전도를 통해 전달된 소리가 함께 있다. 자신의 목소리 중에서 20~1,000Hz의 소리는 골전도로는 잘 전달이 되지만, 외이와 중이에서 공명이 잘 일어나지 않아 공기 전도로는 잘 전달되지 않는다. 녹음된 자신의 목소리를 스피커를 통해 들으면 골전도를 통해 듣던 소리는 잘 들리지 않으므로 어색함을 느끼게 되는 것이다.

한편 외이와 중이에 이상이 있는 사람도 골전도를 통해서는 소리를 들을 수 있는데, 이를 이용한 보청기도 사용되고 있다. 최근에는 이어폰에도 골전도의 원리가 이용되고 있다. 이어폰 내부에는 일반적으로 내부 자기장을 형성하는 자석과 보이스코일이 있다. 보이스코일에 교류 전류를 가하면 내부 자기장에 의해 보이스코일에 인력과 척력이 교대로 작용하여 보이스코일에 진동이 발생한다. 이때 전류의 방향이 바뀌는 주기를 짧게 할수록 주파수가 높아져 높은 음의 소리가 난다. 또 전류를 세게 할수록 진폭이 커져 음량이 높아진다. ㉠일반적인 이어폰은 이러한 진동을 공기를 통해 전달하는데, ㉡골전도 이어폰은 귀 주변 뼈에 진동판을 밀착하여 진동을 내이로 직접 전달한다.

골전도 이어폰은 일반적인 이어폰과 달리 귀를 막지 않고 사용하기 때문에 다양한 장점이 있다. 우선 귀 내부가 습해지는 것을 방지할 수 있고 고막을 직접 자극하지 않는다. 또 야외 활동 시 착용해도 주변 소리를 들을 수 있어 위험 상황에 잘 대처할 수 있다. 그러나 골전도 이어폰을 사용해도 내이는 자극이 되므로 장시간 사용하면 청각 신경이 손상될 수 있어 주의해야 한다.

*공명 주파수: 공명 현상이 일어나거나 공명에 의해 강해지는 주파수.

10 윗글에 대한 설명으로 가장 적절한 것은?

① 소리가 전달되는 두 가지 방식을 제시하고 이와 관련한 기술을 소개하고 있다.

② 이어폰 기술의 과학적 원리를 살펴보고 앞으로 전개될 발전 방향을 예측하고 있다.

③ 청각에 대한 두 가지 관점을 언급하고 이를 절충한 새로운 관점을 제시하고 있다.

④ 골전도 현상이 일어나는 과정을 제시하고 이에 대한 서로 다른 견해를 분석하고 있다.

⑤ 청각에 이상이 생기는 사례를 소개하고 이를 예방하기 위한 구체적인 방안을 제시하고 있다.

지문근거 둘중햇 Q&A 어휘/개념 부정질문

분석쌤 강의

● **분 석** 글의 전개 방식을 묻는 문제로, 지문에서 확인할 수 없는 내용이 포함되어 있으면 오답 후보로 체크하며 풀면 되는 문제

● **해결案** 지문을 다 읽은 다음, 답지 ①부터 지문 내용을 전개한 방식으로 적절한지를 따진다. 이때 답지를 '~하고'를 중심으로 두 부분으로 나누어 살피되, 지문에서 다루지 않은 내용은 바로 ✗ 표시를 하고 다음 답지로 넘어간다. 앞부분과 뒷부분이 모두 ○○인 답지를 정답으로 체크하면 된다.

11 윗글을 읽고 알 수 있는 내용으로 적절하지 <u>않은</u> 것은?

① 주파수가 낮아지면 낮은 음의 소리가 난다.

② 고막의 진동은 청소골을 통과할 때 증폭된다.

③ 외이도의 길이가 짧을수록 공명 주파수는 높아진다.

④ 이어폰의 보이스코일에 흐르는 전류가 세지면 음량이 높아진다.

⑤ 20~1,000Hz의 소리는 물체의 진동에 의해서는 발생할 수 없다.

지문근거 둘중햇 Q&A 어휘/개념 부정질문

분석쌤 강의

● **분 석** '알 수 있는 내용'을 질문했지만, 지문에서 바로 확인할 수 있는 답지와, 미루어 알 수 있는 답지가 함께 제시되어 있는 문제

● **해결案** 각 답지에서 키워드를 체크한 후, 체크한 키워드가 언급된 지문 내용과 답지를 비교해 적절한지를 따진다. 지문 내용과 어긋나거나 지문을 통해 알 수 없는 내용이 포함된 답지가 정답이 된다.

12 윗글의 내용을 고려할 때, 그 이유 로 가장 적절한 것은?

① 평소에 골전도로 전달되는 소리를 들을 기회가 적었으므로

② 스피커에서 나온 녹음된 목소리는 내이를 거치지 않고 뇌에 전달되므로

③ 전자 장치의 전기적 에너지로 인해 청각 신경이 받는 자극의 크기가 커졌으므로

④ 녹음된 소리를 들을 때에는 골전도로 전달되는 주파수의 소리가 잘 들리지 않으므로

⑤ 자신이 말할 때 듣는 목소리에는 녹음된 목소리와 달리 외이에서 공명이 일어나는 소리가 빠져 있으므로

지문근거 둘중햇 Q&A 어휘/개념 부정질문

분석쌤 강의

● **분 석** 지문을 읽기 전 발문(문두)부터 보면 문제 풀이 시간을 단축할 수 있다고 한 이유를 알게 해주는 문제

● **해결案** 지문을 읽기 전 그 이유 를 질문하고 있다는 것을 확인한다. 그러면 그 이유 가 있는 1문단과 이어지는 문단을 읽을 때 '소리가 무엇이며 어떤 과정을 통해 들리게 되는지 살펴'보게 되어 글의 흐름을 파악할 수 있고, '그 이유'를 설명한 부분도 찾을 수 있다. 이때 바로 이 문제를 풀면 되므로 정답을 빠르고 쉽게 찾을 수 있다.

13 윗글을 바탕으로 〈보기〉에 대해 보인 반응으로 가장 적절한 것은? [3점]

지문 근거 둘중햇 Q&A 어휘/개념 부정 질문

분석쌤 강의
● 분 석 각 답지의 서술어 '있다, 없다(않다)'에 주목해야 하는 문제
● 해결案 먼저 '윗글을 바탕으로' 〈보기〉를 이해한다. 그런 다음 답지 ①부터 키워드를 파악하고, 그 키워드를 지문과 〈보기〉에서 찾아 옳고 그름을 판단한다. ①을 예로 들면 '골전도 이어폰'의 '장시간 사용'에 관해 언급한 6문단의 내용과 '감각 신경성 난청'의 발생 원인에 대해 설명한 〈보기〉 2문단의 내용을 함께 고려하면 ①의 옳고 그름을 판단할 수 있다.

— 보기 —

　　난청이란 소리가 잘 들리지 않거나 전혀 들리지 않는 증상으로 외이도에서 뇌에 이르기까지 소리가 전달되는 과정 중 특정 부분에 문제가 생기면 발생한다. 그중 전음성 난청은 외이와 중이에 문제가 있어 발생하는 증상으로, 이 경우 소리가 커지면 알아듣는 정도가 좋아질 수 있다.

　　이와 달리 감각 신경성 난청은 달팽이관까지 소리가 잘 전달되었음에도 소리가 잘 들리지 않는 것으로 달팽이관의 청각 세포나, 청각 자극을 뇌로 전달하는 청각 신경 또는 중추 신경계 이상 등으로 발생한다. 이 경우 소리가 커져도 그것을 알아듣는 정도가 좋아지지 않는다.

① 골전도 이어폰은 장시간 사용해도 감각 신경성 난청을 유발하지는 않겠군.

② 청각 신경의 이상으로 인한 난청이 있는 사람의 경우 이어폰의 음량을 높이면 잘 들을 수 있겠군.

③ 자신이 말하는 목소리가 전혀 들리지 않는 사람은 감각 신경성 난청 증상이 있다고 볼 수 있겠군.

④ 고막의 이상으로 난청이 있는 경우 골전도의 원리를 이용한 보청기는 사용해도 효과가 없겠군.

⑤ 전음성 난청이 있는 사람은 골전도 이어폰의 소리는 들을 수 없지만 일반적인 이어폰의 소리는 들을 수 있겠군.

14 ㉠, ㉡에 대한 설명으로 적절하지 않은 것은?

지문 근거 둘중햇 Q&A 어휘/개념 부정 질문

분석쌤 강의
● 분 석 특정 오답지에 답한 학생들이 많았던 만큼 2차 채점 후 해당 답지가 무엇이고, 왜 그 답지에 답한 학생들이 많았는지 챙겨 보고 넘어가야 하는 문제
● 해결案 각 답지의 키워드를 지문에서 찾아, 그 내용이 답지의 설명과 같이 ㉠ 또는 ㉡과 관련된 것인지 꼼꼼하게 따져야 한다. 이때 밑줄 친 ㉠, ㉡에 대해 질문했지만 ㉠, ㉡과 관련된 다른 문단의 내용도 함께 고려해야 한다는 것도 한 번 더 짚고 넘어가도록 한다.

① ㉠은 교류 전류를 진동으로 바꾸고 공기를 통해 그 진동을 내이에 전달한다.

② ㉡은 진동판을 통해 뼈에 진동을 발생시켜 소리를 내이로 전달한다.

③ ㉠은 ㉡과 달리 섬모의 흔들림을 유발하여 전기 신호를 발생시킨다.

④ ㉡은 ㉠과 달리 야외 활동 시 사용해도 주변 소리를 들을 수 있어 위험 상황에 잘 대처할 수 있다.

⑤ ㉠과 ㉡은 모두 내부 자기장과 교류 전류로 인해 인력과 척력이 발생한다.

▶ 정답을 모르는 상태에서 2차 풀이를 하기 위한 방법으로, 아래 채점표 대신 '모바일 자동 채점 프로그램'(문제편 표지 QR 코드)을 이용해도 된다.

🕐 종료 시각 　　시　　분　　초

총 소요 시간	종료 시각 −시작 시각	분	초
목표 시간		22분	10초
초과 시간	총 소요 시간 −목표 시간	분	초

1 종료 시각을 적은 후, 문제에 체크한 '내가 쓴 답'을 ❶에 옮겨 적는다.
2 ❷에 채점을 하되, 틀린 문제에만 / 표시를 한다.
　(문제에 직접 채점하지 않는 이유는 다시 풀 때 정답을 모르는 상태에서 풀어야 제대로 훈련이 되기 때문)

문항 번호	1	2	3	4	5	6	7	8	9	10	11	12	13	14
❶ 내가 쓴 답														
❷ 채 점														

☞ 정답은 《클리닉 해설》 p.200 (해설은 p.114)

3 틀렸거나 찍어서 맞힌 문제는 다시 푼다.
4 2차 채점을 할 때 다시 풀어서 맞힌 문항은 △, 또 틀린 문항은 ✗ 표시를 한다.
5 △와 ✗ 문항은 반드시 다시 보고 틀린 이유를 알고 넘어간다.

채점 결과_ 16일째
반드시 체크해서 복습 때 활용할 것

	1차채점		2차채점
총 문항 수	14개	△ 문항 수	개
틀린 문항 수	개	✗ 문항 수	개

1~6 다음 글을 읽고 물음에 답하시오.

2020학년도 3월 고1 전국연합학력평가 【16~21】 융합(과학+인문)

실어증(失語症)이란 후천적인 뇌 손상으로 인해 언어의 표현과 이해에 장애가 발생하는 것이다. 1865년 프랑스의 외과 의사 브로카는 좌뇌의 전두엽과 측두엽 사이가 손상되어 나타나는 실어증을 발견하였다. 그는 이 부위를 브로카 영역이라 ⓐ명명하고 이곳이 손상되어 나타나는 증상을 브로카 실어증이라 하였다.

이후 1874년 독일의 신경정신과 의사인 베르니케는 좌뇌의 두정엽 아래가 손상되어 나타나는 또 다른 실어증을 발견하였다. 그는 이 부위를 베르니케 영역이라 명명하고 이곳이 손상되어 나타나는 증상을 베르니케 실어증이라 하였다. 이와 같은 실어증 환자들의 뇌 손상 부위와 증상을 연구하는 과정에서 인간의 언어 처리 과정에 대한 관심이 ⓑ대두되면서 그와 관련된 이론이 발전해 왔다.

최근 언어 처리 과정에 대한 이론은 뇌의 여러 영역들이 결합하여 언어를 처리한다는 결합주의 이론이 지배적이다. 최초의 결합주의 이론은 베르니케가 주장한 '베르니케 모형'으로, 그는 베르니케 영역과 브로카 영역 간의 긴밀한 정보 교류에 의해서 언어가 처리된다는 이론을 발표하였다. 이후 1885년 리시트하임은 베르니케 모형에 개념 중심부를 추가하여 베르니케 영역, 브로카 영역, 개념 중심부가 결합하여 언어가 처리된다는 ㉠'리시트하임 모형'을 제시하였다. 그에 의하면 베르니케 영역은 일종의 머릿속 사전으로, 단어가 소리의 형태로 저장되어 있는 언어 중추*이고, 브로카 영역은 단어를 조합하여 문장이나 발화를 생성하는 언어 중추, 그리고 개념 중심부는 의미를 형성하거나 해석하는 언어 중추이다. 리시트하임 모형은 베르니케 영역, 브로카 영역, 개념 중심부를 꼭짓점으로 하는 삼각형 모양으로, 베르니케 영역에서 개념 중심부로, 개념 중심부에서 브로카 영역으로는 일방향으로 정보가 이동하지만, 브로카 영역과 베르니케 영역 간에는 쌍방향으로 정보가 이동한다는 특징이 있다.

리시트하임은 자신의 모형을 바탕으로 뇌에서 이루어지는 듣기와 말하기 과정을 다음과 같이 설명하였다. 우선 듣기 과정은 '베르니케 영역 → 개념 중심부'의 순서로 이루어진다. 즉, 귀로 들어온 청각 자극이 베르니케 영역으로 송부되면, 베르니케 영역은 자신이 저장하고 있는 단어 중 청각 자극과 일치하는 단어를 찾아 개념 중심부로 송부하고, 개념 중심부는 이를 받아 의미를 해석한다는 것이다. 이에 비해 말하기 과정은 '개념 중심부 → 브로카 영역 → 베르니케 영역 → 브로카 영역'과 같이 ㉮브로카 영역을 두 번 거치는 복잡한 순서로 이루어진다. 먼저 개념 중심부에서 말하고자 하는 의미를 형성하여 브로카 영역을 거쳐서 베르니케 영역으로 송부하면, 베르니케 영역은 이에 해당하는 단어를 찾아 브로카 영역으로 송부하고, 마지막으로 브로카 영역에서 이를 조합하여 문장이나 발화를 만든다는 것이다. 그런데 실제로 말하기 위해서는 발음 기관을 움직여 소리를 만드는 과정이 필요한데 그의 모형에는 그러한 과정이 드러나 있지 않다. 또한 그는 개념 중심부를 새롭게 추가하였으나 그것의 정확한 위치를 규명하지는 못하였다.

이후 실어증 환자들에 대한 연구가 발전됨에 따라 뇌에서 언어를 담당하는 중추가 추가로 발견되었다. 이를 토대로 1964년 게쉬윈드는 ㉡'베르니케-게쉬윈드 모형'을 새롭게 제시하였다. 그는 리시트하임의 모형에서 개념 중심부를 제외하고 새롭게 운동 영역과 각회를 언어 중추로 추가하였다. 〈그림〉은 게쉬윈드가 제시한 언어 처리 모형으로, 청각 자극을 ⓒ수용하는 기본 청각 영역과 시각 자극을 수용하는 기본 시각 영역, 그리고 베르니케 영역, 브로카 영역, 운동 영역, 각회라는 네 개의 언어 중추를 중심으로 언어 처리 과정을 설명하고 있다. 게쉬윈드는 기존의 모형에서 개념 중심부를 제외하는

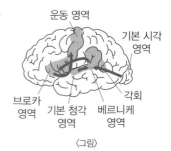

운동 영역
기본 시각 영역
브로카 영역
기본 청각 영역
베르니케 영역
각회
〈그림〉

대신, 청각 형태로 단어가 저장되어 있는 베르니케 영역에서 그러한 역할도 함께 한다고 설명하였다. 즉, 베르니케 영역은 듣기와 읽기에서는 수용된 자극에 해당하는 단어를 찾아 의미를 해석하고, 말하기와 쓰기에서는 의미를 형성한 뒤 해당 단어를 찾는 역할을 한다고 보았다.

브로카 영역에는 단어를 조합하여 문장이나 발화를 생성하는 역할 외에 말하기나 쓰기에 필요한 운동 프로그램을 만들어 운동 영역으로 송부하는 역할을 추가하였다. 그리고 운동 영역은 브로카 영역에서 받은 운동 프로그램에 근거하여 말하기나 쓰기에 필요한 신경적 지시를 내리는 기능을 ⓓ담당한다고 보았다. 마지막으로 각회는 베르니케 영역과 인접해 있으면서 읽기에서는 시각 형태의 정보를 청각 형태로 전환하고, 쓰기에서는 청각 형태의 정보를 시각 형태로 전환하여 베르니케 영역으로 송부하는 역할을 한다고 보았다.

이 모형에 ⓒ의거하면 듣기 과정은 '기본 청각 영역 → 베르니케 영역'의 순서로 이루어진다. 이와 달리 말하기 과정은 '베르니케 영역 → 브로카 영역 → 운동 영역'의 순서로 이루어진다. 읽기나 쓰기 과정도 듣기나 말하기 과정과 유사하지만, 베르니케 영역에 저장된 단어가 청각 형태이기 때문에 각회를 거치는 과정이 추가된다. 각회에서 처리된 정보는 베르니케 영역으로 송부되어 읽기의 경우에는 의미를 해석하고, 쓰기의 경우에는 바로 다음 단계인 브로카 영역으로 정보를 송부한다.

이처럼 뇌에 대한 연구가 발전됨에 따라 언어 처리 과정에 대한 이론도 정교화되고 있다. 특히 베르니케–게쉬윈드 모형은 이전의 모형과 달리 듣기와 말하기뿐만 아니라 읽기와 쓰기에 대해서도 종합적인 설명을 제시하고 있다는 점에서 오늘날 뇌의 언어 처리 과정을 설명하는 표준형으로 평가받는다.

＊언어 중추: 언어의 생성과 이해를 관장하는 뇌의 중추.

[분석쌤 강의는 2차 채점 후 반드시 챙겨 본다!]

01 윗글의 내용과 일치하지 않는 것은?

① 실어증은 후천적인 뇌 손상으로 인해 언어 처리에 장애가 생기는 증상이다.
② 실어증 환자에 대한 연구를 바탕으로 언어 처리 과정에 대한 이론이 발전했다.
③ 베르니케가 제시한 모형은 오늘날 언어 처리 과정의 표준형으로 인정받고 있다.
④ 언어 처리 과정에 대한 이론이 발전됨에 따라 설정되는 언어 중추의 개수가 많아졌다.
⑤ 리시트하임은 뇌에서 의미 형성에 관여하는 영역의 구체적 위치를 밝혀내지 못하였다.

지문근거 둘중헷 Q&A 어휘/개념 부정질문

분석쌤 강의
● 분 석 정답의 근거가 지문에 직접적으로 드러나 있어 대부분의 학생들이 정답에 답했지만, 오답들 중 특정 오답지에 답한 학생들이 많았는데, 지문의 길이가 길 뿐만 아니라 정보량이 많아 정답과 오답의 근거를 꼼꼼하게 찾지 못해 실수가 많았던 문제
● 해결案 '내용 일치 여부'를 묻는 문제임을 확인한 후 각 답지의 내용을 확인할 수 있는 부분을 지문에서 찾아 비교한다. 그리고 지문의 길이가 길고 정보량이 많은 지문인 경우는 2차 채점 후 반드시 문단별로 요약하면서 지문 내용과 글 전체의 흐름을 이해하고 넘어가도록 한다.

---

02 ㉠과 ㉡에 대한 설명으로 적절한 것은?

① ㉠은 실제 발음 기관을 움직여 소리를 만드는 과정에 대한 설명이 가능하다.
② ㉡은 기본 시각 영역과 기본 청각 영역을 새로운 언어 중추로 추가하였다.
③ ㉠은 ㉡과 달리 말하기, 듣기, 읽기, 쓰기의 전 과정에 대한 설명이 가능하다.
④ ㉡은 ㉠과 달리 귀로 들어온 청각 자극이 베르니케 영역으로 송부된다고 보았다.
⑤ ㉠과 ㉡ 모두 베르니케 영역에 단어가 소리의 형태로 저장되어 있다고 보았다.

지문근거 둘중헷 Q&A 어휘/개념 부정질문

분석쌤 강의
● 분 석 오답에 답한 학생들이 많았던 문제로, 2차 채점후 〈클리닉 해설〉에서 '가장 많이 질문한 오답은?'을 챙겨 보면서 지문 복습을 해야 하는 문제
● 해결案 ㉠에 대해 설명하고 있는 문단을 바탕으로 ㉠부터 먼저 ○, ✕ 표시를 하며 오답을 제외한다. 그런 다음, ㉡에 대한 설명이 적절한지도 지문을 바탕으로 체크하되, '～과 달리, 모두'에 유의하도록 한다.

---

03 ㉮의 이유를 추론한 내용으로 가장 적절한 것은?

① 베르니케 영역에서 개념 중심부로 직접 정보를 송부하기 때문에
② 브로카 영역과 개념 중심부 사이의 정보가 쌍방향으로 송부되기 때문에
③ 개념 중심부에서 브로카 영역으로 정보를 직접 송부하지 못하기 때문에
④ 개념 중심부에서 베르니케 영역으로 정보를 직접 송부하지 못하기 때문에
⑤ 베르니케 영역과 브로카 영역 사이의 정보가 쌍방향으로 송부되기 때문에

지문근거 둘중헷 Q&A 어휘/개념 부정질문

분석쌤 강의
● 분 석 특정 오답지에 답해 틀린 학생들이 많았던 문제로, ㉮의 앞에서 언급한 내용에 정답의 근거가 있는 '이유 찾기' 문제
● 해결案 ㉮의 이유를 질문하였으므로 정답은 '브로카 영역을 왜 두 번 거치는가'에 대한 답변이어야 한다. 글의 내용과 일치하지 않는 것은 오답이고, 일치하더라도 브로카 영역을 두 번 거치는 것과 거리가 먼 것도 오답이 된다.

04 윗글을 바탕으로 〈보기〉의 과정에 대해 이해한 내용으로 적절하지 않은 것은?

> **보기**
>
> '베르니케-게쉬윈드 모형'에 의하면 쓰기 과정은 다음과 같은 언어 처리 과정을 거친다.

① (가): 의미를 형성하고 해당하는 단어를 찾는다.
② (나): 청각 형태의 정보를 시각 형태로 전환한다.
③ (다): 각회에서 처리한 정보를 받아 의미를 해석한다.
④ (라): 쓰기를 하는 데 필요한 운동 프로그램을 만든다.
⑤ (마): 운동 프로그램을 바탕으로 신경적 지시를 내린다.

지문 근거   둘중헷   Q&A   어휘/개념 부정질문

분석쌤 강의
● **분 석** 많은 학생들이 특정 오답지에 답했는데, 정답을 맞힌 경우에도 2차 채점 후 〈클리닉 해설〉을 참조해 정답과 오답인 이유를 꼼꼼하게 따져 알아야 하는 문제
● **해결案** 〈보기〉의 설명을 바탕으로 〈보기〉에서 도식화한 과정은 '베르니케-게쉬윈드 모형'의 언어 처리 과정 중 쓰기 과정에 대한 것임을 확인한다. 그런 다음, (가)~(마)의 과정에 대해 설명하고 있는 지문 내용과 답지를 비교해 적절한 이해인지를 판단한다.

05 윗글을 바탕으로 할 때, 〈보기〉를 보고 '리시트하임(A)'과 '게쉬윈드(B)'가 진단할 만한 내용으로 적절한 것은? [3점]

> **보기**
>
> **실어증 환자 관찰 결과**
>
> ○ 문법에 어긋난 문장을 사용함.
> ○ 조사나 어미를 제대로 사용하지 못함.
> ○ 단어를 조합하여 문장을 잘 만들지 못함.

① A는 B와 달리 베르니케 영역이 손상되었다고 진단하겠군.
② B는 A와 달리 브로카 영역이 손상되었다고 진단하겠군.
③ A는 브로카 영역이, B는 베르니케 영역이 손상되었다고 진단하겠군.
④ A는 개념 중심부가, B는 브로카 영역이 손상되었다고 진단하겠군.
⑤ A와 B 모두 브로카 영역이 손상되었다고 진단하겠군.

지문 근거   둘중헷   Q&A   어휘/개념 부정질문

분석쌤 강의
● **분 석** 체크해 두었다가 문제를 다 푼 후 한 번 더 점검해야 하는 고난도이면서 고배점(3점)인 문제
● **해결案** 〈보기〉에 제시된 실어증 환자의 증상부터 확인한다. 그런 다음, 답지들을 보면 '○ 영역(언어 중추)이 손상되었다고 진단하겠군.'으로 되어 있다. 이 점을 고려하여, 각 언어 중추의 역할에 대해 A와 B가 어떻게 보았는지를 지문에서 확인한 후 〈보기〉의 실어증 환자의 증상과 연결해 ○ ✗ 표시를 하며 푼다.

06 문맥에 따라 ⓐ~ⓔ를 바꿔 쓴 것으로 적절하지 않은 것은?

① ⓐ: 이름 붙이고
② ⓑ: 옮겨지면서
③ ⓒ: 받아들이는
④ ⓓ: 맡는다고
⑤ ⓔ: 따르면

지문 근거   둘중헷   Q&A   어휘/개념 부정질문

분석쌤 강의
● **분 석** 수능 시험과 수능 출제 기관에서 출제한 모의평가에서 자주 출제된 어휘를 포함하여 질문한, 비문학 빈출 어휘 문제

빈출 어휘	기출 출처
명명하다	2024학년도 6월 모의평가
대두되다	2020학년도 9월 모의평가
수용하다	2016학년도 6월 모의평가(B형)
의거하다	2023학년도 수능 2018 · 2013학년도 9월 모의평가

● **해결案** 바꿔 쓰기에 적절한지를 묻는 문제도 '매3'에서 강조하는 '어휘 문제 3단계 풀이법'을 적용해 풀면 정답을 쉽게 찾을 수 있다.

　　19세기 초 지질학자들은 스테노와 스미스의 층서 원리를 적용하여 전 세계의 지질학적 연구 성과를 종합했다. 우리가 흔히 쓰는 '중생대 쥐라기'와 같은 '대', '기' 등으로 나타내는 지질학적 시간 척도는 이때 확립되었다. 그러나 이러한 지질학적 시간 척도는 상대적인 척도로 한 지층이 다른 지층보다 오래되었는지 아닌지를 말해 줄 수는 있어도 실질적으로 얼마나 오래되었느냐는 말해 줄 수 없었다.

　　이후 많은 사람들이 지층의 정확한 연대 측정을 시도한 끝에 1905년 러더포드가 방사성 동위원소를 이용하여 지층 연대의 측정에 성공했다. 그는 암석 내 우라늄의 양을 측정하여 한 암석의 연대를 계산해 냈다. 이것이 동위원소 연대 측정법의 시작이었다. 자연적으로 발생하는 방사성 동위원소를 사용해 암석의 연대를 결정하는 연대 측정 방법들은 그 후 수년간 더욱 개선되어 갔으며, 더 많은 방사성 동위원소들이 발견되고 방사성 붕괴 과정의 심층적인 이해가 이루어졌다.

　　지질학자들은 방사성 동위원소의 어떤 특성을 활용하여 암석의 연령을 측정하였을까? 이 질문의 답을 얻기 위해서는 먼저 방사성 동위원소가 무엇인지를 살펴볼 필요가 있다. 물질의 기본 단위인 원자 중심에는 양성자와 중성자로 이루어진 원자핵이 있다. 이 원자핵에 들어 있는 양성자 수에 따라 물질을 이루는 기본 성분인 원소의 종류가 결정된다. 탄소 원자핵에 있는 양성자 수는 6개이고, 산소 원자핵에 있는 양성자 수는 8개이다. 같은 원소라고 하더라도 원자핵에 있는 중성자 수가 다른 것들이 있는데 이를 '동위원소'라 한다. 예를 들면 탄소의 경우, '탄소-12'는 원자핵에 양성자 6개와 중성자 6개가 있는 원자이며, '탄소-14'는 양성자 6개와 중성자 8개가 있는 동위원소이다.

　　한편, 자연계의 모든 물질은 불안정한 상태에서 안정한 상태로 가려는 성질이 있다. 동위원소 중에는 양성자의 수가 중성자의 수에 비해 너무 많거나 또는 그 반대의 이유로 본래 원자핵의 상태가 불안정한 원소들이 있다. 그래서 불안정한 원자핵이 스스로 방사선을 방출하고 이를 통해 에너지를 잃고 안정된 상태로 가는 과정을 거치는데 이를 방사성 붕괴 또는 핵붕괴라 한다. 동위원소 중 방사성 붕괴를 ㉠일으키는 동위원소를 방사성 동위원소라 한다. 이들은 방사성 붕괴를 통해 불안정한 원자핵이 안정된 상태의 다른 종류의 원자핵으로 변한다. 예를 들면 방사성 동위원소인 '탄소-14'는 방사성 붕괴로 인해 중성자 1개가 붕괴되어 양성자로 바뀌고, 양성자 7개와 중성자 7개로 이루어진 원자핵을 가진 안정된 원소인 '질소-14'가 된다. 붕괴 전의 방사성 동위원소를 '모원소', 모원소의 방사성 붕괴에 의해 생성된 안정된 원소를 '자원소'라 일컫는다. 붕괴 전 방사성 동위원소인 '탄소-14'는 모원소이고 방사성 붕괴에 의해 생성된 안정된 원소인 '질소-14'는 자원소이다.

　　방사성 동위원소는 일정한 시간이 지나면 모원소의 개수가 원래 개수에서 절반으로 줄어드는 특성이 있다. 모원소의 개수가 원래 개수의 절반으로 줄어드는 데에 걸리는 시간을 반감기라 한다. 이때 줄어든 모원소의 개수만큼 자원소의 개수가 늘어난다. 첫 반감기 때 모원소의 개수는 처음의 반으로 줄고 두 번째 반감기에는 남은 모원소의 개수가 반으로 줄어 처음의 1/4로, 세 번째 반감기에는 또 남은 모원소의 개수가 반으로 줄어 처음의 1/8과 같은 식으로 줄어든다. 그래서 모원소와 자원소의 개수의 비율이 첫 반감기에는 1:1로 같아진다. 두 번째 반감기에는 1:3으로 되고, 세 번째 반감기에는 1:7로 된다. 다만, 원소에 따라 반감기가 다른데 '탄소-14'는 5730년, '포타슘-40'은 13억 년, '우라늄-238'은 44억 년의 반감기를 갖는다. 방사성 동위원소의 반감기는 온도나 압력에 영향을 받지 않는다. 따라서 어떤 암석에 포함된 모원소와 자원소의 비율을 알고, 그 결과와 방사성 동위원소의 반감기를 이용하면 암석이 만들어진 연대를 추정할 수 있다. 가령 어떤 암석이 생성될 때 '포타슘-40'을 함유하고 있고 이 원소가 외부 유입이나 유출, 암석의 변성작용 등 다른 외부 요인에 의한 변화가 없다고 할 때 이 암석의 방사성 동위원소 측정 결과 모원소와 자원소의 비율이 1:3이라면 반감기를 두 번 거쳤기 때문에 이 암석은 26억 년 전에 생성되었다고 볼 수 있다.

다시보기　▶ 다시 볼 문제 체크하고 틀린 이유 메모하기　　　　　　　　『분석썰 강의』는 2차 채점 후 반드시 챙겨 본다!

07　윗글의 진술 방식으로 가장 적절한 것은?

① 방사성 동위원소의 개념을 예시를 통해 설명하고 있다.

② 원자핵의 구성 물질을 세부적 묘사를 통해 설명하고 있다.

③ 방사성 동위원소의 붕괴 과정을 유추를 통해 설명하고 있다.

④ 지층 연대 측정 방법의 발전 과정을 유형별로 분류하여 설명하고 있다.

⑤ 지질학적 시간 척도의 특징을 전문가의 의견을 인용하여 설명하고 있다.

지문 근거　돌중햇　Q&A　어휘/개념　부정질문

분석썰 강의
● 분　석　글 전체의 흐름과 세부 내용까지 이해해야 하는, 글의 진술 방식을 묻는 문제
● 해결案　글의 진술 방식을 묻는 문제이므로 일차적으로는 지문에서 다룬 내용인지, 지문 내용과 일치하는지부터 체크하고, 2차 채점 후 답지에 쓰인 용어들의 의미도 챙겨본다.

08 윗글에서 알 수 있는 내용으로 적절하지 <u>않은</u> 것은?

① 방사성 동위원소의 핵은 불안정하여 붕괴된다.

② 질소-14의 원자핵은 양성자와 중성자의 개수가 같다.

③ 방사성 동위원소의 반감기는 온도나 압력에 영향을 받는다.

④ 19세기 초 지질학자들은 지층이 형성된 연도를 정확히 알 수 없었다.

⑤ 자연계의 모든 물질은 불안정한 상태에서 안정한 상태로 가려는 성질이 있다.

| 지문 근거 | 둘중헷 | Q&A | 어휘/개념 | 부정 질문 |

분석쌤 강의

● **분 석** 발문(문두)에서 답지의 근거는 지문에 그대로 제시된 것도 있고, 지문을 통해 미루어 짐작할 수 있는 것도 있다는 것을 알려 주는 문제

● **해결案** 답지 ①부터 키워드를 체크한 다음, 그 키워드가 언급된 부분을 지문에서 찾는다. 그런 다음 해당 지문과 답지를 비교해 O, X로 표시하며 푼다.

09 윗글을 바탕으로 〈보기〉를 이해한 내용으로 적절하지 <u>않은</u> 것은?

> ─ 보기 ─
>
> 탄소-14는 일정한 비율로 계속 붕괴하고 있지만 대기와 우주선(cosmic ray)의 충돌에 의하여 계속 공급된다. 연구에 의하면 지구 대기에서 탄소-14의 생성 비율이 탄소-14의 방사성 붕괴 비율과 같으며, 대기 중에 존재하는 탄소-12와 탄소-14의 구성 비율은 대체로 일정하다고 한다. 식물들은 대기 중의 이산화탄소와 물을 흡수하여 광합성을 하므로 모든 식물들은 약간의 방사성 탄소를 갖으며, 식물 내 탄소-12와 탄소-14의 비율은 대기 중의 탄소-12와 탄소-14의 구성 비율과 일치한다. 아울러 그 식물의 몸을 흡수하여 탄소를 공급받는 동물과 그 동물을 먹는 동물도 결국 같은 비율이 유지된다. 그런데 생물이 죽으면 더 이상 대기 중의 탄소를 흡수하지도 배출하지도 않는다. 그래서 죽은 생물 내 탄소-12와 탄소-14의 비율에 변화가 생긴다. 방사성 동위원소인 탄소-14가 질소-14로 변하기 때문인데, 이때 생성된 질소-14는 기체이므로 죽은 생물 내부에서 외부로 빠져나간다. 그렇지만 생물 유해나 화석의 탄소-12와 탄소-14의 비율을 측정하여 대기 중의 그 비율과 비교하면 탄소-14가 어느 정도 감소했는지 알 수 있고, 그 결과와 탄소-14의 반감기를 이용하면 그 생물이 죽은 연대를 계산할 수 있다. 다만 탄소-14는 6만 년이 지나면 측정하기 힘들 정도의 양만 남는다.

① 탄소-14를 이용한 연대 측정법의 연대 측정 범위는 제한적이겠군.

② 시간이 지날수록 죽은 생물 내부에 있는 탄소-14의 개수가 줄어들겠군.

③ 방사성 붕괴는 죽은 생물 내 탄소-12와 탄소-14의 비율에 변화를 일으키겠군.

④ 탄소-14를 이용한 연대 측정법으로는 살아 있는 생물의 나이를 측정할 수 없겠군.

⑤ 죽은 생물 안에 남아 있는 질소-14의 양만 알아도 생물이 죽은 연대를 정확히 추정할 수 있겠군.

| 지문 근거 | 둘중헷 | Q&A | 어휘/개념 | 부정 질문 |

분석쌤 강의

● **분 석** 수능 출제 기관인 한국교육과정평가원에서 출제한 2009학년도 9월 모의평가에서 다룬 내용(동위원소 증감의 주기를 통해 빙하가 생성된 연대를 파악하는 내용)과 유사한 지문에서 출제된 문제로, 기출 문제의 중요성을 한 번 더 일깨워 주는 문제

● **해결案** 지문 내용을 바탕으로 〈보기〉를 읽은 후 답지를 검토한다. 이때 각 답지에서 키워드가 되는 말을 체크한 후 관련 내용이 언급된 지문과 〈보기〉를 바탕으로 적절한지를 따진다. 그리고 '-겠군.'으로 서술된 답지들을 감안할 때 지문과 〈보기〉에서 미루어 짐작할 수 있는 내용이어야 한다는 것도 염두에 둔다.

10 문맥상 ㉠의 단어와 가장 가까운 의미로 쓰인 것은?

① 세찬 바람이 거친 파도를 <u>일으켰다</u>.

② 그의 행동은 모두에게 오해를 <u>일으켰다</u>.

③ 그는 혼자 힘으로 쓰러진 가세를 <u>일으켰다</u>.

④ 아침에 몸이 피곤했지만 억지로 몸을 <u>일으켰다</u>.

⑤ 그녀는 자전거를 타다 넘어진 아이를 <u>일으켰다</u>.

| 지문 근거 | 둘중헷 | Q&A | 어휘/개념 | 부정 질문 |

분석쌤 강의

● **분 석** 특정 오답지에 답해 틀린 학생들이 많았던, 문맥적 의미를 묻는 어휘 문제

● **해결案** '매3'에서 강조하는 '어휘 문제 3단계 풀이법'을 적용해도 정답이 좁혀지지 않을 때에는, 특히 '매3어휘 풀이 떠올리기'를 적용하여 문맥의 의미를 살리는 문장을 만들어 보고, 해당 어휘를 다른 말로 바꾸어 본다.

11 윗글을 바탕으로 〈보기〉를 이해한 내용으로 적절하지 <u>않은</u> 것은? [3점]

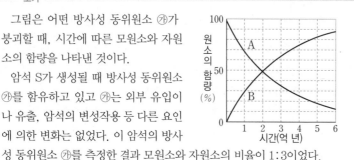

보기

그림은 어떤 방사성 동위원소 ㉮가 붕괴할 때, 시간에 따른 모원소와 자원소의 함량을 나타낸 것이다.

암석 S가 생성될 때 방사성 동위원소 ㉮를 함유하고 있고 ㉮는 외부 유입이나 유출, 암석의 변성작용 등 다른 요인에 의한 변화는 없었다. 이 암석의 방사성 동위원소 ㉮를 측정한 결과 모원소와 자원소의 비율이 1:3이었다.

① B는 자원소와 관련이 있다.

② 암석 S의 생성 시기는 4억 년 전이다.

③ 4번의 반감기를 거치면 처음 A의 양은 1/16로 줄어든다.

④ 모원소와 자원소의 비율이 1:1로 같아지는 데 걸리는 시간은 2억 년이다.

⑤ 시간이 지날수록 자원소와 모원소의 개수를 더한 값은 감소한다.

12~16 다음 글을 읽고 물음에 답하시오.

2020학년도 11월 고1 전국연합학력평가 【29~33】 과학

일상에서의 음식 조리 과정은 열전달에 관한 과학적 원리로 설명할 수 있다. 열전달은 열이 온도가 높은 곳에서 낮은 곳으로 이동하는 현상인데 조리 과정에서는 전도에 의한 열전달이 많이 일어난다. 전도란 물질을 이루는 입자들의 상호 작용을 통해 보다 활동적인 입자로부터 이웃의 덜 활동적인 입자로 열이 전달되는 현상이다. 이러한 전도는 온도 차이가 있는 경우에 일어나는데, 한 물질 내에서 발생하기도 하며 서로 다른 물질들이 접촉하는 경우에도 발생한다.

열전달 과정에서 단위 시간 동안 열이 전달되는 비율을 열전달률이라고 하는데, 열전달률은 결국 열이 짧은 시간 동안 얼마나 많이 전달되는가를 나타내므로 음식의 조리에서 고려할 중요한 요소가 된다. 전도에 의한 열전달률은 온도 차이와 면적에 비례하고, 거리에 반비례한다. 즉, 전도가 일어나는 두 지점 사이의 온도 차이가 커질수록, 열이 전달되는 면적이 커질수록 열전달률은 높아지고, 전도가 일어나는 두 지점 사이의 거리가 멀어질수록 열전달률은 낮아진다. 이러한 현상을 수식으로 처음 정리한 사람이 푸리에이기 때문에 이를 ㉠푸리에의 열전도 법칙이라고 부른다. 그런데 실제로 실험을 해 보면 한 물질 내에서 일어나는 전도의 경우에 다른 조건이 동일하더라도 물질의 종류가 다르면 열전달률이 다르게 나타난다. 이는 물질이 전도에 의해 열을 전달할 수 있는 능력의 척도, 즉 열전도도가 물질마다 다르기 때문이다. 따라서 푸리에의 열전도 법칙에 ⓐ따르면 다른 조건이 같더라도 열전도도가 높은 경우 열전달률도 높게 나타난다.

[A]
튀김의 조리 과정을 푸리에의 열전도 법칙으로 설명하면 다음과 같다. 식용유의 움직임을 고려하지 않는다면, 튀김의 조리 과정은 주로 식용유와 튀김 재료 간의 전도로 파악될 수 있다. 맛있는 튀김을 만들기 위해서는 냄비를 가열하여 식용유의 온도를 충분히 높여 식용유로부터 튀김 재료로의 열전달률을 높여야 한다. 그리고 튀김 재료를 식용유에 넣으면 재료 표면에 수많은 기포들이 형성된다. 이 기포들은 식용유에서 튀김 재료로의 높은 열전달률로 인해 순간적으로 많은 열이 전달되어 생겨난 것인데 재료 표면의 수분이 수증기로 변해 식용유 속에서 기포의 형태가 된 것이다. 이 기포들은 식용유 표면으로 올라가 공기 중으로 빠져나가고 이때 지글지글 소리가 난다.

이 수증기 기포들은 튀김을 맛있게 만드는 데 중요한 역할을 한다. 수분이 수증기의 형태로 튀김 재료에서 빠져나감에 따라 재료 안쪽의 수분들은 빈자리를 채우기 위해 표면 쪽으로 이동한다. 그 결과 지속적으로 재료의 수분은 기포로 변하고 이로 인해 재료는 수분량이 줄어들면서 바삭한 식감을 지니게 된다. 또한 튀김 재료 표면의 기포들은 재료와 식용유 사이에서 일종의 공기층과 같은 역할을 해 식용유가 재료로 흡수되는 것을 막아서 튀김을 덜 기름지게 한다. 그리고 재료 표면에 생성된 기포들을 거쳐 열전달이 일어나기 때문에 기포들은 재료 표면이 빨리 타 버리지 않게 하고 튀김 재료의 안쪽까지 열이 전달되어 재료가 골고루 잘 익게 한다.

12 윗글을 이해한 것으로 적절하지 <u>않은</u> 것은?

① 물질을 이루는 입자들의 상호 작용을 통해 전도가 일어난다.

② 음식의 조리 과정에서는 전도에 의한 열전달이 많이 일어난다.

③ 물질이 전도에 의해 열을 전달할 수 있는 능력은 물질마다 다르다.

④ 음식의 조리에서 단위 시간 동안 열이 전달되는 비율을 고려하는 것은 중요하다.

⑤ 열의 전도는 서로 다른 물질들이 접촉하는 경우에만 발생하며 한 물질 안에서는 발생하지 않는다.

지문근거 둘중헷 Q&A 어휘/개념 부정질문

분석쌤 강의

● **분 석** 정답의 근거를 지문에서 쉽게 확인할 수 있어 대부분의 학생들이 정답에 답한 문제

● **해결案** 발문(문두)에서 정답은 지문 내용과 일치하지 않거나, 지문 내용을 통해 미루어 알 수 없는 내용이라는 것을 일러 주었으므로, 각 답지에서 키워드를 체크한 다음, 해당 키워드가 있는 지문 내용과 답지를 비교해 O, X 표시를 하며 푼다.

---

13 ⟨보기⟩는 [A]의 과정을 도식화한 것이다. 윗글을 바탕으로 ㉮~㉺를 이해한 것으로 적절하지 <u>않은</u> 것은? [3점]

보기

| ㉮ 식용유 온도 상승 | → | ㉯ 튀김 재료 넣기 | → | ㉰ 재료 표면에 기포 생성 | → | ㉱ 식용유 표면으로 기포 이동 |

① ㉮에서는 서로 다른 물질인 냄비와 식용유 사이에서 열전달이 일어나겠군.

② ㉯의 결과로 ㉰가 진행되는 것은 튀김 재료에 순간적으로 많은 열이 전달되었기 때문이겠군.

③ ㉰에서는 열이 전달됨에 따라 튀김 재료 표면의 수분이 튀김 재료 안쪽으로 이동하겠군.

④ ㉰에서 ㉱로의 과정이 반복되면 튀김 재료의 수분량이 점차 줄어들겠군.

⑤ ㉱에서는 수증기가 공기 중으로 빠져나가면서 지글지글 소리가 나겠군.

지문근거 둘중헷 Q&A 어휘/개념 부정질문

분석쌤 강의

● **분 석** 발문(문두)에서 문제 풀이 방향을 알려 주었고, ⟨보기⟩에서 지문의 내용을 정리해 주어, 내용 일치 여부를 따지는 문제 훈련을 많이 한 학생은 쉽고 빠르게 푼 문제

● **해결案** 발문에서 ⟨보기⟩는 [A]의 과정을 도식화한 것이라고 한 점을 염두에 두고 ⟨보기⟩의 ㉮~㉱에 해당되는 내용을 [A]에서 찾는다. 그런 다음, [A]에서 찾은 내용과 답지를 비교해 옳은지 그른지를 따진다.

---

14 ⟨보기⟩는 윗글을 읽은 학생의 반응이다. ㄱ~ㄷ에 들어갈 말로 적절한 것은?

보기

　맛있는 튀김을 만들기 위해서는 기포들의 역할이 중요해. 기포들이 (ㄱ)에서 공기층과 같은 역할을 해서 식용유가 재료로 흡수되는 것을 (ㄴ)하여 튀김을 덜 기름지게 해 줘. 또 식용유에서 튀김 재료로 열이 직접 (ㄷ) 하여 재료 표면이 타지 않고 골고루 익게 해.

	ㄱ	ㄴ	ㄷ
①	튀김 재료 내부	방해	전도되게
②	튀김 재료 내부	촉진	전도되지 못하게
③	튀김 재료와 식용유 사이	방해	전도되지 못하게
④	튀김 재료와 식용유 사이	촉진	전도되게
⑤	튀김 재료와 식용유 사이	촉진	전도되지 못하게

지문근거 둘중헷 Q&A 어휘/개념 부정질문

분석쌤 강의

● **분 석** 문제 유형은 달라 보여도 정답을 찾는 과정에서 지문과의 일치 여부를 묻는 문제와 유사하다는 것을 알 수 있는 문제

● **해결案** ⟨보기⟩의 내용이 언급된 지문을 찾아, ⟨보기⟩와 지문 내용을 비교한다. 이때 ㄱ~ㄷ에 해당하는 부분에 밑줄을 긋고, 밑줄 친 부분과 답지를 비교해 정답을 확정하면 된다.

15 〈보기〉는 윗글을 읽은 건축 동아리 학생들이 나눈 대화의 일부이다. ㉠을 활용한 의견으로 적절하지 않은 것은?

지문 근거   돌중햇   Q&A   어휘/개념 부정질문

분석쌤 강의
● 분 석 2021학년도 수능까지의 체제와 달라지는 모습을 보여 준 2022학년도 수능 예시문항에서 기술 지문에 출제된 문제(2025 매3비 p.159의 11번)와 유사한 유형
● 해결案 〈보기〉의 동아리 부원들의 의견은 '㉠을 활용한' 의견임을 염두에 두고 적절한 의견인지를 살핀다. 이때 O, X로 판단하는 근거는 지문에서 찾아야 한다. 특히 '낮추고/높이고, 넓히고, 두껍게 하고' 등에서는 비례, 반비례 관계에 대해 설명한 지문 내용을 바탕으로 꼼꼼히 체크해야 한다.

― 보기 ―

동아리 회장: 오늘은 에너지 효율이 높은 건물 설계에 대해 열의 전도를 중심으로 아이디어를 나눠 보자.

부원 1: 겨울철 열손실을 줄여야 하니까 지붕을 통한 열전달률을 낮추기 위해 건물의 지붕을 일반적인 지붕의 재료보다 열전도도가 낮은 재료를 사용하는 설계가 필요하다고 생각해.

부원 2: 일반적으로 벽보다 창문의 열전도도가 높으니 여름철 실내 냉방 효율을 높이고 싶다면 창문을 통한 열전달률을 낮추기 위해 건물 외벽에 설치된 창문의 면적을 줄이는 설계가 필요하다고 생각해.

부원 3: 여름철 외부 온도의 영향을 최소화하고 건물 외벽을 통한 열전달률을 낮추기 위해 외벽은 일반적인 것보다 두껍게 설계하는 것이 필요해.

부원 4: 차가운 방바닥에 빠른 난방을 하려면 난방용 온수 배관에서 방바닥으로의 열전달률을 높여야 하니 난방용 온수 배관과 방바닥이 닿는 접촉 면적을 넓히도록 설계해야겠어.

부원 5: 여름철 현관문을 통한 실외 온도의 영향을 최소화하려면 현관문을 통한 열전달률을 낮춰야 하니 같은 두께라도 열전도도가 더 높은 재질의 현관문을 사용하는 것으로 설계해야겠어.

① 부원 1의 의견   ② 부원 2의 의견   ③ 부원 3의 의견
④ 부원 4의 의견   ⑤ 부원 5의 의견

16 ⓐ와 문맥적 의미가 가장 유사한 것은?

① 우리는 해안선을 따라 올라갔다.
② 동생은 어머니를 따라 전통 시장에 갔다.
③ 학생들이 모두 선생님의 동작에 따라 춤을 췄다.
④ 수출이 증가함에 따라 경제도 서서히 회복되어 갔다.
⑤ 그들은 자율적으로 정한 규칙에 따라 일을 진행했다.

지문 근거   돌중햇   Q&A   어휘/개념 부정질문

분석쌤 강의
● 분 석 2020학년도 수능 시험에서 정답지로 출제된, '따르면'의 문맥적 의미를 묻는 문제로 특정 오답지에 답한 학생들이 아주 많았던 문제
● 해결案 ⓐ가 포함된 문장의 핵심을 간추린 다음, ⓐ와 바꿔 쓸 수 있는 말을 떠올리고, 떠올린 말을 답지의 밑줄 친 '따라'에 대입해 자연스러운지를 살핀다.

▶ 정답을 모르는 상태에서 2차 풀이를 하기 위한 방법으로, 아래 채점표 대신 '모바일 자동 채점 프로그램'(문제편 표지 QR 코드)을 이용해도 된다.

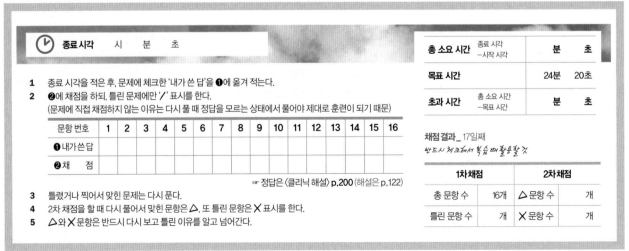

🕐 **종료 시각**   시   분   초

총 소요 시간	종료 시각 −시작 시각	분	초
목표 시간		24분	20초
초과 시간	총 소요 시간 −목표 시간	분	초

1 종료 시각을 적은 후, 문제에 체크한 '내가 쓴 답'을 ❶에 옮겨 적는다.
2 ❷에 채점을 하되, 틀린 문제에만 ╱ 표시를 한다.
   (문제에 직접 채점하지 않는 이유는 다시 풀 때 정답을 모르는 상태에서 풀어야 제대로 훈련이 되기 때문)

문항 번호	1	2	3	4	5	6	7	8	9	10	11	12	13	14	15	16
❶ 내가 쓴 답																
❷ 채 점																

☞ 정답은 〈클리닉 해설〉 p.200 (해설은 p.122)

3 틀렸거나 찍어서 맞힌 문제는 다시 푼다.
4 2차 채점을 할 때 다시 풀어서 맞힌 문항은 △, 또 틀린 문항은 ✕ 표시를 한다.
5 △와 ✕ 문항은 반드시 다시 보고 틀린 이유를 알고 넘어간다.

채점 결과_ 17일째
반드시 체크해서 복습 때 활용할 것

	1차채점		2차채점	
총 문항 수	16개	△ 문항 수		개
틀린 문항 수		개	✕ 문항 수	개

1~5 **다음 글을 읽고 물음에 답하시오.**　　　2017학년도 6월 고1 전국연합학력평가 【28~32】 과학

　인체는 70%가 수분이다. 수분은 인체의 세포를 유지하고 세포가 일을 하면서 생성하는 여러 가지 노폐물을 배출하는 데 관여한다. 인체의 세포는 일종의 화력 발전소이다. 연기가 나지 않을 뿐이지 들어오는 음식을 잘 분해하고 연소시켜서 에너지를 만든다. 몸은 이 에너지를 이용하여 축구도 하고 달리기도 한다. 이때 여러 가지 노폐물이 발생하는데, 이 노폐물들을 인체 밖으로 내보내야 한다. 그래야만 몸이 늘 일정한 상태, 즉 항상성을 유지하게 된다. 노폐물을 몸 밖으로 내보내는 역할은 주로 신장이 한다.

　㉠신장의 주 역할은 노폐물을 걸러 내어 오줌으로 내보내는 것이다. 이 일이 진행되는 곳은 네프론이라는 장치인데, 신장 하나에 100만 개 정도가 있다. 네프론은 사구체, 보먼주머니, 세뇨관으로 이루어지는데 이곳에서 노폐물이 여과되고 필요한 영양분, 즉 포도당, 수분 등이 재흡수되기도 한다. 포도당은 100% 재흡수되는데, 당이 재흡수되지 않고 소변에 섞여 나오면 당뇨병을 의심해 볼 수 있다. 몸 안의 수분량에 따라 수분을 재흡수하는 양이 결정되므로 몸 안의 수분이 적으면 배출하는 수분의 양을 줄인다. 이 때문에 소변이 노랗게 되는데 이것은 몸의 수분이 적다는 신호이다.

　노폐물은 혈액의 압력 차이에 의해 모세혈관 덩어리인 사구체를 통해 보먼주머니에 모이고 이것이 세뇨관을 거쳐 방광에 모아져 오줌으로 배설된다. 물론 분자량이 큰 세포나 단백질 등은 그대로 혈액 속에 남아 있다. 이때 노폐물뿐만 아니라 인체에 필요한 무기염류, 아미노산, 물 등도 혈액의 압력에 의해 보먼주머니로 나온다. 보먼주머니에 모인 물질 중 필요한 것은 세뇨관에서 다시 모세혈관 속으로 재흡수된다. 이와 같이 신장은 신체 내의 노폐물을 몸 밖으로 내보내는 여과와 필요한 것은 계속 사용할 수 있게 하는 재흡수의 기능으로 우리 몸을 항상 일정 상태로 유지한다. 이러한 중요한 역할을 하는 신장에 이상이 생기면 우리 몸은 중대 위기에 봉착한다.

　신장 기능에 이상이 생기면 인체에 여러 가지 문제가 생긴다. 우선 노폐물이 걸러지지 않고 농도가 높아짐으로써 세포가 제대로 작용을 하지 못하게 되고, 얼굴이 붓는 증상에서부터 신장이 제 기능을 못하는 신부전증의 단계에까지 이른다. 이러한 경우 생명이 위험해진다. 물론 신장 이식 등의 방법도 있지만, 기증자가 나타나지 않으면 인공 신장에 의지해야 한다. 신부전 환자는 한 번에 4~5시간은 소요되는 괴로운 혈액 투석을 일주일에 서너 번씩 해야 한다.

　사실 ㉡인공 신장은 정확한 말이 아니다. 인공 신장이라면 신장을 대신하여 몸 안에 장착하여 계속 쓸 수 있어야 하는데, 여기서 말하는 인공 신장이란 일종의 혈액 투석기이다. 즉 체외에서 신장의 기능인 노폐물의 여과 기능을 대신하는 수단이다.

　인공 신장에서는 노폐물인 요소 등을 제거해야 하는데 요소가 제거되는 근본 원리는 물질의 농도 차이이다. 물이 담긴 컵에 잉크 한 방울을 떨어뜨렸을 때, 잉크가 ㉢퍼져 나가는 것은 컵 속의 잉크 농도를 균일하게 하려는 성질 때문이다. 노폐물인 요소도 농도가 높은 곳에서 낮은 곳으로 이동한다. 인공 신장에서도 같은 원리로 노폐물이 제거된다. 즉 반투막을 사이에 두고 한쪽에는 노폐물이 있는 혈액을 통과시키고 다른 한쪽에는 노폐물이 없는 투석액을 통과시키면 노폐물은 농도 차이에 의해 농도가 높은 혈액에서 낮은 투석액으로 이동한다. 물론 혈액 속의 세포들과 분자량이 큰 단백질 등은 반투막을 통과하지 못하므로 다시 몸속으로 들어간다. 또한 무기염류, 포도당 등이 빠져나가지 않게 하려면, 반투막을 중심으로 양쪽이 같은 농도가 되도록 하면 된다.

　실제 병원에서 쓰이는 혈액 투석기는 가는 여과관이 여러 개 모여 있는 구조의 중공사막*을 사용한다. 가는 여과관이 수백 개 다발로 있기 때문에 빠른 속도로 투석을 진행할 수 있다. 혈액이 흐르는 방향과 투석액이 흐르는 방향이 같으면 처음에는 노폐물 농도 차이가 있어서 노폐물이 이동하지만 농도가 비슷해지면 노폐물의 이동이 줄어든다. 따라서 혈액과 투석액이 서로 반대 방향으로 흐르도록 해 노폐물의 농도 차이가 일정하게 유지되도록 한다.

　*중공사막: 사람의 혈액을 걸러 주는 인공 신장 투석기의 필터.

01 윗글에 대한 설명으로 가장 적절한 것은?

① 혈액의 구성 물질을 소개하고, 각각의 기능이 무엇인지 설명하고 있다.

② 인공 신장의 구조와 원리를 제시하고, 인공 신장의 발전 과정을 설명하고 있다.

③ 신장 기능의 이상에 따른 결과를 제시하고, 다른 장기에 미치는 영향을 살피고 있다.

④ 인체의 노폐물 여과 과정을 설명하고, 인공 신장의 혈액 여과 원리를 제시하고 있다.

⑤ 신장을 이식하는 방법과 의학적인 한계를 설명하고, 이에 대한 대안을 제시하고 있다.

> 지문근거　둘중헷　Q&A　어휘/개념　부정질문
>
> *분석쌤 강의*
> ●**분 석** 쉽게 정답에 답했어도 2차 채점 후 오답들이 적절하지 않은 이유도 체크하고 넘어가면 지문 이해에 도움이 되고, 수능 출제 원리 및 방식도 이해할 수 있는 문제
> ●**해결案** 답지 ①부터 지문에서 '~소개하고' '~설명하고 있는지'를 각각 체크한다. 한 부분이라도 지문에 제시되지 않은 내용이 있다면 과감하게 ✗로 표시하며 정답에서 제외하도록 한다.

02 윗글을 통해 알 수 있는 내용으로 가장 적절한 것은?

① 소변에 당이 섞여 배출되면 소변 색이 노랗게 된다.

② 신장은 무기염류, 아미노산 등을 노폐물과 함께 몸 밖으로 배출한다.

③ 인체에 필요한 단백질은 사구체에서 여과된 후 모세혈관으로 재흡수된다.

④ 걸러진 노폐물은 세뇨관을 통해 보먼주머니에 모아져 오줌으로 배설된다.

⑤ 세포가 생성하는 여러 가지 노폐물을 제거해야 인체의 항상성을 유지할 수 있다.

> 지문근거　둘중헷　Q&A　어휘/개념　부정질문
>
> *분석쌤 강의*
> ●**분 석** 국어 영역 빈출 유형인 '윗글을 통해 알 수 있는 내용으로 적절한 것'을 질문한 문제
> ●**해결案** 질문(윗글을 통해 알 수 있는 내용~)을 염두에 두고 답지 ①부터 검토할 때, 지문에서 쉽게 찾을 수 있는 어휘(소변, 무기염류, 단백질, 세뇨관, 보먼주머니, 항상성 등)를 체크한 후, 해당 어휘(키워드)가 언급된 지문 내용과 답지를 비교해 옳고 그름을 체크한다.

03 ㉠과 ㉡에 대한 설명으로 적절한 것은? [3점]

① ㉠과 ㉡ 모두 인체의 수분을 늘리는 기능이 있다.

② ㉠과 ㉡ 모두 여과한 물질을 다시 흡수하는 기능이 있다.

③ ㉠과 ㉡ 모두 혈액 속의 요소 성분을 제거하는 기능을 한다.

④ ㉠은 농도의 차이로, ㉡은 압력의 차이로 노폐물을 걸러 낸다.

⑤ ㉠의 기능에 이상이 생겼을 때, ㉡을 환자의 체내에 이식한다.

> 지문근거　둘중헷　Q&A　어휘/개념　부정질문
>
> *분석쌤 강의*
> ●**분 석** 두 대상(㉠ 또는 ㉡) 중 자신 있는 것부터 먼저 답지 ①부터 ⑤까지 검토(O, ✗)한 후 나머지 대상을 검토하면 문제 풀이 시간을 단축할 수 있는, 두 대상의 공통점과 차이점을 질문한 문제
> ●**해결案** ㉠ 또는 ㉡ 중 자신 있는 것부터 적절성 여부를 따진다. 이때, '모두'에 집중하고 지문과 답지를 꼼꼼히 비교해 ㉠과 ㉡ 각각에 대해 옳고 그름을 따진다.

04 윗글을 바탕으로 〈보기〉의 '혈액 투석기'를 이해한 내용으로 적절하지 <u>않은</u> 것은?

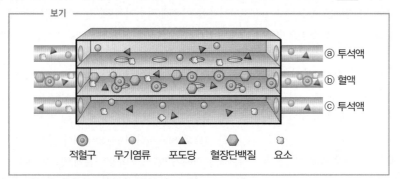

보기

ⓐ 투석액
ⓑ 혈액
ⓒ 투석액

적혈구   무기염류   포도당   혈장단백질   요소

① ⓐ와 ⓒ의 요소 농도는 ⓑ보다 높다.
② ⓐ와 ⓑ, ⓑ와 ⓒ 사이의 막은 반투막이다.
③ ⓐ, ⓑ, ⓒ의 무기염류, 포도당 농도는 같다.
④ ⓐ와 ⓒ는 ⓑ와 반대 방향으로 흐른다.
⑤ ⓐ와 ⓑ, ⓑ와 ⓒ 사이에서 세포와 단백질은 이동하지 않는다.

지문 근거   둘중헷   Q&A   어휘/개념   부정 질문

분석쌤 강의

● **분 석** 특정 오답지에 답한 학생들이 아주 많았는데, 지문 내용이 어려울 경우 문제를 푸는 과정에서 지문 내용을 쉽게 이해할 수 있다는 것을 알게 하는, 국어 영역(특히 과학 제재)의 특징을 잘 보여 주는 문제 유형
● **해결案** 먼저 발문(문두)에서 〈보기〉의 그림이 '혈액 투석기'라는 것과, 〈보기〉의 그림에서 ⓐ와 ⓒ는 '투석액'이고, ⓑ는 '혈액'이라는 점을 염두에 두고 '혈액 투석기'에 대해 설명하고 있는 지문을 통해 답지의 내용이 적절한지를 따지도록 한다.

05 밑줄 친 단어 중 ⓔ과 문맥적 의미가 가장 유사한 것은?

① 꽃향기가 방 안에 퍼져 있다.
② 라면이 푹 퍼져서 탱탱 불었다.
③ 사람들은 목적지에 도착하자 푹 퍼졌다.
④ 강의 하류에는 삼각주가 넓게 퍼져 있다.
⑤ 그의 자손들은 전국에 널리 퍼지게 되었다.

지문 근거   둘중헷   Q&A   어휘/개념   부정 질문

분석쌤 강의

● **분 석** '매3'에서 강조하는 어휘 문제 3단계 풀이법을 적용해 풀어야 하는, 문맥적 의미를 묻는 문제
● **해결案** ⓔ이 포함된 문장부터 핵심을 간추린(1단계) 후, ⓔ의 의미를 살릴 수 있는 다른 말을 떠올려(2단계) 본다. 그런 다음, 2단계에서 떠올린 다른 말을 답지의 밑줄 친 말에 대입(3단계)해 자연스러운지를 따진다. 쉽게 정답에 답했어도 2차 채점 후 오답지에 쓰인 '퍼지다'도 바꿔 쓸 수 있는 말을 떠올려 그 의미를 알고 넘어감으로써 어휘 문제에 자신감을 가지도록 한다.

우리는 내비게이션을 통해 목적지까지의 경로를 ⓐ탐색하거나 스마트폰을 이용해 자신이 현재 있는 위치를 확인할 수 있다. 이는 GPS(Global Positioning System)로 인해 가능한 것이다. 그렇다면 GPS는 어떻게 현재 위치를 파악하는 것일까?

GPS는 크게 GPS 위성과 GPS 수신기 등으로 구성된다. 현재 지구를 도는 약 30개의 GPS 위성은 일정한 속력으로 정해진 궤도를 돌면서, 자신의 위치 정보 및 시각 정보를 담은 신호를 지구로 송신한다. 이 신호를 받은 수신기는 위성에서 신호를 보낸 시각과 자신이 신호를 받은 시각의 차이를 근거로, 위성 신호가 수신기까지 이동하는 데 걸린 시간을 계산하여 위성과 수신기 사이의 거리를 구한다. 위성이 보낸 신호는 빛의 속력으로 이동하므로, 신호가 이동하는 데 걸린 시간(t)에 빛의 속력(c)을 곱하면 위성과 수신기 사이의 거리(r)를 구할 수 있다. 이를 식으로 ⓑ표시하면 '$r = t \times c$'이다.

그런데 GPS가 현재 위치를 정확하게 파악하기 위해서는 상대성 이론을 고려해야 한다. 상대성 이론에 따르면 대상이 빠르게 움직일수록 시간은 느리게 흐르고, 대상에 미치는 중력이 약해질수록 시간은 빠르게 흐른다. 실제로 위성은 지구의 자전 속력보다 빠르게 지구 주변을 돌고 있기 때문에 지표면에 비해 시간이 느리게 흘러, 위성의 시간은 하루에 약 $7.2\mu s^*$씩 느려지게 된다. 또한 위성은 약 20,000km 이상의 상공에 있기 때문에 중력이 지표면보다 약하게 작용해 지표면에 비해 시간이 하루에 약 $45.8\mu s$씩 빨라지게 된다. 그 결과 ㉠GPS 위성에 있는 원자시계의 시간은 지표면의 시간에 비해 매일 약 $38.6\mu s$씩 빨라진다. 이러한 차이는 하루에 약 11km의 오차를 발생시킨다. 이를 방지하기 위해 GPS는 위성에 ⓒ탑재된 원자시계의 시간을 지표면의 시간과 일치하도록 조정하여 위성과 수신기 사이의 거리를 정확하게 구하게 된다.

이렇게 계산된 거리는 수신기가 자신의 위치를 파악하는 데 사용되는데, 이를 이해하기 위해서는 삼변 측량법을 알아야 한다. 삼변 측량법은 세 기준점 A, B, C의 위치와, 각 기준점에서 대상 P까지의 거리를 이용하여 P의 위치를 측정하는 방법이다.

가령, 〈그림〉과 같이 평면상의 A(0, 0)에서 거리가 5만큼 떨어진 지점에, B(4, 0)에서 거리가 3만큼 떨어진 지점에, C(0, 3)에서 거리가 4만큼 떨어진 지점에 P(x, y)가 있다고 하자. 평면상의 한 점에서 같은 거리에 있는 점을 모두 ⓓ연결하면 원이 된다. 그러므로 A를 중심으로 반지름이 5인 원, B를 중심으로 반지름이 3인 원, C를 중심으로 반지름이 4인 원을 그리면 세 원이 교차하는 지점이 하나 생기는데, 이 지점이 바로 P(4, 3)의 위치가 된다. 이때 세 개의 점 A, B, C를 GPS 위성으로 본다면 이들의 좌표 값은 위성의 위치 정보이고, P의 좌표 값은 GPS 수신기의 위치 정보에 해당한다고 할 수 있다.

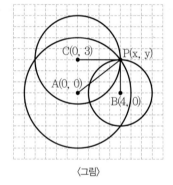

〈그림〉

그러나 실제 공간은 2차원 평면이 아닌 3차원 입체이기 때문에 GPS 위성으로부터 ⓔ동일한 거리에 있는 점들은 원이 아니라 구(球)의 형태로 나타난다. 그 결과 세 개의 GPS 위성을 중심으로 하는 세 개의 구가 겹치는 지점은 일반적으로 두 군데가 된다. 하지만 이 중 한 지점은 지구 표면 가까이에 위치하게 되고, 나머지 한 지점은 우주 공간에 위치하게 된다. GPS 수신기는 이 두 교점 중 지구 표면 가까이에 있는 지점을 자신의 현재 위치로 파악하게 된다.

* μs(마이크로초): 1초의 100만분의 1.

〔분석쌤 강의〕는 2차 채점 후 반드시 챙겨 본다!

06 윗글의 내용 전개 방식으로 가장 적절한 것은?

① GPS에 적용된 원리를 구체적으로 설명하고 있다.
② GPS의 발전 과정을 시간의 순서로 제시하고 있다.
③ GPS를 다른 대상과 비교하며 장단점을 설명하고 있다.
④ GPS의 다양한 종류를 일정 기준에 따라 분류하고 있다.
⑤ GPS의 유용성을 설명하며 앞으로의 전망을 제시하고 있다.

지문 근거   물중 헷   Q&A   어휘/개념 부정 질문

분석쌤 강의
● 분 석 지문에서 다루고 있는 내용이 아니거나, 다루고 있는 내용으로 적절하지 않은 것부터 ✕ 표시를 하며 풀면 빠르게 정답을 찾을 수 있는 '내용 전개 방식'을 묻는 문제
● 해결案 발문(문두)을 확인한 후, 답지 ①부터 지문에 제시된 내용으로 적절한지를 따진다. 지문에 제시되지 않았거나, 지문에 제시된 내용과 일치하지 않는 것은 정답에서 제외하는 방식으로 문제를 푼다. 이때 둘 이상이 지문에서 확인할 수 있는 적절한 내용이라면, 글 전체의 흐름을 꿰뚫고 있는 것이 내용 전개 방식으로 적절한 것이 된다는 점도 기억해 두자.

07 윗글에서 알 수 있는 내용으로 적절하지 <u>않은</u> 것은?

① GPS 위성은 약 20,000km 이상의 상공에서 일정한 속력으로 정해진 궤도를 돈다.

② GPS를 이용하면 스마트폰이나 내비게이션으로 현재의 위치 정보를 확인할 수 있다.

③ GPS 수신기는 GPS 위성에 보낸 신호를 바탕으로 자신의 위치 정보를 계산한다.

④ GPS 위성과 GPS 수신기 간의 거리를 빛의 속력으로 나누면 위성의 신호가 수신기에 도달하는 데 걸린 시간이 된다.

⑤ 삼변 측량법이란 기준점의 위치 및 대상과 기준점 사이의 거리를 이용하여 대상의 위치를 파악하는 방법이다.

지문 근거 둘중햇 Q&A 어휘/개념 부정질문

분석쌤 강의

● **분 석** 이 시험(2019학년도 3월 고1 전국연합학력평가)에 출제된 비문학 문제 중 가장 정답률이 낮았던 문제로, 정답인 이유를 확인하면 국어 영역은 지문과 답지를 꼼꼼하게 비교하는 훈련이 아주 중요하다는 것을 새기게 해 주는 문제

● **해결案** '윗글에서 알 수 있는 내용으로 적절하지 않은 것'을 묻는다는 것을 확인한 후, 각 답지에서 키워드를 체크한다. 그런 다음 체크한 키워드가 담긴 지문 내용과 답지를 비교해 **O, X** 표시를 하며 문제를 푼다. '알 수 없는 것'과 '일치하지 않는 것'이 모두 적절하지 않은 것이 된다.

08 문맥을 고려할 때, ㉠의 이유로 가장 적절한 것은?

① GPS 위성에는 지구의 중력이 지표면에 비해 강하게 작용하기 때문이다.

② GPS 위성이 지구를 도는 속력이 지구가 자전하는 속력보다 느리기 때문이다.

③ GPS 위성이 지구를 도는 방향과 지구가 자전을 하는 방향이 동일하기 때문이다.

④ GPS 수신기가 GPS 위성의 신호를 받는 과정에서 시간의 차이가 생기기 때문이다.

⑤ GPS 위성의 이동 속력으로 인한 시간의 변화보다 중력으로 인한 시간의 변화가 더 크기 때문이다.

지문 근거 둘중햇 Q&A 어휘/개념 부정질문

분석쌤 강의

● **분 석** 발문(문두)과 ㉠ 앞의 '그 결과'를 통해 정답의 근거는 ㉠ 앞에 제시된 내용에서 찾을 수 있다는 것을 파악할 수 있어야 하는, '이유 찾기' 문제

● **해결案** ㉠의 앞 내용에서 ㉠의 이유를 체크한 다음, 답지의 설명이 적절한지를 살핀다. 이때, '강하게 vs. 약하게', '느리기 vs. 빠르기' 등에 집중해 옳은지 그른지를 꼼꼼히 따지도록 한다.

09 윗글을 바탕으로 〈보기〉에 대해 이해한 내용으로 적절하지 <u>않은</u> 것은? [3점]

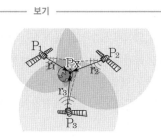

┌─ 보기 ─

* P_1, P_2, P_3: GPS 위성.

* r_1, r_2, r_3: GPS 위성과 GPS 수신기 P_X와의 거리.

(단, 현재 $r_1 < r_2$, $r_2 = r_3$임. 시간과 속력에 영향을 미치는 다른 요소는 고려하지 않음.)

① $P_1 {\sim} P_3$가 송신하는 신호에는 위성의 위치 정보와 위성이 신호를 보낸 시각 정보가 담겨 있다.

② $P_1 {\sim} P_3$의 위치 정보가 달라져도 $r_1 {\sim} r_3$의 값이 변하지 않으면, 각각의 위성이 보낸 신호가 P_X에 도달하는 데 걸리는 시간은 달라지지 않는다.

③ P_1에서 보낸 신호가 P_X에 도달하는 데 걸린 시간이 실제보다 짧게 계산되면, r_1의 값은 실제보다 작게 계산된다.

④ P_1이 송신한 신호가 P_X에 도달할 때까지 걸린 시간은 P_2가 송신한 신호가 P_X에 도달할 때까지 걸린 시간보다 길다.

⑤ $r_1 {\sim} r_3$를 반지름으로 하는 구의 교점 중 지표면에 가까운 교점이 P_X의 현재 위치이다.

지문 근거 둘중햇 Q&A 어휘/개념 부정질문

분석쌤 강의

● **분 석** 그림에 적용하는 문제는 어렵다는 생각보다 그림이 있는 문제는 지문의 이해를 돕는다는 생각을 가져야 하고, 복습할 때 그림과 지문을 비교하면서 지문 내용을 더 완벽하게 이해하는 데 활용해야 한다는 것을 새겨야 하는 문제

● **해결案** 〈보기〉에서 $P_1 {\sim} P_3$는 GPS 위성이고, P_X는 GPS 수신기이고, $r_1 {\sim} r_3$는 위성과 수신기 사이의 거리라는 점. 그리고 r_1이 r_2보다 짧다는 정보 등을 꼼꼼히 체크한다. 그런 다음, 답지의 내용이 적절한지를 따지되, 답지의 내용을 세부적으로 나누어 그 각각의 근거를 〈보기〉와 지문에서 찾아 **O, X** 표시를 하며 푼다.

10 문맥상 ⓐ~ⓔ와 바꾸어 쓸 수 있는 말로 적절하지 않은 것은?

① ⓐ: 찾거나

② ⓑ: 나타내면

③ ⓒ: 태운

④ ⓓ: 이으면

⑤ ⓔ: 같은

지문 근거　물중헷　Q&A　어휘/개념 부정질문

분석쌤 강의
● 분 석　2017학년도 3월 고1 전국 모의고사 (p.151의 8번)에 출제된 어휘가 또 출제된 문제
● 해결案　정답을 쉽게 찾은 경우에도 '어휘 문제 3단계 풀이법'을 적용하여 복습한다.

11~15 다음 글을 읽고 물음에 답하시오.

2019학년도 11월 고1 전국연합학력평가【16~20】융합(과학+기술)

　지역난방은 열병합 발전소에서 전기 생산을 위해 사용된 열을 회수하여 인근 지역의 난방에 활용하는 것이다. 지역난방에서는 회수된 열로 데워진 물을 배관을 통해 인근 지역으로 공급함으로써 열을 수송하는 방식을 주로 사용하는데, 근래에는 열 수송의 효율성을 높이기 위해 상변화 물질을 활용하는 방식을 개발하고 있다.

　열 수송에 사용되는 상변화 물질이란, 상변화를 할 때 수반되는 ⊙잠열을 효율적으로 사용하기 위해 활용되는 물질을 말한다. 상변화란, 물질의 상태를 고체, 액체, 기체로 분류할 때, 주변의 온도나 압력 변화에 의해 어떤 물질이 이전과 다른 상태로 변하는 것을 의미하는데, 얼음이 물이 되거나 물이 수증기가 되는 것 등이 이에 해당한다. 이러한 변화에는 열이 수반되는데, 이를 '잠열'이라고 한다. 예를 들어 비커에 일정량의 얼음을 넣고 가열하면 얼음의 온도가 올라가게 되고, 0℃에 도달하면 얼음이 물로 변하기 시작하여 비커 속에는 얼음과 물이 공존하게 된다. 그런데 비커 속 얼음이 모두 물로 변할 때까지는 온도가 올라가지 않고 계속 0℃를 유지하는데, 이는 비커에 가해진 열이 물질의 온도 변화가 아닌 상변화에 사용되었기 때문이다. 이렇게 상변화에 사용된 열이 잠열인데, 이는 물질의 온도 변화로 나타나지 않는 숨어 있는 열이라는 뜻이다. 잠열은 물질마다 그 크기가 다르며, 일반적으로 물질이 고체에서 액체가 되거나 액체에서 기체가 될 때, 또는 고체에서 바로 기체가 될 때에는 잠열을 흡수하고 그 반대의 경우에는 잠열을 방출한다. 한편 비커를 계속 가열하여 얼음이 모두 녹아 물이 된 후에는 다시 온도가 올라가기 시작한다. 이렇게 얼음의 온도가 올라가거나 물의 온도가 올라가는 것처럼 온도 변화로 나타나는 열을 '현열'이라고 한다.

　그렇다면 상변화 물질의 특성을 이용하여 열 수송을 하면 어떤 장점이 있는 것일까? 상변화 물질을 활용하여 열병합 발전소에서 인근 지역 공동주택으로 열을 수송하는 과정을 통해 이를 살펴보자. 열병합 발전소에서는 발전에 사용된 수증기를 열교환기로 ⓐ보낸다. 열교환기로 이동한 수증기는 열 수송에 사용되는 물에 열을 전달하여 물을 데운다. 이 물 속에는 고체 상태의 상변화 물질이 담겨 있는 마이크로 단위의 캡슐이 섞여 있다. 이 상변화 물질의 녹는점은 물의 어는점과 끓는점 사이에 있기 때문에, 물이 데워져 물의 온도가 상변화 물질의 녹는점 이상이 되면 상변화 물질은 액체로 상변화하게 된다. 액체가 된 상변화 물질이 섞인 물은 열교환기에서 나와 온수 공급관을 통해 인근 지역 공동주택 기계실의 열교환기로 이동한다. 이 과정에서 상변화 물질이 고체로 상변화되지 않아야 하므로 이동하는 물의 온도는 상변화 물질의 녹는점 이상으로 유지되어야 한다.

　공동주택 기계실의 열교환기로 이동한 물과 캡슐 속 상변화 물질은 공동주택의 찬물에 열을 전달하면서 온도가 내려간다. 이렇게 공동주택의 찬물을 데우는 과정에서 상변화 물질의 온도가 상변화 물질의 녹는점 이하로 내려가면 캡슐 속 상변화 물질은 액체에서 고체로 상변화하면서 잠열을 방출하게 되는데, 이 역시 찬물을 데우는 데 사용된다. 즉 온수 공급관을 통해 이동해 온 물의 현열과 캡슐 속 상변화 물질의 현열, 그리고 상변화 물질의 잠열이 공동주택의 찬물을 데우는 데 모두 사용되는 것이다. 이렇게 데워진 공동주택의 물은 각 세대의 난방기로 공급되어 세대 난방을 하게 되고, 상변화 물질 캡슐이 든 물은 온수 회수관을 통해 다시 발전소로 회수되어 재사용된다.

　이와 같이 상변화 물질을 활용한 열 수송 방식을 사용하면 현열만 사용하던 기존의 열 수송 방식과 달리 현열과 잠열을 모두 사용할 수 있으므로 온수 공급관을 통해 보내는 물의 온도를 현저히 낮출 수 있어 열 수송의 효율성이 개선된다. 이때 상변화 물질 캡슐의 양을 늘릴수록 열 수송에 활용할 수 있는 잠열의 양은 증가하겠지만 캡슐의 양이 일정 수준 이상으로 늘어나면 물이 원활하게 이동할 수 없으므로 캡슐의 양을 증가시키는 데에는 한계가 있다.

11 윗글의 내용과 일치하지 않는 것은?

① 상변화는 주변의 온도나 압력 변화에 의해 물질의 상태가 변하는 것을 의미한다.

② 열병합 발전소에서는 전기 생산에 사용된 수증기의 열을 회수하여 인근 지역으로 공급한다.

③ 상변화 물질이 들어 있는 캡슐의 양은 물의 이동을 고려해야 하므로 일정 수준 이상 늘릴 수 없다.

④ 상변화 물질을 활용하여 열을 수송하는 방식을 사용하는 것은 열 수송의 효율성을 높이기 위해서이다.

⑤ 상변화 물질을 활용한 열 수송 방식에서는 온수 공급관으로 보내는 물의 온도를 기존 방식보다 높여야 한다.

| 지문 근거 | 둘중헷 | Q&A | 어휘/개념 | 부정 질문 |

분석쌤 강의
● **분 석** 2차 채점 후 정답과 가장 많이 질문한 오답지의 근거를 찾아보면 '내용 일치' 여부를 묻는 문제를 푸는 방법과 실수를 줄이는 방법을 챙길 수 있는 문제
● **해결案** 발문(문두)에서 '윗글의 내용과 일치하지 않는 것'을 질문한 것임을 염두에 두고, 지문에서 근거를 찾아 O, X 표시를 하며 푼다. 이때 각 답지에서 키워드를 체크한 다음, 해당 키워드에 대해 설명하고 있는 지문 내용과 꼼꼼하게 비교하도록 한다.

---

12 ㉠에 대한 설명으로 적절하지 않은 것은?

① 물질마다 크기가 각기 다르다.

② 물질의 온도 변화로 나타나지 않는다.

③ 숨어 있는 열이라는 뜻을 지니고 있다.

④ 물질의 상변화가 일어날 때 흡수되거나 방출된다.

⑤ 상변화하고 있는 물질의 현열을 증가시키는 역할을 한다.

| 지문 근거 | 둘중헷 | Q&A | 어휘/개념 | 부정 질문 |

분석쌤 강의
● **분 석** 다시 보면 정답과 오답의 근거를 분명하게 찾을 수 있는데, 많은 학생들이 특정 오답지에 답해 틀린 문제
● **해결案** ㉠에 대해 질문했으므로, 답지 ①부터 ㉠에 대해 설명하고 있는 지문 내용과 비교해 적절한 것에는 O, 적절하지 않은 것에는 X, 빠르게 판단할 수 없는 것에는 △ 표시를 한 후 △를 한번 더 체크하여 정답을 확정 짓는다.

---

13 〈보기〉는 상변화 물질을 활용한 열 수송 과정을 도식화한 것이다. 윗글을 바탕으로 〈보기〉에 대해 이해한 내용으로 적절하지 않은 것은? [3점]

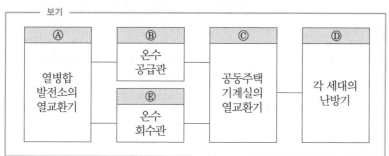

① Ⓐ에서 캡슐 속 상변화 물질의 온도는 상변화 물질의 녹는점 이상으로 올라가겠군.

② Ⓑ에서는 물에 있는 캡슐 속 상변화 물질의 상변화가 일어나지 않겠군.

③ Ⓑ와 Ⓔ를 통해 이동하는 물에 있는 상변화 물질의 상태는 서로 같겠군.

④ Ⓒ에서 공동주택의 찬물은 현열과 잠열에 의해 데워져 Ⓓ에 공급되겠군.

⑤ Ⓔ를 통해 회수된 물에 있는 상변화 물질은 Ⓐ에서 다시 상변화 과정을 거쳐 재사용되겠군.

| 지문 근거 | 둘중헷 | Q&A | 어휘/개념 | 부정 질문 |

분석쌤 강의
● **분 석** 지문을 읽기 전에 문제를 훑어 보면 도움을 얻을 수 있는, 〈보기〉에 지문 이해를 돕는 도식화된 자료가 제시된 문제로, '지역난방의 원리'는 2011학년도 3월 고1 전국연합학력평가에서도 출제된 점을 감안하면 지문 복습의 중요성을 새기게 한다.
● **해결案** 〈보기〉의 도식화된 자료에 대해 설명하고 있는 지문 내용을 바탕으로 답지를 검토한다. 이때 정답과 오답의 근거를 빠르게 찾는 방법은 답지와 〈보기〉에서 Ⓐ~Ⓔ를 체크한 후, '열 수송 과정'을 설명하고 있는 지문에서 Ⓐ~Ⓔ에 해당하는 부분과 답지를 비교하는 것이다.

14 윗글을 읽은 학생이 〈보기 1〉을 보고 〈보기 2〉와 같이 메모했을 때, ㉮~㉯에 들어갈 말로 적절한 것은?

지문 근거　둘중헷　Q&A　어휘/개념 부정질문

──── 보기 1 ────

A 기업에서는 녹는점이 15℃인 상변화 물질을 벽에 넣어 밤과 낮의 온도 차가 크더라도 벽의 온도를 일정하게 만들 수 있는 기술을 연구하고 있다.

──── 보기 2 ────

벽의 온도가 15℃보다 높아지면 이 상변화 물질은 (㉮)로 상변화할 것이고, 이때 잠열을 (㉯)할 것이다. 이렇게 상변화가 일어나는 중에는 상변화 물질의 온도가 (㉰) 것이다.

	㉮	㉯	㉰		㉮	㉯	㉰
①	액체	흡수	유지될	②	액체	흡수	상승할
③	액체	방출	유지될	④	고체	흡수	유지될
⑤	고체	방출	상승할				

분석쌤 강의
● 분 석 특정 오답지에 답한 학생들이 많았던 만큼 2차 채점 후 '가장 많이 질문한 오답은?'을 챙겨 보고, 이와 같은 문제를 푸는 방법을 한 번 더 체크함으로써 유사한 유형의 문제를 푸는 힘을 길러야 하는 문제 유형
● 해결案 〈보기 1〉을 염두에 두고 〈보기 2〉를 읽으면서 ㉮에 들어갈 말을 체크한다. 이때 ㉮ 앞의 말(15℃보다 높아지면)을 고려하면 지문에서 관련된 내용을 쉽게 찾을 수 있다. 다음으로 ㉯에 들어갈 말은 '㉮로 상변화'하는 상황에서의 잠열에 대한 것이고, ㉯에는 '흡수' 또는 '방출' 중 하나가 들어가야 하므로 지문에서 잠열을 흡수하고 방출하는 경우를 체크하면 된다. 마지막으로 ㉰는 '상변화가 일어나는 중'의 온도 변화를 질문한 것이라는 점을 염두에 두고, 관련된 지문 내용을 바탕으로 '상변화 물질의 온도'가 '유지될' 것인지 '상승할' 것인지를 판단하면 된다.

15 ⓐ와 문맥적 의미가 가장 유사한 것은?

지문 근거　둘중헷　Q&A　어휘/개념 부정질문

① 그는 선물을 동생 집으로 보냈다.
② 그는 그저 멍하니 세월만 보냈다.
③ 그는 아들을 작년에 장가를 보냈다.
④ 관객들은 연주자에게 박수를 보냈다.
⑤ 그녀는 슬피 울며 정든 친구를 보냈다.

분석쌤 강의
● 분 석 '매3'에서 강조하는 '어휘 문제 3단계 풀이법'을 적용하여 풀어야 하는, 어휘의 '문맥적 의미'를 묻는 문제
● 해결案 핵심 간추리기, '매3어휘 풀이' 떠올리기, 대입하기를 통해 오답을 제외하고 정답을 좁혀 나간다.

▶ 정답을 모르는 상태에서 2차 풀이를 하기 위한 방법으로, 아래 채점표 대신 '모바일 자동 채점 프로그램'(문제편 표지 QR 코드)을 이용해도 된다.

🕐 **종료 시각**　시　분　초

1 종료 시각을 적은 후, 문제에 체크한 '내가 쓴 답'을 ❶에 옮겨 적는다.
2 ❷에 채점을 하되, 틀린 문제에만 '／' 표시를 한다.
(문제에 직접 채점하지 않는 이유는 다시 풀 때 정답을 모르는 상태에서 풀어야 제대로 훈련이 되기 때문)

문항 번호	1	2	3	4	5	6	7	8	9	10	11	12	13	14	15
❶내가 쓴 답															
❷채 점															

☞ 정답은 〈클리닉 해설〉 p.200 (해설은 p.132)

3 틀렸거나 찍어 체크해 맞힌 문제는 다시 푼다.
4 2차 채점을 할 때 다시 풀어서 맞힌 문항은 △, 또 틀린 문항은 ✗ 표시를 한다.
5 △와 ✗ 문항은 반드시 다시 보고 틀린 이유를 알고 넘어간다.

총 소요 시간	종료 시각 −시작 시각	**분**	**초**
목표 시간		24분	30초
초과 시간	총 소요 시간 −목표 시간	**분**	**초**

채점 결과_ 18일째
반드시 체크해서 복습 때 활용할 것

	1차채점		**2차채점**	
총 문항 수	15개	△ 문항 수		개
틀린 문항 수		개	✗ 문항 수	개

1~6 다음 글을 읽고 물음에 답하시오.

냉수 속 얼음은 1시간을 ⓐ넘기지 못하고 모두 녹아버린다. 반면 북극 해빙 또한 얼음이지만, 10℃가 넘는 한여름에도 다 녹지 않고 바다에 떠 있다. 왜 해빙의 수명은 냉수 속 얼음보다 긴 걸까?

해빙의 수명이 긴 이유를 알기 위해서는 냉수 속 얼음에 작용하는 열에너지의 전달에 관한 두 가지 원리를 먼저 살펴볼 필요가 있다. 첫째, 열에너지는 온도가 높은 곳에서 낮은 곳으로 전달되는데, 이 때문에 온도가 다른 물체들이 서로 접촉하면 '열적 평형'을 이루려고 한다. 열적 평형은 접촉한 물체들의 열이 똑같아져 서로 어떠한 영향도 주거나 받지 않는 상태이다. 예를 들어 3℃인 냉장고 속에 얼음이 든 냉수를 오랜 시간 동안 두면, 냉수와 얼음의 온도는 모두 3℃가 되어 얼음이 모두 녹아 버릴 것이다. 둘째, 열에너지는 두 물체 사이의 접촉면을 통해서만 전달되며, 접촉면이 클수록 전달되는 열에너지의 양은 커진다. 앞서 말한 상황에서는 열에너지가 냉수와 얼음이 맞닿는 면을 통해 전달되므로, 얼음이 냉수와 더 많이 맞닿을수록 전달되는 열에너지도 커진다. 따라서 열적 평형을 이루기 전까지 두 물체 간 전달되는 열에너지의 양은 둘 사이의 온도 차, 접촉 시간, 접촉면의 면적과 비례함을 알 수 있다.

그러면 얼음이 모두 녹아 물로 변하는 데에는 시간이 얼마나 걸릴까? 이를 알아내기 위해서 3℃로 유지되는 냉수 속에 정육면체인 얼음 하나를 완전히 잠기게 해서 공기와 접촉할 수 없는 상황을 설정해 보자. 실험 결과 한 변의 길이가 1㎝인 정육면체 얼음이 완전히 녹는 시간은 약 2시간이다. 한편, 같은 냉수 속에 한 변의 길이가 1㎝인 정육면체 얼음 8개를 담근다고 해 보자. 8개의 얼음이 모두 물에 잠겨 있을 때에도 얼음이 완전히 녹는 데에 걸리는 시간은 여전히 약 2시간이다. 왜냐하면 각각의 얼음 주변을 물이 완전히 둘러싸고 있어 각각의 얼음이 접촉한 면적은 모두 같으며, 각각의 얼음의 부피는 동일하기 때문이다. 즉, 물에서 각각의 얼음으로 전달되는 열에너지의 양은 물과 얼음의 접촉면이 모두 동일하다면 개수가 얼마든 변함이 없다.

그런데 한 변의 길이가 1㎝인 정육면체 8개를 붙여 한 변의 길이가 2㎝인 정육면체 하나로 만들어 냉수 속에 넣는다면 어떻게 될까? 이때는 결과가 달라진다. 얼음덩어리 전체의 부피는 8㎤로 같지만, 물과 접촉한 정육면체 얼음의 총 면적이 달라지기 때문이다. 한 변의 길이가 1㎝인 정육면체 얼음 8개가 각각 물에 잠겨 있다고 할 때의 물에 접촉하는 얼음의 총 면적은 48㎠이지만, 이것을 붙여 각 변의 길이를 2㎝로 만든 정육면체 얼음이 물과 접촉하는 총 면적은 24㎠이다. 물과 접촉하는 면적이 절반으로 줄었기 때문에 같은 시간 동안 물에서 얼음으로 전달되는 열에너지의 양도 반으로 줄어들게 된다. 따라서 이 얼음이 다 녹는 데 필요한 시간은 2배만큼 늘어난 약 4시간가량이다.

이를 북극 해빙에 적용해 보자. 이때 해빙은 정육면체이며 공기와 접촉하지만 공기와 열에너지를 교환하지 않는다고 가정하자. 해빙은 바다 위에 떠 있기에 물에 잠긴 정육면체 얼음과 달리 바닥 부분만 바닷물과 접촉하고 있다. 그래서 바닷물의 열에너지는 해빙과 바닷물이 접촉하는 바닥 부분으로만 전달된다. 이는 정육면체의 여섯 면 중 한 면만 닿는 것이기 때문에, 같은 부피의 해빙은 물에 잠긴 정육면체 얼음덩어리보다 녹는 시간이 6배 오래 걸린다. 따라서 수명이 훨씬 긴 것이다.

북극 해빙이 쉽게 녹지 않는 또 다른 이유는 부피와 면적 간의 관계 때문이다. 먼저 얼음이 녹는다는 것은 얼음의 부피가 없어진다는 것이기 때문에, 얼음의 부피가 클수록 녹아야 할 얼음의 양은 많다. 또한 얼음이 녹는 것은 앞서 살펴봤듯이 얼음이 물에 닿는 면적과 관련이 있기 때문에, 물에 닿는 면적이 넓을수록 얼음이 녹는 양은 많다. 따라서 얼음이 녹는 시간은 부피가 클수록 길어지고 물에 닿는 면적이 클수록 짧아짐을 알 수 있다. 여기서 길이가 L배 커지면 면적은 L^2, 부피는 L^3만큼 비례하여 커진다는 '제곱-세제곱 법칙'을 적용하면 얼음이 녹는 시간은 L배만큼 길어짐을 알 수 있다. 예를 들어 한 변의 길이가 2㎝인 정육면체 얼음은 한 변의 길이가 1㎝인 정육면체 얼음보다 길이가 2배 길기 때문에 녹는 시간도 2배 긴 약 4시간가량이 된다. 또한 여기서 면적이 늘어나는 것보다 부피가 늘어나는 비율이 훨씬 큼도 알 수 있다. 북극 해빙의 면적은 수천만 ㎢가 넘지만 부피는 이보다 계산하기 어려울 정도로 매우 크기 때문에 해빙이 녹는 시간은 그만큼 늘어나는 것이다. 결국 해빙은 실제 다양한 조건을 고려하더라도 물에 닿는 면이 한 면뿐이고, 닿는 면적에 비해 부피가 매우 크기 때문에 10℃가 넘는 북극의 한여름에도 다 녹지 않고 바다에 떠 있을 수 있는 것이다.

01 윗글을 읽을 때 사용할 독서 전략으로 가장 적절한 것은?

① 질문에 대한 글쓴이의 추론 과정을 분석하며 읽는다.
② 질문에서 묻는 개념의 변천 과정에 주목하며 읽는다.
③ 질문에 대한 다양한 의견들을 서로 비교해 가며 읽는다.
④ 질문과 관련된 사람들의 일반적인 생각을 비판하며 읽는다.
⑤ 질문에 대한 글쓴이의 입장과 반대되는 의견을 찾으며 읽는다.

지문 근거 둘중헷 Q&A 어휘/개념 부정 질문

분석쌤 강의
● **분 석** 문제 풀이 방법을 새기면 정답을 쉽게 찾을 수 있는 독서 전략을 묻는 문제
● **해결案** '독서 전략'을 질문하고 있으므로 답지 ①부터 지문에 언급되어 있는 내용인지 체크한다. 지문에 언급되어 있지 않으면 ✕, 언급되어 있어도 지문 내용과 일치하지 않으면 ✕ 표시를 하며 정답을 좁혀 나간다.

02 윗글을 바탕으로 〈보기〉를 추론한 내용 중 가장 적절한 것은?

— 보기 —

　　시우는 윗글을 읽고 얼마 전에 다녀온 석빙고를 떠올린 뒤, 한여름에 석빙고의 정육면체 얼음들을 녹지 않게 하기 위한 가장 효율적인 방법이 무엇인지에 대해 탐구해 보았다.

① 얼음들을 원형으로 만들어 보관한다.
② 얼음들을 일정 간격을 두고 보관한다.
③ 얼음들을 한 줄로 높이 세워 보관한다.
④ 얼음들의 표면에 차가운 물을 뿌려서 보관한다.
⑤ 얼음들을 정육면체 한 덩어리로 만들어 보관한다.

지문 근거 둘중헷 Q&A 어휘/개념 부정 질문

분석쌤 강의
● **분 석** '가장'이 중요한 문제로, 국어 영역은 '가장'이 없어도 '가장 적절한 것'을 골라야 하고, 답지는 꼭 ⑤번까지 검토해야 한다는 것을 한 번 더 새기게 해 주는 문제
● **해결案** 〈보기〉를 통해 질문의 핵심을 파악한 다음, 지문에서 질문에 대한 답의 근거를 찾아 답지를 체크한다. 이때 '가장 적절한 것', '가장 효율적인 방법'을 골라야 한다는 것을 기억하고 모든 답지를 검토한 후에 정답을 확정하도록 한다.

03 윗글을 참고하여 〈보기〉의 상황을 분석한 결과로 적절하지 <u>않은</u> 것은? [3점]

— 보기 —

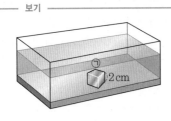 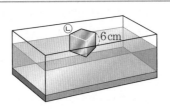

　*위 실험에서 수온은 3℃로 일정하게 유지되며, 물에 완전히 잠긴 얼음 ㉠과 물 위에 떠 있는 얼음 ㉡은 모두 정육면체이고, 물 이외의 다른 요인을 통해 전달되는 열에너지는 고려하지 않음.

① ㉠과 ㉡의 면적은 9배 차이가 난다.
② ㉠과 ㉡의 부피는 27배 차이가 난다.
③ ㉠을 6시간 후에 관찰하면 완전히 녹아 있을 것이다.
④ ㉠을 ㉡처럼 물에 띄운다면, 완전히 녹는 시간은 약 8시간이다.
⑤ ㉡을 한 변이 3㎝인 정육면체 얼음 8개로 쪼갠 뒤 물에 잠기게 할 때 완전히 녹는 시간은 약 6시간이다.

지문 근거 둘중헷 Q&A 어휘/개념 부정 질문

분석쌤 강의
● **분 석** 시간이 걸리더라도 꼼꼼하게 따져 풀어야 정답에 답할 수 있으므로, 지문과 문제 풀이 과정을 복습하면서 시간을 단축하는 방법을 체크하도록 한다. 하지만 시간이 많이 소요될 수밖에 없는 지문과 문제가 있다는 것을 기억하고 실전에서 특히 어려운 지문과 문제를 만날 경우에는 맨 나중에 푸는 전략을 활용하는 방법과, 다른 지문과 문학 등에서 문제 풀이 시간을 단축하는 방법도 기억하고 새겨야 하는 문제
● **해결案** 〈보기〉의 ㉠과 ㉡의 다른 점과 그림 아래에 제시된 정보까지 고려하여 답지를 검토한다. 이때 답지에 제시된 면적, 부피, 녹는 시간 등은 지문에서 설명한 내용을 〈보기〉에 적용해 옳고 그름을 판단하도록 한다.

04 윗글의 내용으로 적절하지 <u>않은</u> 것은?

① 북극 해빙의 면적은 부피에 반비례한다.

② 열에너지는 온도가 높은 곳에서 낮은 곳으로 이동한다.

③ 북극 해빙은 물에 닿는 면이 한 면이어서 녹는 시간이 길어진다.

④ 얼음이 물과 접촉하는 면적과 전달되는 열에너지의 양은 비례한다.

⑤ 열적 평형 상태에서는 접촉한 두 물체 간 열에너지의 전달이 일어나지 않는다.

지문 근거 둘중헷 Q&A 어휘/개념 부정질문

분석쌤 강의
● **분석** 지문 내용이 이해하기 어려운 경우에도 문제는 쉽게 풀리는 경우가 있고, 문제를 푸는 과정에서 지문 내용을 이해할 수도 있다는 것을 새기면 도움이 되는 문제
● **해결案** 답지 ①부터 키워드를 체크한 다음, 체크한 키워드가 언급된 지문 내용과 답지를 비교하여 O, X 표시를 하며 문제를 푼다.

---

05 윗글과 〈보기〉를 통해 추론할 수 있는 내용으로 적절한 것은?

> **── 보기 ──**
>
> 일반적으로 동물이 생산하는 열에너지는 동물의 무게와 부피에 비례한다. 코끼리는 무게와 부피가 육상 동물 중 가장 크다. 그래서 코끼리는 때때로 커다란 귀를 흔들어 부채질을 해야만 체온을 일정하게 유지할 수 있는데, 이는 귀에 수많은 모세혈관이 있어 귀를 흔들면 혈액의 온도를 낮출 수 있기 때문이다.

① 코끼리는 외부 기온이 체온보다 높아지면 체온을 유지하기가 쉬울 것이다.

② 코끼리는 다른 육상 동물에 비해 몸에서 만들어 내는 열에너지가 부족할 것이다.

③ 더운 지역에 사는 코끼리는 다른 지역에 사는 코끼리보다 귀의 면적이 작을 것이다.

④ 코끼리는 다른 육상 동물에 비해 열에너지 방출에 필요한 피부 면적이 충분하지 않을 것이다.

⑤ 평균보다 몸무게가 많이 나가는 코끼리는 평균적인 코끼리보다 귀를 펄럭거리는 횟수가 적을 것이다.

지문 근거 둘중헷 Q&A 어휘/개념 부정질문

분석쌤 강의
● **분석** 이 시험(2018학년도 6월 고1 전국연합학력평가)은 1등급 컷이 86점이고, 만점자 수가 81명이었는데, 이 시험을 어렵게 한 문제 중 하나
● **해결案** 〈보기〉를 읽으며 무게와 부피, 그리고 온도를 낮추기 위한 조건 등에 주목한다. 그런 다음 답지를 검토할 때 〈보기〉만으로 적절성 여부를 파악하기 어려운 경우, 지문에서 관련 내용을 찾아읽고 그름을 판단하도록 한다.

---

06 밑줄 친 단어 중 ⓐ의 문맥적 의미와 가장 유사한 것은?

① 그는 목감기에 걸려 밥을 <u>넘기지</u> 못했다.

② 그는 나무를 제대로 베어 <u>넘기지</u> 못했다.

③ 그는 네트 너머로 배구공을 <u>넘기지</u> 못했다.

④ 그는 끝내 원고를 출판사에 <u>넘기지</u> 않았다.

⑤ 그는 그 일을 처리하는 데 일주일을 <u>넘기지</u> 않았다.

지문 근거 둘중헷 Q&A 어휘/개념 부정질문

분석쌤 강의
● **분석** '매3어휘 풀이'를 적용하여 푸는 훈련을 해야 하는, 문맥적 의미를 묻는 문제
● **해결案** 문장의 핵심을 간추린 후, 간추린 내용에서 ⓐ의 의미를 살리는 다른 말을 떠올려 본다. 그런 다음, 떠올린 말을 답지의 밑줄 친 말에 대입해 보면 쉽게 정답을 찾을 수 있다.

7~11 **다음 글을 읽고 물음에 답하시오.**   2018학년도 11월 고1 전국연합학력평가 【21~25】 과학

금성의 다른 이름인 '샛별'은 새벽에 보이기 때문에 사람들이 금성에 ⓐ붙인 이름이다. 실제로 금성은 하루 종일 관측할 수 있는 것이 아니라 새벽이나 초저녁에만 볼 수 있다. 이러한 현상이 생기는 이유는 무엇일까?

이는 천체의 '겉보기 운동'과 관련이 있다. 지구는 하루에 한 바퀴 자전하면서 태양 주위를 일 년에 한 바퀴 공전한다. 이로 인해 지구상의 관측자가 하늘의 천체를 볼 때, 관측 시기에 따라 천체의 위치가 다르게 보이기도 한다. 왜냐하면 관측자에게는 지구가 움직이는 것이 아니라 상대적으로 하늘의 천체가 움직이는 것처럼 보이기 때문이다. 이처럼 지구의 자전이나

1주차 2주차 3주차 4주차

공전으로 인해 지구에서 관측할 때 천체가 움직이는 것처럼 보이거나 실제 움직임과는 다르게 보이는 현상을 '겉보기 운동'이라 한다.

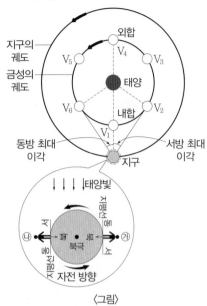

〈그림〉

겉보기 운동을 이해하기 위해서는 먼저 관측자에게 보이는 천체의 움직임에 대해 알아야 한다. 천체는 지구의 자전 때문에 지구 자전 방향의 반대 방향으로 움직이는 것처럼 보이게 된다. 이는 마치 고개를 왼쪽으로 돌리면 사물은 오른쪽으로 이동하는 것처럼 보이는 것과 같다. 〈그림〉의 ㉮, ㉯에서처럼 관측자의 위치를 중심으로 할 때, 관측자가 북반구 중위도에서 북쪽을 바라보고 있으면 관측자의 왼쪽이 서쪽이 된다. 이때 지구의 자전 방향은 시계 반대 방향, 즉 서에서 동으로의 방향이므로 하늘의 천체는 상대적으로 동에서 서로 움직이는 것처럼 보이는 것이다. 결국 겉보기 운동은 관측자의 위치를 중심으로 천체가 움직이는 방향을 살펴본 것이다.

또한 천체들 사이의 상대적 위치 관계도 겉보기 운동을 이해하는 데 중요하다. 지구 공전 궤도보다 안쪽에서 공전하는 천체인 내행성, 지구, 태양의 위치 관계를 내행성 중 하나인 금성을 중심으로 살펴보면 다음과 같다. 〈그림〉에서 태양, 금성, 지구가 일직선상에 위치할 때를 '합'이라고 하는데, 지구 – 금성 – 태양의 순서로 위치할 때를 '내합', 지구 – 태양 – 금성의 순서로 위치할 때를 '외합'이라고 한다. 또한 지구상의 관측자가 태양과 행성을 바라보았을 때, 관측자가 태양을 바라본 방향과 행성을 바라본 방향 사이의 각을 '이각'이라고 한다. 즉, 관측자가 보았을 때 금성이 태양으로부터 얼마만큼의 각거리*로 떨어져 있는가를 의미한다. '이각'은 다시 '동방 이각'과 '서방 이각'으로 나눌 수 있는데, 이는 〈그림〉의 V_5, V_6에서처럼 금성이 태양보다 동쪽에 있는 경우와 V_2, V_3에서처럼 서쪽에 있는 경우로 구분한 것이다. 또한 금성이 V_6과 V_2에 있을 때 태양으로부터 가장 멀리 떨어진 것처럼 보인다. 이때의 이각을 각각 '동방 최대 이각'과 '서방 최대 이각'이라고 한다.

관측자에게 보이는 천체의 움직임, 상대적 위치 관계 등을 바탕으로 금성이 관측되는 시각과 시간, 위상과 크기, 밝기를 살펴보면 다음과 같다. 먼저 금성이 관측되는 시각은 지구에서 바라본 금성의 위치에 따라 달라진다. 만약 〈그림〉에서 금성이 외합인 V_4에서 내합인 V_1 사이인 동방 이각에 위치하고, 관측자가 ㉮에 서 있다면 금성은 관측자의 지평선 아래에 있게 되므로 관측되지 않는다. 하지만 지구의 자전으로 인해 관측자의 위치가 ㉯로 변하면, 금성은 관측자의 지평선 위에 있게 되고 태양은 지평선 아래에 있게 되므로 태양이 진 후 초저녁 서쪽 하늘에서 금성을 관측할 수 있다. 반대로 금성이 서방 이각에 위치하는 경우에는 동일한 이유로 관측자는 ㉯가 아닌 ㉮에서 금성을 관측할 수 있다. 또한 태양과 금성, 지구의 위치 관계가 내합과 외합일 때에는 금성이 태양과 함께 뜨고 지기 때문에 관측되기 어렵다. 따라서 금성은 동방 최대 이각 또는 서방 최대 이각의 안쪽에 위치할 때만 관측 가능하고, 합의 위치에서는 관측이 어려운 것이다. 한편 금성이 관측되는 시간은 금성의 이각에 따라 달라진다. 이각이 클수록 태양과 금성의 각거리는 커지므로 금성을 더 오래 볼 수 있다. 따라서 금성은 최대 이각에 위치할수록 오래 관측되고, 합에 위치할수록 짧게 관측된다. 이런 이유로 금성은 항상 태양을 중심으로 좌, 우 일정한 이각 내에서만 관측된다.

또한 금성이 관측되는 위상과 크기는 금성의 위치, 지구와 금성의 거리에 따라 달라진다. 금성의 위상은 금성이 태양과의 상대적 위치에 따라 지구상의 관측자에게 보이는 모양으로, 금성은 스스로 빛을 내지 못하고 태양빛을 받아 빛나는 것처럼 보인다. 이때 태양빛을 받는 면이 지구를 향하는 정도에 따라 보이는 형태가 다르다. 금성은 지구에서 멀어질수록 보이는 크기가 줄어들지만 태양빛을 받는 면의 전체를 볼 수 있어 보름달에 가까운 형태로 관측된다. 반면 지구로 가까워질수록 보이는 크기는 커지지만 태양빛을 받는 면의 일부분만 볼 수 있으므로 초승달 또는 그믐달에 가까운 형태로 관측된다. 그리고 최대 이각의 위치에 있을 때에는 반달에 가까운 형태로 관측된다.

마지막으로 금성의 밝기는 보이는 크기와 지구와의 거리에 따라 결정된다. 금성은 동방 최대 이각을 지나 내합으로 갈수록 점점 밝아지다가 밝기가 줄어든다. 일정 위치까지는 보이는 면이 줄어드는 효과보다 거리가 가까워지는 효과가 크게 작용을 하여 더 밝게 보인다. 그러다가 일정 위치를 지나 내합의 위치에 가까워질수록 거리가 가까워지는 효과보다 보이는 면이 줄어드는 효과가 커지기 때문에 밝기가 줄어든다. 마찬가지로 금성의 밝기는 내합을 지나 서방 최대 이각으로 갈수록 더 밝아지다가 서방 최대 이각에 가까워질수록 밝기가 줄어들게 된다.

*각거리: 관측자로부터 두 천체에 이르는 두 직선이 이루는 각도로 나타내는 천체 간 거리.

※ 다음은 금성의 이각을 일정 기간 지구에서 관측하여 그래프로 나타낸 것이다. 윗글과 그래프를 바탕으로 7번과 8번의 두 물음에 답하시오.

다시보기 ▶ 다시 볼 문제 체크하고 틀린 이유 메모하기   *[분석쌤 강의]는 2차 채점 후 반드시 챙겨 본다!*

07 윗글을 읽은 학생이 ⓒ에 대해 〈보기〉와 같이 반응했다고 할 때, ⓐ~ⓓ에 들어갈 말로 적절한 것은?

> ── 보기 ──
> "금성의 위치가 ⓒ일 때, 금성은 태양보다 (ⓐ)에 위치하지만, 북반구 중위도에 있는 관측자가 보기에는 (ⓑ) 하늘에서 볼 수 있어. 그러므로 새벽에는 금성이 관측자의 지평선 (ⓒ)에, 초저녁에는 지평선 (ⓓ)에 있겠군."

	ⓐ	ⓑ	ⓒ	ⓓ
①	동쪽	서쪽	위	위
②	동쪽	서쪽	아래	위
③	서쪽	동쪽	위	아래
④	서쪽	동쪽	아래	위
⑤	서쪽	동쪽	아래	아래

지문 근거   둘중헷   Q&A   어휘/개념 부정질문

분석쌤 강의
● **분 석** 지문을 이해하는 데 시간이 많이 걸려 이 시험(2018학년도 11월 고1 전국연합학력평가)에서 가장 어렵게 푼 문제중 하나
● **해결案** 그래프에서 ⓒ이 나타내는 바를 지문과 연결해 이해한다. 그런 다음, 〈보기〉에서 '금성의 위치가 ⓒ일 때'라고 한 것을 고려해 관련 내용을 지문에서 찾아 지문 내용과 〈보기〉를 비교한다. 2차 채점 후 정답인 이유를 한 번 더 따져 알고, 지문 복습도 꼭 하도록 하자. 이때 〈클리닉 해설〉의 '독해력을 길러 주는 지문 분석'을 참고하도록 한다.

다시보기 ▶ 다시 볼 문제 체크하고 틀린 이유 메모하기

08 윗글을 바탕으로 ⓐ~ⓔ에 대해 이해한 내용으로 적절하지 <u>않은</u> 것은? [3점]

① 금성의 이각이 ⓐ에서 ⓑ으로 변할수록 각거리는 커지며, 금성을 볼 수 있는 시간은 길어진다.

② 금성의 이각이 ⓑ에서 ⓒ으로 변할수록 금성을 볼 수 있는 시간은 짧아지며, 점점 보름달에 가까운 형태로 볼 수 있다.

③ 금성의 이각이 ⓒ에서 ⓓ로 변할수록 금성을 볼 수 있는 시간은 길어지며, 점점 반달에 가까운 형태로 볼 수 있다.

④ 금성의 이각이 ⓓ에서 ⓔ으로 변할수록 각거리는 작아지며, 관측자에게 보이는 형태가 점점 달라진다.

⑤ 금성의 이각이 ⓓ에서 ⓔ으로 변할수록 금성을 볼 수 있는 시간은 길어지며, 점점 초승달에 가까운 형태로 볼 수 있다.

지문 근거   둘중헷   Q&A   어휘/개념 부정질문

분석쌤 강의
● **분 석** 지문 이해에 어려움을 겪은 학생들이 많아 정답보다 오답에 더 많이 답한 문제인 점을 감안하여, 지문 복습을 꼭 하되 지문에 제시된 〈그림〉을 통해 지문 내용을 이해하는 훈련을 해야 하는 문제
● **해결案** 먼저 그래프의 ⓐ~ⓔ이 가리키는 바를, 지문의 〈그림〉을 참조해 메모해 둔다. 그런 다음 답지에서 '각거리, 금성을 볼 수 있는 시간, 금성의 형태(위상)'에 대해 설명하고 있으므로 이를 파악할 수 있는 내용을 지문에서 찾아, 그림과 지문, 답지를 비교하여 O, X 표시를 하며 푼다.

09 윗글을 이해한 내용으로 적절하지 <u>않은</u> 것은?

① 관측자가 관측한 천체의 움직임은 천체의 실제 움직임과는 다르다.

② 겉보기 운동은 천체를 중심으로 관측자의 위치 변화를 살펴본 것이다.

③ 지구상의 관측자에게 천체의 위치는 관측 시기에 따라 다르게 보인다.

④ 겉보기 운동에서 보이는 천체 움직임의 방향은 지구 자전 방향과 반대이다.

⑤ 북반구 중위도에 서서 북쪽을 바라보는 관측자에게 서쪽은 관측자의 왼쪽 방향에 해당한다.

| 지문 근거 | 둘중헷 | Q&A | 어휘/개념 | 부정질문 |

분석쌤 강의
● **분 석** 지문의 내용이 어려울 경우, 이해될 때까지 지문을 읽기보다는 문제를 푸는 과정에서 지문을 이해하는 전략이 필요하다는 것을 새기게 해준 문제
● **해결案** '윗글을 이해한 내용으로 적절하지 않은 것'을 질문하고 있으므로, 답지에서 키워드를 체크한 다음, 체크한 키워드가 언급된 지문 내용과 답지를 비교해 O, X 표시를 하며 정답을 압축한다.

10 윗글과 〈보기〉에 대해 알 수 있는 내용으로 적절한 것은?

┌─ 보기 ─────────────────────────────────────┐

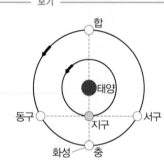

지구 공전 궤도보다 바깥쪽을 도는 천체를 외행성이라 하는데, 지구에서 관측하기 쉬운 외행성은 화성이 대표적이다. 화성, 지구, 태양의 위치 관계를 살펴보면 태양-지구-화성의 순으로 위치할 때를 '충'이라고 하며, 화성-태양-지구의 순으로 위치할 때를 '합'이라 부른다. 또한 화성이 지구를 중심으로 태양과 90°로 놓이는 때를 '구'라고 하는데, 화성이 동쪽에 있으면 '동구', 서쪽에 있으면 '서구'로 구분한다. 또한 화성은 이각이 180°일 때 가장 밝게 보이며, 지구와의 거리에 따라 크기가 변한다. 즉 지구에서 가까울수록 더 크게 관측되지만, 멀수록 더 작게 관측된다.

└───┘

① 금성은 최대 이각에서 가장 크게, 화성은 합에서 가장 밝게 관측된다.

② 금성은 최대 이각에서 가장 밝게, 화성은 합에서 가장 작게 관측된다.

③ 금성은 내합 부근에서 가장 크게, 화성은 충에서 가장 밝게 관측된다.

④ 금성은 내합 부근에서 가장 밝게, 화성은 충에서 가장 작게 관측된다.

⑤ 금성은 외합 부근에서 가장 밝게, 화성은 구에서 가장 크게 관측된다.

| 지문 근거 | 둘중헷 | Q&A | 어휘/개념 | 부정질문 |

분석쌤 강의
● **분 석** 7번 문제 다음으로 이 시험에서 어렵게 푼 문제로, 정답보다 오답에 답한 학생들이 많았으므로 2차 채점 후 정답인 이유와 오답인 이유를 꼼꼼히 따져 이해하고 넘어가야 하는 문제
● **해결案** 지문과 〈보기〉를 읽은 다음 답지를 검토하면 '금성과 화성의 크기와 밝기'에 대해 질문하고 있음을 알 수 있다. 따라서 금성의 크기와 밝기는 지문에서, 화성의 크기와 밝기는 〈보기〉에서 체크해, 각각에 대해 O, X 표시를 하며 푼다.

11 밑줄 친 단어 중, @와 문맥적 의미가 가장 유사한 것은?

① 운동을 해서 다리에 힘을 붙였다.

② 그는 나에게 다정하게 말을 붙여 왔다.

③ 아이와 정을 붙이고 나니 떨어지기가 싫다.

④ 아이들에게 희망을 붙이고 사는 것이 큰 낙이다.

⑤ 그는 자기 소설에 어떤 제목을 붙일까 고민 중이다.

| 지문 근거 | 둘중헷 | Q&A | 어휘/개념 | 부정질문 |

분석쌤 강의
● **분 석** 문맥적 의미를 묻는 문제도 '어휘 문제 3단계 풀이법'을 적용해 풀어야 한다는 것을 새기게 하는 문제
● **해결案** @의 의미를 이해할 수 있는 핵심 내용을 간추린 후, '매3어휘 풀이'를 떠올려 다른 말을 만들어 본다. 그런 다음, 이때 만든 어휘를 답지에서 밑줄 친 부분에 대입하여 자연스러운 것을 찾는다.

일반적으로 의사들은 청진기를 통해 들리는 심장음*으로 환자의 상태를 점검한다. 심장은 우리 몸에 혈액을 안정적으로 순환시키는 기관으로 펌프와 같은 작용을 하는데, 매우 짧은 시간에 수축과 이완을 반복한다. 이러한 심장의 주기적인 리듬을 '심장 박동'이라고 하며 이 과정에서 심장음이 발생되는 것이다. 그렇다면 심장 박동은 구체적으로 어떤 과정을 거쳐 일어나며, 심장음은 왜 발생하는 것일까?

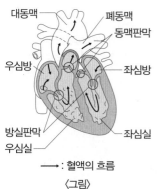

　　　　　　　　　　　대동맥
　　　　　　　　　　　폐동맥
　　　　　　　　　　　동맥판막
　우심방　　　　　　　　좌심방
　　　　　　　　　　　방실판막
　우심실　　　　　　　　좌심실
　　　→ : 혈액의 흐름
　　　　〈그림〉

이 궁금증을 해결하기 위해서는 우선 ㉠심장의 구조와 혈액의 순환 과정을 살펴볼 필요가 있다. 심장은 〈그림〉과 같이 우심방과 우심실, 좌심방과 좌심실로 구성되어 있다. 각 심방과 심실 사이에는 방실판막이 있고, 우심실과 폐동맥 사이, 좌심실과 대동맥 사이에는 동맥판막이 있다. 여기서 판막은 혈액을 한 방향으로만 흐르게 하는 역할을 한다는 점에서 마치 한쪽으로만 열리는 출입문에 비유될 수 있다. 방실판막은 심방에서 심실로만 열리는데, 심방의 압력이 심실의 압력보다 높을 경우에만 열린다. 동맥판막 역시 압력의 차이로 인해 심실에서 동맥으로만 열린다. 그리고 혈액의 순환 과정은 다음과 같다. 혈액은 몸 전체의 세포와 조직에 산소를 공급하고 이들로부터 이산화탄소를 받은 후 우심방, 우심실을 거쳐 폐동맥을 통해 폐로 이동된다. 이후 폐에서 산소를 공급받은 혈액은 좌심방으로 되돌아와 좌심실을 거쳐 대동맥을 통해 몸 전체로 나가게 된다. 이 과정에서 우심실과 좌심실은 동시에 수축됨으로써 같은 양의 혈액을 폐나 몸 전체로 내보내는데, 혈액을 폐로 보내는 것보다 몸 전체로 보낼 때 더 강한 힘이 필요하므로 좌심실 벽이 우심실 벽보다 더 두껍다.

㉡심장의 박동은 심실 확장기, 등용적 심실 수축기, 심실 수축기를 포함하는 수축 단계와 등용적 심실 이완기, 심실 채우기를 포함하는 이완 단계를 반복적으로 거친다. 이 과정은 약 0.8초를 주기로 하여 좌심방과 좌심실, 우심방과 우심실에서 동시에 일어난다. 먼저 동방결절*에서 발생한 전기 신호가 심방의 근육으로 전달되면 심방이 수축된다. 이로 인해 심방의 압력이 심실의 압력보다 조금 높아지므로 심방에서 심실로 혈액이 흘러 심실의 크기가 지속적으로 커지는데 이를 심실 확장기라고 한다. 이 시기에는 심방을 수축시킨 전기 신호가 방실판막과 심방 벽을 진동시켜 '제4심장음'이 발생한다. 그리고 동방결절에서 발생한 그 전기 신호가 방실결절*을 통해 심실 전체로까지 전달되면 심실이 수축되기 시작한다. 이로 인해 심실의 압력이 증가하여 심방의 압력보다 높아지므로 방실판막이 닫힌다. 그런데 심실의 압력은 동맥의 압력보다 여전히 낮기 때문에 동맥판막은 닫혀 있다. 따라서 수축으로 인한 심실의 압력 증가가 일정 수준에 이르기 전까지는 4개의 판막은 모두 닫혀 있다. 이는 혈액의 이동이 순간적으로 중지된 상태이므로 심실의 크기는 일정하게 유지되는데 이를 등용적 심실 수축기라고 한다. 이 시기에는 방실판막이 닫힐 때 길고 둔한 소리가 발생하는데 이를 '제1심장음'이라고 한다. 수축 단계의 마지막 과정인 심실 수축기는, 계속 증가해 온 심실의 압력이 동맥의 압력보다 높아지게 되어 동맥판막이 열리고 혈액이 심실에서 몸 전체나 폐로 빠져나가는 시기를 말한다. 이 시기에는 심실의 압력이 심방의 압력보다 높기 때문에 방실판막은 여전히 닫혀 있고, 혈액은 심실 밖으로 빠져나갔으므로 심실의 크기는 이전 시기보다 작아진다.

전기 신호로 인한 수축 단계가 끝나고 심실이 이완되면 심실의 압력이 동맥의 압력보다 낮아져 동맥판막이 닫히게 된다. 그런데 심실의 압력은 심방의 압력보다 여전히 높으므로 방실판막은 열리지 않는다. 따라서 이완으로 인한 심실의 압력 감소가 일정 수준에 이르기 전까지는 4개의 판막이 모두 닫혀 있다. 이 상태에서는 등용적 심실 수축기처럼 심실의 크기가 일정하게 유지되는데 이를 등용적 심실 이완기라고 한다. 이 시기에는 동맥판막이 닫힐 때 '제1심장음'보다 짧고 예리한 소리가 발생하는데 이를 '제2심장음'이라고 한다. 이후 심실이 이완되면서 계속 감소해 온 심실의 압력이 심방의 압력보다도 낮아지면 방실판막이 열려 심실로 혈액이 조금씩 들어오는데 이를 심실 채우기라고 한다. 이때 방실판막이 열리면서 '제3심장음'이 발생한다.

이처럼 심장의 박동은 심장의 수축과 이완에 따른 압력 또는 크기의 변화와 밀접한 관련이 있으며 시기별로 일정한 심장음을 발생시킨다는 특성이 있다. '제1심장음'과 '제2심장음'은 일반적으로 의사들이 청진기를 통해 분명하게 들을 수 있다. '제3심장음'은 그 소리가 약해서 소아나 청소년들에게서만 들리며, '제4심장음'은 음정이 낮고 짧아 드물게 들린다. 만약 판막이나 혈관 등에 이상이 생길 경우 정상적인 심장음 이외의 소리가 발생하고 이를 통해 질병이 감지될 수 있는 것이다.

　＊심장음: 심장 기능에 의해 생기는 음.
　＊동방결절: 전기 신호를 생성하여 심장을 수축시킴으로써 심장 박동의 리듬을 결정하는 심장의 한 부분.
　＊방실결절: 특수 심장 근육의 하나로 동방결절에서 진행된 흥분을 심실 근육 쪽으로 전달하는 기능을 가진 심장의 한 부분.

12 윗글의 내용과 일치하지 <u>않는</u> 것은?

① 우심실 벽이 좌심실 벽보다 더 두껍다.

② 판막은 혈액을 한 방향으로만 흐르게 한다.

③ '제3심장음'은 소아나 청소년들에게서만 들린다.

④ 심장은 우리 몸에 혈액을 안정적으로 순환시키는 기관이다.

⑤ 판막이나 혈관에 이상이 생기면 정상적인 심장음 이외의 소리가 발생한다.

지문 근거 둘중헷 Q&A 어휘/개념 부정 질문

분석쌤 강의
● **분 석** 정답과 오답의 근거를 쉽게 찾을 수 있어 대부분의 학생들이 정답에 답한 문제로, 정답에 쉽게 답했어도 2차 채점 후 문제 풀이 시간을 단축할 수 있는 방법을 한 번 더 체크하면 좋은 문제
● **해결案** 답지 ①부터 키워드를 체크한 후, 체크한 키워드가 언급된 지문을 빠르게 찾아 지문과 답지를 비교해 일치하는 것에는 O, 일치하지 않는 것에는 과감하게 X 표시를 하며 푼다.

13 ㉠을 중심으로 윗글을 이해한 내용으로 적절하지 <u>않은</u> 것은?

① 심장의 혈액을 심실 밖으로 내보낼 때에는 심실과 동맥 사이의 동맥판막이 열린다.

② 심장의 우심방에 들어온 혈액을 다시 몸 전체로 내보낼 때에는 판막 4개를 거쳐야 한다.

③ 심장의 각 심실로 들어온 혈액을 심장 밖으로 내보낼 때에는 심장의 방실판막은 닫혀 있다.

④ 심장의 각 심방으로 들어온 혈액을 심실로 내보낼 때에는 심방에서 심실 방향으로 판막이 열려야 한다.

⑤ 심장의 혈액을 좌심실에서 내보내기 시작할 때에는 우심실에서 내보내기 시작할 때와 달리 동맥판막이 열린다.

지문 근거 둘중헷 Q&A 어휘/개념 부정 질문

분석쌤 강의
● **분 석** 2차 채점 후 지문 복습을 할 때, 지문을 빠르게 이해하는 독해 방법으로 O, △ 밑줄, 화살표(→, ↓) 등을 표시하며 읽는 훈련을 하고, 다른 학생들이 많이 답한 오답의 해설을 챙겨 보며 정답 같은 오답을 피하는 방법을 새기는 훈련을 해야 하는 문제
● **해결案** ㉠은 2문단에서 주로 설명하고 있지만, 2문단을 통해 ㉠을 이해한 다음, 답지를 검토할 때에는 2문단 이후에서 설명하는 내용까지도 감안하여 적절성 여부를 판단하도록 한다. 그리고 답지에 공통으로 '혈액을~로 내보낼 때에는'이 들어 있는 점을 고려할 때, 〈그림〉과 2문단을 바탕으로 '혈액의 순환 과정'을 화살표로 표시(《클리닉 해설》 참조)하며 지문을 읽고, 표시한 '혈액의 순환 과정'을 염두에 두고 O, X 표시를 하며 푼다.

※ 〈보기〉는 ㉡의 과정을 도식화한 것이다. 윗글과 〈보기〉를 참고하여 14번과 15번의 두 물음에 답하시오.

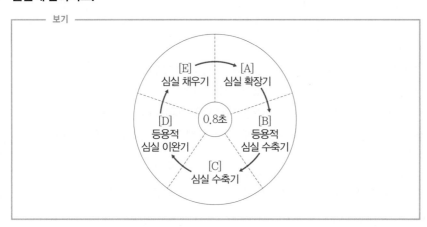

14 윗글을 바탕으로 [A]~[E]에 대해 이해한 내용으로 적절하지 <u>않은</u> 것은? [3점]

지문 근거   둘중헷   Q&A   어휘/개념 부정질문

① [A]에서 [B]로 되면서, 혈액의 이동이 순간적으로 중지되어 심실의 크기가 일정하게 유지된다.

② [B]에서 [C]로 되면서, 심실 속 혈액량은 줄어들며 심실의 크기는 작아진다.

③ [C]에서 [D]로 되면서, 심실은 이완하며 청진기로 들을 수 있는 '제2심장음'이 발생한다.

④ [D]에서 [E]로 되면서, 심실은 이완되어 심실 속의 혈액량이 줄어든다.

⑤ [E]에서 [A]로 되면서, 전기 신호로 인해 심방이 수축되고 '제4심장음'이 발생한다.

분석쌤강의
● **분 석** 지문을 읽기 전 문제부터 보는 습관을 들이면 지문 독해에 도움이 되고, 문제 풀이 시간도 단축할 수 있다고 하는 이유를 알게 되는 문제
● **해결案** 지문을 읽기 전 이 문제 위의 〈보기〉에 제시된 그림부터 보고, 지문의 ⓒ 부분을 읽을 때 그림에 적용하면서 읽어야겠다는 전략을 세운다. 그런 다음 지문에서 ⓒ에 대해 설명한 부분을 읽을 때, ⓒ(심장의 박동)은 '심실 확장기, 등용적 심실 수축기, 심실 수축기, 등용적 심실 이완기, 심실 채우기'를 반복적으로 거친다는 내용을 이해하고, 각 단계에 대한 설명이 시작되는 부분에 [A], [B], [C]와 같이 구분하여 표시한다. 그러면 답지에서 언급한 단계([A]~[E])를 지문에서 쉽게 찾을 수 있는데, 지문 내용과 답지의 설명을 비교해 옳고 그름을 판단하면 된다.

15 윗글을 읽은 학생이 [B]와 [D]에 대해 〈보기〉와 같이 반응했다고 할 때, ㉮~㉱에 들어갈 말로 적절한 것은?

지문 근거   둘중헷   Q&A   어휘/개념 부정질문

— 보기 —

"이 글을 읽고 심방, 심실, 동맥을 압력이 높은 순서대로 나열했을 때, [B]와 [D]에서 그 순서가 동일하다는 점을 발견했어. 즉 압력이 가장 높은 것은 (㉮)이고, 그다음 높은 것은 (㉯)이며, 가장 낮은 것은 (㉱)이라는 사실을 알게 되었어."

	㉮	㉯	㉱
①	심방	심실	동맥
②	심방	동맥	심실
③	심실	심방	동맥
④	동맥	심실	심방
⑤	동맥	심방	심실

분석쌤강의
● **분 석** 발문(문두)과 〈보기〉를 꼼꼼히 읽어야 정답 같은 오답에 낚이지 않는다는 것을 일러 주는 문제
● **해결案** 〈보기〉를 통해 ㉮~㉱에 들어갈 말은 [B]와 [D]에서의 압력의 크기 순서라는 것을 놓치지 않아야 한다. 따라서 [B]와 [D]에서의 압력의 크기 순서를 짐작할 수 있는 지문 내용을 통해 ㉮~㉱에 들어갈 말을 확정 짓는다.

▶ 정답을 모르는 상태에서 2차 풀이를 하기 위한 방법으로, 아래 채점표 대신 '모바일 자동 채점 프로그램'(문제편 표지 QR 코드)을 이용해도 된다.

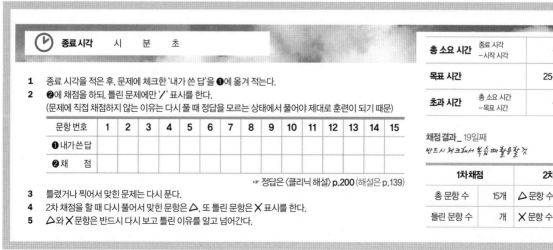

🕐 **종료 시각**   시   분   초

1 종료 시각을 적은 후, 문제에 체크한 '내가 쓴 답'을 ❶에 옮겨 적는다.
2 ❷에 채점을 하되, 틀린 문제에만 ✓ 표시를 한다.
  (문제에 직접 채점하지 않는 이유는 다시 풀 때 정답을 모르는 상태에서 풀어야 제대로 훈련이 되기 때문)

문항 번호	1	2	3	4	5	6	7	8	9	10	11	12	13	14	15
❶내가 쓴 답															
❷채 점															

☞ 정답은 〈클리닉 해설〉 p.200 (해설은 p.139)

3 틀렸거나 찍어서 맞힌 문제는 다시 푼다.
4 2차 채점을 할 때 다시 풀어서 맞힌 문항은 △, 또 틀린 문항은 ✗ 표시를 한다.
5 △와 ✗ 문항은 반드시 다시 보고 틀린 이유를 알고 넘어간다.

	종료 시각		
총 소요 시간	-시작 시각	**분**	**초**
목표 시간		25분	40초
초과 시간	총 소요 시간 -목표 시간	**분**	**초**

채점 결과_ 19일째
반드시 체크해서 복습 때 활용할 것

1차채점		2차채점	
총 문항 수	15개	△ 문항 수	개
틀린 문항 수	개	✗ 문항 수	개

1~4 다음 글을 읽고 물음에 답하시오.

2016학년도 11월 고1 전국연합학력평가 【27~30】 과학

우리 몸에 상처가 났을 때 피가 멈춘 후에도 다친 부위가 빨갛게 부어오르고 열과 통증이 동반되기도 하며, 고름이 생기기도 하는데 이를 '염증 반응'이라고 한다. 우리 몸에서 염증 반응은 왜 일어나며 어떻게 진행되는 것일까?

염증 반응은 우리 몸에 침입한 바이러스나 박테리아 등의 병원체를 제거하여 병원체가 몸 전체로 퍼져 나가는 것을 방지하고, 손상된 세포나 조직을 제거하여 수리를 시작하기 위한 면역 반응의 하나이다. 면역 반응에서는 병원체에 대항하여 신체를 보호하는 역할을 하는 혈액 속 백혈구가 주로 관여하게 되는데 염증 반응도 예외는 아니다. 그러나 체내로 들어오는 특정 병원체를 표적으로 하는 다른 면역 반응과 달리 염증 반응은 병원체의 종류를 가리지 않고 나타난다는 특징이 있다.

그렇다면 염증 반응은 어떻게 일어날까? 가령 뾰족한 핀으로 찢긴 피부에 병원체가 침입해 감염을 일으키는 상태가 되면, 병원체들은 우리 몸의 여러 조직에 상주하고 있는, 세포 섭취 능력을 가진 '대식 세포'에 의해 포식되어 파괴되기 시작한다. 대식 세포 표면에는 병원체의 고유한 특징을 인식하는 수용체가 있어서 이것이 병원체 표면의 특징적인 분자들을 인식해 병원체와 결합하면 대식 세포가 활성화되어 병원체를 삼키게 되는 것이다. 이러한 반응과 더불어 피부나 내장 기관을 둘러싸고 있는 조직의 일부에 분포하는 '비만 세포'가 화학 물질인 히스타민을 분비한다. 분비된 히스타민은 화학적 경보 신호로 작용하여, 더 많은 백혈구가 감염 부위로 올 수 있도록 혈관을 확장시킨다. 혈관이 확장되면 혈관 벽을 싸고 있는 내피세포들의 사이가 벌어져 혈장 단백질, 백혈구 등의 혈액 성분들이 혈관에서 쉽게 빠져나올 수 있게 된다.

이때 백혈구의 일종인 단핵구가 혈관 벽을 통과하여 병원체가 있는 감염 부위로 들어오게 된다. 혈관 속에 있을 때 세포 섭취 능력이 없던 단핵구는 혈관 벽을 통과한 후 대식 세포로 분화*하여 병원체를 포식하게 된다. 이러한 대식 세포는 사이토카인과 케모카인이라는 단백질을 분비해 병원체를 제거할 다른 방어 체제를 유도한다. 사이토카인은 혈관 내피세포에 작용하여 혈관을 확장시키고, 또 다른 백혈구의 일종인 호중구가 혈관 벽에 잘 달라붙을 수 있게 한다. 그리고 케모카인은 혈관 벽에 붙은 호중구가 혈관 벽 내피세포 사이로 빠져나와 감염 부위로 이동할 수 있도록 유도하는 역할을 한다. 감염 부위로 이동한 호중구는 대식 세포와 같은 방법으로 병원체를 삼킨다.

한편 세포들이 병원체를 포식하여 파괴하는 과정에서 병원체와 함께 죽는 경우도 있는데, 이렇게 죽거나 죽어 가는 세포나 병원체 등은 고름의 주성분이 된다. 고름은 대식 세포에 의해 점차적으로 제거되기도 하고 압력에 의해 밖으로 나오기도 한다. 또한 히스타민에 의해 혈관이 확장되면서 상처 부위가 혈장으로 채워지기 때문에 빨갛게 부어오르고, 상처 부위가 부어올라 신경을 물리적으로 누르면 통증이 나타나기도 한다.

*분화: 생물체나 세포의 구조와 기능 따위가 특수화되는 현상.

다시보기   ▶ 다시볼 문제 체크하고 틀린 이유 메모하기

[분석쌤 강의]는 2차 채점 후 반드시 챙겨 본다!

01 〈보기〉는 윗글을 읽고 학생이 정리한 메모의 일부이다. Ⓐ와 Ⓑ에 들어갈 말로 적절한 것은?

───── 보기 ─────

상처 부위에 염증 반응이 일어날 때 빨갛게 부어오르게 되는 것은 상처 부위가 ____Ⓐ____ (으)로 채워지기 때문이다. 그리고 염증 반응으로 인해 생성된 고름은 세포나 ____Ⓑ____ 들이 죽어서 생긴 것이라고 할 수 있다.

	Ⓐ	Ⓑ		Ⓐ	Ⓑ
①	수용체	혈장	②	혈장	병원체
③	수용체	병원체	④	병원체	수용체
⑤	병원체	혈장			

지문 근거   둘중 헷   Q&A   어휘/개념 부정질문

분석쌤 강의

● 분 석 국어 문제 풀이의 핵심은 지문과 대조하는 것이고, 지문과 빠르게 대조하기 위해서는 키워드를 체크하면 된다는 것을 일러 준 문제

● 해결案 〈보기〉를 읽으면서 핵심이 되는 키워드(빨갛게 부어오르게, 고름 등)에 대해 설명하고 있는 지문 내용과 〈보기〉를 비교한다.

02 윗글을 통해 답을 찾을 수 <u>없는</u> 질문은?

① 대식 세포 표면의 수용체는 어떤 역할을 하는가?

② 상처 부위에서 통증이 나타나는 이유는 무엇인가?

③ 염증 반응에 관여하는 백혈구에는 어떤 것들이 있는가?

④ 병원체는 우리 몸에서 어떤 과정으로 퍼져 나가는가?

⑤ 다른 면역 반응과 구분되는 염증 반응의 특징은 무엇인가?

지문 근거 둘중햇 Q&A 어휘/개념 부정 질문

분석쌤 강의

● **분 석** 정보가 많고 글 전체의 흐름이 잘 이해되지 않아 오답에 답한 학생들이 많았던 문제

● **해결案** 답지의 질문에 대한 답을 지문에서 찾는다. 이때, 답지에서 키워드(수용체, 통증, 백혈구, 병원체, 염증 반응의 특징)를 체크한 다음, 해당 키워드를 지문에서 찾아 답지의 질문에 대한 답을 확인한다.

03 〈보기〉는 감염 부위의 일부를 그림으로 나타낸 것이다. 윗글을 바탕으로 〈보기〉를 이해한 내용으로 적절하지 <u>않은</u> 것은? [3점]

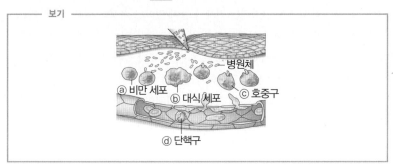

보기

① ⓐ가 히스타민을 분비하면 ⓓ가 감염 부위로 이동할 수 있을 것이다.

② ⓒ가 혈관을 빠져나와 감염 부위로 이동했다면 특정 단백질이 관여했다고 할 수 있을 것이다.

③ ⓒ가 케모카인을 분비하면 ⓐ가 혈관 확장을 도와 혈액 성분들이 혈관 밖으로 빠져나갈 수 있을 것이다.

④ ⓒ가 병원체를 파괴하고 자신도 죽게 된다면 ⓑ에 의해 제거될 수 있을 것이다.

⑤ ⓓ가 분화하여 ⓑ가 되면 다른 방어 체제를 유도할 수 있을 것이다.

지문 근거 둘중햇 Q&A 어휘/개념 부정 질문

분석쌤 강의

● **분 석** 지문을 읽기 전에 문제부터 먼저 보면 문제풀이 시간을 단축할 수 있는 문제

● **해결案** 〈보기〉의 ⓐ~ⓓ에 대해 설명하고 있는 지문 내용과 답지를 비교해 옳고 그름을 판단한다. 이때 지문을 읽기 전에 문제를 먼저 본 후 지문을 읽으면 지문에서 ⓐ~ⓓ에 대한 내용이 나올 때 바로 정답 여부를 체크할 수 있어 문제 풀이 시간을 단축할 수 있다.

04 윗글을 읽은 학생이 〈보기〉에 대해 보인 반응으로 가장 적절한 것은?

보기

우리 몸의 염증 반응은 정상적인 치유 과정의 일부이지만 과도하거나 지속적으로 일어나게 되면, 결국 질병으로 이어진다. 이를 치료하기 위한 다양한 방법 중 하나는 확장된 혈관을 '약물'을 통해 수축시켜 과도한 염증 반응을 가라앉히는 것이다.

① '약물'을 사용하기 전에는 혈액 속의 호중구가 혈관 벽에 달라붙지 않아 염증 반응이 과도하게 일어났겠군.

② '약물'을 사용하기 전에는 혈액 속의 단핵구가 혈관 벽을 통과할 수 없어 염증 반응이 지속적으로 일어났겠군.

③ '약물'을 사용한 후에는 이전보다 염증 반응에 관여하는 백혈구가 감염 부위로 더 많이 이동하겠군.

④ '약물'을 사용한 후에는 이전보다 혈관의 내피세포들의 사이가 더욱 벌어지게 되어 염증 반응이 진정되겠군.

⑤ '약물'을 사용한 후에는 히스타민이나 사이토카인의 작용이 이전보다 원활하지 않게 되어 염증 반응이 진정되겠군.

지문 근거 둘중햇 Q&A 어휘/개념 부정 질문

분석쌤 강의

● **분 석** 〈보기〉와 지문, 답지를 비교해 옳고 그름을 판단해야 하는 문제

● **해결案** 답지에는 '약물'을 사용하기 전과 후에 대한 반응이 제시되어 있는데, '약물' 사용 전후의 변화는 〈보기〉에서 알 수 있으므로 〈보기〉를 통해 '약물' 사용 전후의 변화를 먼저 체크한다. 그런 다음 각 답지에서 핵심이 되는 '호중구(①), 단핵구(②), 감염 부위로 이동(③), 내피세포들(④), 히스타민이나 사이토카인(⑤)'이 언급된 지문과 답지를 비교해 적절한 반응인지를 따지면 된다.

과학에서 관심을 갖는 대상을 '계(system)'라고 하고, 계를 제외한 우주의 나머지 부분은 '주위(surroundings)', 계와 주위 사이는 '경계(boundary)'라고 한다. 계는 주위와 에너지나 물질의 교환이 모두 일어나지 않는 '고립계', 주위와 물질 교환 없이 에너지 교환만 일어나는 '닫힌계', 주위와 물질 및 에너지 교환이 모두 일어나는 '열린계'로 나눌 수 있다.

열역학 제1법칙에 따르면 우주의 에너지 총량은 일정하므로, 계와 주위의 에너지 합 또한 일정하다. 계와 주위 사이에 에너지 교환이 있다면, 계의 에너지가 감소할 때 주위의 에너지는 증가하며, 계의 에너지가 증가할 때 주위의 에너지는 감소하게 된다. 계와 주위 사이에 에너지 교환이 일어날 때, 계의 에너지가 증가하면 +로, 계의 에너지가 감소하면 −로 표시한다. 한편, 계가 열을 흡수하는 과정은 흡열 과정, 계가 열을 방출하는 과정은 발열 과정이라고 하는데, 열은 에너지의 대표적인 형태이므로, 흡열 과정에 관련된 열은 $+Q$로, 발열 과정에 관련된 열은 $-Q$로 나타낼 수 있다.

피스톤

실린더

계의 에너지는 온도, 압력, 부피 등의 열역학적 변수들에 의해 결정되므로, 열역학적 변수들이 ㉠같은 계들은 같은 '상태'에 있다고 할 수 있다. 〈그림〉과 같이 피스톤이 연결된 실린더가 있고, 실린더에는 보일-샤를의 법칙을 만족하는 기체가 들어 있다고 가정해 보자. 먼저, 피스톤을 고정하지 않은 채 실린더 속 기체의 압력이 P_1로 일정하도록 유지한 상태에서 실린더를 가열하여 실린더 속 기체의 온도가 T_1에서 T_2가 되도록 하면, 온도가 높아짐에 따라 실린더 속 기체의 부피는 증가하게 된다. 한편, 피스톤을 고정하여 실린더 속 기체의 부피를 일정하게 하고 실린더를 가열하면, 실린더 속 기체의 온도가 T_1에서 T_2가 되는 동안 실린더 속 기체의 압력은 P_1에서 P_2로 증가하는데, 온도가 T_2인 상태를 유지하면서 고정시켰던 피스톤을 풀면 실린더 속 기체의 압력이 P_1이 될 때까지 실린더 속 기체의 부피는 증가하게 된다.

[가]

전자의 경우를 A, 후자의 경우를 B라고 하면, A는 T_1, P_1인 초기 상태에서 T_2, P_1인 최종 상태가 되었고, B는 T_1, P_1인 초기 상태에서 T_2, P_2인 상태를 거쳐 T_2, P_1인 최종 상태가 되었다고 할 수 있다. 그리고 두 계라 할 수 있는 A와 B가 같은 상태에 있으면, A와 B의 실린더 속 기체의 내부 에너지*는 서로 같다고 할 수 있다.

이때 A의 초기 상태와 B의 초기 상태, A의 최종 상태와 B의 최종 상태는 각각 같지만, 초기 상태에서 최종 상태에 이르는 경로는 다르다. 따라서 두 계가 같은 상태에 있다고 해서 두 계가 만들어진 과정이 같다고 할 수는 없다. 또한 어떤 계의 변화가 일어나는 경로는 초기 상태에서 최종 상태로 진행하면서 거치는 일련의 상태들로 이루어져 있으며, 이 두 상태를 연결하는 경로는 무한히 많다.

＊기체의 내부 에너지: 기체가 가지고 있는 에너지를 의미하며, 기체의 부피가 일정할 때 기체의 내부 에너지는 온도에 의해 결정된다.

다시보기 ▶ 다시 볼 문제 체크하고 틀린 이유 메모하기

[분석쌤 강의]는 2차 채점 후 반드시 챙겨 본다!

05 윗글의 내용과 일치하지 않는 것은?

① 열역학적 변수들이 같은 두 계는 같은 상태에 있다.
② 열역학 제1법칙에 따르면 우주의 에너지 총량은 일정하다.
③ 열린계에서는 주위와 물질 교환 없이 에너지 교환만 일어난다.
④ 어떤 계가 초기 상태에서 최종 상태로 진행하면서 거칠 수 있는 경로는 무한히 많다.
⑤ 계와 주위 사이에 에너지 교환이 일어날 때 계의 에너지가 증가하면 주위의 에너지는 감소한다.

지문 근거 둘중헷 Q&A 어휘/개념 부정질문

분석쌤 강의
● 분 석 정보량이 많은 과학 제재의 특성으로 인해 지문 독해는 어려웠으나, 정답과 오답의 근거를 쉽게 찾을 수 있어 대부분의 학생들이 정답에 답한 문제
● 해결案 발문(문두)에서 내용 일치 여부를 묻는 문제라는 것을 확인한 후, 답지에서 키워드를 체크해 해당 키워드에 대해 다루고 있는 지문 내용과 답지를 비교해 O, X 표시를 하며 푼다.

06 윗글을 바탕으로 〈보기〉를 이해한 내용으로 가장 적절한 것은?

> ─ 보기 ─
>
> 물이 담긴 수조에 절반 정도 잠기도록 놓은 비커 속 물에 진한 황산을 넣어서 묽은 황산 용액을 만들면, 묽은 황산 용액은 물론 비커 주위의 수조 속 물의 온도까지 높아진다. 이는 황산이 이온으로 되면서 열이 방출되고, 이 열이 수조 속 물에도 전달되기 때문이다.

① 묽은 황산 용액이 만들어지는 과정은 발열 과정으로, 이 과정과 관련된 열은 $-Q$로 표시되겠군.

② 진한 황산을 넣은 물은 주위와 물질 및 에너지 교환이 일어나는 고립계에 해당하겠군.

③ 비커 속 물의 에너지와 수조 속 물의 에너지는 모두 감소했겠군.

④ 묽은 황산 용액은 수조 속의 물로부터 에너지를 흡수했겠군.

⑤ 비커 속의 물과 수조 속의 물은 모두 경계에 해당하겠군.

지문 근거 둘중헷 Q&A 어휘/개념 부정질문

분석쌤 강의

● **분 석** 국어 영역에서 오답지는 앞부분과 뒷부분 중 하나를 적절하지 않게 설명하거나, 앞부분과 뒷부분을 서로 바꿔 오답으로 만들어 버리기도 한다는 것을 보여준 문제

● **해결案** 〈보기〉를 읽은 다음, 답지를 검토하되 정답 여부는 〈보기〉와 함께 지문 내용을 고려해 판단한다. 이때 〈보기〉 또는 지문만으로 적절하지 않은 것으로 판단할 수 있는 답지는 빠르게 ✗ 표시를 한 다음, 정답 후보로 남은 답지끼리 비교해 정답을 고르면 문제 풀이 시간을 단축할 수 있다.

07 〈보기〉는 [가]를 그래프로 표시한 것이다. 〈보기〉를 참고하여 [가]를 이해한 내용으로 적절하지 않은 것은? [3점]

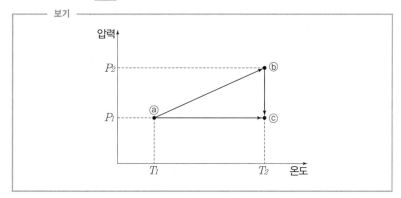

① A의 경우 ⓐ 상태에서 ⓒ 상태가 되는 경로에서 실린더 속 기체의 부피가 증가한다.

② B의 경우 ⓐ 상태에서 ⓑ 상태가 되는 경로에서 온도가 점차 높아진다.

③ B의 경우 ⓑ 상태에서 ⓒ 상태가 되는 경로에서 실린더 속 기체의 부피가 증가한다.

④ ⓐ 상태에서 실린더 속 기체의 내부 에너지는 A의 경우와 B의 경우가 같을 것이다.

⑤ ⓒ 상태에서 실린더 속 기체의 내부 에너지는 A의 경우보다 B의 경우가 클 것이다.

지문 근거 둘중헷 Q&A 어휘/개념 부정질문

분석쌤 강의

● **분 석** 지문의 [가]와 〈보기〉의 그래프를 비교하며 다시 보면 어렵지 않은데, 많은 학생들이 오답에 답했고 특정 오답지가 아닌 오답지들 모두에 고르게 답한 문제

● **해결案** [가]를 바탕으로 〈보기〉의 그래프를 이해한다. 이때 그래프의 가로축은 온도이고, 세로축은 압력인 점을 확인하고, A와 B의 경우를 [가]에서 확인한 후, 그래프에 체크해 둔다. 그런 다음 답지의 설명이 적절한지를 따질 때 [가]의 내용에서 근거를 찾아 옳고 그름을 판단하도록 한다.

08 문맥을 고려할 때 ㉠과 바꾸어 쓰기에 가장 적절한 것은?

① 동일한   ② 동반한

③ 동화한   ④ 균일한

⑤ 유일한

지문 근거 둘중헷 Q&A 어휘/개념 부정질문

분석쌤 강의

● **분 석** 대부분의 학생들이 정답에 답한, 정답을 쉽고 빠르게 찾은 학생들이 많았던 문제

● **해결案** '매3'에서 강조하는 '어휘 문제 3단계 풀이법'을 적용해 풀되, 쉽게 정답에 답한 경우에도 복습하고, 복습할 때 '매3어휘 풀이'를 떠올리는 훈련을 하도록 한다.

우리 몸 안에서 가장 큰 장기는 간으로, 커다란 크기만큼 하는 일이 많아서 '인체의 화학 공장'이라고 한다. 우선 우리가 음식을 섭취하게 되면 위나 장에서 영양소를 흡수하게 되는데, 여기서 흡수된 여러 영양소는 대부분 혈액을 통해 간으로 이동한다. 간은 그 영양소들을 몸에서 요구하는 다른 영양소로 만들거나, 우리 몸을 위해 저장하기도 한다. 이런 것들이 가능한 이유는 간의 구조와 혈액의 공급 방식 때문이다.

간은 육각형 기둥 모양의 간소엽이라는 작은 공장들로 이루어져 있고 그 내부는 간의 주요 기능을 수행하는 간세포로 채워져 있다. 간소엽의 중심부에는 중심 정맥이 놓여 있어 간을 거친 혈액을 간정맥으로 보내 심장으로 흐르게 한다. 그리고 육각형 기둥의 각 모서리에는 간문맥, 간동맥, 담관이 지나가고 있는데, 간문맥과 간동맥은 혈액이 다른 장기에서 간으로 유입되는 관이고, 담관은 담즙이 간에서 배출되는 관이다.

인체의 거의 모든 장기의 혈액 순환은 혈액이 동맥으로 들어와 모세혈관을 거치면서 산소와 영양소의 교환이 이루어진 다음에 정맥을 통해 나가는 방식이다. 그러나 간의 혈액 순환은 예외적으로 혈액이 간동맥과 간문맥이라는 2개의 혈관을 통해서 들어와 미세혈관을 지나 중심 정맥으로 흘러 나간다. 이 과정을 자세히 살펴보면 동맥인 '간동맥'을 통해서 들어오는 혈액은 산소를 운반하고, 소장과 간을 연결하는 혈관인 '간문맥'을 통해서 들어오는 혈액은 위나 장에서 흡수된 영양소를 간으로 이동시킨다. 이 두 혈관들은 간소엽 내부에서 점차 가늘어져 '시누소이드'라는 미세혈관으로 합쳐지는데, 시누소이드는 밭이랑처럼 길게 배열되어 있는 간세포들 사이에 위치해 있다. 시누소이드를 흐르는 혈액은 대사 활동에 필요한 산소와 영양소를 간세포에 공급하고, 간세포의 대사 활동의 결과물인 대사산물과 이산화탄소 같은 노폐물 등을 흡수하는데 이러한 과정을 '물질 교환'이라 한다. 이렇게 시누소이드를 거친 혈액은 중심 정맥으로 유입된 후, 다시 간정맥으로 합쳐져 심장으로 ㉠들어가는 것이다.

이러한 혈액 순환을 통해서 간에서는 단백질 합성이 일어난다. 식사를 통해 몸으로 들어온 단백질은 위나 장에서 아미노산의 형태로 분해되어 혈액과 함께 간으로 이동된다. 간세포는 시누소이드를 통해 공급된 아미노산을 분해하여 혈액 응고에 관여하는 새로운 단백질을 합성한다. 이때 아미노산이 분해되는 과정에서 유독 물질인 암모니아가 생성되는데, 간은 이것을 요소로 변화시켜 콩팥으로 보내어 몸 밖으로 배출하게 한다. 또한 간은 비타민 A를 저장하기도 하고, 지방의 소화를 촉진시키는 담즙을 생산하여 담관을 통해 쓸개로 보내기도 한다.

그러나 간의 일부 기능은 간세포만으로 감당할 수 없어서 간은 다른 세포의 도움을 받아야 한다. 간세포와 시누소이드 사이에 존재하는 세포들 중 쿠퍼세포는 몸 안으로 들어온 바이러스를 면역 체계에 노출시켜 몸이 면역 작용을 할 수 있도록 유도한다. 이처럼 간은 1분마다 1.4L의 혈액을 여과하면서 복잡하고 중요한 기능을 담당하여 우리 몸이 건강을 유지할 수 있도록 하고 있는 것이다.

다시보기 ▶ 다시볼 문제 체크하고 틀린 이유 메모하기 *[분석쌤 강의]는 2차 채점 후 반드시 챙겨 본다!*

09 윗글에서 알 수 있는 내용으로 적절하지 않은 것은?

① 쿠퍼세포는 몸이 면역 작용을 할 수 있도록 돕는다.
② 간은 우리 몸에 필요한 영양소를 만들거나 저장한다.
③ 간에서 나온 혈액은 간정맥을 통해 심장으로 흐른다.
④ 간으로 이동된 요소는 간동맥에 의해 몸 밖으로 배출된다.
⑤ 간은 다른 장기와 달리 2개의 혈관으로 혈액을 공급받는다.

지문근거 둘중햇 Q&A 어휘/개념 부정질문

분석쌤 강의
● **분 석** 발문(문두)을 통해, 지문에서 근거를 찾아 답지와 비교·대조하여 옳고 그름을 판단하는 문제임을 알아채야 하는 문제 유형
● **해결案** 답지 ①부터 키워드를 체크한 다음, 그 키워드가 언급된 지문으로 찾아가, 해당 지문과 답지를 비교해 O, X, △ 표시를 하며 정답을 좁혀 나간다.

10 〈보기〉는 간소엽 의 일부를 확대한 그림이다. 윗글을 바탕으로 ⓐ~ⓔ를 이해한 내용으로 적절하지 않은 것은? [3점]

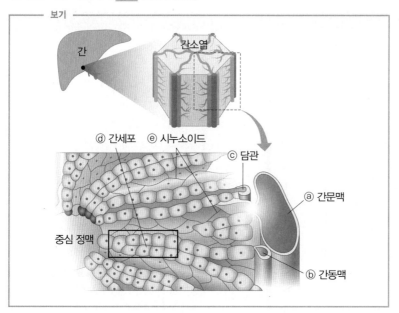

① 장에서 흡수된 영양소는 ⓐ를 통해서 간으로 들어오는군.

② 간에서 만들어진 담즙은 ⓒ를 통해 쓸개로 보내지는군.

③ ⓓ는 ⓔ에서 산소와 영양소를 공급받아 대사 활동을 하는군.

④ ⓔ에서 만들어진 노폐물은 중심 정맥으로 보내지는군.

⑤ ⓔ는 ⓐ와 ⓑ가 간소엽 내부에서 점차 가늘어져 합쳐진 것이군.

지문 근거　둘중헷　Q&A　어휘/개념 부정질문

분석쌤 강의

● **분 석** 지문에서 정답의 근거를 쉽게 찾을 수 있는데도 불구하고 오답에 답한 학생들이 많았던 점을 감안하여, 2차 채점 후 정답을 찾는 과정을 한번 더 체크해야 하는 문제

● **해결案** 〈보기〉의 그림에서 ⓐ~ⓔ의 명칭을 확인한 다음, 답지 ①부터 ⓐ에 대해 다루고 있는 지문 내용과 비교해 옳고 그름을 판단한다.

　한편 과학 제재의 지문에서 생물이나 기계 등의 작동 원리나 구조를 다룬 경우, 대개 그와 관련된 그림을 문제에 제시하게 된다. 따라서 지문을 읽을 때 해당 그림을 참조하면 지문 내용을 빠르고 정확하게 이해할 수 있을 뿐만 아니라 문제도 바로 풀 수 있다는 것을 새기도록 한다.

11 ㉠의 문맥적 의미와 가장 유사한 것은?

① 그는 방으로 들어가 버렸다.

② 통신비로 들어간 돈이 너무 많다.

③ 고생을 많이 했는지 눈이 쑥 들어갔다.

④ 다음 주부터 본격적인 선거전으로 들어간다.

⑤ 동생은 올해 여덟 살이 되어 초등학교에 들어갔다.

지문 근거　둘중헷　Q&A　어휘/개념 부정질문

분석쌤 강의

● **분 석** '어휘 문제 3단계 풀이법'을 적용해 풀어야 하는, 문맥적 의미를 묻는 문제

● **해결案** 밑줄 친 말이 포함된 문장의 핵심을 간추린 후, '매3어휘 풀이'를 떠올려 다른 말을 만들어 보고, 만든 말을 답지의 밑줄 친 말에 대입해 보면 ㉠의 문맥적 의미와 유사한 것을 찾을 수 있다.

▶ 정답을 모르는 상태에서 2차 풀이를 하기 위한 방법으로, 아래 채점표 대신 '모바일 자동 채점 프로그램'(문제편 표지 QR 코드)을 이용해도 된다.

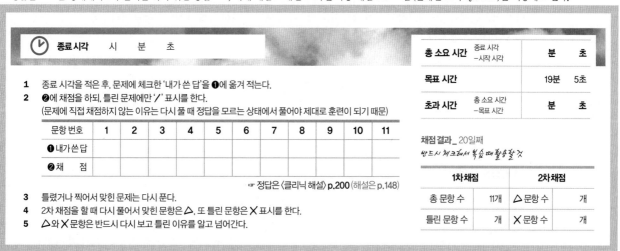

🕐 **종료시각**　시　분　초

1 종료 시각을 적은 후, 문제에 체크한 '내가 쓴 답'을 ❶에 옮겨 적는다.
2 ❷에 채점을 하되, 틀린 문제에만 '／' 표시를 한다.
　(문제에 직접 채점하지 않는 이유는 다시 풀 때 정답을 모르는 상태에서 풀어야 제대로 훈련이 되기 때문)

문항 번호	1	2	3	4	5	6	7	8	9	10	11
❶내가 쓴 답											
❷채　점											

☞ 정답은 〈클리닉 해설〉 p.200 (해설은 p.148)

3 틀렸거나 찍어서 맞힌 문제는 다시 푼다.
4 2차 채점을 할 때 다시 풀어서 맞힌 문항은 △, 또 틀린 문항은 ✕ 표시를 한다.
5 △와 ✕ 문항은 반드시 다시 보고 틀린 이유를 알고 넘어간다.

총 소요 시간	종료 시각 −시작 시각	분　초
목표 시간		19분　5초
초과 시간	총 소요 시간 −목표 시간	분　초

채점 결과_ 20일째
반드시 체크해서 복습 때 활용할 것

	1차채점		2차채점	
총 문항 수	11개	△ 문항 수		개
틀린 문항 수	개	✕ 문항 수		개

구분	1 공부한 날	2 초과 시간	총 문항 수	3 틀린 문항 수	4 △ 문항 수	5 ✕ 문항 수
15일째	월 일	분 초	15 개	개	개	개
16일째	월 일	분 초	14 개	개	개	개
17일째	월 일	분 초	16 개	개	개	개
18일째	월 일	분 초	15 개	개	개	개
19일째	월 일	분 초	15 개	개	개	개
20일째	월 일	분 초	11 개	개	개	개

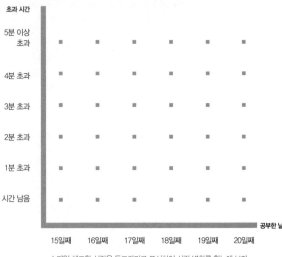

▲매일 체크한 시간을 동그라미로 표시하여 시간 변화를 한눈에 보자.

1주일간 공부한 내용을 다시 보니, ……

1   **매일 지문 3개씩 시간에 맞춰 풀었다. *vs.* 내가 한 약속을 못 지켰다.**
    ▶시간 부족 문제를 극복하기 위해서는 매일 비문학(독서) 지문 3개씩을 꾸준히 공부해야 효과적이다.

2   **시간이 단축되고 있음을 느낀다. *vs.* 문제 푸는 시간이 줄지 않는다.**
    ▶시간이 들쑥날쑥 하는 원인 중의 하나는 난이도일 수도 있다.
    〈클리닉 해설〉에 있는 '지문별 난이도'(p.104)를 참고해서 내 실력 향상을 체크하자.

3   **틀린 문항 수가 거의 비슷하다.**
    ▶특정 제재에서 많이 틀렸는지, 특정 문항 유형에서 많이 틀렸는지를 확인하고
    각 문항 오른쪽에 제시된 '분석쌤 강의'를 통해 문제점 극복 방안을 찾는다.

4   **△문항이 ✕문항보다 많다면, … △문항 수를 줄이는 것이 국어 영역 고득점의 지름길!**
    ▶△ 문항을 줄이는 방법은 처음 틀렸을 때 왜 그 답지를 정답으로 생각했는지를 따져 보는 것이다.
    다시 봤을 때 아무리 쉬워도, 틀린 문제는 또 틀릴 수 있다는 것을 명심하자.

5   **✕문항 수가 줄지 않는다면?**
    ▶〈클리닉 해설〉을 본다. 많은 학생들이 질문한 문제를 같은 생각에서 틀린 것인지,
    아니면 쉬운 문제임에도 불구하고 틀린 것인지를 체크하여 내가 취약한 유형이 무엇인지를 파악한다.
    〈클리닉 해설〉과 '분석쌤 강의'를 보고 확실하게 알고 넘어가고,
    '매3 오답 노트'에 메모해 두었다가 한 달에 한 번 꼭 다시 복습한다.

!   1주일간 공부한 내용과 '매3 오답 노트'에 메모한 내용까지 다시 보니,

결론적으로,

내가 **취약한 부분**은 [＿＿＿＿＿＿＿＿＿] 이다.

취약점을 보완하기 위해서 나는 [＿＿＿＿＿＿＿＿＿] 을/를 해야겠다.

한 달 뒤 다시 봐야 할 내용과 지문, 어휘 등이 있는 페이지는 지금 바로 접어 두었다.
지문은 '문단 요약'을 참고해 한 번 더 읽어 두고, 어휘는 '매3어휘 풀이'를 떠올리며 익히고, '복습을 위한 어휘
노트'(〈클리닉 해설〉 p.195)와 '매3인사이트.집'(부록), '나만의 매3 오답 노트'는 시험 전에 꼭 다시 봐야겠다.

4주차

예술/기술/비문학 실전 훈련

1~4 다음 글을 읽고 물음에 답하시오.

2020학년도 3월 고1 전국연합학력평가【31~34】 예술

　미래주의는 20세기 초 이탈리아 시인 마리네티의 '미래주의 선언'을 시작으로, 화가 발라, 조각가 보치오니, 건축가 상텔리아, 음악가 루솔로 등이 참여한 전위예술* 운동이다. 당시 산업화에 뒤처진 이탈리아는 산업화에 대한 열망과 민족적 자존감을 ⓐ고양시킬 수 있는 새로운 예술을 필요로 하였다. 이에 산업화의 특성인 속도와 운동에 주목하고 이를 예술적으로 표현하려는 미래주의가 등장하게 되었다.

　특히 미래주의 화가들은 질주하는 자동차, 사람들로 북적이는 기차역, 광란의 댄스홀, 노동자들이 일하는 공장 등 활기찬 움직임을 보여 주는 모습을 주요 소재로 삼아 산업 사회의 역동적인 모습을 표현하였다. 그들은 대상의 움직임의 ⓑ추이를 화폭에 담아냄으로써 대상을 생동감 있게 형상화하려 하였다. 이를 위해 미래주의 화가들은, 시간의 흐름에 따른 대상의 움직임을 하나의 화면에 표현하는 분할주의 기법을 사용하였다. '질주하고 있는 말의 다리는 4개가 아니라 20개다.'라는 미래주의 선언의 내용은, 분할주의 기법을 통해 대상의 역동성을 ⓒ지향하고자 했던 미래주의 화가들의 생각을 잘 드러내고 있다.

　분할주의 기법은 19세기 사진작가 머레이의 연속 사진 촬영 기법에 영향을 받은 것으로, 이미지의 겹침, 역선(力線), 상호 침투를 통해 대상의 연속적인 움직임을 효과적으로 표현하였다. 먼저 이미지의 겹침은 화면에 하나의 대상을 여러 개의 이미지로 중첩시켜서 표현하는 방법이다. 마치 연속 사진처럼 화가는 움직이는 대상의 잔상을 바탕으로 시간의 흐름에 따른 대상의 움직임을 겹쳐서 나타내었다. 다음으로 힘의 선을 나타내는 역선은, 대상의 움직임의 궤적을 여러 개의 선으로 구현하는 방법이다. 미래주의 화가들은 사물이 각기 특징적인 움직임을 갖고 있다고 보고, 이를 역선을 통해 표현함으로써 사물에 대한 화가의 느낌을 드러내었다. 마지막으로 상호 침투는 대상과 대상이 겹쳐서 보이게 하는 방법이다. 역선을 사용하여 대상의 모습을 나타내면 대상이 다른 대상이나 배경과 구분이 모호해지는 상호 침투가 발생해 대상이 사실적인 형태보다는 ⓓ왜곡된 형태로 표현된다. 이러한 방식으로 미래주의 화가들은 움직이는 대상의 속도와 운동을 효과적으로 나타낼 수 있었다.

　기존의 전통적인 서양 회화가 대상의 고정적인 모습에 ⓔ주목하여 비례, 통일, 조화 등을 아름다움의 요소로 보았다면, 미래주의 회화는 움직이는 대상의 속도와 운동이라는 미적 가치에 주목하여 새로운 미의식을 제시했다는 점에서 의의를 찾을 수 있다. 이러한 미래주의 회화는 이후 모빌과 같이 나무나 금속으로 만들어 입체적 조형물의 운동을 보여 주는 키네틱 아트가 등장하는 데 ㉠영감을 제공한 것으로 평가되고 있다.

　*전위예술: 기존의 표현 예술 형식을 부정하고 새로운 표현을 추구하는 예술 경향.

다시보기　▶ 다시 볼 문제 체크하고 틀린 이유 메모하기

[분석쌤 강의]는 2차 채점 후 반드시 챙겨 본다!

01 윗글에서 언급된 내용이 아닌 것은?

① 미래주의에 참여한 예술가들
② 미래주의가 등장하게 된 배경
③ 미래주의 화가들이 사용한 기법
④ 미래주의 회화가 발전해 온 과정
⑤ 미래주의 화가들이 추구한 미의식

지문 근거　둘중헷　Q&A　어휘/개념　부정질문

분석쌤 강의

● **분 석** 발문(문두)이 정답과 오답의 근거를 쉽고 빠르게 찾는 방법을 알려 주는 문제
● **해결案** 발문을 체크한 후, 답지 ①부터 지문에 언급된 내용이면 ○, 언급되지 않은 내용이면 ✕ 표시를 하며 푼다. 이때 확실하게 ✕로 표시할 수 있는 답지가 정답이 되는데, 빠르게 판단이 안 되면 △로 표시해 두었다가 다시 한 번 더 지문에서 확인하도록 한다.

02 ㉠의 구체적 내용으로 가장 적절한 것은?

① 전통 회화 양식에서 벗어나 움직이는 대상이 주는 아름다움을 최초로 작품화 하려는 생각

② 기존의 방식과 달리 미적 가치를 3차원에서 실제로 움직이는 대상을 통해 구현 하려는 생각

③ 사진의 촬영 기법을 회화에 접목시켜 비례와 조화에서 오는 조형물의 예술성 을 높이려는 생각

④ 산업 사회의 역동적인 모습에서 벗어나 인류가 추구해야 할 미래상을 화폭에 담아내려는 생각

⑤ 예술적 대상의 범위를 구체적인 대상에서 추상적인 대상으로 확대하여 작품을 창작하려는 생각

지문근거 둘중헷 Q&A 어휘/개념 부정질문

분석쌤 강의
● 분 석 특정 오답지에 답한 학생들이 아주 많았는데, 2차 채점 후 정답과 가장 많이 답한 오답지를 챙겨 보면 국어 영역에서 놓치는 부분과 챙겨야 할 부분을 새길 수 있는 문제
● 해결案 먼저 ㉠은 미래주의 회화가 키네틱 아트가 등장하는 데 제공한 것임을 확인한다. 그러면 답지에서 미래주의 회화의 특징이 아닌 것에 ✗, 키네틱 아트의 특징과 거리가 먼 것에 ✗ 표시를 할 수 있다. 지문과 발문(문두)을 정확하게 읽었다면 정답은 미래주의 회화와 키네틱 아트의 공통점을 바탕으로 하되 키네틱 아트만의 특징이 담겨야 한다는 것을 알 수 있다.

03 윗글을 바탕으로 〈보기〉를 감상한 내용으로 적절하지 않은 것은? [3점]

> ─ 보기 ─
>
> 발라의 「강아지의 다이내미즘」은 여인이 강아 지를 데리고 산책하는 모습을 그린 미래주의 회 화의 대표적인 작품이다.

① 움직이는 강아지의 모습을 속도감 있게 그린 것에서 미래주의 회화의 경향을 엿볼 수 있겠군.

② 선을 교차시켜 쇠사슬의 잔상을 구체적으로 재현한 것에서 역선을 통해 사실 적인 형태를 강조했음을 알 수 있겠군.

③ 강아지의 발과 바닥의 경계가 모호하게 보이는 것에서 대상과 배경의 상호 침 투 효과를 엿볼 수 있겠군.

④ 강아지의 발을 중첩시켜 표현한 것은 이미지 겹침을 통해 시간의 흐름에 따른 대상의 움직임을 나타낸 것이겠군.

⑤ 사람의 다리를 두 개가 아닌 여러 개로 그린 것은 분할주의 기법을 활용하여 걷는 이의 역동적 모습을 강조한 것이겠군.

지문근거 둘중헷 Q&A 어휘/개념 부정질문

분석쌤 강의
● 분 석 〈보기〉와 지문의 내용을 연결하여 적절한 감상인지를 질문하는, '예술' 지문에서 출제하는 빈출 문제 유형
● 해결案 〈보기〉의 설명과 그림을 확인한 후 답지를 살핀다. 이때 각 답지의 앞부분은 〈보기〉의 그림에서 확인하고, 뒷부분은 앞부분의 설명을 통해 이끌어 낼 수 있는 정보인지를 체크하되, 〈보기〉에서 그림 「강아지의 다이내미즘」은 '미래주의 회화의 대표적인 작품'이라고 한 점을 고려하여, 지문에서 설명한 미래주의 회화의 특징과도 잘 연결되는지를 따진다.

04 ⓐ~ⓔ의 사전적 의미로 적절하지 않은 것은?

① ⓐ: 정신이나 기분 따위를 북돋워서 높임.

② ⓑ: 시간의 경과에 따라 변하여 나감.

③ ⓒ: 어떤 목표로 뜻이 쏠리어 향함.

④ ⓓ: 사실과 다르게 해석하거나 그릇되게 함.

⑤ ⓔ: 자신의 의견이나 주의를 굳게 내세움.

지문근거 둘중헷 Q&A 어휘/개념 부정질문

분석쌤 강의
● 분 석 '매3'에서 강조하는 '어휘 문제 3단계 풀이법'을 적용하여 풀면 유용한 '사전적 의미'를 묻는 문제
● 해결案 [핵심 간추리기(1단계) – 대입하기(2단계) – '매3어휘 풀이' 떠올리기(3단계)]를 적용하여 오답을 제외해 나간다. 이때, 답지에 '사전적 의미'가 제시되어 있으므로 1단계와 2단계는 그 순서를 바꾸어도 된다.

사진이 등장하면서 회화는 대상을 사실적으로 재현(再現)하는 역할을 사진에 넘겨주게 되었고, 그에 따라 화가들은 회화의 의미에 대해 고민하게 되었다. 19세기 말 등장한 인상주의와 후기 인상주의는 전통적인 회화에서 중시되었던 사실주의적 회화 기법을 거부하고 회화의 새로운 경향을 추구하였다.

인상주의 화가들은 색이 빛에 의해 시시각각 변화하기 때문에 대상의 고유한 색은 존재하지 않는다고 생각하였다. 인상주의 화가 모네는 대상을 사실적으로 재현하는 회화적 전통에서 벗어나기 위해 빛에 따라 달라지는 사물의 색채와 그에 따른 순간적 인상을 표현하고자 하였다.

모네는 대상의 세부적인 모습보다는 전체적인 느낌과 분위기, 빛의 효과에 주목했다. 그 결과 빛에 의한 대상의 순간적 인상을 포착하여 대상을 빠른 속도로 그려 내었다. 그에 따라 그림에 거친 붓 자국과 물감을 덩어리로 찍어 바른 듯한 흔적이 남아 있는 경우가 많았다. 이로 인해 대상의 윤곽이 뚜렷하지 않아 색채 효과가 형태 묘사를 압도하는 듯한 느낌을 준다. 이와 같은 기법은 그가 사실적 묘사에 더 이상 치중하지 않았음을 보여 주는 것이었다. 그러나 모네 역시 대상을 '눈에 보이는 대로' 표현하려 했다는 점에서 이전 회화에서 추구했던 사실적 표현에서 완전히 벗어나지는 못했다는 평가를 받았다.

후기 인상주의 화가들은 재현 위주의 사실적 회화에서 근본적으로 벗어나는 새로운 방식을 추구하였다. 후기 인상주의 화가 세잔은 "회화에는 눈과 두뇌가 필요하다. 이 둘은 서로 도와야 하는데, 모네가 가진 것은 눈뿐이다."라고 말하면서 사물의 눈에 보이지 않는 형태까지 찾아 표현하고자 하였다. 이러한 시도는 회화란 지각되는 세계를 재현하는 것이 아니라 대상의 본질을 구현해야 한다는 생각에서 비롯되었다.

세잔은 하나의 눈이 아니라 두 개의 눈으로 보는 세계가 진실이라고 믿었고, 두 눈으로 보는 세계를 평면에 그리려고 했다. 그는 대상을 전통적 원근법에 억지로 맞추지 않고 이중 시점을 적용하여 대상을 다른 각도에서 바라보려 하였고, 이를 한 폭의 그림 안에 표현하였다. 또한 질서 있는 화면 구성을 위해 대상의 선택과 배치가 자유로운 정물화를 선호하였다.

세잔은 사물의 본질을 표현하기 위해서는 '보이는 것'을 그리는 것이 아니라 '아는 것'을 그려야 한다고 주장하였다. 그 결과 자연을 관찰하고 분석하여 사물은 본질적으로 구, 원통, 원뿔의 단순한 형태로 이루어졌다는 결론에 도달하였다. 이를 회화에서 구현하기 위해 그는 이중 시점에서 더 나아가 형태를 단순화하여 대상의 본질을 표현하려 하였고, 윤곽선을 강조하여 대상의 존재감을 부각하려 하였다. 회화의 정체성에 대한 고민에서 비롯된 ⓐ그의 이러한 화풍은 입체파 화가들에게 직접적인 영향을 미치게 되었다.

다시보기 ▶ 다시 볼 문제 체크하고 틀린 이유 메모하기

(분석쌤 강의)는 2차 채점 후 반드시 챙겨 본다!

05 윗글의 내용과 일치하지 않는 것은?

① 사진은 화가들이 회화의 의미를 고민하는 계기가 되었다.
② 전통 회화는 대상을 사실적으로 묘사하는 것을 중시했다.
③ 모네의 작품은 색채 효과가 형태 묘사를 압도하는 듯한 느낌을 주었다.
④ 모네는 대상의 고유한 색 표현을 위해서 전통적인 원근법을 거부하였다.
⑤ 세잔은 사물이 본질적으로 구, 원통, 원뿔의 형태로 구성되어 있다고 보았다.

지문 근거 물중헷 Q&A 어휘/개념 부정 질문

분석쌤 강의

● **분 석** 수능 국어 영역에서 가장 많이 출제되는 문제 유형 중 하나로, 정답과 오답의 근거가 지문에 그대로 제시되어 있어 대부분의 학생들이 쉽게 정답에 답한 문제

● **해결案** 지문에서 근거를 찾아 일치하는 답지는 O, 일치하지 않는 답지는 X, 애매한 답지는 △ 표시를 하며 푼 다음, 최종적으로 X와 △로 표시한 답지를 다시 점검하여 정답을 선택한다. 한편 답지를 검토할 때 키워드를 체크하며 풀면, 정답과 오답의 근거가 되는 내용을 지문에서 빠르게 찾을 수 있어 문제 풀이 시간을 단축할 수 있다.

06 윗글을 바탕으로 할 때, 〈보기〉의 선생님의 질문에 대한 대답으로 적절하지 <u>않은</u> 것은? [3점]

─ 보기 ─

선생님: (가)는 모네의 「사과와 포도가 있는 정물」이고, (나)는 세잔의 「바구니가 있는 정물」입니다. 이 두 작품은 각각 모네와 세잔의 작품 경향이 잘 반영되어 있는 작품으로 평가받고 있습니다. 두 화가의 작품 경향을 바탕으로 (가)와 (나)를 감상해 볼까요?

(가)    (나)

① (가)에서 포도의 형태를 뚜렷하지 않게 그린 것은 빛에 의한 순간적인 인상을 표현한 것이라고 볼 수 있겠군요.

② (나)에서는 질서 있게 화면을 구성하기 위해 의도적으로 대상이 선택되고 배치된 것으로 볼 수 있겠군요.

③ (가)와 달리 (나)에 있는 정물들의 뚜렷한 윤곽선은 대상의 존재감을 부각시키기 위해 사용한 것으로 볼 수 있겠군요.

④ (나)와 달리 (가)의 식탁보의 거친 붓 자국은 대상에서 느껴지는 인상을 빠른 속도로 그려 낸 결과라고 볼 수 있겠군요.

⑤ (가)와 (나) 모두 사물을 단순화해서 표현한 것을 통해 사실적인 재현에서 완전히 벗어났다는 평가를 받을 수 있겠군요.

지문근거 둘중햇 Q&A 어휘/개념 부정질문

분석쌤강의
● **분 석** 빈출 제재(인상주의 화가들의 작품 경향)에서 빠지지 않고 출제되어 온 그림에 적용하는 문제로, 지문의 내용을 〈보기〉의 그림에 적용하는 문제이지만 결국 지문 속에서 정답과 오답의 근거를 찾아야 하는 문제
● **해결案** 〈보기〉의 그림만을 보고 답지의 대답이 적절한지 아닌지 판단하기는 어렵다. 이와 같은 문제 유형은 〈보기〉에서 (가)와 (나)가 누구의 그림인지를 확인한 후, 답지에서 언급한 내용을 지문에서 찾아 해당 지문과 답지를 비교하여 오답을 걸러 내고 정답을 확정하도록 한다.

07 〈보기〉를 바탕으로 할 때, 세잔의 화풍을 ㉠과 같이 평가한 이유로 가장 적절한 것은?

─ 보기 ─

입체파 화가들은 사물의 본질을 표현하고자 대상을 입체적 공간으로 나누어 단순화한 후, 여러 각도에서 바라보는 관점으로 사물을 해체하였다가 화폭 위에 재구성하는 방식을 취하였다. 이러한 기법을 통해 관찰자의 위치와 각도에 따라 각기 다르게 보이는 대상의 다양한 모습을 한 화폭에 담아내려 하였다.

① 대상의 본질을 드러내기 위해 다양한 각도에서 바라보아야 한다는 관점을 제공하였기 때문에

② 대상을 복잡한 형태로 추상화하여 대상의 전체적인 느낌을 부각하는 방법을 시도하였기 때문에

③ 사물을 최대한 정확하게 묘사하기 위해 전통적 원근법을 독창적인 방법으로 변용시켰기 때문에

④ 시시각각 달라지는 자연을 관찰하고 분석하여 대상의 인상을 그려 내는 화풍을 정립하였기 때문에

⑤ 지각되는 세계를 있는 그대로 표현하기 위해 사물을 해체하여 재구성하는 기법을 창안하였기 때문에

지문근거 둘중햇 Q&A 어휘/개념 부정질문

분석쌤강의
● **분 석** 이 시험(2018학년도 3월 고1 전국연합학력평가)에서만 3문제나 출제된 이유 찾기 문제(p.46의 2번, p.181의 11번 참조)
● **해결案** ㉠과 같이 평가한 이유는 ㉠의 앞과 〈보기〉에서 찾을 수 있다. ㉠의 앞과 〈보기〉를 읽은 후, '왜 ㉠과 같이 평가했는가?'에 대한 답을 찾으면 된다.

국악의 장단이란 일반적으로 일정한 주기로 소리의 길이와 강약이 규칙적으로 되풀이되는 것을 말하며, 기본 단위인 '박'으로 구성된다. 박은 음의 길이를 재는 단위로, 기준이 되는 박을 보통박이라 하고 보통박을 더 작은 단위로 쪼갠 박을 소박이라 한다. 여러 개의 소박이 모여서 하나의 보통박을 이루며, 우리 민요 장단은 굿거리장단처럼 3개의 소박으로 이루어진 보통박이 4번 나타나는 3소박 4보통박으로 구성되는 경우가 많다. 이를 정간보에 나타낼 때는 〈그림 1〉과 같이 12정간(칸)이 필요하다.

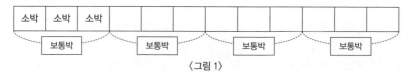

〈그림 1〉

국악 연주에서 장단을 맡는 대표적인 악기는 장구로, 장단을 맞추기 위해 장구의 가죽 면을 치는 것을 '점(點)'이라 한다. 〈그림 2〉는 굿거리장단의 기본 장구 장단을 나타낸 것으로 장구 장단을 정간보에 기보할 때는 각각의 점에 해당하는 부호를 사용하며, 악기에서 울려 나오는 특징적인 소리를 입으로 흉내 낸 구음을 부호 아래에 첨가하기도 한다.

〈그림 2〉

㉠장구 장단을 칠 때는 한 손으로 채를 잡아 채편을 치고 다른 손으로는 북편을 치는데, 장구의 채편과 북편을 동시에 치는 것을 '덩'이라 하고 정간보에 ⊖로 표시한다. 이는 합장단이라고도 하며 주로 음악을 시작할 때 사용한다. 채편을 한 번 치는 것을 '덕'이라 하고 '|'로 표시하며, 채편을 칠 때 짧은 꾸밈음을 붙여 치는 것을 '기덕'이라고 하고 '⫶'로 표시한다. '기덕'은 채편을 겹쳐 친다고 하여 겹채라고도 한다. 채의 탄력을 이용하여 채를 굴리며 채편을 칠 때는 '더러러러'라고 하고 '⫶'로 표시한다. '덕', '기덕', '더러러러'에서는 북편을 치지 않고 채편만 치며, 장구의 북편만 칠 때는 '쿵'이라 하고 ○로 표시한다.

또한 정간보에는 점의 길이도 나타낼 수 있다. 한 정간에 점을 나타내는 부호 하나가 있으면 그 점은 한 소박이 되고, 한 정간에 점을 나타내는 부호 하나가 있고 그 다음 정간이 빈 칸으로 남아 있으면 그 점은 두 소박이 되는 식이다. 비어 있는 정간은 앞의 소리를 연장한다는 표시이기 때문이다. 예를 들어 〈그림 2〉에서 첫 번째 보통박의 '덩'은 두 소박, '기덕'은 한 소박이 된다. 또한 장단을 칠 때는 기본이 되는 장단을 흐트러트리지 않는 범위 내에서 악곡의 흐름이나 연주자의 해석에 따른 변주도 가능하다. 예를 들어 연주자에 따라 '기덕'을 '덕'으로 바꾸거나 '쿵더러러러'를 '쿵덕쿵'으로 바꾸어 변주할 수 있는 것이다. 이러한 변주는 악곡의 흐름에 맞게 장단에 변화를 주어 음악을 더욱 풍성하게 만드는 역할을 한다.

한편 실외 음악이나 사물놀이처럼 큰 소리를 내야 할 때에는 북편을 손 대신 궁채로 치기도 한다. 또한 채편을 칠 때는 채편 가죽의 중앙 부분인 복판을 치는 것이 일반적이지만 독창 또는 독주의 반주나 실내악 연주처럼 소리를 작게 내어야 할 경우에는 가죽의 가장자리 부분인 변죽을 친다. 변죽은 작고 높은 소리가 나는 반면, 복판은 크고 낮은 소리가 나기 때문에 연주 상황에 어울리는 소리가 나도록 치는 것이다.

장단은 단지 음악의 진행을 시간적으로 안배하는 역할만을 하는 것이 아니라 연주자나 창자의 호흡을 조절하며 음악의 분위기를 이끌어 나간다. 따라서 국악을 깊이 있게 감상하려면 장단을 이해하는 것이 중요하며, 이를 통해 우리 음악에 담긴 흥을 더욱 잘 느낄 수 있을 것이다.

다시보기 ▶ 다시 볼 문제 체크하고 틀린 이유 메모하기

[분석쌤 강의]는 2차 채점 후 반드시 챙겨 본다!

08 윗글에서 답을 찾을 수 있는 질문으로 적절하지 않은 것은?

① 국악에서 장단의 개념은 무엇일까?

② 장단을 구성하는 단위는 무엇일까?

③ 정간보에 점의 강약을 나타내는 방법은 무엇일까?

④ 장단을 변주할 때 얻을 수 있는 효과는 무엇일까?

⑤ 국악 감상에서 장단을 이해하는 것이 중요한 이유는 무엇일까?

지문 근거 둘 중 햇 Q&A 어휘/개념 부정 질문

분석쌤 강의

● **분 석** 발문(문두)이 문제 풀이 방법을 알려 주는 문제 유형

● **해결案** 지문에서 답지의 질문에 대한 답을 찾을 수 있으면 ○, 빠르게 찾아지지 않으면 △, 확실하게 찾을 수 없으면 ✕로 표시하며 푼다.

09 ㉠에 대한 이해로 가장 적절한 것은?

① 정간보를 보면 연주할 점의 길이를 알 수 있다.

② 크고 낮은 소리를 내기 위해 채편의 변죽을 친다.

③ 여러 개의 보통박을 쳐서 하나의 소박을 연주한다.

④ 북편을 치는 도구는 기본이 되는 장단에 의해 결정된다.

⑤ 기본이 되는 장단을 연주할 때에는 북편과 채편을 동시에 칠 수 없다.

| 지문 근거 | 둘중 헷 | Q&A | 어휘/개념 | 부정 질문 |

분석쌤 강의

● **분 석** 발문(문두)은 달라도 '내용 일치' 여부를 묻는 문제를 푸는 방법과 같이 접근하면 빠르고 쉽게 정답과 오답의 근거를 찾을 수 있는 문제

● **해결案** ㉠과 관련된 질문임을 염두에 두고 답지를 살핀다. 이때 정답을 빠르게 확정 짓기 위해서는 각 답지에서 키워드를 체크한 다음, 체크한 키워드에 대해 설명하고 있는 지문 내용과 답지를 비교해 적절하지 않은 내용이 포함된 것부터 정답에서 제외해 나간다.

10 윗글을 바탕으로 〈보기〉의 창작 장단 을 연주한다고 할 때, 이에 대한 이해로 적절하지 않은 것은? [3점]

─ 보기 ─

학생: 오늘 배운 내용을 가지고 나만의 창작 장단 을 만들어 연주해 볼까? 3소박 4보통박으로 치면 재미있을 것 같아. 우선은 정간보에 부호와 구음을 표시하고 그대로 연주해 봐야지.

① '│ (덕)'은 각각 두 소박으로 연주해야겠군.

② 마지막 보통박에서는 채편만 치면 되겠군.

③ 합장단으로 시작하고 겹채로 마무리해야겠군.

④ 세 번째 보통박에서는 종류가 다른 세 점을 연주해야겠군.

⑤ 첫 번째와 마지막 보통박의 세 번째 소박에서는 '¡ (기덕)'을 쳐야겠군.

| 지문 근거 | 둘중 헷 | Q&A | 어휘/개념 | 부정 질문 |

분석쌤 강의

● **분 석** 〈보기〉에 제시된 정보를 지문과 연결해 이해한 학생은 쉽고 빠르게 정답을 찾은 문제

● **해결案** 〈보기〉에서 학생이 만든 '창작 장단'은 '3소박 4보통박'으로 연주한다고 했으므로, '소박'과 '보통박'의 개념부터 이해한 다음 답지를 살핀다. 이때 정답과 오답은 〈보기〉의 〈그림〉과 '답지에서 설명하는 내용과 관련된 정보가 담긴 지문'을 비교하여 판단하면 된다.

▶ 정답을 모르는 상태에서 2차 풀이를 하기 위한 방법으로, 아래 채점표 대신 '모바일 자동 채점 프로그램'(문제편 표지 QR 코드)을 이용해도 된다.

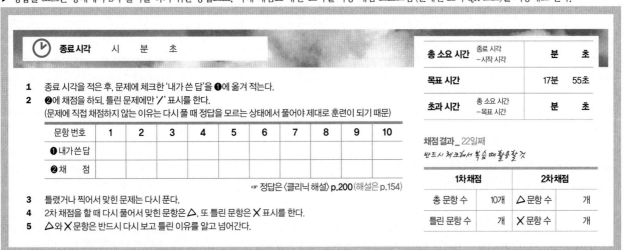

1~4 다음 글을 읽고 물음에 답하시오.

2021학년도 9월 고1 전국연합학력평가 【38~41】 기술

자동차에서 배출되는 오염 물질로 인한 대기 오염 및 기후 변화 문제가 심각해지면서 세계 각국은 온실가스의 배출 억제를 위해 자동차 분야 규제를 강화하고 있어 오염 물질의 배출이 적은 친환경차가 주목을 ㉮받고 있다.

친환경차에는 전기차, 수소전기차, 하이브리드차가 있는데 이 중 ㉠전기차와 수소전기차는 전기에너지를 운동에너지로 변환하여 주는 모터만으로 구동되고, ㉡하이브리드차는 모터와 함께 ㉢내연기관차처럼 연료를 연소시킬 때 발생하는 열에너지를 운동에너지로 바꿔 주는 엔진을 사용하여 구동된다. 내연기관차는 마찰 제동장치를 사용하므로 차가 감속할 때 운동에너지가 열에너지로 변환된 후 사라지는 반면, 친환경차는 감속 시 운동에너지를 전기에너지로 변환하여 배터리에 충전해 다시 사용할 수 있게 하는 회생 제동장치도 사용해 에너지 효율을 높이고 있다.

하이브리드차는 출발할 때에는 전기에너지를 이용하여 모터를 구동하고 주행 시에는 주행 상황에 따라 모터와 엔진을 적절히 이용하므로 일반 내연기관차보다 연비가 좋고 배기가스가 저감되는 효과가 있다. 전기차와 수소전기차는 엔진 없이 모터를 사용해 전기에너지만으로 달리는 차라 할 수 있다. 전기차는 고전압 배터리에 충전을 해 전기에너지를 모터로 공급하여 움직이고, 수소전기차는 연료 탱크에 저장된 수소를 연료전지를 통해 전기에너지로 변환하여 동력원으로 사용한다. 연료전지는 차량 구동에 필요한 수준의 전기에너지를 발전시키기 위해 다수의 연료전지를 직렬로 연결하여 가로로 쌓아 만드는데 이를 스택(stack)이라 한다. 연료전지는 저장된 수소와 외부로부터 공급되는 공기 속 산소가 만나 일어나는 산화·환원 반응 과정을 통해 전기에너지를 생성하는데, 산화란 어떤 물질이 전자를 내어 주는 것을, 환원이란 전자를 받아들이는 것을 의미한다. 이렇게 물질이 전자를 얻거나 잃는 것을 이온화라고도 하는데 물질이 전자를 얻으면 음이온이, 전자를 잃으면 양이온이 된다.

수소전기차에는 백금을 넣은 촉매와 고분자전해질막을 지닌 연료전지를 많이 사용하는데 다른 연료전지에 비해 출력이 크고 저온에서도 작동이 되며 구조도 간단하다. 연료전지의 −극과 +극에 사용되는 촉매 속에 들어 있는 백금은 −극에서는 수소의 산화 반응을, +극에서는 산소의 환원 반응을 활성화한다. 그리고 두 극 사이에 있는 고분자전해질막은 양이온의 이동은 돕고 음이온과 전자의 이동은 억제하는 역할을 한다.

연료전지에서 전기에너지가 생성되는 과정은 수소를 저장한 연료 탱크로부터 수소가 −극으로, 공기공급기로 유입되는 외부의 공기 속 산소가 +극으로 공급되며 시작된다. −극에 공급된 수소는 촉매 속 백금에 의해 수소 양이온(H^+)과 전자(e^-)로 분리되고, 수소 양이온은 고분자전해질막을 통과해 +극으로, 전자는 외부 회로를 통해 +극으로 이동한다. 이렇게 전자가 외부 회로로 흐르며 전기에너지가 발생하는데, 생성된 전기에너지는 모터로 전해져 동력원이 되고 일부는 배터리에 충전된다. +극에서는 공급된 산소가 외부 회로를 통해 이동해 온 전자(e^-)와 결합해 산소 음이온(O^-)이 된 후, 수소 양이온(H^+)과 만나 물(H_2O)이 되어 외부로 배출된다.

수소전기차에 사용되는 수소는 가솔린의 세 배나 되는 단위질량당 에너지 밀도를 지니고 있어 에너지 효율이 높다. 그리고 수소와 산소의 반응을 이용하므로 오염 물질이나 온실가스의 배출이 적고 외부로부터 공급되는 공기를 필터로 정화하여 사용한 후 배출하므로 공기를 정화하는 기능도 한다. 그러나 고가인 백금과 고분자전해질막을 사용해 연료전지를 제작해 가격이 비싸다는 점, 수소는 고압으로 압축해야 하므로 폭발할 위험성이 커 보관과 이동에 어려움이 있다는 점 등 해결해야 할 문제들이 남아 있다.

다시보기   ▶ 다시 볼 문제 체크하고 틀린 이유 메모하기

[분석쌤 강의]는 2차 채점 후 반드시 챙겨 본다!

01 ㉠~㉢에 대한 이해로 적절하지 않은 것은?

① ㉠은 ㉡, ㉢과 달리 연료 탱크를 제작할 필요가 없다.

② ㉡은 ㉠에 쓰이는 모터와 ㉢에 쓰이는 엔진을 주행 상황에 따라 이용한다.

③ ㉢은 ㉠, ㉡과 달리 감속할 때 발생하는 에너지를 자동차의 주행에 활용하지 못한다.

④ ㉠, ㉡은 ㉢에 비해 배출되는 오염 물질과 온실가스의 양이 적다.

⑤ ㉠, ㉡은 ㉢과 달리 전기에너지를 운동에너지로 변환하여 출발한다.

지문 근거   돌중헷   Q&A   어휘/개념 부정질문

분석쌤 강의

● **분 석** 이 시험(2021학년도 9월 전국연합학력평가)의 마지막 부분(38~41번)에 위치한 지문이어서 실제 난도보다 더 어렵게 푼 문제

● **해결案** ㉠~㉢을 먼저 확인한 다음, 답지에서 비교하고 있는대상에 대해 설명하고 있는 내용을 지문에서 찾아 답지와 비교하여 각각에 대해 O, X로 표시하며 푼다.

02 윗글에 대해 이해한 내용으로 적절하지 <u>않은</u> 것은?

① 고압으로 압축한 수소는 폭발할 위험이 크니 보관이나 이동에 어려움이 많겠군.

② 수소전기차는 공급되는 외부 공기를 필터로 걸러 사용하므로 정화된 공기가 배출되겠군.

③ 수소가 연료로 쓰이는 이유는 가솔린보다 에너지 효율은 낮지만 친환경적이기 때문이겠군.

④ 백금과 고분자전해질막을 대신할 저가의 원료를 개발한다면 연료전지의 가격을 낮출 수 있겠군.

⑤ 수소전기차를 구동할 수준의 전기에너지를 만들어 내려면 다수의 연료전지를 직렬로 연결해 만들어야겠군.

지문 근거   둘중헷   Q&A   어휘/개념 부정질문

분석쌤 강의
● **분 석** 발문(문두)이 문제 풀이의 방향을 알려 주는 문제 유형으로, 부정 질문(않은 것은?)인 것만 놓치지 않으면 정답을 쉽게 찾을 수 있는 문제
● **해결案** 발문을 휘리릭 본 다음, 답지 ①부터 키워드를 체크한다. 그런 다음, 체크한 키워드를 언급한 문단으로 찾아가 해당 내용과 답지를 비교해 ◯, ✕ 로 표시하며 푼다.

03 〈보기〉는 수소전기차의 연료전지에서 전기에너지가 생성되는 과정을 도식화한 것이다. 윗글을 바탕으로 〈보기〉를 이해한 내용으로 적절하지 <u>않은</u> 것은? [3점]

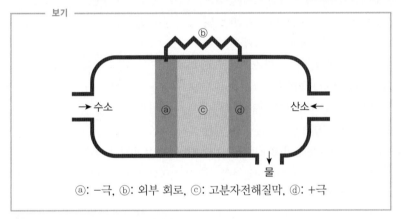

보기

ⓐ: −극, ⓑ: 외부 회로, ⓒ: 고분자전해질막, ⓓ: +극

① ⓐ와 ⓓ에 들어 있는 금속은 각각 수소와 산소의 이온화를 촉진하겠군.

② ⓑ를 통해 전자가 흘러가는 이유는 ⓒ가 전자의 이동을 억제하기 때문이겠군.

③ ⓒ를 통과하여 ⓓ로 이동하는 수소 양이온은 ⓐ에서 전자를 잃은 수소이겠군.

④ ⓐ와 ⓓ에서 분리된 전자는 ⓑ에서 만나 전기에너지를 생성하겠군.

⑤ ⓓ에서는 수소 양이온과 산소 음이온이 결합하여 물이 생성되겠군.

지문 근거   둘중헷   Q&A   어휘/개념 부정질문

분석쌤 강의
● **분 석** 지문을 읽기 전 문제부터 휘리릭 보는 것이 좋다는 이유를 알게 해 주는 문제 유형으로, 오답지들 모두 두루 답한 학생들이 많았던 문제
● **해결案** 지문을 읽기 전 문제부터 훑어 본다. 그러면 〈보기〉의 그림을 확인할 수 있고, 지문을 읽으면서 〈보기〉의 그림에 대한 이해를 돕는 설명이 나오면 해당 지문 내용과 그림을 비교하면서 읽는다. 이 과정에서 답지의 설명이 적절한지를 바로 검토해도 되고, 그림에 메모만 해 두고 지문을 끝까지 읽은 후 답지를 검토해도 된다.
　중요한 것은 이와 같은 문제 유형은 '그림은 지문 이해를 돕고', '그림에 대한 설명이 담긴 지문은 그림이 의미하는 바를 알려 주므로' 지문을 읽기 전 문제부터 훑어 봐야 하고, 복습할 때 그림과 관련 지문 내용을 한 번 더 비교해서 지문과 그림에 대해 완벽하게 이해하고 넘어가야 한다는 것이다.

04 문맥상 ㉮와 가장 가까운 의미로 쓰인 것은?

① 회사의 미래를 위해 신입 사원을 <u>받아야</u> 하겠군.

② 네가 원하는 요구 조건은 무엇이든지 <u>받아</u> 주겠다.

③ 그 아이는 막내로 태어나 집에서 귀염을 <u>받고</u> 자랐다.

④ 그는 좌회전 신호를 <u>받고</u> 천천히 차의 속도를 높였다.

⑤ 예전에는 빗물을 큰 물통에 <u>받아</u> 빨래하는 데 쓰기도 했다.

지문 근거   둘중헷   Q&A   어휘/개념 부정질문

분석쌤 강의
● **분 석** '어휘 문제 3단계 풀이법'을 적용해 풀어야 하는, 문맥상 의미를 묻는 문제
● **해결案** 핵심을 간추린 후, 다른 말로 바꿔 보고, 바꿔 본 말을 대입해 문맥상 자연스러운 것을 정답으로 확정 짓는다.

1주차   2주차   3주차   4주차

맑고 화창한 날 밖에서 스마트폰 화면이 잘 보이지 않았던 경험이 한 번쯤은 있을 것이다. 이는 화면에 반사된 햇빛이 화면에서 나오는 빛과 많이 ⓐ혼재될수록 야외 시인성이 저하되기 때문이다. 야외 시인성이란, 빛이 밝은 야외에서 대상을 명확하게 인식할 수 있는 성질을 의미한다. 그렇다면 스마트폰에는 야외 시인성 개선을 위해 어떠한 기술이 적용되어 있을까?

㉠스마트폰 화면의 명암비가 높으면 우리는 화면에 표현된 이미지를 선명하다고 인식한다. 명암비는 가장 밝은 색과 가장 어두운 색을 화면이 얼마나 잘 표현하는지를 나타내는 수치로, 흰색을 표현할 때의 휘도를 검은색을 표현할 때의 휘도로 나눈 값이다. 여기서 휘도는 화면에서 나오는 빛이 사람의 눈에 얼마나 들어오는지를 나타내는 양이다. 가령, 흰색을 표현할 때의 휘도가 $2,000\ cd/m^2$이고 검은색을 표현할 때의 휘도가 $2\ cd/m^2$인 스마트폰의 명암비는 1,000이다.

명암비는 휘도를 측정하는 환경에 따라 암실 명암비와 명실 명암비로 구분된다. 암실 명암비는 햇빛과 같은 외부광 없이 오로지 화면에서 나오는 빛만을 인식할 수 있는 조건에서의 명암비를, 명실 명암비는 외부광이 ⓑ존재하는 조건에서의 명암비를 의미한다. 스마트폰의 야외 시인성을 높이기 위해서는 명실 명암비를 높여야 한다. 이를 위해 화면에서 흰색을 표현할 때의 휘도를 높이는 방법과 검은색을 표현할 때의 휘도를 낮추는 방법을 사용할 수 있다.

그런데 스마트폰에 흔히 사용되는 OLED는 흰색을 표현할 때의 휘도를 높이는 데 한계가 있다. OLED는 화면의 내부에 있는 기판*에서 빛을 내는 소자로, 빨간색, 초록색, 파란색 빛을 조합하여 다양한 색을 ⓒ구현한다. 이렇게 OLED가 색을 표현할 때, 출력되는 빛의 세기를 높이면 해당 색의 휘도가 높아진다. 그러나 강한 세기의 빛을 출력할수록 OLED의 수명이 ⓓ단축되는 문제가 있다. 이러한 이유로 OLED 스마트폰에는 편광판과 위상지연필름을 활용하여, 외부광의 반사로 높아진, 검은색을 표현할 때의 휘도를 낮추는 기술이 적용되고 있다.

〈그림〉은 OLED 스마트폰에 적용된 편광판의 원리를 나타낸 것이다. 일반적으로 빛은 진행하는 방향에 수직인 모든 방향으로 진동하며 나아간다. 빛이 편광판을 통과하면 그중 편광판의 투과축과 평행한 방향으로 진동하며 나아가는 선형 편광만 남고, 투과축의 수직 방향으로 진동하는 빛은 차단된다. 이러한 과정에서 편광판을 통과한 빛의 세기는 감소하게 된다.

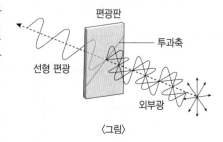

〈그림〉

[A]
　　이러한 원리를 이용해 OLED 스마트폰에서 야외 시인성을 높이는 기술을 설명하면 다음과 같다. 먼저 스마트폰 화면 안으로 들어오는 외부광은 편광판을 거치면서 일부가 차단되고 투과축과 평행한 방향으로 진동하는 선형 편광만 남게 된다. 그런 다음 이 선형 편광은 위상지연필름을 지나면서 회전하며 나아가는 빛인 원형 편광으로 편광의 형태가 바뀐다. 이 원형 편광은 스마트폰 화면의 내부 기판에 반사된 뒤, 다시 위상지연필름을 통과하며 선형 편광으로 바뀐다. 그런데 이 선형 편광의 진동 방향은 외부광이 처음 편광판을 통과했을 때 남은 선형 편광의 진동 방향과 수직을 이루게 되어 편광판에 가로막히게 된다. 그 결과 기판에 반사된 외부광은 화면 밖으로 빠져나가지 못하게 된다.

이와 같은 기술은 OLED 스마트폰의 야외 시인성을 높이는 데에는 매우 효과적이지만, 편광판을 사용할 수밖에 없기 때문에 스마트폰 화면이 일정 수준의 명암비를 유지하기 위해서는 ㉡OLED가 내는 빛의 세기를 높게 유지해야 한다는 단점이 존재한다. 그리고 외부광이 화면의 외부 표면에 반사되어 나타나는 야외 시인성의 저하도 ⓔ방지하지 못한다. 최근에는 이러한 문제점들을 개선하기 위한 연구가 다양한 분야에서 이루어지고 있다.

＊기판: 전기 회로가 편성되어 있는 판.

다시보기 ▶ 다시 볼 문제 체크하고 틀린 이유 메모하기

[분석쌤 강의]는 2차 채점 후 반드시 챙겨 본다!

05 윗글에서 알 수 있는 내용으로 가장 적절한 것은?

① 햇빛은 진행하는 방향에 수직인 모든 방향으로 진동한다.
② OLED는 네 가지의 색을 조합하여 다양한 색을 구현한다.
③ 사람의 눈에 들어오는 빛의 양이 많으면 휘도는 낮아진다.
④ 야외 시인성은 사물 간의 크기 차이를 비교하는 기준이다.
⑤ OLED는 화면의 외부 표면에 반사되는 외부광을 차단한다.

지문 근거　둘중 헷　Q&A　어휘/개념 부정 질문

분석쌤 강의
● **분 석** 정답의 근거를 찾았으면서도 한 번 더 고민하면서 그 근거를 찾는 데 시간이 오래 걸린 데다 결국 틀린 학생들도 많았던 문제
● **해결案** '알 수 있는 내용'을 질문했으므로 지문과 답지를 비교하며 ○, × 표시를 하며 풀고, 지문에서 빠르게 근거를 찾기 위해 답지에서 키워드부터 체크한다.

06 ㉠에 대한 설명으로 적절하지 <u>않은</u> 것은?

지문근거 둘중헷 Q&A 어휘/개념 부정질문

① 명실 명암비를 높이면 야외 시인성이 높아지게 된다.

② 흰색을 표현할 때의 휘도가 낮아질수록 암실 명암비가 높아진다.

③ 휘도를 측정하는 환경에 따라 명실 명암비와 암실 명암비로 나뉜다.

④ 흰색을 표현할 때의 휘도를 검은색을 표현할 때의 휘도로 나눈 값이다.

⑤ 화면에 반사된 외부광이 눈에 많이 들어올수록 명실 명암비가 낮아진다.

분석쌤 강의

● **분 석** 지문에 근거가 그대로 제시되어 있는 답지도 있지만, 추론하여 판단해야 하는 답지도 있어 틀린 학생들이 많았던 문제

● **해결案** 발문(문두)을 확인한 후, 답지 ①부터 ㉠에 대해 설명한 지문 내용에서 근거를 찾아 ○, ✕로 표시하며 푼다.

07 ㉡의 이유를 추론한 것으로 가장 적절한 것은?

지문근거 둘중헷 Q&A 어휘/개념 부정질문

① OLED가 내는 빛의 휘도를 조절할 수 없기 때문이다.

② OLED가 내는 빛이 강할수록 수명이 길어지기 때문이다.

③ OLED가 내는 빛 중 일부가 편광판에서 차단되기 때문이다.

④ OLED가 내는 빛이 약하면 명암비 계산이 어렵기 때문이다.

⑤ OLED가 내는 빛의 세기를 높이는 데 한계가 있기 때문이다.

분석쌤 강의

● **분 석** 발문(문두)이 문제 풀이 방법을 알려 주는 문제 유형

● **해결案** '이유를 추론하는 문제는 밑줄 친 부분의 앞뒤에 정답의 근거가 있다고 했지.' 한 다음, ㉡의 앞뒤 내용을 바탕으로 정답을 찾는다.

08 〈보기〉는 [A]의 과정을 나타낸 그림이다. 윗글을 바탕으로 〈보기〉를 이해한 내용으로 적절하지 <u>않은</u> 것은? [3점]

지문근거 둘중헷 Q&A 어휘/개념 부정질문

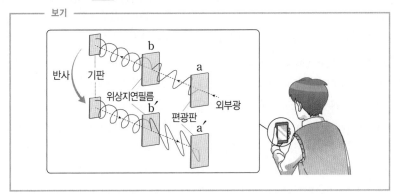

① 외부광은 a를 거치면서 투과축과 평행한 방향으로 진동하는 빛만 남게 된다.

② a를 거쳐 b로 나아가는 빛은 진행 방향에 수직인 방향으로 진동한다.

③ b를 거친 빛은 기판에 의해 a를 거쳐 b로 나아가는 빛과 같은 형태의 편광으로 바뀌게 된다.

④ b′를 거친 빛의 진동 방향은 a를 거쳐 b로 나아가는 빛의 진동 방향과 수직을 이룬다.

⑤ b′를 거친 빛은 진동 방향이 a′의 투과축과 수직을 이루므로 화면 밖으로 빠져나가지 못하게 된다.

분석쌤 강의

● **분 석** 정답보다 오답에 답한 학생들이 많았고, 지문 내용의 이해를 돕는 그림이 있는 문제로, 지문을 읽기 전 발문(문두)을 먼저 읽으면 문제 풀이 시간을 단축할 수 있고 지문 독해도 수월하다는 것을 알려 주는 문제 유형

● **해결案** 지문을 읽기 전, 각 문제의 발문부터 휘리릭 훑어보면서 "[A]를 읽을 때 〈보기〉의 그림과 함께 봐야겠군." 한다. 그런 다음, 지문을 읽어내려 가면서 [A]를 읽을 때 〈보기〉의 그림과 비교하며 읽으면서 바로 이 문제부터 푼다. 2차 채점 후 [A]와 〈보기〉의 그림을 비교하며 한 번 더 지문 내용을 이해하고 넘어가도록 한다.

09 문맥상 ⓐ~ⓔ와 바꾸어 쓰기에 적절하지 <u>않은</u> 것은?

지문근거 둘중헷 Q&A 어휘/개념 부정질문

① ⓐ: 뒤섞일수록

② ⓑ: 있는

③ ⓒ: 고른다

④ ⓓ: 줄어드는

⑤ ⓔ: 막지

분석쌤 강의

● **분 석** 쉽게 정답을 찾았어도 '어휘 문제 3단계 풀이법'을 적용해 복습하면 유용한 문제

● **해결案** ⓐ~ⓔ가 포함된 문장의 핵심부터 간추린 후 답지의 말을 대입해서 문맥이 자연스러운지를 따진 다음, 바꿔 쓸 수 있는 말을 떠올려 본다.

디지털 이미지 워터마킹은 디지털 이미지에 저작권자나 배급자의 서명, 마크 등의 특정 정보를 다른 사람들이 인식하지 못하도록 삽입하는 것을 말한다. 이때 삽입된 정보를 디지털 워터마크라고 하며, 이것은 디지털 이미지의 무단 배포, 무단 복사 등이 발생했을 때 저작권을 주장하거나 원본 이미지의 훼손 여부를 검증하기 위한 수단으로 활용된다.

[A] 디지털 이미지 워터마킹은 이미지의 공간 영역 활용 방식과 주파수 영역 활용 방식으로 나눌 수 있는데, 공간 영역 활용 방식으로는 LSB(Least Significant Bit) 치환 방법이 있다. 흑백 원본 이미지에 흑백 워터마크 이미지를 삽입하는 과정을 통해 그 원리를 살펴보자. 흑백 이미지를 구성하는 한 픽셀*의 색상은 밝기에 따라 0~255까지의 정숫값을 가지는데 0은 검은색, 255는 흰색을 나타낸다. 이를 컴퓨터가 처리하는 데이터의 기본 단위인 8비트*로 나타내면 각각의 픽셀은 검은색인 ⬚0 0 0 0 0 0 0 0 부터 흰색인 ⬚1 1 1 1 1 1 1 1 까지 총 256가지의 값 중 하나를 갖게 되며, 그 숫자가 클수록 흰색에 가깝다. 이때 각 픽셀은 8비트의 데이터 중 왼쪽에 위치하는 상위 비트가 바뀔수록 그에 해당하는 정숫값의 변화가 크기 때문에 색상의 변화를 육안으로 인식하기 쉽고, 오른쪽 하위 비트가 바뀔수록 색상의 변화를 육안으로 인식하기 어렵다. LSB는 색상 변화에 가장 영향을 적게 주는 오른쪽 마지막 최하위 비트를 ㉠말한다. LSB 치환 과정에서는 원본 이미지에 시각적인 변화를 주지 않기 위해 워터마크 이미지의 픽셀 데이터를 원본 이미지의 각 픽셀의 LSB에 하나씩 나누어 숨긴다.

이때 원본 이미지 각 픽셀의 8개의 비트 중 LSB에만 데이터를 삽입하기 때문에 워터마크 이미지의 한 픽셀 데이터를 삽입하기 위해서는 원본 이미지의 픽셀 8개가 필요하다. 결국 원본 이미지의 픽셀 수는 최대로 삽입 가능한 비트 수와 같기 때문에 원본 이미지의 픽셀 수가 워터마크 이미지의 전체 비트 수보다 적다면 워터마크 이미지의 데이터 일부는 삽입할 수 없게 된다. 그리고 원본 이미지의 픽셀 수가 워터마크 이미지의 전체 비트 수보다 많을수록 원본 이미지에 시각적 변화가 적게 나타난다. 이 방법은 많은 양의 데이터를 빠르고 간단하게 삽입할 수 있으며, 원본 이미지의 각 픽셀에서 LSB만 변경하기 때문에 시각적으로 색상이나 감도의 변화를 감지하기 어렵다. 그러나 워터마크가 삽입된 이미지의 LSB를 인위적으로 조작하는 경우 워터마크가 쉽게 제거될 수 있다는 단점이 있다.

주파수 영역을 활용하는 방식으로는 DCT(Discrete Cosine Transform)를 이용하는 방법 이 주로 쓰인다. DCT는 이미지 데이터를 공간값에서 주파숫값으로 바꾸는 과정이다. 이미지에 DCT를 적용하면 주변 픽셀과 색상이나 밝기 차이가 적은 픽셀은 낮은 주파숫값으로, 경계선 등 주변 픽셀과 색상이나 밝기 차이가 큰 픽셀은 높은 주파숫값으로 나타난다. 원본 이미지를 일정한 크기의 여러 블록으로 나누고 블록별로 각 픽셀의 색상값을 DCT 수식에 따라 변환하면 주파숫값 분포표를 얻을 수 있다. 주파숫값 분포표에는 좌측 상단으로 갈수록 낮은 주파숫값, 우측 하단으로 갈수록 높은 주파숫값이 분포하게 되는데 이미지의 색상이나 밝기에 따라 각 주파숫값이 분포하는 영역의 비율은 다르게 나타난다. 이때 워터마크 이미지의 픽셀의 색상값을 주파숫값 형태로 삽입한 후 다시 역변환 수식에 따라 변환하면, 어느 주파숫값에 삽입하든 워터마크가 원본 이미지의 전 영역에 걸쳐 고르게 분산된 형태로 삽입된다.

인간의 시각은 낮은 주파수 성분의 변화에는 민감하나 높은 주파수 성분의 변화에는 둔감하기 때문에 높은 주파숫값이 분포하는 영역에 워터마크를 삽입하면 원본 이미지의 시각적인 변화를 최소화할 수 있다. 그러나 JPEG와 같은 방식의 압축 이미지 알고리즘은 높은 주파수 성분의 요소를 제거하여 이미지를 압축하기 때문에 높은 주파숫값이 분포하는 영역에 워터마크를 삽입하면 이미지 압축과 같은 과정에서 워터마크가 삭제될 수 있다. 그래서 워터마크를 삽입할 때는 낮은 주파숫값이 분포하는 영역과 높은 주파숫값이 분포하는 영역의 경계면에 해당하는 특정 주파숫값 영역을 중심으로 워터마크 정보를 삽입한다.

이 방법은 이미지의 왜곡이 적어 시각적으로 원본 이미지와의 차이를 식별하기 어렵다. 또한 삽입할 데이터를 이미지 영역에 골고루 분산시키기 때문에 변형의 과정을 거쳐도 LSB 치환 방법에 비해 워터마크가 상대적으로 쉽게 제거되지 않는다. 그러나 데이터 삽입이 가능한 주파숫값의 개수가 원본 이미지의 픽셀 수보다는 훨씬 적기 때문에, 삽입할 수 있는 데이터의 양이 LSB 치환 방법보다 상대적으로 적다. 그리고 픽셀의 개수가 같은 이미지라 하더라도 이미지의 색상이나 밝기에 따라 각 주파숫값이 분포하는 영역의 비율이 달라지기 때문에 이미지에 따라 삽입할 수 있는 데이터의 양이 달라질 수 있다.

*픽셀: 작은 점의 행과 열로 이루어져 있는 화면의 작은 점 각각을 이르는 말.
*비트: 2진 기수법 표기의 기본 단위. 2진 기수법에서는 모든 수를 0과 1로만 표기하는데 이 0 또는 1이 각각 하나의 비트가 된다.

10 윗글을 통해 답을 찾을 수 <u>없는</u> 질문은?

① 디지털 워터마크의 용도는 무엇인가?

② 디지털 이미지 워터마킹의 개념은 무엇인가?

③ 디지털 이미지 워터마킹 기술의 전망은 어떠한가?

④ 디지털 이미지 워터마크를 삽입하는 원리는 무엇인가?

⑤ 디지털 이미지 워터마킹의 방식에는 어떤 것들이 있는가?

지문근거　둘중헷　Q&A　어휘/개념　부정질문

분석쌤 강의
● **분 석** 지문은 어려워도 문제는 쉽게 해결할 수 있다는 것을 보여 주는 문제
● **해결案** 지문에서 답지의 질문에 대한 답을 찾을 수 있는 것부터 제외하는 방식으로 푼다. 그리고 2차 채점 후 답지에서 질문한 것에 대한 답변도 확인하고 넘어가도록 한다.

11 윗글에 대해 이해한 내용으로 적절하지 <u>않은</u> 것은?

① LSB 치환 방법은 DCT를 이용하는 방법에 비해 상대적으로 쉽게 워터마크가 제거되지 않는다.

② LSB 치환 방법은 DCT를 이용하는 방법에 비해 동일한 원본 이미지에 삽입할 수 있는 데이터의 양이 많다.

③ DCT를 적용하기 위해서는 원본 이미지를 여러 개의 블록으로 분할하고 블록 단위로 변환을 수행해야 한다.

④ JPEG 압축 방식은 이미지에서 주변 픽셀과 색상이나 밝기 차이가 큰 픽셀을 제거하는 방식으로 이루어진다.

⑤ DCT를 이용하는 방법은 원본 이미지의 색상이나 밝기에 따라 삽입할 수 있는 데이터의 양이 달라질 수 있다.

지문근거　둘중헷　Q&A　어휘/개념　부정질문

분석쌤 강의
● **분 석** 정답에 답한 학생들이 많았지만 오답지에도 두루 많이 답했고, 발문(문두)에서 문제 풀이 방법을 알려 주는 문제 유형이면서, 지문을 읽을 때 '적다, 어렵다, ~에 비해, ~보다'에 체크해 두면 정답과 오답의 근거를 빠르고 정확하게 찾을 수 있는 문제
● **해결案** 각 답지의 키워드들을 체크해, 그 키워드들에 대해 설명한 지문 내용을 찾아 서로 비교해서 답지의 옳고 그름을 판단한다. 각 답지의 키워드들은 ①은 'LSB, DCT' 외에 '워터마크가 제거'이고, ②는 '삽입할 수 있는 데이터의 양'이며, ③은 '블록' 등이다.

12 [A]를 바탕으로 〈보기〉를 이해한 내용으로 적절하지 <u>않은</u> 것은? [3점]

─ 보기 ─

다음은 LSB 치환 방법을 통해 흑백 이미지에 또 다른 흑백 이미지를 워터마크로 삽입하는 과정을 도식화하여 나타낸 것이다.

A. 원본 이미지(180픽셀)

B. 워터마크 이미지(63픽셀)

① A에 최대로 삽입 가능한 비트 수는 180이다.

② B의 전체 데이터 중 일부 비트는 A에 삽입할 수 없다.

③ B의 픽셀 수가 더 많아지면 A의 시각적인 변화는 줄어든다.

④ ⓐ 픽셀의 색상이 ⓑ 픽셀의 색상에 비해 더 흰색에 가깝다.

⑤ ⓐ 픽셀과 ⓑ 픽셀에 데이터가 삽입되면 LSB가 모두 1에서 0으로 바뀌게 된다.

지문근거　둘중헷　Q&A　어휘/개념　부정질문

분석쌤 강의
● **분 석** 지문 내용의 이해를 돕는 그림이 제시된 기술 제재에서 출제된 문제로, 정답에 답한 학생들이 적었지만, 지문을 읽을 때 이 문제의 〈보기〉의 그림과 함께 보면 빠르게 지문을 이해할 수 있고, 해당 지문을 읽은 후 바로 문제를 풀면 문제 풀이 시간도 단축할 수 있는 유형
● **해결案** 지문을 읽을 때 [A]로 묶여 있는 것에 주목하여 문제에서 [A]에 대한 질문을 확인한다. 그러면 [A]를 읽을 때 이 문제의 그림을 참조하여 읽게 되고, 그림을 바탕으로 [A]의 내용을 이해한 후 바로 이 문제를 푼다. 이때 〈보기〉에서 A는 '원본 이미지', B는 '워터마크 이미지'라고 한 것을 염두에 두고 답지 ①부터 [A]와 〈보기〉에서 근거를 찾아 적절성 여부를 판단하면 된다.

13 DCT(Discrete Cosine Transform)를 이용하는 방법 에 대한 이해를 바탕으로 〈보기〉의 ㉮~㉰에 대해 보인 반응으로 가장 적절한 것은?

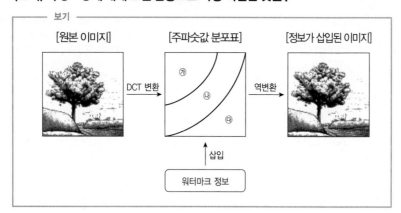

보기

[원본 이미지] — DCT 변환 → [주파숫값 분포표] — 역변환 → [정보가 삽입된 이미지]

㉮ ㉯ ㉰

삽입

워터마크 정보

① ㉮는 ㉯보다 원본 이미지에서 주변 픽셀과 색상이나 밝기 차이가 더 큰 부분이 겠군.

② ㉮에 워터마크를 삽입하면 ㉯에 삽입하는 것보다 역변환 후 원본 이미지의 시각적 변화가 더 크겠군.

③ ㉯에 삽입된 워터마크가 ㉰에 삽입된 워터마크보다 JPEG와 같은 방식의 압축에 의해 더 쉽게 제거되겠군.

④ ㉰에 삽입된 워터마크가 ㉮에 삽입된 워터마크보다 역변환 후 전체 이미지에 더 고르게 분산되겠군.

⑤ ㉮, ㉯, ㉰ 영역은 원본 이미지와 상관없이 항상 일정한 비율로 나타나겠군.

지문근거 둘중혯 Q&A 어휘/개념 부정질문

분석쌤강의
● 분 석 이 시험(2023학년도 9월 고1 전국연합학력평가)은 원점수 평균이 48.5점이었고, 1등급 컷이 84점이었으며, 만점자는 316명에 그친 어려운 시험이었는데, 이 문제는 위 12번 문제와 함께 이 시험을 어렵게 만든 3인방 중 하나
● 해결案 발문(문두)을 통해 'DCT를 이용하는 방법'에 관한 문제라는 것을 파악한 다음, 이에 대해 설명한 4~6문단에서 답지의 근거를 찾아야 한다는 것을 빠르게 알아챈다. 그리고 〈보기〉의 그림은 '[원본 이미지] → DCT 변환 → [주파숫값 분포표] → 역변환 → [정보가 삽입된 이미지]'라는 것도 파악한다. 그런 다음, 답지에서 ㉮~㉰에 대해 언급하고 있으므로, 4~6문단을 통해 ㉮~㉰ 영역의 주파숫값이 어떤지를 확인하여 ①부터 적절한 반응인지를 따진다.
　정답률이 낮았던 문제인 만큼 2차 채점 후 꼭 지문을 복습하고, 내가 답한 답지를 포함하여 모든 답지에 대해 정답과 오답인 이유를 한 번 더 챙겨 보도록 한다.

14 문맥상 ㉠과 가장 가까운 의미로 쓰인 것은?

① 북극은 지구 자전축의 북쪽 끝을 말한다.

② 선생님은 그 작가에 대해 항상 좋게 말했다.

③ 난 내 생각을 다른 사람에게 솔직하게 말한다.

④ 친구에게 동생이 오면 문을 열어 달라고 말했다.

⑤ 그녀에게 약속 장소를 말하지 않은 것이 생각난다.

지문근거 둘중혯 Q&A 어휘/개념 부정질문

분석쌤강의
● 분 석 어휘 문제 3단계 풀이법'을 적용해서 풀어야 하는 문제로, 정답에 답했어도 복습할 때 〈클리닉 해설〉을 참고하면 유용한 문제
● 해결案 '핵심 간추리기(1단계) - '매3어휘 풀이' 떠올리기(2단계) - 대입하기(3단계)'를 적용할 것!

▶ 정답을 모르는 상태에서 2차 풀이를 하기 위한 방법으로, 아래 채점표 대신 '모바일 자동 채점 프로그램'(문제편 표지 QR 코드)을 이용해도 된다.

🕐 종료 시각　　시　분　초

1　종료 시각을 적은 후, 문제에 체크한 '내가 쓴 답'을 ❶에 옮겨 적는다.
2　❷에 채점을 하되, 틀린 문제에만 '/' 표시를 한다.
　　(문제에 직접 채점하지 않는 이유는 다시 풀 때 정답을 모르는 상태에서 풀어야 제대로 훈련이 되기 때문)

문항 번호	1	2	3	4	5	6	7	8	9	10	11	12	13	14
❶내가쓴답														
❷채　점														

☞ 정답은 〈클리닉 해설〉 p.200 (해설은 p.160)

3　틀렸거나 찍어서 맞힌 문제는 다시 푼다.
4　2차 채점을 할 때 다시 풀어서 맞힌 문항은 △, 또 틀린 문항은 ✗ 표시를 한다.
5　△와 ✗ 문항은 반드시 다시 보고 틀린 이유를 알고 넘어간다.

총 소요 시간	종료 시각 -시작 시각	분	초
목표 시간		22분	35초
초과 시간	총 소요 시간 -목표 시간	분	초

채점 결과_ 23일째
반드시 체크해서 복습 때 활용할 것

1차채점		2차채점	
총 문항 수	14개	△ 문항 수	개
틀린 문항 수	개	✗ 문항 수	개

24 일째

오늘은   월   일입니다.   🕐 **시작 시각**   시   분   초

1주차

2주차

3주차

4주차

1~5 다음 글을 읽고 물음에 답하시오.

2022학년도 3월 고1 전국연합학력평가【26~30】 기출

컴퓨터 네트워크에서 데이터가 전송될 때 수신된 데이터에 오류가 있는 경우가 있다. 오류를 검출하기 위해 송신기는 오류 검출 부호를 포함한 데이터를 전송하고 수신기는 수신한 데이터를 검사하여 오류가 있으면 재전송을 요청한다.

수신한 데이터에 오류가 있는지 검출하는 가장 간단한 방식은 ㉠패리티 검사이다. 이 방식은 전송할 데이터에 패리티 비트라는 오류 검출 부호를 추가하는 방법으로, 패리티 비트를 추가하여 데이터의 1의 개수를 짝수나 홀수로 만든다. 1의 개수를 짝수로 만드는 방식을 짝수 패리티, 홀수로 만드는 방식을 홀수 패리티라고 하고 송·수신기는 모두 같은 방식을 사용해야 한다. 예를 들어 짝수 패리티를 사용한다면 송신기는 항상 데이터의 1의 개수를 짝수로 만들어서 전송하지만 만일 수신한 데이터의 1의 개수가 홀수가 되면 수신기는 오류가 발생했다고 판단하는 것이다. 하지만 패리티 검사는 ㉮수신한 데이터에서 짝수 개의 비트에 오류가 동시에 있으면 이를 검출하기 어렵다. 또한 오류의 발생 여부를 검출할 수 있을 뿐 데이터 내 오류의 위치는 알아낼 수 없다.

전송할 데이터를 2차원 배열로 구성해서 패리티 비트를 생성하면 오류의 발생 여부뿐만 아니라 오류의 위치도 알아낼 수 있다. 예를 들어 송신기가 1100011 1111111을 전송한다고 하자. 송신기는 이를 $\frac{1100011}{1111111}$과 같이 2차원 배열로 구성하고 가로 방향인 모든 행과 세로 방향인 모든 열에 패리티 비트를 생성한 후 이를 포함한 데이터를 전송한다. 수신기는 수신한 데이터의 각각의 행과 열의 1의 개수를 세어 오류를 검사한다. 만약 어떤 비트에 오류가 발생하면 그 비트가 포함된 행과 열에서 모두 오류가 검출된다. 따라서 오류가 발생한 위치를 알 수 있다. 다만 동일한 행 또는 열에서 짝수 개의 오류가 발생하면 오류가 발생한 정확한 위치를 알 수 없다.

㉡CRC 방식은 미리 선택된 생성 부호를 사용해서 오류 검출 부호를 생성하는 방식이다. 전송할 데이터를 생성 부호로 나누어서 오류 검출 부호를 생성하는 데 모듈로-2 연산을 활용한다. 모듈로-2 연산은 자릿수가 제한된 상태에서 나머지를 구하는 연산으로 해당 자릿수의 비트 값이 같으면 0, 다르면 1이 된다.

〈그림〉

〈그림〉과 같이 생성 부호가 1011이고 전송 데이터가 110101인 경우를 보자. 전송할 데이터는 오류 검출 부호를 추가해야 하기 때문에 그만큼의 비트가 더 필요하다. 송신기는 전송할 데이터의 오른쪽 끝에 생성 부호의 비트 수보다 하나 작은 비트 수만큼 0을 추가한 후 이를 생성 부호로 나누고 그 나머지가 오류 검출 부호가 된다. 송신기는 오류 검출 부호를 포함한 데이터 ㉢110101111만을 전송하고 수신기는 수신한 데이터를 송신기와 동일한 생성 부호로 나눈다. 수신한 데이터는 전송할 데이터에 나머지를 추가했으므로 오류가 없다면 생성 부호로 나누었을 때 나머지가 0이 된다. 이때 나머지가 0이 아니면 수신한 데이터에 오류가 있다고 판단한다. CRC 방식은 복잡하지만 여러 개의 오류가 동시에 생겨도 이를 검출할 수 있어서 오류 검출 확률이 높다.

다시보기 ▶ 다시 볼 문제 체크하고 틀린 이유 메모하기

[분석쌤 강의]는 2차 채점 후 반드시 청겨 본다!

01 ㉠과 ㉡에 대해 이해한 내용으로 적절하지 **않은** 것은?

① ㉠은 ㉡과 달리 데이터에 포함된 1의 개수가 짝수나 홀수가 되도록 오류 검출 부호를 생성한다.

② ㉡은 ㉠과 달리 데이터의 오류를 검출하기 위해 송신기와 수신기 모두에서 오류 검사를 해야 한다.

③ ㉠과 ㉡은 모두, 수신한 데이터의 오류 발생 여부를 수신기가 판단한다.

④ ㉠과 ㉡은 모두, 데이터를 전송하기 전에 오류 검출 부호를 생성해야 한다.

⑤ ㉠과 ㉡은 모두, 전송할 데이터가 같더라도 오류 검출 부호는 다를 수 있다.

지문근거 둘중헷 Q&A 어휘/개념 부정질문

분석쌤 강의
● **분석** '~과 달리', '모두'에 유의해 풀어야 하는, 두 방식을 비교하는 문제로, 많은 학생들이 오답에 답한 문제
● **해결案** ㉠과 ㉡에 대해 질문하고 있으므로 ㉠과 ㉡에 대해 설명하고 있는 문단과 답지를 비교해 각각에 대해 O, X로 표시하며 풀어야 한다. 이때 비교적 쉽게 판단할 수 있는 것부터 먼저 체크하면 정답을 빠르게 찾을 수 있다.

02 윗글에서 알 수 있는 내용으로 적절하지 <u>않은</u> 것은?

① CRC 방식은 모듈로-2 연산을 사용해서 생성 부호를 만들어 낸다.

② 패리티 검사에서 송신기와 수신기는 동일한 패리티 방식을 사용해야 한다.

③ CRC 방식에서 생성 부호의 비트 수는 오류 검출 부호의 비트 수보다 하나가 더 많다.

④ 짝수 패리티는 패리티 비트를 포함한 데이터의 1의 개수가 짝수인지 여부를 검사한다.

⑤ CRC 방식은 여러 개의 오류가 동시에 생겨도 검출할 수 있어서 오류 검출 확률이 높다.

지문근거   둘중헷   Q&A   어휘/개념 부정질문

분석쌤 강의

● **분 석** 정답의 근거를 놓쳐 시간이 많이 걸렸고, 채점하고 나서 정답을 확인한 후 안타까워한 학생들이 많았던 문제

● **해결案** '알 수 있는 내용', 즉 지문 내용 이해를 묻는 문제이므로 각 답지에서 설명하는 내용과 지문을 연결해 정답 여부를 판단한다. 이때 글 전체의 흐름을 이해하면 정답과 오답의 근거를 빠르게 찾을 수 있는데, CRC 방식에 대한 ①과 ③, ⑤는 4·5문단에서, 패리티 검사에 대한 ②와 ④는 2·3문단에서 확인할 수 있다.

03 ㉮의 이유로 가장 적절한 것은?

① 송신기가 패리티 비트를 생성하는 것이 불가능하기 때문에

② 전송되는 데이터에 포함된 1의 개수가 항상 홀수로 나타나기 때문에

③ 전송되는 데이터에 포함된 1의 개수가 항상 짝수로 나타나기 때문에

④ 오류가 발생했을 때 전송되는 패리티 비트의 크기가 늘어나기 때문에

⑤ 수신한 데이터가 정상일 때와 수신한 데이터에 오류가 있을 때의 패리티 비트가 동일하기 때문에

지문근거   둘중헷   Q&A   어휘/개념 부정질문

분석쌤 강의

● **분 석** 바로 앞에서 근거를 찾을 수 있는 '이유 찾기' 문제

● **해결案** '수신한 데이터에서 짝수 개의 비트에 오류가 동시에 있으면 왜 오류를 검출하기 어려운가?'에 대한 답이 정답이다. 정답이 되려면 일단 지문 내용과 어긋나지 않아야 하고, ㉮의 앞에 전개된 내용에서 근거를 찾을 수 있어야 한다.

04 윗글을 바탕으로 〈보기〉를 설명한 내용으로 적절하지 <u>않은</u> 것은? [3점]

> ─ 보기 ─
>
> 　송신기는 오류 검출 방식으로 홀수 패리티를 활용하기로 하였다. 수신기는 수신한 데이터에 오류가 있다고 다음과 같이 판단하였다.
>
>
> (단, 패리티 비트의 오류는 없다고 가정한다.)

① 첫 번째 행은 패리티 비트를 포함한 데이터의 1의 개수가 홀수이므로 오류가 없다고 판단했을 것이다.

② 여섯 번째 열은 패리티 비트를 포함한 데이터의 1의 개수가 홀수이므로 오류가 없다고 판단했을 것이다.

③ ⓐ가 포함된 행과 열의 패리티 비트를 포함한 데이터의 1의 개수가 각각 짝수이므로 수신기는 ⓐ를 오류라고 판단했을 것이다.

④ 수신한 데이터에서 ⓑ도 0으로 바뀌어서 수신되었다면 데이터의 오류 발생 여부를 검출할 수 없었을 것이다.

⑤ 짝수 패리티를 활용했다면 송신기는 ⓒ를 1010110으로 생성했을 것이다.

지문근거   둘중헷   Q&A   어휘/개념 부정질문

분석쌤 강의

● **분 석** 많은 학생들이 오답에 답한 문제로, 이와 같이 구체적 사례에 적용하는 문제에 대한 적용력을 기르려면 복습할 때 지문 내용을 바탕으로 〈보기〉의 자료를 해석하는 방법을 한 번 더 익히고 넘어가야 하는 문제

● **해결案** 〈보기〉에 제시된 설명을 읽은 후, 〈보기〉의 자료와 이를 이해할 수 있는 단서가 되는 지문의 설명을 대조하여 자료가 의미하는 바를 먼저 파악한다. 이 과정이 오래 걸리면 바로 답지 ①부터 읽는다. 이때 ①에서는 '첫 번째 행'에 대해 설명하고 있으므로 답지의 앞부분에서는 〈보기〉의 첫 번째 행에 대한 설명으로 적절한지를 먼저 살피고, 답지의 뒷부분은 지문에서 근거를 찾아 적절한지를 따진다. 문제를 푸는 과정에서 각 행과 열에 번호를 매겨 두면 좋다. 그리고 〈보기〉의 맨 아래에 제시된 '단,~ 가정한다.'를 놓쳐서도 안 된다.

05 〈보기〉는 수신기가 ⓒ의 오류를 검사한 연산이다. 윗글을 바탕으로 〈보기〉를 이해한 내용으로 적절하지 <u>않은</u> 것은?

지문 근거   물중헷   Q&A   어휘/개념   부정 질문

분석쌤 강의

● **분 석** 많은 학생들이 어렵게 생각하는 기술 지문에서 출제된 그림에 적용하는 문제로, 복습을 통해 그림과 그림에 대한 설명을 비교하여 그림을 이해하는 훈련을 해 두면 유용한 문제

● **해결案** 발문(문두)에서 〈보기〉는 수신기가 ⓒ의 오류를 검사한 연산'이라고 했다. 따라서 답지를 검토할 때 지문의 〈그림〉과 〈보기〉의 그림을 비교하여 살펴야 하고, 지문의 〈그림〉에 대해 설명하고 있는 5문단의 내용을 근거로 적절성 여부를 판단하면 된다.

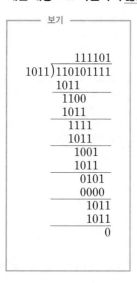

보기

```
            111101
      1011)110101111
            1011
            1100
            1011
            1111
            1011
            1001
            1011
            0101
            0000
            1011
            1011
               0
```

① 수신기는 송신기와 동일한 생성 부호인 '1011'을 사용하여 모듈로-2 연산을 하였군.

② 수신기가 수신한 데이터의 오른쪽 끝에 있는 '111'은 송신기에서 생성한 오류 검출 부호이군.

③ 수신기가 모듈로-2 연산을 할 때는 수신한 데이터에 생성 부호보다 하나 작은 비트 수만큼의 0을 추가하지 않았군.

④ 수신기가 연산한 몫인 '111101'이 송신기가 전송한 데이터와 동일하기 때문에 수신기는 오류가 없다고 판단했겠군.

⑤ 수신기가 연산한 결과의 나머지가 0이 아니었다면 수신기는 송신기에 재전송을 요청했겠군.

6~8 다음 글을 읽고 물음에 답하시오.

2017학년도 9월 고1 전국연합학력평가 【20~22】 기술

종이가 개발되기 전, 인류는 동물의 뼈나 양피지 등에 필요한 정보를 기록해 왔다. 하지만 담긴 정보량에 비해 부피가 방대하였고 그로 인해 보존과 가독에 어려움을 겪었다. 그런데 종이의 개발로 부피가 줄어들면서 종이로 된 책이 주된 기록 매체가 되었고 책의 보존성과 가독성, 휴대성 등을 더욱 높이기 위한 제책 기술의 발달이 요구되었다.

서양은 종이 책을 만들기 시작했을 때 제지 기술이 동양에 비해 미숙했고 질 나쁜 종이로 책을 제작해야 했기에 책의 내구성을 높이기 위한 기술이 필요했다. 그래서 표지에 가죽을 씌우거나 나무판을 덧대는 방법을 개발했는데 이를 양장(洋裝)이라 한다. 양장 은 내지 묶기와 표지 제작을 따로 한 후에 합치는 방법이다. 내지는 실매기 방식을 활용해 실로 단단히 묶고, 표지는 판지에 천이나 가죽 등의 마감 재료를 접착하여 만든다. 표지와 내지를 결합할 때는 책등*과 결합되는 내지 부분에 접착제를 발라 책등에 붙인다. 또한 내지보다 두껍고 질긴 종이인 면지를 표지와 내지 사이에 접착제로 붙여 이어 줌으로써 책의 내구성을 높인다. 표지 부착 후에는 가열한 쇠막대로 앞뒤 표지의 책등 쪽 가까운 부분을 눌러 홈을 만들어 책의 펼침성이 좋도록 한다.

18세기 말에 유럽은 산업혁명으로 인쇄가 기계화되면서 대량 생산을 위한 기반이 갖추어지고, 경제의 발전으로 일부 계층에만 국한됐던 독서 인구가 확대되어 제책 기술도 대량 생산이 가능한 방식으로 발전해야 했다. 이를 위해 간편하게 철사를 사용해 매는 제책 기술이 개발되었는데 처음에는 '옆매기'라 불리는 기술을 사용하였다. 그러나 옆매기는 책장 넘김이 용이하지 않아 '가운데매기'라 불리는 중철(中綴)이 주된 방식으로 자리 잡았다. 중철은 인쇄지를 포개놓고 책장이 접히는 한가운데 부분을 ㄷ자형 철침을 이용해 매었는데, 보통 2개의 철침으로 표지와 내지를 고정하지만 표지나 내지가 한가운데서부터 떨어지는 경우가 잦아 철침을 4개로 박기도 하였다. 중철은 광고지, 팸플릿 등 오랜 보관이 필요 없거나 분량이 적은 인쇄물에 사용해 왔으며, 중철된 책은 쉽게 펼치거나 넘길 수 있고 두루마리처럼 말아서 간편하게 휴대할 수도 있다.

20세기 중반에는 화학 접착제가 개발되며 무선철(無線綴)이라는 제책 기술이 등장했다. 이름처럼 실이나 철사 없이 화학 접착제만으로 책을 묶는 방식이다. 이 방법은 자동화가 가능해 대량 생산에 더욱 적합했고, 생산 단가가 낮아지면서 판매 가격을 낮출 수 있어 책의 대중화에 기여했다. 그리고 1990년대에는 습기경화형 우레탄 핫멜트가 개발되면서 개발 초보다 내구성이 더욱 강화된 책을 만들게 되었다. 무선철 기술은 지금도 계속 보완, 발전하고 있으며 그로 인해 오늘날 대부분의 책은 무선철 방식으로 제작되고 있다.

* 책등: 책을 매어 놓은 쪽의 표지 부분.

06 윗글의 표제와 부제로 가장 적절한 것은?

① 제책 기술의 발전과 한계
 — 문제점 진단과 보완 방안을 중심으로
② 제책 기술 현대화의 경향
 — 화학 접착제의 개발을 중심으로
③ 제책 기술의 등장 배경과 유형
 — 책 묶기 방식의 발전 과정을 중심으로
④ 제책 기술의 발전과 사회적 영향
 — 기술 개발의 방향과 문제점을 중심으로
⑤ 제책 기술의 필요성과 의의
 — 책의 내구성 향상 단계를 중심으로

지문근거 둘중헷 Q&A 어휘/개념 부정질문

분석쌤 강의
● 분 석 '표제와 부제'를 묻는 문제의 풀이 방법과 '정답 같은 오답지'에 대해 질문한 내용과 그에 대한 답변을 챙겨 봐야 하는 문제(〈클리닉 해설〉 p.108의 '개념➕'와 p.172의 'Q&A' 참조)
● 해결案 지문을 끝까지 읽은 다음, 답지에 제시된 표제와 부제가 글 전체를 통해 말하고자 하는 핵심 내용인지를 판단한다. 지문에 언급되어 있어도 글 전체를 포괄하는 내용이 아니면 표제가 될 수 없다는 것을 기억하자.

07 〈보기〉는 양장 에 따라 제작한 책의 단면이다. ㉠~㉢에 대한 설명으로 적절하지 않은 것은? [3점]

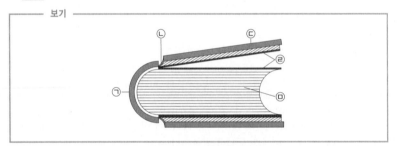

보기

① ㉠은 접착제를 활용하여 ㉢과 결합되도록 하였다.
② ㉡은 가열한 쇠막대로 눌러 펼침성을 향상시켰다.
③ ㉢은 따로 제작한 뒤 실매기를 통해 ㉣과 결합시켰다.
④ ㉣은 ㉢보다 튼튼한 종이를 사용해 책의 내구성을 높였다.
⑤ ㉢은 실로 묶은 후 ㉣을 활용하여 ㉢과 결합시켰다.

지문근거 둘중헷 Q&A 어휘/개념 부정질문

분석쌤 강의
● 분 석 발문(문두)을 꼼꼼하게 읽어야 정답의 근거를 쉽고 빠르게 찾을 수 있다는 것을 알려 주는 문제
● 해결案 〈보기〉는 '양장'에 따라 제작한 책의 단면이라는 발문을 바탕으로 '양장'에 대해 설명하고 있는 지문을 통해 ㉠~㉢의 명칭부터 파악한다. 그런 다음, 답지의 설명과 지문을 비교해 ✕로 표시된, 적절하지 않은 설명을 정답으로 확정한다.

08 윗글과 〈보기〉를 고려할 때, 제책 회사가 제시할 의견으로 가장 적절한 것은?

보기

 올해 문집 제작을 위한 요구 사항을 말씀드립니다. 작년에 제작된 문집은 간편하게 말아서 휴대가 가능했지만 표지의 한가운데가 떨어지는 문제가 있었습니다. 이에 대한 보완이 필요하며 올해는 분량이 100쪽 이상 증가한 점과 학생들이 오래도록 문집을 보관하고 싶어 하는 점을 고려해 주시기 바랍니다. 또한 문집 제작 비용을 절감하는 방향으로 제안서를 보내 주시기 바랍니다.

① 표지가 쉽게 떨어지지 않게 철침으로 옆을 묶겠습니다.
② 분량이 증가한 점을 고려하여 내지와 표지를 별도로 제작한 후 묶겠습니다.
③ 표지와 내지의 결합력을 높이기 위해 철침을 2개에서 4개로 늘려 묶겠습니다.
④ 오래도록 보관할 수 있게 실매기를 한 후 튼튼한 면지를 접착제로 붙이겠습니다.
⑤ 책의 단가를 낮추고 내구성을 높이기 위해 성능이 좋은 화학 접착제를 사용하여 묶겠습니다.

지문근거 둘중헷 Q&A 어휘/개념 부정질문

분석쌤 강의
● 분 석 2차 채점 후 '다른 학생들이 많이 답한 답지'를 챙겨 봐야 하는 문제
　　　　　　 ☞〈클리닉 해설〉 참조
● 해결案 〈보기〉에서 요청하는 사항을 정확하게 파악하되, 지문에 제시된 제책 방식과 연결하여 이해한다. 그런 다음, 답지에 제시된 의견이,
(1) 작년에 제작된 문집의 문제점을 보완한 제안인지
(2)〈보기〉에서 요청한 사항을 모두 충족하고 있는지
를 체크해, (1)과 (2)를 모두 만족하는 답지를 정답으로 선택한다.

컴퓨터의 중앙처리장치인 CPU는 데이터를 처리하기 위해 주기억장치와 끊임없이 데이터를 주고받는다. 그런데 CPU는 처리 속도가 매우 빠른 반면, 주기억장치의 처리 속도는 상대적으로 느리다. 그렇기 때문에 CPU가 명령을 실행할 때마다 주기억장치로부터 데이터를 읽어 오면 두 장치의 처리 속도의 차이로 인해 명령을 빠르게 실행할 수가 없다. 그래서 캐시 기억장치를 활용하여 데이터 처리 속도를 향상시킨다. 캐시 기억장치는 CPU 내에 또는 CPU와 주기억장치 사이에 위치한 기억장치로 주기억장치보다 용량은 작지만 처리 속도가 매우 빠르다. 이러한 캐시 기억장치에 주기억장치의 데이터 중 자주 사용되는 데이터의 일부를 복사해 두고 CPU가 이 데이터를 사용하도록 하는 과정을 '캐싱(caching)'이라고 한다.

캐싱이 효율적으로 이루어지려면 CPU가 캐시 기억장치에 저장된 데이터를 반복적으로 사용하는 것이 중요한데 이를 위해 고려되는 것이 참조의 지역성이다. 참조의 지역성은 시간적 지역성과 공간적 지역성으로 나눌 수 있다. 시간적 지역성은 CPU가 한 번 사용한 특정 데이터가 가까운 미래에 다시 사용될 가능성이 높은 것을 말하고, 공간적 지역성은 한 번 사용한 데이터 근처에 있는 데이터가 곧 사용될 가능성이 높은 것을 말한다.

한편 주기억장치는 '워드(word)' 단위로 데이터가 저장되고 캐시 기억장치는 '블록(block)' 단위로 데이터가 저장된다. 이때 워드는 비트(bit)*의 집합이고 블록은 연속된 워드 여러 개의 묶음을 말한다. 주기억장치의 데이터가 캐시 기억장치에 저장되는 장소를 '라인(line)'이라고 한다. 캐시 기억장치는 일반적으로 하나의 라인에 하나의 블록이 들어갈 수 있도록 설계되어 있기 때문에 주기억장치에서 캐시 기억장치로 데이터를 전송할 때에는 블록 단위로 데이터를 전송한다. 캐시 기억장치의 용량은 주기억장치보다 훨씬 작기 때문에 주기억장치의 블록 중에서 일부만 캐시 기억장치에 저장될 수 있다. 그러므로 캐싱을 위해서는 주기억장치의 여러 블록이 캐시 기억장치의 하나의 라인을 공유하여 사용해야 한다.

[A] 예를 들어 어떤 컴퓨터의 주기억장치의 데이터 용량을 워드 2^n개, 캐시 기억장치의 데이터 용량을 워드 M개라고 가정해 보자. 이때 주기억장치의 블록 한 개가 K개의 워드로 이루어져 있다고 하면 이 주기억장치의 총 블록 개수는 2^n/K개가 되며 각 워드는 n비트의 주소로 지정된다. 그리고 캐시 기억장치의 각 라인은 K개의 워드로 채워지므로 캐시 기억장치에는 총 M/K개의 라인이 만들어진다.

캐싱이 이루어질 때 CPU가 요청한 데이터가 캐시 기억장치에 있는지 여부를 확인하고 해당 데이터를 불러오기 위해 주기억장치의 데이터 주소가 사용된다. 이 주소는 '태그 필드, 라인 필드, 워드 필드'의 형식으로 구성되어 있는데 '태그 필드'는 캐시 기억장치의 특정 라인에 주기억장치의 어떤 블록이 저장되어 있는지를 구분해 주는 역할을 한다. 그리고 '라인 필드'는 주기억장치의 블록이 들어갈 캐시 기억장치의 라인을 지정해 주며, '워드 필드'는 주기억장치의 각 블록에 저장되어 있는 워드를 지정해 준다.

[B] 주기억장치의 데이터를 캐시 기억장치에 저장하는 방식에는 여러 가지가 있는데 그중 하나가 ㉠'직접 매핑'이다. 직접 매핑은 주기억장치의 데이터를 블록 단위로 캐시 기억장치의 지정된 라인에 저장하는 방식이다. 직접 매핑 방식에서 캐싱이 이루어지는 과정은 다음과 같다. CPU가 '태그 필드, 라인 필드, 워드 필드'로 이루어진 주소를 통해 데이터를 요청하면, 우선 요청 주소의 라인 필드를 이용하여 캐시 기억장치의 해당 라인을 확인한다. 그리고 해당 라인에 데이터가 저장되어 있으면 그 라인의 태그와 요청 주소의 태그를 비교한다. 이때 두 태그의 값이 일치하는 경우를 '캐시 히트(cache hit)'라고 하며, 캐시 히트가 일어나면 주소의 워드 필드를 이용하여 라인 내 워드들 중에서 해당 데이터를 찾아 CPU에 보내 준다. 그런데 CPU가 요청한 주소의 태그와 캐시 기억장치 라인의 태그가 일치하지 않거나 해당 라인이 비어 있어서 요청한 데이터를 찾지 못하는 경우가 있다. 이는 CPU가 요청한 데이터가 캐시 기억장치에 저장되어 있지 않다는 의미로, 이 경우를 '캐시 미스(cache miss)'라고 한다. 캐시 미스가 일어나면 요청 주소에 해당하는 블록을 주기억장치에서 복사하여 캐시 기억장치의 지정된 라인에 저장한다. 그리고 주소의 태그를 그 라인의 태그 필드에 기록하고 요청된 데이터를 CPU에 보내 준다. 만약 그 라인에 다른 블록이 저장되어 있다면 그 블록은 지워지고 새롭게 가져온 블록이 저장된다.

직접 매핑은 CPU가 요청한 데이터가 캐시 기억장치에 있는지 확인할 때 해당 라인만 검색하면 되기 때문에 검색 속도가 빠르다. 그리고 회로의 구조가 단순하여 시스템을 구성하는 비용이 저렴한 장점이 있다. 하지만 같은 라인에 저장되어야 하는 서로 다른 블록을 CPU가 번갈아 요청하는 경우, 계속 캐시 미스가 발생해서 반복적으로 블록이 교체되므로 시스템의 효율이 ⓐ떨어질 수 있다. 그래서 캐시 기억장치의 라인 어디에나 자유롭게 블록을 저장하는 '완전 연관 매핑', 직접 매핑과 완전 연관 매핑을 혼합한 '세트 연관 매핑' 등을 활용하기도 한다.

*비트: 컴퓨터에서 정보를 나타내는 가장 기본적인 단위. 2진수의 0 또는 1이 하나의 비트.

09 윗글의 내용과 일치하는 것은?

① 캐시 기억장치의 하나의 라인에는 하나의 워드만 저장될 수 있다.

② 캐시 기억장치는 주기억장치보다 용량이 크고 처리 속도가 느리다.

③ 캐시 기억장치에 저장된 데이터가 반복적으로 사용되어야 캐싱의 효율이 높아진다.

④ 시간적 지역성은 한 번 사용된 데이터 근처에 있는 데이터가 곧 사용될 가능성이 높은 것을 말한다.

⑤ 캐싱은 캐시 기억장치의 데이터 중 자주 사용되는 데이터의 일부를 주기억장치에 복사하여 사용하는 것을 말한다.

지문근거　둘중햇　Q&A　어휘/개념 부정 질문

분석쌤 강의

● **분 석**　정보가 많은 기술 지문이어서 지문 내용을 이해하는 데에 시간이 오래 걸렸고, 특정 오답지에 답한 학생들이 제법 있었으나, 정답의 근거를 쉽게 찾을 수 있어 많은 학생들이 정답에 답한 문제

● **해결案**　발문(문두)을 확인한 후, 답지 ①부터 키워드를 체크한 다음, 해당 키워드가 언급된 문단의 내용과 답지를 비교해 O, X를 표시하며 푼다.

---

10 [A]를 참고할 때 〈보기〉의 ㉮～㉰에 들어갈 말을 바르게 짝지은 것은?

― 보기 ―

주기억장치의 데이터 용량이 64개의 워드이고, 하나의 블록이 4개의 워드로 이루어져 있다면, 주기억장치는 총 16개의 (㉮)(으)로 구성되며, 각 워드는 (㉯)의 주소로 지정된다. 또한 캐시 기억장치의 데이터 용량이 16개의 워드라면 캐시 기억장치의 라인은 (㉰)가 만들어진다.

	㉮	㉯	㉰		㉮	㉯	㉰
①	블록	6비트	4개	②	블록	8비트	6개
③	워드	8비트	4개	④	라인	6비트	4개
⑤	라인	8비트	6개				

지문근거　둘중햇　Q&A　어휘/개념 부정 질문

분석쌤 강의

● **분 석**　오답에 답한 학생들이 많았지만, 배경지식이 없어도 지문과 〈보기〉를 꼼꼼히 대조하면 정답을 찾을 수 있는, 전형적인 국어 영역의 문제

● **해결案**　'[A]를 참고할 때'라는 발문(문두)에 집중하여 [A]와 〈보기〉를 비교해 ㉮～㉰에 들어갈 말을 순서대로 찾는다. 지문 내용이 까다로워도 국어 영역의 문제는 발문에 집중해야 하고, 지문과 〈보기〉를 꼼꼼히 비교하고 대조하면 정답을 쉽게 찾을 수 있다는 것을 새기도록 하자.

---

11 ㉠과 〈보기〉의 ㉡을 비교한 내용으로 가장 적절한 것은?

― 보기 ―

㉡완전 연관 매핑은 캐시 기억장치에 블록을 저장할 때 라인을 지정하지 않고 임의로 저장하는 방식이다. 이 방식은 필요한 데이터 위주로 저장할 수 있기 때문에 매핑 방식 중에 캐시 히트의 확률이 가장 높다. 그러나 히트 여부 확인이 모든 라인에 걸쳐 이루어져야 하므로 검색 시간이 가장 오래 걸린다. 그리고 회로의 구조가 복잡해서 시스템을 구성하는 비용이 높다. 주기억장치의 블록이 캐시 기억장치의 정해진 라인에 저장되는 것이 아니기 때문에 주기억장치의 주소는 태그 필드, 워드 필드로 이루어진다. 대신 블록이 교체될 때 어떤 블록을 삭제할지를 결정하는 블록 교체 알고리즘이 별도로 필요하다.

① ㉠과 달리 ㉡은 주기억장치의 주소에 태그 필드가 있다.

② ㉠과 달리 ㉡은 캐시 히트 여부를 확인하는 시간이 빠르다.

③ ㉡과 달리 ㉠은 블록 교체 알고리즘이 필요하다.

④ ㉡과 달리 ㉠은 라인을 지정하여 블록을 저장한다.

⑤ ㉠과 ㉡은 모두 회로의 구조가 복잡하다.

지문근거　둘중햇　Q&A　어휘/개념 부정 질문

분석쌤 강의

● **분 석**　지문과 〈보기〉를 꼼꼼히 비교하고, '~과 달리'와 '모두'에 유의해 풀어야 하는 문제

● **해결案**　㉠에 대해 설명한 6문단 · 7문단과 ㉡에 대해 설명한 〈보기〉를 비교해 ㉠과 ㉡ 각각에 대해 적절한 설명인지를 체크한다. 이때 '~과 달리'와 '모두'에 유의하고, ㉠과 ㉡을 바꿔 체크하는 실수를 범하지 않아야 한다.

12 ⟨보기⟩는 '직접 매핑' 과정을 도식화한 것이다. [B]를 바탕으로 ⟨보기⟩를 이해한 내용으로 적절하지 **않은** 것은? [3점]

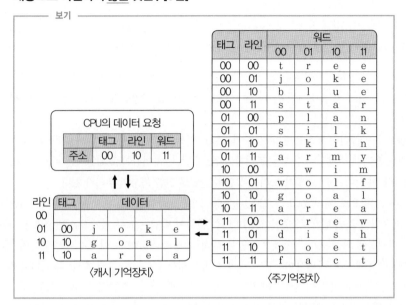

① 요청된 주소의 '10'을 이용하여 캐시 기억장치의 라인을 확인한 후 태그 '00'이 그 라인의 태그와 일치하는지 확인하겠군.

② CPU가 요청한 데이터가 캐시 기억장치에 저장되어 있지 않으므로 캐시 미스가 일어나겠군.

③ 주기억장치의 데이터 블록 중에서 'b, l, u, e'가 복사되어 캐시 기억장치에 저장되겠군.

④ 캐시 기억장치의 라인 '01'에 저장되어 있는 데이터 블록이 삭제되겠군.

⑤ CPU의 데이터 요청에 의해 최종적으로 CPU로 보내지는 데이터는 'e'가 되겠군.

지문 근거 둘중혯 Q&A 어휘/개념 부정질문

분석쌤 강의
● 분 석 이 시험을 어렵게 만든 문제 중 하나로, 지문을 읽기 전 문제부터 먼저 보면 유용한 이유를 알려 주는 문제
● 해결案 발문(문두)에서 ⟨보기⟩의 도식화는 [B]를 바탕으로 이해할 수 있다는 것을 알려 주었으므로, [B] 부분을 읽을 때 ⟨보기⟩의 표를 참고해 이해한다. 처음 지문을 읽을 때 ⟨보기⟩의 내용과 표를 짚어 가며 읽어도 지문 내용이 이해되지 않을 수 있다. 이럴 경우 지문을 다시 읽게 되면 이 지문에서 시간을 많이 뺏기게 되므로 답지부터 검토한다. 이때 [B]와 ⟨보기⟩의 표, 답지의 내용을 함께 비교하며 검토하면, 지문만 읽었을 때 이해되지 않았던 내용도 이해할 수 있고, 정답은 의외로 쉽게 찾아지기도 한다. 따라서 지문 내용이 까다로워 한 번 읽고 이해되지 않을 경우, 답지를 통해 지문을 이해하고 정답을 찾을 수 있는 방법도 있다는 것을 염두에 두고 훈련하도록 한다.
　그리고 복습할 때에는 지문과 ⟨보기⟩의 표를 한 번 더 비교해서 표가 나타내는 의미와 지문 내용을 익히도록 한다. 이와 같이 복습하면 표뿐만 아니라 그래프 문제에서 그래프를 해석하여 문제에 접근하는 방법도 낚아챌 수 있다.

13 문맥상 의미가 ⓐ와 가장 가까운 것은?

① 엔진의 성능이 떨어져서 큰일이다.
② 소매에서 단추가 떨어져서 당황했다.
③ 감기가 떨어지지 않아 큰 고생을 했다.
④ 해가 떨어지기 전에 이 일을 마치기로 했다.
⑤ 굵은 빗방울이 머리에 한두 방울씩 떨어지기 시작했다.

지문 근거 둘중혯 Q&A 어휘/개념 부정질문

분석쌤 강의
● 분 석 2015학년도 수능(A형)에서 '높다'의 문맥적 의미를 묻는 문제가 출제되었는데, 매3 공부법을 적용해 풀면 어떤 유형의 문제도 쉽게 접근할 수 있다는 것을 일러 주는 문제
● 해결案 '매3'에서 강조하는 '어휘 문제 3단계 풀이법'을 적용하여 푼다.

▶ 정답을 모르는 상태에서 2차 풀이를 하기 위한 방법으로, 아래 채점표 대신 '모바일 자동 채점 프로그램'(문제편 표지 QR 코드)을 이용해도 된다.

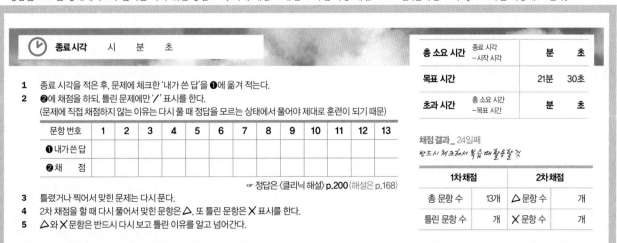

🕐 종료 시각	시 분 초

1　종료 시각을 적은 후, 문제에 체크한 '내가 쓴 답'을 ❶에 옮겨 적는다.
2　❷에 채점을 하되, 틀린 문제에만 ／ 표시를 한다.
　(문제에 직접 채점하지 않는 이유는 다시 풀 때 정답을 모르는 상태에서 풀어야 제대로 훈련이 되기 때문)

문항 번호	1	2	3	4	5	6	7	8	9	10	11	12	13
❶ 내가 쓴 답													
❷ 채 점													

☞ 정답은 ⟨클리닉 해설⟩ p.200 (해설은 p.168)

3　틀렸거나 찍어서 맞힌 문제는 다시 푼다.
4　2차 채점을 할 때 다시 풀어서 맞힌 문항은 △, 또 틀린 문항은 ✕ 표시를 한다.
5　△와 ✕ 문항은 반드시 다시 보고 틀린 이유를 알고 넘어간다.

총 소요 시간	종료 시각 −시작 시각	분 초
목표 시간		21분 30초
초과 시간	총 소요 시간 −목표 시간	분 초

채점 결과_ 24일째
반드시 체크해서 복습 때 활용할 것

1차채점		2차채점	
총 문항 수	13개	△ 문항 수	개
틀린 문항 수	개	✕ 문항 수	개

1~3 다음 글을 읽고 물음에 답하시오.

2019학년도 9월 고1 전국연합학력평가【24~26】기술

전기레인지는 용기를 가열하는 방식에 따라 하이라이트 레인지와 인덕션 레인지로 나눌 수 있다. 하이라이트 레인지는 상판 자체를 가열해서 열을 발생시키는 ㉠직접 가열 방식이고, 인덕션 레인지는 상판을 가열하지 않고 전자기유도 현상을 통해 용기에 자체적으로 열을 발생시키는 ㉡유도 가열 방식이다.

하이라이트 레인지는 주로 니크롬으로 만들어진 열선을 원형으로 배치하고 열선의 열을 통해 그 위의 세라믹글라스 판을 직접 가열한다. 이렇게 발생한 열이 용기에 전달되어 음식을 조리할 수 있게 된다. 하이라이트 레인지는 비교적 다양한 소재의 용기를 쓸 수 있지만 에너지 효율이 낮아 조리 속도가 느리고 상판의 잔열로 인한 화상의 우려가 있다.

인덕션 레인지는 표면이 세라믹글라스 판으로 되어 있고 그 밑에 나선형 코일이 설치되어 있다. 전원이 켜지면 코일에 2만Hz 이상의 고주파 교류 전류가 흐르면서 그 주변으로 1초에 2만 번 이상 방향이 바뀌는 교류 자기장이 발생하게 되고, 그 위에 도체인 냄비를 놓으면 교류 자기장에 의해 냄비 바닥에는 수많은 폐회로*가 생겨나며 그 회로 속에 소용돌이 형태의 유도 전류인 맴돌이전류가 발생한다. 이때 흐르는 맴돌이전류가 냄비 소재의 저항에 부딪혀 줄열 효과*가 나타나게 되고 이에 의해 냄비에 열이 발생하게 되는데, 이때 맴돌이전류의 세기는 나선형 코일에 흐르는 전류의 세기에 비례한다.

인덕션 레인지의 가열 원리는 강자성체의 자기 이력 현상과도 관련이 있다. 일반적으로 물체는 자기장의 영향을 받으면 자석의 성질을 갖게 되는데 이것을 자화라고 하며, 자화된 물체를 자성체라고 한다. 자성체의 자화 세기는 물체에 가해 준 자기장의 세기에 비례하여 커지다가 일정값 이상으로는 더 이상 커지지 않는데, 이를 자기 포화 상태라고 한다. 이때 물체에 가해 준 자기장의 세기를 줄이면 자화의 세기도 줄어들기 시작하며, 외부의 자기장이 사라지면 자석의 성질도 사라진다. 그런데 강자성체의 경우에는 외부 자기장의 세기가 줄어들어도 자화의 세기가 상대적으로 천천히 줄어들게 되고 외부 자기장이 사라져도 어느 정도 자화된 상태를 유지하게 되는데, 이를 자기 이력 현상이라고 하며 자성체에 남아 있는 자화의 세기를 잔류 자기라고 한다. 그리고 처음에 가해 준 외부 자기장의 역방향으로 일정 세기의 자기장을 가해 주면 자화의 세기가 0이 되고, 자기장을 더 세게 가해 주면 반대쪽으로 커져 자기 포화 상태가 된다. 이러한 과정을 반복하면 자기장의 세기에 따른 자화의 세기는 일정한 곡선을 그리게 되는데 이를 자기 이력 곡선이라고 한다. 이 과정에서 자기에너지는 열에너지로 전환되어 자성체의 온도를 높이는데, 이때 발생하는 열에너지는 자기 이력 곡선의 내부 면적과 비례한다. 만약 인덕션에 사용하는 냄비의 소재가 강자성체인 경우, 자기 이력 현상으로 인해 냄비에 추가로 열이 발생하게 된다.

이러한 가열 방식 때문에 인덕션 레인지는 음식 조리에 필요한 열을 낼 수 있도록 소재의 저항이 크면서 강자성체인 용기를 사용해야 한다는 제약이 있다. 또한 고주파 전류를 사용하기 때문에 조리 시 전자파에 대한 우려도 있다. 하지만 직접 가열 방식보다 에너지 효율이 높아 순식간에 용기가 가열되기 때문에 상대적으로 빠르게 음식을 조리할 수 있다. 그리고 무엇보다 상판이 직접 가열되지 않기 때문에 발화에 의한 화재의 가능성이 매우 낮고, 뜨거운 상판에 의한 화상 등의 피해로부터 비교적 안전하다는 장점이 있다.

*폐회로: 전류가 흐를 수 있도록 구성된 회로.   *줄열 효과: 도체에 전류를 흐르게 했을 때 도체의 저항 때문에 열에너지가 증가하는 현상.

다시보기 ▶ 다시 볼 문제 체크하고 틀린 이유 메모하기

[분석쌤 강의]는 2차 채점 후 반드시 챙겨 본다!

01 ㉠과 ㉡에 대한 설명으로 적절한 것은?

① ㉠은 유도 전류를 이용하여 용기를 가열한다.

② ㉡은 상판을 가열하여 그 열로 음식을 조리한다.

③ ㉠은 ㉡에 비해 상대적으로 화상의 위험이 적다.

④ ㉠은 ㉡과 달리 빠른 시간 안에 용기를 가열할 수 있다.

⑤ ㉡은 ㉠보다 사용할 수 있는 용기 소재에 제약이 많다.

지문 근거 둘중헷 Q&A 어휘/개념 부정질문

분석쌤 강의

● 분 석 정보량이 많아 지문을 이해하는 데 시간이 많이 걸렸지만, 대부분의 학생들이 정답에 답한 문제로, 지문 내용이 까다로울 경우 문제를 풀면서 지문을 이해하는 방식도 활용할 수 있다는 것을 알게 하는 문제 유형

● 해결案 ㉠과 ㉡을 확인한 후, 각 답지에서 키워드를 체크해, 그것이 언급된 지문을 바탕으로 O, X 표시를 하며 푼다. 이때 ㉠과 ㉡을 바꿔 판단하지 않아야 하고, '~에 비해', '~과 달리', '~보다'에 유의하여 실수하지 않도록 한다.

02 윗글을 바탕으로 〈보기〉의 '전기레인지'를 이해한 내용으로 적절하지 않은 것은?

― 보기 ―

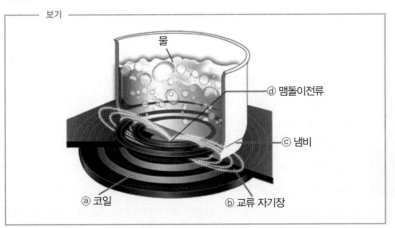

물

ⓓ 맴돌이전류

ⓒ 냄비

ⓐ 코일

ⓑ 교류 자기장

① ⓐ에 고주파 교류 전류가 흐르면 ⓑ가 만들어지는군.
② ⓑ의 영향을 받으면 ⓒ의 바닥에 ⓓ가 발생하는군.
③ ⓒ 소재의 저항이 커지면 ⓑ의 세기도 커지겠군.
④ ⓓ의 세기는 ⓐ에 흐르는 전류의 세기에 비례하겠군.
⑤ ⓓ가 흐르면 ⓒ 소재의 저항에 의해 열이 발생하는군.

지문 근거 둘중헷   Q&A   어휘/개념 부정질문

분석쌤 강의
● **분 석** 정답지가 적절하지 않은 이유를 파악하는 데는 시간이 오래 걸렸지만, 나머지 오답지들의 근거는 모두 지문에 직접적으로 제시되어 있어 정답에 답한 학생들이 많았던 문제로, ○와 ✕로 표시하며 문제를 풀면 '확실하게' ○ 또는 ✕인 답지가 4개일 경우 문제 풀이 시간을 단축할 수 있다는 것을 새기게 하는 문제
● **해결案** 〈보기〉에서 ⓐ~ⓓ를 확인한 후, ⓐ~ⓓ에 대한 정보를 담고 있는 지문과 답지를 비교해 ○, ✕를 표시하며 푼다. 이때 답지에 '~면(흐르면, 받으면, 커지면)'이 쓰인 경우 앞과 뒤의 내용에 대한 인과 관계도 따져야 한다.

03 윗글을 바탕으로 〈보기〉를 이해한 내용으로 적절하지 않은 것은? [3점]

― 보기 ―

아래 그림은 두 물체 A, B의 자기장의 세기에 따른 자화 세기의 변화를 나타낸 자기 이력 곡선이다.

자화의 세기

O

자기장의 세기

—— A
---- B

① 외부 자기장이 사라져도 자석의 성질을 지닌다는 점에서 A와 B는 모두 인덕션 레인지 용기의 소재로 적합하겠군.
② A 소재의 용기 외부에 가해지는 자기장의 세기가 커질수록 발생하는 열에너지의 크기는 계속 증가하겠군.
③ 인덕션 레인지의 전원을 차단했을 때 A 소재의 용기가 B 소재의 용기보다 잔류 자기의 세기가 더 크겠군.
④ 용기의 잔류 자기를 제거하기 위해서는 B 소재의 용기보다 A 소재의 용기에 더 큰 세기의 자기장을 가해 주어야겠군.
⑤ B 소재의 용기는 A 소재의 용기보다 자기장의 변화에 따라 발생하는 열에너지가 적겠군.

지문 근거 둘중헷   Q&A   어휘/개념 **부정질문**

분석쌤 강의
● **분 석** 고배점(3점) 문제이면서 정답보다 오답에 답한 학생들이 많아 이 시험을 어렵게 만든 문제
● **해결案** 〈보기〉는 '자기 이력 곡선'이라고 했으므로 '자기 이력 곡선'에 대해 설명하고 있는 지문 내용을 바탕으로 〈보기〉의 그래프를 이해한다. 이때 그래프의 가로축과 세로축이 나타내는 바를 염두에 두고 그래프의 화살표 방향을 따라가며 지문 내용과 비교해 '자기 이력 곡선'에 대해 이해한다. 그런 다음, A와 B의 차이도 염두에 두고 답지를 살피되, 정답과 오답을 구분하는 기준은 그래프를 해석하는 단서가 되는 지문 내용에서 찾는다.
  2차 채점 후 그래프에 대한 이해를 돕는 지문 내용을 바탕으로 〈클리닉 해설〉을 참고하여 그래프가 나타내는 의미를 한 번 더 꼼꼼히 따져 이해하고 넘어가도록 한다.

조상들은 더운 여름에 얼음을 이용하기 위해 석빙고를 활용하였다. 석빙고는 겨울철에 입구를 개방하여 내부를 냉각시킨 후 얼음을 저장한 냉동 창고로, 내부의 낮아진 온도가 장기간 지속되는 구조를 통해 다음 해 가을까지 얼음을 보관하였다. 석빙고에서 얼음을 어떻게 보관할 수 있었는지 알아보자.

우선 석빙고를 낮은 온도로 유지하는 데에는 얼음이 중요한 역할을 한다. 에너지는 항상 높은 쪽에서 낮은 쪽으로 이동하여 평형을 이루려고 하고 에너지의 이동은 물질의 온도를 변화시킨다. 하지만 물질이 고체, 액체, 기체로 변화하는 상태변화가 일어나는 동안 온도는 변하지 않고 물질이 주변에서 에너지를 흡수하거나 주변으로 방출하는데 이때의 에너지를 숨은열 이라고 한다. 예를 들면 얼음이 녹아 물이 될 때는 주변에서 융해열을 흡수하고, 거꾸로 같은 양의 물이 얼어 얼음이 될 때는 같은 양의 응고열을 방출한다. 그러므로 같은 양의 0℃ 얼음보다 0℃ 물이 더 큰 에너지를 갖게 되는 것이다. 석빙고 안에서 얼음이 상태변화가 일어날 때, 더 큰 에너지를 가진 물질로부터 에너지를 전달받을 수밖에 없다. 따라서 주변 공기로부터 에너지를 흡수하여 일부의 얼음이 물이 되면서 주변 공기는 차가워지고, 이는 다른 얼음이 녹지 않을 수 있게 한다. ㉠이 과정에서 생긴 물은 빨리 제거되어야 하므로 조상들은 석빙고 바닥을 경사면으로 만들어 물이 원활하게 배수되도록 하였다.

내부를 차갑게 만들고 최대한 밀폐된 구조를 만들더라도 석빙고는 외부와 에너지 및 공기를 주고받아 내부의 온도는 올라갈 수밖에 없다. 이를 해결하기 위해 조상들은 석빙고 천장의 상단에 통풍구를 설치하였다. 공기와 같은 유체는 온도가 올라가면 분자 사이의 거리가 멀어지면서 밀도가 낮아져 에너지를 동반하여 위로 이동한다. 밀도가 낮은 공기가 상승하면 밀도가 높은 공기, 즉 온도가 낮은 공기가 아래로 이동하게 된다. 석빙고 내부에서는 이와 같은 공기의 흐름에 따라 에너지의 이동이 나타나며, 상승한 공기는 아치형 천장의 움푹 들어간 공간을 통해 그 위의 통풍구로 빠져나가 내부의 차가움을 유지하게 된다. 더불어 통풍구에는 얼음에 영향을 줄 수 있는 직사광선이나 빗물을 차단하기 위해 덮개돌을 설치하였다.

또한 얼음이 최대한 녹지 않을 수 있도록 얼음과 얼음 사이에 일종의 단열재 역할을 하는 짚을 채워 넣어 보관하였다. 접촉하고 있는 두 물질의 분자들 사이에서는 에너지 교환이 일어나는데, 물질의 한쪽 끝에 에너지가 가해지면 해당 부분의 분자들이 에너지를 얻어 진동하게 되고 그 진동은 옆 분자를 다시 진동시키며 순차적으로 에너지가 이동한다. 이러한 에너지 전달의 정도는 물질마다 서로 다르다. 짚은 얼음에 비해 에너지가 잘 전달되지 않는데, 이 때문에 얼음끼리 쌓아 놓는 것보다 짚을 활용하여 쌓는 것이 얼음 보관에 훨씬 효율적인 방법이라고 할 수 있다. 또 짚은 스티로폼처럼 미세한 공기구멍을 많이 포함하고 있어 단열 효과를 높일 수 있었다.

이 밖에도 석빙고 외부에 흙을 덮어 내부로 유입되는 에너지가 잘 차단되도록 하였고 풀을 심어 태양의 복사 에너지로 인해 내부의 온도가 상승하는 것을 최대한 막고자 하였다. 또한 얼음을 저장하는 빙실은 온도 유지를 위해 주변 지반에 비해 낮게 만들었다.

석빙고는 조상들의 지혜가 집약된 천연 냉장고로, 당시 다른 나라의 장치에 비해서도 기술이 ⓐ떨어지지 않는 건축물이다.

다시보기　▶ 다시 볼 문제 체크하고 틀린 이유 메모하기

04 **윗글의 내용과 일치하지 않는 것은?**

① 석빙고 외부의 풀은 내부의 온도 상승을 막는 데 도움을 준다.

② 석빙고에 얼음을 저장하기 전에 우선 내부를 차갑게 하는 과정이 필요하다.

③ 석빙고의 아치형 천장은 외부 공기를 이용하여 내부의 차가움을 유지하게 한다.

④ 빙실을 지반보다 낮게 만든 것은 석빙고 내부의 낮아진 온도를 지속하기 위해서이다.

⑤ 석빙고의 통풍구에 덮개돌이 없으면 햇빛이 석빙고 내부로 들어와 온도를 높일 수 있다.

[분석쌤 강의]는 2차 채점 후 반드시 챙겨 볼 것!

지문 근거　둘중헷　Q&A　어휘/개념 부정질문

분석쌤 강의

● **분　석**　지문 내용이 그대로 제시된 답지와 미루어 짐작하는 답지가 섞여 있어. 미루어 짐작하는 내용이 담긴 답지에 답한 학생들이 제법 많았던 문제

● **해결案**　세부 내용을 확인하는 문제라는 것을 염두에 두고, 각 답지에서 키워드를 체크해 그 키워드에 대해 설명한 부분을 지문에서 찾아 답지와 비교한다. 이때 일치 여부를 묻는 문제도 지문 내용을 통해 미루어 짐작해야 하는 답지가 제시될 수 있다는 것을 새기도록 한다.

05 ⓘ의 이유로 가장 적절한 것은?

① 물이 얼음으로부터 에너지를 전달받아 얼음을 녹이기 때문이다.

② 에너지가 높은 쪽에서 낮은 쪽으로 이동하는 것을 물이 방해하기 때문이다.

③ 물이 상태변화가 시작되어 석빙고 내부의 온도를 상승시킬 수 있기 때문이다.

④ 상태변화가 일어나 생긴 물이 얼음보다 더 큰 에너지를 가지고 있기 때문이다.

⑤ 물이 내부 공기와 에너지 평형을 이루어 석빙고 내부의 온도를 변화시킬 수 없기 때문이다.

지문근거 둘중헷 Q&A 어휘/개념 부정질문

분석쌤 강의

● **분 석** ⓘ 앞에서 근거를 찾아 답해야 하는, 밑줄 친 부분의 이유를 질문한 문제

● **해결案** ⓘ의 '이 과정'은 '얼음이 물로 변하는 과정'이라는 것을 파악한 다음, 왜 '이 과정에서 생긴 물을 빨리 제거해야 하는가?'에 대한 답으로 적절한 것을 정답으로 고르면 된다.

06 윗글의 숨은열 에 대해 〈보기〉와 같이 정리했다고 할 때, ㉮~㉱에 들어갈 말로 가장 적절한 것은?

— 보기 —

물질의 상태변화가 일어날 때는 숨은열이 개입한다. 여름에 석빙고 안에서 물질이 (㉮)될 때 숨은열로 인해 에너지 교환이 일어난 주변 물질은 에너지가 (㉯)한다. 상태가 바뀌는 동안 물질의 온도는 (㉱).

	㉮	㉯	㉱		㉮	㉯	㉱
①	융해	감소	유지된다	②	융해	감소	하강한다
③	융해	증가	유지된다	④	응고	감소	하강한다
⑤	응고	증가	유지된다				

지문근거 둘중헷 Q&A 어휘/개념 부정질문

분석쌤 강의

● **분 석** 지문에서 근거를 찾지 않고 상식으로 풀어 특정 오답지에 답한 학생들이 많았던 만큼 2차 채점 후 〈클리닉 해설〉에서 '가장 많이 질문한 오답'에 대한 해설을 챙겨 봄으로써 국어 영역은 상식으로 풀면 안 된다는 것을 새겨야 하는 문제

● **해결案** 발문(문두)에서 〈보기〉는 '숨은열'에 대해 정리한 것이라고 했으므로, 2문단의 '숨은열' 앞에서 〈보기〉와 관련된 내용을 찾아 ㉮~㉱에 들어갈 말을 파악한다. 이때 한 문장 안에 있는 ㉮와 ㉯에 들어갈 말은 서로 밀접한 관련이 있다는 것도 염두에 두어야 한다.

그리고 위 5번 문제와 이 문제를 틀린 학생들이 많았는데, 두 문제 모두 2문단에 정답의 근거가 있다는 점을 고려하여 복습할 때 2문단의 내용을 한번 더 챙겨 보도록 하자.

07 윗글의 '석빙고(A)'와 〈보기〉의 '이글루(B)'를 이해한 내용으로 적절하지 않은 것은? [3점]

— 보기 —

추운 지방에서 이누이트족이 전통적으로 거주했던 얼음집인 이글루는 우선 눈 벽돌을 쌓아 올린 후에, 이글루 안에서 불을 피워 내부 공기의 온도를 높인다. 시간이 지나 공기가 순환하여 눈 벽돌이 녹으면서 물이 생기면 출입구를 열어 물이 얼도록 한다. 이 과정에서 눈 사이에 들어 있던 공기는 빠져나가지 못하고 얼음 속에 갇히게 된다. 이렇게 만들어진 얼음은 에너지의 전달을 방해한다. 또한 물이 눈 벽돌 사이를 메우면서 얼어 만들어진 얼음 벽은 내부의 에너지 유출을 막는다.

① B의 얼음 벽은 A의 외부 흙과 달리 외부로의 에너지 유출을 막기 위한 것이겠군.

② A의 짚에 포함된 공기구멍과 B의 얼음 속 공기층은 모두 단열 효과를 높일 수 있겠군.

③ A의 얼음 사이의 짚과 B의 눈 벽돌 사이를 메운 물은 모두 외부와의 공기 출입을 막는 역할을 하겠군.

④ A와 B는 모두 공기의 밀도 변화에 따른 에너지의 이동이 나타나겠군.

⑤ A와 B는 모두 내부의 온도를 낮추기 위한 방법으로 출입구를 활용했겠군.

지문근거 둘중헷 Q&A 어휘/개념 부정질문

분석쌤 강의

● **분 석** 2006학년도 수능에서도 출제된 제재(이글루에 담긴 과학적 원리)를 다룬 〈보기〉가 제시된 문제로, 정답보다 오답에 답한 학생들이 훨씬 많았고, 이 시험(2022학년도 9월 고1 전국연합학력평가)을 어렵게 한 3인방 중 하나

● **해결案** 지문과 〈보기〉를 차례대로 읽은 후에 답지의 내용이 적절한지를 따지되, A와 B중 좀 더 자신 있는 대상에 대한 설명부터 살핀다. 이때 X 표시한 답지가 있으면 그 답지를 정답으로 체크하면 되고, X 표시한 답지가 없으면 나머지 대상에 대한 설명도 차례로 O, X로 표시해 간다. 많은 학생들이 오답에 답한 문제라는 것을 염두에 두고 지문과 문제를 꼼꼼히 복습하도록 하자.

08 문맥상 @의 의미와 가장 가까운 것은?

① 그의 실력은 평균보다 떨어지는 편이다.

② 곧 너에게 중요한 임무가 떨어질 것이다.

③ 이미 그 일에 정이 떨어진 지 꽤 되었다.

④ 아이는 잠시도 엄마에게서 떨어지지 않으려고 한다.

⑤ 배가 고프다는 말이 떨어지기가 무섭게 밥상이 나왔다.

지문 근거   돌중헷   Q&A   어휘/개념 부정 질문

분석쌤강의

●**분 석** 2020학년도 9월 고1 전국연합학력평가(p.175)에서도 출제된, '떨어지다'의 문맥적 의미를 묻는 문제

●**해결案** @가 포함된 문장에서 @의 의미를 이해할 수 있는 핵심 어구만 간추린(1단계) 후, 바꿔 쓸 수 있는 말을 떠올려 본다(2단계). 그런 다음, 2단계에서 떠올린 말을 답지의 '떨어지다'에 대입해 자연스러운지를 따진다(3단계).

9~13 다음 글을 읽고 물음에 답하시오.

2018학년도 3월 고1 전국연합학력평가 【37~41】 기술

초고층 건물은 높이가 200미터 이상이거나 50층 이상인 건물을 말한다. 이런 초고층 건물을 지을 때는 건물에 @작용하는 힘을 고려해야 한다. 건물에 작용하는 힘에는 수직 하중과 수평 하중이 있다. 수직 하중은 건물 자체의 무게로 인해 땅 표면에 수직 방향으로 작용하는 힘이고, 수평 하중은 바람이나 지진 등에 의해 건물에 가로 방향으로 작용하는 힘이다.

수직 하중을 견디기 위해서 ⓑ고안된 가장 단순한 구조는 ㉠보기둥 구조이다. 보기둥 구조는 기둥과 기둥 사이를 가로지르는 수평 구조물인 보를 설치하고 그 위에 바닥판을 놓은 구조이다. 보기둥 구조에서는 설치된 보의 두께만큼 건물의 한 층당 높이가 높아지지만, 바닥판에 작용하는 하중이 기둥에 집중되지 않고 보에 의해 ⓒ분산되기 때문에 수직 하중을 잘 견딜 수 있다.

위에서 아래 방향으로만 작용하는 수직 하중과 달리 수평 하중은 사방에서 작용하는 힘이기 때문에 초고층 건물의 안전에 미치는 영향이 수직 하중보다 훨씬 크다. 수평 하중은 초고층 건물의 안전을 위협하는 주요 요인인데, 바람은 건물에 작용하는 수평 하중의 90% 이상을 차지한다. 건물이 많은 도심에서는 넓은 공간에서 좁은 공간으로 바람이 불어오면서 풍속이 빨라지는 현상이 발생해 건물에 작용하는 수평 하중을 크게 만든다. 그리고 바람에 의해 공명 현상*이 발생하면 건물이 매우 크게 흔들리게 되어 건물의 안전을 위협하게 된다.

건물이 수평 하중을 견디기 위해서는 기본적으로 뼈대에 해당하는 보와 기둥을 아주 단단하게 붙여야 하지만, 초고층 건물의 경우 이것만으로는 수평 하중을 견디기 힘들다. 그래서 등장한 것이 ㉡코어 구조이다. 코어는 빈 파이프 모양의 철골 콘크리트 구조물을 건물 중앙에 세운 것으로, 코어에 건물의 보와 기둥들을 강하게 접합한다. 이렇게 하면 외부에서 작용하는 수평 하중에도 불구하고 코어로 인해 건물이 크게 흔들리지 않게 된다. 그런데 초고층 건물은 그 높이가 높아질수록 수평 하중이 커지고 그에 따라 코어의 크기도 커져야 한다. 코어 구조는 가운데 빈 공간이 있어 공간 활용의 효율성이 떨어지기 때문에 현대의 초고층 건물은 ㉢코어에 승강기나 화장실, 계단, 수도, 파이프 같은 시설을 설치하는 경우가 많다.

그런데 초고층 건물의 높이가 점점 높아지면 코어 구조만으로는 수평 하중을 완벽하게 견뎌 낼 수 없다. 그래서 ㉣아웃리거-벨트 트러스 구조를 사용하여 코어 구조를 보완한다. 아웃리거-벨트 트러스 구조에서 벨트 트러스는 철골을 사용하여 건물의 외부 기둥들을 삼각형 구조의 트러스로 짜서 벨트처럼 둘러싼 것으로 수평 하중을 ⓓ지탱하는 역할을 한다. 삼각형 구조의 트러스로 외부 기둥들을 연결하면 외부에서 작용하는 힘이 철골 접합부를 통해 전체적으로 분산되기 때문에 코어에 무리한 힘이 가해지는 것을 예방할 수 있다. 그리고 아웃리거는 콘크리트를 사용하여 건물 외벽에 설치된 벨트 트러스를 내부의 코어와 ⓔ견고하게 연결한 것으로, 아웃리거와 벨트 트러스는 필요에 따라 건물 중간중간에 여러 개가 설치될 수 있다. 그런데 아웃리거는 건물 내부를 가로지를 수밖에 없어서 효율적인 공간 구성에 방해가 된다. 이런 단점을 극복하기 위해 ㉤아웃리거를 기계 설비층에 설치하거나 층과 층 사이, 즉 위층 바닥과 아래층 천장 사이에 설치하기도 한다.

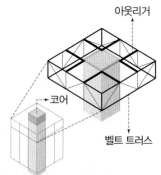

〈아웃리거 – 벨트 트러스 구조〉

코어

아웃리거

벨트 트러스

[A]
　　　초고층 건물은 특수한 설비를 이용하여 바람으로 인한 건물의 흔들림을 줄이기도 하는데 대표적인 것이 TLCD, 즉 동조 액체 기둥형 댐퍼이다. TLCD는 U자형 관 안에 수백 톤의 물이 채워진 것으로 초고층 건물의 상층부 중앙에 설치한다. 바람이 불어 건물이 한쪽으로 기울어져도 물은 관성의 법칙에 따라 원래의 자리에 있으려 하기 때문에 건물이 기울어진 반대쪽에 있는 관의 물 높이가 높아진다. 그렇게 되면 그 관의 아래로 작용하는 중력도 커지고, 이로 인해 건물을 기울어지게 하는 힘을 약화시켜 흔들림이 줄어들게 된다. 물이 무거울수록 그리고 관 전체의 가로 폭이 넓어질수록 수평 방향의 흔들림을 줄여 주는 효과가 크다. 하지만 그에 따라 수직 하중이 증가하므로 TLCD는 수평 하중과 수직 하중을 함께 고려하여 설계해야 한다.

*공명 현상: 진동체가 그 고유 진동수와 같은 진동수를 가진 외부의 힘을 받아 진폭이 뚜렷하게 증가하는 현상.

다시보기　▶ 다시 볼 문제 체크하고 틀린 이유 메모하기

09 윗글의 내용에 대한 이해로 적절하지 <u>않은</u> 것은?

① 수직 하중은 수평 하중과 달리 사방에서 건물에 가해지는 힘이다.
② 건물이 높아질수록 건물에 가해지는 수직 하중은 증가한다.
③ 보기둥 구조에서 보의 두께는 한 층당 높이에 영향을 준다.
④ 넓은 공간에서 좁은 공간으로 바람이 불어오면 풍속이 빨라진다.
⑤ 공명 현상은 건물에 가해지는 수평 하중을 증가시키는 요인이 된다.

지문 근거　둘중헷　Q&A　어휘/개념 부정 질문

분석쌤 강의
● **분 석** 발문(문두)을 보고, 지문과 답지를 꼼꼼히 비교해 옳고 그름을 판단해야 하는 문제라는 것을 새겨야 하는 문제
● **해결案** 답지에서 키워드를 체크한 후, 해당 키워드가 언급된 지문 내용을 찾아, 지문과 답지를 꼼꼼히 비교한다. 예를 들면, ①에서는 수직 하중과 수평 하중을, ②에서는 수직 하중을, ③에서는 보기둥 구조를, ④에서는 풍속을, ⑤에서는 공명 현상을 체크해 지문에서 찾으면 정답 여부를 빠르게 판단할 수 있다.

다시보기　▶ 다시 볼 문제 체크하고 틀린 이유 메모하기

10 ㉠~㉢을 설명한 내용으로 적절하지 <u>않은</u> 것은?

① ㉠은 기둥과 기둥 사이에 설치한 수평 구조물 위에 바닥판을 놓는 구조이다.
② ㉠에서 보는 건물에 작용하는 수직 하중이 기둥에 집중되는 것을 예방한다.
③ ㉡에서 코어는 건물의 높이가 높아짐에 따라 그 크기가 커져야 한다.
④ ㉢에서 트러스는 아웃리거와 코어의 결합력을 높여 수평 하중을 덜 받게 한다.
⑤ ㉡과 ㉢을 함께 사용하면 건물에 작용하는 수평 하중을 견디는 힘이 커진다.

지문 근거　둘중헷　Q&A　어휘/개념 부정 질문

분석쌤 강의
● **분 석** 지문에서 쉽게 근거를 찾을 수 있음에도 불구하고 특정 오답지에 답한 학생들이 많았던 만큼, 2차 채점 후 가장 많이 질문한 오답을 확인한 후 이와 같은 문제를 빠르고 정확하게 푸는 방법을 한번 더 체크하고 새겨야 하는 문제
● **해결案** ㉠~㉢을 확인한 후, 답지 ①과 ②는 ㉠에 대해 설명하고 있는 2문단을 통해 적절한지를 체크하고, 답지 ③은 ㉡에 대해 설명하고 있는 4문단을 통해, 답지 ④와 ⑤는 ㉢에 대해 설명하고 있는 5문단을 통해 옳고 그름을 판단하도록 한다.

다시보기　▶ 다시 볼 문제 체크하고 틀린 이유 메모하기

11 문맥을 고려할 때, ㉮와 ㉯의 이유로 가장 적절한 것은?

① 건물의 외부 미관을 살리기 위해서
② 건물의 건설 비용을 줄이기 위해서
③ 건물의 공간을 효율적으로 활용하기 위해서
④ 건물에 작용하는 외부의 힘을 줄이기 위해서
⑤ 필요에 따라 공간의 용도를 변경하기 위해서

지문 근거　둘중헷　Q&A　어휘/개념 부정 질문

분석쌤 강의
● **분 석** 쉽게 정답에 답했어도, 2차 채점 후 이 문제와 유사한 문제 유형을 챙겨 봄으로써, 문제 푸는 방법을 새겨 두어야 하는 '이유 찾기' 문제
● **해결案** '이유'를 질문한 것이므로, ㉮, ㉯와 같이 한 이유를 ㉮와 ㉯의 앞뒤 내용에서 찾되, ㉮와 ㉯ 모두를 충족시키는 이유여야 한다.

12 [A]를 바탕으로 〈보기〉의 'TLCD'를 이해한 내용으로 적절하지 않은 것은? [3점]

지문 근거　둘중헷　Q&A　어휘/개념　부정질문

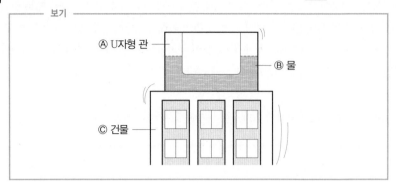

── 보기 ──

Ⓐ U자형 관

Ⓑ 물

Ⓒ 건물

① Ⓐ가 한쪽으로 기울어도 Ⓑ는 원래의 자리에 있으려 할 것이다.

② Ⓐ가 왼쪽으로 기울면 오른쪽 관에 있는 Ⓑ의 높이가 왼쪽보다 높아질 것이다.

③ Ⓐ 전체의 가로 폭이 넓어질수록 Ⓒ가 수평 하중을 견디는 효과가 작아질 것이다.

④ Ⓐ 안에 있는 Ⓑ의 양이 많을수록 Ⓒ에 작용하는 수직 하중이 증가할 것이다.

⑤ Ⓐ에 채워진 Ⓑ의 무게가 무거울수록 Ⓒ의 수평 방향의 흔들림을 줄여 주는 효과가 클 것이다.

분석쌤 강의

● **분　석**　배점이 높으면서 그림에 적용하는 문제 유형은 어렵다는 선입견을 없애 주는 문제

● **해결案**　〈보기〉에서 Ⓐ, Ⓑ, Ⓒ를 확인한 다음 답지를 검토하되, '[A]를 바탕으로' 옳고 그름을 판단해야 한다. 1차 풀이에서 오답에 답한 학생들은 2차 채점 후 그 이유를 따져 알고, 이와 같은 유형을 쉽고 빠르게 푸는 방법을 한 번 더 챙겨 보도록 한다.

13 ⓐ~ⓔ의 사전적 의미로 적절하지 않은 것은?

지문 근거　둘중헷　Q&A　어휘/개념　부정질문

① ⓐ: 어떠한 현상을 일으키거나 영향을 미침.

② ⓑ: 연구하여 새로운 것을 생각해 냄.

③ ⓒ: 갈라져 흩어짐.

④ ⓓ: 어떤 상태나 현상을 그대로 보존함.

⑤ ⓔ: 굳고 단단함.

분석쌤 강의

● **분　석**　'매3'에서 강조하는 '어휘 문제 3단계 풀이법'을 적용해 풀어야 하는, 사전적 의미를 묻는 문제

● **해결案**　ⓐ부터 ⓔ의 의미를 이해할 수 있는 핵심 어구만 간추린다(1단계). 그런 다음, 답지에 제시된 사전적 의미를 ⓐ의 자리에 대입해 자연스러운지를 살핀다(2단계). 마지막으로 ⓐ와 바꿔 쓸 수 있는 말 또는 ⓐ가 들어가는 말을 떠올려 봄으로써 2단계에서 대입한 사전적 의미가 적절한지를 따지는(3단계) 방식으로 문제를 푼다.

▶ 정답을 모르는 상태에서 2차 풀이를 하기 위한 방법으로, 아래 채점표 대신 '모바일 자동 채점 프로그램'(문제편 표지 QR 코드)을 이용해도 된다.

🕐 **종료 시각**　시　분　초

| 총 소요 시간 | 종료 시각
−시작 시각 | 분 | 초 |

| 목표 시간 | | 21분 | 20초 |

| 초과 시간 | 총 소요 시간
−목표 시간 | 분 | 초 |

1　종료 시각을 적은 후, 문제에 체크한 '내가 쓴 답'을 ❶에 옮겨 적는다.

2　❷에 채점을 하되, 틀린 문제에만 ✓ 표시를 한다.
　(문제에 직접 채점하지 않는 이유는 다시 풀 때 정답을 모르는 상태에서 풀어야 제대로 훈련이 되기 때문)

문항 번호	1	2	3	4	5	6	7	8	9	10	11	12	13
❶ 내가 쓴 답													
❷ 채　점													

☞ 정답은 〈클리닉 해설〉 p.200 (해설은 p.177)

3　틀렸거나 찍어서 맞힌 문제는 다시 푼다.

4　2차 채점을 할 때 다시 풀어서 맞힌 문항은 △, 또 틀린 문항은 ✗ 표시를 한다.

5　△와 ✗ 문항은 반드시 다시 보고 틀린 이유를 알고 넘어간다.

채점 결과_ 25일째
반드시 체크해서 복습 때 활용할 것

	1차채점		2차채점
총 문항 수	13개	△ 문항 수	개
틀린 문항 수	개	✗ 문항 수	개

구분	1 공부한 날	2 초과 시간	총 문항 수	3 틀린 문항 수	4 △ 문항 수	5 ✕ 문항 수
22일째	월 일	분 초	10 개	개	개	개
23일째	월 일	분 초	14 개	개	개	개
24일째	월 일	분 초	13 개	개	개	개
25일째	월 일	분 초	13 개	개	개	개

초과 시간

	22일째	23일째	24일째	25일째
5분 이상 초과	■	■	■	■
4분 초과	■	■	■	■
3분 초과	■	■	■	■
2분 초과	■	■	■	■
1분 초과	■	■	■	■
시간 남음	■	■	■	■

공부한 날

▲매일 체크한 시간을 동그라미로 표시하여 시간 변화를 한눈에 보자.

1주차 / 2주차 / 3주차 / 4주차

'예술/기술'을 공부한 내용을 다시 보니, ……

1 매일 지문 3개씩 시간에 맞춰 풀었다. *vs.* 내가 한 약속을 못 지켰다.
▶시간 부족 문제를 극복하기 위해서는 매일 비문학(독서) 지문 3개씩을 꾸준히 공부해야 효과적이다.

2 시간이 단축되고 있음을 느낀다. *vs.* 문제 푸는 시간이 줄지 않는다.
▶시간이 들쑥날쑥 하는 원인 중의 하나는 난이도일 수도 있다.
〈클리닉 해설〉에 있는 '지문별 난이도'(p.154)를 참고해서 내 실력 향상을 체크하자.

3 틀린 문항 수가 거의 비슷하다.
▶특정 제재에서 많이 틀렸는지, 특정 문항 유형에서 많이 틀렸는지를 확인하고
각 문항 오른쪽에 제시된 '분석쌤 강의'를 통해 문제점 극복 방안을 찾는다.

4 △문항이 ✕문항보다 많다면, … △문항 수를 줄이는 것이 국어 영역 고득점의 지름길!
▶△ 문항을 줄이는 방법은 처음 틀렸을 때 왜 그 답지를 정답으로 생각했는지를 따져 보는 것이다.
다시 봤을 때 아무리 쉬워도, 틀린 문제는 또 틀릴 수 있다는 것을 명심하자.

5 ✕문항 수가 줄지 않는다면?
▶〈클리닉 해설〉을 본다. 많은 학생들이 질문한 문제를 같은 생각에서 틀린 것인지,
아니면 쉬운 문제임에도 불구하고 틀린 것인지를 체크하여 내가 취약한 유형이 무엇인지를 파악한다.
〈클리닉 해설〉과 '분석쌤 강의'를 보고 확실하게 알고 넘어가고,
'매3 오답 노트'에 메모해 두었다가 한 달에 한 번 꼭 다시 복습한다.

! '예술/기술'을 공부한 내용과 '매3 오답 노트'에 메모한 내용까지 다시 보니,

결론적으로,

내가 **취약한 부분**은 [   ] 이다.

취약점을 보완하기 위해서 나는 [   ] 을/를 해야겠다.

한 달 뒤 다시 봐야 할 내용과 지문, 어휘 등이 있는 페이지는 지금 바로 접어 두었다.
지문은 '문단 요약'을 참고해 한 번 더 읽어 두고, 어휘는 '매3어휘 풀이'를 떠올리며 익히고, '복습을 위한 어휘
노트'(〈클리닉 해설〉 p.195)와 '매3인사이트.집'(부록), '나만의 매3 오답 노트'는 시험 전에 꼭 다시 봐야겠다.

1~6 다음 글을 읽고 물음에 답하시오.   2024학년도 3월 고1 전국연합학력평가【33~38】 인문(주제 통합)

(가)

　기원전 3세기경 중국의 전국시대 말기는 침략과 정벌의 전쟁이 빈번하게 벌어지는 혼란의 시대였다. 이와 동시에 국가의 혼란을 해결하기 위한 길을 ⓐ모색한 여러 사상들이 융성한 시대이기도 했다.

　이 시대에 활동했던 순자는 사회의 혼란과 무질서를 악(惡)이라고 규정하고 악은 온전히 인간의 성(性)에게서 비롯된 것으로 파악한다. 성이란 인간이 태어나면서부터 지니고 있는 동물적인 경향성을 일컫는 말로 욕망과 감정의 형태로 드러난다. 이 중에서 이익을 좋아하고 그것을 얻으려고 하는 인간의 성이 악을 초래한다고 보았다. 사회적 자원과 재화는 한정적인데 사람들이 모두 이기적인 욕망을 그대로 좇게 되면 그들 사이에 다툼과 쟁탈이 일어나게 된다는 것이다.

　하지만 그는 인간이 성뿐만이 아니라 심(心)도 타고났기에 인간다워질 수 있고, 성에서 비롯한 사회 문제의 해결도 가능하다고 보았다. 심은 인간의 인지 능력을 뜻하는데, 인간의 감각 기관이 가져온 정보를 종합해서 인식하고 판단한다. 즉, 심은 성이 합리적인지 판단하여 성을 통제한다. 이러한 심의 작용을 통해 인간은 배우며 실천할 수 있는데, 이와 같은 인간의 의식적이고 후천적인 노력 또는 그것의 산물을 위(僞)라고 한다.

　순자는 성을 변화시키는 위의 역할을 강조했는데, 특히 위의 핵심으로서 예(禮)를 언급하고 그것을 실천할 것을 주문한다. 예란 위를 ⓑ축적하여 완전한 인격체가 된 성인(聖人)이 일찍이 사회의 혼란을 우려해 만든 일체의 사회적 규범을 말한다. 이는 개인의 도덕 규범이자 나라를 다스리는 규범으로, 개인의 모든 행위의 기준이자 사회의 위계질서를 나누는 기준이 된다. 예의 가장 중요한 기능은 ㉠신분적 차이를 구분해서 직분을 정하는 것인데 이는 인간의 욕망 추구를 긍정하되 그 적절한 기준과 한계를 설정함을 의미한다. 사회 구성원이 자신의 위치에 맞게끔 욕망을 추구하게 함으로써 다툼과 쟁탈이 없는 안정된 사회를 만들 수 있다고 생각했기 때문이다.

　이때 순자는 군주를 예의 근본으로 규정하고 그의 역할을 중시한다. 군주는 계승되어 온 예의 공통된 원칙을 지키고, 당대의 요구에 맞춰 예를 제정해야 한다. 구체적으로 군주는 백성들의 직분을 정해 주고 그들을 가르쳐 예의 길로 인도하는 역할을 수행한다. 이를 통해 백성들의 성은 교화되고 질서와 조화를 이룬 선(善)한 사회에 다다를 수 있다.

　순자는 당대의 사상가들과 달리 사회 문제의 원인을 외적 상황에서 찾지 않고 인간의 타고난 성향에서 찾음으로써 인간 사회를 바라보는 새로운 관점을 제시하였다. 그러한 점에서 순자는 인간의 후천적 노력을 바탕으로 한 인간과 사회의 변화 가능성을 ⓒ신뢰한 사상가라 할 수 있다.

(나)

　홉스가 살던 17세기는 종교 전쟁과 내전을 겪으며 혼란스러웠다. 이에 왕의 권력은 신으로부터 부여받은 것이라는 왕권신수설에 많은 사람들은 의문을 품게 되었다. 이러한 상황에서 홉스는 사회적 혼란을 해결하고자 신이 아닌 인간에 대한 탐구를 시작한다.

　홉스는 국가 성립 과정을 설명하기 위해 국가가 성립하기 이전의 집단적 삶인 자연 상태를 가정한다. 그는 인간을 자기 보존을 추구하는 존재로 규정한다. 또한 인간은 자연 상태에서 누구나 절대적인 자유를 행사할 수 있는 권리를 지니는데, 이를 자연권이라고 말한다. 자연 상태에서 인간은 자기 보존을 위해 자신의 이익만을 추구하면서 끊임없이 싸우게 되는데 그는 전쟁과도 같은 이 상황을 '만인에 대한 만인의 투쟁'이라 ⓓ명명한다. 하지만 이 상황에서 인간이 느끼는 죽음에 대한 공포는 평화와 안전을 바라게 하는 감정을 유발하기도 한다.

　이때 인간의 이성은 평화로운 상태로 나아가기 위한 최선의 법칙을 발견하는데 홉스는 이를 자연법이라 일컫는다. 자연법의 가장 근본적인 원칙은 평화를 추구하고 따르라는 것이다. 그리고 이를 위해 인간의 이성은 자연 상태에서 가졌던 권리의 상당 부분을 포기하고 그것을 양도하는 ㉡사회 계약이 필요함을 깨닫는다.

　개인이 자기 보존을 위해 자발적으로 동의한 사회 계약은 두 단계에 걸쳐 이루어진다. 첫 번째 단계에서 개인과 개인은 상호 적대적인 행위를 중지하고자 자연권의 대부분을 포기하는 계약을 맺는다. 그런데 이 계약은 누군가가 이를 위반할 경우에 그것을 제재할 수단이 없다는 한계가 있어 쉽게 파기될 수 있다. 이 계약의 불안정성을 해소하고 실효성을 보장하기 위해서는 계약 위반을 제재할 강제력과 그것을 집행할 수 있는 힘의 소유자를 세우는 일이 필요하다. 이에 개인은 계약 위반을 제재할 공동의 힘을 지닌 통치자와 두 번째 단계의 계약을 맺고 자신들의 권리를 그에게 양도한다.

이러한 계약의 과정을 거치며 '리바이어던'이라 불리는 국가가 탄생한다. 리바이어던은 본래 성서에 등장하는 무적의 힘을 가진 바다 괴물의 이름으로, 홉스는 이를 통해 계약으로 탄생한 국가의 강력한 공적 권력을 강조한 것이다. 통치자는 국가 권력의 실질적인 행사 주체로서 국가에 대한 복종을 요구하는 대신에 개인을 위험으로부터 보호하는 책무를 갖는다. 그는 강력한 처벌에 대한 규정을 만들고 개인들이 이에 따르게 함으로써 그들의 안전을 보장한다. 통치자가 개인들로부터 위임받은 권리를 정당하게 행사하여 개인들 간의 투쟁을 해소함으로써 비로소 평화로운 사회가 ⓔ구현된다.

홉스의 사회 계약론은 인간의 본성에 대한 통찰을 바탕으로 국가가 성립하게 되는 과정을 제시하고 있다. 특히 국가가 지닌 힘의 원천을 신이 아닌 자유로운 개인들에게서 찾고 있다는 점에서 근대 주권 국가의 토대를 마련했다고 할 수 있다.

다시보기 ▶ 다시 볼 문제 체크하고 틀린 이유 메모하기

[분석쌤 강의]는 2차 채점 후 반드시 챙겨 볼 것!

01 (가)와 (나)의 공통점으로 가장 적절한 것은?

① 인간 중심적인 시각에서 벗어나 사회 현상을 분석하고 있다.
② 현실을 개선하려는 사상가의 견해와 그 의의를 제시하고 있다.
③ 종교적인 믿음을 바탕으로 성립된 권력의 개념을 밝히고 있다.
④ 국가와 국가 간의 전쟁이 야기한 사상의 탄압 양상을 설명하고 있다.
⑤ 시대적 상황의 변화에 따라 달라진 지도자의 위상을 통시적으로 설명하고 있다.

지문 근거 둘중헷 Q&A 어휘/개념 부정질문

분석쌤 강의
● 분 석 두 글의 내용상의 공통점을 질문함. 주제 통합 지문에서 출제되는 문제 유형
● 해결案 지문을 읽은 다음, 내용 전개 방식상의 공통점으로 가장 적절한 답지를 고른다. 복습할 때 답지에 쓰인 어휘들의 의미도 한 번 더 챙겨 보도록 하자.

다시보기 ▶ 다시 볼 문제 체크하고 틀린 이유 메모하기

02 (가)의 군주 와 (나)의 통치자 에 대한 이해로 적절하지 않은 것은?

① 군주는 사회 구성원의 내면의 변화를 전제로 질서와 조화를 이룬 선한 사회를 만든다.
② 통치자는 신으로부터 부여받은 권리를 정당하게 행사함으로써 평화로운 사회를 만든다.
③ 군주는 백성을 사회적 위치에 맞게 행동하도록 인도하고, 통치자는 개인들의 상호 적대적인 행위의 중지를 요구한다.
④ 군주는 예를 바탕으로 한 교화를 통해, 통치자는 강력한 공적 권력을 바탕으로 한 처벌을 통해 사회의 질서를 도모한다.
⑤ 군주와 통치자는 모두 나라를 다스리는 지도자로서 사회적 역할을 이행해야 할 책무를 갖는다.

지문 근거 둘중헷 Q&A 어휘/개념 부정질문

분석쌤 강의
● 분 석 (가)와 (나) 중 비교적 이해가 쉬웠던 지문을 선택해 답지를 검토하는 방식으로 풀면 오답을 빠르게 제외할 수 있는 문제 유형
● 해결案 답지의 주어(군주는, 통치자는)에 주목하여, '군주는'으로 시작하는 답지는 (가)에서, '통치자는'으로 시작하는 답지는 (나)에서 근거를 찾되, 각각의 키워드(①은 '선한 사회', ②는 '평화로운 사회' 등)를 함께 고려한다. 그런 다음 해당 지문 내용과 대응시켜 답지의 이해가 적절한지를 따지면 된다.

다시보기 ▶ 다시 볼 문제 체크하고 틀린 이유 메모하기

03 ㉠에 대한 설명으로 가장 적절한 것은?

① 개인의 욕망보다 사회의 요구를 강조하여 심의 부작용을 막기 위한 것이다.
② 인간의 성과 심의 차이를 구분하여 새로운 도덕적 기준을 세우기 위한 것이다.
③ 사회 구성원이 심을 체득하게 하여 혼란한 사회적 상황을 해결하기 위한 것이다.
④ 개인의 도덕 규범과 나라의 통치 규범을 구분하여 사회 문제의 원인을 찾기 위한 것이다.
⑤ 한정적인 사회적 자원과 재화를 적절하게 분배하여 사회의 안정성을 추구하기 위한 것이다.

지문 근거 둘중헷 Q&A 어휘/개념 부정질문

분석쌤 강의
● 분 석 이 시험(2024학년도 3월 고1 전국연합학력평가)을 어렵게 만든 문제 중 하나
● 해결案 밑줄 친 ㉠의 앞뒤에서 근거를 찾되, 지문 내용과 확실하게 어긋난 답지부터 제외해 나간다. 이때 답지의 키워드를 ㉠의 앞뒤에서 찾지 못할 때에는 범위를 좀 더 넓혀서 살펴보아야 하고, 지문과 답지를 비교하며 적절성 여부를 따져야 한다는 것을 새기도록 한다.

04 ⓛ을 이해한 내용으로 적절하지 <u>않은</u> 것은?

① 만인에 대한 만인의 투쟁 상황에서 벗어나기 위해 맺은 것이다.

② 자유를 향유할 수 있는 권리의 포기는 자발적인 동의하에 이루어진다.

③ 개인은 첫 번째 단계의 계약을 맺음으로써 공동의 힘을 제재할 수 있다.

④ 첫 번째 단계의 계약은 두 번째 단계의 계약과 달리 위반할 경우 제재 수단이 없다.

⑤ 두 번째 단계의 계약은 첫 번째 단계의 계약과 달리 개인의 권리 양도가 이루어진다.

지문 근거 둘중헷 Q&A 어휘/개념 부정 질문

분석쌤 강의

● **분 석** 답지의 내용을 두루뭉술하게 읽으면 오답에 답하게 되는 문제

● **해결案** 답지에서 키워드가 되는 말(단어 또는 구절)을 체크한 다음, 그 키워드에 대해 언급한 내용을 ⓛ의 앞뒤에서 찾아 둘을 비교한다. 이때 답지를 두루뭉술하게 읽어서는 안 되고, 꼼꼼하고 정확하게 읽어야 오답에 답하는 것을 피할 수 있다.

05 (가)의 '순자'와 (나)의 '홉스'의 입장에서 〈보기〉의 상황을 이해한 내용으로 적절하지 <u>않은</u> 것은? [3점]

┌─ 보기 ─

생물학자인 개릿 하딘은 공유지에서의 자유가 초래하는 혼란한 상황을 '공유지의 비극'이라 일컬었다. 그는 한 목초지에서 벌어지는 상황을 예로 들어 이를 설명하였다.

┌──────────────────────────
모두가 사용할 수 있는 목초지가 있다. 한 목동은 자신의 이익을 극대화하는 방법으로 가능한 한 많은 소 떼들을 목초지에 풀어 놓는다. 다른 목동들도 같은 방법을 취하게 되고 결국 목초지는 황폐화된다.
└──────────────────────────

① 순자는 목동들이 '위'를 행하였다면 목초지의 황폐화를 막을 수 있었을 것이라고 생각하겠군.

② 홉스는 목동들이 처한 상황을 자기 보존을 추구하는 욕망이 발현된 '자연 상태'라고 생각하겠군.

③ 순자는 완전한 인격체가 만든 규범이, 홉스는 강력한 국가의 개입이 필요한 상황이라고 생각하겠군.

④ 순자는 '성'을 그대로 좇는 모습으로, 홉스는 '자연권'을 행사하는 모습으로 목동들의 이기적 행동을 이해하겠군.

⑤ 순자와 홉스는 모두 목동들이 공포를 느끼게 되면 문제 상황에 대한 합리적 판단 능력을 갖게 될 것이라고 생각하겠군.

지문 근거 둘중헷 Q&A 어휘/개념 부정 질문

분석쌤 강의

● **분 석** 지문의 길이가 길고 문제 역시 〈보기〉가 있어 풀이 시간이 많이 걸릴 수 있지만 고배점(3점)인 점을 염두에 두고, 2차 채점 후 이와 같은 문제 풀이법을 한 번 더 체크해 문제 풀이 시간도 단축하고 고배점 문제를 놓치지 않는 전략도 챙겨 봐야 하는 문제

● **해결案** 지문 내용을 염두에 두고 〈보기〉를 읽으며 상황을 이해한다. 그러면 〈보기〉는 개인의 이익만을 극대화하면 결국 자원이 고갈되어 혼란한 상황이 된다는 것을 알 수 있다. 그런 다음, 답지의 주어에 주목하여 '순자'에 대한 내용은 (가)에서, '홉스'에 대한 내용은 (나)에서 근거를 찾아 〈보기〉의 상황을 이해한 내용으로 적절한지를 따진다.

06 ⓐ~ⓔ의 사전적 의미로 적절하지 <u>않은</u> 것은?

① ⓐ: 일이나 사건 따위를 해결할 수 있는 방법이나 실마리를 더듬어 찾음.

② ⓑ: 지식, 경험, 자금 따위를 모아서 쌓음.

③ ⓒ: 자기의 주장을 굽혀 남의 의견을 좇음.

④ ⓓ: 사람, 사물, 사건 등의 대상에 이름을 지어 붙임.

⑤ ⓔ: 어떤 내용이 구체적인 사실로 나타나게 함.

지문 근거 둘중헷 Q&A 어휘/개념 부정 질문

분석쌤 강의

● **분 석** 2020학년도 3월 고1 전국연합학력평가(p.125의 6번)와 수능 출제 기관에서 출제한 2024학년도 6월 모의평가 답지에도 제시된 어휘가 포함된 문제

● **해결案** '어휘 문제 3단계 풀이법'을 적용하여, ⓐ~ⓔ 대신 답지의 의미를 대입하여 문맥이 자연스러운지를 판단하면 되는데, 쉽게 정답에 답한 경우에도 '어휘 문제 3단계 풀이법'을 적용하여 복습하고 넘어가도록 한다.

사계절이 뚜렷한 곳에서 자라는 나무는 매해 하나씩 나이테를 만들기 때문에 나이테를 세면 나무의 나이를 알 수 있다. 그렇다면 나이테는 단순히 나무의 나이를 알기 위해서만 활용되는 것일까? 그렇지 않다. 나이테는 현재 남아 있는 다양한 목제 유물들이 언제 만들어졌는지 그 제작 연도를 ⓐ규명하는 데도 활용되고 있다.

나무의 나이테는 위치에 따라 크게 심재, 변재로 구분된다. 심재는 나무의 성장 초기에 형성된 안쪽 부분으로 생장이 거의 멈추면서 진액이 내부에 갇혀 색깔이 어둡게 변한 부분이다. 변재는 심재의 끝부터 껍질인 수피 전까지의 바깥 부분으로 물과 영양분을 공급하는 생장 세포가 활성화되어 있어 밝은 색상을 띠는 부분이다. 나무의 나이는 이 심재와 변재의 나이테 수를 합한 것이 된다.

그런데 나무의 나이테 너비를 살펴보면 매해 그 너비가 동일하지 않다. 그 이유는 '제한 요소의 법칙'에 의해서 나무의 생장량이 결정되기 때문이다. 나무가 생장하기 위해서는 물, 빛, 온도, 이산화탄소 등의 다양한 환경 요소가 필요한데 환경 요소들은 해마다 다르기 때문에 나이테의 너비도 변하게 된다. 그렇다고 모든 환경 요소가 나이테의 너비 변화에 영향을 주는 것은 아니다. 여러 환경 요소 중에서 가장 부족한 요소가 나이테의 너비 변화에 가장 큰 영향을 주게 되는데, 이것이 바로 제한 요소의 법칙이다.

나무가 가장 부족한 요소에 모든 생물학적 활동을 맞추는 것은 안전하게 생장하기 위한 전략이다. 만일 나무의 생장이 가장 풍족한 요소를 기준으로 이뤄진다면 생장에 필요한 생물학적 활동을 제한하는 요소가 많아져 ⓑ고사할 위험이 높아지게 될 것이기 때문이다. 제한 요소의 법칙은 모든 나무의 생장에 예외 없이 적용되며, 그 결과로 동일한 수종이 유사한 생장 환경에서 자라면 나이테의 너비 변화 패턴이 유사하다. 하지만 수종이 같더라도 지역이 다르면 생장 환경이 다르기 때문에 나이테의 너비 변화 패턴은 달라지게 된다.

나이테를 활용하여 목제 유물에 사용된 나무의 벌채* 연도나 환경 조건을 추정하는 것을 연륜 연대 측정이라 하는데, 이를 위해서는 나이테의 너비 변화 패턴을 그래프로 나타낸 ㉠연륜 연대기가 있어야 한다. 수천 년 살 수 있는 나무는 많지 않으나 〈그림〉과 같은 방법으로 수천 년에 달하는 연륜 연대기 작성은 가능하다.

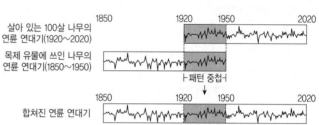

살아 있는 나무에서 나이테 너비를 ⓒ측정하면 정확한 연도가 부여된 연륜 연대기를 작성할 수 있다. 다음으로 오래지 않은 과거에 제작된 목제 유물의 나이테로 연륜 연대기를 작성하여 이미 작성된 연륜 연대기와 비교하면 패턴이 겹치는 기간을 확인할 수 있다. 그 기간은 지금 살아 있는 나무와 과거 유물에 사용된 나무가 함께 생장하던 기간이 된다. 이러한 방법으로 보다 과거의 목제 유물로 작성된 연륜 연대기와 패턴 비교를 반복하면 수백, 수천 년에 달하는 나무의 연륜 연대기 작성이 가능해진다. 이렇게 작성된 장기간의 연륜 연대기를 표준 연대기라 하는데 우리나라는 현재 소나무, 참나무, 느티나무의 표준 연대기를 ⓓ보유하고 있다. 연륜 연대 측정은 이 표준 연대기와 목제 유물의 나이테로 작성한 유물 연대기의 패턴을 비교함으로써 진행되고 그 방법은 다음과 같다.

먼저 목제 유물의 나이테에 변재가 있는지 확인해야 한다. 나무를 가공할 때는 벌레가 먹거나 쉽게 썩는 변재의 일부 또는 전체가 잘려 나가기도 하는데, 만일 유물의 나이테에 변재가 없는 경우에는 벌채 연도를 추정할 수 없게 된다. 변재의 존재 여부를 확인한 후에는 목제 유물의 각 부분에서 나이테를 채취해 패턴이 중첩되는 부분을 비교하여 유물 연대기를 만든 다음, 비교 대상으로 사용할 표준 연대기를 정해야 한다. 이때 유물 연대기와 표준 연대기의 상관도를 나타내는 t값과 일치도를 나타내는 G값을 고려해야 하는데 100년 이상의 기간을 상호 비교할 때 t값은 3.5 이상, G값은 65% 이상의 값을 가져야 통계적으로 유의성이 있는 것으로 ⓔ간주된다.

[A] 표준 연대기를 정한 후에는 유물 연대기와 표준 연대기의 패턴을 비교하여 중첩되는 부분의 시작 나이테의 연도부터 마지막 나이테의 연도를 확정하여 절대 연도를 부여한다. 유물의 나이테가 변재를 완전하게 갖고 있을 경우에는 마지막 나이테의 절대 연도가 벌채 연도가 된다. 하지만 변재의 바깥쪽 나이테 일부가 잘려 나갔다면 마지막 나이테의 절대 연도에 잘려 나간 변재 나이테 수를 더한 값이 벌채 연도가 되는데, 이때는 수령별 평균 변재 나이테 수를 참고한다. 비슷한 수령의 나무가 갖는 평균 변재 나이테 수에서 유물에 남아 있는 변재 나이테 수를 빼, 나무를 가공할 때 잘라 낸 변재 나이테 수를 구한다. 그리고 이를 마지막 나이테의 절대 연도에 더해 벌채 연도를 확정한다. 그다음, 벌채한 후 가공할 때까지 나무를 건조하는 일반적인 기간인 1~2년을 더해 목제 유물의 제작 연도를 추정한다.

* 벌채: 나무를 베어 냄.

07 윗글에서 사용된 전개 방식으로 적절하지 <u>않은</u> 것은?

① 자문자답의 방식으로 화제를 제시하고 있다.

② 대상의 특성을 관련 개념을 통해 설명하고 있다.

③ 일정한 기준에 따라 대상을 나누어 설명하고 있다.

④ 어려운 개념을 친숙한 대상에 빗대어 설명하고 있다.

⑤ 반대 상황을 가정하여 현상에 대한 이해를 돕고 있다.

08 윗글에서 알 수 있는 내용으로 가장 적절한 것은?

① 심재는 생장이 거의 멈춘 나이테로 수피에 인접하여 있다.

② 변재는 생장 세포에 있는 진액으로 인해 밝은 색상을 띤다.

③ 나무의 수령은 변재 나이테의 개수로 파악할 수 있다.

④ 나이테의 너비는 가장 풍족한 환경 요소로 결정된다.

⑤ 심재 나이테만 남아 있다면 연륜 연대 측정은 불가하다.

09 [A]를 바탕으로 〈보기〉의 '연륜 연대 측정 자료'를 이해한 내용으로 적절하지 <u>않은</u> 것은? [3점]

> **보기**
>
> **[소나무 서랍장에 대한 연륜 연대 측정]**
>
> Ⅰ. 측정 참고 자료
> ○ 두 곳의 서랍에서 같은 나무의 나이테를 채취하였고, 이 중 서랍 2에서는 좁은 나이테 모양으로 보아 바깥쪽 나이테가 거의 수피에 근접한 것을 확인하였음.
> ○ 서랍 1, 2 연대기의 패턴을 비교하여 유물 연대기를 작성한 후 표준 연대기와 비교하여 절대 연도를 부여함.
>
> Ⅱ. 유의성 및 수령별 평균 변재 나이테 수 자료
>
> | 표준 연대기 | t값 | G값 | 평균 변재 나이테 수 | |
> |---|---|---|---|---|
> | | | | 수령 100년 | 수령 150년 |
> | a산 소나무 | 3.7 | 69% | 60개 | 77개 |
> | b산 소나무 | 3.2 | 60% | 58개 | 65개 |
>
> Ⅲ. 소나무 서랍장 유물 연대기 및 절대 연도 부여 자료
>
>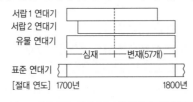
>
> [절대 연도] 1700년   1800년

① t값과 G값을 고려할 때 표준 연대기는 a산 소나무의 연대기가 사용되었을 것이다.

② 유물 연대기와 표준 연대기의 패턴이 중첩되는 기간은 1700년부터 1800년까지일 것이다.

③ 마지막 나이테의 절대 연도를 고려할 때 서랍장에 사용된 나무의 벌채 연도는 1802년일 것이다.

④ 비슷한 수령의 소나무가 갖는 평균 변재 나이테 수를 참고하면 가공할 때 잘려 나간 변재 나이테 수는 3개일 것이다.

⑤ 벌채한 나무의 건조 기간을 고려하면 서랍장의 제작 연도는 1804년에서 1805년 사이일 것이다.

10 ㉠에 대한 설명으로 적절하지 않은 것은?

① 동일한 수종이라도 환경이 다르면 패턴이 달라진다.

② 패턴 비교를 반복하면 장기간의 연대기 작성이 가능하다.

③ 나이테의 너비가 일정하면 패턴 분석의 대상이 될 수 없다.

④ 제한 요소의 법칙에 따라 나무가 생장한 결과를 보여 준다.

⑤ 현재 국내에는 3종의 나무에 대한 표준 연대기가 존재한다.

지문근거 둘중헷 Q&A 어휘/개념 부정질문

분석쌤 강의

● **분 석** ㉠ 앞뒤뿐만 아니라 '연륜 연대기'에 대해 설명한 부분을 모두 고려해야 하는 문제

● **해결案** ①부터 답지의 키워드에 대해 설명한 부분을 지문에서 찾아 ○, △, ✕ 표시를 해 나간다. 그런 다음 △와 ✕로 표시된 답지들을 한번 더 지문과 비교하여 정답을 고르면 된다.

11 ⓐ~ⓔ를 바꿔 쓴 것으로 적절하지 않은 것은?

① ⓐ: 밝히는

② ⓑ: 말라 죽을

③ ⓒ: 헤아리면

④ ⓓ: 가지고

⑤ ⓔ: 여겨진다

지문근거 둘중헷 Q&A 어휘/개념 부정질문

분석쌤 강의

● **분 석** 2022학년도 수능과 2015학년도 수능에 출제된 어휘가 포함되어 있고, 특정 오답지에 답한 학생들이 많았던 문제

● **해결案** '어휘 문제 3단계 풀이법'을 적용해 풀고, 복습할 때 ⓐ~ⓔ의 의미를 한 번 더 익혀 두자.

12~15 다음 글을 읽고 물음에 답하시오.

2024학년도 3월 고1 전국연합학력평가 【21~24】 예술

20세기 초 유럽에서 일어난 과학 문명의 발전은 현실을 이루는 법칙을 하나씩 부정하였다. 절대적이라고 믿어 왔던 시공간마저 상대적인 것으로 밝혀지면서, 사람들은 기존에 당연시되어 온 인식에 의문을 품었다. 이는 서양의 회화에도 영향을 미쳐 큐비즘이라는 새로운 미술 양식을 탄생시켰다.

큐비즘은 대상의 사실적 재현에 집중했던 전통 회화와 달리, 대상의 본질을 구현하기 위해 그 근원적 형태를 그려 내는 것을 목표로 삼았다. 이를 위해 대상의 본질과 관련 없는 세부적 묘사를 배제하고 구와 원기둥 등의 기하학적 형태로 대상을 단순화하여 질감과 부피감을 부각하였다. 색채 또한 본질 구현에 있어 부차적인 것으로 판단하여 몇 가지 색으로 제한하였다.

또한 큐비즘은 하나의 시점으로는 대상의 한쪽 형태밖에 표현할 수 없다고 생각하여, 하나의 시점에서 대상을 보고 표현하는 원근법을 거부하였다. 그리고 대상의 전체 형태를 표현하기 위해 다중 시점을 적용하였는데, 이는 여러 시점에서 관찰한 대상을 한 화면에 그려 내고자 한 기법이다. 예를 들어, 한 인물을 그릴 때 얼굴의 정면과 측면을 동시에 표현함으로써 대상의 전체 형태를 관람자들에게 보여 주는 것이다. 이렇게 큐비즘은 사실적 재현에서 벗어나 대상의 근원적 형태를 표현하려 하였으며, 관람자들에게 새로운 미적 인식을 환기하였다.

대상의 형태를 더 다양한 시점으로 보여 주려는 시도는 다중 시점의 극단화로 치달았는데, 이 시기의 큐비즘을 ⓐ분석적 큐비즘이라고 일컫는다. 분석적 큐비즘은 대상을 여러 시점으로 해체하여 작은 격자 형태로 쪼개어 표현했고, 색채 또한 대상의 고유색이 아닌 무채색으로 한정하였다. 해체 정도가 심해짐에 따라 대상은 부피감이 사라질 정도로 완전히 분해되었다. 이로 인해 관람자는 대상이 무엇인지조차 알아볼 수 없게 되었고, 제목이나 삽입된 문자를 통해서만 대상이 무엇인지 추측할 수 있게 되었다.

㉠대상이 극단적으로 해체되어 형태를 파악하지 못하게 된 문제를 해결하기 위해, 큐비즘은 화면 안으로 실제 대상 혹은 대상의 특성을 잘 드러내는 화면 밖의 재료들을 끌어들였다. 이것을 ⓑ종합적 큐비즘이라고 일컫는다. 종합적 큐비즘의 특징을 보여 주는 대표적 기법으로는 '파피에 콜레'가 있다. 이는 화면에 신문이나 벽지 등의 실제 종이를 오려 붙여 대상의 특성을 표현하는 기법이다. 예를 들어, 나무 탁자의 질감을 표현하기 위해 화면에 나뭇결무늬의 종이를 직접 붙였다. 화면에 붙인 종이의 색으로 인해 색채도 다시 살아났다.

큐비즘은 대상의 근원적 형태를 화면에 구현하기 위해 대상을 표현하는 새로운 방법을 모색하였다. 큐비즘이 대상의 형태를 실제에서 해방한 것은 회화 예술에 무한한 표현의 가능성을 가져다주었다. 이는 표현 대상을 보이는 세계에 한정하지 않는 현대 추상 회화의 탄생에 직접적인 영향을 미쳤다.

12 윗글에서 알 수 있는 내용으로 적절하지 <u>않은</u> 것은?

① 큐비즘이 사용한 표현 기법
② 큐비즘이 등장한 시대적 배경
③ 큐비즘에 대한 다른 화가들의 논쟁
④ 큐비즘의 작품 경향이 변화된 양상
⑤ 큐비즘이 현대 추상 회화에 미친 영향

지문 근거　둘중헷　Q&A　어휘/개념　부정질문

분석쌤 강의
● **분석** 발문(문제)이 문제 풀 방법을 알려 주는 빈출 유형의 문제
● **해결案** 답지 ①부터 지문에서 다룬 내용인 지를 확인하여 O, X 표시를 하며 푼다.

13 ㉠을 이해한 내용으로 가장 적절한 것은?

① 대상의 본질을 화면에 구현하기 위해 다중 시점에 집착한 결과이겠군.
② 인식의 절대적 기준을 제시하기 위해 대상의 변화를 무시한 결과이겠군.
③ 화면의 공간을 사실적으로 표현하기 위해 대상의 형태를 희생한 결과이겠군.
④ 기하학적 형태에서 탈피하기 위해 대상의 정면과 측면을 동시에 표현한 결과이겠군.
⑤ 관람자들에게 새로운 미적 인식을 환기하기 위해 대상을 있는 그대로 재현한 결과이겠군.

지문 근거　둘중헷　Q&A　어휘/개념　부정질문

분석쌤 강의
● **분석** 답지가 모두 '~한 결과이겠군.'으로 된 점에 주목해 ㉠의 원인을 찾으면 되는 문제
● **해결案** 먼저 ㉠은 큐비즘 회화의 문제라는 것을 파악한 다음, 답지를 세부적으로 나누어 각 각 큐비즘의 작품 경향으로 적절한지를 확인한 다. ①을 예로 들면, 큐비즘이 '대상의 본질을 화면에 구현'하려고 했는지, '다중 시점에 집착'했 는지를 각각 확인하여 둘 다 맞는 진술이면 ①이 ㉠의 원인으로 적절한지도 따진다.

14 ⓐ와 ⓑ에 대한 설명으로 가장 적절한 것은?

① ⓐ는 ⓑ와 달리 고유색을 통해 대상을 그려 낸다.
② ⓐ는 ⓑ와 달리 삽입된 문자로만 대상을 드러낸다.
③ ⓑ는 ⓐ와 달리 작은 격자 형태로 대상을 해체한다.
④ ⓑ는 ⓐ와 달리 화면 밖의 재료를 활용해 대상을 표현한다.
⑤ ⓐ와 ⓑ는 모두 질감과 부피감을 살려서 대상을 형상화한다.

지문 근거　둘중헷　Q&A　어휘/개념　부정질문

분석쌤 강의
● **분석** 두 입장의 공통점과 차이점을 질문 한 문제로, '~와 달리'와 '모두'에 유의해 풀어야 하는 문제
● **해결案** 밑줄 친 ⓐ와 ⓑ 앞뒤에서 근거를 찾 아 답지의 설명이 적절한지를 확인하면 된다.

15 윗글을 바탕으로 〈보기〉에서 설명한 작품을 감상한 내용으로 적절하지 <u>않은</u> 것은? [3점]

> ─ 보기 ─
>
> 브라크의 「에스타크의 집들」은 집과 나무를 그린 풍경화이다. 그런데 회화 속 풍경은 실제와 다르다. 집에 당연히 있어야 할 문이 생략되어 있으며, 집들은 부피감이 두드러지는 입방체 형태로 단순화되어 있다. 그림자의 방향은 일관성 없이 다양하게 표현되어 광원이 하나가 아님을 알 수 있다. 그리고 집과 나무는 모두 황토색과 초록색, 회색으로 칠해져 있다. 큐비즘의 시작을 알린 이 풍경화는 처음 공개되었을 때 평론가로부터 "작은 입방체(cube)를 그렸다."라는 비판을 받았는데, 이는 '큐비즘(Cubism)'이라는 명칭의 기원이 되었다.

① 집이 입방체 형태로 단순화된 것은 대상의 근원적 형태를 드러내기 위한 것이겠군.
② 풍경의 모습이 실제와 다른 것은 관찰한 대상이 무엇인지 추측할 수 없도록 하기 위한 것이겠군.
③ 그림자의 방향이 일관성 없이 다양하게 표현된 것은 하나의 시점을 강제하는 원근법을 거부한 것이겠군.
④ 집에 당연히 있어야 할 문이 없는 것은 세부적 묘사는 대상의 본질과 관련이 없다는 생각을 반영한 것이겠군.
⑤ 색이 황토색, 초록색, 회색으로 제한된 것은 색채는 본질을 구현하는 데 부차적인 요소라는 생각에 근거한 것이겠군.

지문 근거　둘중헷　Q&A　어휘/개념　부정질문

분석쌤 강의
● **분석** 정답에 답한 학생들이 많았던 만큼, 지문에서 설명한 내용(큐비즘)을 〈보기〉의 작품 에 적용해야 하고, 문제의 길이가 길고 고배점 (3점)이라고 해서 어렵다고 생각해서는 안 된다 는 것을 보여 준 문제
● **해결案** 〈보기〉에서 왼쪽의 회화 작품은 '큐 비즘의 시작을 알린 풍경화'라고 한 데 주목한 다. 그런 다음 답지 ①부터 두 부분으로 나누어 주어 부분(집이 입방체 형태로 단순화된 것)은 〈보기〉에서, 서술어 부분(대상의 근원적 형태 를 드러내기 위한 것)은 지문에서 근거를 찾는 다. 주어 부분과 서술어 부분 중 한 군데라도 〈보 기〉나 지문과 어긋나면 '적절하지 <u>않은</u>' 답지가 된다.

◐ 오른쪽 페이지(p.191)에 '종료 시각'부터 적 은 다음 채점하고, '비문학 실전 훈련 복습 체크리스트'를 활용하여, 앞으로의 공부 방 향을 정하세요.

예비 매3비 **비문학 실전 훈련 복습 체크리스트**

☑ 채점하기

❶ 내가 답한 것을 아래 채점표의 '내가 쓴 답'에 옮겨 적는다.

문항 번호	1	2	3	4	5	6	7	8	9	10	11	12	13	14	15	계
내가 쓴 답																
채점(1·2차)																
배　점	2점	2점	2점	2점	3점	2점	2점	2점	3점	2점	2점	2점	2점	2점	3점	33점

총 문항 수	15문항
틀 린 △ 문항수	문항
✕	문항
내 점수	점

☞ 정답은 〈클리닉 해설〉 p.200 (해설은 p.185)

❷ '채점란'에 틀린 문제에만 ╱ 표시를 한다. (1차 채점)
　• 문제에 직접 채점하지 않는 이유는 다시 풀 때 정답을 모르는 상태에서 풀어야 제대로 훈련이 되기 때문이다.

❸ 틀린 문제만 다시 푼 다음, 2차 채점을 한다.
　• 2차 채점 때 맞힌 문항은 △, 또 틀린 문항은 ✕ 표시를 한다.

☑ 시간 훈련 점검하기

❶ 총 소요 시간을 계산한다. → 위 '종료 시각'에서 실전 훈련을 시작할 때 적은 '시작 시각'을 빼어 계산한다.

　• 총 소요 시간 :　　분　　　초

❷ 목표 시간 대비 내가 푼 시간이 적절한지를 체크한다.

　• 목표 시간 : 23분 10초
　• 총 소요 시간 – 목표 시간 =　　분　　　초

　⇨ 시간이 5분 이상 초과된 경우에는 지문 복습을 꼭 한다.
　　(지문 복습법은 〈표지〉 참조)

☑ 나의 위치 확인하기

❶ 비문학 문제만 훈련한 것이므로 15문항만으로 위치를 가늠할 수는 없지만, 아래의 '원점수 등급 컷'을 참고해 이 시험의 수준과 나의 비문학 실력을 점검한다.

❷ 성적 발표 후의 채점 결과

시험지명	2024학년도 3월 고1 전국연합학력평가	
실시 일자	총 응시 인원	원점수 평균
2024. 3. 28(목)	372,665명	59.93점

등급	원점수	표준점수	인원	비율
만점	100	141	607명	0.16%
1	91	131	17,307명	4.64%
2	85	125	25,734명	6.91%
3	77	117	44,093명	11.83%

＊ 원점수 등급 컷은 시험 성적 발표 후 원점수 평균 및 표준 편차와 표준점수 등급 구분 점수를 통해 추정한 것임.
＊ 이 시험에서는 화법과 작문, 언어(문법) 및 문학을 모두 맞혔다고 가정할 때, 비문학 33점 중 24점인 경우 1등급, 18점인 경우 2등급이 된 시험임.

☑ 위치 확인 후 공부법과 앞으로의 공부 방향 정하기

❶ △문항과 ★문항, ✕ 문항 순으로 정답과 오답인 이유를 반드시 알고 넘어간다.

❷ 점수대별 공부법

■ **25점~33점인 경우**

> • 『예비 매3비』에 직접 메모한 내용과 '매3 오답 노트'를 다시 볼 것
> • '복습을 위한 어휘 노트'와 '매3인사이트.집' 공부
> • '최종 마무리 복습법' 확인
> • 『예비 매3문』과 『라이트 매3비』 도전
>
> ⇨ 『예비 매3문』은 『매3력』과 함께 보고, 『라이트 매3비』는 교재 구성 순서대로 공부

■ **14점~24점인 경우**

> • 『예비 매3비』에 직접 메모한 내용과 '매3 오답 노트'를 다시 볼 것
> • 지문 복습
> • '복습을 위한 어휘 노트'와 '매3인사이트. 집' 공부
> • '최종 마무리 복습법' 확인
> • 『예비 매3문』과 『매3화법과작문』 또는 『매3언어와매체』에서 '매체' 부분 공부 후 『라이트 매3비』로 비문학 훈련
>
> ⇨ 『예비 매3문』은 『매3력』과 함께 보고, 『매3화법과작문』 또는 '매체' 공부 후 『라이트 매3비』는 난이도 순서대로 공부

■ **13점 이하인 경우**

> • 『예비 매3비』에 직접 메모한 내용과 '매3 오답 노트'를 다시 볼 것
> • 지문 복습('문단 요약'도 꼭 챙겨 볼 것)
> • '분석쌤 강의'와 〈클리닉 해설〉의 정답과 오답인 이유 꼼꼼히 다시 읽기
> • '복습을 위한 어휘 노트'와 '매3인사이트.집' 공부
> • '최종 마무리 복습법' 확인
> • 『예비 매3문』과 『매3력』 공부 후 『매3화법과작문』 도전(화법과 작문 미선택자의 경우에도 유용함.)
>
> ⇨ 『예비 매3문』은 『매3력』과 함께 보고, 『매3화법과작문』은 주말에 공부

최종 마무리 복습

최대한 **빠른 시간 내**에 **복습**할 것

✔ 최소 3회 복습이 중요한데, 『예비 매3비』를 끝낸 후의 복습은 '3차 복습'으로, 이때는 '1차 복습(공부한 날 복습)'과 '2차 복습(매3 주간 복습)'을 하며 메모한 내용을 챙겨 본다.

✔ 비문학은 '오답 노트'에 적은 것보다 교재의 문제 옆이나 지문에 적은 것이 더 많을 수 있다. 따라서 복습할 때에는 꼭 교재와 '매3 오답 노트'를 함께 보면서 특히 약한 부분이 무엇인지를 체크한 다음, 앞으로의 공부 계획을 세운다.

1. 교재에 메모해 둔 내용 다시 보기
2. '매3 오답 노트'에 정리해 둔 내용 다시 보기
3. 특히 어려웠거나 이해되지 않은 지문 복습하기(지문 복습법은 표지 참조)
4. 2차 복습 때도 헷갈린 문제와 아는 것으로 착각한 어휘 다시 보기
5. '복습을 위한 어휘 노트'와 '매3인사이트.집' 챙겨 보기

복습하는 과정에서 '내'가 약한 부분을 확인할 것

✔ 취약점이 잡히면 그것을 극복하는 공부 계획을 세우되, 취약한 원인부터 정확하게 따져 대비한다.

✔ 어휘가 약할 경우, 아래의 3단계 과정으로 공부한 다음 자투리 시간을 활용해 『매3력』을 처음부터 끝까지 읽은 후 국어 공부할 때마다 막히는 어휘는 『매3력』에서 찾아 익힌다.

❋ **특히 취약한 부분이 어휘라면?**

1단계 『예비 매3비』에 있는 어휘 문제만 다시 본다.
2단계 '복습을 위한 어휘 노트'(해설 p.195)와 '매3인사이트. 집'(부록), 그리고 『매3력』까지 챙겨 본다.
3단계 공부하면서 메모해 둔 '매3 오답 노트'를 한 번 더 챙겨 본다.

▶▶ 복습하는 과정에서 **모르는 내용**이 있거나, 국어 영역 공부법에 **궁금한 점**이 있을 때에는
"안인숙 매3국어클리닉" Daum 카페(http://cafe.daum.net/anin95)에 질문한다.

길기만 한 해설 가고,
내가 틀린 답지 해설 와라!

두루뭉술한 해설 가고,
남들이 많이 틀린 답지 해설 와라!

클리닉
해설

학생들이 문제집으로 혼자 공부하면서 느끼는 가장 큰 어려움은 자신이 틀린 문항에 대한 해설이 불충분하거나, 자세하게 쓴 해설인 것 같은데도 실제로 내가 틀린 문항에 대한 답지 부분에서는 두루뭉술하다는 것이다. 이 점을 감안하여 『예비 매3비』 해설은,

❶ 문제를 푼 다음에 왜 정답인지, 왜 오답인지를 모르겠다고 질문한 답지
❷ 학생들이 가장 많이 답해 틀린 오답지
❸ 한 번 더 풀었을 때 다시 정답으로 생각해 틀릴 수 있는 오답지
❹ 학생들이 틀린 이유와 관계 깊은 내용과 어휘

에 체크해 둔 것을 바탕으로, 왜 그 오답지에 답했고, 무엇을 모르고, 어느 부분을 놓쳐 틀렸는지를 학생들의 질문에 답하듯이 해설을 썼다.

다른 친구들도 내가 답해 틀린 오답지에 많이 답했다면 그 답지에 대한 해설을 본다. '나도 이렇게 풀었는데….'였다면 명쾌한 해설을 통해 내가 틀린 이유를 이해하고, '나는 그냥 아무렇지도 않게 풀었는데…'였다면 '아아, 이렇게 생각할 수도 있구나!'를 느끼면서 다시 보면 여러분의 국어 영역 실력이 한층 더 높아져 있음을 발견하게 될 것이다.

각 시험의 결과 분석(원점수 등급 컷은 추정치임.)을 제시한 것은 이 시험의 난이도를 짐작함으로써 실제로 자신이 느낀 난이도와 비교해 보아 실력 향상 정도나 시간 부족 문제 해결 여부를 가늠해 보라는 취지에서이다.
아울러 '독해력을 길러 주는 지문 분석'은 평소에는 시간 안에 문제를 다 푸는 학생이 수능 시험에서는 시간이 부족해 문제를 끝까지 풀지 못하는 경우가 많은 점을 감안한 것이다. 2차 채점까지 한 후, 반드시 지문 복습을 하고, 지문을 복습할 때에는 각 문단마다 핵심어(구)를 체크하고 중심 내용을 간단히 메모한 다음, 스스로 체크하고 메모한 것과 '독해력을 길러 주는 지문 분석'을 비교한다. 그리고 '문단 요약'을 읽은 후 지문을 한 번 더 읽으면 독해력이 향상되어 문제 풀이 시간도 단축할 수 있고, '매일 복습 확인 문제'까지 활용하면 빈틈없이 복습할 수 있다.

한편, 뜻을 알고 있는 것으로 잘못 생각하는 어휘, 틀린 이유가 다른 데 있지 않고 모르거나 어렴풋이 알아 대충 이해하고 넘긴 어휘에 있는 경우가 많은 점을 감안해 꼭 알고 넘어가야 할 어휘의 뜻도 풀이했다. 내가 공부한 문장 속에서 어휘의 뜻을 익혀 두는 것, 이것이 비문학은 물론 국어 영역 전체의 성적을 올리는 비법이기 때문이다.
『예비 매3비』를 복습까지 끝낸 후에는 맨 마지막에 있는 '복습을 위한 어휘 노트'와 부록 '매3인사이트.집'까지 챙겨 보자. 스스로 공부한 지문과 문제에 나온 어휘를 복습하는 것은 독해력 향상을 위해 아주 유용한 공부 방법임을 거듭 강조한다.

취약한 제재 효과적인 공략법

아래 표는 예비 매3비와 중학 매3비에 실린 지문 내용을 제재별로 분류한 것입니다.
예비 매3비 공부 계획표(문제편 p.6)를 참고하여 공부하되, 특히 약한 제재가 있다면 아래 표를 참고하여
『예비 매3비』보다 쉬운 지문인 『중학 매3비』에 실린 지문을 복습하면 좋습니다.

인문

구분	세부 영역	지문 내용	매3 출처	기출 출처
1	철학	구조주의	예비 매3비	2021 9월 고1 전국연합
2	철학	명제의 표준 형식	예비 매3비	2020 6월 고1 전국연합
3	철학	민본 사상	예비 매3비	2021 3월 고1 전국연합
4	철학	비트겐슈타인의 철학적 관점	예비 매3비	2019 11월 고1 전국연합
5	철학	인간의 본성	예비 매3비	2021 6월 고1 전국연합
6	철학	인성론에 대한 사상가들의 견해	예비 매3비	2019 6월 고1 전국연합
7	철학	정서의 본질에 대한 두 이론	예비 매3비	2018 11월 고1 전국연합
8	철학	하늘에 대한 순자의 주장	예비 매3비	2018 6월 고1 전국연합
9	철학	한나 아렌트의 정치철학	예비 매3비	2020 9월 고1 전국연합
10	철학	홍대용의 사상	예비 매3비	2022 6월 고1 전국연합
11	철학	흄의 경험론	예비 매3비	2018 3월 고1 전국연합
12	철학(주제 통합)	관중과 율곡의 군주론	예비 매3비	2022 11월 고1 전국연합
13	철학(주제 통합)	사회 혼란의 해결과 관련된 사상가들의 견해	예비 매3비	2024 3월 고1 전국연합
14	철학(주제 통합)	플라톤과 아리스토텔레스의 예술관	예비 매3비	2022 3월 고1 전국연합
15	철학	맹자의 인성론	중학 매3비	2012 6월 고1 전국연합
16	철학	사실과 가치의 구분	중학 매3비	2010 6월 고1 전국연합
17	철학	유추의 개념	중학 매3비	2014 3월 고1 전국연합
18	역사	단일 민족의식	중학 매3비	2013 3월 고1 전국연합
19	역사	삼국 시대에 대한 이해	중학 매3비	2011 중3 학업성취도
20	역사	역사를 공부하는 이유	중학 매3비	2006 3월 고1 전국연합
21	심리	인간의 판단을 돕는 휴리스틱	예비 매3비	2017 3월 고1 전국연합
22	심리	현실요법(상담 이론)	예비 매3비	2023 6월 고1 전국연합
23	심리(주제 통합)	프로이트의 정신 분석	예비 매3비	2023 3월 고1 전국연합
24	윤리	도덕적 가치를 판단하는 기준	중학 매3비	2011 3월 고1 전국연합
25	논설	「독립신문」 창간호 사설	중학 매3비	2015 6월 고1 전국연합
26	논설	「백범일지」	중학 매3비	2012 중3 학업성취도
27	인문 교양	신화의 의미	중학 매3비	2007 고1 학업성취도
28	인문 교양	우리나라의 성씨 제도	중학 매3비	2010 중3 학업성취도
29	인문 교양	조선 왕실의 '의궤'	중학 매3비	2010 9월 고1 전국연합

사회

구분	세부 영역	지문 내용	매3 출처	기출 출처
1	법률	민법과 형법	예비 매3비	2018 6월 고1 전국연합
2	법률	손실 보상 청구권	예비 매3비	2021 3월 고1 전국연합
3	법률	손해보험 계약	예비 매3비	2021 11월 고1 전국연합
4	법률	미성년자의 계약	중학 매3비	2012 6월 고1 전국연합
5	법률	소비자의 청약 철회권	중학 매3비	2019 중3 학업성취도
6	법률	형사재판과 민사재판	중학 매3비	2010 3월 고1 전국연합
7	경제	거래비용이론	예비 매3비	2019 11월 고1 전국연합
8	경제	경매 방식에 따른 경매의 종류	예비 매3비	2017 6월 고1 전국연합
9	경제	공급 사슬망의 채찍 효과	예비 매3비	2020 6월 고1 전국연합
10	경제	구독경제	예비 매3비	2019 9월 고1 전국연합
11	경제	국가 간의 무역	예비 매3비	2017 3월 고1 전국연합
12	경제	국가의 통화 정책	예비 매3비	2023 3월 고1 전국연합
13	경제	양면시장	예비 매3비	2022 11월 고1 전국연합
14	경제	은행의 기능	예비 매3비	2020 9월 고1 전국연합
15	경제	금융 기관들	중학 매3비	2009 6월 고1 전국연합
16	경제	손실회피성	중학 매3비	2014 중3 학업성취도
17	경제	수요의 변화	중학 매3비	2014 6월 고1 전국연합
18	경제	화폐의 기능	중학 매3비	2011 중3 학업성취도
19	경제	환율	중학 매3비	2008 9월 고1 전국연합
20	경영	가설 검정과 오류	예비 매3비	2022 6월 고1 전국연합
21	경영	소비자 관여도를 활용한 판매 전략	예비 매3비	2018 11월 고1 전국연합
22	경영	기업의 사회적 책임	중학 매3비	2012 중3 학업성취도
23	정치	사회 복지 정책	중학 매3비	2003 12월 고1 전국연합
24	문화	보드리야르의 이론	예비 매3비	2022 3월 고1 전국연합
25	문화	놀이의 속성	중학 매3비	2014 중3 학업성취도
26	광고	광고 홍수의 시대	중학 매3비	2005 고1 학업성취도
27	언론	가짜 뉴스	중학 매3비	2020 중3 학업성취도
28	지리	지도의 특징	중학 매3비	2009 고1 학업성취도

〈비문학 독해력〉 향상법

중학 매3비 ➡ 예비 매3비 ➡ 라이트 매3비 ➡ 매3비
순서로 공부하되, 매3공부법을 지키며 매일! 꾸준히! 공부하세요.

중학 매3비를 아직 공부하지 않은 학생은,

① 중학 매3비부터 공부한 후 예비 매3비를 공부하면 좋고
② 예비 매3비로 공부를 시작한 경우에는 공부한 내용을 복습하면서 특히 어려운 제재가 있었다면 중학 매3비에서 관련 제재를 공부합니다.
③ 이때, 시간 훈련보다 정확성에 초점을 두고 매3공부법을 지키며 훈련합니다.

중학 매3비를 이미 공부한 학생은,

① 중학 매3비에서 특히 약한 제재는 해당 제재의 지문을 호흡이 끊기지 않게 읽고,
② 지문을 읽은 다음, 글 전체의 흐름을 떠올려 보고,
③ 3단계 훈련에 제시된 '문단 요약'을 읽으면서 지문 내용을 한 번 더 익힌 후 예비 매3비로 훈련합니다.

과학

※ 제재별 – 세부 영역별 순으로 정리하였고, 예비 매3비와 중학 매3비는 색 글씨로 구분하여 취약한 제재를 세부 영역별로 찾아 공부할 수 있도록 하였습니다.

구분	세부 영역	지문 내용	매3 출처	기출 출처
1	물리	GPS의 위치 파악 원리	예비 매3비	2019 3월 고1 전국연합
2	물리	소용돌이	예비 매3비	2023 6월 고1 전국연합
3	물리	열의 전도	예비 매3비	2020 11월 고1 전국연합
4	물리	우주의 한 부분인 '계'의 에너지	예비 매3비	2017 3월 고1 전국연합
5	물리	해빙의 수명이 냉수 속 얼음보다 긴 이유	예비 매3비	2018 6월 고1 전국연합
6	물리	핵분열과 핵융합의 원리	예비 매3비	2021 3월 고1 전국연합
7	물리	뛰면 비를 덜 맞는 이유	중학 매3비	2013 3월 고1 전국연합
8	물리	모래시계의 비밀	중학 매3비	2012 3월 고1 전국연합
9	물리	바나키킨의 원리	중학 매3비	2009 3월 고1 전국연합
10	화학	화학적 친화력	중학 매3비	2014 6월 고1 전국연합
11	생물	간의 구조와 기능	예비 매3비	2018 9월 고1 전국연합
12	생물	식욕의 작용 원리	예비 매3비	2021 6월 고1 전국연합
13	생물	신장의 기능	예비 매3비	2017 6월 고1 전국연합
14	생물	심장의 박동과 심장음	예비 매3비	2017 11월 고1 전국연합
15	생물	염증 반응	예비 매3비	2016 11월 고1 전국연합
16	생물	오토파지의 작동 원리와 과정	예비 매3비	2019 9월 고1 전국연합
17	생물	청각의 원리	예비 매3비	2022 6월 고1 전국연합
18	생물	유전자 치료	중학 매3비	2013 9월 고1 전국연합
19	생물	체중 순환	중학 매3비	2006 중3 학업성취도
20	생물	후각의 특성	중학 매3비	2011 3월 고1 전국연합
21	지구과학	반감기를 이용한 암석의 연대 추정	예비 매3비	2020 6월 고1 전국연합
22	지구과학	겉보기 운동	예비 매3비	2018 11월 고1 전국연합
23	지구과학	운석의 가치	중학 매3비	2014 중3 학업성취도
24	지구과학	재생 가능 에너지	중학 매3비	2007 고1 학업성취도
25	지구과학	지구의 충돌구	중학 매3비	2008 9월 고1 전국연합
26	의학	인간의 뇌	중학 매3비	2016 중3 학업성취도
27	수학	수학의 힘	중학 매3비	1999학년도 수능

구분	세부 영역	지문 내용	매3 출처	기출 출처
11	기술	3차원 프린터	중학 매3비	2017 중3 학업성취도
12	기술	맴돌이 전류	중학 매3비	2008 6월 고1 전국연합
13	기술	사이펀의 원리	중학 매3비	2008 3월 고1 전국연합
14	기술	엘리베이터의 작동 원리	중학 매3비	2010 6월 고1 전국연합
15	기술	인공 강우 기술	중학 매3비	2009 3월 고1 전국연합
16	기술	지역난방의 원리	중학 매3비	2011 3월 고1 전국연합

독서 이론

구분	세부 영역	지문 내용	매3 출처	기출 출처
1	독서 이론	독서의 가치와 독서법	중학 매3비	2008 중3 학업성취도
2	독서 이론	독서의 과정	중학 매3비	2014 6월 고3 모평
3	독서 이론	독서의 방법	중학 매3비	2013 3월 고1 전국연합

예술

구분	세부 영역	지문 내용	매3 출처	기출 출처
1	미술	미래주의 회화	예비 매3비	2020 3월 고1 전국연합
2	미술	인상주의 화가들 그림의 특징	예비 매3비	2018 3월 고1 전국연합
3	미술	큐비즘(미술 양식)	예비 매3비	2024 3월 고1 전국연합
4	미술	인상파 화가들의 그림	중학 매3비	2013 11월 고1 전국연합
5	음악	국악의 장단	예비 매3비	2021 9월 고1 전국연합
6	음악	선인들의 음악관	중학 매3비	2007 고1 학업성취도
7	영화	영화 속 소리	중학 매3비	2011 3월 고1 전국연합

문법

구분	세부 영역	지문 내용	매3 출처	기출 출처
1	맞춤법	한글 맞춤법의 원리	중학 매3비	2009 3월 고1 전국연합
2	문법	'-겠-'의 쓰임	중학 매3비	2009 6월 고1 전국연합
3	어법	'소개시키다'가 잘못 쓰인 이유	중학 매3비	2009 6월 고2 전국연합

기술

구분	세부 영역	지문 내용	매3 출처	기출 출처
1	기술	CPU의 캐시 기억장치	예비 매3비	2020 9월 고1 전국연합
2	기술	OLED 스마트폰	예비 매3비	2023 3월 고1 전국연합
3	기술	데이터 통신의 오류 검출	예비 매3비	2022 3월 고1 전국연합
4	기술	목제 유물의 제작 연도 측정 방법	예비 매3비	2024 3월 고1 전국연합
5	기술	디지털 워터마킹	예비 매3비	2023 9월 고1 전국연합
6	기술	석빙고의 얼음 보관 방법	예비 매3비	2022 9월 고1 전국연합
7	기술	수소전기차	예비 매3비	2021 9월 고1 전국연합
8	기술	전기레인지	예비 매3비	2019 9월 고1 전국연합
9	기술	제책 기술	예비 매3비	2017 9월 고1 전국연합
10	기술	초고층 건물의 건축 기법	예비 매3비	2018 3월 고1 전국연합

융합

구분	세부 영역	지문 내용	매3 출처	기출 출처
1	인문＋사회	조선 전기 사회의 신분	예비 매3비	2017 6월 고1 전국연합
2	인문＋예술	니체의 예술 철학과 표현주의	예비 매3비	2019 9월 고1 전국연합
3	경제＋심리	심리학을 접목한 행동 경제학	예비 매3비	2019 3월 고1 전국연합
4	경제＋행정	관세 정책	예비 매3비	2020 3월 고1 전국연합
5	경제＋행정	조세	예비 매3비	2018 3월 고1 전국연합
6	정치＋경제	공공 선택 이론	예비 매3비	2023 6월 고1 전국연합
7	과학＋인문	인간의 언어 처리 과정에 대한 이론	예비 매3비	2020 3월 고1 전국연합
8	과학＋기술	PET(양전자 단층 촬영)	예비 매3비	2021 11월 고1 전국연합
9	과학＋기술	지역난방의 원리	예비 매3비	2019 11월 고1 전국연합
10	심리＋경제	네트워크 효과	중학 매3비	2009 3월 고1 전국연합

예비 매3비에 수록된 고1 전국연합학력평가 **결과 분석표**

- 아래 분석표는 『예비 매3비』에 문제가 실린 시험지의 난이도를 짐작할 수 있도록 제시한 것입니다.
- 표준점수 최고점이 낮을수록, 1등급 컷 점수가 높을수록 쉬운 문제라고 생각하면 됩니다.
  (표준점수 최고점이 164점, 1등급 컷이 76점이었던 2022학년도 3월 모의고사는 역대급으로 어려웠던 시험이었음을 짐작할 수 있음.)
- 원점수 등급 컷은 시험 성적 발표 후 원점수 평균 및 표준편차와 표준점수 등급 구분 점수를 통해 추정한 것임을 밝혀 둡니다.
  [단, 2020학년도 3월의 경우는 코로나 19로 인해 온라인 개학에 따른 원격 수업 과정 속에서 치러지면서 전국 단위 공동 채점과 성적 처리가 이루어지지 않아
  등급 컷(원점수)은 입시 기관이 공유한 추정치 평균을 제시함.]

학년도	시행월	주관 교육청	실시 일자	응시 인원	만점자 인원수	만점자 비율	표준점수 최고점	1	2	3	4	5	6	7	8
2024 학년도	3월	서울시	2024. 3. 28	372,665명	607명	0.16%	141	91	85	77	67	55	44	34	24
2023 학년도	3월	서울시	2023. 3. 23	374,762명	4,296명	1.15%	136	95	89	81	70	58	47	36	25
	6월	부산시	2023. 6. 1	322,178명	384명	0.12%	149	87	78	68	57	46	36	27	21
	9월	인천시	2023. 9. 6	377,796명	316명	0.08%	150	84	76	65	54	41	30	22	18
2022 학년도	3월	서울시	2022. 3. 24	210,519명	2명	0.001%	164	76	68	60	52	44	37	30	23
	6월	부산시	2022. 6. 9	293,313명	1,320명	0.45%	142	91	83	73	62	49	37	26	20
	9월	인천시	2022. 8. 31	242,792명	47명	0.02%	155	82	73	63	53	42	32	23	18
	11월	경기도	2022. 11. 23	333,176명	552명	0.17%	145	88	80	70	59	45	33	23	17
2021 학년도	3월	서울시	2021. 3. 23	216,137명	17명	0.01%	160	80	72	63	55	46	38	30	22
	6월	부산시	2021. 6. 3	279,628명	863명	0.31%	140	92	85	75	64	52	39	28	20
	9월	인천시	2021. 8. 31	234,501명	510명	0.22%	142	90	82	73	62	49	35	26	19
	11월	경기도	2021. 11. 24	307,307명	338명	0.11%	146	88	79	70	59	46	35	26	20
2020 학년도	3월	서울시	2020. 4. 24	–	–	–	–	89	83	74	63	52	41	31	24
	6월	부산시	2020. 6. 18	286,968명	465명	0.16%	138	92	86	79	70	59	47	35	23
	9월	인천시	2020. 9. 17	244,631명	1,377명	0.56%	139	93	86	75	64	50	37	26	20
	11월	경기도	2020. 11.19	352,681명	521명	0.15%	141	91	83	73	61	47	33	23	18
2019 학년도	3월	서울시	2019. 3. 7	267,012명	135명	0.05%	147	88	80	72	62	52	43	33	24
	6월	부산시	2019. 6. 4	315,194명	153명	0.05%	150	86	77	66	55	43	32	24	18
	9월	인천시	2019. 9. 4	272,067명	3,325명	1.22%	132	96	91	83	72	58	41	26	20
	11월	경기도	2019. 11. 20	369,055명	997명	0.27%	142	91	82	74	61	47	33	24	18
2018 학년도	3월	서울시	2018. 3. 8	261,175명	1,161명	0.44%	142	92	85	75	63	51	40	31	21
	6월	부산시	2018. 6. 7	307,686명	81명	0.03%	146	86	79	71	61	49	37	27	19
	9월	인천시	2018. 9. 5	267,257명	3,931명	1.47%	132	97	92	84	73	58	42	28	20
	11월	경기도	2018. 11. 21	358,442명	268명	0.07%	148	86	78	68	56	43	31	24	18
2017 학년도	3월	서울시	2017. 3. 9	301,644명	366명	0.12%	147	89	81	71	60	49	40	32	24
	6월	부산시	2017. 6. 1	353,809명	1,232명	0.35%	139	92	86	76	67	56	44	31	22
	9월	인천시	2017. 9. 6	307,037명	106명	0.03%	144	88	81	73	64	52	41	29	20
	11월	경기도	2017. 11. 29	405,833명	584명	0.14%	140	90	83	74	65	52	37	24	18
2016 학년도	11월	경기도	2016. 11. 23	474,857명	2,555명	0.54%	140	93	85	75	63	49	35	25	20

해설 차례

공부한 날	문항 번호	문항 수		제재	내용	난이도 순	출처	문제편
첫날	1~5	5	16	인문	현실요법(상담 이론)	11	2023학년도 6월 고1 전국연합학력평가	p.14
	6~11	6		주제 통합	프로이트의 정신 분석	10	2023학년도 3월 고1 전국연합학력평가	p.16
	12~16	5		인문	한나 아렌트의 정치철학	13	2020학년도 9월 고1 전국연합학력평가	p.19
2일째	1~5	5	16	주제 통합	플라톤과 아리스토텔레스의 예술관	18	2022학년도 3월 고1 전국연합학력평가	p.22
	6~10	5		인문	홍대용의 사상	1	2022학년도 6월 고1 전국연합학력평가	p.24
	11~16	6		주제 통합	관중과 율곡의 군주론	6	2022학년도 11월 고1 전국연합학력평가	p.27
3일째	1~5	5	15	인문	인간의 본성	2	2021학년도 6월 고1 전국연합학력평가	p.30
	6~10	5		인문	명제의 표준 형식	14	2020학년도 6월 고1 전국연합학력평가	p.32
	11~15	5		인문	민본 사상	8	2021학년도 3월 고1 전국연합학력평가	p.34
4일째	1~5	5	14	인문	정서의 본질에 대한 두 이론	17	2018학년도 11월 고1 전국연합학력평가	p.37
	6~9	4		인문	구조주의	4	2021학년도 9월 고1 전국연합학력평가	p.40
	10~14	5		융합(인문 + 예술)	니체의 예술 철학과 표현주의	3	2019학년도 9월 고1 전국연합학력평가	p.42
5일째	1~4	4	13	인문	흄의 경험론	9	2018학년도 3월 고1 전국연합학력평가	p.45
	5~8	4		인문	인성론에 대한 사상가들의 견해	15	2019학년도 6월 고1 전국연합학력평가	p.47
	9~13	5		인문	비트겐슈타인의 철학적 관점	16	2019학년도 11월 고1 전국연합학력평가	p.49
6일째	1~4	4	11	인문	인간의 판단을 돕는 휴리스틱	12	2017학년도 3월 고1 전국연합학력평가	p.52
	5~8	4		인문	하늘에 대한 순자의 주장	5	2018학년도 6월 고1 전국연합학력평가	p.54
	9~11	3		융합(인문 + 사회)	조선 전기 사회의 신분	7	2017학년도 6월 고1 전국연합학력평가	p.56

* '난이도 순'의 번호는 제일 쉬운 지문이 1임.

첫날　　　　　　　　　　　　　　　　　　　　1주차 ▷ 인문/융합/주제 통합

정답　**01** ①　**02** ①　**03** ②　**04** ③　**05** ②
　　　　06 ②　**07** ④　**08** ⑤　**09** ⑤　**10** ②
　　　　11 ②　**12** ③　**13** ②　**14** ①　**15** ④
　　　　16 ①

1~5 인문 : 현실요법(상담 이론)

독해력을 길러 주는 지문 분석

1문단　**문단 요약** 상담 이론인 '현실요법'에서는 인간의 다섯 가지 기본 욕구를 제시하고, 욕구를 충족시키기 위해서 선택한 행동으로 문제가 발생한다면 욕구를 실현 가능한 수준으로 타협하고 조절해 새로운 선택을 할 필요가 있다고 제안했다.

핵심어(구) 상담 이론, 현실요법

중심 내용 상담 이론인 '현실요법'의 내용

2문단　**문단 요약** ('현실요법'에서 제시한 인간의) 다섯 가지 기본 욕구는 생존의 욕구, 사랑의 욕구, 힘의 욕구, 자유의 욕구, 즐거움의 욕구로, 이들 각 욕구가 강한 사람은 다음과 같은 특징을 지닌다.

문단 요약을 참고해 지문 복습을 한번 더!

▼ 인간의 다섯 가지 기본 욕구와 그 특징

기본 욕구	개념	특징
생존의 욕구	사회적 규칙이나 상식을 지키려는 욕구	건강과 안전을 중시함.
사랑의 욕구	사랑하고 나누며 함께 하고자 하는 욕구	타인을 잘 돕고 사랑을 주는 만큼 받는 것도 중요하게 여김.
힘의 욕구	경쟁하여 성취하고 인정받고 싶어 하는 욕구	직장에서의 성공과 명예를 중시하며 자기주장이 강함.
자유의 욕구	얽매이지 않고 벗어나고 싶어 하는 욕구	혼자 하는 것을 좋아하며 사람들과 적정한 거리를 유지하는 것을 편하게 여김.
즐거움의 욕구	새로운 것을 배우고 놀이를 통해 즐기고 싶어 하는 욕구	취미 생활을 즐기며 긍정적 태도를 취하며 배우는 것을 좋아함.

핵심어(구) 다섯 가지 기본 욕구, 생존의 욕구, 사랑의 욕구, 힘의 욕구, 자유의 욕구, 즐거움의 욕구

중심 내용 '현실요법'에서 제시한 다섯 가지 기본 욕구와 그 특징

3문단　**문단 요약** 현실요법에서는 이 다섯 가지 욕구들의 강도가 개인마다 달라 행동 양상이 다양하게 나타나고 여러 가지 갈등을 겪을 수도 있다고 보았다. 그래서 우선 내담자가 자신의 욕구를 들여다볼 수 있도록 한 다음, 약한 욕구를 북돋아 주거나 강한 욕구들을 조절하여 새로운 선택을 하도록 이끈다.

핵심어(구) 다섯 가지 욕구들의 강도가 개인마다 달라, 북돋아 주거나, 조절

중심 내용 현실요법의 상담 방법과 그 적용 사례

4문단 문단 요약 내담자가 <u>스스로 자신의 욕구를 조절할 수</u> 있는 주체라고 보는 관점을 기반으로 한 현실요법은 심리 상담에 널리 활용되고 있다.

핵심어(구) 스스로 자신의 욕구를 조절, 널리 활용

중심 내용 현실요법의 관점과 가치

주제 상담 이론인 현실요법의 이론과 상담 방법 및 그 가치

01 글의 내용 전개 방식의 이해 정답 ①

⊙ ①이 정답인 이유 이 글은 2문단에서 상담 이론인 '현실요법'에서 제시한 다섯 가지 기본 욕구의 개념을 밝히고(위 '독해력을 길러 주는 지문 분석' 참조), 3문단에서 다음과 같이 그 이론의 구체적 적용 사례를 들고 있다.

> • 사랑의 욕구가 강하고 힘의 욕구가 약해 타인의 부탁에 불편해 하면서도 거절하지 못해 괴로워하는 경우: 힘의 욕구를 북돋아 자기주장을 표현할 수 있도록 도움.
> • 자유의 욕구와 힘의 욕구 모두가 강해 자신이 선호하는 것을 방해받으면 불편해하며 주변 사람들과 갈등을 일으킬 경우: 힘의 욕구를 조절하도록 도움.

▶ **정답의 근거** 위 '①이 정답인 이유' 참조

② 상담 이론인 '현실요법'을 소개하고 마지막 문단의 첫 문장(현실요법은 타인의 욕구 충족을 방해하지 않으면서 효과적인 선택을 통해 자신의 욕구를 충족시키려 한다.)에서 이론의 장점을 밝혔다고 볼 수 있다. 그러나 이론이 지닌 한계를 덧붙이고 있지는 않다.

③ '현실요법' 이론이 등장하게 된 사회적 배경이나 이론이 발전하는 과정은 드러내고 있지 않다.

④ '현실요법' 이론과 다른 관점을 지닌 이론은 제시하지 않았다. 따라서 둘의 차이점도 설명하고 있지 않다.

⑤ 2문단에서 '현실요법' 이론의 주요 개념인 기본 욕구를 다섯 가지 유형으로 나누었으나, 추가할 새로운 유형을 소개하고 있지는 않다.

한편, 이 문제는 직접적으로 '글의 전개 방식'을 질문한 것은 아니지만 아래 '개념 ✚'에 제시된 '예시'처럼 '글의 전개 방식'을 질문한 유형임을 알고 복습할 때 '개념 ✚'도 꼭 챙겨 보도록 한다.

개념 ✚ │ 빈출 문제 유형 - 글의 전개 방식

예시 윗글의 전개 방식에 대한 설명 중 가장 적절한 것은?
윗글의 진술 방식으로 가장 적절한 것은?
윗글의 논지 전개 방식으로 가장 적절한 것은?
윗글에서 사용한 설명 방식에 해당하지 <u>않는</u> 것은?

위 문제에서는 직접적으로 '(글의) 전개 방식'에 대해 질문했지만, 발문(문두)에서 '전개 방식(논지 전개 방식, 내용 전개 방식)'이나 '설명 방식', '글쓰기 전략' 등이 제시되지 않아도 서술상의 특징을 묻는 문제가 자주 출제된다(문제편 p.35의 11번, p.43의 10번, p.47의 5번, p.50의 9번, p.76의 1번, p.81의 11번 등).

이 문제 유형은 글쓴이가 글의 내용을 효과적으로 제시하기 위해 어떤 방식을 사용했는지를 파악하라는 것이다. 이때 문제가 긍정 발문('~적절한 것은?')이면 글 전체를 꿰뚫는 방식을 고르면 되고, 부정 발문('~적절하지 <u>않은</u> 것은?')이면 글 전체뿐만 아니라 어느 한 부분에서도 쓰이지 않은 것을 고르면 된다.

그리고 복습할 때 글의 설명 방식(p.127 참조)을 나타내는 개념들에 대한 이해를 바탕으로, 답지에 자주 등장하는 내용을 정리해 두면 이와 같은 유형의 문제를 푸는 데 도움이 된다.

• 대비: '차이'를 밝히기 위해 서로 맞대어 비교하는 것.
• 의의: 중요성, 가치.
• 인과: 원인과 결과의 관계를 파악하는 것.
• 입증: 어떤 증거 따위를 내세워 증명하는 것.
• 쟁점: 논쟁의 중점(중요한 점).
• 절충: 서로 다른 의견이나 관점을 알맞게 조절하는 것.
• 통념: (일반적으로 널리) 통용되는 생각(상념, 개념).

02 세부 내용 확인 정답 ①

⊙ ①이 정답인 이유 3문단에서 '현실요법은 우선 내담자가 자신의 욕구를 들여다볼 수 있도록 한 다음, <u>약한 욕구를 북돋아 주거나</u> 강한 욕구들 사이에서 타협과 조절을 하여 새로운 선택을 하도록 이끄는 단계를 밟는다.'라고 하면서 '사랑의 욕구가 강하고 힘의 욕구가 약한 사람'이 갈등을 느낄 때 '현실요법에서는 힘의 욕구(⋯ 약한 욕구)를 북돋아 자기주장을 표현할 수 있도록 도울 수 있다.'라고 하였다. 약한 욕구를 강한 욕구로 대체(다른 것으로 대신하여 교체함.)해야 하는 것이 아니라 약간 욕구를 북돋아 주어야 갈등에서 벗어날 수 있다는 것이므로, ①은 글의 내용과 일치하지 않는다.

▶ **정답의 근거** 위 '①이 정답인 이유'에서 밑줄 친 부분

나머지 답지들이 글의 내용과 일치하는 근거는 다음과 같다.

② 3문단의 '이 다섯 가지 욕구들의 강도가 개인마다 달라 행동 양상이 다양하게 나타나고'와 일치한다.

③ 4문단의 '이는 내담자가 외부 요인에 의해 통제되는 존재가 아니라 <u>스스로 자신의 욕구를 조절할 수 있는 주체</u>라고 보는 관점을 기반으로 한다.'와 일치한다.

④ 1문단의 '이 이론(현실요법)에서는 <u>개인의 모든 행동은 기본 욕구를 충족시키기 위해서 그 자신이 선택하는 것</u>이라 보았다.'와 일치한다.

⑤ 1문단의 '만약 이러한 선택으로 문제가 발생한다면 (현실요법에서는) 다섯 가지 기본 욕구를 실현 가능한 수준으로 타협하고 조절해 새로운 선택을 할 필요가 있다고 제안했다.'와 일치한다.

> 문제 옆에 있는 **분석쌤 강의**
> 복습할 때 꼭 챙겨 보자!

예시 37. 윗글의 내용과 일치하는 것은?

④ 부분 명제 중에서 그 양의 정도가 다른 것을 나타낼 수 있는 방법이 없다는 점은 고전 논리의 한계로 볼 수 있다.

– 2020학년도 6월 고1 전국연합학력평가(문제편 p.33의 6번)

발문(문두)이 '윗글의 내용과 일치하는(또는 일치하지 않는) 것은?', '윗글에 대한 이해로 적절하지 않은 것은?'으로 된 문제로, 국어 영역 비문학(독서) 영역에서 자주 출제되는 문제 유형이다. 지문에 정답과 오답의 근거가 그대로 제시되어 있는 경우가 많아 어렵지는 않지만, 문제 푸는 요령을 익혀 두지 않으면 문제 풀이 시간이 많이 걸리거나 실수로 틀릴 수 있다. 따라서 이 유형의 문제에서 답지가 구성되는 원리, 실수하지 않는 전략을 알아 두는 것이 좋다.

❶ 서술어를 반대의 의미로 바꾸어 제시하는 경우

– 2015학년도 3월 고1 전국연합학력평가

[지문] 변동 비용은 제품 생산량이 늘어남에 따라 증가한다.

(3문단)

[답지] ② 변동 비용은 제품 생산량이 늘어남에 따라 감소한다.

(→ 일치하지 않는 내용)

➡ 지문에 제시된 정보에서 서술어를 반대의 의미로 바꾸어 제시한 경우, 답지를 끝까지 꼼꼼하게 읽지 않으면 틀리게 되므로 주의해야 한다.

❷ 두 대상을 비교하는 경우

– 2017학년도 11월 고1 전국연합학력평가(문제편 p.146의 12번)

[지문] 혈액을 폐로 보내는 것보다 몸 전체로 보낼 때 더 강한 힘이 필요하므로 좌심실 벽이 우심실 벽보다 더 두껍다.(2문단)

[답지] ① 우심실 벽이 좌심실 벽보다 더 두껍다.

(→ 일치하지 않는 내용)

➡ 'A가 B보다 C하다(두껍다, 얇다, 높다, 낮다, 크다, 작다 등).'와 같은 진술에서 A와 B가 서로 바뀌었는지를 잘 확인해야 한다. 위 문제의 경우 지문에서는 'A(좌심실 벽)가 B(우심실 벽)보다 더 두껍다.'라고 했는데, 답지에서는 A와 B의 순서를 바꾸어 'B가 A보다 더 두껍다.'라고 함으로써 일치하지 않는 내용이 되게 하였다. 'B보다 A가 C하다.'는 'A가 B보다 C하다.'와 같은 진술이라는 것도 짚고 넘어가자.

❸ 표현이나 어휘를 바꾸어 제시하는 경우

– 2016학년도 3월 고1 전국연합학력평가

[지문] 소비자들은 광고를 통해 자신이 선택한 제품의 장점을 재확인하거나 새로운 선택 이유를 찾아내려고 하는 것이다.

(3문단)

[답지] ① 제품을 구매한 소비자는 자신이 구매한 제품의 광고에 더 이상 주목하지 않는다. (→ 일치하지 않는 내용)

➡ 지문의 정보를 다른 어휘나 표현으로 바꾸어서 제시하는 경우이다. 구체적 사례를 추상적 어휘로 바꾸거나, 추상적 어휘를 구체적 어휘로 바꾸는 경우도 있다. 이렇게 어휘나 표현을 바꾸어 제시했을 때, 지문과 답지의 정보가 서로 일치하는지, 불일치하는지를 잘 따져야 한다. 특히 지문과 답지의 정보가 서로 일치하는 경우인데도 지문에 해당 정보가 없거나 다른 정보라고 잘못 판단하지 않도록 주의해야 한다.

03 구체적 내용의 추론

정답 ②

ㅇ ②가 정답인 이유 ㉠은 '사랑의 욕구가 강하고 힘의 욕구가 약한 사람'의 문제 상황을 해결하는 현실요법의 방법이다. 따라서 ㉠에서 전제한 문제 상황과 그 해결 방법, 그리고 이와 관련된 '사랑의 욕구 및 힘의 욕구'의 특징을 확인해 보자.

> [문제 상황] 사랑의 욕구가 강하고 힘의 욕구가 약한 사람이 타인의 부탁에 불편함을 느끼면서도 거절하지 못해 괴로워함.
>
> ⬇
>
> [해결 방법] ㉠(힘의 욕구를 북돋아 자기주장을 표현할 수 있도록 돕는다.)

[관련 내용: 지문의 2문단]
• (사랑의 욕구가 강한 사람은) 사랑을 주는 만큼 받는 것도 중요하게 여기기에 인간관계에서 힘들어하기도 한다.
• (힘의 욕구가 강한 사람은) 자기가 옳게 여기는 것에 대한 의지가 있어 자기주장이 강하며 타인에게 지시하는 일에 능하다.

결국 '힘의 욕구가 약한 사람'에게 '힘의 욕구를 북돋아' 주면, 자기주장이 강해지게 된다. 그래서 타인의 부탁을 거절하거나 불편하다는 자기주장을 할 수 있게 될 것이므로, ②는 ㉠의 구체적인 방법으로 적절하다.

▶ **정답의 근거** 2문단의 '('힘의 욕구'가 강한 사람은) 자기가 옳게 여기는 것에 대한 의지가 있어 자기주장이 강하며 타인에게 지시하는 일에 능하다.'

㉠은 힘의 욕구가 약한 경우에 적용하는 방법이라는 점을 염두에 두고 나머지 답지들이 적절하지 않은 이유도 살펴보자.

① 3문단 끝의 '이 경우(자유의 욕구와 힘의 욕구 모두가 강한 경우) 힘의 욕구를 조절하도록 이끌 수 있는데, 타인과의 사소한 의견 충돌 상황에서 자기주장을 강조하기보다는 타인의 마음을 헤아리고 그 의견을 겸허하게 수용하는 연습을 하게 할 수 있다.'로 보아, 힘의 욕구가 강한 경우에 적용할 수 있는 구체적 방법이다.

③ 2문단의 '이 욕구(자유의 욕구)가 강한 사람은…혼자 하는 것을 좋아하며, 사람들과 적정한 거리를 유지하는 것을 편하게 여긴다.'로 보아, 자유의 욕구가 약한 경우에 적용할 수 있는 구체적 방법이다.

시간 부족 문제,

매일 **3**개씩 **비**문학 지문으로 제대로 채점법과 복습법을 지키며 공부하면 해결할 수 있습니다.

④ '타인과의 약속'은 '사회적 규칙'에 해당하는 것으로, **2문단**의 '(생존의 욕구는) 사회적 규칙이나 상식을 지키려는 욕구이며'로 보아, 생존의 욕구가 약한 경우에 적용할 수 있는 구체적 방법이다.

⑤ **2문단**의 '(사랑의 욕구는) 사랑하고 나누며 함께하고자 하는 욕구이다.'와 '이 욕구(즐거움의 욕구)가 강한 사람은 취미 생활을 즐기며'로 보아, 사람들과 어울리게 하는 것은 사랑의 욕구와 즐거움의 욕구 모두가 약한 경우에 적용할 수 있는 구체적 방법이다.

04 구체적 상황에의 적용

정답 ③

🅾 **③이 정답인 이유** 〈보기〉의 표에서 '다섯 가지 기본 욕구 측정 항목'의 내용들을 바탕으로, (가)~(마)에 해당하는 기본 욕구가 무엇인지부터 확인해 보자.

구분	〈보기〉의 표	기본 욕구	근거 - 2문단
(가)	남의 지시와 잔소리를 싫어하고, 자신의 방식대로 살고 싶어함.	➡ 자유의 욕구	자신을 구속시키는 것을 싫어한다. 혼자 하는 것을 좋아하며~
(나)	다른 사람의 잘못을 잘 짚어 주고, 내 분야에서 최고가 되고 싶어함.	➡ 힘의 욕구	타인에게 지시하는 일에 능하다. 경쟁하여 성취하고 인정받고 싶어 하는 욕구이다.
(다)	친구를 위한 일에 기꺼이 시간을 내고, 친절을 베푸는 것을 좋아함.	➡ 사랑의 욕구	사랑하고 나누며 함께하고자 하는 욕구이다. 타인을 잘 돕고~
(라)	큰 소리로 웃는 것을 좋아하고, 여가 활동으로 알찬 휴일을 보냄.	➡ 즐거움의 욕구	새로운 것을 배우고 놀이를 통해 즐기고 싶어 하는 욕구이다. 잘 웃고~
(마)	균형 잡힌 식생활을 하려고 노력하고, 저축을 중요하게 생각함.	➡ 생존의 욕구	건강과 안전을 중시하는 편, 모으려는 욕구이기도 하다.

이를 바탕으로 ③을 살피면, (나)에서 '힘의 욕구'의 강도는 A가 4이고 B가 1인데, 4는 '강하다'이고, 1은 '매우 약하다'라고 했으므로 A는 B보다 '힘의 욕구'가 더 강하다(더 약하다 ✗)고 할 수 있다.

▶ **정답의 근거** 위 '③이 정답인 이유'에서의 표
나머지 답지들이 적절한 이유도 확인해 보자.
① A는 (라)의 '즐거움의 욕구'의 강도가 1이고, (나)의 '힘의 욕구'의 강도가 4이므로, 즐거움의 욕구보다 힘의 욕구가 더 강하다고 할 수 있다.
② B는 (나)의 '힘의 욕구'의 강도가 1이고, (마)의 '생존의 욕구'의 강도가 5이므로, '힘의 욕구'가 '생존의 욕구'보다 더 약하다고 할 수 있다.
④ A와 B는 모두 (가)의 '자유의 욕구'의 강도가 5로, '자유의 욕구'가 매우 강하다고 할 수 있다.

⑤ A는 (다)의 '사랑의 욕구'(강도 5)가 (라)의 '즐거움의 욕구'(강도 1)보다 강하지만, B는 (라)의 '즐거움의 욕구'(강도 3)가 (다)의 '사랑의 욕구'(강도 1)보다 강하다고 할 수 있다.

05 사전적 의미의 파악

정답 ②

🅾 **②가 정답인 이유** 단어의 사전적 의미를 묻는 문제도 '어휘 문제 3단계 풀이법'을 적용한다.

• 1단계(핵심 간추리기): ⓑ(도달)가 포함된 문장에서 ⓑ의 의미를 이해할 수 있는 핵심 어구만 간추린다.

> 높은 사회적 지위에 도달하기 위해 노력한다.
> → 높은 사회적 지위에 도달하다.

• 2단계(대입하기): 답지에 제시된 뜻풀이를 ⓑ의 자리에 대입해 자연스러운지의 여부를 살핀다.

> 높은 사회적 지위에 (사람이) 자라서 점점 커지다.

• 3단계('매3어휘 풀이' 떠올리기): '도달(ⓑ)'과 바꿔 쓸 수 있는 말과 '도달'이 들어가는 말을 떠올려 보자.

> • '도달'과 바꿔 쓸 수 있는 말: 이름(이르다), 다다름(다다르다), 도착함(도착하다)
> • '도달'이 들어가는 말: 국어 1등급에 도달하다, 목적지에 도달하다.

→ '도달'의 의미는 '목표로 정한 곳이나 수준에 이름(다다름, 도착함)'으로, '자라서 커지다'의 의미는 담고 있지 않다. 참고로 '사람이나 동식물 따위가 자라서 점점 커짐.'의 뜻을 나타내는 말은 '성장'이다.

▶ **정답의 근거** 위 '②가 정답인 이유' 참조
나머지 어휘들의 사전적 의미는 적절한데, '어휘 문제 3단계 풀이법'을 적용해 그 의미를 한 번 더 새기도록 하자.

구분	핵심 간추리기	대입하기	'매3어휘 풀이' 떠올리기
ⓐ	새로운 선택을 할 필요가 있다고 제안하다.	새로운 선택을 할 필요가 있다고 안이나 의견으로 내놓다.	• 안(제안, 의견)으로 제시함. • 함께 공부하자고 제안하다. 제안을 받아들이다.
ⓒ	자신이 선호하는 것을 우선시하다.	자신이 여럿 가운데서 특별히 가려서 좋아하는 것을 우선시하다.	• 여럿 중에서 특별히 가려서(선별) 좋아함(애호). • 아파트 선호 현상
ⓓ	타인의 의견을 겸허하게 수용하다.	타인의 의견을 스스로 자신을 낮추고 비우는 태도가 있게 수용하다.	• 겸손함. 자기를 낮추고 내세우지 않음. • 겸허한 태도
ⓔ	심리 상담에 널리 활용되다.	심리 상담에 널리 충분히 잘 이용되다.	• 잘 이용(사용)함. • 자투리 시간을 잘 활용하다. 공간 활용 방안

독해력을 길러 주는 지문 분석

(가) 권석만, 「인간 이해를 위한 성격 심리학」

1문단 문단요약 인간의 정신이 의식으로 이루어졌다고 주장하는 분트의 실험심리학과 달리, 프로이트는 인간에게 의식과는 다른 무의식 세계가 있다는 것을 발견하여, 정신분석이론을 통해 무의식의 지배를 받는 인간의 정신세계를 규명하려 하였다.

핵심어(구) 프로이트, 무의식 세계, 인간의 정신세계를 규명

중심 내용 인간의 정신세계를 규명하려 한 프로이트

2문단 문단요약 프로이트는 인간의 정신세계 중 대부분은 무의식이 차지하는데, 무의식의 심연에 '원초아'가 있고, 무의식과 의식에 걸쳐 '자아'와 '초자아'가 있다고 보았다.

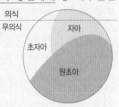

원초아	자아	초자아
성적 에너지를 바탕으로 본능적인 욕구를 충족하려는 선천적 정신 요소	지연되거나 좌절된 원초아의 욕구를 사회적으로 용인될 수 있는 방법으로 충족하려는 정신 요소	도덕률에 따라 원초아의 욕구를 억제하고 양심에 따라 행동하도록 하는 후천적인 정신 요소

핵심어(구) 프로이트, 인간의 정신세계, 무의식, 원초아, 자아, 초자아

중심 내용 프로이트가 본 인간의 정신세계의 구성 요소

3문단 문단요약 원초아, 자아, 초자아는 상호작용하면서 개인의 성격을 형성하는데, 정신적 균형을 이루기 위해서는 조정하는 역할을 하는 자아의 발달이 중요하다. 만일 정신 요소의 균형이 깨져 불안감이 생기면 자아는 수용하기 힘든 욕구를 무의식 속에서 억압하거나 예술과 같이 가치 있는 활동으로 전환하는 승화 등 무의식적으로 방어기제를 사용하게 된다.

핵심어(구) 정신적 균형, 자아의 발달이 중요, 억압, 승화, 무의식적으로 방어기제를 사용

중심 내용 정신적 균형을 이루기 위한 자아의 역할

4문단 문단요약 프로이트는 무의식적 요소가 성격 형성에 큰 영향을 주며, 성인의 정신 질환을 어린 시절의 심리적 갈등이 재현된 것이라고 주장하는 등 무의식에 대한 탐구를 통해 인간 이해의 지평을 넓혔다는 평을 받고 있다.

핵심어(구) 무의식에 대한 탐구, 평(가)

중심 내용 프로이트의 무의식에 대한 탐구가 갖는 의의

주제 무의식에 기반한 프로이트의 정신분석이론의 내용과 그 의의

(나) 이부영, 「분석심리학 이야기」

1문단 문단요약 융은 무의식을 원초적 욕구나 해결되지 못한 갈등의 창고로만 본 프로이트의 정신분석이론에 반기를 들고, 무의식을 인간이 잠재적 가능성을 실현할 때 필요한 창조적인 에너지의 샘으로 보고 분석심리학을 주장하였다.

핵심어(구) 융, 프로이트의 정신분석이론에 반기, 분석심리학을 주창

중심 내용 프로이트의 정신분석이론에 반기를 든 융의 분석심리학

2문단 문단요약 융은 정신세계의 가장 바깥쪽에는 의식이, 그 안쪽에는 개인 무의식이, 그리고 맨 안쪽에는 집단 무의식이 순서대로 자리 잡고 있다고 보았다.

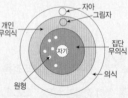

의식	개인 무의식	집단 무의식
• 생각이나 감정, 기억과 같이 인간이 직접 인식할 수 있는 영역 • 의식을 지배하면서 무의식과 교류하는 '자아'가 존재함.	• 의식에 의해 배제된 생각이나 감정, 기억 등이 존재하는 영역 • 자아에 의해 억압된 '또 하나의 나'인 '그림자'가 존재함.	• 태어날 때부터 누구나 가지고 있는 원초적이며 보편적인 무의식 • 진화를 통해 축적되어 온 인류의 경험이 '원형'의 형태로 존재함.

핵심어(구) 융, (인간의) 정신세계, 의식, 개인 무의식, 집단 무의식

중심 내용 융이 본 인간의 정신세계의 구성 요소

3문단 문단요약 융은 집단 무의식의 가장 안쪽에 개인의 근원적인 모습인 '자기'가 존재하는데, 자아가 무의식 속의 그림자, 원형들을 발견하고 대립을 벗어나 하나의 정신으로 통합되면서 심연 속의 '자기'를 발견하면 자신의 정체성을 찾게 된다(개별화)고 보았다.

핵심어(구) 자기, 자아, 정체성

중심 내용 융의 분석심리학의 특징 – 자아의 자기 발견

주제 프로이트의 정신분석이론에 반기를 든 융의 분석심리학

★ (가), (나): 유사한 화제(인간의 정신세계)에 대해 서로 다른 관점을 지닌 글
  • (가) 프로이트의 정신분석이론: 무의식을 의식에서 수용할 수 없는 원초적 욕구로 봄.
  • (나) 융의 분석심리학: 무의식을 인간이 잠재적 가능성을 실현할 때 필요한 창조적인 에너지의 샘으로 봄.

06 글의 전개 방식 이해

정답 ②

◎ ②가 정답인 이유 (가)의 1문단에서는 인간의 정신세계가 의식으로 이루어져 있다고 본 '분트'와 달리, 인간에게 의식과는 다른 무의식 세계가 있고, 인간은 무의식의 지배를 받는 것으로 간주하여 인간의 정신세계를 규명한 '프로이트'의 정신분석이론을 소개하고 있다.

그리고 (나)의 1문단에서는 무의식을 단지 의식에서 수용할 수 없는 원초적 욕구나 해결되지 못한 갈등의 창고로만 본 '프로이트'와 달리, 무의식을 인간이 잠재적 가능성을 실현할 때 필요한 창조적인 에너지의 샘으로 본 '융'의 분석심리학을 소개하고 있다. 따라서 ②는 (가)와 (나)의 공통점으로 적절하다.

▶ **정답의 근거** (가)의 1문단의 '그러나 프로이트는'과 (나)의 1문단의 '프로이트와 달리, 융은'

가장 많이 질문한 오답은? ①

X **①이 오답인 이유** ①에 답한 학생들이 아주 많았다. (가)의 프로이트와 (나)의 융이 무의식에 대해 다른 견해를 가지고 있는 것은 맞다. 하지만 (가)와 (나) 각각에서 무의식에 대한 상반된 견해를 제시하고 있지 않으며 무의식을 주장한 이론에 대한 '상반된 평가'를 제시하고 있지도 않다.

③ (가), (나)에서 인간의 무의식을 설명한 이론(정신분석이론, 분석심리학)을 소개하고 있으나, (가), (나) 모두 이 이론이 등장하게 된 역사적 사건을 소개하고 있지는 않다.

④ (가), (나) 모두 인간의 정신 질환을 분류하고 있지 않고, 따라서 각각의 특징을 설명한 이론을 제시하고 있지 않다.

⑤ (가), (나) 모두 인간의 정신세계를 설명한 이론을 제시하고 있지만, 이 이론이 다른 학문 영역에 미친 영향을 분석하고 있지는 않다.

07 관점의 적용
정답 ④

O **④가 정답인 이유** (가)의 4문단에서 프로이트는 '성인의 정신 질환을 어린 시절의 심리적 갈등이 재현(p.41 참조)된 것'으로 보았다고 했다. 따라서 ㉑에 대해 프로이트는 유년기의 불안이 재현된 것으로 볼 것이다.

하지만 융의 경우, (나)의 3문단에서 '자아와 그림자'가 '통합되면서 정신적 균형을 이루는 과정'에서 '개인은 내면의 성숙을 이루며 자신의 정체성(p.38 참조)을 찾게 된다.'고 했다. 따라서 ㉑(헤세의 우울증)에 대해 융은 자아와 그림자가 통합된 것으로 보지 않을 것이다.

▶ **정답의 근거** (나)의 3문단

가장 많이 질문한 오답은? ③, ⑤ 순

X **③이 오답인 이유** (가)의 3문단에서 프로이트는 '자아는 이(불안감)를 해소하기 위해 무의식적으로 방어기제를 사용하게 된다.'고 했고, '대표적인 방어기제로는 억압이나 승화 등이 있'는데, '승화는 그러한 욕구를 예술과 같이 가치 있는 활동으로 전환하는 것을 의미한다.'고 했다. 따라서 프로이트는 ㉺(작품 창작을 하며 불안에서 벗어남)에 대해 '승화'로 볼 것으로 추론할 수 있다. 융의 경우, (나)의 1문단에서 '무의식을 인간이 잠재적 가능성을 실현할 때 필요한 창조적인 에너지의 샘으로 보았다'고 것에서, ㉺(잠재된 문학적 재능을 발휘하여 불안에서 벗어남)에 대해 융은 무의식의 창조적 에너지가 발현된 것으로 볼 것으로 추론할 수 있다.

X **⑤가 오답인 이유** (나)의 3문단에서 융은 '자아가 성찰을 통해 무의식의 심연*에 존재하는 자기를 발견'하는 과정에서 '개인은 내면의 성숙을 이루며 자신의 정체성을 찾게 된다.'고 했다. 따라서 ㉻(성찰적 글쓰기 활동 속에서 심리적 안정감을 느낌)에 대해 융은 헤세가 자기를 발견하는 과정에서 심리적 안정감을 느낀 것으로 볼 것으로 추론할 수 있다.

> *심연(深淵, 깊을 심·연못 연): 깊은 연못. '마음속의 깊은 곳'을 비유적으로 이르는 말.

나머지 답지들에 답한 학생들은 드물었지만, 이들 답지들이 오답인(적절한) 이유도 살펴보자.

① (가)의 2문단에서 프로이트는 '초자아는 도덕률에 따라 원초아의 욕구를 억제하고 양심에 따라 행동하도록 하는 정신 요소로, 어린 시절 부모의 종교나 가치관 등을 내재화하는 과정에서 후천적으로 발달한다.'고 했다. 따라서 ㉮에 대해 프로이트는 헤세의 엄격한 집안 분위기는 헤세의 초자아가 발달하는 데 영향을 주었다고 볼 것으로 추론할 수 있다.

② (가)의 3문단에서 프로이트는 '자아는 원초아와 초자아의 요구 사이에서 이를 조정하는 역할을 하기 때문에' '자아가 제 역할을 하지 못하면 정신 요소의 균형이 깨져 불안감이 생'긴다고 했다. 따라서 ㉯에 대해 프로이트는 헤세의 불안감을 원초아와 초자아의 요구를 자아가 제대로 조정하지 못한 결과라고 볼 것으로 추론할 수 있다.

08 세부 정보의 확인
정답 ⑤

O **⑤가 정답인 이유** (가)의 3문단에서 프로이트는 '자아가 제 역할을 하지 못하면 정신 요소의 균형이 깨져 불안감이 생기는데, 자아는 이를 해소하기 위해 무의식적으로 방어기제를 사용하게 된다.'고 했고, '대표적인 방어기제로는 억압이나 승화 등이 있다.'고 했다. 여기에서 프로이트는 억압이나 승화는 무의식적으로 사용하는 방어기제(방어하기 위한 작용)라고 했을 뿐 '의식적으로 사용하는 방어기제와 무의식적으로 사용하는 방어기제를 구분'하고 있지 않다.

▶ **정답의 근거** 위 '⑤가 정답인 이유' 참조

나머지 답지들이 오답인(일치하는) 근거도 (가)에서 찾아보자.

① 1문단의 '분트는 인간의 정신세계가 의식으로 이루어져 있다고 보고, ~'와 일치하는 내용이다.

② 1문단의 '그(프로이트)는 인간을 무의식의 지배를 받는 비합리적 존재로 간주하고~'와 일치하는 내용이다.

③ 3문단의 '원초아가 강할 때는 본능적인 욕구에 집착하는 충동적인 성격이, ~ 나타난다.'와 일치하는 내용이다.

④ 3문단의 '원초아, 자아, 초자아는 역동적으로 상호작용하면서 개인의 성격을 형성한다.'와 일치하는 내용이다.

09 두 이론의 공통점 파악
정답 ⑤

O **⑤가 정답인 이유** (가)의 3문단 '자아는 원초아와 초자아의 요구 사이에서 이를 조정하는 역할을 하기 때문에, 정신적 균형을 이루기 위해서는 자아의 발달이 중요하다.'와 (나)의 3문단 '자아가 무의식의 심연에 존재하는 자기를 찾아가는 과정은 정신세계를 구성하는 자아와 그림자, 그리고 여러 원형들이 대립에서 벗어나 하나의 정신으로 통합되면서 정신적 균형을 이루는 과정이라 할 수 있다.'에서 ⑤는 정신분석이론과 분석심리학에서 모두 동의하는 진술임을 알 수 있다.

▶ **정답의 근거** (가)와 (나)의 3문단

가장 많이 질문한 오답은? ①

X **①이 오답인 이유** (가)의 2문단에서 프로이트는 '무의식에서 의식에 걸쳐 '자아'와 '초자아'가 존재한다고 보았다.'(동의 O)고 했으나, (나)의 2문단에서 융은 '정신세계의 가장 바깥쪽에는 의식이, 그 안쪽에는 개인 무의식이, 그리고 맨 안쪽에는 집단 무의식이 순서대로 자리 잡고 있고, 의식에 '자아'가 존재(동의 X)한다고 했다.

나머지 답지들도 '정신분석이론'과 '분석심리학'에서 동의할 수 있는 진술인지를 따져 보자.

	(가)의 '정신분석이론'	(나)의 '분석심리학'
②	동의 X → 2문단(원초아 O, 자아와 초자아는 X)	동의 X → 1문단의 둘째 문장
③	동의 X → 4문단의 첫째 문장	동의 △ → 2문단(집단 무의식 O)
④	동의 X → 열등한 자아가 존재 X	동의 X → 열등한 자아가 존재 X

10 핵심 개념의 이해
정답 ②

O **②가 정답인 이유** ㉠ 바로 앞에서 ㉠(무의식을 의식화하는 과정)은 '의식에 존재하는 자아가 무의식과 끊임없이 상호작용하며 무의식의 영역을 의식으로 통합하는 과정'이라고 했고, 이 과정을 통해 개별화가 이루어진다고 했으며, '개별화'는 '자아가 성찰을 통해 무의식의 심연에 존재하는 자기를 발견하면, 인간은 비로소 타인과 구별되는 고유한 존재'가 되는 것이라고 했다. 그리고 '자기'는 '정신세계에 내재하는 개인의 근원적인 모습이라고 할 수 있다.'고 했으므로 ㉠은 '자신의 근원적인 모습'인 '자기'를 찾아 나가는 '개별화의 과정'으로 볼 수 있다.

▶ **정답의 근거** ㉠의 앞 내용

가장 많이 질문한 오답은? ④

X **④가 오답인 이유** ④에 답한 학생들이 많았다. 하지만 ㉠ 바로 앞에서 ㉠(무의식을 의식화하는 과정)은 '의식에 존재하는 자아가 무의식과 끊임없이 상호작용하며 무의식의 영역을 의식으로 통합하는 과정'(무의식이 의식에서 분화 X)이라고 했다.

① ㉠ 앞에서 ㉠은 '무의식의 영역을 의식으로 통합하는 과정'이라고 했으므로 의식을 확장하는 과정으로 볼 수 있다. 하지만 '타인과의 경계를 허무는 과정'이 아니라 '타인과 구별되는' 고유한 존재가 되는 과정이다.

③ ㉠ 앞과 뒤에서 ㉠은 '의식에 존재하는 자아가 무의식과 끊임없이 상호작용하며 무의식의 영역을 의식으로 통합하는 과정'이고, 이 과정은 '정신적 균형을 이루는 과정'(무의식의 욕구가 억눌리는 과정 X)이라고 하였다.

⑤ (나)의 2문단에서 개인 무의식은 의식에 의해 배제된 기억이 존재하는 영역이고, 집단 무의식에는 인류의 경험이 '원형'의 형태로 존재한다고 했으나, 과거의 경험들을 반복하는 것은 '무의식을 의식화하는 과정'과 관련이 없다.

11 사전적 의미 파악
정답 ②

O **②가 정답인 이유** 사전적 의미를 파악하는 문제도 '어휘 문제 3단계 풀이법'을 적용한다.

• 1·2단계: ⓑ의 의미를 이해할 수 있는 핵심만 간추린 후, 답지에 제시된 뜻풀이를 ⓑ의 자리에 대입해 보자.

> • 욕구를 가치 있는 활동으로 전환하다.
>   주기적으로 자꾸 되풀이하여 돌다.

→ '전환'하는 것은 바꾸고 변경하는 것으로, '되풀이하여 도는 것'의 의미는 담고 있지 않다. 3단계를 적용하여 한 번 더 정답 여부를 확인해 보자.

• 3단계: '매3어휘 풀이'를 떠올려 보자.

> • '전환'과 바꿔 쓸 수 있는 말: 바꾸다, 변경하다
> • '전환'이 들어가는 말: 암기 위주의 공부에서 이해 중심의 공부로 전환했다.

→ '전환'하는 것은 방향이나 상태 등을 바꾸는 것이다. '주기적으로 자꾸 되풀이하여 돎.'의 뜻을 지닌 말은 '순환'이다.

▶ **정답의 근거** 위 '②가 정답인 이유' 참조

나머지 어휘들의 의미도 '3단계 풀이법'을 적용해 익히자.

구분	핵심 간추리기	대입하기	'매3어휘 풀이' 떠올리기
ⓐ	인간의 정신세계를 규명하다.	인간의 정신세계를 자세히 따져서 바로 밝히다.	• 따져서 명확하게 함. • 원인을 규명하다.
ⓒ	기존의 이론에서 간과한 무의식	기존의 이론에서 큰 관심 없이 대강 보아 넘긴 무의식	• 대수롭지 않게 보아(看, 볼 간) 넘김(통과). 놓침. • 문제의 심각성을 간과하다.
ⓓ	의식에 의해 배제된 생각	의식에 의해 받아들이지 아니하고 물리쳐 제외된 생각	• 배척하고 제외함. • 주관적인 생각을 배제하다.
ⓔ	자신의 또 다른 모습과 대면하다.	자신의 또 다른 모습과 서로 얼굴을 마주 보고 대하다.	• 대함. 마주함. 만남. 卽 비대면 • 대면 접촉, 대면 수업

독해력을 길러 주는 지문 분석

1문단 문단요약 한나 아렌트는 정치를 어떤 관점에서 사유해야 하는지, 그래서 어떻게 현실을 이해해야 하는지에 대한 정치철학적 지평을 열어 준 철학자이다. 아렌트에 따르면 정치는 공적인 것에서부터 출발하고 공적인 것을 추구한다. 그녀는 인간의 세 가지 활동(노동, 작업, 행위) 중 '행위'만이 타인의 지속적인 현존을 전제 조건으로 삼으며 행위가 이루어지는 곳이 공적 영역이라고 규정한다.

▼ 한나 아렌트가 제시한 인간의 활동 세 가지

노동	작업	행위
• 세 가지 활동은 긴밀하게 연결되어 인간의 실존을 가능하게 함.		
• 생물학적 욕구를 충족시키는 동물적 활동 • 생존을 위해 필요한 생산과 소비의 끊임없는 순환 과정 속에 종속된 것	• 자연과 구분되는 인간 세계를 구축하는 활동 • 단순한 생존을 넘어서 삶의 편의를 위해 물건과 결과물을 만드는 것	• 다수의 사람들과 공동의 관심사에 대해 의견을 나누는 활동 • 다른 존재들과 상호 소통하며 자신의 존재를 드러내는 것
• 혼자서 할 수 있음. • 사적인 것		• 혼자서는 할 수 없음. • 공적인 것

핵심어(구) 한나 아렌트, 정치, 행위
중심 내용 한나 아렌트가 본 '정치'의 특성과 '행위'의 속성

2문단 문단요약 아렌트는 공적 영역과 사적 영역의 공간적 분리 모델을 고대 그리스의 가정과 폴리스의 구분에서 찾았는데, 가정은 노동과 작업이 이루어지는 사적 영역으로 필연성의 지배를 받으며 가장을 중심으로 의견이 일치하는 획일성이 지배하는 불평등의 공간인 데 반해, 폴리스는 공적 영역으로서 행위가 이루어지는 자유의 공간으로 인식했다. 가정 밖으로 나온 시민들은 폴리스에서 다른 시민들을 만나 함께 공적인 문제를 자유롭게 논의하고 결정했는데, 아렌트는 이러한 행위가 바로 정치이고, 정치의 본질을 자유의 실현이라고 생각했다.
핵심어(구) 정치의 본질을 자유의 실현
중심 내용 아렌트의 견해 (1)-정치의 본질은 자유의 실현임.

3문단 문단요약 아렌트는 고대 그리스에서 가정에서의 사적 영역 활동이었던 경제 활동(노동)이 근대 이후에 '사회'가 출현하면서 공적 영역으로 옮겨가게 되었고, 이로써 공적 영역과 사적 영역의 경계가 허물어져 정치의 의미가 왜곡되었다고 진단한다.
핵심어(구) 근대 이후에 '사회'가 출현, 정치의 의미가 왜곡
중심 내용 아렌트의 견해 (2)-근대 이후 사회의 출현으로 정치의 의미가 왜곡됨.

4문단 문단요약 아렌트는 행위가 일어날 수 있는 가능성이 배제된다는 것이 사회의 문제점이라고 보았다. 인간 삶의 모든 것을 경제적 가치가 지배하는 근대 사회가 등장하면서 공적인 공간에서 사람들은 사적인 이익만을 추구하는 '행동'을 하게 되었고, 다양한 관점을 가질 수 없게 되었다. 공적 영역에서만 행위와 자유 실현의 가능성을 찾을 수 있기에 아렌트는 이것이 공적 영역을 우리가 회복하고 보존해야 하는 이유라고 말한다.
핵심어(구) 사회의 문제점, 공적 영역을 우리가 회복하고 보존해야 하는 이유
중심 내용 아렌트의 견해 (3)-행위와 자유 실현이 가능한 공적 영역을 회복하고 보존해야 함.

▼ 한나 아렌트가 본 '행위'와 '행동'의 개념 차이

행위	행동
• 다수의 사람들과 공동의 관심사에 대해 의견을 나누는 활동 • 공적인 공간에서 공적인 문제를 자유롭게 논의하고 결정하는 것 • 정치의 본질(자유) 실현이 가능함.	• 근대 이후에 사회가 등장하며 새롭게 나타난 활동 • 공적인 공간(사회)에서 오로지 사적인 이익만을 추구하는 것 • 정치의 본질(자유) 실현이 박탈됨.

주제 한나 아렌트의 정치철학

12 글의 내용 전개 방식 이해 정답 ③

○ ③이 정답인 이유 이 글은 한나 아렌트(정치 철학자)가 밝힌 정치와 관련된 이론을 제시하고 있는데, 1·2문단에서 아렌트는 인간의 활동 중 '행위'가 이루어지는 공적 영역에서 자유를 실현하는 것을 정치의 본질로 본다고 했다. 그리고 3·4문단에서 아렌트는 근대 이후에 출현한 '사회'를 비판하고 있는데, 4문단의 첫 문장에서 근대 이후 사회의 문제를 '행위가 일어날 수 있는 가능성이 배제된다는 것'으로 설명하고 있다.

▶ **정답의 근거** 위 '③이 정답인 이유' 참조

오답지들 모두 답한 학생들이 제법 많았는데, 많이 답한 답지 순서대로 오답인 이유를 살펴보면 다음과 같다.

① 정치 이론의 변화 과정을 설명하고 있지 않고, 아렌트의 견해가 지니는 의의를 강조하고 있지도 않다.

⑤ 4문단에서 근대 이후 사회에서 필요한 정치 체제(공적 영역의 회복과 보존)를 제시했다고 볼 수 있으나, 정치 체제의 발달 단계를 고찰하고 있지는 않다.

② 1문단에서 인간 활동의 유형(노동, 작업, 행위)을 비교하고 있다고 볼 수 있으나, 아렌트의 정치 이론이 지닌 한계를 평가하고 있지는 않다.

④ 가설(매3인사이트.집 p.6)을 소개하고 있지 않고, 가설의 타당성을 검토하고 있지도 않다.

13 세부 내용 이해
정답 ②

O ②가 정답인 이유 2문단에서 '아렌트는 정치의 본질을 자유의 실현이라고 생각했다.'고 했고, '자유롭다는 것은 삶의 필연성*에서 벗어나 어떠한 강제나 강요도 없이 시민 모두가 평등한 위치에서 각자의 서로 다른 의견을 표현하고 공유하는 것을 의미한다.'고 했다. 이로 볼 때 정치를 '자유를 실현하기 위해 개인의 행위를 강제하는 것'이라고 한 ②는 적절하지 않다.

> * 필연성: 반드시(필히) 그렇게 될 수밖에 없는 성질.

▶ 정답의 근거 위 '②가 정답인 이유'에서 밑줄 친 부분

가장 많이 질문한 오답은? ⑤

X ⑤가 오답인 이유 2문단에서 아렌트는 고대 그리스의 가정과 폴리스의 구분에서 공적인 것과 사적인 것이 이루어지는 영역이 공간적으로 분리된다고 보았다고 했다. 즉 '노동과 작업이 이루어지는 사적 영역'인 '가정'에서 이루어지는 모든 활동은 필연성의 지배를 받지만, '공적 영역으로서 행위가 이루어지는 자유의 공간'인 '폴리스'에서는 시민들이 '삶의 필연성에서 벗어나 어떠한 강제나 강요도 없이 시민 모두가 평등한 위치에서 각자의 서로 다른 의견을 표현하고 공유'한다고 했다. 따라서 '행위는 인간의 생존을 위한 필연성의 구속을 벗어난 곳에서 이루어지는 것'으로 이해한 ⑤는 적절하다.

나머지 답지들이 오답인(적절한) 근거도 찾아보자.

① 2문단에서 고대 그리스인들은 '폴리스라는 공적 영역에서' '타인과 관계를 맺으며' '행위를 통해 자유를 실현'한다고 했고, 아렌트는 이처럼 '정치의 본질을 자유의 실현이라고 생각했다.'고 한 것에서 확인할 수 있다.

③ 2문단에서 고대 그리스인들은 '폴리스에서 다른 시민들을 만나 함께 공적인 문제를 자유롭게 논의하고 결정했다.'고 했으며, '이때 자유롭다는 것은' '시민 모두가 평등한 위치에서 각자의 서로 다른 의견을 표현하고 공유하는 것을 의미한다.'고 한 것에서 확인할 수 있다.

④ 1문단에서 '행위는 다른 존재들과 상호 소통하며 자신의 존재를 드러내는 것으로 다수의 사람들과 공동의 관심사에 대해 의견을 나누는 활동을 의미한다.'라고 했으며, 또 2문단에서 고대 그리스인들은 '언어적 소통을 통해 타인과 관계를 맺으며 내가 누구인지, 내 의견과 다른 사람들의 의견이 어떻게 다른지를 확인할 수 있었다.'고 했고, '아렌트는 이러한 행위가 바로 정치라고 보았다.'고 한 것에서 확인할 수 있다.

14 자료를 활용한 비판
정답 ①

O ①이 정답인 이유 '노동'에 대한 '한나 아렌트'의 생각은 1문단에서, 〈보기〉의 견해를 가진 사람의 생각은 〈보기〉의 마지막 문장에서 다음과 같이 확인할 수 있다.

한나 아렌트	〈보기〉의 견해를 가진 사람
[1문단] 노동은 자기 보존의 수단일 뿐이고~	**[마지막 문장]** 이러한 노동으로 인간은 자유를 실현할 수 있고~

따라서 〈보기〉의 견해를 가진 사람이 한나 아렌트에게 ①과 같이 "당신(아렌트)은 노동을 자기 보존의 수단으로 보지만, 노동은 인간에게 자유를 가능하게 합니다."라고 비판하는 것은 적절하다.

▶ 정답의 근거 1문단과 〈보기〉

가장 많이 질문한 오답은? ③

X ③이 오답인 이유 〈보기〉의 견해를 가진 사람은 '노동으로 인간은 자아를 실현할 수 있다'(첫째 문장)고 했지만, 한나 아렌트는 1문단에서 '삶의 편의를 위해 물건을 만드는 활동'을 '작업'(노동 X)이라고 했다. 따라서 ③은 뒷부분은 맞지만 앞부분은 지문 내용과 일치하지 않으므로, '한나 아렌트'의 견해에 대한 비판으로 적절하지 않다. → 아렌트의 견해 X, 〈보기〉의 견해를 가진 사람의 생각 O

② 〈보기〉의 견해를 가진 사람은 '노동은 인간의 물질적 생활을 충족시켜'(둘째 문장) 준다고 했지만, 한나 아렌트는 2문단에서 '행위'(노동 X)를 정치 활동으로 보았으므로 적절하지 않다. → 아렌트의 견해 X, 〈보기〉의 견해를 가진 사람의 생각 O

④ 한나 아렌트는 2문단에서 '행위'(노동 X)를 타인과의 관계를 맺는 활동으로 보았고, 〈보기〉의 견해를 가진 사람은 '노동을 통해 인간은 다른 사람들과 관계를 맺'는다고 했다. → 아렌트의 견해 X, 〈보기〉의 견해를 가진 사람의 생각 X

⑤ 한나 아렌트는 1문단에서 '노동은 생물학적 욕구를 충족시키는 동물적 활동'으로 생각한다고 했고, 〈보기〉의 견해를 가진 사람은 '노동은 동물과 구별되는 인간의 고유한 삶의 방식'이라고 했다. → 아렌트의 견해 X, 〈보기〉의 견해를 가진 사람의 생각 X

15 핵심 개념에 대한 이해
정답 ④

O ④가 정답인 이유 3문단에서 '한나 아렌트'는 '사회'의 출현을 부정적으로 생각한 것을 알 수 있다. 그 이유는 사적 영역이었던 경제 활동이 '사회가 출현하고 시장이 발달하면서 공적 영역으로 옮겨갔고' '경제 활동이 행위의 공간이었던 공적 영역에 자리하게 되면서 공적 영역이 사라지게 되었다'고 보았기 때문이다. 4문단에서는 '철저하게 경제화된 근대 이후의 사회에서 사람들은 시장 경제 논리에 따라 움직이고, 궁극적으로 행위가 일어날 가능성도 박탈당한다.'고 했는데, '행위가 바로 정치'라고 본(2문단) '한나 아렌트'는 '시장 경제가 발달한 사회일수록' '정치를 실현할 수 있는 영역(공적 영역)'이 박탈(확장 X)될 것으로 판단했을 것임을 알 수 있다.

▶ **정답의 근거**   2문단의 '아렌트는 이러한 행위가 바로 정치라고 보았다.'와 4문단의 '철저하게 경제화된 근대 이후의 사회에서 사람들은 시장 경제 논리에 따라 움직이고, 궁극적으로 행위가 일어날 가능성도 박탈당한다.'

가장 많이 질문한 오답은? ③

X **③이 오답인 이유**   3문단에서 '한나 아렌트'는 '고대 그리스에서 가정의 활동은…본래 사적 영역에서의 활동'이었는데, '이러한 가정에서의 경제 활동이 근대에 이르러 사회가 출현하고 시장이 발달하면서 공적 영역으로 옮겨갔다'고 했다. 이로 볼 때, '사람들은 고대 그리스의 가정에서 했던 경제 활동을 사회에서' 할 것이라고 본 것은 '한나 아렌트'가 말하는 '사회'에 대한 이해로 적절하다.

① 4문단에서 '한나 아렌트'는 '철저하게 경제화된 근대 이후의 사회에서 사람들은 시장 경제 논리에 따라 움직이고, 궁극적으로 행위가 일어날 가능성도 박탈당한다.'고 했다.

② 4문단에서 '한나 아렌트'는 '근대 이후의 사회에서 사람들은 더 이상 다양한 관점을 가질 수 없게 되었'고, '다른 사람들과 함께 공동의 문제를 위해 행위하지 않'는다고 했다.

⑤ 4문단에서 '한나 아렌트'는 '사회가 등장'하면서 '사람들이 오로지 사적인 이익만을 추구'하게 되었고, '인간 삶의 모든 것을 경제적 가치가 지배하는 근대 이후의 사회에서 사람들은 더 이상 다양한 관점을 가질 수 없게 되었다.'고 했다.

---

16 견해들 간의 공통점과 차이점 파악 정답 ①

O **①이 정답인 이유**   '한나 아렌트'는 2문단의 첫 문장에서 '공적인 것과 사적인 것이 이루어지는 영역이 공간적으로 분리된다고 보았다.'고 한 반면, '공자'는 〈보기〉에서 '국가는 가정의 확장이기 때문에 공적 영역과 사적 영역은 구분할 수 없'다고 했다. 따라서 '공자'와 달리 '한나 아렌트'는 공적 영역과 사적 영역을 공간적으로 분리해서 인식하고 있다는 ①은 적절하다.

▶ **정답의 근거**   위 'O ①이 정답인 이유' 참조

② '공자'는 〈보기〉에서 '부자 관계(사적 영역)에서 자식이 부모를 사랑하는 것을 정치로 간주하였다'고 했으나, '한나 아렌트'는 '정치의 본질을 자유의 실현이라고 생각했다.'(2문단)고 했고, '사람들은 오직 공적 영역에서만…자유 실현의 가능성을 찾을 수 있다.'(4문단)고 했다. 이로 보아 '공자'와 달리 '한나 아렌트'는 사적 영역에서는 정치가 이루어지지 않는다고 보았다.

③ '공자'는 〈보기〉에서 '가정에서의 관계 맺음이 정치 체제의 근본 토대가 된다'고 했으나, '한나 아렌트'는 3문단에서 '경제적으로 조직된 여러 구성원의 거대한 가족 결합체'인 '사회의 출현으로 말미암아 정치의 의미가 왜곡되었다'고 했다. 이로 보아 '공자'와 달리 '한나 아렌트'는 가족 구성원의 관계 맺음을 정치로 인식하지 않았다.

④ '플라톤'은 〈보기〉의 마지막 문장에서 '공적인 것을 위해 사적인 것을 지양(p.24 참조)해야 한다'고 했지만, '한나 아렌트'는 2문단에서 '사적 영역을 부정하지는 않았다'고 했고, '사적 영역은 공적 영역을 위해 존재한다고' 보았다고 했다. 이로 보아 공적인 것을 위해 사적인 것을 지양해야 한다고 여기고 있는 것은 '플라톤'만이다.

⑤ '플라톤'은 〈보기〉의 마지막 문장에서 '정치가들에게 자식과 재산을 공유할 것을 주장'했지만, '한나 아렌트'는 2문단에서 '사적 영역은 공적 영역을 위해 존재한다'고 보았을 뿐 사적인 것을 공유해야만 공적인 영역에서의 정치가 가능하다고 보고 있지 않다.

가정과 국가에 대한 세 사람의 생각을 정리하면 다음과 같다.

구분	가정 (사적 영역)	국가 (공적 영역)	가정과 국가
한나 아렌트	긍정	긍정	분리해서 인식함. (가정을 부정하지는 않음.)
공자	긍정	긍정	구분이 불가하다고 봄. (국가는 가정의 확장으로 봄.)
플라톤	부정	긍정	가정을 부정함. (가정을 국가의 방해물로 봄.)

✔ 매일 복습 확인 문제

1 다음 추론이 맞으면 ○, 그렇지 않으면 ×로 표시하시오.

(1) [지문] 현실요법은 우선 내담자가 자신의 욕구를 들여다볼 수 있도록 한 다음, 약한 욕구를 북돋아 주거나 강한 욕구들 사이에서 타협과 조절을 하여 새로운 선택을 하도록 이끄는 단계를 밟는다. →[추론] 현실요법에서는 사랑의 욕구가 강하고 힘의 욕구가 약한 내담자에게 힘의 욕구를 북돋아 줄 것이다. ……………………(　　　)

(2) [지문] 프로이트에 의하면 자아는 불안감을 해소하기 위해 무의식적으로 방어기제를 사용하게 된다. 대표적인 방어기제로는 억압이나 승화 등이 있다. →[추론] 프로이트는 의식적으로 사용하는 방어기제와 무의식적으로 사용하는 방어기제를 구분하였다. ………………(　　　)

2 왼쪽에서 밑줄 친 어휘와 의미가 가까운 것을 오른쪽에서 찾아 서로 줄로 이으시오.

(1) 선호하는 것을 우선시하다. ·　　· ㉮ 보호
　　　　　　　　　　　　　　　· ㉯ 애호
(2) 인간의 정신세계를 규명하다. ·　　· ㉰ 밝히다
　　　　　　　　　　　　　　　· ㉱ 이해하다
(3) 필연성의 지배를 받다. ·　　· ㉲ 당위성
　　　　　　　　　　　　　　　· ㉳ 필요성

정답   1. (1) ○ (2) × 2. (1) ㉯ (2) ㉰ (3) ㉳

정답	01 ②	02 ④	03 ④	04 ①	05 ②
	06 ④	07 ③	08 ①	09 ②	10 ④
	11 ②	12 ④	13 ④	14 ⑤	15 ④
	16 ③				

1~5 인문(주제 통합): 플라톤과 아리스토텔레스의 예술관

독해력을 길러 주는 지문 분석

(가) 타타르키비츠, 「미학사」

1문단 문단 요약 플라톤은 초월 세계인 이데아계와 감각 세계인 현상계를 구분했으며, 현상계의 모든 사물은 이데아계의 형상을 본뜬 그림자에 불과하다고 보았다.

이데아계	현상계
• 영원불변함. • 이성으로만 인식되는 관념의 세계 • 모든 사물의 근본이 되는 형상이 존재하는 곳	• 끊임없이 변화함. • 감각에 의해 지각되는 세계 • 이데아계의 형상을 본뜬 것

핵심어(구) 플라톤, 이데아계, 현상계
중심 내용 이데아계와 현상계를 구분한 플라톤

2문단 문단 요약 플라톤은 이데아계의 형상을 모방하여 생겨난 것이 현상인데, 예술은 현상을 다시 모방한 것이기 때문에 열등한 것이며, 형상에 대한 참된 인식을 방해하는 허구의 허구에 불과하다고 보았다.

• 목수가 만든 침대(이데아계를 모방한 현상계): 이데아계의 형상을 모방하여 생겨난 현상
• 화가가 그린 침대(예술-회화): 현상(허구)을 다시 모방한 허구의 허구(형상에 대한 참된 인식을 방해함.)

핵심어(구) 예술
중심 내용 예술에 대한 플라톤의 견해 (1): 예술(회화)은 형상을 모방한 현상을 다시 모방한 허구의 허구임.

3문단 문단 요약 플라톤은 시가 회화와 다르다고 보았다. 고대 그리스의 음유시인은 허구의 허구인 서사시나 비극을 창작하고, 이를 작품 속 등장인물의 성격에 어울리는 말투, 몸짓으로 연기하는데, 이 연기는 감각 가능한 외적 특성을 모방해 감각으로 파악될 수 없는 내적 특성을 드러낸다는 것이다.

핵심어(구) 시가 회화와 다르다, 음유시인, 감각으로 파악될 수 없는 내적 특성을 드러낸다
중심 내용 예술에 대한 플라톤의 견해 (2)-1: 시(음유시인)는 회화와 달리 감각으로 파악될 수 없는 내적 특성을 드러냄.

4문단 문단 요약 플라톤은 덕성을 갖춘 인물에 수반되는 감각 가능한 현상은 표현하기 어렵기 때문에 음유시인은 저급한 인간의 면모를 모방할 수밖에 없고,

따라서 관객들은 이성이 아닌 감정이나 욕구와 같은 비이성적인 것들에 지배되어 타락하게 된다고 보았다.

핵심어(구) 저급한 인간의 면모를 모방, 관객들, 타락
중심 내용 예술에 대한 플라톤의 견해 (2)-2: 음유시인은 저급한 인간의 면모를 모방할 수밖에 없으므로 관객들을 타락시킨다고 봄.

주제 예술을 부정적으로 본 플라톤 – 예술은 이데아계의 모방인 현상계를 재모방한 것임.

(나) 비어슬리, 「미학사」

1문단 문단 요약 아리스토텔레스는 이데아계가 존재한다고 보지 않았다.

핵심어(구) 아리스토텔레스
중심 내용 이데아계의 존재를 부정한 아리스토텔레스

2문단 문단 요약 아리스토텔레스는 형상이 항상 사물의 생성과 변화의 바탕이 되는 질료에 내재한다고 보고, 이를 가능태와 현실태라는 개념으로 설명하였는데, 가능태에 내재한 형상을 실현시킬 수 있는 힘은 '완전 현실태'로 이행하게 된다는 것이다.

• 가능태: 형상을 실현시킬 수 있는 가능적 힘이자 질료
  예 떡갈나무가 될 수 있는 도토리
• 현실태: 가능태에 형상이 실현된 어떤 상태
  예 도토리가 떡갈나무가 된 상태

핵심어(구) 가능태, 현실태
중심 내용 형상이 사물의 질료에 내재한다고 본 아리스토텔레스

3문단 문단 요약 아리스토텔레스는 예술의 목적이 개개의 사물에 내재하고 있는 보편자, 즉 형상을 표현해 내는 것으로 보고, 개별적 사건에 깃들어 있는 보편자를 표현한 시가 (개별적 사건들의 기록인) 역사보다 우월하다고 주장했다.

핵심어(구) 시가 역사보다 우월하다
중심 내용 예술에 대한 아리스토텔레스의 견해 (1): 보편자를 표현해 내는 시(예술)가 개별 사건을 기록한 역사보다 우월함.

4문단 문단 요약 아리스토텔레스는 인간이 예술을 통해 쾌감을 느낄 수 있다고 보았다. 특히 비극시는 인간 존재의 본질을 인식하는 앎의 쾌감을 느끼게 하고, 관객은 음유시인의 연기를 통해 앎의 쾌감뿐만 아니라 고통받는 인물에 대한 연민과 함께 자신도 유사한 고통을 겪을 수 있다는 공포를 느끼는데, 이 과정에서 카타르시스(감정이 고조됐다가 해소되면서 얻는 쾌감)를 경험한다는 것이다.

핵심어(구) 예술을 통해 쾌감을 느낄 수 있다, 카타르시스
중심 내용 예술에 대한 아리스토텔레스의 견해 (2): 예술을 통해 쾌감(카타르시스)을 경험할 수 있음.

주제 예술을 긍정적으로 본 아리스토텔레스 – 예술을 통해 쾌감을 느낄 수 있음.

★ (가), (나): 유사한 화제(예술)에 대해 서로 다른 관점을 지닌 두 철학자의 예술관
- (가) 플라톤: 예술을 비판적으로 봄.
- (나) 아리스토텔레스: 예술을 긍정적으로 봄.

01 글의 전개 방식 이해
정답 ②

○ ②가 정답인 이유 (가)는 플라톤이, (나)는 아리스토텔레스가 예술을 평가하는 데 바탕이 된 철학적 관점을 설명하고 있다. (가)의 플라톤은 이데아계와 현상계를 구분하여 예술을 이데아계의 형상을 모방한 현상계를 다시 모방한 것으로 평가하였고, (나)의 아리스토텔레스는 이데아계가 존재하지 않으며 예술을 개개 사물에 내재해 있는 형상을 표현하는 것으로 평가하였다. 따라서 (가)와 (나)는 모두 다음과 같이 특정 사상가가 예술을 평가하는 데 바탕이 된 철학적 관점을 설명하고 있으므로 ②는 적절하다.

구분	(가)	(나)
특정 사상가	플라톤	아리스토텔레스
철학적 관점	이데아계와 현상계 구분	이데아계의 존재 부정
예술에 대한 평가	부정적	긍정적

▶ 정답의 근거 위 '②가 정답인 이유'에서의 표

가장 많이 질문한 오답은? ⑤

✗ ⑤가 오답인 이유 (가)와 (나)는 특정 사상가(플라톤, 아리스토텔레스)의 예술관을 소개하고 있을 뿐, 그들 예술관의 한계(✗)나 의의(✗)를 제시하고 있지 않다.

나머지 답지들이 오답인 이유도 살펴보자.

① (가)와 (나)는 모두 예술을 바라보는 관점이 변화했다고 하지 않았다. 따라서 관점이 변하게 된 이유를 설명하고 있지도 않다.

③ (가)에서 플라톤은 예술을 열등한* 것으로 본다는 점에서 예술의 불완전성을 설명하고 있다고 볼 수 있으나, (나)에서 아리스토텔레스는 예술의 불완전성에 대해 설명하고 있지 않다.

> * 열등한: 보통의 수준이나 등급보다 낮은(열악한). 団우등

④ (가)와 (나) 모두 특정 사상가의 예술관에 대해 설명하고 있을 뿐, 그들의 예술관이 지닌 장점과 단점을 제시하고 있지 않다.

02 내용 이해
정답 ④

○ ④가 정답인 이유 (가)의 2문단에서 '플라톤은 예술을 감각 가능한 현상의 모방이라고 보았다.'고 했고, 현상은 '이데아계의 형상을 모방하여 생겨난 것'이고, 예술은 '현상을 다시 모방한 것'이라고 했다. 이를 정리하면 다음과 같다.

형상		현상		예술
모든 사물의 근본이 되는 보편자(1문단)	–	형상을 모방한 것	–	현상을 다시 모방한 것

따라서 예술의 표현 대상은 '형상'이 아니라 감각 가능한 '현상'이다. 그리고 플라톤은 '형상'을 이데아계에 존재하는 것으로 보았지, 사물 안에 존재하는 것으로 보지 않았다.

▶ 정답의 근거 (가)의 2문단, 위 '④가 정답인 이유' 참조

가장 많이 질문한 오답은? ②, ③ 순

✗ ②가 오답인 이유 (가)의 1문단에서 플라톤은 '형상'은 모든 사물의 근본이 되는 보편자이고, '형상'이 존재하는 이데아계는 이성으로만 인식될 수 있는 관념의 세계라고 했다. 따라서 '형상'은 '이성을 통해서만 인식할 수 있다.'는 것은 플라톤의 사상에 대한 이해로 적절하다는 것을 알 수 있다. '반면 현상계는 이데아계의 형상을 바탕으로 만들어진 세계로 끊임없이 변화하는 사물이 감각에 의해 지각된다.'고 한 것에서 '감각'을 통해 인식할 수 있는 것은 '형상'이 아닌 '형상을 바탕으로 만들어진' 현상계라는 것을 알 수 있다.

✗ ③이 오답인 이유 (가)의 2문단에서 플라톤은 '침대 그림(회화–예술)은 보편자에서 두 단계 떨어져 있는 열등한 것'이라고 했고, 그 이유로 '현상'은 '이데아계의 형상을 모방하여 생겨난 것'인데, '예술'은 '현상을 다시 모방한 것'이기 때문이라고 했다. 따라서 '현상계의 사물(침대)을 모방한 예술(침대 그림)은 형상보다 열등하다.'는 것은 플라톤의 사상에 대한 이해로 적절하다.

① (가)의 2문단 '결국 침대 그림(예술)은…형상에 대한 참된 인식을 방해하는 허구의 허구에 불과하다.'에서 알 수 있다.

⑤ (가)의 1문단 '영원불변의 이데아계는 현상계에 나타난 모든 사물의 근본이 되는 보편자, 즉 형상(form)이 존재하는 곳으로~'에서 알 수 있다.

03 핵심 개념의 이해
정답 ④

○ ④가 정답인 이유 '아리스토텔레스'의 관점에서 '형상과 질료* 사이의 관계'와 '현실태와 가능태 사이의 관계'는 (나)의 2문단에서 알 수 있고, 이를 정리하면 다음과 같다.

(1) 형상이 항상 사물의 생성과 변화의 바탕이 되는 질료에 내재함.(형상⊂질료)
(2) 가능태란 형상을 실현시킬 수 있는 가능적 힘이자 질료를 의미함.(가능태=질료)
(3) 현실태란 가능태에 형상이 실현된 어떤 상태임.(현실태≠형상)

이로 보아 형상은 질료에 내재되어 있지만, 현실태는 가능태에 내재되어 있지 않다. 따라서 형상과 질료 사이의 관계는 현실태와 가능태 사이의 관계와 같지 않다.

> * 질료: 사물의 생성과 변화의 바탕(본질)이 되는 재료.

가장 많이 질문한 오답은? ③, ⑤, ① 순

☒ **③이 오답인 이유** (나)의 2문단에서 '가능태란 형상을 실현시킬 수 있는 가능적 힘이자 질료를 의미하며, 현실태란 가능태에 형상이 실현된 어떤 상태'라고 했다. 이를 통해 '형상이 질료에 실현되어 현실태가 되는' 것을 알 수 있다. 그리고 '가능태에 있는 것은 형상이 완전히 실현된 상태'를 향해 나아가는 이행 과정인 운동이고, '운동의 원인은 외부가 아닌 가능태 자체에 내재한다.'고 했으므로 ③은 '아리스토텔레스'의 관점에 대한 이해로 적절하다.

☒ **⑤가 오답인 이유** (나)의 2문단에서 '생성·변화하는 모든 것은 목적을 향해 움직이므로 가능태에 있는 것은 형상이 완전히 실현된 상태인 '완전 현실태'를 향해 나아'간다고 했고, '현실태란 가능태에 형상이 실현된 어떤 상태'라고 했으므로 '생성·변화하는 것은 형상이 질료(가능태)에 완전히 실현된 상태인 완전 현실태를 향한다.'는 ⑤는 '아리스토텔레스'의 관점에 대한 이해로 적절하다.

☒ **①이 오답인 이유** (나)의 2문단에서 '아리스토텔레스는 형상이 항상 사물의 생성과 변화의 바탕이 되는 질료에 내재한다'고 본다고 했다. 형상이 질료에 내재한다(안에 들어 있다)는 것은 '형상은 질료와 분리되어 존재할 수 없다.'는 것이므로 ①은 '아리스토텔레스'의 관점에 대한 이해로 적절하다.

②가 오답인 이유도 (나)의 2문단 '가능태란 형상을 실현시킬 수 있는 가능적 힘이자 질료를 의미하며~'에서 확인할 수 있다.

04 두 입장에 대한 이해

정답 ①

🅞 **①이 정답인 이유** 플라톤의 입장과 아리스토텔레스의 입장부터 파악해 보자.

> • 플라톤의 입장: 영원불변의 '이데아계'는 형상이 존재하는 곳이고, ㉠현상계의 모든 사물은 형상을 본뜬 그림자에 불과하다.
> → (가)의 1문단
> • 아리스토텔레스의 입장: 이데아계의 변하지 않는 어린아이의 형상과 성인의 형상을 바탕으로 각각 현상계의 어린아이와 성인이 생겨났다면, 현상계에서 어린아이가 성인으로 성장하는 것을 설명할 수 없고, 형상은 항상 현상계의 사물 속에 내재(포함)한다.
> → (나)의 1·2문단

이를 바탕으로 할 때, ㉠처럼 현상계의 사물이 형상을 본뜬 것이라면 이데아계에서 불변하는 존재인 '어린아이'의 형상과 '성인'의 형상을 각각 본뜬(모방한) 현상계의 '어린아이'와 '성인'은 동일한 존재가 아닌 다른 존재여야 한다. 그런데 현상계에서는 '어린아이'가 '성인'으로 성장(변화)해도 동일한 존재이다. 그러므로 ㉠처럼 현상계의 사물이 형상을 본뜬 것이라면 현상계의 사물이 생성·변화하는 이유를 설명할 수 없다. 따라서 ①은 아리스토텔레스의 입장에서 ㉠을 비판한 것으로 적절하다.

가장 많이 질문한 오답은? ③, ⑤ 순

☒ **③이 오답인 이유** ㉠과 같이 '현상계의 모든 사물은 형상을 본뜬(모방한) 그림자에 불과'하다고 본 것은 현상계의 사물은 형상에 의존적이라는 것이므로 둘은 서로 독립적이지 않다고 볼 수 있다(독립적이라면 ✗). 그런데 ③은 플라톤이 둘을 독립적인 것으로 보았다고 했으므로 적절하지 않다.

또 (가)의 1문단에서 플라톤은 이데아계와 현상계를 구분했다고 했으므로 이데아계에 존재하는 형상과 현상계의 사물을 서로 독립적으로 보았다고 할 수도 있다. 플라톤이 '형상과 현상계의 사물을 서로 독립적'으로 본 것을 인정한다면, 아리스토텔레스의 입장에서는 변하지 않는 형상과 구분되어 독립적으로 존재하는 현상계의 사물이 시시각각 변화하는 현상을 설명할 수 있다(없다 ✗)고 할 것이다.

☒ **⑤가 오답인 이유** 플라톤은 '현상계의 모든 사물은 형상을 본뜬 그림자에 불과하다'(㉠)고 했다. 하지만 '형상이 현상계의 사물에 내재한다'고 본 아리스토텔레스의 입장에서는 '현상계의 사물이 형상을 본뜬 그림자에 불과하다'고 해도 인간은 그림자의 원본인 형상을 짐작할 수 있으므로 형상의 일부를 인식할 수 있다(불가능하다 ✗)고 비판할 것이다.

②와 ④에 답한 학생들도 제법 많았는데, '형상이 변하지 않는 것이라면'은 ㉠과 직접적인 관련이 없으므로 잘못된 가정에서 출발하였다. 이들 답지가 오답인 다른 이유도 살펴보면 다음과 같다.

② (가)의 1문단에서 플라톤은 불변하는 형상이 존재하는 이데아계가 별도로 존재하고, 현상계의 사물들은 그 형상을 본뜬 것이라고 했다. 이는 현상계에 존재하는 서로 다른 모든 사물의 불변하는 형상이 이데아계에 별도로 존재하고, 이것을 본뜬 형상(다양한 사물들)이 현상계에 존재한다는 것이다. 따라서 플라톤의 생각처럼 형상이 변하지 않는다고 해도 현상계의 사물들이 모두 제각기 다른 이유는 이데아계에 있는 불변의 수많은 형상들을 본 뜬 것이기 때문이라고 설명할 수 있으므로, 아리스토텔레스가 ②와 같이 '~제각기 다른 이유를 설명할 수 없다'고 비판하지는 않을 것이다.

④ (가)의 1문단에서 플라톤은 초월 세계인 이데아계와 감각 세계인 현상계를 구분했으므로 이데아계에 존재하는 '형상이 현상계를 초월하여 존재하는 것'으로 본 것은 맞다. 그리고 플라톤은 현상계의 사물은 이데아계의 형상을 바탕으로 만들어진 것으로 감각에 의해 지각된다고 했으므로, 사물(질료, 개별자) 속에 형상(보편자)이 내재하며 사물에서 보편자를 인식할 수 있다고 보는 아리스토텔레스의 입장에서는 사물이 감각에 의해 지각된다는 플라톤의 주장에 동의할 것이다. 그런데 플라톤이 형상이 사물을 초월했다고 해서 형상을 바탕으로 만들어진 사물 속에 형상이 포함되지 않는다고 주장한 것은 아닌데, ④에서는 플라톤이 사물이 형상을 포함하지 않는다고 본 것으로 전제하여 비판하고 있기 때문에 적절하지 않다.

05 반응의 적절성 판단

정답 ②

O ②가 정답인 이유 〈보기〉에서 오이디푸스는 '덕성을 갖춘 주인공'이라고 했으므로, '음유시인*'은 (『오이디푸스 왕』을 연기하기 위해) 오이디푸스의 덕성을 연기하는 데 주력*할 것으로 생각할 수 있다. 그런데 (가)의 4문단에서 '용기나 절제력이 있는 인물에 수반되는 감각 가능한 현상은 표현하기 어렵기 때문'에 '플라톤은 음유시인이 용기나 절제 같은 덕성을 갖춘 인간이 아닌 저급한 인간의 면모를 모방할 수밖에 없다고 주장했다.'라고 했다. 이러한 플라톤의 관점에서 보면, 〈보기〉의 음유시인은 '오이디푸스의 덕성을 연기하는 데 주력'하지 않을 것이다.

> * 음유시인: 여러 지방을 떠돌아다니면서(유랑) 시를 읊었던(음미) 시인으로, 노래를 부르고 연극을 공연하기도 했음.
> * 주력: 주된(중심이 되는) 힘(力, 힘 력).

▶ 정답의 근거 (가)의 4문단 '플라톤은 음유시인이 용기나 절제 같은 덕성을 갖춘 인간이 아닌 저급한 인간의 면모를 모방할 수밖에 없다고 주장했다.'

가장 많이 질문한 오답은? ③, ④ 순

X ③이 오답인 이유 (가)의 4문단에서 플라톤은, 음유시인은 '덕성을 갖춘 인간이 아닌 저급한 인간의 면모를 모방할 수밖에 없다'고 한 것에 주목하여, 음유시인이 덕성을 갖춘 오이디푸스의 성격을 드러내지 못할 것으로 판단해 ③을 적절하지 않다고 생각한 학생들이 많았다. 하지만 ③에서는 '음유시인의 목소리와 몸짓을 통해 오이디푸스의 성격이 드러난다면'이라고 가정했고, 만약 음유시인이 오이디푸스의 성격을 드러낸다면, 이는 (가)의 3문단에서 '감각 가능한 외적 특성을 모방해 감각으로 파악될 수 없는 내적 특성을 드러내는 것'으로 볼 수 있으므로, ③은 플라톤의 반응으로 적절하다.

X ④가 오답인 이유 (나)의 4문단에서 '비극시 속 이야기는 음유시인이 경험 세계의 개별자들 속에서 보편자를 인식해 내어, 그것을 다시 허구의 개별자로 표현한 결과물'이라고 했다. 이와 같은 아리스토텔레스의 관점에서 볼 때, 〈보기〉에서 비극시의 주인공 오이디푸스를 공연하는 음유시인은 현상 속 인간의 개별적 모습들에서 보편자를 인식해 내어, 이를 다시 오이디푸스라는 허구의 개별자로 표현한 것이라고 할 것이다.

나머지 답지들이 오답인(적절한) 이유도 살펴보자.

① (가)의 2문단에서 '플라톤은 예술을 감각 가능한 현상의 모방'으로 보았고, 침대 그림(예술)은 '형상에 대한 참된 인식을 방해하는 허구의 허구에 불과하다'고 했다. 이를 통해 플라톤은 〈보기〉의 오이디푸스(비극시의 주인공)는 '덕성을 갖춘 현상 속 인물을 본뜬(모방한) 허구의 허구'라고 할 것이다. 그리고 3문단에서는 '음유시인은 허구의 허구인 서사시나 비극을 창작하고, 이를 ~감각 가능한 현상으로 연기함으로써 다시 허구를 만들어 냈다.'고 했다. 이를 통해 볼 때 플라톤은 '음유시인의 연기'는 허구의 허구를 '다시 본뜬 허구'라고 할 것이다.

⑤ 〈보기〉에서 '오이디푸스는 자신에게 주어진 숙명에 의해 파멸당하는 인물'이라고 했고, (나)의 4문단에서 아리스토텔레스는 '비극시는 파멸하는 주인공을 통해~인간 존재의 본질을 인식하는 앎의 쾌감을 느낄 수 있다'고 하였으며, '관객은 고통을 받는 인물의 이야기를 통해~카타르시스를 경험한다.'고 했다. 이를 통해 볼 때 아리스토텔레스는 '오이디푸스가 숙명에 의해 파멸당하는 것을 본 관객들은 인간 존재의 본질을 이해하는 쾌감을 느낄 뿐 아니라 카타르시스*를 경험할 수 있다.'고 할 것이다.

> * 카타르시스: 비극을 봄으로써 마음에 쌓여 있던 우울함, 불안감, 긴장감 따위가 해소되고 마음이 깨끗해지는 일.

6~10 인문: 홍대용의 사상

독해력을 길러 주는 지문 분석

1문단 문단요약 한족이 세계의 중심이고 주변국은 한족의 문화와 예법을 받아들여야 한다는 중화사상을 수용한 조선은 한족 왕조인 명나라의 문화를 받아들이는 것을 당연시하여, 청나라가 중국 땅을 차지했지만 청나라를 중화라고 생각하지 않고 명나라의 부활을 고대하며 청나라를 공격하자는 북벌론과 청나라를 배척하자는 척화론이 나타났다.

핵심어(구) 중화사상
중심 내용 중화사상의 개념과 이를 수용한 조선

2문단 문단요약 청나라가 정치적 안정을 이루자 조선 유학자들 사이에서는 조선이 중화의 계승자라는 인식이 보편화되었다. 이때 등장한 북학파 중 홍대용은 청나라의 발달된 문물을 한족의 문물로 보는 중화사상에서 벗어나지 못했지만, 청나라 여행 후 사상적 전환을 이루었다.

핵심어(구) 북학파, 홍대용, 사상적 전환
중심 내용 북학파 홍대용의 중화사상에 대한 인식 변화

3문단 문단요약 홍대용의 사상적 전환을 잘 보여 주는 것은 땅이 둥글다는 지구설과, 하늘은 무한하여 형체를 알 수 없고 지구와 같은 땅이 얼마나 되는지 알 수 없다는 무한 우주설이다.

핵심어(구) 홍대용, 사상적 전환, 지구설, 무한 우주설
중심 내용 홍대용의 사상적 전환을 보여 주는 이론들

4문단 문단요약 세상의 중심과 그 주변을 구별하는 중화사상과 다른 생각을 지닌 홍대용은 중화와 오랑캐 국가가 모두 동등하며 모든 사람들이 중심이 될 수 있고 존재 가치가 있다고 생각하여 양반의 특권을 비판하였고, 신분이 낮아도 재주와 학식이 있으면 높은 관직에 오를 수 있어야 한다고 주장하였다.

핵심어(구) 중화사상과 다른 생각, 비판, 주장
중심 내용 중화사상에 대한 홍대용의 비판과 주장

5문단 **문단 요약** 홍대용의 사상은 평등주의와 다원주의를 우리 역사에서 선구적으로 보여 주었다는 점에서 의의가 있다.

핵심어(구) 홍대용의 사상, 의의

중심 내용 홍대용 사상의 역사적 의의

주제 북학파 홍대용의 사상과 그 의의

06 핵심 개념의 이해 정답 ④

O **④가 정답인 이유** ⓛ은 3문단에서 홍대용의 사상적 전환을 잘 보여 주는 「의산문답」에 실려 있는, '땅이 둥글다'는 주장이라고 했고, 「의산문답」은 2문단에서 중화사상(㉠)에서 벗어나지 못했던 홍대용이 청나라 여행을 계기로 사상적 전환을 이룬 것을 바탕으로 저술한 책이라고 했다. 이로 보아, ⓛ은 홍대용이 ㉠에서 벗어났음을 보여 주는 학설임을 알 수 있다.

▶ **정답의 근거** 위 '④가 정답인 이유' 참조

① 1문단의 '조선은 중화사상을 수용하여 한족 왕조인 명나라의 문화를 받아들이는 것을 당연시하였다.'에서 ㉠은 조선의 중심 사상으로 자리 잡았다는 것을 알 수 있다. 하지만 4문단에서 지구설은 '중화사상과 다른 생각'이라고 한 것에서, ⓛ을 통해 ㉠이 조선의 중심 사상으로 자리 잡은 것이 아님을 알 수 있다.

② 1문단의 '중화사상은 한족이 자신들을 세계의 중심을 의미하는 중화로 생각하고'와 2문단의 '청나라의 발달된 문물은 오랑캐인 청나라가 만든 것이 아니라, 청나라가 중국 땅을 차지하며 가지게 된 한족의 문물로 보았다.'에서 ㉠은 청을 오랑캐라 여기는 생각의 근거가 되었다는 것을 알 수 있다. 하지만 4문단에서 지구설을 주장한 홍대용은 '중화와 오랑캐로 여겨졌던 국가가 모두 동등'하다고 생각했다고 하였으므로, ⓛ은 청을 오랑캐라 여기는 생각의 근거가 아님을 알 수 있다.

③ 1문단의 '17세기에…조선은 청나라를 중화라고 생각하지 않고 명나라의 부활을 고대하였다. …이는 청나라를 공격하자는 북벌론*과 청나라를 배척하자는 척화론*으로 이어졌다.'에서 ㉠은 중화라고 생각하지 않은 청나라를 공격하자는 북벌론의 바탕이 되었다고 볼 수 있다. 하지만 4문단에서 지구설을 주장한 홍대용은 '중화와 오랑캐로 여겨졌던 국가가 모두 동등'하다고 생각하였다고 했으므로 ⓛ은 척화론의 바탕이 되었다고 볼 수 없다.

> *북벌론: 오랑캐인 북쪽 청나라를 정벌하자는 논의(주장).
> *척화론: 오랑캐인 청나라와의 화친(화목하고 친하게 지냄.)을 배척한 논의(주장).

⑤ 1문단의 '조선은 중화사상을 수용하여 한족 왕조인 명나라의 문화를 받아들이는 것을 당연시하였다.'에서 ㉠은 조선의 유학자들이 가지고 있던 것으로 볼 수 있다. 하지만 4문단에서 지구설은 '중화사상과 다른 생각'이라고 한 것에서 ⓛ은 ㉠을 발전시킨 것이 아님을 알 수 있다.

07 내용 확인 정답 ③

O **③이 정답인 이유** 2문단에서 '(홍대용은) 청나라 여행을 계기로 그곳에서 만난 학자들과 교류를 이어 가며 선진 문물과 새로운 학문을 탐구한 결과, 사상적 전환을 이루었고 이를 바탕으로 「의산문답」을 저술하였다.'고 했으므로 ③의 앞부분(이어질 내용 예측)과 같이 예측할 수 있다. 그런데 3문단에서 홍대용은 '하늘이 둥글고 땅이 모나다는 전통적인 천지관*을 비판하고, 땅이 둥글다는 지구설을 주장'하였다고 했다. 이를 통해 볼 때, 홍대용은 '하늘이 둥글다.'는 것이 아니라 '땅이 둥글다.'는 것을 깨달았으므로 ③은 적절하지 않다.

> *천지관: 하늘(天, 하늘 천)과 땅(地, 땅 지)에 대한 생각(관념).

▶ **정답의 근거** 3문단의 '그는 하늘이 둥글고 땅이 모나다는 전통적인 천지관을 비판하고', '땅이 둥글다는 지구설을 주장'

① 1문단에서 '청나라가 중국 땅을 차지하였지만, 조선은 청나라를 중화라고 생각하지 않고' '청나라를 공격하자는 북벌론과 청나라를 배척하자는 척화론으로 이어졌다.'라고 한 것을 잘 정리한 내용이다.

② 2문단의 첫 문장을 잘 정리한 내용이다.

④ 2문단의 마지막 문장에서 「의산문답」에 대해 언급했으므로 「의산문답」의 내용이 언급될 것'으로 예측했고, 3문단에서 「의산문답」에 실려 있는 지구설과 무한 우주설'을 설명하고 있으므로 '확인 결과'가 적절하다.

⑤ 2문단에서 북학파가 등장하게 된 배경을 설명하였고, 북학파 중 홍대용의 사상만 언급하고 있어 '홍대용이 아닌 다른 북학파 학자들의 사상이 언급될 것'으로 예측했으나, '확인 결과' 홍대용이 아닌 다른 북학파 학자들의 사상은 언급되지 않았으므로 적절하다.

08 문맥적 의미 파악

정답 ①

O ①이 정답인 이유 '어휘 문제 3단계 풀이법'을 적용해 보자.

- 1·2단계(핵심을 간추린 후, '매3어휘 풀이' 떠올리기)

> 이민족이 세운 청나라 → 청나라를 세우다.
> 만들다, 설립하다, 건국하다

- 3단계(대입하기): 2단계에서 떠올린 말들을 각 답지의 밑줄 친 말에 대입해 보자. 다만, '청나라를 세우다.'의 '세우다'는 '건국하다'의 의미이지만, 답지에서 '세우는' 대상이 국가(나라)인 경우는 없으므로 '건국하다'는 제외한다.

① 회사를 세우다. → 만들다 O 설립하다 O

② 국가의 기강을 바로 세우다. → 만들다 ✕ 설립하다 ✕

③ 집을 지을 방안을 세우다. → 만들다 O 설립하다 ✕

④ 귀를 쫑긋 세우다. → 만들다 ✕ 설립하다 ✕

⑤ 도끼날을 세우다. → 만들다 △ 설립하다 ✕

→ ⓐ와 ①의 '세우다'는 '(나라, 회사 등을) 새로 만들거나 처음 생기게 하다'의 뜻으로, 그 의미가 유사하다.

▶ **정답의 근거** 위 '①이 정답인 이유' 참조

오답지들의 '세우다'의 문맥적 의미도 확인하고 넘어가자.

② 질서나 체계, 규율 등을 올바르게 하거나 짜다.

③ 계획, 대책 등을 정하거나 짜다.

④ 처져 있던 것을 똑바로 위를 향하여 곧게 하다.

⑤ 무딘 것을 날카롭게 하다.

09 다른 관점에의 적용

정답 ②

O ②가 정답인 이유 갑이 '동물보다 사람을 높게 평가한 것'은 맞다. 그리고 4문단에서 홍대용은 '재주와 학식이 있는 자는 신분이 낮은 농부의 자식이라도 높은 관직에 오를 수 있어야 한다고 주장하였다.'고 했는데, 이와 같은 홍대용의 생각은 갑의 생각과 이어질 수 없다. 홍대용은 사람과 동물을 비교한 것이 아니기 때문이다.

▶ **정답의 근거** 위 '②가 정답인 이유' 참조

① 〈보기〉에서 갑은 '사람은 동물보다 귀하고, 초목은 동물보다 천'하다고 했고, 1문단에서 송시열은 '오랑캐는 중국을 차지할 수 없고 금수(禽獸)는 인류와 한 부류가 될 수 없다.'고 했다. 이를 통해 갑과 송시열은 귀한 대상(사람, 중국, 인류)과 천한 대상(동물, 초목, 오랑캐, 금수)을 나누어 생각했다는 것을 알 수 있다.

③ 〈보기〉에서 을은 사람뿐만 아니라 동물과 초목이 각자의 예의가 있다고 하면서 사람의 관점에서는 사람이 귀하지만 사물의 관점에서는 사물이 귀하다고 했다. 이는 4문단에서 '중화와 오랑캐로 여겨졌던 국가가 모두 동등하며, 사람들이 각자 제 나라와 제 문화를 기준으로 살아가는 것이 당연하다'고 본 홍대용의 생각과 연결될 수 있다.

④ 〈보기〉에서 을은 '사물의 관점을 기준으로 하면 사물이 귀하'다고 했다. 이는 4문단의 '모든 사람들이 중심이 될 수 있고 존재 가치가 있다는 (홍대용의) 생각'과 5문단의 '어떤 국가와 문화, 사람도 각자 중심이 될 수 있고 존재 가치가 있다고 생각한 홍대용의 사상'과 연결될 수 있다.

⑤ 〈보기〉에서 을은 '하늘에서 보면 사람과 사물은 똑같'다고 했다. 이는 4문단에서 '하늘에서 우리가 사는 세상을 본다면 이 땅이 무한한 우주에 비해 티끌만큼도 안 되며, 안과 밖을 구별하거나 중심과 주변을 나눌 수 없다고 보았다.'는 홍대용의 생각과 일맥상통*한다.

> *일맥상통: 사고방식이나 성질 등이 하나(일)의 맥락처럼 서로 (상호 간) 통하거나 비슷해짐.

10 반응의 적절성 판단

정답 ④

O ④가 정답인 이유 (나)에서 홍대용이 『춘추』에서 주나라 안과 밖을 구분한 것이 당연하다.'고 한 것은 '(『춘추』를 쓴) 공자가 주나라 사람이기 때문'이라고 했다. 2문단의 뒷부분에서 (나)의 『의산문답』은 홍대용이 중화사상에서 벗어나 '사상적 전환'을 이룬 후에 저술했다고 했고, 4문단에서 홍대용은 '중국 안과 밖을 구별할 수 없고 중화와 오랑캐라는 구별도 상대적이라고 생각'함에 따라 '사람들이 각자 제 나라와 제 문화를 기준으로 살아가는 것이 당연하다고 생각하였다.'고 했다. 따라서 ④에서 '중국 안과 밖을 구별하려는 홍대용의 생각이 드러난다'고 한 것은 2·4문단의 내용과 어긋나고, 『춘추』에서 주나라 안과 밖을 구분한 것이 당연하다'는 생각에 '중국 안과 밖을 구별하려는' 생각이 드러나 있는 것도 아니다.

▶ **정답의 근거** 위 '④가 정답인 이유'에서 밑줄 친 부분

가장 많이 질문한 오답은? ③, ⑤ 순

X ③이 오답인 이유 ③에 답한 학생들이 많았는데, 2문단에서 홍대용은 '청나라와 청나라의 문물을 구별'하여 '청나라의 발달된 문물은 오랑캐인 청나라가 만든 것이 아니라, 청나라가 중국 땅을 차지하며 가지게 된 한족의 문물로 보았다.'고 했다. 이로 보아, (가)에서 홍대용이 '번화한(번성하고 화려한) 문물을 오랑캐에게 맡기고 백 년이 넘도록 회복할 방법이 없'다고 한 것에서, 오랑캐인 청나라와 청나라가 가지고 있는 문물을 구별했음을 확인할 수 있다.

X ⑤가 오답인 이유 4문단에서 홍대용은 '중국 안과 밖을 구별할 수 없고 중화와 오랑캐라는 구별도 상대적이라고 생각'함에 따라 '사람들이 각자 제 나라와 제 문화를 기준으로 살아가는 것이 당연하다고 생각하였다.'고 했다. 이로 보아, (나)에서 공자가 주나라 사람이므로 주나라 안과 밖을 구분한 것은 당연하고 주나라 밖에 살았더라면 주나라 밖에서 도를 일으켰을 것이라는 부분에서, 중화와 오랑캐의 구별이 상대적이라는 홍대용의 생각이 드러난다는 것을 알 수 있다.

① 2문단에서 홍대용은 '청나라의 발달된 문물은 오랑캐인 청나라가 만든 것이 아니라'고 했고 '이런 생각은 청나라와 청나라의 문물을 구별한 것으로' '이를 통해~그는 조선이 중화의 계승자라는 인식과 중화사상에서 벗어나지 못했음을 알 수 있다.'고 했다. 이로 보아, (가)에서 홍대용이 청나라를 오랑캐라고 말한 것에서 홍대용이 중화사상을 가진 적이 있었다는 것을 확인할 수 있다.

② 2문단에서 '18세기에 … 조선의 유학자들 사이에서는 조선이 중화의 계승자라는 인식이 보편화되었다.'고 했다. 이로 보아, (가)에서 홍대용이 '오직 우리 조선만이 오히려 명나라의 제도'를 지킨다고 한 것에서, 홍대용은 조선을 중화의 계승자라고 생각했었음을 알 수 있다.

11~16 인문(주제 통합) : 군주론

독해력을 길러 주는 지문 분석

(가) 김필수 외, 「관자」

1문단 `문단 요약` 관중은 춘추 시대 약소국이었던 제나라를 부강한 국가로 성장시켰는데, 『관자』를 통해 관중이 생각한 이상적인 국가의 모습과 국가를 통치하는 방법을 살펴볼 수 있다.
　핵심어(구) 관중, 부강한 국가, 국가를 통치하는 방법
　중심 내용 춘추 시대 제나라를 부강한 국가로 성장시킨 관중

2문단 `문단 요약` 관중은 백성이 국가 경제의 근본이라는 경제적 관점을 바탕으로 군주가 백성의 삶이 윤택해질 수 있는 법을 만들어야 한다고 보았다. 이는 도덕적 교화가 아니라 부강한 나라의 실현을 위한 실리적 관점에서 이해할 수 있다.
　핵심어(구) 백성의 삶이 윤택해질 수 있는 법, 부강한 나라의 실현
　중심 내용 관중의 군주론 (1) – 군주는 백성의 삶이 윤택해질 수 있는 법을 만들어야 함.

3문단 `문단 요약` 관중은 군주도 법의 적용에서 예외가 되지 않아야 한다고 주장하였고, 군주가 패(자신을 존귀하게 여기지 않는 것)를 실천해야 백성이 권세를 인정하게 된다고 보았다.
　핵심어(구) 군주도 법의 적용에서 예외가 되지 않아야
　중심 내용 관중의 군주론 (2) – 군주도 법의 적용에서 예외가 되지 않고 법을 존중해야 한다고 봄.

4문단 `문단 요약` 관중의 사상은 백성들의 경제적 안정을 기반으로 부강한 나라(패업)를 이루기 위해 법을 통한 통치를 도모한 것으로 평가할 수 있다.
　핵심어(구) 관중의 사상, 평가
　중심 내용 관중의 사상에 대한 평가

주제 관중의 군주론

(나) 전세영, 「율곡의 군주론」

1문단 `문단 요약` 율곡은 『성학집요』에서 군주가 인격을 완성하고 아는 것을 실천하면 백성의 도덕적 교화가 가능해진다고 보았으며, 왕도정치의 실현을 위해서는 군주가 신하를 통해 백성을 다스려야 한다고 생각했다.
　핵심어(구) 율곡, 군주가 인격을 완성하고 아는 것을 실천, 신하를 통해 백성을 다스려야
　중심 내용 율곡이 제시한 군주상 – 군주는 인격을 완성하고 아는 것을 실천하며 신하를 통해 백성을 다스려야 함.

2문단 `문단 요약` 율곡은 태평한 시대인 치세를 만드는 군주의 통치 방법으로 군주가 인격 완성을 통해 백성의 도덕적 교화까지 이루어 내는 '왕도'와, 군주의 인격이 완성되지 않아 백성의 도덕적 교화는 이루어지지 않았지만 백성의 경제적 안정은 이루어 내는 '패도'로 나누어 설명했다.
　핵심어(구) 치세를 만드는 군주, 통치 방법, 왕도, 패도
　중심 내용 치세를 만드는 군주의 통치 방법에 대한 율곡의 관점 – 왕도와 패도

3문단 `문단 요약` 율곡은 난세를 만드는 군주는 폭군(백성을 괴롭히고 충언을 받아들이지 않음), 혼군(간사한 자를 분별하지 못하고 총명함이 없으며 무능력함), 용군(우유부단함)으로 분류하였고, 이러한 군주의 통치 방법은 '무도'(포악한 정치)이므로 무도를 행하는 군주는 교체되어야 할 존재라고 보았다.
　핵심어(구) 난세를 만드는 군주, 폭군, 혼군, 용군, 무도, 교체되어야 할 존재
　중심 내용 난세를 만드는 군주의 유형과 통치 방법에 대한 율곡의 관점 – 무도

4문단 `문단 요약` 율곡은 왕도정치를 실현하기 위해서는 군주의 존재 근거인 백성의 경제적 기반을 유지할 수 있는 정책을 펼쳐야 한다고 보았다. 이와 같은 율곡의 사상은 왕도정치를 실현하는 과정에서 백성의 현실적 삶에 주목하려는 시도로 볼 수 있다.
　핵심어(구) 왕도정치, 백성의 경제적 기반, 율곡의 사상
　중심 내용 율곡 사상의 의의

주제 율곡의 군주론

★ (가), (나) : 유사한 화제(군주론, 즉 바람직한 군주의 모습에 대한 논의)에 대해 서로 다른 관점을 지닌 글

(가) 관중의 군주론	(나) 율곡의 군주론
• 군주는 자신의 권세를 신하에게 위임하지 말아야 한다. • 군주는 백성의 경제적 안정을 위한 법을 만들어 부강한 나라를 이루기 위해 법을 통해 통치해야 한다.	• 군주는 현명한 신하를 분별하여 그에게 나라의 일을 맡길 줄 알아야 한다. • 군주는 백성의 경제적 기반을 유지할 수 있는 정책을 펼쳐 도덕적 교화를 이루어야 한다.

11 내용 전개 방식의 파악
정답 ②

O **②가 정답인 이유** (가)는 특정 사상가 관중이 주장하는 군주의 통치술에 대해 다루고 있는데, 관중이 생각한 이상적인 국가의 모습과 국가를 통치하는 방법은 나라의 부강과 백성의 평안을 이루는 것이라고 하였고, 4문단에서는 '이러한 관중의 사상은 백성들의 경제적 안정을 기반으로 부강한 나라를 이루기 위해 법을 통한 통치를 도모한 것으로 평가할 수 있다.'며 그 의의를 밝히고 있다.

(나)에서는 또 다른 사상가 율곡이 주장하는 군주의 통치술에 대해 다루고 있는데, 율곡은 왕도정치의 실현을 위해서는 군주가 신하를 통해 백성을 다스려야 한다고 생각했고, 치세*와 난세*를 만드는 군주의 통치 방법에 대해 설명한 후, 4문단에서는 '율곡의 사상은 왕도정치를 실현하는 과정에서 백성의 현실적 삶에 주목하려는 시도로 볼 수 있다.'며 그 의의를 밝히고 있다.

따라서 ②는 (가), (나)에 대한 설명으로 적절하다.

> * 치세(治世): 잘 다스려진(정치) 세상.
> * 난세(亂世): 혼란스러운 세상.

▶ **정답의 근거** 위 '②가 정답인 이유' 참조

① (가), (나) 모두 군주의 통치술의 변화 과정(X)을 소개하고 있지 않다.

③ (가)는 2문단에서 군주가 마음대로 법을 만들면 백성의 삶이 피폐해질 수 있다고 한 것에서 군주의 통치술이 갖는 한계를 드러내고 있다고 볼 수 있고, (나)는 3문단에서 난세를 만드는 군주의 통치술이 갖는 한계를 드러내고 있다고 볼 수 있다. 그러나 (가), (나) 모두 특정한 사상가가 주장하는 군주의 통치술이 갖는 한계(X)를 드러내고 있지 않고 새로운 통치술을 제안(X)하고 있지도 않다.

④ '군주의 통치술(왕도, 패도, 무도)을 군주의 유형(치세를 만드는 군주, 난세를 만드는 군주)에 따라 범주화하여 제시'하고 있는 것은 (나)이다.

⑤ (가), (나) 모두 특정한 사상가가 주장하는 군주의 통치술에 대한 상반된 입장을 제시(X)하고 있지 않고, 장단점을 비교(X)하고 있지도 않다.

12 이유의 추론
정답 ④

O **④가 정답인 이유** ㉠의 '결국'으로 보아, ㉠은 결론(결과)에 해당하고 그 앞 내용이 '이유(원인)'임을 알 수 있다.

결론	㉠ 군주가 법을 존중하는 것은 백성이 군주를 존중하는 것으로 이어지게 된다.
	⇑
이유	**군주가 패를 실천해야 백성이 권세를 인정하게 된다.** 군주가 자신에 대해서는 존귀하게 여기지 않는 것, 곧, 군주가 법의 적용에서 예외가 되지 않는 것

즉, 군주가 법을 존중하면 백성이 군주를 존중하게 되는 이유는 군주가 자신에게도 법 적용에 예외를 두지 않으면 백성으로부터 권세를 인정받을 수 있기 때문이다.

▶ **정답의 근거** ㉠과 그 바로 앞 내용

① 3문단에서 '패'는 '군주가 자신에 대해서는 존귀하게 여기지 않는 것'이라고 했으므로 '군주가 마음대로 법을 만들 수 있는 패'라고 한 것은 적절하지 않다. 또 백성은 군주가 자신에 대해 존귀하게 여기지 않으면 군주의 권세를 인정하게 된다고 했으므로, 군주가 마음대로 법을 만든다면 백성으로부터 존중받지 못할 것이다.

② 3문단에서 백성이 군주를 존중하는 것은 군주가 자신에 대해서는 존귀하게 여기지 않고 법의 적용에서 예외가 되지 않을 때라고 했다. 또 2문단에서 군주가 법을 만들 수 있는 자격을 지닌 사람이라고는 했으나, 법을 제정할 수 있는 기회를 얻는다고 해서 백성이 군주를 존중한다고는 하지 않았다.

③ 2문단에서 '관중은 백성이 국가 경제의 근본이라는 경제적 관점을 바탕으로 법의 필요성을 강조하였다.'고 했다. 즉 백성을 국가의 근본으로 여기면 법의 필요성을 인식하게 된다는 것이고, 법의 필요성을 바탕으로 군주가 법을 존중하면 백성이 군주를 존중하게 되지만, 군주가 법의 필요성을 인식해야 백성을 국가의 근본으로 여기게 되는 것은 아닌 것이다.

⑤ 2문단에서 관중은 '군주는 이익을 추구하는 백성의 본성을 고려해 백성의 삶이 윤택해질 수 있는 법을 만들어야 한다고 보았다.'고 했고, '관중이 강조한 백성의 윤택한 삶은~부강한 나라의 실현을 위한 것'이라고 했다. 이로 보아 군주가 백성의 본성을 고려하지 않고 나라의 부강을 우선시하는 법을 만든다면 백성이 군주를 존중하는 것으로 이어지지 않을 것이다.

13 인물의 견해 파악
정답 ④

O **④가 정답인 이유** (나)의 4문단 첫 문장에서 '율곡은 백성의 도덕적 교화(매3인사이트.집 p.13)를 이루는 왕도정치를 위해서는 백성들의 삶이 경제적으로 편안한 것이 전제되어야 한다고 보았다.'고 했다. 이는 '백성의 삶이 경제적으로 편안해'져야 '백성의 도덕적 교화를 이루는 왕도정치'가 가능하다는 것이므로 ④는 율곡의 견해로 적절하지 않다.

▶ **정답의 근거** (나)의 4문단의 첫 문장

가장 많이 질문한 오답은? ③

X **③이 오답인 이유** (나)의 4문단에서 율곡이 왕도정치를 위해서는 백성들의 삶이 경제적으로 편안한 것이 전제되어야 한다고 본 것은 '군주의 존재 근거가 백성이라고 보는 민본관에 의한 것'이라고 했다. 이를 통해 '군주는 왕도정치를 실현하기 위해 자신의 존재 근거를 백성으로 보아야 한다.'는 것은 율곡의 견해로 적절하다는 것을 알 수 있다.

① (나)의 1문단에서 율곡은 '개인의 수양을 통해 앎을 늘리고 인격을 완성하는 것을 군주의 자격으로 보았다.'고 했고 '군주가 인격을 완성하고 아는 것을 실천하면 백성의 선한 본성을 회복하는 도덕적 교화가 가능해진다'고 보았다고 한 것에서 알 수 있다.

② (나)의 1문단에서 율곡은 '만약 군주가 포악한 정치를 펼쳐 신하들의 지지를 얻지 못하거나 민심을 잃으면 교체될 수 있다고 여겼다.'고 한 것에서 알 수 있다.

⑤ (나)의 4문단에서 율곡은 '(군주는) 조세 부담을 줄이는 등 백성의 경제적 기반을 유지할 수 있는 정책을 펼쳐야' 한다고 한 것에서 알 수 있다.

③ [A]에서 자신의 총명을 믿고 신하를 불신하는 것은 난세를 만드는 군주라고 했다. 그러므로 백성의 삶을 윤택하게 하려는 것으로 볼 수 없고, 부강한 나라를 이루는 패업으로도 볼 수 없다(있다 ✕).

④ [A]에서 자신의 뜻을 세우지 못하는 군주는 난세를 만드는 군주라고 했고, (가)의 3문단에서 자신을 존귀하게 여기지 않는 '패'를 실천하는 군주는 백성이 군주의 권위를 인정하게 된다고 했다. 따라서 군주가 자신을 존귀하게 여기지 않는 것은 패업을 위한 통치 방법으로 볼 수 있으나, 자신의 뜻을 세우지 못하는 것은 패업을 위한 통치 방법으로 볼 수 없다(있다 ✕).

14 관점의 적용
정답 ⑤

O ⑤가 정답인 이유 [A]의 1문단에서 율곡은 '치세를 만드는 군주는 재능과 지식이 출중해 신하를 능력에 맞게 발탁하여 일을 분배할 줄' 안다고 했고, (가)의 4문단에서 관중은 군주는 패업을 위한 통치(부강한 나라를 이루는 통치)를 펼쳐야 하고 이때 능력 있는 신하를 공정하게 등용해야 한다고 했다. 이로 보아, [A]에서 군주가 신하를 능력에 맞게 발탁하여 일을 분배한 것은 (가)의 관점에서 보면 패업을 위한 통치의 방법으로 볼 수 있다.

▶ **정답의 근거** 위 '⑤가 정답인 이유' 참조

나머지 답지들이 오답인 이유도 (가)의 관점에서 살펴보자.

① [A]에서 눈과 귀가 가려진 군주는 간신의 말을 믿고 의지하는 군주로, '간사한 자를 분별하지 못하고 총명함이 없으며 무능력한 혼군'을 가리킨다. 따라서 이는 부강한 나라를 이루는, 패업을 이룰 수 있는 존재로 볼 수 없다(있다 ✕).

② [A]에서 충언*을 받아들이지 않아 스스로 멸망에 이르는 군주는 폭군이라고 했다. 그리고 (가)의 2문단에서 군주는 법을 만들 수 있는 자격을 천부적*으로 지녔으나 군주가 마음대로 법을 만들면 백성의 삶이 피폐해질 수 있다고 했다. 따라서 군주가 충언을 받아들이지 않는 것은 부강한 나라를 이루는 패업으로 볼 수 없다(있다 ✕).

> * 충언: 충고하는 말(언어).
> * 천부적: 선천적으로 타고난 (것).

15 다른 견해와의 비교
정답 ④

O ④가 정답인 이유 율곡은 (나)의 2문단에서 '군주의 통치에 따라 태평한 시대인 치세와 혼란스러운 시대인 난세가 구분된다'고 보았다고 했고, ㉯는 〈보기〉에서 '군주에 따라 치세와 난세가 되는 것을 지양*하기 위해 법을 제정하고 기준을 세우는 것'이 필요하다고 했다. 그러므로 율곡과 ㉯는 모두 군주에 따라 치세와 난세가 구분된다고 본 것을 알 수 있다.

그런데 율곡은 군주의 인격 완성 여부에 따라 치세와 난세가 구분된다고 보지 않았다. 율곡은 (나)의 2문단에서 치세를 만드는 군주의 통치 방법을 '왕도(王道)'와 '패도(覇道)'로 나누었는데, '왕도는 군주의 인격 완성을 통해 백성의 도덕적 교화까지 이루어 내는 것이고, 패도는 군주의 인격이 완성되지 않아 백성의 도덕적 교화까지는 이루어지지 않았지만 백성의 경제적 안정은 이루어 내는 것'이라고 했다. 이를 통해 볼 때, 율곡이 '군주의 인격 완성 여부에 따라' 구분된다고 본 것은 왕도와 패도(치세와 난세 ✕)라는 것을 알 수 있다.

> * 지양(止揚): 고양하는 것을 정지함.
> ※ '그만두는 것'으로 바꿔 읽으면 의미가 통함.
> [참고] 지향(志向): 의지(뜻)가 어떤 목표로 향함.

▶ **정답의 근거** (나)의 2문단 '율곡은 군주의 통치에 따라 태평한 시대인 치세와 혼란스러운 시대인 난세가 구분된다고 보고'

예비 매3비로 공부한 후
매3화법과작문을 공부하면
실수도 줄이고 시간 부족 문제도 해결할 수 있습니다.

가장 많이 질문한 오답은? ②, ③ 순

✕ ②가 오답인 이유 ②에 답한 학생들이 많았다. 그런데 관중은 (가)의 3문단에서 '군주는 '권세'를 지녀야 국가를 다스릴 수 있다'고 하였고, 4문단에서는 '신하들이 군주의 권세를 넘보거나 법질서를 혼란스럽게 하지 못하도록 자신의 권세를 신하에게 위임하지 말아야 한다고 했고, ㉰는 〈보기〉에서 '법을 통해 통치할 수 있는 권한은 군주만이 갖고 있어야 권력을 유지할 수 있다'고 했다. 이를 통해 관중과 ㉰는 모두 국가를 다스릴 수 있는 권한이 오로지 군주에게 있어야 함을 강조했다고 볼 수 있다.

✕ ③이 오답인 이유 ② 다음으로 ③에 답한 학생들이 많았다. 그런데 ㉯는 〈보기〉에서 '군주는 도덕성의 회복을 목적으로 백성의 기본적인 경제적 욕구를 충족시키고 인간다운 교육을 실시해야 한다고 했고, 관중은 (가)의 2문단에서 '백성의 윤택한 삶은 도덕적 교화와 같은 목적을 위한 것이 아닌, 부강한 나라의 실현을 위한 것'이라고 했다. 따라서 ③은 적절한 반응이다.

②와 ③보다는 적었지만 ①과 ⑤에 답한 학생들도 제법 많았는데, 이들 답지가 오답인(적절한) 이유도 살펴보자.

① 관중은 (가)의 4문단에서 '법을 통한 통치의 중요성을 강조하였다.'고 했고, ㉮ 또한 〈보기〉에서 '(군주가) 권력을 얻은 후에는 법을 통해 통치함으로써 자신의 권력을 유지할 수 있'다고 했으므로 적절한 반응이다.

⑤ 율곡은 (나)의 1문단에서 '군주가 인격을 완성하고 아는 것을 실천하면 백성의 선한 본성을 회복하는 도덕적 교화가 가능해진다'고 보았다고 했고, ㉯는 〈보기〉에서 '군주는 타락한 현실에 의해 잃어버린 인간의 선한 본성인 도덕성을 회복시켜야' 한다고 했으므로 적절한 반응이다.

16 사전적 의미 파악
정답 ③

◯ ③이 정답인 이유 사전적 의미를 묻는 문제도 '어휘 문제 3단계 풀이법'을 적용한다.

• 1단계: ⓒ(규정)가 포함된 문장에서 ⓒ의 의미를 이해할 수 있는 핵심 어구만 간추린다.

> • 관중은 '군주가 자신에 대해서는 존귀하게 여기지 않는 것'(A)을 '패'라고 규정하였다. → A를 '패'라고 규정하다.

• 2단계: 답지에 제시된 뜻풀이를 밑줄 친 ⓒ의 자리에 대입해 자연스러운지의 여부를 살핀다.

> • 관중은 A를 '패'라고 바로잡아 고쳤다.

→ 관중은 A를 '패'라고 했지, '패'라고 바로잡아 고쳤다고 하지 않았다. 3단계를 적용하여 한 번 더 정답 여부를 확인해 보자.

• 3단계: '규정(ⓒ)'과 바꿔 쓸 수 있는 말과 '규정'이 들어가는 말을 떠올려 보자.

> • '규정'과 바꿔 쓸 수 있는 말: (내용, 성격, 범위 등을) 정함.
> • '규정'이 들어가는 말: 스트레스를 병의 원인으로 규정하다.

→ '규정'하는 것은 밝혀 정하는 것이고, '바로잡아 고침'의 뜻을 지닌 어휘는 '수정'이다.

▶ 정답의 근거 위 '③이 정답인 이유' 참조

가장 많이 질문한 오답은? ⑤

✕ ⑤가 오답인 이유 '역설하다'는 '힘주어[力, 힘 력] 말하다'의 뜻으로, '주장하다, 강조하다'와 바꿔 쓸 수 있다. 그럼에도 불구하고 ⑤에 많이 답했는데, 이 학생들은 문학에서 자주 질문하는 '역설', 즉 한 문장 내에 모순이 일어나는 표현법을 가리키는 '역설'로 생각한 경우가 많았다. ☞ 매3인사이트. 집 p.33 참조

나머지 어휘들도 '어휘 문제 3단계 풀이법'을 적용해 보자.

구분	핵심 간추리기	대입하기	'매3어휘 풀이' 떠올리기
①	현실의 문제에 실리적으로 대처하다.	현실의 문제에 실리적으로 알맞은 조치를 취하다.	• 대응하여 처리함. 조처함. • 응급 상황에 대처하다.
②	백성의 삶이 피폐해지다.	백성의 삶이 지치고 쇠약해지다.	• 고달파지고(피로) 나빠짐(폐해). 쇠퇴함. • 농촌 경제가 피폐해졌다.
④	재능과 지식은 부족하다.	재능과 지식은 (기준에 미치지 못해) 충분하지 않다.	• 모자람. 약함. ㉯ 풍족 • 문제 풀이 시간이 부족하다.

✔ 매일 복습 확인 문제

1 밑줄 친 ㉠과 관계 깊은 것은?

> 세상의 중심과 그 주변을 구별하는 ㉠중화사상과 다른 생각을 지닌 홍대용은 중화와 오랑캐 국가가 모두 동등하며 모든 사람들이 중심이 될 수 있다고 생각하여 양반의 특권을 비판하였고, 신분이 낮아도 재주와 학식이 있으면 높은 관직에 오를 수 있어야 한다고 주장하였다.

① 모든 국가는 동등하다.
② 홍대용의 중심 사상이다.
③ 양반의 특권에 비판적이다.
④ 중화와 오랑캐를 구분한다.
⑤ 신분을 따지지 않고 등용한다.

2 왼쪽에 제시된 어휘와 의미가 유사한 말을 오른쪽에서 찾아 서로 줄로 이으시오.

(1) 카타르시스 •

• ㉮ 갈등의 고조
• ㉯ 마음의 정화

(2) 목표로 삼음. •

• ㉰ 지양
• ㉱ 지향

(3) 태평한 시대 •

• ㉲ 난세
• ㉳ 치세

정답 1. ④　2. (1) ㉯ (2) ㉱ (3) ㉳

정답	01 ②	02 ④	03 ③	04 ⑤	05 ①
	06 ④	07 ⑤	08 ⑤	09 ②	10 ③
	11 ③	12 ⑤	13 ③	14 ②	15 ③

1~5 인문: 인간의 본성에 대한 관점

독해력을 길러 주는 지문 분석

1문단 **문단 요약** 조선 후기의 실학자인 정약용은, 이전까지 절대적 권위를 가지고 있던 주희와는 다른 관점에서 인간의 본성에 대한 자신의 이론을 정립하였다.

핵심어(구) 정약용, 주희와는 다른 관점, 인간의 본성에 대한 자신의 이론

중심 내용 주희와 다른 관점에서 인간의 본성에 대한 이론을 정립한 정약용

2문단 **문단 요약** 주희는 하늘로부터 부여받은 인간의 선천적 기질에 따라 선한 행위와 악한 행위를 한다고 보았는데, 그렇다면 행위에 인간의 의지가 개입되지 않으므로 윤리적 책임을 물을 수 없다며 정약용은 주희의 관점을 비판하였다.

핵심어(구) 주희, 정약용, 주희의 관점을 비판

중심 내용 인간의 본성에 대한 주희의 관점과 이에 대한 정약용의 비판

3문단 **문단 요약** 정약용은 인간의 본성은 '기호(嗜好)'인데, 감각적 욕구에서 비롯된 기호를 제어하지 못할 경우 악한 행위가, 도덕적 욕구에서 비롯된 기호를 따를 경우 선한 행위가 나타난다고 보았다. 그리고 이 행위는 온전히 인간의 자유 의지에 달려 있으므로, 악한 행위를 한 사람에게 윤리적 책임을 물을 수 있다고 보았다.

핵심어(구) 정약용, 악한 행위를 한 사람에게 윤리적 책임을 물을 수 있다

중심 내용 인간의 본성에 대한 정약용의 관점

4문단 **문단 요약** 정약용은 자유 의지로 선한 행위를 선택하고 이를 실천하는 것이 중요하다고 보았는데, 구체적인 실천 원리로 '서(恕)'를 강조하고, 서(恕) 중에서도 추서(推恕)에 따라 선한 행위를 실천해야 한다고 보았다.

▼ 정약용의 '서(恕)': 선한 행위를 선택하는 구체적인 실천 원리

용서(容恕)	추서(推恕)
• 타인의 악을 너그럽게 보아 줌. 예 친구가 거짓말을 했을 때 잘못을 덮어 주는 행위 • 타인의 악한 행위를 용인해 주는 문제가 발생함.	• 내가 대접받고 싶은 대로 타인을 대함. 예 아우의 존중을 받고 싶을 때 내가 먼저 형을 존중하는 모습을 보여 주는 행위 • 자신의 마음을 미루어 타인의 마음을 이해할 수 있으므로 선한 행위를 선택해서 실천할 수 있음.

핵심어(구) 추서에 따라 선한 행위를 실천

중심 내용 추서에 따른 선한 행위를 강조한 정약용

주제 인간의 본성에 대한 정약용의 관점

▼ 인간의 본성에 대한 관점

주희	정약용
• 본성: 본연지성(천부적인 순수하고 선한 본성)과 기질지성(사람마다 다른 기질)으로 설명함. • 인간의 기질이 맑으면 선한 행위를, 탁하면 악한 행위를 함. • [주희의 관점에 대한 정약용의 비판] 선한 행위와 악한 행위의 원인이 기질(→ 선천적 요인)이라면 행위에 인간의 의지가 개입되지 않으므로 악한 행위에 대해 윤리적 책임을 물을 수 없음.	• 본성: 기호(嗜好)라고 보고, **1** 감각적 욕구에서 비롯된 기호(육체의 경향성)와 **2** 도덕적 욕구에서 비롯된 기호(영혼의 경향성)가 있다고 봄. • **2**를 따르면 선한 행위를, **1**을 제어하지 못하면 악한 행위를 함. • 선한 행위와 악한 행위에 인간의 자유 의지가 개입되어 있으므로 악한 행위에 대해 윤리적 책임을 물을 수 있음.

01 글의 내용 전개 방식 이해 　　정답 ②

○ ②가 정답인 이유 이 글은 1문단에서 주희와 다른 관점에서 인간의 본성을 탐구한 정약용을 소개한 후, 2문단에서는 인간의 본성에 대한 주희의 관점과 이에 대한 정약용의 비판을, 3문단과 4문단에서는 정약용의 관점을 소개하고 있으므로 ②는 이 글의 내용 전개 방식으로 적절하다.

▶ **정답의 근거** 위 '②가 정답인 이유' 참조

① 인간의 본성에 대한 주희와 정약용의 관점을 '여러 관점'이라고 볼 수 있으나, '사회에 미친 영향'을 설명하고 있지는 않다.

③ 인간의 본성에 대한 관점은 다루고 있으나, '타당성 여부'를 분석하고 있지 않고, 따라서 '다양한 입장에서 분석'하고 있는 것도 아니다.

④ 인간의 본성에 대한 주희와 정약용의 관점을 '상반된 관점'으로 볼 수 있으나, 두 관점을 '절충'(매3인사이트.집 p.46)하고 있지 않고, '새로운 관점'을 드러내고 있지도 않다.

⑤ 인간의 본성에 대한 주희와 정약용의 관점을 '대비(p.34 참조)되는 관점'으로 볼 수 있으나, 이와 같은 관점이 '등장하게 된 시대적 배경'을 설명하고 있지는 않다.

02 세부 내용 확인 　　정답 ④

○ ④가 정답인 이유 3문단에서 정약용은 '감각적 욕구에서 비롯된 기호(매3인사이트.집 p.15)를 제어*하지 못할 경우 악한 행위가 나타날 수 있'다고는 했으나, '악한 행위를 유도*하므로 제거해야 한다'고 본 것은 아니다. 그리고 정약용은 '감각적 욕구가 생존에 필요하고 삶의 원동력이 된다는 점에서 일부 긍정'하였다.

---
* 제어: (1) (감정 등을) 억눌러 다스림. 억제하고 통제함. (2) (기계나 설비, 화학 반응 등을) 목적에 맞게 작용하도록 조절함. 여기서는 (1)의 의미로 쓰임.
* 유도: 의도하는 방향으로 이끎(유인, 인도).

▶ **정답의 근거** 위 '④가 정답인 이유' 참조

①은 2문단의 첫째·둘째 문장과, ②는 2문단의 셋째 문장과, ③은 4문단의 마지막 문장과, ⑤는 2문단의 마지막 문장과 일치한다.

03 핵심 개념의 비교   정답 ③

O **③이 정답인 이유**   3문단에서 ㉠은 '생명이 있는 모든 존재가 지니는 육체의 경향성*'이라고 했고, ㉡은 '인간만이 지니는 영혼의 경향성'이라고 했다. 따라서 '㉠은 ㉡과 달리 생명이 있는 모든 존재가 지닌다.'고 이해한 ③은 적절하다.

> *경향성: 현상이나 사상, 행동 등이 어떤 방향으로 기울어지거나 (경사) 쏠리는 성향(성질).

▶ **정답의 근거**   3문단의 다섯째, 여섯째 문장

① 3문단에서 정약용은 '㉠을 제어하지 못할 경우 악한 행위가 나타날 수 있다'고 했고, '선한 행위를 하거나 악한 행위를 하는 것이 온전히 인간의 자유 의지에 달려 있다'고 했다. 이를 통해 ㉠은 인간이 제어할 수 있는(없는 ✗) 기호라는 것을 알 수 있다.

② 3문단에서 정약용은 '감각적 욕구가 생존에 필요하고 삶의 원동력이 된다'고 했다. 이를 통해 생존에 필요한 욕구에서 비롯된 것은 ㉡이 아니라 ㉠이라는 것을 알 수 있다.

④ 3문단에서 정약용은 '인간의 본성을 기호(즐기고 좋아함)라고 보았다.'고 했고, '인간에게 ㉠(감각적 욕구에서 비롯된 기호-육체의 경향성)과 ㉡(도덕적 욕구에서 비롯된 기호-영혼의 경향성)이 있다고 보았다.'고 했다. 이를 통해 '㉠과 ㉡ 모두' 욕구를 즐기고 좋아하는 경향성이라는 것을 알 수 있다.

⑤ 4문단에서 정약용은 '친구(타인)가 거짓말을 했을 때 잘못을 덮어 주는 행위는 용서'라고 했고, '용서'는 인간의 자유 의지로 선한 행위를 실천하는 원리라고 했으며, 3문단에서는 ㉡을 따를 경우 선한 행위가 나타난다고 보았다고 했다. 이를 통해 ㉡은 '타인의 잘못을 덮어 주는 행위(용서)'와 직결(직접 연결됨)되는 것으로 볼 수도 있으나 ㉠은 그렇게 볼 수 없다.

04 구체적 사례에의 적용   정답 ⑤

O **⑤가 정답인 이유**   4문단에서 '추서'는 ' '내가 대접받고 싶은 대로 타인을 대우함'을 의미한다.'고 했는데, 〈보기〉에서 'B는 A가 거짓말을 했다는 것을 알고 있었지만 이를 내색하지 않'았다고 했다. B가 A의 거짓말을 용인[용납(용서)하여 인정함.]하게 된 것은 대접받고 싶어서로 볼 수 없으므로 B가 '추서'로 A의 마음을 이해해 주었다는 것은 적절하지 않다. 그리고 4문단에서 '친구가 거짓말을 했을 때 잘못을 덮어 주는 행위는 용서'라고 한 점에서, 정약용은 B가 A의 거짓말을 용인한 것은 '추서'가 아닌 '용서'로 볼 것이다.

▶ **정답의 근거**   4문단의 '친구가 거짓말을 했을 때 잘못을 덮어 주는 행위는 용서이고~'

가장 많이 질문한 오답은? ①

✗ **①이 오답인 이유**   2문단에서 주희는 '인간이 하늘로부터 부여받은 순수하고 선한 본성'인 '본연지성'이 있다고 보았으므로 A가 거짓말을 했지만, 자신의 행동에 부끄러움을 느끼고 B에게 사과한 점에서 거짓말을 한 것과 무관(관계가 없음)하게 A에게는 본연지성이 있다고 볼 것이다.

② 2문단에서 주희는 '인간의 기질이 맑으면 선한 행위를 하고 탁하면 악한 행위를 할 수 있다고 보았다.'고 했다. 따라서 주희는 평소 청소를 잘 하지 않는 A와 항상 성실히 청소하는 B의 기질이 서로 다르다고 볼 것이다.

③ 3문단 끝에서 정약용은 '선한 행위를 하거나 악한 행위를 하는 것이 온전히 인간의 자유 의지에 달려' 있다고 했다. 따라서 정약용은 A가 책임감 있게 청소하게 된 것이 A의 자유 의지에 의한 것이라고 볼 것이다.

④ 3문단에서 정약용은 '도덕적 욕구에서 비롯된 기호를 따를 경우 선한 행위가 나타난다고 보았다.'고 했다. 따라서 정약용은 A가 도덕적 욕구에서 비롯된 기호를 따랐기 때문에 B에게 사과하고 청소하는 등 행동의 변화가 나타났다고 볼 것이다.

05 문맥적 의미의 파악   정답 ①

O **①이 정답인 이유**   '어휘 문제 3단계 풀이법'을 적용해 보자.

• 1·2단계: 핵심을 간추린 후 '매3어휘 풀이' 떠올리기

> ~을 예로 들다.
> 제시하다

• 3단계: 대입하기

① 명확한 증거를 들다 / 제시하다. → **O**

② 감기가 들다 / 제시되다. → ✗

③ 마음에 드는 / 제시되는 사람 → ✗

④ 햇볕이 잘 들다 / 제시되다. → ✗

⑤ 선물이 들어 / 제시되어 있다. → ✗

→ 문맥이 자연스러운 ①이 정답이다.

▶ **정답의 근거**   위 '①이 정답인 이유' 참조

나머지 답지들에 쓰인 '들다'의 의미도 새기고 넘어가자.

② 몸에 병이 생기다.

③ (사람 등이) 좋게 받아들여지다.

④ (빛 등이) 비추거나 미치다.

⑤ 안에 담기다.

특허받은 어휘 공부법

매3력 후 **매3어휘**로 다집니다.

독해력을 길러 주는 지문 분석

1문단 문단요약 아리스토텔레스의 고전 논리학에서는 기본 명제를 '전체 긍정 명제', '전체 부정 명제', '부분 긍정 명제', '부분 부정 명제'의 네 가지로 분류하였다. 삼단 논법에 이용되는 명제는 어떤 것이든 이 중 어느 하나의 형식을 가져야 하며, 그 뜻이 명확하게 표준 형식으로 고쳐 주어야 한다.

핵심어(구) 고전 논리학, 기본 명제, 분류, 표준 형식

중심 내용 고전 논리학에서 기본 명제의 분류와 표준 형식으로 고쳐야 할 필요성

2문단 문단요약 전체 긍정을 뜻하는 명제의 표준 형식은 '모든 ~는 ~이다.', 전체 부정을 뜻하는 명제의 표준 형식은 '어느 ~도 ~가 아니다.', 부분 긍정을 뜻하는 명제의 표준 형식은 '어떤 ~는 ~이다.', 부분 부정을 뜻하는 명제의 표준 형식은 '어떤 ~는 ~가 아니다.'라는 형식이면 된다.

▼ 기본 명제의 분류 및 표준 형식

명제의 종류	명제의 표준 형식	예
전체 긍정 명제	모든 ~는 ~이다.	모든 철학자는 이상주의자이다.
전체 부정 명제	어느 ~도 ~가 아니다.	어느 철학자도 이상주의자가 아니다.
부분 긍정 명제	어떤 ~는 ~이다.	어떤 철학자는 염세주의자이다.
부분 부정 명제	어떤 ~는 ~가 아니다.	어떤 철학자는 도덕주의자가 아니다.

핵심어(구) 명제의 표준 형식

중심 내용 명제의 표준 형식

3문단 문단요약 "고래는 포유동물이다."라는 일상 언어의 문장은 전체 긍정을 뜻하므로, 표준 형식의 명제로 고치면 "모든 고래는 포유동물이다."가 된다. "칼을 쓰는 자는 칼로 망한다."라는 말은 전체 긍정("칼을 쓰는 모든 사람은 칼로 망하는 사람이다.") 또는 부분 긍정("칼을 쓰는 어떤 사람은 칼로 망하는 사람이다.")으로 고칠 수 있다.

핵심어(구) 일상 언어의 문장, 표준 형식의 명제

중심 내용 일상 언어의 문장을 표준 형식으로 바꾼 사례 — 해석에 따라 다른 형식으로 고칠 수 있음.

4문단 문단요약 모든 명제를 네 가지 기본 형식으로 나누어야 하는 고전 논리는 명제의 양을 전체와 부분으로만 나누었기 때문에 부분에 관한 명제들 중에서 그 양의 정도가 다른 것을 나타낼 수 있는 방법이 없다. 이것은 고전 논리의 한계점이 된다.

핵심어(구) 고전 논리의 한계점

중심 내용 고전 논리의 한계점 (1) — 부분에 관한 명제들에서 양의 정도가 다른 것을 나타낼 수 없음.

5문단 문단요약 "미국 흑인들 외에는 아무도 흑인 영가의 참뜻을 느낄 수 없다."의 경우 '미국 흑인들'에 대해서는 전체 긍정 명제로, '미국 흑인들'이 아닌 사람들'에 대해서는 전체 부정 명제로 고쳐 쓸 수 있다.

핵심어(구) (전체 긍정 명제), 전체 부정 명제

중심 내용 고전 논리의 한계점 (2) — 전체에 관한 명제들 중 일부는 전체 긍정과 전체 부정의 두 가지 뜻으로만 나타남.

6문단 문단요약 일상 언어의 문장은 논리적 의미가 분명치 못한 것이 많으므로 그것을 사용하는 사람이 자기대로 타당한 이해를 할 수밖에 없다. 그러한 문장을 표준 형식의 명제로 고칠 때에는 먼저 적절한 해석을 한 후 이해되는 뜻에 따라서 그것에 맞는 형식으로 고쳐 주면 된다.

핵심어(구) 일상 언어의 문장, 먼저 적절한 해석을 한 후

중심 내용 일상 언어의 문장을 표준 형식의 문장으로 고치는 방법

주제 명제의 표준 형식과 일상 언어의 문장을 표준 형식으로 고쳐야 하는 이유 및 교체 방법

▼ 일상 언어의 문장을 명제의 표준 형식으로 바꾸기

일상 언어의 문장	명제의 표준 형식
고래는 포유동물이다. ▶	모든 고래는 포유동물이다. → 전체 긍정 명제
칼을 쓰는 자는 칼로 망한다. ▶	[교훈적인 말로 받아들일 경우] 칼을 쓰는 모든 사람은 칼로 망하는 사람이다. → 전체 긍정 명제 [사실의 서술로 볼 경우] 칼을 쓰는 어떤 사람은 칼로 망하는 사람이다. → 부분 긍정 명제
대부분의 젊은이들은 현실 부정적이다. ▶	어떤 젊은이들은 현실 부정적인 사람이다. → 부분 긍정 명제
미국 흑인들 외에는 아무도 흑인 영가의 참뜻을 느낄 수 없다. ▶	• 모든 미국 흑인들은 흑인 영가의 참뜻을 느낄 수 있는 사람이다. → 전체 긍정 명제 • 미국 흑인이 아닌 어느 사람도 흑인 영가의 참뜻을 느낄 수 있는 사람이 아니다. → 전체 부정 명제

* 염세주의자: 세상과 인생을 불행하고 비참한 것으로 보고(厭, 싫어할 염) 아무런 가치가 없고 나아질 수도 없다고 생각하는 사람. ⓥ 비관론자, 비관주의자 ⓦ 낙천주의자

06 세부 내용 확인 정답 ④

ⓞ **④가 정답인 이유** 4문단의 '부분에 관한 명제들 중에서 그 양의 정도가 다른 것을 나타낼 수 있는 방법은 없다. 이것은 곧 모든 명제를 네 가지 기본 형식으로만 나누어야 하는 고전 논리의 한계점이 된다.'와 일치한다.

▶ **정답의 근거** 위 '④가 정답인 이유'에서 밑줄 친 부분

가장 많이 질문한 오답은? ③

ⓧ **③이 오답인 이유** 2문단에서 "모든 철학자는 이상주의자가 아니다."라는 말은 애매하다고 했고, 그 이유는 "철학자는 한 사람도 이상주의자가 아니다."를 뜻하는 것인지, 아니면 "철학자 중에는 이상주의자가 아닌 사람도 있다."를 뜻하는 것인지 분명하지 않기 때문이라고 했다. 그러므로 '모든 ~는 ~가 아니다.'라는 형식은 전체 부정 명제의 표준 형식이 될 수 없다고 했는데, ③에서는 "모든 ~는 ~가 아니다."라는 형식이 표준 형식이 될 수 있다고 했다. 따라서 ③은 2문단의 내용과 일치하지 않는다.

① 5문단에서 "미국 흑인이 아닌 모든 사람은 흑인 영가의 참뜻을 느낄 수 없는 사람이다."라는 명제는 전체 부정 명제인 "미국 흑인이 아닌 어느 사람도 흑인 영가의 참뜻을 느낄 수 있는 사람이 아니다."로 고쳐 쓸 수 있다고 했다. → 없다 ✕

② 3문단에서 "칼을 쓰는 모든 사람은 칼로 망하는 사람이다."라고 한다면 전체 긍정이 되고, 그것을 하나의 교훈적인 말로 받아들이는 사람은 전체 긍정으로 읽게 된다고 했다. → 부분 긍정으로 이해한다 ✕

⑤ 6문단에서 '일상 언어의 문장은 그것이 어떤 사실을 긍정하는 것일지라도…그것의 논리적 의미가 분명치 못한 것이 많다.'고 했다. → 긍정할 경우에만…의미가 분명해진다 ✕

07 이유의 추론
정답 ⑤

🅞 **⑤가 정답인 이유** ㉠에서 논리학의 관심 문제가 아니라고 한 것은 일상 언어의 문장에 대한 해석에 관한 것임을 알 수 있다. 그리고 ㉠ **뒤에 이어지는 문장** '그것을 사실의 서술로 보는 사람은…사실을 긍정하는 것으로 이해하는 것이며, …교훈적인 말로 받아들이는 사람은 그것이 하나의 보편적인 법칙 같은 것을 뜻하는 것으로 이해하기 때문'이라고 한 것에서 ㉠의 이유는 '읽는 사람이나 그것이 쓰이는 상황에 따라서 논리적 의미가 다르기 때문'으로 볼 수 있다.

그리고 6문단에서 '이러한(내용에 따라서 그 의미가 다르게 이해되어야 할 때가 많은) 문제는 논리학의 범위에 속하지 않는 것'이라고 한 것을 통해서도 ⑤는 ㉠의 이유로 적절하다는 것을 알 수 있다.

▶ **정답의 근거** ㉠ 뒤에 이어지는 문장

정답에 답한 학생들이 많았지만, 나머지 답지들이 오답인 이유와 근거도 찾아보자.

①, ④ 6문단의 '그러한 문장(논리적 의미가 분명치 못한 일상 언어의 문장)을 표준 형식의 명제로 고치고자 할 때는 먼저 적절한 해석을 한 후 그것이 이해되는 뜻에 따라서 그것에 맞는 형식으로 고쳐 주면 된다.'고 한 것과 일치하지 않으며, ㉠과 관련이 없다. → ①의 '고칠 수 없기 때문' ✕, ④의 '고친 후 해석해야 하기 때문' ✕

② 1문단의 '아리스토텔레스의 고전 논리학에서는 기본 명제를 네 가지로 분류하고…네 가지 기본 명제 중 어느 하나의 형식을 가져야 하며,…표준 형식으로 고쳐 주어야 한다.'고 한 것과 일치하지 않으며, ㉠과 관련이 없다.

③ ㉠에서 논리학의 관심 문제가 아니라고 한 것은 일상 언어의 문장에 대한 옳은 해석이 어느 것이냐와 관련된 것이지, 일상 언어의 문장과 논리학의 문장이 본질적으로 다르기 때문이어서가 아니다. 그리고 일상 언어의 문장과 논리학의 문장은 본질적으로 다르다고 하지도 않았다.

08 핵심 내용의 이해 및 적용
정답 ⑤

🅞 **⑤가 정답인 이유** 1문단에서 '명제는 어떤 것이든' '네 가지 기본 명제 중 어느 하나의 형식을 가져야' 한다고 했고, 2문단에서 명제의 표준 형식은 다음과 같은 형식을 취한다고 했다.

> • 전체 긍정 명제: 모든 ~는 ~이다.
> • 전체 부정 명제: 어느 ~도 ~가 아니다.
> • 부분 긍정 명제: 어떤 ~는 ~이다.
> • 부분 부정 명제: 어떤 ~는 ~가 아니다.

이로 볼 때, ⑤의 '문제의식이 투철한 사람만 참석했다.'는 명제의 표준 형식을 취하고 있지 않다. 이 문장을 표준 형식의 명제로 고치면 '참석한 모든 사람은 문제의식이 투철한 사람이다.'가 된다.

▶ **정답의 근거** 2문단에 제시된 네 가지 명제의 표준 형식 (p.28의 '독해력을 길러 주는 지문 분석'에서의 표 참조)

가장 많이 질문한 오답은? ④, ③ 순

❎ **④가 오답인 이유** ④에 답한 학생들이 아주 많았는데, "문제의식이 투철한 사람만 참석했다."는 것은 참석한 사람들은 모두 문제의식이 투철한 사람이라는 뜻으로 이해할 수 있다. 하지만 '참석한 사람들만이 문제의식이 투철한 사람'인지는 알 수 없다. 참석하지 않은 사람들 중에 문제의식이 투철한 사람들이 있을 수 있기 때문이다. 따라서 '참석한 사람들만이 문제의식이 투철한 사람들인지 어떤지에 대한 긍정은 없다'는 ④는 적절한 판단이다.

❎ **③이 오답인 이유** ③에 답한 학생들도 많았다. "문제의식이 투철한 사람만 참석했다."는 것은 참석한 모든 사람은 문제의식이 투철한 사람이었다는 뜻으로 읽힐 뿐, 문제의식이 투철한 사람 모두가 참석한 것인지, 문제의식이 투철한 사람 중 일부가 참석한 것인지는 모호하다. 따라서 '문제의식이 투철한 사람의 일부분이 참석했다.'라는 것을 긍정하지도 않는다는 ③은 적절한 판단이다.

①과 ②에 답한 학생들은 드물었지만, 이들 답지들이 오답인(적절한) 이유도 살펴보자.

① 〈보기〉의 문장은 '참석한 사람들은 모두 문제의식이 투철한 사람이었다.'는 뜻으로, '참석한 모든 사람은 문제의식이 투철한 사람이었다.'라는 뜻으로 판단한 것은 적절하다.

② 〈보기〉의 문장은 '문제의식이 투철한 사람 모두가 참석'한 것인지 '문제의식이 투철한 사람 중 일부가 참석'한 것인지가 모호하므로 '문제의식이 투철한 사람은 누구나 다 참석했다.'는 것을 뜻하지는 않는다고 판단한 것은 적절하다.

09 사전적 의미 파악
정답 ②

🅞 **②가 정답인 이유** '어휘 문제 3단계 풀이법'을 적용해 보자.
• 1단계: ⓑ(일반화)가 포함된 문장에서 ⓑ의 의미를 이해할 수 있는 핵심 어구만 간추린다.

- 전체 중에서 단 한 사람에 대한 긍정을 한 것도 부분 긍정으로 일반화시킬 수밖에 없다.

→ 전체가 100명이라면, 그중 80명이나 50명, 30명에 대한 것뿐만 아니라 단 한 사람에 대한 긍정을 한 것도 부분 긍정으로 본다는 것이다.

• 2단계: 답지에 제시된 뜻풀이를 밑줄 친 ⓑ의 자리에 대입해 자연스러운지의 여부를 살핀다.

- 전체 중에서 단 한 사람에 대한 긍정을 한 것도 부분 긍정으로 구체적인 것으로 될 수밖에 없다.

→ '일반화'하는 것은 개별적인 것이나 특수한 것을 '일반적인 것이 되게' 하는 것, '보편적인 것이 되게' 하는 것이지, '구체적인 것이 되게' 하는 것이 아니므로 ②는 적절하지 않다. ②의 '구체적인 것으로 됨.'의 뜻을 지닌 어휘는 '구체화'이다.

• 3단계: '일반화(ⓑ)'의 뜻이 '구체적인 것으로 됨.'인지를 더 확인하기 위해 'ⓑ와 바꿔 쓸 수 있는 다른 말'과 'ⓑ가 들어가는 말'을 떠올려 보자.

- ⓑ와 바꿔 쓸 수 있는 다른 말: 보편화
- ⓑ가 들어가는 말: 수많은 사례를 일반화하여 보편적인 지식을 얻다.

한편 '구체적인 사실을 종합하여 일반적인 원리를 이끌어 내는 추론 방법'인 '귀납법'을 떠올렸다면 '구체적인 것으로 됨'은 '일반화'의 사전적 의미가 될 수 없다는 것을 쉽게 파악할 수 있다.

▶ **정답의 근거**   위 '②가 정답인 이유' 참조

나머지 답지들도 지문의 문맥 속에서 핵심을 간추리고, 답지에 제시된 사전적 의미를 해당 단어의 자리에 대입해 본 후, '매3어휘 풀이'를 떠올려 봄으로써 어휘력을 기르도록 하자.

구분	핵심 간추리기	대입하기	'매3어휘 풀이' 떠올리기
①	하나의 보편적인 법칙 같은 것으로 이해하다.	하나의 두루 널리 미치는 법칙 같은 것으로 이해하다.	• 두루 미치거나 통하는 (것). • 일반적 • 보편적 가치, 보편적으로 적용되는 기준
③	부분 긍정으로 간주하다.	부분 긍정과 같다고 보다.	• 그와 같다고 봄. 그렇다고 여김. • 생각하다, 여기다 • 시험 중에 휴대폰을 보는 것은 부정행위로 간주된다.
④	위에서 검토해 본 예문들	위에서 (사실이나 내용을) 분석해 따져 본 예문들	• 검사하고 따져 봄(토의). • 검사 • 여러 대안들을 검토하다.
⑤	그것을 사용하는 사람이 자기대로 타당한 이해를 하다.	그것을 사용하는 사람이 자기대로 (일의 이치로 보아) 옳은 이해를 하다.	• 일의 이치나 형편에 맞아 적당함. • 알맞다, 적절하다 • 논리가 타당하다.

10 구체적 사례에의 적용   정답 ③

🅞 **③이 정답인 이유**   6문단에서 '표준 형식의 명제로 고치고자 할 때는 먼저 적절한 해석을 한 후 그것이 이해되는 뜻에 따라서 그것에 맞는 형식으로 고쳐 주면 된다.'고 했다. 이를 바탕으로 〈보기〉의 문장들을 표준 형식의 명제로 고쳐 보자.

문장의 해석	고친 표준 형식의 명제
㉮ 원숭이도(때로는, 항상 ✗) 나무에서 떨어진다.	① 어떤 원숭이는 나무에서 떨어지는 원숭이이다.: 해석 ○, 형식 ○
㉯ 소수의 사람들만이(모두 ✗) 특혜를 받았다.	② 어떤 사람은 특혜를 받은 사람이다.: 해석 ○, 형식 ○
㉰ 경마*에 미친 사람은 (오직) 경마만 좋아한다.	③ 경마에 미친 모든 사람은 경마를 좋아한다.: 해석 ✗(경마를 → 경마만), 형식 ✗(한다. → 이다.)
㉱ 비가 오는 날이면 언제나(모두) 그는 택시를 탄다.	④ 비가 오는 모든 날은 그가 택시를 타는 날이다.: 해석 ○, 형식 ○
㉲ 이번 여름은 피서지마다(모두) 초만원을 이루었다.	⑤ 이번 여름의 모든 피서지는 초만원을 이루는 곳이다.: 해석 ○, 형식 ○

위 표를 참고하면, ③을 제외한 나머지 답지들은 모두 문장이 의미하는 바를 적절하게 해석한 것이면서 명제의 표준 형식에도 맞다는 것을 알 수 있다. 하지만 ③의 경우, ㉰는 '경마에 미친 사람은 오직 경마만 좋아한다.'는 의미를 지닌 문장인데, 이 의미를 살리지 못했고, 표준 형식에도 어긋난다. ㉰를 적절하게 고치면 다음과 같다.

- 경마에 미친 모든 사람은 경마만 좋아하는 사람이다.
- 경마에 미친 사람이 좋아하는 모든 것은 경마이다. 등

＊경마(競馬): (1) 일정한 거리를 말(백마)을 타고 달려 빠르기를 겨루는(경쟁) 경기. (2) 가장 빨리 달릴 것이라고 예상하는 말에 돈을 걸어 내기를 하는 오락.

▶ **정답의 근거**   위 '③이 정답인 이유'에서의 표

가장 많이 질문한 오답은? ①, ⑤ 순

🅧 **①이 오답인 이유**   ㉮를 '모든 원숭이는 나무에서 떨어진다.'로 해석해 ①을 적절하지 않은 명제로 생각한 학생들이 많았다. 그런데 '원숭이도 나무에서 떨어진다.'는 '원숭이도 때로는 나무에서 떨어지는 경우가 있다.'는 의미로, '어떤 원숭이는 나무에서 떨어진다.'로 해석한 ①은 적절하고, 부분 긍정의 표준 형식(어떤 ~는 ~이다.)에 맞게 고친 것이다.

🅧 **⑤가 오답인 이유**   ①보다는 적었지만, ⑤에 답한 학생들도 제법 많았다. ㉲에서 '피서지마다'는 '모든 피서지'를 뜻하므로, '이번 여름의 모든 피서지는 초만원을 이루는 곳이다.'는 ㉲가 의미하는 바를 적절하게 해석하여 전체 긍정의 표준 형식(모든 ~는 ~이다.)에 맞게 고친 것이다.

② ㉯는 '모든 사람들'이 아닌, '일부의 사람들(만)'이 특혜를 받았다는 것을 뜻하므로, '어떤 사람은 특혜를 받은 사람이다.'로 고친 것은 ㉯를 적절하게 해석하여 부분 긍정의 표준 형식(어떤 ~는 ~이다.)에 맞게 고친 것이다.

④ ㉣는 '비가 오는 날이면 언제나'이므로 '비가 오는 모든 날은 그가 택시를 타는 날이다.'는 ㉣를 적절하게 해석하여 전체 긍정의 표준 형식(모든 ~는 ~이다.)에 맞게 고친 것이다.

▼ 조선 시대 유학자들의 군주와 백성에 대한 관점

정도전	이이	정약용
• 민본 사상을 통치 기조로 삼아야 한다고 봄.		
• 백성을 보살핌의 대상으로 봄.		
• 군주와 관료는 지배자가 아니라 백성을 위해 일하는 봉사자여야 함. • 군주는 민심을 받들어 백성을 보살피는 자로서 덕성을 갖추어야 함. • 백성을 위하는 관료가 비행을 저지르지 않도록 이를 감사하는 기능이 강화되어야 함.	• 군주는 부모–자식의 관계처럼 백성을 보살피고 교화해야 하고(애민), 경제적으로 안정시켜야 함. • 군주는 백성을 두려워하는 외민(畏民)의 태도를 지녀야 하고, 백성의 신망을 유지하기 위해 노력해야 함.	• 사회적 약자에 속하는 백성을 적극적으로 보호하는 것이 애민임. • 백성은 통치 체제 유지에 기여하는 역할을 수행해야 함. • 백성이 국가를 유지하는 근간이라고 봄.

11~15 인문: 김태희, 「한국 주자학과 실학에서의 민(民) 개념」

독해력을 길러 주는 지문 분석

1문단 문단 요약 조선 시대의 유학자들은 왕권의 기반인 민심을 천심으로 받아들여야 한다고 보는 민본(民本) 사상을 통치 기조로 삼을 것을 주장했다. 이에 따라 군주는 백성을 섬기고 애민하면서 교화해야 하는 존재이고, 백성은 통치에 순응해야 한다고 보았다.

핵심어(구) 민본(民本) 사상

중심 내용 민본 사상을 통치 기조로 삼을 것을 주장한 조선 시대의 유학자들

2문단 문단 요약 조선 개국을 주도하고 통치 체제를 설계한 정도전은 군주나 관료가 백성에 대한 통치권을 지닌 것은 백성을 보살피고 안정시키기 위한 것이며, 왕권이 정상적으로 작동하기 위해서는 관료 조직을 위계적으로 정비하고, 군주가 민심을 받들어 백성을 보살피는 자로서의 덕성을 갖추어야 한다고 보았다. 이는 백성을 보살핌의 대상으로 바라본 민본 사상의 관점에 입각한 것이다.

핵심어(구) 정도전

중심 내용 민본 사상을 중시한 정도전의 주장

3문단 문단 요약 조선 중기의 학자 이이는 군주와 백성의 관계를 부모와 자식의 관계에 빗대어, 군주가 백성들을 도덕적으로 교화하여 애민을 실현하며, 백성을 두려워하는 외민(畏民)의 태도를 지녀야 함을 역설했다.

핵심어(구) 이이

중심 내용 민본 사상을 중시한 이이의 주장

4문단 문단 요약 조선 후기의 학자 정약용은 사회적 약자(환자, 극빈자, 노인, 어린이)에 속하는 백성을 보호하는 것이 애민이라고 주장했다. 또한 백성이 각자의 경제적 형편에 부합하는 역할을 수행하여 통치 질서의 안정에 기여해야 한다고 논했다.

핵심어(구) 정약용

중심 내용 민본 사상을 중시한 정약용의 주장

5문단 문단 요약 조선 시대 학자들의 이러한 주장은 군주를 비롯한 통치 계층이 백성을 존중하는 정책(교육 제도, 감찰 제도, 조세 및 복지 제도, 소원 제도 등)을 펼치는 바탕이 되었다.

핵심어(구) 백성을 존중하는 정책

중심 내용 백성을 존중하는 정책의 바탕이 된 조선 시대 학자들의 주장

주제 민본 사상을 통치의 기조로 삼을 것을 주장한 조선 시대 유학자들의 백성에 대한 관점과 그 의의

11 글의 전개 방식 이해   정답 ③

O ③이 정답인 이유 이 글은 민본 사상을 통치의 기조로 삼을 것을 주장한 조선 시대 학자인 정도전과 이이, 정약용의 주장과 관점을 제시한 후, 이와 같은 주장이 백성을 존중하는 정책을 펼치는 바탕이 되었다는 것을 설명하고 있는데, 다음과 같이 3문단에서는 정도전과 이이의 관점을 비교(비교·대조)하고 있고, 4문단에서는 정약용과 정도전·이이의 관점을 비교(비교·대조)하고 있다.

> • (이이가) 백성을 보살피고 교화해야 할 대상으로 여긴 점은 정도전의 관점과 상통하는 지점이다. 다만 군주가 백성에 대한 두려움을 가지고 백성의 신망을 유지하기 위해 노력해야 한다는 것을 강조한 점에서 차이가 있다. (3문단)
> • 정약용은 백성을 통치 체제 유지에 기여해야 하는 존재라 보고, 백성이 각자의 경제적 형편에 부합하는 역할을 수행해야 한다고 주장하여 백성에 대한 기존의 관점과 차이를 드러냈다. (4문단)

따라서 '조선 시대 학자들의 백성에 대한 관점을 비교하고 있다.'는 ③은 이 글에 대한 설명으로 적절하다.

▶ **정답의 근거** 위 '③이 정답인 이유'의 □□□

가장 많이 질문한 오답은? ④

X ④가 오답인 이유 정답에 답한 학생들이 많았으나, 오답지들 중에서는 ④에 답한 학생들이 많았다. 그 이유는 조선 시대 군주들이 지녀야 할 통치관*(민본, 애민 등)이 제시되어 있기 때문이다. 하지만, 조선 시대 군주들의 통치관을 '비판적으로' 서술하고 있지는 않다.

> *통치관: 나라(또는 지역)를 도맡아 다스림(통솔, 정치)에 있어 가지는 관점이나 견해.

① 2문단에서 정도전은 '관료 조직을 위계적으로 정비하는 것'이 중요하다고 하였으나, '조선 시대 관료 조직의 위계(지위나 계층)를 분석'하고 있지는 않다.

② 4문단의 '부유한 백성인 '대민'은 생산 수단을 제공하고 납세*의 부담을 맡음으로써'에서 조세와 관련한 내용이 언급되어 있긴 하지만, 조선 시대 조세(세금) 제도의 문제점을 나열하고 있지는 않다.   *납세: 세금을 냄(납부).

⑤ 4문단에서 '조선 후기 농업 기술과 상·공업의 발달'에 대해 언급하였으나, '조선 시대 상업의 발달 과정'을 기술하고 있지는 않고, 따라서 이를 '통시적'(매3인사이트. 집 p.57)으로 기술하고 있는 것도 아니다.

12 핵심 개념에 대한 이해 　　　　　정답 ⑤

O ⑤가 정답인 이유　'외민(畏民)'의 뜻은 바로 앞의 '백성을 두려워하는'에서 설명해 주고 있는데, 이는 조선 중기의 학자 이이가 군주가 가져야 하는 태도로 제시한 것이다. 이이는 '백성은 군주에 대한 신망*을 지닐 수도 버릴 수도 있는 존재이므로, 군주는 백성을 두려워하는 외민의 태도를 지녀야 함을 역설(매3인사이트. 집 p.33)했다.'고 했다. 백성은 군주에 대한 믿음과 기대를 버릴 수 있으므로 군주는 백성을 두려워하는 태도를 지녀야 한다는 것이다. 따라서 ⑤는 '외민'에 대한 이해로 적절하다.　　*신망(信望): 믿음(신뢰)과 덕망. 예 신망이 두텁다.

▶ **정답의 근거** 　외민(畏民)의 앞 내용

가장 많이 질문한 오답은? ③

X ③이 오답인 이유　3문단에서 이이는 '군주와 백성'을 부모와 자식의 관계에 빗대어 부모가 자녀를 보살피고 가르치듯 군주는 백성을 보살피고 도덕적으로 교화(매3인사이트. 집 p.13)해야 한다고 했다. 하지만 부모는 자식을 두려워해야 한다고 하지 않았으므로, '외민'을 부모와 자식의 관계에 비유하는 근거로 본 ③은 적절하지 않다.

① '외민'은 백성을 두려워하는 마음이므로 백성이 지녀야 할 마음가짐이 아니라 군주가 백성에 대해 지녀야 할 마음가짐이다.

② 2문단에서 정도전은 '관료의 비행(잘못되거나 그릇된 행위)을 감독하는 감사 기능의 강화를 주장'했다고 하였는데, 이는 '외민'과 관련이 없다. 그리고 '외민'은 군주가 백성에 대해 지녀야 할 태도이지, 제도가 아니다.

④ 군주가 '외민'의 태도를 지니면 민생* 안정을 위한 정책을 구현할 수는 있으나, '외민'은 군주가 지닌 태도이지, 백성의 이상적 모습이 아니다.　*민생: 백성(국민)의 생활 및 생계.

13 구체적 자료에의 적용 　　　　　정답 ③

O ③이 정답인 이유　〈보기〉의 ㄱ~ㄷ은 지문에서 민본 사상을 중시한 조선 시대 유학자로 언급한 인물들의 글로, 백성을 중시하는 내용을 담고 있다. 이 중 ㄷ은, 목화 농사가 흉작*이면 면포*의 가격이 올라 백성들은 군포*(세금)가 부담이 될 것이므로 수령(관료)은 백성들의 부담을 줄이는 방안을 내야 한다는 것을 강조하고 있다. ③에서는 이(ㄷ)를 4문단에 나타난 정약용의 주장과 연결해 설명하고 있는데, 4문단에서 정약용은 소민은 교화를 따르고 대민이 납세 부담을 맡아 통치 질서의 안정에 기여해야 한다고 했다. 하지만 ㄷ에서는 대민(부유한 백성)과 소민(가난한 백성)에 따라 납세 부담에 차이가 있어야 한다고 하지 않았다. 따라서 ③은 적절하지 않다.

*흉작: 농작물의 수확이 줄어들어 농가에 커다란 손실을 끼치는 일. 또는 그런 농사.
*면포(綿布): 면(무명)으로 짠 천(포목점, 모포). 여기서는 목화로 만든 제품을 가리킴.
*군포(軍布): 조선 시대에, 군역(군대에서 일하는 것)을 면제해 준 대가로 내던 천(포목, 모포).

▶ **정답의 근거** 　ㄷ의 '면포를 구입하는 데 쓴 돈은 백성들이 균등하게 부담케 하면 백성에게 큰 혜택이 돌아갈 것이다.'

가장 많이 질문한 오답은? ④, ② 순

X ④가 오답인 이유　ㄱ에서 정도전은 임금과 관리 모두 백성에 근본을 두어야 한다는 것을 강조하고 있고, ㄷ에서 정약용은 수령(관료)이 백성들의 세금 부담을 줄여 주는 방법을 제시하고 있다. 이는 1문단에서 설명하고 있는 민본 사상(백성을 근본으로 삼는 사상)의 관점에서 바람직한 관료의 면모를 보여 준 것으로 볼 수 있다.

X ②가 오답인 이유　ㄴ에서 이이는 임금이 대궐 안에서 일상적으로 쓰는 물건 일체*와 팔도*의 진상*·공물*들을 줄이면 백성들에게 혜택이 돌아갈 것이라고 하였다. 이는 3문단에서 이이가 '군주와 백성의 관계를 부모와 자식의 관계에 빗대어' 백성은 군주가 보살펴야 하는 대상이라고 한 시각을 바탕으로 임금에게 건의한 것으로 볼 수 있다.

*일체(一切): 모든 것. 전부. ※ 일절(一切): 부인하거나 금지하는 말과 어울려, '전혀, 절대로'의 뜻을 나타냄.
*팔도: 우리나라 전체. 조선 시대에, 전국을 8개의 도(강원도, 경기도, 경상도, 전라도, 충청도, 평안도, 함경도, 황해도)로 나누었음.
*진상(進上): 나아가(전진) 윗사람(상사)에게 바침. 진귀한 물품이나 특산물 등을 임금이나 지위가 높은 사람에게 바침.
*공물(貢物): 백성이 궁중이나 나라에 바치던 물품.

① ㄱ에서 정도전은 '천자가 벼슬을 내리고 녹봉*을 나누어 준 것은 신하들을 위해서가 아니라 백성들을 위한 것이었다.'고 했다. 이는 2문단에서 정도전이 '군주나 관료가 지배자가 아니라 백성을 위해 일하는 봉사자일 때 이들의 지위나 녹봉은 그 정당성이 확보된다고 여긴 것'과 관련된다고 볼 수 있다.

*녹봉: 나라에서 벼슬아치들에게 보수로 나누어 주던 곡식이나 베, 돈 등. ⑪ 봉급

⑤ ㄴ에서 이이는 임금에게 일상적으로 쓰는 물건들과 공물 등을 줄이면 백성들이 실질적인 혜택을 받게 될 것이라고 했고, ㄷ에서 정약용은 흉년에 백성들의 세금 부담을 줄이는 방안을 도입하면 백성에게 큰 혜택이 돌아갈 것이라고 했다. 이는 3문단에서 이이가 '우선 백성들을 경제적으로 안정시켜야 한다는 점을 강조'한 것, 4문단에서 정약용이 '백성이 각자의 경제적 형편에 부합하는 역할을 수행해야 한다'고 한 것과 관련된 것으로, ㄴ과 ㄷ은 모두 백성의 경제적 안정을 중시하는 관점에서 제안된 방안에 해당한다고 볼 수 있다.

14 관점의 차이 파악

정답 ②

O ②가 정답인 이유 [자료]는 지문과 유사한 화제를 다룬 것이면서 [A]와 관점의 차이를 드러낸 것이라고 했다. 이를 바탕으로 [자료]와 [A]를 살피면, 둘은 다음과 같이 조선 시대의 교육에 대해 다루고 있다는 점에서는 유사하지만, [자료]에서는 교육이 백성보다 통치 계층을 위한 것이었다고 했으나 [A]에서는 백성을 위한 것이었다고 한 점에서 관점의 차이를 보인다.

[자료]	[A]
조선 시대의 교육은, – 백성보다 통치 계층의 우위를 확보하기 위한 것이었고, – 백성에게 교육 기회가 제한되었으며, – 백성의 도덕적 교화를 위한 것에 한정되었다.	조선 시대는, – 백성을 존중하는 정책을 펼쳤는데, – 백성을 대상으로 한 교육 제도도 백성을 위한 것이었다.

따라서 ㉮에 들어갈 말로 적절한 것은 ②이다.

▶ 정답의 근거 위 '②가 정답인 이유'에서의 표

가장 많이 질문한 오답은? ④

X ④가 오답인 이유 ④에 답한 학생들이 많았는데, [자료]에서는 '신분 질서'가 지니는 의미(통치 계층의 우위를 확보하는 데 기여함.)에 대한 관점을 드러내고 있다고 할 수 있다. 따라서 ④가 정답이 되려면 [A]에서는 신분 질서(유지)를 중시하지 않았다는 내용이 들어 있어야 하는데, [A]에는 표면적으로는 신분 질서와 관련된 내용이 없어 보인다. 하지만 [A]의 '조선 시대 학자들의 이와 같은 주장'에 포함되는 바로 앞문단(4문단)에서 '정약용은 백성을 통치 체제 유지에 기여해야 하는 존재'로 보았다고 한 점에서, '신분 질서'는 [자료]와 [A] 모두 통치 체제를 유지하는 데 기여하는 것으로 보았다고 할 수 있다. '관점의 차이를 보이고 있다'고 할 수 없는 것이다.

① [자료]와 [A] 모두 조선 시대 백성의 입장이나 견해는 나타나 있지 않으므로, 백성이 교육의 기회를 얻고자 노력했는지에 대한 관점의 차이는 찾아볼 수 없다.

③ [자료]와 [A] 모두 조선 시대 교육 방식의 현대적 계승에 대한 것은 나타나 있지 않으므로, 이에 대한 관점의 차이는 찾아볼 수 없다.

⑤ [자료]에서는 백성이 정치에 참여하는 관료가 되기 어렵다고 했을 뿐 어떻게 정치에 참여했는지에 대해서는 나타나 있지 않고, [A]에서는 백성의 정치 참여에 대한 내용이 없으므로, 이에 대한 관점의 차이는 찾아볼 수 없다.

15 바꿔 쓰기에 적절한 어휘 이해

정답 ③

O ③이 정답인 이유 바꿔 쓰기의 적절성을 묻는 문제도 '어휘 문제 3단계 풀이법'을 적용한다.

• 1·2단계: 핵심을 간추린 후 대입하기

> (백성들의) 교화를 순조롭게 이루기 위해서는
> 끊임없이

→ 교화를 '순조롭게' 이룬다는 것은 무리함이 없이 잘 진행한다는 것이지만, 교화를 '끊임없이' 이룬다는 것은 끊이지 않고 계속해서 지속적으로 진행한다는 것으로, 그 의미가 다르다. 따라서 '끊임없이'는 ⓒ의 '순조롭게'와 바꿔 쓰기에 적절하지 않다.

• 3단계: '매3어휘 풀이' 떠올리기

> • (백성들의) 교화를 순조롭게 이루기 위해서는
> 순탄하게/조화롭게/원만하게

→ '순조롭다'는 '순탄하다, 조화롭다, 원만하다, 말썽이 없다, 문제가 없다' 등으로 바꿔 쓰기에 적절한 말이라는 것을 알 수 있다.

▶ 정답의 근거 위 '③이 정답인 이유' 참조

오답지들의 어휘도 '3단계 풀이법'을 적용해 보면, 다음과 같이 모두 바꿔 쓰기에 적절하다는 것을 알 수 있다.

구분	핵심 간추리기	대입하기	'매3어휘 풀이' 떠올리기
①	백성은 통치에 순응해야 한다.	백성은 통치에 따라야 한다.	• 순하게(순순히) 응하다. • 순종하다. • 운명에 순응하다.
②	관료 조직을 위계적으로 정비하는 것	관료 조직을 위계적으로 가다듬는 것	• 정돈하여 준비하다. • 다듬다. 갖추다. • 교육 제도를 정비하다.
④	각자의 경제적 형편에 부합하는 역할	각자의 경제적 형편에 걸맞은 역할	• 서로 꼭 들어맞다. 합치되다. • 일치하다. • 현실이 이상에 부합하다.
⑤	~관점에 기반한 주장	~관점에 바탕을 둔 주장	• 기초(근본)가 되는 본바탕을 두다. • 바탕을 두다. • 실화에 기반한 영화

✔ 매일 복습 확인 문제

1 다음 문장이 지닌 의미에 대한 판단으로 적절한 것은?

> "문제의식이 투철한 사람만 참석했다."

① 문제의식이 투철한 사람의 일부분이 참석했다.
② 문제의식이 투철한 사람은 누구나 다 참석했다.
③ 참석한 모든 사람은 문제의식이 투철한 사람이었다.
④ 참석한 사람들만이 문제의식이 투철한 사람들이었다.
⑤ 참석한 사람들 중 일부는 문제의식이 투철한 사람이었다.

2 왼쪽에 제시된 어휘와 의미가 유사한 말을 오른쪽에서 찾아 서로 줄로 이으시오.

(1) 용인하다 •   • ㉮ 용이하다
               • ㉯ 인정하다

(2) 일반화 •   • ㉰ 구체화
               • ㉱ 보편화

(3) 일체 •   • ㉲ 전부
               • ㉳ 전혀

정답 1. ③ 2. (1) ㉯ (2) ㉱ (3) ㉲

정답   **01** ①   **02** ①   **03** ③   **04** ③   **05** ④
       06 ⑤   **07** ⑤   **08** ①   **09** ①   **10** ⑤
       11 ①   **12** ④   **13** ②   **14** ③

`1~5` **인문: 임일환 외, 「감성의 철학」**

`독해력을 길러 주는 지문 분석`

1문단 `문단 요약` 오늘날의 심리 철학에서는 '정서'를 특정 시점에서의 주관의 정신 상태라고 정의하여 감정과 구분하고, 정서의 본질에 대한 철학적 탐구를 이어 가고 있다.
핵심어(구) 심리 철학, 정서의 본질에 대한 철학적 탐구
중심 내용 '정서'의 본질에 대한 심리 철학의 탐구

2문단 `문단 요약` 정서의 본질에 대한 전통적인 논의에는 '감정 이론'과 '인지주의적 이론'이 있다. 공포라는 정서를 예로 들면, 감정 이론은 공포감(감정적 요소에 해당)을 중심으로 정서를 정의하고, 인지주의적 이론은 '민호 자신이 위험한 상황에 처했다.'라는 명제로 표현될 수 있는 판단이나 믿음(인지적 요소에 해당)을 중심으로 정서를 정의한다.
핵심어(구) 정서의 본질, 감정 이론, 인지주의적 이론
중심 내용 정서의 본질에 대한 두 이론 – 감정 이론, 인지주의적 이론

3문단 `문단 요약` 감정 이론은 특정 정서를 자신도 모르게 생기는 느낌과 동일시하는 이론으로, 정서는 감정적인 요소를 통해서 이해할 수 있다고 본다. 감정 이론에서는 인지적인 요소인 판단이나 믿음을 배제하기 때문에 정서의 지향적인 성격을 부정하며, 의지에 의해 통제되기 힘든 감정이 곧 정서의 속성이 된다.
핵심어(구) 감정 이론, 감정적인 요소
중심 내용 정서를 감정과 동일시하는 감정 이론

4문단 `문단 요약` 감정 이론은 사람들이 정서를 감정과 동일시하는 보편적인 성향을 잘 설명해 주는 장점을 지니지만, 감정 외적인 인지적 요소를 배제하기 때문에 개별 정서의 차이를 구분하여 설명하지 못하며, 해당 정서가 당위적인 가치 기준에 부합하는지 여부를 판단하는 것이 불가능하다는 한계를 지닌다.
핵심어(구) 장점, 한계
중심 내용 감정 이론의 장점과 한계

5문단 `문단 요약` 인지주의적 이론은 정서의 인지적 요소를 정서와 동일시하거나 정서의 필수적인 요소로 보는 이론으로, 감정 자체는 정서와 동일시될 수 없고 판단이나 믿음과 같은 인지적 요소들의 복합체에 의해 초래되는 결과라고 본다.
핵심어(구) 인지주의적 이론, 정서의 인지적 요소

중심 내용 정서의 인지적 요소를 중시하는 인지주의적 이론

6문단 `문단 요약` 인지주의적 이론은 판단이나 믿음을 바탕으로 정서들을 개별 정서로 분류하는 것이 가능하며, 판단이나 믿음에는 당위적인 가치 기준이 개입될 수 있어 정서의 규범적 성격을 설명할 수 있는 장점이 있다. 그러나 인지적 요소만을 강조하여 사람들의 보편적인 성향에서 드러나는 감정적 요소를 경시하고 있다.
핵심어(구) 장점, 감정적 요소를 경시
중심 내용 인지주의적 이론의 장점과 한계

7문단 `문단 요약` 감정 이론과 인지주의적 이론의 한계를 극복하기 위해 오늘날의 심리 철학은 두 이론을 철학적 바탕으로 삼되, 정서의 다면적 성격을 종합적으로 설명할 수 있는 새로운 이론적 틀을 마련하기 위해 노력하고 있다.
핵심어(구) 새로운 이론적 틀을 마련하기 위해 노력
중심 내용 새로운 이론적 틀을 마련하기 위한 심리 철학의 노력

주제 '정서'의 본질에 대한 심리 철학의 전통적인 논의들과 각각의 장단점

▼ 정서의 본질에 대한 감정 이론과 인지주의적 이론의 차이

감정 이론	인지주의적 이론
• 정서를 감정(공포감)과 동일시함. • 인지적 요소를 배제함. • 장점: 사람들의 보편적인 성향을 잘 설명할 수 있음. • 단점: ① 정서들의 분류가 어려움. ② 정서의 규범적인 적절성 여부 판단이 불가능함.	• 정서의 인지적 요소(판단, 믿음)를 중시함. • 감정은 판단과 믿음의 결과로 봄. • 장점: ① 정서들을 개별 정서로 분류가 가능함. ② 정서의 규범적 성격에 대해 설명이 가능함. • 단점: 사람들의 보편적인 성향에서 드러나는 감정적 요소를 경시함.

01 글의 내용 전개 방식 이해   정답 ①

O **①이 정답인 이유** 이 글은 1문단에서 중심 화제인 '정서'에 대해 제시한 후, 2문단에서 중심 화제에 대한 대비*되는 두 이론(감정 이론, 인지주의적 이론)을 소개한 다음, 3문단과 5문단에서는 두 이론의 특징을, 4문단과 6문단에서는 두 이론의 장점과 단점을, 마지막 7문단에서는 두 이론의 한계를 극복할 수 있는 새로운 이론적 틀을 마련하기 위한 노력에 대해 설명하고 있다. 따라서 '중심 화제(정서)에 대한 대비되는 두 이론(감정 이론, 인지주의적 이론)을 소개한 후 각 이론의 장단점을 제시하고 있다.'는 ①은 적절하다.

> * 대비(對比): 대조하여 비교함. '대조'와 마찬가지로 '차이'를 밝히기 위해 서로 맞대어 비교하는 것을 말함.

▶ **정답의 근거** 위 '①이 정답인 이유' 참조

② 두 이론을 절충한 새로운 이론을 비판 ✕

③ 두 이론의 가설(매3인사이트.집 p.6)을 제시 ✕, 통계를 바탕으로 ✕, 가설의 타당성을 검증 ✕

④ 대표적인 학자들을 제시 ✕, 후속 연구에 미친 영향을 소개 ✕

⑤ 새롭게 등장한 두 이론 ✕, 기존 이론의 등장 배경과 대비 ✕

02 반응의 적절성 평가 ·························· 정답 ①

◯ ①이 정답인 이유 3문단에서 ㉠(감정 이론)은 '판단과 믿음을 배제하기 때문에 정서의 지향적인 성격을 부정한다.'고 했으므로 ㉠은 정서의 지향적인 성격을 전제(매3인사이트.집 p.46)하고 있지 않다. 또 〈보기〉에서 Ⓐ(제임스의 이론)는 '의지에 의해 통제되기 힘든 특정 느낌'을 정서와 동일시한다고 했으므로 Ⓐ 또한 정서의 지향적인 성격을 전제한다고 볼 수 없다.

▶ **정답의 근거** ㉠: 3문단의 '감정 이론은 판단과 믿음을 배제하기 때문에 정서의 지향적인 성격을 부정한다.', Ⓐ: 〈보기〉의 '느낌을 중심으로, 느낌들의 복합체~를 공포라는 정서와 동일시한다.'

가장 많이 질문한 오답은? ③, ② 순

✕ ③이 오답인 이유 ③에 답한 학생들이 아주 많았는데, ㉠은 3문단의 '의지에 의해 통제되기 힘든 감정의 속성은 그대로 정서의 속성이 된다.'에서, Ⓐ는 〈보기〉의 '물리적인(신체적) 변화는 의지에 의해 통제되기 힘든 특정 느낌을 동반한다.…신체적 감각의 복합체를 공포라는 정서와 동일시한다.'에서 ㉠과 Ⓐ 모두 '의지에 의해 통제되기 힘든 정서의 속성을 인정한다'는 것을 알 수 있다.

✕ ②가 오답인 이유 ③ 못지않게 ②에 답한 학생들도 많았는데, ㉠은 2문단의 '감정 이론은 전자(공포감이라는 느낌)를 중심으로 정서를 정의하는 이론이고'에서, Ⓐ는 〈보기〉의 '느낌을 중심으로, 느낌들의 복합체, 즉 신체적 감각의 복합체를 공포라는 정서와 동일시한다.'에서 ㉠과 Ⓐ 모두 '느낌이라는 것을 중심으로 정서를 이해한다'는 것을 알 수 있다.

나머지 답지들에 답한 학생들도 많았는데, ④는 3문단의 첫 문장과 마지막 문장에서, ⑤는 〈보기〉의 마지막 문장에서 그 근거를 찾을 수 있다.

03 내용의 이해 ································ 정답 ③

◯ ③이 정답인 이유 감정 이론과 인지주의적 이론의 한계는 4문단과 6문단에서 설명하고 있는데, **4문단**에서 '<u>감정 이론은…감정적 요소만을 강조하기 때문에 개별 정서의 차이를 구분하여 설명하지 못</u>'한다고 했고, **6문단**에서 '<u>인지주의적 이론은 인지적 요소만을 지나치게 강조하기 때문에, 사람들의 보편적인 성향에서 드러나는 감정적 요소를 경시*하고 있다.</u>'고

했다. 이를 통해 두 이론 모두 '특정 요소만을 강조'하는 한계를 지니고 있다는 것을 알 수 있다. 그리고 **7문단**의 '<u>두 이론과 달리 정서의 다면적 성격을 종합적으로 설명할 수 있는 새로운 이론적 틀</u>'에서 두 이론은 정서의 본질을 종합적으로 설명하지 못한다는 것을 알 수 있다.

> * 경시(輕視, 가벼울 경 · 볼 시): 가볍게(경솔하게) 봄(무시). 대수롭지 않게 여김. ㉮깔봄, 얕봄 ㉫중시

▶ **정답의 근거** 위 '③이 정답인 이유'에서 밑줄 친 부분

가장 많이 질문한 오답은? ④

✕ ④가 오답인 이유 4문단의 '감정 이론은 사람들이 일상적으로 정서를 감정과 동일시하는 보편적인 성향을 잘 설명할 수 있다는 장점을 지닌다.'와, 6문단 끝의 '인지주의적 이론은…사람들의 보편적인 성향에서 드러나는 감정적 요소를 경시하고 있다.'를 통해 '정서에 대해서 사람들이 지니고 있는 보편적인 성향을 반영하지 못'하는 것은 인지주의적 이론만이라는 것을 알 수 있다.

① 4문단의 '감정 이론은 정서가 규범적 성격을 가질 수 있다는 점을 설명할 수 없다.'와, 6문단의 '인지주의적 이론은 정서가 규범적 성격을 가질 수 있다는 점을 설명할 수 있다.'를 통해 '정서가 규범적인 속성을 가질 수 있다는 점을 설명하지 못'하는 것은 감정 이론만이라는 것을 알 수 있다.

② 4문단의 '감정 이론은…개별 정서의 차이를 구분하여 설명하지 못하고'와, 6문단의 '인지주의적 이론은 정서들을 개별 정서로 분류하는 것이 가능하다.'를 통해 '사람들이 느끼는 개별 정서의 차이를 구분하여 설명하지 못'하는 것은 감정 이론만이라는 것을 알 수 있다.

⑤ 4문단의 '감정 이론은…정서가 당위적* 가치 기준에 부합하는지 여부를 판단하는 것이 불가능하다.'와, 6문단의 '인지주의적 이론이…정서의 필수적인 요소로 여기는 판단과 믿음에는 당위적인 가치 기준이 개입될 수 있기 때문이다.'를 통해 '정서의 적절성 여부를 결정하는 당위적인 가치 기준을 제시하지 못'하는 것은 감정 이론만이라는 것을 알 수 있다.

> * 당위적(當爲的)인: 당연히 그렇게 되어야 하는. 당연히 있어야 하는.

04 구체적 상황에의 적용 ···················· 정답 ③

◯ ③이 정답인 이유 5문단에서 '이(인지주의적) 이론에 따르면, 감정 자체는 정서와 동일시될 수 없고 판단이나 믿음과 같은 인지적 요소들의 복합체에 의해 초래되는 결과일 뿐'이라고 했다. 이를 바탕으로 할 때 '자신을 본 어머니의 웃는 얼굴을 보게 됨으로써 수아가 가지게 된 행복이라는 정서'는 인지적 요소(웃는 얼굴로 우산을 들고 오시는 어머니를 보게 됨)에 의해 초래된 결과일 뿐, 감정에서 비롯된 결과가 아니라는 것을 알 수 있다.

가장 많이 질문한 오답은? ②

❌ **②가 오답인 이유** 2문단의 '인지적 요소에 해당하는 것은…명제로 표현될 수 있는 판단이나 믿음이다.'에서 '수아가 비를 맞지 않게 하려고 어머니가 우산을 들고 나왔다.'라는 명제로 표현될 수 있는 요소는 인지적 요소라는 것을 알 수 있다. 그리고 3문단에서 '감정 이론은…인지적 요소는 배제*한다.'고 했으므로 ②는 적절하다.

> **＊배제(排除):** 내치고(배척) 제외함. ⑨ 제외

나머지 답지들에 답한 학생들은 드물었지만, 이들 답지들이 적절한 이유도 살펴보자.

① 3문단의 첫 문장에서 감정 이론은 '특정 정서를 그 정서가 내포하는 특정 감정, 즉 자신도 모르게 생기는 느낌과 동일시하는 이론'이라고 했다. 따라서 감정 이론에 따를 때 수아가 가진 행복이라는 정서는 수아가 느낀 감정(행복감)과 동일시된다고 볼 것임을 알 수 있다.

④ 5문단에서 인지주의적 이론에 따르면 '감정 자체는…판단이나 믿음과 같은 인지적 요소들의 복합체에 의해 초래되는 결과일 뿐'이라고 했다. 이로 보아, 인지주의적 이론에 따르면 수아의 행복이라는 정서를 설명하기 위해서는 상황을 고려해야 한다고 볼 것임을 알 수 있다.

⑤ 5문단에서 인지주의적 이론은 '정서의 인지적 요소를…정서의 필수적인 요소로 인정하는 이론'이며 '판단이나 믿음과 같은 인지적 요소들'을 중시한다고 했다. 따라서 인지주의적 이론에 따르면, 수아의 판단(인지적 요소)은 수아가 가지게 된 행복이라는 정서 상태의 필수적인 요소로 인정될 것임을 알 수 있다.

05 이론들 간의 공통점과 차이점   정답 ④

⭕ **④가 정답인 이유** 〈보기〉에서 행동주의 이론은 '인간의 정서도, 내적인 감정이 아니라 자극에서 초래된 외적인 반응으로서의 특정한 행동과 현상으로 기술될 수 있다'고 본다고 했다. 반면, 4문단에서 감정 이론은 '내적인 감정과 동일시되는 정서 자체에 초점을 맞춘다고 했으므로 ④는 적절한 설명이다.

▶ **정답의 근거** 위 '④가 정답인 이유' 참조

가장 많이 질문한 오답은? ②, ③ 순

❌ **②가 오답인 이유** 5문단에서 인지주의적 이론은 '감정 자체는 정서와 동일시될 수 없'다고 했고, 〈보기〉에서 행동주의는 '인간의 정서도, 내적인 감정이 아니라 자극에서 초래된 외적인 반응으로서의 특정한 행동과 현상으로 기술될 수 있다'고 했으므로, 인지주의적 이론과 행동주의 이론 모두 정서를 감정 그 자체로 보고 있지 않다는 것을 알 수 있다. 한편 4문단의 첫 문장에서 '정서를 감정과 동일시'하는 것은 감정 이론이라는 것을 알 수 있다.

❌ **③이 오답인 이유** 〈보기〉의 '정서도, …특정한 행동과 현상으로 기술될 수 있다'에서 행동주의 이론은 행동을 통해 정서를 설명하려 한다고 볼 수 있다. 하지만 감정 이론은 3문단에서 '정서를 이해하는 것은…상황에 대해서 어떻게 판단하고 믿느냐가 아니라 어떻게 느끼느냐를 이해하는 것을 통해서만 가능하다'고 했으므로 ③은 적절하지 않다.

① 인지적인 요소가 정서의 필수적인 요소라고 보는 것은 인지주의적 이론이다.(5문단의 첫 문장)

⑤ 〈보기〉에서 행동주의 이론은 '인간의 모든 기능은 공통적으로 자극과 반응의 원리를 통해 설명될 수 있'다고 했다.

6~9 인문 : 안상헌, 「미치게 친절한 철학」

독해력을 길러 주는 지문 분석

1문단 | 문단 요약 | 북아메리카 원주민들의 관습인 '포틀래치'는 마을의 수장이 행사를 열어 초대받은 다른 마을의 수장들에게 자신의 재물을 무료로 나누어 주기도 하고, 손님들은 그동안 선물을 준 사람들에게 답례 포틀래치를 열어 자기가 받은 것보다 더 많은 선물을 제공하는 '복수'를 하는 것이다.

핵심어(구) 포틀래치

중심 내용 '포틀래치'라는 관습의 내용

2문단 | 문단 요약 | 포틀래치에 대해 초기 인류학자들은 위신을 얻기 위해 재산을 탕진하는 비합리적인 생활양식으로 이해했지만, 후대 인류학자들(모스, 레비스트로스)은 돌려받을 대가나 시기를 분명하게 정하지 않고 사물을 교환하는 호혜적 교환 행위로 보았고, 모스의 경우 포틀래치가 교환을 통해 집단 간의 유대 관계를 형성하는 역할을 한다고 보았다.

핵심어(구) 초기 인류학자들, 비합리적인 생활양식, 후대 인류학자들, 호혜적 교환 행위, 모스, 집단 간의 유대 관계를 형성

중심 내용 포틀래치에 대한 관점의 변화와 모스의 견해

3문단 | 문단 요약 | 레비스트로스는 포틀래치에 나타나는 호혜적 교환을 사회가 성립되는 원리로 제시하였다. 인간은 생존하기 위해서 교환(포틀래치)을 하며 다른 집단과 사회적 유대를 맺었는데, '친족 간의 결혼 금지' 규칙으로 인해 부족 간의 호혜적 교환이 가능해져 사회적 공동체가 형성되었고, 이어서 다른 규칙들도 형성되어 인간이 자연 상태에서 문명 상태로 접어들게 되었다고 말한다.

핵심어(구) 레비스트로스, 사회가 성립되는 원리

중심 내용 포틀래치에 대한 레비스트로스의 견해

▼ 포틀래치에 대한 인류학자들의 관점(2~3문단)

> • 초기 인류학자들: 일반적인 증여, 비합리적인 생활양식으로 이해함.
> • 후대 인류학자들: 호혜적 교환 행위로 봄.
>   – 모스: 집단 간의 유대 관계를 형성하게 함.
>   – 레비스트로스: 사회적 공동체를 형성하게 함.

4문단 문단요약 레비스트로스에 따르면 친족 간의 결혼 금지 같은 제도도 인간의 본성이 아닌 사회적 유대 관계를 형성하는 구조 속에서 만들어진 결과이다. 이처럼 대상의 의미나 본질은 개체가 아니라 전체 안에서 다른 것들과 맺은 관계 때문에 결정된다는 관점이 '<u>구조주의</u>'인데, 이 관점에 따르면 인간의 특성과 정체성은 인간이 속한 사회 구조에 의해 결정된다.

핵심어(구) 구조주의

중심 내용 구조주의 관점에서 인간을 이해한 레비스트로스

5문단 문단요약 구조주의 인류학자 레비스트로스의 관점에 따르면 소유를 중시하고 치열한 경쟁을 하는 현대인의 모습 역시 현대 <u>사회의 구조</u> 아래에서 형성된 특성으로, 그의 연구는 현대 사회의 구조 변화가 현대인들의 삶의 변화로 이어질 가능성을 보여 주었다는 <u>평가</u>를 받고 있다.

핵심어(구) 구조주의 인류학자 레비스트로스, 사회의 구조, 평가

중심 내용 레비스트로스의 관점과 그의 연구에 대한 평가

주제 구조주의 관점에서 인간을 이해한 레비스트로스의 견해와 그에 대한 평가

* 교역: (주로 나라와 나라 사이에서) 물건을 사고팔고 하여 서로 바꿈(교환). ⑪ 무역

① 2문단의 '모스와 레비스트로스 같은 후대 인류학자들', '모스는 이러한 포틀래치가 집단 간의 유대 관계를 형성하는 역할을 한다고 보았다.'와 3문단의 '레비스트로스는 여기에서 더 나아가 포틀래치에 나타나는 호혜적 교환을 사회가 성립되는 원리로 제시하였다. … 인간은 생존하기 위해서 교환을 하며 다른 집단과 사회적 유대를 맺어야 한다는 것이다.'에서 알 수 있다.

② 2문단의 '초기 인류학자들은 이러한 포틀래치라는 관습을…위신*을 얻기 위해 재산을 탕진*하는 비합리적인 생활양식으로 이해하였다.'에서 알 수 있다.

> * 위신: 위엄(권위)과 신망(신뢰).
> * 탕진: (재물, 시간, 힘 등을) 방탕하게 다 써 버림(소진).

③ 2문단의 '자신의 재산을 대가 없이 자발적으로 주는 일반적인 증여*'에서 알 수 있다.

> * 증여: 재산을 아무런 대가 없이 다른 사람에게 주는 것(기증, 증정, 수여).

06 내용 이해 및 확인

정답 ⑤

O ⑤가 정답인 이유 2문단의 '모스와 레비스트로스 같은 후대 인류학자들은 포틀래치를 호혜적* 교환 행위로 바라보았다.'로 보아 후대 인류학자들이 포틀래치를 호혜적 행위라고 보았다는 것은 맞다. 하지만, 이어지는 내용에서 후대 인류학자인 모스는 '선물을 받은 사람은 <u>의무적으로</u> 답례*를 해야 할 뿐만 아니라 더 많은 선물을 돌려주어야' 하기 때문에 '포틀래치가 자발성을 띤 증여로 보이지만 실제적으로는 교환의 성격을 지닌다고 보았다.'고 했다. 그런데 ⑤에서는 '답례의 시행 여부를 <u>선택할 수 있는(✗)</u> 호혜적 행위로 보았다고 했기 때문에 적절하지 않다.

> * 호혜적: 서로(상호) 특별한 혜택을 주고받는 (것).
> * 답례: 남에게서 받은 예(禮)에 대해 말이나 동작, 물건 등으로 도로 갚아답(반응)함.

▶ **정답의 근거** 2문단의 '의무적으로 답례를 해야'

가장 많이 질문한 오답은? ④

✗ ④가 오답인 이유 2문단에서 '일반적인 경제적 교역*'은 '사물의 가격을 측정하여 같은 값으로 교환하는 행위'라고 했고, '포틀래치'는 이와 달리 '돌려받을 대가나 시기를 분명하게 정하지 않고 사물을 교환하는 방식'이라고 한 것에서 일반적인 경제적 교역은 포틀래치와 차이가 있다는 것을 알 수 있다.

07 인물의 견해 파악

정답 ⑤

O ⑤가 정답인 이유 3문단에서 '레비스트로스'는 '다른 집단과 동맹을 맺는 가장 좋은 방법은 그 집단과 결혼을 하는 것이므로' '교환'을 위해 '친족 간의 결혼 금지'(㉠)가 만들어졌다고 말한다.'고 했다. 그리고 그는 ㉠으로 인해 '우리 부족의 사람이 다른 부족으로 넘어가고, 새로운 사람이 우리 부족에 들어오는 <u>호혜적 관계가 형성되었으며</u>' ㉠이라는 규칙을 바탕으로 '공동체에 필요한 다른 <u>규칙들이 형성</u>'되었다고 했다. 이를 통해 ⑤는 ㉠에 대한 '레비스트로스'의 견해로 적절하다는 것을 알 수 있다.

▶ **정답의 근거** 위 '⑤가 정답인 이유'에서 밑줄 친 부분

가장 많이 질문한 오답은? ④

✗ ④가 오답인 이유 3문단의 마지막 문장 '그는 친족 간의 결혼 금지라는 규칙을 바탕으로 공동체에 필요한 다른 규칙들이 형성됨으로써 인간이 자연 상태에서 문명 상태(㉮)로 접어들게 되었다고 말한다.'에서 '레비스트로스'는 ㉠으로 인해 ㉮로 접어들게 되었다고 했다. 그런데 ④에서는 ㉮의 상황에서 ㉠이 성립되었다고 했으므로 적절하지 않다.

① 3문단의 '다른 집단과 동맹을 맺는 가장 좋은 방법은 그 집단과 결혼을 하는 것이므로, 레비스트로스는 교환을 위해 '친족 간의 결혼 금지'가 만들어졌다고 말한다.'에서, '레비스트로스'는 ㉠이 부족 간의 동맹을 <u>약화시키는(✗)</u> 규칙이라고 보지 않는다는 것을 알 수 있다.

② 4문단의 '그의 견해에 따르면 <u>인류의 보편적인 현상인 친족 간의 결혼 금지와 같은 결혼 제도도 인간의 본성이 아닌 사회적 유대 관계를 형성하는 구조 속에서 만들어진 결과이다.</u>'에서, '레비스트로스'는 ㉠이 '인간의 본성에 의해 개별적으로 형성된 규칙'이라고 보지 않는다는 것을 알 수 있다.

③ 3문단의 '포틀래치와 같이 상대방에게 선물을 주는 행위가 상대방에게 부채감*을 주고, 이 부채감이 다시 선물을 주는 행위로 이어지게 만들어 결국 교환이 이루어지도록 한다는 것이다.'와 '레비스트로스는 교환을 위해 '친족 간의 결혼 금지'가 만들어졌다고 말한다.'에서, '레비스트로스'는 ㉠이 '사람을 받아들인 부족은 부채감을 덜게', '보낸 부족은 부채감을 갖게' 한다고 보지 않는다는 것을 알 수 있다.

> * 부채감: 빚(채무)을 지고(부담) 있는 느낌(감정).

08 두 견해의 비교

정답 ①

O ①이 정답인 이유 〈보기〉의 "실존주의'에서는 인간은 결단*의 주체이며… 스스로 자신의 결정에 책임을 질 필요가 있다고 보았다.'에서 실존주의에서는 '인간을 자신의 결정에 책임을 지는 결단의 주체'로 본 것을 알 수 있다.

하지만, 4문단의 '이(구조주의) 관점에 따르면 인간은 결단의 주체가 아니며 인간의 특성과 정체성*은 인간 스스로 결정하는 것이 아닌 그가 속한 사회 구조에 의해 결정된다.'에서 구조주의에서는 인간을 자신의 결정에 책임을 지는 결단의 주체로 보지 않는다는 것을 알 수 있다.

> * 결단: 결정을 하거나 단정을 내림.
> * 정체성: 어떤 존재가 본질적으로 가진 특성. ㉠아이덴티티

▶ **정답의 근거** 4문단의 마지막 문장

나머지 답지들이 오답인(적절한) 근거도 찾아보자.

구분	구조주의 – 지문	전통철학·실존주의 – 〈보기〉
②	이(구조주의) 관점에 따르면 … <u>인간의 특성과 정체성은 인간 스스로 결정하는 것이 아닌 그가 속한 사회 구조에 의해 결정된다.</u> (4문단)	'실존주의'에서는 인간은 결단의 주체이며 <u>자신의 특성과 정체성을 스스로 결정할 자유로운 의식과 권리가 있고~</u>
③	(구조주의 인류학자 레비스트로스는) 인간을 이해하려면 인간의 <u>구체적인 행동보다는 그 인간이 속한 사회 구조를 살펴야 한다는</u> 것이다. (5문단)	실존주의에서는 … <u>인간의 구체적인 행동에 관심을 두었다.</u>
④ ⑤	<u>인간을 비롯한 대상의 의미나 본질은 하나의 개체로서가 아니라 전체 안에서 다른 것들과 맺은 관계 때문에 결정된다는 관점을</u> '구조주의'라고 한다. (4문단)	'전통철학'에서는 인간이 선천적인 원리에 의해 미리 규정된 '특성'과 '본질'을 갖는다고 보았다. 그리고 인간은 그 특성과 본질을 이 세계에서 충실하게 실현해야 한다는 것이다.

09 문맥적 의미 파악

정답 ①

O ①이 정답인 이유 '3단계 풀이법'을 적용해 보자.

• 1단계(핵심 간추리기) : ⓐ와 ⓑ가 포함된 문장에서 그 의미를 이해할 수 있는 핵심만 간추린다.

> ⓐ 선물을 <u>주다</u>.
> ⓑ 상대방에게 부채감(빚을 진 느낌)을 <u>주다</u>.

• 2단계('매3어휘 풀이' 떠올리기): ⓐ와 ⓑ는 문맥상 의미가 다르지만 한 단어(다의어)임에 유의하여, 각 문맥에 쓰인 '주다'의 의미를 살리는 다른 말로 바꾸어 본다.

ⓐ	ⓑ
• 선물을 <u>주다</u>. 건네다, 가지게 하다.	• 상대방에게 부채감을 <u>주다</u>. 느끼게(가지게) 하다.

→ ⓐ와 ⓑ는 모두 남에게 무엇인가를 가지게 하는 것으로, 가지게 하는 '무엇'이 ⓐ는 '물건'이고, ⓑ는 '감정(느낌)'이다.

• 3단계(대입하기): 답지의 밑줄 친 '주다' 대신 2단계에서 떠올린 말을 대입하되, '무엇을'에 해당하는 대상이 '물건'인지 '감정(느낌)'인지를 확인한다.

구분	핵심 간추리기	대입하기
①	ⓐ 용돈을 <u>주다</u>. ⓑ 부담을 <u>주다</u>.	물건(O)을 건네다O → ⓐ O 감정(O)을 느끼게 하다O → ⓑ O
②	ⓐ 책을 <u>주다</u>. ⓑ 먹이를 <u>주다</u>.	물건(O)을 건네다O → ⓐ O 감정(X)을 느끼게 하다X → ⓑ X
③	ⓐ 시간을 <u>주다</u>. ⓑ 임무를 <u>주다</u>.	물건(X)을 건네다X → ⓐ X 감정(X)을 느끼게 하다X → ⓑ X
④	ⓐ 기쁨을 <u>주다</u>. ⓑ 힘을 <u>주다</u>.	물건(X)을 건네다X → ⓐ X 감정(X)을 느끼게 하다X → ⓑ X
⑤	ⓐ 정을 <u>주다</u>. ⓑ 사랑을 <u>주다</u>.	물건(X)을 건네다X → ⓐ X 감정(O)을 느끼게 하다O → ⓑ O

→ 그러면 ①의 '주다'가 각각 ⓐ, ⓑ 의미로 쓰였다는 것을 알 수 있다.

▶ **정답의 근거** 위 '①이 정답인 이유' 참조

나머지 오답지들에 쓰인 '주다'의 의미도 확인해 보자.

② 위 문장은 '(책이라는 물건을) 건네다', 아래 문장은 '(먹이를) 건네다'로, 둘 다 ⓐ의 의미로 쓰였다.

③ 위 문장은 '(시간을) 허락하여 가지게 하다', 아래 문장은 '(역할을) 가지게 하다'로, 둘 다 ⓐ, ⓑ와는 다른 의미로 쓰였다.

④ 위 문장은 '(기쁜 감정을) 느끼게 하다'로 ⓑ의 의미로 쓰였고, 아래 문장은 '(힘을) 나게 하다'로 ⓐ, ⓑ와는 다른 의미로 쓰였다.

⑤ 위 문장은 '(인정스런 감정을) 느끼게 하다', 아래 문장은 '(사랑의 감정을) 느끼게 하다'로, 둘 다 ⓑ의 의미로 쓰였다.

독해력을 길러 주는 지문 분석

1문단 문단요약 서양 철학은 존재에 대한 물음에서 시작되었는데, 존재에 대한 파르메니데스와 헤라클레이토스의 견해는 플라톤의 이데아론에 영향을 주었다. 플라톤은 존재를 끊임없이 변하는 현실 세계의 존재와 영원히 변하지 않는 이데아로 나누고, 이데아를 그 자체로 완전한 진리로 여겼다. 또한 현실 세계의 존재와 달리 이데아는 오직 이성에 의해서만 인식할 수 있다는 이성 중심의 사유를 전개했다. 플라톤의 이러한 철학적 견해는 이후 서양 철학의 주류가 되었다.

핵심어(구) 존재에 대한 물음, 파르메니데스, 헤라클레이토스, 플라톤의 이데아론

중심 내용 존재에 대한 세 철학자의 견해와 서양 철학의 주류적 입장인 플라톤의 이데아론

▼ 존재에 대한 세 서양 철학자의 견해

파르메니데스	존재의 생성과 변화, 소멸을 부정함(존재는 영원하며 절대적이고 불변성을 가짐).
헤라클레이토스	존재의 생성과 변화를 긍정함(존재하는 모든 것은 생성과 소멸을 반복하는 것으로 봄).
플라톤(이데아론)	존재를 끊임없이 변하는 존재(현실 세계)와 영원히 변하지 않는 존재(이데아)로 나눔.

▼ 플라톤의 이데아론: 이성 중심의 사유를 전개함.

이데아	현실 세계
• 현실 세계에 존재하는 모든 것의 근원 • 영원하고 불변하며 완전함. • 이성에 의해서만 인식할 수 있음.	• 이데아를 모방한 것 • 불완전함. • 감각을 통해 인식할 수 있음.

2문단 문단요약 플라톤의 견해를 바탕으로 한 서양 철학의 주류적 입장은 근대에 이르러 니체의 비판을 받았다. 니체는 우리가 살고 있는 현실 세계가 유일한 세계라면서, 형이상학적 이원론이 현실 너머의 이상 세계와 초월적 대상을 설정함으로써 인간이 현실의 삶을 부정하고 허무에 직면하게 만든다고 보았다.

핵심어(구) 니체

중심 내용 존재에 대한 니체의 철학적 견해

3문단 문단요약 니체는 인간의 자기 극복을 이끌어 내고 생명의 상승을 지향하는 의지인 '힘에의 의지'가 생성과 변화의 끊임없는 과정 중에서 창조적 생성 작용을 하는데, 그 최고의 형태인 예술을 통해 생명력을 회복하고 허무를 극복할 수 있음을 강조하였다.

핵심어(구) 니체, 힘에의 의지, 예술, 허무를 극복

중심 내용 예술을 통해 인간의 허무를 극복할 수 있음을 강조한 니체

▼ 플라톤과 니체의 견해 대비

플라톤의 이데아론	니체
• 끊임없이 변하는 현실 세계의 존재와 영원히 변하지 않는 이데아로 나눔. • 현실 세계는 불완전함. • 완전한 진리인 이데아는 이성에 의해서만 인식할 수 있음.	• 영원히 변하지 않는 존재, 절대적이고 영원한 진리는 없음. • 현실 세계가 유일한 세계임. • 신 중심의 초월적 세계, 합리적 이성 체계를 모두 부정함.

▼ 니체의 철학적 견해

> • 플라톤의 견해는 현실의 삶을 부정하게 하여 인간을 허무에 직면하게 함.
> • 인간이 허무에서 벗어나기 위해서는 예술을 통해 생명의 본질을 회복해야 한다고 봄.

4문단 문단요약 니체의 철학적 견해는 20세기 초 독일의 표현주의에 영향을 주었다. 표현주의는 사실주의 미학과 달리 대상의 비례와 고유한 형태를 왜곡하고, 색채를 과장하거나 대비되는 원색을 사용하고, 원근법에 얽매이지 않는 화면 구성 등을 통해 작품의 공간이 화가 자신의 감정과 충동을 표현하는 공간이라는 인식을 드러냈다.

핵심어(구) 표현주의

중심 내용 전통적인 사실주의 미학이 아닌 니체의 철학적 관점에서 예술을 이해한 표현주의

▼ 표현주의와 사실주의의 관점 대비

구분	표현주의	사실주의
예술의 목적	인간의 감정과 충동을 표현함.	존재와 진리의 참모습을 모방함.
이성과 감정의 관계	감정을 중시	이성 > 감정
작품의 특징	실제보다 과장하거나 원근법에 얽매이지 않음.	대상과 현실을 재현함.

5문단 문단요약 표현주의 화가들은 이성과 합리성의 가치를 추구하던 당시 사회의 분위기에 반발하며, 자유로운 형태와 색채로 자신들의 내면을 표현했다. 이는 니체의 철학을 근거로 예술에 대한 새로운 해석을 보여 준 것이다.

핵심어(구) 표현주의, 예술에 대한 새로운 해석

중심 내용 니체의 철학을 근거로 예술에 대한 새로운 해석을 보여 준 표현주의

주제 존재에 대한 니체의 철학적 관점과 이를 수용한 표현주의 화가들이 추구한 예술

> 문제 옆에 있는 **분석쌤 강의**
> 복습할 때 꼭 챙겨 보자!

10 글의 전개 방식 이해
정답 ⑤

○ ⑤가 정답인 이유 이 글은 1문단에서 플라톤의 철학적 견해가 서양 철학의 주류가 되었다고 했고, 2문단에서는 플라톤의 견해가 니체에 의해 강한 비판을 받았다고 했다. 그리고 3~5문단에서는 예술에 대한 니체의 철학적 견해가 20세기 초의 예술가들에게 많은 영향을 주었고, 특히 회화에서 독일의 표현주의가 니체의 철학을 수용했다고 하면서 표현주의 화가들이 추구한 예술의 가치에 대해 다루고 있다. 따라서 ⑤는 이 글에 대한 설명으로 적절하다.

▶ 정답의 근거 위 '⑤가 정답인 이유' 참조

나머지 답지들이 오답인 이유도 따져 보자.

① 3문단에서 예술에 대한 니체의 철학적 관점은 다루고 있으나, '예술 양식의 발전 단계에 따라' 니체의 철학적 개념(관점)을 정리하고 있지는 않다.

② 4문단에서 예술에 대한 니체의 견해가 20세기 초의 예술가들에게 많은 영향을 주었다는 것은 확인할 수 있으나, '시대에 따라 달리 평가받는 원인'을 분석하고 있지 않으며 시대에 따라 달리 평가받는다고 하지도 않았다.

③ 예술에 대한 니체의 시각은 3문단에서, 서양 철학의 주류적* 입장은 1문단에서 확인할 수 있으나, 예술에 대한 니체의 시각과 서양 철학의 주류적 입장(플라톤의 이데아론)의 장단점을 비교하고 있지는 않다.

> * 주류적(主流的): (사상, 학문 등에서) 주된(중심이 되는) 흐름(본류)에 있는 (것). 🔁 비주류적

④ 1문단에서 존재에 대한 여러 철학자들의 견해를 확인할 수 있지만, 예술에 대한 철학자의 견해는 3문단에서 니체의 견해만 확인할 수 있다.

11 핵심 개념에 대한 견해 비교
정답 ①

○ ①이 정답인 이유 1문단에서 헤라클레이토스는 '존재하는 모든 것이 변화의 과정 중에 있다'고 했고, 2문단에서 니체는 '헤라클레이토스의 견해를 받아들여' '영원히 변하지 않는 존재, 절대적이고 영원한 진리는 없다고 주장했다'고 했다. 이를 통해 헤라클레이토스와 니체는 둘 다 ㉠(존재)이 변화한다고 생각했다는 것을 알 수 있다.

▶ 정답의 근거 위 '①이 정답인 이유'에서 밑줄 친 부분

② 1문단에서 파르메니데스는 '존재는 영원하며 절대적'이라고 했고, 플라톤은 '현실 세계의 존재는~불완전하다'고 여겼지만 '현실 세계에 존재하는 모든 것의 근원을 이데아로 상정하고 이데아를 영원하고 불변하는 존재'로 여겼다고 했다. 이를 통해 파르메니데스는 ㉠이 완전하다고 여겼고, 플라톤은 어떤 ㉠(현실 세계의 존재)은 불완전하지만 어떤 ㉠(이데아)은 완전하다고 여겼다는 것을 알 수 있다.

③ 1문단에서 플라톤은 '존재를 끊임없이 변하는 존재와 영원히 변하지 않는 존재로 나누었다.'고 했다. 이를 통해 플라톤은 '영원히 변하지 않는 ㉠이 있다'고 보았다는 것을 알 수 있다. 하지만 헤라클레이토스는 '존재하는 모든 것이 변화의 과정 중에 있다'고 했으므로 '영원히 변하지 않는 ㉠이 있다'고 보지 않았다는 것을 알 수 있다.

④ 1문단에서 파르메니데스는 '존재의 생성과 변화, 소멸을 부정했다.'고 했고, 헤라클레이토스는 '존재의 생성과 변화를 긍정했다.'고 했다. 이를 통해 '㉠의 생성을 긍정'한 것은 파르메니데스가 아니라 헤라클레이토스라는 것을 알 수 있다.

⑤ 1문단에서 플라톤은 '현실 세계에 존재하는 모든 것의 근원을 이데아로 상정하고', '감각을 통해 인식할 수 있는 현실 세계의 존재와 달리 이데아는 오직 이성에 의해서만 인식할 수 있다'고 했다. 이를 통해 플라톤은 '㉠의 근원을 감각을 통해 인식할 수 있다'고 보지 않았다는 것을 알 수 있다. 니체의 경우는, 1·2문단을 통해 '존재의 생성과 변화를 긍정'한 '헤라클레이토스의 견해를 받아들였고', '(감각을 통해 인식할 수 있는) 현실 세계가 유일한 세계'라고 보았다는 점에서 '㉠의 근원을 감각을 통해 인식할 수 있다'고 보았을 것으로 짐작할 수 있다.

12 구체적 사례에의 적용
정답 ④

○ ④가 정답인 이유 3문단에서 니체는 '본능에 내재한 감성을 바탕으로 하는 예술적 충동을 중시'하였다고 했고, 4문단에서 표현주의 화가들은 '니체의 철학적 관점에서 예술을 이해'함으로써 '대비되는 원색을 대담하게 사용하는 등의 방법을 통해 자신의 감정과 충동을 표현했다.'고 했다. 이를 통해 볼 때 〈보기〉의 표현주의 화가 키르히너의 작품에 그려져 있는 '해바라기, 꽃병, 배경 등'에 사용한 '화려한 원색'은 '감성을 바탕으로 한 예술적 충동을 중요하게 여겼던 니체의 생각에 영향을 받은 것'으로 볼 수 있다.

▶ 정답의 근거 3문단과 4문단(위 '④가 정답인 이유' 참조)

나머지 답지들이 적절하지 않은 이유도 살펴보자.

① 3문단에서 니체는 '예술을 통해 생명력을 회복하고 허무를 극복할 수 있음'을 강조'했다고 했으므로 적절하지 않다.

② 2문단에서 니체는 '(플라톤의) 형이상학적 이원론'이 '현실 너머의 이상 세계'를 '생명의 근원으로 설정함으로써 인간이 현실의 삶을 부정하도록 만들었다고 보았다.'고 했으므로 적절하지 않다.

③ 2문단에서 니체는 '우리가 살고 있는 현실 세계가 유일한 세계'이고 '신 중심의 초월적* 세계'는 부정했다고 했으므로 적절하지 않다.

> * 초월적: (한계, 범위, 표준, 현실, 신분 등을) 벗어나고 뛰어넘는(초과, 초탈) (것). 　　　－『매3력』p.153에서

⑤ 3문단에서 니체는 '주변인이나 사물을 자기 마음대로 지배하고 억압하려는 의지가 아니라 자기 극복을 이끌어 내고 생명의 상승을 지향하는 의지'를 강조했다고 했으므로 적절하지 않다.

13 세부 내용 확인

정답 ②

○ ②가 정답인 이유 4문단에서 사실주의 미학은 '존재와 진리의 참모습을 모방하는 것을 예술의 목적으로 받아들이는 재현*의 미학'이었지만, 표현주의 화가들은 '예술의 목적을 대상의 재현이 아니라 인간의 감정과 충동을 표현하는 것으로 생각했다.'고 했다. 이를 통해 표현주의 화가들은 '존재와 진리의 참모습을 모방하는 것이 중요하다고 여'기지 않았다는 것을 알 수 있다.

> *재현: (1) 다시 한번(재차) 표현해 냄. (2) (미술에서) 대상을 그대로 본뜨는 일. 여기서는 (2)의 뜻으로 쓰임.

▶ **정답의 근거** 4문단의 셋째, 넷째 문장

① 4문단의 '그들(표현주의 화가들)은 사실주의 미학에서 이성보다 열등한 것이라고 여겼던 감정을 존재의 본질을 드러내는 것으로 보았다.'에서 확인할 수 있다.

③ 4문단의 '그들(표현주의 화가들)이 생각하는 인간의 감정은 시시각각 변화하며 생성과 소멸을 반복하는 것이었기에 그림을 그리는 동안에도 매 순간 변화하는 감정을 중시했다.'에서 확인할 수 있다.

④ 5문단의 '표현주의 화가들은 … 예술가로서의 감정적, 주관적인 표현을 예술이 추구해야 하는 가치로 보았다.'에서 확인할 수 있다.

⑤ 4문단의 '(표현주의 화가들은) 작품에서 드러나는 공간이 현실 공간의 재현이 아니라 화가 자신의 감정을 표현하기 위한 상징과 의미를 생산하는 공간이라는 인식을 드러냈다.'에서 확인할 수 있다.

14 사전적 의미 파악

정답 ③

○ ⓒ이 정답인 이유 '어휘 문제 3단계 풀이법'을 적용해 보자.

• 1·2단계: 핵심을 간추린 후 대입하기

> 생명의 본질을 회복하다.
> 온전하게 보호하여 유지

• 3단계: 'ⓒ와 바꿔 쓸 수 있는 다른 말'과 'ⓒ가 들어가는 말' 떠올리기

> • ⓒ와 바꿔 쓸 수 있는 다른 말: 만회함, 복구함.
> • ⓒ가 들어가는 말: 신뢰를 회복하다. 건강을 회복하다.

→ 3단계까지 오면 '회복'하는 것은 '원래의 상태로 돌아가거나 원래의 상태를 되찾는' 것임을 알 수 있다. '(어떤 상태를) 온전하게 보호하여 유지함.'을 뜻하는 말은 '보전'이다.

▶ **정답의 근거** 위 'ⓒ이 정답인 이유' 참조

나머지 답지들도 '3단계 풀이법'을 적용해 보자.

구분	핵심 간추리기	대입하기	'매3어휘 풀이' 떠올리기
ⓐ	모든 것의 근원을 이데아로 상정하다.	모든 것의 근원을 이데아로 가정적으로 생각하여 단정하다.	• 가상하여 정(결정)하다. • 단정 • 수능이 어려울 것으로 상정하고 공부하다.
ⓑ	허무에 직면하다.	허무에 직접 당하거나 접하다.	• 직접 대면하다. • 맞닥뜨리다, 부딪치다 • 어려운 현실에 직면하다.
ⓓ	니체의 철학을 수용하다.	니체의 철학을 받아들이다.	• 수락하고 허용하다. • 받아들이다 • 친구의 제안을 수용하다.
ⓔ	당시 사회의 분위기에 반발하다.	당시 사회의 분위기에 거스르고 반항하다.	• 반대(반항)하고 거스르다. • 대들다, 반항하다, 덤비다 • 새 제안에 대해 반발하다.

'상정(ⓐ), 직면(ⓑ)'은 「매3인사이트.집」(p.27, 52)에도 제시되어 있으므로 예시와 함께 의미를 한 번 더 확인하고 넘어가자.

✔ 매일 복습 확인 문제

1 다음 추론이 맞으면 ○, 그렇지 않으면 ×로 표시하시오.

(1) [지문] 감정 이론에 따르면, 정서를 이해하는 것은 인지적인 요소가 아니라 감정적인 요소를 통해서 가능하다. 즉 상황에 대해서 어떻게 판단하고 믿느냐가 아니라 어떻게 느끼느냐를 이해하는 것을 통해서만 가능하다는 것이다. →[추론] 감정 이론은 인간이 어떻게 느끼느냐에 대한 스스로의 판단은 특정한 행동을 하게 만든다는 사실에 초점을 두어 정서를 설명하려 하고 있다. ·( )

(2) [지문] 레비스트로스는 친족 간의 결혼 금지라는 규칙을 바탕으로 공동체에 필요한 다른 규칙들이 형성됨으로써 인간이 자연 상태에서 문명 상태로 접어들게 되었다고 말한다. →[추론] 레비스트로스는 친족 간의 결혼 금지를 인간이 자연 상태를 벗어나 문명 상태로 발전한 상황에서 사회적 구조에 의해 성립된 규칙으로 보았다. ……………………………( )

(3) [지문] 표현주의 화가들은 예술의 목적을 대상의 재현이 아니라 인간의 감정과 충동을 표현하는 것으로 생각했다. →[추론] 표현주의 화가들은 존재와 진리의 참모습을 모방하는 것이 중요하다고 여겼다. ……………( )

2 밑줄 친 어휘와 의미가 가까운 것을 { }에서 고르시오.

(1) 감정적 요소를 경시{무시/중시}하다.

(2) 자발성을 띤 증여{증명/증정}로 보다.

(3) 상대방에게 부채감{부담감/부족감}을 주다.

> **정답** **1.** (1) × (2) × (3) × **2.** (1) 무시 (2) 증정 (3) 부담감

정답
01 ②	02 ⑤	03 ②	04 ②	05 ②
06 ①	07 ②	08 ③	09 ④	10 ⑤
11 ②	12 ②	13 ⑤		

1~4 인문: 최희봉, 「흄」

독해력을 길러 주는 지문 분석

1문단 **문단 요약** 18세기 철학자 흄은 이성을 중심으로 진리를 탐구했던 데카르트의 합리론을 비판하고 경험을 중심으로 한 경험론을 구축하였다. 그러나 지나치게 경험만을 중시하여 과학적 탐구 방식 및 진리를 인식하는 문제에 대해서도 비판함으로써 극단적인 회의주의자로 평가받는다.

핵심어(구) 철학자 흄, 경험론, 극단적인 회의주의자

중심 내용 경험을 중시한 흄과 그에 대한 평가

2문단 **문단 요약** 흄은 지식의 근원을 경험으로 보고, 경험을 인상과 관념으로 구분하여, 인상은 오감을 통해 얻을 수 있는 감각이나 감정이고, 관념은 인상을 머릿속에 떠올리는 것이라고 하였다. 단일 감각을 통해 단순 인상을 얻고, 단순 인상을 통해 단순 관념을 형성하며, 단일 인상들이 결합되면 복합 인상을 얻고, 복합 인상을 통해 복합 관념을 형성하는데, 흄은 단순 인상이 없다면 단순 관념이 존재하지 않는다고 보았다. 복합 인상이 없더라도 복합 관념이 존재할 수 있지만 흄은 인상이 없는 관념은 과학적 지식이 될 수 없다고 말하였다.

핵심어(구) 인상, 관념, 인상이 없는 관념은 과학적 지식이 될 수 없다

중심 내용 흄의 견해 (1)-경험을 인상과 관념으로 구분하고, 인상이 없는 관념은 과학적 지식이 될 수 없다고 봄.

3문단 **문단 요약** 흄은 인과 관계도 시공간적으로 인접한 두 사건이 반복해서 발생할 때 관찰자가 갖는 습관적 기대(주관적 판단)에 불과하므로, 이를 통해 얻은 과학적 지식이 필연적이라고 볼 수 없다고 비판하였다.

핵심어(구) 인과 관계, 비판

중심 내용 흄의 견해 (2)-인과 관계로 얻은 과학적 지식의 필연성에 대해 비판함.

4문단 **문단 요약** 흄은 진술의 내용이 사실과 일치할 때 진리라고 보는 전통적인 진리관에 대해서도 회의적이었는데, 경험을 통해 얻은 과학적 지식이라 하더라도 그것이 실제와 부합하는 진리인지의 여부는 확인할 수 없다는 것이다(예 '소금이 짜다.'는 '내 입에는 소금이 짜게 느껴진다.'라는 진술에 불과할 뿐 실제 소금이 짠지는 알 수 없음).

핵심어(구) 경험을 통해 얻은 과학적 지식, 진리인지의 여부는 확인할 수 없다

중심 내용 흄의 견해 (3)-경험적 지식도 진리 여부를 확인할 수 없음.

5문단 **문단 요약** 흄은 과학적 지식조차 회의적으로 보았다는 점에서 비판을 받지만, 이성만 중시했던 철학 사조에 반대하여 경험을 중심으로 지식 및 진리의 문제를 탐구하여 근대 철학에 새로운 방향성을 제시했다는 평가를 받는다.

핵심어(구) 비판, 근대 철학에 새로운 방향성을 제시

중심 내용 흄에 대한 평가

주제 경험을 중심으로 지식 및 진리의 문제를 탐구한 흄의 견해와 그에 대한 평가

01 내용 이해 및 추론   정답 ②

O ②가 정답인 이유 '전통적 진리관'에 대해서는 4문단에서 언급하고 있는데, 전통적 진리관에서는 '진술의 내용이 사실(事實)과 일치할 때' 진리라고 본다고 하였다. 따라서 '전통적 진리관에 따르면 진리 여부를 판단하는 것은 불가능하다.'라고 본 ②는 이 글을 잘못 이해한 것이다.

▶ **정답의 근거** 4문단의 '전통적인 진리관에서는 진술의 내용이 사실(事實)과 일치할 때 진리라고 본다.'

가장 많이 질문한 오답은? ③

X ③이 오답인 이유 4문단의 '흄에 따르면 우리는 감각 기관을 통해서만 세상을 인식할 수 있기 때문에'와 5문단 끝의 '그 (흄)는…경험을 중심으로 지식 및 진리의 문제를 탐구했다'를 통해 알 수 있다.

그럼에도 불구하고 ③에 답한 학생들이 많았던 것은 답지의 내용이 지문의 특정 부분에 그대로 제시되어 있지 않아서였다. 하지만 '알 수 있는 내용'을 묻는 질문은 '일치하는 것'을 묻는 질문과 달리 지문 전체를 통해 미루어 짐작할 수 있는 내용도 답지로 구성된다는 것을 알아 두자.

나머지 답지들에 답한 학생들은 드물었지만, 이들 답지들이 오답인 이유와 근거도 찾아보자.

① 1문단의 '이성을 중심으로 진리를 탐구했던 데카르트의 합리론'을 통해 알 수 있다.

④ 1문단의 '흄은…이성을 중심으로 진리를 탐구했던 데카르트의 합리론을 비판하고 경험을 중심으로 한 새로운 철학 이론을 구축하려 하였다.'와 5문단 끝의 '그(흄)는 이성만 중시했던 당시 철학 사조(→ 합리론)에 반기를 들고'를 통해 알 수 있다.

⑤ 2문단 끝의 '흄은 '황금 소금'처럼 인상이 없는 관념은 과학적 지식이 될 수 없다고 말하였다.'를 통해 알 수 있다.

02 이유의 추리

정답 ⑤

O **⑤가 정답인 이유** 발문(문두)에서 '[A]를 바탕으로 할 때'라고 했으므로, [A]에서 ㉠의 이유를 찾으면 된다. [A]에서 흄은 '경험을 통해 얻은 과학적 지식이라 하더라도 그것이 진리인지의 여부는 확인할 수 없다'고 하여 '진리를 알 수 있는가의 문제에 대해서도 회의적(매3인사이트.집 p.63)인 태도를 취했다'고 했다. 따라서 흄이 ㉠에서와 같이 극단적인 회의주의자*로 평가받는 이유는 '경험을 통해서 얻은 과학적 지식조차도 진리인지의 여부는 확인할 수 없다고 보았기 때문'이라고 할 수 있다.

* 회의주의자: 모든 것을 '회의적으로 보는'(의심하는) 사람.

▶ **정답의 근거** 발문(문두)의 '[A]를 바탕으로 할 때'와 [A]의 '흄은 진리를 알 수 있는가의 문제에 대해서도 회의적인 태도를 취했다.'

가장 많이 질문한 오답은? ①

X **①이 오답인 이유** 2문단에서 인상은 '혀로 소금의 '짠맛'을 느끼는 것'이라고 했는데, [A]에서 흄은 "'소금이 짜다.'라는 진술은 '내 입에는 소금이 짜게 느껴진다.'라는 진술에 불과할 뿐', '실제 소금이 짠지는 알 수 없다.'고 했다. 즉, 흄은 '비록 경험을 통해 얻은 과학적 지식이라 하더라도 그것이 진리인지의 여부는 확인할 수 없다'는 입장을 취하고 있는 것이다. 따라서 흄이 극단적인 회의주의자로 평가받는 이유는 '인상(경험)이 있어도' 진리가 아니라고 보았기 때문이므로 ①은 ㉠의 이유로 적절하지 않다.

나머지 답지들이 오답인 이유도 살펴보자.

② 1문단의 '흄은…이성을 중심으로 진리를 탐구했던 데카르트의 합리론을 비판하고'로 보아, ②는 흄의 견해와 일치한다. 그러나 이것은 ㉠의 이유가 아니며, '[A]를 바탕으로' 한 것도 아니다.

③ 흄이 '실재 세계의 모습은 끊임없이 변한다'고 보았는지는 알 수 없으며, [A]에 나타난 흄의 회의적인 태도와도 관련이 없다.

④ 3문단 끝의 '결국 인과 관계란 시공간적으로 인접한 두 사건에 대한 주관적 판단에 불과하므로, 이런 방법을 통해 얻은 과학적 지식이 필연적이라는 생각은 적합하지 않다고 흄은 비판하였다.'와 [A] 끝의 '비록 경험을 통해 얻은 과학적 지식이라 하더라도 그것이 진리인지의 여부는 확인할 수 없다는 것이 흄의 입장이다.'로 보아, 흄은 주관적 판단으로 진리를 찾을 수 있다고 보지 않았다는 것을 알 수 있다.

03 구체적 상황에의 적용

정답 ②

O **②가 정답인 이유** 2문단에서 복합 인상은 단순 인상들이 결합된 인상이고, 단순 인상은 단일 감각을 통해 얻은 인상이라고 하였다. '사과를 보면서 '빨개'라고 느끼는 것'은 시각만(… 단일 감각)을 통해 얻은 인상이므로 '복합 인상'이 아니라 '단순 인상'에 해당한다.

▶ **정답의 근거** 2문단의 '단순 인상은 단일 감각을 통해 얻은 인상을, 복합 인상은 단순 인상들이 결합된 인상을 의미한다.'

나머지 답지들이 오답인 이유와 근거를 찾아보자.

① 2문단에서 흄은 경험을 '인상과 관념으로 구분하여 설명'하였는데, '관념은 인상을 머릿속에 떠올리는 것'으로 '가령,… 머릿속으로 '짠맛'을 떠올리는 것은 관념이다.'라고 했으므로, ①은 적절한 이해이다.

③ 4문단의 '흄에 따르면 우리는 감각 기관을 통해서만 세상을 인식할 수 있기 때문에 실제 소금이 짠지는 알 수 없다. 그러므로 '소금이 짜다.'라는 진술은 '내 입에는 소금이 짜게 느껴진다.'라는 진술에 불과할 뿐이다.'로 보아, ③은 적절한 이해이다.

④ 3문단에서 흄은 '두 사건의 인과적 연결 관계를 관찰할 수 없다고 주장한다'고 했으므로, ④는 적절한 이해이다.

⑤ 3문단에서 흄은 '인과 관계란 시공간적으로 인접한 두 사건이 반복해서 발생할 때 갖는 관찰자의 습관적인 기대에 불과하다고 말하였다.'고 했으므로, ⑤는 적절한 이해이다.

04 자료를 활용한 비판

정답 ②

O **②가 정답인 이유** '단순 관념'은 2문단에서 설명하고 있다. 이에 따르면 '단순 인상은 단일 감각을 통해 얻은 인상'이고 '단순 인상을 통해 형성되는 관념을 단순 관념'이라 하는데, '흄은 단순 인상(→ 경험)이 없다면 단순 관념이 존재하지 않는다고 보았다.'라고 했다. 그런데 ⟨보기⟩에서 '어떤 사람'은 '빈칸에 들어갈 색을 태어나서 한 번도 본 적이 없지만, 주변 색과 비교하여 그 색이 어떤 색인지 알아맞혔다.'고 했다. 색을 직접 본 '경험'을 하지 않고도 그 색을 머릿속으로 떠올린 것이다.

따라서 ⟨보기⟩의 사례를 활용하면 '단순 인상이 없더라도 단순 관념이 존재할 수 있다.' 또는 '감각적으로 경험하지 않더라도 단순 관념이 존재할 수 있다.'고 할 수 있으므로, '단순 인상이 없다면 단순 관념이 존재하지 않는다'는 흄의 주장을 반박할 수 있다.

⟨보기⟩의 '무채색'과 '명도'의 뜻도 정확하게 알고 넘어가자.

* 무채색: 색상이나 채도(색의 선명한 정도)가 없고(無, 없을 무) 명도 차이만을 가지는 색. 검정, 하양, 회색을 이른다.
* 명도: 색의 밝고(선명) 어두운 정도.

▶ **정답의 근거** 위 '②가 정답인 이유'에서 밑줄 친 부분

ⓧ **③이 오답인 이유** ③에 답한 학생들이 많았는데, 그 이유는 ③이 3문단 끝의 '이런 방법(관찰, 경험)을 통해 얻은 과학적 지식이 필연적이라는 생각은 적합하지 않다'는 흄의 주장과 반대되기 때문이다. 그러나 〈보기〉의 사례는 '관찰과 경험을 통해서 얻은 지식'이 아니므로, '관찰, 경험을 통해 얻은 과학적 지식이 필연적이라는 생각은 적합하지 않다'는 흄의 주장을 반박하지 못한다.

① 〈보기〉에서 '한 번도 본 적이 없지만', '어떤 색인지 알아맞혔다'는 것은 세계가 우리의 감각 기관과 독립하여 존재할 수 있다는 것을 보여 주므로, ①은 〈보기〉의 사례를 통해 이끌어 낸 내용으로 적절하지 않다. 그리고 ①은 4문단에서 '감각 기관을 통해서만 세상을 인식할 수 있다'고 본 흄의 주장과 일치하므로 흄의 주장을 반박한 내용이 아니다.

④ 2문단에서 흄은 '단순 인상을 통해 형성되는 관념을 단순 관념, 복합 인상을 통해 형성되는 관념을 복합 관념이라 한다.'고 했으므로 ④는 흄의 주장을 반박한 것으로 볼 수는 있다. 그런데 〈보기〉에서는 '단순 관념'만 언급하고 있을 뿐, '관념을 단순 관념과 복합 관념으로 구분하는 기준'에 대해 말하고 있지 않다. 따라서 ④는 〈보기〉의 사례를 통해 이끌어 낸 내용이 아니므로 적절하지 않다.

⑤ 4문단에서 흄은 '우리는 감각 기관을 통해서만 세상을 인식할 수 있기 때문에 실제 소금이 짠지는 알 수 없다.'고 했으므로, 즉 외부 세계를 객관적으로 확인할 수 없다는 입장을 취했으므로 ⑤는 흄의 주장을 반박한 것으로 볼 수 있다. 그런데 〈보기〉에서 '한 번도 본 적이 없는', 빈칸에 들어갈 색을 알아맞혔다는 것은 객관적인 경험을 한 것이 아니라 이성을 통해 주관적인 판단을 한 것으로 볼 수 있다. 따라서 ⑤는 〈보기〉의 사례를 통해 이끌어 낸 내용이 아니므로 적절하지 않다.

5~8 인문: 강신주, 「철학 VS 철학」

독해력을 길러 주는 지문 분석

1문단 【문단 요약】 중국 전국 시대의 혼란을 수습하고 백성들을 고통에서 벗어나게 하기 위한 대안을 마련하는 과정에서 대두한 인성론은 성선설, 성악설, 성무선악설 등으로 분류될 수 있다. 맹자와 순자 등 사상가들은 인성론의 탐구에서 더 나아가 사회적·정치적 관점으로 인성론을 구성하고 변형시켰다.

핵심어(구) 인성론
중심 내용 인성론의 등장 배경과 분류 및 사회적·정치적 관점으로의 변형

2문단 【문단 요약】 맹자의 성선설은 호족이나 지주들이 국가 공권력에 저항할 때 선한 본성을 갖춘 자신들을 간섭하지 않아도 '정치적 질서'를 유지할 수 있다는 논거로 사용되었고, 순자나 법가의 성악설은 군주가 국가 공권력을 정당화할 때 그 논거로 사용되었다.

핵심어(구) 맹자의 성선설, 순자나 법가의 성악설

중심 내용 정치적 관점으로 변형된 성선설과 성악설

3문단 【문단 요약】 고자는 성무선악설을 통해 인간의 자연적인 욕구가 본성이므로 이를 정치적, 윤리적 범주로서의 선과 악의 개념으로 다룰 수 없다고 주장했다. 그는 인간의 본성을 역동적인 '소용돌이치는 물'로 비유하면서 그 역동성을 마비시키려는 외적 간섭에 저항하는 입장을 취하였다.

핵심어(구) 고자, 성무선악설, 다룰 수 없다
중심 내용 인성론을 정치적, 윤리적 관점으로 변형할 수 없다고 본 고자의 성무선악설

4문단 【문단 요약】 맹자는 고자의 인성론을 비판하고, 인간이 선천적으로 지닌 본성을 인의예지 네 가지로 규정하였다. 그리고 인간은 스스로의 노력으로 본성을 실현할 수 있는 존재, 즉 자력으로 수양할 수 있는 존재로 보았는데, 이것이 맹자 수양론의 전제이다.

핵심어(구) 맹자, 자력으로 수양할 수 있는 존재
중심 내용 인간은 자력으로 수양할 수 있는 존재라고 본 맹자의 성선설

5문단 【문단 요약】 순자는 선한 인간이 되기 위해 국가 질서, 학문, 관습과 같은 외적인 것에 의존할 필요가 없다고 보는 맹자의 성선설을 현실 감각이 결여된 주장으로 보았으며, 인간의 본성이 악하다고 전제할 때 그것을 교정하고 순치할 수 있는 국가 질서와 사회 규범을 정당화할 수 있다는 현실주의적 인간관인 성악설을 주장하였다.

핵심어(구) 순자, 성악설
중심 내용 국가 질서와 사회 규범을 정당화한 순자의 성악설

6문단 【문단 요약】 순자는 인간의 욕망이 무한한데 재화는 한정되어 있어서, 외적인 공권력과 사회 규범이 없는 경우 사회는 걷잡을 수 없는 무질서 상태로 전락하게 될 것으로 보았다. 맹자의 성선설에 대한 순자의 비판은, 인간과 사회에 대한 이와 같은 견해로부터 나온 것이다.

핵심어(구) 순자, 견해
중심 내용 인간과 사회에 대한 순자의 견해

주제 인성론의 등장 배경과 그 특징

▼ 세 가지 인성론의 견해 비교

인성론 분류	인성에 대한 이론적 탐구	인성론의 사회적·정치적 관점으로의 변형
성무선악설 (고자)	인간의 본성에는 선악의 구분이 없다(無, 없을 무).	인간의 본성은 역동적인 것으로, 외적 간섭으로 마비시켜서는 안 된다.
성선설 (맹자)	인간의 본성은 선하다.	인간은 외부의 강제적인 간섭 없이도 '정치적 질서'를 낳고 유지할 수 있다.
성악설 (순자, 법가)	인간의 본성은 악하다.	인간은 외부의 간섭이 없으면 정치적 무질서를 초래하므로 외적인 강제력(국가 권력, 제도들)이 필요하다.

05 글의 전개 방식 파악   정답 ②

O ②가 정답인 이유 이 글의 1문단에서는 인성론이 등장한 배경을, 2~6문단에서는 인성론의 세 견해(성선설, 성악설, 성무선악설)에 대해 소개하고 있으므로, ②는 이 글에 대한 설명으로 적절하다('독해력을 길러 주는 지문 분석' 참조).

▶ **정답의 근거** 위 '②가 정답인 이유' 참조

① 인성(인간의 본성)에 대한 세 견해는 소개하고 있지만, 이들의 장단점을 비교하고 있지는 않다.

③ 인성론이 등장한 역사적 배경은 1문단에 제시되어 있지만, 인성론의 역사적 의의와 한계에 대해 분석하고 있지는 않다.

④ 인성론이 등장한 시대적 상황은 1문단에 제시되어 있지만, 구체적 자료를 통해 제시하고 있지는 않다.

⑤ 인성에 대한 세 견해가 제시되어 있으며, 이 중 두 견해를 절충(매3인사이트.집 p.46)한 이론을 소개하고 있지는 않다.

06 두 입장의 이해   정답 ①

O ①이 정답인 이유 1문단과 2문단에서 '인간의 본성이 악하다는 성악설'을 주장하는 순자는 '외부의 간섭이 없을 경우', '정치적 무질서'를 초래한다고 했고, 〈보기〉에서 홉스는 '인간은 본성이 이기적이므로', ''만인의 만인에 대한 투쟁' 상태로 비참하게 살아갈 수밖에 없다.'고 했다. 이를 통해 순자와 홉스는 둘 다 ①(인간의 이기적 본성이 사회의 혼란과 무질서를 초래함을 인정해야 한다.)에 동의할 것임을 알 수 있다.

▶ **정답의 근거** 위 '①이 정답인 이유' 참조

가장 많이 질문한 오답은? ⑤, ③ 순

X ⑤가 오답인 이유 〈보기〉에서 사람들은 절대 통치자에게 복종을 약속하고 통치자는 사람들의 안전을 보장해 주는 계약에 따라 국가가 만들어졌다고 했다. 이를 통해 볼 때 홉스는 ⑤에 동의했을 것임을 알 수 있다. 하지만 **5문단**에서 순자는 인간의 본성이 악하다고 전제하고 그것을 교정하고 순치*할 수 있는 외적인 강제력을 강조했다는 점에서 '사회의 질서를 유지하기 위한 제도와 규범은 구성원들의 계약에 의해 마련되어야 한다.'는 ⑤에 동의하지 않았을 것임을 알 수 있다. → 순자: 동의 X, 홉스: 동의 O

> *순치(馴致, 길들일순·이를치): 따르게 하고 이르게(도달하게) 함.

X ③이 오답인 이유 순자는 6문단에서 '인간의 무한한 욕망을 충족시켜 줄 재화'가 한정되어 있다고는 했으나 '한정된 재화의 균등한 분배에 힘써야 한다'고 하지는 않았고, 홉스는 〈보기〉에서 '공동의 평화와 방어를 위해' 필요한 모든 힘과 수단을 이용할 수 있는 '통치자는 사람들의 안전을 보장해' 준다고 했을 뿐이다. 따라서 ③은 둘 다 동의할 만한 진술이 아니다. → 순자, 홉스: 모두 동의 X

② 순자는 인간에게 외부의 간섭이 필요하다고 했을 뿐 국가 권력에 대해 비판적 태도를 지녀야 한다고 하지 않았고, 홉스는 인간은 '공동의 평화를 위해', '절대 통치자에게 복종을 약속'해야 한다고 했으므로 ②는 둘 다 동의할 만한 진술이 아니다. → 순자, 홉스: 모두 동의 X

④ 순자는 인간의 본성이 악하다고 보고 외부의 간섭이 필요하다고 했고, 홉스는 인간은 본성이 이기적이므로 자연 상태에서는 비참하게 살아갈 수밖에 없다고 했으므로 ④는 둘 다 동의할 만한 진술이 아니다. → 순자, 홉스: 모두 동의 X

07 관점의 적용   정답 ②

O ②가 정답인 이유 '미리엘 주교가 은촛대를 장발장에게 준 선물이라고 말한 것'은 〈보기〉의 '미리엘 주교는 은촛대는 장발장이 훔친 것이 아니라 선물로 준 것이라고 말하며 사랑을 베풀어 주었고'에서 확인할 수 있다. 그런데 미리엘 주교의 이와 같은 말은 '역동적* 삶의 의지를 규격화하려는 행위'로 볼 수 없으며, ㉠의 관점에서 이해한 것도 아니다. 3문단의 '그(㉠)는 인간의 본성을 '소용돌이치는 물'로 비유했는데, 이러한 관점은 소용돌이처럼 역동적인 삶의 의지를 지닌 인간을 규격화함으로써 그 역동성을 마비시키려는 일체의 외적 간섭에 저항하는 입장을 취하도록 하였다.'로 보아, ㉠은 '역동적인 삶의 의지를 지닌 인간을 (선악의 개념으로) 규격화'하는 것을 '역동성을 마비'시키는 것이라고 보았기 때문이다.

> *역동적: 힘차고(力, 힘 **력**) 활발하게 움직이는(활동적인) (것).
> ㉳동적 ㉴정적 　　　　　　　-『매3력』p.133에서

▶ **정답의 근거** 위 '②가 정답인 이유' 참조

가장 많이 질문한 오답은? ④

X ④가 오답인 이유 '장발장이 선행을 베풀며 살아가는 모습'은 〈보기〉의 '이(미리엘이 베풀어 준 사랑)에 감동받은 장발장은 정체를 숨기고 선행을 베풀며 살아간다.'에서 확인할 수 있다. 그리고 이와 같은 장발장의 모습이 '스스로의 노력으로 선한 본성을 실현하는 것으로 볼 수 있다'는 것은 다음의 (1), (2)를 통해 ㉡(맹자)의 관점에서 이해한 것임을 알 수 있다.

> (1) **4문단**의 '인간은 스스로의 노력으로 본성을 실현할 수 있는 존재, 즉 타인의 힘이 아닌 자력으로 수양할 수 있는 존재라고 보았다. 이것이 바로 맹자 수양론의 기본 전제이다.'
> (2) **5문단**의 '모든 인간은 선한 본성을 지니고 있고, 이 선한 본성의 실현은 주체 자신의 노력에 의해서만 가능하다는 맹자의 성선설'

① '장발장이 배가 고파 빵을 먹고 싶어' 한 것은 〈보기〉의 첫 문장 '가난과 배고픔 때문에 빵을 훔친 장발장'에서 확인할 수 있고, 이와 같은 장발장의 행위가 '인간의 자연스러운 욕구에서 비롯된 것'이라는 점은 **3문단**에서 고자는 '인간이 가지고 있는 식욕과 같은 자연적인 욕구가 본성'이라고 한 것을 통해 ㉠의 관점에서 이해한 것임을 알 수 있다.

③ '미리엘 주교가 장발장에게 편히 쉴 곳을 마련해 준 것'은 〈보기〉의 '미리엘 주교만은 이런 그를 따뜻하게 맞아주었으나'에서 확인할 수 있고, 이와 같은 미리엘 주교의 행위가 '불쌍한 사람을 측은히 여기는 마음에 따른 것'이라는 점은 **4문단**에서 '맹자는 인간이 선천적으로 지닌' 본성 중 하나가 '고통에 빠진 타인을 측은히 여기는 동정심'이라고 한 것을 통해 ⓒ의 관점에서 이해한 것임을 알 수 있다.

⑤ '장발장이 체포되어 수감*된 것'은 〈보기〉의 첫 문장 '장발장은 체포되어 19년 동안 감옥 생활을 한다.'에서 확인할 수 있고, 장발장을 수감한 것이 '본성을 바로잡기 위한 사회 규범에 의거한 것'이라는 점은 **5문단**에서 '순자의 견해처럼 인간의 본성이 악하다고 전제할 때 그것을 교정하고 순치할 수 있는 외적인 강제력'이 부각될 수 있다고 한 것을 통해 ⓒ의 관점에서 이해한 것임을 알 수 있다.

> ＊수감: 교도소 등에 수용하고 감금함.

08 핵심 개념에 대한 이해
정답 ③

Ｏ **③이 정답인 이유** [A]에서 인성론 중 하나인 맹자의 <u>성선설</u>은 호족*들과 지주들이 국가 공권력*에 저항하기 위한 논거로 사용되었다고 했고, 순자나 법가의 <u>성악설</u>은 군주가 국가 공권력을 정당화하는 논거로 사용되었다고 했다. 이를 통해 인성론은 '정치적 입장을 정당화하는 이념적인 수단으로 사용'되었음을 알 수 있다.

> ＊호족(豪族): 부유하고 (부호) 세력이 있는 집안(친족).
> ＊공권력: 국가나 공공 단체가 명령하고 강제할 수 있는 권력.

▶ **정답의 근거** 위 '③이 정답인 이유'에서 밑줄 친 부분
나머지 답지들이 오답인 이유도 살펴보자.

① 외부의 간섭이 없으면 정치적 무질서를 초래한다고 본 성악설은 사회의 발전을 위해 간섭이 필요하다는 것을 인정했다고 볼 수 있다. 그리고 외부의 간섭이 없어도 정치적 질서를 유지할 수 있다고 본 성선설은 사회의 발전을 위해 갈등 유지의 당위성을 인정한 것으로 볼 수 없다.

② 선악에 대한 권력자(호족들 및 지주들, 군주)의 윤리 의식은 찾아볼 수 있으나, 윤리 의식과 통치력이 상반된다는 판단은 찾아볼 수 없다.

④ 인간 본성을 초자연적 존재*와 대비되는 것으로 설명한 부분도 없거니와 인간 본성의 우위를 추구하고 있지도 않다.

> ＊초자연적 존재: 자연을 초월한 존재. ㉞ 절대자
> ─『매3력』 p.152에서

⑤ 외부의 강제적인 간섭을 부정한 성선설은 인간의 타고난 본성을 거스르는 인위적 노력을 배격*하였다고 볼 수 있으나, 외부의 간섭이 필요하다고 본 성악설은 인간의 타고난 본성을 거스르는 인위적 노력을 배격하였다고 볼 수 없다.

> ＊배격(排擊): (어떤 사상, 의견, 물건 등을) 물리침. 배제(배척)하고 격침시킴.

9~13 인문: 박병철, 「비트겐슈타인 철학으로의 초대」

독해력을 길러 주는 지문 분석

1문단 문단요약 비트겐슈타인은 정신과 이성 중심의 종래 철학이 명제와 사실의 관계를 간과했다고 지적하며, 새로운 철학은 '말할 수 있는 것'과 '말할 수 없는 것'의 한계를 명확하게 설정할 수 있어야 한다고 보았다.
핵심어(구) 비트겐슈타인
중심 내용 비트겐슈타인의 철학적 관점

2문단 문단요약 비트겐슈타인은 명제는 사실과 대응하기 때문에 명제가 사실과 일치하면 참, 사실과 일치하지 않으면 거짓이라고 보았다.
핵심어(구) 명제는 사실과 대응, 참, 거짓
중심 내용 명제와 사실의 관계 및 참과 거짓의 판단

3문단 문단요약 비트겐슈타인은 진리함수이론을 통해 그 안에 좀 더 단순한 형태의 명제들을 포함한 명제(복합명제)의 경우를 설명했다. 요소명제(최소의 언어 단위)가 원자사실(최소의 사실 단위)과 일치하면 '참(T)', 일치하지 않으면 '거짓(F)'이라는 진리값을 갖기 때문에, 복합명제(두 개 이상의 요소명제들로 구성된 명제)의 진리가능성(진리값이 나올 수 있는 경우의 수)은 하나의 원자사실에서 나올 수 있는 진리값을 조합한 모든 경우의 수라고 보았다. 결국 요소명제의 수가 n이면 복합명제의 진리가능성은 2^n개가 된다.

▼ 복합명제의 진리가능성

> - 요소명제는 원자사실과 대응함.
> - 요소명제가 원자사실과 일치하면 참(T), 일치하지 않으면 거짓(F)
> - 요소명제의 진리가능성: 2개(T, F)
> → 복합명제의 진리가능성: 2^n개 (n은 요소명제의 수)

핵심어(구) 진리함수이론, 요소명제, 복합명제, 진리 가능성

중심 내용 복합명제의 진리가능성을 판단하는 진리함수이론

4문단 **문단 요약** 비트겐슈타인은 복합명제의 진리값은 복합명제를 구성하는 각각의 요소명제들의 진리값에 대한 진리연산을 통해 얻을 수 있다고 보았다. 이때 진리연산의 결과는 복합명제가 참이 되거나 거짓이 되는 조건을 말해 주는 진리조건이 된다. p와 q의 진리값에 대해 '그리고'라는 진리연산이 적용된 복합명제는 진리함수 p∧q로 표현할 수 있고, 이를 비트겐슈타인이 고안한 진리표로 만들면, 〈표〉와 같이 p와 q의 진리가능성은 TT, FT, TF, FF가 되고, p∧q의 진리조건은 TFFF가 된다.

p	q	p∧q
T	T	T
F	T	F
T	F	F
F	F	F

〈표〉

핵심어(구) 복합명제의 진리값

중심 내용 복합명제의 진리값을 얻는 방법

5문단 **문단 요약** 비트겐슈타인은 진리함수이론을 통해 우리가 '말할 수 있는 것'의 영역에는 참 또는 거짓으로 판단할 수 있는 '의미 있는 명제'밖에 없다는 것을 보여 줄 수 있었고, '말할 수 없는 것'의 영역에 포함되는 명제로 참과 거짓을 가려낼 수 없는 '무의미한 명제'와 언제나 참이거나 거짓인 '의미를 결여한 명제'를 제시했다.

▼ '말할 수 있는 것'과 '말할 수 없는 것'의 영역 구분

말할 수 있는 것	말할 수 없는 것	
사실과 비교함으로써 참 또는 거짓을 판단할 수 있는 명제	명제에 대응하는 사실이 없는 명제	
↓	참과 거짓을 가려낼 수 없는 명제	언제나 참이거나 언제나 거짓인 명제
의미 있는 명제	↓	↓
	무의미한 명제	의미를 결여한 명제

핵심어(구) 말할 수 있는 것, 말할 수 없는 것

중심 내용 '말할 수 있는 것'과 '말할 수 없는 것'의 구분

주제 비트겐슈타인의 철학적 관점

09 글의 전개 방식 이해   정답 ④

○ ④가 정답인 이유 이 글은 1문단에서 종래의 철학이 명제와 사실의 관계를 간과(매3인사이트.집 p.7)했다고 지적한 비트겐슈타인의 철학적 관점을 소개한 후, 2문단에서 명제와 사실의 관계(대응 관계)를 밝히고, 3·4문단에서는 이와 관련된 특정 이론인 진리함수이론(복합명제의 진리가능성을 판단하는 이론)을 구체적인 예시('지구는 태양 주위를 돌고, 달은 지구 주위를 돈다.'는 명제)를 사용하여 설명하고 있으므로 ④는 이 글에 대한 설명으로 적절하다.

▶ **정답의 근거** 위 '④가 정답인 이유'에서 밑줄 친 부분

① 명제와 사실이 갖는 한계를 지적하고 있지 않으며, 이를 극복할 수 있는 방법을 소개하고 있지도 않다.

② 2문단에서 명제와 사실의 대응 관계를 점검하고 있지만, 명제와 사실의 공통점을 보여 주고 있지는 않다.

③ 명제에 대한 통념(매3인사이트.집 p.56)도, 그것에 대한 비판도 제시되어 있지 않고, 다양한 철학자의 견해를 비교하고 있지도 않다.

⑤ 명제에 대한 특정 철학자(비트겐슈타인)의 관점은 제시되어 있으나 시대순으로 정리하고 있지 않으며, 이에 대한 비판적 견해를 제시하고 있지도 않다.

10 핵심 개념에 대한 이해   정답 ⑤

○ ⑤가 정답인 이유 5문단에서 '무의미한 명제는 그 명제에 대응하는 사실이 없어서 참과 거짓을 가려낼 수 없는 명제'라고 했고, '의미를 결여한 명제는 그 명제에 대응하는 사실은 없지만, 언제나 참이거나 언제나 거짓인 명제'라고 했다. 이를 통해 '무의미한 명제'와 '의미를 결여한 명제'는 둘 다 '명제에 대응하는 사실이 없다'는 것을 알 수 있다. 그런데 3문단에서는 '명제와 사실의 관계에 있어 논리적 기초가 되는 요소명제'는 '원자사실에 대응한다'고 했다. 따라서 요소명제를 '무의미한 명제'와 '의미를 결여한 명제'를 구분하는 기준이라고 한 ⑤는 비트겐슈타인의 관점에서 ㉠을 이해한 내용으로 적절하지 않다.

▶ **정답의 근거** 위 '⑤가 정답인 이유' 참조

가장 많이 질문한 오답은? ④

✕ ④가 오답인 이유 3문단에서 '그(비트겐슈타인)에 의하면 요소명제의 진리가능성은 언제나 참과 거짓, 2개가 된다.'고 했고, 진리가능성은 '명제의 진리값이 나올 수 있는 경우의 수'라고 했다. 이로 보아 '요소명제의 진리값이 나올 수 있는 경우의 수는 언제나 2개'라고 한 ④는 적절하다.

그럼에도 불구하고 ④에 답해 틀린 학생들이 많았던 것은 ①, ②, ③은 모두 오답의 근거가 지문에서 한 문장에 그대로 제시되어 있었던 반면 ④는 두 문장을 통해 이해할 수 있어서이기도 했고, 답지에 쓰인 '언제나'가 적절하지 않다고 본 학생들도 많았다. 하지만 '언제나'는 3문단에서도 사용한 것으로 ④는 적절한 설명이다.

① 3문단의 '그(비트겐슈타인)에 따르면 요소명제는 더 이상 분석할 수 없는 최소의 언어 단위로,~'에서 확인할 수 있다.

② 3문단의 '그(비트겐슈타인)는 두 개 혹은 그 이상의 요소명제들로 구성된 명제를 '복합명제'라고 불렀는데,~'에서 확인할 수 있다.

③ 3문단의 '그(비트겐슈타인)는 요소명제가 원자사실과 일치하면 '참(T)'이라는 진리값을, 일치하지 않으면 '거짓(F)'이라는 진리값을 갖는다고 보았으며,~'에서 확인할 수 있다.

11 다른 상황에의 적용

정답 ②

O ②가 정답인 이유 4문단의 〈표〉와 그 표에 대한 4~5문단의 설명을 바탕으로 〈보기〉의 [진리표 1]을 이해하면 다음과 같다.

- p, q: 요소명제
- p와 q의 진리가능성: TT, FT, TF, FF
- p∨q의 진리조건: TTTF

즉, [진리표 1]은 요소명제 p와 q로 구성된 복합명제의 진리값에 대해 표현하고 있는데, '진리조건에 T와 F가 함께 표기'되어 있으므로 이 복합명제는 '의미 있는 명제'라는 것을 알 수 있다.

다음으로, 답지 ②를 검토하면 3문단의 '그는 요소명제가 원자사실과 일치하면 '참(T)'이라는 진리값을, 일치하지 않으면 '거짓(F)'이라는 진리값을 갖는다고 보았으며~'를 통해 ②의 '복합명제의 진리값이 F일 때'는 요소명제가 원자사실과 일치하지 않는 경우라는 것을 알 수 있다. 그런데 ②에서는 'p와 q에 대응하는 원자사실이 없는 경우'라고 했으므로 적절하지 않다.

▶ 정답의 근거 위 '②가 정답인 이유'에서 밑줄 친 부분

가장 많이 질문한 오답은? ⑤, ④, ③ 순

X ⑤가 오답인 이유 3문단에서 '복합명제가 몇 개의 요소명제들로 이루어지느냐에 따라 요소명제의 수를 n이라고 보면, 복합명제의 진리가능성은 2^n개가 된다.'고 했다. 이로 보아, 요소명제가 2개(p, q)인 [진리표 1]에 요소명제 하나를 더 추가하면 이 복합명제의 진리가능성은 2^3개가 된다.

X ④가 오답인 이유 4문단의 '(〈표〉의 경우) p와 q의 진리가능성은 TT, FT, TF, FF가 되고, p∧q의 진리조건은 TFFF가 된다.'를 바탕으로 [진리표 1]을 보면, [진리표 1]에서 p와 q의 진리가능성은 TT, FT, TF, FF가 되고, TT, FT, TF일 때에 진리함수 p∨q의 진리값은 모두 T(참)가 된다.

X ③이 오답인 이유 5문단에서 '비트겐슈타인은 이렇게 복합명제를 진리표로 만들었을 때, 진리조건에 T와 F가 함께 표기되는 명제, 즉 사실과 비교함으로써 참 또는 거짓을 판단할 수 있는 명제를 '의미 있는 명제'라고 불렀다.'고 했다. 이로 보아, 진리조건에 T와 F가 함께 표기되어 있는 [진리표 1]의 복합명제는 '의미 있는 명제'이다.

①에 답한 학생들은 드물었다. 4문단의 '진리연산의 결과는 복합명제가 참이 되거나 거짓이 되는 조건을 말해 주는 진리조건이 된다.'와, '(〈표〉의 경우) p∧q의 진리조건은 TFFF가 된다.'를 통해 [진리표 1]의 진리연산의 결과인 진리조건은 TTTF라는 것을 쉽게 알 수 있었기 때문이다.

12 반응의 적절성 판단

정답 ②

O ②가 정답인 이유 위 11번 문제('②가 정답인 이유' 참조)에서 [진리표 1]은 진리조건에 T와 F가 함께 표기되어 있는 '의미 있는 명제'인 것을 알았다. 그런데 [진리표 2]는 진리조건이 '언제나(모두) 참(T)'이다. 5문단의 '만약 의미를 결여한 명제를 진리표로 만든다면 그 진리조건은 언제나 모두 참이거나 모두 거짓으로 표기되겠지만'으로 보아, [진리표 2]는 '의미를 결여한 명제'를 진리표로 만든 것이다. 따라서 ②의 반응은 적절하다.

▶ 정답의 근거 위 '②가 정답인 이유' 참조

가장 많이 질문한 오답은? ③, ④ 순

X ③이 오답인 이유 5문단에서 비트겐슈타인은 '의미 있는 명제'는 '말할 수 있는 것'의 영역에 포함되고, '말할 수 없는 것'의 영역에 포함되는 명제는 '무의미한 명제'와 '의미를 결여한 명제'라고 했다. [진리표 1]은 진리조건에 T와 F가 함께 표기되어 있으므로 '의미 있는 명제'이고, [진리표 2]는 진리조건이 '언제나 참(T)'이므로 '의미를 결여한 명제'이다. 따라서 [진리표 1]과 달리 [진리표 2]의 복합명제는 '말할 수 없는 것'의 영역에 속하므로 ③은 적절한 반응이 아니다.

X ④가 오답인 이유 4문단에서 '진리연산은 요소명제들로부터 진리함수가 만들어져 나오는 방법이며, 진리연산의 결과는 복합명제가 참이 되거나 거짓이 되는 조건을 말해 주는 진리조건이 된다.'고 했다. [진리표 1]의 진리조건은 TTTF이고, [진리표 2]의 진리조건은 TTTT이므로, [진리표 1]의 복합명제와 [진리표 2]의 복합명제에 적용된 진리연산은 서로 다르다. 따라서 ④는 적절한 반응이 아니다.

✎ **다시 볼 내용** 메모하기

다시 봐야 할 내용을 메모해 둡니다. 메모해 둔 내용은 **재복습**하면서 **오답 노트**에 옮겨 정리하면 공부 효과를 높일 수 있습니다.

① 4문단에서 〈표〉의 진리함수는 p와 q의 진리값에 대해 '그리고'라는 진리연산이 적용된 'p∧q'로 표현했다는 것을 알 수 있다. 그리고 [진리표 1]의 진리함수는 'p∨q'이고 [진리표 2]의 진리함수는 'p → (q → p)'로, [진리표 1]과 [진리표 2]의 진리함수는 서로 다르다.

⑤ [진리표 1]은 사실과 대응하여 참 또는 거짓으로 판단할 수 있는 '의미 있는 명제'를, [진리표 2]는 명제에 대응하는 사실이 없지만, 언제나 참인 '의미를 결여한 명제'를 진리표로 만든 것이다. 따라서 원자사실과 대응하는 요소명제의 수는 [진리표 1]에는 2개, [진리표 2]에는 0개이다.

Q&A　　　　　▶ '안인숙 매3국어클리닉' 카페에서

Q　⑤번 답지에서 원자사실과 대응하는 요소명제의 수는 [진리표 1]에는 1개, [진리표 2]에는 2개가 아니라 [진리표 1]에는 2개, [진리표 2]에는 0개라고 하는데 이걸 잘 모르겠어요. 원자사실과 대응하는 요소명제가 참이면 T, 거짓이면 F라고 하잖아요 근데 〈보기〉에서 [진리표 1]에는 p에 T가 2개이고 q가 2개라서 4개 같고 [진리표 2]에도 4개 같은데 제가 어디서 이해를 잘못한 걸까요..!!

A　학생이 잘못 이해한 부분은 요소명제입니다. 요소명제는 T, F의 개수가 아닙니다. 원자사실에 대응시켰을 때, T(참)나 F(거짓)로 판단할 수 있는 기본 단위가 되는 명제가 요소명제입니다. 따라서 [진리표 1]에서의 요소명제는 p 명제와 q 명제 2개가 있는 것입니다.

한편, [진리표 2]의 경우, 언뜻 보면 [진리표 1]과 유사해 보이지만, 5문단의 '의미를 결여한 명제는 그 명제에 대응하는 사실은 없지만, 언제나 참이거나 언제나 거짓인 명제이다. 만약 의미를 결여한 명제를 진리표로 만든다면 그 진리조건은 언제나 모두 참이거나 모두 거짓으로 표기되겠지만, ~'을 통해 [진리표 2]는 진리조건이 언제나 '참'이므로 '의미를 결여한 명제'임을 알 수 있고, '의미를 결여한 명제는 그 명제에 대응하는 사실은 없'다고 했으므로 원자사실과 대응하는 요소명제의 수는 0개인 것입니다.

13　반응의 적절성 판단　　　　　정답 ⑤

O　⑤가 정답인 이유　비트겐슈타인의 입장부터 이해하면, 1문단에서 비트겐슈타인은 '정신이나 이성에 관심을 가졌던 종래의 철학이 명제와 사실의 관계를 간과했다'고 했다. 〈보기〉에서 플라톤은 '정신을 통해서만 이데아를 인식할 수 있다'고 한 것으로 보아, 플라톤은 명제와 사실의 관계를 간과한 종래의 철학자임을 알 수 있다. 그리고 비트겐슈타인은 5문단에서 '무의미한 명제는 그 명제에 대응하는 사실이 없어서 참과 거짓을 가려낼 수 없는 명제이다.'라고 했는데, '이데아는 육안*이 아니라 마음의 눈으로 통찰되는 사물의 순수하고 완전한 형태를 가리킨다'고 한 플라톤의 말인 ⓐ는 대응하는 사실이 없어, 참과 거짓을 판단할 수 없는 '무의미한 명제'라고 할 수 있다.

> *육안: 안경이나 망원경, 현미경 등을 이용하지 않고 직접 사물을 보는 맨눈.

▶ **정답의 근거**　위 '⑤가 정답인 이유' 참조

가장 많이 질문한 오답은? ②, ③ 순

✕　②가 오답인 이유　1문단의 첫 문장에서 '생각하는 바를 표현한 것'이어야 한다는 것은 비트겐슈타인의 입장이라는 것을 알 수 있다. 그런데 ⓐ는 정신에 관심을 가진, 종래의 철학적 입장을 지닌 플라톤의 말이므로 '생각하는 바를 표현한 것'으로 볼 수 없다.

✕　③이 오답인 이유　5문단에서 '말할 수 있는 것'에는 사실과 비교함으로써 참 또는 거짓을 판단할 수 있는 '의미 있는 명제'가, '말할 수 없는 것'에는 명제에 대응하는 사실이 없는 '무의미한 명제'와 '의미를 결여한 명제'가 포함된다고 했다. ⓐ는 대응하는 사실이 없어, 참과 거짓을 판단할 수 없는 '무의미한 명제'에 해당하므로 '말할 수 있는 것'과 '말할 수 없는 것'의 경계를 표현한 명제라고 할 수 없다.

① 1문단으로 보아, ⓐ는 명제와 사실의 관계를 간과한 종래의 철학에 해당하므로, 비트겐슈타인의 입장에서 볼 때 철학의 관심사로 삼아야 할 내용을 담은 명제라고 할 수 없다.

④ 〈보기〉에서 '이데아는 육안이 아니라 마음의 눈으로 통찰되는 사물의 순수하고 완전한 형태를 가리킨다.'고 했다. 즉 ⓐ는 실제 경험할 수 있는 것이 아니므로 참과 거짓을 가려낼 수 없는 '무의미한 명제'이다. 따라서 진리조건이 언제나 '거짓'으로 표기되는 '의미를 결여한 명제'도 아니다.

✔ 매일 복습 확인 문제

1　다음 추론이 맞으면 ○, 그렇지 않으면 ×로 표시하시오.

(1) [지문] 관념은 인상을 머릿속에 떠올리는 것을 말한다. → [추론] 사과를 보면서 달콤한 맛을 떠올리는 것은 관념에 해당한다. ……………………………………( )

(2) [지문] 성선설에서는 개체가 외부의 강제적인 간섭 없이도 '정치적 질서'를 낳고 유지할 수 있다고 본 반면, 성악설에서는 외부의 간섭이 없을 경우 개체는 '정치적 무질서'를 초래할 뿐인 존재라고 보았다. → [추론] 인성론은 정치적 입장을 정당화하는 이념적인 수단으로 사용되었다. ……………………………………( )

(3) [지문] 비트겐슈타인은 요소명제가 원자사실과 일치하면 '참(T)'이라는 진리값을, 일치하지 않으면 '거짓(F)'이라는 진리값을 갖는다고 보았다. → [추론] 원자사실과의 일치 여부에 따라 요소명제의 진리값이 정해진다. ……………………………………( )

2　왼쪽에 제시된 어휘와 의미가 가까운 것을 오른쪽에서 찾아 서로 줄로 이으시오.

(1) 회의적 •

(2) 역동적 •

(3) 선천적 •

• ㉮ 긍정적
• ㉯ 부정적
• ㉰ 역설적
• ㉱ 활동적
• ㉲ 선구적
• ㉳ 천부적

> **정답**　1. (1) ○ (2) ○ (3) ○　2. (1) ㉯ (2) ㉱ (3) ㉳

정답	01 ⑤	02 ①	03 ③	04 ②	05 ①
	06 ②	07 ④	08 ③	09 ⑤	10 ①
	11 ③				

1~4 인문: 한덕웅 외, 「사회심리학」

독해력을 길러 주는 지문 분석

1문단 문단요약 사람들이 판단을 할 때 필요한 모든 정보를 수집하기 힘들기 때문에 과거 경험을 바탕으로 어림짐작을 하는 것을 휴리스틱이라고 한다. 여기에는 대표성 휴리스틱, 회상 용이성 휴리스틱, 시뮬레이션 휴리스틱이 있다.

핵심어(구) 휴리스틱

중심 내용 휴리스틱의 개념과 종류

2문단 문단요약 대표성 휴리스틱은 어떤 대상이 특정 집단에 속할 가능성을 판단할 때, 그 대상이 특정 집단의 전형적인 이미지와 얼마나 닮았는지에 따라 판단하는 것이다. 이는 신속한 결정을 내리는 데 도움이 되기도 하지만, 항상 정확하고 객관적인 것이라고 보기는 어렵다.

핵심어(구) 대표성 휴리스틱

중심 내용 대표성 휴리스틱의 개념 및 특징과 한계

3문단 문단요약 회상 용이성 휴리스틱은 당장 머릿속에 잘 떠오르는 정보에 의존하여 판단하는 것이다. 최근에 경험한 사례, 생동감 있는 사례, 충격적·극적인 사례들을 쉽게 회상하여 판단하지만, 이것은 실제 발생 확률을 고려하지 못한 잘못된 판단이다.

핵심어(구) 회상 용이성 휴리스틱

중심 내용 회상 용이성 휴리스틱의 개념 및 특징과 한계

4문단 문단요약 시뮬레이션 휴리스틱은 과거에 발생한 특정 사건이나 미래에 일어날 일들을 마음속에 떠올려 그 장면을 상상해 보는 것이다. 이것은 객관적인 증거를 충분히 수집하기 전에 판단하는 잘못을 저지를 수 있다.

핵심어(구) 시뮬레이션 휴리스틱

중심 내용 시뮬레이션 휴리스틱의 개념 및 특징과 한계

5문단 문단요약 휴리스틱은 종종 판단 착오를 낳기도 하지만, 일상생활에서 경험에 기반하여 순식간에 대안을 찾아 판단하기 쉽게 만들어 주기 때문에 효율적인 방법이라고 볼 수 있다.

핵심어(구) 판단 착오, 효율적

중심 내용 휴리스틱의 장단점과 인간의 특징

주제 인간의 판단을 돕는 휴리스틱의 유형별 특징 및 한계

01 세부 내용 확인   정답 ⑤

O ⑤가 정답인 이유 '다른 사람의 입장이 되어 가상적(매3인사이트.집 p.6)인 상황을 생각'하는 것은 4문단에서 제시한 경찰관의 예에서 확인할 수 있다. 그런데 '가상적 장면을 자꾸 머릿속에 떠올리다 보면, 그 용의자가 정말 범인인 것처럼 생각하게 된다. 그래서 그가 범인임을 입증하는 객관적인 증거를 충분히 수집하기도 전에 그를 범인이라고 판단할 가능성이 높아지는 것이다.'로 볼 때 '정확하고 객관적인 판단을 내릴 수 있다.'는 것은 4문단의 내용과 일치하지 않는다.

▶ 정답의 근거 위 '⑤가 정답인 이유'에서 밑줄 친 부분

① 1문단의 '사람들은 하루에도 수많은 일들을 판단하면서 살아간다.~그렇기 때문에 사람들은 과거 경험을 바탕으로 어림짐작을 하게 되는데'와 일치한다.

② 3문단의 '사람들은~충격적이거나 극적인 사례들을 더 쉽게 회상한다.'와 일치한다.

③ 2문단 끝의 '이러한 판단은…항상 정확하고 객관적인 것이라고 보기는 어렵다.', 3문단의 '이러한 추정은 적절할 수도 있지만, 실제 발생 확률과는 다를 수도 있다.' 등과 일치한다.

④ 4문단의 '가상적 장면을 자꾸 머릿속에 떠올리다 보면, 그 용의자가 정말 범인인 것처럼 생각하게 된다.'와 일치한다.

02 비유적 의미의 이해   정답 ①

O ①이 정답인 이유 '인지적 구두쇠(㉠)'는 '인지하는(인식하고 지각하는)' 데에 있어 '구두쇠(인색한 사람)'라는 것이다. 그렇다면 왜 인간을 '인지적 구두쇠'라고 하는가는 '이런'이 지시하는 내용인 '휴리스틱은 우리가 쓰고 싶지 않아도 거의 자동적으로 작용한다. 그리고 수많은 대안 중 순식간에 몇 가지 혹은 단 한 가지의 대안만을 남겨 판단하기 쉽게 만들어 준다.'를 통해 추리할 수 있다. 인간이 판단할 때 수많은 대안을 고려하지 않고 '몇 가지 혹은 단 한 가지'의 대안만을 남긴다는 것은 수많은 대안을 고려하는 데 드는 '노력을 덜 들이려는 경향'이 있다는 것이고, 이는 판단(인지)하는 데에 고려하고 노력해야 하는 것에 인색한 것으로 볼 수 있다. 따라서 ㉠의 의미를 가장 잘 나타내고 있는 것은 ①이 된다.

▶ 정답의 근거 ㉠ 앞의 '(휴리스틱은) 수많은 대안 중 순식간에 몇 가지 혹은 단 한 가지의 대안만을 남겨 판단하기 쉽게 만들어 준다.'와 ①의 '노력을 덜 들이려는 경향'

X **④가 오답인 이유** 많은 학생들이 ④에 답했는데, 1문단의 '사람들은 하루에도 수많은 일들을 판단하면서 살아간다. 판단을 할 때마다 필요한 모든 정보를 수집하여 이용하고자 하면, 정보를 수집하는 것도 힘들 뿐더러 그 정보를 처리하는 것도 부담이 된다.'와 5문단의 '우리는 '결정을 위한 시간이 많지 않다.'는 가정을 무의식적으로 하고 있다. 휴리스틱은 우리가 쓰고 싶지 않아도 거의 자동적으로 작용한다.'에 주목하면 인간이 휴리스틱을 사용하는 것은 시간이 부족해서라고 볼 수 있다. 하지만 '의도적으로' 사용하는 것이 아니라 '자동적으로' 작용한다는 점에서 ④는 지문 내용을 잘못 이해한 것이다. 그뿐만 아니라 ④는 ㉠의 의미를 나타내고 있지도 않으므로 오답이 된다.

② 3문단의 '(사람들은) 자기 주변에서 발생한 사례들을 떠올려 추정하게 된다.'에서 ②를 이끌어 낼 수는 있지만, ㉠의 의미를 나타내고 있지는 않다.

③ 1문단에서 '판단을 할 때마다 필요한 모든 정보를 수집하여 이용하고자 하면, ~정보를 처리하는 것도 부담이' 되므로 '사람들은 과거 경험을 바탕으로 어림짐작을 하게' 된다고 했다. 이는 '과학적이고 체계적으로 정보를 처리'하는 것과는 거리가 멀고 '정확하고 객관적인 판단을 하려는 경향'이 있는 것도 아니다. 그뿐만 아니라 ㉠의 의미를 나타내고 있지도 않다.

⑤ 5문단의 '(휴리스틱은) 수많은 대안 중 순식간에 몇 가지 혹은 단 한 가지의 대안만을 남겨 판단하기 쉽게 만들어 준다.'로 보아 '가능한 모든 대안의 장점과 단점을 분석하여 결론을 도출한다.'는 것은 지문 내용과 어긋난다. 그뿐만 아니라 ㉠의 의미를 나타내고 있지도 않다.

03 구체적 사례에의 적용
정답 ③

O **③이 정답인 이유** 〈보기〉는 휴리스틱과 관련한 실험 내용으로, 주어진 정보를 바탕으로 할 때 영미가 B(여행 블로그를 운영하는 은행원)라면 A(은행원)도 가능하지만, A라고 해서 B인 것은 아니므로, B보다 A일 가능성이 높지만 대부분의 사람은 A보다 B일 가능성이 높다고 판단했다는 실험 결과를 제시한 후, 그 이유를 대표성 휴리스틱으로 설명하고 있다. 대표성 휴리스틱은 2문단에서 '어떤 대상(영미)이 특정 집단(은행원, 여행 블로그 운영자)에 속할 가능성을 판단할 때, 그 대상이 특정 집단의 전형적인 이미지와 얼마나 닮았는지에 따라 판단하는 경향을 말한다.'고 했다.

이로 보아, ㉮에는 영미의 이미지(감성적, 새로운 곳에 대한 호기심이 많음, 국어국문학 전공, 사진 동아리에서 활동 등)가 은행원보다 여행 블로그 운영자의 전형적인 이미지와 닮아 있다(더 어울린다)는 내용인 ③이 들어가야 적절하다.

▶ **정답의 근거** 〈보기〉의 '대표성 휴리스틱이 이러한 판단을 유도한 것'과 2문단의 첫 문장

X **②와 ④가 오답인 이유** ㉮에는 '대표성 휴리스틱'과 관련하여 '어떤 대상(영미)'이 'A(은행원)'보다 'B(여행 블로그를 운영하는 사람)'의 전형적인 이미지와 닮았다고 판단할 수 있는 내용이 들어가야 한다. 그런데 ②와 ④는 '어떤 대상(영미)'과 '특정 집단(은행원, 여행 블로그를 운영하는 사람)'을 연결해 설명하고 있지 않으므로 적절하지 않다.

① '최근에 여행 블로그가 유행하고 있다'는 것은 영미가 A보다 B일 가능성이 더 높다고 판단한 이유로 적절하지 않을 뿐만 아니라 지문과 〈보기〉에서 이끌어 낼 수 없는 내용이다.

⑤ '영미가 은행원이 되어 고객들에게 친절하게 대하는 모습을 상상'했다면 영미가 B보다 A일 가능성이 높다고 판단했을 것이며, 어떤 모습을 '상상'하는 것은 '대표성 휴리스틱'이 아니라 '시뮬레이션 휴리스틱'과 관련된다는 점에서도 ⑤는 ㉮에 들어갈 내용으로 적절하지 않다.

04 문맥적 의미 이해
정답 ②

O **②가 정답인 이유** '어휘 문제 3단계 풀이법'을 적용해 보자.

• 1단계: ⓐ(볼)가 포함된 문장에서 ⓐ의 의미를 구체적으로 이해할 수 있는 핵심만 간추린다.

> • 효율적인 방법이라고 볼 수도 있다.

• 2단계: ⓐ의 의미를 살릴 수 있는 다른 말을 떠올려 보자.

> • 효율적인 방법이라고 볼(여길/생각할) 수도 있다.

• 3단계: '보다' 대신에 '여기다'와 '생각하다'를 대입해 보자.

① 오십이 넘어 늦게 아들을 보았다(여겼다 X / 생각했다 X).

② 날씨가 좋을 것으로 보고(여기고 O / 생각하고 O) 세차를 했다.

③ 사업에 실패할까 봐(여겨 △ / 생각해 △) 걱정했다.

④ 흉을 보는(여기는 X / 생각하는 X) 것은 좋지 못한 습관이다.

⑤ 그는 보던(여기던 X / 생각하던 X) 신문을 끊고

→ 3단계까지 오면 ②가 가장 자연스럽다. ③에 답한 학생들이 많았는데 '③이 오답인 이유'는 아래에서 확인하자.

▶ **정답의 근거** 위 '②가 정답인 이유' 참조

X **③이 오답인 이유** 위 '②가 정답인 이유'에서 살폈듯이 '보다'와 유사한 의미를 지닌 말로 '여기다'와 '생각하다'를 떠올린 학생은 ③의 '봐'도 ⓐ와 유사한 의미로 쓰였다고 생각해 ③에 답한 경우가 많았다. 하지만 이와 같이 2개의 답지가 모두 자연스럽다고 판단될 경우, 헷갈리는 답지들을 다시 비교해 봐야 한다. 이때 2단계에서 떠올린 말 외에 다른 말을 더 떠올리면 정답을 쉽게 압축할 수 있다.

- 효율적인 방법이라고 볼(여길 ○ / 생각할 ○ / 판단할 ○) 수도 있다.
- ② 날씨가 좋을 것으로 보고(여기고 ○ / 생각하고 ○ / 판단하고 ○) 세차를 했다.
- ③ 사업에 실패할까 봐(여겨 △ / 생각하여 △ / 판단하여 ✕) 걱정했다.

'판단하다'를 대입한 결과 ③은 어색하다. '사업에 실패할까 판단해 걱정한 것'이 아니라 '사업에 실패할까(실패하는 상황이 될까 염려해) 걱정한 것'이기 때문이다.

그래서 다시 따져 보면, '사업에 실패할까 봐 걱정했다'에서의 '봐'는 '여기다, 생각하다, 판단하다'의 의미로 쓰인 '보다'가 아니라 '염려하고 걱정하고 두려워하다'의 의미로 쓰인 것임을 알 수 있다. ③에서 '봐'를 생략해도 자연스러운데 그 이유는 뒤에 '걱정했다'는 말이 있기 때문이다. 즉, 이때의 '봐'는 '걱정하다'로 바꿔 써도 되는, '걱정하다'의 의미를 지닌 말인 것이다.

나머지 답지들도 문맥을 살려 핵심을 간추리고, '매3어휘 풀이'를 떠올려 그 의미를 구체화해 보자.

구분	핵심 간추리기	'매3어휘 풀이' 떠올리기
①	오십이 넘어 늦게 아들을 보았다.	얻었다
④	흉을 보는 것	들추어 말하는
⑤	그는 보던 신문을 끊고	구독하던

5~8 인문: 장현근, 「순자」

독해력을 길러 주는 지문 분석

1문단 문단 요약 고대 중국인들은 하늘이 인간에게 행운과 불운을 가져다주는 힘이고, 인간의 운명을 지배하는 신비하고 절대적인 존재로, 권선징악의 주재자이며 모든 새로운 왕조의 탄생과 정치적 변천까지도 하늘에 의해 결정된다고 믿었다. 하지만 이러한 하늘에 대한 인식은 인간 지혜의 성숙과 문명의 발달에 따라 대폭 수정될 수밖에 없었다.
핵심어(구) 하늘에 대한 인식
중심 내용 하늘에 대한 고대 중국인들의 인식과 그 변화 - 고대 중국인들은 하늘을 절대적인 존재로 봄.

2문단 문단 요약 순자의 하늘에 대한 주장은 하나의 획기적인 사건으로, 순자는 하늘을 단지 자연현상으로 보았다. 그에 따르면, 치세든 난세든 그 원인은 사람에게 있는 것이지 하늘과는 무관하고, 사람이 받게 되는 재앙과 복의 원인도 모두 자신에게 있을 뿐 하늘에 있지는 않다.
핵심어(구) 순자의 하늘에 대한 주장, 하늘을 단지 자연현상으로 보았다
중심 내용 하늘에 대한 순자의 주장 (1) - 하늘은 자연현상일 뿐임.

3문단 문단 요약 하늘은 인간의 길과 다른 그 자체의 운행 법칙을 갖고 있으며, 해와 달과 별, 바람, 사계절 모두 제 나름의 길로 움직일 뿐이다. 그래서 순자는 천재지변이 일어나도 하늘의 뜻을 알려고 노력할 필요가 없다고 말하는데, 그것이 순자가 말한 불구지천(不求知天)의 본뜻이다.
핵심어(구) 불구지천(不求知天)
중심 내용 하늘에 대한 순자의 주장 (2) - 불구지천(하늘의 뜻을 알려고 노력할 필요가 없음.)

4문단 문단 요약 순자가 말한 '불구지천'의 뜻은 하늘에 의지가 있다며 종교적으로 접근하는 것을 비판하려는 것이다. 억지로 하늘의 의지를 알려고 하지 말고 인간 사회에서 스스로가 해야 할 일을 열심히 해야 한다는 것이다.
핵심어(구) 스스로가 해야 할 일을 열심히 해야 한다
중심 내용 '불구지천'의 뜻에 담긴 순자의 의도 - 인간의 의지를 강조함.

5문단 문단 요약 순자의 관심은 하늘에 있지 않고 사람, 특히 인간 사회의 정치에 있었다. 하늘은 만물을 낳았을 뿐 인간을 다스리려는 의지를 갖고 있지 않다는 것이다.
핵심어(구) 순자의 관심, 사람, 인간 사회의 정치
중심 내용 순자의 관심 - 하늘에 있지 않고 사람, 특히 인간 사회의 정치에 있었음.

주제 하늘에 대한 순자의 주장과 그의 관심

* 길흉화복: 길한(좋은) 일과 흉한(나쁜) 일, 불행(禍, 재앙 화)한 일과 행복한 일을 아울러 이르는 말.

05 논지 전개 방식 이해
정답 ①

⭕ **①이 정답인 이유** 이 글은 1문단에서 하늘을 절대적인 존재로 보는 고대 중국인들의 인식을 먼저 제시한 후, 2문단 이후에서는 이들과 달리 하늘은 자연현상일 뿐이라고 보는 순자의 주장을 소개하고 있다. 따라서 '특정 대상(하늘)에 대한 새로운 관점(자연현상일 뿐)을 제시하고 그 관점에 대한 내용을 구체화(불구지천, 인간 사회의 정치에 중점을 둠.)하고 있다.'는 ①은 이 글의 논지 전개 방식으로 적절하다.

▶ **정답의 근거** 위 '①이 정답인 이유'에서 밑줄 친 부분

가장 많이 질문한 오답은? ③

❌ **③이 오답인 이유** 하늘을 절대적인 존재라고 보는 고대 중국인들의 생각을 '특정 이론'으로 보고, 그것에 대한 순자의 주장을 '비판'으로 보아, ③에 답한 학생들이 많았다. 그러나 하늘을 절대적인 존재라고 보는 고대 중국인들의 생각은 '생각(통념)'일 뿐 '이론'이 아니며, 순자 외에 다른 사람이나 이론에 대한 비판은 나와 있지 않으므로 '비판들'이라고 한 것도 적절하지 않다. 또한 그 이론에 대한 의의를 밝히고 있지도 않다.

② 1문단에서 고대 중국인들의 하늘에 대한 인식은 '대폭 수정될 수밖에 없었다'고 한 것을 문제를 제기한 것으로 본다고 하더라도 2문단 이후에서 그 원인을 다양한 측면에서 분석하고 있지 않다.

④ 하늘에 대한 고대 중국인들과 순자의 상반된 입장은 제시되어 있으나 장점과 단점을 종합하고 있지 않고, 더 나은 결론을 도출하고 있는 것도 아니다.

⑤ 특정한 가설(매3인사이트.집 p.6)을 설정하고 있지 않으며, 구체적 사례를 들어 이를 증명하고 있는 것도 아니다.

한편, ㄷ은 하늘에 대한 순자의 주장을 설명하고 있는 2문단의 '치세든 난세든 그 원인은 사람에게 있는 것이지 하늘과는 무관하다.'를 통해 순자가 말한 '불구지천'에 대한 설명으로 적절하지 않다는 것을 알 수 있다. → 하늘에서 찾고자 한다 ✕

＊주재자(主宰者): (어떤 일을) 주(중심)되게 맡아 처리하는 사람.

▶ **정답의 근거** 위 '④가 정답인 이유'의 ☐☐☐

06 세부 정보의 확인
정답 ②

ⓞ ②가 정답인 이유 [A] 끝의 '모든 새로운 왕조의 탄생과 정치적 변천까지도 그것(하늘)에 의해 결정된다는 믿음의 근거로 작용하였다.'에서 고대 중국인들은 '하늘'을 인간 왕조의 탄생이나 정치적 변천까지도 결정하는(무관＊한 ✕) 존재로 인식했다는 것을 알 수 있다.

＊무관(無關): 관계가 없음(無, 없을 무).

▶ **정답의 근거** [A]의 마지막 문장

나머지 답지들이 오답인(적절한) 근거도 찾아보자.

① [A]의 '하늘은 인간에게 자신의 의지를 심어 두려움을 갖고 복종하게 하는 의미뿐만 아니라…의미로까지 인식되었다.'

③ [A]의 '고대 중국인들은 인간이 행하지 못하는 불가능한 일은…하늘에 의해서 해결 가능하다고 보았다.'

④ [A]의 '하늘은…인간의 개별적 또는 공통적 운명을 지배하는 신비하고 절대적인 존재라는 믿음이 형성되었다.'

⑤ [A]의 '하늘은 인간에게 행운과 불운을 가져다줄 수 있는 힘이고, …절대적인 존재라는 믿음이 형성되었다.'

07 핵심 정보의 파악
정답 ④

ⓞ ④가 정답인 이유 '불구지천(不求知天, 아니 불·구할 구·알 지·하늘 천)'은 3·4문단을 통해 '(하늘은 자연현상일 뿐 하늘에 뜻이 담겨 있지 않으므로) 하늘의 뜻을 알려고 구할 필요가 없다.'는 것을 의미한다는 것을 알 수 있다. 즉, 순자가 말하는 '불구지천'의 뜻은 재앙이 닥쳤을 때 하늘에 기도하기보다는 인간의 의지와 적극적인 행위로 그것을 이겨 내야 한다는 것이다. 이를 바탕으로 〈보기〉를 살피면 ㄱ, ㄴ, ㄹ은 '불구지천'에 대한 설명으로 적절하다는 것을 다음을 통해 알 수 있다.

ㄱ. 4문단의 '재앙이 닥치면 공포에 떨며 기도나 하는 것이 아니라 적극적인 행위로 그것을 이겨 내야 한다'

ㄴ. 3문단의 첫 문장 '하늘은 그 자체의 운행 법칙을 따로 갖고 있어 인간의 길과 다르다.'

ㄹ. 4문단의 '하늘에 무슨 의지가 있다고 주장하고 그것을 알아내겠다고 덤비는 종교적 사유의 접근을 비판하려는 것'

08 두 견해의 비교
정답 ③

ⓞ ③이 정답인 이유 〈보기〉에서 맹자는 '하늘이 인륜＊의 근원이며, 인륜은 하늘의 덕성이 발현＊된 것'으로 보아, 하늘은 '도덕적으로 의의를 가진다'고 했다. 이를 통해, 맹자는 하늘이 인간의 도덕 근거로서의 의미를 지닌다고 생각했다는 것을 알 수 있다. 하지만 순자는 5문단에서 '(하늘은) 만물을 생성해 내는 자연일 뿐', '인간을 다스리려는 의지는 갖고 있지 않다'고 했으므로 ③은 적절하다.

＊인륜: 인간이 지켜야 할 윤리(도리, 도덕).
＊발현(發現/發顯): 속에 있던 것이 밖으로 나타남(발생, 출현).

▶ **정답의 근거** 위 '③이 정답인 이유' 참조

① 2문단의 '순자는 하늘을 단지 자연현상으로 보았다.'와 〈보기〉의 '맹자는 하늘이 인륜의 근원이며,~'에서, 하늘은 인간에 내재하는 가장 본질적인 근원이라 생각한 것은 맹자만이라는 것을 알 수 있다.

② 3문단에서 순자는 '비가 내리고 바람이 부는 것'은 하늘의 운행 법칙이라고 했고, 5문단에서는 '하늘은~인간을 다스리려는 의지는 갖고 있지 않다'고 했으므로, '비가 내리고 바람이 부는 것'을 하늘의 도덕적 의지의 표현으로 보지 않았다는 것을 알 수 있다. 〈보기〉에서 맹자는 하늘이 '도덕적 의의를 가진다'고는 했으나 도덕적 의지를 가진 존재라고 보지는 않았다.

④ 〈보기〉의 '사람이 하늘의 덕성을 받아 그것을 자신의 덕성으로 삼고'에서 맹자는 하늘의 덕성을 본받을 것을 강조했을 뿐 자연의 힘을 이용할 것을 강조하지 않았다. 순자의 경우, 4문단의 '사람들은 자연현상에 대해 특별한 의미를 부여하지 말고…적극적인 행위로 그것(재앙)을 이겨 내야 한다'에서 인간의 주체적, 능동적 노력을 강조한 것으로는 볼 수 있지만 자연의 힘을 이용할 줄 알아야 한다고 한 것은 아니다.

⑤ 〈보기〉의 '사람이 하늘의 덕성을 받아 그것을 자신의 덕성으로 삼고'와 4문단의 '사람들은 자연현상에 대해 특별한 의미를 부여하지 말고 오직 인간 사회에서 스스로가 해야 할 일을 열심히 해야 한다.'에서, 인간이 하늘의 덕성을 본받아 자신의 능력을 최대한 발휘해야 할 것을 강조한 것은 맹자만이라는 것을 알 수 있다.

독해력을 길러 주는 지문 분석

1문단 | 문단 요약 | 조선 왕조를 세운 신흥 사대부들은 강력한 중앙 집권 체제의 확립을 위해 국역(國役) 대상인 양인을 더 많이 확보하는 것을 국역 정책의 기본 방향으로 정했다.
핵심어(구) 양인을 더 많이 확보, 국역 정책의 기본 방향
중심 내용 조선 시대 국역 정책의 기본 방향 – 국역 대상인 양인의 확보

2문단 | 문단 요약 | 국역 대상의 확보를 위해 법제적으로 모든 사회 구성원을 양인과 천인으로 나누었는데, 의무 면에서 양인 남자는 군역과 요역의 의무가 있는 반면 천인은 군역에서 배제되었다.
핵심어(구) 법제적으로, 양인과 천인, 의무 면
중심 내용 조선 사회 구성원의 법제적 구분 및 양인과 천인의 차등 (1) – 의무 면

3문단 | 문단 요약 | 권리 면에서 양인과 천인은 인간의 기본권을 공권력으로 보장받을 수 있는지에서 뚜렷이 차이가 났다. 천인인 노비는 재산으로 여겨졌고, 사는 곳을 옮길 자유가 없었으며, 양인과 싸우면 더 무거운 벌을 받았고, 국가에 큰 공로를 세우는 경우 외에는 관직 진출권이 없었다.
핵심어(구) 권리 면
중심 내용 양인과 천인의 차등 (2) – 권리 면

4문단 | 문단 요약 | 양·천 구분은 국가의 법적 구분이었고, 실제 사회 구성은 양반 계층, 중인 계층(의관·역관·서얼), 평민 계층, 천민 계층(노비)으로 나뉘었다.
핵심어(구) 실제 사회 구성
중심 내용 조선 시대 사회 구성원의 계층 구분

5문단 | 문단 요약 | 양반은 정치·사회·경제 면에서 갖가지 특권과 명예를 독점적으로 누리면서, 중인·평민·천민과는 격을 달리하여 반상(班常)이라는 말로 표현했다. 지배자(양반)인 반(班)과 피지배자(중인·평민·천민)인 상(常)을 구분하여 표현한 반상은 양반의 지배자적 위치를 돋보이게 하려는 의식에서 생긴 것이었다.
핵심어(구) 양반, 반상(班常)
중심 내용 반상이란 표현을 통해 부각하고자 한 양반의 지배자적 위치

6문단 | 문단 요약 | 중세 사회가 발전하면서 신분 구조는 국가 차원의 법적 규범인 양천제에서 차츰 사회 통념상의 신분 규범인 반상제가 확고히 자리 잡는 방향으로 변화했다.
핵심어(구) 중세, 신분 구조, 변화
중심 내용 중세 사회의 발전에 따른 신분 구조의 변화

주제 | 조선 시대의 신분 제도

09 세부 정보의 확인 및 이해
정답 ⑤

ⓞ ⑤가 정답인 이유 1문단의 '노비가 꼭 있어야 하더라도 되도록 양인*을 더 많이 확보하려는 것이 새 왕조가 추구한 국역 정책의 기본 방향이었다.'로 보아, 조선의 국역 정책은 '노비의 수를 최대한 늘리는 것을 우선시'하지 않았다.

> *양인: 조선 초기 신분의 법제적 규범인 양천제(良賤制) 하에서 나타난 용어로, 노비가 아닌 모든 사람을 이르는 말.

▶ **정답의 근거** 위 '⑤가 정답인 이유'에서 밑줄 친 부분
나머지 답지들에 답한 학생들은 드물었지만, 이들 답지들이 오답인(적절한) 근거는 다음과 같다.
① 5문단의 '반상의 반(班)에는 중인이 들어가지 않았지만 상(常)에는 평민부터 노비까지 포함되었다.'
② 4문단의 '양인 중 수가 가장 많았던 평민 계층, 노비가 주류인 천민 계층으로 나뉘었다.'
③ 6문단의 '당시 실제 계급 관계를 반영한 사회 통념상 구분인 반상제'와 4문단의 '실제 사회 구성은 좀 더 복잡했다. … 상급 신분층인 양반 계층, 의관·역관과 같은 기술관이나 서얼* 등의 중인 계층, 양인 중 수가 가장 많았던 평민 계층, 노비가 주류인 천민 계층으로 나뉘었다.'

> *서얼(庶孼): 서자(양반과 양민 여성 사이에서 낳은 아들)와 얼자(양반과 천민 여성 사이에서 낳은 아들)를 아울러 이르는 말.

④ 6문단의 '중세 사회가 발전하면서 신분 구조는 양천제*라는 법제적 틀에서 차츰 사회 통념상의 신분 규범(반상제*)이 규정 요소로 확고히 자리 잡는 방향으로 변화했다. 이는 지주제의 확대와 발전, 그리고 조선 사회의 안정과 변동을 나타내는 것이기도 하였다.'

> *양천제: 양인과 천인으로 구분한 신분 제도.
> *반상제: 양반과 상민(양반이 아닌 보통 백성)으로 구분한 제도.

양천제(良賤制)	양인			천인
반상제(班常制)	반	–		상
사회 구성원	양반	중인	평민	천민

10 대상의 특성 확인
정답 ①

ⓞ ①이 정답인 이유 2문단의 '양인 남자는 국역인 군역(軍役)*과 요역(徭役)의 의무가 있었다. 이에 비해 천인은 군역에서 철저히 배제되었다.'로 보아, ㉡(천인)은 ㉠(양인)과 달리 군역의 의무를 지지 않았으므로 ①은 적절하지 않다.

> *군역(軍役): 군대에서 부역(보수 없이 노동을 하는 것)을 하는 일.

▶ **정답의 근거** 위 '①이 정답인 이유'에서 밑줄친 부분

나머지 답지들이 오답인(적절한) 근거는 다음과 같다.

② **3문단**의 '양·천의 가장 분명한 차이는 관직 진출권이 있느냐는 것이었다. 양인 중에도 관직 진출권이 제한된 사람이 적지 않았으나 양인은 일단 관직 진출권이 있었다.'

③ **3문단**의 '더러 노비가 국가에 큰 공로를 세워 정규 관직인 유품직(流品職)*을 받기도 하였으나 이때는 반드시 양인이 되는 종량(從良)* 절차를 먼저 밟아야 했다.'와 '천인인 노비'

> *유품직: 정일품에서 종구품까지의 십팔 품계(등급)의 관직.
> *종량(從良): 예전에, 천민이 양민이 되는(종속) 일.

④ **3문단**의 '노비와 양인이 싸우면 노비가 한 등급 더 무거운 벌을 받는 것은 양·천 사이의 법적 지위의 차이를 잘 보여 준다.'

⑤ **3문단**의 '천인인 노비는 재산으로 보아 매매*·상속*·양도(매3인사이트.집 p.32)·증여(p.37 참조)의 대상이 되었으며, 사는 곳을 옮길 자유가 없었다.'

> *매매: 물건을 팔고삼.
> *상속: 대를 이어 전하거나 이어받음.

11 자료 해석의 적절성 평가   정답 ③

O **③이 정답인 이유** 자료에서 임금은 '역관, 의관을 권장하고 장려하고자…동서 양반에 발탁하여 쓰라고 명령'하였으나 '채수'는 '의관, 역관은 사대부 반열*에 낄 수 없다'며 임금의 조치에 반대하고 있다. **4문단**의 '의관·역관과 같은 기술관이나 서일 등의 중인 계층'으로 보아, 이와 같은 '채수'의 견해는 양반과 중인을 구분한 것으로, '양반은 중인(의관·역관 포함)과는 격을 달리했'고, 이는 '최고 신분인 양반의 지배자적 위치를 돋보이게 하려는 의식에서 생겼'고 한 **5문단**과 관련지어 이해할 수 있으므로 ③은 적절하다.

> *반열: 품계나 신분, 등급의 차례(서열).

▶ **정답의 근거** 5문단의 '반상의 반(班)에는 중인이 들어가지 않았지만 상(常)에는 평민부터 노비까지 포함되었다. 이러한 구분은 법적 구분과는 달리 사회 통념상으로 최고 신분인 양반의 지배자적 위치를 돋보이게 하려는 의식에서 생겼다고 하겠다.'

가장 많이 질문한 오답은? ②

X **②가 오답인 이유** '의관, 역관 무리는 모두 미천한 계급 출신으로 사족이 아니라고 한 것'은 '채수'의 견해가 맞다(**자료**에서 확인 가능). 하지만 **5문단**의 '이러한(반상) 구분은 법적(양천제) 구분과는 달리'로 보아, '의관, 역관'이 속한 '중인'과 최고 신분인 '양반'을 구분한 것은 양천제가 아니라 반상제에 의한 구분이다. 따라서 '양천제가 흔들릴 것에 대한 위기감을 드러낸 것'으로 본 것은 적절하지 않다. → 양천제가 흔들릴 것 ✗

① '벼슬에는 높고 낮음이 있고 직책에는 가볍고 무거운 것이 있다고 한 것'은 '채수'의 견해가 맞다(**자료**에서 확인 가능). 하지만 '의관, 역관 무리는 모두 미천한 계급 출신으로 사족(士族)이 아'니라고 한 것은 '양인과 천인으로 나누려'는 것이 아니라, '반(班)'과 '상(常)'으로 나눈 것이다(4·5문단에서 확인 가능). → 양인과 천인으로 나누려는 의도 ✗

④ **4문단**의 '의관·역관과 같은 기술관'과 **자료**의 '역관, 의관을 권장하고 장려하고자…명령하셨다니 듣고 놀랐습니다.'에서 '기술직을 권장하는 대책을 세우고 시행하는 데 대해 우려를 나타낸 것'은 '채수'의 견해라는 것을 알 수 있다. 하지만 채수가 우려한 것은 '중인'인 '역관, 의관'을 양반으로 발탁하면 양반들이 누려온 독점적 권력을 중인도 누릴 수 있게 된다는 점이다(5문단에서 확인 가능). → 중인에게 집중될 것 ✗

⑤ '채수'가 '재주가 있는 자를 양반에 발탁하도록 한 임금의 명령에 놀라움을 드러낸 것'은 맞다(**자료**에서 확인 가능). 하지만 '공권력으로 인간의 기본권을 보장받을 수 있는'지의 여부는 '채수'의 견해가 기초하고 있는 '반상제'가 아닌 '양천제'에 의한 구분이다(3문단에서 확인 가능). → 공권력으로 인간의 기본권을 보장받을 수 있는 범위에 대한 시각차 ✗

✔ 매일 복습 확인 문제

1 다음 설명에 해당하는 것을 〈보기〉에서 골라 기호로 쓰시오.

(1) 임시로 설정한 이론·······················(   )

(2) 어떤 증거를 내세워 증명함.·············(   )

(3) 일반적으로 널리 통하는 생각···········(   )

> ─────〈 보기 〉─────
> ㄱ. 가설   ㄴ. 절제   ㄷ. 반증   ㄹ. 개념
> ㅁ. 가정   ㅂ. 절충   ㅅ. 입증   ㅇ. 통념

2 문맥상, 밑줄 친 '보다'가 '간주하다'의 의미로 쓰인 것은?

① 김 씨는 오십이 넘어 늦게 아들을 보았다.
② 그녀는 남편이 사업에 실패할까 봐 걱정했다.
③ 휴리스틱은 효율적인 방법이라고 볼 수도 있다.
④ 다른 사람의 흉을 보는 것은 좋지 못한 습관이다.
⑤ 그는 보던 신문을 끊고 다른 신문을 새로 신청했다.

정답 1. (1) ㄱ (2) ㅅ (3) ㅇ 2. ③

매3 주간 복습(문제편 p.58)을 활용하여, 일주일 동안 공부한 내용을 복습합니다. 특히, 다시 보기 위해 메모해 둔 것과 △ 문항은 **꼭** 다시 챙겨볼 것!

공부한 날	문항 번호	문항 수		제재	내용	난이도 순	출처	문제편
8일째	1~4	4	14	사회	국가의 통화 정책	5	2023학년도 3월 고1 전국연합학력평가	p.60
	5~9	5		융합(정치 + 경제)	공공 선택 이론	14	2023학년도 6월 고1 전국연합학력평가	p.62
	10~14	5		사회	손실 보상 청구권	18	2021학년도 3월 고1 전국연합학력평가	p.64
9일째	1~5	5	14	사회	손해보험 계약	12	2021학년도 11월 고1 전국연합학력평가	p.67
	6~9	4		사회	양면시장	11	2022학년도 11월 고1 전국연합학력평가	p.70
	10~14	5		사회	보드리야르의 이론	16	2022학년도 3월 고1 전국연합학력평가	p.72
10일째	1~5	5	15	융합(경제 + 행정)	관세 정책	13	2020학년도 3월 고1 전국연합학력평가	p.75
	6~10	5		사회	가설 검정과 오류	15	2022학년도 6월 고1 전국연합학력평가	p.78
	11~15	5		사회	공급 사슬망의 채찍 효과	9	2020학년도 6월 고1 전국연합학력평가	p.80
11일째	1~5	5	16	사회	은행의 기능	6	2020학년도 9월 고1 전국연합학력평가	p.83
	6~11	6		융합(경제 + 심리)	심리학을 접목한 행동 경제학	7	2019학년도 3월 고1 전국연합학력평가	p.86
	12~16	5		사회	거래비용이론	4	2019학년도 11월 고1 전국연합학력평가	p.89
12일째	1~5	5	13	사회	민법과 형법	17	2018학년도 6월 고1 전국연합학력평가	p.92
	6~10	5		사회	소비자 관여도를 활용한 판매 전략	8	2018학년도 11월 고1 전국연합학력평가	p.95
	11~13	3		사회	구독경제	1	2019학년도 9월 고1 전국연합학력평가	p.98
13일째	1~4	4	11	사회	경매 방식에 따른 경매의 종류	2	2017학년도 6월 고1 전국연합학력평가	p.100
	5~8	4		사회	국가 간의 무역	10	2017학년도 3월 고1 전국연합학력평가	p.102
	9~11	3		융합(경제 + 행정)	조세	3	2018학년도 3월 고1 전국연합학력평가	p.104

* '난이도 순'의 번호는 제일 쉬운 지문이 1임.

8일째   2주차 ▷ 사회/융합

정답	**01** ⑤	**02** ①	**03** ①	**04** ②	**05** ②
	06 ②	**07** ④	**08** ⑤	**09** ③	**10** ①
	11 ⑤	**12** ③	**13** ⑤	**14** ④	

1~4 사회: 한진수, 「경기 살리기 대작전」

독해력을 길러 주는 지문 분석

1문단 [문단 요약] 경기가 침체되면 가계의 소비가 줄고, 기업의 생산 규모가 축소되며, 실업률이 증가하고, 가계의 수입 감소로 소비가 더욱 위축되는 악순환에 빠지게 된다. 이에서 벗어나기 위해 국가는 유동성을 늘리는 통화 정책을 시행한다.

핵심어(구) 경기가 침체되면, 악순환, 유동성을 늘리는 통화 정책

중심 내용 경기 침체 시 나타나는 악순환과 이를 극복하기 위한 통화 정책

2문단 [문단 요약] 자산이나 채권을 손실 없이 현금화할 수 있는 정도를 의미하는 유동성은 흔히 시중에 유통되는 화폐의 양(통화량)을 나타내는 말로도 사용되며, 유동성이 넘쳐 나면 화폐가 흔해져 화폐의 가치가 떨어지게 된다.

핵심어(구) 유동성, 통화량

중심 내용 유동성의 개념 및 특징

3문단 [문단 요약] 국가는 중앙은행을 통해 정책적으로 금리(기준 금리)를 올리고 내림으로써 유동성을 조절할 수 있다. 시중 은행은 기준 금리의 영향을 받는 시중 금리를 세우게 되는데, 시중 금리가 내려가면 예금 인출과 대출이 늘어나 시중의 유동성이 증가하게 되고, 시중 금리가 오르면 이자 수익과 대출 이자 부담이 늘어 유동성이 감소하게 된다.

핵심어(구) 유동성을 조절

중심 내용 국가의 정책(기준 금리 변동)을 통한 유동성 조절의 원리

4문단 [문단 요약] 중앙은행은 기준 금리를 조절하는 통화 정책을 통해 경기를 안정시키게 된다.

- 경기 침체 시: 기준 금리 인하 → 시중 금리 인하 유도 → 유동성 증가 → 소비 증가 · 투자 확대 → 기업 생산과 고용 증가 → 물가 상승 → 경기 활성화
- 경기 과열 시: 기준 금리 인상 → 시중 금리 인상 유도 → 유동성 감소 → 자산 가격 하락, 물가 안정 → 과열 경기 진정

핵심어(구) 중앙은행, 통화 정책, 경기를 안정

중심 내용 중앙은행의 통화 정책(기준 금리 조절)과 경기를 안정시키는 과정

5문단 문단 요약 케인스는 중앙은행이 경기 활성화를 위한 통화 정책을 시행하여 유동성을 늘려도 소비나 투자가 늘지 않는 '유동성 함정'에 빠질 수 있는 통화 정책의 한계를 설명하면서, 정부가 재정 지출을 확대하여 소비와 투자를 유도하는 정책을 시행하는 것이 중요하다고 하였다.

핵심어(구) 유동성 함정, 통화 정책의 한계, 정부가 재정 지출을 확대

중심 내용 중앙은행의 통화 정책(금리 조절)의 한계와 그 대안

주제 경기 안정을 위한 국가의 통화 정책 시행 원리와 한계

01 개괄적 내용 파악
정답 ⑤

🅾 **⑤가 정답인 이유** 5문단에서 케인스는 '유동성 함정을 통해 통화 정책의 한계를 설명'하였다고 했다. 여기에서 케인스가 주장한 것은 '통화 정책의 한계'이고, '케인스 주장의 한계'는 이 글에서 다루고 있지 않다.

▶ **정답의 근거** 위 '⑤가 정답인 이유' 참조

① 3문단의 '기준 금리는 국가가 정책적인 차원에서 결정하는 금리로, 한 나라의 금융 및 통화 정책의 주체인 중앙은행에 의해 결정된다.'에서 중앙은행이 하는 역할(한 나라의 금융 및 통화 정책 결정)을 알 수 있다.

② 2문단의 첫 문장에서 '현금과 같은 화폐'가 유동성이 높은 자산의 예라는 것을 알 수 있다.

③ 3문단의 '시중 금리는 기준 금리의 영향을 받아'와 4문단의 '경기가 침체되면 중앙은행은 기준 금리를 인하하는 정책을 도입하여 시중 금리를 낮추도록 유도한다.' 등에서 기준 금리와 시중 금리의 관계를 알 수 있다.

④ 1문단의 '경기가 침체되어 가계의 소비가 줄어들면 ~ 위축된다.'에서 경기 침체로 인해 '가계 소비 감소, 기업의 생산 규모 축소, 실업률 증가, 소비 위축' 등의 현상이 나타난다는 것을 알 수 있다.

02 내용 추론
정답 ①

🅾 **①이 정답인 이유** 〈보기〉의 ㄱ~ㄷ에 들어갈 말은 기준 금리에 따른 시중의 유동성과 화폐의 가치에 대한 것이다. 이를 확인할 수 있는 내용을 지문에서 찾아 〈보기〉와 연결해 보자.

〈보기〉	지문 내용
• 국가의 통화 정책이 정상적으로 작동될 때,	• 중앙은행은 기준 금리를 조절하는 통화 정책을 통해 경기를 안정시키려고 한다.(4문단)
• 중앙은행이 기준 금리를 (ㄱ) 시중의 유동성이 (ㄴ)하며,	• 중앙은행은 기준 금리를 인하하는 정책을 도입하여 시중 금리를 낮추도록 유도한다. 그 결과 유동성이 증가하여(4문단)
• 화폐의 가치가 (ㄷ)한다.	• 유동성이 넘쳐 날 경우~화폐의 가치는 떨어지게 된다.(2문단)

이를 통해 중앙은행이 기준 금리를 인하하면(내리면) 시중의 유동성은 증가하고, 유동성이 증가하면 화폐의 가치는 떨어지게(하락) 된다는 것을 알 수 있으므로, ㄱ에는 '내리면'이, ㄴ에는 '증가'가, ㄷ에는 '하락'이 들어가기에 적절하다.

▶ **정답의 근거** 위 '①이 정답인 이유'에서의 표

가장 많이 질문한 오답은? ②

ㄷ에 들어갈 말을 잘못 생각하여 ②에 답한 학생들이 많았는데, ②를 포함하여 나머지 답지들이 오답인 이유는 위 '①이 정답인 이유'를 참고한다.

03 핵심 개념에 대한 이해
정답 ①

🅾 **①이 정답인 이유** 4문단에서 '경기가 침체되면 중앙은행은 기준 금리를 인하하는 정책을 도입하여 시중 금리를 낮추도록 유도'하고, '그 결과 유동성이 증가하여 가계의 소비가 늘고 주식이나 부동산에 대한 투자가 확대된다.'고 했다. 이는 경기 침체 시 유동성이 증가하면 경기가 회복된다는 것이다. 그런데 5문단에서는 '충분한 유동성이 경기 회복으로 이어지지 못해 경기 침체가 지속되는' 상황을 '유동성이 함정에 빠진 것 같다고 하여 케인스는 이를 유동성 함정이라 불렀다.'고 했다. 따라서 ①은 '유동성 함정'에 대한 이해로 적절하다.

▶ **정답의 근거** 위 '①이 정답인 이유' 참조

나머지 답지들이 '유동성 함정'에 대해 잘못 이해한 내용인 근거도 따져 보자.

② 3문단에서 '시중 금리가 올라가면 ~ 유동성이 감소하게 된다.'고 했고, 4문단에서는 '유동성을 감소시키면 (상승한) 물가가 안정'된다고 했으므로 ②는 지문 내용과 일치한다. 하지만 5문단에서 '유동성 함정'은 '시중에 유동성을 충분히 공급하더라도' '경기 침체가 지속되는' 것이라고 했으므로 '유동성이 감소하여 물가가 하락하는 상황을 의미'하는 것이 아니다.

③ 1문단에서 '경기가 침체되어 가계의 소비가 줄어들면 시중의 제품이 팔리지 않아 기업은 생산 규모를 축소하게' 되고, '경기 침체가 심화되면 국가는 이에서 벗어나기 위해 유동성을 늘리는 통화 정책을 시행한다.'고 한 것과 일치하지 않으며, '유동성 함정'과도 직접적인 관련이 없다.

④ 5문단에서 '유동성 함정'은 '심각한 경기 침체(경기 과열 ✕)로 인해 경기 회복에 대한 전망이 불투명할 경우' '충분한 유동성이 경기 회복으로 이어지지 못해 경기 침체가 지속되는' 상황을 의미한다고 했다.

⑤ 5문단에서 '유동성 함정'은 '심각한 경기 침체로 인해 경기 회복에 대한 전망이 불투명할(긍정적으로 바뀌는 ✕) 경우'에 발생한다고 했다.

매3과 함께 여러분의 꿈을 응원합니다.

O **②가 정답인 이유** 〈보기〉의 신문 기사는 금융 당국이 기준 금리를 한 번에 큰 폭(0.5%p*)으로 인상하였다고 했다. 이 경우 소비자가 보일 반응은 다음을 근거로 추론할 수 있다.

> 1 3문단의 '시중 금리는 기준 금리의 영향을 받아~'와 4문단의 '경기가 침체되면 중앙은행은 기준 금리를 인하하는 정책을 도입하여 시중 금리를 낮추도록 유도한다.'
> → 금융 당국(중앙은행)이 기준 금리를 인상하면 시중 금리도 영향을 받아 올라감.
> 2 3문단 끝의 '시중 금리가 올라가면~유동성이 감소하게 된다.'
> 3 4문단의 '그(기준 금리를 인하한) 결과 유동성이 증가하여 가계의 소비가 늘고 주식이나 부동산에 대한 투자가 확대된다. 또한 기업의 생산과 고용이 늘고 다양한 분야에 대한 투자가 확대되어 물가가 상승하고 경기가 전반적으로 활성화된다.'
> → 기준 금리를 올리면 가계의 소비가 줄고, 물가가 하락함.

이로 보아, 금융 당국이 기준 금리를 올리면 가계의 소비는 줄어들고(위축된 소비 심리가 회복 ✗), 물가는 하락할(오를 수 있으니 ✗) 것이므로, 소비자는 자동차 구매 시기를 앞당기지 않을 것이다.

> *%p: 퍼센트 간의 차이를 말함. 예 기준 금리 등이 2%에서 3%로 변화하면 이는 1%p 상승한 것임.
> [참고] 베이비스텝: (빅스텝과 달리, 아기처럼 조심스럽게 한 걸음씩 내딛듯이) 중앙은행이 기준 금리를 0.25%p 인상하는 것으로, 가장 일반적인 금리 조정 형태임.

▶ **정답의 근거** 4문단(위 3에서 밑줄 친 부분)

가장 많이 질문한 오답은? ①

X **①이 오답인 이유** 〈보기〉에서 금융 당국은 '물가가 지나치게 상승하고 부동산, 주식 등의 자산 가격이 폭등했기 때문'에 기준 금리를 큰 폭으로 인상했다고 했다. 이를 통해 기준 금리를 인상하면 부동산 가격이 하락할 수 있다는 것을 알 수 있다. 그리고 4문단에서 '경기가 침체되면 중앙은행은 기준 금리를 인하하는 정책을 도입'하고 '그 결과~부동산에 대한 투자가 확대된다.'고 한 점도 고려하면, 금융 당국이 기준 금리를 인상하면 투자자는 부동산에 대한 투자를 미루고 시장 상황을 지켜볼 것으로 추론할 수 있다.

나머지 답지들에 답한 학생들도 제법 많았는데, 이들 답지들이 오답인(적절한 반응인) 이유도 살펴보자.

③ 3문단에서 '시중 금리가 올라가면 이자 수익과 대출 이자 부담이 모두 늘어'난다고 했다. 이를 통해 금융 당국이 기준 금리를 대폭 인상할 경우, 기업인은 대출을 통해 자금을 확보하는 것이 부담스러워질 수 있어 공장을 확장하려던 계획을 보류할 것으로 추론할 수 있다.

④ 4문단에서 '경기가 과열'되면 '중앙은행은 기준 금리를 인상하는 정책을 통해 유동성을 감소'시키고, 그 결과 '기준 금리를 인하할 때와 반대의 현상(가계의 소비가 줄어듦.)'이 나타'난다고 했다. 이를 통해 금융 당국이 기준 금리를 대폭 인상할 경우, 가계의 소비가 줄어들 것임을 알 수 있고, 따라서 공장장은 부품에 대한 수요가 줄 수 있다고 판단하여 재고가 늘어날 것에 대비할 것으로 추론할 수 있다.

⑤ 3문단에서 '시중 금리가 올라가면 이자 수익'이 늘어난다고 했다. 이자 수익이 늘어나면 고객의 예금이 늘어날 것이므로, 은행원은 다양한 (저축) 상품을 개발하여 고객을 유치* 할 것으로 추론할 수 있다.

> *유치: 사업 또는 사람이나 돈을 끌어옴(유인).

5~9 융합(정치 + 경제): 공공 선택 이론

독해력을 길러 주는 지문 분석

1문단 [문단 요약] 공공 선택 이론은 집단을 구성하는 개인의 의사가 집단의 의사로 통합되는 과정을 다룬다. 의사 결정 방법으로는 단순 과반수제, 최적 다수결제, 점수 투표제, 보르다 투표제 등이 있다.
핵심어(구) 공공 선택 이론, 의사 결정 방법
중심 내용 공공 선택 이론의 개념과 의사 결정 방법의 종류

2문단 [문단 요약] 단순 과반수제는 투표자의 과반수가 지지하는 안건이 채택되는 다수결 제도로, 효율적으로 의사 결정이 이루어진다. 그러나 다수의 횡포에 의해 소수의 이익이 침해되어 사회 전체의 후생이 감소할 수 있으며, 어떤 대안들을 먼저 비교하는가에 따라 그 결과가 달라지는 '투표의 역설' 현상이 나타날 수 있다.
핵심어(구) 단순 과반수제, 효율적으로 의사 결정, 사회 전체의 후생이 감소, '투표의 역설' 현상
중심 내용 단순 과반수제의 방식과 장단점

3문단 [문단 요약] 최적 다수결제는 투표에 따르는 총비용(의사 결정 비용+외부 비용)이 최소화되는 지점을 산정한 후, 안건의 찬성자 수가 그 이상이 될 때 안건이 통과된다. 이 제도는 의사 결정 과정을 이론적으로 명쾌하게 설명할 수 있지만, 최적 다수결의 기준을 정하는 데 시간을 지나치게 소비한다는 단점이 있다.

> • 의사 결정 비용: 투표자들의 동의를 구하는 데 드는 시간과 노력에 따른 비용
> • 외부 비용: 안건이 통과됨에 따라 그 안건에 반대했던 사람들이 느끼는 부담

핵심어(구) 최적 다수결제, 명쾌하게 설명, 단점
중심 내용 최적 다수결제의 방식과 장단점

안인숙 매3국어   검색

4문단 문단요약 점수 투표제는 각 투표자에게 일정한 점수를 주고 각 투표자가 자신의 선호에 따라 각 대안에 대하여 주어진 점수를 배분하여 투표하는 제도로, 합산 점수가 높은 대안이 선택된다. 투표자의 선호 강도가 잘 반영되고, 소수의 의견도 잘 반영되며, 투표의 역설이 나타나지 않는다는 장점이 있지만, 전략적 행동에 취약하여 투표 결과가 바뀔 수 있다는 단점이 있다.

• 전략적 행위: 다른 투표자의 투표 성향을 예측하고 자신의 행동을 이에 맞춰 변화시킴으로써 자기가 원하는 것을 얻으려는 태도

핵심어(구) 점수 투표제, 장점, 단점
중심 내용 점수 투표제의 방식과 장단점

5문단 문단요약 보르다 투표제는 여러 대안이 있을 때 가장 선호하는 대안부터 순서대로 점수를 주고, 합산하여 가장 높은 점수를 받은 대안을 선택하는 투표 방식이다. 이 제도에서는 투표자 모두에게 어느 정도 차선이 될 수 있는 중도의 대안이 채택될 가능성이 높으며, 투표의 역설이 발생하지 않는다.

핵심어(구) 보르다 투표제, 중도의 대안이 채택될 가능성
중심 내용 보르다 투표제의 방식과 특징

주제 공공 선택 이론에서의 의사 결정 방법들과 그 특징

05 세부 정보의 확인 정답 ②

O ②가 정답인 이유 5문단의 '보르다 투표제는 n개의 대안이 있을 때 가장 선호하는 대안부터 순서대로 n, (n−1), …, 1점을 주고'로 보아, 보르다 투표제에서는 가장 선호하지 않는 대안에 1점(0점 ✕)을 부여한다는 것을 알 수 있다.

▶ 정답의 근거 위 '②가 정답인 이유'에서 밑줄 친 부분
나머지 답지들이 오답인(적절한) 이유도 알아보자.

① 4문단에서 '전략적 행위란 어떤 투표자가 다른 투표자의 투표 성향을 예측하고 자신의 행동을 이에 맞춰 변화시킴으로써 자기가 원하는 것을 얻으려 하는 태도'로, 이 행위는 '어떤 투표 제도에서든 나타날 수 있'다고 하였으므로 적절하다.

③ 2문단에서 단순 과반수제에서 '각 투표자는 찬반 여부를 표시할 뿐 투표 결과에는 선호 강도가 드러나지 않아 안건 채택 시 사회 전체의 후생이 감소할 가능성이 있다.'라고 하였으므로 적절하다.

④ 4문단에서 점수 투표제는 '투표자의 선호 강도에 따라 점수를 배분하므로 투표자의 선호 강도가 잘 반영된다.'라고 한 것과 부합한다. 그리고 3문단에서 최적 다수결제는 '대안에 대한 선호 강도를 표시'하는 것이 아님을 알 수 있으므로 '최적 다수결제와 달리'라고 한 것도 적절하다.

⑤ 2문단에서 단순 과반수제는 '투표자의 과반수가 지지하는 안건이 채택'된다고 했고, 3문단에서 '총비용이 최소화되는 곳이 최적 다수결제에서의 안건 통과의 기준이 되는 최적 다수 지점이 된다.'라고 했다. 따라서 안건 통과의 기준이 단순 과반수제는 '과반수'로 고정된 것과 달리 최적 다수결제는 안건에 따라 달라질 수 있으므로 적절하다.

06 자료를 활용한 내용 이해 정답 ②

O ②가 정답인 이유 ⓐ에서 언급한 '투표의 역설'이란 그 뒤에서 '비교하는 대안의 순서에 따라 〈표〉의 투표 결과는 달라지게' 되는 것이라고 하였다. 이를 염두에 두고 ②를 살피면, '학교'와 '경찰서'를 먼저 비교할 경우, '갑'과 '을'은 '학교', '병'은 '경찰서'에 투표할 것이므로, '단순 과반수제'에 따라 '학교'가 선택될 것이다. 이후 남은 한 가지 대안인 '병원'과 '학교'를 투표에 부치면, '갑'은 '병원', '을'은 '학교', '병'은 '병원'에 투표할 것이므로 최종적으로 '병원'('학교' ✕)이 결정되므로 ②의 이해는 적절하지 않다.

▶ 정답의 근거 2문단의 '먼저 병원, 학교, 경찰서 중 두 대안을 선정하여 다수결로 결정한 후 남은 한 가지 대안과 다수결로 승자를 결정하면 최종적으로 하나의 대안이 결정된다.'

가장 많이 질문한 오답은? ①, ③, ⑤, ④ 순

✕ ①이 오답인 이유 '병원'과 '학교'를 먼저 비교할 경우, '갑'은 '병원', '을'은 '학교', '병'은 '병원'을 투표할 것이므로, '병원'이 선택될 것이다. 이후 남은 한 가지 대안인 '경찰서'와 '병원'을 투표에 부치면, '갑'은 '병원', '을'과 '병'은 '경찰서'에 투표할 것이므로 최종적으로 '경찰서'가 결정된다. 이는 다수결 승자가 최종의 대안으로 결정된 것이므로 적절하다.

✕ ③이 오답인 이유 2문단에서 '투표의 역설'은 '비교하는 대안의 순서에 따라 〈표〉의 투표 결과는 달라지게' 되는 것이라고 했으므로, '병원'과 '학교'를 먼저 비교하는지, '학교'와 '경찰서'를 먼저 비교하는지에 따라 투표의 결과가 달라진다는 것을 알 수 있다. ※ '병원'과 '학교'를 먼저 비교하면 최종적으로 '경찰서'가 결정되고(위 '①이 오답인 이유' 참조), '학교'와 '경찰서'를 먼저 비교하면 최종적으로 '병원'이 결정된다(위 '②가 정답인 이유' 참조).

✕ ⑤가 오답인 이유 대안(병원, 학교, 경찰서)에 대한 '갑', '을', '병'의 선호 순위는 바뀌지 않아도, 어떤 대안을 먼저 비교하느냐에 따라 최종 투표 결과는 바뀌는 현상이 나타난다(위 '③이 오답인 이유' 참조). 이것이 바로 ⓐ의 '투표의 역설' 현상이다.

✕ ④가 오답인 이유 '병원', '학교', '경찰서'를 동시에 투표에 부치면 선호 순위가 '1순위'인 대안에 투표하게 되어, '갑'은 '병원', '을'은 '학교', '병'은 '경찰서'에 투표할 것이다. 결국 '병원', '학교', '경찰서'가 각 한 표씩 얻어, 어떤 대안도 과반수가 되지 않는다.

07 이유의 추론
정답 ④

O ④가 정답인 이유 ⓑ가 포함된 문장의 내용[··· (가)]과, ⓑ의 특징을 보이는 보르다 투표제의 방식[··· (나)]을 각각 확인해 보자.

> (가) 보르다 투표제에서는 일부에게 선호도가 아주 높은 대안보다는 투표자 모두에게 어느 정도 차선이 될 수 있는 ⓑ 중도의 대안이 채택될 가능성이 높다.
> (나) 보르다 투표제는 n개의 대안이 있을 때 가장 선호하는 대안부터 순서대로 n, (n-1), ···, 1점을 주고, 합산하여 가장 높은 점수를 받은 대안을 선택하는 투표 방식이다.

이를 바탕으로 할 때, 보르다 투표제에서 **일부에게** 선호도가 아주 높은 대안(ⓐ)보다 **투표자 모두에게** 어느 정도 차선*이 될 수 있는 중도의 대안(ⓑ)이 채택될 가능성이 높은 이유는, '일부에게만 선호도가 높은 대안'이 '투표자 모두에게 차선이 될 수 있는 대안'의 합산 점수보다 낮아 불리하기 때문이다.

참고로, 다음 사례를 통해 ⓐ인 1안보다 ⓑ인 2안의 합산 점수가 커서 채택된다는 것을 확인할 수 있다.

구분	투표자1	투표자2	투표자3	투표자4	투표자5	합산
1안	5	5	2	1	2	15
2안	4	4	3	4	4	19
3안	1	2	4	3	5	15
4안	2	3	1	5	1	12
5안	3	1	5	2	3	14

> * 차선(次善): 최선의 다음. 가장 좋은 것의 바로 아래의 것.

▶ 정답의 근거 ⓑ와 그 앞의 내용 – 위 '④가 정답인 이유' 참조

가장 많이 질문한 오답은? ⑤

X ⑤가 오답인 이유 ⓑ의 특징을 보이는 보르다 투표제는 '순서에 의해서만 선호 강도를 표시'하는 것이 맞기 때문에 ⑤를 정답으로 착각한 학생들이 아주 많았다. 그러나 '합산하여 가장 높은 점수를 받은 대안을 선택하는 투표 방식'인 보르다 투표제에서는 '모든 투표자에게 선호도가 가장 높은 대안'이 최종 승자가 되므로(최종 승자가 아닐 수 있기 때문 X) ⑤는 적절하지 않다.

① 보르다 투표제는 투표자가 '가장 선호하는 대안부터'(임의* 대로 △) 순서대로 점수를 주는 것이다. 이를 '임의대로' 배분한 것으로 보더라도, 이것은 ⓑ와 관련이 없다.

> * 임의(任意): 기준이나 원칙 없이 하고 싶은 대로 함.
> ⑧ 자의(恣意), 무작위

② 보르다 투표제에서 투표자는 n개의 대안이 있을 때 <u>모든 대안에 관해(중도의 대안에 관해서만 X)</u> 선호하는 대안부터 순서대로 점수를 줌으로써 자신의 의사를 표현하게 된다고 했다.

③ 4문단에서 전략적 행위는 '어떤 투표 제도에서든 나타날 수 있으나, 점수 투표제에서 나타날 가능성이 높다.'고 했으므로 '점수 투표제와 달리'라고 한 것은 적절하지 않다.

08 그래프에의 적용 및 이해
정답 ⑤

O ⑤가 정답인 이유 [A]의 설명을 바탕으로 〈보기〉의 ㉮~㉰가 나타낸 것이 무엇인지부터 살펴보자.

> • 총비용: 의사 결정 비용 + 외부 비용. U자 형태임. →㉰
>   – 총비용이 최소화되는 곳이 최적 다수결제에서의 안건 통과의 기준이 되는 최적 다수 지점이 됨.
> • 의사 결정 비용: 투표자들의 동의를 구하는 데 드는 시간과 노력에 따른 비용. 찬성표의 비율이 높을수록 증가함(우상향). →㉯
> • 외부 비용: 어떤 안건이 통과됨에 따라 그 안건에 반대하였던 사람들이 느끼는 부담. 찬성표의 비율이 높아질수록 낮아지며(우하향), 모든 사람이 찬성할 경우에는 0이 됨. →㉮

이처럼 ㉮는 외부 비용이고, ㉯는 의사 결정 비용이고, ㉰는 총비용을 나타낸다. 그리고 n은 총비용이 최소화되는 곳으로, 최적 다수결제에서 안건 통과의 기준이 되는 최적 다수 지점이 된다. 그런데 [A]에서 '안건 통과에 필요한 투표자 수가 증가할수록 의사 결정 비용이 증가'하고 '외부 비용은 감소'한다고 했으므로, ⑤와 같이 '안건 통과에 필요한 투표자 수가 많아지게 되면' 의사 결정 비용인 ㉯는 증가하고 외부 비용인 ㉮는 감소하게 되므로, ㉮와 ㉯는 모두 다음과 같이(파란색 선) 이동하게 된다. → ㉮는 이동하지 않는다 X

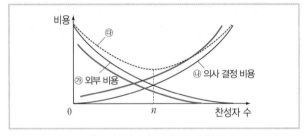

▶ 정답의 근거 [A] – 위 '⑤가 정답인 이유'에서 밑줄 친 부분 나머지 오답지들에도 고루 답한 학생들이 많았는데, 이 답지들이 적절한 이유도 살펴보자.

① [A]에서 '외부 비용은 어떤 안건이 통과됨에 따라 그 안건에 반대하였던 사람들이 느끼는 부담'으로, '안건 통과에 필요한 투표자 수가 증가할수록…외부 비용은 감소'한다고 하였다. 따라서 ㉮(외부 비용)는 찬성하는 투표자 수가 많아질수록 그 값은 작아지고, 반대하는 투표자 수가 많아질수록 그 값은 커진다.

② [A]에서 '의사 결정 비용은 투표자들의 동의를 구하는 데 드는 시간과 노력에 따른 비용'으로 '찬성표의 비율이 높을수록 증가'한다고 하였다. 따라서 ㉯(의사 결정 비용)는 투표 참가자들을 설득하는 데 드는 시간과 노력이 적을수록 그 값은 작아진다.

③ [A]에서 '총비용은 의사 결정 비용과 외부 비용의 합'으로, 'U자 형태'로 나타난다고 했으며, '총비용이 최소화되는 곳이 최적 다수결제에서의 안건 통과의 기준이 되는 최적 다수 지점이 된다.'라고 하였다. 따라서 ㉰(총비용)의 n은 ㉮(외부 비용)와 ㉯(의사 결정 비용)를 합한 값인 총비용이 최소가 되는 지점이며, 안건 통과의 기준이 되는 최적 다수 지점이 된다.

④ ㉮는 외부 비용으로(위 '①이 오답인 이유' 참조), [A]에서 '외부 비용은…모든 사람이 찬성할 경우에는 0이 된다.'라고 했으며, 이는 〈보기〉의 그래프에서도 확인할 수 있다.

09 구체적 사례에의 적용
정답 ③

O **③이 정답인 이유** 발문(문두)에서 〈보기〉는 '대안 Ⅰ~Ⅲ에 대한 투표자 A~E의 선호 강도'를 나타낸 것이라고 하였다. '㉠~㉢을 통해 채택될 대안'을 고르기 위해 ㉠~㉢의 투표 방식부터 확인해 보자.

> • ㉠ 단순 과반수제는 투표자의 과반수가 지지하는 안건이 채택되는 다수결 제도이다.(2문단)
> • ㉡ 점수 투표제는 각 투표자에게 일정한 점수를 주고 각 투표자가 자신의 선호에 따라 각 대안에 대하여 주어진 점수를 배분하여 투표하는 제도로, 합산하여 가장 많은 점수를 얻은 대안이 선택된다. (4문단)
> • ㉢ 보르다 투표제는 n개의 대안이 있을 때 가장 선호하는 대안부터 순서대로 n, (n-1), …, 1점을 주고, 합산하여 가장 높은 점수를 받은 대안을 선택하는 투표 방식으로… (5문단)

먼저 ㉠은 과반수가 지지하는 안건이 채택되는데, '선호 강도'에 따라 투표하면 다음과 같이 Ⅱ는 3명(B, C, E)이, Ⅲ은 2명(A, D)이 지지한다. 따라서 ㉠에서는 Ⅱ가 채택된다.

대안 \ 투표자	A	B	C	D	E	합산 점수
Ⅰ	3	1	1	3	1	9
Ⅱ	1	7	6	2	5	21
Ⅲ	6	2	3	5	4	20

㉡은 합산 점수가 높은 대안이 채택되는데, '선호 강도'에 따른 점수를 합산해 보면 위 표와 같이 Ⅰ은 9점, Ⅱ는 21점, Ⅲ은 20점이다. 따라서 ㉡에서도 Ⅱ가 채택된다.

㉢은 합산 점수가 높은 대안이 채택되는데, 대안 Ⅰ, Ⅱ, Ⅲ 중 가장 선호하는 대안부터 순서대로 3점, 2점, 1점을 주면 A~E는 아래 표와 같이 점수를 주게 된다. 즉, A의 선호 강도(위 표 참조)는 Ⅲ안(6) → Ⅰ안(3) → Ⅱ안(1) 순이므로 가장 높은 점수를 받은 대안은 Ⅲ안(3점)이 되는 것이다.

대안 \ 투표자	A	B	C	D	E	합산 점수
Ⅰ	2	1	1	2	1	7
Ⅱ	1	3	3	1	3	11
Ⅲ	3	2	2	3	2	12

이때 각 대안의 합산 점수는 Ⅰ은 7점, Ⅱ는 11점, Ⅲ은 12점이므로, ㉢에서는 Ⅲ이 채택된다.

> 📢 **문제 풀이 Tip** ㉠에서 Ⅱ가 채택된다고 것을 파악한 경우, ②와 ③이 정답 후보가 된다는 것을 알 수 있다. 그런데 ②와 ③은 모두 ㉡에서 Ⅱ가 채택된다고 보았으므로, ㉡을 건너뛰고 바로 ㉢의 경우를 확인하면 문제 풀이 시간을 단축할 수 있다.

▶ **정답의 근거** 위 '③이 정답인 이유'에서 ☐ 안 내용과 표

가장 많이 질문한 오답은? ②

X **②가 오답인 이유** ㉡과 ㉢에서는 합산 점수를 계산해야 하는데, 시간이 부족하여 ㉠과 ㉡까지만 계산한 다음, ㉠과 ㉡에서 모두 Ⅱ가 채택되므로 ㉢도 Ⅱ가 채택될 것이라고 본 학생들이 아주 많았다. 그러나 ㉢에서는 Ⅲ이 채택되는데, 그 이유는 위 '③이 정답인 이유'에서 한 번 더 확인하도록 한다.

10~14 사회: 정하중, 「행정법총론」

독해력을 길러 주는 지문 분석

1문단 **문단요약** 공익을 위한 적법한 행정 작용으로 개인의 재산권에 특별한 희생이 발생한 경우, 개인은 재산상 손실을 보상하도록 요구할 수 있는 권리인 '손실 보상 청구권'을 갖는다. 행정 기관이 감염병 예방을 위해 의료기관의 병상이나 연수원 등을 동원한 경우의 재산권 침해가 특별한 희생에 해당한다.

핵심어(구) 손실 보상 청구권

중심 내용 손실 보상 청구권의 성립 요건 – 개인의 재산권에 특별한 희생이 발생한 경우

2문단 **문단요약** 손실 보상 청구권은 공적 부담의 평등을 위해 인정되는 헌법상 권리로, 헌법 제23조 제3항은 '공공필요에 의한 재산권의 수용·사용 또는 제한' 등의 공용 침해와 이에 대한 보상이 하나의 법률에서 규정되어야 한다는 '불가분 조항'이다.

> [헌법 제23조 제3항] 공공필요에 의한 재산권의 수용·사용 또는 제한 및 그에 대한 보상은 법률로써 하되, 정당한 보상을 지급하여야 한다.
> • 수용: 개인의 재산권을 국가로 이전하는 것
> • 사용: 행정 기관이 개인의 재산권을 일시적으로 사용하는 것
> • 제한: 개인의 재산권 사용이나 그로 인한 수익을 한정하는 것

핵심어(구) 헌법 제23조 제3항, 불가분 조항

중심 내용 손실 보상 청구권의 헌법상 근거와 특징 (1) – 재산권에 대한 공용 침해와 이에 대한 보상은 함께 규정되어야 함.

3문단 **문단요약** 그러나 헌법은 제23조 제1항에서 재산권은 법률에 의해 구체화된다고 밝히고 있고, 제2항에서 개인의 재산권 행사가 공익에 적합해야 한다는 재산권의 '사회적 제약'을 규정하고 있다. 재산권 침해가 사회적 제약의 범위 내에 있다면 이로 인한 손실은 보상의 대상이 되지 않고, 특별한 희생에 해당할 때만 보상이 가능한 것이다.

> [헌법 제23조 제1항] 모든 국민의 재산권은 보장되지만, 법률로 그 내용과 한계를 정함.
> [헌법 제23조 제2항] 개인의 재산권 행사는 공익에 적합해야 함.
> – 재산권의 '사회적 제약'(보상의 대상 제한)을 규정함.

핵심어(구) 특별한 희생에 해당할 때만 보상

중심 내용 손실 보상 청구권의 특징 (2) – 특별한 희생일 때만 보상이 가능함.

4문단 〔문단요약〕 재산권의 사회적 제약과 특별한 희생의 구별과 관련하여 경계 이론에서는 양자가 침해의 정도에서 차이가 있을 뿐으로, 재산권 침해 정도가 사회적 제약의 범위를 넘어서면 특별한 희생으로 바뀌므로, 보상 규정이 없어도 보상이 이루어져야 한다고 본다.

〔핵심어(구)〕 재산권의 사회적 제약과 특별한 희생의 구별, 경계 이론

〔중심 내용〕 재산권의 사회적 제약과 특별한 희생의 구별에 대한 이론 (1) – 경계 이론

5문단 〔문단요약〕 이에 반해 분리 이론은 재산권의 사회적 제약 규정과 특별한 희생에 대한 규정은 완전히 분리되는 것으로, 보상 규정이 없는 경우는 입법자가 특별한 희생이 아닌 사회적 제약으로 규정한 것으로 본다. 만약 재산권을 과도하게 침해하는 경우에는 재산권 존속이 우선하므로 손실을 보상하는 것이 아니라 위법한 행정 작용 자체를 제거해야 한다고 본다.

〔핵심어(구)〕 분리 이론

〔중심 내용〕 재산권의 사회적 제약과 특별한 희생의 구별에 대한 이론 (2) – 분리 이론

〔주제〕 손실 보상 청구권의 성립 요건과 재산권 손실 보상 대상과 보상 여부에 대한 두 입장

▼ 경계 이론과 분리 이론의 입장

구분	경계 이론	분리 이론
재산권의 사회적 제약과 특별한 희생의 구별	별개가 아님. (침해의 정도 차이임.)	분리됨. (입법자의 의사에 의해 결정됨.)
입장(주장)	• 사회적 제약을 벗어나 특별한 희생에 해당하는 재산권 침해는 보상 규정이 없어도 손실을 보상해야 함.	• 재산권 침해를 규정한 법률에 보상 규정이 없는 경우 입법자가 사회적 제약으로 규정한 것임. • 사회적 제약을 벗어나 특별한 희생에 해당하는 재산권 침해는 손실을 보상하는 것이 아니라, 행정 작용 자체를 제거해야 함.
적용 헌법	헌법 제23조 제3항	헌법 제23조 제2항

10 세부 정보 확인   정답 ①

O ①이 정답인 이유   3문단의 첫 문장 '헌법은 제23조 제1항에서 "모든 국민의 재산권은 보장된다. 그 내용과 한계는 법률로 정한다."라고 규정하여, 재산권은 법률에 의해 구체화된다고 밝히고 있다.'에서 ①은 적절하다는 것을 알 수 있다. 그런데도 ①을 적절하지 않다고 생각한 학생들이 많았던 것은 4문단과 5문단에 제시된 경계 이론과 분리 이론이 재산권의 사회적 제약과 특별한 희생의 구별에 대해 서로 다른 입장을 취하고 있다고 한 것 때문이었다. 하지만 이는 헌법에 구체화되어 있는 재산권의 내용을 적용하는 입장이 다른 것이지, 재산권의 내용이 법률로써 구체화되어 있지 않기 때문이 아니다.

▶ 정답의 근거   3문단의 첫 문장

가장 많이 질문한 오답은? ③, ② 순

X ③이 오답인 이유   1문단의 첫 문장에서 '개인은 자신이 입은 재산상 손실을 보상하도록 요구할 수 있는 권리'인 '손실 보상 청구권'을 갖는다고 했다. 그런데 이는 '공익을 위한 적법한 행정 작용으로 개인의 재산권에 특별한 희생이 발생한 경우'라고 했다. 그런데 ③에서는 '재산권을 침해하는 모든(X) 행정 작용에 대해' 손실을 보상하도록 요구할 수 있는 권리를 갖는다고 했으므로 적절하지 않다.

X ②가 오답인 이유   2문단에서 '공용 침해 중 수용이란 개인의 재산권을 국가로 이전하는 것, 사용이란 행정 기관이 개인의 재산권을 일시적으로 사용하는 것, 제한이란 개인의 재산권 사용 또는 그로 인한 수익을 한정하는 것을 의미한다.'고 했다. 이로 보아 개인의 재산권을 국가로 이전하는 것은 '수용'이고 '제한'과 '사용'은 개인의 재산권이 국가로 이전되지 않는다.
              → '사용'과 달리 X

④ '재산권의 사회적 제약을 규정하는 법률'은 헌법 제23조 제2항의 내용(3문단 참조)이고, '공용 침해와 손실 보상이 내용상 분리될 수 없다는 원칙'은 헌법 제23조 제3항의 내용(2문단 참조)으로, 제2항이 제3항의 원칙에 어긋나는 것은 아니다. 특별한 희생이 아닌 침해의 경우도 있기 때문이다.

⑤ 2문단에서 재산권의 '수용'은 개인의 재산권을 국가로 이전하는 것이라고 했다. 그런데 '감염병 예방을 위해 행정 기관이 사설 연수원을 일정 기간 동원하는 것'은 '일정 기간 동원하는 것'이므로 재산권의 '수용'이 아니라 '사용'에 해당한다.

11 구체적 사례에의 적용   정답 ⑤

O ⑤가 정답인 이유   〈보기〉에서는 A 법률에 대한 헌법 소원이 제기되어 헌법 재판소가 이에 대해 내린 판단을 설명하고 있는데, A 법률은 다음과 같이 3문단과 연결해 이해할 수 있다.

〈보기〉에 제시된 A 법률	A 법률에 대한 해석 – 3문단
• 국가가 개발 제한 구역으로 지정한 토지에서는 토지 사용이 제한됨. • 개발 제한 구역 지정으로 인한 손실을 보상하는 규정은 포함하고 있지 않음.	• 재산권 행사에 강한 사회적 제약을 받은 것임. • 재산권 침해가 사회적 제약의 범위 내에 있는 것으로 판단한 것으로 볼 수 있음.

이와 같은 A 법률에 대해 헌법 재판소는 '분리 이론의 입장을 취하면서' '개발 제한 구역으로 지정되어~개인에게 가혹한 부담이 발생하는 예외적인 경우'에는 '토지 소유자의 재산권을 과도하게 침해한다고 판단하였다.'고 했다.

따라서 분리 이론의 입장에 대한 5문단의 다음 ①과 ②를 참고하면, '개발 제한 구역을 지정하는 행위가 개인에게 가혹한 부담을 초래한 경우' 헌법 재판소는 '재산권 침해는 특별한 희생이 아닌 사회적 제약에 해당하고, 행정 작용(토지 사용 제한)을 제거해야 한다'고 판단했을 것으로 볼 수 있다.

① 재산권 침해를 규정한 법률에 보상 규정이 없는 경우 입법자가
이러한 재산권 침해를 특별한 희생이 아닌 사회적 제약으로 규정
한 것으로 본다.

② 개인의 재산권을 과도하게 침해한다면,…헌법 제23조 제2항을
위반하여 위헌이고, 위헌임이 밝혀진 법률에 근거한 행정 작용
은 위법하게 된다. 분리 이론은 이러한 경우 손실을 보상하는 것
이 아니라, 위법한 행정 작용 자체를 제거해야 한다고 본다.

▶ **정답의 근거** 위 '⑤가 정답인 이유'에서 밑줄 친 부분

가장 많이 질문한 오답은? ②, ③, ④ 순

☒ **②가 오답인 이유** 헌법 재판소가 개발 제한 구역을 지정하
는 행위가 헌법 제23조 제3항과 관련이 있다고 판단했다면 A
법률에 '보상 규정이 없어도 보상이 이루어져야 한다고' 판단했
을 것이다. 하지만 이는 경계 이론의 입장으로, 헌법 재판소는
경계 이론이 아닌 분리 이론의 입장을 취한다고 했으므로, '헌
법 재판소는 개발 제한 구역을 지정하는 행위가 헌법 제23조
제3항과는 관련이 없다고 판단'하였을 것으로 추론할 수 있다.

☒ **③이 오답인 이유** 〈보기〉에서 헌법 재판소는 '분리 이론의
입장을 취하면서, 토지 재산권의 공공성을 고려하면 A 법률은
원칙적으로 합헌(헌법에 부합함. ⑫ 위헌)이라고 판단하였다.'
고 했다. 이를 통해 헌법 재판소는 '개발 제한 구역을 지정하는
행위가 헌법에 위반되었는지 여부를 토지의 공공성을 근거로
판단'하였을 것으로 추론할 수 있다.

☒ **④가 오답인 이유** 〈보기〉에서 헌법 재판소는 '개인에게 가
혹한 부담이 발생하는 예외적인 경우에는 사회적 제약을 벗어
나서 토지 소유자의 재산권을 과도하게 침해한다고 판단하였
다.'고 했다. 이를 통해 헌법 재판소는 '개발 제한 구역 지정으
로 인한 재산권 침해는 개인에게 가혹한 부담이 발생하지 않는
범위 내에서만 가능하다고 판단'하였을 것으로 추론할 수 있다.

①에 답한 학생들은 적었는데, 〈보기〉에서 헌법 재판소는
'분리 이론의 입장'을 취한다고 했고, 분리 이론의 입장에 대해
설명한 **5문단**에서 '해당 법률에 규정된 재산권 침해가 헌법 제
23조 제2항에서 규정한 재산권의 공익 적합성을 넘어서서 개
인의 재산권을 과도하게 침해한다면, 이러한 법률은 헌법 제
23조 제2항을 위반하여 위헌'이라고 했다. 이를 통해 헌법 재
판소는 '개발 제한 구역을 지정하는 행위가 헌법 제23조 제2항
에 위반되는지를 판단'하였을 것으로 추론할 수 있다.

하지만 ⑦은 4문단에서 '재산권 침해는 그 정도가 사회적 제
약의 범위를 넘어서면 특별한 희생으로 바뀐다'고 보고, '사회
적 제약을 벗어나는 재산권 침해는 보상 규정이 없어도 보상
이 이루어져야 한다고 본다.'고 했다. 이는 '사회적 제약'을 벗
어나는 경우가 아니면, 즉 '특별한 희생'에 해당하는 경우가 아
니면 보상이 이루어지지 않아도 된다고 보는 것이므로, '항상'
보상해야 한다고 본 것이 아니다.

* 존속: 어떤 대상(또는 현상)이 그대로 계속 존재함. 여기서는 '(재
산권을) 계속 보존하게 함.'의 뜻으로 쓰임.

▶ **정답의 근거** 위 '③이 정답인 이유' 참조

가장 많이 질문한 오답은? ⑤, ②, ④ 순

☒ **⑤가 오답인 이유** ⑦은 4문단에서 '사회적 제약을 벗어나
는 재산권 침해는 보상 규정이 없어도 보상이 이루어져야' 하
고 '보상을 규정하지 않은 채 공용 침해를 규정하고 있는 법률'
은 '헌법 제23조 제3항에 위반되어 위헌'이라고 본다고 했다.
또 ⑥은 5문단에서 '재산권 침해를 규정한 법률에 보상 규정이
없는 경우' '특별한 희생이 아닌 사회적 제약으로 규정한 것'으
로 보고, '개인의 재산권을 과도하게 침해한다면' '헌법 제23조
제2항을 위반하여 위헌'이라고 본다고 했다.

☒ **②가 오답인 이유** ⑥은 5문단에서 '재산권의 사회적 제약
에 대한 헌법 제23조 제2항의 규정과 특별한 희생에 대한 제3
항의 규정은 입법자의 의사에 따라 완전히 분리된다고 주장한
다.'고 했다.

☒ **④가 오답인 이유** ⑦은 4문단에서 '사회적 제약을 벗어나
는 재산권 침해는' '특별한 희생'으로 바뀌므로 이 경우 '보상
규정이 없어도 보상이 이루어져야 한다고 본다.'고 했다. 이를
통해 ⑦은 '재산권 침해의 정도'를 기준으로 손실 보상 청구권
의 성립 여부를 판단해야 한다고 본 것을 알 수 있다. ⑥은 **5문
단**에서 '재산권 침해가 사회적 제약 또는 특별한 희생 중 무엇에
해당하는지 결정하는 것은 법률을 제정하는 입법자의 권한'이
라고 했다. 이를 통해 ⑥은 '입법자의 의사'를 기준으로 손실 보
상 청구권의 성립 여부를 판단해야 한다고 본 것을 알 수 있다.

①에 답한 학생들은 적었는데, **4문단**에서 ⑦은 '사회적 제약
을 벗어나는 재산권 침해는 보상 규정이 없어도 보상이 이루
어져야 한다고 본다.'고 했고, '보상을 규정하지 않은 채 공용
침해를 규정하고 있는 법률'은 '불가분 조항인 헌법 제23조 제
3항에 위반되어 위헌'이라고 한 것에서 쉽게 근거를 찾을 수 있
었기 때문이다.

12 두 이론의 비교 이해 　　　　　　　정답 ③

☑ **③이 정답인 이유** ⑥은 5문단에서 '위헌임이 밝혀진 법률
에 근거한 행정 작용'은 위법하게 되고 이러한 경우 '재산권을
존속*시키는 것이 재산권을 침해하면서 그 손실을 보상하는
것보다 우선한다'고 했다. 이로 볼 때 ⑥은 '행정 작용으로 인한
재산상 손실은 보상하지 않을 수 있다'고 본 것을 알 수 있다.

13 전제의 추리 　　　　　　　정답 ⑤

☑ **⑤가 정답인 이유** 전제(매3인사이트.집 p.46)를 찾는 문제
는 이유나 까닭을 묻는 문제라고 생각하고 풀면 되므로, ⑥의
전제는 '손실을 보상하는 것이 아니라, 위법한 행정 작용 자체
를 제거해야 한다.'고 보는 이유나 근거를 찾으면 된다.

©의 이유는? ©에서 손실을 보상하는 것이 아니라, 위법한 행정 작용(재산권 침해 행위) 자체를 제거해야 한다고 본 이유는?

↓ ©의 앞에서 찾는다.

[손실 보상이 아니라고 한 이유] 입법자가 재산권 침해를 '사회적 제약으로 결정했거나 별도로 규정하지 않았기 때문으로 볼 수 있음.
– 분리 이론에서 재산권 침해가 사회적 제약인지 특별한 희생인지를 결정하는 것은 '입법자의 권한'이라고 했음.
– 입법자가 '특별한 희생으로 규정했다면 손실을 보상해야 함.

↓

[위법한 행정 작용 자체를 제거해야 한다고 본 이유] 재산권의 공익 적합성(사회적 제약)을 넘어서서 개인의 재산권을 과도하게 침해한다면 위헌이기 때문임(헌법 제23조 제2항을 위반).
– 위법한 행정 작용 자체를 제거해야 한다. = 재산권 침해 행위를 하면 안 된다. = 재산권은 그대로 보존해 주어야 한다.

따라서 ©과 같은 주장에는 '입법자가 별도로 규정하지 않는 한, 재산권은 그대로 보존되어야 하는 권리이다.'가 전제된 것으로 볼 수 있다.

▶ **정답의 근거** 위 '⑤가 정답인 이유' 참조

가장 많이 질문한 오답은? ③, ④, ② 순

❌ **③이 오답인 이유** ©의 앞에서 '재산권 침해가 사회적 제약 또는 특별한 희생 중 무엇에 해당하는지 결정하는 것은 법률을 제정하는 입법자의 권한이라는 것이다.'라고 한 것으로 보아, 분리 이론에서 재산권의 사회적 제약은 입법자의 의사에 따라 규정된다고 본다. 하지만, '만약 해당 법률에 규정된 재산권 침해가 헌법 제23조 제2항에서 규정한 재산권의 공익 적합성을 넘어서서 개인의 재산권을 과도하게 침해한다면, 이러한 법률은 헌법 제23조 제2항을 위반하여 위헌'이라고 했으므로 ③에서 '제한 없이'라고 한 것은 적절하지 않다.

❌ **④가 오답인 이유** ©의 앞에서 '재산권 침해가 사회적 제약 또는 특별한 희생 중 무엇에 해당하는지 결정하는 것은 법률을 제정하는 입법자의 권한'이라고 했고, '재산권 침해를 규정한 법률에 보상 규정이 없는 경우 입법자가 이러한 재산권 침해를 특별한 희생이 아닌 사회적 제약으로 규정한 것으로 본다.'고 했다. 이를 통해 입법자가 행정 작용(재산권 침해 행위)을 특별한 희생에 해당한다고 본다면 손실 보상을 해야 하므로 ④는 ©의 전제로 적절하지 않다.

❌ **②가 오답인 이유** 2문단 뒷부분의 내용으로 보아, '공용 침해 규정과 손실 보상 규정이 동일한 법률에서 규정되어야 한다.'는 것은 '불가분 조항'과 관련이 있다. 그런데 ©의 뒷부분인 '위법한 행정 작용 자체를 제거해야 한다'는 '불가분 조항'과 관련이 없으므로, ②는 ©의 전제가 아니다.

①에 답한 학생들은 적었는데, 그 이유는 ©의 앞에서 '재산권 침해를 규정한 법률에 보상 규정이 없는 경우 입법자가 이러한 재산권 침해를 특별한 희생이 아닌 사회적 제약으로 규정한 것으로 본다.'고 한 것에서 입법자가 재산권 침해를 '특별한 희생'으로 본다면 재산권 침해에 대해 보상해야 한다는 것을 알 수 있기 때문이다. 즉, ①은 지문 내용과 일치하지 않기 때문에 적절하지 않은 오답으로 쉽게 제외할 수 있었던 것이다.

14 문맥상 의미의 이해   정답 ④

🅞 **④가 정답인 이유** 문맥상 의미를 묻는 문제이므로 '3단계 풀이법'을 적용해 ⓓ가 포함된 문장의 핵심을 간추려 보자.

경계 이론에 따르면 양자는 별개가 아니다.
양자는 침해의 정도에 있어서만 차이가 있다.

여기에서 '양자'가 가리키는 내용이 답지에 제시된 '경계 이론의 입장'과 '분리 이론의 입장'인지를 앞뒤 문맥을 통해 파악해 보자. ⓓ의 뒤에서 양자는 '단지 침해의 정도에 있어서만 차이가 있을 뿐'이라고 했고, '재산권 침해는 그 정도가 사회적 제약의 범위를 넘어서면 특별한 희생으로 바뀐다'고 했다. 이를 통해 볼 때, '양자는 별개가 아니라'고 한 것은 ⓓ의 앞에서 언급한, '(재산권의) 사회적 제약'과 '특별한 희생'은 별개가 아니라 정도의 차이가 있을 뿐이어서 '사회적 제약'의 범위(정도)를 넘어서면 '특별한 희생'으로 바뀌는 차이가 있을 뿐이라고 한 것임을 알 수 있다. 따라서 ⓓ에서의 '양자'는 '재산권의 사회적 제약과 특별한 희생'을 가리키므로 '경계 이론의 입장과 분리 이론의 입장'으로 바꿔 쓴 것은 적절하지 않다.

▶ **정답의 근거** 위 '④가 정답인 이유' 참조

가장 많이 질문한 오답은? ⑤, ③ 순

❌ **⑤가 오답인 이유** ⓔ가 포함된 문장에서 '이에 반해 분리 이론은'이라고 했다. 이는 '경계 이론은 재산권의 사회적 제약과 특별한 희생이 별개가 아니라 침해의 정도에 있어서만 차이가 있을 뿐'이라고 했지만, '분리 이론은 이와 달리'라는 말이다. 따라서 ⓔ(입법자의 의사에 따라 완전히 분리된다고)는 '경계 이론에서와 달리' '재산권의 사회적 제약과 특별한 희생은 '재산권 침해 정도에 따라 구분되는 것이 아니라' '입법자의 의사에 따라 완전히 분리된다'는 것이다. 따라서 ⓔ는 '입법자의 서로 다른 의사가 반영된 것이라고'로 바꿔 쓸 수 있다.

❌ **③이 오답인 이유** ⓒ의 앞에서 헌법 제23조 제2항은 '개인의 재산권 행사가 공익에 적합하여야 한다는 재산권의 '사회적 제약'을 규정하고 있다.'고 했다. 따라서 ⓒ(사회적 제약의 범위 내)에는 '헌법 제23조 제2항에 규정된 재산권의 한계(사회적 제약) 안에'로 바꿔 쓸 수 있다.

① 1문단에서 '손실 보상 청구권'은 '공익을 위한 적법한 행정 작용으로 개인의 재산권에 특별한 희생이 발생한 경우, 개인은 자신이 입은 재산상 손실을 보상하도록 요구할 수 있는 권리'라고 했다. 이와 함께 ⓐ의 바로 뒤에 이어진 문장을 참고하면 ⓐ에서의 '공적 부담'은 '행정 작용으로 인해 발생한 부담'으로, '평등을 위해'는 '개인만 부담할 경우 떠안게 되는 불평등을 조정하기 위해'로 바꿔 쓸 수 있다.

② ⓑ의 앞(2문단)에서 '공용 침해'는 '공공필요에 의한 재산권의 수용·사용 또는 제한'이라고 했다. 따라서 ⓑ는 ②와 같이 바꿔 쓸 수 있다.

 8일째 **매일 복습 확인 문제**는 9일째(p.73)에 포함하였습니다. 9일째를 공부한 후 꼭 챙겨 보세요.

정답	**01** ④	**02** ⑤	**03** ②	**04** ⑤	**05** ③
	06 ②	**07** ①	**08** ②	**09** ⑤	**10** ⑤
	11 ①	**12** ③	**13** ③	**14** ④	

1~5 **사회: 박세민, 「보험법」**

독해력을 길러 주는 지문 분석

1문단 **문단 요약** 손해보험은 교통사고, 화재, 도난 등 계약에서 정한 보험 사고가 발생했을 때 보험 가입자 측에게 생긴 재산상의 손해를 보상하는 보험이다.
핵심어(구) 손해보험
중심 내용 손해보험의 개념

2문단 **문단 요약** 손해보험의 피보험자는 보험의 목적에 경제상의 이익인 피보험 이익을 가져야 한다.

- 피보험자: 보험 사고가 발생할 때 보험금을 받을 자
- 보험자: 보험금을 지급할 의무를 지는 자
- 보험의 목적: 보험 사고의 대상
- 피보험 이익: 보험 사고 발생으로 잃어버릴 염려가 있는 이익

핵심어(구) 피보험 이익
중심 내용 손해보험의 요건 – 피보험 이익

3문단 **문단 요약** 피보험 이익으로 인정되려면 (1) 객관적으로 금전으로 산정할 수 있는 경제적 가치를 가져야 하고, (2) 적법한 이익이어야 하며, (3) 보험 사고 발생 전까지 그 가치가 확정되어 있어야 한다는 요건을 충족해야 한다.
핵심어(구) 피보험 이익으로 인정, 요건
중심 내용 피보험 이익의 인정 요건

4문단 **문단 요약** 손해보험은 실제 발생한 손해만을 보상하고 그 이상은 보상하지 않는다는 실손 보상 원칙을 기본 원칙으로 삼는다. 이 원칙은 손해보험 계약의 도박화를 막고 보험 범죄를 방지하는 역할을 한다.
핵심어(구) 실손 보상 원칙
중심 내용 손해보험의 기본 원칙인 실손 보상 원칙의 개념과 그 역할

5문단 **문단 요약** 보험 가액은 피보험 이익의 객관적인 금전적 평가액으로, 보험자가 보험금으로 부담하게 되는 보상 책임의 법률상 최고 한도액이다. 한편, 보험 금액은 보험 사고 발생 시 보험자가 지급하기로 보험 계약에서 실제 약정한 최고 한도액이고, 보험금은 보험 사고가 발생할 때 실제로 보험자가 지급하는 금액이다.
핵심어(구) 보험 가액, 보험 금액, 보험금
중심 내용 보험 가액, 보험 금액, 보험금의 개념

6문단 **문단 요약** 보험 금액이 보험 가액을 초과하는 경우를 '초과 보험'이라 하는데, 손해보험에서 보험 가액을 초과하는 부분에는 피보험 이익이 존재하지 않으므로 보험 금액을 보험 가액과의 비율에 따라 조정해야 한다. 당사자가 의도하지 않은 채 초과 보험 계약을 한 '단순한 초과 보험'의 경우 보험자는 보험 금액의 감액을, 보험 계약자는 보험료의 감액을 각각 청구할 수 있으나, 재산상 이익을 목적으로 초과 보험을 체결한 '사기에 의한 초과 보험'의 경우에는 그 계약 전부를 무효로 한다.
핵심어(구) 초과 보험, 단순한 초과 보험, 사기에 의한 초과 보험
중심 내용 초과 보험의 개념과 유형 및 그 특징

7문단 **문단 요약** 한 명의 피보험자가 동일한 피보험 이익과 동일한 보험 사고에 관하여 여러 보험자와 계약을 체결하여 그 보험 금액의 합계가 보험 가액을 초과하는 경우를 중복 보험이라 한다. 사기에 의한 중복 보험은 그 계약 전부를 무효로 하지만, 단순한 중복 보험의 경우 각 보험자는 보험 금액의 한도 내에서 보험 금액의 비율에 따라 연대 책임을 진다.
핵심어(구) 중복 보험, 사기에 의한 중복 보험, 단순한 중복 보험
중심 내용 중복 보험의 개념과 그 유형 및 특징

주제 손해보험에 대한 이해

---

01 내용 확인   정답 ④

O **④가 정답인 이유** ㉠에 들어갈 수 있는 내용은 '글을 통해 알게 된 내용'이므로, 이 글에서 알 수 없는 내용이 정답이 된다. '손해보험 계약이 보험 사고에 따른 보상이 이루어진 뒤에도 계속 효력이 유지되는지'에 대해서는 이 글에서 언급하고 있지 않으므로 ④는 적절하지 않다.

▶ **정답의 근거** ㉠ 앞의 '글을 통해 알게 된 내용'

가장 많이 질문한 오답은? ⑤

X **⑤가 오답인 이유** 대부분의 학생들이 정답에 답했으나 오답지들 중에서는 ⑤에 답한 학생들이 제법 있었다. ⑤가 오답인 이유와 근거는 3문단의 '(피보험 이익으로 인정되려면) 객관적으로 금전으로 산정할 수 있는 경제적 가치를 가져야 한다. 따라서 개인적, 정신적, 도덕적 이익은 피보험 이익이 될 수 없다.'에서 분명하게 확인할 수 있다.

그럼에도 불구하고 ⑤에 답한 학생들은 지문에 정보들이 많아 읽는 데 시간이 많이 걸렸고, 지문 내용을 제대로 이해하지 못한 채 문제를 풀어서라고 했다. **국어 문제는 지문이 어려우면 문제는 쉽고, 정답과 오답의 근거는 지문에서 찾을 수 있다는 것을 한 번 더 새기고 지문에서 근거를 찾는 훈련을 하도록 한다.**

나머지 오답지들도 다음에서 밑줄 친 부분과 같이 근거를 분명하게 찾을 수 있었다.
① 6문단의 '보험 금액이 보험 가액을 현저하게 초과하는 경우를 초과 보험이라 한다.'에서 알 수 있다.
② 4문단의 '실손 보상 원칙은 손해보험 계약의 도박화를 막고 보험 범죄를 방지하는 역할을 한다.'에서 알 수 있다.
③ 2문단의 '보험 사고가 발생할 때에 보험금을 받을 자를 피보험자, 보험금을 지급할 의무를 지는 자를 보험자라 한다.'에서 알 수 있다.

02 핵심 개념에 대한 이해　　　정답 ⑤

O **⑤가 정답인 이유**　'피보험 이익'은 '보험 사고 발생으로 잃어버릴 염려가 있는 이익'(2문단)이라고 했다. 그리고 '피보험 이익으로 인정되려면' '계약 체결 당시 그 가치가 객관적으로 확정되어 있거나 적어도 보험 사고가 발생할 때까지는 확정되어야 한다.'(3문단)고 했다. 이로 보아, '보험 계약 체결 당시 그 가치가 확정되어 있'지 않더라도 '보험 사고가 발생할 때까지 확정되어' 있으면 피보험 이익으로 인정될 수 있다.

▶ **정답의 근거**　위 '⑤가 정답인 이유'에서 밑줄 친 부분

가장 많이 질문한 오답은? ③, ①, ②, ④ 순

X **③이 오답인 이유**　'중복 보험'은 마지막 문단 첫 문장에서 '한 명의 피보험자가 동일한 피보험 이익과 동일한 보험 사고에 관하여 여러 보험자와 계약을 체결한 경우에 그 보험 금액의 합계가 보험 가액을 초과하는 경우'라고 했다. 따라서 '피보험 이익이 서로 다른 손해보험 계약'은 중복 보험으로 볼 수 없다.

X **①이 오답인 이유**　6문단에서 '손해보험에서 보험 가액을 초과하는 부분에는 피보험 이익이 존재하지 않으므로 보험 금액을 보험 가액과의 비율에 따라 조정해야 한다.'고 했다. 이를 통해 ①은 적절한 설명임을 알 수 있다.

X **②가 오답인 이유**　2문단에서 '손해보험의 피보험자는 보험의 목적에 피보험 이익을 가져야 한다.'고 했다. 이를 통해 ②는 적절한 설명임을 알 수 있다.

X **④가 오답인 이유**　2문단에서 '피보험 이익'은 손해보험 계약에서 '보험의 목적(보험 사고의 대상)'에 가져야 하는 '경제상의 이익'이라고 했다. 이를 통해 ④는 적절한 설명임을 알 수 있다.

03 세부 내용 이해　　　정답 ②

O **②가 정답인 이유**　[A]에서 '보험 금액은 당사자 간 약정*에 의하여 일정한 금액으로 정해지며, 보험 기간 중에는 이를 변경하지 않는 것이 원칙'이라고 했고, '보험 가액은 고정된 것이 아니며 경제 상황 등에 따라 변동될 수 있다'고 했다. 그런데 ②에서는 보험 금액은 변동될 수 있다고 했고, 보험 가액은 바뀌지 않는 것이 원칙이라고 했으므로 적절하지 않다.

---

* 약정(約定): 약속하여 정함. ㉮ 약속

▶ **정답의 근거**　위 '②가 정답인 이유'에서 밑줄 친 부분

가장 많이 질문한 오답은? ①

X **①이 오답인 이유**　[A]에서 보험 가액, 보험 금액, 보험금의 개념을 다음과 같이 밝히고 있다.

- **보험 가액**: 피보험 이익의 객관적인 금전적 평가액. 보험자가 보험금의 형태로 부담하게 되는 보상 책임의 법률상의 최고 한도액
- **보험 금액**: 보험자가 지급하기로 약정한 최고 한도액. 즉, 보험금의 최고 한도액
- **보험금**: 보험 사고 발생 시 실제로 보험자가 지급하는 금액

밑줄 친 부분으로 보아, 보험금은 보험 가액은 물론 보험 금액을 초과할 수 없다.

③ [A]에서 '보험 가액'은 '보험자가 보험금의 형태로 부담하게 되는 보상 책임의 법률상의 최고 한도액'으로, '이득 금지의 원칙과 관련해 피보험자에게 이득이 생겼는가 여부를 판단하는 기준이 된다.'고 했다. 이를 통해 ③은 적절하다는 것을 알 수 있다.

④ [A]에서 '보험 가액은 피보험 이익의 객관적인 금전적 평가액'이라고 했고, '보험 금액은 당사자 간 약정에 의하여 일정한 금액으로 정해'진다고 했다. 이를 통해 ④는 적절하다는 것을 알 수 있다.

⑤ [A]에서 '보험 금액'은 '보험 사고 발생 시 보험자가 지급하기로 보험 계약에서 실제 약정한 최고 한도액'이라고 했고, '보험 사고가 발생하였다고 해서 항상 보험 금액만큼 지급되는 것은 아니'라고 했다. 이를 통해 ⑤는 적절하다는 것을 알 수 있다.

04 반응의 적절성 판단　　　정답 ⑤

O **⑤가 정답인 이유**　지문 내용과 관련하여 〈보기〉의 상황부터 이해해 보자.

〈보기〉	지문
2년 전, 갑은 시가 1,000만 원의 건물 X에 대하여 보험사 A(보험 금액 600만 원), 보험사 B(보험 금액 400만 원)에 화재보험을 가입함.	→ **초과 보험 X** [근거: 6문단] 보험 금액(1,000만 원)이 보험 가액(1,000만 원)을 초과하지 않음. → **중복 보험 X** [근거: 7문단] 한 명(갑)의 피보험자가 동일한 피보험 이익(1,000만 원)과 동일한 보험 사고에 관하여 여러 보험자(A, B)와 계약을 체결하였지만, 그 보험 금액의 합계(1,000만 원)가 보험 가액(1,000만 원)을 초과하지 않기 때문에
그 뒤, X의 시세가 800만 원으로 하락함. 갑이 가입한 손해보험의 보험 금액과 보험료는 모두 가입 당시와 달라지지 않았음.	→ **단순한 초과 보험** [근거: 6문단] 계약 체결 당시엔 초과 보험이 아니었으나, 보험 가액이 감소(1,000만 원 → 800만 원)하여 초과 보험이 되었고, 갑이 의도하지 않은 경우임. → **단순한 중복 보험** [근거: 7문단] 계약 체결 당시엔 중복 보험이 아니었으나, 시세가 하락해 보험 금액의 합계(1,000만 원)가 보험 가액(800만 원)을 초과하여 중복 보험이 되었고, 갑이 의도하지 않은 경우임.

이를 바탕으로 ⑤를 살피면, '갑이 ㉮에 가입하지 않았다고 가정하면' X에 대한 보험 금액은 400만 원이 된다.

이 경우 ㉯의 보험자(B)가 보험 금액(400만 원)의 감액*을 청구하려면 계약자(갑)가 의도하지 않은 채 보험 금액이 보험 가액을 현저하게 초과하는 '단순한 초과 보험'이어야 한다(6문단). 그런데 보험 금액(400만 원)이 변동된 보험 가액(800만 원)보다 적으므로, ㉯의 보험자(B)는 보험 금액의 감액을 청구할 수 없다(있었겠군 ✗).

> * 감액(減額): 액수를 줄임(감소). ㉠ 증액

▶ **정답의 근거** 위 '⑤가 정답인 이유'에서의 표와 6문단의 보험 금액 감액 청구 조건

가장 많이 질문한 오답은? ④, ②, ③, ① 순

✗ **④가 오답인 이유** 1문단에서 '손해보험은 계약에서 정한 보험 사고가 발생했을 때 보험 가입자 측에게 생긴 재산상의 손해를 보상하는 보험이다.'라고 했고, 2문단에서 피보험자는 '보험 사고가 발생할 때에 보험금을 받을 자'라고 했다. 그런데 ④에서는 '계약에서 정한 보험 사고가 발생하기 전'이라고 했으므로 ㉮와 ㉯의 피보험자인 갑은 A와 B로부터 보상을 받을 수 없는 것이 맞다.

✗ **②가 오답인 이유** 5문단에서 설명한 보험 금액과 보험 가액의 개념과 〈보기〉의 상황을 바탕으로, 갑이 보험을 가입한 당시와 현재의 보험 금액과 보험 가액을 살피면 다음과 같다.

구분	가입 당시(2년 전)	현재
보험 금액	1,000만 원 (㉮ 600만 원 + ㉯ 400만 원)	가입 당시와 동일함.
보험 가액	1,000만 원	800만 원 (시세 하락이 원인임.)

이로 보아 ㉮와 ㉯의 보험 금액의 합계는 가입 당시는 1,000만 원이었고, 현재의 보험 가액은 800만 원이므로 '가입 당시의 보험 금액의 합계'와 '현재 보험 가액'은 일치하지 않는다.

✗ **③이 오답인 이유** 〈보기〉에서 보험 계약 후 건물(X) 시세는 1,000만 원에서 800만 원으로 하락한 것을 확인할 수 있다. 하지만 '계약 전부가 무효'로 되는 경우는 '보험 계약자가 재산상 이익을 얻을 목적으로 초과 보험을 체결한' '사기에 의한 초과 보험'(6문단)과 '사기에 의한 중복 보험'(7문단)이라고 했다. 그런데 갑이 ㉮와 ㉯를 체결했을 당시는 보험 금액(1,000만 원)이 보험 가액(1,000만 원)을 초과하지 않았으므로 초과 보험이 아니었고, 보험 금액의 합계(1,000만 원)가 보험 가액(1,000만 원)을 초과하지 않았기 때문에 중복 보험도 아니었으므로, 갑이 보험을 계약한 후 건물 시세가 하락하였지만 ㉮와 ㉯ 모두 계약 전부가 무효로 되지 않는다.

✗ **①이 오답인 이유** 2문단에서 '보험의 목적이란 보험 사고의 대상을 말한다.'고 했으므로, 〈보기〉의 ㉮와 ㉯는 보험의 목적이 '건물 X'로 동일하고, ㉮와 ㉯ 모두 건물 X에 대한 화재보험이므로 보험 사고(화재)도 동일하다. 그리고 보험자는 '보험 사고가 발생할 때' '보험금을 지급할 의무를 지는 자'라고 했으므로 ㉮의 보험자는 보험사 A이고, ㉯의 보험자는 보험사 B로 서로 다른 손해보험이다.

05 구체적 상황에의 적용   정답 ③

O **③이 정답인 이유** 〈보기〉와 관련한 보험 사고 상황을 파악해 보자.

> • 갑이 가입한 보험 금액 : 600만 원(A) + 400만 원(B)
> • 건물 X의 2년 전 시가 : 1,000만 원
> • 건물 X의 현재 평가액 : 800만 원
> • 화재로 인해 X에 발생한 실제 손실 : 50%인 400만 원

이를 바탕으로 ⓐ에 들어갈 금액부터 따져 보면, 〈보기〉에서 갑은 'X에 대하여 보험사 A와 보험 금액을 600만 원으로 하는 화재보험에 가입'했다고 했으므로, A가 보험 계약에서 실제 약정한 ⓐ는 **600만 원**이다.

다음으로 ⓑ와 ⓒ에 들어갈 금액을 따져 보자. 4문단에서 '손해보험은 실손 보상 원칙(실제 발생한 손해만을 보상)을 기본 원칙으로 삼는다.'고 했고, 7문단에서는 보험 사고가 발생할 때 각 보험자는 '보험 금액의 비율에 따라' 보험금을 지급하게 된다고 했다. 이를 고려하면 'A가 갑에게 지급해야 할 보험금'(ⓑ)은 '화재로 발생한 손해(400만 원) 중 60%'인 **240만 원**이고, 'B가 갑에게 지급해야 할 보험금'(ⓒ)은 '화재로 발생한 손해(400만 원) 중 40%'인 **160만 원**이다.

▶ **정답의 근거** 위 '③이 정답인 이유' 참조

가장 많이 질문한 오답은? ④, ① 순

✗ **④가 오답인 이유** ④에 답한 학생들이 아주 많았는데, 이 학생들은 4문단에서 설명한 '실손 보상 원칙'을 놓쳐 A와 B가 갑에게 지급해야 할 보험금의 합계를 800만 원(현재 평가액)으로 보았다. 사고 발생 시 손해보험은 '실제 발생한 손해(400만 원)만을 보상하고 그 이상은 보상하지 않는다'는 원칙을 놓친 것이다.

✗ **①이 오답인 이유** ④보다는 적었지만 ①에 답한 학생들도 제법 많았다. 5문단에서 '보험 사고 발생 시 보험자가 지급하기로 보험 계약에서 실제 약정한 최고 한도액은 보험 금액'으로 '보험 금액은 당사자 간 약정에 의하여 일정한 금액으로 정해'진다고 했다. '보험 사고가 발생할 때 실제로 보험자가 지급하는 금액인 보험금'과는 다른 것이다. 따라서 A가 갑과의 보험 계약에서 실제 약정한 금액은 **600만 원**(300만 원 ✗)이다.

②와 ⑤에 답한 학생들은 드물었는데, 이 답지들이 오답인 이유는 위 '③이 정답인 이유'와 ①과 ④가 오답인 이유를 참조하면 된다.

오답 노트, 다시 보는 게 중요!
매3 오답 노트 예시를 참고해 만들고,
꼭 다시 챙겨 보세요.

독해력을 길러 주는 지문 분석

1문단 문단요약 양면시장은 플랫폼 사업자가 서로 구분되는 두 개의 이용자 집단에 플랫폼을 제공하고 이용자들은 플랫폼을 통해 상대 집단과 거래하면서 경제적 가치나 편익을 창출하는 시장을 의미한다. 예를 들어, 카드 결제 시스템은 카드로 결제하는 회원들과 그것을 지불 수단으로 받는 가맹점들이 있는 플랫폼이다.

핵심어(구) 양면시장

중심 내용 양면시장의 개념과 예시

2문단 문단요약 플랫폼을 통해 연결되는 양쪽 이용자 집단의 관계는 '네트워크 외부성'을 통해 설명할 수 있는데, 양면시장에서는 간접 네트워크 외부성이 필수적으로 작용하므로 양쪽 이용자 집단이 서로 긴밀하게 영향을 주고받는다.

- 네트워크 외부성: 어떤 제품이나 서비스를 사용하는 이용자의 규모가 이용자의 효용에 영향을 미치는 것

직접 네트워크 외부성	간접 네트워크 외부성
• 동일 집단 내에서 발생함. • 동일 집단에 속한 이용자의 규모가 커지면 집단 내 개별 이용자의 효용이 증가함.	• 서로 다른 집단 간에 발생함. • 한쪽 이용자 집단의 규모가 커지거나 작아지면 반대쪽 이용자 집단의 효용이 증가하거나 감소함.

핵심어(구) 네트워크 외부성

중심 내용 양면시장에서 양쪽 이용자 집단의 관계를 설명할 수 있는 '네트워크 외부성'

3문단 문단요약 플랫폼 사업자는 플랫폼 이용료를 통해 수익을 창출하기 때문에 양쪽 이용자 집단 모두를 플랫폼에 참여하도록 유도할 수 있는 가격 구조를 결정하게 되는데, 수익의 극대화를 위해 한쪽 이용자 집단의 플랫폼 이용료를 낮게 책정하거나 보조금을 지급하는 경우도 있다.

핵심어(구) 플랫폼 사업자, 가격 구조

중심 내용 수익 극대화를 위한 플랫폼 사업자의 가격 구조 결정

4문단 문단요약 간접 네트워크 외부성이 가격 구조에 미치는 영향을 카드 결제 시스템의 예로 살펴보면, 카드 회원들이 가맹점에 미치는 간접 네트워크 외부성이 클수록 카드 회사는 연회비를 낮게 부과하여 카드 회원 수를 늘림으로써 가맹점들이 높은 결제 건당 수수료를 지불하더라도 카드 결제 시스템을 이용하게 한다. 이는 가맹점이 카드 회원들에게 미치는 간접 네트워크 외부성이 큰 경우에도 마찬가지로 적용된다.

핵심어(구) 간접 네트워크 외부성이 가격 구조에 미치는 영향

중심 내용 간접 네크워크 외부성이 가격 구조에 미치는 영향의 예

5문단 문단요약 양면시장에서의 가격 구조는 가격이 오르거나 내릴 때 수요량이 얼마나 변동하느냐를 의미하는 수요의 가격 탄력성에도 영향을 받는다. 이에 따라 플랫폼 사업자는 자신의 수익을 극대화하기 위해 양쪽 이용자 집단의 특성을 파악하여 최적의 이용료를 부과하게 되는데, 일반적으로 수요의 가격 탄력성이 높은 집단에 낮은 이용료를 부과하여 해당 집단의 이용자 수를 늘리려고 한다.

핵심어(구) 양면시장에서의 가격 구조, 수요의 가격 탄력성

중심 내용 수요의 가격 탄력성에 영향을 받는 양면시장의 가격 구조

6문단 문단요약 플랫폼 사업자가 수익 창출을 위해 사용하는 전략으로는 공짜 미끼와 프리미엄 등이 있다.

- 공짜 미끼 전략: 무료 서비스를 통해 한쪽 집단의 이용자 수를 늘리면서 반대쪽 집단 이용자의 플랫폼 참여를 유인하는 전략
- 프리미엄 전략: 기본적 기능은 무료로, 추가적 기능은 유료로 제공하는 전략

핵심어(구) 플랫폼 사업자, 수익 창출, 전략

중심 내용 플랫폼 사업자가 수익 창출을 위해 사용하는 전략

주제 양면시장의 특성 및 가격 구조 결정 방식과 수익 창출을 위해 사용하는 플랫폼 사업자의 전략

06 세부 내용 이해

정답 ②

O **②가 정답인 이유** 1문단에서 '(양면시장의) 대표적인 플랫폼으로 신용 카드 회사가 제공하는 카드 결제 시스템'을 예로 들면서 '플랫폼 사업자인 신용 카드 회사 입장에서는 양쪽 이용자 집단인 카드 회원들과 가맹점들 모두가 고객이 된다.'라고 했다. 양면시장에서 '신용 카드 회사'는 플랫폼 사업자이고, 고객은 '카드 회원들과 가맹점들'인 것이다.

▶ **정답의 근거** 위 '②가 정답인 이유'에서 밑줄 친 부분

가장 많이 질문한 오답은? ④

X **④가 오답인 이유** 지문의 내용이 낯선 데다, 여러 문장에 흩어진 정보를 연결해야 해서 ④가 적절하지 않다고 잘못 판단한 경우가 많았다. 그러나 지문을 꼼꼼히 읽어 보면 1문단에서 '플랫폼이란 양쪽 이용자 집단의 연결 고리 역할을 하는 물리적, 가상적, 제도적 환경을 일컫는다.'라고 하였고, '(플랫폼) 이용자들은 플랫폼을 통해 상대 집단과 거래하면서 경제적 가치나 편익을 창출'한다고 했으므로, ④는 적절하다.

① 1문단에서 '플랫폼이란 양쪽 이용자 집단의 연결 고리 역할을 하는' 환경을 일컫는데, 대표적인 플랫폼인 '신용 카드 회사가 제공하는 카드 결제 시스템'에서 플랫폼의 한쪽에는 카드로 결제하는 회원들이, 플랫폼의 반대쪽에는 그것을 지불 수단으로 받는 가맹점들이 있다고 한 것에서 확인할 수 있다.

③ 3문단에서 '플랫폼 사업자는 플랫폼 이용료를 통해 수익을 창출하기 때문에 양쪽 이용자 집단 모두를 플랫폼에 참여하도록 유도할 수 있는 가격 구조를 결정'하게 되는데, '수익을 극대화할 수 있는 전략으로' '한쪽 이용자 집단에 보조금을 지급하는 경우도 있다.'고 한 것에서 확인할 수 있다.

⑤ 6문단에서 프리미엄 전략은 '무료에서 유료로 전환한 이용자의 긍정적 경험이 무료 이용자에게 전파되어 그중 일부가 유료 이용자로 전환되도록 하는 것'이라고 한 것에서 확인할 수 있다.

07 핵심 개념의 이해   정답 ①

O ①이 정답인 이유   발문(문두)에서 질문한 '가격 구조'에 대해 설명한 3문단에서 '플랫폼 사업자는 … 양쪽 이용자 집단 모두를 플랫폼에 참여하도록 유도할 수 있는 가격 구조를 결정'하는데, 이때 '플랫폼 사업자는 수익을 극대화할 수 있는 전략으로 양쪽 이용자 집단에 차별적인 가격을 부과*하는 것이 일반적'이라고 하였다. 이를 통해 가격 구조는 '플랫폼 사업자가 수익을 극대화하기 위해 고려하는 것'(①)임을 알 수 있다.

> *부과: 세금이나 부담금 등을 매기어 부담하게(물게) 함.

▶ **정답의 근거**   3문단

가장 많이 질문한 오답은? ②

X ②가 오답인 이유   3문단에서 '가격 구조란 플랫폼 이용료를 각각의 이용자 집단에 어떻게 부과하느냐를 의미한다.'고 했고, '플랫폼 사업자는 수익을 극대화할 수 있는 전략으로 양쪽 이용자 집단에 차별적인 가격을 부과하는 것이 일반적'이라고 했다. 이를 통해 가격 구조는 양쪽 이용자 집단에게 이용료를 부과하는 방법이지, 이용료 지불 수단(화폐, 신용 카드 등)을 결정하는 방법이 아님을 알 수 있다.

나머지 답지들에 답한 학생들은 드물었지만, 이들 답지들이 오답인 이유도 살펴보자.

③ 3문단에서 '플랫폼 사업자는 수익을 극대화할 수 있는 전략으로 양쪽 이용자 집단에 차별적인(동일한 X) 가격을 부과하는 것이 일반적'이라고 했다.

④ 5문단에서 '양면시장에서 양쪽 이용자 집단 각각은 플랫폼 이용료의 변동에 따라 이용자 수나 서비스 이용량과 같은 수요량에 영향을 받게 된다.'고 하였다. 이를 통해 가격 구조는 '양쪽 이용자 집단의 규모가 항상 고정'되어 있지 않다는 것을 알 수 있다.

⑤ 6문단에서 플랫폼 사업자가 사용하는 공짜 미끼 전략에서는 한쪽 집단의 이용료가 '무료'라고 하였다. 그런데 이 전략은 '무료 서비스를 통해 한쪽 집단의 이용자 수를 늘리면서 반대쪽 집단 이용자의 플랫폼 참여를 유인하는 것'이라고 했을 뿐, '규모가 큰 이용자 집단'에 이용료를 부과하지 못한다고 하지는 않았다.

08 구체적 사례에의 적용   정답 ②

O ②가 정답인 이유   지문을 바탕으로 〈보기〉를 이해하면 다음과 같이 연결된다.

> • P사 – 플랫폼 사업자
> • 메신저 프로그램(플랫폼) – 카드 결제 시스템
> • 메신저 이용자 – 카드 결제 회원들
> • 광고주, 이모티콘 공급업체 – 가맹점

〈보기〉의 P사는 메신저 이용자와 광고주라는 두 개의 이용자 집단에 메신저 프로그램이라는 플랫폼을 제공하고 있는 것이다. 그리고 〈보기〉에서 P사는 '메신저에서 사용할 수 있는 무료 이모티콘을 배포하였고, 이를 통해 이모티콘 사용에 익숙해진 이용자를 많이 확보할 수 있었다.'고 했는데, 이는 6문단의 공짜 미끼 전략으로 볼 수 있다. 즉, P사가 무료 이모티콘을 배포한 이유는 메신저 이용자들을 많이 확보하여 광고주들을 플랫폼(메신저)에 모여들게 하여 수익을 창출하기 위해서로, 이용자에게 이모티콘을 직접 판매(X)하고자 한 것이 아닌 것이다.

▶ **정답의 근거**   위 '②가 정답인 이유' 참조

가장 많이 질문한 오답은? ④, ⑤, ③ 순

X ④가 오답인 이유   〈보기〉에서 '메신저 이용자들이 빠르게 증가'하자 '광고주들이 크게 늘어났고, P사는 모든 광고주들에게 원래보다 높은 광고 비용을 부과했다.'고 했는데, 4문단에서 '카드(메신저) 회원 수가 늘어나면 가맹점들(광고주들)의 효용(편익)이 증가하기 때문에 가맹점(광고주)은 높은 결제 건당 수수료(광고 비용)를 지불하더라도 카드 결제 시스템(메신저 프로그램)을 이용하게 된다.'고 했으므로 ④와 같이 이해하는 것은 적절하다.   *편익: 편리하고 유익함.*

X ⑤가 오답인 이유   〈보기〉에서 P사의 메신저 프로그램은 '메신저 이용자들이 빠르게 증가했고, 메신저 이용자들끼리 서로 편하게 연락을 주고받을 수 있게 되었다.'고 했는데, 2문단에서 '직접 네트워크 외부성이란 동일 집단(메신저 이용자 집단) 내에서 발생하는 것으로, 동일 집단에 속한 이용자의 규모가 커지면 집단 내 개별 이용자의 효용이 증가하는 특성'이라고 했으므로 ⑤와 같이 이해하는 것은 적절하다.

X ③이 오답인 이유   〈보기〉에서 P사는 메신저 이용자들이 증가하자 광고주들에게 높은 광고 비용을, 이모티콘 공급업체에게 높은 판매 수수료를 부과했다고 했는데, 3문단에서 '플랫폼 사업자(P사)는 플랫폼(메신저) 이용료(광고 비용, 판매 수수료)를 통해 수익을 창출'한다고 했으므로 ③과 같이 이해하는 것은 적절하다.

①에 답한 학생은 적었다. 〈보기〉에서 'P사는 더 많은 메신저 이용자들을 확보하기 위해 메신저에서 사용할 수 있는 무료 이모티콘을 배포하였다고 했는데, 6문단에서 '공짜 미끼 전략은 무료 서비스(무료 이모티콘)를 통해 한쪽 집단(메신저 이용자 집단)의 이용자 수를 늘리면서 반대쪽 집단 이용자(광고주)의 플랫폼 참여를 유인하는 것이다.'라고 했기 때문이다.

09 내용 추론
정답 ⑤

ᄋ ⑤가 정답인 이유 〈보기〉에서 P사는 '메신저 프로그램'을 제공하고, 이용자들은 메신저 프로그램을 통해 상대 집단과 거래하고 있으므로, P사는 플랫폼 사업자, 메신저 프로그램은 플랫폼이다. 1문단의 내용을 참고할 때 이 플랫폼의 한쪽에는 메신저를 통해 연락을 주고받는 이용자들이 있고, 반대쪽에는 광고주, 이모티콘 공급업체들이 있는 것이다. 이를 바탕으로 '학생이 보인 반응'과 지문 내용을 연결해 보면 A와 B에는 '감소', C에는 '하락'이 들어간다는 것을 알 수 있다.

학생이 보인 반응	지문 근거
• ㉠(메신저 이용자들)의 수요의 가격 탄력성이 높고,	• 5문단의 '카드 회원의 수요의 가격 탄력성이 높은 경우에는 연회비가 오를 때 카드 회원 수가 크게 감소'
• ㉠이 ㉡(광고주들)에 미치는 간접 네트워크 외부성이 클 때,	• 2문단의 '간접 네트워크 외부성이란 서로 다른 집단 간에 발생하는 것으로, … 한쪽 이용자 집단의 규모가 작아지면 반대쪽 이용자 집단의 효용이 감소'
• P사가 무료이던 메신저 이용료를 유료로 전환한다고 가정하면,	→ 카드 회사가 연회비가 없던 것을 연회비를 내게 하면
• ㉠의 수는 (A)하고 • ㉡의 효용은 크게 (B)할 것이다.	→ 카드 회원 수는 감소하고 → 가맹점들의 효용이 크게 감소할 것이다.
• 한편 ㉣(이모티콘 공급업체들)이 ㉢(이모티콘 사용에 익숙해진 이용자)에 미치는 간접 네트워크 외부성이 크다고 가정하면,	• 4문단의 '카드 회원들이 가맹점에 미치는 간접 네트워크 외부성이 클수록, 카드 회사는 카드 회원 수를 늘리기 위해 낮은 연회비를 부과'
• P사가 ㉣에 부과하는 판매 수수료는 (C)할 것이다.	→ 카드 회사는 낮은(하락) 이용료를 부과할 것이다.

▶ **정답의 근거** 위 '⑤가 정답인 이유'의 표 참조

가장 많이 질문한 오답은? ③, ① 순

　B와 C를 반대로 생각하여 ③과 ①에 답한 학생들이 많았는데, 위 '⑤가 정답인 이유'에서 '지문 근거'를 참고하여 B와 C에 들어갈 내용을 한 번 더 따져 알고 넘어가도록 한다.

10~14 사회 : 배영달, 「보드리야르의 「소비의 사회」 읽기」

독해력을 길러 주는 지문 분석

1문단 **문단 요약** 마르크스는 사물의 경제적 가치를 사용가치와 교환가치로 구분하고, 자본주의 사회에서는 경제적 가치가 수요와 공급에 의한 교환가치에 의해 결정된다고 보았다. 또한 그는 사물의 거래 가격은 생산 비용에 의해 결정된다는 점에서 소비를 생산에 종속된 현상으로 보았다.

핵심어(구) 마르크스, 사물의 경제적 가치, 교환가치에 의해 결정, 소비를 생산에 종속된 현상

중심 내용 자본주의 사회에서 사물의 경제적 가치를 결정하는 요인과 소비에 대한 마르크스의 견해

2문단 **문단 요약** 마르크스와 달리 보드리야르는 사용가치(기호가치)가 경제적 가치를 결정하며, 자본주의 사회는 소비 우위의 사회라고 주장했다.

핵심어(구) 보드리야르, 사용가치, 기호가치

중심 내용 자본주의 사회에서 사물의 경제적 가치를 결정하는 요인과 소비에 대한 보드리야르의 견해

▼ 자본주의 사회에 대한 마르크스와 보드리야르의 견해(1, 2문단)

구분	경제적 가치의 결정 요인	사용가치	소비
마르크스	교환가치	사물 자체의 유용성에 대한 가치	생산에 종속됨.
보드리야르	사용가치	욕망의 대상으로서의 기호가치	소비 우위

3문단 **문단 요약** 기호는 어떤 대상을 지시하는 상징으로서 기표(감각으로 지각되는 문자나 음성)와 기의(의미 내용)로 구성되는데, 기표와 기의의 관계는 자의적이라서 어떤 기호의 의미 내용을 결정하는 것은 기표와 기의의 관계가 아니라 기호들 간의 관계, 즉 기호 체계이다.

핵심어(구) 기호, 기표, 기의, 자의적, 기호 체계

중심 내용 기호의 의미 내용을 결정하는 기호 체계

4문단 **문단 요약** 보드리야르는 자본주의 사회에서 대량 생산 기술의 발전으로 공급이 넘치면서 소비자가 기호가치 때문에 사물을 소비한다고 보았다. 명품 가방의 소비는 소비자가 속하고 싶은 집단과 다른 집단 간의 차이를 부각하는 기호로서 기능하며, 따라서 소비의 원인은 사물이 상징하는 특정 사회적 지위에 대한 욕구라는 것이다.

핵심어(구) 보드리야르, 기호가치, 소비의 원인, 특정 사회적 지위에 대한 욕구

중심 내용 소비에 대한 보드리야르의 견해 (1) – 소비의 원인을 특정 사회적 지위에 대한 욕구로 봄.

5문단 **문단 요약** 보드리야르는 특정 사물에 대한 현대인의 욕망은 대중 매체를 매개로 하여 자기도 모르는 사이에 강제되고, 소비도 이렇게 강제된 욕구에 따르는 것에 불과하다고 보았다.

핵심어(구) 특정 사물에 대한 현대인의 욕망, 대중 매체, 강제된 욕구

중심 내용 소비에 대한 보드리야르의 견해 (2) – 현대인들의 소비를 대중 매체에 의해 강제된 욕구에 따른 것으로 봄.

6문단 **문단 요약** 현대인의 일상생활이 사물의 기호가치와 이에 대한 소비에 의해 규정된다고 보고 자본주의 사회를 소비 사회로 명명한 보드리야르의 이론은 소비가 인간에 미치는 영향을 비판적으로 성찰해야 한다는 점을 시사한다.

핵심어(구) 소비 사회, 소비가 인간에 미치는 영향을 비판적으로 성찰

중심 내용 보드리야르 이론의 시사점 – 소비가 인간에 미치는 영향을 비판적으로 성찰해야 함.

주제 자본주의 사회의 소비에 대한 보드리야르의 견해와 시사점

10 세부 정보의 확인
정답 ⑤

O **⑤가 정답인 이유** 2문단에서 ⓒ은 자본주의 사회에서는 '사용가치가 경제적 가치를 결정'한다고 했고, ⓒ이 제시한 사용가치는 '기호가치'를 의미한다고 했으며, 4문단에서는 '소비자가 기호가치 때문에 사물을 소비한다고 보았다.'고 했다. ⓒ은 '소비의 원인'을 '기호가치'로 본 것이다. 그리고 5문단에서는 '사회적 상징 체계'는 '기호 체계'라고 했고, 3문단에서 '기호 체계'는 어떤 기호의 의미 내용을 결정하는 것이라고 했으므로, ⑤는 ⓒ의 주장을 잘 이해한 것이다.

▶ **정답의 근거** 위 '⑤가 정답인 이유' 참조

① 1문단에서 ⓒ은 자본주의 사회에서 '소비를 생산에 종속된 현상'으로 보았다. 하지만, 사용가치는 고정적으로 본 반면 시장 거래를 통해 부여된 교환가치는 사물의 생산 비용에 의해 결정된다고 하였다. 따라서 ⓒ은 '사용가치와 교환가치는 결국 동일하다'고 보지 않았다는 것을 알 수 있다.

② 1문단에서 ⓒ은 자본주의 사회에서 '사물 자체의 유용성은 고정적'이라고 했지만, '사물의 거래 가격은 결국 생산 비용에 의해 결정된다는 점에서~소비의 자율성을 인정하지 않았다'고 했다. 따라서 ⓒ은 '소비자의 욕구를 중심으로 분석해야 한다'고 하지 않았다는 것을 알 수 있다.

③ 5문단에서 ⓒ은 자본주의 사회에서 '현대인이 자연 발생적인 욕구에 따라 자유롭게 소비하는 것처럼 보이지만 사실은 강제된 욕구에 따르는 것에 불과하다고 보았다'고 했으므로 '소비자에게 소비의 자율성이 존재'한다고 보지 않았다는 것을 알 수 있다. 그리고 2문단에서 ⓒ은 '교환가치가 아닌 사용가치가 경제적 가치를 결정하며' '사용가치'는 욕망의 대상으로서의 기호가치라고 했다. 따라서 ⓒ은 '교환가치가 사용가치를 결정한다'고 하지도 않았다는 것을 알 수 있다.

④ 5문단의 첫 문장에서 ⓒ은 자본주의 사회에서 개인은 강제된 욕구에 따라 소비한다고 했다. 하지만 4문단에서 '(소비자가 얻고자 하는) 사물은 소비자가 속하고 싶은 집단과 다른 집단 간의 차이를 부각하는 기호로서 기능한다.'고 했다. 따라서 ⓒ은 '집단 간의 사회적 차이가 소멸한다'고 보지 않았다는 것을 알 수 있다.

11 핵심 개념에 대한 이해
정답 ①

O **①이 정답인 이유** '기호 체계'를 바탕으로 '사물'을 이해하면, [A]에서 '사물은 소비자가 속하고 싶은 집단과 다른 집단 간의 차이를 부각하는 기호로서 기능한다.'고 했고, 3문단에서 '기호는 어떤 대상을 지시하는 상징으로서 문자나 음성같이 감각으로 지각되는 기표와 의미 내용인 기의로 구성'된다고 했다. 이로 보아, '기호'를 구성하는 '기표'는 감각으로 지각되는 문자나 음성과 같다고 했으므로 '구체성'을 갖고, '기의'는 의미 내용이라고 했으므로 '추상성*'을 갖는다는 것을 알 수 있다. 그런데 ①에서는 '추상성'을 '기표'의 특성으로, '구체성'을 '기의'의 특성으로 설명했기 때문에 적절하지 않다.

> *추상성: 구체적으로 경험할 수 없는 성질. ⑪ 구체성

▶ **정답의 근거** 3문단의 '기호는~감각으로 지각되는 기표와 의미 내용인 기의로 구성되는데'

가장 많이 질문한 오답은? ⑤, ② 순

X **⑤가 오답인 이유** '기호가치'는 2문단에서 '욕망의 대상으로서 기호(sign)가 지니는 기능적 가치'라고 했고, [A]에서는 '사물이 상징하는 특정 사회적 지위에 대한 욕구'라고 했으며, 소비자는 이 '기호가치' 때문에 소비한다고 보았다. 그리고 3문단에서는 "'남성'이란 문자는 필연적으로 어떤 대상을 지시하는 것이 아니며 '여성'이란 기호와의 관계 속에서 의미 내용이 결정된다.'고 했다. 이를 통해 볼 때 기호가치는 기표('남성'이란 문자)에 의해 결정되는 것이 아니고, '사물의 기의(의미 내용)와 그에 대한 소비자의 욕구와 관련'되므로 ⑤는 적절하다.

X **②가 오답인 이유** 사물과 상징 체계를 기호 체계 이론에 적용하면 사물은 문자나 음성같이 구체적으로 지각되는 것이므로 '기표'라고 할 수 있고, 그 사물에 의미를 부여하는 상징 체계(사회적 지위)는 의미 내용이므로 '기의'에 해당한다고 볼 수 있다. 3문단에서 '기표와 기의의 관계는 자의적*'이라고 했으므로 사물(명품 가방, 감각으로 지각되는 '기표')과 그것이 상징하는 특정한 사회적 지위(특정 계층 또는 집단의 일원이라는 상징인 '기의')와의 관계는 자의적이라고 할 수 있다.

> *자의적: 방자하게(멋대로) 임의로(하고 싶은 대로) 하는 (것). ⑪ 임의적

모르는 어휘를 만나면 매3어휘 풀이를 떠올립니다.

해당 어휘를 구성하는 음절이 포함된 친숙한 어휘를 떠올려 대입한 후
앞뒤 문맥이 자연스러운지를 살피면 됩니다.

③ [A]에서 보드리야르는 자본주의 사회에서 소비자는 사물 자체의 유용성이 아닌 기호가치(욕망의 대상으로서의 기호가 지니는 가치) 때문에 소비한다고 했고, 3문단에서 '어떤 기호의 의미 내용을 결정하는 것은 기표와 기의의 관계가 아니라 기호들 간의 관계, 즉 기호 체계'라고 했다. 따라서 사물의 의미 내용(기의)은 사물 자체가 아닌 사물 간의 관계, 즉 기호 체계를 통해 결정된다는 것은 적절하다.

④ [A]에서 '소비자는 특정 계층 또는 집단의 일원이라는 상징을 얻기 위해 명품 가방을 소비'하고, '이때 사물은 소비자가 속하고 싶은 집단과 다른 집단 간의 차이를 부각하는 기호로서 기능한다.'고 했다. 이를 통해 '소비는 사물(명품 가방)이라는 기호를 통해 특정 계층 또는 집단의 일원이라는 상징을 얻는 행위'라는 것을 알 수 있다.

12 전제 추론
정답 ③

O **③이 정답인 이유** '전제'를 찾는 문제는 '이유'를 찾으면 된다. 따라서 다음과 같이 질문을 던져 본다.

> ⓒ상징 체계 변화에 따라 욕구도 유동적*인 이유는 무엇인가?

그 이유는 ⓒ의 **바로 앞**에 제시되어 있다. '특정 사물의 상징은 기호 체계, 즉 사회적 상징 체계 속에서 유동적'이기 때문이다. 여기서 '상징 체계'는 '기호 체계'라는 것을 알 수 있는데, 5문단의 '텔레비전 속 유명 연예인이 소비하는 사물은 유명 연예인이라는 기호에 의해 새로운 의미 내용이 부여된다.'고 했다. 평범한 제품이 유명 연예인의 소비로 기호가치(상징 체계)가 변하면서 소비가 증가한다는 점에서 '사물의 기호가치(상징 체계)가 변화하면 사물에 대한 욕구도 변화한다(유동적)'는 것은 ⓒ의 전제(이유, 까닭, 근거)로 적절하다.

> *유동적: 흘러(유통) 변동될 수 있는(것). 변하는(것).

▶ **정답의 근거** 위 '③이 정답인 이유' 참조

가장 많이 질문한 오답은? ①

X **①이 오답인 이유** 위 '③이 정답인 이유'에서 '상징 체계'는 '기호 체계'라는 것을 알 수 있는데, 3문단에서 '기호 체계'는 어떤 기호의 의미 내용을 결정하는 것이라고 했고, 4문단에서는 '사물 자체의 유용성'은 소비를 결정하는 요인으로 작용할 수 없다고 했다. 따라서 상징 체계가 변한다고 해서(유명 연예인이 먹은 치킨이라고 해서) 사물 자체의 유용성(치킨 자체의 맛)이 변화하는 것은 아니므로 ①은 ⓒ의 전제로 적절하지 않다.

나머지 답지들이 오답인 이유, 즉 ⓒ의 전제로 적절하지 않은 이유도 살펴보자.

② ⓒ 앞에서 '보드리야르는 현대인이 자연 발생적인 욕구에 따라 자유롭게 소비하는 것처럼 보이지만 사실은 강제된 욕구에 따르는 것에 불과하다고 보았다.'고 했다. 현대인이 각자 자신의 선호에 따라 소비한다고 생각하지만, 대중 매체가 보이지 않게 만든 기호가치에 의해 사람들이 동일한 소비를 강요받는다는 것이다. → 제각기 다른 양상을 보인다 X

④ ⓒ 앞에서 '보드리야르는 현대인이 자연 발생적인 욕구에 따라 자유롭게 소비하는 것처럼 보이지만 사실은 강제된 욕구에 따르는 것에 불과하다고 보았다.'고 했다. 보드리야르는 사물을 소비하는 행위가 개인의 자연 발생적 욕구에 따른 것이 아니라고 본 것이다. → 자연 발생적 욕구에 따른 것 X

⑤ ⓒ 뒤에서 '대중 매체는 사물의 기의(의미 내용)에 영향을 미침으로써 욕구를 강제할 수 있다.'고 했고, '특정 사물에 대한 현대인의 욕망은 대중 매체를 매개로 하여 자기도 모르는 사이에 강제된다.'고 했다. 보드리야르는 사물이 지시하는 의미 내용과 사물에 대한 욕구는 서로 독립적이지 않다(관련이 있다)고 본 것이다. → 독립적이다 X

13 구체적 사례에의 적용
정답 ③

O **③이 정답인 이유** 5문단에서 '보드리야르'는 '현대인(젊은 세대)이 자연 발생적인 욕구에 따라 자유롭게 소비하는 것처럼 보이지만 사실은 강제된 욕구에 따르는 것에 불과하다고 보았다.'고 했다. 이는 현대인들은 개성에 따라 소비하는 것으로 생각하지만 사실은 대중 매체를 통해 형성되는 상징적 의미, 즉 기호가치에 의해 개성과는 거리가 먼 소비를 하고 있다는 것이다. 이와 같은 '보드리야르'의 관점을 〈보기〉에 적용하면, 찢어진 청바지는 개인만의 고유한 특성을 드러내기보다는 계층(사회 인습에 저항하는 세대)에 속한다는 점을 부각시키는 기호를 상징하는 것이므로 ③은 '보드리야르'의 관점으로 이해한 내용으로 적절하지 않다.

▶ **정답의 근거** 5문단의 '보드리야르는 ~ 사실은 강제된 욕구에 따르는 것에 불과하다고 보았다.'

가장 많이 질문한 오답은? ①, ④, ②, ⑤ 순

X **①이 오답인 이유** 4문단에서 '보드리야르'는 '소비자는 특정 계층 또는 집단의 일원이라는 상징을 얻기 위해 명품 가방을 소비'하고 '이때 사물은 소비자가 속하고 싶은 집단과 다른 집단 간의 차이를 부각하는 기호로서 기능한다.'고 했다. 이와 같은 '보드리야르'의 관점을 〈보기〉에 적용하면, 찢어진 청바지를 입는 것은 개인이 소속되길 바라는 집단(특정 계층)의 차별화된 속성일 수 있다.

X **④가 오답인 이유** 5문단에서 '보드리야르'는 '특정 사물에 대한 현대인의 욕망은 대중 매체를 매개로 하여 자기도 모르는 사이에 강제된다.'고 했다. 이와 같은 '보드리야르'의 관점을 〈보기〉에 적용하면, '당신의 삶에 차이를 만듭니다'라는 광고 문구는 소비자로 하여금 자기도 모르는 사이에 광고의 상품을 소비함으로써 사회적 차이를 드러내고 싶다는 욕구를 강제하는 것일 수 있다.

X **②가 오답인 이유** 6문단에서 '보드리야르'는 '현대인의 일상생활이 사물의 기호가치와 이에 대한 소비에 의해 규정된다고 보고 자본주의 사회를 소비 사회로 명명하였다.'고 했다. 이와 같은 '보드리야르'의 관점을 〈보기〉에 적용하면, '사물을 통한 개성의 추구'는 자본주의 사회(소비 사회)에서 기호가치에 대한 욕구에서 비롯된 것으로 볼 수 있다.

X **⑤가 오답인 이유** 5문단에서 '보드리야르'는 '현실이 대중 매체를 통해 전달될 때 현실은 현실 그 자체가 아니라 다른 기호와 조합될 수 있는 기호로서 추상화*되기 때문'에 '대중 매체는 사물의 기의(의미 내용)에 영향을 미침으로써 (현대인의) 욕구를 강제할 수 있다.'고 했다. 이와 같은 '보드리야르'의 관점을 〈보기〉에 적용하면, 대중 매체를 보고 '타투*나 피어싱*을 하는 것'은 대중 매체가 제시하는 추상적 기호에 영향을 받아 소비하는 것으로 볼 수 있다.

> *추상화: 직접 경험하거나 알지 못하는 형태(성질)로 됨. ᷤ구체화
> *타투: 문신. 신체에 무늬를 새기는 것.
> *피어싱: 신체(귀, 코 등)에 구멍을 뚫어 장신구로 꾸미는 일.

14 문맥상 의미의 이해   정답 ④

O **④가 정답인 이유** '어휘 문제 3단계 풀이법'을 적용해 보자.

• 1단계: 핵심 간추리기

> 기호(sign)가 <u>지니는</u> 기능적 가치 → 가치를 <u>지닌</u> 기호

• 2단계: '매3어휘 풀이' 떠올리기

> 가치를 <u>지닌</u> 기호
> (바탕으로) 갖추고 있는, (속에) 품고 있는

• 3단계: 대입하기

① 항상 지갑에 현금을 <u>지니고</u> 있다.
　　　　　　 갖추고 X, 품고 X
② 어릴 때의 모습을 그대로 <u>지니고</u> 있다.
　　　　　　 갖추고 X, 품고 △
③ 맡은 일에 책임을 <u>지녀야</u> 한다.
　　　　　　 갖추어야 X, 품어야 X
④ 고정 관념을 <u>지니고</u> 살다.
　　　　　　 갖추고 △(바탕으로 갖추고 O), 품고 O
⑤ 추억을 항상 마음속에 <u>지니고</u> 있다.
　　　　　　 갖추고 X, 품고 X

▶ **정답의 근거** 위 '④가 정답인 이유' 참조

가장 많이 질문한 오답은? ②, ③ 순

X **②가 오답인 이유** '어릴 때의 모습을 그대로 지니고 있다.'에서의 '지니다'의 의미는 '그대로'에서 짐작할 수 있는데, '(변함없이) 간직하고 있고, 유지하고 있다'는 것이다. 따라서 이때의 '지니다'는 ⓐ에 쓰인 '(속에) 품고 있다'는 의미의 '지니다'와는 다르다.

X **③이 오답인 이유** '(책임을) 지니다'는 '(책임감을) 갖다'로 바꾸면 그 의미가 통하는데, 이때의 '지니다'는 '맡아서 (담당) 하다'의 뜻으로 '(가치를) 지니다'의 의미와는 다르다.

① '지갑에 현금을 <u>지니다</u>'에서의 '지니다'는 '몸에 간직하다'는 뜻으로, 가치를 '지니는' 것과는 다른 의미이다.

⑤ '마음속에 추억을 <u>지니다</u>'에서의 '지니다'는 '잊지 않고 새겨 두다'는 뜻으로, 가치를 '지니는' 것과는 다른 의미이다.

✔ 매일 복습 확인 문제

1 다음 추론이 맞으면 ○, 그렇지 않으면 ×로 표시하시오.

(1) [지문] 경기가 침체되면 중앙은행은 기준 금리를 인하하는 정책을 도입하여 시중 금리를 낮추도록 유도한다. 그 결과 유동성이 증가하여 가계의 소비가 늘고 주식이나 부동산에 대한 투자가 확대된다. →[추론] 경기 침체 시 기준 금리를 인상하면 경기가 회복된다. ………(　　)

(2) [지문] 한 명의 피보험자가 동일한 피보험 이익과 동일한 보험 사고에 관하여 여러 보험자와 계약을 체결한 경우에 그 보험 금액의 합계가 보험 가액을 초과하는 경우를 중복 보험이라 한다. →[추론] 피보험 이익이 서로 다른 보험 계약은 중복 보험으로 볼 수 없다. ………(　　)

(3) [지문] 소비자는 특정 계층 또는 집단의 일원이라는 상징을 얻기 위해 명품 가방을 소비한다. 이때 사물은 소비자가 속하고 싶은 집단과 다른 집단 간의 차이를 부각하는 기호로서 기능한다. →[추론] 소비는 사물이라는 기호를 통해 특정 계층 또는 집단의 일원이라는 상징을 얻는 행위이다. ……………………………(　　)

2 왼쪽에서 밑줄 친 어휘의 의미와 가까운 것을 오른쪽에서 찾아 서로 줄로 이으시오.

(1) 예금을 많이 <u>유치</u>하다. •
　　　　　　　　　　　　　• ㉮ 부추기다
　　　　　　　　　　　　　• ㉯ 끌어들이다
(2) 점수를 <u>임의</u>대로 배분하다. •
　　　　　　　　　　　　　• ㉰ 무작위로
　　　　　　　　　　　　　• ㉱ 인위적으로
(3) 판매 수수료를 <u>부과</u>하다. •
　　　　　　　　　　　　　• ㉲ 매기다
　　　　　　　　　　　　　• ㉳ 덧붙이다

정답 1. (1) × (2) ○ (3) ○ 2. (1) ㉯ (2) ㉰ (3) ㉲

정답	01 ⑤	02 ①	03 ②	04 ⑤	05 ③
	06 ①	07 ⑤	08 ④	09 ③	10 ④
	11 ②	12 ②	13 ③	14 ③	15 ③

1~5   융합(경제＋행정): 남종현 외, 「국제 무역론」

독해력을 길러 주는 지문 분석

1문단 **문단 요약** 정부는 조세 수입을 늘리거나 국내 산업을 보호하기 위해 수입되는 재화에 관세를 부과하는데, 관세를 부과하면 국내 경기 및 국제 교역에 영향을 미치게 된다.

핵심어(구) 관세

중심 내용 국내 경기 및 국제 교역에 영향을 미치는 관세

2문단 **문단 요약** 관세가 국내 경기에 미치는 영향을 살펴보기 위해서는 시장에서의 수요와 공급의 원리

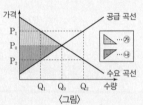
〈그림〉

를 알아야 한다. 수요와 공급의 원리에 따르면 재화의 균형 가격은 〈그림〉의 수요 곡선과 공급 곡선이 만나는 P_0에서 형성된다. 재화의 가격이 P_1로 올라가면 수요량은 Q_1로 줄어들고 공급량은 Q_2로 증가하지만, 재화의 가격이 P_2로 내려가면 수요량은 Q_2로 증가하고 공급량은 Q_1로 줄어든다.

핵심어(구) 시장에서의 수요와 공급의 원리

중심 내용 시장에서의 수요와 공급의 원리

3문단 **문단 요약** 재화의 가격 변화로 수요량과 공급량이 달라지면 소비자 잉여와 생산자 잉여에도 변화가 생긴다. 〈그림〉에서 재화의 가격이 P_0에서 P_1로 올라가면 소비자 잉여(㉮)는 줄어들고 생산자 잉여(㉯)는 늘어나는 반면, 재화의 가격이 P_2로 내려가면 소비자 잉여는 늘어나고 생산자 잉여는 줄어든다.

▼ 재화의 가격에 따른 소비자 잉여와 생산자 잉여의 변화

소비자 잉여	생산자 잉여
소비자의 지불 용의 가격(수요 곡선) – 실제 지불 가격	실제 판매 가격 – 생산자의 판매 용의 가격(공급 곡선)

• 재화의 가격이 올라가면($P_0 → P_1$)
 – 소비자 잉여는 줄어들고[㉮ → ⓐ]
 – 생산자 잉여는 늘어남[㉯ → ⓑ].

• 재화의 가격이 내려가면($P_0 → P_2$)
 – 소비자 잉여는 늘어나고[㉮ → ⓒ]
 – 생산자 잉여는 줄어듦[㉯ → ⓓ].

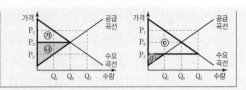

핵심어(구) 재화의 가격 변화, 소비자 잉여와 생산자 잉여에도 변화

중심 내용 재화의 가격 변화에 따른 소비자 잉여와 생산자 잉여의 변화

4~5문단 **문단 요약** 관세가 국내 경기에 미치는 영향을 살펴보면, K국이 관세 없이 밀가루를 수입하면 국산 밀가루 가격은 수입 가격 수준까지 내려가 생산자 잉여가 감소하지만 소비자 잉여는 증가하고, 증가한 소비자 잉여가 감소한 생산자 잉여보다 크기 때문에 사회적 잉여(소비자 잉여와 생산자 잉여의 총합)는 이전에 비해 커진다. 그런데 K국이 관세를 부과할 경우 수입 밀가루의 국내 판매 가격은 관세만큼 올라가, 국산 밀가루 생산자는 관세 부과 전보다 오른 가격에 판매할 수 있으므로 국산 밀가루의 공급량이 늘고 생산자 잉여가 증가한다. 반대로 가격이 올라간 만큼 수요량이 줄어들어 소비자 잉여는 감소한다. 이때 증가한 생산자 잉여가 감소한 소비자 잉여보다 작기 때문에 사회적 잉여는 관세를 부과하기 전보다 작아진다.

▼ 관세 부과 여부에 따른 소비자 잉여와 생산자 잉여의 변화

• **관세가 없을 경우:** 밀가루 가격이 500원에서 300원으로 내려가면 국산 공급량은 줄어들지만($Q_0 → Q_1$), 수요량이 늘어나($Q_0 → Q_2$) '국내 수요량 – 국내 공급량'만큼을 수입하게 됨.
 – 소비자 잉여는 ㉮에서 ⓒ로 증가하고
 – 생산자 잉여는 ㉯에서 ⓓ로 감소함.

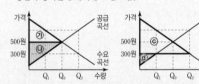

• **관세를 100원/kg 부과할 경우:** 밀가루 가격이 관세 부과 전의 300원에서 400원으로 올라가면
 – 국산 밀가루의 공급량은 늘어($Q_1 → Q_a$), 생산자 잉여는 ⓓ에서 ⓕ로 증가하고
 – 수요량은 줄어들어($Q_2 → Q_b$), 소비자 잉여는 ⓒ에서 ⓔ로 감소함.

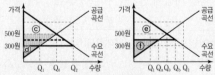

➡ 관세 부과 후, 증가한 생산자 잉여(▨)가 감소한 소비자 잉여(▨)보다 작다.
 따라서 사회적 잉여(소비자 잉여＋생산자 잉여)는 관세 부과 후(ⓔ＋ⓕ)가 관세 부과 전(ⓒ＋ⓓ)보다 ▨만큼 작다.

▼ 수입 전후의 생산자 잉여·소비자 잉여·사회적 잉여의 변화

구분	수입 전		수입 후	
	가격 상승	가격 하락	관세 부과 전	관세 부과 후
생산자 잉여	증가(↑)	감소(↓)	감소(↓)	증가(↑)
소비자 잉여	감소(↓)	증가(↑)	증가(↑)	감소(↓)
사회적 잉여	−	−	관세 부과 전>관세 부과 후	

핵심어(구) 관세가 국내 경기에 미치는 영향, 관세 없이, 관세를 부과할 경우

중심 내용 관세가 국내 경기에 미치는 영향

6문단 문단요약 국내 산업 보호를 위해 높은 관세를 부과하는 관세 정책이 장기화될 경우, 해당 제품과 관련된 다른 제품들의 가격이 줄줄이 상승하여 소비자들이 소비를 줄이게 되므로 국내 경기가 침체에 빠질 수 있다.

▼ 관세 정책이 국내 경기에 미치는 영향

- 단기적: 생산자의 이익 증가(↑)
- 장기적: 높은(↑) 관세, 가격 상승(↑), 소비 감소(↓)
∴ 관세 정책이 장기화되면 국내 경기가 침체됨.

핵심어(구) 관세 정책이 장기화, 국내 경기가 침체

중심 내용 관세 정책이 국내 경기에 미치는 영향

7문단 문단요약 학자들은 과도한 관세가 사회적 잉여를 감소시키고 소비를 줄어들게 하며 관련된 다른 산업에까지 악영향을 미칠 뿐만 아니라, 국제 무역 시장을 침체시키고 국제 무역 분쟁을 야기할 소지도 있다고 우려하고 있다.

핵심어(구) 국제 무역 시장을 침체, 국제 무역 분쟁을 야기

중심 내용 관세 부과가 국제 무역에 미치는 영향

주제 관세 정책이 국내 경기 및 국제 교역에 미치는 영향

＊소지: 문제를 생기게 하는 원인(또는 가능성). ❿논란의 소지가 있다.
※ 소지(所持): (물건을) 지님(소유). ❿휴대폰을 소지하다.

01 내용 전개 방식 파악

정답 ⑤

🅾 **⑤가 정답인 이유** 이 글은 1문단에서 관세 부과 시 국내 경기 및 국제 교역에 영향을 미치게 된다는 점을 지적하고 있다. 그리고 관세가 국내 경기에 미치는 영향을 살펴보기 위해, 2문단에서는 시장에서의 수요와 공급의 원리를, 3문단에서는 가격 변화로 인한 소비자 잉여＊와 생산자 잉여가 변화하는 원리를 설명하였다. 그런 다음, 4~6문단에서 구체적인 사례(밀가루 수입에 따른 관세 부과)를 들어 관세가 국내 경기에 미치는 영향에 대한 이해를 돕고, 7문단에서 관세가 국제 교역에 미치는 영향도 설명하고 있다. 따라서 ⑤는 이 글에 대한 설명으로 적절하다.

＊ 잉여: 쓰고 남은 것. 여기서는 '제품을 소비하거나 판매함으로써 얻는 이득'을 말함. ※ 잉(剩): 남을 잉(과잉), 여(餘): 남을 여(여분)

▶ **정답의 근거** 위 '⑤가 정답인 이유'에서 밑줄 친 부분

가장 많이 질문한 오답은? ③

❎ **③이 오답인 이유** 오답지들 중에서는 ③에 답한 학생들이 제법 있었다. 하지만 이 글에서는 재화의 가격 변화에 따른 수요와 공급의 원리에 대한 이론을 제시하고 있을 뿐 이론의 한계를 설명하고 있지 않다.

① 관세 정책이나 수요와 공급의 원리에 대한 두 입장을 제시하고 있지 않고, 이를 절충(매3인사이트.집 p.46)하고 있지도 않다.

② 6~7문단에서 문제 상황[국내 경기의 침체, 국제 교역 감소, 국제 무역 시장 침체, 국제 무역 분쟁 야기(매3인사이트.집 p.31) 등]을 언급하고 있지만, 이에 대한 해결책을 구체화하고 있지는 않다.

④ 1문단에 관세를 부과하게 된 배경(조세 수입 증가, 국내 산업의 보호)은 제시되어 있지만, 관세 부과와 관련된 학설이 나타난 배경이나 그 학문적 성과를 분석하고 있지는 않다.

02 세부 정보의 확인

정답 ①

🅾 **①이 정답인 이유** 2문단에서, '(〈그림〉에서) 수요 곡선은 재화의 가격에 따른 수요량의 변화를 나타내는데, 그래프에서 가격은 재화 1단위 추가 소비를 위한 소비자의 지불 용의 가격을 나타내기도 한다.'고 했고, '재화의 균형 가격은 수요 곡선과 공급 곡선이 만나는 P_0에서 형성된다.'고 했다.

이로 보아, 그래프에서 P_1, P_0, P_2…는 모두 소비자가 지불할 용의가 있는 가격에 해당한다는 것을 알 수 있는데, 소비자가 지불할 용의가 있는 P_2의 경우는 재화의 균형 가격인 P_0보다 낮다. 따라서 '소비자의 지불 용의 가격은 균형 가격보다 항상 높'은 것은 아니므로 ①은 이 글을 잘못 이해한 것이다.

▶ **정답의 근거** 위 '①이 정답인 이유' 참조

가장 많이 질문한 오답은? ②

❎ **②가 오답인 이유** 2문단에서 '수요와 공급의 원리에 따르면 재화의 균형 가격은 수요 곡선과 공급 곡선이 만나는 P_0에서 형성된다.'고 했고, 〈그림〉(그래프)에서도 균형 가격이 형성되는 지점, 즉 P_0와 Q_0가 만나는 지점에서는 수요량과 공급량이 동일하다는 것을 확인할 수 있다.

③ 6문단의 '높은 관세로 국내 밀가루 가격이 상승하면 밀가루를 원료로 하는 제품들의 가격이 줄줄이 상승하게 되어~'에서 확인할 수 있다.

④ 1문단의 '최근 수입품에 높은 관세를 부과하여 국제 무역 분쟁이 발생하면서'와 마지막 7문단의 '과도한 관세는…국제 무역 분쟁을 야기할 소지도 있다.'에서 확인할 수 있다.

⑤ 7문단의 '이러한 이유로 대다수의 경제학자들은 과도한 관세에 대한 우려를 드러내고 있다.'에서 확인할 수 있다.

03 이유의 추론

정답 ②

⭕ ②가 정답인 이유 5문단에서 'K국이 수입 밀가루에 관세를 부과할 경우', '관세를 부과하기 전보다' 생산자 잉여는 증가하게 되고 소비자 잉여는 감소하게 되지만 '증가한 생산자 잉여가 감소한 소비자 잉여보다 작기 때문에 소비자 잉여와 생산자 잉여의 총합인 사회적 잉여는 수입 밀가루에 관세를 부과하기 전에 비해 작아지게 된다.'고 했다. 이로 보아, '소비자 잉여 감소분이 생산자 잉여 증가분보다 크기 때문'이라는 ②는 '관세가 사회적 잉여를 감소'시킨다는 ㉠의 이유로 적절하다.

▶ 정답의 근거 위 '②가 정답인 이유'에서 밑줄 친 부분(p.74의 '독해력을 길러 주는 지문 분석'에서 4~5문단의 그래프 참조)

가장 많이 질문한 오답은? ⑤

❌ ⑤가 오답인 이유 5문단에서 '관세를 부과할 경우', '수입 밀가루의 국내 판매 가격은' 올라간다고 했고, '가격이 올라가면 그만큼 수요량이 줄어들게 되므로 소비자 잉여는 감소하게 된다.'고 했다. 따라서 '소비자 잉여 증가'는 관세가 사회적 잉여를 감소시키는 이유와는 관련이 없다.

① 5문단의 '(관세를 부과할 경우) 증가한 생산자 잉여가 감소한 소비자 잉여보다 작기 때문에…사회적 잉여는 수입 밀가루에 관세를 부과하기 전에 비해 작아지게 된다.'에서 '소비자 잉여 감소분이 생산자 잉여 증가분'보다 많다는 것을 알 수 있다.

③ 위 '⑤가 오답인 이유'에서 관세를 부과할 경우 소비자 잉여는 감소한다는 것을 알 수 있다.

④ 5문단에서 '관세를 부과할 경우', '수입 밀가루의 국내 판매 가격은' 올라간다고 했고, 가격이 올라가면 '국산 밀가루의 공급량이 늘어 관세를 부과하기 전보다 생산자 잉여가 증가하게 된다.'고 했다. 따라서 '생산자 잉여 감소'는 관세가 사회적 잉여를 감소시키는 이유와는 관련이 없다.

04 구체적 상황에의 적용

정답 ⑤

⭕ ⑤가 정답인 이유 〈보기〉의 그래프부터 이해해 보자.

바나나 수입으로 인한 P국의시장변화		가격(만 원)	수요량(톤)	공급량(톤)
수입 전(균형 가격)		1,000	150	150
수입 후	관세 부과 전	500	250	50
	관세 부과 후	700	200	100

위 표를 바탕으로 ⑤가 적절한지를 살펴보면, 관세 부과 전후의 바나나 수입량은 4문단의 '국내 수요량에서 국내 공급량을 뺀 나머지 부분만큼 밀가루를 수입하게 된다.'를 통해 알 수 있고, 이를 정리하면 다음과 같다.

구분	국내 수요량(A)	국내 공급량(B)	수입량(A−B)
관세 부과 전	250톤	50톤	200톤
관세 부과 후	200톤	100톤	100톤

따라서 관세를 부과한 결과 수입되는 바나나의 수량(100톤)은 이전(200톤)보다 100톤(50톤 ✕)이 줄어드는 효과가 발생한다.

▶ 정답의 근거 〈보기〉의 그래프와 4문단

가장 많이 질문한 오답은? ②, ①, ③, ④ 순

❌ ②가 오답인 이유 정답보다 ②에 답한 학생들이 많았는데, 이 학생들은 4문단의 '국내 수요량에서 국내 공급량을 뺀 나머지 부분만큼 밀가루를 수입하게 된다.'를 놓친 경우가 많았다. 위 '⑤가 정답인 이유'를 참조하면 '관세를 부과하기 이전에는 수입되는 바나나의 수량이 200톤이었다.'는 것을 알 수 있다.

❌ ①이 오답인 이유 2문단에서 '수요와 공급의 원리에 따르면 재화의 균형 가격은 수요 곡선과 공급 곡선이 만나는 P_0에서 형성된다.'고 했고, '그래프에서 가격은 재화 1단위 추가 생산을 위한 생산자의 판매 용의 가격' 또는 '소비자의 지불 용의 가격'이라고 했으므로, 바나나를 수입하기 전 바나나의 국내 균형 가격은 〈보기〉에서 수요 곡선과 공급 곡선이 만나는 톤당 1,000만 원이었음을 알 수 있다. 이와 관련하여 〈보기〉의 그래프에서 가격을 나타내는 단위가 '만 원'이라는 것도 놓치지 않아야 한다.

❌ ③이 오답인 이유 〈보기〉의 그래프에서 관세 부과 전후의 가격을 살펴보면, 관세를 부과하기 전은 바나나 가격이 톤당 500만 원이고, 관세를 부과한 후는 톤당 700만 원이다. 이로 보아, 관세로 부과한 금액은 톤당 200만 원이라는 것을 알 수 있다.

❌ ④가 오답인 이유 〈보기〉의 그래프에서 공급 곡선을 보면 관세를 부과하기 전의 공급량은 50톤이고, 관세를 부과한 후의 공급량은 100톤이다. 따라서 ④의 '관세를 부과한 결과 국내 생산자는 바나나의 공급량을 50톤에서 100톤으로 늘리게 된다.'는 적절하다.

05 두 정책의 비교 이해

정답 ③

⭕ ③이 정답인 이유 〈보기〉의 '수입 할당제(B)는 수입되는 재화의 양을 제한함으로써 그 재화의 국내 가격을 자연적으로 상승시켜 국내 생산자를 보호하는 기능을 한다.'로 보아, B 시행 시 국내 생산자가 혜택을 본다는 것을 알 수 있다. 그리고 5문단의 '관세(A)를 부과할 경우,…국산 밀가루의 공급량이 늘어 관세를 부과하기 전보다 생산자 잉여(이득)가 증가하게 된다.'로 보아, A 시행 시에도 국내 생산자가 혜택을 본다는 것을 알 수 있다. 따라서 A와 B 모두 정책 시행 시 국내 생산자가 혜택을 보므로 'B와 달리'는 적절하지 않다.

▶ 정답의 근거 위 '③이 정답인 이유'에서 밑줄 친 부분

가장 많이 질문한 오답은? ④, ⑤ 순

❌ ④가 오답인 이유 A(관세)와 달리 〈보기〉에서 B는 '비관세 정책'이라고 했다. 즉, A는 세금(관세)을 부과하지만, B는 관세를 부과하지 않는 비관세 정책이므로, 'B는 A와 달리 수입품에 대한 정부의 조세 수입이 없'다.

X ⑤가 오답인 이유   A는 7문단에서 '과도한 관세(A)는 국제 교역을 감소시켜 국제 무역 시장을 침체'시킨다고 했고, B는 〈보기〉에서 '(재화의) 할당량이 채워지면 수입을 전면적으로 금지'하는 정책이라고 했으므로, 'A와 B 모두 국제 무역 규모의 감소를 유발할 수 있다.

①과 ②가 오답인 이유도 살펴보자.

① 5문단에서 관세(A)를 부과하면 '수입 밀가루의 국내 판매 가격은 400원/kg으로 올라가게 된다.'고 했다. 이로 보아, A는 '수입품의 가격을 상승시키는 원인으로 작용'할 것이라는 이해는 적절하다.

② 〈보기〉에서 수입 할당제(B)는 '일정 기간 특정 재화를 수입할 수 있는 양을 제한하여 제한된 할당량까지는 자유 무역 상태에서 수입'한다고 했다. 이로 보아, B는 '수량을 기준으로 수입되는 재화의 양을 제한'할 것이라는 이해는 적절하다.

6~10 사회: 가설 검정과 오류

독해력을 길러 주는 지문 분석

1문단 문단 요약 신약 개발을 하는 회사의 경영자는 신약이 효과가 있다는 것을 확인하기 위해 가설 검정의 방법을 사용할 수 있다. 가설 검정은 모순된 관계에 있는 두 개의 가설['신약이 효과가 있다'(대립가설)와 '신약이 효과가 없다'(귀무가설)]을 세우고 실험을 통해 가설의 참 또는 거짓을 판단하는 것이다.

핵심어(구) 신약 개발, 가설 검정

중심 내용 신약 개발 시 효과를 확인하기 위한 방법인 가설 검정

2문단 문단 요약 가설 검정에서는 귀무가설이 참이라고 가정한 상태에서 일부 환자에게 신약을 투약한 결과에 따라 다음과 같이 대립가설의 채택 여부가 결정된다.

'신약이 효과가 없다.'라는 귀무가설 아래에서 투약 후
– 병이 호전된 경우가 많을 경우: 대립가설을 채택함.
– 병이 낫지 않은 경우가 많을 경우: 대립가설을 버림.

핵심어(구) 귀무가설이 참이라고 가정, 대립가설의 채택 여부가 결정

중심 내용 가설 검정 방법 – 귀무가설의 가정을 바탕으로 대립가설의 채택 여부 결정

3문단 문단 요약 경영자가 의사 결정을 하는 과정에서는 귀무가설이 참인데도 귀무가설을 기각하는 결정을 내린 '1종 오류'(약효가 없는데 있다고 판단)와 귀무가설 참이 아닌데 귀무가설을 기각하지 못한 결정을 내린 '2종 오류'(약효가 있는데 없다고 판단)가 발생할 수 있다.

핵심어(구) 경영자가 의사 결정을 하는 과정, 1종 오류, 2종 오류

중심 내용 의사 결정 과정에서 발생할 수 있는 오류

4문단 문단 요약 상대적으로 더 심각한 문제를 초래하는 것은 1종 오류인데, 효과가 있는 약을 출시하지 못하면 수익을 창출하지 못하는 데 그치지만, 출시했는데 약의 효능이 없으면 회사가 신뢰를 잃기 때문이다. 그런데 두 가지 오류를 동시에 줄일 수는 없는데, 한쪽 오류를 줄이면 그만큼 반대쪽 오류는 늘어나기 때문이다.

핵심어(구) 상대적으로 더 심각한 문제를 초래하는 것은 1종 오류

중심 내용 더 심각한 문제를 초래하는 1종 오류

5문단 문단 요약 가설 검정 과정에서는 1종 오류가 발생할 확률의 최대 허용 범위인 유의 수준을 가급적 낮게 정한다. 유의 수준은 실험을 하기 전에 미리 정하며, 사람의 생명이나 인권과 결부된 것이라면 유의 수준은 더 낮게 잡아야 한다.

핵심어(구) 유의 수준을 가급적 낮게

중심 내용 1종 오류의 발생 확률을 낮추기 위한 방안–유의 수준을 낮게 설정함.

주제 신약의 효과를 확인하는 가설 검정의 방법과 오류 최소화 방안

06 핵심 정보의 이해   정답①

O ①이 정답인 이유   2문단에서 전체를 대상으로 실험하는 것은 불가능하기 때문에 가설 검정에서는 대립가설을 기준으로 하지 않고 귀무가설이 참이라고 가정하여 실험한 후 그 자료를 바탕으로 확률에 근거하여 귀무가설의 기각* 여부*를 결정하고, 이를 중심으로 대립가설의 채택 여부를 결정한다고 하였다. 곧 귀무가설을 기각하면 대립가설을 채택하는 것이지 새롭게 가설을 설정하는 것은 아니며, 귀무가설을 기각하지 않으면(=버리지 않으면) 대립가설을 채택하지 않는 것이다.

그런데 이와 같은 지문 내용을 잘 이해한 학생들 중에도 ①의 '새롭게'를 꼼꼼하게 체크하지 않아 ①을 정답에서 배제한 경우가 많았는데, 이 문제를 포함하여 이 지문에서 출제된 문제들 중 2문단에서 근거를 찾아야 하는 문제와 답지에서 시간이 많이 걸리거나 오답에 답한 학생들이 많았다. '귀무가설의 기각 여부를 결정한다, 귀무가설을 기각한다, 귀무가설을 기각하지 못한다' 등에 쓰인 '기각'과 '여부'를 읽을 때 그 의미를 정확하게 이해하지 못하고 헷갈린 것이다. '기각'과 '여부'의 의미를 한 번 더 짚고 넘어가도록 하자.

＊기각(棄却): 버리고(유기) 쓰지 않음. 무효로 함(각하).
＊여부(與否): 그러함과 그러하지 않음. ※ '기각 여부'는 '기각하거나 기각하지 않음', '출석 여부'는 '출석하거나 출석하지 않음'이라는 의미임.

▶ **정답의 근거** 2문단, 특히 '가설 검정은 '귀무가설을 기각한다.' 또는 '귀무가설을 기각하지 못한다.'라는 의사 결정을 중심으로 대립가설의 채택 여부가 결정된다.'

✕ ③이 오답인 이유 2문단의 끝 문장에서 '가설 검정은 '귀무가설을 기각한다.' 또는 '귀무가설을 기각하지 못한다.'라는 의사 결정을 중심으로 대립가설의 채택 여부가 결정된다.'고 했다. 이로 보아, 대립가설의 채택 여부를 판단하기 위해 사용하는 가설은 '귀무가설'임을 알 수 있다.

✕ ④가 오답인 이유 4문단의 '두 가지 오류를 동시에 줄일 수는 없다. 한쪽 오류를 줄이면 그만큼 반대쪽 오류는 늘어나기 때문이다.'로 보아, 1종 오류와 2종 오류를 함께 줄일 수 없는 이유는 '한쪽 오류를 줄이면 그만큼 반대쪽 오류는 늘어나기 때문'임을 알 수 있다.

✕ ②가 오답인 이유 2문단의 둘째 문장으로 보아, 대립가설을 기준으로 가설을 검정하지 않는 이유는 '전체를 대상으로 실험하는 것은 현실적으로 불가능하기 때문'임을 알 수 있다.

⑤는 4문단의 첫째 문장에서 바로 답을 찾을 수 있다. 곧 상대적으로 더 심각한 결과를 초래하는 것은 '1종 오류'이다.

07 세부 내용 확인
정답 ⑤

◯ ⑤가 정답인 이유 1문단에서 '경영자는 신약이 효과가 있다는 것을 확인하기 위해 가설 검정의 방법을 사용'하는데, 이를 위해 경영자는 "신약이 효과가 있다.'와 '신약이 효과가 없다.'라는 가설을 설정한다.'라고 하면서 '전자는 판단하는 이(=경영자)가 주장하려는 가설로 '대립(對立)가설''이라고 하였다. ⑤는 이 내용과 일치한다.

▶ 정답의 근거 위 '⑤가 정답인 이유'에서 밑줄 친 부분

가장 많이 질문한 오답은? ④, ③ 순

✕ ④가 오답인 이유 2문단에서 '가설 검정에서는 귀무가설이 참이라고 가정한 상태에서, 일부 환자에게 투약해서 얻은 자료를 바탕으로 확률에 근거하여 귀무가설의 기각 여부를 결정한다.'고 했다. 귀무가설은 참과 거짓을 알기 전까지는 참으로(거짓으로 ✕) 간주(매3인사이트.집 p.8)한다는 것이다.

✕ ③이 오답인 이유 2문단에서 '귀무가설('신약이 효과가 없다.') 아래에서 투약하였는데 관찰한 결과 병이 호전된 경우가 많았다'면, 이는 '신약이 효과가 없다.'(→ 귀무가설)가 타당하지 않은 것이므로, 경영자는 귀무가설을 버리고 대립가설을 채택하면 된다고 했다. 귀무가설은 대립가설이 채택될 때 받아들여지지 않는(받아들여지는 ✕) 가설인 것이다.

① 2문단에서 '신약이 효과가 없다.'라는 귀무가설이 '타당하지 않'으면 경영자는 '귀무가설을 버리고 대립가설을 채택하면 된다.'고 했다. 귀무가설이 기각되면 대립가설이 채택되는 것이다(채택될 수 없다 ✕).

② 3문단에서 '경영자가 의사 결정을 하는 과정'에서 발생하는 오류는 판결에서도 나타날 수 있다고 하면서 '판사는 확보된 증거를 바탕으로 귀무가설의 기각 여부를 판단해야 한다.'고 했다. 판결에서 가설의 기각 여부는 판사(피고인 ✕)가 결정하는 것이다.

08 내용 추론
정답 ④

◯ ④가 정답인 이유 지문을 바탕으로 〈보기〉의 A~D를 정리해 보자. 이때 '귀무가설'은 2문단에서 '신약이 효과가 없다.'는 가설이라고 한 점을 염두에 두고 이해한다.

〈보기〉의 표	A~D에 대한 이해
• A: 실제로 귀무가설은 '참'인데, 귀무가설을 기각하지 못함. ＝유효하다고 봄.	적절한 판단임. [근거] 2문단(귀무가설을 버리지 못하면 대립가설을 채택하지 못함.)
• B: 실제로 귀무가설은 '거짓'인데, 귀무가설을 기각하지 못함. ＝유효하다고 봄.	2종 오류 [근거] 3문단(귀무가설이 참이 아닌데 귀무가설을 기각하지 못한 결정을 내린 것을 '2종 오류'라고 한다.)
• C: 실제로 귀무가설은 '참'인데, 귀무가설을 기각함(=버림).	1종 오류 [근거] 3문단(귀무가설이 참인데도 불구하고 귀무가설을 기각하는 결정을 내린 것을 '1종 오류'라고 한다.)
• D: 실제로 귀무가설은 '거짓'인데, 귀무가설을 기각함(=버림).	적절한 판단임. [근거] 2문단(귀무가설을 버리고 대립가설을 채택하면 된다.)

〈보기〉의 B는 귀무가설이 '거짓'이지만 귀무가설을 '기각하지 못한' 것으로, 2종 오류에 해당한다. 4문단에서 '한쪽 오류를 줄이면 그만큼 반대쪽 오류는 늘어'난다고 했고, 3문단에서는 가설 검정의 오류는 '판결에서도 나타날 수 있다.'고 하면서 '무죄인 사람에게 유죄를 선고하는 것은 1종 오류, 유죄인 사람에게 무죄를 선고하는 것은 2종 오류에 해당한다.'고 했다. 따라서 B의 2종 오류를 줄이면 '무죄인 사람에게 유죄를 선고하는' 1종 오류가 늘어난다. 그런데 ④에서는 유죄인 사람(실제로 죄를 저지른 피고인)에게 무죄를 선고하는 2종 오류가 늘어난다고 했으므로 적절하지 않다.

▶ 정답의 근거 4문단의 '한쪽 오류를 줄이면 그만큼 반대쪽 오류는 늘어나기 때문'과, 3문단의 '무죄인 사람에게 유죄를 선고하는 것은 1종 오류, 유죄인 사람에게 무죄를 선고하는 것은 2종 오류에 해당한다.'

가장 많이 질문한 오답은? ②, ③, ①, ⑤ 순

이 문제는 정답률이 낮고 모든 오답지들에 골고루 답할 정도로 이 시험에서 제일 어려워했다. 그러나 〈보기〉의 표를 지문 내용과 연결하여 이해하면 정답을 찾을 수 있다는 것을 새기도록 하자.

✕ ②가 오답인 이유 〈보기〉에서 A와 B는 모두 의사 결정이 '귀무가설을 기각하지 못함'이라고 했는데, 이는 곧 귀무가설을 버리지 못한 것, 즉 귀무가설이 유효하다고 결정한 것이다. 1문단에서 신약의 효과를 확인하는 가설 검정에서 귀무가설은 '신약이 효과가 없다.'라고 했으므로, ②는 적절한 설명이다.

✕ ③이 오답인 이유 〈보기〉에서 A는 실제로 '귀무가설이 참'이라서 '귀무가설을 기각하지 못한 것'으로, 3문단에서 언급한 판결 상황에서는 '무죄인 사람에게 무죄를 선고한 것'이다. 그리고 D는 실제로 '귀무가설이 거짓'이라서 '귀무가설을 기각한 것'으로, 판결 상황에서는 '유죄인 사람에게 유죄를 선고한 것'이다. 이는 '실제 상황'에 적합한 '의사 결정'을 한 것으로, 판결에 오류가 발생하지 않은 경우에 해당하는 것이 맞다.

X ①이 오답인 이유   〈보기〉에서 A와 C는 모두 '실제 상황'이 '귀무가설이 참'인 상황이다. 3문단에서 언급한 판결 상황에서 귀무가설은 '피고인은 무죄이다.'라고 했으므로, A와 C는 '실제로 피고인이 죄를 저지르지 않은 경우'에 해당하는 것이 맞다.

X ⑤가 오답인 이유   〈보기〉에서 C는 '실제 상황'에서 '귀무가설이 참'인데 '의사 결정'에서 '기각'한 것으로, 3문단의 '귀무가설이 참인데도 불구하고 귀무가설을 기각하는 결정을 내린' 1종 오류에 해당한다. 4문단에서 '오류들 중 상대적으로 더 심각한 문제를 초래하는 것은 1종 오류'라고 하면서 '약의 효능이 없어서 회사가 신뢰를 잃는 위험이 더 크다.'라고 했으므로, ⑤는 적절한 설명이다.

09 핵심 개념의 이해
정답 ③

O ③이 정답인 이유   ㉠ 앞뒤에서 ㉠(유의 수준)은 '1종 오류가 발생할 확률의 최대 허용 범위'로, '유의 수준이 5%라면 백 번의 시행 중 다섯 번 이내로 1종 오류가 발생하더라도 우연히 일어난 일로 보고 대립가설을 채택'한다고 했다. 그러면 유의 수준을 5%보다 높은 7%로 정한다면 100번의 시행 중 7번 이내로 1종 오류가 발생할 때 대립가설을 채택하고, 유의 수준을 5%보다 낮은 1%로 정한다면 100번의 시행 중 1번 이내로 1종 오류가 발생할 때 대립가설을 채택하게 된다. 결국 '(유의 수준의) 값을 낮게 정할수록 대립가설을 채택할 확률이 낮아'지므로, ③은 적절한 설명이다.

▶ 정답의 근거   ㉠ 앞뒤의 내용 – 위 '③이 정답인 이유'에서 밑줄 친 부분

가장 많이 질문한 오답은? ②, ⑤, ④ 순

X ②와 ⑤가 오답인 이유   ②에 답한 학생들이 많았고, ⑤에 답한 학생들도 많았는데, ㉠ 바로 앞에서 '유의 수준'(㉠)은 '1종 오류가 발생할 확률의 최대 허용 범위'라고 했고, 3문단에서는 '1종 오류'는 '귀무가설('신약이 효과가 없다.')이 참인데도 불구하고 귀무가설을 기각하는 결정을 내린 것'이라고 하였다. '유의 수준'(㉠)은 '귀무가설이 참일 확률과 거짓일 확률의 차이'(②)나 '가설을 판단할 때 사용할 자료 개수의 최대 허용 범위'(⑤)와 관련이 없는 것이다.

X ④가 오답인 이유   ㉠에 대해 설명한 5문단의 끝 문장에서 '유의 수준은 실험을 하기 전에(후에 ✗) 미리 정'한다고 했는데, ④에 답한 학생들은 바로 이 부분을 놓친 것이다.

①에 답한 학생들은 적었다. 5문단의 끝 문장 '사람의 생명이나 인권*과 결부된 것이라면 유의 수준은 더 낮게(크게 ✗) 잡아야 한다.'를 통해 적절하지 않다는 것을 빠르게 판단할 수 있었기 때문이다.

> *인권(人權): 인간의 권리. 인간으로서 가지는 기본적 권리.

10 문맥적 의미의 파악
정답 ④

O ④가 정답인 이유   기존에 출제되어 온 어휘 문제처럼 보이지만, 어휘의 의미를 묻는 문제라기보다는 문맥 속에서 어휘 및 어구가 지니는 의미를 묻는 문제이다. 또한 발문(문두)에서 '문맥상' 바꿔 쓰기에 적절하지 않은 것을 질문한 점에 주목할 때 '어휘 문제 3단계 풀이법'을 적용해 푸는 것이 좋다.

- 1단계(핵심 간추리기): ⓓ(귀무가설)가 포함된 문장에서 ⓓ의 의미를 이해할 수 있는 핵심 어구만 간추린다.

> 판사는 귀무가설의 기각 여부를 판단해야 한다.

- 2·3단계('매3어휘 풀이' 떠올려 대입하기): ⓓ의 의미를 살릴 수 있는 다른 말을 떠올려 ⓓ에 대입해 본다.

> • 판사는 '피고인은 무죄이다.'라는 귀무가설의 기각 여부를 판단해야 한다.

- → ⓓ 앞에서 '피고인은 유죄이다.'가 대립가설이라고 했으므로, 밑줄 친 ⓓ의 귀무가설은 '피고인은 무죄이다.'가 된다. 따라서 ④는 ⓓ와 바꿔 쓰기에 적절하지 않다.

▶ 정답의 근거   ⓓ 바로 앞 문장의 "'피고인은 유죄이다.'라는 대립가설"

① ⓐ와 그 뒤에서 '모순된' '두 개의 가설'이 '신약이 효과가 있다.'(대립가설)와 '신약이 효과가 없다'(귀무가설)라고 했다. '신약이 효과가 있다.'가 참이면 '신약이 효과가 없다.'는 거짓이 되고, '신약이 효과가 있다.'가 거짓이면 '신약이 효과가 없다.'는 참이 되므로, '모순된'은 '동시에 참이 되거나 동시에 거짓이 될 수 없는'과 바꿔 쓸 수 있다.

② ⓑ(병이 호전된)의 경우에 대해 그 뒤의 문장에서 '이는 '신약이 효과가 없다.'가 타당하지 않은 것'이라고 했다. 결국 병이 호전된다는 것은 신약이 효과가 있다는 것이므로, '병이 호전된'은 '('신약이 효과가 없다.'라는) 귀무가설과 어긋난'과 바꿔 쓸 수 있다.

③ ⓒ의 '귀무가설'은 '신약이 효과가 없다.'라는 가설이고, '버린다'는 것은 '유효하다고 보지 않다, 무효라고 본다, 기각한다'는 뜻이다. 따라서 '귀무가설을 버리고'는 ''신약이 효과가 없다.'라는 가설을 기각하고'와 바꿔 쓸 수 있다.

⑤ ⓔ(두 가지 오류)는 3문단에서 설명한, 경영자가 의사 결정을 하는 과정에서 발생할 수 있는 '1종 오류'와 '2종 오류'를 판결에 적용해 설명한 것이므로 '1종 오류와 2종 오류'와 바꿔 쓸 수 있다.

특허받은 어휘 공부법

매3력 후 **매3어휘**로 다집니다.

독해력을 길러 주는 지문 분석

1문단 문단요약 2002년 월드컵 때 특정 티셔츠에 대한 수요가 폭발했다. 그런데 모조품을 판매하는 업체와 달리 정품을 생산해 판매하는 업체는 수익을 내지 못했고, 많은 재고로 난처했다. 왜 이런 상황이 벌어졌을까?

핵심어(구) 수요가 폭발, 재고로 난처

중심 내용 수요가 폭발하는데도 브랜드 업체들의 재고가 많았던 이유에 대한 궁금증

2문단 문단요약 이 현상은 상품의 흐름이 고리처럼 연결되어 있고, 이들의 상관관계 또한 서로 긴밀하게 연결되어 있다는 공급 사슬망 관리의 핵심을 설명해 줄 수 있는 사례이다.

핵심어(구) 공급 사슬망

중심 내용 이 현상(수요가 폭발하는데도 브랜드 업체들의 재고가 많았던 현상)과 관련된 공급 사슬망의 개념

3문단 문단요약 이 현상의 원인을 설명하기 위해서는 '최종 소비자 – 소매점 – 도매점 – 제조업체 – 원자재 공급업체'로 이어지는 공급 사슬망에서 최종 소비자로부터 멀어질수록 수요 변동폭이 확대되는 공급 사슬망의 '채찍 효과'를 우선 이해해야 한다. 수요 변동폭이 크면 생산이나 마케팅 차원에서 계획, 운영을 원활하게 수행하기 어렵게 된다.

핵심어(구) 이 현상의 원인, 공급 사슬망의 '채찍 효과'

중심 내용 이 현상의 원인을 설명하는 공급 사슬망의 '채찍 효과'

4문단 문단요약 채찍 효과가 생기는 이유 첫 번째는 수요의 왜곡이다. 수요가 갑자기 늘면 제품을 수월하게 공급받기 위해 소매점은 도매점에, 도매점은 제조업체에 기존 주문량보다 더 많은 양을 주문하게 되어, 최종 소비자로부터 멀어질수록 수요가 심하게 왜곡되는 것이다.

핵심어(구) 채찍 효과가 생기는 이유, 수요의 왜곡

중심 내용 채찍 효과의 원인 (1) – 수요의 왜곡

5문단 문단요약 채찍 효과가 일어나는 두 번째 이유는 공급 사슬망에서 최종 소비자로부터 멀어질수록 대량 주문 방식을 요하기 때문이다. 이렇게 주문 단위가 커질수록 재고량이 증가하게 되고, 재고량 증가는 변화에 민첩하게 대응하지 못하게 하는 원인이 된다.

핵심어(구) 대량 주문 방식

중심 내용 채찍 효과의 원인 (2) – 대량 주문 방식

6문단 문단요약 채찍 효과의 세 번째 원인은 주문 발주에서 도착까지의 발주 실행 시간에 의한 시차 때문이다. 각 공급 사슬망 주체의 발주 실행 시간이 저마다 다른데, 최종 소비자로부터 멀어질수록 물류 이동

시간이 증가하기 때문에 주문량이 많아지고, 이것이 재고량 증가로 이어질 수 있다.

핵심어(구) 발주 실행 시간에 의한 시차

중심 내용 채찍 효과의 원인 (3) – 발주 실행 시간에 의한 시차

7문단 문단요약 공급 사슬망에서 채찍 효과로 인해 발생하는 재고는 기업 입장에서는 큰 부담(공간 마련, 관리 비용)이 된다. 그러므로 공급 사슬망의 각 주체들 간에 수요와 공급 정보를 공유하여 불필요한 재고를 줄여야 한다.

핵심어(구) 기업 입장에서는 큰 부담, 수요와 공급 정보를 공유

중심 내용 채찍 효과로 인해 발생하는 재고의 문제점과 해결 방안

주제 공급 사슬망의 채찍 효과와 그 원인 및 문제 해결 방안

11 글의 내용 전개 방식 이해
정답 ②

○ ②가 정답인 이유 이 글은 다음과 같이 수요가 폭발하는데도 수익을 내지 못한 스포츠 브랜드 업체를 예로 들어 이와 같은 현상이 일어나는 원인을 공급 사슬망의 '채찍 효과'를 통해 설명하고 있다.

> 1 사회 현상: 수요가 폭발하는데도 수익을 내지 못하는 현상(1문단)
> 2 사회 현상의 발생 원인: 수요의 왜곡*(4문단), 대량 주문 방식(5문단), 발주* 실행 시간에 의한 시차(6문단)
> 3 관련 개념: 공급 사슬망의 '채찍 효과'(3문단)

따라서 ②는 이 글에 대한 설명으로 적절하다.

> *왜곡: 사실과 다르게 해석함. 곡해.   – 매3인사이트.집 p.36
> *발주: (수요자가 공급자에게) 물건을 보내 달라고 주문을 함(일으킴. 발생). ⑪수주(주문을 받음)

▶ 정답의 근거 위 '②가 정답인 이유' 참조

나머지 답지들에 답한 학생들은 드물었지만, 이들 답지들이 오답인(적절하지 않은) 이유도 살펴보자.

① 사회 현상과 관련된 이론(위의 3)은 제시되어 있지만, 이론의 문제점을 지적하고 있지는 않다.

③ 사회 현상(위의 1)과 관련된 원인(위의 2)은 제시되어 있지만, 역사적 변천 과정에 따라 설명하고 있지는 않다.

④ 사회 현상의 원인(위의 2)은 제시되어 있지만, 이에 대한 대립적 의견들은 소개하고 있지 않고, 그 공통점과 차이점을 설명하고 있지도 않다.

⑤ 사회 현상의 원인(위의 2)은 제시되어 있지만, 이를 파악하기 위해 가설(매3인사이트.집 p.6)을 설정하고 있지 않고, 실험을 통해 그 타당성을 검증하고 있지도 않다.

12 세부 내용 확인   정답 ②

O ②가 정답인 이유 3문단에서 공급 사슬망에서 '수요 변동 폭이 확대되는 현상'을 공급 사슬망의 '채찍 효과'라고 했다. 그리고 '아기 기저귀' 상품의 예에서, '소비자 수요는 일정한데 소매점 및 도매점 <u>주문 수요는 들쭉날쭉했고</u>' '이러한 주문 변동폭은…공급 사슬망에서 <u>최종 소비자로부터 멀어질수록 더 증가하였다</u>'고 했다. 이로 보아, 소비자의 수요가 일정한 상품에서도 채찍 효과가 나타난다는 것을 알 수 있다.

▶ **정답의 근거** 3문단의 '아기 기저귀'의 예

가장 많이 질문한 오답은? ①

X ①이 오답인 이유 ①에 답한 학생들이 아주 많았다. 그런데 3문단에서 주문 변동폭은 '최종 소비자-소매점-도매점-제조업체-원자재 공급업체'로 이어지는 공급 사슬망에서 최종 소비자로부터 멀어질수록 더 증가하였다고 했으므로, 주문 변동폭은 최종 소비자와 먼 '원자재 공급업체에 가까워질수록 커진다'는 것을 알 수 있다.

③ 3문단에서 '(주문) 변동폭이 크면 계획이나 운영을 원활하게 수행하기 어렵기 때문'에 '(수요 변동폭이 확대되는) 이런 변동폭은 유통업체나 제조업체 모두 반길 만한 사항이 아니'라고 한 것에서 알 수 있다.

④ 5문단에서 '주문 단위가 커질수록 재고량*이 증가하게 되고, 재고량 증가는 변화에 민첩하게 대응하지 못하게 하는 원인이 된다.'라고 한 것에서 알 수 있다.

> *재고량(在庫量): 창고에 남아 있는(존재) 물건의 수량.

⑤ 6문단에서 '물건을 주문했다고 바로 물건이 도착하지 않는다. 주문을 처리하고 물류가 이동하는 시간이 있기 때문이다.'라고 한 것에서 알 수 있다.

13 자료를 활용한 내용 이해   정답 ③

O ③이 정답인 이유 〈보기〉의 앞부분에서 '예상치 못한 수요가 급격히 증가할 경우' '재고량이 없다면' 소매점은 도매점에, 도매점은 제조업체에 추가 주문을 할 것이라고 했다. 4문단에서는 이와 같이 '소비자의 수요가 갑자기 늘면 소매점은 앞으로 수요 증가를 기대하는 심리로 기존 주문량보다 더 많은 양을 도매점에 주문하게 된다.'고 했고, 3문단에서는 '주문 변동폭은…공급 사슬망에서 <u>최종 소비자로부터 멀어질수록 더 증가하였다.</u>'고 했다. 이와 같이 공급 사슬망에서 수요 변동폭이 확대되는 현상을 공급 사슬망의 '채찍 효과'라고 한 점도 고려하면, '공급 사슬망의 채찍 효과'로 인한 주문량은 '공급자가 최종 소비자로부터 멀수록(가까울수록 X) 많다.

▶ **정답의 근거** 위 '③이 정답인 이유'에서 밑줄 친 부분

가장 많이 질문한 오답은? ⑤

X ⑤가 오답인 이유 '수요의 왜곡'은 4문단에서 다루고 있는데, 소비자의 수요가 갑자기 늘면 소매점은 물론 도매점도 앞으로 수요 증가를 기대하는 심리로 기존 주문량보다 더 많은 양을 주문하면서 실제 수요와 다른 '수요의 왜곡'이 발생한다고 했고, 〈보기〉에서도 '최종 소비자의 갑작스러운 수요 증가로 인한 불확실성이 '소매점-도매점-제작업체'로 전달된다.'라고 했다. 이때 '더 많은 양을 주문해야 제품을 공급받기가 수월'하고, '제조업체에서…한꺼번에 많은 양을 주문하는 도매업체에게 우선권을 주는 것은 당연하다.'(4문단)고 했다. 따라서 수요의 왜곡을 겪은 도매점은 '다음 주문부터는 기존 주문량보다 더 많은 양의 주문을 고려할 것'임을 알 수 있다.

① 공급 사슬망에서 재고의 긍정적 측면은 〈보기〉의 마지막 문장에서, 부정적 측면은 7문단의 첫째~둘째 문장에서 확인할 수 있다.

> • 긍정적 측면: 한쪽에서 발생된 불확실성의 충격이 다른 곳으로 전이되는 것을 완화(매3인사이트.집 p.35)시켜 주는 기능이 있음.   *전이(轉移): 다른 곳으로 옮김(이전, 이동).
> • 부정적 측면: 기업에 큰 부담이 될 수 있음.

② 수요의 왜곡 현상은 공급 사슬망의 주체들(물건을 공급받기 위한 업체들)로 하여금 더 많은 주문을 하게 하고(4문단), 주문 단위가 커지면 재고량이 증가한다(5문단)고 했고, 〈보기〉에서는 '최종 소비자의 갑작스러운 수요 증가로 인한 불확실성이 '소매점-도매점-제작업체'(공급 사슬망의 주체들)로 전달된다.'라고 했다.

④ 4문단에서 '소비자의 수요가 갑자기 늘면 소매점은…기존 주문량보다 더 많은 양을 도매점에 주문하게' 되고, '도매점도 같은 이유로 소매점 주문량보다 더 많은 양을 제조업체에 주문'하여, '공급 사슬망에서 최종 소비자로부터 멀어질수록 점점 더 심하게 왜곡되는 현상이 발생'한다고 했고, 〈보기〉에서는 '최종 소비자의 갑작스러운 수요 증가로 인한 불확실성이 '소매점-도매점-제작업체'로 전달(전이)된다.'라고 했다.

14 원인의 추론   정답 ③

O ③이 정답인 이유 ㉠의 원인, 즉 수요가 폭발했지만 스포츠 브랜드 업체가 수익을 내지 못한 이유는 2문단 이후에서 공급 사슬망의 '채찍 효과'로 설명하고 있다. 공급 사슬망의 '채찍 효과'는 '채찍을 휘두를 때 손잡이 부분을 작게 흔들어도 이 파동이 끝 쪽으로 갈수록 더 커지'듯 주문 변동폭은 공급 사슬망(최종 소비자-소매점-도매점-제조업체-원자재 공급업체)에서 최종 소비자로부터 멀어질수록 더 증가한다는 것이다.

이 '채찍 효과'가 생기는 이유 중 첫 번째는 '수요의 왜곡'인데, 4문단에서 '공급 사슬망에서 최종 소비자로부터 멀어질수록 점점 더 심하게 왜곡되는 현상이 발생'하고, '이러한 왜곡 현상은 <u>공급자가 시장에서 제한적일 때 더 크게 발생한다.</u>'고 했다. 따라서 ㉠의 원인을 '시장에서 공급자가 제한적이기 때문'으로 추론한 ③은 적절하다.

가장 많이 질문한 오답은? ②, ⑤ 순

❌ **②가 오답인 이유** ㉠과 같은 현상은 2문단에서 '공급 사슬망 관리의 핵심을 설명해 줄 수 있는 사례'라고 했다. 즉, ㉠은 공급 사슬망에서 벗어나지 않았고, 공급 사슬망(최종 소비자-소매점-도매점-제조업체-원자재 공급업체) 내에서 일어난 수요의 왜곡과 대량 주문 방식, 주문 발주에서 도착까지의 발주 실행 시간에 의한 시차 때문에 발생한 것이다. 따라서 ㉠의 원인을 '공급 사슬망에서 벗어났기 때문'으로 본 ②는 적절하지 않다.

❌ **⑤가 오답인 이유** 6문단에서 '발주 실행 시간이 길어지면 주문량이 많아지고, 이는 재고량 증가로 이어질 수 있다.'고 했다. 즉, ㉠은 발주 실행 시간이 길었기 때문에 발생한 것이다. 따라서 ㉠의 원인을 '발주 실행 시간이 물건을 공급받기에 짧았기 때문'으로 추론한 ⑤는 적절하지 않다.

① ㉠의 뒤에서 '많은 브랜드 업체들은 월드컵 이후 수요가 폭락해 팔지 못한 재고로 난처했다.'고 했고, 7문단에서 '공급 사슬망에서 채찍 효과로 인해 발생하는 재고는 기업 입장에서는 큰 부담이 될 수 있다.'고 했다. 따라서 ㉠의 원인을 '적정 재고량을 유지했기 때문'으로 본 ①은 적절한 추론이 아니다.

④ ㉠의 뒤에서 '실제로 많은 브랜드 업체들은 월드컵 이후 수요가 폭락해 팔지 못한 재고로 난처했다.'고 했다. 재고는 ㉠의 원인이 되는 것이다. ④에서와 같이 수익보다 재고 관리 비용이 적었다면 ㉠의 업체는 수익을 냈을 것이므로 ④는 적절한 추론이 아니다.

15 구체적 사례에의 적용   정답 ③

⭕ **③이 정답인 이유** 〈보기〉에서 설명하고 있는 CPFR 프로그램의 개념과 활용 및 효과부터 정리해 보자.

> • CPFR 프로그램의 개념: 제조사와 이동통신 사업자 간 협력을 통해 물량 수요 예측을 조정해 나가는 프로세스.
> • CPFR 프로그램의 활용 및 그 효과: 판매, 재고, 생산 계획의 정보를 실시간으로 공유 → 적기*에 필요한 물량을 공급할 수 있고 재고를 최소화할 수 있음.

이로 보아, A전자와 B통신이 서로 정보를 공유하면 주문 물량을 잘 예측할 수 있고, 적기에 필요한 물량을 공급할 수 있어 재고를 최소화할 수 있으므로 과잉 주문이 줄어들 것임을 알 수 있다. 그리고 7문단에서도 '공급 사슬망에서 각 주체들 간에 수요와 공급 정보를 공유'하면 '불필요한 재고'를 줄일 수 있다고 했는데, 이를 통해서도 ③은 적절하다는 것을 알 수 있다.

> *적기: 적절한 시기.

▶ **정답의 근거** 위 '③이 정답인 이유' 참조

가장 많이 질문한 오답은? ⑤

❌ **⑤가 오답인 이유** 〈보기〉에서 CPFR 프로그램은 물량 수요 예측을 조정해 나가는 프로세스라고 했다. 수요가 많을 것으로 예측되면 주문을 많이 하고, 수요가 적을 것으로 예측되면 주문을 줄이는 프로그램인 것이다. 그리고 이와 같은 예측은 판매와 재고, 생산 계획의 정보 공유를 통해 이루어지는 것으로, A전자가 휴대폰을 B통신에 안정적으로 공급한다고 해도 돌발적인 수요 변화를 줄일 수는 없다.

① '항상' 수요가 많을 경우 '항상' 대량 주문할 것이지만, 〈보기〉를 통해 수요가 '항상' 많을 것인지는 알 수 없고, CPFR 프로그램을 이용하면 B통신은 수요에 따라 적절하게 주문할 것이다.

② 〈보기〉에서 'A전자와 B통신은 CPFR 프로그램을 이용하여' '재고를 최소화하기로 하였다'고 했으므로 재고량이 늘어나지는 않을 것이다.

④ B통신이 A전자 휴대폰 공장 근처로 이전하면 물류가 이동하는 시간을 줄일 수는 있으나 〈보기〉에서 주문량에 상관없이 물건을 받는 시간이 일정하게 유지될 것인지는 알 수 없다. 또 통신사의 (사무실) 이전은 물량 수요 예측을 조정해 나가는 CPFR 프로그램과는 무관하다.

✔ 매일 복습 확인 문제

1 다음 추론이 맞으면 ◯, 그렇지 않으면 ✕로 표시하시오.

(1) [지문] 높은 관세로 국내 밀가루 가격이 상승하면 밀가루를 원료로 하는 제품들의 가격이 줄줄이 상승하게 되어, 국내 소비자들은 밀가루를 이용하여 만든 제품들의 소비를 줄이게 된다. → [추론] 원료의 가격은 이에 기반한 제품의 가격에 영향을 미친다. ·····················( )

(2) [지문] '신약이 효과가 없다.'라는 귀무가설 아래에서 투약하였는데 관찰한 결과 병이 호전된 경우가 많았다면 이는 '신약이 효과가 없다.'가 타당하지 않은 것이므로, 경영자는 귀무가설을 버리고 대립가설을 채택하면 된다. → [추론] 귀무가설은 대립가설이 채택될 때 받아들여지는 가설이다. ·····················( )

(3) [지문] 상품 특성상 소비자 수요는 일정한데 소매점 및 도매점 주문 수요는 들쑥날쑥했다. 그리고 이러한 주문 변동폭은 공급 사슬망에서 최종 소비자로부터 멀어질수록 더 증가하였다. → [추론] 소비자의 수요가 일정한 상품에서는 채찍 효과가 나타나지 않는다. ··············( )

2 밑줄 친 '소지'와 바꿔 쓰기에 알맞은 말은?

> 과도한 관세는 국제 무역 분쟁을 야기할 소지가 있다.

① 여지 ② 소유 ③ 처지 ④ 소재 ⑤ 문제

정답 1. (1) ◯ (2) ✕ (3) ✕ 2. ①

정답				
01 ②	**02** ⑤	**03** ⑤	**04** ⑤	**05** ①
06 ①	**07** ③	**08** ②	**09** ④	**10** ②
11 ①	**12** ⑤	**13** ①	**14** ③	**15** ⑤
16 ①				

1~5 **사회: 이준구, 「경제학원론」**

독해력을 길러 주는 지문 분석

1문단 문단 요약 역사적으로 은행은 금세공업자들로부터 시작되었다. 금을 스스로 보관하기 어려운 사람들은 금고를 가진 금세공업자에게 금을 맡기고 보관증을 받아 오늘날의 지폐나 수표처럼 사용하였고, 금세공업자들은 보관된 금의 일정 부분만 남기고 나머지를 원하는 사람에게 빌려주며 수수료를 받았고, 금을 맡기는 사람에게 사례를 했다.

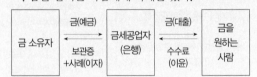

핵심어(구) 은행, 금세공업자
중심 내용 오늘날의 은행과 같은 일을 한 금세공업자

2문단 문단 요약 여기서 알 수 있는 은행의 기능 첫째는, 돈의 여유가 있는 사람으로부터 자금을 조성하여 이를 필요로 하는 사람에게 융통해 주는 금융중개 기능이다. 이 기능을 통해 은행은 (1) 금융 시장의 거래비용을 낮추고, (2) 자금이 효율적으로 활용되도록 조정하고, (3) 조성된 자금이 건전하고 수익성 높은 곳으로 투자되도록 유도하는 역할을 한다.

핵심어(구) 은행의 기능, 금융중개 기능
중심 내용 은행의 기능 (1) – 금융중개 기능

3~4문단 문단 요약 은행의 기능 둘째는, 예금창조 기능(신용창조)이다. 은행은 금세공업자가 맡아 놓은 금의 일부만 지급 준비용으로 남기고 나머지를 다른 사람에게 빌려주는 것처럼 예금의 일부를 대출해 주어 예금통화라는 화폐를 창출함으로써, 유통되는 통화량을 늘릴 수 있다(경제의 유동성은 증가).

핵심어(구) 예금창조 기능, 경제의 유동성은 증가
중심 내용 은행의 기능 (2) – 예금창조 기능

5~6문단 문단 요약 예금 창조 기능은 대차대조표를 통해서도 이해할 수 있다. 대차대조표에서 자금의 조달 원천인 자본 및 부채의 내역은 오른편(대변)에, 자금의 운영 상태인 자산의 내역은 왼편(차변)에 기록된다.

자산		자본 및 부채	
지급준비금	300	예금	1,500
대출	1,200	기타 부채	300
유가증권	300	자본금	200
기타 자산	200	–	–
총계	2,000	총계	2,000

〈표〉 가상 은행의 대차대조표(단위: 십억 원)

〈표〉의 은행은 예금액의 일부를 지급준비금으로 떼어 놓고, 나머지는 대출을 해 주거나 유가증권 등의 자산 보유에 사용하고 있다. 지급준비제도와 대출을 통해 예금통화가 창출되고 있는 것이다.

핵심어(구) 대차대조표
중심 내용 예금창조 기능을 알려 주는 대차대조표

7문단 문단 요약 은행은 주로 예금으로 자금을 조달하고 대출로 자금을 운영하는데, 예대 금리 차(예금 이자보다 대출 이자가 높음)가 은행의 주된 수익원이 된다. 차입자가 원금과 이자를 갚지 못하는 대출 손실이 영업 이익을 넘어서면 은행은 자본금까지 잠식당하기 때문에, 예금을 받아 대출을 하되 신용 위험을 관리해야 하는 것이 은행업의 본질이다.

핵심어(구) 은행의 주된 수익원, 은행업의 본질
중심 내용 은행의 주된 수익원과 은행업의 본질

주제 은행의 기능과 은행업의 본질

*예대(預貸): 예금과 대출을 아울러 이르는 말.
*통화량: 한 나라 안에서 유통되는 화폐의 양.
 ※ 통화(通貨): 한 나라 안에서 유통되는 화폐.

01 세부 내용 확인   정답 ②

O ②가 정답인 이유 〈표〉 오른쪽의 **6문단**에서 '은행의 입장에서 예금은 언제든 요구가 있으면 지급해야 하는 부채*의 성격을 갖는다.'고 했으므로, '은행의 입장에서 예금은 부채의 성격'을 갖는다고 한 것은 맞다. 하지만, 〈표〉에서 '예금'은 오른편에 '기타 부채'와 별도로 기록되어 있으므로 '기타 부채'로 기재된다고 한 ②는 적절하지 않다. 그리고 〈표〉 오른쪽의 설명에서 '기타 부채'는 '은행이 다른 금융 기관이나 중앙은행으로부터 자금을 빌려 온 내역'이라고 했다.

> *부채(負責/負債): 남에게 빚(국채, 채무)을 짐(부담). 또는 그 빚.
> ⑩ 농가 부채, 부채가 많은 회사

▶ **정답의 근거** 6문단의 '은행이 다른 금융 기관이나 중앙은행으로부터 자금을 빌려 온 내역은 기타 부채로 나타나 있고'

① **2문단**의 '(은행의 기능은) 돈의 여유가 있는 사람으로부터 자금을 조성하여 이를 필요로 하는 사람에게 융통해 주는 금융중개 기능이다.'와 '은행은 금융중개 기능을 통해 금융 시장의 거래비용을 낮추고'에서 확인할 수 있다.

③ **4문단**의 '은행은 예금의 일부만 보유하고 그 나머지를 대출하면서 예금통화라는 화폐를 창출하게 되고'와 3문단의 '화폐를 창출하는 예금창조 기능'에서 확인할 수 있다.

④ **5문단**의 '자금의 조달 원천을 나타내는 자본 및 부채의 내역은 대차대조표의 오른편에 기록되며, 자금의 운영 상태를 나타내는 자산(재산)의 내역은 왼편에 기록된다.'에서 확인할 수 있다.

⑤ 2문단의 '은행은 자금 수요자의 수익성과 안전성을 정확하게 평가할 수 있는 안목과 정보를 가지고 있어서, 조성된 자금이 한층 더 건전하고 수익성 높은 곳으로 투자되도록 유도하기도 한다.'에서 확인할 수 있다.

③ 1문단에서 금세공업자들은 '보관된 금의 일정 부분만 남기고 나머지를 원하는 사람에게 빌려준다'고 했는데, 이는 4문단에서 은행이 '예금의 일부만 보유하고 그 나머지를 대출'한다고 한 것과 유사하다.

02 내용의 이해
정답 ⑤

○ **⑤가 정답인 이유** 1문단의 ㉠ 바로 앞에서 '금세공업자*들은 금의 양이 많아질수록 더 많은 수입을 얻을 수 있다고 생각하여 금을 맡기는 사람에게 사례를 했다.'고 했다. 이때 금세공업자가 금을 맡기는 사람에게 사례하는 것은 다음과 같이 은행이 돈을 맡기는(예금한) 사람에게 이자를 지급하는 것과 유사하다.

• 금세공업자가 금을 맡기는 사람에게 사례를 하는 것	—	• 은행이 돈을 맡기는(예금하는) 사람에게 이자를 지급하는 것

그런데 ⑤에서는 '대출에 대해 이자를 부과*하는 것'이라고 하였으므로 적절하지 않다. 은행이 '대출에 대해 이자를 부과하는 것'은 은행이 돈을 빌려 쓴 사람(돈을 맡기는 사람 ✗)에게 이자를 부담(지급 ✗)하게 하는 것이기 때문이다.

> *세공업자: 잔손을 많이 들여 세밀(정밀)하게 만드는(수공) 일(사업)을 하는 사람.
> *부과: (세금, 책임, 일 등을) 부담하게 함.

▶ **정답의 근거** 위 '⑤가 정답인 이유' 참조

가장 많이 질문한 오답은? ④

✗ **④가 오답인 이유** 1문단에서 금세공업자들은 '금의 양이 많아질수록 더 많은 수입을 얻을 수 있다고 생각하여 금을 맡기는 사람에게 사례를 했다.'고 했는데, 이를 통해 금세공업자는 금을 많이 맡아 두려고 한 것을 알 수 있고, 이는 6문단에서 은행이 '예금을 많이 유치하려고(끌어오려고) 한다.'고 한 것과 유사하므로 ④는 ㉠에 대해 정리한 내용으로 적절하다.

① 1문단에서 '금을 스스로 보관하기 어렵다고 생각한 사람들은 금고를 가진 금세공업자에게 금을 맡겼다고 했는데, 이를 통해 금세공업자가 다른 사람의 금을 맡아 주었다는 것을 알 수 있고, 이는 은행이 고객의 돈을 보관해 주는 것과 유사하다.

② 1문단에서 금세공업자들은 '보관된 금의 일정 부분만 남기고 나머지를 원하는 사람에게 빌려준다'고 했는데, 이는 6문단에서 은행이 '예금액의 일정 부분을 지급준비금으로 떼어 놓는다'고 한 것과 유사하다.

03 이유의 추론
정답 ⑤

○ **⑤가 정답인 이유** ㉡ 앞에서 전개된 내용을 참고하여 화폐 창출 과정과 ㉡의 이유를 추론하면 다음과 같이 정리할 수 있다.

> (대출로 인해) 교환의 매개 수단으로 쓰이는 화폐의 양이 늘어남.
> ↓
> (늘어난 화폐의 양으로 인해) 재화*와 서비스 구입 능력이 상승함.
> ↓
>
> | 경제의 유동성*이 증가함.

[이유] 물건과 서비스 구입 능력이 커졌기 때문 | 경제가 종전*에 비해 더 부유해지는 것은 아님.

[이유] 갚아야 할 빚(부채, 대출받은 돈)도 그만큼 늘어나기 때문 |
> | --- | --- |

따라서 ⑤는 ㉡의 이유를 추론한 것으로 적절하다.

> *재화: 인간이 바라는 바를 충족시켜 주는 모든 물건(재물, 화폐).
> *유동성: 흘러(유통) 변동될 수 있는 성질.
> *종전: 지금보다 이전.

▶ **정답의 근거** ㉡의 앞에서 전개된 내용(4문단)

가장 많이 질문한 오답은? ④

✗ **④가 오답인 이유** '교환의 매개 수단으로 쓰이는 화폐의 양이 늘어'난 것은 은행이 대출을 통해 새로운 예금을 만들어 냈기 때문인 것은 맞다. 하지만 은행이 새로운 예금을 만들어 냈다고 해서 돈을 맡긴 사람들이 부담해야 하는 부채가 늘어나는 것은 아니다. 부채가 늘어나는 사람은 '은행에 돈을 맡긴 사람들'이 아닌, '은행에서 돈을 빌려 간 사람들'이다.

나머지 답지들이 오답인 이유도 살펴보자.

① '교환의 매개 수단으로 쓰이는 화폐의 양이 늘어'난 것은 '대출을 받은 사람들에게 화폐라는 자산이 생'겼기 때문인 것은 맞다. 하지만, 화폐의 양이 늘어났다는 것은 통화량이 늘어난(줄어든 ✗) 것이다.

② ㉡ 앞에서 '은행은 예금의 일부만 보유하고 그 나머지를 대출하면서 예금통화라는 화폐를 창출(만들어 냄.)'하게 된다고 했다. 이로 보아, '은행에 서류상으로 맡겨 놓은 예금이 늘어'나면 그만큼 예금통화는 늘어날(줄어들 ✗) 것이다.

③ 3문단에서 '금을 대출받은 사람이 그것을 다른 금세공업자에게 맡기고 보관증을 받는다면 통화량은 한층 더 늘어난다.'고 했다. 이로 보아, '대출을 받은 사람들이 그 돈을 다른 은행에 예금으로 맡'기면 통화량이 늘어난다(아무 변화가 일어나지 않기 ✗)는 것을 알 수 있다.

04 구체적 사례에의 적용 　정답 ⑤

O ⑤가 정답인 이유　[A]에서 은행의 주된 수익원은 '예대 금리 차*'라고 했고, 은행의 영업 이익은 '예대 금리 차로 발생한 수익−경상 운영비*'라고 했다. 이를 참고할 때 〈보기〉의 '○○ 은행이 평균 2%인 예금 금리를 올린다면' 예대 금리 차가 줄어들어 은행의 수익(영업 이익)은 줄어들 것이다. 그리고 만약 '지점 조직을 유지하기 위한 비용'을 줄인다면 경상 운영비가 줄어들기 때문에 은행의 수익은 늘어날 수도 있겠지만, 예금 금리를 올린다고 해서 '조직을 유지하기 위한 비용'이 줄어드는 것은 아니다. 따라서 ⑤는 적절하지 않다.

> ＊예대 금리 차: 예금 이자와 대출 이자(금리)의 차이.
> ＊경상 운영비: 일상적이고 반복적으로 지출되는 운영 비용. 예를 들면 인력과 지점 조직, IT 인프라 유지 비용 등.

▶ **정답의 근거**　위 '⑤가 정답인 이유' 참조

가장 많이 질문한 오답은? ④

X ④가 오답인 이유　[A]에서 '대출 손실'은 차입자(빌린 사람)가 원금과 이자를 갚지 못할 경우 일어날 수 있다고 했고, '대출 손실이 영업 이익을 넘어선다면 은행은 자본금까지 잠식* 당하게 된다.'고 했다. 〈보기〉의 ○○은행의 경우, 영업 이익[예대 금리 차로 발생한 수익(22억 원)−경상 운영비(12억 원)]은 10억 원인데, '○○은행의 대출 손실이 12억 원 발생했다면' 대출 손실(12억 원)이 영업 이익(10억 원)을 넘어서게 되어 자본금은 잠식된다.

> ＊잠식(蠶食): 누에(蠶, 누에 잠)가 뽕잎을 먹듯이(식사), 점차 조금씩 먹어 들어감.

① [A]에서 '은행의 영업 이익'은 '예대 금리 차로 발생한 수익'(22억 원)에서 '경상 운영비'(12억 원)를 차감*한 것이라고 했으므로, ○○은행의 영업 이익은 10억 원이 맞다.

> ＊차감: 비교하여 차이만큼 덜어 냄(감소).

② [A]에서 '은행은 주로 예금으로 자금을 조달하고 대출로 자금을 운영'한다고 했는데, 〈보기〉에서 ○○은행은 예대 금리 차에 의해 22억 원(40억 원−18억 원)의 수익이 발생하였다고 했으므로, 이는 예금으로 자금을 조달하고 대출로 자금을 운영하여 발생한 것이 맞다.

③ [A]에서 '대출 이자가 더 높은 까닭은 차입자가 원금과 이자를 갚지 못하는 대출 손실이 일어날 수 있어, 차입자의 신용도에 맞춰 위험 할증금을 부과하기 때문'이라고 했다. 따라서 ○○은행의 대출 금리가 평균 4%로 평균 예금 금리 2%보다 높은 것은 대출 손실에 대한 위험 할증금이 반영된 것으로 볼 수 있다.

05 사전적 의미 파악 　정답 ①

O ①이 정답인 이유　'어휘 문제 3단계 풀이법'을 적용해 보자.

• 1단계: 핵심 간추리기

> • (돈의 여유가 있는 사람으로부터) 자금을 조성하다.

• 2단계: 대입하기

> • 자금을 (어떤 기준이나 실정에 맞게) 정돈하다.

→ '자금을 정돈하다'는 어색하므로, 2단계에서 바로 정답을 확정지을 수 있다.

• 3단계: '매3어휘 풀이' 떠올리기

> • '조성'과 바꿔 쓸 수 있는 말: 만듦
> • '조성'이 들어가는 말: 휴식 공간을 조성하다. 학습 분위기 조성

→ 자금을 '조성'하는 것은 (다른 사람에게 융통해 줄) 자금(돈)을 만드는(생성) 것으로, '정돈하는' 것과는 거리가 멀다. '어떤 기준이나 실정에 맞게 정돈함'의 의미를 지닌 말은 '조정'이다.

　참고로, '조성'은 2013학년도 수능 시험에서 '사전적 뜻풀이'를 묻는 문제에 출제되었다.

▶ **정답의 근거**　위 '①이 정답인 이유' 참조

가장 많이 질문한 오답은? ④

X ④가 오답인 이유　④를 정답으로 생각한 학생들이 아주 많았는데, '(자금을) 조달하는 것'은 '(자금을) 필요한 곳에 대어 주는 것'이므로 ④에서 제시한 '조달'의 사전적 의미는 적절하다. ⓓ(조달)의 의미도 '3단계 풀이법'을 적용해 파악하면 다음과 같다.

> • 1단계: 자금을 조달하다.
> • 2단계: 자금을(자금이나 물자 따위를) 대어 주다.
> • 3단계: [바꿔 쓸 수 있는 말] 자금을 마련하다.
> 　['조달'이 들어가는 다른 말] 경비(물품)를 조달하다. 조달청(정부가 행하는 물자의 구매·공급 및 관리에 관한 일을 하는 중앙행정기관)

　나머지 답지들도 '어휘 문제 3단계 풀이법'을 적용해 그 의미를 이해하고 넘어가자.

구분	핵심 간추리기	대입하기	'매3어휘 풀이' 떠올리기
②	은행은 조성된 자금이 수익성 높은 곳으로 투자되도록 유도한다.	은행은 조성된 자금이(사람이나 물건이) 수익성 높은 곳으로(목적지 장소나 방향으로) 투자되도록 이끈다.	• 유인하여 인도하다. • 꾀다, 안내하다 • 기부를 유도하다.
③	금의 일부만 보유하다.	금의 일부만 가지고 있거나 간직하고 있다.	• 보관하거나 소유하다. • 가지다, 소유하다 • 기술력을 보유하다.
⑤	요구가 있으면 지급해야 한다.	요구가 있으면(받아야 할 것을 필요에 의해 달라고 청하면) 지급해야 한다.	• 요청하고 청구하다. • 바라다, 요청하다 • 요구 조건을 수용하다.

정답을 맞히는 것보다 **정답과 오답인 이유를 아는 것이 중요!**

독해력을 길러 주는 지문 분석

1문단 문단 요약 심리학자인 **카너먼**은 실제 인간의 행동에 나타나는 다양한 양상을 연구하여 인간이 논리적 사고 과정을 통해 합리적 선택을 한다는 전통 경제학에 반기를 들고 **심리학적 연구 성과를 경제학에 접목**시킨 새로운 이론을 제안했다.

핵심어(구) 카너먼, 심리학적 연구 성과를 경제학에 접목

중심 내용 심리학을 경제학에 접목시킨 카너먼

2문단 문단 요약 전통 경제학의 대표적 이론인 **기대 효용 이론**에 따르면, 인간은 대안이 여러 개일 때 각 대안의 효용을 계산하여 자신에게 **최대 이득을 주는 대안을 선택**한다.

핵심어(구) 전통 경제학, 기대 효용 이론, 최대 이득을 주는 대안을 선택

중심 내용 전통 경제학의 기대 효용 이론 – 인간은 대안이 여러 개일 때 최대 이득을 주는 대안을 선택함.

3문단 문단 요약 기대 효용 이론에 따라 합리적 판단을 한다면 기대 효용이 더 큰 것(게임 A)을 선택해야 한다. 그런데 **실제 선택** 상황에서는 대다수의 사람들이 기대 효용이 더 작은 것(게임 B)을 선택한다.

핵심어(구) 실제 선택

중심 내용 기대 효용 이론과 다른 실제

4문단 문단 요약 **카너먼**은 이에 대해 이득보다 손실에 대해 민감하게 반응하는 인간의 심리가 선택 행동에 영향을 미쳤다고 보는 **전망 이론**을 제시하였다.

핵심어(구) 카너먼, 전망 이론

중심 내용 인간의 심리가 선택 행동에 미치는 영향을 설명하는 카너먼의 전망 이론

5~6문단 문단 요약 〈그림〉은 전망 이론에서 이득과 손실에 대한 인간의 반응을 설명하는 그래프로, 이득 영역의 $v(a)$보다 손실 영역의 $v(-a)$의 절댓값이 더 큰데, 이는 같은 크기의 이득과 손실이 있을 때 이득감보다 손실감이 더 크다는 것을 의미한다. 그래서 실제 상황에서는 손실감이 더 작은 대안을 선택하는 것으로 해석할 수 있다.

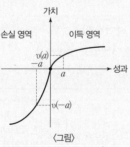
〈그림〉

동전던지기 게임
[게임A] 동전 앞면: 20,000원 획득, 동전 뒷면: 10,000원 손실
[게임B] 동전 앞면: 10,000원 획득, 동전 뒷면: 5,000원 손실
↓
• 기대 효용 이론: 기대 효용이 큰 A를 선택한다고 봄.
　A(5,000원) ＞ B(2,500원)
• 전망 이론: 실제에서는 손실감이 작은 B를 선택함.
　B(5,000원) ＜ A(10,000원)

핵심어(구) 〈그림〉, 전망 이론에서 이득과 손실에 대한 인간의 반응을 설명하는 그래프

중심 내용 전망 이론에서 이득과 손실에 대한 인간의 반응 – 인간은 더 큰 손실감을 피하고자 함.

7~8문단 문단 요약 전망 이론에서는 심리가 실제 선택 행동에 영향을 미치는 현상을 '틀 효과'로 설명한다. 선택 상황이 이득을 주면 '긍정적 틀'로, 손실을 주면 '부정적 틀'로 인식하는데, 긍정적 틀에서는 확실한 이득을 주는 대안을 선택하고(위험 회피 성향), 부정적 틀에서는 불확실한 손실을 주는 대안을 선택한다(위험 추구 성향)는 것이다.

핵심어(구) 틀 효과

중심 내용 전망 이론에서 심리가 실제 선택 행동에 영향을 미치는 현상을 설명한 '틀 효과'와 그 사례

9문단 문단 요약 전통 경제학은 인간이 합리적 선택을 한다는 전제로 이상적인 경제 상황을 설명했다면, 카너먼은 실제 인간의 선택 행동의 특성을 심리학에 근거해 설명하는 **행동 경제학**을 개척하였다.

핵심어(구) 행동 경제학

중심 내용 카너먼 연구의 의의 – 행동 경제학의 개척

주제 심리학적 입장에서 인간의 경제적 선택을 설명한 카너먼의 전망 이론

06 세부 내용 확인
정답 ①

O ①**이 정답인 이유** 기대 효용 이론은 2문단에서 '전통 경제학의 대표적 이론'으로, '인간은 대안이 여러 개일 때 각 대안의 효용을 계산하여 자신에게 최대 이득을 주는 대안을 선택한다.'고 설명한다고 했다. 그리고 4문단에서 카너먼의 전망 이론은 '인간의 심리가 선택 행동에 미치는 영향(다양한 양상)을 설명하는 이론'이라고 했고, 5문단에서는 '전망 이론에서 인간의 반응을 설명하는 그래프'에서 '두 축(x축, y축)이 교차하는 지점은 현재 '나'의 상황을 의미하는 준거점'이라고 했다. 이를 통해 '자신의 현재 상황을 준거*로 하여 나타나는 선택 행동의 다양한 양상을 분석'한 것은 기대 효용 이론이 아니라 카너먼의 전망 이론이라는 것을 알 수 있다.

*준거(準據): 기준이나 근거. ㊤ 표준

▶ **정답의 근거** 위 '①이 정답인 이유' 참조

가장 많이 질문한 오답은? ②

X ②**가 오답인 이유** ②에 답한 학생들이 많았는데, ②는 **2문단**의 '전통 경제학의 대표적 이론인 기대 효용 이론에 따르면, 인간은 대안이 여러 개일 때 각 대안의 효용을 계산하여 자신에게 최대 이득을 주는 대안을 선택한다.'와 일치하는 내용이다.
③은 1문단의 **첫 문장**에서, ④와 ⑤는 1문단의 **마지막 문장**에서 확인할 수 있어 대부분의 학생들이 정답에서 제외했다.

07 사례의 적절성 판단 정답 ③

⊙ ③이 정답인 이유 ㉠에 해당하는 사례는 '자주 접하거나' '쉽게 떠올릴 수 있'는 것을 근거로 발생 빈도가 높다고 판단하는 것이다. ③의 경우, '교통사고로 인한 사망률'이 '당뇨로 인한 사망률'보다 더 높다고 판단하였는데, 그 근거로 '매체를 통해 <u>자주 보기 때문</u>'이라고 했으므로 ㉠에 해당하는 사례로 적절하다.

▶ 정답의 근거 위 '③이 정답인 이유'에서 밑줄 친 부분

나머지 답지들이 오답인 이유 또한 (1) 자주 접하거나, (2) 쉽게 떠올릴 수 있는 것을 판단의 근거로 삼았는지를 살피면 된다.

① 신이 존재한다고 판단한 근거로 '신이 없음을 증명한 사람이 없기 때문'을 들었는데, 이는 (1)이나 (2)와 관련이 없으므로 ㉠에 해당하는 사례가 아니다.

② '1부터 10까지의 합'이 '11부터 15까지의 합'보다 더 크다고 판단한 근거로 '많은 숫자를 더하기 때문'을 들었는데, 이는 (1)이나 (2)와 관련이 없으므로 ㉠에 해당하는 사례가 아니다.

④ '지방이 10% 함유된 우유'보다 '지방이 90% 제거된 우유'를 선택하고 싶다고 판단한 근거로 '지방이 적게 함유된 식품으로 느껴지기 때문'을 들었는데, 이는 (1)이나 (2)와 관련이 없으므로 ㉠에 해당하는 사례가 아니다.

⑤ '열 명이 빵 열 개를 만드는 것'이 '한 명이 빵 한 개를 만드는 것'보다 시간이 더 오래 걸린다고 판단한 근거로 '힘이 더 많이 드는 일로 느껴지기 때문'을 들었는데, 이는 (1)이나 (2)와 관련이 없으므로 ㉠에 해당하는 사례가 아니다.

08 구체적인 상황에의 적용 정답 ②

⊙ ②가 정답인 이유 Ⓐ안은 100만 원을 받을 수도 있고 아무것도 받지 못할 수도 있으므로 <u>이득이 불확실</u>하고, Ⓒ안은 100만 원을 잃을 수도 있고 아무것도 잃지 않을 수도 있으므로 <u>손실이 불확실</u>하다. 카너먼의 입장을 설명하고 있는 **7문단**에서 '불확실성을 피해 확실성을 추구하는 것은 '위험 회피 성향에, 불확실성을 추구하는 것은 '위험 추구 성향'에 해당'한다고 한 점을 고려할 때, Ⓐ안과 Ⓒ안은 모두 불확실성을 추구하고 있으므로 '위험 추구 성향'에 해당한다. 따라서 ②에서 'Ⓐ안을 선택하는 사람들은 위험 회피 성향이라고 한 것은 적절하지 않다.

▶ 정답의 근거 7문단의 '불확실성을 피해 확실성을 추구하는 것은 '위험 회피 성향'과 8문단의 '이득이 불확실한 Ⓐ안'

나머지 답지들이 오답인 이유도 살펴보자.

① Ⓑ안의 50만 원은 받을 이익이고, Ⓓ안의 50만 원은 잃을 손실이다. 같은 50만 원이지만, 카너먼의 전망 이론을 설명한 5문단의 '같은 크기의 이득과 손실이 있을 때 이득감보다 손실감이 더 크다'로 볼 때, 'Ⓑ안의 50만 원과 Ⓓ안의 50만 원에 대해 사람들이 부여하는 가치는 다르다'는 것을 알 수 있다.

③ Ⓐ안은 100만 원을 받을 수도, 아무것도 받지 못할 수도 있으므로 이득이 불확실하고, Ⓒ안은 100만 원을 잃을 수도, 아무것도 잃지 않을 수도 있으므로 손실이 불확실하므로 '이득이나 손실이 불확실한 대안'에 해당하는 것이 맞다. 그리고 Ⓑ안은 1의 확률로 50만 원을 받고, Ⓓ안은 1의 확률로 50만 원을 잃는다고 했으므로 '이득이나 손실이 확실한 대안'에 해당하는 것이 맞다.

④ '상황 1' 아래의 "상황 1'은 이득을 주는 상황으로, …많은 사람들이 이득이 불확실한 Ⓐ안보다 이득이 확실한 Ⓑ안을 선택한다.'에서 적절한 설명이라는 것을 알 수 있다.

⑤ '상황 2' 아래의 "상황 2'는 손실을 주는 상황으로, …많은 사람들이 손실이 확실한 Ⓓ안보다 손실이 불확실한 Ⓒ안을 선택한다.'에서 적절한 설명이라는 것을 알 수 있다.

09 이유 추론 정답 ④

⊙ ④가 정답인 이유 4문단에서 ⓐ는 '<u>이득보다 손실에 대해 민감하게 반응하는 인간의 심리가 선택 행동에 미치는 영향을 설명하는 이론</u>'이라고 했고, **5문단** 끝에서 '<u>같은 크기의 이득과 손실이 있을 때 이득감보다 손실감이 더 크다</u>'라고 했다. 이를 〈보기〉에 적용하여 밑줄 친 부분과 같이 '제품이 마음에 들지 않더라도 사용하던 제품을 반품하고 구매한 금액을 환불받는 소비자가 소수에 지나지 않는' 이유를 추론하면, 제품을 반품했을 때 이득감(환불금)보다 손실감(제품 반납)이 더 크다고 느끼기 때문으로 볼 수 있다. 따라서 ④는 적절한 추론이다.

▶ 정답의 근거 위 '④가 정답인 이유'에서 밑줄 친 부분

①, ③ '제품을 사용하는 기간만큼 제품을 통해 얻는 이득감이 줄어'들거나, '제품을 반품했을 때의 이득감이 제품을 그대로 사용했을 때의 이득감보다 더 크'다면 반품을 선택할 것이다. 하지만 전액 환불해 주는데도 반품하지 않는 이유를 물었기 때문에 적절한 추론이 아니다.

② 반품하지 않는 이유로 볼 수도 있으나, 이는 ⓐ를 바탕으로 추론한 것이 아니다.

⑤ 반품하지 않는 이유를 질문했으므로 적절하지 않다.

10 다른 상황에의 적용 정답 ②

⊙ ②가 정답인 이유 7문단에서 ⓑ(틀 효과)에 따르면 '사람들은 여러 대안 중 하나를 선택할 때, …<u>긍정적 틀(이득을 주는 상황)에서는 확실한 이득을 주는 대안을 선택하고, 부정적 틀(손실을 주는 상황)에서는 불확실한 손실을 주는 대안을 선택</u>한다.'고 했다. 이를 〈보기〉에 적용하면, 〈보기〉의 '상황'은 손실을 주는 상황이므로, 사람들은 부정적인 틀로 인식할 것이다. 그리고 프로그램 ㉮는 손실이 확실한 상황(400명이 죽게 됨.)이고, ㉯는 손실이 불확실한 상황(아무도 죽지 않을 수도 있고, 600명이 죽을 수도 있음.)이므로, 이와 같은 상황에서는 <u>프로그램 ㉯를 선택하는 사람들이 더 많을 것</u>으로 예측할 수 있다.

▶ **정답의 근거** 위 '②가 정답인 이유'에서 밑줄 친 부분

가장 많이 질문한 오답은? ①, ③ 순

☒ **①이 오답인 이유** 〈보기〉의 '상황'을 사람들은 부정적 틀로 인식할 것이라는 예측은 적절하다. 하지만, **7문단**에서 '부정적 틀에서는 불확실한 손실을 주는 대안을 선택한다.'고 한 점을 고려할 때 프로그램 ㉮가 아닌, ㉯를 선택하는 사람들이 더 많을 것으로 예측할 수 있다. '400명의 사람이 죽게' 된다는 ㉮는 손실이 확실하기 때문이다.

☒ **③이 오답인 이유** 〈보기〉의 '상황'을 긍정적 틀로 인식한 사람들이라면 프로그램 ㉮를 선택하는 사람들이 더 많을 것으로 예측할 수 있다. 그런데 **7문단**에서 '긍정적 틀'은 '이득을 주는' 상황에 인식하는 틀이라고 한 것과 달리 〈보기〉는 손실을 주는 상황에 해당하므로 사람들은 〈보기〉의 '상황'을 긍정적 틀로 인식하지 않을 것이다.

④, ⑤ 위 '③이 오답인 이유'에서 확인할 수 있다.

11 그래프의 해석
정답 ①

🅞 **①이 정답인 이유** 〈보기〉의 내용과 〈그림〉을 비교해 보자.

〈보기〉	〈그림〉
• 이득 영역에서는	• 그래프에서 이득 영역인 오른쪽 상단에서는
• 성과가 동일한 크기로 증가할 때마다	• x축(성과)이 동일한 크기로 증가할 때마다
• 성과에 대하여 부여하는 가치의 크기가 (A)하는 폭이 (B).	• y축(가치)의 크기가 (**증가**)하는 폭이 $v(a)$ 영역을 지나면서 (점점 **작아진다**).

이와 같이 〈보기〉와 〈그림〉의 그래프를 비교해 본 결과, A에는 '증가'가, B에는 '작아진다'가 들어간다는 것을 알 수 있다.

▶ **정답의 근거** 위 '①이 정답인 이유'에서의 표 참조

가장 많이 질문한 오답은? ②

☒ **②가 오답인 이유** ②에 답한 학생들이 아주 많았는데, 이 학생들은 B의 주어가 '(증가하는) 폭이'라는 것을 놓쳤기 때문이다. '이득 영역'에서 '성과에 대하여 부여하는 가치의 크기'는 점점 커지는 것이 맞다. 하지만, B에는 '증가하는 폭'에 대한 내용이 들어가야 하는데, 〈그림〉의 그래프를 보면, '이득 영역'에서 성과에 대해 가치가 증가하는 폭은 $v(a)$를 지나면서 작아지고 있으므로 ②는 적절하지 않다.

12~16 사회: 김일태 외 공역, 「조직경제학 입문」

독해력을 길러 주는 지문 분석

1문단 문단요약 기업들은 새로운 내부 조직을 만들거나 다른 기업과 합병하여 기업의 규모를 변화시키기도 하는데, 신제도학파에서 이를 설명한 것이 **거래비용이론**이다.

핵심어(구) 거래비용이론

중심 내용 기업들의 규모 변화를 설명하는 거래비용이론의 소개

2문단 문단요약 거래비용이론에서의 거래비용은 생산비용을 제외한, 경제 주체들이 재화를 거래하는 과정에서 발생하는 모든 비용을 말한다.

핵심어(구) 거래비용

중심 내용 거래비용의 개념

3문단 문단요약 거래비용이론에서 기업은 시장에서 재화를 거래할 때 발생하는 '시장거래비용'을 줄이기 위해, 새로운 내부 조직을 만들거나 다른 기업과의 합병을 통해 '조직내거래비용'을 발생시키기도 한다. 기업은 시장거래비용과 조직내거래비용을 합친 총거래비용을 고려하여 기업의 규모를 결정한다.

핵심어(구) 총거래비용을 고려하여 기업의 규모를 결정

중심 내용 기업의 규모 결정 시 고려하는 총거래비용

4문단 문단요약 기업이 시장거래를 통해 모든 부품을 조달하는 상황에서 시장거래비용을 줄이기 위해 부품의 일부를 기업 내에서 생산할 수 있다. 이때 기업은 총거래비용이 최소인 지점까지 내부 조직의 규모를 확대해 부품을 자체 생산할 수 있는데, 이 지점이 바로 기업의 최적규모이다.

핵심어(구) 기업의 최적규모

중심 내용 기업의 최적규모: 총거래비용이 최소인 지점

5~6문단 문단요약 거래비용이론에서는 거래비용이 발생하는 요인을 인간적 요인과 환경적 요인으로 나누어 설명한다. 인간적 요인에는 인간의 제한된 합리성과 기회주의적 속성이 있고, 환경적 요인에는 자산특수성과 정보의 불확실성 등이 있다.

▼ 거래비용이 발생하는 요인

인간적 요인(5문단)	환경적 요인(6문단)
• 인간의 제한된 합리성: 인간은 완벽하게 합리적인 선택을 할 수 없음. • 인간의 기회주의적 속성: 인간은 효용의 극대화를 위해 자신의 이익만 추구하므로 거래 상대를 전적으로 신뢰할 수 없음.	• 자산특수성: 특정 주체와의 거래에서는 높은 가치를 갖던 것이 다른 주체와의 거래에서는 가치가 하락함. • 정보의 불확실성: 거래 주체가 자신의 이익을 위해 정보를 공유하지 않음.

핵심어(구) 거래비용이 발생하는 요인, 인간적 요인, 환경적 요인

중심 내용 거래비용이 발생하는 요인

주제 기업들의 규모 변화를 설명하는 거래비용이론의 내용

12 개괄적 내용 파악
정답 ⑤

🅞 **⑤가 정답인 이유** 이 글은 거래비용이론에 대해 설명하고 있는데, 1문단에서 거래비용이론은 기업 규모 변화를 거래비용이라는 개념으로 설명한다고 했고, 2문단에서 거래비용은 생산비용을 제외한 비용이라고 했다. 그러나 기업 규모와 생산비용의 관계에 대해서는 알 수 없다.

▶ **정답의 근거** 위 '⑤가 정답인 이유' 참조

✕ **④가 오답인 이유** ④에 답한 학생들이 아주 많았다. 그 이유는 근거가 직접적으로 제시되어 있지 않고, 미루어 짐작할 수 있기 때문이었다. 1문단에서 기업은 '새로운 내부 조직을 만들'어 '기업의 규모를 변화시키기도 한다'고 했고, 4문단에서는 '총거래비용이 최소가 되는 지점까지 내부 조직의 규모를 확대하여 부품을 자체 생산할 수 있다'고 했다. 이로 보아 총거래비용을 최소화하기 위해 기업의 규모가 변화한다는 것을 알 수 있다.

나머지 답지들이 오답인 이유도 살펴보자.

①, ② 3문단의 '시장거래비용과 조직내거래비용을 합친 것을 '총거래비용'이라고 하며~'에서 거래비용의 종류(시장거래비용, 조직내거래비용)와 총거래비용의 개념을 알 수 있다.

③ 3문단의 '거래비용이론에서는 기업은…'시장거래비용'을 줄이기 위해, 재화(p.84 참조)를 자체적으로 생산하는 것에 대해 고려하게 된다고 보았다.'에서 시장거래비용을 줄이는 방법은 재화를 자체적으로 생산하는 것임을 알 수 있다.

13 핵심 개념의 이해 및 적용 정답①

O **①이 정답인 이유** 2문단에서 '거래비용'은 '경제 주체가 거래 의사와 능력을 가진 <u>상대방을 탐색하는 과정</u>, 가격이나 교환 조건을 <u>상대방과 협상하여 계약을 하는 과정</u>, 또 <u>계약 후 계약 이행*</u> 여부를 확인하고 강제하는 과정 등에서 발생하는 비용'이라고 했다. 그런데 ①의 '도자기 장인이 직접 흙을 채취*하여 도자기를 빚을 때'는 거래 의사와 능력을 가진 상대방이 존재하지 않고, 따라서 상대방을 탐색하고 협상하고, 계약하고, 계약 이행 여부를 확인하고 강제하는 과정이 없으므로 '거래비용'이 발생하는 상황으로 적절하지 않다.

> * 이행: 계약(또는 약속)을 실제로 **행**하는 것.
> * 채취: 캐어(**채**집) 얻음(**취**득).

▶ **정답의 근거** 위 '①이 정답인 이유'에서 밑줄 친 부분
나머지 답지들의 상황에서 거래비용이 발생하는 이유도 다음과 같이 2문단을 통해 알 수 있다.

② 경제 주체(집을 구매하려는 사람)가 거래 의사와 능력을 가진 상대방(집을 판매하는 사람)을 탐색하는 과정으로, 거래비용이 발생한다.

③ 경제 주체(가구를 생산하는 사람)가 가격이나 교환 조건을 상대방(원목 판매자)과 협상(흥정)하는 과정으로, 거래비용이 발생한다.

④ 경제 주체(소비자)가 가격이나 교환 조건을 상대방(통신사)과 계약(약정서 작성)을 하는 과정으로, 거래비용이 발생한다.

⑤ 경제 주체(제과업체)가 계약 후 계약 이행 여부(계약대로 밀가루가 제대로 공급되고 있는지)를 확인하는 과정으로, 거래비용이 발생한다.

14 그래프에의 적용 정답③

O **③이 정답인 이유** 〈보기〉의 그래프를 보면, ⓓ에서 ⓔ로 총거래비용이 줄었다면 시장거래비용은 줄어들고 조직내거래비용은 증가한 것이다. [A]의 둘째 문단(4문단)에서 '시장거래비용은 감소하지만, 조직내거래비용은 증가하게 되는 상황은 '기업이 부품을 자체 생산하여 내부 거래를 증가시키'는 경우라고 했고, '이때 기업은 <u>총거래비용이 최소가 되는 지점까지 내부 조직의 규모를 확대</u>하여 부품을 자체 생산할 수 있다'고 했다. 이로 보아 'ⓓ에서 ⓔ로 총거래비용이 줄었다면' 기업은 '내부 조직의 규모를 확대(축소 ✕)하겠다는 결정을 했기 때문'이라는 것을 알 수 있다.

▶ **정답의 근거** 위 '③이 정답인 이유'에서 밑줄 친 부분

① [A]의 둘째 문단의 '기업이 부품을 자체 생산하여 내부 거래를 증가시키면…조직내거래비용은 증가하게 된다.'에서 '조직내거래비용이 ⓐ에서 ⓑ로 증가했다면 기업은 시장에서 조달했던 부품의 일부를 자체 생산하겠다는 결정을 했기 때문'이라는 것을 알 수 있다.

② [A]의 둘째 문단의 '기업이 부품을 자체 생산하여 내부 거래를 증가시키면 시장거래비용은 감소하지만~'에서 '시장거래비용이 ⓒ에서 ⓕ로 감소했다면 기업이 내부 거래를 증가시켰기 때문'이라는 것을 알 수 있다.

④ [A]의 둘째 문단의 '총거래비용이 최소가 되는…지점이 바로 기업의 최적규모라고 할 수 있다.'에서 '총거래비용이 ⓔ에서 최소가 된다면 이 지점이 기업의 최적규모라고 할 수 있'다는 것을 알 수 있다.

⑤ 〈보기〉의 그래프에서 ⓕ는 100% 조직내거래비용만 발생하고 시장거래비용은 발생하지 않는 지점이고, ⓐ는 100% 시장거래비용만 발생하고 조직내거래비용은 발생하지 않는 지점임을 나타내고 있다. ⓐ의 상황을 설명하고 있는 [A]의 **둘째 문단**의 '기업이 다른 기업과의 시장거래를 통해 모든 부품을 조달한다면 조직내거래비용은 발생하지 않고, 시장거래비용만 발생하게 될 것이다.'를 참고하면, ⓕ에서는 '기업이 모든 부품을 기업 내부적으로 제조하기 때문에 시장거래비용은 발생하지 않'는다는 것을 알 수 있다.

15 구체적 사례에의 적용 정답⑤

O **⑤가 정답인 이유** ㉮(거래비용이 발생하는 요인)를 바탕으로 〈보기〉의 사례를 살피면, D 기업과 E 기업에 대한 **사례 3**에서는 'E 기업이 원재료의 품질 정보를 세부적으로 제공하지 않아 (D 기업은) 신제품 생산에 차질이 발생하게 되었다.'고 했다. 그리고 ⑤에서는 사례 3과 같이 'E 기업이 원재료의 품질 정보를 세부적으로 제공하지 않은 것은 D 기업을 탐색하는 과정에서 완벽하게 합리적인 선택을 하였기 때문'이라고 했다. 그런데 5문단에서는 '<u>인간은 거래 상황 속에서 정보를 수집하고 처리할 때 완벽하게 합리적인 선택을 할 수 있는 존재는 아니라</u>'고 했으므로 ⑤는 적절하지 않다.

▶ **정답의 근거** 위 '⑤가 정답인 이유'에서 밑줄 친 부분

① 사례 1에서 A 기업은 '부품 중 볼트를 특정 기업을 선정하지 않고 다양한 기업을 통해 조달하고 있다.'고 했는데, 6문단에서 '자산특수성'은 '특정 거래 주체와의 거래에서만 높은 가치를 갖는' 것이라고 했으므로, 'A 기업이 조달하는 볼트의 자산특수성은 높지 않다고 할 수 있다.'

②, ③ 사례 2에서 'B 기업은 핵심 부품을 C 기업을 통해서만 조달하고 있다'고 했다. 이는 특정 거래 주체와만 거래하는 것이므로 자산특수성이 높은 경우이다. 6문단에서 '자산특수성이 높으면 경제 주체들은 기회주의적으로 행동할 가능성이 커질 수 있기 때문에 이를 보완하고자 다양한 안전장치를 마련하려 할 것'이라고 했다. 따라서 'B 기업과 C 기업이 계약 조건으로 장기간의 계약 기간을 명시한 것은 거래에 있어 안전장치를 마련한 것으로 볼 수 있'고, 'B 기업과 C 기업은 거래하는 핵심 부품이 지닌 특성(자산특수성이 높음)으로 인해 상대가 기회주의적으로 행동할 가능성을 염려했다고 볼 수 있다.

④ 사례 3에서 'E 기업이 원재료의 품질 정보를 세부적으로 제공하지 않아 (D 기업의) 신제품 생산에 차질이 발생하게 되었다.'고 했다. 6문단에서 '정보가 불확실한 거래 상황일수록 거래 주체들(D 기업)은 상대(E 기업)의 정보를 알아내기 위한 노력을 할 것이고, 이로 인해 거래비용은 높아지게 된다.'고 했으므로 ④는 적절하다.

16 사전적 의미의 파악

정답 ①

O **①이 정답인 이유** '어휘 문제 3단계 풀이법'을 적용해 보자.

• 1·2단계: 핵심을 간추린 후 대입하기

> 계약 이행 여부를 확인하다.
> 한꺼번에 행했는지의

→ '한꺼번에'가 어색하므로, 3단계에서 체크해 보자.

• 3단계: '매3어휘 풀이' 떠올리기

> • ㉠과 바꿔 쓸 수 있는 다른 말: 실행
> • ㉠이 들어가는 말: 약속을 반드시 이행하다, 임무를 충실히 이행하다.

→ 3단계까지 오면 '이행'하는 것은 '실제로 행'하는 것으로, '(둘 이상의 일을) 한꺼번에 행함.'의 의미는 들어 있지 않다는 것을 알 수 있다. 참고로, '둘 이상의 일을 한꺼번에 행함.'의 뜻을 지닌 말은 '병행(竝行)'이다.

▶ **정답의 근거** 위 '①이 정답인 이유' 참조

[안인숙 매3국어] 검색

가장 많이 질문한 오답은? ⑤

X **⑤가 오답인 이유** '정보'는 '물건'이 아니라는 생각에 ⑤에 답한 학생들이 많았다. 하지만 ⑤는 사전적 의미라는 점에 유의해야 한다. 사전적 의미는 사전에 제시된 의미로, '문맥적 의미'와는 다를 수 있다. 과거에는 '공유'라는 말이 유형의 '물건'에만 쓰였는데, 현재는 그 의미가 확장되어 '정보, 지식'과 같은 무형의 대상에도 쓰인다. 사전에서는 아직 이와 같은 쓰임을 반영하지 못하고 있다고 할 수도 있다.

그리고 여기서는 ①이 '이행'의 사전적 의미로 적절하지 않다는 것이 확실하므로, ⑤는 약간 어색하다고 여겨져도 더 확실하게 적절하지 않은 것을 정답으로 선택하는 지혜를 발휘할 필요가 있다. 어휘 문제에서 헷갈리는 답지가 있을 경우, 해당 어휘가 들어가는 다른 말, 즉 '매3어휘 풀이'를 떠올리면 정답 여부를 판단하는 데 도움이 된다는 것도 기억해 두자.

아울러 ⑤를 포함하여 오답지들도 3단계 풀이법을 적용하여 보자.

구분	핵심 간추리기	대입하기	'매3어휘 풀이' 떠올리기
②	~에 대해 고려하다.	~에 대해 생각하고 헤아려 보다.	• 사고하고 배려함, 심사숙고 • 생각하다, 헤아려 보다 • 형평성을 고려하다.
③	기회주의적 면모를 보이다.	기회주의적 (겉모습이나 그) 됨됨이를 보이다.	• 얼굴(안면, 면상)의 모양. → 겉모습이나 됨됨이. • 모습, 겉모습, 됨됨이 • 그에게서 진솔한 면모를 보다.
④	이를 보완하고자 안전장치를 마련하다.	이를(모자라거나 부족한 것을) 보충하여 완전하게 하고자 안전장치를 마련하다.	• (모자라거나 부족한 것) 보충하여 완전하게 함. • 보충하다, 보강하다, 채우다 • 보완 대책, 단점을 보완하다.
⑤	정보를 공유하다.	정보를(두 사람 이상이 한 물건이나 지식 등을) 공동으로 소유하다.	• 공동으로 소유함. 맨 독점(獨占) • 여럿이 함께 가짐. • 파일 공유, 정보를 공유하다.

✔ **매일 복습 확인 문제**

1 다음은 카너먼의 전망 이론이다. 카너먼의 입장에서 볼 때 〈보기〉의 선택 상황에서 ㉮안과 ㉯안 중 '위험 추구 성향'을 보이는 사람들이 선택할 안은?

> 사람들은 여러 대안 중 하나를 선택할 때, 손실을 주는 상황에서는 불확실한 손실을 주는 대안을 선택한다. 불확실성을 '위험'이라 할 때, 불확실성을 피해 확실성을 추구하는 것은 '위험 회피 성향'에, 불확실성을 추구하는 것은 '위험 추구 성향'에 해당한다.

─ 보기 ─
> ㉮안: 0.5의 확률로 100만 원을 잃거나, 아무것도 잃지 않는다.
> ㉯안: 1의 확률로 50만 원을 잃는다.

정답 1. ㉮안

90

정답	**01** ⑤	**02** ②	**03** ③	**04** ④	**05** ④
	06 ⑤	**07** ④	**08** ③	**09** ④	**10** ①
	11 ③	**12** ⑤	**13** ①		

1~5 사회: 「청소년의 법과 생활」(법무부)

독해력을 길러 주는 지문 분석

1문단 문단요약 인간은 집단생활로 인해 발생하는 분쟁을 예방하거나 원만히 해결하기 위해 규칙을 만드는데, 이 중 사회 구성원들의 합의로 만들고 강제성을 가진 규칙이 법이다. 이러한 법의 특징은 (1) 행동의 결과를 중시하고, (2) 국민의 자유와 권리를 보호하며, (3) 최소한의 간섭만 한다는 것이다.

핵심어(구) 법, 법의 특징

중심 내용 법의 개념 및 특징

2문단 문단요약 대표적인 법 중 하나인 민법은 사람들 간의 권리관계를 다루는 법률로, 근대 사회에 형성된 중요 원칙 중 하나는 '개인의 사유 재산에 대해 절대적 지배를 인정하고 국가·단체·개인은 다른 사람의 사유 재산 행사에 간섭하지 못한다'는 것이다. 그런데 이 원칙이 경제적 강자가 경제적 약자를 지배하는 수단으로 악용되기도 하여 20세기에 들면서 '개인의 사유 재산도 공공복리에 적합하도록 행사해야 한다'는 수정된 원칙들이 적용되고 있다.

핵심어(구) 민법, 원칙

중심 내용 민법의 개념과 적용 원칙(사유 재산권 존중)

3문단 문단요약 대표적인 또 하나의 법인 형법은 범죄와 형벌을 규정하는 법률로서, 범죄의 행위와 그 처벌을 미리 법률로 정해 두어야 한다는 '죄형법정주의'라는 기본 원칙이 있다. 따라서 범죄 발생 당시 없었던 법이면 소급 적용할 수 없고, 민법과 달리 비슷한 사항을 규정한 법규를 유추하여 적용할 수도 없다.

핵심어(구) 형법, 죄형법정주의

중심 내용 형법의 개념과 적용 원칙(죄형법정주의)

4문단 문단요약 형법을 위반한 범죄는 피해자의 고소, 제3자의 고발, 수사 기관의 인지에 의해 수사 기관이 수사를 시작할 수 있다. 수사 결과 피의자가 죄를 범했다고 의심할 만한 충분한 이유가 있다면 구속 영장을 받아 체포해 구속하고, 범죄 혐의가 인정되면 검사는 재판을 청구하는 기소를 하게 되며, 기소로 재판 절차가 시작되면 법원은 사건을 심리하여 범죄 사실이 확인되면 유죄를 선고하고 형 집행 절차에 들어간다.

범죄 발생 → 고소(피해자), 고발(제3자), 인지(수사 기관) → [수사 → 구속 영장 신청(수사 기관)] → 구속 영장 발부(법원) → [체포 ⋯ 구속] → [기소 여부 결정 ⋯ 재판 ⋯ 유죄 시 형 선고 및 집행(법원)]

핵심어(구) 수사, 체포, 기소, 재판, 선고, (형) 집행

중심 내용 형법을 위반한 범죄 발생 시의 법 진행 과정

5문단 문단요약 동물이 위법한 행동을 하여 다른 사람에게 손해를 끼친 경우, 동물은 법적 권리 및 의무와 책임이 없는 물건이기 때문에 책임이 없다. 다만, 손해를 입은 사람은 민법에 따라 동물의 점유자에게 배상을 받을 수 있다.

핵심어(구) 동물이 위법한 행동, 동물의 점유자에게 배상을 받을 수 있다

중심 내용 동물이 위법한 행동을 한 경우의 법 적용

주제 민법과 형법의 개념과 적용 원칙 및 형법의 진행 과정

▼ 민법과 형법의 개념과 적용 원칙

구분	개념	적용 원칙
민법	•국가 기관이 아닌, 사람들 간의 권리관계(재산 관계, 가족 관계)를 다루는 법률	•개인의 사유 재산에 대한 지배를 인정함. •공공복리에 적합하도록 행사해야 함.
형법	•범죄와 형벌을 규정하는 법률	•죄형법정주의가 적용됨.

01 세부 정보의 확인

정답 ⑤

O ⑤가 정답인 이유 1문단에서 '(법의) 강제성은 공공의 이익을 실현하기 위해 사회 구성원들이 동의할 때만 발휘될 수 있다.'고 했다. 따라서 공익과 무관하더라도 강제성이 발휘될 수 있다고 한 ⑤는 법에 관한 설명으로 적절하지 않다.

▶ 정답의 근거 1문단의 '여러 규칙 중 사회 구성원들의 합의에 따라 만들어지고 강제성을 가진 규칙을 법이라고 한다. 이때 강제성은 공공의 이익을 실현하기 위해 사회 구성원들이 동의할 때(공익과 무관하더라도 X)만 발휘될 수 있다.'

나머지 답지들이 오답인(적절한) 근거는 다음과 같다.

① 1문단의 '문제가 발생하는 것을 예방하거나 문제를 원만히 해결하기 위해 규칙을 만든다. 여러 규칙 중 사회 구성원들의 합의에 따라 만들어지고 강제성을 가진 규칙을 법이라고 한다.'

② 1문단의 '법은 국민의 자유와 권리를 보호한다. 만약 법이 없다면 권력자나 국가 기관이 멋대로 권력을 휘두를 수 있을 것이다.'

③ 1문단의 '법은 최소한의 간섭만 한다. 개인이 처리해도 되는 일까지 법이 간섭한다면 사람들은 숨이 막혀 평온하게 살기 힘들 것이다.'

④ 1문단의 '법은 행동의 결과를 중시한다. 왜냐하면 다른 사람이 행동을 평가할 수 있고 그 변화도 확인할 수 있어야 하기 때문이다.'

02 세부 정보의 확인
정답 ②

O **②가 정답인 이유** 먼저 [A]를 바탕으로 Ⓐ, Ⓑ, Ⓒ에 들어갈 말부터 체크하면 Ⓐ에는 '고소', Ⓑ에는 '체포', Ⓒ에는 '기소*'가 들어간다. [A]에서 수사는 피해자가 고소하지 않아도, '수사 기관이 인지하는 것만으로도' 시작할 수 있다고 했고, 명예훼손죄와 폭행죄는 '수사를 진행했더라도 피해자가 원하지 않으면 처벌하지 않는다.'고 했다. 이를 통해, 명예훼손죄와 폭행죄는 Ⓐ(고소)가 없어도 수사를 진행할 수 있다는 것을 알 수 있다.

> *기소(起訴): 검사가 소송을 제기하는 일.

▶ **정답의 근거** [A]의 '일반적으로 범죄는 수사 기관이 인지하는 것만으로도 수사를 시작할 수 있다.'

가장 많이 질문한 오답은? ③, ④, ⑤ 순

X **③이 오답인 이유** 정답(②)보다 ③에 답한 학생들이 훨씬 많았다. 그런데 [A]에서 '범죄를 실행 중인 경우는 구속 영장 없이 체포 가능한데, 이 경우 48시간 이내에 구속 영장을 신청해야 하고, 법원은 신청서가 접수된 시간으로부터 48시간 이내에 구속 영장의 발부 여부를 결정해야 한다.'고 했다. 이로 보아, '범죄를 실행 중인 범인을 Ⓑ(체포)하였을 경우 48시간 이내에 구속 영장을 발부받아야' 하는 것이 아니라, '구속 영장을 신청해야' 한다. 구속 영장을 발부받아야 하는 시점은 구속 영장을 신청한 후 48시간 이내이다.

X **④가 오답인 이유** [A]의 '수사 결과 범죄 혐의가 인정되면 검사는 재판을 청구하는데 이를 기소라고 한다. 이때 검사는 피의자의 나이, 환경, 동기 등을 참작하여 기소를 하지 않을 수 있다.'로 볼 때, 범죄 혐의가 인정되더라도 반드시 Ⓒ(기소)를 해야 하는 것은 아니다.

X **⑤가 오답인 이유** [A]의 '기소로 재판 절차가 시작되면 법원은 사건을 심리*하여~'에서 재판에서 심리를 담당하는 주체는 법원이라는 것을 알 수 있고, '수사 결과 범죄 혐의가 인정되면 검사는 재판을 청구하는데 이를 기소라고 한다.'에서 Ⓒ(기소)를 하는 것은 검사임을 알 수 있다. 따라서 재판에서 심리를 담당하는 주체(법원)가 Ⓒ의 여부를 결정한다는 것은 적절하지 않다.

> *심리: ((법률)) 법원이 판결에 필요한 사실 관계 및 법률관계를 심사하여 처리하는 것.

①에 답한 학생들은 드물었는데, [A]의 둘째 문장 '고소(Ⓐ)는 피해자가 하는 반면 고발은 제3자가 한다.'에서 오답이라는 것을 분명하게 알 수 있었기 때문이다.

03 세부 정보의 확인
정답 ③

O **③이 정답인 이유** 2문단에서 민법(㉠)의 원칙 중 '다른 사람에게 끼친 손해는 그 행위가 위법이고 동시에 고의나 과실(매3인사이트, 집 p.12)에 의한 경우에만 책임을 진다는 원칙도 있다.'고 했다. 따라서 의도적으로 잘못을 한, 즉 '고의'에 의한 경우에도 책임을 물을 수 있지만, 과실(실수)에 의한 경우에도 책임을 물을 수 있으므로 '의도적으로 잘못을 한 경우에만 책임을 물을 수 있다.'고 한 ③은 ㉠에 대한 설명으로 적절하지 않다.

▶ **정답의 근거** 위 '③이 정답인 이유' 참조

가장 많이 질문한 오답은? ④, ⑤, ① 순

X **④가 오답인 이유** 2문단에서 '20세기에 들면서', '개인의 사유 재산에 대한 지배는 여전히 보장되지만 공공복리*에 적합하도록 행사해야 한다'는 수정된 원칙이 적용되고 있다고 했다. 따라서 '20세기에 들면서 공공복리에 적합하지 않을 경우 개인의 재산권 행사를 제한할 수 있게 되었다.'는 ④는 ㉠에 대한 설명으로 적절하다.

> *공공복리(公共福利): 공공의 행복과 이익. 사회 구성원 전체에 두루 관계되는 복지. ⑨ 공공복지

X **⑤가 오답인 이유** 2문단의 '근대 사회에서 형성된 민법(㉠)의 원칙은…개인의 사유 재산에 대해 절대적 지배를 인정하고 국가를 비롯한 단체나 개인은 다른 사람의 사유 재산 행사에 간섭하지 못한다'에서, ⑤는 ㉠에 대한 설명으로 적절하다는 것을 알 수 있다.

X **①이 오답인 이유** 2문단에서 '근대 사회에서 형성된 민법(㉠)의 원칙'들이 '경제적 강자가 경제적 약자를 지배하는 수단으로 악용되기도 하여 20세기에 들면서', '개인의 사유 재산에 대한 지배는 여전히 보장되지만 공공복리에 적합하도록 행사해야 한다는 것과 같은 수정된 원칙들이 적용되고 있다.'고 한 것에서 ①은 ㉠에 대한 설명으로 적절하다는 것을 알 수 있다.

②에 답한 학생들은 드물었는데, 2문단의 '민법은 국가 기관이 아닌, 사람들 간의 권리관계를 다루는 법률로서~'에서 바로 확인할 수 있기 때문이다.

04 내용 추론
정답 ④

O **④가 정답인 이유** ㉡(죄형법정주의*)은 3문단에서 '범죄의 행위와 그 범죄에 대한 처벌을 미리 법률로 정해 두어야 한다는 것'이어서 '범죄 발생 당시에는 없었던 법이 나중에 생겨도 그것을 소급*해서 적용할 수 없'고, '어떤 사항을 직접 규정한 법규가 없을 때, 그와 비슷한 사항을 규정한 법규를 유추하여 적용할 수도 없다.'고 했다. 따라서 '법률이 없으면'(법률로 미리 정해 두지 않으면) (처벌을 소급해서 적용할 수도 없고, 유추하여 적용할 수도 없으므로) '범죄도 없고 형벌도 없다.'는 ④는 ㉡과 관련 있는 말로 적절하다.

* 죄형법정주의: 범죄 여부와 형벌은 (미리 정해 둔) 법률에 의해서만 정할 수 있다는 주의(원칙).
* 소급(遡及: 거스를 소, 미칠 급): 과거에까지 거슬러 올라가서 미치게 함. ⑪불소급

▶ **정답의 근거** 위 '④가 정답인 이유' 참조

가장 많이 질문한 오답은? ②, ① 순

①과 ②에 답한 학생들이 많았고, ③과 ⑤에 답한 학생들도 제법 있었는데, 이들 오답지들은 모두 ㉡과 관련이 없다. ㉡과 관련이 있으려면 3문단에서 설명하고 있는, ㉡의 핵심인 '범죄를 처벌하려면 미리 법률로 정해 두어야 한다'는 의미가 담겨 있어야 한다.

* 미궁(迷宮): (1) 미로와 같이 들어가면 나올 길을 쉽게 찾을 수 없게 되어 있는 곳. (2) 사건, 문제 따위가 얽혀서 쉽게 해결하지 못하게 된 상태.

05 구체적 상황에의 적용
정답 ④

○ ④가 정답인 이유 〈보기 2〉에서의 A는 사람이고, B는 로봇이고, C는 로봇 B를 구입한 사람이다. 5문단에서 '법에서는 인간 이외의 것들은 생명의 유무와 상관없이 모두 물건으로 보는데 물건에는 법적 권리가 없다.'고 했으므로 B가 사람을 때려 다치게 하였다면 B는 법적 책임이 없다. 하지만 5문단의 '다만 손해를 입은 사람은 민법에 따라 동물의 점유자에게 배상*을 받을 수 있다.'고 하였으므로 B를 점유한 C는 민법에 따라 손해를 배상할 책임이 있다. 그런데 ④에서는 '형법'을 적용한다고 했으므로 적절하지 않다. 그리고 3문단에서 형법은 '유추하여 적용할 수' 없다고 한 것과도 어긋난다.

* 배상: 남의 권리를 침해한 사람이 그 손해를 물어 주는(보상) 일.

▶ **정답의 근거** 3문단의 '(형법은) 법규를 유추하여 적용할 수도 없다.'와 5문단의 '다만 손해를 입은 사람은 민법에 따라 동물의 점유자에게 배상을 받을 수 있다.' → ④의 '형법' ✕, '징역이나 벌금' ✕

가장 많이 질문한 오답은? ①, ③ 순

✕ ①이 오답인 이유 5문단에서 '법에서는 인간 이외의 것들은 생명의 유무와 상관없이 모두 물건으로 보는데 물건에는 법적 권리가 없다. … 동물은 민, 형법상의 책임을 지지 않아도 된다.'고 했다. 이것과 〈보기 1〉의 민법 제759조 ①에 따르면 동물과 같은 물건인 B가 사람을 때려 다치게 했다면 B는 법적 책임이 없고, B의 점유자인 C가 손해를 배상할 책임이 있다.

✕ ③이 오답인 이유 ① 못지않게 ③에 답한 학생들도 많았다. 그런데 A는 사람이고 사람이 사람을 때려 다치게 하였다면, 이는 형법 제257조 ①의 적용을 받아 형법에 따른 책임을 져야 하는 것이 맞다.

② 5문단에서 '(동물에 의해) 손해를 입은 사람은 민법에 따라 동물의 점유자에게 배상을 받을 수 있다.'고 하였으므로, 로봇인 B가 사람을 때려 다치게 하였다면 B의 점유자인 C에게 손해 배상 책임을 물을 수 있다.

⑤ 5문단의 '물건(인간 이외의 것들)에는 법적 권리가 없다.'와 '민, 형법상의 책임을 지지 않아도 된다.'로 보아, B(로봇)가 사람을 다치게 한 경우에는 처벌을 받지 않는다. 향후 B가 사람을 다치게 한 행위에 관한 조항이 형법에 추가된다 하더라도, 3문단에서 '(형법은) 범죄 발생 당시에는 없었던 법이 나중에 생겨도 그것을 소급해서 적용할 수 없다.'고 했으므로, 이번 사건에 대해서는 B를 처벌할 수 없다.

6~10 사회: 이학식, 「소비자 행동」

독해력을 길러 주는 지문 분석

1문단 **문단 요약** 현대 사회에서는 소비자 개인의 가치관, 구매하려는 제품의 특징, 구매와 관련된 상황에 따라 제품에 기울이는 소비자의 관심이 달라지는데, 이를 설명하기 위한 개념이 소비자의 '관여도'이다.

핵심어(구) 소비자의 '관여도'

중심 내용 제품에 대한 소비자의 관심을 설명하는 개념인 '관여도'

2문단 **문단 요약** 관여도란 주어진 상황에서 특정 제품에 대해 개인이 자신과의 관련성을 지각하는 정도로, 소비자의 관여도를 결정하는 요인에는 '개인적 요인', '제품에 의한 요인', '상황적 요인'이 있다.

▼ 관여도를 결정하는 요인

개인적 요인	제품에 의한 요인	상황적 요인
• 개인에게 국한되는 성향이나 자아 정체성 등을 의미함. • 쉽게 변하지 않음.	• 특정 제품이 지닌 특징을 의미함. • 대다수의 소비자들이 가지고 있는 욕구를 충족시킬 수 있는 것임.	• 제품의 구매와 관련된 소비자의 특정 상황을 의미함. • 개인적 요인에 비해 지속적이지 않음.

핵심어(구) 관여도란, 소비자의 관여도를 결정하는 요인

중심 내용 관여도의 개념과 결정 요인

3문단 **문단 요약** 소비자 관여도는 제품에 대해 소비자가 자신과의 관련성을 인지하는 척도이므로, 판매자 입장에서는 소비자 관여도가 중요한 기준이 되므로 소비자 관여도를 바탕으로 제품들을 분류하고 판매 전략을 세운다.

핵심어(구) 판매자 입장, 소비자 관여도가 중요한 기준

중심 내용 판매자에게 중요한 기준이 되는 소비자 관여도

4문단 **문단 요약** 판매 전략을 세우기 위해 소비자 관여도에 따라 제품을 분류하는 대표적인 모델인 'FCB Grid 모델'은 소비자가 구매 의사 결정 과정에 기울이는 노력의 정도(고관여, 저관여)와 제품에 대해 반응하는 경향(이성적 관여, 감성적 관여)의 두 가지 차원으로 소비자 관여도를 구분한다.

▼ FCB Grid 모델: 소비자 관여도에 따른 제품 분류

소비자가 구매 의사 결정 과정에 기울이는 노력의 정도에 따라		소비자가 제품에 대해 반응하는 경향에 따라	
고관여	저관여	이성적 관여	감성적 관여
제품의 위험도↑ 제품 가격↑ 제품 특성 복잡. 선택 가능성↑	제품의 위험도↓ 제품 가격↓ 제품 특성 단순. 선택 가능성↓	편리함, 성능, 실용성 등을 먼저 고려하는 것	충족감, 즐거움, 자부심 등을 먼저 고려하는 것

→ 고관여일 때 소비자가 제품에 대해 더 많이 알아보려는 노력을 기울임.

핵심어(구) 'FCB Grid 모델', 고관여, 저관여, 이성적 관여, 감성적 관여

중심 내용 소비자 관여도에 따라 제품을 분류하는 FCB Grid 모델

5문단 `문단 요약` 제품 판매자들은 FCB Grid 모델을 바탕으로 다음과 같은 판매 전략을 세울 수 있다.

▼ FCB Grid 모델을 바탕으로 한 판매 전략

구 분	이성적 관여	감성적 관여
고관여	제품의 편리함, 성능, 실용성에 대한 구체적인 정보 제공	제품에 대한 좋은 느낌을 줄 수 있는 광고 문구, 이미지 등의 다양한 정보 제공
저관여	할인권이나 견본 등을 제공 → 직접 경험 후 습관적으로 구매하게 하는 전략	인기 모델을 광고에 활용 → 모델과 동일시하여 고민 없이 구매하게 하는 전략

핵심어(구) 판매 전략

중심 내용 FCB Grid 모델을 바탕으로 한 판매 전략

6문단 `문단 요약` FCB Grid 모델은 제품을 분류하는 절대적인 기준이 아니므로, 판매자들은 이 모델을 활용하되 제반 여건을 반영하여 판매 전략을 세울 필요가 있다.

핵심어(구) 제반 여건을 반영

중심 내용 제반 여건을 반영한 판매 전략 수립의 필요성

주제 소비자 관여도의 개념과, 이를 활용하여 제품을 분류하는 FCB Grid 모델을 바탕으로 한 판매 전략

06 세부 정보의 확인
정답 ⑤

О ⑤가 정답인 이유 4문단의 첫째, 둘째 문장인 "FCB Grid 모델'은 판매 전략을 세우기 위해 소비자 관여도에 따라 제품을 분류하는 대표적인 모델이다. 이 모델은 소비자 관여도를 두 가지 차원으로 구분한다.'로 볼 때, 'FCB Grid 모델'이 소비자 관여도를 두 가지 차원으로 구분한 모델이라고 한 것은 맞다. 하지만 '제품 판매 전략을 바탕으로' 구분한 것이 아니라 '제품 판매 전략을 세우기 위해' 구분한 것이다.

▶ **정답의 근거** 위 '⑤가 정답인 이유' 참조

가장 많이 질문한 오답은? ④

X ④가 오답인 이유 ④에 답한 학생들이 아주 많았다. 그런데 **마지막 문단**에서 '사회나 시장 상황이 늘 변하고 문화권마다 차이가 존재하기 때문'에 'FCB Grid 모델'은 '제품을 분류하는 절대적인 기준'이 아니라고 한 것으로 보아 ④는 적절하다.

나머지 답지들이 오답인(적절한) 근거는 다음과 같다.

① 1문단의 '현대 사회에서 개인은 소비자로서 여러 가지 제품을 구매한다. 그런데 소비자 개인의 가치관, 구매하려는 제품의 특징, 그리고 구매와 관련된 상황에 따라 제품에 기울이는 소비자의 관심이 달라진다.'

② 3문단의 첫째 문장 '소비자 관여도는 제품에 대해 소비자가 자신과의 관련성을 인지하는 척도*이다.'

> *척도(尺度): 측정하거나 평가하는 기준. ⑨잣대

③ 3문단의 둘째 문장 '소비자에게 제품을 판매하는 사람들의 입장에서는 소비자 관여도가 중요한 기준이 될 수밖에 없다.'

07 구체적 상황에의 적용
정답 ④

О ④가 정답인 이유 ㉠~㉺을 4문단과 5문단을 참고하여 A~D로 분류해 보자.

구분	특징	4·5문단	분류
㉠	• 부작용이 걱정 • 효능을 꼼꼼하게 살펴보고 구매	• 위험이 큰 경우(고관여) • 성능을 먼저 고려(이성적 관여)	A
㉡	• 예쁜 디자인이 주는 즐거움 • 즉흥적으로 구매	• 즐거움을 먼저 고려(감성적 관여) • 신중한 고민 없이 구매(저관여)	D
㉢	• 선택 가능한 제품이 많은 • 편리한 것을 구매	• 선택 가능한 제품이 많은 경우(고관여) • 편리함을 고려(이성적 관여)	A
㉣	• 실생활에 유용 • 별다른 고민 없이 구매	• 실용성을 먼저 고려(이성적 관여) • 노력을 덜 기울임(저관여)	C
㉤	• 고가인 경우, 만족감 고려 • 여러 매장을 둘러보고 구매	• 제품의 가격이 높은 경우(고관여), 충족감을 고려(감성적 관여) • 노력을 더 기울임(고관여)	B
㉥	• 실용적인 기능 • 쉽게 구매	• 실용성을 먼저 고려(이성적 관여) • 노력을 덜 기울임(저관여)	C

따라서 A에는 ㉠과 ㉢, B에는 ㉤, C에는 ㉣과 ㉥, D에는 ㉡이 해당된다.

▶ **정답의 근거** 위 '④가 정답인 이유'에서의 표

08 정보의 적용
정답 ③

О ③이 정답인 이유 건전지는 C(저관여이며 이성적 관여)에 해당하는 제품으로, C에 해당하는 제품은 5문단에서 '소비자에게 할인권이나 견본 등을 제공하여 소비자가 제품의 기능을 먼저 직접 경험하게 한 후 제품을 습관적으로 구매하도록 하는 전략이 필요하다.'고 했다. 따라서 소량의 건전지(견본)를 무료로 나누어 주는 전략은 C의 판매 전략으로 적절하다. 하지만 '공익적 가치를 추구하는 기업의 이미지를 홍보'하는 전략은 '습관적으로 구매하도록 하는 전략'과 거리가 멀다.

▶ **정답의 근거** 5문단

① 카메라는 A(고관여이며 이성적 관여)에 해당하는 제품으로, 5문단에서 제시한 '실용성에 대한 구체적인 정보를 제공하는 전략'과 관련하여, '제품의 구조나 작동 방식을 자세하게 기술하여 카메라의 실용성을 강조'하는 판매 전략은 적절하다.

② 화장품은 B(고관여이며 감성적 관여)에 해당하는 제품으로, 5문단에서 제시한 '제품에 대한 좋은 느낌을 줄 수 있는 광고 문구를 제공하는' 전략과 관련하여, '다양한 문구를 통해 사람들이 제품에 대한 좋은 느낌을 가질 수 있도록 유도'하는 판매 전략은 적절하다.

④ 세탁 세제는 C(저관여이며 이성적 관여)에 해당하는 제품으로, 5문단에서 제시한 '할인권을 제공하여 소비자가 제품의 기능을 먼저 직접 경험하게 하는 전략'과 관련하여, '해당 제품을 부담 없이 구매하여 사용해 보게' 하는 판매 전략은 적절하다.

⑤ 청량음료는 D(저관여이며 감성적 관여)에 해당하는 제품으로, 5문단에서 제시한 '광고에 인기 모델을 등장시켜 고민 없이 해당 제품을 구매'하게 하는 전략과 관련하여, '유명 연예인이 청량음료를 마시는 장면을 연출하여' 구매하도록 유도하는 판매 전략은 적절하다.

09 구체적 사례에의 적용
정답 ④

O ④가 정답인 이유 [A]에서 '개인적 요인'은 '개인에게 국한되는 성향이나 자아 정체성 등을 의미'한다고 했다. 그런데 〈보기〉에서 을이 서적을 구매한 것은 '갑을 위로하기 위해'서라고 했고, 자신은 서적에 대해 '평소에 관심이 없었'다고 했다. 따라서 을이 서적에 대해 관여도가 높아진 것은 개인적 요인이 아니라는 것을 알 수 있다.

이는 [A]에서 상황적 요인의 예로 든 '평소 오디오(서적)에 관심이 없던 소비자(을)가 가족들(갑)을 위해 오디오(서적)를 구매해야 하는 상황'과 유사하다는 점에서, 을은 갑을 위로해야 하는 '상황적 요인'에 의해 서적에 대한 관여도가 높아졌다는 것을 알 수 있다.

▶ **정답의 근거** 위 '④가 정답인 이유' 참조

가장 많이 질문한 오답은? ①

X ①이 오답인 이유 [A]에서 '제품에 의한 요인'은 '대다수의 소비자들이 가지고 있는 욕구를 충족시킬 수 있는', '특정 제품이 지닌 특징을 의미'한다고 했다. 〈보기〉에서 갑이 '자전거를 구입해 운동을 시작'한 것은 '자전거가 대다수의 사람들이 만족하는 운동 기구이어서'라고 했으므로 ①은 적절하다.

②, ③ [A]에서 '상황적 요인'은 '소비자가 제품의 구매와 관련된 특정 상황을 의미'한다고 했는데, 〈보기〉에서 갑은 '운동 부족으로 체력이 약해진' 상황에서 '운동 기구를 알아보게 되었다'고 했고, 을은 '갑을 위로하기 위한' 상황에서 '평소에 관심이 없었던 시집'을 '구매'했다고 했으므로 ②와 ③은 적절하다.

⑤ [A]에서 '개인적 요인'은 '개인에게 국한되는 성향이나 자아 정체성 등을 의미'한다고 했는데, 〈보기〉에서 '갑은 운동보다 독서를, 을은 독서보다 운동을 더 중시하는 성향'으로, 그 성향이 서로 달라 '갑은 서적에, 을은 운동 기구에 더 큰 의미를 부여하여 왔다'고 했으므로 ⑤는 적절하다.

10 사전적 의미의 파악
정답 ①

O ①이 정답인 이유 사전적 의미를 묻는 문제도 어휘 문제 3단계 풀이법을 적용한다. 정답인 ①(ⓐ)부터 적용해 보자.

- 1단계(핵심 간추리기): ⓐ(지각)가 포함된 문장에서 ⓐ의 의미를 이해할 수 있게 핵심을 간추린다.

> • 자신과의 관련성을 <u>지각</u>하다.

- 2단계(대입하기): 답지에 제시된 사전적 의미를 ⓐ의 자리에 대입해 자연스러운지의 여부를 살핀다.

> • 자신과의 관련성을 <u>그러하다고 생각하여 옳다고 인정</u>하다.

→ 어색하다.

- 3단계('매3어휘 풀이' 떠올리기): ⓐ의 의미를 살리는 다른 말을 떠올려 본다.

> • 인<u>지</u>(앎)하고 <u>각</u>성(깨달음)하다.
> • 우리는 눈을 통하여 외부 세계를 <u>지각</u>한다.

→ 이와 같이 '매3어휘 풀이'를 적용하면, '지각(知覺)'은 '그러하다고 생각하여 옳다고 인정함.'이 아니라 '알아서 깨달음' 또는 '(감각 기관을 통해 대상을) 앎(인식함)'의 의미를 나타낸다는 것을 알 수 있다.

한편 '지각(知覺)'의 동음이의어인 '지각(遲刻)'은 '학교에 지각하다.'와 같이 쓰여 '정해진 시각보다 늦음(지연, 지체)'의 의미를 나타내며, 답지 ①의 '그러하다고 생각하여 옳다고 인정함'의 의미를 지닌 어휘는 '긍정'이다.

▶ **정답의 근거** 위 '①이 정답인 이유' 참조

가장 많이 질문한 오답은? ③, ⑤ 순

X ③이 오답인 이유 ③에 답한 학생들이 아주 많았는데, '추구'도 다음과 같이 3단계 풀이법을 적용해 보면 ③에 제시된 사전적 의미가 적절하다는 것을 알 수 있다.

> • 1단계: 실용성을 <u>추구</u>하다.
> • 2단계: 실용성을 이룰 때까지 <u>뒤좇아 구</u>하다.
> • 3단계: 추적하여 <u>구</u>하다./진리(또는 아름다움)를 <u>추구</u>하다.

X ⑤가 오답인 이유 ⑤에 답한 학생들은 답지에 제시된 사전적 의미를 ⓔ에 대입하니 자연스럽지 않았다고 했다. ⓔ가 포함된 문장의 핵심을 간추린(1단계) 후 ⑤에 제시된 사전적 의미를 대입해(2단계) 보자.

> • 1단계: 제품 판매와 관련된 제반 여건을 <u>반영</u>하다.
> • 2단계: 제품 판매와 관련된 제반 여건을 <u>다른 것에 영향을 받아 어떤 현상을 나타내</u>다.

위와 같이 밑줄 친 '반영'의 자리에 바로 사전적 의미를 대입하면 어색해 보인다. 하지만, 사전적 의미를 묻는 문제의 경우, 그대로 대입했을 때 바로 적절성 여부를 판단할 수 있기도 하지만, 그대로 대입하면 어색하게 보일 수도 있다는 것을 기억하자. 다음과 같이 문맥에 맞게 다시 적용해 보면 ⑤에 제시된 사전적 의미가 적절하다는 것을 알 수 있다.

> • 사전적 의미를 그대로 대입한 경우: 제품 판매와 관련된 제반 여건을 다른 것에 영향을 받아 어떤 현상을 나타내다.
> • 사전적 의미를 문맥에 맞게 다시 적용한 경우: 제품 판매와 관련된 제반 여건(사회나 시장 상황 등)에 영향을 받아 어떤(판매 전략을 세우는) 현상을 나타내다.

나머지 답지들이 오답인 이유도 3단계 풀이법을 적용하고, 해당 어휘를 이루는 각 음절이 들어가는 말로 그 뜻을 익혀 두자.

구분	핵심 간추리기	대입하기	'매3어휘 풀이' 떠올리기
②	특정 제품에 의미를 부여하다	특정 제품(사물)에 의미를 붙여 주다	• 주다(기부, 증여) • 임무(또는 가치)를 부여하다.
④	소비자가 제품에 대해 반응하는 경향에 따라	소비자가 제품에 대해 반응하는 것이 어떤 방향으로 기울어짐에 따라	• 어느 한 방향으로 기울어짐(경사). • 비슷한 경향을 보이다.

11~13 사회: 앤 잰저, 「플랫폼의 미래 서브스크립션」

독해력을 길러 주는 지문 분석

1문단 문단요약 소비자가 회원 가입 및 신청을 하면 정기적으로 원하는 상품을 배송받거나, 필요한 서비스를 언제든지 이용할 수 있는 경제 모델을 '구독경제'라고 한다.
핵심어(구) 구독경제
중심 내용 구독경제의 개념

2문단 문단요약 신문이나 잡지 등 정기 간행물에만 적용되던 구독 모델은 최근 그 적용 범위가 넓어지고 있으며, 정기 배송 모델, 무제한 이용 모델, 장기 렌털 모델 등 크게 세 가지 유형이 있다.

> ▼ 구독경제의 유형
> • 정기 배송 모델: 월 사용료를 내면 생필품(칫솔, 식품)을 지정 주소로 정기 배송해 주는 것
> • 무제한 이용 모델: 정액 요금을 내고 상품(영상, 음원 등)을 무제한 또는 정해진 횟수만큼 이용하는 것
> • 장기 렌털 모델: 구매에 목돈이 드는 상품(자동차)을 월 사용료를 지불하고 이용하는 것

핵심어(구) 세 가지 유형
중심 내용 구독경제의 세 유형

3문단 문단요약 경제학자들은 최근에 구독경제가 빠르게 확산된 이유를 '합리적 선택 이론'으로 설명한다. 소비자들이 한정된 비용으로 효용을 최대화하려는 합리적 선택의 결과라는 것이다.
핵심어(구) (구독경제의 확산) 이유, 합리적 선택

중심 내용 구독경제의 확산 이유 – 소비자들의 합리적 선택

4문단 문단요약 구독경제는 소비자의 입장에서는 소유하지 않아도, 또 값비싼 상품을 큰 비용을 들이지 않고도 사용할 수 있으며, 구매에 드는 시간과 불편함의 문제를 해결할 수 있다는 장점이 있다. 그리고 생산자의 입장에서는 수집한 고객 정보로 개별화된 서비스를 제공하여 고객과의 관계를 계속 유지하고, 매월 안정적 매출을 올릴 수 있다.
핵심어(구) 장점
중심 내용 소비자와 생산자의 입장에서 본 구독경제의 장점

5문단 문단요약 그러나 소비자의 입장에서 구독하는 서비스가 많아지면 경제적으로 부담이 되고, 생산자의 입장에서는 상품이 소비자에게 만족감을 주지 못하거나 고객과의 관계를 유지하지 못하면 이전보다 낮은 수익을 얻는 경우도 있다. 따라서 소비자와 생산자는 자신의 경제 활동에 도움이 되는 방향으로 구독경제를 활용할 필요가 있다.
핵심어(구) 그러나, 경제 활동에 도움이 되는 방향으로 구독경제를 활용
중심 내용 소비자와 생산자의 입장에서 본 구독경제의 부정적인 면과 그 해결 방안

주제 구독경제의 개념 및 유형과 장단점 및 활용 방향

11 세부 내용의 확인   정답 ③

O ③이 정답인 이유 1문단에서 구독경제는 '소비자가 회원 가입 및 신청을 하면 정기적으로 원하는 상품을 배송받거나, 필요한 서비스를 언제든지 이용할 수 있는 경제 모델'이라고 했다. 이를 통해 소비자는 구독경제를 이용하기 위해 회원 가입을 해야 한다는 것을 알 수 있다. 그리고 4문단에서는 구독경제를 이용하면 생산자는 '상품을 사용하는 고객들의 정보를 수집하고, 이를 통해 개별화된 서비스를 제공'할 수 있다고 했다. 따라서 '소비자는 구독경제를 통해 회원 가입 시 개인 정보를 제공해야 하는 부담을 없앨 수 있다'고 한 ③은 이 글의 내용과 일치하지 않는다.

▶ **정답의 근거** 위 '③이 정답인 이유'에서 밑줄 친 부분

① 4문단의 '(구독경제를 이용하면) 생산자의 입장에서는…개별화된 서비스를 제공하여 고객과의 관계를 지속적으로 유지할 수 있다.'에서 확인할 수 있다.
② 4문단의 '구독경제를 이용하면…상품 구매 행위에 들이는 시간과 구매 과정에 따르는 불편함 등의 문제를 해결할 수 있다.'에서 확인할 수 있다.
④ 4문단의 '(구독경제를 이용하면) 생산자의 입장에서는…고객과의 관계를 지속적으로 유지할 수 있다. 또한 매월 안정적으로 매출을 올릴 수 있다는 장점도 있다.'에서 확인할 수 있다.

⑤ 3문단의 '소비자들이 한정된 비용으로 최대한의 만족을 얻기 위해 노력한 결과가 구독경제의 확산으로 이어졌다는 것이다.'에서 확인할 수 있다.

12 핵심 개념의 비교

정답 ⑤

O **⑤가 정답인 이유** ㉠은 3문단에서 '소비자들이 한정된 비용으로', '상품을 소유함으로써 얻는 만족감보다는 상품을 사용함으로써 얻는 만족감을 더 중요시'함으로써 확산되었다고 했다. 그리고 ㉡은 〈보기〉에서 '한번 생산된 상품이나 서비스를 여럿이 공유해 사용하는 협력 소비를 통해 비용을 줄이고 소비자의 만족도를 높이는 경제 모델'이라고 했다. 이를 통해 ㉠과 ㉡은 모두 소비자의 부담은 줄이면서 상품을 사용함으로써 얻는 효용에 관심을 가진다는 것을 알 수 있다.

▶ **정답의 근거** 위 '⑤가 정답인 이유'에서 밑줄 친 부분

① ㉠은 4문단에서 '개별화된 서비스를 제공'한다고 했고, ㉡은 〈보기〉에서 '서비스를 여럿이 공유해 사용'한다고 했다. 따라서 여러 사람이 서비스를 공유하는 것은 ㉠이 아니라 ㉡이다.

② 〈보기〉에서 ㉡은 '자원의 불필요한 소비를 줄일 수 있어 친환경적이라는 평가를 받고 있다.'고 했으므로, '㉡과 달리'는 적절하지 않다. ㉠의 경우, 5문단에서 '구독하는 서비스가 지나치게 많아질' 경우도 있다고 했으므로 친환경적이라고 단정짓기 어렵다.

③ 1문단에서 ㉠은 '소비자가 회원 가입 및 신청을 하면 정기적으로(≒주기적으로) 원하는 상품을 배송'받는다고 했지만, 4문단에서 ㉠을 이용하면 '값비싼 상품을 사용하는 데 큰 비용을 들이지 않아도' 된다고 했으므로 '㉠과 달리'는 적절하지 않다. 또한 ㉡의 경우, '소비자에게 서비스를 주기적으로 제공'한다는 정보는 확인할 수 없다.

④ 〈보기〉에서 ㉡은 유형자원*에서 무형자원*으로 그 영역이 확장되고 있다고 했으나, 유형자원보다 무형자원을 더 많이 활용한다고는 하지 않았다. ㉠의 경우는 주로 유형자원(셔츠, 신문이나 잡지, 생필품, 자동차 등)의 활용에 대해서 언급하고 있다.

> * 유형자원: 인간의 생활 및 생산에 이용되는 자원 중 광물, 산림, 수산물과 같이 **형**상이나 **형**체가 있는(有, 있을 **유**) **자원**.
> * 무형자원: 인간의 생활 및 생산에 이용되는 자원 중 노동력이나 기술과 같이 **형**상이나 **형**체가 없는(無, 없을 **무**) **자원**.

13 사례의 적절성 판단

정답 ①

O **①이 정답인 이유** '매월 일정 금액을 지불하고 정수기를 사용하는 서비스'는 '정기 배송해 주는 것'이 아니므로 ⓐ에 해당하는 사례가 아니다. 이것은 월 사용료를 지불하고 이용하는 장기 렌털* 모델(ⓒ)에 해당한다.

> * 렌털: 설비, 기계, 기구 따위를 임대(대여)하는 일. 렌탈 ✕

▶ **정답의 근거** 2문단의 ⓐ~ⓒ에 대한 설명

나머지 답지들이 적절한 근거도 다음과 같이 모두 ⓐ~ⓒ의 뒤에 이어지는 내용에서 찾을 수 있다.

② '월정액을 지불하고 주 1회 집으로 식재료를 보내 주는 서비스'는 '월 사용료(월정액*)를 지불하면' 생필품(ㄱ식재료)을 '정기 배송해 주는' '정기 배송 모델'이므로 ⓐ에 해당하는 것이 맞다.   * 월정액: 매월 일정하게 제공하는 돈의 **액**수.

③ '월 구독료를 내고 읽고 싶은 도서를 마음껏 읽을 수 있는 스마트폰 앱'은 '정액 요금(월 구독료)을 내고' '무제한(마음껏)' '이용할 수 있는' '무제한 이용 모델'이므로 ⓑ에 해당하는 것이 맞다.

④ '정액 요금을 결제하고 강좌를 일정 기간 원하는 만큼 수강할 수 있는 웹사이트'는 '정액 요금을 내고' '무제한 또는 정해진 횟수만큼(일정 기간 원하는 만큼) 이용할 수 있는' '무제한 이용 모델'이므로 ⓑ에 해당하는 것이 맞다.

⑤ '월 사용료를 지불하고 정해진 기간에 집에서 사용할 수 있는 의료 기기'는 '구매에 목돈이 들어 경제적 부담이 될 수 있는' 상품을 '월 사용료를 지불하고 이용하는' '장기 렌털 모델'이므로 ⓒ에 해당하는 것이 맞다.

✔ 매일 복습 확인 문제

1 다음 추론이 맞으면 ○, 그렇지 않으면 ✕로 표시하시오.

(1) [지문] 죄형법정주의는 범죄의 행위와 그 범죄에 대한 처벌을 미리 법률로 정해 두어야 한다는 것이다. 그래서 범죄 발생 당시에는 없었던 법이 나중에 생겨도 그것을 소급해서 적용할 수 없다. → [추론] 법률이 없으면 범죄도 없고 형벌도 없다. ·····································(   )

(2) [지문] 'FCB Grid 모델'은 판매 전략을 세우기 위해 소비자 관여도에 따라 제품을 분류하는 대표적인 모델이다. 이 모델은 소비자 관여도를 두 가지 차원으로 구분한다 → [추론] 'FCB Grid 모델'은 제품 판매 전략을 바탕으로 소비자 관여도를 두 가지 차원으로 구분한 모델이다. ·····································(   )

(3) [지문] 소비자가 회원 가입 및 신청을 하면 정기적으로 원하는 상품을 배송받거나, 필요한 서비스를 언제든지 이용할 수 있는 경제 모델을 '구독경제'라고 한다. → [추론] 소비자는 구독경제를 통해 회원 가입 시 개인 정보를 제공해야 하는 부담을 없앨 수 있다. ··············(   )

2 밑줄 친 어휘의 의미와 가까운 것을 [   ]에서 고르시오.

(1) 특정 제품에 의미를 **부여**하다.   [㉮ 부가, ㉯ 부각]
(2) 자신과의 관련성을 **지각**하다.   [㉮ 인정, ㉯ 인지]

정답 **1.** (1) ○ (2) ✕ (3) ✕ **2.** (1) ㉮ (2) ㉯

정답	**01** ⑤	**02** ⑤	**03** ②	**04** ③	**05** ①
	06 ③	**07** ②	**08** ③	**09** ②	**10** ③
	11 ②				

1~4 사회: 박정호, 「고급 커피의 가격은 어떻게 결정되는가」

독해력을 길러 주는 지문 분석

1문단 문단요약 경매를 통한 가격 결정 방식은 커피의 생두처럼 수요자들이 해당 재화의 가치를 서로 다르게 평가하거나, 해당 재화의 가치를 정확히 가늠할 수 없을 때 사용된다.

핵심어(구) 경매를 통한 가격 결정 방식

중심 내용 경매를 통해 가격을 결정하는 이유 (1) – 재화의 가치에 대한 다른 평가, 정확한 가치 평가 불가능

2문단 문단요약 경매를 사용하는 또 다른 이유는 구매자와 판매자의 숫자가 극단적으로 불일치할 때 유용하기 때문이다. 특정 재화의 판매자가 한 명인데 구매 희망자가 다수이면 가장 높은 가격을 지불하려는 사람에게 판매하고, 구매자가 한 명인데 판매 희망자는 다수이면 가장 저렴한 가격을 제시한 사람에게서 구매하면 되기 때문이다.

핵심어(구) 또 다른 이유

중심 내용 경매를 통해 가격을 결정하는 이유 (2) – 구매자와 판매자 수의 극단적 불일치

3문단 문단요약 경매는 입찰 방식의 공개 여부에 따라 공개 구두 경매와 밀봉 입찰 경매로 구분하며, 공개 구두 경매는 다시 영국식 경매와 네덜란드식 경매로 구분한다. 영국식 경매는 낮은 가격부터 시작해서 가장 높은 가격을 제시한 사람이 낙찰자가 되는 오름 경매 방식으로, 와인과 최고급 생두의 가격 결정에 활용된다.

핵심어(구) 구분, 공개 구두 경매, 영국식 경매

중심 내용 경매의 종류 (1) 공개 구두 경매 ① 영국식 경매(오름 경매 방식)

4문단 문단요약 네덜란드식 경매는 튤립 판매자가 높은 가격부터 제시해 가격을 점점 낮추면서 가장 먼저 응찰한 사람을 낙찰자로 정하던 내림 경매 방식으로, 국내 수산물 도매시장에서 생선 가격을 결정할 때 사용한다.

핵심어(구) 네덜란드식 경매

중심 내용 경매의 종류 (1) 공개 구두 경매 ② 네덜란드식 경매(내림 경매 방식)

5문단 문단요약 경매 참여자들이 서로 어떠한 가격에 응찰했는지를 확인할 수 없는 밀봉 입찰 경매는 가장 높은 가격을 적어 낸 응찰자에게 낙찰이 된다. 이때 최고가 밀봉 경매에서 낙찰자는 자신이 적어 낸 금액을 지불하고, 차가 밀봉 경매에서 낙찰자는 응찰자가 적어 낸 금액 중 두 번째로 높은 금액을 지불한다.

핵심어(구) 밀봉 입찰 경매, 최고가 밀봉 경매, 차가 밀봉 경매

중심 내용 경매의 종류 (2) 밀봉 입찰 경매 ① 최고가 밀봉 경매 ② 차가 밀봉 경매

주제 경매를 통해 가격을 결정하는 이유 및 경매의 종류

▼ 입찰 방식에 따른 경매의 종류

(1) 공개 구두 경매	① 영국식 경매: 오름 경매 방식
	② 네덜란드식 경매: 내림 경매 방식
(2) 밀봉 입찰 경매	① 최고가 밀봉 경매
	② 차가 밀봉 경매

＊차가: 최고가 다음(次, 다음 차) 가격. ※ '차석, 차남' 등을 떠올리면 '차(次)'가 '다음, 둘째'의 뜻이라는 것을 알 수 있음.

01 핵심 제재에 대한 이해   정답 ⑤

◯ ⑤가 정답인 이유 '내림 경매 방식'은 '네덜란드식 경매'로, 4문단의 '판매자가 높은 가격부터 제시해 가격을 점점 낮추면서 가장 먼저 응찰한 사람을 낙찰자로 정하는 방식이 네덜란드식 경매다.'에서 '구매자'가 아닌 '판매자'가 가격을 제시해 시작되는 경매 방식임을 알 수 있다.

▶ **정답의 근거** 4문단의 첫 문장

①, ③ 1문단의 '경매를 통한 가격 결정 방식은 수요자들이 해당 재화의 가치를 서로 다르게 평가하고 있거나(③), 해당 재화의 가치를 정확히 가늠할 수 없을 때(①) 주로 사용된다.'

② 3문단의 '영국식 경매는 오름 경매 방식으로, 우리가 가장 흔히 접하는 낮은 가격부터 시작해서 가장 높은 가격을 제시한 사람이 낙찰자가 되는 방식을 말한다.'

④ 2문단의 '경매를 통한 가격 결정 방식을 사용하는 또 다른 이유는 구매자와 판매자의 숫자가 극단적으로 불일치할 때 가격을 결정하는 유용한 방법이기 때문이다.'

02 두 가지 방식의 비교 평가   정답 ⑤

◯ ⑤가 정답인 이유 경매에 참가한 사람이 다수일 경우, 4문단의 '가장 먼저 응찰한 사람을 낙찰자로 정하는 방식이 네덜란드식 경매다.'로 보아, ㉡은 가장 먼저 응찰한 사람이 낙찰자가 되는 것이 맞다. 하지만 3문단의 '영국식 경매는 오름 경매 방식으로, 우리가 가장 흔히 접하는 낮은 가격부터 시작해서 가장 높은 가격을 제시한 사람이 낙찰자가 되는 방식을 말한다.'로 보아, ㉠에서는 가장 나중에 응찰한 사람이 낙찰자가 된다.

▶ **정답의 근거** 위 '⑤가 정답인 이유'에서 밑줄 친 부분

① 3문단에서 ㉠은 '공개 구두* 경매'에 해당한다고 했고, '공개 구두* 경매는 경매에 참여하는 사람들을 모두 한자리에 모아 놓고 누가 어떠한 조건으로 경매에 응하는지를 공개적으로 진행하는 방식을 말한다.'고 한 것에서, ①이 적절하다는 것을 알 수 있다. *구두: 마주 대하여 입(口, 입구)으로 하는 말.

② 1문단에서 최고급 생두는 희소성*이 높다고 했고, 3문단에서 '영국식 경매(㉠)를 통해 가격을 결정하고 있는 대표적인 품목으로는 와인과 앞서 소개한 최고급 생두가 여기에 해당한다.'고 한 것에서, ②가 적절하다는 것을 알 수 있다.

┌─────────────────────────────────
│ *희소성: 매우 드물고(희박함) 적은(소수) 성질.
└─────────────────────────────────

③ 4문단에서 ㉡은 '판매자가 높은 가격부터 제시해 가격을 점점 낮추면서 가장 먼저 응찰한 사람을 낙찰자로 정하는 방식'이라고 한 것에서, ③이 적절하다는 것을 알 수 있다.

④ 3문단에서 ㉠과 ㉡은 모두 '공개 구두 경매 방식'에 해당한다고 했고, 공개 구두 경매 방식은 '경매에 참여하는 사람들을 모두 한자리에 모아 놓고 누가 어떠한 조건으로 경매에 응하는지를 공개적으로 진행하는 방식'이라고 한 것에서, ④가 적절하다는 것을 알 수 있다.

03 구체적 사례에의 적용   정답 ②

ⓞ ②가 정답인 이유 '밀봉 입찰 경매'에 대해 설명하고 있는 5문단에서 '최고가 밀봉 경매는 응찰자 중 가장 높은 가격을 적어 냈을 때 낙찰이 되는 것(㉮)으로 낙찰자는 자신이 적어 낸 금액(㉯)을 지불한다.'고 했다. 따라서 ㉮에는 가장 높은 가격을 적어 낸 'A'가, ㉯에는 A가 적어 낸 '10만 원'이 들어가야 한다.

다음으로, ㉰에 들어갈 내용을 살펴보면 5문단의 '차가 밀봉 경매의 낙찰자 결정 방식은 최고가 밀봉 경매와 동일하다.'를 통해 최고가 밀봉 경매의 낙찰자인 'A'가 들어가야 한다는 것을 알 수 있다.

마지막으로 ㉱에 들어갈 내용은, '(차가 밀봉 경매에서) 낙찰자가 지불하는 금액은 자신이 적어 낸 금액이 아니라 응찰자가 적어 낸 금액 중 두 번째로 높은 금액이다.'를 통해 두 번째로 높은 금액인 '8만 원'이 들어가야 한다는 것을 알 수 있다.

▶ **정답의 근거** 위 '②가 정답인 이유'에서 밑줄 친 부분

04 사전적 의미 이해   정답 ③

ⓞ ③이 정답인 이유 사전적 의미를 묻는 문제도 '어휘 문제 3단계 풀이법'을 적용하여 풀면 된다.

• 1·2단계: 핵심을 간추린 후 대입하기

┌─────────────────────────────────
│ • 높은 가격을 지불하고자 하는 사람
│   → 높은 가격(어떠한 것)을 받아들이고자 하는 사람
└─────────────────────────────────

• 3단계: 매3어휘 풀이' 떠올리기

┌─────────────────────────────────
│ • 비용을 지불하다. • 새로운 지불 수단인 가상 화폐의 등장
└─────────────────────────────────

→ '지불'은 '돈을 내어 줌.' 또는 '값을 치름.'의 의미를 지닌 말로, '어떠한 것을 받아들임.'의 의미가 아니다. 따라서 ③에서 제시한 뜻풀이는 적절하지 않다. 참고로, '어떠한 것을 받아들임.'의 의미를 지닌 말은 '수용(受容)'이다.

▶ **정답의 근거** 위 '③이 정답인 이유' 참조

나머지 답지도 지문의 문맥 속에서 핵심을 간추리고, 답지에 제시된 사전적 의미를 해당 단어의 자리에 대입해 보고, '매3어휘 풀이'를 떠올려 어휘력을 기르자.

구분	핵심 간추리기	대입하기	'매3어휘 풀이' 떠올리기
ⓐ	재화의 가치를 정확히 가늠함.	재화의 가치를 정확히 헤아려 봄.	• 헤아림. 짐작함. • 건물의 높이를 가늠함. 속마음을 가늠함.
ⓑ	환경에 민감한 식물	환경에(환경의 자극에) 빠르게 반응을 보이거나 쉽게 영향을 받는 식물	• 감각이 예민함. • 예민함. 영향을 쉽게 받음. • 유행에 민감한 사람
ⓓ	입찰 방식의 공개 여부	입찰 방식을 공개함과 그러하지(공개하지) 아니함.	• 그러함과 그러하지 않음(否: 아닐 부). • 가부(가능함과 가능하지 않음.) • 사실 여부, 가입 여부
ⓔ	밀봉 입찰 경매는 A와 B로 구분됨.	밀봉 입찰 경매는 A와 B로(일정한 기준에 따라 전체를 몇 개로) 갈라 나눔.	• 구별하고 분리함. • 구별, 분류, 나눔 • 사실과 의견의 구분

5~8 사회: 도미니크 살바토레, 「국제무역론」

┌─ **독해력을 길러 주는 지문 분석** ─────────

1문단 **문단 요약** 두 나라가 무역을 통해 이익을 발생시킬 수 있는 이유와 무역에서 수출입 재화가 어떻게 결정되는지 궁금하다.

핵심어(구) 무역, 이익이 발생할 수 있는 이유, 수출입 재화가 어떻게 결정

중심 내용 무역에서 이익이 발생할 수 있는 이유와 수출입 재화의 결정 방법에 대한 궁금증

2문단 **문단 요약** A국과 B국에서 자동차와 신발을 생산하는 상황을 가정해 보자. 〈그림〉과 같이 이용 가능한 생산요소를 모두 투입하여 A국은 최대 자동차 10대 혹은 신발 1,000켤레를, B국은 자동차 3대 또는 신발 600켤레를 생산할 수 있다.

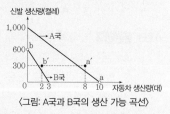
〈그림: A국과 B국의 생산 가능 곡선〉

핵심어(구) 가정

중심 내용 상황의 가정

문단 요약 국가 간 비교 우위 산업의 차이에 의해서 무역의 이익이 발생할 수 있다. 비교 우위란 어떤 재화 생산의 기회비용이 다른 나라보다 작은 경우를 의미하며, 이때 기회비용이란 그 재화 생산으로 인해 포기해야 하는 다른 재화의 가치를 말한다. 위 상황에서 자동차 1대 생산의 기회비용이 A국은 신발 100켤레, B국은 신발 200켤레이므로 A국은 자동차 생산에서, B국은 신발 생산에서 비교 우위를 갖는다. 따라서 A국이 자동차를 특화해 B국에 수출하고, B국은 신발을 특화해 A국에 수출하면 무역을 통해 양국 모두 이익을 얻을 수 있는 것이다.

구분	A국	B국
최대 생산량	• 자동차 10대 또는 신발 1,000켤레	• 자동차 3대 또는 신발 600켤레
자동차 1대 생산의 기회비용	신발 100켤레	신발 200켤레
	∴ 자동차 생산에 있어 A국이 비교 우위를 가짐.	
무역을 하지 않을 경우	• 자동차 10대 생산할 때 신발 0켤레 생산 • 자동차 8대 생산할 때 신발 200켤레 생산	• 자동차 0대 생산할 때 신발 600켤레 생산 • 자동차 2대 생산할 때 신발 200켤레 생산
무역을 할 경우	• 자동차 2대를 수출하고 신발 300켤레를 수입할 때: 자동차 8대, 신발 300켤레 → 신발 100켤레 이익 발생	• 신발 300켤레를 수출하고 자동차 2대를 수입할 때: 자동차 2대, 신발 300켤레 → 신발 100켤레 이익 발생

핵심어(구) 국가 간 비교 우위 산업의 차이, 비교 우위, 기회비용, 양국 모두 이익

중심 내용 무역을 통해 이익이 발생하는 이유(국가 간 비교 우위 산업의 차이)와 수출입 재화의 결정 방법(비교 우위에 있는 재화를 수출함.)

5문단 **문단 요약** 경제학자 헥셔는 각국의 비교 우위 산업이 존재하는 이유는 국가 간 생산요소 부존량의 상대적 차이 때문이며, 어떤 재화 생산에 특정 생산요소가 집약적으로 사용된다면 그 생산요소를 다른 국가들에 비해 풍부하게 보유하고 있는 국가가 비교 우위를 갖게 된다고 보았다.

핵심어(구) 각국의 비교 우위 산업이 존재하는 이유

중심 내용 각국의 비교 우위 산업이 존재하는 이유 – 국가 간 생산요소 부존량의 상대적 차이

6문단 **문단 요약** 각국의 비교 우위 산업은 국가 간 생산요소 부존량의 상대적 차이가 변화함에 따라 바뀔 수도 있다. 우리나라도 '노동 집약적 경공업 → 자본 집약적 중화학 공업 → 지식 집약적 IT 산업'으로 주요 산업 및 수출품이 변화해 왔다.

핵심어(구) 각국의 비교 우위 산업, 바뀔 수도 있다

중심 내용 각국의 비교 우위 산업의 변화 가능성

주제 국가 간 무역에서 이익이 발생하는 이유와 수출입 재화의 결정 방법

05 글의 설명 방식 이해   정답 ①

O **①이 정답인 이유** 이 글은 국가 간의 무역은 이익을 얻을 수 있어야 가능하고, 이때 발생하는 이익은 비교 우위 산업이 존재하기 때문에 가능하며, 비교 우위 여부에 따라 수출입 재화가 결정된다는 것과, 각국의 비교 우위 산업은 변화될 수 있음을 설명하고 있다. 따라서 국가 간의 무역에서 이익이 발생하는 이유와 수출입 재화의 결정 방법에 대해 단계적인 순서에 따라 글을 전개하고 있다고 볼 수 있다. 하지만, 이론의 한계를 지적하고 있지는 않으므로 ①은 적절하지 않다.

▶ **정답의 근거** 위 '①이 정답인 이유' 참조

가장 많이 질문한 오답은? ②

X **②가 오답인 이유** ②가 적절한 설명인 근거는 5문단에서 찾을 수 있는데, 첫 문장에서 권위자(경제학자 헥셔)의 견해를 들어 '현상(각국의 비교 우위 산업이 존재함)'의 '원인(국가 간 생산요소 부존량의 상대적 차이)'을 설명하고 있다.

③ 1문단에서 2개의 질문을 던짐으로써 앞으로 전개될 내용(무역을 통해 이익이 발생할 수 있는 이유와 무역에서 수출입 재화의 결정 방법)에 대해 독자의 관심을 유도하고 있다.

④ 3문단에서 핵심 개념인 '비교 우위'와 '기회비용'에 대해 설명하여 독자의 이해를 돕고 있다.

⑤ 2~4문단에서 자동차와 신발을 생산하는 A국과 B국의 가상적(매3인사이트.집 p.6) 상황을 예로 들어, 국가 간 비교 우위 산업의 차이가 존재하고, 그로 인해 무역의 이익이 발생할 수 있다는 것을 설명하고 있다.

06 세부 내용 확인   정답 ③

O **③이 정답인 이유** 5문단에서 '재화마다 각 생산요소들이 투입되는 비율이 다르'다고 했다. 하지만 재화 생산에 투입되는 각 생산요소(노동, 자본 등)의 비율이 어떻게 결정되는지에 대한 설명은 없으므로 ③은 이 글을 통해 답할 수 없는 질문이다.

▶ **정답의 근거** 위 '③이 정답인 이유' 참조

가장 많이 질문한 오답은? ④, ② 순

X **④가 오답인 이유** ④에 답한 학생들이 아주 많았는데, 1문단에서 자발적인 무역을 한다는 것은 두 나라 모두 이익을 얻을 수 있는 상황이라는 것을 알 수 있다. 이익이 나는 상황에서 무역을 할 때 수출품이 되는 재화는, 5문단의 '어떤 국가가 자동차·선박 등 자본 집약재의 수출국이고 신발·의류 등 노동 집약재의 수입국이라면, 그 국가는 타국에 비해 자본은 상대적으로 풍부하고 노동은 그렇지 않다고 판단할 수 있다.'로 보아 상대적으로 풍부한 생산요소가 투입된 재화가 수출품이 되고, 그렇지 않은 재화가 수입품이 된다는 것을 알 수 있다.

X **②가 오답인 이유** ④에 답한 학생들보다는 적었지만 ②에 답해 틀린 학생들도 많았다. 그런데 3문단의 'A국의 자동차 생산의 기회비용이 B국의 그것보다 작으므로, A국이 자동차 생산에 있어 비교 우위를 갖고 있다.'와 4문단의 'A국이 자동차를

특화해 B국에 수출하고, B국은 신발을 특화해 A국에 수출하면 무역을 하지 않을 때에 비해 양국 모두 이익을 얻을 수 있다.'로 볼 때 자발적인 무역이 발생할 경우 각국은 비교 우위에 있는 재화를 특화해 생산할 것임을 알 수 있다.

① 6문단의 첫 문장을 통해 '각국의 비교 우위 산업이 변할 수 있는 이유'는 '국가 간 생산요소 부존량의 상대적 차이가 변화'하기 때문임을 알 수 있다.

⑤ 5문단에서 '국가 간 생산요소 부존량의 상대적 차이가 비교 우위를 낳는다'고 했고, 3문단에서는 '국가 간 비교 우위 산업의 차이에 의해서 무역의 이익이 발생할 수 있다.'고 했다. 즉, 국가 간 생산요소 부존량의 상대적 차이가 자발적인 무역에 미치는 영향은 무역의 이익이 발생할 수 있는 비교 우위 산업의 재화를 수출하게 한다는 것임을 알 수 있다.

07 이유 추론

정답 ②

O ②가 정답인 이유 3문단에서 '비교 우위란 어떤 재화 생산의 기회비용이 다른 나라보다 작은 경우를 의미'한다고 했으므로 ⓐ에서처럼 B국이 신발 생산에 있어 비교 우위를 갖는다면 B국은 신발 생산의 기회비용이 A국보다 작은 것으로 볼 수 있다. 따라서 정답은 ②가 된다. 한편 신발 생산의 기회비용은 ⓐ 바로 앞의 내용을 통해서도 알 수 있는데, 신발 1켤레 생산 시 포기해야 하는 다른 재화(자동차)의 기회비용이 A국은 1/100대인 반면 B국은 1/200대이므로 신발 생산의 기회비용은 B국이 A국보다 작다는 것을 확인할 수 있다.

▶ **정답의 근거** '비교 우위'의 개념(3문단)

가장 많이 질문한 오답은? ④

X ④가 오답인 이유 3문단에서 설명한 '비교 우위'의 개념으로 보아 ⓐ의 이유는 '기회비용'을 따져 알 수 있는데, ④는 '기회비용'이 아닌 '이용 가능한 생산요소를 모두 투입했을' 경우를 비교하고 있기 때문에 적절하지 않다.

그리고 2문단의 'A국은 이용 가능한 생산요소를 모두 투입하여 최대 자동차 10대 혹은 신발 1,000켤레를 만들 수 있다. 한편, B국에서는 동일한 조건하에 자동차 3대 또는 신발 600켤레를 생산할 수 있다.'로 볼 때, 이용 가능한 생산요소를 모두 투입했을 때, B국이 A국보다 신발 생산량이 더 작다는 점에서도 ④는 적절하지 않다.

나머지 답지들이 오답인 이유도 3문단에서 설명하고 있는 '비교 우위'의 개념을 통해 알 수 있다.

① B국의 신발 생산의 기회비용이 크다면 B국은 신발 생산에 있어 비교 우위를 갖지 못하므로 ①은 적절하지 않다.

③ ⓐ은 '신발 생산에 있어' 비교 우위를 갖는지를 판단해야 하므로 'A국의 자동차 생산'과 비교한 ③은 적절하지 않다.

⑤ B국이 신발 생산에 있어 비교 우위를 갖는 이유는 A국의 신발 생산의 기회비용과 따져야 하는데, ⑤에서는 B국의 자동차 생산량과 비교하고 있으므로 적절하지 않다.

08 구체적 상황에의 적용

정답 ③

O ③이 정답인 이유 3문단의 '기회비용이란 그 재화 생산으로 인해 포기해야 하는 다른 재화의 가치를 말한다.'와 2017년의 생산 가능 곡선을 나타낸 〈그림 2〉를 참고하면 2017년 갑국과 을국의 선박 생산의 기회비용은 다음과 같다.

| 2017년 | 최대 생산량 | | 선박 생산의 기회비용 |
	선박	가발	(선박 1척을 더 생산 시 포기해야 하는 가발)
갑국	30척	100개	100/30 = 10/3(3.33)
을국	25척	150개	150/25 = 6

위 표로 볼 때, '2017년, 선박 생산의 기회비용'은 을국이 갑국보다 크다. 하지만 2배 이상 큰 것이 아니라 2배가 조금 못 되게 크므로 ③은 적절하지 않다. → 2배 이상 ✗

▶ **정답의 근거** 위 '③이 정답인 이유' 참조

가장 많이 질문한 오답은? ④, ② 순

X ④가 오답인 이유 5문단에서 '어떤 재화(선박, 가발 등) 생산에 특정 생산요소(노동, 자본 등)가 집약적으로 사용된다면 그 생산요소를 다른 나라들에 비해 풍부하게 보유하고 있는 국가가 해당 재화(p.84 참조)의 생산에 비교 우위를 갖게 된다'고 했다. 그리고 〈보기〉에서 '가발은 노동 집약적 재화*'라고 했으므로 '노동'을 집약적으로 사용해 생산하는 '가발'은 '노동의 부존* 비율'이 상대적으로 큰 나라가 비교 우위를 갖게 된다. 이 점을 염두에 두고 〈그림 2〉에서 2017년 갑국과 을국의 '가발' 생산량을 비교해 보면, 아래 표와 같다.

| 2017년 | 최대 생산량 | | 가발 생산의 기회비용 |
	선박	가발	(가발 1개를 더 생산 시 포기해야 하는 선박)
갑국	30척	100개	30/100 = 0.3척
을국	25척	150개	25/150 = 0.17척

위 표에서 확인할 수 있듯이 '2017년 가발 생산의 기회비용'은 을국이 갑국보다 작으므로 '을국은 갑국에 비해 노동의 부존 비율이 상대적으로 클 것'이라는 ④는 적절하다.

> * 노동 집약적 재화: 노동(생산요소)을 집약적으로 사용해 생산하는 재화(물건)로, 주로 노동력에 의존하여 생산하는 재화.
> * 부존: 천부적(이미 타고남)으로 존재함.

X ②가 오답인 이유 1970년의 생산 가능 곡선을 나타낸 〈그림 1〉에서 갑국과 을국의 선박과 가발 생산량을 살펴보자.

| 1970년 | 최대 생산량 | | 선박 4척을 (더) 생산 시 포기해야 하는 가발 | 가발 50개를 (더) 생산 시 포기해야 하는 선박 |
	선박	가발		
갑국	4척	50개	50개	4척
을국	20척	100개	20개	10척

위 표로 볼 때, 1970년에 선박 생산에 있어서는 을국이, 가발 생산에 있어서는 갑국이 비교 우위를 갖는다는 것을 알 수 있다. 〈보기〉에서 '가발은 노동 집약적 재화'이고, '선박은 자본 집약적 재화'라고 한 점을 고려하면 '1970년, 갑국은 노동(가발)이, 을국은 자본(선박)이 상대적으로 풍부했을 것'임을 알 수 있으므로 ②는 적절하다.

① 1970년의 생산 가능 곡선을 나타내는 〈그림 1〉에서 갑국은 이용 가능한 생산요소를 모두 투입하여 최대 선박 4척 또는 가발 50개를 생산할 수 있다는 것을 보여 주고 있다. 그러므로 선박을 더 생산하기 위해서는 가발 생산을 줄여야 하는데, 선박을 4척 더 생산하기 위해서는 가발 생산을 50개 줄여야 하므로, 선박을 2척 더 생산하기 위해서는 가발 생산을 25개 줄여야 할 것이다.

⑤ '③이 정답인 이유'에서 살펴봤듯이, 2017년에 갑국이 선박 1척을 더 생산하려면 가발 3.33개(10/3)를 포기해야 하고, 을국이 선박 1척을 더 생산하려면 가발 6개를 포기해야 한다. 그런데 '갑국이 을국에 선박 1척을 수출하고 을국으로부터 가발 4개를 수입한다면' 아래 표에서와 같이 갑국과 을국 모두 무역 전에 비해 '재화량의 조합(선박+가발)'이 늘어난다는 것을 알 수 있다.

2017년	최대 생산량		무역 전		무역 후	
	선박	가발	선박	가발	선박	가발
갑국	30척	100개	29척	3.3개	29척	4개
을국	25척	150개	1척	144개	1척	146개

9~11 융합(경제 + 행정): 이준구, 「경제학 원론」

독해력을 길러 주는 지문 분석

1문단 문단요약 조세는 국가의 재정을 마련하기 위해 경제 주체(기업, 국민들)로부터 거두어들이는 돈으로, 국가는 조세를 부과할 때 문제가 발생하지 않도록 조세의 효율성과 공평성을 고려해야 한다.
핵심어(구) 조세, 문제, 조세의 효율성과 공평성
중심 내용 조세의 개념 및 조세 부과 시 발생하는 문제점과 해결 방안

2문단 문단요약 상품에 소비세를 부과하면 가격 상승으로 소비자가 상품을 적게 구매하므로, 소비자의 편익과 생산자의 이윤이 모두 줄어드는 경제적 순손실이 생기게 된다. 이러한 경제적 순손실을 최소화하도록 조세를 부과해야 조세의 효율성을 높일 수 있다.
핵심어(구) 경제적 순손실, 최소화, 조세의 효율성
중심 내용 조세의 효율성을 높이는 방안─경제적 순손실을 최소화하는 조세 부과

3문단 문단요약 조세의 공평성은 조세 부과의 형평성을 실현하는 것으로, 공평성을 확보하기 위한 기준으로는 편익 원칙과 능력 원칙이 있다. 편익 원칙은 조세를 통해 제공되는 공공재를 소비함으로써 얻는 편익이 클수록 더 많은 세금을 부담해야 한다는 것으로, 납세자의 저항이 크지 않지만, 공공재 사용량을 측정하기가 쉽지 않고, 조세 부담자와 편익 수혜자가 달라지는 문제도 발생할 수 있다.
핵심어(구) 조세의 공평성, 공평성을 확보하기 위한 기준, 편익 원칙

중심 내용 조세의 공평성을 확보하기 위한 기준인 편익 원칙의 개념과 장단점

4문단 문단요약 개인의 소득이나 재산 등을 고려한 세금 부담 능력에 따라 세금을 내야 한다는 능력 원칙은 소득 재분배의 효과가 있으며, 수직적 공평과 수평적 공평으로 나뉜다. 수직적 공평은 소득이 높거나 재산이 많을수록 세금을 많이 부담해야 한다는 원칙으로, 비례세나 누진세로 실현된다.
핵심어(구) 능력 원칙, 수직적 공평
중심 내용 조세의 공평성을 확보하기 위한 기준인 능력 원칙의 개념과 효과 및 종류와, 능력 원칙 중 수직적 공평의 개념과 실현 방법

5문단 문단요약 수평적 공평은 소득이나 재산이 같을 경우 세금도 같게 부담해야 한다는 원칙이다. 다만 소득이나 재산이 같더라도 실질적인 조세 부담 능력이 다를 수 있는데, 이 경우 공제 제도를 통해 조세 부담 능력이 적은 사람의 세금을 감면해 주기도 한다.
핵심어(구) 수평적 공평
중심 내용 능력 원칙 중 수평적 공평의 개념과 문제점 및 그 해결 방법

주제 조세를 부과할 때 고려해야 하는 효율성과 공평성

▼ 조세를 부과할 때 고려해야 할 요소

09 글의 전개 방식 이해
정답 ②

🅞 **②가 정답인 이유** 이 글은 1문단에서 조세를 부과할 때 고려해야 하는 요건을 효율성과 공평성으로 구분한 후, 2문단에서는 효율성, 3문단에서는 공평성의 특성을 설명하였다. 그런 다음, 3문단에서는 공평성을 다시 편익 원칙과 능력 원칙으로 구분하고, 4문단에서는 능력 원칙을 수직적 공평과 수평적 공평으로 구분한 뒤 그 특성을 설명하고 있다. 따라서 ②는 이 글에 대한 설명으로 적절하다.

▶ **정답의 근거** 위 '②가 정답인 이유' 참조

① '상반된 두 입장'은 나타나 있지 않다. 효율성과 공평성, 편익 원칙과 능력 원칙, 수직적 공평과 수평적 공평 등은 '상반된 두 입장'이 아니다.

③ 1문단에서 조세, 2문단에서 경제적 순손실, 3문단에서 조세의 공평성, 편익 원칙의 개념을 설명하는 등 대상의 개념을 설명하고 있지만, '유사한 대상에 빗대어' 소개하고 있지는 않다.

④ 통념(매3인사이트.집 p.56)은 제시되어 있지 않다.

⑤ 시간의 흐름에 따라 서술하고 있지 않으며, 대상(조세)이 발달하는 과정을 서술한 것도 아니다.

10 핵심 개념에 대한 이해 정답 ③

O **③이 정답인 이유** '소득 재분배'는 **4문단**에서 언급하고 있는데, 능력 원칙을 따를 때 소득을 재분배하는 효과가 있다고 하였다. 이로 보아 소득 재분배 효과는 능력 원칙, 즉 조세의 공평성(ⓒ)을 확보했을 때 얻을 수 있는 것으로, 조세의 효율성(㉠)을 통해 얻을 수 있는 것이 아니다. 따라서 '㉠은 ⓒ과 달리 소득 재분배를 목적으로 한다.'는 ③은 적절하지 않다.

▶ 정답의 근거 4문단의 '능력 원칙은…조세를 통해 소득을 재분배하는 효과가 있다.'와 3문단의 '공평성을 확보하기 위한 기준으로는 편익 원칙과 능력 원칙이 있다.'

① **2문단**에서 '조세로 인하여 경제적 순손실이 생기면 경기가 둔화될 수 있다.'고 하면서 '이(경제적 순손실)를 최소화하도록 조세를 부과해야 조세의 효율성(㉠)을 높일 수 있다.'고 했으므로, ①은 적절하다.

② **3문단**의 '조세의 공평성(ⓒ)이 확보되면 조세 부과의 형평성이 높아져서 조세 저항을 줄일 수 있다.'로 보아, ②는 적절하다.

④ **3문단**에서 '조세의 공평성(ⓒ)은 조세 부과의 형평성을 실현하는 것'이라고 했고, **2문단**에서 조세의 효율성(㉠)은 경제적 순손실을 최소화하여 조세를 부과하는 것이라고 했으므로, ④는 적절하다.

⑤ **1문단** 끝에서 '조세를 부과할 때는 조세의 효율성(㉠)과 공평성(ⓒ)을 고려해야 한다.'고 했으므로, ⑤는 적절하다.

11 구체적 상황에의 적용 정답 ②

O **②가 정답인 이유** 〈보기〉의 선생님의 질문에 대해 ㄱ~ㄹ이 적절하게 답했는지를 지문 내용을 바탕으로 따져 보자. 먼저, 〈보기〉의 표에서 A와 B를 살펴보자.

> • A와 B는 소득이 동일하여 세율(5%)도 같다. 따라서 A와 B는 소득 3천만 원의 5%에 해당하는 150만 원을 세금으로 내야 한다.
> • 이에, A는 150만 원을 세금으로 납부했는데, B는 50만 원만 납부했다. 그 이유는 A는 부양가족이 없어 공제를 받지 못했고, B는 부양가족 2인에 대해 100만 원을 공제받았기 때문이다.
> → 이것은 **5문단**에서 '소득이 동일하더라도 부양가족의 수가 다르면 실질적인 조세 부담 능력에 차이가 생긴다. 이와 같은 문제를 해결하여 공평성을 높이기 위해 정부에서는 공제 제도를 통해 조세 부담 능력이 적은 사람(B)의 세금을 감면해 주기도 한다.'라고 한 것과 연결된다.

위 내용을 바탕으로 ㄱ과 ㄴ이 적절한지를 판단해 보자.

> ㄱ. A와 달리 B에게 공제 혜택을 부여함**O**, 조세의 공평성이 약화 **X**
> ㄴ. B가 A와 달리 부양가족 공제를 받은 것 **O**, (B가 A와 달리 부양가족 공제를 받은 것은) 실질적인 조세 부담 능력을 고려한 것 **O**

다음으로, 〈보기〉의 표에서 B와 C에 대해 살펴보자.

> • B는 C보다 소득이 낮아 세율도 더 낮다. 따라서 B는 소득 3천만 원의 5%에 해당하는 150만 원을, C는 소득 4천만 원의 10%에 해당하는 400만 원을 세금으로 내야 한다.
> • 그런데 B와 C는 둘 다 부양가족 2인이 있으므로 이에 대해 100만 원씩을 공제받아 B는 50만 원을, C는 300만 원을 납부했다.
> → 이것은 **4문단**에서 '수직적 공평은 소득이 높거나 재산이 많을수록 세금을 많이 부담해야 한다는 원칙이다. 이를 실현하기 위해…소득 수준이 올라감에 따라 점점 높은 세율을 적용하는 누진세를 시행하기도 한다.'라고 한 것과 연결된다.

위 내용을 바탕으로 ㄷ과 ㄹ이 적절한지를 판단해 보자.

> ㄷ. B와 C의 납부액에 차이가 있는 것**O**.
> 능력 원칙(수직적 공평)을 적용한 것 → 편익 원칙을 적용 **X**
> ㄹ. B의 세율이 5%이고, C의 세율이 10%인 것 **O**, 수직적 공평을 위한 누진세가 적용된 결과**O**

이로 보아, ㄴ과 ㄹ을 묶은 ②가 정답이 된다.

▶ 정답의 근거 위 '②가 정답인 이유' 참조

가장 많이 질문한 오답은? ⑤

X **⑤가 오답인 이유** ㄱ도 적절한 것으로 생각하여 ⑤에 답한 학생들이 많았는데, ㄱ에서 'A와 달리 B에게 공제 혜택을 부여'했다고 한 것은 맞다. 하지만 A와 달리 B에게 부양가족에 대한 공제 혜택을 부여함으로써 '조세의 공평성'을 높인 것(위 '②가 정답인 이유' 참조)이므로, '조세의 공평성이 약화되고 있다'고 본 것은 적절하지 않다.

✔ 매일 복습 확인 문제

1 다음의 ㉠과 ⓒ에 들어갈 말을 각각 밝혀 쓰시오.

> '밀봉 입찰 경매'로 진행되는 경매에 A, B, C 세 사람이 각각 10만 원, 8만 원, 6만 원으로 입찰에 참가하였다. 이 경매가 '차가 밀봉 경매'라면 낙찰자는 (㉠)이며 낙찰자가 지불할 금액은 (ⓒ)이다.

2 밑줄 친 어휘의 의미와 가까운 것을 [ ]에서 고르시오.

(1) 희소성 높은 최고급 커피 [㉮ 희박, ㉯ 감소]
(2) 경매에 나온 재화 [㉮ 재물, ㉯ 통화]
(3) 환경에 민감한 식물 [㉮ 예감, ㉯ 예민]

정답 1. ㉠ A ⓒ 8만 원 2. (1) ㉮ (2) ㉮ (3) ㉯

매3 주간 복습(문제편 p.106)을 활용하여, 일주일 동안 공부한 내용을 복습합니다. 특히, 다시 보기 위해 메모해 둔 것과 △문항은 꼭 다시 챙겨볼 것!

103

* '난이도 순'의 번호는 제일 쉬운 지문이 1임.

정답
01 ①   **02** ④   **03** ③   **04** ⑤   **05** ③
06 ①   **07** ③   **08** ④   **09** ④   **10** ②
11 ⑤   **12** ①   **13** ⑤   **14** ③   **15** ①

1~5   과학: 소용돌이의 종류와 특성

독해력을 길러 주는 지문 분석

1문단   **문단 요약**   물이 담긴 욕조의 마개를 빼면 물이 배수구 주변에서 회전하며 '자유 소용돌이'를 일으킨다. 이때 원주속도는 소용돌이 중심과 가장 가까운 부분에서 최대가 되고, 중심에서 멀어질수록 감소한다.

- 원주속도: 원운동을 하는 물체의 이동 거리, 즉 호의 길이가 시간에 따라 변하는 비율

핵심어(구) 자유 소용돌이, 원주속도
중심 내용 '자유 소용돌이'의 개념과 특징

2문단   **문단 요약**   컵 속의 물을 휘젓거나 컵과 물을 함께 회전시키면 원심력 등이 작용해 가운데가 오목한

'강제 소용돌이'가 만들어진다. 이때 물 전체의 회전 속도인 각속도는 반지름의 크기와 상관없이 동일하지만, 원주속도는 회전 중심에서 0이고, 중심에서 멀어질수록 증가한다.

- 각속도: 회전하는 물체의 단위 시간당 각도 변화 비율

핵심어(구) 강제 소용돌이, 각속도, 원주속도
중심 내용 '강제 소용돌이'의 개념과 특징

3문단   **문단 요약**   컵 안에 강제 소용돌이를 만든 후 일정한 시간이 지나면 가운데에는 강제 소용돌이가, 주변에는 자유 소용돌이가 발생하는 '랭킨의 조합 소용돌이'가 만들어진다.

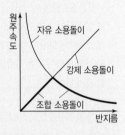

이때 원주속도는 중심에서 최소가 되고, 강제 소용돌이에서 자유 소용돌이로 전환되는 점에서 최대가 된다.

핵심어(구) 랭킨의 조합 소용돌이, 원주속도
중심 내용 '랭킨의 조합 소용돌이'의 개념과 특징

4문단 【문단 요약】 조합 소용돌이의 원리를 적용한 <u>분체 분리기(⑩ 쓰레기용 필터가 없는 사이클론식 청소기)</u>는 기체나 액체의 흐름으로 분진 등의 혼합물을 분리한다. 이 분리기는 중간 부분에서 자유 소용돌이를, 그 아래쪽에서는 강제 소용돌이를 만들어 낸다.

☞ 문제편 p.110의 5번 〈보기〉의 그림 참조

핵심어(구) 분체 분리기

중심 내용 조합 소용돌이를 활용한 분체 분리기의 원리

주제 소용돌이의 종류와 특징 및 응용 사례

▼ 소용돌이의 종류와 특징

구분	자유 소용돌이	강제 소용돌이	조합 소용돌이
사례	• 욕조 배수구 주변의 소용돌이	• 컵 속 물을 휘저을 때의 소용돌이	• 태풍 • 사이클론식 청소기
원주 속도	• 회전 중심: 최대 • 회전 주변: 감소	• 회전 중심: 0 • 회전 주변: 증가	• 회전 중심: 최소 • 강제 소용돌이에서 자유 소용돌이로 전환되는 점: 최대
회전 속도	• 배수구 중앙에 가까울수록 빠름.	• 물 전체에서 동일함.	–
기타	–	• 가운데가 오목한 소용돌이(원심력)	• 강제 소용돌이(가운데)+자유 소용돌이(주변)

【지문 독해Tip】 이 지문과 같이 과학·기술과 경제 지문에서는 지문이나 문제에 그림이 제시되는 경우가 많다. 이때에는 다음과 같이 읽어야 지문 이해가 쉽고 문제 풀이도 빠르고 정확하게 할 수 있다.

지문 중간에 그림(그래프 포함)이 제시된 경우

그림이 있는 해당 문단을 읽을 때 그림을 참고한다. 그러면 지문 내용을 더 잘 이해할 수 있다. → 이 지문의 경우 3문단을 읽을 때 〈그림〉을 참고하면, '자유 소용돌이, 강제 소용돌이, 조합 소용돌이' 각각의 '반지름'에 따른 '원주속도'의 차이를 한눈에 확인할 수 있다.

문제에 그림(그래프 포함)이 제시된 경우

그림과 관련된 지문 내용을 읽을 때 문제의 그림을 참고한다. 그러면 지문 내용을 더 잘 이해할 수 있을 뿐만 아니라 바로 해당 문제 풀이도 가능해, 문제 풀이 시간을 단축할 수 있다. → 이 지문의 경우 4문단을 읽을 때 5번 〈보기〉의 〈그림〉을 참고하면, 지문에서 ⓔ의 '사이클론식 청소기' 아래에서 설명한 사이클론식 청소기의 원리를 그림에 적용하여 빠르게 이해할 수 있고, 바로 5번 문제를 풀면서 정답과 오답을 명확하게 구분할 수 있다.

01 세부 정보의 확인 　　　　정답 ①

O **①이 정답인 이유** 3문단 끝에서 '조합 소용돌이'의 예로 '태풍의 소용돌이'를 들고 있는데, 태풍은 자연에서 발생하는 소용돌이이다. 따라서 자연에서 발생하는 소용돌이가 모두 자유 소용돌이인 것은 아니다.

▶ **정답의 근거** 3문단 끝의 '조합 소용돌이의 예로 태풍의 소용돌이를 들 수 있다.'

가장 많이 질문한 오답은? ④

X **④가 오답인 이유** ④에 답한 학생들이 많았는데, 4문단에서 분체 분리기의 사례인 사이클론식 청소기는 '원추부 아래쪽에서는 <u>강해진 자유 소용돌이가 돌면서 강제 소용돌이를 만들어 낸다.</u>'고 했다. 이를 통해 분체 분리기는 자유 소용돌이로 강제 소용돌이를 만들어 내는 장치임을 알 수 있다.

② 1문단의 '배수구에서 멀리 떨어져 있으면 빨려 들어가는 속도의 크기가 0에 가깝고, 배수구 중앙에 가까울수록 속도가 빨라진다.'와 일치한다.

③ 2문단의 '(강제 소용돌이는) 마치 팽이가 돌듯이 물 전체가 고체처럼 회전한다. 이때 물은 팽이의 회전과 같이 회전 중심은 원주속도가 0이 되고'와 일치한다.

⑤ 2문단의 끝 문장 '용기 안의 (강제 소용돌이는) 물이 회전 운동을 유지하려면 에너지를 외부에서 인위적으로 제공해야 한다.'와 일치한다.

02 세부 정보의 확인 　　　　정답 ④

O **④가 정답인 이유** ㉠이 포함된 문장과 그 앞 문장의 내용을 그림으로 나타내면 다음과 같다.

압력이 낮음.

물 입자들이 쏠림.

(1) 컵 속의 물을 숟가락으로 강하게 휘젓거나 컵의 중심선을 회전축으로 하여 컵과 물을 함께 회전시킨다.
(2) 이때 원심력 등이 작용해 중심의 물 입자들이 컵 가장자리로 쏠려 컵 중앙에 있는 물의 압력이 낮아지면서 ㉠가운데가 오목한 소용돌이가 만들어진다.

(2)에서 '컵 가장자리'는 물 입자들이 쏠려 있고 압력이 높지만, '컵 중앙'은 물 입자가 상대적으로 적고 압력이 낮다고 하였다. 따라서 컵 속에서 회전하는 물의 압력이 커진 부분(컵 가장자리)은 수면이 높아진다는 것을 알 수 있다.

▼ 강제 소용돌이에 작용하는 원심력으로 인한 현상

구분	물 입자의 양	압력	물 높이
컵 가장자리	많음. (↑)	높음. (↑)	높음. (↑)
컵 중앙	적음. (↓)	낮음. (↓)	낮음. (↓)

▶ **정답의 근거** ㉠이 포함된 문장 – 위 '④가 정답인 이유'의 (2)

가장 많이 질문한 오답은? ②, ③ 순

X **②가 오답인 이유** ㉠ 앞에서 '원심력 등이 작용해 중심의 물 입자들이 컵 가장자리로 쏠려 컵 중앙에 있는 물의 압력이 낮아지면서' ㉠이 만들어진다고 했다. '물 입자들이 컵 가장자리로 쏠려' 있다는 것은 물 입자들이 컵 가장자리에 몰려 있다는 것, 즉 물 입자들이 컵 가장자리에 많고 컵 중앙 부분에는 적다(많아진다 X)는 것이다. 그럼에도 불구하고 ②에 답한 학생들이 많았던 것은 '가장자리'(둘레나 끝, 바깥쪽 경계에 가까운 부분)에 해당하는 부분을 잘 몰라서인 경우도 있었다.

X **③이 오답인 이유** ㉠ 앞에서 ㉠은 원심력이 작용해서 만들어진 것이라고 하였다. 그리고 ㉠ 뒤에서 '물은…중심에서 멀어질수록 반지름에 비례하여 원주속도가 증가하는 분포를 보인다.'고 했고, '용기 안의 물이 회전 운동을 유지하려면 에너지를 외부에서 인위적으로 제공해야 한다.'고 한 것에서, 컵 반지름이 클수록 물을 회전시키는 에너지 크기는 커져야(작아진다 X) 한다는 것을 알 수 있다.

㉠ 앞에서 정답과 오답의 근거를 찾을 수 있는데도 오답에 답한 학생들이 많았다. 지문 내용을 꼼꼼히, 정확하게 읽어야 한다는 것을 새기며, 나머지 답지들이 적절하지 않은 이유도 살펴보자.

① ㉠ 앞에서 '원심력 등이 작용해 중심의 물 입자들이 컵 가장자리로 쏠려 컵 중앙에 있는 물의 압력이 낮아'진다고 했으므로, 원심력과 압력은 밀접한 관련이 있다(관련이 없다 X).

⑤ ㉠ 앞에서 '원심력 등이 작용해 중심의 물 입자들이 컵 가장자리로 쏠려 컵 중앙에 있는 물의 압력이 낮아'진다고 했고, ㉠ 뒤에서 '용기 안의 물이 회전 운동을 유지하려면 에너지를 외부에서 인위적으로 제공해야 한다.'라고 했다. 따라서 외부 에너지를 더 가하면, 회전 중심(컵 중앙)의 수면 높이는 더 낮아지고 가장자리의 수면은 더 높아진다(변화가 없다 X).

03 내용 추론

정답 ③

O **③이 정답인 이유** ㉡이 포함된 문장의 내용을 살펴보자.

> (가운데가 오목한 소용돌이의) 회전이 충분히 안정되면 물 전체의 회전 속도, 즉 회전하는 물체의 단위 시간당 각도 변화 비율인 ㉡ 각속도가 똑같아져 마치 팽이가 돌듯이 물 전체가 고체처럼 회전한다.

이 문장에서 '각속도 = 물 전체의 회전 속도 = 회전하는 물체의 단위 시간당 각도 변화 비율'로, '각속도는 (물 전체에서) 똑같다'고 했으므로, 회전 중심에서 가깝든 멀든 상관없이 각속도는 일정하다는 것을 알 수 있다.

▶ **정답의 근거** ㉡이 포함된 문장(위 '③이 정답인 이유'의 ▢)

가장 많이 질문한 오답은? ②, ④ ←

X **②가 오답인 이유** ㉡에서 '각속도가 똑같아'진다고 했고, 그 앞에서 '각속도 = 회전하는 물체의 단위 시간당 각도 변화 비율'이라고 했다. 따라서 ㉡을 통해 각속도, 즉 단위 시간당 각도 변화 비율은 같다는 것을 알 수 있다. → 수시로 달라지겠군 X

X **④가 오답인 이유** ㉡은 강제 소용돌이의 경우로, ㉡ 뒤에서 '회전 중심은 원주속도가 0이 되고 중심에서 멀어질수록 반지름에 비례하여 원주속도가 증가하는 분포를 보인다.'고 했다. 그리고 1문단에서 원주속도는 '원운동을 하는 물체의 이동 거리,

즉 호의 길이가 시간에 따라 변하는 비율'이라고 한 것에서도 원주속도는 회전 중심과의 거리에 따라 달라진다는 것을 알 수 있다. → 항상 같겠군 X

① ㉡에서 '각속도가 똑같아'진다(빨라지겠군 X)고 한 것과 어긋난다.

⑤ ㉡ 뒤에서 강제 소용돌이의 경우 '회전 중심은 원주속도가 0이 되고 중심에서 멀어질수록 반지름에 비례하여 원주속도가 증가하는 분포를 보인다.'라고 했고, 1문단에서 자유 소용돌이의 경우 '소용돌이 중심과 가장 가까운 부분에서 최대 원주속도가 나오고, 소용돌이 중심에서 멀어져 반지름이 커짐에 따라 원주속도가 감소한다.'라고 했다. 따라서 강제 소용돌이와 자유 소용돌이는 서로 다른(같은 X) 원주속도 분포를 보인다.

04 내용 추론

정답 ⑤

O **⑤가 정답인 이유** ㉢(태풍의 소용돌이)은 '조합 소용돌이의 예'라고 한 점을 바탕으로, 3문단에서 조합 소용돌이에 대해 설명한 내용과 〈보기〉를 대응시켜 보자.

3문단의 설명	〈보기〉
• 조합 소용돌이는 가운데에는 강제 소용돌이, 주변에는 자유 소용돌이가 발생한다.	• 태풍 중심 부분은 '태풍의 눈'이라 하고 (ⓐ)의 중심에 해당한다.
• 조합 소용돌이에서는 소용돌이 중심에서 원주속도가 최소가 되고, 강제 소용돌이에서 자유 소용돌이로 전환되는 점에서 원주속도가 최대가 된다.	• 강제 소용돌이와 자유 소용돌이의 경계층에 해당하는 부분은 '태풍의 벽'이라고 하여 바람이 (ⓑ). 이는 〈그림〉의 (ⓒ)에 해당한다.

조합 소용돌이는 가운데가 강제 소용돌이라고 했으므로, 태풍의 눈은 '강제 소용돌이(ⓐ)'의 중심에 해당한다.

그리고 강제 소용돌이에서 자유 소용돌이로 전환되는 점에서 원주속도가 최대가 된다고 했고, 원주속도는 '원운동을 하는 물체의 이동 거리, 즉 호의 길이가 시간에 따라 변하는 비율'(1문단)이라고 했으므로, 두 소용돌이의 경계층에서는 바람이 '강하다(ⓑ)'는 것을 알 수 있다.

따라서 이는 〈그림〉에서 '자유 소용돌이와 강제 소용돌이의 교차점(ⓒ)'에 해당한다.

▶ **정답의 근거** 3문단과 〈보기〉 - 위 '⑤가 정답인 이유' 참조

나머지 답지들 중에는 ①과 ③에 답한 학생들이 제법 있었는데, 오답지들이 적절하지 않은 이유는 위 '⑤가 정답인 이유'에서 확인할 수 있다.

좀 더 구체적으로 살펴보면, 3문단에서 태풍과 같은 조합 소용돌이는 '가운데에는 강제 소용돌이, 주변에는 자유 소용돌이가 발생한다.'라고 한 것에서 ①과 ②는 정답에서 제외된다.

그리고 1문단에서 자유 소용돌이의 경우 '중심에서 멀어져 반지름이 커짐에 따라 원주속도가 감소한다.'라고 했으므로 '반지름이 가장 큰 자유 소용돌이의 지점'은 원주속도가 최소이고 바람이 약하다. 따라서 ④ 또한 정답에서 제외된다.

③의 '반지름이 가장 작은 자유 소용돌이의 지점'은 원주속
도가 최대가 되지만, 강제 소용돌이와 자유 소용돌이의 경계
층이 아니므로 ③ 또한 정답에서 제외된다.

05 구체적 사례에의 적용

정답 ③

O ③이 정답인 이유 ㉣ 뒤에서 '혼합물을 함유한 공기를 원통
부 가장자리를 따라 소용돌이를 만들어 시계 방향으로 흘려보
내면, 혼합물은 원통부와 원추부 벽면에 충돌하여 떨어져 바닥
(혼합물 상자의 바닥)에 쌓인다.'라고 했고, 유입된 공기는 원
추부 아래쪽에 강제 소용돌이를 만들어 '용기 중앙의 내통에서
혼합물이 없는 공기로 흐르게 되어 반시계 방향으로 돌며 배
기*된다.'라고 했다. 이로 보아, ㉰(혼합물 상자)에 모인 쓰레
기나 혼합물은 ㉰에 그대로 있고, '㉱(내통) 내부에서 도는 소
용돌이를 통해 외부로 배출되'는 것은 공기(㉰에 모인 쓰레기
나 혼합물✕)라는 것을 알 수 있다.

> *배기(排氣): 공기, 증기 등을 밖으로 배출함. ㉮ 배출

▶ **정답의 근거** 위 '③이 정답인 이유'에서 밑줄 친 부분

가장 많이 질문한 오답은? ④

X ④가 오답인 이유 아주 많은 학생들이 ④를 적절하지 않다
고 잘못 판단했다. ㉣ 뒤에서 ㉱(내통)는 청소기의 내부 중앙
에 있는 별도의 작은 원통으로, '강제 소용돌이는 용기 중앙의
내통에서 혼합물이 없는 공기로 흐르게 되어 반시계 방향으로
돌며 배기된다.'라고 했는데, 이와 관련하여 '강제 소용돌이'의
'원주속도'에 대해 설명한 부분을 찾으면 **2문단**에서 '회전 중심
은 원주속도가 0이 되고 중심에서 멀어질수록 반지름에 비례
하여 원주속도가 증가하는 분포를 보인다.'라고 했다. 따라서
㉱의 반지름이 커지면 ㉱에서 반시계 방향으로 도는 소용돌이
의 원주속도는 빨라질 것임을 알 수 있다.

나머지 답지들이 오답인(적절한) 근거도 찾아보자.

① ㉣ 뒤에서 '혼합물을 함유한 공기를 원통부(㉮) 가장자리를
   따라 소용돌이를 만들어 시계 방향으로 흘려보'내면 공기
   가 자유 소용돌이와 강제 소용돌이를 만들어 낸다고 했고,
   ㉣ 앞에서 ㉣과 같은 '분체 분리기'는 '혼합물에 작용하는
   원심력도 이용'한다고 했다.

② ㉣ 뒤에서 '유입된 공기는 [원통부(㉮)에서] 아래쪽 원추부
   (㉯)로 향할수록 원주속도를 증가시키는 자유 소용돌이를
   만들고, 원추부 아래쪽에서는 강해진 자유 소용돌이가 돌
   면서 강제 소용돌이를 만들어 낸다.'라고 했으므로, ㉮보다
   ㉯에서 원주속도가 더 빠르다.

⑤ ㉣ 뒤에서 '…혼합물은 원통부(㉮)와 원추부(㉯) 벽면에 충
   돌하여 떨어져 바닥에 쌓인다.'라고 했으므로, 돌조각이 충
   돌할 ㉮와 ㉯에 충격이나 마모*에 강한 소재를 써야 한다.

> *마모(磨耗): 마찰로 인해 닳아 없어지거나 무뎌짐(소모).

6~10 과학: 식욕의 작용 원리

독해력을 길러 주는 지문 분석

1문단 문단요약 식욕은 뇌의 시상 하부에 있는 식욕 중추
의 영향을 받는데, 이 중추에는 배가 고픈 느낌이
들게 하는(식욕 촉진) '섭식 중추'와 배가 부른 느낌
이 들게 하는(식욕 억제) '포만 중추'가 함께 있다.

핵심어(구) 식욕, 식욕 중추, 섭식 중추, 포만 중추

중심 내용 식욕 중추의 기능과 종류

2문단 문단요약 섭식 중추나 포만 중추가 식욕을 조절할
수 있는 것은 혈액 속 '포도당'과 '지방산' 때문이다.
식사를 통해 섭취된 탄수화물이 소장에서 포도당으
로 분해되어 혈액 속으로 흡수되면, 췌장에서 인슐
린이 분비되어 포도당과 함께 혈액을 타고 시상 하
부로 이동하여, 포만 중추의 작용은 촉진하고 섭식
중추의 작용은 억제한다. 지방은 피부 아래의 조직
에 중성지방의 형태로 저장되어 있다가 공복일 때
혈액으로 흘러가 간(肝)으로 운반되어 분해되는데,
이때 생긴 지방산이 시상 하부로 이동하여 섭식 중
추의 작용은 촉진하고 포만 중추의 작용은 억제
한다.

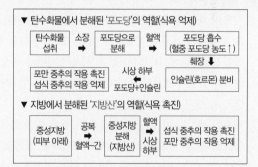

핵심어(구) 식욕을 조절, 포도당, 지방산

중심 내용 섭식 중추와 포만 중추의 식욕 조절 원리

3문단 문단요약 영양분의 섭취와 상관없이 취향이나 기분
에 좌우되는 식욕, 그리고 먹는 행동을 이성적으로
조절하는 일은 대뇌의 앞부분에 있는 '전두 연합 영
역'에서 조절된다. 전두 연합 영역의 지령은 신경
세포의 신호를 통해 섭식 중추와 포만 중추로 전해
진다.

핵심어(구) 전두 연합 영역

중심 내용 취향이나 기분에 좌우되는 식욕을 조절하
는 전두 연합 영역

4문단 문단요약 '이젠 더 이상 못 먹겠다.'고 생각하면서도
디저트를 먹는 것은 전두 연합 영역의 영향을 받는
다. 배가 찬 경우, 전두 연합 영역의 신경 세포가
'맛있다'와 같은 신호를 섭식 중추로 보내면 '오렉신'
이라는 물질이 나와 신경 세포에 작용해서, 위(胃)
의 내용물을 밀어내고 새로운 음식이 들어갈 공간
을 마련한다. 또 배가 차지 않은 경우, 전두 연합 영
역의 영향으로 특정한 맛에 질리면, 단맛의 음식을
먹고 싶어 하게 된다.

핵심어(구) '이젠 더 이상 못 먹겠다.'고 생각하면서도 디저트를 먹는 것, 전두 연합 영역의 영향

중심 내용 '이젠 더 이상 못 먹겠다.'고 생각하면서도 디저트를 먹는 현상을 설명하는 전두 연합 영역의 기능

주제 식욕의 작용 원리

06 표제와 부제의 파악

정답 ①

O **①이 정답인 이유** 이 글은 1문단에서 인간이 살아가는 데 필요한 영양분을 얻기 위해 반드시 필요한 '식욕'이 '식욕 중추'의 영향을 받는다는 것을 언급한 후, 2문단에서는 몸속 영양분의 상태에 따라 식욕을 조절하는 '식욕 중추'에 대해, 3문단과 4문단에서는 영양분의 섭취와 상관없이 취향이나 기분에 따라 식욕을 조절하는 '전두 연합 영역'에 대해 설명하고 있다. 이와 같이 이 글은 '식욕 중추'와 '전두 연합 영역'을 중심으로 식욕이 어떠한 원리로 작용하는지를 설명하고 있으므로, ①은 이 글의 표제와 부제를 적절하게 제시한 것이다.

▶ **정답의 근거** 위 '①이 정답인 이유' 참조

② '식욕의 개념과 특성'은 1문단에서 제시하고 있지만, 이 글을 포괄하는 표제로 적절하지 않다. 또 '영양소의 종류와 역할'은 2문단에 제시되어 있고 '식욕의 개념과 특성'을 뒷받침하고 있어 제시된 표제의 부제로 볼 수는 있지만, 3문단과 4문단을 아우르지 못하므로 적절하지 않다.

③ '식욕이 생기는 이유'는 '식욕 중추'와 '전두 연합 영역'의 영향으로 볼 수 있으므로 글 전체를 포괄하는 표제로 볼 수 있다. 하지만, '탄수화물과 지방의 영향 관계를 중심으로' '식욕이 생기는 이유'를 설명하고 있지 않다.

④ '전두 연합 영역의 특성'은 3~4문단에 제시되어 있지만 이 글을 포괄하는 표제로 적절하지 않다. 또 '디저트의 섭취'에 대해서는 4문단에서 설명하고 있으나 '소화 과정'에 대해서는 언급하고 있지 않으므로 부제도 적절하지 않다.

⑤ '전두 연합 영역의 여러 기능'은 3~4문단에 제시되어 있지만 이 글을 포괄하는 표제로 적절하지 않다. 또 '포도당과 지방산'은 '식욕 중추'의 식욕 조절 원리를 설명하는 과정에서 언급된 것으로 '전두 연합 영역'의 기능에서 살펴본 것이 아니므로 부제도 적절하지 않다.

개념 + **빈출 문제 유형 – 표제와 부제**

예시 27. 윗글의 표제와 부제로 가장 적절한 것은?
②인체의 자연 치유력 — 오토파지의 원리를 중심으로
– 2019학년도 9월 고1 전국연합학력평가

표제는 글의 내용을 대표해서 보여 주는 제목이고, 부제는 표제를 보충해 주는 부차적인 제목으로, 제목은 글 전체의 내용을 포괄할(아우를) 수 있는, 글 전체에서 말하고자 하는 핵심 내용을 담고 있어야 한다. 따라서 표제와 부제를 묻는 문제는,

1. 표제가 글 전체를 포괄할 수 있는 핵심 내용이 아니면 X
2. 부제가 표제를 보충하는 내용이 아니면 X
3. 지문에서 다루고 있지 않은 내용이면 X

표시를 하며 풀면 쉽고 빠르게 정답을 찾을 수 있다.

❶ 표제가 글 전체를 포괄하고 있지 않은 경우
– 2011학년도 6월 고1 전국연합학력평가

[지문] 우리는 흔히 번개를 벼락이라고도 하는데, 정확히 말하면 벼락은 구름과 지표 사이에서 발생하는 방전만을 말한다. 벼락은 전체 번개 중 10% 정도에 불과하지만, 인간에게 직접적으로 피해를 준다는 점에서 다른 번개에 비해 위험하다.(5문단)

[답지] ④ 번개의 종류와 그 특성
—구름의 종류와 위치를 중심으로(→적절하지않은 내용)

➡ 번개의 종류인 벼락과 그것의 특성을 5문단에서 설명하고 있지만, 이것은 글 전체를 아우르는 내용이 아니므로 표제가 될 수 없다.

❷ 표제 또는 부제가 지문에서 다루고 있지 않은 내용인 경우
– 2013학년도 9월 고1 전국연합학력평가

[지문] 한국 전통 건축의 여러 특징 중 하나는 구도의 비대칭성에 있다.(1문단)

[답지] ③ 한국 전통 건축의 효용 가치
—한국 전통 건축사를 중심으로(→적절하지않은 내용)

➡ 글 전체에서 '효용 가치(쓸모 있음)'에 대해서는 다루고 있지 않으므로 쉽게 오답으로 제외할 수 있다.

❸ 표제 또는 부제에 적절하지 않은 내용이 포함된 경우
– 2008학년도 6월 고3 모의평가

[지문] 수천 미터 깊이의 심해에서 태양 에너지에 전혀 의존하지 않는 새로운 생물이 진화되어 왔던 것이다.(5문단)

[답지] ④ 심해저의 신비와 아름다움
—바다의 오아시스인 심해 열수구 지역
(→적절하지않은 내용)

➡ 깊은 바다 밑(심해저)에 생물이 생존해 있다는 점에서 '심해저의 신비'를 제목으로 삼을 수는 있지만 '심해저의 아름다움'은 지문 내용과 관련이 없으므로 적절하지 않다.

〈국어 개념어〉정복

기출 예시를 통해 익히기
개념별로 오답 노트 만들기
➡ 복습할 때 예시를 덧붙여 메모하고,
➡ 내가 메모한 오답 노트 다시 보기

● 내가 공부한 내용에서 예시를 통해 정확한 의미를 익힙니다.
● [매3력]을 처음부터 끝까지 한 번 읽은 후 수시로 들춰 봅니다.

07 내용 이해 및 추론 　　　정답 ③

O **③이 정답인 이유**　4문단의 '전두 연합 영역의 신경 세포가 '맛있다'와 같은 신호를 섭식 중추로 보내면, <u>거기(섭식 중추)에서 '오렉신'이라는 물질이 나온다. 오렉신은 위(胃)의 운동에 관련되는 신경 세포에 작용해서, 위(胃)의 내용물을 밀어내고 다시 새로운 음식이 들어갈 공간을 마련하는 것이다.</u>'로 보아, '오렉신'이 '위(胃)의 운동에 관여'하는 것은 맞지만, '전두 연합 영역'에서가 아니라 '섭식 중추'에서 분비된다.

▶ **정답의 근거**　위 '③이 정답인 이유'에서 밑줄 친 부분

가장 많이 질문한 오답은? ②

X **②가 오답인 이유**　1문단에서 '식욕은 기본적으로 뇌의 시상 하부에 있는 식욕 중추의 영향을 받'는다고 했다. 이를 통해 '시상 하부'는 인간의 뇌에 있다는 것과, 식욕에 영향을 끼친다는 것을 알 수 있다.

① 1문단의 첫 문장에서 확인할 수 있다.

④ 4문단의 '흔히 사람들이 '이젠 더 이상 못 먹겠다.'고 생각하는 이유는~배가 차지는 않았지만 특정한 맛에 질렸기 때문일 수도 있다.'에서 확인할 수 있다.

⑤ 3문단의 '본래 이 영역(전두 연합 영역)은 정신적이고 지적인 활동을 담당하는 곳이지만 식욕에도 큰 영향을 미친다.'에서 확인할 수 있다.

08 내용 추론 　　　정답 ④

O **④가 정답인 이유**　발문(문두)에서 ⓑ와 '식욕 중추의 작용'을 고려하라고 했으므로, 1문단에서 설명한 '식욕 중추'의 종류와 '식욕 중추'가 작용했을 때의 상태를 정리하면 다음과 같다.

구분	상태	식욕
섭식 중추	영양분을 필요로 하는 상태로, 배가 고픈 느낌이 들게 함.	촉진됨.
포만 중추	영양분의 섭취가 늘어난 상태로, 배가 부른 느낌이 들게 함.	억제됨.

이를 바탕으로 할 때, 실제로 배가 찬 ⓑ의 상태라면 '포만 중추'의 작용이 활발할 것임을 알 수 있고, '포만 중추'의 작용이 활발하다면 식욕은 억제될 것이다. 그런데 ⓐ와 같이 '음식을 먹은 후 '이젠 더 이상 못 먹겠다.'라고 생각하면서도', 즉 '포만 중추'의 작용이 활발한 상태임에도 불구하고 '디저트를 먹는 현상'은 모순*적이라고 할 수 있다.

> * 모순(矛盾, 창 모 · 방패 순): 어떤 사실의 앞뒤, 또는 두 사실이 이치상 어긋나서 서로 맞지 않음. **[유래]** 중국 초나라의 상인이 창과 방패를 팔면서 창은 어떤 방패로도 막지 못한다고 하고, 방패는 어떤 창으로도 뚫지 못한다고 하여, 앞뒤가 맞지 않은 말을 했다는 데서 유래한다.

▶ **정답의 근거**　ⓐ와 ⓑ, 1문단의 '영양분의 섭취가 늘어나면, 포만 중추가 작용해서 식욕이 억제된다.'

가장 많이 질문한 오답은? ⑤, ①, ② 순

X **⑤가 오답인 이유**　ⓐ만 보면 섭식 중추(디저트를 먹는 현상)와 포만 중추(더 이상 못 먹겠다)의 작용이 반복되는 것으로

볼 수 있다. 하지만, ⓑ(실제로 배가 찼음.)를 고려하면 '더 이상 못 먹겠다.'라고 생각하면서도 '디저트를 먹는' ⓐ는 모순되므로 타당하지 않다.

X **①이 오답인 이유**　ⓑ의 상태에서는 '섭식 중추의 작용이 억제'되는 것이 맞다. 하지만 그럼에도 불구하고 '디저트를 먹는' ⓐ는 타당하다고 볼 수 없으므로 적절하지 않다.

X **②가 오답인 이유**　ⓑ의 상태에서 ⓐ와 같이 '디저트를 먹는 현상'은 모순적인 것이 맞다. 하지만 ⓑ의 상태에서는 '섭식 중추'가 아닌 '포만 중추'의 작용이 활발하므로 적절하지 않다.

ⓑ를 고려할 때 '포만 중추의 작용'은 활발하므로(억제되므로 X) ③은 적절하지 않다.(위 '④가 정답인 이유' 참조)

09 정보 간의 관계 파악 　　　정답 ④

O **④가 정답인 이유**　[A]를 바탕으로 〈보기〉의 ㉠~㉢이 무엇인지부터 파악해 보자.

㉠	㉡	㉢
탄수화물은 식사를 통해 섭취된 후 소장에서 분해되면, **포도당**으로 변해 혈액 속으로 흡수된다.	췌장에서 '**인슐린**'이라는 호르몬이 분비된다. 이 포도당과 인슐린이 혈액을 타고 시상 하부로 이동~	간에서 중성지방이 분해되고, 이 과정에서 생긴 **지방산**이 혈액을 타고 시상 하부로 이동~

㉠은 포도당, ㉡은 인슐린, ㉢은 지방산인 것이다. 이를 바탕으로 ④를 살피면, '공복* 상태가 길어지면' '중성지방'은 '간으로 운반되어' '중성지방이 분해되고' 이 과정에서 '지방산'이 생긴다고 했다. 이를 통해 '공복 상태가 길어지면' '㉢의 양'이 늘어난다는 것을 알 수 있다. 반면 ㉠은 '식사를 통해 섭취된' 탄수화물'이 '소장에서 분해'되어 변한 것으로 '혈액 속으로 흡수'되면 '혈중 포도당의 농도가 높아'진다고 했다. 즉, 포만 시에는 ㉠의 양이 늘어나고 공복 시에는 ㉢의 양이 늘어나므로 ④는 적절하다. 　*공복: 배(복부)가 비어(공허, 공백) 있는 상태. 또는 빈 배.

▶ **정답의 근거**　위 '④가 정답인 이유' 참조

가장 많이 질문한 오답은? ③

X **③이 오답인 이유**　[A]에서 '공복 상태가 길어지면' '간에서 중성지방이 분해'되는 과정에서 생긴 ㉢(지방산)이 '시상 하부로 이동하여 섭식 중추의 작용'을 촉진한다고 했다. 하지만 ㉢이 시상 하부의 명령(X)을 식욕 중추에 전달하는 것은 아니다. 그리고 ㉠(포도당)은 '탄수화물'이 '식사를 통해 섭취된 후 소장에서 분해'된 것으로 '혈액을 타고 시상 하부로 이동하여 포만 중추의 작용'을 촉진한다고 했으므로, '공복 상태(X)'일 때 작용하는 것이 아니며, 시상 하부의 명령(X)을 식욕 중추에 전달하는 것도 아니다.

한편 1문단 둘째 문장의 내용으로 보아, 식욕 중추는 뇌의 시상 하부에 있는 것일 뿐, 시상 하부가 식욕 중추에 명령을 내리는 것이 아니다.

① [A]의 '혈중 포도당의 농도가 높아지고, 이를 줄이기 위해 췌장에서 '인슐린'이라는 호르몬이 분비된다.'로 보아, ㉡은 혈관 속에 ㉠의 양이 늘어나면(줄어들면 X) 분비된다.

② [A]의 '이 포도당과 인슐린이 혈액을 타고 시상 하부로 이동하여 포만 중추의 작용은 촉진하고 섭식 중추의 작용은 억제한다.'로 보아, '혈관 속에 ㉠과 ㉡의 양이 많아지면' 배가 부른(포만 O, 고픈 X) 느낌이 든다는 것을 알 수 있다.

⑤ [A]에서 ㉡은 식사를 통해 '혈중 포도당의 농도'가 높아지면 분비된다고 했고, '피부 아래의 조직에 중성지방의 형태로 저장'된 것은 '지방'(㉡은 X)이고, ㉢은 간에서 중성지방이 분해되는 과정에서 생기는 것이라고 했다.

10 구체적 상황에의 적용　정답 ②

O **②가 정답인 이유**　〈보기〉의 상황을 지문과 연결해 이해해 보자.

〈보기〉	지문
(뷔페에서 음식을 먹은 후) A: 너무 많이 먹어서 배가 터질 것 같아.	• 실제로 배가 찬 상황(4문단) • 포만 중추 작용, 식욕 억제(1문단)
B: 나도 배가 부르기는 한데, 그래도 내가 좋아하는 떡볶이를 좀 더 먹어야겠어.	• 배가 찬 상태이지만 전두 연합 영역의 영향으로 위(胃) 속에 디저트가 들어갈 공간을 마련할 수 있음.(4문단)
(잠시 후 디저트를 둘러보며) A: 예전에 여기서 이 과자 먹어 봤는데 정말 달고 맛있었어. 오늘도 먹어 볼까?	• '전두 연합 영역'에서 음식에 관한 감각(달다) 정보를 기억함.(3문단)
B: 너 조금 전에 배가 터질 것 같다고 하지 않았니? A: 후식 먹을 배는 따로 있다는 말도 못 들어 봤어?	• 배가 찬 상태에서 '전두 연합 영역'의 영향으로 '오렉신'이 작용해 위(胃)의 내용물을 밀어내고 다시 새로운 음식이 들어갈 공간을 마련함.(4문단)
B: 와! 그게 또 들어가? 진짜 대단하다. 나는 입맛에는 안 맞지만 건강을 위해 녹차나 마셔야겠어.	• '전두 연합 영역'에서 맛이 없어도 건강을 위해 먹는 행동을 이성적으로 조절함.(3문단)

즉, A가 뷔페의 과자가 맛있었다고 떠올린 것은 **3문단**의 '이곳(전두 연합 영역)에서는 음식의 맛, 냄새 등 음식에 관한 다양한 감각 정보를 정리해 종합적으로 기억한다.'를 통해 '전두 연합 영역의 작용'(섭식 중추의 작용 X) 때문인 것을 알 수 있다.

▶ **정답의 근거**　위 '②가 정답인 이유'에서 밑줄 친 부분

가장 많이 질문한 오답은? ④, ⑤ 순

X **④가 오답인 이유**　〈보기〉에서 B는 '입맛에는 안 맞지만 건강을 위해 녹차나 마셔야겠'다고 했는데, 3문단에서 '맛이 없어도 건강을 위해 음식을 섭취하는 것과 같이, 먹는 행동을 이성적으로 조절하는 일도 이곳(전두 연합 영역)에서 담당'한다고 한 것에서, ④는 적절한 이해임을 알 수 있다.

X **⑤가 오답인 이유**　〈보기〉에서 A와 B는 '디저트를 둘러보기 전까지'는 배가 부른 상황임을 알 수 있다. 1문단에서 '우리 몸이 영양분을 필요로 하는 상태가 되면(배가 고프면) 섭식 중추는 뇌 안의 다양한 곳에 신호를 보낸다(촉진된다).'고 한 것에서, 배가 부른 상황에서는 '섭식 중추'의 작용이 억제될 것임을 알 수 있다.

① 〈보기〉에서 A는 '너무 많이 먹어서 배가 터질 것 같'다고 하면서도 '후식 먹을 배는 따로 있다'며 '예전에' 먹었던 '과자'를 먹겠다고 한다. 4문단에서 '오렉신은 위(胃)의 운동에 관련되는 신경 세포에 작용해서, 위(胃)의 내용물을 밀어내고 다시 새로운 음식이 들어갈 공간을 마련하는 것'이라고 한 것에서, ①은 적절한 이해임을 알 수 있다.

③ 〈보기〉에서 B는 '배가 부르기는 한데, 그래도 내가 좋아하는(취향) 떡볶이를 좀 더 먹어야겠'다고 했다. 3문단에서 '영양분의 섭취와 상관없이 취향이나 기분에 좌우되는 식욕도 있다.'고 한 것에서, ③은 적절한 이해임을 알 수 있다.

11~15 과학 : Raymond A. Serway 외, 「일반물리학」

독해력을 길러 주는 지문 분석

1문단 **문단 요약** 원자핵을 구성하는 양성자와 중성자의 개수를 모두 더한 것을 질량수라고 하는데, 질량수가 큰 하나의 원자핵이 질량수가 작은 두 개의 원자핵으로 쪼개지는 것을 핵분열, 질량수가 작은 두 개의 원자핵이 결합하여 질량수가 큰 하나의 원자핵이 되는 것을 핵융합이라고 한다.

핵심어(구) 핵분열, 핵융합

중심 내용 핵분열과 핵융합의 개념

2~3문단 **문단 요약** 핵자들이 결합하여 원자핵을 구성할 때 원자핵의 질량은 개별 핵자들의 질량의 총합보다 작게 되는 질량 결손이 발생한다. 이때 줄어든 질량은 에너지로 전환되는데, 이 에너지는 원자핵의 결합 에너지와 크기가 같다. 원자핵을 구성하는 핵자들은 핵자당 결합 에너지가 클수록 강력하게 결합된 안정된 상태를 의미하는데, 모든 원자핵들은 안정된 상태를 지향하므로 원자핵들은 핵분열이나 핵융합을 통해 핵자당 결합 에너지가 큰 상태가 된다.

▼ 핵자당 결합 에너지와, 핵분열과 핵융합 시 일어나는 현상

> • 핵자당 결합 에너지=원자핵의 결합 에너지÷질량수
> 　원자핵을 개별 핵자들로 분리할 때 가해야 하는 에너지
> • 핵분열과 핵융합 시 일어나는 현상
> 　(1) 질량 결손→줄어든 질량이 에너지로 전환됨.
> 　(2) 핵자당 결합 에너지가 큰 상태가 됨(핵자들은 더 강하게 결합되고, 원자핵이 더 안정된 상태가 된 것임).

핵심어(구) 핵자당 결합 에너지, 안정된 상태를 지향

중심 내용 핵분열과 핵융합이 일어나는 이유 – 핵자당 결합 에너지가 큰 안정된 상태로 되기 위함.

4문단 **문단 요약** 핵분열과 핵융합에서 발생하는 에너지를 발전에 이용할 수 있다. 우라늄-235 원자핵을 사용하는 핵분열 발전의 경우, 우라늄 원자핵에 중성자를 흡수시키면 핵자당 결합 에너지가 큰 원자핵들로 분열되고, 이때 방출된 중성자들이 다른 우라늄 원자핵에 흡수되어 연쇄 반응을 일으키는데, 이 과정에서 발생하는 질량 결손으로 인해 전환되는 에너지를 발전에 이용하는 것이다.

▼ 핵분열 과정에서 일어나는 연쇄 반응

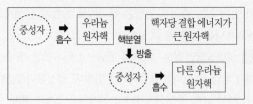

핵심어(구) 핵분열 발전, 질량 결손으로 인해 전환되는 에너지를 발전에 이용

중심 내용 핵분열에서 발생하는 에너지의 발전에의 이용

5문단 　문단 요약　 핵분열 발전에서는 중성자의 속도를 느리게 해야 연쇄 반응을 일으킬 수 있으므로, 감속재 (물, 흑연)를 사용한다. 한편 중성자를 흡수하는 제어봉을 사용하여 핵분열에 관여하는 중성자 수를 조절하여 급격한 연쇄 반응으로 인한 폭발을 방지한다.

핵심어(구) 중성자의 속도를 느리게, 중성자 수를 조절

중심 내용 핵분열 발전을 위한 방법

6문단 　문단 요약　 핵융합 발전을 위한 시도도 계속되고 있다. 태양의 핵융합은, 먼저 수소(^{1}H) 원자핵 2개가 융합하여 중수소(^{2}H) 원자핵이 되고, 이것이 다시 수소 원자핵과 융합하여 헬륨-3(^{3}He) 원자핵이 되며, 2개의 헬륨-3 원자핵이 융합하여 헬륨-4 (^{4}He) 원자핵이 되는데, 이 과정에서 줄어든 질량이 에너지로 전환되는 것이다.

핵심어(구) 핵융합 발전, 태양의 핵융합, 줄어든 질량이 에너지로 전환

중심 내용 핵융합 발전 (1) - 태양의 핵융합의 원리

7문단 　문단 요약　 지구에서 많이 시도하는 D-T 핵융합 방식에서는 중수소 원자핵과 삼중 수소(^{3}H) 원자핵이 융합하여 헬륨-4 원자핵이 된다.

핵심어(구) 지구, D-T 핵융합

중심 내용 핵융합 발전 (2)-지구에서 시도하는 D-T 핵융합의 원리

8문단 　문단 요약　 지구에서 핵융합 반응을 일으키기 위해서는 물질을 원자핵과 전자가 분리된 상태인 플라스마 상태로 만들어야 하고, 양의 전하를 띠고 있는 원자핵 간 척력을 이겨 낼 수 있도록 플라스마의 온도를 높여(1억℃ 이상) 원자핵이 고속으로 움직일 수 있도록 해야 하며, 자기장으로 플라스마가 벽에 닿지 않게 하여 플라스마의 고온 상태를 유지(최소 300초 이상)해야 한다.

핵심어(구) 핵융합 반응을 일으키기 위해서는

중심 내용 핵융합 발전을 하기 위한 방법

주제 핵분열과 핵융합의 원리 및 핵분열과 핵융합 시 발생하는 에너지의 이용

11 세부 내용 확인　　　　　정답 ⑤

O **⑤가 정답인 이유** 2문단에서 '핵자(원자핵을 구성하는 양성자와 중성자)들이 결합하여 원자핵이 되면서 질량이 줄어든 것을 질량 결손'이라고 했고, '핵자들의 결합에서 줄어든 질량은 에너지로 전환되는데' 이 에너지는 '원자핵을 개별 핵자들로 분리할 때 가해야 하는 에너지'인 '원자핵의 결합 에너지와 그 크기가 같다.'고 했다. 따라서 ⑤는 이 내용과 일치한다.

▶ 정답의 근거 2문단

가장 많이 질문한 오답은? ④, ②, ③, ① 순

X **④가 오답인 이유** 2문단에서 '질량-에너지 등가 원리'에 따르면 '질량과 에너지는 상호 간의 전환이 가능하고, 이때 에너지는 질량에 광속의 제곱을 곱한 값과 같다.(에너지=질량×광속^2)'고 했다. 그런데 ④에서는 '질량=에너지×광속'이라고 했다.

X **②가 오답인 이유** 8문단에서 '양(+)의 전하를 띤 원자핵은 음(-)의 전하를 띤 전자와 전기적 인력*에 의해 단단히 결합되어 있어서 일반적인 상태에서 원자핵이 융합하는 것은 불가능하다.'고 했다. 그런데 ②에서는 '척력*이 작용하여 서로 단단하게 결합되어 있다'고 했다.

> ＊ 인력: 서로 끌어당기는(견인, 유인) 힘(力, 힘 력).
> ＊ 척력: 서로 밀어내는(배척) 힘(力, 힘 력). 🔄 인력

X **③이 오답인 이유** 2문단에서 '원자핵의 결합 에너지를 질량수로 나눈 것을 핵자당 결합 에너지'라고 했다. '원자핵의 결합 에너지÷질량수 = 핵자당 결합 에너지'라는 것으로, '핵자당 결합 에너지×질량수 = 원자핵의 결합 에너지'가 성립한다. 그런데 ③에서는 '핵자당 결합 에너지를 질량수로 나눈 것'을 원자핵의 결합 에너지(핵자당 결합 에너지÷질량수 = 원자핵의 결합 에너지)라고 했다.

X **①이 오답인 이유** 1문단에서 질량수는 '원자핵을 구성하는 양성자와 중성자의 개수를 모두 더한 것'이라고 했다. 그런데 ①에서는 '개수'가 아닌 '질량'을 더한 것이라고 했다.

12 세부 정보 확인　　　　　정답 ①

O **①이 정답인 이유** ㉠의 뒤에서 '우라늄 원자핵에 중성자를 (전자를 ✗) 흡수시키면 질량수가 작고 핵자당 결합 에너지가 큰 원자핵들로 분열된다.'고 했는데, ①에서는 '전자'를 흡수시킨다고 했으므로 적절하지 않다.

▶ 정답의 근거 위 '①이 정답인 이유' 참조

가장 많이 질문한 오답은? ④

X **④가 오답인 이유** ④가 오답인(적절한) 근거 또한 ①이 정답인 근거인 '우라늄 원자핵에 중성자를 흡수시키면 질량수가 작고 핵자당 결합 에너지가 큰 원자핵들로 분열된다.'에서 분명하게 찾을 수 있다.

그럼에도 불구하고 ④에 답한 학생들이 많았는데, '큰' 것은 '핵자당 결합 에너지'이고 '질량수'는 '작은' 것으로 분열되므로 ④는 적절하다. 1문단에서 핵분열은 '질량수가 큰 하나의 원자핵이 질량수가 작은 두 개의 원자핵으로 쪼개지는 것'이라고 한 것에서도 ④가 적절하다는 것을 알 수 있다.

② 5문단의 '핵분열 과정에서 방출된 중성자는 속도가 매우 빠르기 때문에…물이나 흑연을 감속재*로 사용하여 중성자의 속도를 느리게 만든다.'에서 확인할 수 있다.

> *감속재: 속도를 감소시키는 재료.

③ 5문단의 '연쇄 반응이 급격하게 일어나면 과도한 에너지가 발생하여 폭발이 일어날 수 있기 때문에 제어봉을 사용한다. 제어봉은 중성자를 흡수하는 장치로, 핵분열에 관여하는 중성자 수를 조절하여 급격한 연쇄 반응을 방지한다.'에서 확인할 수 있다.

⑤ 5문단의 '핵분열 과정에서 방출된 중성자는 속도가 매우 빠르기 때문에 이를 느리게 해야 연쇄 반응을 일으킬 수 있다.'에서 확인할 수 있다.

13 두 대상 간의 비교 이해   정답 ⑤

O ⑤가 정답인 이유 ⓑ는 '지구'에서 가장 많이 시도하는 방식으로 ⓑ의 앞(7문단의 첫 문장)에서 '지구는 태양과 물리적 조건이 달라서 태양의 핵융합을 똑같이 재현할 수 없다.'고 했다. 그래서 ⓐ와는 달리 ⓑ의 방식에서는 '중수소 원자핵과 삼중 수소(^{3}H) 원자핵이 융합하여 헬륨−4 원자핵이 된다.'고 했다. 그런데 ⑤에서는 'ⓐ가 일어나기 위한 물리적 조건과 동일한 조건을 만들어 주어야 한다.'고 했으므로 적절하지 않다.

▶ **정답의 근거** 7문단의 첫 문장

가장 많이 질문한 오답은? ①, ④, ③ 순

X ①이 오답인 이유 ①에 답한 학생들이 많았다. ⓐ는 '태양의 핵융합'으로, 다음과 같은 과정을 거친다고 했다.

> • 수소(^{1}H) 원자핵 + 수소(^{1}H) 원자핵→중수소(^{2}H) 원자핵
> • 중수소(^{2}H) 원자핵 + 수소(^{1}H) 원자핵→헬륨−3(^{3}He) 원자핵
> • 헬륨−3(^{3}He) 원자핵 + 헬륨−3(^{3}He) 원자핵 → 헬륨−4(^{4}He) 원자핵

이와 같은 과정으로 헬륨−4 원자핵이 계속 만들어질 것으로 추론할 수 있으므로 'ⓐ의 과정에서 헬륨−4 원자핵의 개수는 늘어난다.'는 ①은 적절하다.

X ④가 오답인 이유 ⓐ와 ⓑ의 과정을 설명하는 6문단과 7문단에서 ⓐ와 ⓑ 모두 핵융합 과정에서 질량 결손이 일어나고 줄어든 질량이 에너지로 전환된다는 것을 확인할 수 있다.

그리고 3문단의 '핵분열이나 핵융합도 반응 전후로 질량 결손이 일어나고, 줄어든 질량은 에너지로 전환된다.'에서도 ④는 적절하다는 것을 알 수 있다.

X ③이 오답인 이유 ⓑ에서 헬륨−4 원자핵은 '중수소 원자핵과 삼중 수소(^{3}H) 원자핵이 융합하여' 생성된다(7문단)고 했다. 이와 달리 ⓐ에서 헬륨−4 원자핵은 '2개의 헬륨−3 원자핵이 융합하여' 생성된다(6문단)고 했으므로 ③은 적절하다.

②에 답한 학생들은 적었는데, 7문단의 '(D−T 핵융합 방식에서) 중수소 원자핵과 삼중 수소 원자핵을 핵융합 발전의 원료로 사용하는 이유는~'에서 적절하다는 것을 바로 확인할 수 있기 때문이었다.

14 이유의 추론   정답 ③

O ③이 정답인 이유 질문의 핵심은 '플라스마를 1억℃ 이상으로 가열'해야 하는 이유이다. 8문단을 바탕으로 ⓛ의 이유를 추론하면 다음과 같다.

> **플라스마를 1억℃ 이상으로 가열해야 하는 이유는**
> − 핵융합의 효율을 높이기 위해서임.
>
> **핵융합을 일으키기 위해서는,**
> − 플라스마 상태(원자핵과 전자가 분리된 상태)로 만들어야 함.
> − 원자핵은 양의 전하를 띠고 있어서 서로 가까이 다가갈수록 척력(밀어 내는 힘)이 강하게 작용함.
>   → 이러한 척력을 이겨 내기 위해서는 원자핵이 고속으로 움직일 수 있도록 플라스마의 온도를 높여야 함.

따라서 ③은 ⓛ의 이유로 적절하다.

▶ **정답의 근거** 위 '③이 정답인 이유'에서 밑줄 친 부분

가장 많이 질문한 오답은? ④, ⑤ 순

X ④가 오답인 이유 ⓛ 뒤의 '(ⓛ해서) 핵융합의 확률을 높인다.'로 보아, ④의 뒷부분 '핵융합의 효율을 높이기 위해'는 ⓛ의 이유로 적절하다. 하지만 8문단의 '척력을 이겨 내고 원자핵이 융합하게 하기 위해서는 플라스마의 온도를 높여 원자핵이 고속으로 움직일 수 있도록 해야 한다.'로 보아, ⓛ의 이유는 '원자핵'이 고속으로 움직일 수 있게 하기 위해서이므로 ④의 앞부분 '전자를 고속으로 움직이게 하여'는 적절하지 않다.

X ⑤가 오답인 이유 ⓛ의 앞에서 '원자핵은 양의 전하를 띠고 있어서 서로 가까이 다가갈수록 척력이 강하게 작용한다.'고 했다. 따라서 ⓛ과 같이 하는 이유는 이 척력을 이겨 내고 원자핵이 융합할 수 있도록 하는 것이 맞다. 하지만 '양(+)의 전하를 띤 원자핵은 음(−)의 전하를 띤 전자와 전기적 인력에 의해 단단히 결합되어 있어서'로 보아, 전기적 인력은 원자핵과 전자 사이에 발생하는 것으로, 양의 전하를 띤 원자핵들 사이에 '전기적 인력을 발생'시킨다고 한 것은 적절하지 않다.

나머지 답지들에 답한 학생들은 드물었는데, '원자핵이 융합로의 벽에 접촉하지 않게 하기 위해'(①) 자기장을 활용하고, '자기장을 발생시켜 플라스마의 온도를 유지'(②)하는 것은 모두 ⓛ 이후의 과정으로 ⓛ의 이유에 해당하지 않기 때문이다.

15 그림(그래프)에의 적용

정답 ①

O **①이 정답인 이유** 〈보기〉부터 이해해 보자.

> ① 그림(그래프)의 세로축은 핵자당 결합 에너지를, 가로축은 질량수를 나타내고 있으므로 핵자당 결합 에너지가 가장 큰 것은 철($^{56}_{26}$Fe) 원자핵이고, 질량수가 가장 큰 것은 우라늄-235($^{235}_{92}$U) 원자핵임.
>
> ② 가장 안정된 원자핵은 핵자당 결합 에너지가 가장 큰 철($^{56}_{26}$Fe) 원자핵임.(3문단의 '핵자당 결합 에너지가 클수록…원자핵이 더 안정된 상태라는 것을 의미한다.' 참조)
>
> ③ 원소 기호(Fe, He, H, U)의 왼쪽 위에 있는 숫자(56, 4, 3, 2, 235)는 원자핵의 질량수를, 왼쪽 아래에 있는 숫자(26, 2, 1, 1, 92)는 양성자 수를 나타냄.
>
> ④ 철($^{56}_{26}$Fe) 원자핵보다 질량수가 작은 헬륨-4($^4_2$He), 삼중 수소($^3_1$H), 중수소($^2_1$H) 원자핵은 핵융합을, 질량수가 큰 우라늄-235($^{235}_{92}$U) 원자핵은 핵분열을 통해 핵자당 결합 에너지가 높은 원자핵이 됨.

이를 바탕으로 답지 ①을 살피면, 헬륨-4($^4_2$He) 원자핵은 ④로 보아 핵융합을 통해 핵자당 결합 에너지가 높은 원자핵이 된다는 것과, ②로 보아 더 안정된 상태의 원자핵으로 변한다는 것을 알 수 있다.

▶ **정답의 근거** 위 '①이 정답인 이유'에서의 ②와 ④

가장 많이 질문한 오답은? ③, ④, ②, ⑤ 순

X **③이 오답인 이유** 2문단에서 '원자핵의 결합 에너지를 질량수로 나눈 것을 핵자당 결합 에너지'라고 했다. 이를 통해 '철 원자핵의 결합 에너지'는 철 원자핵의 핵자당 결합 에너지에 질량수를 곱한 것임을 알 수 있다. 그리고 철 원자핵의 질량수는 위 '①이 정답인 이유'에서의 ③으로 보아 56이라는 것을 알 수 있다. 따라서 철 원자핵의 결합 에너지는 철 원자핵의 핵자당 결합 에너지에 56을 곱한 값과 같다는 것을 알 수 있다. → 26을 곱한 값 X

X **④가 오답인 이유** 〈보기〉의 그래프에서 우라늄-235 원자핵의 핵자당 결합 에너지는 8MeV보다 약간 작고, 철 원자핵의 핵자당 결합 에너지는 9MeV보다 약간 작다. 4문단에서 '우라늄-235(^{235}U) 원자핵을 사용하는 핵분열 발전의 경우~핵자당 결합 에너지가 큰 원자핵들로 분열된다.'고 했으므로, '우라늄-235 원자핵이 핵분열하여 생성된 원자핵들은 핵자당 결합 에너지가' 우라늄-235 원자핵(8MeV보다 약간 작은 것)보다 클 것이다. 그런데 〈보기〉에서 '철 원자핵은 모든 원자핵 중에서 핵자당 결합 에너지가 가장 크'다고 했으므로, '우라늄-235 원자핵이 핵분열하여 생성된 원자핵들'은 핵자당 결합 에너지가 철 원자핵(9MeV보다 약간 작은 것)보다는 작을 것이다. → 9MeV 이상 X

X **②가 오답인 이유** ③으로 보아 중수소($^2_1$H) 원자핵과 삼중 수소($^3_1$H) 원자핵의 양성자 수는 1로 같다는 것을 알 수 있다. 하지만, 3문단에서 '원자핵을 구성하는 핵자들은 핵자당 결합 에너지가 클수록 더 강력하게 결합되어 있고 이는 원자핵이 더 안정된 상태라는 것을 의미한다.'고 했고, 〈보기〉의 그래프

에서는 핵자당 결합 에너지가 중수소($^2_1$H) 원자핵보다 삼중 수소($^3_1$H) 원자핵이 더 크다는 것을 보여 준다. 따라서 삼중 수소 원자핵이 중수소 원자핵보다 더 안정된 상태라는 것을 알 수 있다. → (중수소 원자핵은 삼중 수소 원자핵보다) 더 안정된 상태 X

X **⑤가 오답인 이유** 3문단에서 '원자핵을 구성하는 핵자들은 핵자당 결합 에너지가 클수록 더 강력하게 결합되어 있다'고 했고, 〈보기〉의 그래프에서는 철($^{56}_{26}$Fe) 원자핵이 우라늄-235($^{235}_{92}$U) 원자핵보다 핵자당 결합 에너지가 더 크다는 것을 보여 준다. 따라서 철 원자핵이 우라늄-235 원자핵을 구성하고 있는 핵자들보다 더 강력하게 결합되어 있다는 것을 알 수 있다. → 우라늄-235 원자핵은 철 원자핵에 비해…핵자들이 더 강력하게 결합 X

✔ **매일 복습 확인 문제**

1 다음 추론이 맞으면 ○, 그렇지 않으면 ×로 표시하시오.

(1) [지문] 욕조의 마개를 빼면 물이 배수구 주변에서 회전하며 물을 일으킨다. 배수구에서 멀리 떨어져 있으면 빨려 들어가는 속도의 크기가 0에 가깝고, 배수구 중앙에 가까울수록 속도가 빨라진다. →[추론] 배수구에서 멀어지면 원운동을 하는 물의 속도는 느려진다.
....( )

(2) [지문] 전두 연합 영역의 신경 세포가 '맛있다'와 같은 신호를 섭식 중추로 보내면, 거기에서 '오렉신'이 나온다. 오렉신은 위(胃)의 운동에 관련되는 신경 세포에 작용해서, 위(胃)의 내용물을 밀어내고 다시 새로운 음식이 들어갈 공간을 마련한다. →[추론] 위(胃)의 운동에 관여하는 오렉신은 전두 연합 영역에서 분비된다. ......( )

(3) [지문] 원자핵을 구성하는 양성자와 중성자의 개수를 모두 더한 것을 질량수라고 한다. →[추론] 양성자의 질량과 중성자의 질량을 더한 것을 질량수라고 한다.
....( )

2 다음 글의 ㉠에 대한 이해로 적절한 것은?

> 컵 속의 물을 숟가락으로 강하게 휘저어 컵과 물을 함께 회전시키면, 원심력 등이 작용해 중심의 물 입자들이 컵 가장자리로 쏠려 컵 중앙에 있는 물의 압력이 낮아지면서 ㉠가운데가 오목한 강제 소용돌이가 만들어진다.

① 물이 회전할 때 원심력과 압력은 서로 관련이 없다.
② 컵 중앙 부분으로 갈수록 물 입자의 양이 많아진다.
③ 회전하는 물의 압력이 커진 부분은 수면이 높아진다.
④ 회전 중심에 가까울수록 물의 회전 속도는 빨라진다.
⑤ 물을 휘젓는 힘이 더 컸더라도 회전 중심의 수면 높이는 변화가 없다.

정답 1. (1) ○ (2) × (3) × 2. ③

정답	01 ②	02 ③	03 ②	04 ④	05 ③
	06 ②	07 ⑤	08 ④	09 ④	10 ①
	11 ⑤	12 ④	13 ③	14 ③	

1~4 과학: 이은희 외, 「미래를 읽다 과학 이슈」

독해력을 길러 주는 지문 분석

1문단 문단 요약 외부 환경이나 미생물로부터 우리 몸을 지키기 위한 자기 방어 시스템인 자연 치유력 중 하나인 '오토파지'는 세포 안의 불필요한 단백질과 망가진 세포 소기관을 분해해 세포의 에너지원으로 사용하는 현상이다.

핵심어(구) 자연 치유력, 오토파지

중심 내용 인체의 자연 치유력 중 하나인 '오토파지'

2문단 문단 요약 평소에는 오토파지가 최소한으로 일어나는데, 인체가 오랫동안 영양소를 섭취하지 못하면 오토파지가 활성화되어 아미노산과 에너지를 얻고, 해로운 균에 감염되어도 오토파지가 활성화되어 균을 제거한다.

핵심어(구) 최소한으로 일어나는데, 활성화

중심 내용 오토파지의 활성화 계기 및 기능

3문단 문단 요약 오토파지가 일어나는 과정을 보면, 세포 안에 불필요한 단백질과 망가진 세포 소기관이 쌓이면 세포는 세포막 성분을 이용해 이를 둘러싸 작은 주머니인 '오토파고솜'를 만들고, 이 오토파고솜이 '리소좀'과 합쳐져 '오토파고리소좀'이 되면 리소좀 안에 있던 가수분해효소가 안에 있던 쓰레기들을 잘게 부수고, 분해가 끝나면 막이 터지면서 조각들이 쏟아져 나오고, 이 조각들은 에너지원이나 다른 세포 소기관의 재료로 재활용된다.

핵심어(구) 과정

중심 내용 오토파지의 작동 과정(2번 문제의 해설 참조)

4문단 문단 요약 오토파지가 정상적으로 작동하지 않으면 불필요한 단백질과 망가진 세포 소기관이 세포 안에 쌓여 노화나 질병을 초래한다. 자연 치유력에는 오토파지 이외에도 질병으로부터 몸을 지키는 '면역력', 비정상 세포·손상된 세포·노화된 세포가 스스로 사멸하는 '아포토시스' 등이 있다.

핵심어(구) 오토파지가 정상적으로 작동하지 않으면, 면역력, 아포토시스

중심 내용 오토파지가 정상적으로 작동하지 않을 때의 문제점 및 오토파지 이외의 자연 치유력인 '면역력'과 '아포토시스'

주제 인체의 자연 치유력 중 하나인 '오토파지'의 작동 원리와 과정

---

01 표제와 부제의 파악   정답 ②

O ②가 정답인 이유 이 글은 인체의 자연 치유력* 중 하나인 '오토파지'에 대해 다루고 있는데, 1문단에서 오토파지 현상에 대해 소개한 후, 2문단과 3문단에서는 오토파지의 작동 원리와 작동 과정을, 4문단에서는 오토파지가 정상적으로 작동하지 않을 때의 문제점을 설명하고 있다. 따라서 '인체의 자연 치유력'을 표제로, '오토파지의 원리를 중심으로'를 부제로 삼은 ②는 적절하다.

> *치유력: (병을) 치료하여 낫게(癒, 나을 유. 쾌유) 하는 힘(능력).

▶ **정답의 근거** 위 '②가 정답인 이유' 참조

가장 많이 질문한 오답은? ⑤

X ⑤가 오답인 이유 정답에 답한 학생들이 많았으나, 오답지들 중에서는 ⑤에 답한 학생들이 제법 많았다. 4문단에서 '오토파지를 활성화시키는 방법에 대한 연구'를 언급하고 있긴 하다. 하지만 이 글은 인체의 자연 치유력 중 오토파지를 주로 다루고 있고, 4문단의 '자연 치유력에는 오토파지 이외에도 '면역력', '아포토시스' 등이 있다.'로 보아, 글 전체를 포괄하는 중심 내용은 '인체의 자연 치유력' 또는 '인체의 자연 치유력인 오토파지'가 적절하다.

① 3문단에서 리소좀의 구조와 기능을 다루고 있고, 리소좀이 분해한 조각들이 다른 세포 소기관을 만드는 재료로 재활용된다는 점에서 세포의 재생* 능력도 언급하고 있지만, 글 전체를 포괄하는 내용이 아니므로 표제와 부제로 적절하지 않다.   *재생: 다시(재차) 살아남(소생). ㉤ 회생, 갱생

③ 4문단에서 오토파지가 작동하지 않으면 세포 내 항상성이 무너져 질병을 초래하기도 하므로 오토파지를 활성화시키는 방법을 연구하고 있다고 했다. 따라서 '질병을 예방하는 방법'을 다루고 있다고 볼 수는 있으나, 이는 중심 내용이 아니므로 글 전체를 포괄하는 제목으로 적절하지 않다.

④ 4문단에서 노화를 막는 '아포토시스'에 대해 소개하고 있으나, 이는 중심 내용이 아니므로 글 전체를 포괄하는 제목으로 적절하지 않다.

---

02 세부 내용의 이해 및 그림에의 적용   정답 ③

O ③이 정답인 이유 〈보기〉의 그림은 3문단에서 설명하고 있는 '오토파지의 작동 과정'을 보여 주고 있다. 3문단의 '오토파고솜(ㄴ)과 리소좀(ㄷ)이 합쳐지면…리소좀(ㄷ) 안에 있는 가수분해효소가 오토파고솜(ㄴ) 안에 있던 쓰레기들을 잘게 부수기 시작한다.'에서 '가수분해효소'는 ㄴ 안에 있는 것이 아니라 ㄷ 안에 있다는 것을 알 수 있으므로 ③은 적절하지 않다.

한편, 3문단에서 설명하고 있는 '오토파지의 작동 과정'과 〈보기〉의 그림을 연결해 보면 다음과 같다.

오토파지의 작동 과정(3문단)	〈보기〉
• 불필요한 단백질, 망가진 세포 소기관의 축적 ↓	ㄱ
• 오토파고솜(이중막 주머니) ↓	ㄴ
• 오토파고리소좀(ㄹ): 오토파고솜 + 리소좀(ㄷ) 리소좀의 가수분해효소가 오토파고솜의 쓰레기들을 분해함. ↓	ㄷ, ㄹ
• 막이 터지고 잘린 조각들이 쏟아져 나옴. ↓	
• 에너지원, 다른 세포 소기관의 생성 재료로 재활용됨.	

▶ **정답의 근거** 위 '③이 정답인 이유'에서 밑줄 친 부분

가장 많이 질문한 오답은? ①

✕ ①이 오답인 이유 4문단의 '오토파지가 정상적으로 작동하지 않으면 불필요한 단백질과 망가진 세포 소기관(ㄱ)이 세포 안에 쌓이면서…노화나 질병을 초래한다.'에서 '세포 안에 ㄱ이 쌓이면 오토파지가 일어나'지 않을 것으로 본 학생들이 많았다. '오토파지가 정상적으로 작동하지 않으면', '세포 안에 ㄱ이 쌓이'는 것은 맞다. 하지만 그 반대(세포 안에 ㄱ이 쌓이면 오토파지가 일어난다.)의 경우도 성립하는지를 따져 봐야 한다.

1문단에서 '오토파지'는 세포 안에 쌓인 ㄱ을 분해해 세포의 에너지원으로 사용하는 현상이라고 했다. 그리고 '오토파지'가 일어나는 과정을 설명한 3문단에서 '세포 안에 ㄱ이 쌓이면' 세포는 '오토파고솜'을 만들고, 이 '오토파고솜'은 '리소좀'과 만나 합쳐지면서 '오토파고솜' 안에 있던 쓰레기들이 분해되기 시작하고, 분해가 끝나면 막 안에 들어 있던 잘린 조각들이 쏟아져 나와 에너지원으로 쓰인다고 했다. 따라서 '세포 안에 ㄱ이 쌓이면 오토파지가 일어'날 것이라는 ①은 적절하다.

② 3문단의 '세포 안에 불필요한 단백질과 망가진 세포 소기관(ㄱ)이 쌓이면 세포는 세포막을 이루는 구성 성분을 이용해 이를 이중막으로 둘러싸 작은 주머니를 만든다. 이 주머니를 '오토파고솜(ㄴ)'이라고 부른다.'에서 ②는 적절하다는 것을 알 수 있다.

④, ⑤ 3문단의 '오토파고솜과 리소좀이 합쳐지면 '오토파고리소좀(ㄹ)'이 되는데…분해가 끝나면 막이 터지면서 막 안에 들어 있던 잘린 조각들이 쏟아져 나온다. 그리고 이 조각들은 에너지원으로 쓰이거나 다른 세포 소기관을 만드는 재료로 재활용된다.'에서 ④와 ⑤는 적절하다는 것을 알 수 있다.

03 두 대상의 공통점과 차이점 파악

정답 ②

⭕ ②가 정답인 이유 ㉠은 1문단에서 '세포 안에 쌓인 불필요한 단백질과 망가진 세포 소기관을 분해해 세포의 에너지원으로 사용하는 현상'이라 했고, ㉡은 4문단에서 '개체를 보호하기 위해 비정상 세포, 손상된 세포, 노화된 세포가 스스로 사멸*하는 과정으로 우리 몸을 건강한 상태로 유지하게 한다.'고

했다. 이로 보아, 손상된(망가진) 세포 소기관을 분해해 세포의 에너지원으로 사용하는 ㉠과 달리 ㉡은 손상된 세포가 스스로 사멸함으로써 우리 몸을 건강한 상태(항상성)로 유지하게 하므로 ②는 적절하다. *사멸: 죽어(사망) 없어짐(소멸).

▶ **정답의 근거** 위 '②가 정답인 이유' 참조

① 4문단에서 ㉡은 '개체를 보호하기 위해 비정상 세포, 손상된 세포, 노화된 세포가 스스로 사멸하는 과정'이라고 했으므로, '㉠은 ㉡과 달리'는 적절하지 않다.

③ 2문단에서 ㉠은 '인체가 오랫동안 영양소를 섭취하지 못하거나 해로운 균에 감염되는 등 스트레스를 받으면 활성화된다.'고 했으므로, '㉡은 ㉠과 달리'는 적절하지 않다.

④ 2문단의 '우리 몸은 오토파지(㉠)를 통해 생존에 필요한 아미노산과 에너지를 얻는다.'와 4문단의 '아포토시스(㉡)는 개체를 보호하기 위해 비정상 세포, 손상된 세포, 노화된 세포가 스스로 사멸하는 과정으로~'에 '생존에 필요한 아미노산과 에너지를 얻기 위해 작동'하는 것은 ㉠이라는 것을 알 수 있으므로, '모두'는 적절하지 않다. ㉠의 경우에도 생존에 필요한 아미노산과 에너지를 '다량으로' 얻는다는 것은 지문에서 확인할 수 없다.

⑤ 3문단에서 ㉠은 작동 과정에서 '분해가 끝나면 막이 터지면서 막 안에 들어 있던 잘린 조각들이 쏟아져 나'오고, 이 조각들은 '다른 세포 소기관을 만드는 재료로 재활용된다.'고 했다. 하지만 ㉡은 4문단에서 '비정상 세포, 손상된 세포, 노화된 세포가 스스로 사멸'하는 것이라고 했으므로, ㉡을 포함하여 '모두'라고 한 것은 적절하지 않다.

04 문맥적 의미의 이해

정답 ④

⭕ ④가 정답인 이유 '어휘 문제 3단계 풀이법'을 적용해 보자.

• 1·2단계: 핵심을 간추린 후 '매3어휘 풀이' 떠올리기

> 이 주머니를 '오토파고솜'이라고 부른다.
> 이르다/일컫다/명명하다/칭하다

→ ⓐ의 '부르다'는 '무엇이라고 가리켜 말하다, 이름을 붙이다.'의 의미로 쓰였다.

• 3단계: 대입하기

구분	핵심 간추리기	대입하기
①	속으로 쾌재를 불렀다.	속으로 쾌재를 일렀다/일컬었다/명명했다/칭했다. …▸ ✕
②	바다가 우리를 부른다.	바다가 우리를 이른다/일컫는다/명명한다/칭한다. …▸ ✕
③	값을 비싸게 불렀다.	값을 비싸게 일렀다/일컬었다/명명했다/칭했다. …▸ ✕
④	혼돈 상태를 아노미라고 부른다.	혼돈 상태를 아노미라고 이른다/일컫는다/명명한다/칭한다. …▸ ⭕
⑤	그녀는 친구를 불렀다.	그녀는 친구를 일렀다/일컬었다/명명했다/칭했다. …▸ ✕

→ '부르다' 대신에 '매3어휘 풀이'에서 떠올린 '이르다/일컫다/명명하다/칭하다'를 대입한 결과, ⓐ의 문맥적 의미와 가장 가까운 것은 ④이다.

▶ **정답의 근거** 위 '④가 정답인 이유' 참조

나머지 답지들에 답한 학생들은 드물었지만, 이들 오답지들에 쓰인 '부르다'의 의미도 알고 넘어가자.

① 외치다.
② 따라오거나 동참하도록 유도하다.
③ (값이) 얼마라고 말하다.
⑤ 말로 주의를 끌거나 오라고 하다.

비문학 독해력, 지문 복습이 중요!

문제 풀 때 지문 읽는 법과
2차 채점 후 지문 복습법을 꼭 챙겨 보자![표지 참조]

`5~9` **융합(과학+기술) : 유광열, 「핵의학 기술」**

독해력을 길러 주는 지문 분석

1문단 `문단 요약` 양전자 단층 촬영(PET)은 인체에 대한 정보를 확인하기 위해 몸속에 특정 물질을 주입한 다음, 특정 물질과 비정상 세포의 반응을 이용하여 그 물질의 분포를 영상화하는 기술이다.
핵심어(구) 양전자 단층 촬영(PET)
중심 내용 양전자 단층 촬영(PET) 기술의 용도와 원리

2문단 `문단 요약` PET를 통해 특정한 물질의 분포를 알아내기 위해서는 우선 몸속에 방사성 추적자를 주입해야 한다. 방사성 추적자는 방사성 동위원소를 결합한 포도당 성분의 특정 물질로, 포도당과 유사하기 때문에 대사량이 높아서 많은 에너지원을 필요로 하는 비정상 세포에 다량 흡수되어 일정 시간 동안 세포 안에 머무른다.
핵심어(구) 방사성 추적자를 주입
중심 내용 PET의 진행 과정 (1) – 방사성 추적자의 주입

3~4문단 `문단 요약` 세포 내에 축적된 방사성 추적자의 방사성 동위원소는 붕괴되면서 양전자를 방출하고, 이 양전자는 몸속의 전자와 결합하여 소멸하는데, 이때 두 입자의 질량이 에너지로 바뀌어 180도 각도를 이루는 한 쌍의 감마선으로 방출되어 몸 밖으로 나와 PET 스캐너 검출기에 도달한다. 한 쌍의 감마선이 도달한 검출기의 두 지점을 잇는 직선을 동시 검출 응답선이라고 하며, 한 쌍의 감마선이 각각의 검출기에 도달하는 시간에는 미세한 차이가 발생한다.
핵심어(구) 방사성 동위원소는 붕괴, 감마선으로 방출
중심 내용 PET의 진행 과정 (2) – 감마선의 체외 방출

▼ PET의 진행 과정(2~4문단)

방사성 추적자를 인체에 주입함.
↓
(방사성 추적자가) 비정상 세포에 흡수됨.
↓
(방사성 추적자의) 방사성 동위원소의 붕괴, 양전자 방출
↓
(방출된 양전자가) 몸속 전자와 결합하여 소멸됨. (이때 두 입자의 질량이 에너지로 바뀜.)
↓
(바뀐 에너지가) 감마선으로 방출되어 몸 밖으로 나옴.
↓
(몸 밖으로 나온 감마선이) PET 스캐너를 통해 검출됨.

5문단 `문단 요약` 감마선이 PET 영상의 유효한 성분이 되기 위해서는 한 지점에서 방출된 한 쌍의 감마선이 PET 스캐너의 검출기로 동시에 도달해야 한다(동시계수). 하지만 동시 도달은 현실적으로 불가능하므로, PET 스캐너는 동시계수로 인정할 수 있는 동시계수 시간 폭을 설정한다.
핵심어(구) 감마선이 PET 영상의 유효한 성분이 되기 위해서는, 동시계수 시간 폭을 설정
중심 내용 감마선이 PET 영상의 유효한 성분이 되기 위한 조건 – 동시계수 시간 폭 안에 들어와야 함(참계수).

6문단 `문단 요약` 동시계수 시간 폭 내에 도달한 한 쌍의 감마선 중에서 PET 영상에 유효한 성분이 되지 않는 산란계수와 랜덤계수는 PET 영상의 정확도를 떨어뜨리는 요인이 된다. 참계수만이 유효한 영상 성분이 되기 때문에 산란계수와 랜덤계수의 검출을 최소화하기 위해 동시계수 시간 폭을 적절하게 설정하는 것이 중요하다.

- 산란계수: 감마선이 주변의 물질과 상호 작용을 일으켜 시간의 변화가 생겼으나 동시계수 시간 폭 내에 검출되는 경우
- 랜덤계수: 한 지점에서 방출된 한 개의 감마선이 다른 지점에서 방출된 한 개의 감마선과 동시계수 시간 폭 내에 도달하는 경우
- 참계수: 한 지점에서 방출된 한 쌍의 감마선이 아무런 방해를 받지 않고 동시계수 시간 폭 내에 도달하는 경우

핵심어(구) 산란계수, 랜덤계수, 참계수, 동시계수 시간 폭을 적절하게 설정
중심 내용 PET 영상의 정확도를 높이기 위한 조건 – 산란계수와 랜덤계수의 검출을 최소화하는 동시계수 시간 폭을 설정함.

주제 양전자 단층 촬영(PET) 기술의 원리와 PET 영상의 정확도를 높이기 위한 조건

05 세부 내용 확인　　　　　　　　　　정답 ③

O ③이 정답인 이유　4문단에서 '몸 밖으로 나온 감마선은 PET 스캐너를 통해 검출'된다고 했다. PET 스캐너가 감마선을 방출*하는 것이 아닌 것이다.

> *방출: (1) 쌓여 있던 물자 등을 내놓음(배출). (2) 물리에서, 입자나 전자기파의 형태로 에너지를 내보냄(추방). 여기서는 (2)의 뜻으로 쓰임.

▶ **정답의 근거**　위 '③이 정답인 이유' 참조

가장 많이 질문한 오답은? ②

X ②가 오답인 이유　4문단에서 '동시 검출 응답선'은 '(180도로 방출된) 한 쌍의 감마선이 도달한 검출기의 두 지점을 잇는 직선'이라고 한 것과 일치한다.

나머지 답지들이 오답인(일치하는) 이유도 살펴보자.

① 1문단의 'PET는 특정 물질과 비정상 세포의 반응을 이용하여 이들의 분포를 확인할 수 있다.'와 일치한다.

④ 1문단의 '양전자 단층 촬영(PET)은 세포의 대사량 등 인체에 대한 정보를 확인하기 위해 몸속에 특정 물질을 주입하여 그 물질의 분포를 영상화하는 기술이다.'와 일치한다.

⑤ 4문단의 'PET 스캐너는 수많은 검출기가 검사 대상을 원형으로 둘러싸고 있는 구조이다.'와 일치한다.

06 핵심 정보의 파악　　　　　　　　　정답 ②

O ②가 정답인 이유　2문단에서 '방사성 추적자'는 '특정한 원소 또는 물질의 이동 양상을 알아내기 위해 쓰인다.'고 했다. 그리고 '(몸속에) 주입된 방사성 추적자는 에너지원으로 쓰이는 포도당과 유사하기 때문에, 대사량이 높아서 많은 에너지원을 필요로 하는 비정상 세포에 다량 흡수된다.'고 했고, '세포 안으로 흡수된 방사성 추적자는 일반 포도당과 달리 세포의 에너지원으로 사용되지 않'는다고 했다. 이를 통해 '방사성 추적자'는 '세포의 대사량을 평소보다 높이기 위해 사용'되는 것이 아니라는 것을 알 수 있다.

▶ **정답의 근거**　위 '②가 정답인 이유'에서 밑줄 친 부분

가장 많이 질문한 오답은? ⑤

X ⑤가 오답인 이유　2문단에서 '방사성 추적자는 방사성 동위원소를 결합한 포도당 성분의 특정 물질'이라고 했고, 3문단에서는 '세포 내에 축적된 방사성 추적자의 방사성 동위원소는 붕괴되면서 양전자를 방출한다.'고 했다. 이를 통해 ⑤는 적절하다는 것을 알 수 있다.

나머지 답지들이 오답인(적절한) 근거도 찾아보면 다음과 같이 모두 2~3문단에서 확인할 수 있다.

① 2문단에서 '방사성 추적자'는 '대사량이 높아서 많은 에너지원을 필요로 하는 비정상 세포에 다량 흡수'되고, '흡수된 방사성 추적자는~일정 시간 동안 세포 안에 머무른다.'고 했고, 3문단에서는 '세포 내에 축적*된 방사성 추적자의 방사성 동위원소는 붕괴되면서 양전자를 방출한다.'고 했다.

> *축적(蓄積): 지식, 경험, 자금 등을 모아서 쌓음(저축, 누적).

③ 2문단에서 '방사성 추적자'는 '에너지원으로 쓰이는 포도당과 유사'하지만, '일반 포도당과 달리 세포의 에너지원으로 사용되지 않고, 일정 시간 동안 세포 안에 머무른다.'고 했다.

④ 2문단에서 '방사성 추적자'는 '방사성 동위원소를 결합한 포도당 성분의 특정 물질로, 이는 특정한 원소 또는 물질의 이동 양상*을 알아내기 위해 쓰인다.'고 했다.

> *양상(樣相): 변화하는 과정 중 어떤 시점에서 드러나는 모양이나 상태. ㈜ 생김새, 모습

07 이유 추론　　　　　　　　　　　　정답 ⑤

O ⑤가 정답인 이유　㉠의 앞, 4문단에서 '한 쌍의 감마선이 각각의 검출기에 도달하는 시간에는 미세한 차이가 발생'한다고 했고, 이러한 차이는 '몸의 어느 지점에서 감마선이 방출되었는지에 따라 검출기까지의 거리가 달라지기 때문'이라고 했다. 이를 통해 ⑤는 ㉠의 이유로 적절하다는 것을 알 수 있다.

▶ **정답의 근거**　위 '⑤가 정답인 이유' 참조

나머지 답지들이 오답인 이유도 확인해 보자.

① 4문단에서 '방출된 감마선이 180도 방향으로 진행한다'고 했으나, 이것이 ㉠의 이유는 아니다.

② 3문단에서 '양전자와 전자의 질량이 에너지로 바뀐다'고 했으나, 이것이 ㉠의 이유는 아니다.

③ 5문단에서 '한 쌍의 감마선이 동시에 검출기에 도달하면 동시계수로 인정된다'고는 했으나, 이것이 ㉠의 이유는 아니다.

④ 6문단에서 '한 지점에서 방출된 한 쌍의 감마선이 아무런 방해를 받지 않고 동시계수 시간 폭 내에 도달하는 참계수만이 유효한 영상 성분이 되는 것'이라고 했으므로, ㉠의 이유로 적절하지 않을 뿐만 아니라 '한 쌍의 감마선 중 하나의 감마선만이 PET 영상의 유효한 성분'이 되는 것도 아니다.

08 구체적 상황에의 적용　　　　　　　정답 ④

O ④가 정답인 이유　6문단을 바탕으로 A~C가 뜻하는 바를 먼저 이해해 보자.

A	한 지점에서 방출된 한 쌍의 감마선이 아무런 방해를 받지 않고 동시계수 시간 폭 내에 도달함. → 참계수
B	감마선이 주변의 물질과 상호 작용을 일으켜 진행 방향이 바뀌면서 검출기에 도달하는 시간의 변화가 생겼으나 동시계수 시간 폭 내에 검출됨. → 산란계수
C	한 지점에서 방출된 두 개의 감마선 중 한 개의 감마선만이 검출기로 도달할 때, 다른 지점에서 방출된 한 개의 감마선과 동시계수 시간 폭 내에 도달함. → 랜덤계수

117

이를 통해 A는 참계수이고 B는 산란계수라는 것을 알 수 있는데, 〈보기〉에서 'A~C는 모두 동시계수 시간 폭을 12ns로 설정한, 동일한 PET 스캐너로 감마선을 검출한 경우'라고 했다. 그런데 ④에서는 '동시계수 시간 폭이 8ns이었다면'이라고 가정하였는데, '동시계수 시간 폭이 8ns이었다'고 해도 산란계수인 B는 '검출기에 도달한 두 감마선의 시간 차'가 7ns이므로, 즉 동시계수 시간 폭 내에 도달하기 때문에 산란계수인 B도 검출될 것이다(검출되지 않았군 ✗).

▶ **정답의 근거** ④의 'A와 B의 경우 동시계수 시간 폭이 8ns이었다면', 〈보기〉의 '7ns(B)'

가장 많이 질문한 오답은? ③, ⑤ 순

✗ **③이 오답인 이유** C의 경우 6문단의 '한 지점(■)에서 방출된 두 개의 감마선 중 한 개의 감마선만이 검출기로 도달할 때, 다른 지점에서 방출된 한 개의 감마선과 동시계수 시간 폭(12ns) 내에 도달하는 경우가 있는데 이를 랜덤계수라고 한다.'로 보아, '랜덤계수'라는 것을 알 수 있다. 그런데 '동시계수 중에서도 PET 영상에 유효한 성분'이 되는 것은 '참계수만'이라고 했으므로 C는 PET 영상에 유효한 성분이 될 수 없다.

✗ **⑤가 오답인 이유** 6문단의 '이 두 경우(산란계수와 랜덤계수)는 모두 실제 감마선이 방출된 지점이 동시 검출 응답선 위에 존재하지 않기 때문에 PET 영상의 정확도를 떨어뜨리는 요인이 된다.'에서, B(산란계수)와 C(랜덤계수)의 경우 실제 감마선의 방출 지점이 동시 검출 응답선 위에 존재하지 않는다는 것을 알 수 있다.

①과 ②에 답한 학생들은 드물었지만, 이들 답지들이 오답인(적절한) 근거도 확인해 보자.

① A의 경우 6문단에서 설명한 것처럼 '한 쌍의 감마선이 주변 물질과 상관없이' '아무런 방해를 받지 않고 동시계수 시간 폭(12ns) 내(5ns)에 도달'했기 때문에 참계수라고 할 수 있다.

② B의 경우 6문단에서 설명한 것처럼 '감마선'이 '진행 방향이 바뀌면서 검출기에 도달하는 시간의 변화가 생겼으나 동시계수 시간 폭(12ns) 내(7ns)'에 도달하였다.

09 사전적 의미 파악

정답 ④

🅾 **④가 정답인 이유** '어휘 문제 3단계 풀이법'을 적용해 보자.

• 1단계: ⓐ가 포함된 문장에서 핵심 어구만 간추린다.

> • 동시계수 시간 폭 안에 들어온 경우를 유효한 성분으로 <u>간주한다</u>. → ~의 경우를 유효한 성분으로 간주하다.

• 2단계: 답지에 제시된 뜻풀이를 밑줄 친 ⓐ의 자리에 대입해 자연스러운지의 여부를 살핀다.

> • ~의 경우를 유효한 성분으로 <u>(유사한 점에 기초하여 다른 사물을) 미루어 추측하다.</u>

• 3단계: '간주하다(ⓐ)'의 뜻이 '(유사한 점에 기초하여 다른 사물을) 미루어 추측하다.'인지를 확인하기 위해 '간주하다'와 바꿔 쓸 수 있는 말과 '간주하다'가 들어가는 말을 떠올려 보자.

> • '간주하다'와 바꿔 쓸 수 있는 말: 보다, 여기다, 생각하다
> • '간주하다'가 들어가는 말: 철수를 범인으로 <u>간주하다</u>. 소수의 의견을 다수의 의견으로 간주해서는 안 된다.

→ '간주하는 것'은 '(그렇다고) 보고, (그렇다고) 여기고, (그렇다고) 생각하는 것'으로, '미루어 추측하는 것'과는 거리가 있으며 '유사한 점에 기초'하는 것도 아니다. '유사한 점에 기초하여 다른 사물을 미루어 <u>추측</u>하다.'의 의미를 지닌 말은 '유추하다'이다.

▶ **정답의 근거** 위 '④가 정답인 이유' 참조

가장 많이 질문한 오답은? ⑤

✗ **⑤가 오답인 이유** ⑤에 답한 학생들이 많았는데, '(정확도를 높이기 위해서는) 동시계수 시간 폭을 적절하게 <u>설정하는</u> 것이 중요하다.'에서 '설정하는'의 자리에 '새로 만들어 정해 두다.'를 대입해 보자.

> 동시계수 시간 폭을 적절하게 <u>설정하는</u> 것이 중요하다.
> 새로 만들어 정해 두는

글을 쓰기 위해 주제를 <u>설정</u>하고, 꿈을 이루기 위해 목표를 <u>설정</u>하듯 '영상의 정확도를 높이기 위해' '동시계수 시간 폭'을 '새로 만들어(신설) 정해 둔다'는 것은 어색하지 않다.

나머지 답지들에 답한 학생들은 드물었지만, 이들 어휘도 '어휘 문제 3단계 풀이법'을 적용해 그 의미를 이해하고 넘어가자.

구분	핵심 간추리기	대입하기	'매3어휘 풀이' 떠올리기
①	몸속에 특정 물질을 <u>주입</u>하다.	몸속에 특정 물질을 흘러 들어가도록 부어 넣다.	• 삽입하다 • 투입하다 • 환자에게 약물을 <u>주입</u>하다.
②	양전자를 <u>방출</u>하다.	양전자를(입자를) 내보내다.	• 배출하다 • 내보내다, 내놓다 • 에너지를 외부로 <u>방출</u>하다.
③	감마선이 검출기에 <u>도달</u>하다.	감마선이 검출기에 (목적한 곳에) 다다르다.	• 도착하다 • 다다르다, 이르다 • 인내심이 한계에 <u>도달</u>하다.

독해력을 길러 주는 지문 분석

1문단 문단요약 전자 녹음 장치에 녹음된 자신의 목소리가 어색하게 느껴지는 이유를 이해하기 위해서는 소리가 무엇이며 어떤 과정을 통해 들리게 되는지 파악해야 한다.

핵심어(구) 소리가 무엇, 어떤 과정을 통해 들리게 되는지

중심 내용 소리의 정의와 소리 생성 과정에 대한 궁금증

2문단 문단요약 소리는 물체의 진동에 의해 발생하고 매질*의 진동으로 전달되는 파동*이다. 소리가 들린다는 것(과정)은 '매질의 진동 → 내이의 달팽이관 속 림프액 진동 → 섬모 흔들림 → 전기 신호의 발생 → 전기 신호가 청각 신경을 따라 뇌에 전달됨'을 의미한다. 이때 소리가 내이에 도달하는 방식으로는 공기 전도와 골전도가 있다.

> *매질(媒質): 어떤 파동 또는 물리적 작용을 한곳에서 다른 곳으로 옮겨 주는(중매) 매개물(물질). 소리(음파)를 전달하는 공기 등이 매질에 해당한다. ⑨ 매체
> *파동(波動): 물결(파도)의 움직임(운동)과 같은 진동이 주변으로 퍼져 가는 현상.

핵심어(구) 소리, 소리가 들린다는 것

중심 내용 소리의 정의 및 소리가 들리게 되는 과정

3문단 문단요약 공기 전도는 공기를 매질로 소리가 내이에 전달되는 것으로, 물체의 진동이 주변 공기를 진동시키면 진동이 '귓바퀴 → 외이도 → 고막 → 청소골 → 내이'로 전달되며, 각 지점에서 소리의 공명이 발생하여 진폭이 커지게 된다.

핵심어(구) 공기 전도

중심 내용 소리의 내이 도달 방식 (1)-공기 전도

4문단 문단요약 골전도는 귀 주변 뼈를 매질로 소리가 내이에 바로 전달되는 것이다. 대화할 때에는 공기 전도와 골전도를 통해 전달된 소리가 함께 있는데, 녹음된 자신의 목소리를 스피커로 들으면 골전도를 통해 듣던 소리가 잘 들리지 않아 어색함을 느끼게 되는 것이다.

핵심어(구) 골전도, 골전도를 통해 듣던 소리가 잘 들리지 않아 어색함

중심 내용 소리의 내이 도달 방식 (2)(-골전도)와 녹음된 목소리를 들을 때 어색함을 느끼게 되는 이유

5문단 문단요약 외이와 중이에 이상이 있는 사람도 보청기를 이용하여 골전도를 통해 소리를 들을 수 있다. 또 골전도 이어폰은 귀 주변 뼈에 진동판을 밀착하여 진동을 내이로 직접 전달하는데, 이어폰 내부의 보이스코일에 전류를 가하면 진동이 발생해 높은 음의 소리가 난다.

핵심어(구) 보청기, 골전도, 이어폰

중심 내용 골전도를 이용하는 보청기와 이어폰

6문단 문단요약 골전도 이어폰은 귀를 막지 않고 사용하기 때문에 귀 내부가 습해지지 않고, 고막을 직접 자극하지 않으며, 야외에서 주변 소리를 들을 수 있는 장점이 있다. 그러나 장시간 사용하면 청각 신경이 손상될 수도 있어 주의해야 한다.

핵심어(구) 골전도 이어폰, 장점, 주의해야

중심 내용 골전도 이어폰의 장점과 사용 시 유의점

주제 소리를 듣게 되는 과정과 골전도를 활용한 이어폰

10 내용 전개 방식 이해
정답 ①

O **①이 정답인 이유** 이 글은 3문단과 4문단에서 소리가 전달되는 두 가지 방식인 공기 전도와 골전도를 각각 설명하고, 이 중 골전도 방식과 관련하여 5~6문단에서 골전도 이어폰 기술을 소개하고 있다.

▶ **정답의 근거** 위 '①이 정답인 이유' 참조

나머지 답지들에 답한 학생들은 드물었지만, 이들 답지들이 오답인 이유도 살펴보자.

② 이어폰 기술의 과학적 원리(5문단) O, 발전 방향을 예측 ✗

③ 청각에 대한 두 가지 관점을 언급 ✗, 이를 절충한 새로운 관점을 제시 ✗

④ 골전도 현상이 일어나는 과정을 제시(4문단) △, 이에 대한 서로 다른 견해 ✗

⑤ 청각에 이상이 생기는 사례를 소개 ✗, 예방하기 위한 구체적인 방안을 제시 ✗ → 5문단에서 '외이와 중이에 이상이 있는 사람'을 언급하고 있는데, 이는 사례를 소개한 것이 아니다. 또 6문단 끝의 '골전도 이어폰을 … 장시간 사용하면 청각 신경이 손상될 수 있어 주의해야 한다.'를 통해 청각 이상을 예방하기 위해서는 골전도 이어폰을 장시간 사용하지 않아야 한다는 것을 알 수 있지만, 이는 '구체적인 방안을 제시'한 것이 아니다.

11 내용 확인 및 추론
정답 ⑤

O **⑤가 정답인 이유** 4문단에서 '20~1,000Hz의 소리'는 골전도로는 잘 전달되지만, 공기 전도로는 잘 전달되지 않는다고 하였다. 그러나 2문단에서 '소리는 물체의 진동에 의해 발생'한다고 했으므로, 20~1,000Hz의 소리 역시 물체의 진동에 의해 발생한 것이다(발생할 수 없다 ✗). 다만 '소리가 내이에 도달하는 방식'이 골전도, 즉 귀 주변 뼈를 매질로 하여 전달되는 것이다(4문단).

▶ **정답의 근거** 2문단의 '소리는 물체의 진동에 의해 발생'

X **①이 오답인 이유** 5문단에서 '전류의 방향이 바뀌는 주기를 짧게 할수록 주파수가 높아져 높은 음의 소리가 난다.'고 했다. 이를 통해 주파수가 낮아지면 낮은 음의 소리가 난다는 것을 알 수 있다.

나머지 답지들이 오답인(적절한) 이유도 살펴보자.

② 3문단 끝의 '고막의 진동은 청소골에서 더욱 증폭되어 내이에 전달된다.'에서 확인할 수 있다.

③ 3문단의 '공명 주파수는 외이도의 길이에 반비례하기 때문에'를 통해 외이도의 길이가 짧을수록 공명 주파수는 높아진다는 것을 알 수 있다.

④ 5문단에서 이어폰의 경우 '보이스코일에 교류 전류를 가할 때 '전류를 세게 할수록 진폭이 커져 음량이 높아진다.'고 한 것을 통해 보이스코일에 흐르는 전류가 세지면 음량이 높아진다는 것을 알 수 있다.

12 이유의 추론
정답 ④

O **④가 정답인 이유** 1문단에서 '그 이유(전자 녹음 장치에 녹음된 자신의 목소리가 어색하게 느껴지는 이유)를 이해하기 위해서는 소리가 무엇이며 어떤 과정을 통해 들리게 되는지 살펴볼 필요가 있다.'라고 했고, 이에 따라 2~3문단에서 '소리의 정의 및 소리가 들리게 되는 과정'을 설명한 후 4문단에서 '그 이유'를 '자신의 목소리 중에서 20~1,000Hz의 소리는 골전도로는 잘 전달이 되지만, 외이와 중이에서 공명이 잘 일어나지 않아 공기 전도로는 잘 전달되지 않는다. <u>녹음된 자신의 목소리를 스피커를 통해 들으면 골전도를 통해 듣던 소리(20~1,000Hz의 소리)는 잘 들리지 않으므로 어색함을 느끼게 되는 것이다.</u>'라고 밝혔다. ④는 이러한 이유를 잘 정리했으므로 정답이 된다.

▶ **정답의 근거** 위 '④가 정답인 이유'에서 밑줄 친 부분

X **⑤가 오답인 이유** 2문단의 '소리가 내이에 도달하는 방식으로는 외이와 중이를 거치는 공기 전도와 이를 거치지 않는 골전도가 있다.'로 보아 '외이에서 공명이 일어나는 소리'는 공기 전도를 통해 전달된 소리이다. 그런데 4문단에서 '녹음된 자신의 목소리를 스피커를 통해 들으면 골전도를 통해 듣던 소리는 잘 들리지 않으므로 어색'하다고 했다. 이는 '자신이 말할 때 듣는 목소리'에는 '외이에서 공명이 일어나는 소리', 즉 공기 전도로 전달된 소리가 빠져 있지 않다는 것이다.

나머지 답지들이 '그 이유'로 적절하지 않은 근거도 살펴보자.

① 4문단에서 '대화할 때 들리는 자신의 목소리에는 성대에서 발생한 진동이 공기 전도를 통해 전달된 소리와 골전도를 통해 전달된 소리가 함께 있다.'라고 했다. 따라서 평소에 '골전도로 전달되는 소리를 들을 기회가 적'다고 볼 수 없다.

② 2문단에서 '소리가 들린다는 것은 매질의 진동이 내이에 도달하여~뇌에 전달됨을 의미한다.'라고 했으므로 '소리는 내이를 거치지 않고' 뇌에 전달될 수 없다.

③ 1문단에서 '전자 녹음 장치(⟶ 전자 장치)에 녹음된 자신의 목소리를 스피커를 통해 들으면 어색하게 느껴진다.'고 했고, 4문단에서 그 이유는 '골전도를 통해 듣던 소리는 잘 들리지 않기 때문이라고 했다. 전자 장치의 전기적 에너지와 청각 신경이 받는 자극의 크기는 '그 이유'와 관련이 없는 것이다.

13 반응의 적절성 판단
정답 ③

O **③이 정답인 이유** 〈보기〉에서 '전음성 난청'은 '외이와 중이'에, '감각 신경성 난청'은 '달팽이관의 청각 세포나 청각 신경 또는 중추 신경계'에 문제가 있어 발생한다고 했고, 5문단에서는 '외이와 중이에 이상이 있는 사람도 골전도를 통해서는 소리를 들을 수 있'다고 하였다. 따라서 '자신이 말하는 목소리가 전혀 들리지 않는 사람'은 골전도를 통해서도 소리를 들을 수 없으므로 '감각 신경성 난청 증상이 있다'고 볼 수 있다.

🖊 **다시 볼 내용** 메모하기

_____

_____

_____

_____

_____

다시 봐야 할 내용을 메모해 둡니다. 메모해 둔 내용은 **재복습**하면서 **오답 노트**에 옮겨 정리하면 공부 효과를 높일 수 있습니다.

▶ **정답의 근거** 〈보기〉와, 5문단의 '외이와 중이에 이상이 있는 사람도 골전도를 통해서는 소리를 들을 수 있는데'

가장 많이 질문한 오답은? ④, ⑤ 순

X **④가 오답인 이유** '고막의 이상으로 난청이 있는 경우'를 꼼꼼히 따지지 않고 ④를 적절하다고 판단한 경우가 많았다. 그런데 '소리가 내이에 도달하는 방식' 중 '공기 전도'는 3문단에서 공기를 매질로 소리가 '귓바퀴와 외이도 → 고막, 청소골(중이) → 내이'로 전달된다고 하였고, '골전도'는 4문단에서 '귀 주변 뼈를 매질로 소리가 내이에 바로 전달'된다고 했다. 이로 보아, 고막에 이상이 있어도 고막을 거치지 않는 골전도의 방식으로 소리가 내이에 전달될 수 있으므로, '골전도의 원리를 이용한 보청기는 사용해도 효과가 없다'는 것은 적절하지 않다.

X **⑤가 오답인 이유** ⑤에 답한 학생들도 제법 많았다. 그런데 〈보기〉에서 '전음성 난청'은 외이와 중이에 문제가 있어 발생한다고 했고, 5문단에서 '외이와 중이에 이상이 있는 사람도 골전도를 통해서는 소리를 들을 수 있'다고 했으며, 진동을 공기를 통해 '외이 → 중이 → 내이'로 전달하는 '일반적인 이어폰'과 달리 '골전도 이어폰'은 진동을 내이로 직접 전달한다고 했다. 따라서 전음성 난청이 있는 사람은 골전도 이어폰의 소리는 들을 수 있지만(없지만 X) 일반적인 이어폰의 소리는 들을 수 없다.(있겠군. X)

① 6문단에서 골전도 이어폰을 장시간 사용하면 청각 신경이 손상될 수 있다고 하였고, 〈보기〉에서는 '감각 신경성 난청'의 발생 요인 중 하나로 청각 신경 이상을 꼽았다. 따라서 골전도 이어폰을 장시간 사용하면 감각 신경성 난청을 유발한다.(유발하지 않겠군. X)

② 〈보기〉에서 '청각 신경의 이상'으로 발생하는 난청은 '감각 신경성 난청'이라고 했고, 이 난청은 '소리가 커져도 그것을 알아듣는 정도가 좋아지지 않는'다고 했으므로, 이어폰의 음량을 높이더라도 잘 들을 수 없다.(있겠군. X)

14 세부 내용 확인

정답 ③

O **③이 정답인 이유** '섬모'와 관련하여 2문단에서 설명한 내용과, 이를 도식화하면 아래와 같다.

> 소리가 들린다는 것은 매질의 진동이 내이에 도달하여 달팽이관 속 림프액을 진동시켜 섬모가 흔들리고, 이로 인해 발생한 전기 신호가 청각 신경을 따라 뇌에 전달됨을 의미한다. 이때 소리가 내이에 도달하는 방식으로는 외이와 중이를 거치는 공기 전도와 이를 거치지 않는 골전도가 있다.(2문단)
>
>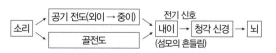

공기 전도와 골전도로 전달되는 소리는 모두 내이에 도달하고, 여기서 섬모의 흔들림으로 발생한 전기 신호가 뇌에 전달된다. 따라서 ㉠과 ㉡ 모두(㉠은 ㉡과 달리 X) 섬모의 흔들림을 유발하여 전기 신호를 발생시킨다.

▶ **정답의 근거** 2문단(위 '③이 정답인 이유'의 도식화 자료 참조)

가장 많이 질문한 오답은? ⑤

X **⑤가 오답인 이유** 5문단의 '이어폰 내부에는 일반적으로 내부 자기장을 형성하는 자석과 보이스코일이 있다. 보이스코일에 교류 전류를 가하면 내부 자기장에 의해 보이스코일에 인력(끌어당기는 힘)과 척력(밀어내는 힘)이 교대로 작용하여 보이스코일에 진동이 발생한다.'에서 근거를 찾긴 했는데, 이 설명이 골전도 이어폰(㉡)에만 해당하는 것으로 잘못 생각한 학생들이 많았다. 그 뒤에 이어지는 '일반적인 이어폰(㉠)은 이러한 진동을 공기를 통해 전달하는데(공기 전도), 골전도 이어폰(㉡)은 귀 주변 뼈에 진동판을 밀착하여 진동을 내이로 직접 전달한다(골전도).'를 놓친 것이다. 이로 보아 ㉠과 ㉡은 모두 내부 자기장과 교류 전류로 인해 인력과 척력이 발생한다.'는 것은 적절한 설명이다.

나머지 답지들이 오답인(적절한) 근거도 찾아보자.

① 5문단에서 '(이어폰의) 보이스코일에 교류 전류를 가하면' '보이스코일에 진동이 발생'하는데, ㉠은 '이러한 진동을 공기를 통해' 내이에 전달한다고 했으므로 적절하다.

② 5문단에서 ㉡은 이어폰의 보이스코일에 발생한 진동을 '귀 주변 뼈에 진동판을 밀착하여 진동을 내이로 직접 전달한다.'라고 했으므로 적절하다.

④ 6문단에서 ㉡은 ㉠과 달리 '야외 활동 시 착용해도 주변 소리를 들을 수 있어 위험 상황에 잘 대처할 수 있다.'라고 했으므로 적절하다.

✔ 매일 복습 확인 문제

1 다음 추론이 맞으면 ○, 그렇지 않으면 ×로 표시하시오.

(1) [지문] 오토파고솜과 리소좀이 합쳐지면 '오토파고리소좀'이 되는데 리소좀 안에 있는 가수분해효소가 오토파고솜 안에 있던 쓰레기들을 잘게 부수기 시작한다. → [추론] 오토파고솜이 리소좀과 결합하면 오토파고솜 안의 가수분해효소가 쓰레기들을 잘게 분해하겠군. ……………………………( )

(2) [지문] 몸속에 주입된 방사성 추적자는 에너지원으로 쓰이는 포도당과 유사하기 때문에, 대사량이 높아서 많은 에너지원을 필요로 하는 비정상 세포에 다량 흡수된다. → [추론] 방사성 추적자는 세포의 대사량을 평소보다 높이기 위해 사용된다. ……………………………( )

(3) [지문] 이어폰 내부의 보이스코일에 전류를 가할 때 전류의 방향이 바뀌는 주기를 짧게 할수록 주파수가 높아져 높은 음의 소리가 난다. → [추론] 주파수가 낮아지면 낮은 음의 소리가 난다. ……………………………( )

정답 1. (1) × (2) × (3) ○

정답	01 ③	02 ⑤	03 ④	04 ③	05 ⑤
	06 ②	07 ①	08 ③	09 ⑤	10 ①
	11 ⑤	12 ⑤	13 ③	14 ③	15 ⑤
	16 ⑤				

1~6 **융합(과학＋인문): 김진우, 「언어와 뇌」**

독해력을 길러 주는 지문 분석

1문단 `문단 요약` 1865년 외과 의사 브로카는 좌뇌의 전두엽과 측두엽 사이가 손상되어 나타나는 실어증(브로카 실어증)을 발견하고, 이 부위를 브로카 영역이라 명명했다.

핵심어(구) 실어증, 브로카 실어증, 브로카 영역

중심 내용 실어증의 개념과 브로카 실어증의 발견

2문단 `문단 요약` 1874년 신경정신과 의사인 베르니케는 좌뇌의 두정엽 아래가 손상되어 나타나는 실어증(베르니케 실어증)을 발견하고, 이 부위를 베르니케 영역이라 명명했다. 이렇게 실어증 환자들의 뇌 손상 부위와 증상을 연구하는 과정에서 인간의 언어 처리 과정에 대한 이론이 발전해 왔다.

핵심어(구) 실어증, 베르니케 실어증, 베르니케 영역, 인간의 언어 처리 과정

중심 내용 베르니케 실어증의 발견 및 인간의 언어 처리 과정과 관련된 이론의 발전

3문단 `문단 요약` 최근 언어 처리 과정에 대한 이론은 뇌의 여러 영역들이 결합하여 언어를 처리한다는 결합주의 이론이 지배적이다. 최초의 결합주의 이론은 베르니케가 주장한 '베르니케 모형'이고, 이후 리시트하임은 베르니케 모형에 개념 중심부를 추가한 '리시트하임 모형'을 제시하였다.

▼ 리시트하임 모형: 베르니케 모형+개념 중심부

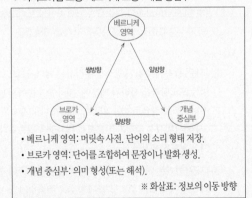

- 베르니케 영역: 머릿속 사전. 단어의 소리 형태 저장.
- 브로카 영역: 단어를 조합하여 문장이나 발화 생성.
- 개념 중심부: 의미 형성(또는 해석).
※ 화살표: 정보의 이동 방향

핵심어(구) 결합주의 이론, 베르니케 모형, 리시트하임 모형

중심 내용 언어 처리 과정에 대한 이론 (1), (2) – 베르니케 모형과 리시트하임 모형

4문단 `문단 요약` 리시트하임은 자신의 모형을 바탕으로 뇌에서 이루어지는 듣기와 말하기 과정을 설명하였으나, 말하기 위해 필요한 소리를 만드는 과정이 빠져 있고, 개념 중심부의 위치를 규명하지는 못하였다.

핵심어(구) 리시트하임, 듣기와 말하기 과정

중심 내용 듣기와 말하기 과정에 대한 리시트하임 모형의 설명과 그 한계

▼ '리시트하임 모형'에서의 듣기·말하기 과정

듣기 과정		말하기 과정	
베르니케 영역	청각 자극과 일치하는 단어를 찾아 개념 중심부로 송부	개념 중심부	의미 형성 후 브로카 영역으로 송부
↓		↓	
개념 중심부	의미 해석	브로카 영역	해당 의미를 베르니케 영역으로 송부
		↓	
		베르니케 영역	해당 단어를 찾아 브로카 영역으로 송부
		↓	
		브로카 영역	단어를 조합하여 문장이나 발화를 만듦.

5~6문단 `문단 요약` 1964년 게쉬윈드는 '베르니케–게쉬윈드 모형'을 새롭게 제시하였는데, 리시트하임의 모형에서 개념 중심부를 제외하고 새롭게 운동 영역과 각회를 언어 중추로 추가하여 언어 처리 과정을 설명하였다.

▼ 베르니케–게쉬윈드 모형: 리시트하임 모형에서 개념 중심부 삭제, 운동 영역과 각회 추가

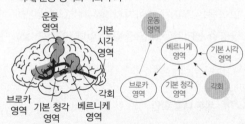

베르니케 영역	• 머릿속 사전. 단어의 소리 형태 저장. ＋ 의미 형성(또는 해석). ← 개념 중심부의 역할
브로카 영역	• 단어를 조합하여 문장이나 발화 생성. ＋ 말하기나 쓰기에 필요한 운동 프로그램을 만들어 운동 영역으로 송부.
운동 영역	• 브로카 영역에서 받은 운동 프로그램에 근거하여 말하기나 쓰기에 필요한 신경적 지시를 내림.
각회	• 베르니케 영역과 인접해 있음. • 읽기 과정에서 시각 형태의 정보를 청각 형태로, 쓰기 과정에서 청각 형태의 정보를 시각 형태로 전환하여 베르니케 영역으로 송부함.

핵심어(구) 베르니케–게쉬윈드 모형

중심 내용 언어 처리 과정에 대한 이론 (3) – 베르니케–게쉬윈드 모형

7문단 문단요약 '베르니케-게쉬윈드 모형'에 의거하면 듣기 과정은 '기본 청각 영역 → 베르니케 영역'의 순서로, 말하기 과정은 '베르니케 영역 → 브로카 영역 → 운동 영역'의 순서로 이루어진다. 읽기나 쓰기 과정도 듣기나 말하기 과정과 유사하지만, 베르니케 영역에 저장된 단어가 청각 형태이기 때문에 각회를 거치는 과정이 추가된다.

▼ '베르니케-게쉬윈드 모형'에서의 듣기·말하기·읽기·쓰기의 과정

듣기 과정		말하기 과정	
기본 청각 영역	청각 자극 수용	베르니케 영역	의미 형성 후 단어 찾기
베르니케 영역	단어 찾아 의미 해석	브로카 영역	운동 프로그램을 만들어 운동 영역으로 송부
		운동 영역	말하기에 필요한 신경적 지시를 내림.

읽기 과정		쓰기 과정	
기본 시각 영역	시각 자극 수용	베르니케 영역	의미 형성 후 단어 찾기
각회	시각 형태의 정보를 청각 형태로 전환 후 베르니케 영역으로 송부	각회	청각 형태의 정보를 시각 형태로 전환 후 베르니케 영역으로 송부
베르니케 영역	단어 찾아 의미 해석	베르니케 영역	각회에서 처리된 정보를 브로카 영역으로 송부
		브로카 영역	운동 프로그램을 만들어 운동 영역으로 송부
		운동 영역	쓰기에 필요한 신경적 지시를 내림.

핵심어(구) 듣기 과정, 말하기 과정, 읽기나 쓰기 과정
중심 내용 듣기·말하기·읽기·쓰기 과정에 대한 베르니케-게쉬윈드 모형의 설명

8문단 문단요약 베르니케-게쉬윈드 모형은 듣기와 말하기뿐만 아니라, 읽기와 쓰기에 대해서도 종합적으로 설명하여 뇌의 언어 처리 과정을 설명하는 표준형으로 평가받는다.

핵심어(구) 평가
중심 내용 베르니케-게쉬윈드 모형에 대한 평가

주제 인간의 언어 처리 과정에 대한 이론들

[참고] 출제 기관(서울시 교육청)에서는 인문과 사회가 융합된 지문으로 분류하였으나 '(뇌)과학'과 '인문(언어)'이 융합된 지문으로 분류함.

01 세부 정보의 확인 정답③

O **③이 정답인 이유** 마지막 문단의 끝 문장 '베르니케-게쉬윈드 모형은 이전의 모형과 달리 듣기와 말하기뿐만 아니라 읽기와 쓰기에 대해서도 종합적인 설명을 제시하고 있다는 점에서 오늘날 뇌의 언어 처리 과정을 설명하는 표준형으로 평가받는다.'에서 오늘날 언어 처리 과정의 표준형으로 인정받고 있는 것은 베르니케가 제시한 모형이 아니라 게쉬윈드가 제시한 '베르니케-게쉬윈드 모형'임을 알 수 있다.

▶ **정답의 근거** 위 '③이 정답인 이유'에서 밑줄 친 부분

가장 많이 질문한 오답은? ⑤

X **⑤가 오답인 이유** 3문단에서 '(리시트하임 모형에서 추가한) 개념 중심부는 의미를 형성하거나 해석하는 언어 중추'라고 했고, 4문단의 마지막 문장에서는 '개념 중심부를 새롭게 추가하였으나 그것의 정확한 위치를 규명하지는 못하였다.'고 했다. 이로 보아, '리시트하임은 뇌에서 의미 형성에 관여하는 영역(개념 중심부)의 구체적 위치를 밝혀내지 못하였다.'는 것을 알 수 있다.

① 1문단의 첫 문장 '실어증(失語症)*이란 후천적인 뇌 손상으로 인해 언어의 표현과 이해에 장애가 발생하는 것이다.'에서 확인할 수 있다.

> *실어증(失語症): 언어를 상실하는 증상. 뇌의 언어 중추의 부분적 장애로 말을 하지 못하거나 알아들을 수 없는 병.

② 2문단의 '실어증 환자들의 뇌 손상 부위와 증상을 연구하는 과정에서 인간의 언어 처리 과정에 대한 관심이 대두되면서 그와 관련된 이론이 발전해 왔다.'에서 확인할 수 있다.

④ 3문단의 '최초의 결합주의 이론은 베르니케가 주장한 '베르니케 모형'으로, ~ '리시트하임 모형'을 제시하였다.'에서, '베르니케 모형'에서는 2개(베르니케 영역, 브로카 영역), '리시트하임 모형'에서는 3개(베르니케 영역, 브로카 영역, 개념 중심부)의 언어 중추를 설정했다는 것을 알 수 있고, 5문단의 '이후 실어증 환자들에 대한 연구가 발전됨에 따라 ~새롭게 운동 영역과 각회를 언어 중추로 추가하였다.'에서는 '베르니케-게쉬윈드 모형'에서는 4개(베르니케 영역, 브로카 영역, 운동 영역, 각회)의 언어 중추를 설정했다는 것을 알 수 있다. 이를 통해 '언어 처리 과정에 대한 이론이 발전됨에 따라 설정되는 언어 중추의 개수가 많아졌다(2개 → 3개 → 4개)'는 것을 확인할 수 있다.

실수를 줄이는 매3공부법으로 **시간 훈련**까지 하세요!

02 두 이론의 비교 정답 ⑤

○ ⑤가 정답인 이유 3문단에서 '(㉠을 제시한) 그(리시트하임)에 의하면 베르니케 영역은 일종의 머릿속 사전으로, 단어가 소리의 형태로 저장되어 있는 언어 중추'라고 했고, 5문단에서 '(㉡을 제시한) 게쉬윈드는 기존의 모형에서 개념 중심부를 제외하는 대신, 청각 형태로 단어가 저장되어 있는 베르니케 영역에서 그러한 역할도 함께 한다고 설명하였다.'고 했다. 이로 보아, '㉠과 ㉡ 모두 베르니케 영역에 단어가 소리의 형태로 저장되어 있다고 보았다.'는 ⑤는 적절한 설명이다.

▶ **정답의 근거** 위 '⑤가 정답인 이유'에서 밑줄 친 부분

가장 많이 질문한 오답은? ②, ④ 순

✕ ②가 오답인 이유 5문단에서 '그(㉡을 제시한 게쉬윈드)는 리시트하임의 모형에서 개념 중심부를 제외하고 새롭게 운동 영역과 각회를 언어 중추로 추가하였다.'고 했다. 이로 보아, ㉡에 추가된 새로운 언어 중추는 '운동 영역'과 '각회'임을 알 수 있다. 그리고 '청각 자극을 수용하는 기본 청각 영역과 시각 자극을 수용하는 기본 시각 영역, 그리고 베르니케 영역, 브로카 영역, 운동 영역, 각회라는 네 개의 언어 중추'에서, '기본 시각 영역과 기본 청각 영역은 언어 중추에 포함되지 않는다는 것을 알 수 있다.

✕ ④가 오답인 이유 ㉠에 대해 설명하고 있는 4문단의 '귀로 들어온 청각 자극이 베르니케 영역으로 송부*되면~'과 ㉡에 대해 설명하고 있는 7문단의 '이 모형(㉡)에 의거하면 듣기 과정은 '기본 청각 영역(청각 자극을 수용하는 곳) → 베르니케 영역'의 순서로 이루어진다.'로 보아, ㉠과 ㉡ 모두 '귀로 들어온 청각 자극이 베르니케 영역으로 송부된다고 보았다.'는 것을 알 수 있다.

> *송부(送付): 편지나 물품 등을 부치어(부착) 보냄(전송). 여기서는 자극이나 정보 등을 '다른 곳(영역)으로 보냄.' 정도의 의미로 쓰임.

① 4문단의 '실제로 말하기 위해서는 발음 기관을 움직여 소리를 만드는 과정이 필요한데 그(리시트하임)의 모형에는 그러한 과정이 드러나 있지 않다.'에서 ㉠은 '실제 발음 기관을 움직여 소리를 만드는 과정에 대한 설명'이 가능하지 않다는 것을 알 수 있다.

③ 마지막 문단의 '베르니케-게쉬윈드 모형(㉡)은 이전의 모형과 달리 듣기와 말하기뿐만 아니라 읽기와 쓰기에 대해서도 종합적인 설명을 제시하고 있다'에서 '말하기, 듣기, 읽기, 쓰기의 전 과정에 대한 설명이 가능'한 것은 ㉠이 아니라 ㉡이라는 것을 알 수 있다.

03 이유의 추론 정답 ④

○ ④가 정답인 이유 4문단에서 리시트하임은 뇌에서 이루어지는 말하기 과정은 다음과 같이 이루어진다고 했다.

언어 중추	역할
개념 중심부	말하고자 하는 의미를 형성함.
↓	
1 브로카 영역	개념 중심부에서 형성된 의미를 베르니케 영역으로 송부함.
↓	
베르니케 영역	의미에 해당하는 단어를 찾아 브로카 영역으로 송부함.
↓	
2 브로카 영역	단어를 조합하여 문장이나 발화*를 만듦.

이와 같이 말하기 과정에서는 '브로카 영역'을 두 번(1, 2) 거치는데, 그 이유는 3문단의 끝 문장 '베르니케 영역에서 개념 중심부로, 개념 중심부에서 브로카 영역으로는 일방향으로 정보가 이동하지만, 브로카 영역과 베르니케 영역 간에는 쌍방향으로 정보가 이동한다'에서 확인할 수 있다. 즉, 베르니케 영역에서 개념 중심부로는 정보를 송부할 수 있지만, 개념 중심부에서 베르니케 영역으로는 정보를 직접 송부할 수 없다. 따라서 개념 중심부에서 형성된 의미는 브로카 영역(1)을 거쳐 베르니케 영역으로 송부하게 됨으로써 브로카 영역을 두 번 거치는 것이다.

> *발화: 소리를 내어(발성) 말[話, 말씀 화]을 하는 행위.

▶ **정답의 근거** 3문단의 끝 문장. 위 '④가 정답인 이유'에서 밑줄 친 부분

가장 많이 질문한 오답은? ⑤

✕ ⑤가 오답인 이유 ⑤에 답한 학생들이 아주 많았다. 그 이유는 '베르니케 영역과 브로카 영역 사이의 정보가 쌍방향으로 송부'되는 것은 3문단의 끝 문장과 일치하는 내용이기 때문이다.

하지만 질문의 핵심은 '브로카 영역을 두 번 거치는 이유'이다. 위 '④가 정답인 이유'에서의 표를 참고하면, 말하기 과정에서 '단어를 조합하여 문장이나 발화를 만드는 브로카 영역까지 이동하기 위해서는 먼저 '말하고자 하는 의미를 형성'하는 개념 중심부에서 '해당하는 단어를 찾'는 베르니케 영역으로 정보를 송부하고, 그 단어를 브로카 영역으로 송부해야 한다. 그런데 개념 중심부에서 베르니케 영역으로 정보를 직접 송부할 수 없기 때문에 브로카 영역(1)을 거치는 것이다. 따라서 '베르니케 영역과 브로카 영역 사이의 정보가 쌍방향으로 송부'되는 것은 ㉮의 이유와 관련이 없다.

나머지 답지들이 오답인 이유도 살펴보자.

① 4문단에서 '베르니케 영역에서 개념 중심부로 직접 정보를 송부'하는 것은 듣기 과정에 해당한다는 것을 알 수 있다. 그런데 ㉮는 말하기 과정에서 이루어지는 것이다.

②, ③ 3문단에서 '개념 중심부에서 브로카 영역으로는 일방향으로 정보가 이동'한다고 했다. → ②의 '쌍방향으로' ✕, ③의 '직접 송부하지 못하기 때문에' ✕

04 자료를 활용한 내용 이해
정답 ③

○ ③이 정답인 이유 〈보기〉는 '베르니케-게쉬윈드 모형'의 쓰기 과정의 언어 처리 과정을 보여 주고 있다는 점에 주목한 후 (다)의 기능을 살피면, 7문단에서 '각회에서 처리된 정보는 베르니케 영역으로 송부되어 읽기의 경우에는 의미를 해석하고, 쓰기의 경우에는 바로 다음 단계인 브로카 영역으로 정보를 송부한다.'고 했다. 이로 보아, ③의 '각회에서 처리한 정보를 받아 의미를 해석'하는 것은 베르니케 영역의 쓰기가 아니라 읽기 과정이다. 〈보기〉는 쓰기 과정을 나타낸 것으로, (다)의 '베르니케 영역'은 (나)의 각회에서 받은 정보를 다음 단계인 브로카 영역으로 송부하므로 ③은 적절하지 않다.

▶ **정답의 근거** 위 '③이 정답인 이유'에서 밑줄 친 부분

가장 많이 질문한 오답은? ②

✕ ②가 오답인 이유 6문단의 마지막 문장에서 '각회는 베르니케 영역과 인접해 있으면서 읽기에서는 시각 형태의 정보를 청각 형태로 전환하고, 쓰기에서는 청각 형태의 정보를 시각 형태로 전환하여 베르니케 영역으로 송부하는 역할을 한다고 보았다.'고 했다. 이를 통해 ②는 적절하다는 것을 확인할 수 있는데도 불구하고 ②에 답한 학생들이 아주 많았다. 이 학생들은 〈보기〉의 (가)~(마) 과정이 '쓰기' 과정이라는 것을 놓친 경우가 많았다.

나머지 답지들이 적절한 근거는 다음과 같다.
① 5문단의 '베르니케 영역은 듣기와 읽기에서는 수용된 자극에 해당하는 단어를 찾아 의미를 해석하고, 말하기와 쓰기에서는 의미를 형성한 뒤 해당 단어를 찾는 역할을 한다고 보았다.'
④ 6문단의 '브로카 영역에는 단어를 조합하여 문장이나 발화를 생성하는 역할 외에 말하기나 쓰기에 필요한 운동 프로그램을 만들어 운동 영역으로 송부하는 역할을 추가하였다.'
⑤ 6문단의 '운동 영역은 브로카 영역에서 받은 운동 프로그램에 근거하여 말하기나 쓰기에 필요한 신경적 지시를 내리는 기능을 담당한다고 보았다.'

05 두 견해의 이해 및 적용
정답 ⑤

○ ⑤가 정답인 이유 3문단에서 A(리시트하임)는 '브로카 영역은 단어를 조합하여 문장이나 발화를 생성하는 언어 중추'라고 했고, 6문단에서 B(게쉬윈드)는 '브로카 영역에는 단어를 조합하여 문장이나 발화를 생성하는 역할 외에 말하기나 쓰기에 필요한 운동 프로그램을 만들어 운동 영역으로 송부하는 역할을 추가하였다.'고 했다. A와 B 모두 '단어를 조합하여 문장을 만드는' 곳은 브로카 영역이라고 본 것이다. 이로 보아, 〈보기〉의 실어증 환자 관찰 결과들, 특히 세 번째 항목에 주목하면, A와 B 모두 이 환자는 브로카 영역이 손상되었다고 진단할 것임을 알 수 있다.

▶ **정답의 근거** 위 '⑤가 정답인 이유'에서 밑줄 친 부분

가장 많이 질문한 오답은? ③

✕ ③이 오답인 이유 위 '⑤가 정답인 이유'를 참고하면 ③에서 A의 진단(브로카 영역이 손상되었음)은 적절하다는 것을 알 수 있다. 하지만 B의 경우 5문단의 끝 문장(베르니케 영역은 듣기와 읽기에서는 수용된 자극에 해당하는 단어를 찾아 의미를 해석하고, 말하기와 쓰기에서는 의미를 형성한 뒤 해당 단어를 찾는 역할을 한다고 보았다.)과 6문단의 첫 문장(브로카 영역에는 단어를 조합하여 문장이나 발화를 생성하는 역할 외에 말하기나 쓰기에 필요한 운동 프로그램을 만들어 운동 영역으로 송부하는 역할을 추가하였다.)으로 보아, 문법에 어긋난 문장을 사용하고, 문장을 잘 만들지 못하는 〈보기〉의 실어증 환자에 대해 B는 베르니케 영역이 아닌, 브로카 영역이 손상되었다고 진단할 것임을 알 수 있다.

① 4문단에서 A는 '개념 중심부에서 말하고자 하는 의미를 형성하여 브로카 영역을 거쳐서 베르니케 영역으로 송부하면, 베르니케 영역은 이에 해당하는 단어를 찾아 브로카 영역으로 송부하고, 마지막으로 브로카 영역에서 이(단어)를 조합하여 문장이나 발화를 만든다'고 했다. 이로 보아, 〈보기〉의 실어증 환자에 대해 A는 베르니케 영역이 아닌, 브로카 영역이 손상되었다고 진단할 것임을 알 수 있다.
② B뿐만 아니라 A도 브로카 영역이 손상되었다고 진단할 것이다(위 '⑤가 정답인 이유' 참조).
④ 3문단에서 A는 '개념 중심부는 의미를 형성하거나 해석하는 언어 중추'라고 했다. 〈보기〉의 실어증 환자는 의미를 형성하거나 해석하지 못하는 것이 아니라 단어를 조합하여 문장을 잘 만들지 못한다고 했으므로, A는 이 환자의 경우 개념 중심부가 손상되었다고 진단하지 않을 것임을 알 수 있다.

06 바꿔 쓰기에 적절한 어휘 이해
정답 ②

○ ②가 정답인 이유 '어휘 문제 3단계 풀이법'을 적용해 보자.

• 1단계(핵심 간추리기): ⓑ(대두되면서)가 포함된 문장에서 ⓑ의 의미를 이해할 수 있는 핵심 어구를 간추린다.

> • 인간의 언어 처리 과정에 대한 관심이 대두되면서
> → ~에 대한 관심이 대두되면서

• 2단계(대입하기): 답지에 제시된 말을 ⓑ에 대입해 보자.

> • ~에 대한 관심이 옮겨지면서

→ 관심은 옮겨질 수 있는 대상이지만, ⓑ의 앞뒤를 살피면 '인간의 언어 처리 과정에 대한 관심'이 옮겨지면 '그와 관련된 이론이 발전'하지 못했을 것이므로 '옮겨지면서'는 ⓑ와 바꿔 쓰기에 적절하지 않다.

• 3단계('매3어휘 풀이' 떠올리기): ⓑ의 의미를 살릴 수 있는 다른 말도 떠올려 보자.

> • ~에 대한 관심이 나타나면서/일어나면서/생기면서

→ '대두되다'는 '새롭게 나타나거나 일어나다, 생기다'의 의미로, '다른 곳으로 옮겨지다'의 의미를 담고 있지 않다는 것을 알 수 있다.

▶ **정답의 근거** 위 '②가 정답인 이유' 참조

오답지들의 어휘도 '3단계 풀이법'을 적용해 보면, 다음과 같이 모두 바꿔 쓰기에 적절하다는 것을 알 수 있다.

구분	핵심 간추리기	대입하기	'매3어휘 풀이' 떠올리기
ⓐ	이 부위를 브로카 영역이라 <u>명명</u>하고	이 부위를 브로카 영역이라 이름 붙이고	• 이름(성명)을 붙이고(名, 이름을 붙일 명), 부르고 • 명명법(이름을 부여하는 방법)
ⓒ	청각 자극을 <u>수용</u>하는 기본 청각 영역	청각 자극을 받아들이는 기본 청각 영역	• 수락하고 허용하는, 받아들이는 • 제안을 수용하다.
ⓓ	~기능을 <u>담당</u>한다고 보았다.	~기능을 맡는다고 보았다.	• 분담하여 감당한다고, 맡는다고 • 역할을 담당하다.
ⓔ	이 모형에 <u>의거</u>하면	이 모형에 따르면	• 의하면, 의지하고 근거하면, 따르면 • 원리 원칙에 의거하다.

7~11 **과학: grotzinger 외 3명, 「지구의 이해」**

독해력을 길러 주는 지문 분석

1문단 문단 요약 19세기 초 지질학자들은 층서 원리를 적용하여 지질학적 시간 척도('중생대 쥐라기'에서의 '대', '기')를 확립했다. 그러나 이 척도는 한 지층이 다른 지층보다 오래되었는지 아닌지를 말해 줄 수는 있어도 정확한 연대 측정은 할 수 없었다.

핵심어(구) 지질학적 시간 척도

중심 내용 19세기에 확립한 지질학적 시간 척도의 한계

2문단 문단 요약 이후 1905년 러더포드가 암석 내 우라늄의 양을 측정하여 암석의 연대를 계산해 냈는데, 이것이 동위원소 연대 측정법의 시작이었다. 자연적으로 발생하는 방사성 동위원소를 사용해 암석의 연대를 결정하는 연대 측정 방법들은 더욱 개선되어 갔다.

핵심어(구) 동위원소 연대 측정법

중심 내용 방사성 동위원소를 이용한 지층 연대의 측정

3문단 문단 요약 지질학자들은 방사성 동위원소의 특성을 활용하여 암석의 연령을 측정했는데, 동위원소는 원자핵(양성자+중성자)에 있는 양성자 수(원소 결정)는 동일하지만 중성자 수가 다른 것들을 말한다.

▼ 동위원소의 개념: 양성자 수는 같지만 중성자 수가 다른 것

구분		탄소-12	탄소-14
원자핵	양성자 수	6개	6개
	중성자 수	6개	8개

핵심어(구) 동위원소

중심 내용 암석의 연령 측정과 관련된 동위원소의 개념

4문단 문단 요약 자연계의 모든 물질은 불안정한 상태에서 안정한 상태로 가려는 성질이 있다. 동위원소 중에서 양성자의 수가 중성자의 수에 비해 너무 많거나 적어 불안정한 원소들의 원자핵은 스스로 방사선을 방출하여 안정된 상태로 간다. 이를 방사성 붕괴(핵붕괴)라 하고, 이러한 동위원소를 방사성 동위원소라 하는데, 이들은 방사성 붕괴를 통해 다른 종류의 원자핵으로 변한다.

▼ 방사성 동위원소의 개념: 방사성 붕괴*를 일으키는 동위원소

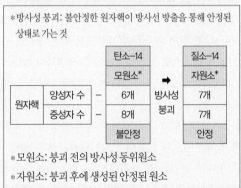

*방사성 붕괴: 불안정한 원자핵이 방사선 방출을 통해 안정된 상태로 가는 것

*모원소: 붕괴 전의 방사성 동위원소
*자원소: 붕괴 후에 생성된 안정된 원소

핵심어(구) 방사성 붕괴, 방사성 동위원소

중심 내용 방사성 붕괴와 방사성 동위원소의 개념

5문단 문단 요약 방사성 동위원소는 일정한 시간이 지나면 모원소의 개수가 원래 개수의 절반으로 줄어드는데, 이에 걸리는 시간을 반감기라 한다. 이때 줄어든 모원소의 개수만큼 자원소의 개수가 늘어나는데, 반감기는 원소에 따라 다르며 온도나 압력에 영향을 받지 않으므로, 암석에 포함된 모원소와 자원소의 비율 및 방사성 동위원소의 반감기를 이용하면 암석이 만들어진 연대를 추정할 수 있다.

▼ 반감기를 이용한 암석의 연대 추정 방법

구분	첫 반감기	두 번째 반감기	세 번째 반감기
모원소	4	2	1
자원소	4	6	7
모원소와 자원소의 비율	1:1	1:3	1:7
변화된 모원소의 개수	처음의 1/2	처음의 1/4	처음의 1/8
탄소-14	5730년	(5730×2)년	(5730×3)년
포타슘-40	13억 년	(13억×2)년	(13억×3)년
우라늄-238	44억 년	(44억×2)년	(44억×3)년

➡ 모원소와 자원소의 비율, 방사성 동위원소의 반감기를 알면 암석의 연대를 추정할 수 있음.

핵심어(구) 반감기, 모원소와 자원소의 비율, 방사성 동위원소의 반감기를 이용, 암석이 만들어진 연대를 추정

중심 내용 방사성 동위원소의 반감기를 이용한 암석의 연대 추정

주제 방사성 동위원소의 특성을 활용한 암석의 연대 추정

07 글의 진술(내용 전개) 방식 이해 　　정답 ①

O ①이 정답인 이유 '방사성 동위원소의 개념'은 **4문단**의 '동위원소 중 방사성 붕괴를 일으키는 동위원소를 방사성 동위원소라 한다.'에서 확인할 수 있고, 이어지는 '예를 들면' 이하의 내용에서 방사성 동위원소인 개념을 예시(탄소-14)를 통해 설명하고 있으므로 ①은 이 글의 진술 방식으로 적절하다.

▶ 정답의 근거 4문단

가장 많이 질문한 오답은? ②

X ②가 오답인 이유 3문단의 '물질의 기본 단위인 원자 중심에는 양성자와 중성자로 이루어진 원자핵이 있다.'에서 원자핵의 구성 물질(양성자, 중성자)을 설명하고 있으나, 이들에 대해 세부적인 묘사*를 하고 있지는 않다. → 세부적 묘사 X

나머지 답지들에 답한 학생들은 드물었지만, 이들 답지들이 오답인 이유도 살펴보자.

③ 4문단에서 방사성 동위원소의 붕괴 과정을 설명하고 있으나, 유추*를 통해 설명하고 있지는 않다.

④ 1문단에서 19세기 초의 '지질학적 시간 척도*'는 실질적인 연대 측정에는 한계가 있다고 한 것, 2문단에서 방사성 동위원소를 이용한 지층 연대 측정 방법들이 개선되어 갔다고 한 것에서 지층 연대 측정 방법의 발전 과정을 말해 주고 있으나, 이를 유형별로 분류*하여 설명하고 있지는 않다.

> *척도(尺度): 평가하거나 측정할 때 사용하는 기준. ⑨ 기준, 표준

⑤ 1문단에서 지질학적 시간 척도의 특징을 설명하고 있으나, 전문가의 의견을 인용하고 있지는 않다.

개념 + 　**유추 – 설명 방식**

예시 10. '개나리꽃이 활짝 피어 있는 모습'을 표현하고자 한다. 〈보기〉의 의도를 잘 반영하여 표현한 것은?

> 〈보기〉
> 가. 개나리꽃이 핀 모습을 인간 현상에 비추어 표현한다.
> 나. 유추와 비유의 효과를 살린다.
> 다. 가치의 요소를 여운 있게 드러낸다.

① 춤으로 치면 독무(獨舞)가 아니라 군무(群舞)이며, 운동으로 치면 화려함이 돋보이는 개인 경기가 아니라 일사불란한 짜임으로 이루어진 단체 경기이다. 나를 내세우지 않고 전체를 빛낸다. 　　– 1996학년도 수능

'유추'는 유사한 상황이나 친숙한 내용에 빗대 쉽게 이해할 수 있도록 추론하는 설명 방법(연관 짓기)으로, ①은 개나리꽃이 활짝 핀 모습을 인간의 춤(군무)과 운동(단체 경기)에 빗대 '유추'의 방법으로 표현함으로써 더 와 닿게 설명하고 있다.

'유추'와 더불어 다음의 '설명 방식'도 알아 두자.

• 비교, 대조: 두 대상 간의 유사점(비교)과 차이점(대조)을 견주는 방법
• 묘사: 사물의 모습이나 상황을 그림 그리듯이 생생하게 표현하여 눈으로 보는 것처럼 나타내는 방법

• 구분: 대상들을 특성에 따라 작은 항목으로 나누는 방법(큰 항목→작은 항목)
• 분류: 대상들을 특성에 따라 큰 항목으로 묶는 방법(작은 항목→큰 항목)
• 분석: 대상이 어떻게 이루어지고 있는지를 밝히는 방법. 한 사물이나 사실을 부분으로 나누어 구성 요소를 자세히 풀이하는 방법

---

08 세부 정보 확인 　　정답 ③

O ③이 정답인 이유 5문단의 '방사성 동위원소의 반감기는 온도나 압력에 영향을 받지 않는다.'와 일치하지 않아 대부분의 학생들이 쉽게 정답에 답했다.

▶ 정답의 근거 5문단

나머지 답지들이 오답인(적절한) 이유와 근거도 찾아보자.

① 4문단에서 '동위원소 중에는' '본래 원자핵의 상태가 불안정한 원소들'이 있어, '불안정한 원자핵'이 '안정된 상태로 가는' '방사성 붕괴' 과정을 거치는데, '동위원소 중 방사성 붕괴를 일으키는 동위원소를 방사성 동위원소라 한다.'고 했다.

② 4문단에서 '질소-14'는 '양성자 7개와 중성자 7개로 이루어진 원자핵을 가진 안정된 원소'라고 했다.

④ 1문단에서 '19세기 초 지질학자들'은 '전 세계의 지질학적 연구 성과를 종합'했으나 '한 지층이 다른 지층보다' '실질적으로 얼마나 오래되었느냐는 말해 줄 수 없었다.'고 했다.

⑤ 4문단의 첫 문장에 그대로 제시되어 있다.

---

09 구체적 상황에의 적용 　　정답 ⑤

O ⑤가 정답인 이유 〈보기〉에서는 '탄소-14의 반감기'를 이용하면 '생물이 죽은 연대'를 알 수 있다는 것을 다음과 같이 설명하고 있다.

> • (살아 있는) 생물의 탄소-12와 탄소-14의 비율은 대기 중의 탄소-12와 탄소-14의 구성 비율과 일치함.
>
> ↓ 생물이 죽으면 탄소-14가 질소-14로 변함.
>
> • **질소-14는 기체이므로 죽은 생물 내부에서 외부로 빠져나감.**
> 　∴ 탄소-12와 탄소-14의 비율이 변함.
>
> ↓ 감소한 탄소-14의 비율을 측정함.
>
> • 생물 유해나 화석의 탄소-12와 탄소-14의 비율을, 대기 중의 탄소-12와 탄소-14의 비율과 비교하여 탄소-14의 감소 정도를 추정함. → ⬜1
>
> ↓ ⬜1과 '탄소-14의 반감기'를 이용
>
> > 생물이 죽은 연대를 계산

이를 바탕으로 ⑤를 살피면, '죽은 생물 안에 남아 있는 질소-14의 양만 알아도 생물이 죽은 연대를 정확히 추정*할 수 있다는 것은 적절하지 않다. '질소-14'는 죽은 생물의 탄소-14가 변한 것이고, '기체이므로 죽은 생물 내부에서 외부로 빠져나간다.'고 했기 때문이다. 즉, '질소-14'는 죽은 생물 안에 남아 있지 않으므로 ⑤는 적절하지 않다.

> *추정(推定): 추측하여 판정함. 미루어 생각하여 결정함. ㉤ 어림짐작, 추측

▶ **정답의 근거** 〈보기〉의 '질소-14는 기체이므로 죽은 생물 내부에서 외부로 빠져나간다.'

가장 많이 질문한 오답은? ④

☒ **④가 오답인 이유** 〈보기〉에서 '탄소-14를 이용한 연대 측정법'은 죽은 생물의 경우 가능하다고 했다. '대기 중에 존재하는 탄소-12와 탄소-14의 구성 비율은 대체로 일정하다'고 했고, '식물 내 탄소-12와 탄소-14의 비율은 대기 중의 탄소-12와 탄소-14의 구성 비율과 일치한다.'고 했으므로, '살아 있는 생물'의 경우 탄소-14를 이용한 연대 측정법으로는 그 나이를 측정할 수 없다는 것을 알 수 있다.

① 〈보기〉에서 '탄소-14는 6만 년이 지나면 측정하기 힘들 정도의 양만 남는다.'고 했다. 이를 통해, '탄소-14를 이용한 연대 측정법의 연대 측정 범위는 제한적'이라는 것을 알 수 있다.

② 〈보기〉에서 '생물이 죽으면' '방사성 동위원소인 탄소-14가 질소-14로 변하기 때문'에 '죽은 생물 내 탄소-12와 탄소-14의 비율에 변화가 생긴다'고 했다. 이를 통해, '시간이 지날수록 죽은 생물 내부에 있는 탄소-14의 개수가 줄어들' 것임을 알 수 있다.

③ 4문단에서 '방사성 동위원소인 '탄소-14'는 방사성 붕괴로 인해' ''질소-14'가 된다.'고 했는데, 〈보기〉에서 '방사성 동위원소인 탄소-14가 질소-14로 변하기 때문'에 '죽은 생물 내 탄소-12와 탄소-14의 비율에 변화가 생긴다.'고 했다. 이를 통해, '방사성 붕괴는 죽은 생물 내 탄소-12와 탄소-14의 비율에 변화를 일으'킨다는 것을 알 수 있다.

10 문맥적 의미 파악
정답 ①

⭕ **①이 정답인 이유** '어휘 문제 3단계 풀이법'을 적용해 보자.

• 1단계(핵심 간추리기): ㉠(일으키다)이 포함된 문장에서 ㉠의 의미를 이해할 수 있는 어구만 간추린다.

> • 방사성 붕괴를 일으키는 동위원소
> → 동위원소가 방사성 붕괴를 일으키다.

• 2단계('매3어휘 풀이' 떠올리기): ㉠의 의미를 살릴 수 있는 다른 말을 떠올려 보자.

> • 동위원소가 방사성 붕괴를 일으키다.
> 　　　　　　　　발생시키다/만들어 내다

• 3단계(대입하기): 답지에서도 '일으켰다'의 의미를 살려 핵심을 간추린 후, 2단계에서 떠올린 '발생시켰다'와 '만들어 냈다'를 '일으켰다' 자리에 대입해 보자.

구분	핵심 간추리기	대입하기
①	바람이 파도를 일으켰다.	바람이 파도를 발생시켰다/만들어 냈다. → ⭕
②	오해를 일으켰다.	(그의 행동은) 오해를 발생시켰다. → ⭕
③	쓰러진 가세를 일으켰다.	쓰러진 가세를 발생시켰다/만들어 냈다. → ✕
④	몸을 일으켰다.	(피곤했지만) 몸을 발생시켰다/만들어 냈다. → ✕
⑤	넘어진 아이를 일으켰다.	넘어진 아이를 발생시켰다/만들어 냈다. → ✕

→ '일으켰다' 대신에 '발생시켰다'와 '만들어 냈다'를 대입한 결과, ㉠의 문맥적 의미와 가장 유사한 것은 ①과 ②로 압축된다. 그래서 ②에 답한 학생들도 많았는데, 발생시키고 만들어 낸 대상을 살펴보면, 방사성 붕괴(㉠)와 파도(①), 오해(②)라는 점에 주목할 수 있다. ㉠과 ①은 물리적이거나 자연적인 현상인 반면, ②는 심리적인 현상인 것이다. 따라서 문맥상 ㉠과 가장 가까운 의미로 쓰인 단어는 ①이 된다.

▶ **정답의 근거** 위 '①이 정답인 이유' 참조

가장 많이 질문한 오답은? ②

☒ **②가 오답인 이유** ②에 답한 학생들이 아주 많았는데, ②가 오답인 이유는 위 '①이 정답인 이유'를 참조하자. 그리고 ②에서의 '일으켰다'는 심리적인 현상(오해)을 생겨나게 한 것임을 한 번 더 새기고, 이와 같이 정답이 쉽게 좁혀지지 않을 경우에는 압축된 답지들을 놓고 정답을 확정할 때까지 계속 그 의미를 살리는 예시를 떠올려 보도록 한다.

나머지 답지에 쓰인 '일으키다'의 의미도 확인하고 넘어가자.

③ (쓰러진 가세*를) 흥하게 하다, 번성하게 하다

> *가세: 집안(가정) 살림살이의 형세.

④, ⑤ (누워 있는 몸 또는 넘어진 아이를) 일어나게 하다, 서게 하다, 세우다

2차 채점 후,
'분석쌤 강의'와 **'가장 많이 질문한 오답'**에 대한 해설까지 챙겨 본 다음,
다시 봐야 할 내용은 **메모**해 두고 복습합니다.

11 구체적 상황에의 적용

정답 ⑤

O **⑤가 정답인 이유** 〈보기〉의 그래프는 '어떤 방사성 동위원소 ㉮가 붕괴할 때, 시간에 따른 모원소와 자원소의 함량을 나타낸 것'이라고 했다. 이를 바탕으로 그래프를 이해해 보자.

- x축: 시간(억 년)을 가리킴. • y축: 원소의 함량(%)을 가리킴.
- A: 시간이 지날수록 원소의 함량이 줄어듦.
- B: 시간이 지날수록 원소의 함량이 늘어남.

→5문단의 '방사성 동위원소는 일정한 시간이 지나면 모원소의 개수가 원래 개수에서 절반으로 줄어드는 특성이 있다. … 이때 줄어든 모원소의 개수만큼 자원소의 개수가 늘어난다.'로 보아 **A는 모원소를, B는 자원소를 나타낸 것임을 알 수 있다.**

이와 같이 그래프의 의미를 이해한 후 답지를 살피면, ⑤는 위에서 밑줄 친 5문단의 내용과 일치하지 않는다는 것을 알 수 있다. 모원소의 개수가 줄어들면 줄어든 모원소의 개수만큼 자원소의 개수가 늘어나기 때문에 시간이 지나도 자원소와 모원소의 개수를 더한 값은 변함이 없을 것임을 알 수 있다.

▶ **정답의 근거** 위 '⑤가 정답인 이유'에서 밑줄 친 부분

가장 많이 질문한 오답은? ②

X **②가 오답인 이유** 5문단에서 '어떤 암석에 포함된 (1) 모원소와 자원소의 비율을 알고, 그 결과와 방사성 동위원소의 (2) 반감기를 이용하면 암석이 만들어진 연대를 추정할 수 있다.'고 했다. 암석 S의 생성 시기도 (1)과 (2)를 통해 추정해 보자.

(1) 〈보기〉에서 암석 S의 모원소와 자원소의 비율은 1:3이라고 했고, 5문단에서는 '모원소와 자원소의 비율이 1:3이라면 반감기를 두 번' 거친 것이라고 했다.

(2) 5문단에서 반감기는 '모원소의 개수가 원래 개수의 절반으로 줄어드는 데에 걸리는 시간'이라고 했고, 〈보기〉의 그래프에서 모원소(A)의 개수가 원래 개수의 절반으로 줄어드는(100% → 50%) 데 걸린 시간(반감기)은 2억 년임을 알 수 있다.

위 (1)과 (2)로 보아 암석 S의 생성 시기는 4억 년(2억 년×2) 전임을 알 수 있다. 그런데 〈보기〉에서 '모원소와 자원소의 비율이 1:3'이라고 한 것을 바탕으로 그래프에서 '모원소와 자원소의 비율이 1:3'인 지점을 찾았는데, 이때가 '5억 년'이라고 잘못 보아 ②를 정답으로 고른 학생들이 많았다. '5억 년' 때 A의 함량은 약 20%, B의 함량은 약 80%로, A와 B의 비율 차이는 '1:4'이고, '1:3'은 A와 (B−A)의 비율 차이이다. 그래프를 잘못 해석한 것이다.

① B는 〈보기〉의 그래프에서 시간이 지날수록 원소의 함량이 늘어남을 보여 주는데, 5문단에서 '줄어든 모원소의 개수만큼 자원소의 개수가 늘어난다'고 했으므로 B는 자원소와 관련이 있다는 것을 알 수 있다.

③ 5문단의 '첫 반감기 때 모원소의 개수는 처음의 반(1/2)으로 줄고 두 번째 반감기에는 남은 모원소의 개수가 반으로 줄어 처음의 1/4(2^2)로, 세 번째 반감기에는 또 남은 모원소의 개수가 반으로 줄어 처음의 1/8(2^3)과 같은 식으로 줄어든다.'에서 4번의 반감기를 거치면 A의 양은 처음의 1/16(2^4)로 줄어든다는 것을 알 수 있다.

④ 모원소와 자원소의 비율이 1:1로 같아지는 데 걸리는 시간은 〈보기〉의 그래프에서 A와 B가 만나는 지점으로, 이때의 시간은 '2억 년'인 것에서 알 수 있다.

12~16 과학: 세이젤, 「알기 쉬운 열전달」

독해력을 길러 주는 지문 분석

1문단 **문단요약** 음식 조리 과정은 전도에 의한 열전달로 설명할 수 있다. 열전달은 열이 온도가 높은 곳에서 낮은 곳으로 이동하는 현상이고, 전도는 보다 활동적인 입자로부터 이웃의 덜 활동적인 입자로 열이 전달되는 현상이다.

핵심어(구) 음식 조리 과정, 전도에 의한 열전달

중심 내용 조리 과정에서 일어나는 전도에 의한 열전달

2문단 **문단요약** 열전달률(단위 시간 동안 열이 전달되는 비율)은 음식의 조리에서 고려할 중요한 요소가 된다. 전도에 의한 열전달률은 온도 차이와 면적에 비례하고, 거리에 반비례하는데, 이를 푸리에의 열전도 법칙이라고 한다. 그런데 실제로는 물질마다 열전도도가 달라 열전도도가 높은 경우 열전달률도 높게 나타난다.

핵심어(구) 열전달률, 푸리에의 열전도 법칙

중심 내용 음식의 조리에서 중요한 열전달률과 푸리에의 열전도 법칙

3~4문단 **문단요약** 푸리에의 열전도 법칙으로 설명하면 튀김의 조리 과정은 식용유와 튀김 재료 간의 전도로 파악될 수 있다. 냄비를 가열하여 식용유의 온도를 높인 다음 튀김 재료를 넣으면, 높은 열전달률로 인해 재료 표면의 수분이 수증기로 변해 수많은 기포들이 형성된다. 이 기포들은 식용유 표면으로 올라가 공기 중으로 빠져나가고, 이에 따라 재료 안쪽의 수분들은 빈자리를 채우기 위해 표면 쪽으로 이동하는 일이 지속되어, 재료는 수분량이 줄어들면서 바삭한 식감을 지니게 된다. 또한 재료 표면의 기포들은 식용유가 재료로 흡수되는 것을 막아서 튀김을 덜 기름지게 하고, 재료 표면이 빨리 타 버리지 않게 하며, 재료의 안쪽까지 열이 전달되어 재료가 골고루 익게 한다.

▼ 튀김의 조리 과정

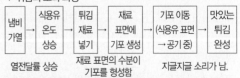

핵심어(구) 튀김의 조리 과정, (수증기의) 기포들

중심 내용 푸리에의 열전도 법칙으로 본 튀김의 조리 과정과 수증기 기포들의 역할

주제 열전달에 관한 과학적 원리로 본 음식의 조리 과정

12 세부 내용 확인
정답 ⑤

O **⑤가 정답인 이유** 1문단의 마지막 문장에서 열의 전도*는 '한 물질 내에서 발생하기도 하며 서로 다른 물질들이 접촉하는 경우에도 발생한다.'고 한 것과 일치하지 않는다.

> * 전도(傳導): (1) 전하여 인도함. (2) 열 또는 전기가 이동하는 것. 여기서는 (2)의 뜻으로 쓰임.

▶ **정답의 근거** 위 '⑤가 정답인 이유'에서 밑줄 친 부분

① 1문단의 '전도란 물질을 이루는 입자들의 상호 작용을 통해 보다 활동적인 입자로부터 이웃의 덜 활동적인 입자로 열이 전달되는 현상이다.'에서 확인할 수 있다.

② 1문단의 '(음식의) 조리 과정에서는 전도에 의한 열전달이 많이 일어난다.'에서 확인할 수 있다.

③ 2문단의 '이는(물질의 종류가 다르면 열전달률이 다르게 나타나는 것) 물질이 전도에 의해 열을 전달할 수 있는 능력의 척도, 즉 열전도도가 물질마다 다르기 때문이다.'에서 확인할 수 있다.

④ 2문단의 '열전달률(단위 시간 동안 열이 전달되는 비율)은 결국 열이 짧은 시간 동안 얼마나 많이 전달되는가를 나타내므로 음식의 조리에서 고려할 중요한 요소가 된다.'에서 확인할 수 있다.

13 도식화 자료에의 적용
정답 ③

O **③이 정답인 이유** 〈보기〉는 튀김의 조리 과정을 푸리에의 열전도 법칙으로 설명한 [A]를 도식화한 것이다. [A]에서는 ㉯ 과정에 대해 재료 표면에 형성된 수많은 기포*들은 '식용유에서 튀김 재료로의 높은 열전달률로 인해 순간적으로 많은 열이 전달되어' '재료 표면의 수분이 수증기로 변해 식용유 속에서 기포의 형태가 된 것'이고 '이 기포들은 식용유 표면으로 올라가 공기 중으로 빠져나'간다고 했다(재료 안쪽으로 이동 X). 또 [A] 뒤에서 '수분이 수증기의 형태로 튀김 재료에서 빠져나감에 따라 재료 안쪽의 수분들은 빈자리를 채우기 위해 표면 쪽으로 이동한다.'고 했는데 ③은 이를 반대로 진술한 것이다.

> * 기포: 액체나 고체 속에 기체가 들어가 거품(포말)처럼 둥그렇게 부풀어 있는 것.

▶ **정답의 근거** 위 '③이 정답인 이유' 참조

① ㉮ 과정은 [A]의 '냄비를 가열하여 식용유의 온도를 충분히 높여'에서 확인할 수 있는데, 1문단에서 전도는 '서로 다른 물질들이 접촉하는 경우에도 발생한다.'고 했으므로 ①은 적절하다.

② ㉯와 ㉰ 과정은 [A]의 '튀김 재료를 식용유에 넣으면 재료 표면에 수많은 기포들이 형성된다.'에서 확인할 수 있는데, 바로 이어 '이 기포들은 식용유에서 튀김 재료로의 높은 열전달률로 인해 순간적으로 많은 열이 전달되어 생겨난 것'이라고 했으므로 ②는 적절하다.

④ ㉰와 ㉱ 과정은 [A]의 '이(재료 표면의 수분이 수증기로 변해 식용유 속에서 기포의 형태가 된) 기포들은 식용유 표면으로 올라가 공기 중으로 빠져나가고'에서 확인할 수 있는데, 4문단에서 '그 결과 지속적으로 재료의 수분은 기포로 변하고 이로 인해 재료는 수분량이 줄어들면서 바삭한 식감을 지니게 된다.'고 했으므로 ④는 적절하다.

⑤ ㉱ 과정은 [A]의 '이(재료 표면의 수분이 수증기로 변해 식용유 속에서 기포의 형태가 된) 기포들은 식용유 표면으로 올라가'에서 확인할 수 있는데, 바로 이어 '(기포로 변한 수증기가) 공기 중으로 빠져나가고 이때 지글지글 소리가 난다.'고 했으므로 ⑤는 적절하다.

14 세부 내용 확인
정답 ③

O **③이 정답인 이유** 〈보기〉의 ㄱ~ㄷ에 들어갈 말을 파악할 수 있는 부분을 지문에서 찾아 비교해 보자.

〈보기〉	지문 - 4문단
• 맛있는 튀김을 만들기 위해서는 기포들의 역할이 중요해.	• 수증기 기포들은 튀김을 맛있게 만드는 데 중요한 역할을 한다.
• 기포들이 (ㄱ)에서 공기층과 같은 역할을 해서	• 튀김 재료 표면의 기포들은 재료와 식용유 사이에서 일종의 공기층과 같은 역할을 해
• 식용유가 재료에 흡수되는 것을 (ㄴ)하여 튀김을 덜 기름지게 해 줘.	• 식용유가 재료에 흡수되는 것을 막아서(방해) 튀김을 덜 기름지게 한다.
• 식용유에서 튀김 재료로 열이 직접 (ㄷ)하여 재료 표면이 타지 않고 골고루 익게 해.	• 재료 표면에 생성된 기포들을 거쳐(직접 X) 열전달(전도)이 일어나기 때문에 기포들은 재료 표면이 빨리 타 버리지 않게 하고…재료가 골고루 잘 익게 한다.

이와 같이 〈보기〉의 ㄱ~ㄷ에 들어갈 말은 4문단(위 표에서 밑줄 친 부분)에서 ③이 적절하다는 것을 확인할 수 있다.

▶ **정답의 근거** 위 '③이 정답인 이유'의 표에서 밑줄 친 부분

15 다른 상황에의 적용
정답 ⑤

O **⑤가 정답인 이유** 〈보기〉는 건축 동아리 학생들이 '에너지 효율이 높은 건물 설계'에 대해 '열의 전도'를 중심으로 아이디어를 나눈 대화의 일부라고 했다. ㉠(푸리에의 열전도 법칙)을 활용한 의견이라고 한 점에 주목하여 〈보기〉에서 나눈 동아리 학생들의 아이디어들이 적절한지를 살펴보자.

'부원 5의 의견'에서 '여름철 현관문을 통한 실외 온도의 영향을 최소화하려면 현관문을 통한 열전달률을 낮춰야' 한다고 한 것은 맞다. 현관문을 통한 열전달률을 낮추면 실외의 높은 온도가 실내로 유입되는 것을 어느 정도 막을 수 있기 때문이다. 그런데 '열전도도가 더 높은 재질의 현관문을 사용'하는 것은 적절하지 않다. 2문단에서 '푸리에의 열전도 법칙(㉠)에 따르면 다른 조건이 같더라도 열전도도가 높은 경우 열전달률도 높게 나타난다.'고 한 점을 고려하면, 여름철 현관문은 열전도도가 낮은 재질을 사용해야 열전달률을 낮출 수 있기 때문이다.

▶ **정답의 근거** 2문단의 '열전도도가 높은 경우 열전달률도 높게 나타난다.'

① **[부원 1의 아이디어]** 겨울철 열손실을 줄여야 하므로 지붕을 열전도도가 낮은 재료를 사용하자. → ○

> **[○인 이유]** 2문단에서 '열전도도가 높은 경우 열전달률도 높게 나타난다'고 했다. 따라서 지붕을 열전도도가 낮은 재료를 사용하면 열전달률을 낮출 수 있어 겨울철 열손실을 줄일 수 있다.

② **[부원 2의 아이디어]** 여름철 실내 냉방 효율을 높이고 싶다면 건물 외벽에 설치된 창문의 면적을 줄이자. → ○

> **[○인 이유]** 2문단에서 '전도에 의한 열전달률'은 '면적에 비례'한다고 했다. 따라서 창문의 면적을 줄이면 창문을 통한 열전달률을 낮출 수 있어 여름철 실내 냉방 효율을 높일 수 있다.

③ **[부원 3의 아이디어]** 여름철 외부 온도의 영향을 최소화하고 건물 외벽을 통한 열전달률을 낮추기 위해 외벽을 두껍게 하자. → ○

> **[○인 이유]** 2문단에서 '전도에 의한 열전달률'은 '거리에 반비례한다.'고 했다. 따라서 건물 외벽을 두껍게 하면(건물 안팎의 거리가 멀어짐) 건물 외벽을 통한 열전달률을 낮출 수 있어 여름철 외부 온도의 영향을 최소화할 수 있다.

④ **[부원 4의 아이디어]** 차가운 방바닥에 빠른 난방을 하려면 난방용 온수 배관과 방바닥이 닿는 접촉 면적을 넓히도록 하자. → ○

> **[○인 이유]** 2문단에서 '전도에 의한 열전달률'은 '면적에 비례'한다고 했다. 따라서 난방용 온수 배관과 방바닥이 닿는 접촉 면적을 넓히면 열전달률을 높일 수 있어 차가운 방바닥에 빠른 난방을 할 수 있다.

16 문맥적 의미 이해
정답 ⑤

○ ⑤가 정답인 이유 '어휘 문제 3단계 풀이법'을 적용해 보자.

• 1단계: 핵심 간추리기

> • 푸리에의 열전도 법칙에 따르면(따르다)

• 2단계: '매3어휘 풀이' 떠올리기

> • 열전도 법칙(이라는 기준)에 따르다.
> 의거하다/근거하다/바탕을 두다

• 3단계: 대입하기

구분	핵심 간추리기	대입하기
①	해안선을 <u>따라</u> 올라갔다.	해안선을 의거하여/근거하여/바탕을 두어 올라갔다. → ×
②	어머니를 <u>따라</u> 시장에 갔다.	어머니를 의거하여/근거하여/바탕을 두어 시장에 갔다. → ×
③	선생님의 동작에 <u>따라</u> 춤을 췄다.	선생님의 동작에 의거하여/근거하여/바탕을 두어 춤을 췄다. → ×
④	수출이 증가함에 <u>따라</u> 경제도 회복되다.	수출이 증가함에 의거하여/근거하여/바탕을 두어 경제도 회복되다. → ×
⑤	규칙에 <u>따라</u> 일을 진행했다.	규칙에 의거하여/근거하여/바탕을 두어 일을 진행했다. → ○

→ '따라' 대신에 '의거하여/근거하여/바탕을 두어'를 대입한 결과, ⓐ의 문맥적 의미와 가장 유사한 것은 ⑤이다.

'의거하다/근거하다/바탕을 두다'를 떠올리지 못했다면, 다음과 같이 답지의 밑줄 친 '따라'의 자리에 '따르면'을 넣어 보자.

> ① 해안선을 <u>따르면</u> → × '(기준에) 따르면'의 뜻이 아니므로
> ② 어머니를 <u>따르면</u> → × '(기준에) 따르면'의 뜻이 아니므로
> ③ 선생님의 동작에 <u>따르면</u> → × '(기준에) 따르면'의 뜻이 아니므로
> ④ 수출이 증가함에 <u>따르면</u> → △ '(기준에) 따르면'의 뜻으로 볼 수 있으므로
> ⑤ 규칙에 <u>따르면</u> → ○ '(기준에) 따르면'의 뜻이므로

그래서 ④에 답한 학생들이 아주 많았다. ④가 오답인 이유는 아래 '가장 많이 질문한 오답은?'을 참고하자.

▶ **정답의 근거** 위 '⑤가 정답인 이유' 참조

가장 많이 질문한 오답은? ④

× ④가 오답인 이유 ⓐ의 '따르면'을 ④에서 밑줄 친 '따라'에 대입하면 어색하지 않아 ④에 답한 학생들이 아주 많았다. 그런데 '수출이 증가함에 따르면 경제도 회복되어 갔다.'는 어색하다. '수출이 증가함에 따라 경제도 회복되어 갔다.'에서의 '따라'는 '더불어 또는 비례하여'의 의미지만, '법칙에 따르면'에서의 '따르면'은 '더불어 또는 비례하여'의 의미가 아니기 때문이다. **문장의 핵심을 간추릴 때에는 간추리기 전 문장의 의미를 '살려' 간추려야 오답에 답하는 것을 피할 수 있다.**

나머지 답지들에 쓰인 '따르다'의 의미도 알고 넘어가자.
① (해안선이) 이어진 대로 쫓아가다.
② (어머니의) 뒤에서 쫓아가다.
③ (동작을) 그대로 모방하다, 그대로 되풀이하여 행하다.

✔ 매일 복습 확인 문제

1 다음 추론이 맞으면 ○, 그렇지 않으면 ×로 표시하시오.

(1) [지문] 뇌의 개념 중심부는 의미를 형성하는 언어 중추로, 리시트하임은 개념 중심부의 정확한 위치를 규명하지는 못했다. →[추론] 리시트하임은 뇌에서 의미 형성에 관여하는 영역의 구체적 위치를 밝혀내지 못했다.
………………………………………( )

(2) [지문] 방사성 동위원소는 일정한 시간이 지나면 모원소의 개수가 원래 개수에서 절반으로 줄어드는 특성이 있다. 모원소의 개수가 원래 개수의 절반으로 줄어드는 데에 걸리는 시간을 반감기라 한다. 이때 줄어든 모원소의 개수만큼 자원소의 개수가 늘어난다. →[추론] 첫 반감기에 모원소와 자원소의 개수의 비율은 1:2이다.
………………………………………( )

(3) [지문] 전도란 물질을 이루는 입자들의 상호 작용을 통해 보다 활동적인 입자로부터 이웃의 덜 활동적인 입자로 열이 전달되는 현상이다. →[추론] 물질을 이루는 입자들의 상호 작용을 통해 전도가 일어난다. ………( )

정답 **1.** (1) ○ (2) × (3) ○

정답	01 ④	02 ⑤	03 ③	04 ①	05 ①
	06 ①	07 ③	08 ⑤	09 ④	10 ③
	11 ⑤	12 ⑤	13 ③	14 ①	15 ①

1~5 과학: 유영제 외, 「생명과학 교과서는 살아 있다」

독해력을 길러 주는 지문 분석

1문단 문단요약 인체의 세포는 음식을 분해하고 연소시켜서 에너지를 만든다. 몸은 이 에너지를 이용하여 여러 활동을 하는데, 이때 발생하는 노폐물들을 인체 밖으로 내보내 항상성을 유지하게 된다. 노폐물을 몸 밖으로 내보내는 역할은 주로 신장이 한다.
핵심어(구) 역할, 신장
중심 내용 신장의 역할 – 노폐물의 배출

2문단 문단요약 신장의 주 역할은 노폐물을 걸러 내어 오줌으로 내보내는 것이다. 이 일이 진행되는 네프론(100만 개 정도)은 사구체, 보먼주머니, 세뇨관으로 이루어지며, 필요한 영양분인 포도당, 수분 등은 재흡수되는데, 포도당이 소변에 섞여 나오면 당뇨병을 의심할 수 있다. 몸 안에 수분이 적으면 수분 배출이 적어 소변이 노랗게 된다.
핵심어(구) 신장의 주 역할, 노폐물을 걸러 내어, 네프론
중심 내용 신장의 주 역할인 노폐물을 걸러 내는 네프론의 구성 및 기능

3문단 문단요약 노폐물은 혈액의 압력 차이에 의해 '사구체 → 보먼주머니 → 세뇨관 → 방광'을 거쳐 오줌으로 배설(여과)되는데, 보먼주머니에 모인 물질 중 인체에 필요한 것(무기염류, 아미노산, 물)은 세뇨관에서 재흡수된다. 이런 신장에 이상이 생기면 우리 몸은 위기에 봉착한다.
핵심어(구) 배설(여과), 재흡수
중심 내용 신장의 역할 – 여과(노폐물)와 재흡수(필요한 물질)

4문단 문단요약 신장 기능에 이상이 생기면 노폐물이 걸러지지 않고 농도가 높아져 세포가 제대로 작용하지 못하며, 얼굴이 붓고 신장이 제 기능을 하지 못하는 신부전증의 단계에까지 이르러 생명이 위험해지는 문제가 생긴다. 이렇게 되면 신장 이식이나 인공 신장에 의지해야 한다.
핵심어(구) 신장 기능에 이상, 문제
중심 내용 신장 기능 이상 시 생기는 문제

5문단 문단요약 인공 신장은 일종의 혈액 투석기로, 체외에서 신장의 기능인 노폐물의 여과 기능을 대신하는 수단이다.
핵심어(구) 인공 신장, 여과 기능을 대신
중심 내용 신장의 여과 기능을 대신하는 인공 신장

6문단 문단요약 인공 신장에서 노폐물인 요소가 제거되는 근본 원리는 물질의 농도 차이이다. 반투막을 사이에 두고 한쪽에는 노폐물이 있는 혈액을, 다른 한쪽에는 노폐물이 없는 투석액을 통과시키면 노폐물은 농도가 높은 혈액에서 낮은 투석액으로 이동하고, 혈액 속의 세포들과 분자량이 큰 단백질 등은 반투막을 통과하지 못해 다시 몸속으로 들어간다. 무기염류와 포도당 등은 빠져나가지 않도록 양쪽이 같은 농도가 되도록 한다.
핵심어(구) 인공 신장, 물질의 농도 차이
중심 내용 인공 신장이 노폐물을 제거하는 원리 – 물질의 농도 차이를 이용함.

7문단 문단요약 병원에서 쓰는 혈액 투석기는 가는 여과관이 여러 개 모여 있는 구조의 중공사막을 사용하기 때문에 빠른 속도로 투석할 수 있는데, 노폐물의 원활한 이동을 위해 혈액과 투석액이 서로 반대 방향으로 흐르도록 해 노폐물의 농도 차이가 일정하게 유지되도록 한다.
핵심어(구) 혈액 투석기
중심 내용 (인공 신장의 일종인) 혈액 투석기의 노폐물 제거 방법

주제 신장과 인공 신장의 기능 및 노폐물 제거 원리

01 내용 전개 방식 파악   정답 ④

🅾 **④가 정답인 이유** 이 글의 1~3문단에서는 신장이 인체에서 발생하는 노폐물을 걸러 내는 역할(기능)을 한다는 것과 그 과정(노폐물 여과* 과정)에 대해 설명하고 있고, 4문단에서는 신장 기능에 이상이 생기면 발생하는 문제에 대해 언급한 후, 5~7문단에서는 신장의 여과 기능을 대신하는 인공 신장이 노폐물이 있는 혈액을 여과하는 원리에 대해 제시하고 있다. 따라서 ④는 이 글에 대한 설명으로 적절하다.

> * 여과(濾過): (액체 속에 있는 입자를) 걸러 냄.
> ※ 입자는 걸러 내고(濾, 거를 여) 액체는 통과시킴.

▶ **정답의 근거** 위 '④가 정답인 이유'에서 밑줄 친 부분

나머지 답지들에 답한 학생들은 드물었지만, 이들 답지들이 오답인 이유도 살펴보자.

① '혈액의 구성 물질을 소개'한 부분은 없고, 따라서 '각각의 기능'도 설명하고 있지 않다.

② '인공 신장의 원리'(6~7문단)는 제시하고 있으나, '인공 신장의 발전 과정'은 설명하고 있지 않다.

③ '신장 기능의 이상에 따른 결과'(4문단)는 제시하고 있으나, '다른 장기*'에 미치는 영향을 살피고 있지는 않다.

> * 장기(臟器): (위, 창자, 간, 콩팥 등) 내장의 여러 기관.

⑤ 기증자가 나타나지 않아 신장 이식*을 하지 못할 경우의 대안(인공 신장)을 제시(4문단)했을 뿐, '신장을 이식하는 방법과 의학적인 한계'에 대해서는 설명하고 있지 않다.

> * 이식(利植): 옮겨서(이사, 이전) 심거나(식목) 붙임.

02 세부 내용 이해 　　　　　　　　　　　정답 ⑤

O ⑤가 정답인 이유 1문단에서 '세포는 일을 하면서 여러 가지 노폐물을 생성한다'고 했다. 그리고 '이 노폐물들을 인체 밖으로 내보내야'만 '몸이 늘 일정한 상태, 즉 항상성*을 유지하게 된다.'고 했다. 이를 통해 ⑤는 적절하다는 것을 알 수 있다.

> * 항상성(恒常性): 항상 같은 성질. 항시(늘) 일정한 상태를 유지하는 성질.

▶ **정답의 근거** 위 '⑤가 정답인 이유'에서 밑줄 친 부분

가장 많이 질문한 오답은? ③, ④ 순

X ③이 오답인 이유 ③에 답한 학생들이 제법 있었는데, 3문단의 '노폐물은 혈액의 압력 차이에 의해 모세혈관 덩어리인 사구체를 통해 보먼주머니에 모이고 이것이 세뇨관을 거쳐 방광에 모아져 오줌으로 배설된다. 물론 분자량이 큰 세포나 단백질 등은 그대로 혈액 속에 남아 있다.'에서, 단백질은 사구체에서 여과되지 않는다는 것을 알 수 있다.

한편 '사구체에서 여과된 후 모세혈관으로 재흡수'되는 것은 무기염류, 아미노산, 물 등인 것을 3문단에서 알 수 있다.

X ④가 오답인 이유 3문단의 '노폐물은…사구체를 통해 보먼주머니에 모이고 이것이 세뇨관을 거쳐 방광에 모아져 오줌으로 배설된다.'로 보아, 노폐물이 '세뇨관을 통해 보먼주머니에 모아'진다고 한 것은 적절하지 않다.

① 2문단의 '몸 안의 수분이 적으면 배출하는 수분의 양을 줄인다. 이 때문에 소변이 노랗게 되는데~'로 보아, 소변 색이 노랗게 되는 것은 몸 안의 수분이 적기 때문이라는 것을 알 수 있다.

② 3문단에서 '신장은 신체 내의 노폐물을 몸 밖으로 내보내'지만, '필요한 것'(무기염류, 아미노산, 물 등)은 '세뇨관에서 다시 모세혈관 속으로 재흡수'된다고 했다.

03 두 대상의 공통점과 차이점 파악 　　　　정답 ③

O ③이 정답인 이유 6문단 처음의 '노폐물인 요소'로 보아, '혈액 속의 요소 성분'은 '노폐물'을 말한다. 그리고 1문단의 '노폐물을 몸 밖으로 내보내는 역할은 주로 신장이 한다.'와 2문단의 '신장의 주 역할은 노폐물을 걸러 내어 오줌으로 내보내는 것이다.'에서, 또 6문단의 '인공 신장에서도 같은 원리로 노폐물이 제거된다.'에서 ㉠(신장)과 ㉡(인공 신장)은 모두 '혈액 속의 요소 성분을 제거하는 기능을 한다.'는 것을 알 수 있다.

▶ **정답의 근거** 위 '③이 정답인 이유'에서 밑줄 친 부분

가장 많이 질문한 오답은? ⑤, ② 순

X ⑤가 오답인 이유 '요소'가 노폐물이라는 점을 놓쳐 ⑤에 답한 학생들이 아주 많았다. ⑤에서 '㉠의 기능에 이상이 생겼을 때' ㉡을 사용한다는 것은 4문단에서 적절한 것으로 확인할 수 있다. 그러나 5문단의 '(인공 신장은) 체외에서 신장의 기능인 노폐물의 여과 기능을 대신하는 수단이다.'로 보아, ⑤에서 '㉡을 환자의 체내에 이식한다.'고 한 것은 적절하지 않다. → 체내에 이식 ✗

X ②가 오답인 이유 ⑤ 다음으로 ②에 답한 학생들이 많았다. 3문단의 '~노폐물뿐만 아니라 인체에 필요한 무기염류, 아미노산, 물 등도 혈액의 압력에 의해 보먼주머니로 나온다[여과]. 보먼주머니에 모인[여과된] 물질 중 필요한 것은 세뇨관에서 다시 모세혈관 속으로 재흡수된다.'로 보아 ㉠은 여과된 물질들(노폐물, 무기염류, 아미노산, 물 등) 중 필요한 것(무기염류, 아미노산, 물 등)을 재흡수(다시 흡수)하는 기능이 있다는 것을 알 수 있다. 하지만 6문단 끝의 '(인공 신장에서) 무기염류, 포도당 등이 (혈액에서 투석액 쪽으로) 빠져나가지 않게[여과되지 않게] 하려면, 반투막을 중심으로 양쪽이 같은 농도가 되도록 하면 된다.'로 보아, ㉡에서는 인체에 필요한 '무기염류, 포도당' 등이 여과되지 못하게 하는 것이지, 여과된 물질을 재흡수하는 것이 아니다. → ㉠ O, ㉡ ✗

①과 ④가 오답인 이유도 살펴보자.

① 2문단의 '몸 안의 수분이 적으면 배출하는 수분의 양을 줄인다.'로 보아, ㉠은 인체의 수분을 늘리는 기능을 한다고 할 수도 있다. 그러나 ㉡에 인체의 수분을 늘리는 기능이 있다는 것은 확인할 수 없다. → ㉠ △, ㉡ ✗

④ 3문단의 '노폐물은 혈액의 압력 차이에 의해…오줌으로 배설된다.'에서 ㉠은 압력의 차이로 노폐물을 걸러 낸다는 것을 알 수 있고, 6문단의 '인공 신장에서는 노폐물인 요소 등을 제거해야 하는데 요소가 제거되는 근본 원리는 물질의 농도 차이이다.'에서 ㉡은 농도의 차이로 노폐물을 걸러 낸다는 것을 알 수 있다. → ㉠과 ㉡이 바뀜.

04 그림에의 적용 및 이해 　　　　　　　정답 ①

O ①이 정답인 이유 4·5문단에서 '혈액 투석기'는 신장 기능에 이상이 생기면 '노폐물의 여과 기능을 대신하는 수단'이라고 했다. 그리고 6문단에서는 인공 신장(혈액 투석기)에서 '노폐물인 요소'가 제거되는 원리를 설명하면서 '반투막*'을 사이에 두고 한쪽에는 노폐물이 있는 혈액을 통과시키고 다른 한쪽에는 노폐물이 없는 투석액을 통과시키면 노폐물은 농도 차이에 의해 농도가 높은 혈액에서 낮은 투석액으로 이동한다.'고 했다. ⟨보기⟩에서 ⓐ와 ⓒ는 '투석액'이고 ⓑ는 '혈액'이라고 했으므로 ⓐ와 ⓒ의 요소 농도는 ⓑ보다 낮다는 것을 알 수 있다.

> * 반투막(半透膜): 반만 투과(통과)시키는 막(얇은 물질). 즉 어떤 성분은 통과시키고 다른 성분은 통과시키지 않는 막.

▶ **정답의 근거** 위 '①이 정답인 이유'에서 밑줄 친 부분

X **③이 오답인 이유** ③에 답한 학생들이 아주 많았는데, 6문단 끝에서 '무기염류, 포도당 등이 빠져나가지 않게 하려면, 반투막을 중심으로 양쪽(혈액과 투석액)이 같은 농도가 되도록 하면 된다.'라고 했으므로 'ⓐ, ⓑ, ⓒ의 무기염류, 포도당 농도는 같다.'는 것을 알 수 있다.

② 6문단의 '반투막을 사이에 두고 한쪽에는 노폐물이 있는 혈액을 통과시키고 다른 한쪽에는 노폐물이 없는 투석액을 통과시키면'에서 확인할 수 있다.

④ 7문단 끝의 '혈액과 투석액이 서로 반대 방향으로 흐르도록 해 노폐물의 농도 차이가 일정하게 유지되도록 한다.'에서 확인할 수 있다.

⑤ 6문단의 '혈액 속의 세포들과 분자량이 큰 단백질 등은 반투막을 통과하지 못하므로'에서 확인할 수 있다.

05 문맥적 의미의 파악 정답 ①

O **①이 정답인 이유** '어휘 문제 3단계 풀이법'을 적용해 보자.

• 1단계: 핵심 간추리기

> • (물이 담긴 컵에) 잉크가 퍼져 나가다.

• 2단계: '매3어휘 풀이' 떠올리기

> • (물이 담긴 컵에) 잉크가 번져/넓은 범위로 확산되어 나가다.

• 3단계: 대입하기

구분	핵심 간추리기	대입하기
①	꽃향기가 퍼져 있다.	꽃향기가 번져/넓은 범위로 확산되어 있다. → O
②	라면이 퍼져서 불었다.	라면이 번져서/넓은 범위로 확산되어서 불었다. → X
③	사람들은 목적지에 도착하자 푹 퍼졌다.	사람들은 목적지에 도착하자 푹 번졌다/넓은 범위로 확산되었다. → X
④	삼각주가 넓게 퍼져 있다.	삼각주가 넓게 번져/넓은 범위로 확산되어 있다. → X
⑤	자손들은 널리 퍼지게 되었다.	자손들은 널리 번지게/넓은 범위로 확산되게 되었다. → X

▶ **정답의 근거** 위 '①이 정답인 이유' 참조

오답지에 쓰인 '퍼지다'와 바꿔 쓸 수 있는 말을 떠올린 후 그 의미도 알고 넘어가자.

② 붇다 → 물에 불어서 부피가 커지다.
③ 늘어지다 → 기운이 풀리다.
④ 펼쳐지다 → 넓게 펼쳐지다.
⑤ 많아지다 → 수효가 늘어나다.

'발문을 꼼꼼히' 읽는 훈련을 하자!

6~10 과학: 이남영·정태문, 「교양인을 위한 물리 지식」

독해력을 길러 주는 지문 분석

1문단 문단요약 내비게이션으로 목적지까지의 경로를 탐색하거나 스마트폰으로 현재 위치를 알 수 있는 것은 GPS 덕분인데, GPS가 현재 위치를 파악하는 방법은 무엇일까?
핵심어(구) GPS
중심 내용 GPS의 위치 파악 방법에 대한 궁금증

2문단 문단요약 일정한 속력으로 정해진 궤도를 도는 GPS 위성(30개)이 자신의 위치 정보 및 시각 정보를 담은 신호를 지구로 송신하면, GPS 수신기는 위성 신호가 수신기까지 이동하는 데 걸린 시간(t)에 빛의 속력(c)을 곱해 위성과 수신기 사이의 거리(r)를 구한다($r=t \times c$).
핵심어(구) GPS 위성, GPS 수신기, 위성과 수신기 사이의 거리
중심 내용 GPS의 위치 파악 원리 (1) – GPS 위성과 수신기 사이의 거리 측정

3문단 문단요약 상대성 이론에 따르면 GPS 위성에 있는 원자시계의 시간은 지표면의 시간에 비해 매일 약 $38.6\mu s$씩 빨라지는데, 이 점을 고려하여 GPS 위성에 있는 원자시계의 시간을 지표면의 시간과 일치하도록 조정함으로써, 위성과 수신기 사이의 거리를 정확하게 구하게 된다.

> • 상대성 이론: 대상이 빠르게 움직일수록 시간은 느리게 흐르고, 대상에 미치는 중력이 약해질수록 시간은 빠르게 흐른다는 것

핵심어(구) 상대성 이론, (시간의) 조정
중심 내용 상대성 이론을 고려한 위성과 수신기 사이의 정확한 거리 측정

4~6문단 문단요약 위성과 수신기 사이의 거리는 삼변 측량법을 통해 수신기가 자신의 위치를 파악하는 데 사용된다. 세 개의 위성(A, B, C)에서 수신기까지의 거리를 각각 반지름으로 하는 원을 그리면 세 원이 교차하는 지점(P)이 생기는데, 이 지점이 GPS 수신기의 위치 정보에 해당한다. 그러나 실제 3차원 입체의 공간에서 각 위성으로부터 동일한 거리에 있는 점들은 구의 형태로 나타나고, 세 구가 겹치는 지점은 두 군데가 되는데, 이 중 지구 표면 가까이에 있는 지점이 GPS 수신기의 위치가 된다.
핵심어(구) 삼변 측량법, GPS 수신기의 위치
중심 내용 GPS의 위치 파악 원리 (2) – 삼변 측량법을 통한 위치 파악

주제 GPS의 위치 파악 원리

06 내용 전개 방식 이해 정답①

◯ ①이 정답인 이유 이 글은 GPS가 위치를 파악하는 방법에 대해 궁금증을 제기(1문단)한 후, GPS를 구성하는 위성과 수신기의 역할(2문단)을 살펴보고, 그런 다음 GPS가 위치를 파악하는 데에 적용된 상대성 이론(3문단)과 삼변 측량법(4~6문단)을 설명하고 있다. 따라서 'GPS에 적용된 원리를 구체적으로 설명하고 있다.'는 ①은 이 글의 전개 방식으로 적절하다.

▶ **정답의 근거** 위 '①이 정답인 이유' 참조

② GPS의 발전 과정을 제시하고 있지 않으며, 시간의 순서로 제시한 내용도 없다.

③ GPS를 다른 대상과 비교하고 있지 않고, 장단점에 대해서도 설명하고 있지 않다.

④ 2문단에서 GPS의 구성(GPS 위성과 GPS 수신기)에 대해서는 다루고 있으나, 이는 GPS의 종류가 아니고, 따라서 GPS의 다양한 종류를 일정 기준에 따라 분류하고 있는 것도 아니다.

⑤ GPS의 유용성(매3인사이트.집 p.37)은 1문단(목적지까지의 경로 탐색, 현재 위치의 파악)에서 확인할 수 있으나, 앞으로의 전망은 제시하고 있지 않다.

07 세부 정보의 확인 정답③

◯ ③이 정답인 이유 2문단의 'GPS 위성은…자신의 위치 정보 및 시각 정보를 담은 <u>신호를 지구로 송신*한다. 이 신호를 받은 수신기는 위성에서</u>~'에서 신호를 보내는 것은 GPS 수신기가 아니라 GPS 위성이라는 것을 알 수 있다. 따라서 GPS 수신기가 GPS 위성에 신호를 보낸다는 ③은 적절하지 않다.

> *송신(送信): <u>신호를 보냄</u>(전송).

▶ **정답의 근거** 위 '③이 정답인 이유'에서 밑줄 친 부분

가장 많이 질문한 오답은? ①, ④ 순

✗ ①이 오답인 이유 ①에 답한 학생들이 아주 많았다. 그런데 2문단의 '약 30개의 GPS 위성은 일정한 속력으로 정해진 궤도를 돌면서~'와 3문단의 '위성은 약 20,000km 이상의 상공에 있기 때문에'로 보아, ①은 적절하다.

✗ ④가 오답인 이유 2문단의 '위성이 보낸 신호는…신호가 이동하는 데 걸린 시간(t)에 빛의 속력(c)을 곱하면 위성과 수신기 사이의 거리(r)를 구할 수 있다.'로 보아, 거리(r)를 속력(c)으로 나누면 시간(t)을 구할 수 있다.

②와 ⑤에 답한 학생들은 드물었는데, ②는 1문단의 **첫째, 둘째 문장**에서, ⑤는 4문단의 **둘째 문장**에서 쉽게 확인할 수 있었기 때문이다.

08 이유의 추리 정답⑤

◯ ⑤가 정답인 이유 ㉠의 이유(GPS 위성에 있는 원자시계의 시간이 지표면의 시간에 비해 매일 약 $38.6\mu s$씩 빨라지는 이유)는 ㉠ 앞 내용인 다음 A와 B에서 추론할 수 있다.

> A. 위성의 시간은 지표면에 비해 하루에 약 $7.2\mu s$씩 느려진다.
> [이유] 위성은 지구의 자전 속력보다 빠르게 지구 주변을 돌고 있기 때문에
> B. 위성의 시간은 지표면에 비해 하루에 약 $45.8\mu s$씩 빨라진다.
> [이유] 위성은 약 20,000km 이상의 상공에 있기 때문에 중력이 지표면보다 약하게 작용하기 때문에

A와 B로 보아, GPS 위성에 있는 원자시계의 시간이 지표면의 시간에 비해 매일 약 $38.6\mu s(45.8\mu s-7.2\mu s)$씩 빨라지는 이유는 GPS 위성의 이동 속력으로 인한 시간의 변화(약 $7.2\mu s$씩 느려짐)보다 중력으로 인한 시간의 변화(약 $45.8\mu s$씩 빨라짐)가 더 크기 때문이라고 볼 수 있다.

▶ **정답의 근거** ㉠의 앞 내용

가장 많이 질문한 오답은? ④

✗ ④가 오답인 이유 2문단의 '이 신호(GPS 위성이 지구로 송신한 신호)를 받은 수신기는 위성에서 신호를 보낸 시각과 자신이 신호를 받은 시각의 차이를 근거로, 위성 신호가 수신기까지 이동하는 데 걸린 시간을 계산하여 위성과 수신기 사이의 거리를 구한다.'로 보아, 'GPS 수신기가 GPS 위성의 신호를 받는 과정에서 시간의 차이가 생긴다는 것은 알 수 있다. 하지만 이 시간 차이는 GPS 수신기와 GPS 위성 간의 거리 때문에 생기는 것으로, ㉠의 이유는 아니다.

① 3문단에서 '위성은 약 20,000km 이상의 상공에 있기 때문에 중력이 지표면보다 <u>약하게</u> 작용'한다고 했다. → 강하게 ✗

② 3문단에서 '위성은 지구의 자전 속력보다 <u>빠르게</u> 지구 주변을 돌고 있다'고 했다. → 느리기 ✗

③ 3문단에서 ㉠의 이유는 GPS 위성이 지구의 자전 속력보다 빠르게 지구 주변을 돌고 있고, <u>중력이 지표면보다 약하게 작용하기 때문</u>이라고 했을 뿐, 지구가 자전하는 방향 때문이라고 하지는 않았다.

09 그림에의 적용 정답④

◯ ④가 정답인 이유 2문단에서 'r(거리) = t(시간)×c(빛의 속력)'라고 했고, 〈보기〉에서 r_1이 r_2보다 거리가 짧다고 했다. 이를 바탕으로 할 때, P_1에서 P_x까지의 거리(r_1)가 P_2에서 P_x까지의 거리(r_2)보다 짧으므로, P_1이 송신한 신호가 P_x에 도달할 때까지 걸린 시간은 P_2가 송신한 신호가 P_x에 도달할 때까지 걸린 시간보다 짧을 것이다.

예비 매3비로 복습까지 끝낸 후에는 **라이트 매3비**로 훈련하세요.

가장 많이 질문한 오답은? ②, ③ 순

X **②가 오답인 이유** 'P₁~P₃의 위치 정보가 달라져도 r₁~r₃의 값이 변하지 않'는다는 것은 각각의 위성과 수신기 사이의 거리가 변하지 않는다는 것이다. 〈보기〉에서 '시간과 속력에 영향을 미치는 다른 요소는 고려하지 않'는다고 했으므로, 거리가 변하지 않는다면 위성에서 보낸 신호가 수신기까지 도달하는 데 걸리는 시간도 달라지지 않을 것이다.

X **③이 오답인 이유** 2문단에서 'r(거리) = t(시간)×c(속력)'라고 했으므로, 'P₁에서 보낸 신호가 Pₓ에 도달하는 데 걸린 시간(t)이 실제보다 짧게 계산'되었다면 P₁ 위성에서 수신기 Pₓ까지의 거리 또한 짧게 계산될 것이다. 따라서 'r₁의 값' 또한 실제보다 작게 계산될 것임을 알 수 있다.

나머지 답지들에 답한 학생들은 드물었지만, 이들 답지들이 오답인(적절한) 근거를 살펴보면 다음과 같다.

① 2문단의 '현재 지구를 도는 약 30개의 GPS 위성은…자신의 위치 정보 및 시각 정보를 담은 신호를 지구로 송신한다.'

⑤ 〈보기〉의 'GPS 수신기 Pₓ'와 6문단의 'GPS 수신기는 이 두 교점 중 지구 표면 가까이에 있는 지점을 자신의 현재 위치로 파악하게 된다.'

10 바꿔 쓰기에 적절한 어휘 이해
정답 ③

O **③이 정답인 이유** '어휘 문제 3단계 풀이법'을 적용해 보자.

• 1단계(핵심 간추리기): ⓒ(탑재된)가 포함된 문장에서 그 의미를 이해할 수 있는 핵심만 간추린다.

> • 위성에 탑재된 원자시계

• 2단계(대입하기): 답지에 제시된 말을 ⓒ의 자리에 대입해 자연스러운지의 여부를 살핀다.

> • 위성에 태운 원자시계

• 3단계('매3어휘 풀이' 떠올리기): '탑재되다'와 '태우다'가 들어가는 어구 또는 문장을 떠올린 다음, 서로 바꿔 쓸 수 있는지 확인해 보자.

> • 배에 탑재된 **O**/탄(태운) **X** 화물들
> 카메라 기능이 탑재된 **O**/탄(태운) **X** 휴대전화
> • 배에 탄 **O**/탑재된 **X** 승객들
> 손님이 탄 **O**/탑재된 **X** 택시

→ '탑재하다(탑재되다)'와 '태우다'는 모두 '싣다'의 의미를 지닌다는 점에서 같지만, 그 대상이 서로 다르다. 즉, '태우는' 대상은 '사람'(승객, 손님 등)이지만, '탑재하는(탑재되는)' 대상(화물들, 휴대전화 등)은 '사람'이 아니다. 따라서 '탑재된'은 '태운'과 바꾸어 쓸 수 없다.

▶ **정답의 근거** 위 '③이 정답인 이유' 참조

나머지 답지들은 모두 바꿔 쓰기에 적절한 것들로, 3단계 풀이법을 적용해 그 의미를 이해하고 넘어가자.

구분	핵심 간추리기	대입하기	'매3어휘 풀이' 떠올리기
ⓐ	경로를 탐색하다.	경로를 찾다.	• 탐구하고 모색(수색)함. • 찾아내다, 찾다 • 구입할 물건을 탐색하다.
ⓑ	식으로 표시하다.	식으로 나타내다.	• 표면에 제시함. • 나타내 보이다 • 독도를 지도에 표시하다.
ⓓ	점을 모두 연결하면 원이 된다.	점을 모두 이으면 원이 된다.	• 연속적으로 이어 결합하다. • 이어지게 하다, 잇다 • TV와 핸드폰을 무선으로 연결하다.
ⓔ	동일한 거리에 있는 점들	같은 거리에 있는 점들	• 똑같다, 같다 • 내 생각도 너와 동일하다.

11~15 **융합(과학+기술)**: 김래현 외, 「지역난방 기초공학 및 에너지기술 실무교육」

독해력을 길러 주는 지문 분석

1문단 **문단요약** 열병합 발전소에서 전기 생산을 위해 사용된 열을 회수하여 인근 지역의 난방에 활용하는 지역난방에서는 회수된 열로 데워진 물을 배관을 통해 수송하는 효율을 높이기 위해 상변화 물질을 활용하는 방식을 개발하고 있다.

핵심어(구) 지역난방, 상변화 물질을 활용하는 방식

중심 내용 상변화 물질을 활용하여 열 수송의 효율성을 높인 지역난방의 새 방식

2문단 **문단요약** 열 수송에 사용되는 상변화 물질이란, 상변화를 할 때 수반되는 잠열을 효율적으로 사용하기 위해 활용되는 물질을 말하는데, 잠열은 물질의 온도 변화로 나타나지 않는 숨어 있는 열을 말하고, 온도 변화로 나타나는 열은 '현열'이라고 한다.

> • 상변화: 물질의 상태를 고체, 액체, 기체로 분류할 때, 어떤 물질이 이전과 다른 상태로 변하는 것

핵심어(구) 상변화 물질, 상변화, 잠열, 현열

중심 내용 상변화 물질, 상변화, 잠열, 현열의 개념

3~4문단 **문단요약** 열병합 발전소의 열교환기는 고체 상태의 상변화 물질이 담긴 캡슐이 포함된 물을 데우는데, 물 온도가 상변화 물질의 녹는점 이상이 되면 상변화 물질은 액체로 상변화하게 된다. 이 물이 온수 공급관을 통해 공동주택 기계실의 열교환기로 이동하여 공동주택의 찬물에 열을 전달하면서 온도가 상변화 물질의 녹는점 이하로 내려가면, 상변화 물질이 액체에서 고체로 상변화하면서 잠열을 방출한다. 온수 공급관을 통해 온 물의 현열, 상변화 물질의 현열, 상변화 물질의 잠열이 공동주택의 찬물을 데우는 데 모두 사용되는 것이다. 이렇게 데워진 공동주택의 물은 각 세대의 난방기로 공급되고, 상변화 물질 캡슐이 든 물은 온수 회수관을 통해 다시 발전소로 회수되어 재사용된다.

☞ 문제편 p.137의 13번 〈보기〉 참조

핵심어(구) 물의 현열, 상변화 물질의 현열, 상변화 물질의 잠열이 공동주택의 찬물을 데우는 데 모두 사용

중심 내용 상변화 물질의 특성을 이용한 열 수송의 과정

5문단 <u>문단 요약</u> 상변화 물질을 활용한 열 수송 방식을 사용하면 현열만 사용하던 기존의 방식과 달리 현열과 잠열을 모두 사용할 수 있으므로 온수 공급관을 통해 보내는 물의 온도를 현저히 낮출 수 있어 <u>열 수송의 효율성이 개선</u>된다.

핵심어(구) 열 수송의 효율성이 개선

중심 내용 상변화 물질을 활용한 열 수송의 장점

주제 상변화 물질을 활용하여 열 수송의 효율성을 높인 지역난방의 원리

11 세부 정보의 확인　　정답 ⑤

O ⑤가 정답인 이유 5문단에서 '상변화 물질을 활용한 열 수송 방식을 사용하면…온수 공급관을 통해 보내는 물의 온도를 <u>현저히 낮출 수 있어 열 수송의 효율성이 개선된다</u>.'고 했는데, ⑤에서는 '물의 온도를 기존 방식보다 높여야 한다'고 했으므로 이 글의 내용과 일치하지 않는다.

▶ 정답의 근거 위 '⑤가 정답인 이유'에서 밑줄 친 부분

가장 많이 질문한 오답은? ②

X ②가 오답인 이유 ②의 근거는 1문단의 '지역난방은 열병합 발전소에서 전기 생산을 위해 사용된 열을 회수하여 인근 지역의 난방에 활용하는 것이다.'와 3문단의 '열병합 발전소에서는 발전에 사용된 <u>수증기를 열교환기로 보낸다</u>.'에서 확인할 수 있다. 그럼에도 불구하고 ②가 일치하지 않는다고 본 학생들은 '열 수송 과정'에 대해 설명한 3문단 이후에서만 근거를 찾았기 때문이었다.

① 2문단의 '상변화란,…주변의 온도나 압력 변화에 의해 어떤 물질이 이전과 다른 상태로 변하는 것을 의미하는데'와 일치한다.

③ 5문단의 마지막 문장 '(상변화 물질) 캡슐의 양이 일정 수준 이상으로 늘어나면 물이 원활하게 이동할 수 없으므로 캡슐의 양을 증가시키는 데에는 한계가 있다.'와 일치한다.

④ 5문단의 첫 문장 '상변화 물질을 활용한 열 수송 방식을 사용하면…열 수송의 효율성이 개선된다.'와 일치한다.

12 핵심 개념에 대한 이해　　정답 ⑤

O ⑤가 정답인 이유 2문단에서 현열은 '얼음의 온도가 올라가거나 물의 온도가 올라가는 것처럼 온도 변화로 나타나는 열'이라고 했고, 잠열(㉠)은 '물질의 온도 변화로 나타나지 않는 숨어 있는 열'이라고 했다. 그런데 ⑤에서는 ㉠이 '현열을 증가시키는 역할을 한다'고 했으므로 적절하지 않다.

▶ 정답의 근거 위 '⑤가 정답인 이유' 참조

가장 많이 질문한 오답은? ②

X ②가 오답인 이유 ②에 답한 학생들이 많았다. 그런데 2문단의 '상변화에 사용된 열이 잠열인데, 이는 물질의 온도 변화로 나타나지 않는 숨어 있는 열이라는 뜻이다.'로 보아, ②는 ㉠에 대한 설명으로 적절하다.

① 2문단의 '잠열은 물질마다 그 크기가 다르며'에서 확인할 수 있다.

③ 2문단의 '이렇게 상변화에 사용된 열이 잠열인데, 이는 물질의 온도 변화로 나타나지 않는 숨어 있는 열이라는 뜻이다.'에서 확인할 수 있다.

④ 2문단의 '상변화란, 물질의 상태를 고체, 액체, 기체로 분류할 때, 주변의 온도나 압력 변화에 의해 어떤 물질이 이전과 다른 상태로 변하는 것을 의미하는데'와 '물질이 고체에서 액체가 되거나 액체에서 기체가 될 때, 또는 고체에서 바로 기체가 될 때에는 잠열을 흡수하고 그 반대의 경우에는 잠열을 방출한다.'에서 확인할 수 있다.

13 도식화 자료에의 적용　　정답 ③

O ③이 정답인 이유 ⑧를 통해 이동하는 물에 있는 상변화 물질의 상태는, 3문단의 '<u>액체가 된 상변화 물질</u>이 섞인 물은 열교환기에서 나와 온수 공급관(⑧)을 통해 인근 지역 공동주택 기계실의 열교환기로 이동한다.'로 보아, '액체 상태'라는 것을 알 수 있다. 반면 ⑤를 통해 이동하는 물에 있는 상변화 물질의 상태는, 4문단의 '공동주택의 찬물을 데우는 과정에서 상변화 물질의 온도가 상변화 물질의 녹는점 이하로 내려가면 캡슐 속 상변화 물질은 액체에서 <u>고체</u>로 상변화하면서 잠열을 방출하게 되는데,…상변화 물질 캡슐이 든 물은 <u>온수 회수관(⑤)</u>을 통해 다시 발전소로 회수*되어 재사용된다.'로 보아, '고체 상태'라는 것을 알 수 있다.

> *회수: 도로(선회) 거두어들임(수거).

▶ 정답의 근거 위 '③이 정답인 이유' 참조

가장 많이 질문한 오답은? ②

X ②가 오답인 이유 3문단에서 '액체가 된 상변화 물질이 섞인 물'이 '열교환기(Ⓐ)에서 나와 온수 공급관(⑧)을 통해', '공동주택 기계실의 열교환기(Ⓒ)'로 이동할 때 '<u>상변화 물질이 고체로 상변화되지 않아야 하므로</u>', '이동하는 물의 온도는 상변화 물질의 녹는점 이상으로 유지되어야 한다.'고 했다. 이로 보아, '⑧에서는 물에 있는 캡슐 속 상변화 물질의 상변화가 일어나지 않을' 것으로 이해한 ②는 적절하다.

① 3문단에서 '(Ⓐ에서) 열 수송에 사용되는 물 속에는 고체 상태의 상변화 물질이 담겨 있는' 캡슐이 섞여 있고, '물이 데워져 물의 온도가 상변화 물질의 녹는점 이상이 되면 상변화 물질은 액체로 상변화하게' 되어, 이 액체가 ⑧를 통해 Ⓒ로 이동한다고 했다. 따라서 'Ⓐ에서 캡슐 속 상변화 물질의 온도는 상변화 물질의 녹는점 이상으로 올라'갈 것임을 알 수 있다.

④ 4문단에서 '온수 공급관(B)을 통해 (C로) 이동해 온 물의 현열과 캡슐 속 상변화 물질의 현열, 그리고 상변화 물질의 잠열이 공동주택의 찬물을 데우는 데 모두 사용'되고, '이렇게 데워진 공동주택의 물은 각 세대의 난방기(D)로 공급되어 세대 난방을 하게' 된다고 했다. 따라서 'C에서 공동주택의 찬물은 현열과 잠열에 의해 데워져 D에 공급'될 것임을 알 수 있다.

⑤ 4문단에서 '(D에서) 상변화 물질 캡슐이 든 물은 온수 회수관(E)을 통해 다시 발전소(A)로 회수되어 재사용된다.'고 했다. 따라서 'E를 통해 회수된 물에 있는 상변화 물질은 A에서 다시 상변화 과정(고체 → 액체)을 거쳐 재사용'될 것임을 알 수 있다.

14 다른 상황에의 적용
정답 ①

O **①이 정답인 이유** 〈보기 1〉에서 A 기업이 벽에 넣을 상변화 물질의 녹는점은 15℃라고 했다. 〈보기 2〉에서는 '벽의 온도가 15℃보다 높'아질 때를 가정했는데, 3문단의 '온도가 상변화 물질의 녹는점 이상이 되면 상변화 물질은 액체로 상변화하게 된다.'고 했으므로, ㉮에 들어갈 말은 '액체'가 된다.

다음으로 ㉯에 들어갈 말을 살피면, 2문단에서 '물질이 고체에서 액체가…될 때에는 잠열을 흡수'한다고 했으므로, ㉯에는 '흡수'가 들어가야 한다.

마지막으로 상변화가 일어나는 중 상변화 물질의 온도를 살펴보면, 2문단에서 '비커 속 얼음(고체)이 모두 물(액체)로 변할 때까지는' 즉 상변화가 일어나는 중에는 '(상변화 물질의) 온도가 올라가지 않고 계속 0℃를 유지'한다고 했으므로, ㉰에 들어갈 말은 '유지될'이 적절하다.

▶ **정답의 근거** 위 '①이 정답인 이유'에서 밑줄 친 부분

가장 많이 질문한 오답은? ②

X **②가 오답인 이유** ②에 답한 학생들이 아주 많았는데, 이 학생들은 '상변화가 일어나는 중에는'을 놓쳤거나 잘못 이해했기 때문이다. 2문단에서 상변화 물질의 온도가 상승하는 경우는 '얼음이 모두 녹아 물이 된 후', 즉 상변화가 일어난 후라고 했으므로 ㉰에는 '상승할'이 아닌 '유지될'이 들어가야 한다.

15 문맥적 의미의 이해
정답 ①

O **①이 정답인 이유** '어휘 문제 3단계 풀이법'을 적용해 보자.

• 1단계(핵심 간추리기): ⓐ(보내다)가 포함된 문장에서 ⓐ의 의미를 이해할 수 있는 어구만 간추린다.

> • 열병합 발전소에서는 발전에 사용된 수증기를 열교환기로 보낸다. → 수증기를 열교환기로 보내다.

→ ⓐ의 '보내다'는 '다른 장소로 가게 하다.'의 의미로 쓰였다. 여기서 '보내다'는 '장소의 변화'를 나타내므로, 답지들 중 '장소의 변화'를 나타내지 않는 ②와 ④는 오답이라는 것을 바로 알아챌 수 있다.

• 2단계('매3어휘 풀이' 떠올리기): ⓐ의 의미를 살릴 수 있는 다른 말을 떠올려 보자.

> • 수증기를 열교환기로 가게 하다/전달하다.

• 3단계(대입하기): 답지에서도 '보내다'의 의미를 이해할 수 있는 핵심 어구를 간추린 후, 2단계에서 떠올린 '가게 하다/전달하다'를 답지의 '보내다'에 대입해 보자.

구분	핵심 간추리기	대입하기
①	(동생 집으로) 선물을 보내다.	선물을 가게 하다. O/전달하다. O
②	멍하니 세월만 보내다.	멍하니 세월만 가게 하다. X / 전달하다. X
③	장가를 보내다.	장가를 가게 하다. △/전달하다. X
④	연주자에게 박수를 보내다.	연주자에게 박수를 가게 하다. X / 전달하다. X
⑤	정든 친구를 보내다.	정든 친구를 가게 하다. O/전달하다. X

→ '보내다' 대신에 '가게 하다/전달하다'를 대입한 결과, ⓐ와 문맥적 의미가 가장 유사한 것은 ①이다.

▶ **정답의 근거** 위 '①이 정답인 이유' 참조
오답지들에 쓰인 '보내다'의 의미도 알고 넘어가자.
② 시간이 지나가게 하다.　　　③ 결혼을 시키다.
④ 자신의 마음을 알도록 표현하다.　　⑤ 떠나게 하다.

✔ 매일 복습 확인 문제

1 다음 추론이 맞으면 ○, 그렇지 않으면 ×로 표시하시오.

(1) [지문] 인공 신장이라면 신장을 대신하여 몸 안에 장착하여 계속 쓸 수 있어야 하는데, 여기서 말하는 인공 신장이란 일종의 혈액 투석기로, 체외에서 신장의 여과 기능을 대신하는 수단이다. → [추론] 신장의 기능에 이상이 생겼을 때, 인공 신장을 환자의 체내에 이식한다. ……………………………………………… (　)

(2) [지문] GPS 위성은 자신의 위치 정보 및 시각 정보를 담은 신호를 지구로 송신한다. 이 신호를 받은 수신기는 위성과 수신기 사이의 거리를 구한다. → [추론] GPS 수신기는 GPS 위성에 보낸 신호를 바탕으로 자신의 위치 정보를 계산한다. ……………………………………… (　)

(3) [지문] 상변화 물질을 활용한 열 수송 방식을 사용하면 현열만 사용하던 기존의 열 수송 방식과 달리 현열과 잠열을 모두 사용할 수 있으므로 온수 공급관을 통해 보내는 물의 온도를 현저히 낮출 수 있다. → [추론] 상변화 물질을 활용한 열 수송 방식에서는 온수 공급관으로 보내는 물의 온도를 기존 방식보다 낮출 수 있다. ……… (　)

2 밑줄 친 어휘의 의미와 가까운 것을 [ ]에서 고르시오.

(1) 목적지까지의 경로를 탐색하다. 　[㉮ 찾다, ㉯ 따지다]
(2) GPS 위성에 탑재된 원자시계 　[㉮ 실린, ㉯ 태운]

> **정답** 1. (1) × (2) × (3) ○ 2. (1) ㉮ (2) ㉮

정답	01 ①	02 ⑤	03 ④	04 ①	05 ④
	06 ⑤	07 ③	08 ⑤	09 ②	10 ③
	11 ⑤	12 ①	13 ⑤	14 ④	15 ④

1~6 과학: 유재준, 「호기심의 과학」

독해력을 길러 주는 지문 분석

1문단 [문단 요약] 빠르게 녹는 냉수 속 얼음과 달리 북극 해빙의 수명은 더 긴데, 그 이유가 궁금하다.
핵심어(구) 해빙의 수명
중심 내용 해빙의 수명이 냉수 속 얼음보다 긴 이유에 대한 궁금증

2문단 [문단 요약] 해빙의 수명이 긴 이유를 알려면 냉수 속 얼음에 작용하는 열에너지의 전달에 관한 두 가지 원리를 알아야 하는데, 이에 따르면 열에너지는 온도가 높은 곳에서 낮은 곳으로 전달되며, 열적 평형을 이루기 전까지 두 물체 간 전달되는 열에너지의 양은 둘 사이의 온도 차, 접촉 시간, 접촉면의 면적과 비례한다.
핵심어(구) 열에너지의 전달에 관한 두 가지 원리
중심 내용 열에너지의 전달 원리 및 열에너지의 양에 영향을 미치는 요소들과 그 관계

3문단 [문단 요약] 한 변의 길이가 1cm인 정육면체 얼음 하나를 물에 잠기게 한 실험에서 얼음이 완전히 녹는 시간은 2시간인데, 물에서 얼음으로 전달되는 열에너지의 양은 물과 얼음의 접촉면이 모두 동일하다면 얼음의 개수가 얼마든 변함이 없다.

▼ 한 변의 길이가 1cm인 정육면체의 얼음이 녹는 데 걸리는 시간과 접촉면의 면적 간의 관계

얼음의 개수	물과 접촉한 얼음의 면적	녹는 시간
1개	1cm×1cm×6면 = 6cm²	2시간
8개	각 6cm²	2시간

핵심어(구) 얼음이 완전히 녹는 시간, 물과 얼음의 접촉면, (얼음의) 개수
중심 내용 얼음이 녹는 데 걸리는 시간과 접촉면의 면적 간의 관계 (1) – 접촉면의 면적이 동일하면 얼음의 개수와 상관없이 녹는 시간이 동일함.

4문단 [문단 요약] 한 변의 길이가 1cm인 정육면체 8개를 붙여 한 변의 길이가 2cm인 정육면체 1개로 만들어 냉수에 넣으면, 물과 접촉하는 면적이 절반으로 줄었기 때문에(48cm² → 24cm²) 물에서 얼음으로 전달되는 열에너지의 양도 반으로 줄어, 녹는 데 필요한 시간은 2배만큼 늘어난 4시간이 된다.

▼ 한 변의 길이가 1cm인 정육면체 8개와 2cm인 정육면체 1개의 얼음이 녹는 데 걸리는 시간과 접촉면의 면적 간의 관계

한 변의 길이	얼음의 개수	물과 접촉한 얼음의 면적	녹는 시간
1cm	8개	1cm×1cm×6면×8개 = 48cm²	2시간
2cm	1개	2cm×2cm×6면×1개 = 24cm²	4시간

핵심어(구) 물과 접촉하는 면적, 녹는 데 필요한 시간
중심 내용 얼음이 녹는 데 걸리는 시간과 접촉면의 면적 간의 관계 (2) – 접촉면의 면적이 절반으로 줄면 녹는 시간은 2배 늘어남.

5문단 [문단 요약] 해빙은 바다 위에 떠 있기에 물에 잠긴 정육면체 얼음과 달리 바닥 부분만 바닷물과 접촉하고 있어서, 바닷물의 열에너지는 해빙의 바닥 부분(1/6면)으로만 전달되기 때문에 녹는 시간이 6배 오래 걸려 수명이 훨씬 긴 것이다.
핵심어(구) 해빙, 바닥 부분만 바닷물과 접촉
중심 내용 해빙이 쉽게 녹지 않는 이유 (1) – 물과의 접촉면이 한 면뿐임.

6문단 [문단 요약] 북극 해빙이 쉽게 녹지 않는 또 다른 이유는 부피와 면적 간의 관계 때문이다. 얼음이 녹는 시간은 부피가 클수록 길어지고 물에 닿는 면적이 클수록 짧아지는데, 길이가 L배 커지면 면적은 L^2, 부피는 L^3만큼 비례하여 커진다는 '제곱–세제곱 법칙'을 적용하면, 면적이 늘어나는 것보다 부피가 늘어나는 비율이 훨씬 크다. 북극 해빙의 면적은 수천만 km²가 넘지만 부피는 이보다 계산하기 어려울 정도로 매우 크기 때문에 해빙이 녹는 시간은 그만큼 늘어나는 것이다.

▼ 부피와 면적 간의 관계

얼음의 길이(L)	녹는 시간	얼음의 면적(L²)	얼음의 부피(L³)
1cm	2시간	1	1
2cm	4시간	4	8

→ 면적이 늘어나는 것(4)보다 부피가 늘어나는(8) 정도가 훨씬 큼.

핵심어(구) 북극 해빙이 쉽게 녹지 않는 또 다른 이유는 부피와 면적 간의 관계 때문
중심 내용 해빙이 쉽게 녹지 않는 이유 (2) – 면적도 크지만, 부피가 더 크기 때문임.

주제 해빙의 수명이 냉수 속 얼음보다 긴 이유

도표와 그래프 문제

지문에서 설명한 부분과 비교하고
주간 복습 때 도표, 그래프 문제만 다시 보기!

01 독서 전략의 적절성 평가
정답 ①

O ①이 정답인 이유 이 글은 1문단에서 해빙의 수명이 냉수 속 얼음보다 긴 이유에 대해 질문한 후, 그 이유를 '열에너지의 전달 원리'와 '부피와 면적 간의 관계'를 바탕으로 설명하고 있다. 따라서 질문(왜 해빙의 수명은 냉수 속 얼음보다 긴 걸까?)에 대한 글쓴이의 추론 과정을 분석하며 읽는 독서 전략은 적절하다.

▶ **정답의 근거** 위 '①이 정답인 이유' 참조

가장 많이 질문한 오답은? ②

X ②가 오답인 이유 질문의 답과 관련된 개념(열에너지의 전달 원리, '제곱–세제곱 법칙')은 다루고 있으나, 개념의 변천 과정에 대해서는 다루고 있지 않다. 따라서 '개념의 변천 과정에 주목하며 읽는' 독서 전략은 적절하지 않다.

③ 이 글은 질문의 답과 관련된 개념을 2가지로 제시하고 있는데, 이들은 과학적·수학적 원리이지 '의견(주관적인 생각)'이 아니므로 적절하지 않다.

④ 질문과 관련된 사람들의 일반적인 생각은 제시되어 있지 않으므로 적절하지 않다.

⑤ 질문에 대한 글쓴이의 입장과 반대되는 의견은 제시되어 있지 않으므로 적절하지 않다.

02 구체적 상황에의 적용
정답 ⑤

O ⑤가 정답인 이유 질문의 핵심은 〈보기〉의 '한여름에 석빙고의 정육면체 얼음들을 녹지 않게 하기 위한 가장 효율적인 방법'에 대한 것이다. **6문단의 끝**에서 북극 해빙이 쉽게 녹지 않는 이유가 '물에 닿는 면이 한 면뿐'이고 '닿는 면적에 비해 부피가 매우 크기' 때문이라고 한 점을 고려할 때, 석빙고의 얼음이 녹지 않게 하기 위해서는 접촉면을 줄이고 부피를 크게 하면 된다는 것을 알 수 있다. 그리고 **4문단**의 '한 변의 길이가 1cm인 정육면체 8개를 붙여 한 변의 길이가 2cm인 정육면체 하나로 만들어 냉수 속에 넣는' 실험에서 8개의 얼음덩어리를 하나의 얼음덩어리로 만들었더니 '물과 접촉하는 면적이 절반으로 줄었기 때문에' 녹는 시간이 2배로 늘었다고 했다. 따라서 석빙고의 얼음들을 녹지 않게 하기 위해 정육면체 한 덩어리로 만들어 보관하는 것은 효율적인 방법이라고 할 수 있다.

▶ **정답의 근거** 위 '⑤가 정답인 이유' 참조

가장 많이 질문한 오답은? ③

X ③이 오답인 이유 얼음들을 한 줄로 높이 세워 보관하면 공기와의 접촉면이 줄어들어 녹는 시간이 늘어나므로 석빙고의 얼음들을 녹지 않게 하기 위한 방법으로 적절하다. 하지만 질문의 핵심은 '가장 효율적인 방법'이라는 점에 주목하여 ③과 ⑤를 비교해 보자. 이해하기 쉽게 지문의 사례를 이용하여 한 변의 길이가 1cm인 정육면체 얼음덩어리가 8개 있다고 가정하여, ③과 ⑤의 경우에 얼음이 녹는 시간을 따져 보면 다음과 같다.

※ ③의 경우 직육면체가 되기 때문에 '변의 길이(가로×세로)'가 2가지로 나뉨.

구분	변의 길이	공기(물)와 접촉한 얼음의 면적	녹는 시간
지문	1×1cm	1cm×1cm×6면×8개 = 48cm²	2시간
③	1×1cm 1×8cm	{(1cm×1cm×2면) + (1cm×8cm×4면)}×1개 = 34cm²	약 3시간
⑤	2×2cm	2cm×2cm×6면×1개 = 24cm²	4시간

따라서 접촉면이 작은 ⑤가 얼음이 녹는 시간을 더 늘릴 수 있으므로 '가장 적절한 것'은 ⑤가 되고 ③은 오답이 된다.

나머지 답지들은 지문에 제시된, 얼음이 잘 녹지 않게 하는 방법(접촉면을 줄이거나 부피를 크게 하는 것)과 관련이 없다.

03 구체적 상황에의 적용
정답 ④

O ④가 정답인 이유 〈보기〉에서 ㉠은 '물에 완전히 잠긴 얼음'이고, ㉡은 '물 위에 떠 있는 얼음'이라고 했다. 물과 접촉한 면이 ㉠은 6면이고, ㉡은 1면이라는 것이다. ④에서처럼 ㉠을 ㉡처럼 물에 띄운다면, ㉠과 ㉡의 접촉면의 수가 같아지므로 녹는 시간에 영향을 미치는 것은 접촉면의 면적이다. 이와 관련하여 **6문단**의 '길이가 L배 커지면…얼음이 녹는 시간은 L배만큼 길어짐'을 감안할 때 길이가 3배 더 긴 ㉡의 녹는 시간이 3배 더 길다는 것을 짐작할 수 있다.

3문단의 실험 결과와 **5문단**의 '정육면체의 여섯 면 중 한 면만 닿는 것이기 때문에, 같은 부피의 해빙은 물에 잠긴 정육면체 얼음덩어리보다 녹는 시간이 6배 오래 걸린다.'를 참고하여 ㉠과 ㉡의 녹는 시간을 구체적으로 따져 보자.

구분	한 변의 길이	접촉면	녹는 시간
3문단	1cm	6면 (물에 잠겨 있음)	• 물에 잠겨 있으면 2시간 • 물에 떠 있으면 12시간(2시간×6배)
㉠	2cm	1면 (물에 띄움)	• 길이 2배×12시간 = 24시간
㉡	6cm	1면 (물 위에 떠 있음)	• 길이 6배×12시간 = 72시간

따라서 ㉠을 ㉡처럼 물에 띄운다면, ㉠이 완전히 녹는 시간은 약 8시간이 아니라 약 24시간이 된다. 따라서 ④는 적절하지 않다.

▶ **정답의 근거** 위 '④가 정답인 이유' 참조

가장 많이 질문한 오답은? ⑤, ③ 순

X ⑤가 오답인 이유 3문단에서 '한 변의 길이가 1cm인 정육면체 얼음 8개'가 '모두 물에 잠겨 있을 때에도 얼음이 완전히 녹는 데에 걸리는 시간은 여전히 약 2시간'이라고 했고, **6문단**에서는 '길이가 L배 커지면…얼음이 녹는 시간은 L배만큼 길어'진다고 했다. 따라서 ㉡을 한 변이 3cm인 정육면체 얼음 8개로 쪼갠 뒤 물에 잠기게 하면 완전히 녹는 시간은 약 6시간(2시간×길이 3배)이 맞다.

X **③이 오답인 이유** ⊙은 한 변의 길이가 2cm이고, 물에 완전히 잠긴 얼음이므로 4문단의 실험 결과를 바탕으로 하면 4시간이면 완전히 녹아 있을 것이다. 따라서 6시간 후에 ⊙을 관찰하면 완전히 녹아 있을 것이다.

①과 ②가 오답인 이유는 6문단의 '길이가 L배 커지면 면적은 L^2, 부피는 L^3만큼 비례하여 커진다'에서 알 수 있다. ⓒ은 ⊙에 비해 길이가 3배 커졌으므로 면적은 3^2, 부피는 3^3만큼 커진다. 따라서 ⊙과 ⓒ의 면적은 9배 차이가 나고, 부피는 27배 차이가 나므로, ①과 ②는 적절하다.

04 세부 정보의 확인 정답 ①

O **①이 정답인 이유** 6문단의 '북극 해빙*의 면적은 수천만 km²가 넘지만 부피는 이보다 계산하기 어려울 정도로 매우 크기 때문에 해빙이 녹는 시간은 그만큼 늘어나는 것이다.'에서, 북극 해빙의 면적은 부피에 비례(반비례 X)한다는 것을 알 수 있다.

> *해빙(海氷): 바닷물(해양)이 얼어서 생긴 얼음(빙하).
> ※해빙(解氷): 얼음(빙하)이 풀림(해체). 땐 결빙(結氷)

▶ **정답의 근거** 위 '①이 정답인 이유'에서 밑줄 친 부분
나머지 답지들이 오답인, 적절한 내용인 근거는 다음과 같다.

② 2문단의 '열에너지는 온도가 높은 곳에서 낮은 곳으로 전달되는데, ~'
③ 5문단의 '이(북극 해빙)는 정육면체의 여섯 면 중 한 면만 닿는 것이기 때문에, …녹는 시간이 6배 오래 걸린다.'
④ 2문단의 '열에너지는 두 물체(얼음, 물) 사이의 접촉면을 통해서만 전달되며, 접촉면이 클수록 전달되는 열에너지의 양은 커진다.'
⑤ 2문단의 '열적 평형은 접촉한 물체들의 열이 똑같아져 서로 어떠한 영향도 주거나 받지 않는 상태이다.'

05 다른 상황에의 적용 및 추론 정답 ④

O **④가 정답인 이유** 〈보기〉에서는 '동물이 생산하는 열에너지는 동물의 무게와 부피에 비례한다.'고 했고, 그래서 육상 동물 중 무게와 부피가 가장 큰 코끼리는 열에너지가 많아 '커다란 귀를 흔들어 부채질을 해야만 체온을 일정하게 유지할 수 있'다고 했다.

④에서는 '열에너지 방출에 필요한 피부 면적'에 대해 말하고 있으므로, 코끼리의 열에너지 방출과 관련해서 부피와 면적 간의 관계부터 파악해야 한다. 6문단에서 '면적이 늘어나는 것보다 부피가 늘어나는 비율'이 훨씬 크다고 한 점에 주목하면, 코끼리는 면적보다 부피가 더 크기 때문에 열에너지 방출에 필요한 피부 면적이 충분하지 않을 것임을 추론할 수 있다. 그래서 코끼리는 귀를 흔들어 부채질을 하는 것이다.

▶ **정답의 근거** 위 '④가 정답인 이유'에서 밑줄 친 부분

가장 많이 질문한 오답은? ①

X **①이 오답인 이유** 2문단에서 '열에너지는 온도가 높은 곳에서 낮은 곳으로 전달'된다고 했다. 따라서 코끼리의 체온보다 외부 기온이 높아지면 코끼리의 체온은 이전의 상태를 유지하지 못하고 더 높아질 것이다. → 쉬울 것이다 X

② 〈보기〉의 '동물이 생산하는 열에너지는 동물의 무게와 부피에 비례한다. 코끼리는 무게와 부피가 육상 동물 중 가장 크다.'와 어긋난다. → 부족할 것이다 X

③ 2문단의 끝에서 '열적 평형을 이루기 전까지 두 물체 간 전달되는 열에너지의 양은 둘 사이의 온도 차, 접촉면의 면적과 비례한다'고 했다. 더운 지역에 사는 코끼리는 외부와의 '온도 차'가 적어 외부로 방출되는 열에너지가 적을 것이다. 따라서 더운 지역에 사는 코끼리가 체온을 일정하게 유지하기 위해서는, 즉 열에너지를 방출하기 위해서는 다른 지역의 코끼리보다 접촉면(귀 포함)의 면적이 크거나 귀를 더 자주 흔들어야 할 것이다. → 작을 것이다 X

⑤ 〈보기〉에서 '일반적으로 동물이 생산하는 열에너지는 동물의 무게와 부피에 비례한다'고 했으므로, 평균보다 몸무게가 많이 나가는 코끼리는 평균적인 코끼리보다 열에너지가 많을 것이다. 따라서 귀를 펄럭거리는 횟수가 더 많아야 체온을 일정하게 유지할 수 있을 것이다. → 적을 것이다 X

✏ **다시 볼 내용 메모하기**

다시 봐야 할 내용을 메모해 둡니다. 메모해 둔 내용은 **재복습**하면서 **오답 노트**에 옮겨 정리하면 공부 효과를 높일 수 있습니다.

06 문맥적 의미의 파악

○ ⑤가 정답인 이유 '어휘 문제 3단계 풀이법'을 적용해 보자.

• 1단계: 핵심 간추리기

> • 얼음은 1시간을 넘기지 못하고 모두 녹아버린다. → 1시간을 넘기다.

• 2단계: '매3어휘 풀이' 떠올리기('넘기다'의 대상이 '시간'임을 염두에 둘 것)

> • 1시간을 벗어나다/넘다/초과하다.

• 3단계: 대입하기

> ① 목감기에 걸려 밥을 벗어나지/넘지/초과하지 못했다. → X
> ② 나무를 베어 벗어나지/넘지/초과하지 못했다. → X
> ③ 네트 너머로 배구공을 벗어나지/넘지/초과하지 못했다. → X
> ④ 원고를 출판사에 벗어나지/넘지/초과하지 않았다. → X
> ⑤ 일을 처리하는 데 일주일을 벗어나지/넘지/초과하지 않았다.
> → O

→ '넘기다' 대신에 '벗어나다/넘다/초과하다'를 대입해 보니, ⑤를 제외한 나머지 답지들은 문맥이 자연스럽지 않다. ⓐ가 쓰인 문맥에서 '넘기다'의 대상이 '시간'이라는 것도 고려하면, 시간(일주일)과 관련되어 쓰인 ⑤가 정답이라는 것을 재확인할 수 있다.

▶ **정답의 근거** 위 '⑤가 정답인 이유' 참조

오답지들에 쓰인 '넘기다'의 의미도 문맥 속에서 익히고 넘어가자.

① 목감기에 걸려 밥이 (목구멍으로) 넘어가게 하지 못했다. → 음식물을 목구멍으로 넘어가게 하다.

② (서 있는) 나무를 넘어지게 하지 못했다. → 서 있는 것을 넘어지게 하다.

③ (높이 있는) 네트 너머로 공을 넘어가게 하지 못했다. → 높은 곳을 넘어가게 하다.

④ 원고를 출판사에 건네지(전달하지) 않았다. → 물건을 전하다.

7~11 과학: 최승언, 「천문학의 이해」

독해력을 길러 주는 지문 분석

1문단 문단요약 금성은 새벽이나 초저녁에만 볼 수 있는데, 이러한 현상이 생기는 이유가 궁금하다.

핵심어(구) 금성

중심 내용 금성을 새벽이나 초저녁에만 볼 수 있는 이유에 대한 궁금증

2문단 문단요약 이는 천체의 '겉보기 운동'과 관련이 있는데, 겉보기 운동은 지구의 자전이나 공전으로 인해 지구에서 관측할 때 천체가 움직이는 것처럼 보이거나 실제 움직임과는 다르게 보이는 현상을 말한다.

핵심어(구) 겉보기 운동

중심 내용 금성을 새벽이나 초저녁에만 볼 수 있는 이유와 관련이 있는 '겉보기 운동'의 개념

3문단 문단요약 겉보기 운동을 이해하기 위해서는 관측자에게 보이는 천체의 움직임을 알아야 하는데, 천체는 지구의 자전 때문에 지구 자전 방향의 반대 방향으로 움직이는 것처럼 보이게 된다. 관측자가 북반구 중위도에서 북쪽을 바라보고 있으면, 지구의 자전 방향은 시계 반대 방향, 즉 서에서 동으로의 방향이므로, 하늘의 천체는 상대적으로 동에서 서로 움직이는 것처럼 보인다.

핵심어(구) 겉보기 운동을 이해, 관측자에게 보이는 천체의 움직임

중심 내용 겉보기 운동을 이해하기 위해 고려할 요소 (1) – 관측자에게 보이는 천체의 움직임

4문단 문단요약 천체들 사이의 상대적 위치 관계도 겉보기 운동을 이해하는 데 중요하다. 〈그림〉에서 태양, 금성, 지구가 일직선상에 위치할 때를 '합'이라고 하는데, 지구-금성-태양의 순서일 때를 '내합', 지구-태양-금성의 순서일 때를 '외합'이라고 한다. 관측자가 보았을 때 금성이 태양으로부터 얼마만큼의 각거리로 떨어져 있는가를 의미하는 '이각'은 '동방 이각'과 '서방 이각'으로 나뉘는데, 금성이 V_6에 있을 때를 '동방 최대 이각', V_2에 있을 때를 '서방 최대 이각'이라고 한다.

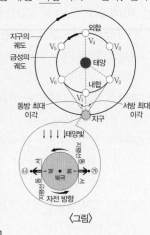

〈그림〉

핵심어(구) 천체들 사이의 상대적 위치 관계, 합, 내합, 외합, 이각, 동방 이각, 서방 이각, 동방 최대 이각, 서방 최대 이각

중심 내용 겉보기 운동을 이해하기 위해 고려할 요소 (2) – 천체들 사이의 상대적 위치 관계

5문단 문단요약 관측자에게 보이는 천체의 움직임, 상대적 위치 관계 등을 바탕으로 금성이 관측되는 시각과 시간을 알 수 있다. 〈그림〉에서 금성이 동방 이각에 위치하고 관측자의 위치가 ㉯이면, 금성은 지평선 위에, 태양은 지평선 아래에 있게 되므로 태양이 진 후 초저녁 서쪽 하늘에서 금성을 관측할 수 있다. 반대로 금성이 서방 이각에 위치하는 경우에는 동일한 이유로 관측자는 ㉮에서 금성을 관측할 수 있다. 한편 금성이 관측되는 시간은, 금성이 최대 이각에 위치할수록 오래 관측되고, 합에 위치할수록 짧게 관측된다.

142

▼ 금성이 관측되는 시각과 시간

- **금성이 관측되는 시각**: 지구에서 바라본 금성의 위치에 따라 달라짐.
  - 관측자는 ㉯에 서 있고, 금성은 동방 이각에 위치할 때: 초저녁 서쪽 하늘에서 관측됨.
  - 관측자는 ㉮에 서 있고, 금성은 서방 이각에 위치할 때: 새벽 동쪽 하늘에서 관측됨.
- **금성이 관측되는 시간**: 금성의 이각에 따라 달라짐.
  - 최대 이각에 위치할수록 오래 관측됨.
  - 합에 위치할수록 짧게 관측됨.

핵심어(구) 금성이 관측되는 시각과 시간

중심 내용 금성이 관측되는 시각과 시간

6문단 문단 요약 금성이 관측되는 위상과 크기는, 지구에서 멀어질수록 크기가 줄어들지만 태양빛을 받는 면의 전체를 볼 수 있어 보름달의 형태로 관측되는 반면, 지구로 가까워질수록 크기는 커지지만 태양빛을 받는 면의 일부분만 볼 수 있어 초승달 또는 그믐달의 형태로 관측된다. 그리고 최대 이각의 위치에 있을 때에는 반달의 형태로 관측된다.

▼ 금성의 위상과 크기: 지구와의 거리에 따라 달리 관측됨.
태양과의 상대적 위치에 따라 지구상의 관측자에게 보이는 모양

위치	위상(모양)	크기
지구에서 멀어질수록	보름달에 가까운 형태	작아짐.(↓)
지구에서 가까워질수록	초승달 또는 그믐달에 가까운 형태	커짐.(↑)
최대 이각일 때	반달에 가까운 형태	–

핵심어(구) 금성이 관측되는 위상과 크기

중심 내용 금성이 관측되는 위상과 크기

7문단 문단 요약 금성의 밝기는 보이는 크기와 지구와의 거리에 따라 결정되는데, 금성이 동방 최대 이각을 지나 내합으로 갈수록 점점 밝아지다가 밝기가 줄어들고, 내합을 지나 서방 최대 이각으로 갈수록 더 밝아지다가 서방 최대 이각에 가까워질수록 밝기가 줄어든다.

▼ 금성의 밝기: 보이는 크기와 지구와의 거리에 따라 결정됨.

금성의 위치	금성의 밝기	이유
V_6 ↓ V_1	점점 밝아지다 ↓ 어두워짐.	거리 효과 > 보이는 크기 효과 (가까워짐) (작아짐) 거리 효과 < 보이는 크기 효과 (가까워짐) (작아짐)
V_1 ↓ V_2	점점 밝아지다 ↓ 어두워짐.	거리 효과 < 보이는 크기 효과 (멀어짐) (커짐) 거리 효과 > 보이는 크기 효과 (멀어짐) (커짐)

핵심어(구) 금성의 밝기

중심 내용 금성의 밝기

주제 금성을 새벽이나 초저녁에만 볼 수 있는 이유와 금성이 관측되는 시각과 시간, 위상과 크기, 밝기

---

07 내용 이해 및 추론
정답 ③

O ③이 정답인 이유 그래프에서 ㉡은 서방 최대 이각으로, 지문의 〈그림〉에서는 금성이 V_2에 있을 때이다. 4문단에서 V_2는 금성이 태양보다 서쪽에 있다고 했으므로 ⓐ에는 '서쪽'이 들어간다.

다음으로 ⓑ에 들어갈 말을 살펴보면, 3문단의 '관측자가 북반구 중위도에서 북쪽을 바라보고 있으면 관측자의 왼쪽이 서쪽이 된다.'고 했으므로 관측자의 오른쪽에 위치한 V_2는 동쪽이 된다. 따라서 ⓑ에는 '동쪽'이 들어간다. 그리고 〈보기〉의 '~위치하지만'에 집중하면 ⓐ에 '서쪽'이 들어가므로 ⓑ에는 '동쪽'이 들어가는 것을 짐작할 수 있다.

ⓒ와 ⓓ에 들어갈 말은, 5문단의 '만약 〈그림〉에서 금성이 외합인 V_4에서 내합인 V_1 사이인 동방 이각에 위치하고, …관측자의 위치가 ㉯로 변하면, 금성은 관측자의 지평선 위에 있게 되고 태양은 지평선 아래에 있게 되므로 태양이 진 후 초저녁 서쪽 하늘에서 금성을 관측할 수 있다. 반대로 금성이 서방 이각에 위치하는 경우에는 동일한 이유로 관측자는 ㉯가 아닌 ㉮에서 금성을 관측할 수 있다.'와 1문단의 '금성은…새벽이나 초저녁에만 볼 수 있다.'를 통해 추리할 수 있다.

즉, ㉡(V_2)은 금성이 서방 이각에 위치해 있는 경우로, 동방 이각에 위치해 있을 때와 반대로 새벽 동쪽 하늘에서 금성을 관측할 수 있다. 따라서 ㉡에서, 새벽에는 금성이 관측자의 지평선 위(ⓒ)에 위치한다는 것을, 초저녁에는 지평선 아래(ⓓ)에 있을 것임을 추론할 수 있다.

▶ **정답의 근거** 위 '③이 정답인 이유' 참조

가장 많이 질문한 오답은? ④, ② 순

④에 답한 학생들이 아주 많았고 ②에 답한 학생들도 많았다. '독해력을 길러 주는 지문 분석'을 참고해 지문 내용을 한 번 더 복습하도록 한다.

---

08 핵심 정보의 이해
정답 ⑤

O ⑤가 정답인 이유 지문의 〈그림〉을 참고하면 그래프의 ㉠~㉤은 다음과 같이 정리할 수 있다.

㉠내합(V_1)	㉡서방 최대 이각(V_2)	㉢외합(V_4)
㉣동방 최대 이각(V_6)	㉤내합(V_1)	

이를 바탕으로 '금성의 이각이 ㉣(동방 최대 이각)에서 ㉤(내합)으로 변할' 때 '금성을 볼 수 있는 시간'과 '형태'를 살피면 '금성을 볼 수 있는 시간'은 다음 5문단에서, '금성의 형태'는 다음 6문단에서 추론할 수 있다.

1 **5문단**: 이각이 클수록 태양과 금성의 각거리는 커지므로 금성을 더 오래 볼 수 있다.

2 **6문단**: 금성은 지구에서 멀어질수록…보름달에 가까운 형태로 관측된다. 반면 지구로 가까워질수록…초승달 또는 그믐달에 가까운 형태로 관측된다. 그리고 최대 이각의 위치에 있을 때에는 반달에 가까운 형태로 관측된다.

즉, 그래프와 〈그림〉에서 금성의 이각이 ㉣(V_6)에서 ㉤(V_1)으로 변할수록 금성은 지구와 가까워진다는 것을 알 수 있고, ②에서 금성은 지구와 가까워질수록 초승달에 가까운 형태로 관측된다고 했으므로, ⑤에서 '㉣에서 ㉤으로 변할수록…점점 초승달에 가까운 형태로 볼 수 있다.'고 한 것은 맞다. 하지만 ①로 볼 때, 이각이 큰 ㉣에서 작은 ㉤으로 변할수록 금성을 볼 수 있는 시간은 짧아진다는 것을 알 수 있으므로 ⑤는 적절하지 않다.

▶ **정답의 근거** 위 '⑤가 정답인 이유' 참조

가장 많이 질문한 오답은? ②, ③, ④, ① 순

❌ **②가 오답인 이유** 그래프와 〈그림〉에서 금성의 이각은 ㉡(V_2)에서 ㉢(V_4)으로 변할수록 작아진다는 것을 알 수 있고, 이각이 작아지면 ①을 통해 금성을 볼 수 있는 시간은 짧아진다는 것을 알 수 있다. 그리고 〈그림〉에서 ㉡에서 ㉢으로 변할수록 금성은 지구에서 점점 멀어진다는 것을 알 수 있고, ②를 통해 이때 금성은 보름달에 가까운 형태로 관측된다는 것을 알 수 있다. 따라서 ②는 적절하다.

❌ **③이 오답인 이유** 그래프와 〈그림〉에서 금성의 이각은 ㉢(V_4)에서 ㉣(V_6)로 변할수록 커진다는 것을 알 수 있고, 이각이 커지면 ①을 통해 금성을 볼 수 있는 시간은 길어진다는 것을 알 수 있다. 그리고 ②에서 '(금성이) 최대 이각의 위치에 있을 때에는 반달에 가까운 형태로 관측된다.'고 했으므로, 최대 이각인 ㉣(V_6)로 변할수록 점점 반달에 가까운 형태로 볼 수 있다는 것을 알 수 있다. 따라서 ③은 적절하다.

❌ **④가 오답인 이유** 지문의 '주석'에서 '각거리'는 '관측자로부터 두 천체(금성, 태양)에 이르는 두 직선이 이루는 각도로 나타내는 천체 간 거리.'라고 했다. **그래프와 〈그림〉에서 금성의 이각이 ㉣(V_6)에서 ㉤(V_1)으로 변할수록 각거리는 작아진다는 것을 알 수 있다.** 그리고 관측자에게 보이는 형태는, ②로 보아 최대 이각인 ㉣에서는 반달에 가까운 형태로 관측되지만, ㉤으로 변할수록 지구와 가까워지므로 초승달 또는 그믐달에 가까운 형태로 관측될 것이다. 따라서 ④는 적절하다.

❌ **①이 오답인 이유** 그래프와 〈그림〉에서 금성의 이각이 ㉠(V_1)에서 ㉡(V_2)으로 변할수록 각거리는 커진다는 것을 알 수 있다. 각거리가 커지면 ①에서 금성을 더 오래 볼 수 있다고 했으므로 ①은 적절하다.

---

09 세부 정보의 확인   정답 ②

⭕ **②가 정답인 이유** 3문단의 마지막 문장에서 '겉보기 운동은 관측자의 위치를 중심으로 천체*가 움직이는 방향을 살펴본 것'이라고 했다. 따라서 ②는 '관측자의 위치'와 '천체'를 바꾸어 진술함으로써 적절하지 않은 답지가 되었다.

> *천체: 천문학의 대상이 되는 우주에 존재하는 모든 물체로, 지문에서 설명하고 있는 태양, 금성, 지구가 천체에 속함.

▶ **정답의 근거** 위 '②가 정답인 이유'에서 밑줄 친 부분

나머지 답지들이 오답인(적절한) 근거는 다음과 같다.

① 2문단의 '지구에서 관측할 때 천체가 움직이는 것처럼 보이거나 실제 움직임과는 다르게 보이는 현상'

③ 2문단의 '지구상의 관측자가 하늘의 천체를 볼 때, 관측 시기에 따라 천체의 위치가 다르게 보이기도 한다.'

④ 3문단의 '(겉보기 운동에서 보이는) 천체는 지구의 자전 때문에 지구 자전 방향의 반대 방향으로 움직이는 것처럼 보이게 된다.'

⑤ 3문단의 '관측자가 북반구 중위도에서 북쪽을 바라보고 있으면 관측자의 왼쪽이 서쪽이 된다.'

---

10 내용 이해 및 추론   정답 ③

⭕ **③이 정답인 이유** 내행성인 금성을 다룬 지문과 달리 〈보기〉는 외행성인 화성의 밝기와 지구와의 거리에 따라 다르게 관측되는 크기에 대해 다루고 있다. 지문과 〈보기〉를 통해 금성과 화성의 밝기와 크기를 정리하면 다음과 같다.

구분	밝기	크기
금성	• V_6에서 V_1로 갈수록 밝아지다가 밝기가 줄어듦.(7문단) • V_1에서 V_2로 갈수록 밝아지다가 밝기가 줄어듦.(7문단)	• 지구에서 멀어질수록 작아짐.(6문단)
화성	• 이각이 180°일 때 가장 밝게 보임.(〈보기〉)	• 지구에서 가까울수록 더 커짐.(〈보기〉)

따라서 금성의 크기는 지구와 가까운 내합(V_1) 부근에서 가장 크게 관측되고, 화성의 밝기는 이각(관측자가 태양을 바라본 방향과 행성을 바라본 방향 사이의 각)이 180°인 '충'에서 가장 밝게 관측되므로 ③은 적절하다.

▶ **정답의 근거** 위 '③이 정답인 이유'에서의 표

가장 많이 질문한 오답은? ②, ①, ④ 순

❌ **②가 오답인 이유** 화성의 크기는 〈보기〉에서 '지구에서 멀수록 더 작게 관측된다'고 했으므로 지구에서 가장 먼 합에서 가장 작게 관측되는 것이 맞다. 하지만, 금성의 밝기는 7문단에서 '동방 최대 이각을 지나 내합으로 갈수록 점점 밝아지다가 밝기가 줄어든다.'고 했으므로 최대 이각에서 가장 밝게 관측된다고 한 것은 적절하지 않다. → 최대 이각에서 가장 밝게 ❌

❌ **①이 오답인 이유** 금성의 크기는 6문단에서 지구로 가까워질수록 커진다고 했으므로 내합 부근에서 가장 크고, 화성의 밝기는 〈보기〉에서 이각이 180°인 '충'에서 가장 밝게 관측된다고 했으므로 ①은 적절하지 않다. → 최대 이각에서 가장 크게 ❌, 합에서 가장 밝게 ❌

X ④가 오답인 이유 금성의 밝기는 **7문단**에서 '내합을 지나 서방 최대 이각으로 갈수록 더 밝아'진다고 했으므로 내합 부근에서 가장 밝은 것이 아니고, 화성의 크기는 〈보기〉에서 '(지구에서) 멀수록 더 작게 관측된다'고 했으므로 충이 아닌 합에서 가장 작게 관측되므로 ④는 적절하지 않다. → 내합 부근에서 가장 밝게 ✕, 충에서 가장 작게 ✕

⑤에 답한 학생들은 드물었다. 7문단에서 '금성은 동방 최대 이각을 지나 내합으로 갈수록 점점 밝아지다가 밝기가 줄어든다.', '금성의 밝기는 내합을 지나 서방 최대 이각으로 갈수록 더 밝아지다가 서방 최대 이각에 가까워질수록 밝기가 줄어들게 된다.'고 했으므로 외합 부근에서 금성이 가장 밝다고 한 것은 적절하지 않다. 화성의 크기 또한 〈보기〉에서 '지구에서 가까울수록 더 크게 관측된다'고 했으므로 '구'가 아닌 '충'에서 가장 크게 관측되기 때문에 적절하지 않다. → 외합 부근에서 가장 밝게 ✕, 구에서 가장 크게 ✕

11 문맥적 의미 이해

정답 ⑤

O ⑤가 정답인 이유 '어휘 문제 3단계 풀이법'을 적용해 보자.

• 1단계(핵심 간추리기): ⓐ(붙이다)가 포함된 문장에서 ⓐ의 의미를 이해할 수 있는 핵심만 간추린다.

> • '샛별'은 사람들이 금성에 붙인 이름이다.

• 2단계('매3어휘 풀이' 떠올리기): ⓐ(붙이다)의 의미를 살리는 다른 말을 떠올려 바꾸어 보자. '붙인' 것이 '이름'이라는 점을 염두에 두면 ⓐ의 의미를 살릴 수 있는 '다른 말 떠올리기'가 쉽다.

> • '샛별'은 사람들이 금성에 지어 준/명명한 이름이다.

• 3단계(대입하기): 답지의 '붙이다' 대신에 '지어 주다', '명명하다'를 대입해 보자.

> ① 운동을 해서 다리에 힘을 지어 주었다/명명했다. ……✕
> ② 그는 나에게 다정하게 말을 지어 주어/명명해 왔다. ……✕
> ③ 아이와 정을 지어 주고/명명하고 나니 떨어지기 싫다.
> ……✕
> ④ 아이들에게 희망을 지어 주고/명명하고 사는 것이 큰 낙이다.
> ……✕
> ⑤ 그는 자기 소설에 어떤 제목(≒이름)을 지어 줄까/명명할까 고민 중이다. ……O

→ '지어 주다'와 '명명하다'를 대입해 보니, ⑤를 제외한 나머지 답지들은 어색하다. 즉, '붙이다'가 ⓐ와 같이 '(이름을) 지어 주다'의 뜻으로 사용된 것은 ⑤밖에 없다.

▶ **정답의 근거** 위 '⑤가 정답인 이유' 참조

나머지 답지에 쓰인 '붙이다'의 의미도 익혀 두자.

① 다리에 힘을 붙이다. → 다리에 힘을 생기게 하다.

② 다정하게 말을 붙여 오다. → 다정하게 말을 걸어 가까이 오다.

③ 아이와 정을 붙이다. → 아이와 정을 생기게 하다.

④ 아이들에게 희망을 붙이고 살다. → 아이들에게 희망을 걸고 살다.

12~15 과학: 강봉균 외 옮김, 「동물생리학」

독해력을 길러 주는 지문 분석

1문단 문단요약 우리 몸에 혈액을 순환시키는 기관인 심장은 매우 짧은 시간에 수축과 이완을 반복하는데, 이 주기적인 리듬을 '심장 박동'이라고 하며 이 과정에서 심장음이 발생한다. 심장 박동의 과정과 심장음의 발생 이유가 궁금하다.

핵심어(구) 심장, 심장 박동, 심장음

중심 내용 심장 박동의 발생 과정 및 심장음의 발생 이유에 대한 궁금증(화제 제시)

2문단 문단요약 심장의 구조와 혈액의 순환 과정을 살펴보면, 심장은 〈그림〉과 같이 우심방과 우심실, 좌심방과 좌심실로 구성되고, 각 심방과 심실, 우심실과 폐동맥, 좌심실과 대동맥 사이에는 압력 차이로 혈액을 한 방향으로만 흐르게 하는 판막이 있다. 혈액은 몸 전체의 세포와 조직에 산소를 공급하고 이산화탄소를 받은 후 '우심방 → 우심실 → 폐동맥 → 폐'로 이동하여 산소를 공급받고 '좌심방 → 좌심실 → 대동맥 → 몸 전체'로 이동한다.

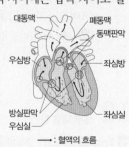

대동맥 / 폐동맥 / 동맥판막 / 우심방 / 좌심방 / 방실판막 / 우심실 / 좌심실 / ──▶: 혈액의 흐름 / 〈그림〉

핵심어(구) 심장의 구조와 혈액의 순환 과정

중심 내용 심장의 구조와 혈액의 순환 과정

3문단 문단요약 심장의 박동은 약 0.8초를 주기로 좌심방과 좌심실, 우심방과 우심실에서 동시에 수축 단계와 이완 단계를 반복적으로 거친다. 수축 단계는 먼저 동방결절에서 발생한 전기 신호로 인해 심방에서 심실로 혈액이 흘러 심실의 크기가 지속적으로 커진다. 이를 심실 확장기라고 하고, 이 시기에 '제4심장음'이 발생한다. 동방결절에서 발생한 그 전기 신호가 심실 전체로까지 전달되면 심실이 수축되다가 일정하게 유지된다. 이를 등용적 심실 수축기라고 하고, 이 시기에 방실판막이 닫힐 때 '제1심장음'이 발생한다. 마지막 과정인 심실 수축기에는 계속 증가해 온 심실의 압력이 동맥의 압력보다 높아져 동맥판막이 열리고 혈액이 심실에서 몸 전체나 폐로 빠져나간다.

핵심어(구) 심장의 박동, 수축 단계, 심실 확장기, 제4심장음, 등용적 심실 수축기, 제1심장음, 심실 수축기

중심 내용 심장 박동의 발생 과정 및 심장의 수축 단계와 각 시기에 발생하는 심장음의 종류

4문단 문단요약 수축 단계가 끝나면 심실이 이완되고, 이로 인한 심실의 압력 감소가 일정 수준에 이르기 전까지 4개의 판막이 모두 닫혀 심실의 크기가 일정하게 유지된다. 이를 등용적 심실 이완기라고 하고, 이 시기에 동맥판막이 닫힐 때 짧고 예리한 '제2심장음'이 발생한다. 이후 심실의 압력이 심방보다 낮아지면 방실판막이 열려 심실로 혈액이 들어온다. 이를 심실 채우기라고 하고, 이 시기에 방실판막이 열릴 때 '제3심장음'이 발생한다.

핵심어(구) 등용적 심실 이완기, 제2심장음, 심실 채우기, 제3심장음

중심 내용 심장의 이완 단계와 이 과정에서 발생하는 심장음의 종류

5문단 문단요약 심장의 박동은 심장의 수축과 이완에 따른 압력 또는 크기의 변화와 관련이 있으며, 시기별로 일정한 심장음을 발생시킨다는 특성이 있다. 판막이나 혈관에 이상이 생기면 정상적인 심장음 이외의 소리가 발생하고, 이를 통해 질병을 감지할 수 있다.

핵심어(구) 심장의 박동, 특성

중심 내용 심장 박동의 발생 원인과 특성

주제 심장 박동의 발생 과정 및 심장음의 발생 이유

12 세부 내용 확인 정답 ①

O ①이 정답인 이유 2문단 끝의 '혈액을 폐로 보내는 것보다 몸 전체로 보낼 때 더 강한 힘이 필요하므로 좌심실 벽이 우심실 벽보다 더 두껍다.'와 일치하지 않는 진술이다.

▶ 정답의 근거 위 '①이 정답인 이유'에서 밑줄 친 부분

② 2문단의 '판막은 혈액을 한 방향으로만 흐르게 하는 역할을 한다'와 일치한다.

③ 5문단의 "'제3심장음'은 그 소리가 약해서 소아나 청소년들에게서만 들리며'와 일치한다.

④ 1문단의 '심장은 우리 몸에 혈액을 안정적으로 순환시키는 기관으로'와 일치한다.

⑤ 5문단의 '만약 판막이나 혈관 등에 이상이 생길 경우 정상적인 심장음 이외의 소리가 발생하고'와 일치한다.

13 내용의 이해 및 추론 정답 ⑤

O ⑤가 정답인 이유 다음 내용을 통해 혈액은 '우심방 → 우심실 → (동맥판막) → 폐동맥 → 폐 → 좌심방 → 좌심실 → (동맥판막) → 대동맥 → 몸 전체'로 이동된다는 것을 알 수 있다.

> • 혈액은…우심방, 우심실을 거쳐 폐동맥을 통해 폐로 이동된다. 이후…좌심방으로 되돌아와 좌심실을 거쳐 대동맥을 통해 몸 전체로 나가게 된다.(2문단)
> • 우심실과 폐동맥 사이, 좌심실과 대동맥 사이에는 동맥판막이 있다.(2문단)

위 혈액 순환 과정과 더불어 **3문단**의 '동맥판막이 열리고 혈액이 심실에서 몸 전체나 폐로 빠져나가는~'으로 볼 때, 심장의 혈액을 좌심실에서 내보낼 때뿐만 아니라 우심실에서 내보낼 때에도 동맥판막이 열린다는 것을 알 수 있다.

▶ 정답의 근거 위 '⑤가 정답인 이유' 참조

가장 많이 질문한 오답은? ②, ③ 순

X ②가 오답인 이유 2문단의 '각 심방과 심실 사이에는 방실판막이 있고, 우심실과 폐동맥 사이, 좌심실과 대동맥 사이에는 동맥판막이 있다.'와 위 '⑤가 정답인 이유'를 참고해 '심장의 우심방에 들어온 혈액을 다시 몸 전체로 내보낼 때'의 과정을 나타내면 다음과 같이 판막 4개를 거쳐야 한다는 것을 알 수 있다.

> 우심방→(방실판막)→우심실→(동맥판막)→폐동맥→폐→좌심방→(방실판막)→좌심실→(동맥판막)→대동맥→몸 전체

X ③이 오답인 이유 3문단에서 '계속 증가해 온 심실의 압력이 동맥의 압력보다 높아지게 되어 동맥판막이 열리고 혈액이 심실에서 몸 전체나 폐로 빠져나가는 시기(심실 수축기)'에는 '심실의 압력이 심방의 압력보다 높기 때문에 방실판막은 여전히 닫혀 있'다고 한 것에서 ③은 적절하다는 것을 알 수 있다.

① 3문단의 '심실의 압력이 동맥의 압력보다 높아지게 되어 동맥판막이 열리고 혈액이 심실에서 몸 전체나 폐로 빠져나가는'에서 확인할 수 있다.

④ 2문단의 '각 심방과 심실 사이에는 방실판막이 있고'와 '방실판막은 심방에서 심실로만 열리는데', 4문단의 '심실의 압력이 심방의 압력보다도 낮아지면 방실판막이 열려 심실로 혈액이 조금씩 들어오는데'에서 확인할 수 있다.

비문학에서 어휘 문제를 만나면
"어휘 문제군.→ 3단계 풀이법 적용! → 핵심부터 간추리자." 하며 풀고,

'매3'에서 강조하는 어휘 문제 3단계 풀이법을 적용해 꼭 복습합니다.

14 핵심 정보의 이해   정답 ④

O ④가 정답인 이유 [D]에서 [E]로 되는 과정은 **4문단의 뒷부분**에서 설명하고 있는데, '이 시기(등용적 심실 이완기)에는~이후 심실이 이완*되면서 계속 감소해 온 심실의 압력이 심방의 압력보다도 낮아지면 방실판막이 열려 심실로 혈액이 조금씩 들어오는데 이를 심실 채우기라고 한다.'를 통해 볼 때, '[D]에서 [E]로 되면서, 심실은 이완되어 심실 속의 혈액량'이 '조금씩 늘어난다(줄어든다 ✗)'는 것을 알 수 있다.

    *이완(弛緩): 해이해지고 완화됨. 느슨해짐. **반** 수축

▶ **정답의 근거** 위 '④가 정답인 이유'에서 밑줄 친 부분

① [A]에서 [B]로 되는 과정은 3문단의 중간 부분에서 설명하고 있는데, '혈액의 이동이 순간적으로 중지된 상태이므로 심실의 크기는 일정하게 유지되는데 이를 등용적 심실 수축기라고 한다.'에서 알 수 있다.

② [B]에서 [C]로 되는 과정은 3문단의 뒷부분에서 설명하고 있는데, '이 시기(심실 수축기)에는…혈액은 심실 밖으로 빠져나갔으므로 심실의 크기는 이전 시기보다 작아진다.'에서 알 수 있다.

③ [C]에서 [D]로 되는 과정은 4문단의 앞부분에서 설명하고 있는데, '전기 신호로 인한 수축 단계가 끝나고 심실이 이완되면…이 시기(등용적 심실 이완기)에는…'제1심장음'보다 짧고 예리한 소리가 발생하는데 이를 '제2심장음'이라고 한다.'와 5문단의 ''제2심장음'은 일반적으로 의사들이 청진기를 통해 분명하게 들을 수 있다.'에서 알 수 있다.

⑤ [E]는 4문단의 뒷부분에서, [A]는 3문단의 앞부분에서 설명하고 있는데, **3문단**의 '이 시기(심실 확장기)에는 심방을 수축시킨 전기 신호가 방실판막과 심방 벽을 진동시켜 '제4심장음'이 발생한다.'에서 알 수 있다.

15 내용 추론   정답 ④

O ④가 정답인 이유 먼저, [B](등용적 심실 수축기)에서 '심방, 심실, 동맥의 압력 크기 순서'를 살펴보면, 다음 (1)을 통해 '동맥, 심실, 심방' 순으로 압력이 높다는 것을 알 수 있다.

다음으로, [D](등용적 심실 이완기)에서 '심방, 심실, 동맥의 압력 크기 순서'를 살펴보면, 다음 (2)를 통해 [B]에서와 마찬가지로 '동맥, 심실, 심방' 순으로 압력이 높다는 것을 알 수 있다.

> (1) 3문단의 '([B]에서는) 심실의 압력이 증가하여 심방의 압력보다 높아지므로 방실판막이 닫힌다. 그런데 심실의 압력은 동맥의 압력보다 여전히 낮기 때문에 동맥판막은 닫혀 있다.'
>   ···➤ 압력 : 동맥 > 심실 > 심방
>
> (2) 4문단의 '([D]에서는) 전기 신호로 인한 수축 단계가 끝나고 심실이 이완되면 심실의 압력이 동맥의 압력보다 낮아져 동맥판막이 닫히게 된다. 그런데 심실의 압력은 심방의 압력보다 여전히 높으므로~'···➤ 압력 : 동맥 > 심실 > 심방

즉, [B]와 [D]에서 '압력이 가장 높은 것'은 동맥이고, '그다음 높은 것'은 심실이며, '가장 낮은 것'은 심방이다.

▶ **정답의 근거** 위 '④가 정답인 이유'에서 밑줄 친 부분

가장 많이 질문한 오답은? ①, ③ 순

✗ ①이 오답인 이유 심방의 압력이 심실보다 높은 것은 [A]와 [E]에서이다. 그 근거는 아래와 같다.

> (1) 3문단의 '…심방의 압력이 심실의 압력보다 조금 높아지므로 심방에서 심실로 혈액이 흘러 심실의 크기가 지속적으로 커지는데 이를 심실 확장기([A])라고 한다.'
> (2) 4문단의 '이후 심실이 이완되면서 계속 감소해 온 심실의 압력이 심방의 압력보다도 낮아지면 방실판막이 열려 심실로 혈액이 조금씩 들어오는데 이를 심실 채우기([E])라고 한다.'

✗ ③이 오답인 이유 [B]와 [D]에서 심실이 심방보다 압력이 높은 것은 맞지만, 위 '④가 정답인 이유'에서 알 수 있듯이 동맥은 심실보다 압력이 높으므로 적절하지 않다.

[B]와 [D]에서는 심실이 심방보다 압력이 높다는 것을 쉽게 확인할 수 있어 ②와 ⑤에 답한 학생들은 드물었다.

✔ 매일 복습 확인 문제

1 다음 추론이 맞으면 ○, 그렇지 않으면 ✗로 표시하시오.

(1) [지문] 한 변의 길이가 1cm인 정육면체 얼음이 완전히 녹는 시간은 약 2시간이다. 길이가 L배 커지면 면적은 L^2, 부피는 L^3만큼 비례하여 커진다는 '제곱-세제곱 법칙'을 적용하면 얼음이 녹는 시간은 L배만큼 길어진다. → [추론] 한 변이 3cm인 정육면체가 완전히 녹는 시간은 약 6시간이다. ·································· (   )

(2) [지문] 금성은 동방 최대 이각을 지나 내합으로 갈수록 점점 밝아지다가 밝기가 줄어든다. 그리고 내합을 지나 서방 최대 이각으로 갈수록 더 밝아지다가 서방 최대 이각에 가까워질수록 밝기가 줄어들게 된다. → [추론] 금성은 최대 이각에서 가장 밝게 관측된다. ········ (   )

(3) [지문] 심장은 우심방과 우심실, 좌심방과 좌심실로 구성되어 있다. 각 심방과 심실 사이에는 방실판막이 있고, 우심실과 폐동맥 사이, 좌심실과 대동맥 사이에는 동맥판막이 있다. 혈액은 우심방, 우심실을 거쳐 폐동맥을 통해 폐로 이동된다. 이후 폐에서 산소를 공급받은 혈액은 좌심방으로 되돌아와 좌심실을 거쳐 대동맥을 통해 몸 전체로 나가게 된다. → [추론] 심장의 우심방에 들어온 혈액을 다시 몸 전체로 내보낼 때에는 판막 2개를 거쳐야 한다. ································· (   )

2 밑줄 친 '붙인'과 바꾸어 쓰기에 적절하지 않은 것은?

> '샛별'은 사람들이 붙인 금성의 다른 이름이다.

① 지은   ② 명명한   ③ 부르는
④ 일컫는   ⑤ 접착한

             정답 **1.** (1) ○ (2) ✗ (3) ✗ **2.** ⑤

정답 01 ② 02 ④ 03 ③ 04 ⑤ 05 ③
      06 ① 07 ⑤ 08 ① 09 ④ 10 ④
      11 ①

1~4 과학 : 디 언그로브 실버톤, 「인체생리학」

독해력을 길러 주는 지문 분석

1문단 문단요약 몸에 상처가 났을 때 다친 부위가 부어오르고 열과 통증, 고름이 생기기도 하는 '염증 반응'의 원인과 진행 과정이 궁금하다.

핵심어(구) 염증 반응

중심 내용 염증 반응의 개념 및 발생 원인과 진행 과정에 대한 궁금증

2문단 문단요약 염증 반응은 우리 몸에 침입한 병원체(바이러스나 박테리아)를 제거하고, 손상된 세포나 조직을 제거하여 수리하기 위한 면역 반응의 하나이다. 염증 반응에서는 병원체에 대항하여 신체를 보호하는 역할을 하는 혈액 속 백혈구가 관여하는데, 다른 면역 반응과 달리 병원체의 종류를 가리지 않는다는 특징이 있다.

핵심어(구) 면역 반응의 하나, 백혈구가 관여, 특징

중심 내용 염증 반응의 발생 원인 및 특징

3문단 문단요약 염증 반응이 일어나는 과정을 보면, 피부에 병원체가 침입할 경우 대식 세포가 병원체의 고유한 특징을 인식하는 수용체를 활용하여 병원체와 결합한 다음 병원체를 포식하여 파괴한다. 아울러, 피부나 내장 기관 조직에 분포하는 '비만 세포'가 히스타민을 분비하게 되는데, 히스타민은 더 많은 백혈구가 감염 부위로 올 수 있도록 혈관을 확장시킨다.

핵심어(구) 대식 세포, 비만 세포

중심 내용 염증 반응이 일어나는 과정 (1) – 대식 세포의 병원체 포식, 비만 세포의 히스타민 분비로 많은 백혈구의 결집

4문단 문단요약 이때 단핵구(백혈구의 일종)가 혈관 벽을 통과한 후 대식 세포로 분화하여 감염 부위로 들어와 병원체를 포식한다. 또한 이 대식 세포는 사이토카인과 케모카인이라는 단백질을 분비해, 또 다른 백혈구의 일종인 호중구가 감염 부위로 이동하여 병원체를 삼키게 유도한다.

핵심어(구) 단핵구, 사이토카인과 케모카인, 호중구

중심 내용 염증 반응이 일어나는 과정 (2) – 대식 세포로 분화한 단핵구의 병원체 포식 및 사이토카인과 케모카인이 유도한 호중구의 병원체 제거

5문단 문단요약 세포들이 병원체를 포식하는 과정에서 죽는 세포와 병원체는 고름이 된다. 또한 히스타민에 의해 혈관이 확장되면서 상처 부위가 빨갛게 부어오르고, 그 부위의 신경을 누르면 통증이 나타나기도 한다.

핵심어(구) 고름, 빨갛게 부어오르고, 통증

중심 내용 염증 반응에 따른 증상 – 고름, 붓기, 통증

주제 염증 반응의 특징 및 발생 원인, 진행 과정, 증상

01 핵심 정보의 파악   정답 ②

O **②가 정답인 이유** 〈보기〉는 상처 부위에 염증 반응이 일어날 때 '빨갛게 부어오르게 되는' 이유와 '고름'이 생성되는 이유에 대해 메모한 것으로, 이와 같이 염증 반응에 따른 증상을 다룬 5문단과 〈보기〉를 비교해 보자.

5문단	〈보기〉
• 상처 부위가 혈장으로 채워지기 때문에 빨갛게 부어오르고,~	• 상처 부위에 염증 반응이 일어날 때 빨갛게 부어오르게 되는 것은 상처 부위가 ⒜ (으)로 채워지기 때문이다.
• ~이렇게 죽거나 죽어 가는 세포나 병원체 등은 고름의 주성분이 된다.	• 염증 반응으로 인해 생성된 고름은 세포나 ⒝ 들이 죽어서 생긴 것이라고 할 수 있다.

따라서 ⒜에는 '혈장'이, ⒝에는 '병원체'가 들어가야 한다.

▶ **정답의 근거** 위 '②가 정답인 이유'에서의 표

가장 많이 질문한 오답은? ③

X **③이 오답인 이유** 대부분의 학생들이 ⒝에는 '병원체'가 들어간다는 것을 파악했지만, ⒜에는 '수용체'가 들어간다고 생각해 ③에 많이 답했다. 하지만, '수용체'는 상처 부위에 채워져 빨갛게 부어오르게 하는 것이 아니라, '(대식 세포 표면에 있으면서) 병원체 표면의 특징적인 분자들을 인식'하는 것으로, 이것이 '병원체와 결합하면 대식 세포가 활성화되어 병원체를 삼키게' 된다고 했다(3문단).

02 세부 내용 확인   정답 ④

O **④가 정답인 이유** 염증 반응의 발생 원인에 대해 설명하고 있는 2문단에 '(우리 몸에 침입한) 병원체*가 몸 전체로 퍼져 나가는 것'에 대한 언급은 있지만, 병원체가 우리 몸에서 어떤 과정으로 퍼져 나가는지에 대해서는 설명하지 않았다.

＊병원체: (바이러스나 박테리아 등의) 병의 원인이 되는 본체.

▶ **정답의 근거** 발문(문두) – 지문에서 답을 찾을 수 없음.

가장 많이 질문한 오답은? ⑤, ② 순

X **⑤가 오답인 이유** ⑤에 답한 학생들이 많았는데, '다른 면역 반응과 구분되는 염증 반응의 특징'은 2문단의 '체내로 들어오는 특정 병원체를 표적으로 하는 다른 면역 반응과 달리 염증 반응은 병원체의 종류를 가리지 않고 나타난다는 특징이 있다.'에서 답을 찾을 수 있다.

X ②가 오답인 이유 ②에 답한 학생들도 많았는데, '상처 부위에서 통증이 나타나는 이유'는 5문단의 '히스타민에 의해 혈관이 확장되면서 상처 부위가 혈장으로 채워지기 때문에 빨갛게 부어오르고, 상처 부위가 부어올라 신경을 물리적으로 누르면 통증이 나타나기도 한다.'에서 답을 찾을 수 있다.

① 3문단의 '대식 세포 표면에는 병원체의 고유한 특징을 인식하는 수용체가 있어서 이것이 병원체 표면의 특징적인 분자들을 인식해 병원체와 결합하면 대식 세포가 활성화되어 병원체를 삼키게 되는 것이다.'에서 답을 찾을 수 있다.

③ 4문단의 '백혈구의 일종인 단핵구가 … 혈관 벽을 통과한 후 대식 세포로 분화하여 병원체를 포식*하게 된다. … 또 다른 백혈구의 일종인 호중구가…대식 세포와 같은 방법으로 병원체를 삼킨다.'에서 답을 찾을 수 있다.

> * 포식(捕食): 잡아(포획) 먹음(식사).
> → '배부르게(포만) 먹음'이란 뜻의 '포식(飽食)'과는 다른 의미를 지닌 동음이의어임.

03 그림에의 적용
정답 ③

O ③이 정답인 이유 4문단의 '이러한 대식 세포는 사이토카인과 케모카인이라는 단백질을 분비해~'로 보아, '케모카인'을 분비하는 것은 ⓒ(호중구)가 아니라 ⓑ(대식 세포)이다. '케모카인은 혈관 벽에 붙은 호중구(ⓒ)가 혈관 벽 내피세포 사이로 빠져나와 감염 부위로 이동할 수 있도록 유도하는 역할을 한다.'고 했다. 그리고 3문단의 '비만 세포(ⓐ)가 화학 물질인 히스타민을 분비한다. 분비된 히스타민은~혈관을 확장시킨다. 혈관이 확장되면 혈관 벽을 싸고 있는 내피세포들의 사이가 벌어져 혈장 단백질, 백혈구 등의 혈액 성분들이 혈관에서 쉽게 빠져나올 수 있게 된다.'로 보아, 혈관 확장을 도와 혈액 성분들이 혈관 밖으로 빠져나갈 수 있게 하는 것은 ⓐ가 아니라 ⓐ가 분비한 히스타민이므로 ③의 'ⓐ가 혈관 확장을 도와~'도 적절하지 않다.

▶ **정답의 근거** 위 '③이 정답인 이유'에서 밑줄 친 부분

① 3문단의 '"비만 세포"(ⓐ)가 화학 물질인 히스타민을 분비한다. 분비된 히스타민은~더 많은 백혈구가 감염 부위로 올 수 있도록 혈관을 확장시킨다.'와 4문단의 '이때 백혈구의 일종인 단핵구(ⓓ)가 혈관 벽을 통과하여 병원체가 있는 감염 부위로 들어오게 된다.'로 보아 ①은 적절하다.

② 4문단의 '케모카인이라는 단백질'과 '케모카인은 혈관 벽에 붙은 호중구(ⓒ)가 혈관 벽 내피세포 사이로 빠져나와 감염 부위로 이동할 수 있도록 유도하는 역할을 한다.'로 보아 ②는 적절하다.

④ 4문단의 '호중구(ⓒ)는 대식 세포(ⓑ)와 같은 방법으로 병원체를 삼킨다.'와 5문단의 '이렇게 죽거나 죽어 가는 세포나 병원체 등은 고름의 주성분이 된다. 고름은 대식 세포(ⓑ)에 의해 점차적으로 제거되기도 하고~'로 보아 ④는 적절하다.

⑤ 4문단의 '단핵구(ⓓ)는 혈관 벽을 통과한 후 대식 세포(ⓑ)로 분화하여 병원체를 포식하게 된다. 이러한 대식 세포는 사이토카인과 케모카인이라는 단백질을 분비해 병원체를 제거할 다른 방어 체제를 유도한다.'로 보아 ⑤는 적절하다.

04 반응의 적절성 판단
정답 ⑤

O ⑤가 정답인 이유 〈보기〉에서는 확장된 혈관을 '약물'을 통해 수축시키면 과도한 염증 반응을 가라앉힐 수 있다고 했고, 3·4문단에서는 히스타민과 사이토카인이 혈관을 확장시킨다고 했다.

〈보기〉	확장된 혈관을 '약물'을 통해 수축시켜 과도한 염증 반응을 가라앉히는 것
3문단	분비된 히스타민은 화학적 경보 신호로 작용하여, 더 많은 백혈구가 감염 부위로 올 수 있도록 혈관을 확장시킨다.
4문단	사이토카인은 혈관 내피세포에 작용하여 혈관을 확장시키고~

이를 바탕으로 ⑤를 살펴보면, '약물'을 사용한 후에는 혈관을 확장시키는 '히스타민이나 사이토카인의 작용이 이전보다 원활하지 않게' 될 것이고, '히스타민이나 사이토카인의 작용이 이전보다 원활하지 않게' 되면 '염증 반응이 진정'될 것이므로 ⑤는 적절한 반응이다.

▶ **정답의 근거** 위 '⑤가 정답인 이유'에서의 표

가장 많이 질문한 오답은? ③

X ③이 오답인 이유 〈보기〉에서 '약물'을 사용하면 확장된 혈관이 수축한다고 했다. 그리고 3문단의 '분비된 히스타민은~더 많은 백혈구가 감염 부위로 올 수 있도록 혈관을 확장시킨다.'로 보아, '약물'을 사용한 후에는 혈관이 수축되어 이전보다 백혈구가 감염 부위로 덜 이동할 것임을 알 수 있다.
→ 더 많이 이동하겠군. X

나머지 답지들이 오답인 이유도 살펴보면, ①과 ②에서는 '약물'을 사용하기 전에 대해, ④에서는 '약물'을 사용한 후에 대해 설명하고 있으므로 〈보기〉를 통해 '약물' 사용 전(혈관 확장-염증 반응)과 후(혈관 수축-염증 반응이 가라앉음)의 변화부터 이해한 다음 옳고 그름을 따지도록 한다.

① 4문단의 '사이토카인은~혈관을 확장시키고, 또 다른 백혈구의 일종인 호중구가 혈관 벽에 잘 달라붙을 수 있게 한다.'로 보아, '약물'을 사용하기 전(혈관 확장)에는 호중구가 혈관 벽에 잘 달라붙어 염증 반응이 과도하게 일어났을 것이다. → 달라붙지 않아 X

② 3문단의 마지막 문장에서 '혈관이 확장되면~혈액 성분들이 혈관에서 쉽게 빠져나올 수 있게 된다.'고 했고, 4문단의 첫 문장에서 '이때 백혈구의 일종인 단핵구가 혈관 벽을 통과하여 병원체가 있는 감염 부위로 들어오게 된다.'고 했으므로 '약물'을 사용하기 전(혈관 확장)에는 혈액 속의 단핵구가 혈관 벽을 통과하여 염증 반응이 지속적으로 일어났을 것이다. → 통과할 수 없어 X

④ 3문단의 '혈관이 확장되면 혈관 벽을 싸고 있는 내피세포들의 사이가 벌어져'로 보아, '약물'을 사용한 후(혈관 수축)에는 이전보다 혈관의 내피세포들의 사이가 수축되어(벌어지지 않게 되어) 염증 반응이 진정될 것이다. → 더욱 벌어지게 되어 ✕

독해력을 길러 주는 지문 분석

1문단 문단 요약 과학에서 관심을 갖는 대상을 '계', 계를 제외한 나머지 부분을 '주위', 계와 주위 사이를 '경계'라고 한다. 계는 '고립계', '닫힌계', '열린계'로 나뉜다.

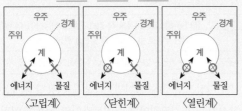

〈고립계〉   〈닫힌계〉   〈열린계〉

핵심어(구) 계, 주위, 경계, 고립계, 닫힌계, 열린계

중심 내용 우주를 구성하고 있는 계, 주위, 경계의 개념과 계의 분류

2문단 문단 요약 우주의 에너지 총량은 일정하므로, 계와 주위의 에너지 합 또한 일정하다. 계와 주위 사이에 에너지 교환이 있다면, 계의 에너지가 감소할 때 주위의 에너지는 증가하며, 계의 에너지가 증가할 때 주위의 에너지는 감소한다. 계가 열을 흡수하는 과정은 흡열 과정, 계가 열을 방출하는 과정은 발열 과정이라고 한다.

핵심어(구) 계와 주위의 에너지 합 또한 일정, 흡열 과정, 발열 과정

중심 내용 우주의 에너지 총량 불변 법칙에 따른 계와 주위의 에너지 교환 양상

3~4문단 문단 요약 계의 에너지는 온도, 압력, 부피 등의 열역학적 변수들에 의해 결정되므로 열역학적 변수들이 같은 계들은 같은 '상태'에 있다고 할 수 있다. 〈그림〉에서 세 변수들 사이의 관계는 다음과 같은데, 두 계라 할 수 있는 A와 B가 같은 상태에 있으면, A와 B의 실린더 속 기체의 내부 에너지는 서로 같다.

피스톤
실린더

• 피스톤 고정 ✕, 압력 유지 후 가열: 온도↑ 부피↑ — A
• 피스톤 고정, 부피 유지 후 가열: 온도↑ 압력↑ ┐
• 온도 유지, 피스톤을 풀 경우: 압력↓ 부피↑ ┘ B

핵심어(구) 계의 에너지, 상태, 내부 에너지

중심 내용 계의 에너지를 결정하는 온도·압력·부피의 관계와, 같은 '상태'에 있는 '계'의 내부 에너지

5문단 문단 요약 두 계가 같은 상태에 있다고 해서 두 계가 만들어진 과정이 같다고 할 수는 없다. 또한 어떤 계의 변화가 일어나는 경로는 일련의 상태들로 이루어지며, 두 상태를 연결하는 경로는 무한히 많다.

핵심어(구) 두 계가 같은 상태에 있다고 해서 두 계가 만들어진 과정이 같다고 할 수는 없다, 두 상태를 연결하는 경로는 무한히 많다.

중심 내용 계의 변화가 일어나는 경로의 무한성

주제 우주의 한 부분인 '계'의 에너지에 대한 이해

05 세부 내용 확인 정답 ③

⭕ **③이 정답인 이유** 1문단의 마지막 문장에서 '열린계'는 '주위와 물질 및 에너지 교환이 모두 일어'난다고 했다. 주위와 물질 교환 없이 에너지 교환만 일어나는 것은 '닫힌계'이다.

▶ **정답의 근거** 위 '③이 정답인 이유' 참조

① 3문단의 '열역학적 변수*들이 같은 계들은 같은 '상태'에 있다고 할 수 있다.'와 일치한다.

  *변수: 변할 수 있는 수. 어떤 상황의 가변적 요인.

② 2문단의 '열역학 제1법칙에 따르면 우주의 에너지 총량은 일정하므로'와 일치한다.

④ 5문단의 '어떤 계의 변화가 일어나는 경로는 초기 상태에서 최종 상태로 진행하면서 거치는 일련의 상태들로 이루어져 있으며, 이 두 상태를 연결하는 경로는 무한히 많다.'와 일치한다.

⑤ 2문단의 '계와 주위 사이에 에너지 교환이 있다면, … 계의 에너지가 증가할 때 주위의 에너지는 감소하게 된다.'와 일치한다.

06 구체적인 사례에의 적용 정답 ①

⭕ **①이 정답인 이유** 〈보기〉에서 묽은 황산이 만들어지는 과정을 살피면 다음과 같다.

(1) 물이 담긴 수조에 물이 담긴 비커를 절반 정도 잠기도록 놓는다. → (2) 비커 속 물에 진한 황산을 넣는다. → (3) 황산이 이온으로 되면서 열이 방출되고 묽은황산 용액이 만들어진다. → (4) 방출된 열이 수조 속 물에 전달되어 수조 속 물의 온도까지 높아진다.

이와 관련하여 답지 ①을 살피면, ①의 앞부분인 '묽은 황산 용액이 만들어지는 과정은 발열 과정으로'는 (3)과 2문단의 '계가 열을 방출하는 과정은 발열 과정'에서 적절하다는 것을 알 수 있고, ①의 뒷부분인 '이(발열) 과정과 관련된 열은 -Q로 표시되겠군.'은 2문단의 '발열 과정에 관련된 열은 -Q로 나타낼 수 있다.'에서 적절하다는 것을 확인할 수 있다.

▶ **정답의 근거** 〈보기〉와 2문단

가장 많이 질문한 오답은? ④

❌ **④가 오답인 이유** 〈보기〉에서 '묽은 황산 용액'은 '황산이 이온으로 되면서 열이 방출되고, 이 열이 수조 속 물에도 전달되기 때문'에 '묽은 황산 용액은 물론 비커 주위의 수조 속 물의 온도까지 높아진다.'고 했다. 따라서 묽은 황산 용액이 수조 속의 물로부터 에너지를 흡수한 것이 아니라, 수조 속의 물이 묽은 황산 용액으로부터 에너지를 흡수한 것이므로 ④는 적절하지 않다.

② 1문단에서 '주위와 물질 및 에너지 교환이 모두 일어나는' 것은 '열린계'라고 했다.

③ 〈보기〉의 '묽은 황산 용액은 물론 비커 주위의 수조 속 물의 온도까지 높아진다.'로 보아, 비커 속 물의 에너지와 수조 속 물의 에너지는 모두 증가했다.

⑤ 1문단에서 '경계'는 '계와 주위 사이'라고 했다. 따라서 비커 속의 물과 수조 속의 물은 모두 경계에 해당하지 않는다.

07 핵심 내용의 그래프에의 적용　　정답 ⑤

⭕ **⑤가 정답인 이유** [가]를 바탕으로 A와 B를 〈보기〉의 그래프에 나타내면 다음과 같다.

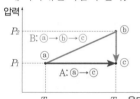

- A: ⓐ→ⓒ
- B: ⓐ→ⓑ→ⓒ
- ⓐ(T_1, P_1): A와 B의 초기 상태
- ⓑ(T_2, P_2): B의 과정
- ⓒ(T_2, P_1): A와 B의 최종 상태

이로 보아, 〈보기〉의 ⓒ 상태는 A와 B 모두 최종 상태로, [가]의 첫 문장에서 '열역학적 변수들(온도, 압력, 부피)이 같은 계들은 같은 '상태'에 있다'고 한 점에 주목하면 A와 B는 최종 상태가 ⓒ인 같은 '상태'에 있다는 것을 알 수 있다. 이를 바탕으로, [가]의 마지막 부분(두 계라 할 수 있는 A와 B가 같은 상태에 있으면, A와 B의 실린더 속 기체의 내부 에너지는 서로 같다고 할 수 있다.)을 감안하면 ⓒ 상태에서 실린더 속 기체의 내부 에너지는 같을 것이므로 ⑤는 적절하지 않다.

▶ **정답의 근거** 위 '⑤가 정답인 이유'에서 밑줄 친 부분

가장 많이 질문한 오답은? ③, ②, ④, ① 순

❌ **③이 오답인 이유** B는 ⓐ에서 ⓑ를 거쳐 ⓒ의 상태가 된 것으로, ⓑ 상태에서 ⓒ 상태가 되는 경로에 대해 설명한 [가]의 '온도가 T_2인 상태를 유지하면서 고정시켰던 피스톤을 풀면 실린더 속 기체의 압력이 (P_2에서) P_1이 될 때까지 실린더 속 기체의 부피는 증가하게 된다.'로 보아, ③은 적절하다.

❌ **②가 오답인 이유** 위 '⑤가 정답인 이유'의 **그래프**와, B가 ⓐ 상태에서 ⓑ 상태가 되는 경로에 대해 설명한 [가]의 '피스톤을 고정하여 실린더 속 기체의 부피를 일정하게 하고 실린더를 가열하면, 실린더 속 기체의 온도가 T_1에서 T_2가 되는 동안(ⓐ 상태에서 ⓑ 상태가 되는 동안)'으로 보아, ②는 적절하다.

❌ **④가 오답인 이유** [가]의 '두 계라 할 수 있는 A와 B가 같은 상태에 있으면, A와 B의 실린더 속 기체의 내부 에너지는 서로 같다고 할 수 있다.'로 보아, ④는 적절하다.

❌ **①이 오답인 이유** A에 대해 설명한 [가]의 '실린더 속 기체의 압력이 P_1로 일정하도록 유지한 상태에서 실린더를 가열하여 실린더 속 기체의 온도가 T_1에서 T_2가 되도록 하면(ⓐ 상태에서 ⓒ 상태가 되도록 하면), 온도가 높아짐에 따라 실린더 속 기체의 부피는 증가하게 된다.'로 보아, ①은 적절하다.

08 바꿔 쓰기에 적절한 어휘 이해　　정답 ①

⭕ **①이 정답인 이유** '어휘 문제 3단계 풀이법'을 적용해 보자.

- 1단계: ㉠(같은)이 포함된 문장에서 ㉠의 의미를 이해할 수 있는 핵심 어구만 간추린다.

> • 열역학적 변수들이 같은 계들

→ 문맥을 고려할 때 '같은'은 '똑같은, 조금도 다르지 않은'의 의미이다.

- 2단계: 답지에 제시된 말을 ㉠의 자리에 대입해 본다.

> • 열역학적 변수들이 같은 계들
> 동일한 ⭕, 동반한 ❌, 동화한 ❌, 균일한 ❌, 유일한 ❌

- 3단계: 2단계에서 정답을 찾았어도, '같은'과 '동일한'이 모두 들어갈 수 있는 말을 떠올려 봄으로써 정답에 확신을 더하도록 한다.

> • 같은/동일한 학교에 다니는 친구
> • 나이, 몸무게, 키, 혈액형이 같다/동일하다.

→ 실제 문제를 풀 때에는 3단계까지 가지 않고 2단계에서 정답을 확정 지을 수 있지만, 2차 채점 후 복습할 때에는 꼭 3단계 훈련도 하도록 한다.

▶ **정답의 근거** 위 '①이 정답인 이유' 참조

② '동반하다'는 '동행하다' 또는 '동반자'를 떠올리면 그 의미를 이해하기 쉬운데, '함께(공동) 짝(반려자)이 되어 무엇을 하다.' 혹은 '어떤 사물이나 현상이 함께(공동으로) 생기다.'라는 의미이다.

③ '동화하다'는 '자연과 동화하다'를 떠올리면 그 의미를 이해하기 쉬운데, '다르던 것이 서로 같아지다.'의 의미이다.

④ '균일하다'는 '균등하다'와 '일정하다'를 떠올리면 그 의미를 이해하기 쉬운데, '한결같이 고르다(균등).'의 의미이다.

⑤ '유일하다'는 '오직(唯: 오직 유) 하나(일)뿐이다.'라는 의미로, '유일무이(오직 하나만 있고 둘은 없음)'와 함께 익혀 두자.

독해력을 길러 주는 지문 분석

1문단 문단요약 우리 몸에서 가장 큰 장기인 간은 음식 섭취를 통해 흡수한 영양소들을 몸에서 요구하는 다른 영양소로 만들거나, 우리 몸을 위해 저장하기도 한다. 이것이 가능한 이유는 간의 구조와 혈액의 공급 방식 때문이다.

핵심어(구) 간

중심 내용 간의 기능과 그것이 가능한 이유

2문단 문단요약 간은 육각형 기둥 모양의 간소엽으로 이루어져 있고 그 내부는 간세포로 채워져 있다. 간소엽 중심부에 있는 중심 정맥은 간을 거친 혈액을 간정맥으로 보내 심장으로 흐르게 한다. 육각형 기둥의 각 모서리에는 혈액이 간으로 유입되는 간문맥과 간동맥, 담즙이 배출되는 담관이 있다.

▼ 간의 구조 및 간소엽의 구성 요소와 기능

간소엽   10번 〈보기〉의 그림 참조

구성 요소	위치	기능
간세포	간소엽의 내부	간의 주요 기능을 수행함.
중심 정맥	간소엽의 중심부	간을 거친 혈액을 간정맥으로 보내 심장으로 흐르게 함.
간문맥 간동맥	간소엽의 각 모서리	혈액이 다른 장기에서 간으로 유입됨.
담관		간에서 생산한 담즙을 (쓸개로) 배출함.

핵심어(구) 간소엽, 간세포, 중심 정맥, 간문맥, 간동맥, 담관

중심 내용 간의 구조와 각 구성 요소의 기능

3문단 문단요약 간의 혈액 순환은 혈액이 간동맥(산소 운반)과 간문맥(영양소 운반)의 2개 혈관을 통해 간으로 들어와 간소엽 내부에서 미세혈관인 '시누소이드'로 합쳐지는데, 여기서 산소와 영양소를 간세포에 공급하고 대사산물과 노폐물을 흡수하는 '물질 교환'이 이루어진다. 이후 혈액은 중심 정맥으로 유입된 후 간정맥으로 합쳐져 심장으로 들어간다.

▼ 간의 혈액 순환 및 간의 구성 요소의 기능

간동맥·간문맥 →	미세혈관 (시누소이드) →	중심 정맥 →	간 정맥 →	심장
• 혈액 유입 • 산소와 영양소 이동	• 간세포에 산소와 영양소 공급 • 노폐물 흡수			

핵심어(구) 간의 혈액 순환

중심 내용 간의 혈액 순환의 특징

4문단 문단요약 식사를 통해 흡수한 단백질이 위나 장에서 아미노산으로 분해되어 혈액과 함께 간으로 이동하면, 간세포는 아미노산을 분해하여 혈액 응고 단백질을 합성하고, 이때 생성된 유독 물질인 암모니아는 요소로 변화시켜 몸 밖으로 배출한다. 또한 간은 비타민 A를 저장하고, 지방의 소화를 촉진하는 담즙을 생산하여 쓸개로 보낸다.

핵심어(구) 단백질을 합성, 비타민 A를 저장, 담즙을 생산

중심 내용 간의 기능

5문단 문단요약 간은 간세포와 시누소이드 사이에 있는 쿠퍼세포의 도움도 받는데, 쿠퍼세포는 바이러스를 면역 체계에 노출시켜 면역 작용을 유도한다. 이처럼 간은 혈액을 여과하면서 우리 몸의 건강을 유지한다.

핵심어(구) 쿠퍼세포

중심 내용 간의 쿠퍼세포의 기능 - 면역 작용 유도

주제 간의 구조와 혈액 공급 방식 및 기능

09 세부 정보의 확인   정답 ④

ㅇ ④가 정답인 이유 4문단의 '(간의) 간세포는 시누소이드를 통해 공급된 아미노산을 분해하여 혈액 응고에 관여하는 새로운 단백질을 합성한다. 이때 아미노산이 분해되는 과정에서 유독 물질인 암모니아가 생성되는데, 간은 이것(암모니아)을 요소로 변화시켜 콩팥으로 보내어 몸 밖으로 배출하게 한다.'로 보아, 요소는 다른 곳에서 만들어져 '간으로 이동'된 것이 아니라 간에서 새로운 단백질을 합성할 때 (부수적으로) 생성된 것이다. 또 요소는 간동맥이 아닌, 콩팥으로 보내져 몸 밖으로 배출된다.

▶ 정답의 근거 위 '④가 정답인 이유'에서 밑줄 친 부분

나머지 답지들이 오답인(적절한) 근거는 다음과 같다.

① 5문단의 '쿠퍼세포는 몸 안으로 들어온 바이러스를 면역 체계에 노출시켜 몸이 면역 작용을 할 수 있도록 유도한다.'

② 1문단의 '간은 그 영양소들을 몸에서 요구하는 다른 영양소로 만들거나, 우리 몸을 위해 저장하기도 한다.'

③ 3문단의 '(간세포들 사이에 위치한) 시누소이드를 거친 혈액은…간정맥으로 합쳐져 심장으로 들어가는 것이다.'

⑤ 3문단의 '간의 혈액 순환은 예외적으로…2개의 혈관을 통해서 들어와 미세혈관을 지나 중심 정맥으로 흘러 나간다.'

예비 매3비로 복습까지 끝낸 후

예비 매3문과 매3화법과작문으로 공부하면 **문학과 화법, 작문까지 정복**할 수 있습니다.

10 그림에의 적용

정답 ④

O ④가 정답인 이유 3문단의 '시누소이드를 흐르는 혈액은…간세포의 대사 활동의 결과물인 대사산물과 이산화탄소 같은 노폐물 등을 흡수하는데…이렇게 시누소이드를 거친 혈액은 중심 정맥으로 유입된 후, 다시 간정맥으로 합쳐져 심장으로 들어가는 것이다.'로 보아, 노폐물이 ⓔ(시누소이드)에서 중심 정맥으로 보내지는 것은 맞다. 하지만, ⓔ에서 만들어지는 것이 아니라 ⓔ가 노폐물을 흡수한 것이므로 ④는 적절하지 않다.

▶ **정답의 근거** 위 '④가 정답인 이유'에서 밑줄 친 부분

가장 많이 질문한 오답은? ③

X ③이 오답인 이유 3문단의 '시누소이드를 흐르는 혈액은 대사 활동에 필요한 산소와 영양소를 간세포에 공급하고, ~'에서 ⓓ(간세포)는 ⓔ(시누소이드)에서 산소와 영양소를 공급받아 대사 활동을 한다는 것을 알 수 있다.

나머지 답지들이 오답인(적절한) 근거는 다음과 같다.

① 3문단의 '소장과 간을 연결하는 혈관인 간문맥(ⓐ)을 통해서 들어오는 혈액은 위나 장에서 흡수된 영양소를 간으로 이동시킨다.'

② 4문단의 '간은…지방의 소화를 촉진시키는 담즙을 생산하여 담관(ⓒ)을 통해 쓸개로 보내기도 한다.'

⑤ 3문단의 '이 두 혈관들[간동맥(ⓑ)과 간문맥(ⓐ)]은 간소엽 내부에서 점차 가늘어져 '시누소이드'(ⓔ)라는 미세혈관으로 합쳐지는데~'

11 문맥적 의미 파악

정답 ①

O ①이 정답인 이유 '어휘 문제 3단계 풀이법'을 적용해 보자.
• 1·2단계: ㉠(들어가다)이 포함된 문장에서 핵심만 간추린 다음, ㉠의 의미를 살리는 다른 말을 떠올려 바꾸어 보자. 이때 '들어가다'의 앞에 움직임의 방향을 나타내는 부사격 조사 '으로'가 온 것도 염두에 둔다.

> 혈액이 심장으로 들어가다.
> 가다/자리를 옮기다.

• 3단계: 2단계에서 떠올린 말을 답지에 대입해 보자.

> ① 방으로 가/자리를 옮겨 버렸다. → O
> ② 통신비로 돈이 갔다/자리를 옮겼다. → X
> ③ 눈이 쑥 갔다/자리를 옮겼다. → X
> ④ 본격적인 선거전으로 간다/자리를 옮긴다. → X
> ⑤ 동생은 초등학교에 갔다△/자리를 옮겼다. → X

→ 대입해 보니, ①을 제외한 나머지 답지들은 문맥이 자연스럽지 않다. ㉠과 ①의 '들어가다'는 모두 '밖에서 안으로 향하여 가거나 자리를 옮기다.'의 의미이다.

한편 ㉠이 쓰인 문맥을 보면 '들어가다'의 앞에 부사격 조사 '(으)로'가 왔다. 답지들 중 '들어가다' 앞에 '(으)로'가 온 것은 ①, ②, ④인데, ②와 ④는 '(으)로' 앞에 온 명사가 '장소'를 나타내지 않으므로 정답에서 제외하는 방식으로 풀어도 된다.

▶ **정답의 근거** 위 '①이 정답인 이유' 참조
오답지에 쓰인 '들어가다'의 의미도 문맥 속에서 익히자.
② 돈이 너무 많이 쓰이다.
③ 고생을 많이 했는지 눈이 움푹 꺼지다.
④ 본격적인 선거전이 시작되다.
⑤ 초등학교의 학생(구성원)이 되다.

✔ 매일 복습 확인 문제

1 다음 추론이 맞으면 ○, 그렇지 않으면 ×로 표시하시오.

(1) [지문] 케모카인이라는 단백질은 혈관 벽에 붙은 호중구가 혈관 벽 내피세포 사이로 빠져나와 감염 부위로 이동할 수 있도록 유도하는 역할을 한다. →[추론] 호중구가 혈관을 빠져나와 감염 부위로 이동했다면 특정 단백질이 관여했다고 할 수 있을 것이다. ……………( )

(2) [지문] 계는 주위와 에너지나 물질의 교환이 모두 일어나지 않는 '고립계', 주위와 물질 교환 없이 에너지 교환만 일어나는 '닫힌계', 주위와 물질 및 에너지 교환이 모두 일어나는 '열린계'로 나눌 수 있다. →[추론] 닫힌계에서는 주위와 물질 교환 없이 에너지 교환만 일어난다. ……………………………………( )

(3) [지문] 시누소이드를 흐르는 혈액은 대사 활동에 필요한 산소와 영양소를 간세포에 공급하고, 간세포의 대사 활동의 결과물인 대사산물과 이산화탄소 같은 노폐물 등을 흡수한다. 이렇게 시누소이드를 거친 혈액은 중심 정맥으로 유입된 후, 다시 간정맥으로 합쳐져 심장으로 들어간다. →[추론] 시누소이드에서 만들어진 노폐물은 중심 정맥으로 보내진다. ……………………( )

2 다음 설명이 적절하면 ○, 그렇지 않으면 ×로 표시하시오.

(1) '열역학적 변수들이 같은 계들'에서 '같은'은 문맥상 '유일한'과 바꾸어 쓸 수 있다. …………………( )

(2) '혈액은 다시 심장으로 들어간다.'와 '통신비로 들어간 돈'의 '들어가다'는 문맥적 의미가 서로 유사하다. ……………………………………( )

> **정답** 1. (1)○ (2)○ (3)× 2. (1)× (2)×

매3 주간 복습[문제편 p.154]을 활용하여, 일주일 동안 공부한 내용을 복습합니다. 특히, 다시 보기 위해 메모해 둔 것과 △ 문항은 **꼭** 다시 챙겨 볼 것!

＊ '난이도 순'의 번호는 제일 쉬운 지문이 1임.

22일째   4주차 ▷ 예술

정답	**01** ④	**02** ②	**03** ②	**04** ⑤	**05** ④
	06 ⑤	**07** ①	**08** ③	**09** ①	**10** ④

▼ 분할주의 기법

• 이미지의 겹침: 대상의 움직임을 여러 개의 이미지로 중첩시켜 표현하는 방법
• 역선(힘의 선): 대상의 움직임의 궤적을 여러 개의 선으로 구현하는 방법
• 상호 침투: 대상과 대상이 겹쳐서 보이게 하는 방법

핵심어(구) 이미지의 겹침, 역선(力線), 상호 침투
중심 내용 분할주의 기법의 세부 방법인 이미지의 겹침, 역선(力線), 상호 침투와 그 표현 방법

1~4 예술 : 박홍순, 「미래주의 회화 운동」

독해력을 길러 주는 지문 분석

1문단 문단 요약 20세기 초 산업화에 뒤처진 이탈리아에서 산업화에 대한 열망과 민족적 자존감을 고양시키기 위해 등장한 미래주의는 산업화의 특성인 속도와 운동을 예술적으로 표현한 전위예술 운동이다.
핵심어(구) 미래주의
중심 내용 미래주의의 등장 배경과 특징

2문단 문단 요약 미래주의 화가들은 산업 사회의 역동적인 모습을 보여 주는 대상들을 소재로 삼아 움직임의 추이를 화폭에 담아냄으로써 대상을 생동감 있게 형상화하였다. 이를 위해 시간의 흐름에 따른 대상의 움직임을 한 화면에 표현하는 분할주의 기법을 사용하였다.
핵심어(구) 산업 사회의 역동적인 모습, 분할주의 기법
중심 내용 미래주의의 경향 및 표현 기법

3문단 문단 요약 분할주의 기법은 19세기 사진작가 머레이의 연속 사진 촬영 기법에 영향을 받은 것으로, 이미지의 겹침, 역선(力線), 상호 침투를 통해 대상의 속도와 움직임을 효과적으로 표현하였다.

4문단 문단 요약 미래주의 회화는 움직이는 대상의 속도와 운동이라는 미적 가치에 주목하여 새로운 미의식을 제시했다는 점에서 의의가 있으며, 입체적 조형물의 운동을 보여 주는 키네틱 아트의 등장에 영감을 제공한 것으로 평가된다.
핵심어(구) 의의, 평가
중심 내용 미래주의 회화의 의의와 영향

주제 미래주의 회화의 표현 기법과 의의

---

01 개괄적 정보의 확인   정답 ④

O **④가 정답인 이유** 이 글에는 미래주의의 개념과 등장 배경(1문단), 미래주의의 경향 및 표현 기법(2문단), 미래주의가 사용한 분할주의 기법의 세부 방법(3문단), 미래주의 회화의 의의와 키네틱 아트에 미친 영향(4문단) 등이 언급되어 있다. '미래주의 회화가 발전해 온 과정'은 언급되어 있지 않다.

▶ **정답의 근거** 위 '④가 정답인 이유' 참조

① 1문단에 미래주의에 참여한 예술가들(화가 발라, 조각가 보치오니, 건축가 상텔리아, 음악가 루솔로 등)이 언급되어 있다.

② 1문단에 미래주의가 등장하게 된 배경(산업화에 대한 열망과 민족적 자존감을 고양시킬 수 있는 새로운 예술의 필요성)이 언급되어 있다.

③ 2~3문단에 미래주의 화가들이 사용한 기법(분할주의 기법)이 언급되어 있다.

⑤ 4문단에 미래주의 화가들이 추구한 미의식*(움직이는 대상의 속도와 운동이라는 미적 가치)이 언급되어 있다.

> *미의식: 아름다움(美, 아름다울 미)을 느끼고 이해하고 판단하는 의식.

③ 미래주의 회화가 사진작가 머레이의 '연속 사진 촬영 기법'에 영향을 받은 것은 3문단에서 확인할 수 있다. 하지만 '비례와 조화'는 4문단에서 미래주의 회화가 아닌 전통적인 서양 회화의 특징이라고 했으므로 '비례와 조화에서 오는 조형물의 예술성을 높이려는 생각'은 ⑤의 구체적 내용으로 적절하지 않다.

④ 2문단에서 '산업 사회의 역동적(p.45 참조)인 모습'은 미래주의 회화의 특징임을 알 수 있고, 4문단에서 키네틱 아트는 '입체적 조형물의 운동을 보여' 준다고 했으므로, ④의 '산업 사회의 역동적인 모습에서 벗어나'와 '화폭에 담아내려는'은 ⑤의 구체적 내용으로 적절하지 않다.

⑤ '예술적 대상의 범위를 구체적인 대상에서 추상적인 대상으로 확대'했다는 내용은 키네틱 아트는 물론 미래주의 회화에 대한 설명에서도 확인할 수 없다.

02 구체적 내용의 추론
정답 ②

O ②가 정답인 이유 ⑤(영감*)의 구체적 내용은 미래주의 회화가 키네틱 아트의 등장에 영향을 준 것이어야 한다. 4문단에 제시된 미래주의 회화와 키네틱 아트, 그리고 기존의 전통적인 서양 회화의 특징을 정리하면 다음과 같다.

전통적인 서양 회화 (기존의 방식)	· 대상의 고정적인 모습에 주목함. · 비례, 통일, 조화 등을 아름다움의 요소로 봄.
↕	
미래주의 회화	· 움직이는 대상의 속도와 운동이라는 미적 가치에 주목함.
↓ 영감을 제공함.	
키네틱 아트	· 모빌과 같이 나무나 금속으로 만들어 입체적 조형물의 운동을 보여 줌.

'대상의 고정적인 모습'에 주목한 기존의 전통적인 서양 회화의 방식과 달리 미래주의 회화는 '움직이는 대상의 속도와 운동'에 주목했고, 바로 이 점이 키네틱 아트에 영감(⑤)을 주어 입체적(3차원*) 조형물의 운동(움직임)을 보여 주는 키네틱 아트가 등장한 것이므로 ②는 ⑤의 구체적 내용으로 적절하다.

> *영감: 자극(을 받음). 감응·착상(을 얻음). 창조적인 일의 계기가 되는 생각이나 자극. 인스피레이션(inspiration).
> *3차원: 직선은 1차원, 평면은 2차원, 입체는 3차원임.

▶ **정답의 근거** ⑤ 앞의 내용들

가장 많이 질문한 오답은? ①

X ①이 오답인 이유 아주 많은 학생들이 ①을 정답으로 생각했다. 미래주의 회화가 '전통 회화 양식에서 벗어나 움직이는 대상이 주는 아름다움'을 보여 준 것은 맞다. 그리고 바로 이 점이 키네틱 아트의 등장에 영감을 준 것으로 볼 수 있다. 하지만 미래주의 회화에서 이미 움직이는 대상이 주는 아름다움을 작품화했으므로 키네틱 아트가 '(움직이는 대상이 주는 아름다움을) 최초로 작품화'한 것은 아니다. 따라서 '~최초로 작품화하려는 생각'은 ⑤의 구체적 내용으로 적절하지 않다.

03 구체적 사례에의 적용
정답 ②

O ②가 정답인 이유 〈보기〉에서 그림은 '미래주의 회화의 대표적인 작품'이라고 했다. 이 점에 주목한 후 〈보기〉의 그림과 답지 ②를 살피면, '선을 교차시켜 쇠사슬의 잔상*'을 구체적으로 재현한 것'은 〈보기〉의 그림에서 확인할 수 있다. 하지만 3문단의 '역선을 사용하여 대상의 모습을 나타내면~대상이 사실적인 형태보다는 왜곡된 형태로 표현된다.'로 볼 때, 〈보기〉의 그림이 '역선을 통해 사실적인 형태를 강조'했다고 본 감상은 적절하지 않다.

> *잔상: 대상이 없어진 뒤에도 남아 있는(잔류, 잔여) 모습(형상).

▶ **정답의 근거** 위 '②가 정답인 이유'에서 밑줄 친 부분

가장 많이 질문한 오답은? ③

X ③이 오답인 이유 ③에 답한 학생들이 많았다. 그런데 '강아지의 발과 바닥의 경계가 모호하게 보이는 것'은 〈보기〉의 그림에서 확인할 수 있고, '대상과 배경의 상호 침투 효과'는 3문단에서 '상호 침투는 대상과 대상이 겹쳐서 보이게 하는 방법'이라고 한 점을 고려하면 '대상(강아지의 발)과 배경(바닥)'이 겹쳐져 모호하게 보이게 한 것에서 상호 침투 효과를 엿볼 수 있다는 감상은 적절하다.

① '움직이는 강아지의 모습을 속도감 있게 그린 것'은 〈보기〉의 그림에서, 이와 관련된 미래주의 회화의 경향은 4문단의 '미래주의 회화는 움직이는 대상의 속도와 운동이라는 미적 가치에 주목하여~'에서 확인할 수 있으므로 적절한 감상이다.

④ '강아지의 발을 중첩*시켜 표현한 것'은 〈보기〉의 그림에서 확인할 수 있는데, 이는 3문단에서 설명하고 있는 것처럼 '이미지의 겹침(화면에 하나의 대상을 여러 개의 이미지로 중첩시켜서 표현하는 방법)'을 활용하여 '움직이는 대상(강아지)의 잔상을 바탕으로 시간의 흐름에 따른 대상의 움직임을 겹쳐서 나타'낸 것으로 볼 수 있으므로 적절한 감상이다.

⑤ '사람(여인)의 다리를 두 개가 아닌 여러 개로 그린 것'은 〈보기〉의 그림에서 확인할 수 있는데, 이는 '대상의 움직임의 궤적을 여러 개의 선으로 구현'(3문단)하는 분할주의 기법(역선)을 활용하여 걷는 이의 역동적 모습을 강조한 것으로 볼 수 있으므로 적절한 감상이다.

04 사전적 의미의 파악

정답 ⑤

O **⑤가 정답인 이유** '어휘 문제 3단계 풀이법'을 적용해 보자.

- 1단계(핵심 간추리기): ⓔ(주목)가 포함된 문장에서 ⓔ의 의미를 이해할 수 있는 핵심 어구만 간추린다.

> • 대상의 모습에 주목하다.

- 2단계(대입하기): 답지에 제시된 뜻풀이를 ⓔ의 자리에 대입해 자연스러운지의 여부를 살핀다.

> • 대상의 모습에 자신의 의견이나 주의를 굳게 내세우다.

- 3단계('매3어휘 풀이' 떠올리기): '주목(ⓔ)'의 뜻이 '자신의 의견이나 주의를 굳게 내세움.'인지를 확인하기 위해 'ⓔ와 바꿔 쓸 수 있는 다른 말'과 'ⓔ가 들어가는 말'을 떠올려 보자.

> • ⓔ와 바꿔 쓸 수 있는 다른 말: 눈여겨봄. 주의해서 봄(목격).
> • ⓔ가 들어가는 말: 선생님의 말씀에 주목하다. 밑줄 친 말에 주목하다.

→ 3단계까지 오면 '주목'하는 것은 '관심을 가지고 보거나 살피는' 것이지, '자신의 의견이나 주의를 굳게 내세우는' 것이 아니라는 것을 알 수 있다. 참고로, '자신의 의견이나 주의를 굳게 내세움.'의 뜻을 지닌 어휘는 '주장'이다.

▶ **정답의 근거** 위 '⑤가 정답인 이유' 참조

나머지 답지들도 지문의 문맥 속에서 핵심을 간추리고, 답지에 제시된 사전적 의미를 해당 단어의 자리에 대입해 보고, '매3어휘 풀이'를 떠올려 봄으로써 어휘력을 기르도록 하자.

구분	핵심 간추리기	대입하기	'매3어휘 풀이' 떠올리기
ⓐ	민족적 자존감을 고양시키다.	민족적 자존감을(정신이나 기분 따위를) 북돋워서 높이다.	• 높임.(제고, 앙양). • 높임. • 애국심을 고양시키다.
ⓑ	움직임의 추이를 담아내다.	움직임의 시간의 경과에 따라 변하여 나감을 담아내다.	• 변하여 나아가고(추진) 이동함. • 움직임, 변화 • 사건의 추이를 살피다.
ⓒ	대상의 역동성을 지향하다.	대상의 역동성을(어떤 목표로) 뜻이 쏠리어 향하다.	• 의지(뜻)가 어떤 목표로 향함. • 추구 • 평화를 지향하다.
ⓓ	대상이 사실적인 형태보다는 왜곡된 형태로 표현되다.	대상이 사실적인 형태보다는 사실과 (다르게 해석하거나) 그릇된 형태로 표현되다.	• 사실과 다르게 해석함(곡해). • 조작, 날조 • 왜곡 보도, 역사를 왜곡하다.

독해력을 길러 주는 지문 분석

1문단 **문단 요약** 사진이 등장하면서 회화는 대상을 사실적으로 재현하는 역할을 사진에 넘겨주게 되었고, 19세기 말 등장한 인상주의와 후기 인상주의는 사실주의적 회화 기법을 거부하고 회화의 새로운 경향을 추구하였다.

핵심어(구) 사진이 등장, 인상주의와 후기 인상주의, 회화의 새로운 경향을 추구

중심 내용 사진의 등장으로 회화의 새로운 경향을 추구한 인상주의와 후기 인상주의

2문단 **문단 요약** 인상주의 화가들은 색이 빛에 의해 시시각각 변화하기 때문에 대상의 고유한 색은 존재하지 않는다고 생각하였다. 인상주의 화가 모네는 빛에 따라 달라지는 사물의 색채와 그에 따른 순간적 인상을 표현하였다.

핵심어(구) 인상주의 화가들, 대상의 고유한 색은 존재하지 않는다, 모네

중심 내용 대상의 고유한 색을 부정한 인상주의 화가들과 모네의 작품 경향

3문단 **문단 요약** 모네는 대상의 전체적인 느낌과 분위기, 빛의 효과에 주목했으며, 빛에 의한 대상의 순간적 인상을 포착하여 빠른 속도로 그려 내어 사실적 묘사에 치중하지 않았지만, '눈에 보이는 대로' 표현하려 했다는 점에서 사실적 표현에서 완전히 벗어나지는 못했다는 평가를 받았다.

핵심어(구) 모네, 사실적 표현에서 완전히 벗어나지는 못했다는 평가

중심 내용 모네의 작품 경향과 그에 대한 평가

4문단 **문단 요약** 후기 인상주의 화가들은 재현 위주의 사실적 회화에서 근본적으로 벗어나는 새로운 방식을 추구하였다. 후기 인상주의 화가 세잔은 대상의 본질을 구현해야 한다고 생각해서, 사물의 눈에 보이지 않는 형태까지 찾아 표현하고자 하였다.

핵심어(구) 후기 인상주의 화가들, 사실적 회화에서 근본적으로 벗어나는, 세잔, 대상의 본질을 구현

중심 내용 사실적 회화에서 벗어나고자 한 후기 인상주의 화가들과 세잔의 작품 경향

5문단 **문단 요약** 세잔은 두 개의 눈으로 보는 세계가 진실이라고 믿어, 전통적 원근법에 맞추지 않고 이중 시점을 적용하여 다른 각도에서 바라본 모습을 표현하였다. 또한 대상의 선택과 배치가 자유로운 정물화를 선호하였다.

핵심어(구) 세잔, 이중 시점을 적용, 선택과 배치가 자유로운 정물화를 선호

중심 내용 세잔의 관점과 작품 경향

6문단 문단 요약 세잔은 사물은 본질적으로 구, 원통, 원뿔의 단순한 형태로 이루어졌다고 보아, 형태를 단순화하여 대상의 본질을 표현하려 하였고, 윤곽선을 강조하여 대상의 존재감을 부각하려 하였다. 그의 이러한 화풍은 입체파 화가들에게 직접적인 영향을 미쳤다.

핵심어(구) 대상의 본질을 표현, 대상의 존재감을 부각, 입체파 화가들에게 직접적인 영향

중심 내용 세잔의 작품 경향과 그 영향

주제 사진의 등장으로 회화의 새로운 경향을 추구한 인상주의(모네)와 후기 인상주의(세잔)의 작품 경향

05 세부 내용 확인
정답 ④

○ ④가 정답인 이유 2문단의 '인상주의 화가들은 색이 빛에 의해 시시각각 변화하기 때문에 대상의 고유한 색은 존재하지 않는다고 생각하였다.'와 '인상주의 화가 모네'로 보아, 인상주의 화가인 모네는 대상의 고유한 색을 인정하지 않았으므로 고유한 색을 표현하려 했다는 것은 적절하지 않다. 또한 **5문단**의 '그(세잔)는 대상을 전통적 원근법에 억지로 맞추지 않고 이중 시점을 적용하여'로 보아 전통적인 원근법을 거부한 것은 세잔이다. 모네도 전통적인 원근법을 거부했는지는 알 수 없다.

▶ **정답의 근거** 위 '④가 정답인 이유'에서 밑줄 친 부분

나머지 답지들이 글의 내용과 일치하는 근거는 다음과 같다.

① 1문단의 '사진이 등장하면서 회화는 대상을 사실적으로 재현(再現)하는 역할을 사진에 넘겨주게 되었고, 그에 따라 화가들은 회화의 의미에 대해 고민하게 되었다.'

② 1문단의 '19세기 말 등장한 인상주의와 후기 인상주의는 전통적인 회화에서 중시되었던 사실주의적 회화 기법을 거부'

③ 3문단의 '(모네의 그림은) 대상의 윤곽이 뚜렷하지 않아 색채 효과가 형태 묘사를 압도하는 듯한 느낌을 준다.'

⑤ 6문단의 '그 결과 (세잔은) 자연을 관찰하고 분석하여 사물은 본질적으로 구, 원통, 원뿔의 단순한 형태로 이루어졌다는 결론에 도달하였다.'

06 그림에의 적용
정답 ⑤

○ ⑤가 정답인 이유 3문단의 '모네 역시…사실적 표현에서 완전히 벗어나지는 못했다는 평가를 받았다.'에서 모네의 그림인 (가)는 '사실적 재현에서 완전하게 벗어났다'는 평가를 받을 수 없다는 것을 알 수 있으므로 ⑤는 선생님의 질문에 대한 대답으로 적절하지 않다.

한편 세잔은 4문단의 '후기 인상주의 화가들은 재현 위주의 사실적 회화에서 근본적으로 벗어나는 새로운 방식을 추구하였다.'와 6문단의 '(세잔은) 형태를 단순화하여 대상의 본질을 표현하려고 하였고'에서 '사실적인 재현'에서 벗어났다는 평가

를 받을 수 있으나, '완전히' 벗어났다는 평가를 받을 수 있을지는 재고의 여지가 있다.

▶ **정답의 근거** 위 '⑤가 정답인 이유'에서 밑줄 친 부분

가장 많이 질문한 오답은? ②

✕ ②가 오답인 이유 (나)는 세잔의 그림이다. 세잔의 작품 경향을 설명한 5문단에서 세잔은 '질서 있는 화면 구성을 위해 대상의 선택과 배치가 자유로운 정물화를 선호(매3인사이트.집 p.29)하였다.'고 했으므로 ②는 적절하다.

① (가)는 모네의 그림이다. 모네의 작품 경향을 설명한 3문단에서 모네는 '빛에 의한 대상의 순간적 인상을 포착하여 대상을 빠른 속도로 그려 내었다.'고 했고, '이로 인해 대상(포도)의 윤곽이 뚜렷하지 않'다고 했으므로 ①은 적절하다.

③ 3문단에서 모네의 그림은 '대상의 윤곽이 뚜렷하지 않아 색채 효과가 형태 묘사를 압도하는 듯한 느낌을 준다.'고 했고, 6문단에서 세잔은 '윤곽선을 강조하여 대상의 존재감을 부각하려 하였다.'고 했으므로 ③은 적절하다.

④ 3문단에서 모네의 그림은 '빛에 의한 대상의 순간적 인상을 포착하여 대상을 빠른 속도로 그려 내었다. 그에 따라 그림에 거친 붓 자국과 물감을 덩어리로 찍어 바른 듯한 흔적이 남아 있는 경우가 많았다.'고 했고, 6문단에서 세잔은 (대상의 순간적 인상을 포착한 것이 아니라) '대상의 본질을 표현하려 하였'다고 했으므로, ④는 적절하다.

07 이유의 추리
정답 ①

○ ①이 정답인 이유 ㉠에서 세잔의 화풍은 '입체파 화가들에게 직접적인 영향을 미치게 되었다.'라고 했고, 〈보기〉에서는 입체파 화가들의 작품 경향을 설명하고 있는 것을 고려하여 세잔과 입체파 화가들의 작품 경향을 비교해 보면 다음과 같다.

구분	세잔의 화풍 – 지문	입체파 화가들의 작품 경향 – 〈보기〉
(1)	• (세잔의) 이러한 시도는…대상의 **본질을 구현**해야 한다는 생각에서 비롯되었다.(**4문단**) • 그(세잔)는…대상의 **본질을 표현**하려 하였고(**6문단**)	• 사물의 본질을 표현하고자
(2)	• 사물은 본질적으로 구, 원통, 원뿔의 단순한 형태로 이루어졌다는 결론에 도달하였다. 이를 회화에서 구현하기 위해(**6문단**)	• 대상을 입체적 공간으로 나누어 단순화한 후
(3)	• 이중 시점을 적용하여 대상을 다른 각도에서 바라보려 하였고(**5문단**)	• 여러 각도에서 바라보는 관점으로 사물을 해체했다가 재구성하는 방식 • 관찰자의 위치와 각도에 따라 다른 대상의 다양한 모습을 한 화폭에 담아내려 하였다.

결국 (1)~(3)에 제시된 세잔의 화풍이 대부분 입체파 화가들에게 이어졌기 때문에 ㉠과 같이 평가했다고 볼 수 있다. 이 중 ①은 (1)과 (3)을 제시하고 있으므로 정답이 된다.

▶ **정답의 근거** 위 '①이 정답인 이유'에서의 표

X ⑤가 오답인 이유 대부분의 학생들이 정답에 답했지만, 오답지들 중에서는 ⑤에 답한 학생들이 많았다. 위 '①이 정답인 이유'에서도 알 수 있듯이 세잔과 입체파 화가들은 '지각되는 세계를 있는 그대로 표현'하고자 한 것이 아니라 '사물의 본질을 표현'하고자 했다. 또 '사물을 해체하여 재구성하는 기법'을 사용한 것은 〈보기〉의 입체파 화가들로, 세잔이 이 기법을 창안*했는지는 확인할 수 없다.

> *창안: 처음으로 (창조) 생각해 낸 방안. ⑪발명 ⑫모방

나머지 답지들이 오답인 이유는 세잔과 입체파 화가들의 화풍이 아니기 때문인데, 그 근거를 살펴보자.
② 복잡한 형태로 추상화 X → '①이 정답인 이유'에서의 표 (2) 참조
③ 사물을 최대한 정확하게 묘사하기 위해 X → 1문단의 '(후기 인상주의는) 사실주의적 회화 기법을 거부', 〈보기〉의 '사물의 본질을 표현하고자'
④ 시시각각 달라지는~대상의 인상을 그려 내는 X → 모네의 화풍에 해당함.

8~10 예술 : 김영운, 「국악개론」

독해력을 길러 주는 지문 분석

1문단 **문단 요약** 국악의 장단은 일정한 주기로 소리의 길이와 강약이 규칙적으로 되풀이된다. 장단의 **기본 단위인 '박'**은 음의 길이를 재는 단위로, 기준이 되는 박을 보통박, 더 작은 단위로 쪼갠 박을 소박이라 한다. 민요 장단은 3소박 4보통박으로 구성되는 경우가 많은데, 이를 정간보에 나타낼 때는 12정간(칸)이 필요하다.
핵심어(구) 국악의 장단, 기본 단위인 '박'
중심 내용 국악 장단의 개념과 그 기본 단위인 '박'

2문단 **문단 요약** 국악 연주에서 장단을 맡는 악기인 장구의 가죽 면을 치는 것을 '점(點)'이라 한다. 장구 장단을 정간보에 기보할 때는 각 점에 해당하는 부호를 사용하며, 악기의 특징적인 소리를 입으로 흉내 낸 구음을 부호 아래에 첨가하기도 한다.
핵심어(구) 장구, '점(點)'
중심 내용 국악에서 장단을 맡는 악기인 장구

3문단 **문단 요약** 장구 장단을 칠 때는 한 손으로 채를 잡아 채편을 치고 다른 손으로는 북편을 치는데, 정간보에 표시하는 부호와 구음, 그리고 연주 방법은 다음과 같다.

부호	①	│	┆	┊	○
구음	덩	덕	기덕	더러러러	쿵
연주 방법	채편+북편	채편 한 번	채편-짧은 꾸밈음 붙임.	채편-채를 굴리기	북편

핵심어(구) 장구 장단, 정간보, 표시
중심 내용 장구 장단의 유형과 정간보에의 표시

4문단 **문단 요약** 정간보에는 점의 길이도 나타낼 수 있다. 한 정간에 점을 나타내는 부호 하나가 있으면 그 점은 한 소박이 되고, 한 정간에 부호 하나가 있고 그 다음 정간이 빈 칸이면 앞의 소리를 연장한다는 표시이므로 그 점은 두 소박이 된다. 장단을 칠 때는 기본 장단을 흐트러트리지 않는 범위 내에서 변주도 가능하다.
핵심어(구) 점의 길이, 변주도 가능
중심 내용 점 길이의 기보법* 및 장단의 변주

5문단 **문단 요약** 큰 소리를 내야 할 때(실외 음악, 사물놀이)에는 북편을 손 대신 궁채로 치기도 하고, 채편을 칠 때는 일반적으로 복판(중앙 부분)을 치지만, 소리를 작게 내어야 할 경우(반주, 실내악)에는 변죽(가장자리)을 친다.
핵심어(구) 큰 소리를 내야 할 때, 소리를 작게 내어야 할 경우
중심 내용 연주 상황에 어울리는 장구 연주 방법

6문단 **문단 요약** 장단은 음악의 진행을 시간적으로 안배하는 역할뿐만 아니라 연주자나 창자*의 호흡을 조절하며 음악의 분위기를 이끌기 때문에 깊이 있는 국악 감상을 위해 장단을 이해해야 한다.
핵심어(구) 장단, 역할
중심 내용 국악 장단의 역할

주제 국악의 장구 장단의 유형과 기보법 및 연주법

*기보법(記譜法): 악보를 적는 (기록) 방법.
*창자(唱者): 노래나 창을 하는 사람.

08 개괄적 정보의 확인 정답 ③

O ③이 정답인 이유 2문단에서 '장구 장단을 정간보*에 기보*할 때는 각각의 점에 해당하는 부호를 사용하며, 악기에서 울려 나오는 특징적인 소리를 입으로 흉내 낸 구음*을 부호 아래에 첨가하기도 한다.'고 했고, 4문단에서는 '정간보에는 점의 길이도 나타낼 수 있다.'고 했다. 하지만 '점의 강약을 나타내는 방법'에 대한 내용은 이 글에서 찾을 수 없다.

> *정간보: 조선 세종 때 음의 장단 등을 표시하기 위해 만든 악보.
> *기보(記譜): 악보를 적음(기록).
> *구음: 거문고, 가야금, 피리, 대금 등의 악기에서 울려 나오는 특징적인 음을 창처럼 입으로(구두로) 흉내 내는 소리(음성). 현악기는 '덩둥등당동딩', 관악기는 '루루르라로리'로 흉내 내어 읽는다.

▶ **정답의 근거** 위 '③이 정답인 이유' 참조
나머지 답지들의 질문에 대한 답을 지문에서 찾아보자.
① 1문단에서 '국악의 장단'은 '일반적으로 일정한 주기로 소리의 길이와 강약이 규칙적으로 되풀이되는 것'을 말한다고 했다.
② 1문단에서 '국악의 장단'은 '기본 단위인 '박'으로 구성된다.'고 했다.

④ 4문단에서 '(장단의) 변주*는 악곡의 흐름에 맞게 장단에 변화를 주어 음악을 더욱 풍성하게 만드는 역할을 한다.'고 했다.

　　　　　　　　*변주(變奏): 변화를 주어 연주함.

⑤ 6문단에서 '국악 감상에서 장단을 이해하는 것이 중요한 이유'는 '국악을 깊이 있게 감상'할 수 있고, '이를 통해 우리 음악에 담긴 흥을 더욱 잘 느낄 수 있'기 때문이라고 했다.

09 내용 이해 및 추론　　　　　　　　정답 ①

○ ①이 정답인 이유 2문단에서 '장구 장단을 정간보에 기보 (기록)할 때는 각각의 점에 해당하는 부호를 사용'한다고 했고, 4문단에서는 '정간보에는 점의 길이도 나타낼 수 있다.'고 했다. 이를 통해 ①은 적절하다는 것을 알 수 있다.

▶ **정답의 근거** 위 '①이 정답인 이유' 참조

② 5문단에서 '변죽*은 작고 높은 소리가 나는 반면, 복판은 크고 낮은 소리가 나기 때문에' '채편을 칠 때' '소리를 작게 내어야 할 경우에는 가죽의 가장자리 부분인 변죽을 친다.' 고 했으므로, '크고 낮은 소리를 내기 위해'서는 채편의 복판(변죽 X)을 쳐야 한다.

> ＊변죽: 그릇이나 과녁 등의 가장자리(변두리). ※ 변죽(을) 울리다: 직접 말을 하지 않고 둘러서 말을 하여 짐작하게 하다.

③ 1문단에서 '여러 개의 소박이 모여서 하나의 보통박'을 이룬다고 했으므로, '여러 개의 보통박을 쳐서 하나의 소박을 연주한다.'는 것은 적절하지 않다.

④ 5문단에서 '실외 음악이나 사물놀이처럼 큰 소리를 내야 할 때에는 북편*을 손 대신 궁채로 치기도 한다.'고 했으므로, 북편을 치는 도구(손, 궁채)는 연주 상황(장단 X)에 의해 결정된다고 볼 수 있다.

> ＊북편: 장구나 북에서, 손으로 치는 왼쪽 가죽면.

⑤ 2문단에서 〈그림 2〉는 '기본 장구 장단을 나타낸 것'이라고 했고, 3문단에서는 '장구의 채편과 북편을 동시에 치는 것'을 '덩'이라 한다고 했는데, '덩'은 〈그림 2〉에 나타나 있으므로 '기본이 되는 장단을 연주할 때' 북편과 채편을 동시에 칠 수 있다(없다 X).

10 구체적 사례에의 적용　　　　　　　　정답 ④

○ ④가 정답인 이유 〈보기〉에서 '창작 장단'은 3소박 4보통박으로 연주한다고 했으므로, 〈보기〉의 정간보를 3소박 4보통박으로 구분해 보자.

◯		┆◯	◯		◯	┆◯	◯		┆◯
덩		기덕	쿵	덕		쿵	더러러러	쿵	덕		기덕
소박	소박	소박	소박	소박	소박	소박	소박	소박	소박	소박	소박
보통박			보통박			보통박			보통박		

'점(點)'은 2문단에서 '장단을 맞추기 위해 장구의 가죽 면을 치는 것'이고 '장구 장단을 정간보에 기보할 때는 각각의 점에 해당하는 부호를 사용'한다고 했다. 따라서 세 번째 보통박에서 종류가 다른 점(◯, ┆)은 두 점(세 점 X)이다.

▶ **정답의 근거** 위 '④가 정답인 이유'의 밑줄 친 부분과 〈보기〉

① 4문단에서 '한 정간에 점을 나타내는 부호 하나가 있으면 그 점은 한 소박이 되고, 한 정간에 점을 나타내는 부호 하나가 있고 그 다음 정간이 빈 칸으로 남아 있으면 그 점은 두 소박'이 된다고 했다. 위 〈그림〉에서 '┃(덕)'은 둘 다 그 다음 정간이 빈 칸으로 남아 있으므로 각각 두 소박으로 연주해야 한다는 추론은 적절하다.

② 위 〈그림〉에서 마지막 보통박은 '덕'과 비어 있는 정간, '기덕'으로 구성되어 있는데, 3문단에서 '덕'과 '기덕'에서는 '북편을 치지 않고 채편만' 친다고 했고, 4문단에서 '비어 있는 정간은 앞의 소리를 연장한다는 표시'라고 했다. 따라서 마지막 보통박에서는 채편만 치면 된다는 추론은 적절하다.

③ 3문단에서 '합장단'은 '장구의 채편과 북편을 동시에 치는' '덩'을, '겹채'는 채편을 겹쳐 치는 '기덕'을 말한다고 했다. 위 〈그림〉은 '덩'으로 시작하고 '기덕'으로 마무리하고 있으므로, 합장단으로 시작하고 겹채로 마무리해야겠다는 추론은 적절하다.

⑤ 위 〈그림〉에서 첫 번째와 마지막 보통박의 세 번째 소박은 '┆(기덕)'으로 표시되어 있다. 따라서 ⑤와 같이 추론한 것은 적절하다.

✔ 매일 복습 확인 문제

1 다음 추론이 맞으면 ◯, 그렇지 않으면 ×로 표시하시오.

(1) [지문] 미래주의 회화는 모빌과 같이 나무나 금속으로 만들어 입체적 조형물의 운동을 보여 주는 키네틱 아트가 등장하는 데 영향을 끼친 것으로 평가된다. →[추론] 키네틱 아트는 3차원에서 실제로 움직이는 대상을 창작했다. ………………………………………………(　)

(2) [지문] 19세기 말 등장한 인상주의와 후기 인상주의는 전통적인 회화에서 중시되었던 사실주의적 회화 기법을 거부하고 회화의 새로운 경향을 추구하였다. →[추론] 전통 회화는 대상을 사실적으로 묘사하는 것을 중시했다. ………………………………………………(　)

(3) [지문] 장구 장단을 칠 때 실외 음악이나 사물놀이처럼 큰 소리를 내야 할 때에는 북편을 손 대신 궁채로 치기도 한다. →[추론] 장구 장단을 칠 때 북편을 치는 도구는 기본이 되는 장단에 의해 결정된다. …………………(　)

2 밑줄 친 어휘의 의미와 가까운 것을 [ ]에서 고르시오.

(1) 영감을 제공하다. 　　　[㉮ 예감, ㉯ 착상]
(2) 기법을 창안하다. 　　　[㉮ 창조, ㉯ 제안]

　정답　**1.** (1) ◯ (2) ◯ (3) × **2.** (1) ㉯ (2) ㉮

정답 01 ① 02 ③ 03 ④ 04 ③ 05 ①
      06 ② 07 ③ 08 ③ 09 ③ 10 ③
      11 ① 12 ③ 13 ② 14 ①

1~4 기술: 이선명, 「수소전기차」

독해력을 길러 주는 지문 분석

1문단 문단요약 대기 오염 및 기후 변화 문제가 심각해지면서 세계 각국은 온실가스의 배출 억제를 위해 자동차 분야 규제를 강화하고 있어 친환경차가 주목을 받고 있다.

핵심어(구) 친환경차

중심 내용 친환경차에 대한 관심과 그 배경

2문단 문단요약 친환경차 중 전기차와 수소전기차는 모터만으로 구동되고, 하이브리드차는 모터와 엔진을 함께 사용하여 구동된다. 친환경차는 감속 시 운동에너지를 전기에너지로 변환하여 배터리에 충전해 다시 사용할 수 있게 하는 회생 제동장치도 사용해 에너지 효율을 높인다.

핵심어(구) 전기차, 수소전기차, 하이브리드차

중심 내용 친환경차의 종류와 특징

3문단 문단요약 하이브리드차는 출발 시에는 전기에너지(모터 구동)를, 주행 시에는 모터와 엔진을 적절히 이용하므로 연비가 좋고 배기가스가 저감된다. 전기차는 고전압 배터리에 충전을 하고, 수소전기차는 연료 탱크에 저장된 수소와 외부 공기 속 산소를 결합해 생성한 전기에너지를 이용해 엔진 없이 모터를 사용해 달린다.

▼ 자동차의 종류와 특징(2·3문단)

친환경차			내연기관차
전기차	수소전기차	하이브리드차	
• 전기에너지를 운동에너지로 바꿔 주는 모터만(엔진 ✗) 사용함. • 전기차는 배터리에 충전한 전기에너지를, 수소전기차는 연료 탱크의 수소를 전기에너지로 변환하여 사용함.		• 출발 시 모터를, 주행 시 모터 + 엔진을 이용함.	• 열에너지를 운동에너지로 바꿔 주는 엔진을 사용함. • 감속 시 운동에너지가 열에너지로 바뀐 후 사라짐.
• 감속 시 운동에너지를 전기에너지로 변환하여 배터리에 충전함.(재사용할 수 있어 에너지 효율↑)			

핵심어(구) 모터와 엔진을 적절히 이용, 고전압 배터리에 충전, 연료 탱크에 저장된 수소

중심 내용 친환경차들의 동력원

4문단 문단요약 수소전기차에 많이 사용하는 '백금 촉매+고분자전해질막'으로 된 연료전지는 출력이 크고 저온에서도 작동되며 구조도 간단하다. 백금은 산화·환원 반응을 활성화하고, 두 극 사이에 있는 고

분자전해질막은 양이온의 이동은 돕고 음이온과 전자의 이동은 억제한다.

핵심어(구) 수소전기차, 연료전지

중심 내용 수소전기차 연료전지의 구조와 장점

5문단 문단요약 연료전지에서 전기에너지가 생성되는 과정은 연료 탱크로부터 수소가 −극으로, 공기 속 산소가 +극으로 공급되며 시작된다. 수소는 백금에 의해 수소 양이온(H^+)과 전자(e^-)로 분리되는데, 이 수소 양이온은 고분자전해질막을 통과해 +극으로 이동하고, 전자는 외부 회로를 통해 +극으로 이동하면서 전기에너지가 발생한다. 산소는 외부 회로로 이동해 온 전자(e^-), 수소 양이온(H^+)과 차례로 만나 물(H_2O)이 되어 외부로 배출된다.

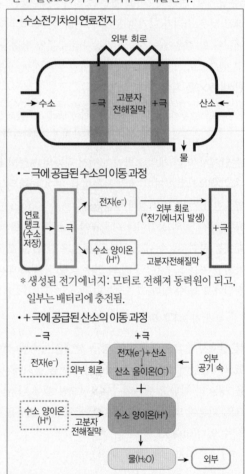

핵심어(구) 연료전지에서 전기에너지가 생성되는 과정

중심 내용 수소전기차의 연료전지에서 전기에너지가 생성되는 과정

6문단 문단요약 수소전기차는 수소를 사용해 에너지 효율이 높으며, 오염 물질이나 온실가스의 배출이 적고, 공기를 정화하는 기능도 한다. 그러나 백금과 고분자전해질막을 사용해 연료전지의 가격이 비싸고, 고압 압축된 수소의 폭발 위험성이 커 보관과 이동에 어려움이 있다.

핵심어(구) 에너지 효율(↑), 오염 물질이나 온실가스의 배출(↓), 공기를 정화, 가격(↑), 보관과 이동(↓)

중심 내용 수소전기차의 장단점

주제 친환경차의 구동 원리와 장단점(수소전기차를 중심으로)

01 대상 간의 비교 이해
정답 ①

O ①이 정답인 이유 ㉠은 전기차와 수소전기차로, 3문단에서 '전기차는 고전압 배터리에 충전을 해 전기에너지를 모터로 공급하여 움직이고, 수소전기차는 연료 탱크에 저장된 수소를 연료전지를 통해 전기에너지로 변환하여 동력원(동력의 근원)으로 사용한다.'고 했다. 이로 보아 ㉠에서 전기차는 연료 탱크를 제작할 필요가 없지만, 수소전기차는 연료 탱크가 필요하다는 것을 알 수 있다.

▶ **정답의 근거** 위 '①이 정답인 이유'에서 밑줄 친 부분

가장 많이 질문한 오답은? ⑤, ③ 순

X ⑤가 오답인 이유 2문단에서 ㉠은 '전기에너지를 운동에너지로 변환하여 주는 모터만으로 구동'된다고 했고, 3문단에서 ㉡은 '출발할 때에는 전기에너지를 이용하여 모터를 구동'한다고 했다. 이를 통해 ㉠, ㉡은 전기에너지를 운동에너지로 변환하여 출발한다는 것을 알 수 있다. 이와 달리 ㉢은 2문단에서 '연료를 연소시킬 때 발생하는 열에너지를 운동에너지로 바꿔 주는 엔진을 사용하여 구동된다.'고 했으므로 ⑤는 적절하다.

X ③이 오답인 이유 2문단에서 '내연기관차*(㉢)는 마찰 제동장치를 사용하므로 차가 감속할 때 운동에너지가 열에너지로 변환된 후 사라지는 반면, 친환경차(㉠, ㉡)는 감속 시 운동에너지를 전기에너지로 변환하여 배터리에 충전해 다시 사용할 수 있게 하는 회생 제동장치도 사용해 에너지 효율을 높이고 있다.'고 했다. 이를 통해 ㉠, ㉡은 감속할 때 발생하는 (전기)에너지를 자동차의 주행에 활용하지만, ㉢은 감속할 때 발생하는 (열)에너지를 자동차의 주행에 활용하지 못한다는 것을 알 수 있다.

> *내연기관차: 가솔린 기관차, 디젤 기관차 등 기관(화력·수력 등의 에너지를 기계적인 힘으로 바꾸는 장치)의 내부에서 연료의 연소가 이루어져 그 에너지를 직접 이용하여 움직이는 기관차.

② 2문단에서 ㉠은 '모터만으로 구동'되고, ㉡은 '모터와 함께' ㉢처럼 '엔진을 사용하여 구동'된다고 했고, **3문단의 첫 문장**에서 ㉡은 '주행 상황에 따라 모터와 엔진을 적절히 이용'한다고 했으므로 ②는 적절하다.

④ 1문단에서 '자동차에서 배출되는 오염 물질로 인한 대기 오염 및 기후 변화 문제가 심각해지면서 세계 각국은 온실가스의 배출 억제를 위해 자동차 분야 규제를 강화하고 있어 오염 물질의 배출이 적은 친환경차가 주목을 받고 있다.'고 했고, 2문단에서는 ㉠, ㉡이 친환경차라고 했으므로 ④는 적절하다.

02 세부 내용 이해 및 추론
정답 ③

O ③이 정답인 이유 6문단에서 '수소전기차에 사용되는 수소'는 '오염 물질이나 온실가스의 배출이 적'다고 했으므로 친환경적 연료로 볼 수 있다. 그런데 '가솔린의 세 배나 되는 단위 질량당 에너지 밀도를 지니고 있어 에너지 효율이 높다(낮지만 X).'고 했다.

▶ **정답의 근거** 6문단의 첫째 문장

① 6문단의 마지막 문장에서 '수소는 고압으로 압축해야 하므로 폭발할 위험성이 커 보관과 이동에 어려움이 있다'고 한 것에서 알 수 있다.

② 6문단에서 '(수소전기차는) 외부로부터 공급되는 공기를 필터*로 정화하여 사용한 후 배출하므로 공기를 정화하는 기능도 한다.'고 한 것에서 알 수 있다.

> *필터: 액체나 기체 속의 이물질을 걸러 내는 장치. ㉮ 거름종이

④ 6문단에서 '(수소전기차는) 고가인 백금과 고분자전해질막*을 사용해 연료전지를 제작해 가격이 비싸다'고 한 것에 알 수 있다.

> *고분자전해질막: 선택적 투과 능력을 보이는 분리막. 수소 양이온(H^+)은 통과시키고 전자(e^-)는 통과시키지 않는, 고분자전해질의 얇은 막.

⑤ 3문단에서 '연료전지는 차량 구동*에 필요한 수준의 전기에너지를 발전시키기 위해 다수의 연료전지를 직렬로 연결하여 가로로 쌓아' 만든다고 한 것에서 알 수 있다.

> *구동: 동력을 가하여 기구를 움직임(驅, 몰·움직일 구).

03 그림에의 적용
정답 ④

O ④가 정답인 이유 〈보기〉의 그림에 대한 설명이 담긴 5문단에서 '−극(ⓐ)에 공급된 수소는 촉매 속 백금에 의해 수소 양이온(H^+)과 전자(e^-)로 분리되고' 분리된 전자는 '외부 회로(ⓑ)로 흐르며 전기에너지가 발생'한다고 했다. 이로 보아 ⓐ에서 분리된 전자는 ⓑ로 흐르며 전기에너지를 생성한다. 그리고 '+극(ⓓ)에서는 공급된 산소가 외부 회로(ⓑ)를 통해 이동해 온 전자(e^-)와 결합해(분리 X) 산소 음이온(O^-)이 된'다고 했으므로 ④에서 'ⓓ에서 분리된 전자'라고 한 것은 〈보기〉를 이해한 내용으로 적절하지 않다.

▶ **정답의 근거** 위 '④가 정답인 이유' 참조 − ④의 'ⓓ에서 분리된 전자' X, '전자는 ⓑ에서 만나' X

가장 많이 질문한 오답은? ③, ②, ①, ⑤ 순

X ③이 오답인 이유 5문단에서 '−극(ⓐ)에 공급된 수소는 촉매 속 백금에 의해 수소 양이온(H^+)과 전자(e^-)로 분리되고, 수소 양이온은 고분자전해질막(ⓒ)을 통과해 +극(ⓓ)으로' 이동한다고 했다. 따라서 'ⓒ를 통과하여 ⓓ로 이동하는 수소 양이온은 ⓐ에서 전자를 잃은 수소'가 맞다. ※ '독해력을 길러 주는 지문 분석'에서 5문단에 제시된 그림을 참고할 것

X ②가 오답인 이유 5문단에서 '전자는 외부 회로(ⓑ)를 통해 +극(ⓓ)으로 이동한다.'고 했다. 그 이유는 4문단의 '두 극 사이에 있는 고분자전해질막(ⓒ)은 양이온의 이동은 돕고 음이온과 전자의 이동은 억제하는 역할을 한다.'에서 확인할 수 있다. 즉, ⓒ가 전자의 이동을 억제하기 때문에 전자는 ⓒ가 아닌 ⓑ를 통해 ⓓ로 흘러가는 것이다.

X ①이 오답인 이유 4문단에서 '연료전지의 −극(ⓐ)과 +극(ⓓ)에 사용되는 촉매 속에 들어 있는 백금은 −극에서는 수소의 산화 반응을, +극에서는 산소의 환원 반응을 활성화한다.'고 했고, 3문단에서는 '물질이 전자를 얻거나 잃는 것을 이온화라고도 하는데 물질이 전자를 얻으면 음이온이, 전자를 잃으면 양이온이 된다.'고 했다. 이를 통해, 전자를 잃은 수소는 양이온으로, 전자와 결합한 산소는 음이온으로 이온화된다는 것을 알 수 있고, ⓐ와 ⓓ에 들어 있는 금속(백금)은 각각 수소와 산소의 이온화를 촉진한다는 것을 알 수 있다.

X ⑤가 오답인 이유 5문단에서 '+극(ⓓ)에서는 공급된 산소가 외부 회로를 통해 이동해 온 전자(e⁻)와 결합해 산소 음이온(O⁻)이 된 후, 수소 양이온(H⁺)과 만나 물(H₂O)'이 된다고 했으므로 ⑤는 〈보기〉를 이해한 내용으로 적절하다.

04 문맥적 의미 이해

정답 ③

O ③이 정답인 이유 '어휘 문제 3단계 풀이법'을 적용해 보자.

• 1단계: 핵심 간추리기

> • 친환경차가 주목을 받다.

• 2단계: '매3어휘 풀이' 떠올리기

> • 친환경차가 주목을 끌다.   • 친환경차에 (관심이) 쏠리다.

→ '주목을 받는 것'은 '주목을 끄는(관심이 쏠리는) 것'이다.

• 3단계(대입하기): 답지의 문장도 핵심을 간추린 다음, 밑줄 친 '받다' 대신 '끌다'와 '(관심이) 쏠리다'를 대입해 자연스러운지의 여부를 따진다.

구분	핵심 간추리기	대입하기
①	신입 사원을 받다.	신입 사원을 끌어(X). → 신입 사원을 '맞아들이다'의 뜻으로, 신입 사원에 '관심이 쏠리다.'의 의미로 쓰이지 않음.
②	요구 조건을 받아 주다.	요구 조건을 끌어(X) 주다. → 요구 조건을 '들어(주다)'의 뜻으로, 요구 조건에 '관심이 쏠리다.'의 의미로 쓰이지 않음.
③	아이가 귀염을 받다.	아이가 귀염을 끌다(O). → 아이가 (집에서) '귀염을 끌고, 관심이 쏠리다'의 의미로 쓰임.
④	좌회전 신호를 받다.	좌회전 신호를 끌다(X). → 좌회전 신호를 '맞닥뜨리다(마주 대하다)'의 뜻으로, 좌회전 신호에 '관심이 쏠리다.'의 의미로 쓰이지 않음.
⑤	빗물을 물통에 받다.	빗물을 물통에 끌다(X). → 빗물을 물통에 '담다'의 뜻으로, 빗물에 '관심이 쏠리다.'의 의미로 쓰이지 않음.

→ 2단계에서 떠올린 말을 대입해 본 결과 문맥이 자연스러운 것은 ③밖에 없다.

▶ **정답의 근거** 위 '③이 정답인 이유' 참조

5~9 기술: 이준엽, 「OLED 소재 및 소자의 기초와 응용」

독해력을 길러 주는 지문 분석

1문단 **문단 요약** 야외에서 스마트폰 화면이 잘 보이지 않는 것은 야외 시인성의 저하 때문인데, 야외 시인성 개선을 위해 스마트폰에 적용된 기술이 궁금하다.

> • 야외 시인성: 빛이 밝은 야외에서 대상을 (시각으로) 명확하게 인식할 수 있는 성질.

핵심어(구) 야외 시인성
중심 내용 스마트폰의 야외 시인성 개선을 위한 기술에 대한 궁금증

2문단 **문단 요약** 스마트폰 화면의 명암비가 높으면 화면에 표현된 이미지를 선명하다고 인식한다.

> • 명암비: 가장 밝은(明, 밝을 명) 색과 가장 어두운(暗, 어두울 암) 색을 화면에 표현하는 정도를 나타내는 수치. '흰색을 표현할 때의 휘도÷검은색을 표현할 때의 휘도'로 계산함.
> • 휘도: 화면에서 나오는 빛(輝, 빛날 휘)이 사람의 눈에 얼마나 들어오는지를 나타내는 양(정도).

핵심어(구) 스마트폰 화면의 명암비
중심 내용 스마트폰 화면의 선명도를 나타내는 명암비

3문단 **문단 요약** 스마트폰의 야외 시인성을 높이기 위해서는 명실 명암비를 높여야 하는데, 이를 위해 흰색을 표현할 때의 휘도를 높이거나 검은색을 표현할 때의 휘도를 낮추는 방법을 사용할 수 있다.

> • 명실 명암비: 햇빛과 같은 외부광이 존재하는 조건에서의 명암비.
> • 암실 명암비: 외부광 없이 오로지 화면에서 나오는 빛만을 인식할 수 있는 조건에서의 명암비.

핵심어(구) 스마트폰의 야외 시인성을 높이기 위해서는 명실 명암비를 높여야
중심 내용 스마트폰의 야외 시인성을 높이는 방법- 명실 명암비를 높임.

4문단 **문단 요약** 스마트폰에 사용되는 OLED는 흰색을 표현할 때의 휘도를 높이면 OLED의 수명이 단축되는 한계가 있어, 검은색을 표현할 때의 휘도를 낮추는 기술이 적용되고 있다.

핵심어(구) OLED, 한계, 검은색을 표현할 때의 휘도를 낮추는 기술이 적용
중심 내용 스마트폰에 사용되는 OLED의 한계와 이를 해결하기 위해 적용되는 기술-검은색을 표현할 때의 휘도를 낮춤.

5문단 **문단 요약** OLED 스마트폰에 적용된 편광판의 원리를 살펴보면, 빛이 편광판을 통과하면 편광판의 투과축과 평행한 방향으로 나아가는 선형 편광만 남고, 투과축의 수직 방향으로 진동하는 빛은 차단된다. 이러한 과정에서 편광판을 통과한 빛의 세기는 감소하게 된다.

핵심어(구) OLED 스마트폰에 적용된 편광판의 원리
중심 내용 OLED 스마트폰에 적용된 편광판의 원리

6문단 문단요약 편광판의 원리를 이용해 OLED 스마트폰에서 야외 시인성을 높이는 기술은 다음과 같은 과정을 거친다. ☞ 8번 문제 〈보기〉의 그림 참조

> 스마트폰 화면 안으로 들어오는 외부광은 편광판의 원리에 의해 선형 편광만 편광판을 통과함. → 위상지연필름을 지나면서 원형 편광으로 바뀜. → 내부 기판에 반사되어 다시 위상지연필름을 통과하며 선형 편광으로 바뀜. → 편광판에 가로막혀 화면 밖으로 빠져나가지 못하게 됨.

핵심어(구) OLED 스마트폰에서 야외 시인성을 높이는 기술, 외부광, 편광판의 원리, 위상지연필름

중심 내용 OLED 스마트폰에서 야외 시인성을 높이는 기술 – 편광판과 위상지연필름을 활용함.

7문단 문단요약 이와 같은 기술이 적용되면 OLED 스마트폰의 야외 시인성이 높아지지만 OLED가 내는 빛의 세기를 높게 유지해야 하는 단점과, 외부광이 화면의 외부 표면에 반사되어 야외 시인성을 저하시키는 것을 방지하지 못하는 문제가 있어, 이를 개선하기 위한 연구가 이루어지고 있다.

핵심어(구) 단점, 개선하기 위한 연구

중심 내용 OLED 스마트폰에 적용되는 편광판 기술의 단점과 이를 개선하기 위한 연구

주제 OLED 스마트폰의 야외 시인성 개선을 위해 적용되는 기술

05 내용 확인 및 추론
정답 ①

🅾 **①이 정답인 이유** 5문단의 '일반적으로 빛은 진행하는 방향에 수직인 모든 방향으로 진동하며 나아간다.'와 일치한다. 다만 '햇빛'이 '일반적인 빛'에 해당하는지는 확인이 필요한데, 다음 ①~③으로 보아, 외부광인 햇빛은 일반적인 빛에 해당한다는 것을 알 수 있으므로 ①은 적절하다.

> ① 5문단의 '빛이 편광판을 통과하면 그중 편광판의 투과축과 평행한 방향으로 진동하며 나아가는 선형 편광만 남고, 투과축의 수직 방향으로 진동하는 빛은 차단된다.'
> ② 6문단의 '스마트폰 화면 안으로 들어오는 외부광은 편광판을 거치면서 일부가 차단되고 투과축과 평행한 방향으로 진동하는 선형 편광만 남게 된다.'
> ③ 3문단의 '햇빛과 같은 외부광'

▶ **정답의 근거** 위 '①이 정답인 이유' 참조

가장 많이 질문한 오답은? ⑤, ③ 순

❌ **⑤가 오답인 이유** 'OLED는 화면의 내부에 있는 기판에서 빛을 내는 소자'(4문단)로, 7문단에서 OLED에 적용되는 기술은 '외부광이 화면의 외부 표면에 반사되어 나타나는 야외 시인성의 저하*도 방지하지 못한다(=차단하지 못한다).'고 했다. → 차단한다 X   *저하: 떨어져서 낮아짐.

❌ **③이 오답인 이유** 2문단에서 '휘도는 화면에서 나오는 빛이 사람의 눈에 얼마나 들어오는지를 나타내는 양'이라고 했다. 따라서 사람의 눈에 들어오는 빛의 양이 많으면 휘도는 높아진다(낮아진다 X)는 것을 알 수 있다.

② 4문단에서 OLED는 '빨간색, 초록색, 파란색 빛을 조합하여 다양한 색을 구현한다.'고 했다. OLED는 세 가지(네 가지 X) 색을 조합하여 다양한 색을 구현하는 것이다.

④ 1문단에서 야외 시인성은 '빛이 밝은 야외에서 대상을 명확하게 인식할 수 있는 성질을 의미한다.'고 했다. 사물 간의 크기 차이를 비교하는 기준이 아닌 것이다.

06 내용 확인 및 추론
정답 ②

🅾 **②가 정답인 이유** 2문단에서 명암비는 '흰색을 표현할 때의 휘도를 검은색을 표현할 때의 휘도로 나눈 값'이라고 했다. 이를 통해 흰색을 표현할 때의 휘도가 낮아지면 명암비는 낮아진다는 것을 알 수 있다. 그리고 '명암비는 가장 밝은 색과 가장 어두운 색을 화면이 얼마나 잘 표현하는지를 나타내는 수치'라고 했으므로 명실 명암비든 암실 명암비든 흰색을 표현할 때의 휘도가 낮아질수록 명암비는 낮아진다(높아진다 X).

▶ **정답의 근거** 2문단의 둘째 문장

가장 많이 질문한 오답은? ⑤

❌ **⑤가 오답인 이유** 3문단에서 '스마트폰의 야외 시인성을 높이기 위해서는 명실 명암비를 높여야 한다.'고 했고, 7문단에서 OLED 스마트폰은 '외부광이 화면의 외부 표면에 반사되어 나타나는 야외 시인성의 저하도 방지하지 못한다.'고 했으므로, '화면에 반사된 외부광이 눈에 많이 들어올수록 야외 시인성과 명실 명암비는 낮아진다'는 것을 알 수 있다.

① 3문단의 '스마트폰의 야외 시인성을 높이기 위해서는 명실 명암비를 높여야 한다.'에서 확인할 수 있다.

③ 3문단의 첫째 문장 '명암비는 휘도를 측정하는 환경에 따라 암실 명암비와 명실 명암비로 구분된다.'에서 확인할 수 있다.

④ 2문단의 '명암비는 ~ 흰색을 표현할 때의 휘도를 검은색을 표현할 때의 휘도로 나눈 값이다.'에서 확인할 수 있다.

07 이유의 추론
정답 ③

🅾 **③이 정답인 이유** ⓒ의 이유는 바로 앞에서 '편광판을 사용할 수밖에 없기 때문에'라고 했다. 이를 바탕으로 편광판을 사용하면 왜 OLED가 내는 빛의 세기를 높게 유지해야 하는지를 따져 보자. 5문단에서 '빛이 편광판을 통과하면 그중 편광판의 투과축과 평행한 방향으로 진동하며 나아가는 선형 편광만 남고, 투과축의 수직 방향으로 진동하는 빛은 차단된다.'고 했고, '이러한 과정에서 편광판을 통과한 빛의 세기는 감소하게 된다.'고 했다. 따라서 편광판은 빛의 일부(투과축의 수직 방향으로 진동하는 빛)를 차단하기 때문에 빛의 세기가 감소하므로, 스마트폰 화면이 일정 수준의 명암비를 유지하기 위해서는 OLED가 내는 빛의 세기를 높게 유지해야 한다고 추론할 수 있다.

▶ **정답의 근거** 7문단의 '편광판을 사용할 수밖에 없기 때문에'와 5문단의 '편광판을 통과한 빛의 세기는 감소하게 된다.'

가장 많이 질문한 오답은? ④, ⑤ 순

❌ **④가 오답인 이유** 2문단에서 명암비는 '가장 밝은 색과 가장 어두운 색을 화면이 얼마나 잘 표현하는지를 나타내는 수치로, 흰색을 표현할 때의 휘도를 검은색을 표현할 때의 휘도로 나눈 값'이라고 했다. 3문단에서는 명실 명암비를 높이기 위해 '화면에서 흰색을 표현할 때의 휘도를 높이는 방법과 검은색을 표현할 때의 휘도를 낮추는 방법을 사용할 수 있다.'고 했고, 4문단에서는 'OLED가 색을 표현할 때, 출력되는 빛의 세기를 높이면 해당 색의 휘도가 높아진다.'고 했다. 이를 통해 OLED가 내는 빛의 세기를 높이면 명암비가 올라간다는 것을 알 수 있는데, 명암비가 올라간다는 것은 명암비를 계산해서 나온 값이므로 OLED가 내는 빛이 약하면 명암비 계산이 어렵다는 것은 적절하지 않다.

❌ **⑤가 오답인 이유** 4문단에서 'OLED는 흰색을 표현할 때의 휘도를 높이는 데 한계가 있다.'고 했고, '강한 세기의 빛을 출력할수록 OLED의 수명이 단축되는 문제가 있다.'고 했다. 이로 보아 'OLED가 내는 빛의 세기를 높이는 데 한계가 있'는 것은 맞다. 하지만, 이는 'OLED가 내는 빛의 세기를 높게 유지해야' 하는 이유가 되지 않는다.

① 4문단에서 'OLED가 색을 표현할 때, 출력되는 빛의 세기를 높이면 해당 색의 휘도가 높아진다.'고 한 내용과 어긋난다.

② 4문단에서 '강한 세기의 빛을 출력할수록 OLED의 수명이 단축되는 문제가 있다.'고 한 내용과 어긋난다.

08 그림에의 적용 정답 ③

⭕ **③이 정답인 이유** [A]에서 b(위상지연필름)를 거친 빛은 '원형 편광'이라고 했고, a를 거쳐 b로 나아가는 빛이 '선형 편광'이라고 했으며, 원형 편광은 '기판에 반사된 뒤, 다시 위상지연필름(b´)을 통과하며 선형 편광으로 바뀐다.'고 했다. 이를 통해 볼 때 원형 편광이 다시 선형 편광으로 바뀌는 것은 b´를 통과한 이후이다. 따라서 'b를 거친 빛'(원형 편광)은 기판에 의해 선형 편광으로 바뀌는 것이 아니다(바뀌게 된다 ✕).

▶ **정답의 근거** [A]의 '이 원형 편광은 스마트폰 화면의 내부 기판에 반사된 뒤, 다시 위상지연필름을 통과하며 선형 편광으로 바뀐다.'

가장 많이 질문한 오답은? ②, ④ 순

❌ **②가 오답인 이유** [A]의 '외부광은 편광판을 거치면서 일부가 차단되고 투과축과 평행한 방향으로 진동하는 선형 편광만 남게 된다.'에서 a(편광판)를 거쳐 b(위상지연필름)로 나아가는 빛(선형 편광)은 '투과축과 평행한 방향으로 진동'한다고 한 것을 통해 '수직인 방향으로 진동한다'는 것은 적절하지 않다고 생각한 학생들이 아주 많았다.

그런데 5문단에서 '일반적으로 빛은 진행하는 방향에 수직인 모든 방향으로 진동하며 나아간다.'고 했고, 〈보기〉의 그림에서도 알 수 있듯이 a를 거쳐 b로 나아가는 빛인 선형 편광은 '진행 방향'에 수직인 방향으로 진동하면서 '투과축'과는 평행한 방향으로 진동하며 나아간다는 것을 알 수 있으므로 ②는 적절하다.

❌ **④가 오답인 이유** ④에 답한 학생들도 제법 많았다. 그런데 [A]의 '이(b´를 통과한) 선형 편광의 진동 방향은 외부광이 처음 편광판(a)을 통과했을 때 남은 선형 편광의 진동 방향과 수직을 이루게 되어 편광판(a´)에 가로막히게 된다.'를 통해 b´를 거친 빛(선형 편광)의 진동 방향은 a를 거쳐 b로 나아가는 빛의 진동 방향과 수직을 이룬다는 것을 알 수 있다.

①과 ⑤가 오답인(적절한) 이유도 살펴보자.

① [A]의 '외부광은 편광판(a)을 거치면서 일부가 차단되고 투과축과 평행한 방향으로 진동하는 선형 편광(빛)만 남게 된다.'고 한 것에서 확인할 수 있다.

⑤ [A]의 '이 선형 편광(b´를 거친 빛)의 진동 방향은 외부광이 처음 편광판(a)을 통과했을 때 남은 선형 편광의 진동 방향과 수직을 이루게 되어 편광판에 가로막히게 된다.'고 한 것에서 확인할 수 있다.

09 문맥적 의미의 파악 정답 ③

⭕ **③이 정답인 이유** '어휘 문제 3단계 풀이법'을 적용해 보자.

• 1단계: 핵심 간추리기

> 빛을 조합하여 다양한 색을 <u>구현한다</u>. → 색을 <u>구현한다</u>.

• 2단계: 대입하기

> 색을 <u>고른다</u>.

→ '색을 고른다'는 어색하지 않지만, ⓒ에서 '구현하다'는 '고르다'의 의미(가려 뽑다)로 쓰이지 않았으므로 바꿔 쓰기에 적절하지 않다.

• 3단계: '매3어휘 풀이' 떠올리기

> • '구현하다'와 바꿔 쓸 수 있는 다른 말: 나타내다, 표현하다
> • '구현하다'가 들어가는 말: 소리를 자유롭게 <u>구현하다</u>.

▶ **정답의 근거** 위 '③이 정답인 이유' 참조

나머지 답지들에 답한 학생들은 드물었지만, '어휘 문제 3단계 풀이법'을 적용하여 그 의미를 익혀 두자.

구분	핵심을 간추린 후 대입하기	'매3어휘 풀이' 떠올리기
ⓐ	두 빛이 혼재되다/뒤섞이다.	혼란스럽게 섞여 존재하다.
ⓑ	외부광(햇빛)이 존재하다/있다.	실재하다(存 있을 존, 在 있을 재).
ⓓ	수명이 단축되다/줄어들다.	짧아지다(축소). ↔ 연장되다
ⓔ	야외 시인성의 저하를 방지하다/막다.	못하게 하다.

10~14 기술: 김현승 역, 「디지털 워터마킹」

독해력을 길러 주는 지문 분석

1문단 문단요약 디지털 이미지 워터마킹은 디지털 이미지에 저작권자나 배급자의 서명, 마크 등의 디지털 워터마크를 다른 사람들이 인식하지 못하도록 삽입하는 것으로, 디지털 이미지의 무단 배포나 복사 등이 발생했을 때 저작권 주장, 원본 이미지의 훼손 여부 검증을 위한 수단으로 활용된다.

핵심어(구) 디지털 이미지 워터마킹, 디지털 워터마크

중심 내용 디지털 워터마킹과 디지털 워터마크의 개념과 용도

2문단 문단요약 디지털 이미지 워터마킹의 두 가지 방식 중 이미지의 공간 영역 활용 방식에 속하는 LSB(Least Significant Bit) 치환 방법은 원본 이미지에 시각적인 변화를 주지 않기 위해 워터마크 이미지의 픽셀 데이터를 원본 이미지의 각 픽셀의 LSB(색상 변화에 가장 영향을 적게 주는 오른쪽 마지막 최하위 비트)에 하나씩 나누어 숨긴다. — 1픽셀은 8비트로 구성되고, 총 256개[0 0 0 0 0 0 0 0 (검은색)~ 1 1 1 1 1 1 1 1 (흰색)] 중 하나로 표현됨.

핵심어(구) 이미지의 공간 영역 활용 방식, LSB 치환 방법

중심 내용 디지털 이미지 워터마킹의 방식 (1) – 이미지의 공간 영역 활용 방식인 'LSB 치환 방법'의 원리

3문단 문단요약 LSB 치환 방법에서, 원본 이미지 각 픽셀의 8개 비트 중 LSB에만 데이터를 삽입하기 때문에 워터마크 이미지의 한 픽셀 데이터를 삽입하기 위해서는 원본 이미지의 픽셀 8개가 필요하다. 이 방법은 많은 양의 데이터를 빠르고 간단하게 삽입할 수 있고 색상이나 감도 변화가 적은 장점이 있지만, 인위적 조작으로 워터마크가 쉽게 제거될 수 있다는 단점이 있다.

- 원본 이미지의 픽셀 수 = 최대로 삽입 가능한 비트 수
- 원본 이미지의 픽셀 수 < 워터마크 이미지의 전체 비트 수: 워터마크 이미지의 데이터 일부는 삽입할 수 없음.
- 원본 이미지의 픽셀 수 > 워터마크 이미지의 전체 비트 수: 원본 이미지에 시각적 변화가 적게 나타남.

핵심어(구) 원본 이미지, 워터마크 이미지, 장점, 단점

중심 내용 LSB 치환 방법의 특징과 장단점

4문단 문단요약 디지털 이미지 워터마킹의 또 다른 방식인 주파수 영역 활용 방식으로는 DCT(Discrete Cosine Transform: 이미지 데이터를 공간값에서 주파숫값으로 바꾸는 과정)를 이용하는 방법이 주로 쓰인다. DCT를 통해 원본 이미지 픽셀의 색상값을 변환한 주파숫값 분포표를 얻을 수 있는데,

색상값에 이 주파숫값을 삽입한 후 다시 역변환시키면, 워터마크가 원본 이미지 전 영역에 고르게 분산된 형태로 삽입된다.

- 주변 픽셀과 색상이나 밝기 차이가 적은 픽셀 – **낮은 주파숫값**으로 나타남. – 주파숫값 분포표에는 **좌측 상단**으로 갈수록 낮은 주파숫값이 분포함.
- 주변 픽셀과 색상이나 밝기 차이가 큰 픽셀 – **높은 주파숫값**으로 나타남. – 주파숫값 분포표에는 **우측 하단**으로 갈수록 높은 주파숫값이 분포함.

핵심어(구) 주파수 영역 활용 방식, DCT

중심 내용 디지털 이미지 워터마킹의 방식 (2) – 주파수 영역 활용 방식인 'DCT를 이용하는 방법'의 원리

5문단 문단요약 DCT 이용 방법에서 높은 주파숫값이 분포하는 영역에 워터마크를 삽입하면 원본 이미지의 시각적 변화를 최소화할 수 있지만, 이 경우 JPEG와 같은 이미지 압축 과정에서 워터마크가 삭제될 수 있다. 그래서 낮은 주파숫값이 분포하는 영역과 높은 주파숫값이 분포하는 영역의 경계면에 해당하는 특정 주파숫값 영역을 중심으로 워터마크 정보를 삽입한다.

핵심어(구) 원본 이미지의 시각적 변화를 최소화, 워터마크가 삭제될 수 있다, 특정 주파숫값 영역을 중심으로 워터마크 정보를 삽입

중심 내용 DCT 이용 방법의 특징과 장단점

6문단 문단요약 이(DCT) 방법은 이미지의 왜곡이 적고, LSB 치환 방법에 비해 워터마크가 상대적으로 쉽게 제거되지 않는다. 그러나 삽입할 수 있는 데이터의 양이 LSB 치환 방법보다 상대적으로 적고, 이미지에 따라 삽입할 수 있는 데이터의 양이 달라질 수 있다.

핵심어(구) 이미지의 왜곡이 적고, 상대적으로 쉽게 제거되지 않는다, 삽입할 수 있는 데이터의 양, 적고, 달라질 수 있다

중심 내용 LSB 치환 방법 대비 DCT 이용 방법의 장단점

주제 디지털 이미지 워터마킹의 개념과 방식

10 개괄적 정보의 파악

정답 ③

O ③이 정답인 이유 이 글은 디지털 이미지 워터마킹의 개념과 방식들에 대해 설명하고 있을 뿐, 이 기술의 전망에 대해서는 언급하지 않았다.

▶ **정답의 근거** 발문(문두), 오답의 근거

나머지 답지들에 제시된 질문의 답을 지문에서 찾아보자.

① 디지털 워터마크의 용도: 디지털 이미지의 무단 배포, 무단 복사 등이 발생했을 때 저작권을 주장하거나 원본 이미지의 훼손 여부를 검증함(1문단).

② 디지털 이미지 워터마킹의 개념: 디지털 이미지에 저작권자나 배급자의 서명, 마크 등의 특정 정보를 다른 사람들이 인식하지 못하도록 삽입하는 것(1문단)

④ 디지털 이미지 워터마크를 삽입하는 원리: (1) LSB 치환 방법–원본 이미지와 워터마크 이미지의 각 픽셀 색상을 이진수의 8비트*로 나타낸 다음 원본 이미지의 LSB에 워터마크 이미지의 픽셀 데이터를 하나씩 숨김(2문단). (2) DCT 이용 방법 – 원본 이미지를 일정한 크기의 여러 블록으로 나누고 블록별로 각 픽셀의 색상값을 DCT 수식에 따라 주파숫값으로 변환한 다음 워터마크 이미지의 데이터를 주파숫값 형태로 삽입한 후 다시 역변환 수식에 따라 변환함(4문단).

> *비트(bit): 컴퓨터가 0과 1을 이용하는 이진법으로 연산을 수행하기 위해 사용하는 최소의 정보 저장 단위.
> *이진법: 숫자 0과 1만으로 수를 나타내는 방식으로, 이 0 또는 1이 각각 하나의 비트가 되는데, 1 다음은 한 자리 올려 10으로 적는다. 예를 들면 십진법에서의 0, 1, 2, 3, 4, 5는 이진법에서는 0, 1, 10, 11, 100, 101로 표시된다.

⑤ 디지털 이미지 워터마킹의 방식의 유형: 이미지의 공간 영역 활용 방식과 주파수 영역 활용 방식(2 · 4문단)

11 세부 내용 파악 정답 ①

O **①이 정답인 이유** 3문단에서 LSB 치환 방법은 '워터마크가 삽입된 이미지의 LSB를 인위적으로 조작하는 경우 워터마크가 쉽게 제거될 수 있다는 단점이 있다.'라고 했고, 6문단에서 DCT를 이용하는 방법은 '삽입할 데이터를 이미지 영역에 골고루 분산시키기 때문에 변형의 과정을 거쳐도 LSB 치환 방법에 비해 워터마크가 상대적으로 쉽게 제거되지 않는다.'라고 했다. 따라서 상대적으로 워터마크가 쉽게 제거되지 않는 방법은 LSB 치환 방법이 아니라 DCT를 이용하는 방법이다.

▶ **정답의 근거** 위 '①이 정답인 이유'에서 밑줄 친 부분

가장 많이 질문한 오답은? ④

X **④가 오답인 이유** 5문단에서 'JPEG와 같은 방식의 압축 이미지 알고리즘은 높은 주파수 성분의 요소를 제거하여 이미지를 압축'한다고 했는데, 4문단에서 이미지에 DCT를 적용하면 '주변 픽셀과 색상이나 밝기 차이가 큰 픽셀은 높은 주파숫값으로 나타난다.'고 했으므로 ④는 적절하다.

④보다는 적었지만 ②와 ③에 답한 학생들도 많았는데, 이들 답지들이 오답인(적절한) 근거도 살펴보자.

② 6문단의 '(DCT 이용 방법은) 데이터 삽입이 가능한 주파숫값의 개수가 원본 이미지의 픽셀 수보다는 훨씬 적기 때문에, 삽입할 수 있는 데이터의 양이 LSB 치환 방법보다 상대적으로 적다.'

③ 4문단의 '(DCT 이용 방법에서는) 원본 이미지를 일정한 크기의 여러 블록으로 나누고 블록별로 각 픽셀의 색상값을 DCT 수식에 따라 변환하면 주파숫값 분포표를 얻을 수 있다.'

⑤ 6문단의 '(DCT 이용 방법은) 픽셀의 개수가 같은 이미지라 하더라도 이미지의 색상이나 밝기에 따라 각 주파숫값이 분포하는 영역의 비율이 달라지기 때문에 이미지에 따라 삽입할 수 있는 데이터의 양이 달라질 수 있다.'

12 구체적 사례에의 적용 정답 ③

O **③이 정답인 이유** 〈보기〉는 LSB 치환 방법을 통해 원본 이미지(A)의 ⓐ와 ⓑ에 워터마크 이미지(B)를 삽입하는 과정을 도식화한 것으로, [A](3문단)에서 '원본 이미지(A)의 픽셀 수가 워터마크 이미지(B)의 전체 비트 수보다 많을수록 원본 이미지에 시각적 변화가 적게 나타난다.'라고 했다. 그런데 ③에서는 이와 반대로 'B(워터마크 이미지)의 픽셀 수가 더 많아지'는 경우를 설정하고 있다. 따라서 B의 픽셀 수가 더 많아지면 A의 시각적인 변화는 커질(줄어든다✗) 것으로 이해할 수 있다.

▶ **정답의 근거** 위 '③이 정답인 이유'에서 밑줄 친 부분과 〈보기〉

가장 많이 질문한 오답은? ②, ④, ⑤ 순

X **②가 오답인 이유** ②에 답한 학생들이 아주 많았는데, [A](3문단)에서 '원본 이미지의 픽셀 수는 최대로 삽입 가능한 비트 수와 같기 때문에 원본 이미지의 픽셀 수가 워터마크 이미지의 전체 비트 수보다 적다면 워터마크 이미지의 데이터 일부는 삽입할 수 없게 된다.'라고 했다. 이를 바탕으로 〈보기〉를 보면, A(원본 이미지)의 픽셀 수는 180픽셀로 최대 180비트의 데이터를 삽입할 수 있는데, B(워터마크 이미지)의 총 비트 수는 504비트(8비트×63픽셀)이다. 결국 원본 이미지(A)의 픽셀 수(180픽셀)가 워터마크 이미지(B)의 전체 비트 수(504비트)보다 적으므로, B의 전체 데이터 중 일부 비트는 A에 삽입할 수 없다.

X **④가 오답인 이유** [A](2문단)에서 '이를(흑백 이미지를 구성하는 한 픽셀의 색상을) 컴퓨터가 처리하는 데이터의 기본 단위인 8비트로 나타내면 각각의 픽셀은 검은색인 0 0 0 0 0 0 0 0 부터 흰색인 1 1 1 1 1 1 1 1 까지 총 256가지의 값 중 하나를 갖게 되며, 그 숫자가 클수록 흰색에 가깝다.'라고 했다. 이를 바탕으로 〈보기〉를 보면, ⓐ 픽셀의 색상(1 0 0 1 0 0 1 1)이 ⓑ 픽셀의 색상(0 0 1 1 0 1 1 1)보다 숫자가 크므로 ⓐ가 더 흰색에 가깝다는 것을 알 수 있다.

X **⑤가 오답인 이유** [A](2문단)에서 LSB는 '오른쪽 마지막 최하위 비트'를 말한다고 했고, LSB 치환* 과정에서는 '워터마크 이미지의 픽셀 데이터를 원본 이미지의 각 픽셀의 LSB에 하나씩 나누어 숨긴다.'라고 했다. 따라서 〈보기〉에서 B(워터마크 이미지)의 첫째 픽셀(굵은 □로 표시된 부분)의 데이터가 A(원본 이미지)의 ⓐ와 ⓑ 픽셀에 삽입되면 두 픽셀의 LSB가 모두 1(1로 표시된 부분)에서 0으로 바뀌게 된다.

> *치환(置換): 위치를 바꾸어 놓음(전환). ㊤교체, 대체

①에 답한 학생들도 제법 있었는데, [A](3문단)에서 '원본 이미지 각 픽셀의 8개의 비트 중 LSB에만 데이터를 삽입하기 때문에…결국 원본 이미지의 픽셀 수는 최대로 삽입 가능한 비트 수와 같다'고 했고, 〈보기〉에서 A(원본 이미지)의 픽셀 수 180픽셀이므로, 최대로 삽입 가능한 비트 수는 180이 맞다.

13 반응의 적절성 판단   정답 ②

O ②가 정답인 이유 〈보기〉의 ㉮~㉰는 [주파숫값 분포표]에 나타난 것으로, 4문단의 '주파숫값 분포표에는 좌측 상단으로 갈수록 낮은 주파숫값, 우측 하단으로 갈수록 높은 주파숫값이 분포하게 되는데'를 통해 ㉮는 낮은 주파숫값, ㉰는 높은 주파숫값이 분포한 영역이라는 것을 알 수 있다. 그리고 5문단에서 '…(역변환을 통해) 높은 주파숫값이 분포하는 영역에 워터마크를 삽입하면 원본 이미지의 시각적인 변화를 최소화할 수 있다.'라고 했으므로, ㉮(낮은 주파숫값이 분포한 영역)에 워터마크를 삽입하면 ㉰(높은 주파숫값이 분포한 영역)에 삽입하는 것보다 역변환 후 원본 이미지의 시각적 변화가 더 클 것임을 알 수 있다.

▶ 정답의 근거 4문단 – 위 '②가 정답인 이유'에서 밑줄 친 부분

가장 많이 질문한 오답은? ③, ④, ⑤ 순

X ③이 오답인 이유 〈보기〉의 [주파숫값 분포표]에서 ㉮는 낮은 주파숫값, ㉰는 높은 주파숫값이 분포한 영역이므로(위 '②가 정답인 이유' 참조), ㉯는 낮은 주파숫값이 분포하는 영역과 높은 주파숫값이 분포하는 영역의 경계면으로 볼 수 있다. 이를 바탕으로 5문단의 'JPEG와 같은 방식의 압축 이미지 알고리즘은 높은 주파수 성분의 요소를 제거하여 이미지를 압축하기 때문에 높은 주파숫값이 분포하는 영역(㉰)에 워터마크를 삽입하면 이미지 압축과 같은 과정에서 워터마크가 삭제될 수 있다.'에 주목하면, JPEG와 같은 방식의 압축에 의해 더 쉽게 제거되는 것은 ㉯에 삽입된 워터마크보다 ㉰에 삽입된 워터마크라는 것을 알 수 있다. → ㉯에 삽입된 워터마크가~더 쉽게 제거 X

X ④가 오답인 이유 4문단에서 '워터마크 이미지의 픽셀의 색상값을 주파숫값 형태로 삽입한 후 다시 역변환 수식에 따라 변환하면, 어느 주파숫값에 삽입하든 워터마크가 원본 이미지의 전 영역에 걸쳐 고르게 분산된 형태로 삽입된다.'고 했다. 이로 보아, '역변환' 후의 [정보가 삽입된 이미지]에서는 ㉮와 ㉰ 어디에 삽입된 워터마크든 고르게 분산된다는 것을 알 수 있다. → ㉰에 삽입된 워터마크가~더 고르게 분산 X

X ⑤가 오답인 이유 4문단에서 '주파숫값 분포표에는 좌측 상단으로 갈수록 낮은 주파숫값, 우측 하단으로 갈수록 높은 주파숫값이 분포하게 되는데 이미지의 색상이나 밝기에 따라 각 주파숫값이 분포하는 영역의 비율은 다르게 나타난다.'고 했다. 이로 보아, ㉮, ㉯, ㉰ 영역은 원본 이미지의 색상이나 밝기에 따라 그 비율이 다르게 나타난다는 것을 알 수 있다. → 원본 이미지와 상관없이 항상 일정한 비율로 X

①에 답한 학생들도 제법 많았는데, 4문단에서 '이미지에 DCT를 적용하면 주변 픽셀과 색상이나 밝기 차이가 적은 픽셀은 낮은 주파숫값으로, 경계선 등 주변 픽셀과 색상이나 밝기 차이가 큰 픽셀은 높은 주파숫값으로 나타난다.'로 보아, ㉮(낮은 주파숫값이 분포하는 영역)는 ㉰(높은 주파숫값이 분포하는 영역)보다 원본 이미지에서 주변 픽셀과 색상이나 밝기 차이가 더 적은(더 큰 X) 부분이라는 것을 알 수 있다.

14 문맥적 의미의 유사성 판단   정답 ①

O ①이 정답인 이유 '어휘 문제 3단계 풀이법'을 적용해 보자.
- 1 · 2단계: 핵심 간추리기 → '매3어휘 풀이' 떠올리기

> LSB는 오른쪽 마지막 비트를 말한다(→ 일컫는다, 가리킨다).

- 3단계: 대입하기
① 북극은 지구 자전축의 북쪽 끝을 일컫는다/가리킨다. O
② 선생님은 그 작가에 대해 좋게 일컬었다/가리켰다. X
③ 난 내 생각을 솔직하게 일컫는다/가리킨다. X
④ 친구에게 동생이 오면 문을 열어 달라고 일컬었다/가리켰다. X
⑤ 약속 장소를 일컫지/가리키지 않은 것이 생각난다. X

→ ①에 쓰인 '말하다'가 ㉠와 마찬가지로 '일컫다, 가리키다'의 의미로 사용되었다. '말하다' 앞에 목적격 조사 '을/를'이 공통적으로 쓰였다는 점에도 주목하면 좋다.

▶ 정답의 근거 위 '①이 정답인 이유' 참조
나머지 답지에 쓰인 '말하다'도 '매3어휘 풀이'를 적용해 보면, ②는 '평가하다', ③은 '(감정이나 생각 등을) 말로 나타내다', ④는 '부탁하다', ⑤는 '말로 알려주다'의 의미이다.

✔ **매일 복습 확인 문제**

1 다음 추론이 맞으면 ○, 그렇지 않으면 ×로 표시하시오.

(1) [지문] 연료전지의 +극에서는 산소가 전자와 결합해 산소 음이온이 된 후, 수소 양이온과 만나 물(H_2O)이 되어 외부로 배출된다. →[추론] 연료전지에서는 수소 양이온과 산소 음이온이 결합하여 물이 생성된다. ……( )

(2) [지문] 야외 시인성이란, 빛이 밝은 야외에서 대상을 명확하게 인식할 수 있는 성질을 의미한다. OLED는 외부광이 화면의 외부 표면에 반사되어 나타나는 야외 시인성의 저하도 방지하지 못한다. →[추론] OLED는 화면의 외부 표면에 반사되는 외부광을 차단한다. ……( )

(3) [지문] DCT를 이용하는 방법은 삽입할 데이터를 이미지 영역에 골고루 분산시키기 때문에 LSB 치환 방법에 비해 워터마크가 상대적으로 쉽게 제거되지 않는다. →[추론] LSB 치환 방법은 DCT를 이용하는 방법에 비해 상대적으로 쉽게 워터마크가 제거된다. ……………( )

정답 **1.** (1) ○ (2) × (3) ○

정답	**01** ②	**02** ①	**03** ⑤	**04** ④	**05** ④
	06 ③	**07** ③	**08** ⑤	**09** ③	**10** ①
	11 ④	**12** ④	**13** ①		

1~5 **기술: 박기현, 「데이터 통신과 네트워크」**

독해력을 길러 주는 지문 분석

1문단 **문단 요약** 컴퓨터 네트워크에서 데이터가 전송될 때 생길 수 있는 오류를 검출하기 위해 송신기는 오류 검출 부호를 포함한 데이터를 전송하고, 수신기는 수신 데이터에 오류가 있으면 재전송을 요청한다.

핵심어(구) 데이터가 전송, 오류를 검출, 송신기, 수신기

중심 내용 컴퓨터 네트워크에서 데이터 전송 오류를 검출하기 위한 송신기와 수신기의 기능

2문단 **문단 요약** 데이터의 오류 여부를 검출하는 가장 간단한 방식인 패리티 검사는 전송할 데이터에 오류 검출 부호를 추가하는 방법이다. 데이터의 1의 개수를 짝수나 홀수로 만들어 전송하고, 수신기에서 짝홀이 맞지 않으면 오류가 발생했다고 판단하는 것이다. 이 방식은 짝수 개의 비트에 오류가 동시에 있으면 검출하기 어렵고, 데이터 내 오류의 위치를 알아낼 수 없다.

핵심어(구) 패리티 검사

중심 내용 수신 데이터의 오류 검출 방식 (1) – 패리티 검사: 패리티 검사 방식과 단점

3문단 **문단 요약** 전송할 데이터를 2차원 배열로 구성해서 가로 방향인 모든 행과 세로 방향인 모든 열에 패리티 비트를 생성하면 오류의 발생 여부뿐만 아니라 오류의 위치도 알아낼 수 있다. 수신기에서 각 행과 열의 1의 개수를 세어 오류가 발생하면 오류의 위치를 파악할 수 있는 것이다. 다만, 동일한 행 또는 열에서 짝수 개의 오류가 발생하면 오류가 발생한 정확한 위치를 알 수 없다.

핵심어(구) 2차원 배열

중심 내용 패리티 검사의 단점을 해결할 수 있는 2차원 배열 구성   ☞ 4번 해설 참조

4문단 **문단 요약** CRC 방식은 미리 선택된 생성 부호를 사용해서 오류 검출 부호를 생성하는 방식으로, 전송할 데이터를 생성 부호로 나누어서 오류 검출 부호를 생성하는데, 해당 자릿수의 비트 값이 동일하면 0, 다르면 1이 되는 모듈로-2 연산을 활용한다.

핵심어(구) CRC 방식

중심 내용 수신 데이터의 오류 검출 방식 (2) – CRC 방식

5문단 **문단 요약** 생성 부호가 1011이고 전송할 데이터가 110101인 경우, 송신기는 데이터의 오른쪽 끝에 생성 부호의 비트 수(4)보다 하나 작은 비트 수(3)만큼 0을 추가(000)한 후 이를 생성 부호(1011)로 나누고 그 나머지(111)가 오류 검출 부호가 된다. 송신기는 오류 검출 부호를 포함한 데이터 110101111만을 전송하고, 수신기는 수신 데이터를 생성 부호(1011)로 나누어 나머지가 0이면 오류가 없고, 나머지가 0이 아니면 오류가 있다고 판단한다. CRC 방식은 복잡하지만 여러 개의 오류가 동시에 생겨도 이를 검출할 수 있어서 오류 검출 확률이 높다.

▼ CRC 방식의 예시

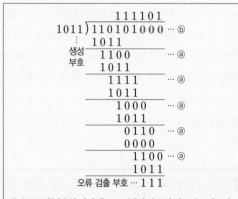

ⓑ: '110101'(전송할 데이터)+000(생성 부호의 비트 수 4개보다 하나 작은 비트 수만큼 0을 추가한 것)

ⓐ: 모듈로-2 연산을 활용한 부호(해당 자릿수의 비트 값이 같으면 0, 다르면 1)

핵심어(구) CRC 방식, 복잡하지만, 오류 검출 확률이 높다

중심 내용 CRC 방식의 적용 예시 및 장단점

주제 컴퓨터 네트워크에서 전송 데이터의 오류 검출 방식

01 두 방식의 비교   정답 ②

O ②가 정답인 이유 ㉠은 2문단에서 '수신한 데이터에 오류가 있는지 검출'하는 방식으로, '짝수 패리티를 사용한다면 송신기는 항상 데이터의 1의 개수를 짝수로 만들어서 전송하지만 만일 수신한 데이터의 1의 개수가 홀수가 되면 수신기는 오류가 발생했다고 판단'한다고 했다. 이를 통해 ㉠은 수신기에서 오류를 검사한다는 것을 알 수 있다.

㉡의 경우, **5문단**에서 '송신기는 오류 검출 부호를 포함한 데이터 110101111만을 전송하고 수신기는 수신한 데이터를 송신기와 동일한 생성 부호로 나눈다.'고 했고, 수신한 데이터는 '오류가 없다면 생성 부호로 나누었을 때 나머지가 0이' 되는데, '이때 나머지가 0이 아니면 수신한 데이터에 오류가 있다고 판단한다.'고 했다. 이를 통해 ㉡도 수신기에서 오류 검사를 한다는 것을 알 수 있다.

▶ **정답의 근거** 위 '②가 정답인 이유'에서 밑줄 친 부분

가장 많이 질문한 오답은? ④, ⑤, ③ 순

X ④가 오답인 이유 1문단에서 '오류를 검출하기 위해 송신기는 오류 검출 부호를 포함한 데이터를 전송하고 수신기는 수신한 데이터를 검사하여 오류가 있으면 재전송을 요청한다.'고 했다. 그리고 ⊙은 '전송할 데이터에 패리티 비트라는 오류 검출 부호를 추가하는 방법'(2문단)이라고 한 것에서, ⓒ은 '전송할 데이터를 생성 부호로 나누어서 오류 검출 부호를 생성'(4문단)한다고 한 것에서 '⊙과 ⓒ은 모두, 데이터를 전송하기 전에 오류 검출 부호를 생성해야 한다.'는 것을 알 수 있다.

X ⑤가 오답인 이유 ⊙의 경우 2문단에서 '전송할 데이터에 패리티 비트라는 오류 검출 부호를 추가하는 방법으로, 패리티 비트를 추가하여 데이터의 1의 개수를 짝수나 홀수로 만들어 짝수 패리티 또는 홀수 패리티를 사용한다고 했으므로 전송할 데이터가 같더라도 오류 검출 부호는 다를 수 있다는 것을 알 수 있다. ⓒ의 경우 4문단에서 '미리 선택된 생성 부호를 사용해서 오류 검출 부호를 생성하는 방식'이라고 했으므로, 전송할 데이터가 같더라도 미리 선택된 생성 부호가 달라지면 오류 검출 부호가 다를 수 있다는 것을 알 수 있다. 따라서 '⊙과 ⓒ은 모두, 전송할 데이터가 같더라도 오류 검출 부호는 다를 수 있다.'는 ⑤는 적절하다.

X ③이 오답인 이유 위 '②가 정답인 이유'를 참조하면 '⊙과 ⓒ은 모두, 수신한 데이터의 오류 발생 여부를 수신기가 판단한다.'는 것을 알 수 있다.

①에 답한 학생들은 드물었다. 그 이유는 ⊙은 '전송할 데이터에 패리티 비트라는 오류 검출 부호를 추가하는 방법으로, 패리티 비트를 추가하여 데이터의 1의 개수를 짝수나 홀수로 만든다.'(2문단)고 했고, ⓒ은 이와 달리 '미리 선택된 생성 부호를 사용해서 오류 검출 부호를 생성하는 방식'(4문단)이라고 했기 때문이다.

02 세부 내용 이해 및 추론

정답 ①

O ①이 정답인 이유 4문단에서 CRC 방식은 '미리 선택된 생성 부호를 사용해서 오류 검출 부호를 생성하는 방식'으로, '전송할 데이터를 생성 부호로 나누어서 오류 검출 부호를 생성하는 데 모듈로-2 연산을 활용한다.'고 했다. '모듈로-2 연산을 사용해서 생성 부호를 만들어' 내는 것이 아니라, 생성 부호는 미리 선택된 것이라고 했으므로 ①은 적절하지 않다.

▶ **정답의 근거** 4문단의 'CRC 방식은 미리 선택된 생성 부호를 사용해서~'

가장 많이 질문한 오답은? ③, ④ 순

X ③이 오답인 이유 5문단에서 '송신기는 전송할 데이터의 오른쪽 끝에 생성 부호의 비트 수(4개)보다 하나 작은 비트 수(3개)만큼 0을 추가한 후 이를 생성 부호로 나누고 그 나머지가 오류 검출 부호가 된다.'고 했다. 따라서 'CRC 방식에서 생성 부호의 비트 수(4개)는 오류 검출 부호의 비트 수(3개)보다 하나가 더 많다.'는 것을 알 수 있다. 그리고 〈그림〉을 통해서도 생성 부호의 비트 수는 4개(1011)이고, 오류 검출 부호의 비트 수는 3개(111)라는 것을 알 수 있다.

X ④가 오답인 이유 2문단에서 짝수 패리티는 '패리티 비트를 추가하여 데이터의 1의 개수를 ~ 짝수로 만드는 방식'이라고 했다. 그리고 '짝수 패리티를 사용한다면 송신기는 항상 데이터의 1의 개수를 짝수로 만들어서 전송하지만 만일 수신한 데이터의 1의 개수가 홀수가 되면 수신기는 오류가 발생했다고 판단'한다고 한 것에서 '짝수 패리티는 패리티 비트를 포함한 데이터의 1의 개수가 짝수인지 여부를 검사한다'는 것을 알 수 있다.

②와 ⑤에 답한 학생들은 드물었지만, 이들 답지들이 오답인 근거도 찾아보자.

② 패리티 검사 방식을 설명하고 있는 2문단에서 '(데이터의) 1의 개수를 짝수로 만드는 방식을 짝수 패리티, 홀수로 만드는 방식을 홀수 패리티라고 하고 송·수신기는 모두 같은 방식을 사용해야 한다.'고 했다.

⑤ CRC 방식을 설명하고 있는 5문단에서 'CRC 방식은 복잡하지만 여러 개의 오류가 동시에 생겨도 이를 검출할 수 있어서 오류 검출 확률이 높다.'고 했다.

03 이유 추론

정답 ⑤

O ⑤가 정답인 이유 2문단에서 패리티 검사 방식은 전송할 데이터에 '패리티 비트'라는 오류 검출 부호를 추가하여 데이터의 1의 개수를 짝수나 홀수로 만드는데, 1의 개수를 짝수로 만드는 짝수 패리티를 사용한다면 송신기는 항상 데이터의 1의 개수를 짝수로 만들어서 전송하지만 만일 수신한 데이터의 1의 개수가 홀수가 되면 수신기는 오류가 발생했다고 판단하고, 짝수가 되면 오류가 없다고 판단한다고 했다.

예를 들면 송신기가 짝수 패리티를 활용하여 '0110110+0(패리티 비트)'을 전송하면 패리티 비트를 포함한 데이터의 1의 개수가 짝수이므로 수신기는 오류가 없다고 판단할 것이다. 그런데 ㉮의 '수신한 데이터에서 짝수 개의 비트에 오류가 동시에 있으면', 아래 표와 같이 수신한 데이터가 달라져도 데이터의 1의 개수는 여전히 짝수이므로 수신기는 오류를 검출하기 어렵다. 그 이유는 수신한 데이터가 정상일 때와 수신한 데이터에 오류가 있을 때의 패리티 비트가 동일(아래 표 참조)하기 때문이다. 따라서 ⑤는 ㉮의 이유로 적절하다.

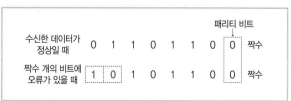

								패리티 비트	
수신한 데이터가 정상일 때	0	1	1	0	1	1	0	0	짝수
짝수 개의 비트에 오류가 있을 때	1	0	1	0	1	1	0	0	짝수

▶ **정답의 근거** 위 '⑤가 정답인 이유'에서의 표

X **③이 오답인 이유** 2문단에서 패리티 검사 방식에서는 전송할 데이터에 패리티 비트(오류 검출 부호)를 추가하여 데이터의 1의 개수를 짝수나 홀수로 만들고, 짝수 패리티를 사용하면 짝수가, 홀수 패리티를 사용하면 홀수가 된다고 했다. 사용하는 패리티 방식에 따라 짝수나 홀수 모두 가능하다는 것이다. 그리고 홀수 패리티를 사용하여도 짝수 개의 비트에 오류가 동시에 있으면 아래 표와 같이 수신한 데이터가 달라져도 데이터의 1의 개수는 여전히 홀수이므로 수신기는 오류를 검출하기 어렵다. 따라서 ③은 ㉑의 이유로 적절하지 않다.

									패리티 비트	
수신한 데이터가 정상일 때	0	1	1	0	1	0	0		0	홀수
짝수 개의 비트에 오류가 있을 때	1	0	1	0	1	0	0		0	홀수

① 1문단에서 오류는 '컴퓨터 네트워크에서 데이터가 전송될 때 수신된 데이터'에 발생한다고 했고, 2문단에서 패리티 비트는 '전송할(전송 이전) 데이터에 추가'하는 오류 검출 부호라고 했다. 따라서 송신기가 패리티 비트를 생성하는 것은 전송 후의 오류와는 관련이 없다.

② 위 '③이 오답인 이유'에서 알 수 있듯이 사용하는 패리티 방식에 따라 짝수나 홀수 모두 가능하다(항상 홀수로 나타나기 때문에 ✗).

④ 2문단에서 짝수 패리티를 사용한다면 '송신기는 항상 데이터의 1의 개수를 짝수로 만들어서 전송하지만 만일 수신한 데이터의 1의 개수가 홀수가 되면 수신기는 오류가 발생했다고 판단'한다고 했다. 이를 통해 오류 여부는 데이터의 1의 개수가 짝수인지 홀수인지 여부로 판단하는 것이지 패리티 비트의 크기가 늘어나기 때문이 아니라는 것을 알 수 있다.

04 구체적 사례에의 적용
정답 ④

O **④가 정답인 이유** 〈보기〉는 3문단에서 설명한 2차원 배열로 구성된, 홀수 패리티를 활용하여 오류를 검출하는 패리티 검사의 예이다. 3문단의 내용을 바탕으로 〈보기〉의 표를 정리하면 다음과 같다.

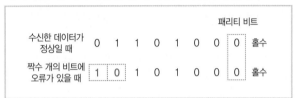

	1열	2열	3열	4열	5열	6열	7열	패리티 비트	1의 개수
1행	0	1	0	0	1	1	0	0	홀수
2행	1	1	1(ⓐ)	1	0	0	1(ⓑ)	1	짝수
3행	0	0	1	1	0	0	1	0	홀수
패리티 비트	0	1	0	1	0	1	0(ⓒ)		
1의 개수	홀수	홀수	짝수	홀수	홀수	홀수	홀수		

2문단에서 '짝수 패리티를 사용'할 경우 '수신한 데이터의 1의 개수가 홀수가 되면 수신기는 오류가 발생했다고 판단'한다고 하였으므로, 홀수 패리티를 활용한 〈보기〉에서 수신한

데이터의 1의 개수가 짝수가 된 2행과 3열에서 오류가 발생했다는 것을 알 수 있다.

이를 바탕으로 ④를 살펴보면, '수신한 데이터에서 ⓑ도 0으로 바뀌어서 수신되었다면' 2행은 홀수가 되어 오류가 없다고 판단할 것이지만, 7열의 경우 짝수가 되어 오류가 있다고 판단할 것이므로 오류 발생 여부를 검출할 수 있다.

▶ **정답의 근거** 위 '④가 정답인 이유' 참조

X **③이 오답인 이유** 'ⓐ가 포함된 행과 열의 패리티 비트를 포함한 데이터의 1의 개수가 각각 짝수'인 것은 위 '④가 정답인 이유'의 표에서 확인할 수 있다. 그리고 〈보기〉에서 홀수 패리티를 활용하여 오류를 검출한다고 했으므로 수신기는 짝수인 2행과 3열이 겹치는 ⓐ를 오류라고 판단했을 것이다.

X **⑤가 오답인 이유** 2문단에서 '짝수 패리티를 사용한다면 송신기는 항상 데이터의 1의 개수를 짝수로 만들어서 전송'한다고 했고, 3문단에서는 2차원 배열로 구성한 경우 송신기는 패리티 비트를 포함한 데이터를 전송한다고 했다. 짝수 패리티를 활용했다면 각 행과 열의 1의 개수가 패리티 비트를 포함하여 짝수가 되어야 하는 것이다. 그리고 홀수 패리티를 활용한 〈보기〉에서 패리티 비트의 오류는 없다고 가정했으므로 홀수로 만들어 전송한 〈보기〉와 달리 짝수 패리티를 활용한 ⓒ는 홀수 패리티를 활용했을 때와는 반대로 1010110으로 생성했을 것이다.

①과 ②에 답한 학생들은 드물었는데, 〈보기〉는 홀수 패리티를 활용한 오류 검출 방식으로, '패리티 비트를 포함한 데이터의 1의 개수'가 첫 번째 행(3개)과 여섯 번째 열(1개) 모두 홀수이기 때문에 수신기는 첫 번째 행과 여섯 번째 열에서는 오류가 없다고 판단했을 것이다.

05 구체적 사례에의 적용
정답 ④

O **④가 정답인 이유** 〈보기〉는 수신기가 ⓒ의 오류를 검사한 연산으로, 지문의 〈그림〉에서 생성한 오류 검출 부호(111)를 포함한 데이터(110101111)를 생성 부호(1011)로 나눈 것이다. 지문의 〈그림〉과, 〈그림〉에 대해 설명한 5문단의 내용, 〈보기〉의 그림을 바탕으로 답지 ④를 살펴보면 '수신기가 연산한 몫인 '111101'은 송신기가 전송한 데이터(110101111)와 동일하지 않다.

그리고 지문의 〈그림〉 옆 **5문단**에서 '수신한 데이터는 전송할 데이터에 나머지를 추가했으므로 오류가 없다면 생성 부호로 나누었을 때 나머지가 0이 된다.'고 한 점과 〈보기〉의 연산에서 나머지가 0인 점을 고려하면, 수신기는 오류가 없다고 판단했을 것이라는 추론은 적절하다. 하지만 <u>오류가 없다고 판단한 이유는</u>, '수신기가 연산한 몫'이 '송신기가 전송한 데이터'와 동일하기 때문이 아니라, <u>수신기가 수신한 데이터(110101111)를 생성 부호(1011)로 나누었을 때 '나머지가 0'이기 때문이다.</u>

참고로, 지문의 〈그림〉과, 〈그림〉에 대해 설명한 5문단의 내용을 바탕으로 〈보기〉의 그림을 이해하면 다음과 같다.

```
                    111101 … 몫
         1011)110101111 … ©
              1011
   생성       1100        … @
   부호       1011
              1111        … @
              1011
              1001        … @
              1011
              0101        … @
              0000
              1011        … @
              1011
                 0 … 나머지
```

©: 오류 검출 부호(111)를 포함하여 송신기가 전송한 데이터
@: 모듈로-2 연산을 활용한 부호(해당 자릿수의 비트 값이 같으면 0, 다르면 1)

▶ **정답의 근거** 5문단의 설명과 〈보기〉

가장 많이 질문한 오답은? ③, ② 순

☒ **③이 오답인 이유** 지문의 〈그림〉 오른쪽에 있는 5문단에서 모듈로-2 연산을 할 때 '송신기는 전송할 데이터의 오른쪽 끝에 생성 부호의 비트 수보다 하나 작은 비트 수만큼 0을 추가한 후 이를 생성 부호로 나누고' '수신기는 수신한 데이터를 송신기와 동일한 생성 부호로 나눈다.'고 했다. 또, 수신기가 ©의 오류를 검사한 연산인 〈보기〉에서도 생성 부호(1011)보다 하나 작은 비트 수만큼의 0을 추가한 것이 아니라 수신한 데이터(©)를 송신기와 동일한 생성 부호로 나누었다.

☒ **②가 오답인 이유** 수신기가 수신한 데이터(© 110101111)의 오른쪽 끝에 있는 '111'은, 지문의 〈그림〉을 참조하면 송신기에서 생성한 오류 검출 부호이다. 5문단에서 '송신기는 오류 검출 부호를 포함한 데이터 110101111만을 전송'한다고 했는데, 이때 전송한 데이터 '110101111'은 지문의 〈그림〉에서 확인할 수 있는 전송할 데이터(110101)에 연산 후 생성된 오류 검출 부호(111)를 포함한 것이다.

①과 ⑤에 답한 학생들도 제법 많았는데, 이 답지들이 오답인 이유도 따져 알고 넘어가자.

① 5문단의 '수신기는 수신한 데이터를 송신기와 동일한 생성 부호로 나눈다.'와, 〈보기〉의 수신기에서 사용한 생성 부호(1011)와 지문의 〈그림〉에서 사용한 생성 부호(1011)가 동일한 것을 통해 '수신기는 송신기와 동일한 생성 부호인 '1011'을 사용하여 모듈로-2 연산'을 하였다는 것을 알 수 있다.

⑤ 5문단에서 수신한 데이터는 '오류가 없다면 생성 부호로 나누었을 때 나머지가 0'이 되고, '이때 나머지가 0이 아니면 수신한 데이터에 오류가 있다고 판단한다'고 했는데, 1문단에서 '수신기는 수신한 데이터를 검사하여 오류가 있으면 재전송을 요청한다.'고 했다. 따라서 〈보기〉에서 수신기가 연산한 결과의 나머지가 0이 아니었다면 수신기는 송신기에 재전송을 요청했을 것이다.

6~8 **기술: 김진섭,「책 잘 만드는 제책」**

독해력을 길러 주는 지문 분석

1문단 **문단요약** 인류는 동물의 뼈나 양피지에 정보를 기록해 왔다. 그런데 종이의 개발로 종이로 된 책이 주된 기록 매체가 되었고, 책의 보존성과 가독성, 휴대성을 더욱 높이기 위한 제책 기술의 발달이 요구되었다.
　핵심어(구) 종이의 개발, 제책 기술의 발달이 요구
　중심 내용 종이의 개발로 요구된 제책 기술의 발달

2문단 **문단요약** 제지 기술이 부족했던 서양은 책의 내구성을 높이기 위한 기술로 양장(洋裝)을 이용하였다. 양장은 내지 묶기와 표지 제작을 따로 한 후에 합치는 방법으로, 실매기로 단단히 묶은 내지와 판지에 천이나 가죽을 접착해 만든 표지를 접착제로 붙였고, 면지를 활용하여 책의 내구성을 높였으며, 책의 펼침성이 좋도록 한다.
　핵심어(구) 양장(洋裝)
　중심 내용 초기의 제책 기술인 '양장'의 방법과 그 특징

3문단 **문단요약** 18세기 말에 유럽은 산업혁명으로 인쇄가 기계화되면서 제책 기술도 대량 생산이 가능한 중철 방식으로 발전했다. 중철은 인쇄지를 포개놓고 책장이 접히는 한가운데를 ⊏자형 철침으로 매는 것으로, 광고지, 팸플릿 등 오랜 보관이 필요 없거나 분량이 적은 인쇄물에 사용하며, 펼침성과 휴대성이 좋다.
　핵심어(구) 18세기 말, 중철
　중심 내용 18세기 말에 개발된 제책 기술인 '중철' 방식과 그 특징

4문단 **문단요약** 20세기 중반에는 실이나 철사 없이 화학 접착제만으로 책을 묶는 무선철이라는 제책 기술이 등장했다. 이 방법은 자동화가 가능해 대량 생산에 더욱 적합했고, 생산 단가가 낮아 책의 대중화에 기여했다. 1990년대에는 습기경화형 우레탄 핫멜트의 개발로 책의 내구성이 더욱 강화되는 등 계속 발전하고 있다.
　핵심어(구) 20세기 중반, 무선철
　중심 내용 20세기 중반에 개발된 제책 기술인 '무선철' 방식과 그 특징

주제　제책 기술의 발전 과정

*제책: 낱장으로 된 원고나 인쇄물을 한 권의 **책**으로 만드는(**제**작) 일.

06 표제와 부제의 파악　　　　　　정답 ③

🅞 **③이 정답인 이유** 표제와 부제를 묻는 문제에서는 다음 세 가지를 염두에 두어야 한다.

(1) 지문에서 다루고 있는 내용인가?(표제와 부제 모두 체크)
(2) 표제의 경우, 글 전체를 포괄할 수 있는 중심 내용인가?
(3) 부제의 경우, 표제를 보충해 주는 내용인가?

각 답지가 위 세 가지 조건을 만족하는지 검토해 보자.

구분	(1)		(2)	(3)
	표제	부제		
①	✕(한계 ✕)	✕(문제점 진단 ✕, 보완 방안 ✕)	✕	✕
②	○(4문단)	✕(화학 접착제의 개발 ○, 중심으로 ✕)	✕	✕
③	○(1~4문단)	○(2~4문단)	○	○
④	발전 ○(1~4문단) 사회적 영향 △	✕(문제점 ✕)	○	△
⑤	○(1~4문단)	✕(내구성 향상 단계를 중심으로 ✕)	△	✕

위 표에서 보듯 이 글 전체를 포괄하는 표제와 부제는 ③밖에 없다. 그리고 ③의 근거를 지문에서 찾으면 다음과 같다.

> • 제책 기술의 등장 배경 : 종이의 개발로 부피가 줄어들면서 종이로 된 책이 주된 기록 매체가 되었고…제책 기술의 발달이 요구되었다.(1문단)
> • 제책 기술의 유형 : 양장, 중철, 무선철(2~4문단)
> • 책 묶기 방식의 발전 과정 : 실, 철사, 화학 접착제(2~4문단)

▶ **정답의 근거** 위 '③이 정답인 이유'에서의 표

가장 많이 질문한 오답은? ④

✕ **④가 오답인 이유** '제책 기술의 발전'(양장, 중철, 무선철)이 글 전체를 포괄하는 제목으로 적절해 ④에 답한 학생들이 많았다. 그리고 제책 기술의 발전으로 책이 대중화된 것을 '사회적 영향'으로 볼 수 있으므로 ④의 표제는 적절하다고 할 수 있다. 부제의 경우, '기술 개발의 방향'(내구성 강화, 대량 생산, 자동화 등)은 표제를 보충해 주는 내용으로 적절한데, '문제점'을 중심으로 다루고 있지 않으므로 ④는 적절하지 않다.

Q&A ▶'안인숙 매3국어클리닉' 카페에서

> **Q** ⑤에서 '제책 기술의 필요성과 의의'는 맞지만 '책의 내구성 향상 단계를 중심으로'는 틀렸다고 했는데, 지문에서 제책 기술이 필요하다는 것은 1문단에서 알 수 있지만 이것이 지문 전체를 포괄하는 내용은 아니지 않나요??? 그리고 부제인 '책의 내구성 향상 단계를 중심으로'는 왜 틀렸는지 잘 모르겠어요ㅜㅜ 2문단 6번째 줄, 4문단 4번째 줄을 보면 내구성을 더욱 강화시켰다는 내용이 존재하여 점점 내구성이 좋아진다고 추측할 수 있을 것 같은데 왜 부제가 안 되는지 잘 모르겠어요!!
>
> **A** 1문단에서 '책의 보존성과 가독성, 휴대성 등을 더욱 높이기 위한 제책 기술의 발달이 요구되었다.'고 했습니다. 이를 통해 제책 기술의 필요성은 책의 보존성과 가독성*, 휴대성을 높이기 위해서이고, 제책 기술의 의미(의의)는 이 3가지(보존성, 가독성, 휴대성)를 높이는 방향으로 양장(2문단)에서 중철(3문단)로, 중철에서 무선철(4문단)로 발전되어 왔다는 것을 들 수 있습니다. 따라서 '제책 기술의 필요성과 의의'는 이 글의 표제로 볼 수 있습니다. 하지만, '책의 내구성 향상 단계를 중심으로'가 이 글의 부제가 될 수 없는 것은 '내구성 향상 단계'를 중심으로(✕)가 아니라 '보존성과 가독성, 휴대성'을 함께 고려하여 제책 기술의 발전 과정을 설명하고 있기 때문입니다. 특히 3문단에서 '중철'은 '오랜 보관이 필요 없거나 분량이 적은 인쇄물에 사용해 왔다'고 했으므로 중철은 '내구성'과는 거리가 멀기도 합니다.

*가독성: 읽기(낭독) 쉬운(가능한) 성질. 글이 쉽게 읽히면 가독성이 있다고 하고, 쉽게 읽히지 않으면 가독성이 떨어진다고 함.

07 그림에의 적용 정답 ③

○ **③이 정답인 이유** ㉠~㉤의 명칭을 참고해 ③이 적절한지를 살피면, 2문단의 '양장은 내지 묶기와 표지 제작을 따로 한 후에 합치는 방법이다.'를 통해 '양장'에 따라 제작한 〈보기〉에서 ㉢(표지)은 따로 제작했다는 것을 확인할 수 있다.

하지만 2문단의 '내지보다 두껍고 질긴 종이인 면지를 표지와 내지 사이에 접착제로 붙여 이어줌으로써'로 보아, ㉢(표지)과 ㉣(면지)은 실매기가 아닌 접착제로 결합시켰다는 것을 알 수 있다. 한편, '실매기'는 2문단의 '내지는 실매기 방식을 활용해 실로 단단히 묶고~'에서 내지를 묶을 때 활용하는 방법이라는 것을 알 수 있다.

▶ **정답의 근거** 위 '③이 정답인 이유' 참조

가장 많이 질문한 오답은? ⑤

✕ **⑤가 오답인 이유** ⑤에 답한 학생들이 많았다. 그런데 2문단의 '내지(㉤)는 실매기 방식을 활용해 실로 단단히 묶고'와, '면지(㉣)를 표지(㉢)와 내지(㉤) 사이에 접착제로 붙여 이어줌으로써 책의 내구성*을 높인다.'에서 ⑤는 적절한 설명이라는 것을 알 수 있다.

> *내구성: 오래(영구적으로) 견디는(인내) 성질.

① 2문단의 '표지와 내지를 결합할 때는 책등(㉠)과 결합되는 내지(㉤) 부분에 접착제를 발라 책등에 붙인다.'에서 확인할 수 있다.

② 2문단의 '표지 부착 후에는 가열한 쇠막대로 앞뒤 표지의 책등 쪽 가까운 부분을 눌러 홈(㉡)을 만들어 책의 펼침성이 좋도록 한다.'에서 확인할 수 있다.

④ 2문단의 '내지(㉤)보다 두껍고 질긴 종이인 면지(㉣)를 표지와 내지 사이에 접착제로 붙여 이어줌으로써 책의 내구성을 높인다.'에서 확인할 수 있다.

08 구체적 사례에의 적용 정답 ⑤

○ **⑤가 정답인 이유** 〈보기〉에서는 (1) 오래도록 문집을 보관할 수 있고, (2) 문집 제작 비용을 절감하는 방향으로 제안서를 보내 달라고 했다. ⑤의 '책의 단가를 낮추고'는 (2)를 충족하고, '내구성을 높이기 위해 성능이 좋은 화학 접착제를 사용하여 묶'는 것은 (1)을 충족하므로, ⑤는 제책 회사가 제시할 의견으로 적절하다.

『예비 매3비』가 어렵다면?

『중학 매3비』

한편 〈보기〉의 '작년에 제작된 문집은 간편하게 말아서 휴대가 가능했지만 표지의 한가운데가 떨어지는 문제가 있었습니다.'와 3문단의 '중철은…표지나 내지가 한가운데서부터 떨어지는 경우가 잦아 철침을 4개로 박기도 하였다.…중철된 책은 쉽게 펼치거나 넘길 수 있고 두루마리처럼 말아서 간편하게 휴대할 수도 있다.'로 보아 작년에 제작된 문집은 '중철'로 제작되었다는 것을 알 수 있다.

그리고 〈보기〉에서 '이에 대한 보완이 필요'하다고 했고, '올해는 분량이 100쪽 이상 증가'했다고 한 점을 고려할 때, 제책 회사는 '중철' 제작의 문제점을 보완하는 '무선철' 제작 방식을 제안해야 하는데, 4문단에서 '무선철' 방식은 '생산 단가가 낮'고 '내구성이 더욱 강화된 책을 만들' 수 있다고 한 점에서 ⑤의 제안이 적절하다는 것을 알 수 있다.

▶ **정답의 근거** 〈보기〉의 '오래도록 문집을 보관하고 싶어 하는 점'과 '문집 제작 비용을 절감하는 방향'

가장 많이 질문한 오답은? ③, ④ ☞

☒ **③이 오답인 이유** '표지와 내지의 결합력을 높이기 위해 철침을 2개에서 4개로 늘려 묶'으면 '오래도록 문집을 보관'할 수는 있지만, '비용을 절감하는 방향'에 대한 의견은 제시하지 않았으므로, 제책 회사가 제시할 의견으로 적절하지 않다. 또한 표지와 내지를 철침으로 묶는 것은 '중철'의 방식으로, 중철은 3문단에서 '오랜 보관이 필요 없거나 분량이 적은 인쇄물에 사용'해 왔다고 했는데, 올해 문집은 '분량이 100쪽 이상 증가'하였고 '학생들이 오래도록 문집을 보관하고 싶어' 한다고 했으므로 ③은 중철로 제작된 작년 문집의 문제점을 보완하는 방법에 대한 제안으로 적절하지 않다.

☒ **④가 오답인 이유** '오래도록 문집을 보관'할 수 있는 방안만 제시되어 있고, '비용 절감'에 대한 의견은 없다. 그리고 '실매기를 한 후 튼튼한 면지를 접착제로 붙'이는 방식은 '양장'의 방식으로, 중철로 제작된 작년 문집의 문제점을 보완하는 방법에 대한 제안으로 적절하지 않다.

① '철침으로 옆을 묶'으면 (1)은 충족할 수 있지만 (2)에 대한 방안이 제시되어 있지 않고, 또 이는 옆매기의 방식이므로 적절하지 않다.

② (1)과 (2)의 대안을 제시하고 있지 않으며, '내지와 표지를 별도로 제작한 후 묶'는 것은 '양장'의 방식이므로 적절하지 않다.

9~13 기술: 임석구 외, 「**최신 컴퓨터 구조**」

독해력을 길러 주는 지문 분석

1문단 문단요약 컴퓨터의 중앙처리장치인 CPU는 데이터를 처리하기 위해 주기억장치와 데이터를 주고받는데, 두 장치의 처리 속도의 차이(주기억장치가 느림)를 극복하기 위해 캐시 기억장치에 주기억장치의 데이터의 일부를 복사해 두고 사용하도록 하는 과정(캐싱)을 통해 데이터 처리 속도를 향상시킨다.

▼ 캐시 기억장치의 기능

- CPU(컴퓨터의 중앙처리장치)와 주기억장치의 처리 속도 차이로 인한 데이터 처리 속도 문제를 해결해 줌(속도 향상).
- 주기억장치보다 용량은 작지만 데이터 처리 속도가 매우 빠름.
- 주기억장치의 데이터 중 자주 사용되는 데이터의 일부를 복사해 두고 CPU가 이 데이터를 사용하도록 함. ◀캐싱

핵심어(구) 캐시 기억장치, 캐싱

중심 내용 컴퓨터의 데이터 처리 속도 향상을 위해 활용되는 캐시 기억장치와 캐싱의 개념

2문단 문단요약 캐싱이 효율적으로 이루어지려면 CPU가 캐시 기억장치에 저장된 데이터를 반복적으로 사용하는 것이 중요한데, 이를 위해 참조의 지역성을 고려한다. 참조의 지역성은 시간적 지역성과 공간적 지역성으로 나뉜다.

▼ 참조의 지역성의 유형 및 특징

시간적 지역성	공간적 지역성
CPU가 한 번 사용한 특정 데이터가 가까운 미래에 다시 사용될 가능성이 높은 것	한 번 사용한 데이터 근처에 있는 데이터가 곧 사용될 가능성이 높은 것

핵심어(구) 캐싱이 효율적으로 이루어지려면, 반복적으로 사용, 참조의 지역성

중심 내용 효율적인 캐싱을 위한 고려 사항 (1)-참조의 지역성

3~4문단 문단요약 주기억장치에서 캐시 기억장치로 데이터를 전송할 때에는 블록 단위로 데이터가 전송되어 라인에 저장된다. 캐시 기억장치는 용량이 작기 때문에 캐싱을 위해서는 주기억장치의 여러 블록이 캐시 기억장치의 하나의 라인을 공유하여 사용해야 한다.

예

주기억장치	캐시 기억 장치
• 데이터 용량: 워드 2^n개 • 총 블록 개수: $2^n/K$개 　　*K: 블록의 워드 수	• 데이터 용량: 워드 M개 • 총 라인 수: M/K개 　　*K: 라인의 워드 수

핵심어(구) 캐싱을 위해서는, 하나의 라인을 공유

중심 내용 효율적인 캐싱을 위한 고려 사항 (2) - 라인 공유

5문단 문단요약 캐싱이 이루어질 때 CPU가 요청한 데이터가 캐시 기억장치에 있는지 여부를 확인하고 해당 데이터를 불러오기 위해 주기억장치의 데이터 주소가 사용된다. 이 주소는 '태그 필드, 라인 필드, 워드 필드'로 구성된다.

▼ 캐싱에서 사용되는 주소의 구성

태그 필드	캐시 기억장치의 특정 라인에 주기억장치의 어떤 블록이 저장되어 있는지를 구분함.
라인 필드	주기억장치의 블록이 들어갈 캐시 기억장치의 라인을 지정함.
워드 필드	주기억장치의 각 블록에 저장된 워드를 지정함.

핵심어(구) 주기억장치의 데이터 주소가 사용, 태그 필드, 라인 필드, 워드 필드

중심 내용 캐싱에서 활용되는 주기억장치의 데이터 주소의 형식과 기능(12번 문제의 〈보기〉 참조)

6문단 문단요약 주기억장치의 데이터를 캐시 기억장치에 저장하는 방식 중 하나인 '직접 매핑'은 주기억장치의 데이터를 블록 단위로 캐시 기억장치의 지정된 라인에 저장하는 방식이다. 직접 매핑 방식에서 캐싱이 이루어지는 과정은, CPU가 데이터를 요청하면 요청 주소의 라인 필드를 이용하여 캐시 기억장치의 해당 라인을 확인하고 데이터가 저장되어 있으면 그 라인의 태그와 요청 주소의 태그를 비교한다. 이때 (1) 두 태그의 값이 일치하는 '캐시 히트'가 일어나면, 해당 워드 필드의 데이터를 CPU에 보내 주고, (2) 두 태그의 값이 일치하지 않거나 해당 라인이 비어 있는 '캐시 미스'가 일어나면, 요청 주소에 해당하는 블록을 주기억장치에서 복사하여 캐시 기억장치의 지정된 라인에 저장하고 요청된 데이터를 CPU에 보내 준다.

핵심어(구) 직접 매핑 방식에서 캐싱이 이루어지는 과정

중심 내용 직접 매핑 방식에서 캐싱이 이루어지는 과정 (12번 문제의 해설 참조)

7문단 문단요약 직접 매핑은 해당 라인만 검색하면 되기 때문에 검색 속도가 빠르고, 회로의 구조가 단순하여 시스템 구성 비용이 저렴한 장점이 있다. 하지만 같은 라인에 저장되어야 하는 서로 다른 블록을 CPU가 번갈아 요청하는 경우, 계속 캐시 미스가 발생하므로 시스템의 효율이 떨어질 수 있다.

핵심어(구) 장점, 시스템의 효율이 떨어질 수 있다

중심 내용 직접 매핑의 장단점

주제 컴퓨터의 데이터 처리 속도를 향상시키는 데 활용되는 캐시 기억장치

09 세부 정보 확인
정답 ③

O ③이 정답인 이유 2문단의 첫 문장에서 '캐싱이 효율적으로 이루어지려면 CPU가 캐시 기억장치에 저장된 데이터를 반복적으로 사용하는 것이 중요'하다고 했다. 이를 통해 ③은 이 글의 내용과 일치한다는 것을 알 수 있다.

▶ 정답의 근거 2문단의 첫 문장

가장 많이 질문한 오답은? ⑤

X ⑤가 오답인 이유 정답 ③에 답한 학생들이 많았지만, ⑤에 답해 틀린 학생들도 제법 많았다. 그 이유는 **1문단의 마지막 문장**에서 밝히고 있는 '캐싱'의 개념과 ⑤가 일치한다고 보았기 때문이다. 그런데 다음과 같이 두 문장을 비교해 보면, 캐싱은 '주기억장치의 데이터'를 '캐시 기억장치에 복사'하는 것인데, ⑤에서는 '캐시 기억장치의 데이터'를 '주기억장치에 복사'한다고 하여 반대로 진술했으므로 일치하지 않는다.

지문-1문단	답지-⑤
• 캐시 기억장치에 주기억장치의 데이터 중 자주 사용되는 데이터의 일부를 복사해 두고 CPU가 이 데이터를 사용하도록 하는 과정	• 캐시 기억장치의 데이터 중 자주 사용되는 데이터의 일부를 주기억장치에 복사하여 사용하는 것을 말한다.

① 3문단에서 '캐시 기억장치는 일반적으로 하나의 라인에 하나의 블록(워드 X)이 들어갈 수 있도록 설계되어 있'다고 했다.('블록은 연속된 워드 여러 개의 묶음을 말한다.'고 한 것도 참고!)

② 1문단에서 '캐시 기억장치'는 '주기억장치보다 용량은 작지만(크고 X) 처리 속도가 매우 빠르다(느리다 X).'고 했다.

④ 2문단에서 '시간적 지역성은 CPU가 한 번 사용한 특정 데이터가 가까운 미래에 다시 사용될 가능성이 높은 것'을 말한다고 했다.('근처에 있는 데이터가 곧 사용될 가능성이 높은 것'은 공간적 지역성임.)

10 세부 내용의 이해 및 적용
정답 ①

O ①이 정답인 이유 [A]는 캐싱을 위해 라인이 만들어지는 과정을 설명하고 있는데, [A]와 〈보기〉를 비교해 보자.

[A]	〈보기〉	비교 결과
주기억장치의 데이터 용량을 워드 2^n개라고 가정	주기억장치의 데이터 용량이 64(2^6)개의 워드로 이루어져 있다고 가정	• n=6
주기억장치의 블록 한 개가 K개의 워드로 이루어져 있다고 하면 이 주기억장치의 총 블록 개수는 2^n/K개	주기억장치의 하나의 블록이 4개의 워드로 이루어져 있다면, 주기억장치는 총 16개의 (㉮)(으)로 구성	• K=4 • ㉮ =블록 • 2^n/K개=16개 [2^6(64)/4]
캐시 기억장치의 데이터 용량을 워드 M개라고 가정	캐시 기억장치의 데이터 용량이 16개의 워드라면	• M=16
주기억장치의 각 워드는 n비트의 주소로 지정된다.	주기억장치의 각 워드는 (㉯)의 주소로 지정된다.	• n=6 • ㉯=6비트
캐시 기억장치의 각 라인은…총 M/K개의 라인이 만들어진다.	캐시 기억장치의 라인은 (㉰)가 만들어진다.	• M=16, K=4 • ㉰=4개 [M/K=16/4=4]

위와 같이 [A]와 〈보기〉를 비교해 본 결과, ㉮에는 블록, ㉯에는 6비트, ㉰에는 4개가 들어간다는 것을 알 수 있다.

▶ 정답의 근거 위 '①이 정답인 이유'에서의 표

가장 많이 질문한 오답은? ②

X ②가 오답인 이유 ②에 답한 학생들이 많았는데, [A]에서 '주기억장치의 각 워드는 n비트의 주소로 지정된다.'고 했고, 워드 2^n개는 〈보기〉에서 64개의 워드라고 했다. 64개는 2^6이므로 n은 6이 되고, [A]를 참고할 때 ㉯에는 n비트가 들어가야 하므로 8비트가 아닌 6비트가 들어가야 한다. ㉰의 경우 [A]의 마지막 문장과 비교하면 M/K개가 들어가야 하는데, 앞서 M은 16이고, K는 4라는 것을 알 수 있으므로 6개가 아닌 4개(16/4)가 들어가야 한다.

11 공통점과 차이점의 파악

정답 ④

O ④가 정답인 이유 7문단에서는 ㉠(직접 매핑)의 단점으로 인해 ㉡(완전 연관 매핑)을 활용하기도 한다고 했고, 〈보기〉에서는 ㉡의 장점과 단점을 설명하고 있는데, '라인 지정'과 관련한 내용을 찾아 비교해 보면 다음과 같다.

지문-6문단	〈보기〉
직접 매핑은 주기억장치의 데이터를 블록 단위로 캐시 기억장치의 지정된 라인에 저장하는 방식이다.	완전 연관 매핑은 캐시 기억장치에 블록을 저장할 때 라인을 지정하지 않고 임의로 저장하는 방식이다.

따라서 '라인을 지정하지 않고 임의로 저장하는 방식'인 ㉡과 달리 ㉠은 '라인을 지정하여 블록을 저장한다.'는 것을 알 수 있다.

▶ **정답의 근거** 위 '④가 정답인 이유'에서의 표

나머지 답지들에 답한 학생들은 드물었지만, 이들 답지들이 오답인 이유를 살펴보자.

① 6문단에서 ㉠은 주기억장치의 주소가 '태그 필드, 라인 필드, 워드 필드'로 이루어져 있다고 했고, 〈보기〉에서 ㉡은 '태그 필드, 워드 필드로 이루어진다.'고 했다. 따라서 태그 필드는 ㉠과 ㉡ 모두에 있다. → ㉠과 달리 ✕

② 7문단에서 ㉠은 'CPU가 요청한 데이터가 캐시 기억장치에 있는지 확인할 때 해당 라인만 검색하면 되기 때문에 검색 속도가 빠르다.'고 했고, 〈보기〉에서 ㉡은 '히트 여부 확인이 모든 라인에 걸쳐 이루어져야 하므로 검색 시간이 가장 오래 걸린다.'고 했다. → ㉡은 빠르다 ✕

③ 6문단에서 ㉠은 블록 교체 알고리즘 없이 '~블록은 지워지고 새롭게 가져온 블록이 저장된다.'고 한 반면, 〈보기〉에서 ㉡은 '블록이 교체될 때 어떤 블록을 삭제할지를 결정하는 블록 교체 알고리즘이 별도로 필요하다.'고 했다. → ㉡과 달리 ✕, ㉠은 블록 교체 알고리즘이 필요하다 ✕

⑤ 7문단에서 ㉠은 '회로의 구조가 단순하여 시스템을 구성하는 비용이 저렴한 장점이 있다.'고 한 반면, 〈보기〉에서 ㉡은 '회로의 구조가 복잡해서 시스템을 구성하는 비용이 높다.'고 했다. → 모두 ✕(㉡만 복잡함.)

12 내용의 도식화

정답 ④

O ④가 정답인 이유 〈보기〉에서 도식화한 '직접 매핑' 과정을 [B]를 바탕으로 이해해 보자.

[B]	…	〈보기〉
① CPU가 주소를 통해 데이터를 요청함.		• CPU가 요청한 데이터의 주소는 001011임.
② 요청 주소의 라인 필드를 이용하여 캐시 기억장치의 해당 라인을 확인함.	…	• 요청 주소의 라인은 10이므로 캐시 기억장치의 해당 라인(10)을 확인함.
③ 해당 라인에 데이터가 저장되어 있으면 그 라인의 태그와 요청 주소의 태그를 비교함.		• 캐시 기억장치의 해당 라인(10)에 데이터(g, o, a, l)가 저장되어 있음을 확인한 후 그 라인의 태그(10)와 요청 주소의 태그(00)를 비교함.
④ CPU가 요청한 주소의 태그와 캐시 기억장치 라인의 태그가 일치하지 않을 경우를 '캐시 미스'라 함.		• CPU가 요청한 주소의 태그(00)와 캐시 기억장치 라인(10)의 태그(10)가 일치하지 않음. → '캐시 미스'가 일어난 경우임.
⑤ 캐시 미스가 일어나면 요청 주소에 해당하는 블록을 주기억장치에서 복사하여 캐시 기억장치의 지정된 라인에 저장함.	…	• 요청 주소(001011)에 해당하는 블록*(b, l, u, e)을 주기억장치에서 복사하여 캐시 기억장치의 지정된 라인(10)에 저장함. *블록: 연속된 워드 여러 개의 묶음.
⑥ 만약 그 라인에 다른 블록이 저장되어 있다면 그 블록은 지워지고 새롭게 가져온 블록이 저장됨.		• 캐시 기억장치의 해당 라인(10)에 다른 블록(g, o, a, l)이 저장되어 있으므로 'g, o, a, l'은 지워지고 'b, l, u, e'가 저장됨.

따라서 ④는 캐시 기억장치의 라인 '01'이 아닌 '10'에 저장되어 있는 데이터 블록이 삭제된다고 해야 적절하다.

▶ **정답의 근거** 위 '④가 정답인 이유'에서의 ⑥

매3에서 강조하는 **'제대로 공부법'**을 지키며 공부하세요.

열공만큼 중요한 제공

열심히 **공**부   **제**대로 **공**부

X ②가 오답인 이유 위 '④가 정답인 이유'의 ⑤에서 알 수 있듯, CPU가 요청한 데이터의 주소는 '001011'이고, 이에 해당하는 데이터는 'b, l, u, e'의 'e'인데, 캐시 기억장치에는 'b, l, u, e'가 저장되어 있지 않으므로 캐시 미스가 일어난 것이 맞다. 그런데 ②에 답한 학생들은 캐시 기억장치에서 라인 10에는 데이터(g, o, a, 1)가 저장되어 있기 때문에 ②에서 '저장되어 있지 않으므로'는 적절하지 않다고 보았다고 했다. 그러나 라인 10에 저장된 'g, o, a, 1'은 CPU가 요청한 데이터가 아니다(태그 필드가 다름).

X ③이 오답인 이유 위 '④가 정답인 이유'의 ⑤에서 알 수 있듯, [B]에서 '캐시 미스가 일어나면 요청 주소에 해당하는 블록(b, l, u, e)을 주기억장치에서 복사하여 캐시 기억장치의 지정된 라인에 저장한다.'고 했으므로 적절하다.

X ⑤가 오답인 이유 CPU에서 요청한 데이터의 주소는 태그가 '00'이고, 라인이 '10'이고, 워드는 '11'이다. 따라서 CPU의 데이터 요청에 의해 최종적으로 CPU로 보내지는 데이터는 캐시 기억장치의 지정된 라인 '10'에 새롭게 저장된 블록(b, l, u, e)의 워드 '11'에 해당하는 'e'가 된다.

①에 답한 학생들은 드물었는데, [B]에서 '요청 주소의 라인(10) 필드를 이용하여 캐시 기억장치의 해당 라인(10)을 확인한다. 그리고 해당 라인에 데이터가 저장되어 있으면 그 라인의 태그(10)와 요청 주소의 태그(00)를 비교한다.'고 한 것과 일치하기 때문이다.

13 문맥적 의미 이해

정답 ①

O ①이 정답인 이유 '어휘 문제 3단계 풀이법'을 적용해 보자.

• 1단계(핵심 간추리기): 시스템의 효율이 <u>떨어지다</u>.

• 2단계('매3어휘 풀이' 떠올리기)

> • 시스템의 효율이 떨어지다(이전보다 낮아지다/하락하다).
> ※ '효율'의 '매3어휘 풀이': 효과의 정도를 나타내는 비율.

• 3단계(대입하기)

구분	핵심 간추리기	대입하기
①	성능이 <u>떨어</u>지다.	성능이 (이전보다) 낮아지다/하락하다. O
②	단추가 <u>떨어</u>지다.	단추가 (이전보다) 낮아지다/하락하다. X
③	감기가 <u>떨어</u>지지 않다.	감기가 (이전보다) 낮아지지/하락하지 않다. X
④	해가 <u>떨어</u>지다.	해가 (이전보다) 낮아지다/하락하다. X
⑤	빗방울이 <u>떨어</u>지다.	빗방울이 (이전보다) 낮아지다/하락하다. X

→ '떨어지다' 대신에 '(이전보다) 낮아지다/하락하다'를 대입한 결과, ①이 ⓐ의 의미와 가깝다는 것을 알 수 있다.

▶ **정답의 근거** 위 '①이 정답인 이유' 참조

오답지들에 쓰인 '떨어지다'의 문맥적 의미도 살펴보자.

② (붙어 있던 곳에서) 떼어지다.

③ (병이) 없어지다. (병이) 낫다.

④ (해가 서쪽으로) 지다(넘어가다).

⑤ (위에서) 아래로 내려오다.

✔ **매일 복습 확인 문제**

1 다음 추론이 맞으면 ○, 그렇지 않으면 ×로 표시하시오.

(1) [지문]CRC 방식은 미리 선택된 생성 부호를 사용해서 오류 검출 부호를 생성하는 방식이다. 전송할 데이터를 생성 부호로 나누어서 오류 검출 부호를 생성하는 데 모듈로-2 연산을 활용한다. →[추론] CRC 방식은 모듈로-2 연산을 사용해서 생성 부호를 만들어 낸다. ……( )

(2) [지문] 종이가 개발되기 전, 인류는 동물의 뼈나 양피지 등에 필요한 정보를 기록해 왔다. 하지만 담긴 정보량에 비해 부피가 방대하였고 그로 인해 보존과 가독에 어려움을 겪었다. 그런데 종이의 개발로 부피가 줄어들면서 종이로 된 책이 주된 기록 매체가 되었고 책의 보존성과 가독성, 휴대성 등을 더욱 높이기 위한 제책 기술의 발달이 요구되었다. →[추론] 종이의 개발로 종이로 된 책이 주된 기록 매체가 됨으로써 정보량이 많아졌고, 이에 따라 부피도 방대해졌다. …………………………( )

(3) [지문]캐시 기억장치에 주기억장치의 데이터 중 자주 사용되는 데이터의 일부를 복사해 두고 CPU가 이 데이터를 사용하도록 하는 과정을 '캐싱'이라고 한다. →[추론] 캐싱은 캐시 기억장치의 데이터 중 자주 사용되는 데이터의 일부를 주기억장치에 복사하여 사용하는 것을 말한다. …………………………( )

2 다음 설명으로 보아, 〈그림〉에서 ⓛ을 통해 강화한 것은?

〈그림〉은 '양장'에 따라 제작한 책의 단면으로, 양장은 내지 묶기와 표지 제작을 따로 한 후에 합치는 방법이다. 내지는 실매기 방식을 활용해 실로 단단히 묶고, 표지는 판지에 천이나 가죽 등의 마감 재료를 접착하여 만든다. 표지와 내지를 결합할 때는 책등과 결합되는 내지 부분에 접착제를 발라 책등에 붙인다. 또한 내지보다 두껍고 질긴 종이인 면지를 표지와 내지 사이에 접착제로 붙여 이어줌으로써 책의 내구성을 높인다. 표지 부착 후에는 가열한 쇠막대로 앞뒤 표지의 책등 쪽 가까운 부분을 눌러 홈을 만들어 책의 펼침성이 좋도록 한다.

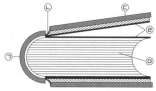

① 가독성 ② 내구성 ③ 보존성 ④ 펼침성 ⑤ 휴대성

3 밑줄 친 '떨어지다'의 문맥적 의미가 적절하지 않은 것은?

① 옷에서 단추가 떨어졌다. : 어떤 상태에 빠지다.
② 해가 떨어지기 전에 일을 마쳤다. : 서쪽으로 지다.
③ 감기가 떨어지지 않아 고생을 했다. : 병이 없어지다.
④ 빗방울이 떨어지기 시작했다. : 위에서 아래로 내려오다.
⑤ 엔진의 성능이 떨어져서 큰일이다. : 이전보다 낮아지다.

정답 1. (1) × (2) × (3) × 2. ④ 3. ①

정답	01 ⑤	02 ③	03 ②	04 ③	05 ④
	06 ①	07 ③	08 ①	09 ①	10 ④
	11 ③	12 ③	13 ④		

1~3 기술: 세드리크 레이 외, 「일상 속의 물리학」

독해력을 길러 주는 지문 분석

1문단 문단요약 전기레인지는 상판 자체를 가열해서 열을 발생시키는 하이라이트 레인지와, 상판을 가열하지 않고 전자기유도 현상을 통해 용기에 열을 발생시키는 인덕션 레인지로 나눌 수 있다.

핵심어(구) 전기레인지

중심 내용 가열 방식에 따른 전기레인지의 종류

2문단 문단요약 하이라이트 레인지는 원형의 열선을 통해 세라믹글라스 판을 가열하여 음식을 조리한다. 다양한 소재의 용기를 쓸 수 있지만, 에너지 효율이 낮아 조리 속도가 느리고, 상판의 잔열로 화상의 우려가 있다.

핵심어(구) 하이라이트 레인지

중심 내용 하이라이트 레인지의 가열 방식과 장단점

3문단 문단요약 인덕션 레인지는 전원이 켜지면 나선형 코일에 고주파 교류 전류가 흐르면서 발생한 교류 자기장에 의해 냄비 바닥에 맴돌이전류가 발생한다. 이 맴돌이전류가 냄비 소재의 저항에 부딪혀 줄열 효과가 나타나 냄비에 열이 발생한다.

핵심어(구) 인덕션 레인지, 맴돌이전류

중심 내용 인덕션 레인지의 가열 방식

4문단 문단요약 인덕션 레인지의 가열 원리는 강자성체에 외부 자기장의 세기가 줄어들다가 사라져도 어느 정도 자화된 상태를 유지하는 자기 이력 현상과도 관련 있으며, 외부 자기장을 가해 주는 방향을 반복적으로 바꾸어 주는 과정에서 자기에너지가 열에너지로 전환된다.

핵심어(구) 인덕션 레인지의 가열 원리, 자기 이력 현상

중심 내용 인덕션 레인지의 가열 원리(방식)와 관련된 강자성체의 자기 이력 현상

3번 해설의 '②가 정답인 이유' 참조

5문단 문단요약 인덕션 레인지는 소재의 저항이 크면서 강자성체인 용기를 사용해야 한다는 제약이 있고, 조리 시 전자파에 대한 우려도 있다. 하지만 에너지 효율이 높아 빠르게 음식을 조리할 수 있으며, 화재의 가능성이 매우 낮고, 화상 피해로부터 비교적 안전하다는 장점이 있다.

핵심어(구) 제약, 우려, 장점

중심 내용 인덕션 레인지의 장단점

주제 하이라이트 레인지와 인덕션 레인지의 가열 방식 및 장단점

▼ 하이라이트 레인지와 인덕션 레인지의 비교

구분	하이라이트 레인지	인덕션 레인지
가열 방식	• 직접 가열 방식: 열선의 열을 통해 세라믹글라스 판을 직접 가열함.	• 유도 가열 방식: 세라믹글라스 판 밑에 코일을 설치해 유도 전류를 통해 열을 발생시킴.
장단점	• 장점: 다양한 소재의 용기 사용 가능 • 단점: ① 에너지 효율이 낮아 조리 속도가 느림. ② 화상의 우려가 있음.	• 장점: ① 에너지 효율이 높아 조리 속도가 빠름. ② 안전함.(화재 가능성과 화상 피해↓) • 단점: ① 용기 사용의 제약 ② 전자파 발생

01 세부 정보의 확인
정답 ⑤

O ⑤가 정답인 이유 2문단에서 ㉠의 방식으로 열을 발생시키는 하이라이트 레인지는 '비교적 다양한 소재의 용기를 쓸 수 있'다고 했고, 5문단의 첫 문장에서 ㉡의 방식으로 열을 발생시키는 인덕션 레인지는 '음식 조리에 필요한 열을 낼 수 있도록 소재의 저항이 크면서 강자성체인 용기를 사용해야 한다는 제약이 있다.'고 했다. 따라서 '㉡은 ㉠보다 사용할 수 있는 용기 소재에 제약이 많다.'고 한 ⑤는 적절하다.

▶ **정답의 근거** 위 '⑤가 정답인 이유'에서 밑줄 친 부분

① 1문단의 '전자기유도 현상을 통해 용기에 자체적으로 열을 발생시키는 유도 가열 방식(㉡)'과 3문단의 '유도 전류인 맴돌이전류'가 냄비에 열을 발생하게 한다는 것에서, '유도 전류를 이용하여 용기를 가열'하는 것은 ㉠이 아니라 ㉡이라는 것을 알 수 있다.

② 1문단의 '하이라이트 레인지는 상판 자체를 가열해서 열을 발생시키는 직접 가열 방식(㉠)이고~'에서, '상판을 가열하여 그 열로 음식을 조리'하는 것은 ㉡이 아니라 ㉠이라는 것을 알 수 있다.

③ 5문단의 '(㉡으로 열을 발생시키는 인덕션 레인지는) 상판이 직접 가열되지 않기 때문에…뜨거운 상판에 의한 화상 등의 피해로부터 비교적 안전하다'에서, ㉠에 비해 ㉡이 '상대적으로 화상의 위험이 적다.'는 것을 알 수 있다.

④ 5문단의 '(㉡으로 열을 발생시키는 인덕션 레인지는) 직접 가열 방식(㉠)보다 에너지 효율이 높아 순식간에 용기가 가열되기 때문에 상대적으로 빠르게 음식을 조리할 수 있다.'에서, ㉠과 달리 ㉡이 '빠른 시간 안에 용기를 가열할 수 있다.'는 것을 알 수 있다.

02 그림에의 적용
정답 ③

O ③이 정답인 이유 〈보기〉의 그림은 세라믹글라스 판 밑에 나선형 코일(ⓐ)이 있고, 교류 자기장(ⓑ)과 맴돌이전류(ⓓ)가 발생하는 것으로 보아 인덕션 레인지라는 것을 알 수 있다.

인덕션 레인지의 가열 원리는 **3문단**에서 설명하고 있는데, '전원이 켜지면 코일에', '고주파 교류 전류가 흐르면서', '교류 자기장이 발생하게 되고', '그 위에 도체*인 냄비를 놓으면 교류 자기장에 의해 냄비 바닥에는 수많은 폐회로가 생겨나며 그 회로 속에', '맴돌이전류가 발생'하고, '이때 흐르는 맴돌이 전류(ⓓ)가 냄비(ⓒ) 소재의 저항에 부딪혀 줄열 효과가 나타나게 되고 이에 의해 냄비에 열이 발생'하게 된다고 했다. 이로 보아, ⓒ 소재의 저항이 커지면 ⓓ의 세기(ⓑ의 세기 ✗)가 커진다는 것을 짐작할 수 있다.

한편 3문단에서 맴돌이전류(ⓓ)의 세기는 '코일(ⓐ)에 흐르는 전류의 세기에 비례한다'고 했고, 교류 자기장(ⓑ)은 코일(ⓐ)에 흐르는 전류로 인해 발생한다고 했지만, 'ⓐ에 흐르는 전류의 세기'가 '냄비(ⓒ) 소재의 저항' 크기에 따라 변하는 것은 아니다.   *도체(=도전체): 전기(또는 열)를 잘 전달(전도)하는 물체.

▶ **정답의 근거**   위 '③이 정답인 이유'에서 밑줄 친 부분

① 3문단의 '전원이 켜지면 코일(ⓐ)에 2만Hz 이상의 고주파 교류 전류가 흐르면서 그 주변으로 1초에 2만 번 이상 방향이 바뀌는 교류 자기장(ⓑ)이 발생하게 되고~'에서 확인할 수 있다.

② 3문단의 '그(ⓑ가 발생한 코일) 위에 도체인 냄비를 놓으면 교류 자기장(ⓑ)에 의해 냄비(ⓒ) 바닥에는 수많은 폐회로가 생겨나며 그 회로 속에 소용돌이 형태의 유도 전류인 맴돌이전류(ⓓ)가 발생한다.'에서 확인할 수 있다.

④ 3문단의 '맴돌이전류(ⓓ)의 세기는 나선형 코일(ⓐ)에 흐르는 전류의 세기에 비례한다.'에서 확인할 수 있다.

⑤ 3문단의 '흐르는 맴돌이전류(ⓓ)가 냄비(ⓒ) 소재의 저항에 부딪혀 줄열 효과가 나타나게 되고 이에 의해 냄비에 열이 발생하게 되는데,~'에서 확인할 수 있다.

03 그래프에의 적용

정답 ②

O **②가 정답인 이유**   〈보기〉는 '두 물체 A, B의 자기장의 세기에 따른 자화 세기의 변화를 나타낸 자기 이력 곡선'이라고 했으므로, '자기 이력 곡선'에 대해 설명하고 있는 4문단을 통해 〈보기〉의 그래프를 이해해 보자.

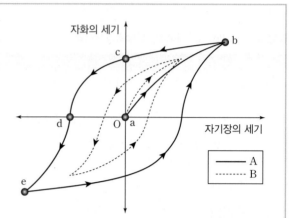

- A, B : 강자성체이고, B보다 면적이 넓은 A가 열에너지가 많이 발생함.
- a-b 구간 : 자화 세기는 자기장의 세기에 비례하여 커짐.
- b : 자기 포화 상태
- b-c 구간 : 자기장의 세기를 줄이면 자화의 세기도 줄어듦(자기장의 세기에 비해 자화의 세기가 상대적으로 천천히 줄어듦).
- c : 외부 자기장이 사라져도 자화된 상태를 유지하게 됨. ← 자기 이력 현상
- c-d 구간 : 처음에 가해 준 외부 자기장의 역방향으로 일정 세기의 자기장을 가해 줌.
- d : 자화의 세기가 0이 됨.
- d-e 구간 : 자기장을 더 세게 가해 주어 자화의 세기가 반대쪽으로 커짐.
- e : 자기 포화 상태

✎ **다시 볼 내용** 메모하기

다시 봐야 할 내용을 메모해 둡니다. 메모해 둔 내용은 **재복습**하면서 **오답 노트**에 옮겨 정리하면 공부 효과를 높일 수 있습니다.

이와 같이 이해한 내용을 바탕으로 볼 때, 특히 4문단의 '자성체의 자화 세기는 물체에 가해 준 자기장의 세기에 비례하여 커지다가 일정값 이상으로는 더 이상 커지지 않는데'와 '이 과정에서 자기에너지는 열에너지로 전환되어 자성체의 온도를 높이는데'로 볼 때, 'A 소재의 용기 외부에 가해지는 자기장의 세기가 커질수록(a 지점에서 b 지점으로 갈수록) 발생하는 열에너지의 크기'가 증가하는 것은 맞다. 하지만, '계속' 증가하는 것이 아니라 일정값(b 지점) 이상으로는 증가하지 않으므로 ②는 적절하지 않다.

▶ **정답의 근거** 위 '②가 정답인 이유'에서 밑줄 친 부분

가장 많이 질문한 오답은? ④, ① 순

ⓧ **④가 오답인 이유** 4문단에서 '잔류 자기'는 '외부 자기장이 사라'졌을 때에도 '자성체에 남아 있는 자화의 세기'라고 했고, 〈보기〉의 그래프에서 외부 자기장이 사라지는 0 지점에서 자화의 세기를 나타내는 그래프의 세로축을 보면 A가 B보다 잔류 자기가 크다는 것을 알 수 있다. 이와 함께 4문단의 '자성체의 자화 세기는 물체에 가해 준 자기장의 세기에 비례하여'와 '(잔류 자기가 있을 때) 처음에 가해 준 외부 자기장의 역방향으로 일정 세기의 자기장을 가해 주면 자화의 세기가 0이 되고'를 고려하면, '용기의 잔류 자기를 제거하기 위해서는' '잔류 자기의 세기가 작은 B 소재의 용기보다 잔류 자기의 세기가 큰 A 소재의 용기에 더 큰 세기의 자기장을 (역방향으로) 가해 주어야 한다는 것을 알 수 있다.

ⓧ **①이 오답인 이유** 4문단에서 '인덕션 레인지의 가열 원리는 강자성체의 자기 이력 현상과도 관련이 있다.'고 했고, '강자성체의 경우에는…외부 자기장이 사라져도 어느 정도 자화된 상태를 유지'하게 된다고 했다. 〈보기〉의 그래프(A와 B의 자기 이력 곡선)에서 A와 B는 외부 자기장이 사라져도 자석의 성질을 지닌다는 것을 보여 주고 있으므로 'A와 B는 모두 인덕션 레인지 용기의 소재로 적합'하다는 것을 알 수 있다.

③ 3문단의 '전원이 켜지면…교류 자기장이 발생하게 되고'를 통해 '인덕션 레인지의 전원을 차단'하면 자기장의 세기는 0이 된다는 것을 알 수 있다. 그리고 〈보기〉의 그래프에서 자기장의 세기가 0일 때 잔류 자기의 세기를 나타내는 '자화의 세기'를 보면 A가 B보다 크므로 'A 소재의 용기가 B 소재의 용기보다 잔류 자기의 세기가 더' 클 것임을 알 수 있다.

⑤ 4문단의 '이때 발생하는 열에너지는 자기 이력 곡선의 내부 면적과 비례한다.'로 보아 'B 소재의 용기는 (B보다 자기 이력 곡선의 내부 면적이 큰) A 소재의 용기보다 자기장의 변화에 따라 발생하는 열에너지가 적'을 것임을 알 수 있다.

국어 공부하다 궁금한 점은
안인숙 매3국어클리닉에 질문하세요.

4~8 기술: 이종호, 「과학 삼국유사」

독해력을 길러 주는 지문 분석

1문단 **문단 요약** 겨울철에 얼음을 저장하여 다음 해 가을까지 얼음을 보관하였던 석빙고에서 얼음을 어떻게 보관할 수 있었는지 알아보자.
핵심어(구) 석빙고, 얼음을 어떻게 보관
중심 내용 화제의 제시 – 석빙고의 얼음 보관 방법

2문단 **문단 요약** 우선 석빙고를 낮은 온도로 유지하는 데에는 얼음이 중요한 역할을 한다. 석빙고 안에서 얼음이 물로 상태변화가 일어날 때 온도는 변하지 않고 주변 공기로부터 에너지를 흡수하게 되는데, 이로 인해 주변 공기가 차가워져 다른 얼음이 녹지 않게 된다. 석빙고는 이 과정에서 생긴 물은 바닥의 경사면을 통해 배수되도록 하였다.
핵심어(구) 석빙고를 낮은 온도로 유지하는 데에는 얼음이 중요한 역할, 상태변화, 주변 공기가 차가워져
중심 내용 석빙고의 얼음 보관 방법 (1) – 얼음의 상태변화를 이용함.

3문단 **문단 요약** 석빙고는 외부와 에너지 및 공기를 주고받아 내부의 온도가 올라갈 수밖에 없는데, 조상들은 이를 해결하기 위해 천장의 상단에 통풍구를 설치하여 내부의 차가움을 유지하였다. 온도가 올라가면 공기는 밀도가 낮아져 위로 이동하는데 상승한 공기가 빠져나갈 수 있도록 한 것이다.
핵심어(구) 내부의 온도, 통풍구, 상승한 공기
중심 내용 석빙고의 얼음 보관 방법 (2) – 온도가 높은 공기를 배출함.

4문단 **문단 요약** 또한 얼음이 최대한 녹지 않도록 얼음과 얼음 사이에 일종의 단열재 역할을 하는 짚을 채워 넣어 보관하였다. 접촉하고 있는 두 물질의 분자들 사이에서는 에너지 교환이 일어나는데, 에너지가 잘 전달되지 않는 짚을 활용하여 효율적으로 얼음을 보관한 것이다.
핵심어(구) 단열재 역할을 하는 짚
중심 내용 석빙고의 얼음 보관 방법 (3) – 얼음과 얼음 사이에 단열재 역할을 하는 짚을 넣음.

5문단 **문단 요약** 또 석빙고 외부에 흙을 덮어 에너지의 내부 유입을 차단하였고, 풀을 심어 태양의 복사 에너지로 인한 내부 온도의 상승을 막았으며, 빙실의 온도 유지를 위해 주변 지반에 비해 낮게 만들었다.
핵심어(구) 외부에 흙을 덮어, 풀을 심어, 주변 지반에 비해 낮게 만들었다
중심 내용 석빙고의 얼음 보관 방법 (4)~(6) – 외부에 흙을 덮고, 풀을 심었으며, 주변 지반보다 낮게 만듦.

6문단 **문단 요약** 조상들의 지혜가 집약된 석빙고는 다른 나라의 장치에 비해 기술이 떨어지지 않는 건축물이다.

*빙실: 얼음(氷, 얼음 빙)을 저장하여 두는 곳(室, 집 실).

⑤ 3문단의 끝 문장 '통풍구에는 얼음에 영향을 줄 수 있는 직사광선이나 빗물을 차단하기 위해 덮개돌을 설치하였다.'

04 세부 내용 확인

정답 ③

O ③이 정답인 이유 석빙고의 '아치형* 천장'은 3문단에서 언급하고 있는데, 석빙고 내부에서 '외부와 에너지 및 공기를 주고받아' 내부 공기의 온도가 올라가면 공기는 '밀도가 낮아져 에너지를 동반하여 <u>위로 이동</u>'하고 '밀도가 높은 공기, 즉 온도가 낮은 공기가 아래로 이동'하는데, '<u>상승한 공기는 아치형 천장의 움푹 들어간 공간을 통해 그 위의 통풍구로 빠져나가 내부의 차가움을 유지하게 된다.</u>'고 하였다. 이로 보아, 아치형 천장은 내부의 따뜻해진 공기를 외부로 배출시키고 아래쪽에 찬 공기를 이동시켜 내부를 차갑게 하는 것이지, '외부 공기를 이용'하는 것이 아니다.

*아치형(arch形): 활과 같은 곡선으로 된 형태나 형식.

▶ **정답의 근거** 위 '③이 정답인 이유'에서 밑줄 친 부분

가장 많이 질문한 오답은? ②

X ②가 오답인 이유 ②에 답한 학생들이 많았다. 그런데 1문단의 '석빙고는 겨울철에 입구를 개방하여 내부를 냉각시킨 후 얼음을 저장한 냉동 창고로, 내부의 낮아진 온도가 장기간 지속되는 구조를 통해 다음 해 가을까지 얼음을 보관하였다.'에서 석빙고는 얼음을 저장(보관)하기 전에 우선 내부를 차갑게(냉각) 하는 과정이 필요하다는 것을 알 수 있다.

나머지 답지들이 지문 내용과 일치하는 근거는 다음과 같다.

① 5문단의 '석빙고 외부에 … 풀을 심어 태양의 복사 에너지로 인해 내부의 온도가 상승하는 것을 최대한 막고자 하였다.'
④ 5문단의 '얼음을 저장하는 빙실*은 (낮은) 온도 유지를 위해 주변 지반에 비해 낮게 만들었다.'

05 이유의 추론

정답 ④

O ④가 정답인 이유 ㉠의 이유를 알기 위해 ㉠ 앞(2문단)에서 설명한 내용을 살펴보자.

(1) 에너지는 항상 높은 쪽에서 낮은 쪽으로 이동하여 평형을 이루려고 하고 에너지의 이동은 물질의 온도를 변화시킨다.
(2) 물질이 고체, 액체, 기체로 변화하는 상태변화가 일어나는 동안 온도는 변하지 않고 물질이 주변에서 에너지를 흡수하거나 주변으로 방출하는데(숨은열*)…
(3) 같은 양의 0℃ 얼음보다 0℃ 물이 더 큰 에너지를 갖게 되는 것이다.
(4) 주변 공기로부터 에너지를 흡수하여 일부의 얼음이 물이 되면서 주변 공기는 차가워지고,…

(2), (4)를 통해 얼음(고체)이 물(액체)로 변하는 상태변화가 일어날 때 주변 공기로부터 에너지를 흡수하고, 이에 따라 주변 공기가 차가워진다는 것을 알 수 있다. 이때 (3)에서 <u>물이 얼음에 비해 더 큰 에너지를 가지고 있다</u>고 했으므로, (1)에 따라 에너지가 높은 물에서 에너지가 낮은 얼음으로 에너지가 이동하게 되어 다른 얼음들이 녹게 되므로, 이를 막기 위해 물을 빨리 제거(㉠)해야 한다. 따라서 ④는 ㉠의 이유로 적절하다.

*숨은열: 숨어 있는 열, 즉 고체가 액체로, 액체가 고체로 변하는 것과 같은 상태변화(상변화) 시, 온도 상승이나 하강의 효과를 나타내지 않고 단순히 물질의 상태를 바꾸는 데 쓰는 열.
  ㉠ 잠열(문제편 p.136의 지문 참조)

▶ **정답의 근거** ㉠의 앞 내용

⟨국어 어휘력⟩ 향상법
어휘가 포함된 문장의 핵심 간추리기 ➡ 어휘를 구성하는 낱글자가 포함된 친숙한 어휘 떠올리기

● 내가 공부한 내용에서 앞뒤 문맥을 통해 어휘의 뜻을 익힙니다.
● [매3력]을 처음부터 끝까지 읽은 후 수시로 들춰 봅니다.

✕ ③이 오답인 이유 ③에 답한 학생들이 아주 많았다. 그런데 2문단의 '얼음이 녹아 물이 될 때는 주변에서 융해열을 흡수하고, 거꾸로 같은 양의 물이 얼어 얼음이 될 때는 같은 양의 응고열을 방출한다.'로 보아, ③에서와 같이 '물이 상태변화가 시작되어 석빙고 내부의 온도를 상승'시키려면 '물이 얼어 얼음이' 되면서 '응고열을 방출'해야 한다. 그런데 ㉠은 얼음이 물로 상태변화가 일어나는 과정이고 '주변 공기로부터 에너지를 흡수하여' '주변 공기는 차가워'진 상태이므로, '물이 (얼음으로) 상태변화가 시작'될 수 없으며 ㉠의 이유로도 적절하지 않다.

✕ ①이 오답인 이유 ③보다는 적었지만 ①에 답한 학생들도 제법 많았는데, 2문단에서 '에너지는 항상 높은 쪽에서 낮은 쪽으로 이동'한다고 했으므로, 에너지가 높은 물이 에너지가 낮은 얼음으로부터 에너지를 전달받을 수 없다. 이처럼 ①은 지문 내용과 어긋나므로 ㉠의 이유로 적절하지 않다.

② ㉠ **앞**의 내용으로 보아 ㉠은 '주변 공기로부터 에너지를 흡수하여 일부의 얼음이 물이' 된 것으로, 얼음이 녹아 생긴 물(㉠)이 에너지의 이동을 방해하지 않는다(방해하기 때문 ✕).

⑤ ㉠ **앞**에서 '같은 양의 0℃ 얼음보다 0℃ 물이 더 큰 에너지를 갖게' 된다고 했고 '석빙고 안에서 얼음이 상태변화가 일어날 때' '주변 공기로부터 에너지를 흡수하여 일부의 얼음이 물이 되면서 주변 공기는 차가워'진다고 했다. 따라서 ㉠의 얼음이 녹아 생긴 물은 '내부 공기와 에너지 평형을 이'룬 것이 아니며(에너지 평형을 이루어 ✕), '석빙고 내부의 온도를 변화시킬 수' 있다(없다 ✕).

06 내용 추론 　　　　　　　　　정답 ①

⭕ ①이 정답인 이유 〈보기〉의 내용을 2문단과 연결해 보자.

〈보기〉	지문 내용－2문단
• 여름에 석빙고 안에서 물질이 (㉮)될 때 숨은 열로 인해 에너지 교환이 일어난 주변 물질은 에너지가 (㉯)한다. • 상태가 바뀌는 동안 물질의 온도는 (㉰).	• 얼음이 녹아 물이 될 때는 주변에서 융해열을 흡수하고, • 석빙고 안에서 얼음이 상태변화가 일어날 때, ～ 주변 공기로부터 에너지를 흡수하여 • 물질이 고체, 액체, 기체로 변화하는 상태변화가 일어나는 동안 온도는 변하지 않고～

여름에는 바깥 온도가 높기 때문에 석빙고 내부의 온도가 올라가 얼음이 물로 변하는 상태변화가 일어난다. 이때 얼음(물질)이 녹을(융해*) 때 주변에서(주변 공기로부터) 융해열(에너지)을 흡수하므로 주변 물질의 에너지는 감소하는데, 이와 같이 물질이 고체에서 액체로 상태변화가 일어나는 동안 온도는 변하지 않는다(유지된다). 따라서 ㉮에는 '융해', ㉯에는 '감소', ㉰에는 '유지된다'가 들어간다.

> *융해: 녹음. ⟷ 응고

▶ **정답의 근거** 위 '①이 정답인 이유'의 표에서 밑줄 친 부분

✕ ②가 오답인 이유 ㉰에 '하강한다'가 들어간다고 생각한 학생들이 아주 많았다. 얼음이 물로 변하니까 온도가 낮아지는 (하강) 것으로 생각했다는 것이다. 그런데 2문단에서 '물질이 고체, 액체, 기체로 변화하는 상태변화가 일어나는 동안 온도는 변하지 않'는다고 했다. 이로 보아 ㉰에는 '유지된다'가 들어가야 한다. 국어 영역은 상식으로 풀면 안 되고 지문에서 근거를 찾아야 한다는 것을 한 번 더 새기게 한다.

✕ ③이 오답인 이유 ③에 답한 학생들은 ㉰가 포함된 문장 앞부분의 '여름에'로 보아, ㉮에 '융해'가 들어간다는 것은 잘 파악했으나 ㉯에 '증가'가 들어간다고 잘못 판단했다. 2문단의 '얼음이 녹아 물이 될 때'는 '주변에서 융해열을 흡수'하고 '주변 공기로부터 에너지를 흡수'한다는 점에 집중하면, 석빙고 안 물질은 에너지가 증가하지만 주변 물질은 에너지가 '감소'한다는 것을 알 수 있다.

④와 ⑤에 답한 학생들은 적었다. ㉮에 '응고'가 들어가지 않는다는 것을 쉽게 알 수 있었기 때문이다. 위 '①이 정답인 이유'를 통해 ㉮～㉰에 들어갈 적절한 말을 한 번 더 짚고 넘어가도록 하자.

07 다른 상황에의 적용 　　　　　　정답 ③

⭕ ③이 정답인 이유 4문단에서 'A(석빙고)의 얼음 사이의 짚'은 '얼음과 얼음 사이에 일종의 단열재* 역할을 하는' 것이라고 하였다. 이것은 짚이 얼음과 얼음 사이에 에너지가 잘 전달되지 않도록 한다는 것이지, '외부(석빙고의 외부)와의 공기 출입을 막는 역할'을 한다는 것이 아니다. 한편 〈보기〉의 끝 문장에서 '물이 눈 벽돌 사이를 메우면서 얼어 만들어진 얼음 벽은 내부의 에너지 유출을 막는다.'라고 했으므로, 'B(이글루)의 눈 벽돌 사이를 메운 물'은 '외부(이글루의 외부)와의 공기 출입을 막는 역할'을 한다.

> *단열재: 열을 차단할 목적으로 쓰는 재료.

▶ **정답의 근거** 4문단의 '…(석빙고는) 얼음과 얼음 사이에 일종의 단열재 역할을 하는 짚을 채워 넣어 보관하였다.'

✕ ⑤가 오답인 이유 ⑤가 적절하지 않다고 본 학생들이 아주 많았다. B에 대한 이해는 적절하다는 것을 〈보기〉의 '이글루 안에서 불을 피워 내부 공기의 온도를 높인다. 시간이 지나 공기가 순환하여 눈 벽돌이 녹으면서 물이 생기면 출입구를 열어 물이 얼도록 한다.'에서 찾았으나, A에 대한 이해가 적절하다는 근거를 찾지 못했다고 했다. 그러나 1문단에서 '석빙고는 겨울철에 입구를 개방하여 내부를 냉각시킨 후 얼음을 저장한 냉동 창고'라고 한 것에서, A도 내부의 온도를 낮추기 위한 방법으로 출입구를 활용했다는 것을 알 수 있다.

X **④가 오답인 이유** 3문단에서 A(석빙고)가 '외부와 에너지 및 공기를 주고받'으면 '내부의 온도는 올라'가게 되고, 그러면 '(공기의) 밀도가 낮아져 에너지를 동반하여 위로 이동'하고 '밀도가 높은 공기, 즉 온도가 낮은 공기가 아래로 이동하게 된다.'고 하였다. 또 〈보기〉에서 B(이글루)는 '불을 피워 내부 공기의 온도를 높'이면 '시간이 지나 공기가 순환'한다고 하였다. 이를 통해 A와 B는 모두 공기의 밀도 변화에 따른 에너지의 이동이 나타난다는 것을 알 수 있다.

①과 ②가 오답인(적절한) 이유도 살펴보자.

① 〈보기〉의 끝 문장을 통해 B의 얼음 벽은 내부의 에너지 유출을 막는다는 것을 알 수 있다. 이와 달리 5문단의 '석빙고 외부에 흙을 덮어 내부로 유입되는 에너지가 잘 차단되도록 하였고'를 통해 A의 외부 흙은 내부로의 에너지 유입을 막기 위한 것임을 알 수 있다.

② 4문단의 끝 문장 '짚은 스티로폼처럼 미세한 공기구멍을 많이 포함하고 있어 단열 효과를 높일 수 있었다.'와 〈보기〉의 '이 과정(물이 어는 과정)에서 눈 사이에 들어 있던 공기는 빠져나가지 못하고 얼음 속에 갇히게 된다. 이렇게 만들어진 얼음은 에너지의 전달을 방해한다.'를 통해 A의 짚에 포함된 공기구멍과 B의 얼음 속 공기층은 모두 단열 효과를 높인다는 것을 알 수 있다.

08 문맥적 의미의 파악
정답 ①

O **①이 정답인 이유** '어휘 문제 3단계 풀이법'을 적용해 보자.

• 1·2단계: 핵심을 간추린 후 '매3어휘 풀이' 떠올리기

> • 석빙고는 당시 다른 나라의 장치에 비해서도 기술이 떨어지지 않는다. → 기술이 떨어지지 않다.
> 뒤처지다, 못하다

• 3단계: 대입하기

> ① 실력이 평균보다 떨어지다/뒤처지다/못하다. → **O**
> ② 임무가 떨어지다/뒤처지다/못하다. → **X**
> ③ 정이 떨어지다/뒤처지다/못하다. → **X**
> ④ 아이가 엄마에게서 떨어지지/뒤처지지/못하지 않으려고 한다.
> → **X**
> ⑤ 말이 떨어지기가/뒤처지기가/못하기가 무섭게 밥상이 나왔다.
> → **X**

3단계까지 적용해 보면 문맥상 ⓐ의 의미와 가장 가까운 것은 ①밖에 없다.

한편 '떨어지다'의 문맥적 의미는 2020학년도 9월 고1 전국연합학력평가(문제편 p.175의 13번 참조)에서도 출제된 바 있다. 이처럼 어휘 문제는 기출 시험에서 출제된 어휘가 반복해서 출제되는 경향이 있으므로, 꼼꼼히 공부해 두도록 하자.

오답지들에 쓰인 '떨어지다'의 문맥적 의미는 다음과 같다.
② (임무가) 맡겨지다.　　③ (정이) 없어지다.
④ 헤어지다.　　　　　　⑤ (말이) 입 밖으로 나오다.

9~13 기술: 시공기술연구단, 「초고층 빌딩 건축 기술」

독해력을 길러 주는 지문 분석

1문단 **문단 요약** 초고층 건물을 지을 때는 건물에 작용하는 수직 하중과 수평 하중을 고려해야 한다.

> • 수직 하중: 건물의 무게로 인해 땅 표면에 수직 방향으로 작용하는 힘
> • 수평 하중: 바람이나 지진에 의해 건물에 가로 방향으로 작용하는 힘

핵심어(구) 초고층 건물, 수직 하중, 수평 하중
중심 내용 초고층 건물을 지을 때 고려해야 하는 수직 하중과 수평 하중

2문단 **문단 요약** 수직 하중을 견디기 위해서 고안된 보기둥 구조는 기둥과 기둥 사이를 가로지르는 보를 설치하고 그 위에 바닥판을 놓은 구조로, 하중이 기둥에 집중되지 않고 보에 의해 분산된다.
핵심어(구) 보기둥 구조
중심 내용 수직 하중을 견디기 위한 구조-보기둥 구조

3문단 **문단 요약** 수평 하중은 초고층 건물의 안전을 위협하는 주요 요인인데, 바람은 수평 하중의 90% 이상을 차지한다. 바람은 도심의 넓은 공간에서 좁은 공간으로 불면서 풍속이 빨라져 수평 하중을 크게 만들며, 바람에 의해 공명 현상이 발생하면 건물이 크게 흔들린다.
핵심어(구) 수평 하중
중심 내용 초고층 건물의 안전을 위협하는 수평 하중

4문단 **문단 요약** 초고층 건물의 수평 하중을 견디기 위한 코어 구조는 빈 파이프 모양의 철골 콘크리트 구조물을 건물 중앙에 세운 코어에 건물의 보와 기둥들을 강하게 접합한다. 건물의 높이가 높아질수록 코어의 크기도 커져야 하며, 가운데 빈 공간에 승강기, 화장실, 계단 같은 시설을 설치해 공간 활용의 효율성을 높인다.
핵심어(구) 코어 구조
중심 내용 수평 하중을 견디기 위한 구조 (1) – 코어 구조

5문단 **문단 요약** 초고층 건물의 높이가 점점 높아지면 아웃리거-벨트 트러스 구조를 사용하여 코어 구조를 보완한다. 이 구조에서 벨트 트러스는 건물의 외부 기둥들을 트러스(삼각형 구조)로 짜서 벨트처럼 둘러싼 것으로, 외부에서 작용하는 힘이 철골 접합부를 통해 분산되는 효과가 있다. 아웃리거는 벨트 트러스를 내부의 코어와 견고하게 연결한 것으로, 효율적인 공간 구성을 위해 기계 설비층이나 층과 층 사이에 설치한다.
핵심어(구) 아웃리거-벨트 트러스 구조
중심 내용 수평 하중을 견디기 위한 구조 (2) – 아웃리거-벨트 트러스 구조

6문단 〔문단요약〕 초고층 건물은 TLCD, 즉 동조 액체 기둥형 댐퍼를 이용하여 바람으로 인한 건물의 흔들림을 줄이기도 한다. TLCD는 U자형 관 안에 수백 톤의 물이 채워진 것으로, 초고층 건물의 상층부 중앙에 설치한다. 바람이 불어 건물이 기울어지면 반대쪽 관의 물 높이가 높아져 건물의 흔들림을 줄여 주는데, 수직 하중이 증가하므로 수평 하중과 수직 하중을 함께 고려하여 설계해야 한다.

핵심어(구) TLCD

중심 내용 수평 하중을 견디기 위한 구조 (3) – TLCD

주제 초고층 건물의 수직 하중과 수평 하중을 견딜 수 있게 하는 구조들

09 세부 정보의 파악   정답 ①

🅾 **①이 정답인 이유** 3문단의 '<u>위에서 아래 방향으로만 작용하는 수직 하중</u>*과 달리 수평 하중은 <u>사방에서 작용하는 힘이기 때문에</u>'로 보아, '사방에서 건물에 가해지는 힘'은 수평 하중이고, 수직 하중은 위에서 아래의 한 방향(수직 방향)으로만 작용하는 힘이다.

┌─────────────────────────────────┐
＊하중: 어떤 물체에 작용하는 외부의 힘 또는 무게(重, 무게 중).
└─────────────────────────────────┘

▶ **정답의 근거** 위 '①이 정답인 이유'에서 밑줄 친 부분

② '수직 하중'에 대해 설명한 1문단에서 '수직 하중은 건물 자체의 무게로 인해 땅 표면에 수직 방향으로 작용하는 힘'이라고 하였다. 건물이 높아질수록 건물 자체의 무게가 무거워질 것이므로 수직 하중도 증가할 것이다.

③ '보기둥 구조'에 대해 설명한 2문단에서 '보기둥 구조에서는 설치된 보의 두께만큼 건물의 한 층당 높이가 높아'진다고 하였다. 따라서 보기둥 구조에서 보의 두께는 한 층당 높이에 영향을 준다고 할 수 있다.

④ 3문단의 '건물이 많은 도심에서는 <u>넓은 공간에서 좁은 공간으로 바람이 불어오면서 풍속이 빨라지는 현상이 발생</u>해 건물에 작용하는 수평 하중을 크게 만든다.'에서 알 수 있다.

⑤ 3문단의 '바람은 건물에 작용하는 수평 하중의 90% 이상을 차지한다.', '바람에 의해 공명 현상이 발생하면 건물이 매우 크게 흔들리게 되어 건물의 안전을 위협하게 된다.'로 보아, 바람에 의해 발생하는 공명 현상은 건물에 가해지는 수평 하중을 증가시키는 요인이 된다.

10 핵심 정보의 파악   정답 ④

🅾 **④가 정답인 이유** 5문단의 '아웃리거는 콘크리트를 사용하여 건물 외벽에 설치된 <u>벨트 트러스를 내부의 코어와 견고하게 연결한 것</u>'으로 보아, 트러스가 아웃리거와 코어의 결합력을 높이는 것이 아니라, 아웃리거가 트러스와 코어의 결합력을 높인다는 것을 알 수 있다.

▶ **정답의 근거** 위 '④가 정답인 이유'에서 밑줄 친 부분

가장 많이 질문한 오답은? ⑤

❌ **⑤가 오답인 이유** 오답지들 중에서 ⑤에 답한 학생들이 많았는데, 5문단의 '초고층 건물의 높이가 점점 높아지면 코어 구조만으로는 수평 하중을 완벽하게 견뎌 낼 수 없다. 그래서 아웃리거-벨트 트러스 구조를 사용하여 코어 구조를 보완한다.'로 보아, ⓒ(코어 구조)과 ⓔ(아웃리거-벨트 트러스 구조)를 함께 사용하면 수평 하중을 견디는 힘이 커진다는 것을 알 수 있다.

나머지 답지들이 오답인 이유도 살펴보자.

① 2문단의 '보기둥 구조(ⓐ)는 기둥과 기둥 사이를 가로지르는 수평 구조물인 보를 설치하고 그 위에 바닥판을 놓은 구조이다.'에서 알 수 있다.

② 2문단의 '보기둥 구조(ⓐ)에서는…바닥판에 작용하는 하중이 기둥에 집중되지 않고 보에 의해 분산되기 때문에 수직 하중을 잘 견딜 수 있다.'에서 알 수 있다.

③ 4문단의 '초고층 건물은 그 높이가 높아질수록 수평 하중이 커지고 그에 따라 코어의 크기도 커져야 한다.'에서 알 수 있다.

11 이유의 추리   정답 ③

🅾 **③이 정답인 이유** '이유'는 밑줄 친 부분의 앞뒤 문맥을 통해 찾을 수 있으므로, ㉮와 ㉯의 앞(뒤)에 주목해 보자.

┌─────────────────────────────────┐
• 코어 구조는 가운데 빈 공간이 있어 공간 활용의 효율성이 떨어지기 때문에 현대의 초고층 건물은 ㉮ 코어에 승강기나 화장실, 계단, 수도, 파이프 같은 시설을 설치하는 경우가 많다.

• 아웃리거는 건물 내부를 가로지를 수밖에 없어서 효율적인 공간 구성에 방해가 된다. 이런 단점을 극복하기 위해 ㉯ 아웃리거를 기계 설비층에 설치하거나 층과 층 사이, 즉 위층 바닥과 아래층 천장 사이에 설치하기도 한다.
└─────────────────────────────────┘

문장 구조로 보아 '때문에', '이런 단점을 극복하기 위해'의 앞 내용이 이유에 해당한다. ㉮의 이유는 '공간 활용의 효율성이 떨어지기 때문'이고, ㉯의 이유는 '효율적인 공간 구성에 방해가 되기 때문'이다. 결국 ㉮와 ㉯의 이유는 '공간을 효율적으로 활용하기 위해서'라는 것을 알 수 있다.

▶ **정답의 근거** 위 '③이 정답인 이유' 참조

①, ② 지문에서는 '건물 외부의 미관*'이나 '건설 비용 절감'과 관련된 내용이 없다. 따라서 코어에 여러 가지 시설을 설치하거나 아웃리거를 특정한 공간에 설치하는 것은 건물 외부의 미관이나 건설 비용 절감과 관련이 없다.

┌─────────────────────────────────┐
＊미관: 아름다운(美, 아름다울 미) 경관(풍경).
└─────────────────────────────────┘

④, ⑤ 코어에 여러 가지 시설을 설치하거나 아웃리거를 특정한 공간에 설치한다고 해서 건물에 작용하는 외부의 힘을 줄일 수 있는 것은 아니며, 승강기를 화장실로, 화장실을 계단으로 용도를 변경할 수 있는 것도 아니다.

12 그림에의 적용

○ ③이 정답인 이유 ④는 'U자형 관'으로, [A]에서 '관(U자형 관) 전체의 가로 폭이 넓어질수록 (ⓒ의) 수평 방향의 흔들림 (┅ 수평 하중)을 줄여 주는 효과가 크다.'고 했다. 그런데 ③에서는 '수평 하중을 견디는 효과가 작아질 것'이라고 했으므로 적절하지 않다.

▶ 정답의 근거 위 '③이 정답인 이유'에서 밑줄 친 부분

가장 많이 질문한 오답은? ②

✕ ②가 오답인 이유 [A]에서 '바람이 불어 건물이 한쪽으로 기울어져도…건물이 기울어진 반대쪽에 있는 관(U자형 관)의 물 높이가 높아진다.'고 했다. 즉, 건물이 한쪽(왼쪽)으로 기울어지면 ④도 그 방향(왼쪽)으로 기울어지는데, 이때 ⑧의 물은 건물이 기울어진 반대쪽(오른쪽)이 높아진다는 것이므로 ②는 적절하다.

① [A]의 '바람이 불어 건물이 한쪽으로 기울어져도 물(⑧)은 관성의 법칙에 따라 원래의 자리에 있으려 하기 때문에~'에서 확인할 수 있다.

④ [A]의 '물(⑧)이 무거울수록…그에 따라 (ⓒ에 작용하는) 수직 하중이 증가하므로 TLCD는 수평 하중과 수직 하중을 함께 고려하여 설계해야 한다.'에서 확인할 수 있다.

⑤ [A]의 '물(⑧)이 무거울수록 그리고 관 전체의 가로 폭이 넓어질수록 (ⓒ의) 수평 방향의 흔들림을 줄여 주는 효과가 크다.'에서 확인할 수 있다.

13 사전적 의미 파악

○ ④가 정답인 이유 '어휘 문제 3단계 풀이법'을 적용해 보자.

• 1·2단계: 핵심을 간추린 후 대입하기

> • 벨트 트러스는 (건물의) 수평 하중을 지탱하는 역할을 한다.
> *그대로 보존*

• 3단계: '매3어휘 풀이' 떠올리기

> • ⓓ와 바꿔 쓸 수 있는 다른 말: 버티다, 견디다
> • ⓓ가 들어가는 말: 발은 우리의 몸을 지탱해 준다.

→ '(건물의) 수평 하중(무게)을 지탱하는 역할을 한다.'에서 '지탱'하는 것은 무게를 '버티고, 견디는' 것이지, 무게를 '그대로 보존하는' 것이 아니므로 ④에 제시된 사전적 의미는 적절하지 않다.

▶ 정답의 근거 위 '④가 정답인 이유' 참조

오답지들 중에서는 ②에 답한 학생들이 많았는데, ②를 포함하여 나머지 답지들도 '어휘 문제 3단계 풀이법'을 적용하여 어휘력을 기르도록 하자.

구분	핵심 간추리기	대입하기	'매3어휘 풀이' 떠올리기
ⓐ	건물에 작용하는 힘	건물에 영향을 미치는 힘	• 작동하여 사용됨. • (영향을) 미침. • 상호 작용
ⓑ	수직 하중을 견디기 위해서 고안된 구조	수직 하중을 견디기 위해서 연구하여 생각해 낸 새로운 구조	• 깊이 사고(생각)하여 낸 안(방안) • 개발, 궁리 • 신제품을 고안하다.
ⓒ	바닥판에 작용하는 하중이 보에 의해 분산된다.	바닥판에 작용하는 하중이 보에 의해 갈라져 흩어지다.	• 분해되어 흩어짐(해산). ⑪ 집중 • 흩어짐. • 생각이 분산되어 집중하지 못하다.
ⓔ	아우리거는 벨트 트러스를 코어와 견고하게 연결한 것	아우리거는 벨트 트러스를 코어와 굳고 단단하게 연결한 것	• 굳음(堅, 굳을 견/固, 굳을 고). • 단단함. 튼튼함. • 견고한 지지층

✔ 매일 복습 확인 문제

1 다음 추론이 맞으면 ○, 그렇지 않으면 ✕로 표시하시오.

(1) [지문]하이라이트 레인지는 상판 자체를 가열해서 열을 발생시키는 직접 가열 방식이고, 인덕션 레인지는 상판을 가열하지 않고 전자기유도 현상을 통해 용기에 자체적으로 열을 발생시키는 유도 가열 방식이다. → [추론] 인덕션 레인지는 유도 전류를 이용하여 용기를 가열한다. ⋯⋯⋯⋯⋯⋯⋯⋯⋯⋯⋯⋯⋯⋯⋯( )

(2) [지문] 아웃리거−벨트 트러스 구조에서 벨트 트러스는 철골을 사용하여 건물의 외부 기둥들을 삼각형 구조의 트러스로 짜서 벨트처럼 둘러싼 것으로 수평 하중을 지탱하는 역할을 한다. 여기서 아웃리거는 콘크리트를 사용하여 건물 외벽에 설치된 벨트 트러스를 내부의 코어와 견고하게 연결한 것이다. → [추론] 아웃리거−벨트 트러스 구조에서 트러스는 아웃리거와 코어의 결합력을 높여 수평 하중을 덜 받게 한다. ⋯⋯⋯⋯⋯⋯⋯( )

2 다음에서 설명하는 개념으로 적절한 것은?

> 얼음이 물로, 물이 수증기로 변할 때 온도의 변화로 나타내지 않는 열

① 기화열 　　② 숨은열 　　③ 승화열

④ 융해열 　　⑤ 응고열

정답 **1.** (1) ○ (2) ✕ **2.** ②

매3 주간 복습[문제편 p.183]을 활용하여, 일주일 동안 공부한 내용을 복습합니다. 특히, 다시 보기 위해 메모해 둔 것과 △ 문항은 꼭 다시 챙겨 볼 것!

정답	01 ②	02 ②	03 ⑤	04 ③	05 ⑤
	06 ③	07 ④	08 ⑤	09 ③	10 ③
	11 ③	12 ③	13 ①	14 ④	15 ②

1~6 **인문(주제 통합) : 사회 혼란의 해결과 관련된 사상가들의 견해**

독해력을 길러 주는 지문 분석

(가) 채인후, 「순자의 철학」

1문단 문단요약 중국의 전국 시대 말기(기원전 3세기)는 전쟁이 빈번한 혼란의 시대였고, 이러한 혼란을 해결하기 위한 길을 모색한 여러 사상들이 융성한 시대이기도 했다.

핵심어(구) 중국의 전국 시대 말기, 혼란의 시대, 여러 사상들이 융성한 시대

중심 내용 중국 전국 시대 말기의 시대 상황

2문단 문단요약 이 시대의 순자는 사회의 혼란과 무질서를 악이라고 규정하고, 악은 인간이 태어나면서부터 지니고 있는 동물적인 경향성인 '성(性, 욕망과 감정)'에게서 비롯된 것으로 파악한다. 자원과 재화는 한정적인데 사람들이 이기적인 욕망을 좇으면 다툼과 쟁탈이 일어난다는 것이다.

핵심어(구) 순자, 사회의 혼란과 무질서, 악, 성에게서 비롯

중심 내용 순자의 사상 (1) – 사회 혼란과 무질서(악)의 원인을 '성(性)'으로 봄.

3문단 문단요약 순자는 인간은 심(心, 인간의 인지 능력)도 타고났기에 성(性)에서 비롯한 사회 문제의 해결도 가능하다고 보았다. 심의 작용을 통해 인간은 배우며 실천할 수 있는데, 이러한 심의 노력 또는 그 산물을 위(僞)라고 한다.

핵심어(구) 심(心), 사회 문제의 해결도 가능, 위(僞)

중심 내용 순자의 사상 (2) – '성(性)'에서 비롯된 사회 문제는 심(心)과 위(僞)로 해결 가능하다고 봄.

4문단 문단요약 순자는 성을 변화시키는 위(僞)의 핵심인 예(禮, 성인이 만든 사회적 규범)의 실천을 주문한다. 예의 중요한 기능은 신분적 차이를 구분해서 직분을 정하는 것으로, 사회 구성원이 자신의 위치에 맞게끔 욕망을 추구하게 하여 다툼과 쟁탈이 없는 안정된 사회를 만들 수 있다는 것이다.

핵심어(구) 위(僞)의 핵심, 예(禮), 실천, 예의 중요한 기능

중심 내용 순자의 사상 (3) – 위(僞)의 핵심인 '예'의 실천이 사회 안정을 가져온다고 봄.

5문단 문단요약 순자는 군주를 예의 근본으로 규정하고 그의 역할을 중시한다. 군주가 백성들의 직분을 정해 주고 예의 길로 인도해야, 백성들의 성이 교화되고

질서와 조화를 이룬 선한 사회에 이를 수 있다는 것이다.

핵심어(구) 군주, 예의 근본, 역할을 중시

중심 내용 순자의 사상 (4) – 예의 근본인 군주의 역할을 중시함.

6문단 문단요약 순자는 사회 문제의 원인을 인간의 타고난 성향에서 찾는 새로운 관점을 제시하였다는 점에서, 후천적 노력으로 인간과 사회의 변화 가능성을 신뢰한 사상가라 할 수 있다.

핵심어(구) 새로운 관점, 인간과 사회의 변화 가능성을 신뢰한 사상가

중심 내용 순자의 관점과 그 의의

주제 사회 혼란과 관련된 순자의 사상과 그 의의

(나) 김용환, 「리바이어던 – 국가라는 이름의 괴물」

1문단 문단요약 17세기에 홉스는 종교 전쟁과 내전으로 인한 사회적 혼란을 해결하고자 신이 아닌 인간에 대한 탐구를 시작한다.

핵심어(구) 17세기, 홉스, 사회적 혼란을 해결, 인간에 대한 탐구

중심 내용 17세기 사회적 혼란의 해결을 위한 홉스의 인간에 대한 탐구

2문단 문단요약 홉스는 국가 성립 이전의 자연 상태에서 인간은 자기 보존을 위해 자신만의 이익을 추구하면서 끊임없이 싸우는데, 이 상황을 '만인에 대한 만인의 투쟁'이라 명명한다. 이 상황에서 인간은 죽음에 대한 공포로 평화와 안전을 바라는 감정을 갖게 된다.

핵심어(구) 자연 상태, 만인에 대한 만인의 투쟁

중심 내용 인간의 자연 상태에 대한 홉스의 진단—만인에 대한 만인의 투쟁

3문단 문단요약 이때 인간의 이성은 평화로운 상태로 나아가기 위한 최선의 법칙인 자연법(홉스가 명명)을 발견하고, 자연 상태에서 가졌던 권리의 상당 부분을 양도하는 사회 계약이 필요함을 깨닫는다.

핵심어(구) 자연법, 사회 계약이 필요함

중심 내용 자연 상태에서 벗어나 평화로운 상태로 나아가기 위한 사회 계약의 필요성 인식

4문단 문단요약 개인이 자기 보존을 위해 자발적으로 동의한 사회 계약은, 첫 번째 단계에서 개인의 자연권(절대적인 자유를 행사할 수 있는 권리)의 대부분을 포기하는 계약을 맺고, 두 번째 단계에서는 계약 위반을 제재할 공동의 힘을 지닌 통치자에게 자신의 권리를 양도하는 계약을 맺는다.

핵심어(구) 사회 계약, 첫 번째 단계, 두 번째 단계

중심 내용 사회 계약의 단계와 그 내용

5문단 문단 요약 홉스는 이러한 계약을 거쳐 '리바이어던(국가의 강력한 공적 권력을 강조)'이라는 국가가 탄생한다고 보았는데, 통치자는 권력의 실질적인 행사 주체로서 국가에 대한 복종을 요구하는 대신에 개인을 위험으로부터 보호하고 개인들 간의 투쟁을 해소함으로써 평화로운 사회가 구현된다.
핵심어(구) 리바이어던, 통치자, 평화로운 사회가 구현
중심 내용 사회 계약을 통한 리바이어던의 탄생과 평화로운 사회의 구현

6문단 문단 요약 홉스의 사회 계약론은 인간의 본성에 대한 통찰을 바탕으로 국가 성립 과정을 제시하면서, 국가가 지닌 힘의 원천을 개인들에게서 찾고 있다는 점에서 근대 주권 국가의 토대를 마련했다고 할 수 있다.
핵심어(구) 홉스의 사회 계약론, 근대 주권 국가의 토대를 마련
중심 내용 홉스의 사회 계약론의 의의

주제 사회 혼란과 관련된 홉스의 사회 계약론의 내용과 그 의의

★ (가), (나): 유사한 화제에 대한 다양한 글
　　사회 혼란의 해결　　(가) 순자의 견해(군주의 역할을 중시함.)
　　　　　　　　　　　　(나) 홉스의 견해(사회 계약론을 주장함.)

01 내용 전개상 공통점의 파악
정답 ②

🅞 ②가 정답인 이유　(가)는 순자라는 사상가가 전국시대 말기(기원전 3세기)의 혼란스러운 현실의 원인을 '성(性)'으로 진단하고 그런 현실을 개선하기 위해 '예(禮)의 실천'을 주문하면서 군주의 역할을 강조한 견해를 밝힌(2~5문단) 다음, 순자의 견해는 '인간의 후천적 노력을 바탕으로 인간과 사회의 변화 가능성을 신뢰'한 것이라며 그 의의를 제시(6문단)하고 있다.

그리고 (나)는 홉스라는 사상가가 17세기의 혼란한 현실의 원인을 '자연 상태'에서 인간이 자신의 이익만을 추구했기 때문이라고 진단하고 그런 현실을 개선하기 위해 '사회 계약'의 과정을 거쳐야 한다고 한 견해를 밝힌(2~5문단) 다음, 홉스의 견해는 '근대 주권 국가의 토대를 마련'한 것이라며 그 의의를 제시(6문단)하고 있다. 따라서 ②는 (가)와 (나)의 공통점으로 적절하다.

▶ **정답의 근거** 위 '②가 정답인 이유' 참조

나머지 오답지들에 답한 학생들도 제법 있었는데, 이 답지들이 오답인 이유도 따져 보자.

① (가)의 6문단 '순자는…사회 문제의 원인을 외적 상황에서 찾지 않고 인간의 타고난 성향에서 찾음으로써'와 (나)의 1문단 '홉스는 사회적 혼란을 해결하고자 신이 아닌 인간에 대한 탐구를 시작한다.' 등으로 보아, (가)와 (나)는 모두 인간 중심적인 시각에서 사회 현상을 분석하고 있다.

③ (가)는 '종교적인 믿음'과 관련된 내용이 없고, (나)는 1문단의 '왕의 권력은 신으로부터 부여받은 것이라는 왕권신수설에 많은 사람들은 의문을 품게 되었다.'로 보아, 종교적인 믿음을 바탕으로 성립된 권력의 개념을 밝히고 있지 않다.

④ (가)는 1문단에서 국가 간의 전쟁은 사회의 혼란과 사상들의 융성을 가져왔다고 했고, (나)는 1문단에서 종교 전쟁으로 사회가 혼란스러워졌다고 했다. 그러나 국가 간의 전쟁이 사상의 탄압을 야기(가져옴)했다고 하지는 않았다.

⑤ (가)는 5문단의 '순자는 군주를 예의 근본으로 규정하고 그의 역할을 중시한다.'에서, (나)는 5문단의 '통치자는 국가 권력의 실질적인 행사 주체로서…개인을 위험으로부터 보호하는 책무를 갖는다.'에서 지도자의 역할을 강조하고 있다. 그러나 지도자의 달라진 위상(위치, 지위나 상태)을 통시적(매3인사이트.집 p.57)으로 설명하고 있지는 않다.

02 핵심 내용의 이해
정답 ②

🅞 ②가 정답인 이유　(나)의 5문단의 끝 문장 '통치자가 개인들로부터 위임받은 권리를 정당하게 행사하여 개인들 간의 투쟁을 해소함으로써 비로소 평화로운 사회가 구현*된다.'에서 통치자는 사회 계약을 맺은 개인들로부터(신으로부터 ✗) 부여받은 권리를 정당하게 행사함으로써 평화로운 사회를 구현한다고 하였다.

> * 구현(具現/具顯): 어떤 사실이나 현상이 구체적으로 나타남(출현). ㈜표현, 실현

▶ **정답의 근거** (나)의 5문단의 끝 문장

① (가)의 5문단에서 군주는 '백성들의 직분을 정해 주고 그들을 가르쳐 예의 길로 인도'하는데, 이를 통해 '백성들의 성은 교화되고 질서와 조화를 이룬 선(善)한 사회에 다다를 수 있다.'고 했고, 2문단에서 '성이란 인간이 태어나면서부터 (내면에) 지니고 있는 동물적인 경향성을 일컫는 말'이라고 한 것과 부합한다.

③ (가)의 5문단에서 '군주는 백성들의 직분(… 사회적 위치)을 정해 주고 그들을 가르쳐 예의 길로 인도하는 역할을 수행한다.'라고 했고, (나)의 4문단에서 '(사회 계약의) 첫 번째 단계에서 개인과 개인은 상호 적대적인 행위를 중지하고자 자연권의 대부분을 포기하는 계약을 맺'고 '개인은 계약 위반을 제재할 공동의 힘을 지닌 통치자와 두 번째 단계의 계약을 맺고 자신들의 권리를 그에게 양도한다.'라고 한 것과 부합한다.

④, ⑤ (가)의 5문단에서 군주는 백성을 '예의 길로 인도'하고, 이를 통해 '백성들의 성은 교화되고 질서와 조화를 이룬 선(善)한 사회에 다다를 수 있다.'라고 했고, (나)의 5문단에서 통치자는 '국가 권력의 실질적인 행사 주체'로서 '강력한 처벌에 대한 규정을 만들고 개인들이 이에 따르게 함으로써' '비로소 평화로운 사회가 구현된다.'라고 한 것과 부합한다.

03 구체적 내용의 이해

정답 ⑤

O ⑤가 정답인 이유 ㉠과 그 뒤에 이어지는 내용을 살피면 다음과 같다.

> 예의 가장 중요한 기능은 ㉠신분적 차이를 구분해서 직분을 정하는 것인데 이는 인간의 욕망 추구를 긍정하되 그 적절한 기준과 한계를 설정함을 의미한다. 사회 구성원이 자신의 위치에 맞게끔 욕망을 추구하게 함으로써 다툼과 쟁탈이 없는 안정된 사회를 만들 수 있다고 생각했기 때문이다.

이에 따르면 ㉠은 인간의 욕망 추구에 대한 적절한 기준과 한계를 정하는 것이고, 이를 통해 안정된 사회를 만들 수 있다. 그리고 이 '욕망 추구'와 관련하여 **(가)의 2문단** 끝에서 '사회적 자원과 재화(p.84 참조)는 한정적'이라서 '사람들이 모두 이기적인 욕망을 그대로 좇게 되면 다툼과 쟁탈이 일어나게 된다'고 했다. 따라서 ㉠은 한정된 사회적 자원과 재화를 적절하게 분배하여(나누어) 사회 안정성을 추구하기 위한 것이라고 설명할 수 있다.

▶ **정답의 근거** ㉠과 그 뒤의 내용, 그리고 2문단 끝 – 위 '⑤가 정답인 이유' 참조

가장 많이 질문한 오답은? ③, ① 순

⑤에서 언급한 '한정적인 사회적 자원과 재화'를 지문에서 찾지 못해 오답에 답한 학생들이 많았다. 밑줄 친 부분의 바로 앞뒤에서 답지의 키워드를 찾지 못할 때에는 범위를 좀 더 넓혀야 한다는 것과, 지문을 꼼꼼하게 읽어야 한다는 것을 기억해 두자.

X ③이 오답인 이유 (가)의 3문단 '그는 인간이 성뿐만이 아니라 심(心)도 타고났기에 인간다워질 수 있고, 성에서 비롯한 사회 문제의 해결도 가능하다고 보았다.'에서 심이 혼란한 사회적 상황을 해결할 수 있다고 했으므로 ③을 적절하다고 생각한 학생들이 많았는데, 심은 '체득(몸소 체험하여 습득함.)'하는 대상이 아니라 '타고났다'고 했다. 또 '심'은 '성이 합리적인지 판단하여 성을 통제한다.'(3문단)고 했지만, '예'는 '성을 변화'시키는 역할을 한다(4문단)고 했다. 따라서 '예'의 기능인 ㉠은 '사회 구성원이 심을 체득하게 하는 것'이라고 볼 수 없다.

X ①이 오답인 이유 ㉠은 예의 기능으로, 4문단에서 '예'는 위의 핵심이고, '위'의 역할은 성을 변화시키는 것이라고 했다. '성'은 변화시켜야 하는 대상인 것이다. 그리고 2문단에서 순자는 '사회의 혼란과 무질서'는 '인간의 성(性)에게서 비롯'된 것이라고 했고, 3문단에서는 '성이 합리적인지 판단하여 성을 통제'하는 심의 작용을 통해 인간은 배우며 실천할 수 있다고 했다. 이로 보아, ㉠은 '심'이 아니라 '사회의 혼란과 무질서'를 가져오는 '성'의 부작용을 막기 위한 것으로 볼 수 있다.

② ㉠이 포함된 문장에서 ㉠은 신분적 차이(성과 심의 차이 X)를 구분하여 욕망 추구의 적절한 기준과 한계를 설정하는 것이라고 했다.

④ ㉠은 '예의 가장 중요한 기능'이라고 했고, ㉠의 앞 문장에서 예는 '개인의 도덕 규범이자 나라를 다스리는 규범으로, 개인의 모든 행위의 기준이자 사회의 위계질서를 나누는 기준이 된다.'라고 했다. 따라서 ㉠은 개인의 도덕 규범과 나라의 통치 규범을 구분하는 것도, 사회 문제의 원인을 찾기 위한 것도 아니다.

04 구체적 내용의 이해

정답 ③

O ③이 정답인 이유 (나)의 3~4문단에서 ㉡에 대해 다음과 같이 설명하고 있다.

> ① ㉡은 자연 상태에서 가졌던 권리의 상당 부분을 포기하고 그것을 양도하는 것임. ········· ㉡의 앞(3문단)
> ② ㉡은 개인이 자기 보존을 위해 자발적으로 동의한 것임. ···································· 4문단의 첫 문장
> ③ ㉡은 두 단계에 걸쳐 이루어짐. ························· 4문단
>   (1) 첫 번째 단계: ❶ 개인들이 상호 적대적인 행위를 중지하고자 자연권의 대부분을 포기하는 계약을 맺는 단계 ❷ 이 계약을 위반할 경우에 그것을 제재*할 수단이 없어 쉽게 파기될 수 있음.
>   (2) 두 번째 단계: 계약 위반을 제재할 공동의 힘을 지닌 통치자에게 자신들의 권리를 양도하는 계약을 맺는 단계

③ – (1)에서 첫 번째 단계의 사회 계약은 개인이 상호 적대적인 행위를 중지하고자 자연권의 대부분을 포기하는 것으로, 계약 위반을 제재할 수단이 없다고 했다. 따라서 ③은 ㉡을 이해한 내용으로 적절하지 않다. 또 사회 계약을 통해 제재하고자 한 대상은 '계약을 위반한 개인'이지 '공동의 힘' 또는 '공동의 힘을 지닌 존재(즉, 통치자)'가 아니라는 점에서도 ③은 적절하지 않다.

> *제재(制裁): 법이나 규칙의 위반을 제한하거나 금지함. ㉸금지

▶ **정답의 근거** 4문단의 '(사회 계약의) 첫 번째 단계에서 개인과 개인은 상호 적대적인 행위를 중지하고자 자연권의 대부분을 포기하는 계약을 맺는다. 그런데 이 계약은 누군가가 이를 위반할 경우에 그것을 제재할 수단이 없다는 한계가 있어~'

이 문제는 정답과 오답의 근거가 지문에 비교적 명확하게 제시되어 있는데도 불구하고 오답지들에 골고루 답했다. 이들이 오답인(적절한) 이유도 살펴보자.

① '만인에 대한 만인의 투쟁'은 '자연 상태에서' 인간이 '자기 보존을 위해 자신의 이익만을 추구하면서 끊임없이 싸우게 되는' 상황을 명명한 것(2문단)으로, 3문단에서 인간은 '평화로운 상태로 나아가기' 위해 '자연법' 원칙에 따라 '자연 상태에서 가졌던 권리의 상당 부분을 포기하고 그것을 양도(매3인사이트.집 p.32)'하는 것이 ㉡(사회 계약)이라고 한 것에서 적절하다는 것을 알 수 있다.

187

② 3문단에서 '자연 상태에서 가졌던 권리[=절대적인 자유를 행사할 수 있는 권리(2문단)]의 상당 부분을 포기하고 그것을 양도하는 사회 계약이 필요'하다고 한 것과 4문단에서 '개인이 자기 보존을 위해 자발적으로 동의한 사회 계약'이라고 한 것에서 적절하다는 것을 알 수 있다.

④ 4문단에서 '이 계약(첫 번째 단계의 계약)은 누군가가 이를 위반할 경우에 그것을 제재할 수단이 없다는 한계가 있어 쉽게 파기될 수 있다.'고 한 것에서 적절하다는 것을 알 수 있다.

⑤ 4문단에서 사회 계약의 첫 번째 단계에서 개인은 '자연권의 대부분을 포기'하고, 두 번째 단계에서 개인들의 권리를 '공동의 힘을 지닌 통치자'에게 양도한다고 한 것에서 적절하다는 것을 알 수 있다.

05 구체적인 상황에의 적용

정답 ⑤

⑤가 정답인 이유 '문제 상황에 대한 합리적 판단 능력'은, 다음의 내용으로 보아 순자 사상에서는 '심(心)'이, 홉스의 경우에는 '이성'이 하게 된다.

> • 그(순자)는 인간이 성뿐만이 아니라 <u>심(心)도 타고났기에</u> 인간다워질 수 있고, 성에서 비롯한 사회 문제의 해결도 가능하다고 보았다. 심은 인간의 인지 능력을 뜻하는데, 인간의 감각 기관이 가져온 정보를 종합해서 인식하고 판단한다. ········· **(가)의 3문단**
> • 이때(자연 상태에서 인간이 자신의 이익만을 추구하면서 끊임없이 싸우다가 죽음에 대한 <u>공포를 느끼고 평화와 안전을 바라게 하는 감정이 유발될 때</u>) 인간의 이성은 평화로운 상태로 나아가기 위한 <u>최선의 법칙</u>을 발견하는데. ·················· **(나)의 3문단**

그런데 홉스는 합리적 판단 능력인 이성이 공포를 느끼게 되면 발휘된다고 보았지만, 순자는 심을 '타고난 것'이라고 보았으므로 '공포를 느끼게 되면' 갖게 될 것이라고 생각하지 않을 것이다.

▶ **정답의 근거** (가)의 3문단의 '그(순자)는 인간이 성뿐만이 아니라 심(心)도 타고났기에'

① 순자는, (가)의 3문단에서 '인간의 의식적이고 후천적인 노력 또는 그것의 산물을 위(僞)라고 한다.'라고 했고, 6문단에서 순자는 '인간의 후천적 노력을 바탕으로 한 인간과 사회의 변화 가능성을 신뢰한 사상가'라고 했다. 따라서 순자는 〈보기〉의 목동들이 '위'를 행하였다면(후천적인 노력을 하였다면) 목초지의 황폐화를 막을 수 있었을 것(변화했을 것)이라고 생각할 것이다.

② (나)의 2문단 '자연 상태에서 인간은 자기 보존을 위해 자신의 이익만을 추구하면서 끊임없이 싸우게 되는데'로 보아, 홉스는 〈보기〉의 목동들이 '자신의 이익을 극대화하는 방법으로 가능한 한 많은 소 떼들을 목초지에 풀어 놓는' 상황은 자기 보존을 추구하는 욕망이 발현된 '자연 상태'라고 생각할 것이다.

③ 〈보기〉의 '목초지에서 벌어지는 상황'은 목동들이 자신들의 이익만을 극대화하면서 발생했다. (가)의 4문단 '순자는 성(혼란을 일으킴)을 변화시키는 위의 역할을 강조했는데,… 예란 위를 축적하여 완전한 인격체가 된 성인(聖人)이 일찍이 사회의 혼란을 우려해 만든 일체의 사회적 규범을 말한다.'와, (나)의 5문단 '('리바이어던'이라 불리는 강력한 국가의) 통치자가…개인들 간의 투쟁을 해소함으로써 비로소 평화로운 사회가 구현된다.'로 보아, 순자는 완전한 인격체가 만든 규범인 예가, 홉스는 강력한 국가의 개입이 필요하다고 생각할 것이다.

✏ **다시 볼 내용** 메모하기

다시 봐야 할 내용을 메모해 둡니다. 메모해 둔 내용은 **재복습**하면서 **오답 노트**에 옮겨 정리하면 공부 효과를 높일 수 있습니다.

④ 〈보기〉에서 목동들은 이익을 극대화하기 위해 많은 소 떼들을 풀어 놓아 결국 목초지가 황폐화된다. **(가)의 4문단** '순자는 사회의 혼란과 무질서를 악(惡)이라고 규정하고 악은 온전히 인간의 성(性)에게서 비롯된 것으로 파악한다.' 와, **(나)의 2문단** '인간은 자연 상태에서 누구나 절대적인 자유를 행사할 수 있는 권리를 지니는데, 이를 자연권이라고 말한다.'로 보아, 목동들의 이기적 행동에 대해 순자는 '성'을 좇는 것으로, 홉스는 '자연권'을 행사하는 것으로 이해할 것이다.

06 사전적 의미 파악

정답 ③

O **③이 정답인 이유** 사전적 의미를 묻는 문제도 '어휘 문제 3단계 풀이법'을 적용해 푼다.

- 1단계(핵심 간추리기): ⓒ(신뢰)의 의미를 이해할 수 있는 핵심 어구만 간추린다.

  > • 순자는 인간과 사회의 변화 가능성을 <u>신뢰</u>한 사상가이다.

- 2단계(대입하기): 답지에 제시된 뜻풀이를 밑줄 친 ⓒ의 자리에 대입해 자연스러운지의 여부를 살핀다.

  > • 순자는 사회의 변화 가능성을 <u>(자기의 주장을) 굽혀 남의 의견을 좇은</u> 사상가이다.

  → 어색하다. '신뢰'는 '믿는 것'이지, '남의 의견을 좇는 것'이 아니기 때문이다.

- 3단계('매3어휘 풀이' 떠올리기): '신뢰(ⓒ)'와 바꿔 쓸 수 있는 말과 '신뢰'가 들어가는 말을 떠올려 보자.

  > • '신뢰'와 바꿔 쓸 수 있는 말: 믿음 ㉺ 불신(믿지 않음.)
  > • '신뢰'가 들어가는 말: 학생들의 존경과 신뢰를 받는 선생님

  → '신뢰'하는 것은 믿는 것이고, '자기의 주장을 굽혀 남의 의견을 좇음.'의 뜻을 지닌 말은 '양보'이다.

▶ **정답의 근거** 위 '③이 정답인 이유' 참조

나머지 어휘들은 사전적 의미가 적절한데, '어휘 문제 3단계 풀이법'을 적용해 그 의미를 한 번 더 이해하고 넘어가자.

구분	핵심 간추리기	대입하기	'매3어휘 풀이' 떠올리기
ⓐ	혼란을 해결하기 위한 길을 <u>모색</u>하다.	혼란을 해결하기 위한 길을 <u>(방법이나 실마리를) 더듬어 찾는</u>다.	• 궁리(도모)하고 찾음(수색). 알아냄. 구함. 강구함. • 문제 풀이 방법을 모색하다.
ⓑ	위(인간의 노력)를 <u>축적</u>하다.	위(인간의 노력)를 <u>모아서 쌓는</u>다.	• 쌓음(저축, 누적, 적립) • 경험의 축적
ⓓ	이 상황을 '만인에 대한 만인의 투쟁'이라 <u>명명</u>하다.	이 상황을 '만인에 대한 만인의 투쟁'이라 <u>이름을 지어 붙이</u>다.	• 이름(성명)을 지어 붙임(命, 이름을 붙일 명). 부름. • 고2 수준의 매3비를 『라이트 매3비』라고 명명하다.
ⓔ	평화로운 사회가 <u>구현</u>되다.	평화로운 사회가 <u>구체적인 사실로 나타나게 되</u>다.	• 구체적인 모습으로 나타냄(실현, 표현). • 정의 구현

7~11 기술: 서정욱, 「나이테의 고고학」

독해력을 길러 주는 지문 분석

1문단 문단요약 나이테는 나무의 나이를 아는 데 활용될 뿐만 아니라, 현재 남아 있는 다양한 목제 유물들의 제작 연도를 규명하는 데도 활용되고 있다.
핵심어(구) 나이테, 나이, 목제 유물들의 제작 연도
중심 내용 나이테의 활용처

2문단 문단요약 나무의 나이테는 위치에 따라 심재(안쪽의 어두운 부분)와 변재(심재 바깥의 밝은 부분)로 구분되는데, 나무의 나이는 심재와 변재의 나이테를 합한 것이다.
핵심어(구) 심재, 변재
중심 내용 나이테의 위치에 따른 구분 – 심재와 변재

3문단 문단요약 나무의 나이테 너비가 해마다 다른 것은 나무의 생장에 필요한 물, 빛, 온도, 이산화탄소 등의 환경 요소들이 해마다 다르기 때문이다. 여러 환경 요소 중 가장 부족한 요소가 나이테의 너비 변화에 가장 큰 영향을 주는데, 이것이 '제한 요소의 법칙'이다.
핵심어(구) 나무의 나이테 너비, 환경 요소, 제한 요소의 법칙
중심 내용 나무의 나이테 너비가 해마다 다른 이유

4문단 문단요약 나무는 안전하게 생장하기 위한 전략으로 가장 부족한 요소에 모든 생물학적 활동을 맞추며, 제한 요소의 법칙은 모든 나무의 생장에 적용된다. 따라서 수종이 같더라도 지역이 다르면 생장 환경이 다르기 때문에 나이테의 너비 변화 패턴은 달라진다.
핵심어(구) 안전하게 생장하기 위한 전략, 나이테의 너비 변화 패턴
중심 내용 나무의 생장 전략과 생장 환경에 따라 달라지는 나이테의 너비 변화 패턴

5문단 문단요약 목제 유물에 사용된 나무의 벌채 연도나 환경 조건을 추정하는 연륜 연대 측정을 위해서는 수천 년에 걸쳐 나이테의 너비 변화 패턴을 그래프로 나타낸 연륜 연대기가 있어야 한다.
핵심어(구) 연륜 연대 측정, 연륜 연대기
중심 내용 목제 유물의 연륜 연대 측정을 위해 필요한 연륜 연대기

6문단 문단요약 먼저 살아 있는 나무의 나이테 너비를 측정하여 연륜 연대기를 작성한 다음, 오래지 않은 과거에 제작된 목제 유물의 나이테로 연륜 연대기를 작성하여 둘의 패턴이 겹치는 기간(그림에서 1920~1950년, 살아 있는 나무와 목제 유물에 쓰인 나무가 함께 생장하던 기간)을 확인한다. 이러한 방법으로 과거 목제 유물들의 연륜 연대기와 패턴 비교를 반복하면 수백, 수천 년간의 연륜 연대기(표준 연대기)를 작성할 수 있다.

핵심어(구) (살아 있는 나무와 목제 유물의) 연륜 연대기를 작성, 패턴 비교, 표준 연대기

중심 내용 표준 연대기의 작성 방식

7문단 문단 요약 목제 유물의 연륜 연대 측정을 위해서는 먼저 목제 유물의 나이테에 변재가 있는지 확인해야 하는데, 나무 가공 시 잘려 나가 유물 나이테에 변재가 없는 경우 벌채 연도를 추정할 수 없다.

핵심어(구) 목제 유물, 연륜 연대 측정, 변재가 있는지 확인

중심 내용 목제 유물의 연륜 연대 측정 방법 (1) – 변재의 유무 확인

8문단 문단 요약 변재 여부를 확인한 후에는 목제 유물에서 나이테를 채취해 패턴이 중첩되는 부분을 비교하여 유물 연대기를 만든 다음, t값과 G값을 고려해 비교 대상으로 사용할 표준 연대기를 정해야 한다. 이때 100년 이상의 유물 연대기와 표준 연대기의 비교 시, t값(상관도)은 3.5 이상, G값(일치도)은 65% 이상이어야 한다.

핵심어(구) 유물 연대기, 표준 연대기

중심 내용 목제 유물의 연륜 연대 측정 방법 (2) – 유물 연대기 작성 → 표준 연대기 작성

9문단 문단 요약 유물 연대기와 표준 연대기의 패턴을 비교하여 중첩되는 부분의 시작 나이테의 연도부터 마지막 나이테의 연도를 확정하여 절대 연도를 부여한 후, 벌채 연도를 확정한다. 그다음, 나무를 건조하는 기간인 1~2년을 더해 목제 유물의 제작 연도를 추정한다.

> • 목제 유물의 제작 연도 = 벌채 연도 + 나무 건조 기간
> ↓
> – 유물 나이테의 변재가 완전한 경우: 마지막 나이테의 절대 연도
> – 유물 나이테의 변재가 일부 잘려 나간 경우: 마지막 나이테의 절대 연도 + 잘려 나간 변재 나이테 수

핵심어(구) 절대 연도, 벌채 연도, 목제 유물의 제작 연도를 추정

중심 내용 목제 유물의 연륜 연대 측정 방법 (3) – 유물 연대기와 표준 연대기의 패턴 비교 → 목제 유물의 절대 연도 부여 → 벌채 연도 확정 → 제작 연도 추정

주제 나무의 나이테를 활용해 목제 유물의 제작 연도를 측정하는 방법

07 글의 전개 방식 파악
정답 ④

O **④가 정답인 이유** 이 글에서는 '심재 · 변재(2문단), 제한 요소의 법칙(3문단), 연륜 연대기(5문단), 표준 연대기(6문단)' 등의 어려운 개념을 설명하고 있다. 그러나 이들 개념을 친숙한 대상에 빗대어 설명하는 유추(p.127 참조)의 방식을 사용하고 있지는 않다.

▶ **정답의 근거** ④의 '빗대어 설명' ✗ – 오답의 근거가 ④가 정답이라는 근거가 됨.

가장 많이 질문한 오답은? ⑤

X **⑤가 오답인 이유** 4문단에서 '나무가 가장 부족한 요소에 모든 생물학적 활동을 맞추는' 현상과 관련하여 '만일 나무의 생장이 가장 풍족한 요소를 기준으로 이뤄진다면 (고사*할 위험이 높아지게 될 것)'에서 반대 상황을 가정하여 독자의 이해를 돕고 있다. 그런데 이 부분을 찾지 못해 ⑤에 답한 경우가 제법 많았다.

> *고사(枯死): (나무나 풀이) 말라(고목, 고갈) 죽음(사망).

나머지 답지들에서 언급한 전개 방식이 사용된 부분도 찾아보자.

① 1문단의 '나이테는 단순히 나무의 나이를 알기 위해서만 활용되는 것일까? 그렇지 않다. 나이테는~그 제작 연도를 규명하는 데도 활용되고 있다.'에서 자문자답*의 방식을 사용하고 있다.

> *자문자답(自問自答): 자기가 질문하고, 자기가 답변함.

② 3문단에서 대상(나이테)의 특성(너비가 동일하지 않음)을 관련 개념(제한 요소의 법칙)을 통해 설명하고 있다.

③ 2문단에서 나무의 나이테(→ 대상)를 위치(→ 기준)에 따라 심재와 변재로 나누어 설명하고 있다.

08 내용 이해
정답 ⑤

O **⑤가 정답인 이유** 2문단에서 '나무의 나이는 이 심재와 변재의 나이테 수를 합한 것이 된다.'라고 했고, 7문단에서 연륜 연대 측정을 위해서는 '먼저 목제 유물의 나이테에 변재가 있는지 확인해야 한다.'라고 하면서 '만일 유물의 나이테에 변재가 없는 경우에는 벌채* 연도를 추정할 수 없게 된다.(벌채 연도를 추정할 수 없으면 연륜 연대 측정도 불가능함.)'라고 했다. 또 마지막 문단에서는 연륜 연대 측정 과정에서 목제 유물에 사용된 나무에 남아 있는 '변재 나이테 수'와 '수령*별 평균 변재 나이테 수'를 비교해 변재 나이테 수를 구한다고 했는데, 이때 심재 나이테만 남아 있다면, 즉 변재 나이테가 없다면 비교가 불가능하여 연륜 연대 측정이 불가(능)하다.

> *벌채(伐採): 나무를 벰(벌초, 정벌, 채굴).
> *수령(樹齡): 나무(수목)의 나이(연령).

▶ **정답의 근거** 위 '⑤가 정답인 이유' 참조

가장 많이 질문한 오답은? ③, ② 순

X **③이 오답인 이유** 2문단 끝의 '나무의 나이는 이 심재와 변재의 나이테 수를 합한 것이 된다.'에서 '나무의 나이 = 변재의 나이테 수+심재의 나이테 수'라고 했다. 따라서 '변재 나이테의 개수'만으로는 나무의 수령(나이)을 파악할 수 없다.

☒ ②가 오답인 이유 2문단에서 '심재는 나무의 성장 초기에 형성된 안쪽 부분으로 생장이 거의 멈추면서 진액이 내부에 갇혀 색깔이 어둡게 변한 부분'이고, '변재는 심재의 끝부터 껍질인 수피* 전까지의 바깥 부분으로 물과 영양분을 공급하는 생장 세포가 활성화되어 있어 밝은 색상을 띠는 부분'이라고 했다. 이를 통해, 진액은 심재(변재 ✗) 부분에 있고, 변재가 밝은 색상을 띠는 이유는 진액으로 인해서가 아니라 생장 세포가 활성화되어 있기 때문이라는 것을 알 수 있다.

*수피: 나무(수목)의 껍질(표피).

① 2문단에서 '심재는 나무의 성장 초기에 형성된 안쪽 부분으로 생장이 거의 멈추면서 진액이 내부에 갇혀 색깔이 어둡게 변한 부분'이라고 했다. 이를 통해 심재는 수피에 인접하여 있지 않고, 나무의 안쪽 부분에 있다는 것을 알 수 있다.

④ 3문단에서 '나이테의 너비 변화에 영향을 주는 것'은 '여러 환경 요소 중에서 가장 부족한(풍족한 ✗) 요소'라고 했다.

09 구체적 상황에의 적용 정답 ③

◉ ③이 정답인 이유 '소나무 서랍장에 대한 연륜 연대 측정 자료'인 〈보기〉부터 이해해 보자.

I. 측정 참고 자료: [A]의 '목제 유물의 연륜 연대 측정 방법'과 연결됨.
 (1) 변재 유무 확인: 서랍 2는 바깥쪽 나이테가 거의 수피에 근접했다고 했으므로 변재를 갖고 있는 경우임. [근거] 2문단
 (2) 유물 연대기 작성 → 표준 연대기와 비교 → 유물(서랍장)의 절대 연도 부여
II. 유의성* 및 수령별 평균 변재 나이테 수 자료: 8, 9문단과 연결됨.
 (1) 유의성: t값이 3.5 이상, G값이 65% 이상인 a산 소나무가 유의성이 있음.
 (2) 수령별 평균 변재 나이테 수: 수령 100년인 a산 소나무의 평균 변재 나이테 수는 60개임.
III. 소나무 서랍장 유물 연대기 및 절대 연도 부여 자료
 (1) 유물 연대기: 서랍 1과 2의 패턴이 중첩되는 부분
 (2) 절대 연도: 1700년~1800년(유물 연대기와 표준 연대기가 중첩되는 부분)

이를 바탕으로 답지 ③을 살피면, '벌채 연도'를 알아야 하는데, '벌채 연도'는 [A]에서 다음 두 가지 방법으로 확정한다고 했다.

☐ 변재를 완전하게 갖고 있을 경우: 벌채 연도 = 마지막 나이테의 절대 연도
☐ 변재의 바깥쪽 나이테 일부가 잘려 나갔을 경우:
 벌채 연도 = 마지막 나이테의 절대 연도 + 잘려 나간 변재 나이테 수
 평균 변재 나이테 수 − 유물에 남아 있는 변재 나이테 수 ↵

그리고 '마지막 나이테의 절대 연도'(1800년)를 고려하여 서랍장에 사용된 나무의 벌채 연도를 계산하면 다음과 같이 1803년(1802년 ✗)이 된다.

마지막 나이테의 절대 연도 + 잘려 나간 변재 나이테 수 = 벌채 연도
 1800년   +   3(개)   = 1803년

위에서 '잘려 나간 변재 나이테 수'가 3개인 것은 〈보기〉의 II에서 수령 100년인 a산 소나무의 평균 변재 나이테 수가 60개라고 했는데, III에서 유물에 남아 있는 변재는 57개라고 했기 때문이다. 이때 평균 변재 나이테 수를 수령 100년인 a산 소나무를 선택한 것은 위 II−(1)과 III−(2)를 참조하면 된다.

---

*유의성(有意性): 의미가 있는(보유) 성질.

▶ 정답의 근거 [A]와 〈보기〉

가장 많이 질문한 오답은? ④, ⑤ ↑

☒ ④가 오답인 이유 [A]에서 표준 연대기를 정할 때 t값과 G값을 고려해야 하는데 '100년 이상의 기간을 상호 비교할 때 t값은 3.5 이상, G값은 65% 이상의 값을 가져야' 한다고 했으므로, 〈보기〉 II의 표에서 a산 소나무(t값은 3.7, G값은 69%)의 표준 연대기를 비교 대상으로 삼으면 된다. 그리고 〈보기〉 III에서 유물 연대기와 표준 연대기의 패턴이 중첩되는 기간은 1700년부터 1800년까지이고, 이와 비슷한 수령(100년)의 a산 소나무가 갖는 평균 변재 나이테 수는 60개이고, III의 유물 연대기에서 확인되는 변재 나이테 수는 57개인 점을 참고하면, 가공할 때 잘려 나간 변재 나이테 수는 3개라는 것을 알 수 있다.

☒ ⑤가 오답인 이유 [A] 끝의 두 문장에서 '목제 유물의 제작 연도'는 '벌채 연도+건조 기간'인데, 이때 '건조 기간'은 1~2년이라고 했다. 서랍장에 사용된 나무의 벌채 연도는 1803년(위 '③이 정답인 이유' 참조)이므로, 서랍장의 제작 연도는 1804년에서 1805년 사이라는 것을 알 수 있다.

① 위 '④가 오답인 이유'를 참고하면, t값과 G값을 고려할 때 표준 연대기는 〈보기〉 II의 두 소나무 중 t값이 3.7(3.5 이상)이고 G값이 69%(65% 이상)인 a산 소나무의 연대기가 사용된다.

② [A]에서 '목제 유물의 각 부분에서 나이테를 채취해 패턴이 중첩되는 부분을 비교하여 유물 연대기를 만든'다고 했으므로, 〈보기〉의 III에서 '유물 연대기'는 서랍 1과 2의 나이테 패턴의 중첩을 통해 작성한 것이다. 이를 '표준 연대기'와 비교하면, 패턴이 중첩되는 기간은 1700년부터 1800년까지이다.

10 세부 정보의 이해 및 추론 정답 ③

◉ ③이 정답인 이유 ㉠(연륜 연대기)은 '나이테의 너비 변화 패턴을 그래프로 나타낸 것'으로, 연륜 연대 측정을 하기 위해 필요한 것이라고 했다. 그런데 3문단의 '나무의 나이테 너비를 살펴보면 매해 그 너비가 동일하지 않다.'와 4문단의 '동일한 수종이 유사한 생장 환경에서 자라면 나이테의 너비 변화 패턴이 유사하다.' 등으로 보아, 나이테의 너비가 일정한 것도 너비 변화 패턴에 해당하므로 패턴 분석의 대상이 될 수 있다.

▶ **정답의 근거** 위 '③이 정답인 이유' 참조

가장 많이 질문한 오답은? ④

✗ **④가 오답인 이유** 오답지들 중에서는 ④에 답한 학생들이 제법 많았는데, 3문단에서 '나무의 나이테'가 '매해 그 너비가 동일하지 않'은 이유는 '제한 요소의 법칙에 의해서 나무가 생장량이 결정되기 때문'이라고 했다. 따라서 '나이테의 너비 변화 패턴을 그래프로 나타낸' ㉠은 제한 요소의 법칙에 따라 나무가 생장한 결과를 보여 준다는 것을 알 수 있다.

나머지 답지들이 ㉠에 대한 설명으로 적절한 이유도 살펴보자.

① 4문단의 '수종[수목(나무)의 종류]이 같더라도 지역이 다르면 생장 환경이 다르기 때문에 나이테의 너비 변화 패턴은 달라지게 된다.'와 부합한다.

② 6문단의 '이러한(과거에 제작된 목제 유물의 나이테로 연륜 연대기를 작성하여 살아 있는 나무의 나이테로 작성한 연륜 연대기와 비교하여 패턴이 겹치는 기간을 확인하는) 방법으로 보다 과거의 목제 유물로 작성된 연륜 연대기와 패턴 비교를 반복하면 수백, 수천 년에 달하는 나무의 연륜 연대기 작성이 가능해진다.'와 부합한다.

⑤ 6문단의 '우리나라는 현재 소나무, 참나무, 느티나무의 표준 연대기를 보유*하고 있다.'와 부합한다.

> *보유: 가지고 있음(보관, 소유).

11 바꿔 쓰기에 적절한 어휘 이해
정답 ③

🅞 **③이 정답인 이유** '어휘 문제 3단계 풀이법'을 적용해 보자.

• 1·2단계(핵심을 간추린 후 대입하기)

> 살아 있는 나무에서 나이테 너비를 측정하면~을 작성할 수 있다.
> → 헤아리면

→ 문맥이 자연스러워 보이기도 한다. 3단계까지 적용해 보자.

• 3단계('매3어휘 풀이' 떠올리기): 두 말의 의미를 살리는 다른 말과, 두 말이 들어가는 문장을 떠올려 본다.

구분	바꿔쓸수있는말	예시
측정하다	재다, 측량하다	• 몸무게를 측정하다. • 강우량을 측정하다.
헤아리다	(1) (수량을) 세다 (2) 짐작하다, 살피다	• 나이테를 헤아리다. • 상대방의 사정을 헤아리다.

→ '헤아리다'의 의미 (1)은 '측정하다'와 바꿔 쓸 수 있는 것처럼 보인다. 하지만 '측정하는' 것은 장치(자, 온도계, 저울 등)를 사용하여 재는 것이고, (1)의 '헤아리는' 것은 수효(개수)를 세는 것이므로 그 의미가 다르다. 따라서 '측정하면'을 '헤아리면'과 바꿔 쓰는 것은 적절하지 않다.

▶ **정답의 근거** 위 '③이 정답인 이유' 참조

가장 많이 질문한 오답은? ②

✗ **②가 오답인 이유** '측량하면'을 '헤아리면'으로 바꿔도 자연스럽다고 생각한 학생들은 대부분 ②에 답했다. 하지만, '나무가 고사할 위험이 높다'에서 '고사하다'는 '말라 죽다'와 바꿔 쓸 수 있다. '매3어휘 풀이'를 떠올려 '고갈(물이 말라서 없어짐)'과 '사망(죽음)'을 떠올리면 나무가 고사한다는 것은 나무가 말라 죽는 것을 의미한다는 것을 바로 알아차릴 수 있었을 것이다.

나머지 답지들도 '어휘 문제 3단계 풀이법'을 적용해 보면, 답지와 같이 바꿔 쓰기에 적절하다는 것을 알 수 있다.

① 제작 연도를 규명하는/밝히는 데 활용된다.: '규명하다'는 '자세히 따져서 분명하게 밝히다.'라는 의미를 지닌 말로, '밝히다, 밝혀내다'와 바꿔 쓸 수 있다.

④ 느티나무의 표준 연대기를 보유하고/가지고 있다.: '보유하다'는 '보관하고 소유하다.'라는 의미를 지닌 말로, '가지고'와 바꿔 쓸 수 있다.

⑤ ~해야 통계적으로 유의성이 있는 것으로 간주된다/여겨진다.: '간주되다'는 '그렇다고 여겨지다. 그와 같다고 보다.'라는 의미를 지닌 말로, '여겨진다'와 바꿔 쓸 수 있다.

12~15 예술: 닐 콕스, 「입체주의」

독해력을 길러 주는 지문 분석

1문단 〔문단 요약〕 20세기 초 유럽에서 일어난 과학 문명의 발전으로 사람들은 기존에 당연시되어 온 인식에 의문을 품게 되었다. 이는 회화에도 영향을 미쳐 큐비즘이라는 새로운 미술 양식을 탄생시켰다.
　핵심어(구) 과학 문명의 발전, 큐비즘
　중심 내용 큐비즘의 등장 배경

2문단 〔문단 요약〕 사실적 재현에 집중했던 전통 회화와 달리, 큐비즘은 대상의 본질을 구현하기 위해 그 근원적 형태를 그려 내는 것을 목표로 삼았다. 이를 위해 기하학적 형태로 대상을 단순화하여 질감과 부피감을 부각하였으며, 색채도 몇 가지 색으로 제한하였다.
　핵심어(구) 근원적 형태를 그려 내는 것, 목표, 대상을 단순화, 몇 가지 색으로 제한
　중심 내용 큐비즘의 목표와 표현 기법 (1) – 대상의 단순화, 색채의 제한

3문단 〔문단 요약〕 큐비즘은 또한 대상의 전체 형태를 표현하기 위해 여러 시점에서 관찰한 대상을 한 화면에 그려 내는 다중 시점을 적용하였다. 이로써 큐비즘은 대상의 근원적 형태를 표현하여 관람자들에게 새로운 미적 인식을 환기하였다.
　핵심어(구) 다중 시점, 새로운 미적 인식
　중심 내용 큐비즘의 표현 기법 (2) – 다중 시점

4문단 문단요약 분석적 큐비즘은 대상을 여러 시점으로 해체하여 작은 격자 형태로 쪼개어 표현했고, 색채는 무채색으로 한정하였다. 해체 정도가 심해지면서 관람자는 대상이 무엇인지조차 알아볼 수 없게 되었다.

핵심어(구) 분석적 큐비즘, 여러 시점으로 해체

중심 내용 큐비즘의 변화된 양상 (1) – 분석적 큐비즘의 경향과 그 문제점

5문단 문단요약 대상의 형태를 파악하지 못하게 된 문제를 해결하기 위해, 화면 안으로 화면 밖의 재료들을 끌어들이는 종합적 큐비즘이 나타났다. 이들의 특징을 보여 주는 대표적 기법인 '파피에 콜레'는 화면에 신문이나 벽지 등 실제 종이를 오려 붙여 대상의 특성을 표현한다.

핵심어(구) 종합적 큐비즘, 파피에 콜레

중심 내용 큐비즘의 변화된 양상 (2) – 종합적 큐비즘의 부상과 대표적 기법

6문단 문단요약 대상의 근원적 형태를 화면에 구현하고자 한 큐비즘은 회화 예술에 무한한 표현의 가능성을 보여 주었다. 이는 표현 대상을 보이는 세계에 한정하지 않는 현대 추상 회화의 탄생에 영향을 미쳤다.

핵심어(구) 무한한 표현의 가능성, 현대 추상 회화의 탄생

중심 내용 큐비즘의 의의와 영향

주제 큐비즘의 등장 배경 및 표현 방식과 의의

12 개괄적 내용의 파악
정답 ③

🅞 **③이 정답인 이유** 이 글은 큐비즘의 등장 배경(1문단), 큐비즘의 목표와 표현 기법(2·3문단), 큐비즘의 변화된 양상(4·5문단), 큐비즘의 의의와 영향(6문단) 등에 대해 설명하고 있다. 그러나 '큐비즘에 대한 다른 화가들의 논쟁'은 나타나 있지 않다.

▶ **정답의 근거** 위 '③이 정답인 이유' 참조

나머지 답지들에 답한 학생들은 드물었지만, 이들 답지들이 오답인(적절한) 근거도 지문에서 찾아보자.

① 2~3문단에서 큐비즘은 '대상의 단순화, 색채의 제한, 다중 시점' 등의 표현 기법을 사용했다고 하였다.

② 1문단에서 큐비즘은 '20세기 초 유럽에서 일어난 과학 문명 발전'으로 일어난 인식의 변화를 배경으로 등장했다고 하였다.

④ 4~5문단에서 큐비즘은 '분석적 큐비즘, 종합적 큐비즘'으로 작품 경향이 변화되었다고 하였다.

⑤ 6문단에서 큐비즘은 현대 추상 회화가 '표현 대상을 보이는 세계에 한정하지 않'게 하는 데 직접적인 영향을 미쳤다고 하였다.

13 세부 내용의 이해
정답 ①

🅞 **①이 정답인 이유** ㉠(대상이 극단적으로 해체되어 형태를 파악하지 못하게 된 문제)은 바로 앞 4문단의 '해체 정도가 심해짐에 따라 대상은 부피감이 사라질 정도로 완전히 분해되었다. 이로 인해 관람자는 대상이 무엇인지조차 알아볼 수 없게 되었고'를 말한 것으로, 이는 '(큐비즘이) 다중 시점의 극단화로 치달'은 결과라고 했다. 그리고 이러한 큐비즘은 2문단에서 '대상의 본질을 구현하기 위해 그 근원적 형태를 그려 내는 것을 목표로 삼았다.'라고 했다. 따라서 ㉠은 큐비즘이 대상의 본질을 화면에 구현하기 위해 다중 시점에 집착한 결과라고 이해할 수 있다.

▶ **정답의 근거** 위 '①이 정답인 이유'에서 밑줄 친 부분

나머지 답지들은 다음과 같이 '큐비즘'에 대한 지문의 내용과 어긋나, ㉠을 이해한 내용으로도 적절하지 않다.

② 큐비즘은 1문단에서 '절대적이라고 믿어 왔던' 인식의 변화로 인해 등장했다고 했고, 4문단에서는 '대상을 형태를 더 다양한 시점으로 보여 주려' 했다고 했다. → 인식의 절대적 기준을 제시 ✕, 대상의 변화를 무시 ✕

③, ⑤ 2문단의 '큐비즘은 대상의 사실적 재현에 집중했던 전통 회화와 달리'와 어긋난다. → 화면의 공간을 사실적으로 표현하기 위해 ✕, 대상을 있는 그대로 재현 ✕

④ 2문단에서 큐비즘은 '대상의 본질을 구현하기 위해' '구와 원기둥 등의 기하학적 형태로 대상을 단순화'했다고 한 것과 어긋난다. → 기하학적 형태에서 탈피하기 위해 ✕

14 입장들 간 공통점과 차이점의 파악
정답 ④

🅞 **④가 정답인 이유** 5문단에서 '대상이 극단적으로 해체되어 형태를 파악하지 못하게 된 (분석적 큐비즘의) 문제를 해결하기 위해' 종합적 큐비즘은 '화면 안으로 실제 대상 혹은 대상의 특성을 잘 드러내는 화면 밖의 재료들을 끌어들였다.'고 했다. 이를 통해, ⓑ(종합적 큐비즘)는 ⓐ(분석적 큐비즘)와 달리 화면 밖의 재료를 활용해 대상을 표현했다는 것을 알 수 있다.

▶ **정답의 근거** 위 '④가 정답인 이유'에서 밑줄 친 부분

나머지 답지들이 적절하지 않은 이유도 확인해 보자.

① ⓐ 뒤에서 ⓐ는 '색채 또한 대상의 고유색이 아닌 무채색으로 한정하였다.'고 한 것과 어긋난다.

예비 매3비로 복습까지 끝냈다면 뭘 풀어요?

라이트 매3비

② ⓐ **뒤**에서 ⓐ는 '제목이나 삽입된 문자를 통해서만 대상이 무엇인지 추측할 수 있게 되었다.'고 했다. ⓐ는 삽입된 문자뿐만 아니라 제목을 통해서도 대상을 드러낸 것이다.

③ ⓐ **뒤**에서 ⓐ는 '대상을 여러 시점으로 해체하여 작은 격자(바둑판처럼 가로세로를 일정한 간격으로 직각이 되게 한 것) 형태로 쪼개어 표현'했다고 한 것과 어긋난다.

⑤ ⓐ **뒤**에서 ⓐ는 '해체 정도가 심해짐에 따라 대상은 부피감이 사라질 정도로 완전히 분해되었다.'고 했고, ⓑ **뒤**에서 ⓑ는 '나무 탁자의 질감을 표현하기 위해 화면에 나뭇결무늬의 종이를 직접 붙였다.'고 했다. ⓐ는 부피감을 살리지 않았던 것이다.

15 구체적 사례에의 적용
정답 ②

🅞 **②가 정답인 이유** 〈보기〉에서 설명한 작품은 '큐비즘의 시작을 알린' 풍경화로, '회화 속 풍경은 실제와 다르다.'라고 했다. 그런데 2문단에서 큐비즘은 '대상의 본질을 구현(p.186 참조)하기 위해 그 근원적 형태를 그려 내는 것을 목표로 삼았다.'라고 했으므로, 〈보기〉의 작품에서 풍경의 모습이 실제와 다른 것은 대상의 근원적 형태를 그리고자 했기 때문(대상이 무엇인지 추측할 수 없도록 ✗)으로 볼 수 있다.

그리고 4문단 끝에서 '관람자는 대상이 무엇인지조차 알아볼 수 없게' 된 것은 '다중 시점의 극단화로 치달'은 분석적 큐비즘에서 나타난 것이라고 했으므로, '(〈보기〉 작품의) 풍경의 모습이 실제와 다른 것은 관찰한 대상이 무엇인지 추측할 수 없도록 하기 위한 것'으로 볼 수 없다.

▶ **정답의 근거** 위 '②가 정답인 이유'에서 밑줄 친 부분

나머지 답지들이 오답인(적절한) 이유도 확인해 보자.

① 〈보기〉에서 '집들은 부피감이 두드러지는 입방체* 형태로 단순화되어 있다.'고 한 것과, 2문단에서 큐비즘은 '(대상의) 근원적 형태를 그려 내는 것을 목표로 삼았'고, 이를 위해 '기하학적 형태로 대상을 단순화하여 질감과 부피감을 부각하였다.'고 한 것에서 적절한 감상임을 알 수 있다.

> * 입방체: 여섯 개의 면이 모두 합동인 정사각형으로 둘러싸인 입체 도형. ㈜ 정육면체

③ 〈보기〉에서 '그림자의 방향은 일관성 없이 다양하게 표현'되어 있다고 한 것과, 3문단에서 큐비즘은 '하나의 시점에서 대상을 보고 표현하는 원근법을 거부하였다.'고 한 것에서 적절한 감상임을 알 수 있다.

④ 〈보기〉에서 '집에 당연히 있어야 할 문이 생략되어 있다'고 한 것과, 2문단에서 큐비즘은 '대상의 본질과 관련 없는 세부적 묘사를 배제'했다고 한 것에서 적절한 감상임을 알 수 있다.

⑤ 〈보기〉에서 '집과 나무는 모두 황토색과 초록색, 회색으로 칠해져 있다.'고 한 것과, 2문단에서 '색채 또한 본질 구현에 있어 부차적인* 것으로 판단하여 몇 가지 색으로 제한하였다.'고 한 것에서 적절한 감상임을 알 수 있다.

> * 부차적인: 주된 것에 종속되거나 그것에 따르는 관계에 있는. ㈜ 부수적, 이차적

✔ 매일 복습 확인 문제

1 다음 추론이 맞으면 ○, 그렇지 않으면 ×로 표시하시오.

(1) [지문] 순자는 인간이 성뿐만이 아니라 심(心)도 타고났기에 인간다워질 수 있고, 성에서 비롯한 사회 문제의 해결도 가능하다고 보았다. →[추론] 순자는 사회 구성원이 심을 체득하면 혼란한 사회 문제를 해결할 수 있다고 보았다. ·································( )

(2) [지문] 심재는 나무의 성장 초기에 형성된 안쪽 부분으로 생장이 거의 멈추면서 진액이 내부에 갇혀 색깔이 어둡게 변한 부분이다. 변재는 심재의 끝부터 껍질인 수피 전까지의 바깥 부분으로 물과 영양분을 공급하는 생장 세포가 활성화되어 있어 밝은 색상을 띠는 부분이다. →[추론] 변재는 생장 세포에 있는 진액으로 인해 밝은 색상을 띤다. ·································( )

(3) [지문] 분석적 큐비즘은 대상을 여러 시점으로 해체하여 작은 격자 형태로 쪼개어 표현했고, 색채 또한 대상의 고유색이 아닌 무채색으로 한정하였다. 해체 정도가 심해짐에 따라 대상은 부피감이 사라질 정도로 완전히 분해되었다. →[추론] 분석적 큐비즘은 작은 격자 형태로 대상을 해체한다. ·································( )

2 왼쪽에서 밑줄 친 어휘와 의미가 가까운 것을 오른쪽에서 찾아 서로 줄로 이으시오.

(1) 너비를 측정하다. ·
(2) 나무가 고사하다. ·
(3) 사람으로 간주하다. ·

· ㉮ 재다
· ㉯ 헤아리다
· ㉰ 말라 죽다
· ㉱ 병충해를 입다
· ㉲ 여기다
· ㉳ 대충 보아 넘기다

정답 **1.** (1) × (2) × (3) ○ **2.** (1) ㉮ (2) ㉰ (3) ㉲

책을 덮기 전, 틀린 문제와 '**매3 오답 노트**'에 체크하고 메모해 둔 내용은 **꼭 다시** 한번 더 챙겨 보세요.

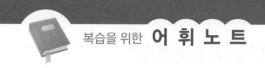
01 가설 假說

예비매3비예문 중심 화제에 대한 두 이론의 <u>가설</u>을 제시하고 통계를 바탕으로 <u>가설</u>의 타당성을 검증하고 있다. ☞ 문제편 p.38

매3어휘풀이 <u>가설</u>을 제시하고, <u>가설</u>의 타당성을 검증하다.
➡ 임시로(가정적으로) 하는 설명.

사전적 의미 어떤 사실을 설명하거나 어떤 이론 체계를 연역하기 위하여 설정한 가정.

02 결여 缺如

예비매3비예문 맹자의 성선설을 순자는 현실 감각이 <u>결여</u>된 주장으로 보았다. ☞ 문제편 p.47

매3어휘풀이 현실 감각이 <u>결여</u>된 주장
➡ 있어야 할 것이 없거나 모자람(결핍).

사전적 의미 마땅히 있어야 할 것이 빠져서 없거나 모자람.

03 경시 輕視

예비매3비예문 인지주의적 이론은 인지적 요소만을 지나치게 강조하기 때문에, 사람들의 보편적인 성향에서 드러나는 감정적 요소를 <u>경시</u>하고 있다. ☞ 문제편 p.37

매3어휘풀이 감정적 요소를 <u>경시</u>하다.
➡ 가볍게(경솔하게) 보거나 무시함. 대수롭지 않게 여김.
㈜ 깔봄, 얕봄 ㈘ 중시

사전적 의미 대수롭지 않게 보거나 업신여김.

04 고양 高揚

예비매3비예문 당시 산업화에 뒤처진 이탈리아는 산업화에 대한 열망과 민족적 자존감을 <u>고양</u>시킬 수 있는 새로운 예술을 필요로 하였다. ☞ 문제편 p.156

매3어휘풀이 민족적 자존감을 <u>고양</u>시키다. ➡ 높임(제고, 양양).

사전적 의미 높이 쳐들어 올림.

05 구현 具現/具顯

예비매3비예문 1. 백성의 민원을 수렴하는 소원 제도 등은 백성을 위한 정책이 <u>구현</u>된 사례라 할 수 있다. ☞ 문제편 p.34
2. 통치자가 개인들로부터 위임받은 권리를 정당하게 행사하여 개인들 간의 투쟁을 해소함으로써 비로소 평화로운 사회가 <u>구현</u>된다. ☞ 문제편 p.185

매3어휘풀이 1. 백성을 위한 정책이 <u>구현</u>된 사례
2. 평화로운 사회가 <u>구현</u>되다.
➡ 구체적으로 나타남(실현).

사전적 의미 어떤 내용이 구체적인 사실로 나타나게 함.

06 규명 糾明

예비매3비예문 프로이트는 정신분석이론을 통해 인간의 정신세계를 <u>규명</u>하려 하였다. ☞ 문제편 p.16

매3어휘풀이 인간의 정신세계를 <u>규명</u>하다.
➡ 따져서 명확하게 함. 원인이나 진상을 분명하게 밝힘.

사전적 의미 어떤 사실을 자세히 따져서 바로 밝힘.

07 당위적 當爲的

예비매3비예문 감정 이론은 그 정서의 규범적인 적절성 여부, 즉 그 정서가 <u>당위</u>적인 가치 기준에 부합하는지 여부를 판단하는 것이 불가능하다. ☞ 문제편 p.37

매3어휘풀이 <u>당위</u>적인 가치 기준
➡ 당연히 그렇게 해야(행위) 하는 (것).

사전적 의미 마땅히 그렇게 하거나 되어야 하는 것.

08 대비 對比

예비매3비예문 중심 화제에 대한 <u>대비</u>되는 두 이론을 소개한 후 각 이론의 장단점을 제시하고 있다. ☞ 문제편 p.38

매3어휘풀이 <u>대비</u>되는 두 이론 ➡ 대조하여 비교함.
※ '대조'와 마찬가지로 '차이'를 밝히기 위해 서로 맞대어 비교하는 것을 말함.

사전적 의미 두 가지의 차이를 밝히기 위하여 서로 맞대어 비교함. 또는 그런 비교.

09 마모 磨耗

예비매3비예문 충격이나 <u>마모</u>에 강한 소재를 쓰다. ☞ 문제편 p.110

매3어휘풀이 <u>마모</u>에 강한 소재
➡ 마찰로 닳아 없어지거나 무디어짐(소모됨).

사전적 의미 마찰 부분이 닳아서 없어짐.

10 명명하다 命名-

예비매3비예문 그(홉스)는 전쟁과도 같은 이 상황을 '만인에 대한 만인의 투쟁'이라 <u>명명</u>한다. ☞ 문제편 p.184

매3어휘풀이 ~을/를 ~(이)라 <u>명명</u>하다.
➡ 이름(성명)을 붙이다(命, 이름을 붙일 명). 부르다.

명명(命名)하다	명명(明明)하다
이름(성명)을 붙이다. 작명하다.	(1) 아주 환하게 밝다(청명). (2) 분명하다. 명백하다.

사전적 의미 사람, 사물, 사건 따위의 대상에 이름을 지어 붙이다.

11 모색 摸索

예비매3비예문 중국의 전국시대 말기는 국가의 혼란을 해결하기 위한 길을 <u>모색</u>한 여러 사상들이 융성한 시대이기도 했다. ☞ 문제편 p.184

매3어휘풀이 혼란을 해결하기 위한 길을 <u>모색</u>하다.
➡ 찾음(탐색함).

사전적 의미 일이나 사건 따위를 해결할 수 있는 방법이나 실마리를 더듬어 찾음.

12 발현 發現/發顯

예비매3비예문 맹자는 하늘이 인륜의 근원이며, 인륜은 하늘의 덕성이 <u>발현</u>된 것으로 본다. ☞ 문제편 p.55

매3어휘풀이 덕성이 <u>발현</u>되다.
➡ 속에 있던 것이 밖으로 나타남(발생, 출현).

사전적 의미 속에 있거나 숨은 것이 밖으로 나타나거나 그렇게 나타나게 함. 또는 그런 결과.

13 방출 放出

예비매3비예문 캡슐 속 상변화 물질은 액체에서 고체로 상변화하면서 잠열을 방출하게 되는데, 이 역시 찬물을 데우는 데 사용된다. ☞ 문제편 p.136

매3어휘풀이 잠열을 방출하다. ➡ 내보냄.
추방, 탈출

사전적 의미 (1) 비축하여 놓은 것을 내놓음.
(2) 물리에서, 입자나 전자기파의 형태로 에너지를 내보냄. '예비 매3비 예문'에서는 (2)의 뜻으로 쓰임.

14 배제 排除

예비매3비예문 1. 개인 무의식은 의식에 의해 배제된 생각이나 감정, 기억 등이 존재하는 영역이다. ☞ 문제편 p.16
2. 천인은 군역에서 철저히 배제되었다. ☞ 문제편 p.56

매3어휘풀이 1. 의식에 의해 배제된 생각   2. 군역에서 배제되다.
➡ 내치고 제외함.
배척

사전적 의미 받아들이지 아니하고 물리쳐 제외함.

15 부과 賦課

예비매3비예문 수입품에 높은 관세를 부과하다. ☞ 문제편 p.75

매3어휘풀이 관세(세금)를 부과하다.
➡ 세금이나 부담금 등을 매기어 부담하게 함. ㉞ 매기다, 물리다, 지우다
※ 세금을 부담하게 하는 것은 '부과하다'이고, '부가하다'는 '덧붙이는 것, 추가하는 것'임.

사전적 의미 세금이나 부담금 따위를 매기어 부담하게 하다.

16 부여 附與

예비매3비예문 성과에 대하여 부여하는 가치의 크기 ☞ 문제편 p.89

매3어휘풀이 가치를 부여하다. ➡ (권리, 임무 등을) 갖게 붙여 줌.
부착 수여

부여(附與)	부착(附着)
(권리, 임무 등을) 갖게 붙여(부착) 줌(수여). ㉞ 임무를 부여하다.	떨어지지 않게 붙임. ㉞ 이름표를 부착하다.

사전적 의미 사람에게 권리·명예·임무 따위를 지니도록 해 주거나, 사물이나 일에 가치·의의 따위를 붙여 줌.

17 소지 素地

예비매3비예문 과도한 관세는 국제 교역을 감소시켜 국제 무역 시장을 침체시킬 뿐만 아니라, 국제 무역 분쟁을 야기할 소지도 있다. ☞ 문제편 p.75

매3어휘풀이 국제 무역 분쟁을 야기할 소지도 있다.
➡ 본바탕에 문제를 일으킬 가능성(또는 원인)이 있는 것.

소지(素地)	소지(所持)
문제를 일으킬 가능성(또는 원인). ㉞ 논란의 소지가 있다.	(물건을) 지님(소유). ㉞ 휴대폰을 소지하다.

사전적 의미 (1) 본래의 바탕. (2) 문제가 되거나 부정적인 일 따위를 생기게 하는 원인. 또는 그렇게 될 가능성. '예비 매3비 예문'에서는 (2)의 뜻으로 쓰임.

18 송부 送付

예비매3비예문 쓰기의 경우에는 바로 다음 단계인 브로카 영역으로 정보를 송부한다. ☞ 문제편 p.124

매3어휘풀이 정보를 송부하다.
➡ 보냄(전송).

사전적 의미 편지나 물품 따위를 부치어 보냄.

19 역동성 力動性

예비매3비예문 분할주의 기법을 통해 대상의 역동성을 지향하고자 했던 미래주의 화가들 ☞ 문제편 p.156

매3어휘풀이 대상의 역동성을 지향하다.
➡ 힘차게 운동하는(활동하는) 성질.
역량

사전적 의미 힘차고 활발하게 움직이는 성질.

20 영감 靈感

예비매3비예문 미래주의 회화는 이후 모빌과 같이 나무나 금속으로 만들어 입체적 조형물의 운동을 보여 주는 키네틱 아트가 등장하는 데 영감을 제공한 것으로 평가되고 있다. ☞ 문제편 p.156

매3어휘풀이 영감을 제공하다.
➡ 자극(을 받음). 감응·착상(을 얻음). 인스피레이션.
(inspiration)

사전적 의미 (1) 신령스러운 예감이나 느낌.
(2) 창조적인 일의 계기가 되는 기발한 착상이나 자극. '예비 매3비 예문'에서는 (2)의 뜻으로 쓰임.

21 용인 容認

예비매3비예문 용서는 타인의 악한 행위를 용인해 주는 문제가 발생할 수 있다. ☞ 문제편 p.30

매3어휘풀이 타인의 악한 행위를 용인하다. ➡ 받아들여 인정함.
용납, 수용

사전적 의미 너그럽게 받아들여 인정함.

22 유추 類推

예비매3비예문 형법은, 민법과 달리 어떤 사항을 직접 규정한 법규가 없을 때, 그와 비슷한 사항을 규정한 법규를 유추하여 적용할 수도 없다. ☞ 문제편 p.92

매3어휘풀이 형법은 비슷한 법규를 유추하여 적용할 수 없다.
➡ 두 대상 간의 유사성에 기초하여 추리하거나 적용하는 것.

사전적 의미 같은 종류의 것 또는 비슷한 것에 기초하여 다른 사물을 미루어 추측하는 일.

23 의거하다 依據-

예비매3비예문 이 모형에 의거하면 듣기 과정은 '기본 청각 영역 → 베르니케 영역'의 순서로 이루어진다. ☞ 문제편 p.124

매3어휘풀이 이 모형에 의거하다.
➡ 의하다. 의지하고 근거하다. 따르다.

사전적 의미 어떤 사실이나 원리 따위에 근거함.

24 이완 弛緩

예비 매3비 예문 심장은 우리 몸에 혈액을 안정적으로 순환시키는 기관으로 펌프와 같은 작용을 하는데, 매우 짧은 시간에 수축과 이완을 반복한다. ☞ 문제편 p.145

매3어휘풀이 심장은 매우 짧은 시간에 수축과 이완을 반복한다.
➡ 해이해지고 완화됨. 느슨해짐. ㉫ 수축

사전적 의미 (1) 바짝 조였던 정신이 풀려 늦추어짐. (2) 굳어서 뻣뻣하게 된 근육 따위가 원래의 상태로 풀어짐. '예비 매3비 예문'에서는 (2)의 뜻으로 쓰임.

25 입증 立證

예비 매3비 예문 그가 범인임을 입증하는 객관적인 증거를 충분히 수집하다. ☞ 문제편 p.52

매3어휘풀이 범인임을 입증하다. ➡ 증거를 내세워 증명함.

사전적 의미 근거나 이유를 내세워 증명함.

26 잉여 剩餘

예비 매3비 예문 잉여란 제품을 소비하거나 판매함으로써 얻는 이득으로, 소비자 잉여는 소비자가 어떤 재화를 구입할 때 지불할 용의가 있는 가격과 실제 지불한 가격의 차이이고, 생산자 잉여는 생산자가 어떤 재화를 판매할 때 실제 판매한 가격과 판매할 용의가 있는 가격의 차이이다. ☞ 문제편 p.75

매3어휘풀이 잉여란 제품을 소비하거나 판매함으로써 얻는 이득이다.
➡ (쓰고) 남은 것(과잉, 여분).
※ 잉(剩, 남을 잉), 여(餘, 남을 여).

사전적 의미 쓰고 난 후 남은 것.

27 잠식 蠶食

예비 매3비 예문 만일 대출 손실이 영업 이익을 넘어선다면 은행은 자본금까지 잠식당하게 된다. ☞ 문제편 p.84

매3어휘풀이 자본금까지 잠식당하다.
➡ 누에(蠶, 누에 잠)가 뽕잎을 먹듯이(식사), 조금씩(서서히) 침입하거나 차지함.

사전적 의미 점차 조금씩 침략하여 먹어 들어감.

28 재고 在庫

예비 매3비 예문 실제로 많은 브랜드 업체들은 월드컵 이후 수요가 폭락해 팔지 못한 재고로 난처했다. ☞ 문제편 p.80

매3어휘풀이 재고로 난처하다.
➡ 팔다가 남은 물건이 창고에 쌓여 있음(존재).

재고(在庫)	재고(再考)	제고(提高)
창고에 있음(존재). ㉾ 재고품 정리	재차(다시) 고려함. ㉾ 재고해야 할 문제	높임(고양함). ㉾ 이미지를 제고하다.

사전적 의미 창고 따위에 쌓여 있음.

29 전도 傳導

예비 매3비 예문 열전달은 열이 온도가 높은 곳에서 낮은 곳으로 이동하는 현상인데 조리 과정에서는 전도에 의한 열전달이 많이 일어난다. ☞ 문제편 p.128

매3어휘풀이 전도에 의한 열전달
➡ (1) 전하여 인도함.
(2) 열 또는 전기가 전해지고(전달) 유도되는 것.

전도(傳導)	전도(顚倒)	전도(傳道)
전기가 옮아가는 현상. ㉾ 열전도	넘어짐. 거꾸로 됨 (역전). ㉾ 본말전도	도리(교리)를 전함. ㉠ 선교 ㉾ 종교를 전도함.

사전적 의미 (1) 전하여 옮김. (2) 열 또는 전기가 물체 속을 이동하는 일. 또는 그런 현상. '예비 매3비 예문'에서는 (2)의 뜻으로 쓰임.

30 전이 轉移

예비 매3비 예문 공급 사슬망에서 재고는 한쪽에서 발생된 불확실성의 충격이 다른 곳으로 전이되는 것을 완화시켜 주는 기능이 있다. ☞ 문제편 p.81

매3어휘풀이 불확실성의 충격이 다른 곳으로 전이되다.
➡ 다른 장소(또는 상태)로 옮김.
이전, 이동

사전적 의미 자리나 위치 따위를 다른 곳으로 옮김.

31 절감 節減

예비 매3비 예문 문집 제작 비용을 절감하는 방향으로 제안서를 보내 주시기 바랍니다. ☞ 문제편 p.172

매3어휘풀이 비용을 절감하다. ➡ 절약하여 줄임.

사전적 의미 아끼어 줄임.   감소

32 조성 造成

예비 매3비 예문 돈의 여유가 있는 사람으로부터 자금을 조성하여 이를 필요로 하는 사람에게 융통해 주는 금융중개 기능 ☞ 문제편 p.83

매3어휘풀이 자금을 조성하다. ➡ 만듦(생성). ㉾ 여론(분위기)을 조성하다.

사전적 의미 무엇을 만들어서 이룸.

33 존속 存續

예비 매3비 예문 재산권을 존속시키는 것이 재산권을 침해하면서 그 손실을 보상하는 것보다 우선한다고 보기 때문이다. ☞ 문제편 p.65

매3어휘풀이 재산권을 존속시키다.
➡ 존재가 계속됨. 계속하여 존재함.

존속(存續)	존속(尊屬)
존재가 계속됨. ㉾ 존속 기간 연장 -『매3력』 p.43에서	부모 또는 그와 같은 항렬 이상에 속하는 친족. ㉾ 존속상해(문제편 p.94)

사전적 의미 어떤 대상이 그대로 있거나 어떤 현상이 계속됨.

34 주류적 主流的

예비 매3비 예문 플라톤의 견해를 바탕으로 한 서양 철학의 주류적 입장은 근대에 이르러 니체에 의해 강한 비판을 받았다. ☞ 문제편 p.42

매3어휘풀이 서양 철학의 주류적 입장
➡ (사상, 학문 등에서) 주된(중심이 되는) 흐름(본류)에 있는 (것). ㉫ 비주류적

사전적 의미 사상이나 학술 따위의 중심에 있는 것.

35 징수 徵收

예비매3비예문 편익 원칙을 적용하여 세금을 징수하다. ☞ 문제편 p.105

매3어휘풀이 세금을 징수하다. ➡ 조세나 벌금 등을 거두어들임.
　　　　　　　　　　　　　　　　　　　　징집, 회수

사전적 의미 나라, 공공 단체, 지주 등이 돈, 곡식, 물품 따위를 거두어들임.

36 참작 參酌

예비매3비예문 검사는 피의자의 나이, 환경, 동기 등을 참작하여 기소를 하지 않을 수 있다. ☞ 문제편 p.92

매3어휘풀이 나이, 환경, 동기 등을 참작하다.
➡ 여러 가지를 참고하여 헤아림.
　　짐작

사전적 의미 이리저리 비추어 보아서 알맞게 고려함.

37 초월적 超越的

예비매3비예문 (니체는) 신 중심의 초월적 세계, 합리적 이성 체계 모두를 부정했다. ☞ 문제편 p.42

매3어휘풀이 신 중심의 초월적 세계
➡ (한계, 범위, 표준, 현실, 신분 등을) 벗어나고 뛰어넘는(초과, 초탈) (것).
※ '비현실적'으로 바꿔 읽으면 뜻이 통함.

사전적 의미 어떠한 한계나 표준을 뛰어넘는 것.

38 추상화 抽象化

예비매3비예문 현실이 대중 매체를 통해 전달될 때 현실은 현실 그 자체가 아니라 다른 기호와 조합될 수 있는 기호로서 추상화된다. ☞ 문제편 p.72

매3어휘풀이 현실이 기호로서 추상화되다. ➡ 직접 경험하거나 알지 못하는 형상(형태, 성질)으로 됨. ㉝ 구체화

사전적 의미 추상적인 것으로 됨. 또는 그렇게 만듦.

추상화(抽象化)	추상화(抽象畫)
일정한 형태나 성질을 갖추고 있지 않음. ㉝ 구체화	사물을 사실대로 나타내지 않은 그림. ㉝ 구상화

39 포식 捕食

예비매3비예문 혈관 속에 있을 때 세포 섭취 능력이 없던 단핵구는 혈관벽을 통과한 후 대식 세포로 분화하여 병원체를 포식하게 된다. ☞ 문제편 p.148

매3어휘풀이 대식 세포가 병원체를 포식하다.
➡ 잡아(포획) 먹음(포식).

포식(捕食)	포식(飽食)
잡아(포획) 먹음(식사).	배부르게(포만) 먹음(식사).
㉕ 호랑이가 사슴을 포식하다.	㉕ 음식을 포식하고 배탈이 났다.

사전적 의미 다른 동물을 잡아먹음.

40 필연성 必然性

예비매3비예문 한나 아렌트는 고대 그리스인들의 가정을 노동과 작업이 이루어지는 사적 영역으로 인식했으며 가정에서 이루어지는 모든 활동은 필연성의 지배를 받는다고 보았다. ☞ 문제편 p.19

매3어휘풀이 모든 활동은 필연성의 지배를 받는다.
➡ 반드시(필히) 그렇게 될 수밖에 없는 성질. ㉝ 우연성

사전적 의미 사물의 관련이나 일의 결과가 반드시 그렇게 될 수밖에 없는 요소나 성질.

41 항상성 恒常性

예비매3비예문 그래야만(노폐물들을 인체 밖으로 내보내야만) 몸이 늘 일정한 상태, 즉 항상성을 유지하게 된다. ☞ 문제편 p.131

매3어휘풀이 몸이 늘 일정한 상태, 즉 항상성
➡ 항상 같은 성질. 항상 일정한 상태를 유지하는 성질.

사전적 의미 생체가 여러 가지 환경 변화에 대응하여 생명 현상이 제대로 일어날 수 있도록 일정한 상태를 유지하는 성질.

42 호혜적 互惠的

예비매3비예문 호혜적 교환이란 일반적인 경제적 교역, 즉 사물의 가격을 측정하여 같은 값으로 교환하는 행위와는 달리, 돌려받을 대가나 시기를 분명하게 정하지 않고 사물을 교환하는 방식을 말한다. ☞ 문제편 p.40

매3어휘풀이 호혜적 교환
➡ 서로(상호) 혜택을 주고받는 (것). ㉕ 호혜적인 관계

사전적 의미 서로 특별한 혜택을 주고받는 것.

43 효용 效用

예비매3비예문 경제 활동을 하는 소비자가 주어진 제약 속에서 자신의 효용을 최대화하려는 것을 합리적 선택이라고 하는데, 이때 효용이란 소비자가 상품을 소비함으로써 얻는 만족감을 의미한다. ☞ 문제편 p.98

매3어휘풀이 주어진 제약 속에서 자신의 효용을 최대화하다. / 효용이란…만족감을 의미한다. ➡ (1) 효과적인 쓰임(용도). (2) 경제에서, 인간의 욕망을 만족시킬 수 있는 재화의 효능(효과).

사전적 의미 보람 있게 쓰거나 쓰임.

44 희소성 稀少性

예비매3비예문 희소성 높은 최고급 커피의 생두 가격은 어떻게 결정될까? ☞ 문제편 p.100

매3어휘풀이 희소성 높은 최고급 커피 ➡ 매우 드물고 적은 성질.
　　　　　　　　　　　　　　　　　　　희박　　소수

사전적 의미 인간의 물질적 욕구에 비하여 그 충족 수단이 질적·양적으로 제한되어 있거나 부족한 상태.

자율 학습 **체크리스트**

'열심히' 하는 것도 중요하지만, 자신의 *취약점*을 체크하면서 *공부 방향*을 정해 가야 학습 효과를 높일 수 있습니다.

- 3차 복습(책을 끝낸 후 복습) 때 활용합니다. (1차 복습: 매일 복습, 2차 복습: 매주 복습)
- 총 문항 수, 틀린 문항 수, △·✕ 문항 수, 초과 시간은 복습 후 '채점표'를 보고 적습니다.

- 1차와 2차 복습 때 메모해 둔 내용과 오답 노트, 그리고 틀린 문제, 실수한 것, 몰랐던 것, 이해가 어려웠던 지문을 다시 챙겨 봅니다.
- 취약한 제재 또는 잘 틀리는 문제 유형은 따로 챙겨 봅니다.
- 3차 복습 내용을 반영하여 이후 공부 계획을 세웁니다.

공부한 내용	공부한 날	총 문항 수	틀린 문항 수	△ 문항 수	✕ 문항 수	초과 시간	취약점 및 새길 내용과 이후 공부 계획에 반영할 내용
1주차 첫날							☑ 7일째 복습
2일째							
3일째							
4일째							
5일째							
6일째							
2주차 8일째							☑ 14일째 복습
9일째							
10일째							
11일째							
12일째							
13일째							
3주차 15일째							☑ 21일째 복습
16일째							
17일째							
18일째							
19일째							
20일째							
4주차 22일째							☑ 26일째 복습
23일째							
24일째							
25일째							
27일째							☑ 비문학 실전 훈련 복습
28일째	☑ 최종 마무리 복습						

1 주차

	첫날	2 일째	3 일째	4 일째	5 일째	6 일째
01	①	②	②	①	②	⑤
02	①	④	④	①	⑤	①
03	②	④	③	③	②	③
04	③	①	⑤	③	②	②
05	②	②	①	④	②	①
06	②	④	④	⑤	①	②
07	④	③	⑤	⑤	②	④
08	⑤	①	⑤	①	③	③
09	⑤	②	②	①	④	⑤
10	②	④	③	⑤	⑤	①
11	②	②	③	①	②	③
12	③	④	⑤	④	②	
13	②	④	③	②	⑤	
14	①	⑤	②	③		
15	④	④	③			
16	①	③				

2 주차

	8 일째	9 일째	10 일째	11 일째	12 일째	13 일째
01	⑤	④	⑤	②	⑤	⑤
02	①	⑤	①	⑤	②	⑤
03	①	②	②	⑤	③	②
04	②	⑤	⑤	⑤	④	③
05	②	③	③	①	④	①
06	②	②	①	①	⑤	③
07	④	①	⑤	③	④	②
08	⑤	②	④	②	③	③
09	③	⑤	③	④	④	②
10	①	⑤	④	②	①	③
11	⑤	①	②	①	③	②
12	③	③	②	⑤	⑤	
13	⑤	③	③	①	①	
14	④	④	③	③		
15			③	⑤		
16				①		

3 주차

	15 일째	16 일째	17 일째	18 일째	19 일째	20 일째
01	①	②	③	④	①	②
02	④	③	⑤	⑤	⑤	④
03	③	②	④	③	④	③
04	⑤	④	③	①	①	⑤
05	③	③	⑤	①	④	③
06	①	②	②	①	⑤	①
07	③	⑤	①	③	③	⑤
08	④	④	③	⑤	⑤	①
09	④	④	⑤	④	②	④
10	②	①	①	③	③	④
11	⑤	⑤	⑤	⑤	⑤	①
12	①	④	⑤	⑤	①	
13	⑤	③	③	③	⑤	
14	③	③	③	①	④	
15	①		⑤	①	④	
16		⑤				

4 주차

	22 일째	23 일째	24 일째	25 일째	27 일째
01	④	①	②	⑤	②
02	②	③	①	③	②
03	②	④	⑤	②	⑤
04	⑤	③	④	③	③
05	④	①	④	④	⑤
06	⑤	②	③	①	③
07	①	③	③	③	④
08	③	③	⑤	①	⑤
09	①	③	③	①	③
10	④	③	①	④	③
11		①	④	③	③
12		③	④	③	③
13		②	①	④	①
14		①			④
15					②

☑ 책을 덮기 전 메모해 둔 내용은 **한 번 더** 챙겨 보세요.

매3인사이트·집

INSIGHT.zip

『예비 매3비』 별책 부록

수능 국어 마무리

오답까지 누구의 도움 없이 스스로

안인숙 지음

교육 R&D에 앞서가는
Key 키출판사

국어 어휘, 왜 중요할까?

국어 어휘는 영어 어휘에 비해 만만하다고 여겨 눈여겨보지 않은 채
어렴풋이 아는 어휘를 잘 아는 어휘로 착각하고 지나치는 경우가 많습니다.
그래서 지문 내용을 잘못 이해해서
세부 정보를 확인하는 문제를 틀리기도 하고,
발문(문두)이나 답지에 쓰인 어휘의 의미를 임의로 해석하여
엉뚱한 것을 정답으로 고르기도 합니다.
문제는 어휘 때문에 국어 성적이 오르지 않는 것인데,
그것을 모르고 다른 데서 원인을 찾는 것입니다.

수능 국어, 특히 비문학은 '독해력'이 핵심입니다.
그리고 독해력의 바탕은 바로 '어휘'입니다.

국어 어휘, '매3어휘 풀이'로 익혀야 하는 이유는?

수능과 모의평가 지문과 문제 속 어휘에서 선별한
'매3인사이트.집: 수능 비문학 어휘편'(이하 '매3인사이트.집')은
단순히 어휘만을 모아 정리한 것이 아닙니다.

'매3'에서 강조한 어휘 공부법을 결합하여
어휘의 뜻을 외우지 않아도 익히게 되어
자연스레 어휘력이 쌓이고 인사이트가 생기는 매3 교재입니다.

어휘의 의미를 살리는 문장으로 압축하고,
이미 알고 있는 친숙한 어휘를 떠올려
낯선 어휘의 뜻도 쉽게 이해할 수 있게 하고,
문장 속에서 어휘의 의미를 익히도복 노와줍니다.

'뿌리 깊은 나무는 바람에 아니 움직이므로 꽃 좋고 열매 많나니'라고 했듯이
'매3인사이트.집'은 국어 공부의 기초를 튼튼히 잡아 줍니다.

'매3'과 함께!
'매3인사이트.집'과 함께!
국어 실력을 탄탄하게 다지기를 바라며…

[매3인사이트.집 : 수능 비문학 어휘편]을
효과적으로 공부하기 위한

십계명

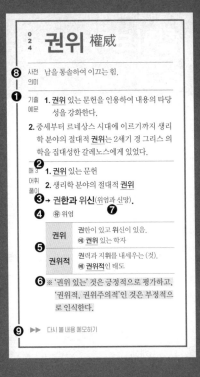

1. [기출 예문] 속 어휘를 확인한다.

2. [매3어휘 풀이]를 떠올려 '기출 예문'을 간추린 후,

3. [매3어휘 풀이]의 핵심인, 이미 알고 있는 친숙한 어휘를 떠올려 해당 어휘의 의미를 익힌다.

4. [매3어휘 풀이]의 예시문 ⑩ 과 유의어 ⑪, 반의어 ⑫ 등도 챙겨 본다.

5. 구분해서 익혀야 하는 어휘도 반드시 '매3어휘 풀이' 방법으로 익히고,

6. [매3어휘 풀이]에 제시된, 쉽게 익히도록 강조한 내용을 반드시 새긴다.

7. 어휘 풀이와 설명 속에서 챙겨 봐야 하는 어휘와 개념어의 의미도 정확하게 안다.

8. [사전 의미]를 참고하여 한 번 더 친숙한 어휘로 해당 어휘의 의미를 새긴다.

9. 매일 3쪽씩 공부하면서 [다시 볼 내용 메모하기]에 필기한 내용은 꼭 다시 챙겨 본다.

10. 공부하다 막히거나 헷갈리는 어휘는 p.2~3에서 찾아 확인하고 '매3 공부법'으로 익힌다.

[예비 매3비]와 함께하는
공부 계획표

	예비 매3비	매3인사이트.집
공부하기 전	예비 매3비 공부 계획표	국어 어휘의 중요성(표지)
공부 시간	매일 아침	자투리 시간
1주차	인문/융합	효과적으로 공부하기 위한 십계명(p.1)
2주차	사회/융합	첫날~7일째
3주차	과학/융합	8일째~14일째
4주차	예술/융합/기술/비문학 실전	15일째~21일째
복습	●1차: 매일 복습 ●2차: 주간 복습 ●3차: 책을 끝낸 후 복습	

Tip
- 공부하다 막히는 어휘는 [매3인사이트.집]에서 찾아보기
- 『예비 매3비』〈클리닉 해설〉에 있는 어휘 풀이, [매3인사이트.집]에 덧붙여 메모하기

1주차

0 0 1 가상적 假想的

사전 의미
실재가 아닌 가정(假定)으로 생각하는. 또는 그런 것.

기출 예문
지구의 자전 때문에 일어나는 현상 중 하나는 지구상에서 운동하는 물체의 운동 방향이 편향되는 것이다. 이러한 현상의 원인이 되는 **가상적**인 힘을 전향력이라 한다.

매 3 어휘 풀이
가상적인 힘
→ **가정하여 생각하는 (것).**
　　　구상

▶▶ 다시 볼 내용 메모하기

0 0 2 가설 假說

사전 의미
어떤 사실을 설명하려고 임시로 세운 이론.

기출 예문
토인비가 세운 **가설**들의 중심축은 '도전과 응전' 및 '창조적 소수와 대중의 모방' 개념이다.

매 3 어휘 풀이
토인비가 세운 **가설**
→ **임시로 설정한 이론**(학설).
　　가정적으로

▶▶

0 0 3 가정 假定

사전 의미
결론에 앞서 논리의 근거로 어떤 조건이나 전제를 내세움.

기출 예문
이상 기체란 분자 자체의 부피와 분자 간 상호 작용이 없다고 **가정**한 기체이다.

매 3 어휘 풀이
상호 작용이 없다고 **가정**하다.
→ **가짜로 설정함.**
　　임시로

▶▶

004 각축장 角逐場

사전 의미 서로 이기려고 다투고 있는 곳.

기출 예문 사회는 사익(p.12)을 추구하는 파편화 (p.58)된 개인들의 **각축장**이 되어 있었다.

매 3 어휘 풀이 사익을 추구하는 개인들의 **각축장**이 되다.

→ **각축하는 장소.**
다툼, 싸움, 경쟁

▶▶ 다시 볼 내용 메모하기

005 간과 看過

사전 의미 큰 관심 없이 대강 보아 넘김.

기출 예문 **1.** 전통적인 경제학은 모든 시장 거래와 정부 개입에 시간과 노력, 즉 비용이 든다는 점을 **간과**하고 있다.

2. 영화를 제대로 평가하기 위해서는 영화와 관련된 여러 요소를 모두 고려해야 한다. …영화의 표현 가능성을 확장시킨 기술의 발달 등도 **간과**할 수 없는 요인이다.

매 3 어휘 풀이 **1.** 비용이 든다는 점을 **간과**하다.

2. 간과할 수 없는 요인

→ **대강 보고 통과함. 대강 보고 넘김.**
看, 볼 간

006 간극 間隙

사전 의미 두 가지 사물(사건, 현상, 시간 등) 사이의 틈.

기출 예문 법률과 현실 사이에 생길 수 있는 **간극**을 법률의 해석으로 메우려 한다.

매 3 어휘 풀이 법률과 현실 사이에 생길 수 있는 **간극**을 메우다.

→ **간격. 틈.**
隙, 틈 극

▶▶

007 간주 看做

사전 의미 상태, 모양, 성질 따위가 그와 같다고 봄. 또는 그렇다고 여김.

기출 예문
1. 작가주의란 감독을 단순한 연출자가 아닌 '작가'로 **간주**하고, 작품과 감독을 동일시하는 관점을 말한다.
2. 법적 규제는 허위 광고나 기만 광고 등을 불공정 경쟁의 수단으로 **간주**하여 정부 기관이 규제를 가하는 것이다.

매3 어휘 풀이
1. 감독을 '작가'로 **간주**하다.
2. 허위 광고를 불공정 경쟁의 수단으로 **간주**하다.
   → (~으로) **여김.** ㉠ 치부, 인정

▶▶ 다시 볼 내용 메모하기

008 강구 講究

사전 의미 좋은 대책과 방법을 궁리하여 찾아내거나 좋은 대책을 세움.

기출 예문
1. 총체주의는 특정 가설에 대해 제기되는 반박이 결정적인 것처럼 보이더라도 그 가설이 실용적으로 필요하다고 인정되면 언제든 그와 같은 반박을 피하는 방법을 **강구**하여 그 가설을 받아들일 수 있다.
2. 정부는 (기업 결합이) 시장과 소비자에게 끼칠 폐해를 가려내어 이를 차단하기 위한 법적 조치들을 **강구**하고 있다.

매3 어휘 풀이
1. 방법을 **강구**하다.
2. 법적 조치들을 **강구**하다.
   → **연구함. 찾아냄.** � 대책을 **강구**하다.

▶▶

009 개괄적 槪括的

사전 의미 중요한 내용이나 줄거리를 대강 추려 내는. 또는 그런 것.

기출 예문 **개괄적**인 내용 파악을 통한 예측하기나 질문 만들기를 하면서 읽어야 한다.

매3 어휘 풀이 **개괄적**인 내용 파악
→ 개요와 같이 **개략적으로 추려서 묶는** (것).
대강   총괄

▶▶

0 1 0 개연성 蓋然性

사전 의미 확실하지는 않으나 아마 그럴 것이라고 생각되는 성질.

기출 예문 결론이 참일 가능성이 낮은 추론은 **개연성**이 낮을 것이다.

매 3 어휘 풀이 **개연성**이 낮다.
→ **대개 그럴 것이라고 자연스럽게 여기는 성질.**
⑲ 필연성

▶▶ 다시 볼 내용 메모하기

0 1 1 개폐 開閉

사전 의미 열고 닫음.

기출 예문 창(문)은 채광*이나 환기(p.62)를 위해서, 문은 사람들의 출입을 위해서 건물 벽에 설치한 **개폐**가 가능한 시설이다.
* 채광: 햇빛(광선)을 받아들임(채집).

매 3 어휘 풀이 창과 문은 **개폐**가 가능한 시설이다.
→ **개방하고 폐쇄함.**
엶.   닫음.

▶▶

0 1 2 갱신 更新

사전 의미 이미 있던 것을 고쳐 새롭게 함.

기출 예문 오차 값이 0에 근접하게 되거나 가중치의 **갱신**이 더 이상 이루어지지 않게 되면 학습 단계를 마치고 판정 단계로 전환한다.

매 3 어휘 풀이 가중치의 **갱신**이 이루어지다. → **다시 새롭게 하는 것.**
更, 다시 갱   신규

갱신 更新	경신 更新
새롭게 다시 연장하는 것. ⑩ 주민등록증 **갱신**	새롭게 기록을 깨뜨리는 것. ⑩ 세계 기록 **경신**

▶▶

013 격상 格上

사전
의미
: 자격이나 등급, 지위 따위의 격이 높아짐.
또는 그것을 높임.

기출
예문
: **1.** 귀납의 위상(p.37)이 **격상**되어 온 과정을 역사적으로 고찰하고 있다.

2. 맹자는 공자와 마찬가지로 혈연관계에서 자연스럽게 드러나는 도덕 감정인 '인'의 확산이 필요함을 강조하면서도, '의'의 의미를 확장하여 '의'를 '인'과 대등한 지위로 **격상**하였다.

매3
어휘
풀이
: **1.** 위상(지위)이 **격상**되다.

2. 대등한 지위로 **격상**하다.

→ **격**이 높아짐.
  자격   상승

▶▶ 다시 볼 내용 메모하기

---

014 경구 警句

사전
의미
: 진리나 사상을 간결하고 예리하게 표현한 말.

기출
예문
: 케인스(영국의 경제학자)의 생각은 경제학도들 사이에서 인간 심리의 중요성을 강조하는 **경구**로 회자(p.63)되었다.

매3
어휘
풀이
: 중요성을 강조하는 **경구**로 회자(입에 오르내림)되다.

→ **경각심**을 불러일으키는 어구.

▶▶

---

015 경도 傾倒

사전
의미
: 온 마음을 기울여 사모하거나 열중함.

기출
예문
: 묵적의 사상에 **경도**되어 유학의 영향력이 약화되고 있다고 판단한 맹자는 유학의 수호자를 자임*하면서 공자의 사상을 계승하였다.

* 자임: **자기**가 적임이라고 자부(자신)함.

매3
어휘
풀이
: 사상에 **경도**되다.

→ **경향**에 압도됨. (어떤 일에) 마음이 기울어 열중함.
              경사

▶▶

016 고갈 枯渴

사전
의미
: 어떤 일의 바탕이 되는 돈이나 물자, 소재, 인력 등이 다하여 없어짐.

기출
예문
: 공적 연금 기금이 **고갈**되는 경우에 대비할 필요가 있겠군.

매3
어휘
풀이
: 기금이 **고갈**되다.
→ **없어짐.** 예 자원 **고갈** 반 풍부

▶▶ 다시 볼 내용 메모하기

017 고안 考案

사전
의미
: 어떤 안을 깊이 생각하여 냄.

기출
예문
: **1.** 표적 항암제는 암세포에 선택적으로 작용하도록 **고안**된 것이다.
2. 그(19세기 중반 화학자 분젠)는 버너 불꽃의 색을 제거한 개선된 버너를 **고안**함으로써 물질의 불꽃색을 더 잘 구별할 수 있도록 하였다.

매3
어휘
풀이
: **1.** 선택적으로 작용하도록 **고안**되다.
2. 개선된 버너를 **고안**하다.
→ **새로운 안을 생각해 냄.**
대안, 묘안   고찰

018 고지 告知

사전
의미
: 게시나 글을 통하여 알림.

기출
예문
: **고지** 의무*는 결과적으로 다수의 사람들이 자신의 위험 정도에 상응하는 보험료보다 더 높은 보험료를 납부해야 하는 것을 방지한다.
* **고지** 의무: 보험 가입자가 계약을 체결하기 전에 보험사에 '중요한 사항'을 반드시 알려야 하는 의무.

매3
어휘
풀이
: **고지** 의무
→ **알리는 것**(고백, 주지, 고지서).

▶▶

0 1 9 공익 公益

사전
의미 | 사회 전체의 이익.

기출
예문 | 민간 기업의 특성상 **공익**의 추구보다는 기업의 이익을 우선한다는 한계가 있다.

매 3
어휘
풀이 | **공익**의 추구보다는 기업의 이익을 우선하다.
→ **공공의 이익.**
ⓑ 사익(私益, 사사로운 이익)
사적인

▶▶ 다시 볼 내용 메모하기

0 2 0 과실 過失

사전
의미 | 부주의로 인한 잘못이나 허물.

기출
예문 | 보험 계약 체결 전 보험 가입자가 고의나 중대한 **과실**로 '중요한 사항'을 보험사에 알리지 않거나 사실과 다르게 알리면 고지 의무를 위반하게 된다.

매 3
어휘
풀이 | 중대한 **과실**
→ **과오**(잘못), **실수.**

▶▶

0 2 1 관행 慣行

사전
의미 | 오래전부터 해 오는 대로 함.

기출
예문 | **1.** 일부 유명인들은 여러 상품의 광고에 중복하여 출연하고 있는데, 이는 광고계에서 **관행**으로 되어 있다.
2. 17세기의 네덜란드 화가들은 신이나 성인(聖人)을 그리던 오랜 **관행**에서 벗어나 친근한 일상을 집중적으로 그리기 시작했다.

매 3
어휘
풀이 | **1.** 광고계의 **관행** **2.** 오랜 **관행**에서 벗어나다.
→ **관례에 따라 시행함.** ⓨ 관습

▶▶

0 2 2 교화 教化

사전 의미 가르치고 이끌어서 좋은 방향으로 나아가게 함.

기출 예문 어찌 다만 한 사람의 글에 그치겠는가? 세상의 **교화**에 크게 보탬이 될 것이다.

매 3 어휘 풀이 세상의 **교화**에 보탬이 되다.
→ **교육해서 좋게 변화하게 함.**

▶▶ 다시 볼 내용 메모하기

0 2 3 궁구 窮究

사전 의미 깊이 파고들어 연구함.

기출 예문 의문이 생기거든 되풀이하여 **궁구**하도록 한다. …스스로 먼저 **궁구**한 후에 남에게 묻는다면 말을 듣자마자 깨달을 수 있다.

매 3 어휘 풀이 되풀이하여 **궁구**하다. / 스스로 먼저 **궁구**하다.
→ **궁리하고 탐구함.**

0 2 4 권위 權威

사전 의미 남을 통솔하여 이끄는 힘.

기출 예문 **1. 권위** 있는 문헌을 인용하여 내용의 타당성을 강화한다.
2. 중세부터 르네상스 시대에 이르기까지 생리학 분야의 절대적 **권위**는 2세기 경 그리스 의학을 집대성한 갈레노스에게 있었다.

매 3 어휘 풀이 **1. 권위** 있는 문헌   **2.** 생리학 분야의 절대적 **권위** → **권한과 위신**(**위**엄과 **신**망). ⓤ 위엄

권위	권위적
권한이 있고 **위신**이 있음. ⑩ **권위** 있는 학자	권력과 지위를 내세우는 (것). ⑩ **권위적**인 태도

※ '**권위** 있는' 것은 긍정적으로 평가하고, '**권위적, 권위주의적**'인 것은 부정적으로 인식한다.

▶▶

0 2 5 귀납 歸納

사전 의미: 개별적인 특수한 사실이나 원리를 전제로 하여 일반적인 사실이나 원리로서의 결론을 이끌어 내는 추리 방법.

기출 예문: **귀납**은 현대 논리학에서 연역이 아닌 모든 추론, 즉 전제가 결론을 개연적(p.9)으로 뒷받침하는 모든 추론을 가리킨다.

매 3 어휘 풀이: **귀납**은 전제가 결론을 개연적으로 뒷받침하는 추론을 가리킨다.

→ **구체적이고 특수한 사실 하나하나를 종합하여 그것으로부터 일반적인 원리를 귀결짓고 납득시키는 추론 방법.** ⑪ 연역(p.34)

귀납적 추론(귀납법)	연역적 추론(연역법)
구체적인 사실을 종합하여 그것으로부터 일반적인 원리를 이끌어 냄. ⑩ 소크라테스는 죽었다. 베이컨은 죽었다. 그러므로 모든 사람은 죽는다.	일반적 사실을 전제로 개별적인 사실을 결론으로 이끌어 냄. ⑩ 모든 사람은 죽는다. 소크라테스는 사람이다. 그러므로 소크라테스는 죽는다.

▶▶ 다시 볼 내용 메모하기

0 2 6 귀속 歸屬

사전 의미: (1) 재산이나 영토, 권리 따위가 특정 주체에 붙거나 딸림. (2) 어떤 개인이 특정 단체의 소속이 됨. 아래 '기출 예문'에서는 (1)의 뜻으로 쓰임.

기출 예문:
1. 주주가 한 사람뿐이면 심한 경우에는 회사에서 발생한 이익이 대표 이사인 주주에게 **귀속**된다.
2. 피해자에게 **귀속**되는 손해 배상금과는 달리 벌금과 과징금은 국가에 **귀속**된다.

매 3 어휘 풀이:
1. 이익이 주주에게 **귀속**된다.
2. 손해 배상금은 피해자에게 **귀속**되고, 과징금은 국가에 **귀속**된다.

→ **돌아가 거기에 소속됨.**
　귀결

▶▶

0 2 7 기승전결 起承轉結

사전
의미
한시에서, 시구를 구성하는 방법. **기**는 시를 시작하는 부분, **승**은 그것을 이어받아 전개하는 부분, **전**은 시의(詩意, 시의 뜻)를 한 번 돌리어 전환하는 부분, **결**은 전체 시의를 끝맺는 부분이다.

기출
예문
시에서 편을 짓는 방법이나 **기승전결**과 같이 글을 구성하는 방법 등

매 3
어휘
풀이
기승전결과 같이 글을 구성하는 방법
→ **글을 시작하며 시상을 불러일으키고**(야기), **그것을 이어받고**(계승), **전환한 후에 결론을 맺는 형식.**

▶▶ 다시 볼 내용 메모하기

0 2 8 기호 嗜好

사전
의미
즐기고 좋아함.

기출
예문
1. 관객의 변덕스런 **기호** 등의 변수로 야기될 수 있는 (영화) 흥행의 불안정성
2. 유물을 사용한 사람의 사회적 위치와 **기호** 변화 등 사회문화적 요인으로 유물의 의미를 설명하려는 관점도 있다.

매 3
어휘
풀이
1. 관객의 변덕스런 **기호**
2. 사람의 **기호** 변화
→ **좋아함**(애호, 호감, 선호).
※ '기호품'을 떠올릴 것!

▶▶

0 2 9 난관 難關

사전
의미
일을 하여 나가면서 부딪치는 어려운 고비.

기출
예문
(옥천교와 달리) 승선교는 계곡 사이를 이어 통행로를 만든 것으로 보아, 자연의 **난관**을 해소하기 위한 것이겠군.

매 3
어휘
풀이
난관을 해소하다.
→ **(지나가기가) 어려운 관문.** ㉤ 장애, 역경
난해, 곤란

▶▶

0 3 0 난제 難題

사전
의미
해결하기 어려운 일이나 사건.

기출
예문
지금까지도 이 사례는 풀기 어려운 논리
난제로 거론된다.

매 3
어휘
풀이
풀기 어려운 **난제**

→ (해결하기) **어려운 문제.**
난해, 곤란

▶▶ 다시 볼 내용 메모하기

0 3 1 남용 濫用

사전
의미
본래의 목적이나 범위를 벗어나 함부로 행
사함.

기출
예문
≪경국대전≫ "관리가 형벌 집행을 **남용**하
여 죽음에 이르게 한 경우에는 곤장 100대에
처하고 영구히 관리로 임용하지 않는다."

매 3
어휘
풀이
형벌 집행을 **남용**하여 죽음에 이르게 하다.

→ **남발하여 사용함.**

예 외국어 **남용** 유 남발, 과용

남용 濫用	남발하여 사용함. 함부로
과용 過用	과도하게 사용함. 지나치게
오용 誤用	잘못 사용함. 오류

▶▶

0 3 2 논증 論證

사전
의미
옳고 그름을 이유를 들어 밝힘. 또는 그 근거나 이
유.

기출
예문
1. 두 견해가 서로 인과 관계에 있음을 **논증**하고 있다.
2. 사회 계층과 관련된 문헌을 근거로 중간층의 사회적 기능을 **논증**하였다.

매 3
어휘
풀이
1. 인과 관계에 있음을 **논증**하다.
2. 중간층의 사회적 기능을 **논증**하다.

→ **논리적으로 증명함.**

▶▶

다독 多讀

| 사전의미 | 책을 많이 읽음. |

기출
예문
다양한 분야의 지식을 습득하기 위해서 정독의 방법보다는 **다독**의 방법으로 책을 읽어야겠어.

매 3
어휘
풀이
다독의 방법으로 책을 읽다.

→ **독서를 많이 함.**
　　　다수, 다량

| 다독 多讀 | • **다수**의 책을 읽음(**독서**).
• 많이 읽는 것. |
| 정독 精讀 | • **정밀**하게 읽음(**독서**).
• 자세히 읽는 것. |

▶▶ 다시 볼 내용 메모하기

대치 代置

| 사전의미 | 다른 것으로 바꾸어 놓음. |

기출
예문
ⓐ와 ⓑ를 공통으로 **대치**할 수 있는 말로 가장 적절한 것은?

매 3
어휘
풀이
대치할 수 있는 말

→ **대체하고 바꿈.**
　　대신　　치환

| 대치 代置 | 바꾸어 놓음(**대체**, **치환**).
예 **대치**할 수 있는 말 |
| 대치 對峙 | 대립(대적)함.
예 적과 **대치**하다. |

▶▶

도래 到來

| 사전의미 | 어떤 시기나 기회가 닥쳐옴. |

기출
예문
입체주의의 **도래**를 알리는 〈아비뇽의 아가씨들〉을 그리기 한 해 전, 피카소는 시인인 스타인을 그린 적이 있었다.

매 3
어휘
풀이
입체주의의 **도래**를 알리다.

→ **닥쳐옴.** 예 정보화 시대의 **도래**
　　도착, 장래

도래 到來	도래 渡來
(시기나 기회가) 닥쳐옴(장래). 예 새 시대의 **도래**	• (외부에서) 들어옴(전래). 예 서구 문물의 **도래** • (물을 건너서) 옴(왕래). 예 철새의 **도래**지

▶▶

036 도모 圖謀

사전 의미 어떤 일을 이루기 위하여 대책과 방법을 세움.

기출 예문 연금 제도의 목적은 나이가 많아 경제 활동을 못 하게 되었을 때 일정 소득을 보장하여 경제적 안정을 **도모**하는 것이다.

매3 어휘 풀이 경제적 안정을 **도모**하다.
→ **방법을 시도하고 모의함.**

037 득실 得失

사전 의미 얻음과 잃음. 이익과 손해를 아울러 이르는 말.

기출 예문 일을 추진하기 전에 **득실**을 꼼꼼히 계산해 보자.

매3 어휘 풀이 **득실**을 계산해 보다.
→ **이득**(이익)**과 손실.**
　　㈜ 손익(**손**해와 이**익**)

▶▶

038 만연 蔓延

사전 의미 식물의 줄기가 널리 뻗는다는 뜻으로, 전염병이나 나쁜 현상이 널리 퍼짐을 비유적으로 이르는 말.

기출 예문 1. '의미 없는 부지런함'이 **만연**해진 세태에 대한 비판의 목소리가 나타났다.
2. 작가주의는 프랑스 영화에 **만연**했던 문학적, 연극적 색채에 대한 반발로 주창(p.49)되었다.

매3 어휘 풀이 1. '의미 없는 부지런함'이 **만연**해진 세태
2. 프랑스 영화에 **만연**했던 문학적 색채
→ (부정적인 것이) **퍼짐. 이어짐. 확산됨.** ㉝불신 풍조 **만연**
　　　　　　　　　　연장
※ '**만연**해진 세태를 비판'하고, '**만연**했던 색채에 대해 반발'하는 것으로 볼 때, '만연'은 부정적인 의미를 담고 있다는 것을 알 수 있다.

▶▶

0 3 9 매개 媒介

사전 의미 둘 사이에서 양편의 관계를 맺어 줌.

기출 예문
1. 역사가는 사료*를 **매개**로 과거와 만난다.

2. 책을 **매개**로 하여 과거를 회상하게 되는 계기를 제공한다.

* 사료(史料): (문헌, 유물, 그림 등) 역사 연구에 필요한 자료.

매 3 어휘 풀이
1. 사료를 **매개**로 과거와 만나다.
2. 책을 **매개**로 과거를 회상하다.
→ 둘 사이에 끼어들어 관계를 맺어 줌.
  개입   중매

▶▶ 다시 볼 내용 메모하기

0 4 0 멸절 滅絕

사전 의미 멸망하여 아주 없어짐.

기출 예문
대아*의 항성*이 크고 변성*이 작으면 환경에 순응하지 못하여 **멸절(滅絕)**할 것이다.
  * 대아: 확대된 전체적인 자**아**(개인적인자아 ✕).
  * 항성: 항상 그대로인 **성**질.
  * 변성: **변**하는 **성**질.

매 3 어휘 풀이
환경에 순응하지 못하여 **멸절**하다.
→ 소멸. 멸망하여 없어짐(단절)**.**

▶▶

0 4 1 명료화 明瞭化

사전 의미 어떤 일이나 현상이 분명하고 또렷하게 됨.

기출 예문
논지를 제시한 후, 대표적인 사례를 검토하는 과정을 통해 주제를 **명료화**하고 있다.

매 3 어휘 풀이
주제를 **명료화**하다.
→ 분명하고 뚜렷하게 함.
  명백   瞭, 뚜렷할료. 일목요연
※ '간단명료'를 떠올릴 것!

▶▶

042 명시적 明示的

사전 의미
내용이나 뜻을 분명하게 드러내 보이는. 또는 그런 것.

기출 예문
법률은 이에 대하여 **명시적**으로 규정하고 있지 않지만, 법원은 권리 남용의 조항을 끌어들여 이를 받아들인다.

매 3 어휘 풀이
명시적으로 규정하다.
→ **분명하게 제시해 주는 (것).**
  ⊕ 묵시적, 암시적, 암묵적

▶▶ 다시 볼 내용 메모하기

---

043 반목 反目

사전 의미
서로서로 시기하고 미워함.

기출 예문
주민들이 투표 결과에 불복(p.22)하여 주민 간에 **반목**이 심해졌다.

매 3 어휘 풀이
주민 간에 **반목**이 심해지다.
→ **반발.**
  반대, 대립, 갈등

▶▶

---

044 반증 反證

사전 의미
어떠한 주장에 대해 반대되는 논거를 들어 증명함.

기출 예문
가설이 수많은 **반증**의 시도로부터 끝까지 살아남으면 성공적인 과학적 지식이 되는 것이다.

매 3 어휘 풀이
수많은 **반증**의 시도로부터 끝까지 살아남다.
→ **반대되는 근거를 들어 증명함. 또는 반대되는 증거.**

반증 反證	방증 傍證
반대되는 근거를 들어 증명하는 것. ㉙ 상대편 주장을 뒤집을 만한 **반증**을 찾았다.	간접적으로 증명함. ㉙ 1등급 컷 점수가 내려간 것은 시험이 어려웠다는 것을 **방증**한다.

▶▶

0 4 5 배치 背馳

사전 의미 서로 반대되어 어긋남.

기출 예문 지방 자치 단체의 정책 결정은 지역 주민의 의사와 무관하거나 **배치**되어서는 안 된다.

매 3 어휘 풀이 지역 주민의 의사와 **배치**되다.
→ **위배되고 서로 어긋남.**
상치

배치 背馳	어긋남. 위배됨. 상치됨. 예 말과 행동이 **배치**되다.
배치 配置	적당한 위치에 둠(배정). 예 물건을 **배치**하다.

0 4 6 병렬적 竝列的

사전 의미 여럿이 나란히 늘어서는 방식의. 또는 그런 것.

기출 예문 귀납에 대한 흄의 평가를 **병렬적**으로 소개하고 있다.

매 3 어휘 풀이 평가를 **병렬적**으로 소개하다.
→ **나란히 나열하는 (것).**
병행
※ '직렬'과 '병렬'을 떠올릴 것!

▶▶

0 4 7 병치 竝置

사전 의미 두 가지 이상의 것을 한곳에 나란히 두거나 설치함.

기출 예문 개별 장면들의 시간적 **병치**를 통해서 이루어 낸 추상적 의미는 영화를 보는 관객의 머릿속에서만 존재한다.

매 3 어휘 풀이 개별 장면들의 시간적 **병치**
→ **나란히 둠.**
병행   배치

▶▶

0 4 8 부상 浮上

사전 의미
(1) 물 위로 떠오름. (2) 어떤 현상이 관심의 대상이 되거나 어떤 사람이 훨씬 좋은 위치로 올라섬.
아래 '기출 예문'에서는 (2)의 뜻으로 쓰임.

기출 예문
'기업 책임 부담 원칙'이 **부상**하게 된 배경은 복합적이다.

매 3 어휘 풀이
원칙이 **부상**하게 된 배경
→ **부각**하고 **상승**하는 것. ㈜ 떠오름

---

0 4 9 부제 副題

사전 의미
서적, 논문, 문예 작품 따위의 제목에 덧붙어 그것을 보충하는 제목.

기출 예문
윗글의 표제와 **부제**로 가장 적절한 것은?

매 3 어휘 풀이
표제와 **부제**
→ **부차적인 제목. 제목을 보충하는 부제목.**

부제	표제를 뒷받침해 주는 **제목**.
표제	중심 내용, 글 전체를 포괄할 수 있는 내용, 글 전체를 통해 말하고자 하는 핵심 내용을 담은 **제목**.

※ '표제'와 '부제'를 묻는 문제는 '언급된 내용', '일치하는 내용'을 묻는 것이 아니다. 지문에 언급된 내용이라 하더라도, 지문의 내용과 일치하는 내용이라 하더라도 글 전체를 포괄하는 내용이 아니면 '표제'가 될 수 없다는 것을 기억하자!

▶▶

---

0 5 0 불복 不服

사전 의미
어떤 명령이나 결정 따위를 그대로 따르지 않음.

기출 예문
해당 정책에 반대하는 주민들이 투표 결과에 **불복**하여 주민 간에 반목(p. 20)이 심해졌다.

매 3 어휘 풀이
투표 결과에 **불복**하다.
→ **복종하지 않음**(不, 아니 불).

▶▶

불식 拂拭

사전
의미 먼지를 떨고 훔친다는 뜻으로, 의심이나 부조리한
점 따위를 말끔히 떨어 없앰을 이르는 말.

기출
예문
직업을 신의 소명으로 이해하고, 근면과 검약에 의한 개인의 성공을 구원의 징표로 본 청교도 윤리는
생산 활동과 부의 축적에 대한 부정적 인식을 **불식**하는 계기가 되었다.

매 3
어휘
풀이
부정적 인식을 **불식**하는 계기가 되다.

→ 떨어 없앰. 말끔하게 치워 없앰.

불식 拂拭	불식 不息
없앰. **예** 불신을 **불식**하다.	<u>쉬지 않음.</u> **예** 자강**불식**[*] 휴식 **不**, 아니 **불**

* **자강불식: 자**기 스스로 힘써(强, 힘쓸 **강**) 몸과 마음을 가다듬고 쉬지(휴**식**) 않음(不, 아니 **불**).

▶▶ 다시 볼 내용 메모하기

비관적 悲觀的

사전
의미 인생을 어둡게만 보아 슬퍼하거나 절망스럽게 여
기는. 또는 그런 것.

기출
예문
위험 사회[*]와 액체 시대[*]는 모두 인간관계의 유연한 확장 가능성을 **비관적**으로 보는 개념이다.

* **위험 사회:** 핵무기와 원전 누출 사고, 환경 재난 등 예측 불가능한 위험이 닥칠 가능성이 있는데도 삶의 편의와
풍요를 위해 이를 방치함으로써 위험이 항시적으로 존재하게 된 현대 사회를 이르는 말.
* **액체 시대:** 따로따로 떨어진 개인들이 삶의 불확실성 속에서 생존을 모색하게 된 현대를 이르는 말.

매 3
어휘
풀이
비관적으로 보다.

→ <u>슬프게 보는</u> (것). 앞날의 일이 잘 안될 것이라고 보는 (것). **⊕** 절망적 **⊞** 낙관적
비애 관망

▶▶

매3 주간 복습

비문학 어휘	매3어휘 풀이
001 **가상적**	☐☐하여 생각(구상)하는 (것).
002 **가설**	☐☐☐으로(임시로) 설정한 이론(학설).
003 **가정**	가짜로 ☐☐함.
004 **각축장**	각축(다툼, 싸움, 경쟁)하는 ☐☐.
005 **간과**	대강 보고 ☐☐함.
006 **간극**	☐☐. 틈(隙, 틈 극).
007 **간주**	(~으로) 여김. ㉤ 치부, ☐정.
008 **강구**	☐☐함.
009 **개괄적**	☐☐☐으로 추려서 묶는(총괄) (것).
010 **개연성**	대개 그럴 것이라고 자연스럽게 여기는 ☐☐.
011 **개폐**	☐☐하고 폐쇄함.
012 **갱신**	다시 새롭게(☐☐) 하는 것.
013 **격상**	격이 높아짐(☐☐☐).
014 **경구**	☐☐☐을 불러일으키는 어구.
015 **경도**	☐☐에 압도됨.
016 **고갈**	없어짐. ㉤ ☐부
017 **고안**	새로운 ☐☐을 생각(고찰)해 냄.
018 **고지**	알리는 것(고☐, 주지, 고지서).
019 **공익**	공공의 ☐☐. ㉤ 사익
020 **과실**	☐☐(잘못), 실수.
021 **관행**	☐☐에 따라 시행함.
022 **교화**	교육해서 좋게 ☐☐하게 함.
023 **궁구**	☐☐하고 탐구함.
024 **권위**	권한과 ☐☐.
025 **귀납**	구체적이고 특수한 사실 하나하나를 종합하여 그것으로부터 일반적인 원리를 귀결짓고 ☐☐시키는 추론.
026 **귀속**	돌아가(귀결) 거기에 ☐☐됨.

비문학 어휘	매3어휘 풀이
027 **기승전결**	글을 시작하며 시상을 불러일으키고(야기), 그것을 이어받고(계승), ☐☐한 후에 결론을 맺는 형식.
028 **기호**	좋아함. ☐호. 호감. 선호.
029 **난관**	(지나기가) 어려운(난해) ☐☐.
030 **난제**	(해결하기) 어려운(난해) ☐☐.
031 **남용**	☐☐하여 사용함.
032 **논증**	논리적으로 ☐☐함.
033 **다독**	☐☐를 많이(다수) 함.
034 **대치**	☐☐하고 바꿈(치환).
035 **도래**	☐☐하여(이르러) 옴(왕래). ㉤ 전래
036 **도모**	방법을 시도하고 ☐☐함.
037 **득실**	이득(이익)과 ☐☐.
038 **만연**	퍼짐. 이어짐(☐☐). 확산됨.
039 **매개**	둘 사이에 ☐☐하여 관계를 맺어 줌 (중매).
040 **멸절**	☐멸. 멸망하여 없어짐(단절).
041 **명료화**	☐☐하고 뚜렷하게(瞭, 뚜렷할료) 함.
042 **명시적**	☐☐하게 제시해 주는 (것).
043 **반목**	☐☐. 대립. 갈등.
044 **반증**	☐☐되는 근거를 들어 증명함.
045 **배치**	어긋남. ☐배됨. ☐치됨.
046 **병렬적**	나란히(☐☐) 나열하는 (것).
047 **병치**	나란히(☐☐☐) 둠(배치).
048 **부상**	부각하고 ☐☐하는 것.
049 **부제**	부차적인 ☐☐.
050 **불복**	☐☐하지 않음(不, 아니 불).
051 **불식**	떨어 없앰. ※ ☐☐불식 : 자기 스스로 힘써 몸과 마음을 가다듬고 쉬지 않음.
052 **비관적**	슬프게(☐☐) 보는 (관망) (것).

※ 정답은 표지에 있습니다. 정답이 생각나지 않을 경우 52번까지 체크한 다음, 해당 어휘 풀이를 꼭 다시 챙겨 보세요!

2주차

0 5 3 비대칭성 非對稱性

사전 의미 사물들이 서로 동일한 모습으로 마주보며 짝을 이루고 있지 않은 성질.

기출 예문

1. (고지 의무는) 보험사와 보험 가입자 간의 정보 **비대칭성***에서 기인하는 문제를 줄일 수 있는 법적 장치이다.

2. 일이 열로 전환될 때와는 달리, 열기관에서 열 전부를 일로 전환할 수 없다는, 즉 열효율이 100%가 될 수 없다는 상호 전환 방향에 관한 **비대칭성**이 있다.

* 정보(의) 비대칭성: 정보가 한쪽에만 존재하고 다른 한쪽에는 존재하지 않는 것, 또는 한쪽이 다른 한쪽보다 정보를 더 많이 가지고 있는 상황을 말함.

매 3 어휘 풀이

1. 보험사와 보험 가입자 간의 정보 **비대칭성**

2. 상호 전환 방향에 관한 **비대칭성**

→ **대칭적이지 않은**(非, 아닐 비) **성질. 상하, 좌우 등이 서로 짝을 이루고 있지 않은 성질.**

▶▶ 다시 볼 내용 메모하기

---

0 5 4 빈번하다 頻繁—

사전 의미 번거로울 정도로 도수(度數)가 잦다.

기출 예문

간접 광고 제도를 비판하는 사람들은 간접 광고로 인해 광고 노출 시간이 길어지고 프로그램의 맥락과 동떨어진 억지스러운 상품 배치가 **빈번해** 프로그램의 질이 떨어지고 있다고 주장한다.

매 3 어휘 풀이

억지스러운 상품 배치가 **빈번해** 프로그램의 질이 떨어지고 있다.

→ **빈도가 잦다. 자주 일어나다.**

頻, 자주 빈 繁 번다함

▶▶

상보적 相補的

사전
의미
서로 모자란 부분을 보충하는 관계에 있는. 또는 그런 것.

기출
예문
마음의 두 가지 상태와 그 **상보적** 관계에 대한 장자의 견해

매 3
어휘
풀이
상보적 관계
→ 서로 보충하는 (것).
　상호　보완

상쇄 相殺

사전
의미
상반되는 것이 서로 영향을 주어 효과가 없어지는 일.

기출
예문
(조선군의) 전술적 우위는 일본군의 조총 공격에 의해 **상쇄**되었다.

매 3
어휘
풀이
전술적 우위가 **상쇄**되다.
→ 서로 비겨 효과가 없어짐.
　상호　　　　　감쇄

 다시 볼 내용 메모하기

상정 想定

사전
의미
어떤 정황을 가정적으로 생각하여 단정함. 또는 그런 단정.

기출
예문
문제를 **상정**하고 그와 유사한 상황들을 분석하여 대안을 모색하였다.

매 3
어휘
풀이
문제를 **상정**하다.
→ 가상적으로 단정함.

상정 想定	상정 上程
가상적으로 단정(결정)함.	(토의할 안건을) 회의에 올림(上, 올릴 **상**).
⑩ 불특정 다수를 독자로 **상정**하다.	⑩ 안건을 **상정**하다.

058 서사 敍事

사전 의미 어떤 사건이나 상황을 시간의 연쇄에 따라 있는 그대로 적음.

기출 예문 뮤지컬은 기본적으로 극적 **서사**를 지니기에 훌륭한 극본이 요구된다.

매3 어휘 풀이 극적 **서사**를 지니다.
→ **사건**(이야기)**을 서술함.**
※ 글의 전개 방식에서의 '서사'
시간의 흐름을 중시하는 설명 방식으로, 움직임이나 변화를 순서대로 전개하는 방법이다. **사건**(무엇이 일어났나?)을 서술하는 것에 초점을 둔다. **예** 늦게 일어났다. 온 힘을 다해 달렸다. 정문을 지나 교실에 도착하니 9시가 넘었다.

▶▶ 다시 볼 내용 메모하기

059 선례 先例

사전 의미 이전부터 있었던 사례.

기출 예문 역사적 인물의 잘못된 **선례**를 들어 경각심을 일깨운다.

매3 어휘 풀이 역사적 인물의 **선례**를 들다.
→ **선행**(앞선) **사례. 이전의 사례.**
㈜ 전례

▶▶

060 선정 選定

사전 의미 여럿 가운데서 어떤 것을 뽑아 정함.

기출 예문 책의 차례나 서문 등을 살핀 뒤에 필요한 정보를 포함하고 있는 책을 **선정**하여 읽는다.

매3 어휘 풀이 책을 **선정**하다.
→ **선택**(선발)**하여 정함.**

선정 選定	선정 善政
선택하여 정함. **예** 작품 **선정**	잘(최선) 다스림(정치). **예** **선정**을 베풀다.

▶▶

0 6 1 선행 先行

사전 의미 딴 일에 앞서 행함. 또는 그런 행위.

기출 예문 일치법은 어떤 결과가 발생한 여러 경우들에 공통적으로 **선행**하는 요소를 찾아 그것을 원인으로 간주하는 방법이다.

매 3 어휘 풀이 공통적으로 **선행**하는 요소를 찾다.
→ 앞서(우선) **행함.**

선행 先行	앞서 행함. 예 **선행** 조건 우선
선행 善行	착한 행동. 예 **선행**상을 받다. 선한

▶▶ 다시 볼 내용 메모하기

0 6 2 선험적 先驗的

사전 의미 경험에 앞서서 인식의 주관적 형식이 인간에게 있다고 주장하는. 또는 그런 것.

기출 예문 자연의 일양성*은 **선험적**으로 알 수 있는 것이 아니라 경험에 기대어야 알 수 있는 것이다.

* 일양성(一樣性): 동일한 모양인 **성**질. 한결같이 그대로인 **성**질.

매 3 어휘 풀이 **선험적**으로 알 수 있는 것
→ 경험에 선행하는 (것).
　　　　앞서는
　　㉤ 선천적

▶▶

0 6 3 선호 選好

사전 의미 여럿 가운데서 특별히 가려서 좋아함.

기출 예문 가족 관계라 하여 상대에게 특별한 개인적 **선호**를 표현하는 행동이 과연 도덕적으로 정당화될 수 있을까?

매 3 어휘 풀이 개인적 **선호**를 표현하다.
→ 선별하여 가지는 호감. 예 **선호**도

▶▶

064 수반 隨伴

사전 의미 어떤 일과 더불어 생김.

기출 예문
1. 경쟁이 활발해지면 생산량 증가와 가격 인하가 **수반**되어 소비자의 만족이 더 커지는 배분적 효율이 발생한다.
2. 이 질병은 구토와 두통 증상을 **수반**하는 경우가 많다.

매 3 어휘 풀이
1. 가격 인하가 **수반**되다.
2. 두통 증상을 **수반**하다.
→ **뒤따라옴. 수행하고 동반함.**

▶▶ 다시 볼 내용 메모하기

065 승소 勝訴

사전 의미 소송에서 이기는 일.

기출 예문 만일 갑을 비롯한 피해자들이 공동 소송을 하여 **승소**한다면 이들만 배상을 받게 된다.

매 3 어휘 풀이 소송을 하여 **승소**하다.
→ **소송에서 승리함.**
㉒ 패소(**소**송에서 **패**배함.)

066 시공 時空

사전 의미 시간과 공간을 아울러 이르는 말.

기출 예문 (자연법 사상은) 인간의 이성이 **시공**을 초월하는 본질적인 법을 찾아낼 수 있다고 생각했다.

매 3 어휘 풀이 **시공**을 초월하다.
→ **시간과 공간, 즉 때와 장소.**

시공 時空	시공 施工
시간과 공간. ㉑ **시공**을 초월한 사랑	공사를 **시**행함. ㉑ **시공** 업체를 정하다.

0 6 7 실효성 實效性

사전 의미 어떤 일의 결과나 대상이 실제로 효과를 나타내는 성질.

기출 예문 보험 계약에서 보험사가 준수해야 할 법률 규정의 **실효성**을 검토하고 있다.

매 3 어휘 풀이 법률 규정의 **실효성**을 검토하다.
→ **실제로 효과를 나타내는 성질.**

▶▶ 다시 볼 내용 메모하기

0 6 8 암묵적 暗默的

사전 의미 자기의 의사를 밖으로 나타내지 아니한. 또는 그런 것.

기출 예문 관객과 감독 사이에 맺어진 **암묵적** 합의를 '영화적 관습'이라고 한다.

매 3 어휘 풀이 **암묵적** 합의
→ **암시적이고 묵시적인 (것). 직접적 ×**
    침묵

▶▶

0 6 9 야기 惹起

사전 의미 일이나 사건 따위를 끌어 일으킴.

기출 예문
1. 개인의 이익만을 위한 과도한 투자는 자원 배분의 왜곡(p.36)을 가져오는 비효율성을 **야기**한다.
2. 공공 부조*는 도덕적 해이(p.60)를 **야기**할 수 있다. 무상*으로 부조*가 이루어지므로, 젊은 시절에는 소득을 모두 써 버리고 노년에는 공공 부조에 의존하려는 경향이 생길 수 있기 때문이다.
  * **공공 부조**: 생활 능력이 없는 국민에게 사회적 최저 수준의 생활이 가능하도록 국가가 현금 또는 물품을 지원하거나 무료 혜택을 주는 제도.
  * **무상**: 보상이 없음(無, 없을 무). ㉤ 무료
  * **부조**: 도와줌. 부양하고 보조함.

매 3 어휘 풀이 **1.** 비효율성을 **야기**하다.   **2.** 도덕적 해이를 **야기**하다.
→ **불러일으킴. 발생시킴. 환기함.**

▶▶

070 양도 讓渡

사전의미 재산이나 물건을 남에게 넘겨줌. 또는 그런 일.

기출예문 여러 주주가 있던 회사가 주식의 상속, 매매, **양도** 등으로 말미암아 모든 주식이 한 사람의 소유로 되는 경우가 있다.

매3어휘풀이 주식의 **양도**

→ **양보하여 남에게 넘겨 줌.**
인도, 매도
※ '양도세'를 떠올릴 것!

▶▶ 다시 볼 내용 메모하기

071 양산 量産

사전의미 많이 만들어 냄.

기출예문 유용성이 낮은 제안서가 **양산**되었다.

매3어휘풀이 제안서가 **양산**되다.

→ **양을 많이 생산해 냄.**

▶▶

072 어원 語源

사전의미 어떤 단어의 근원적인 형태. 또는 어떤 말이 생겨난 근원.

기출예문 **1.** 역사의 **어원**이 되는 'histor'라는 단어는 재판 과정에서 증인을 지칭할 때 쓰였다.
2. 특정한 사상의 개념을 이해하기 위해서는 그 개념의 **어원**에서 출발할 필요가 있다.

매3어휘풀이 **1.** 역사의 **어원**   **2.** 개념의 **어원**

→ **단어의 기원.**
용어   근원, 연원

▶▶

0 7 3 억측 臆測

사전
의미 이유와 근거가 없이 짐작함. 또는 그런 짐작.

기출
예문 사관*은 소문이나 **억측**, 터무니없는 일을
기록하여 후세의 사람에게 전달하지 않습
니다.
* **사관(史官)**: 조선 시대 때, 역사 편찬을 맡아
초고를 쓰는 일을 맡아보던 **관**직(관리).

매 3
어휘
풀이 소문이나 **억측**
→ (근거 없이) **억**지로 추측함.

▶▶ 다시 볼 내용 메모하기

0 7 4 역기능 逆機能

사전
의미 본래 의도한 것과 반대로 작용하는 기능.

기출
예문 광고 규제의 순기능과 **역기능**

매 3
어휘
풀이 광고 규제의 **역기능**
→ **역으로 작용하는 기능.** ⑪ 순기능
반대로, 거꾸로

▶▶

0 7 5 역설 力說

사전
의미 자기의 뜻을 힘주어 말함. 또는 그런 말.

기출
예문 **1.** 사색적 삶의 중요성을 **역설**하기도 하였다.
2. 세부 정보 파악에 치중하는 독서를 **역설**하고 있군.

매 3
어휘
풀이 **1.** 중요성을 **역설**하다.　**2.** 독서를 **역설**하다.
→ **힘껏 설명함.** ※ '강조'로 바꿔 읽으면 의미가 통함.
역량껏, 힘주어

역설 力說	역설 逆說
힘주어 **설**명함.　⑩ 필요성을 **역설**하다.	문장의 겉만 보면 모순되지만, 내용 면에서 살펴보면 모순되지 않는 표현.　⑩ 소리 없는 아우성, 찬란한 슬픔 등

▶▶

076 연역 演繹

사전 의미 일반적인 사실이나 원리를 전제로 하여 개별적인 사실이나 보다 특수한 다른 원리를 이끌어 내는 추리.

기출 예문
1. 논증은 크게 **연역**과 귀납으로 나뉜다.
2. 고대 그리스 이래 기하학은 자명한* 명제인 공리에서 출발하여 증명을 통해 새로운 정리들을 발견해 가는 **연역**적 방법을 사용해 왔다.

   * 자명하다: 설명하거나 증명하지 않아도 **자**동적으로 알 수 있을 만큼 **명**백하다. ㉠ 뻔하다

매 3 어휘 풀이
1. **연역**과 귀납　2. **연역**적 방법
→ **한 가지 일**(일반적인 원리)**에서 부연하여 다른 일**(개별적인 사실)**을 풀어냄**(繹, 풀 역). ㉟ 귀납(p.14)

077 열세 劣勢

사전 의미 상대편보다 힘이나 세력이 약함. 또는 그 힘이나 세력.

기출 예문 열세자 효과*에 따르면, **열세**에 있는 후보자에 대한 동정심이 발동하여 표심이 그쪽으로 움직이게 된다.

* 열세자 효과: 여론 조사 공표가 유권자에게 미치는 영향에 관한 이론 중 하나로, 선거일 전에 여론 조사 결과가 공표되면 열세에 있는 후보자에게 동정심이 발동하여 표를 준다는 이론.

매 3 어휘 풀이
열세에 있는 후보자
→ **세력이 열등함.** ㉟ 우세

▶▶

078 영속적 永續的

사전 의미 영원히 계속되는. 또는 그런 것.

기출 예문 좀 더 철저히 의심하면 **영속적**인 나의 존재는 보장되지 않는다.

매 3 어휘 풀이
영속적인 나의 존재
→ **영원히 지속되는 (것).**
　　　　계속

▶▶

079 오류 誤謬

사전 의미 그릇되어 이치에 맞지 않는 일.

기출 예문
1. 판정의 **오류**를 줄이기 위해서는 …서로 다른 학습 데이터를 사용하는 것이 좋다.
2. 주관적 추론은 편리한 인지 방법이지만, 체계적인 편향이나 심각한 **오류**를 낳기 쉽다.

매3 어휘 풀이
1. **오류**를 줄이다. 2. 심각한 **오류**를 낳다.
→ (논리상의) **잘못**(오차, 착오).
⑩ 논리적 **오류**

▶▶ 다시 볼 내용 메모하기

080 오인 誤認

사전 의미 잘못 보거나 잘못 생각함.

기출 예문
히치콕(할리우드 감독)은 관객을 **오인**에 빠뜨린 뒤 막바지에 진실을 규명하여 충격적인 반전을 이끌어 내는 그만의 이야기 도식을 활용하였다.

매3 어휘 풀이
관객을 **오인**에 빠뜨리다.
→ **오해. 오판. 잘못 인식함.**

▶▶

081 완화 緩和

사전 의미 긴장된 상태나 급박한 것을 누그러뜨림.

기출 예문
1. 국가의 대규모 공공 투자 정책으로 실업이 **완화**되면서 위기는 해소되었다.
2. 기업과 근로자 간의 이해(p.39)가 상충되는 문제를 **완화**하기 위해 근로자가 받는 보상에 근로자의 노력이 반영되도록 하는 약속이 인센티브 계약이다.

매3 어휘 풀이
1. 실업이 **완화**되다. 2. 문제를 **완화**하다.
→ **늦추고 느리게 하고 부드럽게 함.** ㉰ 누그러뜨림, 느슨하게 함.
  완만, 완충   온화

▶▶

082

왜곡 歪曲

사전 의미 사실과 다르게 해석하거나 그릇되게 함.

기출 예문
1. 역사가는 무엇보다 거울 같은 마음을 지녀야 한다. 거울은 맑고 밝게 빛나며 **왜곡**이나 채색함이 없이 사물의 형상을 있는 그대로 보여 준다.
2. 바쟁(프랑스 영화 비평가)은 형식주의적 기교가 현실의 복잡성과 모호성을 침해하여 현실을 **왜곡**할 수 있다고 본다.

매 3 어휘 풀이
1. **왜곡**이 없이 있는 그대로 보여 주다.
2. 현실을 **왜곡**하다.
   → **사실과 다르게 해석함. 곡해.**
   예 역사 **왜곡**, **왜곡** 보도 유 조작, 날조

▶▶ 다시 볼 내용 메모하기

083

원고 原告

사전 의미 법원에 민사 소송을 제기한 사람.

기출 예문 상대방에게 불법 행위의 책임이 있다고 주장하는 피해자는 소송에서 **원고**가 된다.

매 3 어휘 풀이 피해자는 소송에서 **원고**가 된다.
→ **소송의 원인이 되는 사람**(피해자), 즉 **기관에 고발**(고소)**하여 소송을 제기한 사람.** 반 피고(고소를 당한 사람.)

▶▶

084

위계 位階

사전 의미 지위나 계층 따위의 등급.

기출 예문
1. 바실리카식 성당의 공간은 세속에서 신의 영역에 이르기까지의 **위계**를 보여 준다.
2. 타원형의 (캄피돌리오) 광장이 집중성을 가진 공간으로 전환되면서 광장에는 중심과 주변이라는 **위계**가 생기게 된다.

매 3 어휘 풀이
1. **위계**를 보여 주다.   2. 중심과 주변이라는 **위계**가 생기다.
→ **지위의 단계.**
   위치   계층

▶▶

085 위상 位相

사전 의미: 어떤 사물이 다른 사물과의 관계 속에서 가지는 위치나 상태.

기출 예문: 시간이 흐르면서 성직자의 **위상**이 점차 높아지고 종교 의식이 확대됨에 따라 예배를 진행하기 위한 추가적인 공간이 필요하게 되었다.

매3 어휘 풀이: **위상**이 높아지다.
→ **위치, 지위나 상태.**
  예 **위상**이 강화되다. 대등한 **위상**을 갖다.

▶▶ 다시 볼 내용 메모하기

086 유연하다 柔軟-

사전 의미: 부드럽고 연하다.

기출 예문:
1. 만화는 물리적 시간의 부재를 공간의 **유연함**으로 극복한다.
2. 창조 도시는 인재들을 위한 문화 및 거주 환경의 창조성이 풍부하며, 혁신적이고도 **유연한** 경제 시스템을 구비하고 있는 도시인 것이다.

매3 어휘 풀이:
1. 공간의 **유연함**
2. **유연한** 경제 시스템
→ **부드럽고**(유순) **연하다**(연약). **융통성 · 신축성 · 탄력성이 있다.**
  반 완강하다, 경직되다, 완고하다

▶▶

087 유용성 有用性

사전 의미: 소용에 닿고 이용할 만한 특성.

기출 예문: 실용설은 새로운 주장의 진위를 판별할 때 결과의 **유용성**을 중시한다.

매3 어휘 풀이: 결과의 **유용성**을 중시하다.
→ **이용할 데가 있는 특성.**
  소용(쓸 곳) 有, 있을 유

▶▶

088 유인 誘引

사전의미 주의나 흥미를 일으켜 꾀어냄.

기출예문 한 도시가 창조 도시로 성장하려면 창조 산업과 창조 계층을 **유인**하는 창조 환경이 먼저 마련되어야 한다.

매3어휘풀이 창조 계층을 **유인**하다.
→ **유혹**(유치)**하고 인도함.** ㉤ 유도

089 유효성 有效性

사전의미 보람이나 효과가 있는 성질.

기출예문 유비 논증을 활용해 동물 실험의 **유효성**을 주장하는 쪽은 인간과 실험동물이 유사성을 보유하고 있기 때문에 신약이나 독성 물질에 대한 실험동물의 반응 결과를 인간에게 안전하게 적용할 수 있다고 추론한다.

매3어휘풀이 **유효성**을 주장하다.
→ **효과가 있는 특성.**
효력   有, 있을 유

▶▶

090 응전 應戰

사전의미 상대편의 공격에 맞서서 싸움. 또는 상대편의 도전에 응하여 싸움.

기출예문 **응전**을 성공적으로 이끌기 위해서는 다수의 대중까지 힘을 결집해야 한다.

매3어휘풀이 **응전**을 성공적으로 이끌다.
→ **상대의 도전에 맞섬.**
대응

▶▶

0 9 1 이해 利害

사전 의미 이익과 손해를 아울러 이르는 말.

기출 예문 기업과 근로자 간의 **이해**가 상충되는 문제를 완화하기 위해 근로자가 받는 보상에 근로자의 노력이 반영되도록 하는 약속이 인센티브 계약이다.

매 3 어휘 풀이 **이해**가 상충되다.

→ **이익과 손해**.

이해 利害	이익과 손해. 예 **이해**타산. **이해**를 따지다.
이해 理解	이치를 잘 해석함. 예 윗글에 대한 **이해**로 적절한 것은? 반 오해

0 9 2 익명 匿名

사전 의미 이름을 숨김.

기출 예문 역사는 **익명**의 대중이 이끄는 것이다.

매 3 어휘 풀이 **익명**의 대중

→ **이름을 드러내지 않음**.

성명 밝히지 않음. 숨김(은닉).

▶▶

0 9 3 인습 因襲

사전 의미 예전의 풍습, 습관, 예절 따위를 그대로 따름.

기출 예문 이 사회(문명을 발생시키지 못한 원시 사회)는 **인습**이 지배하게 되고 발전적 변화가 나타나지 않는다.

매 3 어휘 풀이 **인습**이 지배하다.

→ **답습함. 과거의 풍습을 그대로 따름**.

※ 인습이 지배하게 되는 사회는 발전적 변화가 나타나지 않는다는 '기출 예문'으로 보아 '인습'은 부정적 의미로 쓰인다는 것을 알 수 있다.

▶▶

094 인접 隣接

사전 의미 이웃하여 있음. 또는 옆에 닿아 있음.

기출 예문
1. **인접**한 화소들을 이용하여 화솟값을 채우는 방법
2. 해발 고도가 5,000m 정도인 고원 지역에서는 대기압과 공기의 밀도가 해수면 **인접** 지역에 비해 절반 정도로 줄어든다.

매3 어휘 풀이
1. **인접**한 화소들을 이용하다.
2. **인접** 지역
→ **가까운 곳에 닿아 있음.** ⑪ 근접, 접근
　　인근, 부근　　　접촉

---

095 입사 入射

사전 의미 하나의 매질(媒質) 속을 지나가는 소리나 빛의 파동이 다른 매질의 경계면에 이르는 일.

기출 예문 흡수층에 충분한 에너지를 가진 광자가 **입사**되면 전자(−)와 양공(+) 쌍이 생성될 수 있다.

매3 어휘 풀이 광자(빛의 입자)가 **입사**되다.
→ **투사. 들이쏨.**
　　투입. 발사

입사 入射	들이쏨. 예 빛을 **입사**하다.
입사 入舍	기숙사나 관사 등에 들어가 삶. 예 기숙사에 **입사**하다.
입사 入社	회사에 들어감. 취직함. 예 회사에 **입사**하다.

▶▶

---

096 자산 資産

사전 의미 개인이나 법인이 소유하고 있는 경제적 가치가 있는 유형·무형의 재산.

기출 예문 수익의 비대칭성으로 인해 옵션은 적은 돈으로 기초 **자산**의 가격 변동에 대응할 수 있게 해 준다.

매3 어휘 풀이 기초 **자산**
→ **자본. 재산.**

▶▶

0 9 7 자율성 自律性

사전 의미 자기 스스로의 원칙에 따라 어떤 일을 하거나 자기 스스로 자신을 통제하여 절제하는 성질이나 특성.

기출 예문 사진은 회화가 표현의 **자율성**을 확보하는 데 영향을 미쳤다.

매 3 어휘 풀이 표현의 **자율성**을 확보하다.

→ **자기 스스로 세운 규율을 따르는 성질.** 🖐타율성

자율성 自律性	타율성 他律性
• 자기 스스로 세운 규율을 따르는 성질. • 자신의 의지에 따라 통제, 절제가 가능함.	• 타인이 세운 규율을 따르는 성질. • 자신의 의지와 관계없이 움직임.

▶▶ 다시 볼 내용 메모하기

0 9 8 자의적 恣意的

사전 의미 일정한 질서를 무시하고 제멋대로 하는. 또는 그런 것.

기출 예문 **1.** 동물의 의사 소통 수단과 인간 언어의 차이를 알기 위해 인간 언어의 특질 몇 가지를 알아보기로 한다. 우선, 언어 표현과 그것이 지시하는 내용 사이의 결합이 **자의적**이라는 점을 들 수 있다. 이는 같은 의미를 가진 말을 언어마다 달리 발음하는 사실만으로도 쉽게 확인된다.

2. 중심 화제의 위상을 **자의적**으로 평가하고 있다.

매 3 어휘 풀이 **1.** 언어 표현과 그것이 지시하는 내용 사이의 결합이 **자의적**이다.   **2. 자의적**으로 평가하다.

→ **제멋대로**(방자하게) **임의로 하는 (것).**

※ **자의성:** 언어의 특성 중 하나로, 말소리와 의미의 관계가 필연적이지 않은 특성. 📕'집'이라는 의미를 가진 말을 국어에서는 [집], 다른 나라에서는 [하우스]·[메종] 등 각각 다르게 말함.

▶▶

자활 自活

사전
의미 | 자기 힘으로 살아감.

기출
예문 | 빈곤층의 **자활**을 지향(p.50)하는 '마이크로 크레디트'가 그것(금융 배제층에게 소액의 창업 자금을 무담보로 대출해 주면서도 은행을 무색케 할 정도로 높은 성과를 거두는 사례)이다.

매 3
어휘
풀이 | 빈곤층의 **자활**을 지향하다.
→ **자기 스스로 생활함.**
ᴇ **자활** 의지

 다시 볼 내용 메모하기

작위적 作爲的

사전
의미 | 꾸며서 하는 것이 두드러지게 눈에 띄는. 또는 그런 것.

기출
예문 | 간접 광고 제도가 도입된 이후에는 프로그램 내용이 전개될 때 **작위적**으로 상품을 노출시키는 장면이 많아졌겠군.

매 3
어휘
풀이 | **작위적**으로 상품을 노출시키다.
→ **일부러 꾸며서 하는**(행위) **(것).**
조작
자연스럽지 못한 (것).
인위적

작위적 作爲的	인위적 人爲的
• 자연스럽지 못한 것	• 자연적 ✕
• 일부러(억지로) 꾸며서 한 듯한 것. • 조작적	• 사람(자연 ✕)의 힘으로 이루어진 것. • 인공적

장중하다 莊重-

사전
의미 | 장엄하고 무게가 있다.

기출
예문 | (창경궁에 있는 옥천교의) 다리 난간에는 갖가지 조각을 장식해 전체적으로 **장중한** 화려함을 드러내었다.

매 3
어휘
풀이 | **장중한** 화려함을 드러내다.
→ **장엄하고 중량감**(무게감)**이 있다.**

쟁점 爭點

사전
의미
서로 다투는 중심 사항.

기출
예문
1. **쟁점**을 도출한 후, 각 주장의 근거 사례를 비교 평가하는 과정을 통해 주제를 정당화하고 있다.

2. 선거 기간 동안 여론 조사 결과의 공표*를 금지하는 것이 사회적 **쟁점**이 되고 있다.

* 공표: 공개적으로 발표함.

매 3
어휘
풀이
1. **쟁점**을 도출하다.

2. 사회적 **쟁점**이 되다.

→ **논쟁의 중심이 되는 점.**

저촉 抵觸

사전
의미
(1) 서로 부딪치거나 모순됨.
(2) 법률에 위반됨.
아래 '기출 예문'에서는 (2)의 뜻으로 쓰임.

기출
예문
소송을 다시 하더라도 기판력*에 **저촉**되지 않는다.

* 기판력: 확정된 재판의 판단 내용이 소송 당사자 및 같은 사항을 다루는 다른 법원을 구속하여, 그 판단 내용에 어긋나는 주장이나 판단을 할 수 없게 하는 소송법상의 효력.
  → (기존의) 확정된 재판이 지니는 효력.

매 3
어휘
풀이
기판력에 **저촉**되다.

→ **(법률에) 위배됨**(걸림). **모순됨. 어긋남. 맞지 않음. 부딪침.**

▶▶

전락 轉落

사전
의미
나쁜 상태나 타락한 상태에 빠짐.

기출
예문
지그문트 바우만(폴란드 출신의 사회학자)은 우선 세계화의 흐름 속에서 소수의 특권 계급을 제외한 대다수의 사람들이 무한 경쟁에 내몰리고 빈부 격차에 따라 생존 자체를 위협받는 등 잉여 인간으로 **전락**하고 있다고 본다.

매 3
어휘
풀이
잉여 인간으로 **전락**하다.

→ **타락함. 나쁜 상태로 굴러떨어짐.** 예 식민지로 **전락**하다.
전도됨, 전복됨, 추락함.

▶▶

매3 주간 복습

비문학 어휘	매3어휘 풀이
053 **비대칭성**	□□이지 않은(非, 아닐 비) 성질.
054 **빈번하다**	□□가 잦다(번다함).
055 **상보적**	□□ 보완하는 (것).
056 **상쇄**	□□ 비켜 효과가 없어짐(감쇄).
057 **상정**	□□적으로 단정함.
058 **서사**	□□(이야기)을 서술함.
059 **선례**	앞선(선행) □□.
060 **선정**	□□하여 정함.
061 **선행**	□□ 행함.
062 **선험적**	□□에 선행하는 (것).
063 **선호**	선별하여 가지는 □□.
064 **수반**	뒤따라옴. 수행하고 □□함.
065 **승소**	소송에서 □□하는 것.
066 **시공**	□□과 □□.
067 **실효성**	실제로 □□를 나타내는 성질.
068 **암묵적**	□□□이고 묵시적인 (것).
069 **야기**	불러일으킴. 발생시킴. □기함.
070 **양도**	양보하여 남에게 넘겨 줌(□□□).
071 **양산**	양을 많이 □□함.
072 **어원**	단어의 □□.
073 **억측**	억지로 □□함.
074 **역기능**	반대로(역으로) 작용하는 □□.
075 **역설(力說)**	힘껏(역량껏) □□함.
076 **연역**	한 가지 일(일반적인 원리)에서 부연하여 다른 일(개별적인 사실)을 풀어냄 (繹, 풀 역). 🔄□□
077 **열세**	세력이 □□함.
078 **영속적**	영원히 □□되는 (것).

비문학 어휘	매3어휘 풀이
079 **오류**	논리상의 잘못. □□.
080 **오인**	오해. 오판. 잘못 □□함.
081 **완화**	늦추고 느리게 하고 부드럽게 함. 완□. □화.
082 **왜곡**	사실과 다르게 해석함. 곡□.
083 **원고**	□□한 사람. 🔄 피고
084 **위계**	□□의 단계(계층).
085 **위상**	□□나 상태.
086 **유연하다**	부드럽고(유순) 연하다(연□).
087 **유용성**	□□할 데가 있는(有, 있을 유) 특성.
088 **유인**	□□하고 인도함.
089 **유효성**	□□가 있는(有, 있을 유) 특성.
090 **응전**	상대의 □□에 맞섬(대응).
091 **이해(利害)**	이익과 □□.
092 **익명**	성명을 숨김(은□).
093 **인습**	과거의 풍습을 그대로 따름(□습).
094 **인접**	가까운 곳(인근)에 닿아(□□) 있음.
095 **입사**	(빛을) 들이쏨(□사).
096 **자산**	자□. 재산.
097 **자율성**	□□ 스스로 세운 규율을 따르는 성질.
098 **자의적**	제멋대로(방자하게) □□로 하는 (것).
099 **자활**	□□ 스스로 생활함.
100 **작위적**	일부러 꾸며서(□□□) 하는(행위) (것).
101 **장중하다**	□□하고 중량감(무게감) 있다.
102 **쟁점**	□□의 중심이 되는 점.
103 **저촉**	(법률에) 위□ 됨. 모순됨. 어긋남.
104 **전락**	□락함. 나쁜 상태로 빠짐(전도, 전복, 추락).

※ 정답은 표지에 있습니다. 정답이 생각나지 않을 경우 104번까지 체크한 다음, 해당 어휘 풀이를 꼭 다시 챙겨 보세요!

3주차

15일째

105	전제
106	절충
107	정수
108	제고
109	조명
110	조사
111	조언
112	종국

16일째

113	주창
114	중추적
115	지경
116	지상
117	지양
118	지연
119	직관적

17일째

120	직면
121	진부하다
122	처연하다
123	천명
124	천성
125	체납
126	체화
127	초연하다

18일째

128	최적
129	추구
130	취지
131	타성
132	태동
133	통념
134	통설
135	통시적
136	투과

19일째

137	파급
138	파편화
139	패권
140	편향적
141	폄하
142	표리
143	피사체
144	함의
145	해이

20일째

146	향유
147	현저하다
148	현학적
149	혜안
150	화복
151	환기
152	회귀
153	회의적
154	회자

21일째   매3 주간 복습

1 0 5 전제 前提

사전
의미 어떤 결론을 내기 위해 먼저 내세우는 것. 추리를 할 때, 결론의 기초가 되는 판단.

기출
예문

1. 동물 실험에 윤리적 문제가 있다는 주장에는 인간과 동물의 고통을 공평한 기준으로 대해야 한다는 생각이 **전제**되어 있다.

2. 추론은 이미 제시된 명제인 **전제**를 토대로, 다른 새로운 명제인 결론을 도출하는 사고 과정이다.

매 3
어휘
풀이

1. 생각이 **전제**되어 있다.

2. 이미 제시된 명제인 **전제**

→ **앞서** 제시된 **(것).** 예 전제 조건
　　이전

※ 전제를 찾는 문제는 이유나 까닭을 묻는 문제로 생각하고 풀면 쉽게 정답을 찾을 수 있다.

▶▶ 다시 볼 내용 메모하기

---

1 0 6 절충 折衷

사전
의미 서로 다른 사물이나 의견, 관점 따위를 알맞게 조절하여 서로 잘 어울리게 함.

기출
예문

1. 상반된 견해를 **절충**하는 방식으로 내용을 정리하고 있다.

2. 상반된 견해에 대하여 **절충**적 대안을 제시하고 있다.

3. 서로 대비되는 견해를 **절충**하여 결론을 도출하고 있다.

매 3
어휘
풀이

1. 상반된 견해를 **절충**하다.

2. **절충**적 대안을 제시하다.

3. 대비되는 견해를 **절충**하다.

→ **절반씩**('알맞게' 정도의 의미) **받아들여 조절함.**

▶▶

107 정수 精髓

사전 의미 사물의 중심이 되는 골자 또는 요점.

기출 예문 당시의 빈(오스트리아의 수도)의 청중과 독일의 음악 비평가들은 베토벤의 교향곡이 음악의 독립적 가치를 극대화한 음악이자 독일 민족의 보편적 가치를 실현해 주는 순수 기악의 **정수**라 여겼다.

매 3 어휘 풀이 순수 기악의 **정수**라 여기다.

→ **골수. 핵심. 알맹이. 알짜.**
뼈의 중심부. 마음속의 깊은 곳(髓, 골수 수).

108 제고 提高

사전 의미 처들어 높임.

기출 예문 **1.** 효율성을 **제고**하기 위해서는 당사자가 모두 만족할 수 있도록 중재의 합의율과 질적 수준을 높여야 할 것이다.
2. 광고 메시지에 대한 신뢰도가 **제고**된다.

매 3 어휘 풀이 **1.** 효율성을 **제고**하다.
2. 신뢰도가 **제고**되다.

→ **높임. 끌어**(제기) **높임**(고양).

제고 提高	높임(고양). 예 경쟁력을 **제고**하다.
재고 再考	다시(재차) 생각(사고)함. 예 **재고**할 필요가 있다.
재고 在庫	창고에 있음(존재). 예 **재고**가 쌓이다.

▶▶

109 조명 照明

사전 의미 (1) 광선으로 밝게 비춤. 예 **조명** 기구
(2) 대상을 일정한 관점에서 비추어 살펴봄.
아래 '기출 예문'에서는 (2)의 뜻으로 쓰임.

기출 예문 지식 경영의 유용성을 새로운 시각에서 **조명**하고 있다.

매 3 어휘 풀이 새로운 시각에서 **조명**하다.

→ **비추어**(照, 비출 조) **살펴봄**(규명). 예 역사적 재**조명**

▶▶

조사 照射

사전 의미 광선이나 방사선 따위를 쬠.

기출 예문
1. CD 드라이브는 디스크 표면에 **조사**된 레이저 광선이 반사되거나 산란되는 효과를 이용해 정보를 판독*한다.

2. X선 사진은 X선을 인체에 **조사**하고, 투과된 X선을 필름에 감광*시켜 얻어낸 것이다.

* 판독: (어려운 글이나 암호 등을) 판별하여 읽음(**독**해). ㉴ 해독
* 감광: 빛(**광**선)에 감응하여 화학적 변화를 일으킴.

매 3 어휘 풀이
1. 조사된 레이저 광선
2. X선을 인체에 **조사**하다.
→ (광선이나 방사선 등을) **비추고 쏨.**
　　　　　　　　　조명　발사

조사 照射	(빛, 방사선 등을) 비추고 쏨. 　　　　조명　발사
조사 調査	살펴보고 찾아봄. 조회　　탐사

▶▶ 다시 볼 내용 메모하기

조언 助言

사전 의미 말로 거들거나 깨우쳐 주어서 도움. 또는 그 말.

기출 예문 사업에 필요한 지식과 경영상의 **조언**을 제공하는 데 주력하다.

매 3 어휘 풀이
조언을 제공하다.
→ **보조해 주는 말**(언어). **도움말.**

▶▶

종국 終局

사전 의미 일의 마지막.

기출 예문 우리의 지식이 **종국**에는 그림과 실물 사이의 닮음을 발견하는 방식으로 우리의 지각을 형성해 냈을 것이다.

매 3 어휘 풀이
종국에는 ~을 발견하다.
→ **종료하는 판국. 막판. 끝판.**

▶▶

1 1 3 주창 主唱

사전
의미
주의나 사상을 앞장서서 주장함.

기출
예문
작가주의는 이렇듯 프랑스 영화에 만연
(p.18)했던 문학적, 연극적 색채에 대한 반
발로 **주창**되었다.

매3
어휘
풀이
반발로 **주창**되다.
→ **주장함**(주장하게 됨).

▶▶ 다시 볼 내용 메모하기

1 1 4 중추적 中樞的

사전
의미
가장 중요한 부분이나 자리가 되는. 또는 그
런 것.

기출
예문
원래 물리학의 실험 기구였던 NMR 분광
계를 유기 화학 연구의 핵심 장치로 만드
는 데 **중추적**인 역할을 담당한 사람이 미
국의 화학자 로버츠였다.

매3
어휘
풀이
중추적인 역할을 담당하다.
→ **중심이 되는 (것). 중요한 (것).**

1 1 5 지경 地境

사전
의미
(1) 나라나 지역 따위의 구간을 가르는 경계.
(2) 일정한 테두리 안의 땅.
(3) '경우'나 '형편', '정도'의 뜻을 나타내는 말.
아래 '기출 예문'에서는 (3)의 뜻으로 쓰임.

기출
예문
사태를 가볍게 보았다가 해결할 수 없는 **지경**에 이르렀다.

매3
어휘
풀이
사태를 해결할 수 없는 **지경**에 이르다.
→ **경우.** ㊜ 처지, 형편

1 1 6 지상 至上

사전
의미 가장 높은 위.

기출
예문

1. 이순신이나 을지문덕과 같은 영웅은 이제 '충군'이 아닌 '애국'을 **지상** 과제로 삼는다.

2. 체계 이론 미학의 예술관은 예술을 명예롭게 하는 숭고한 가치 지향성을 아예 포기하는 형식 **지상**주의적 예술관으로 해석될 수 있다.

매3
어휘
풀이

1. '애국'을 **지상** 과제로 삼다.

2. 형식 **지상**주의적 예술관

→ **지극히 높음**(최상, 정상).

▶▶ 다시 볼 내용 메모하기

---

1 1 7 지양 止揚

사전
의미 더 높은 단계로 오르기 위하여 어떠한 것을 하지 아니함.

기출
예문

"승정원이나 홍문관은 그 인선* 방식이 해이(p.60)해져 종래의 타성(p.56)을 조속히 **지양**할 수 없으니, 짐이 의도하는 혁신 정치의 중추*로서 규장각을 세웠노라." — 정조(正祖) —

*** 인선**: 여럿 중에서 적당한 사람(인물)을 **선발**함.

*** 중추**: 중심이 되는, 중요한 부분.

매3
어휘
풀이

종래의 타성을 조속히(빨리) **지양**하다.

→ **높이 오르기 위해 그만둠.**
　　　고양　　　　　정지

지양 止揚	지향 志向
정지하는 것. 그만두는 것.	뜻(의지)이 (목표를) 향하는 것.

※ 잘못된 정책은 **지양**해야 하고, 목표는 **지향**해야 한다. —『매3력』p.45에서

▶▶

50

1 1 8 지연 遲延

사전 의미 무슨 일을 더디게 끌어 시간을 늦춤. 또는 시간이 늦추어짐.

기출 예문 A 지방질에서 산패*가 발생하는 것을 **지연**시키는 방법에는 산화방지제를 첨가하는 것이 있다.
* 산패: 저장 중인 식품에서 비정상적인 맛과 냄새가 나는 현상을 말함.

매 3 어휘 풀이 산패가 발생하는 것을 **지연**시키다.

→ **더디게 하고 시간을 끎**(늦춤).
　　지체　　　　　연기함.

지연 遲延	지연 地緣
시간을 **지체**하고 **연기**함.	**지역**에 따라 연결된 **인연**.
㉄ 비행기 출발 시간이 **지연**되다.	㉄ 혈연 또는 **지연**에 의해 연결된 사이

▶▶ 다시 볼 내용 메모하기

1 1 9 직관적 直觀的

사전 의미 판단이나 추리 따위의 사유 작용을 거치지 아니하고 대상을 직접적으로 파악하는. 또는 그런 것.

기출 예문 **1.** 인간의 행동은 경제학에서 가정하는 합리성을 갖추기보다는 때로는 **직관**에 의존하기도 하고 때로는 충동에 좌우되기도 한다.

2. 법률의 해석에서는 논리적 맥락보다 **직관적** 통찰을 통해 타당한 의미를 찾아낸다. ✕
　→ 법률의 해석에서는 **직관적** 통찰보다 논리적인 맥락을 통해 타당한 의미를 찾아낸다. ○

매 3 어휘 풀이 **1. 직관**에 의존하다.　**2. 직관적** 통찰

→ **즉각적**으로 느끼고 깨닫는 **(것)**.
　직접적

▶▶

120 직면 直面

사전의미 어떠한 일이나 사물을 직접 당하거나 접함.

기출예문 1. 일본의 제국주의 침략에 **직면**하여 그 (신채호)는 신국민이라는 새로운 개념 을 제시하였다.
2. 도덕적 선택의 순간에 **직면**했을 때 상대방에 게 개인적 선호(p.29)를 드러내는 행동이 과 연 도덕적으로 정당할까?

매3어휘풀이 1. 침략에 **직면**하다.
2. 선택의 순간에 **직면**하다.
→ **직접 대면함**(맞닥뜨림).

▶▶ 다시 볼 내용 메모하기

121 진부하다 陳腐-

사전의미 사상, 표현, 행동 따위가 낡아서 새롭지 못 하다.

기출예문 언어 표현이 **진부**해졌을 때 그것을 신선한 맛을 가진 새 표현으로 바꾸려는 대중적 욕구 때문에 생겨나는 것이 있다. 여기에 는 고유어, 한자어, 외래어 등이 모두 재료 로 쓰인다.

매3어휘풀이 언어 표현이 **진부**해지다.
→ **부패될 정도로 신선하지 못하다. 케케묵고 새롭지 못하다.**
⑪ 참신하다

▶▶

122 처연하다 悽然-

사전의미 애달프고 구슬프다.

기출예문 (김정희의) 글씨는 맑고 단아한 서풍에서 추사체로 알려진 자유분방한 서체로 바뀌었고, 그림도 부드 럽고 우아한 화풍에서 쓸쓸하고 **처연한** 느낌을 주는 화풍으로 바뀌어 갔다.

매3어휘풀이 쓸쓸하고 **처연한** 느낌
→ **처량하다.** ⑩ **처연한** 신세

▶▶

천명 天命

¹²³

사전
의미
(1) 타고난 수명. (2) 타고난 운명.
(3) 하늘의 명령.
아래 '기출 예문'에서는 (3)의 뜻으로 쓰임.

기출
예문
천(하늘)의 의지인 **천명**은 제사 등을 통해 통치자만 알 수 있는 것으로 규정되었다.

매 3
어휘
풀이
천(天, 하늘)의 의지인 **천명**
→ **하늘**(천)**의 명령.**

천명 天命	하늘(천)의 **명령.** 예 **천명**을 따르다.
천명 闡明	표명. 드러내어 밝힘. 예 대한 독립을 세계에 **천명**하다.

▶▶ 다시 볼 내용 메모하기

천성 天性

¹²⁴

사전
의미
본래 타고난 성격이나 성품.

기출
예문
1. 반복 연습을 통하여 그 행동이 점점 더 하기 쉽게 되고 마침내 제2의 **천성**이 된다.
2. 그는 옳은 일을 하는 **천성**을 타고났다.

매 3
어휘
풀이
1. 제2의 **천성**이 되다.
2. 옳은 일을 하는 **천성**
→ **타고난 성품.** ㉤ 본성

▶▶

체납 滯納

¹²⁵

사전
의미
세금 따위를 기한까지 내지 못하여 밀림.

기출
예문
공적 연금 보험료를 **체납**하는 사람들이 날로 늘어나는 가운데, 그중 상당수가 고용이 불안정한 30~40대인 것으로 밝혀졌다.

매 3
어휘
풀이
보험료를 **체납**하다.
→ **납부하는 것을 지체함.** 예 전화 요금 **체납**

▶▶

체화 體化

사전
의미
(1) 물체로 변화함. 또는 물체로 변화하게 함.
(2) 생각, 사상, 이론 따위가 몸에 배어서 자기 것이
됨.

기출
예문
1. 판옵티콘의 통제는 '비대칭적인 시선*'을 가능케 한 건축 구조에 **체화**되었던 것이다.*

2. 인간에게 **체화**된 무형의 지식을 공유하는 것은 쉬운 일이 아니다.

* 판옵티콘: 그리스 어로 '모두'를 뜻하는 'pan'과 '보다'라는 뜻을 가진 'opticon'의 합성어로, 영국의 철학자이자 법학자인 제러미 벤담이 죄수를 감시할 목적으로 1791년 처음으로 설계한 감옥. 프랑스의 철학자 미셸 푸코가 『감시와 처벌』에서 현대의 컴퓨터 통신망과 데이터베이스가 마치 죄수들을 감시하는 '판옵티콘'처럼 개인의 일거수일투족을 감시하고 통제한다고 지적하면서 사용한 말이다.

* 비대칭적인 시선: '대칭'은 어떤 축을 중심으로 상하좌우가 같게 배치하는 것으로, '비대칭적 시선'은 시선이 같지 않거나 같은 위상에 있지 않은 경우를 말한다. 판옵티콘은 중앙에 높은 감시탑이 있고 감시탑의 둘레를 따라 원형으로 죄수들의 방이 있도록 설계되어 있는데, 감시탑을 어둡게 하고 죄수들의 방을 밝게 비추면 감시자는 죄수들을 볼 수 있으나 죄수들은 감시자의 시선이 어디로 향할지 몰라 항상 감시받고 있다고 느끼게 된다. 여기서 감시자와 죄수들의 시선이 비대칭적이라고 할 수 있다.   ☞ 비대칭성(p.26)

* 판옵티콘의 통제는 '비대칭적인 시선'을 가능케 한 건축 구조에 체화되었던 것이다.: '판옵티콘의 통제'는 감시자와 죄수의 시선이 비대칭적이 되도록 건축 구조(물체)를 변화시킴으로써 가능했다는 의미이다.

매 3
어휘
풀이
1. 건축 구조에 **체화**되었던 것 → **물체로 변화시킴.**

2. 체화된 무형의 지식 → **신체**(육체)**에 배어서 자기 것으로 변화됨.**

▶▶ 다시 볼 내용 메모하기

초연하다 超然─

사전
의미
어떤 현실 속에서 벗어나 그 현실에 아랑곳하지 않
고 의젓하다.

기출
예문
예술 작품에 대한 감상은 예술 이외의 모든 관심과 욕구로부터 **초연한** 상태에서 가능하다.

매 3
어휘
풀이
욕구로부터 **초연한** 상태

→ **얽매이지 않음**(초월, 초탈). **느긋하고 태연함.** 예 유행에 **초연**하다.

▶▶

최적 最適
₁₂₈

사전
의미 가장 알맞음.

기출
예문 문명은 **최적**의 도전에 대한 성공적 응전
(p.38)에서 나타난다.

매 3
어휘
풀이 **최적**의 도전
→ **최고로 적합함.**

▶▶ 다시 볼 내용 메모하기

추구 追求
₁₂₉

사전
의미 목적을 이룰 때까지 뒤쫓아 구함.

기출
예문 그(아리스토텔레스)는 진리, 즐거움, 고귀
함을 **추구**하는 사색적 삶의 영역이 생계를
위한 활동적 삶의 영역보다 상위에 있다고
보았다.

매 3
어휘
풀이 진리를 **추구**하다.
→ **뒤쫓아**(추적) **구함.**

추구 追求	추구 追究
• 뒤쫓아 (추적) 구함 (찾음). • 좇아 구함. ⑩ 이상을 **추구**하다.	• 뒤쫓아 (추적) 연구함. • 깊이 캐어 연구함. ⑩ 원리를 **추구**하다.

▶▶

취지 趣旨
₁₃₀

사전
의미 어떤 일의 근본이 되는 목적이나 긴요한 뜻.

기출
예문 **1.** 간접 광고 제도가 도입된 **취지**는 프로그램 내에서 광고를 하는 행위에 대해 법적인 규제를 완화하여
방송 광고 산업을 활성화하겠다는 것이었다.
2. 정부는 기업 결합의 **취지**와 순기능을 보호하는 한편, 시장과 소비자에게 끼칠 폐해를 가려내어 이를 차단
하기 위한 법적 조치들을 강구(p.8)하고 있다.

매 3
어휘
풀이 **1.** 간접 광고 제도가 도입된 **취지**
2. 기업 결합의 **취지**
→ **목적. 의도. 뜻. 요지.**

▶▶

131 타성 惰性

사전 의미 오래되어 굳어진 좋지 않은 버릇. 또는 오랫동안 변화나 새로움을 꾀하지 않아 나태하게 굳어진 습성.

기출 예문 논증의 성패를 떠나 반실재론자는 **타성**에 젖은 실재론적 세계관의 토대에 대해 성찰할 기회를 제공한다.

매 3 어휘 풀이 **타성**에 젖다.
→ **나태해진**(惰, 나태할 타) **습성. 오래되어 굳어진 습성.**

▶▶ 다시 볼 내용 메모하기

132 태동 胎動

사전 의미 어떤 일이 생기려는 기운이 싹틈.

기출 예문 정서론*과 음형론*은 본래 성악 음악을 배경으로 **태동**하였으나 점차 기악 음악에도 적용되었다.
* 정서론: **정서**를 중시하는 이론.
* 음형론: 가락 등 **을**의 **형**식을 중시하는 이론.

매 3 어휘 풀이 성악 음악을 배경으로 **태동**하다.
→ **태아의 움직임**(활동). **생겨날 조짐이 일어남.**

▶▶

133 통념 通念

사전 의미 일반 사회에 널리 퍼져 있는 생각.

기출 예문 **1.** (광고에서) 다른 상품 광고와의 차별화를 위해 **통념**에 어긋나는 표현이나 장면도 자주 활용되었다.
2. 과학적 근거를 들어 **통념**의 오류를 비판하고 있다.

매 3 어휘 풀이 **1. 통념**에 어긋나다.
2. 통념의 오류를 비판하다.
→ **일반적으로 널리 통하는 생각.**
개념, 상념

▶▶

통설 通說

사전
의미 : 세상에 널리 알려지거나 일반적으로 인정되고 있는 설.

기출
예문 : 지질학자들은 대륙은 이동하지 않는다는 **통설**을 근거로 그(베게너)의 주장(아프리카와 남아메리카가 과거에 한 대륙이었다가 나중에 분리되었다는 주장)이 틀렸다는 판단을 내렸다.

매 3
어휘
풀이 : **통설**을 근거로 판단을 내리다.
→ **일반적으로 통하는 설명**(학설).

▶▶ 다시 볼 내용 메모하기

통시적 通時的

사전
의미 : 시간의 경과에 따라 나타나는 사물의 변화와 관련되는. 또는 그런 것.

기출
예문 : 공시적 연구는 언어의 한 상태를 고찰하는 것이고, **통시적** 연구는 한 상태에서 다른 상태로의 이행을 고찰하는 것이다.

매 3
어휘
풀이 : **통시적** 연구
→ **시대를 관통하여 살피는 (것).**

통시적	• 어떤 시기를 종적으로 바라보는 (것). • 시간의 흐름에 따라 바라보는 (것). ⑳ 어휘의 역사적 변천을 살펴보는 것 (의미 확대, 의미 축소, 의미 이동 등)
공시적	• 어떤 시기를 횡적으로 바라보는 (것). • 동일한 시간대를 바라보는 (것). ⑳ 어휘의 지역적 차이를 살펴보는 것 (경상 방언과 전라 방언의 차이)

▶▶

투과 透過

사전
의미 : (1) 장애물에 빛이 비치거나 액체가 스미면서 통과함.
(2) 광선이 물질의 내부를 통과함. 또는 그런 현상.
아래 '기출 예문'에서는 (2)의 뜻으로 쓰임.

기출
예문 : 인체에 조사된 X선의 일부는 조직에서 흡수·산란되고 나머지는 조직을 **투과**하여 반대편으로 나오게 된다.

매 3
어휘
풀이 : X선이 조직을 **투과**하다.
→ **침투하여 통과함.**

▶▶

1 3 7 파급 波及

사전 의미
어떤 일의 여파나 영향이 다른 데로 미침.

기출 예문
데카르트는 일견 단순해 보이는 '좌표'라는 개념을 제시했는데, 이 개념으로 그는 해석 기하학의 토대를 놓았고 그 **파급** 효과는 엄청났다.

매3 어휘 풀이
파급 효과
→ **파도가 밀려오듯이 여파가 미침.**
及, 미칠 급

▶▶ 다시 볼 내용 메모하기

1 3 8 파편화 破片化

사전 의미
깨어져 여러 조각으로 나누어짐.

기출 예문
사회는 사익(p.12)을 추구하는 **파편화**된 개인들의 각축장(p.7)이 되어 있었고 빈부 격차와 계급 갈등은 격화*된 상태였다.
* 격화(激化): 과격(격렬)하게 됨. 기세가 세차게 됨.

매3 어휘 풀이
사익을 추구하는 **파편화**된 개인들
→ **파괴되어 조각**(片, 조각 편)**으로 변화함.**
※ '유리 **파편**'을 떠올릴 것!

▶▶

1 3 9 패권 覇權

사전 의미
(1) 어떤 분야에서 우두머리나 으뜸의 자리를 차지하여 누리는 공인된 권리와 힘.
(2) 국제 정치에서, 어떤 국가가 경제력이나 무력으로 다른 나라를 압박하여 자기의 세력을 넓히려는 권력.
아래 '기출 예문'에서는 (2)의 뜻으로 쓰임.

기출 예문
공자가 살았던 시기는 제후국의 **패권** 경쟁이 심하던 시대였다.

매3 어휘 풀이
패권 경쟁이 심하던 시대
→ **패자의 권력.**
세상을 제**패**한 **자**(사람)

▶▶

1 4 0

편향적 偏向的

사전
의미
한쪽으로 치우친 경향이 있는. 또는 그런 것.

기출
예문
한국사 연구에서 임진왜란만큼 성과가 축적되어 있는 연구 주제는 많지 않다. 하지만 그 주제를 바라보는 시각은 지나치게 **편향적**이었다.

매 3
어휘
풀이
시각이 지나치게 **편향적**이다.

→ **한쪽 방향으로 치우치는 경향이 있는 (것).**
　　　　　　　　　　　편파, 편중

▶▶ 다시 볼 내용 메모하기

---

1 4 1

폄하 貶下

사전
의미
어떤 대상이 지닌 가치를 깎아내림.

기출
예문
나쁜 상황에서 나쁜 행위를 할 것이라는 추측만으로 어떤 사람을 **폄하**하는 일은 정당하지 못하다.

매 3
어휘
풀이
추측만으로 어떤 사람을 **폄하**하다.

→ **남을 깎아내림. 평가절하*함.**
　　　　　　　　　　　　폄훼

* 평가절하: (1) 한 나라 통화(화폐)의 대외 가치가 하락하는 것을 말함.

> ▶ 평가절하＝원화 가치 하락(↓)
> ⋯→ 달러 가치 상승(↑)＝환율 상승(↑)
> 　＝수입품의 가격 상승(↑)

(2) 대상이 지닌 가치나 능력을 본래보다 낮게 평가함.

▶▶

---

1 4 2

표리 表裏

사전
의미
사물의 겉과 속 또는 안과 밖을 통틀어 이르는 말.

기출
예문
(기억의 문제는) 기억과 **표리** 관계인 망각의 문제이기도 하다.

매 3
어휘
풀이
기억과 **표리** 관계인 망각　※ 기억 ↔ 망각

→ **겉과 속. 안팎.** 예 **표리**부동(겉과 속이 **동**일하지 않음.)
　　표면　이면

▶▶

143 피사체 被寫體

사전의미 사진을 찍는 대상이 되는 물체.

기출예문 이 사진에서는 **피사체**들의 질감*이 뚜렷이 살지 않게 처리하여 모든 **피사체**들이 사람인 듯한 느낌을 주고자 하였다.
* 질감: 재질(**재**료가 가지는 성**질**)에서 받는 느낌(감각).

매3어휘풀이 사진에서의 **피사체**들
→ **사진에 찍히는 대상이 되는 물체.**
　　당하는(피동)

▶▶ 다시 볼 내용 메모하기

144 함의 含意

사전의미 말이나 글 속에 들어 있는 뜻.

기출예문 동양에서 '천(天)'은 그 **함의**가 넓다. 모든 존재의 근거가 그것으로부터 말미암지 않는 것이 없다는 면에서 하나의 표본이었다.

매3어휘풀이 **함의**가 넓다.
→ **포함된 의미.**
　　함축

▶▶

145 해이 解弛

사전의미 긴장이나 규율 따위가 풀려 마음이 느슨함.

기출예문 공공 부조(p.31)는 도덕적 **해이**를 야기할 수 있다. 무상으로 부조가 이루어지므로, 젊은 시절에는 소득을 모두 써 버리고 노년에는 공공 부조에 의존하려는 경향이 생길 수 있기 때문이다.

매3어휘풀이 도덕적 **해이**를 야기하다.
→ **느슨해짐, 이완됨.** 예 **해이**해진 마음을 가다듬다. 유 완화, 이완 반 긴장
※ '긴장이 풀림.'으로 기억할 것!

▶▶

1 4 6 향유 享有

사전
의미
누리어 가짐.

기출
예문
음악을 **향유**하는 사람들이 늘어나고, 음악에 종사하는 사람들이 증가하면서 음악의 전문화 현상이 나타났다.

매 3
어휘
풀이
음악을 **향유**하다.

→ **누리어**(향락) **가짐**(소유).

　　예) 시조 문학의 **향유** 계층

※ '누림'으로 바꿔 읽으면 의미가 통함.

▶▶ 다시 볼 내용 메모하기

1 4 7 현저하다 顯著—

사전
의미
뚜렷이 드러나 있다.

기출
예문
교통과 통신 수단의 발달에 따라 국경을 넘나드는 자본과 노동의 이동이 가속화되었고, 개인에 대한 국가의 통제력도 **현저**하게 약화되고 있다.

매 3
어휘
풀이
현저하게 약화되다.

→ **드러나고 또 드러나다. 뚜렷하다.**

　　현미경, 발현　　　저명하다.

※ '두드러지다'로 바꿔 읽으면 의미가 통함.

▶▶

1 4 8 현학적 衒學的

사전
의미
학식이 있음을 자랑하는. 또는 그런 것.

기출
예문
스탕달은 로시니가 빈(오스트리아의 수도)의 **현학적**인 음악가들과는 달리 유려한 가락에 능하다는 이유를 들어 그를 최고의 작곡가로 평가하였다.

　　* 유려한: 유창하고 화려한.

매 3
어휘
풀이
현학적인 음악가들

→ **학식을 뽐내는 (것).** 예) **현학적**인 태도

▶▶

혜안 慧眼

사전 의미
사물을 꿰뚫어 보는 안목과 식견.

기출 예문
신문은 지지 후보의 표명*이 보도의 공정성을 해치지 않는지 신중하게 따져 보아야 하며, 독자 역시 지지 선언의 함의(p.60)를 분별할 수 있는 **혜안**을 길러야 할 것이다.
* 표명: 분명하게 밝힘(**표**현).

매 3 어휘 풀이
혜안을 기르다.
→ **지혜로운 눈**(안목).

▶▶ 다시 볼 내용 메모하기

화복 禍福

사전 의미
재앙과 복을 아우르는 말.

기출 예문
그(정나라의 재상 자산)가 보기에 인간에게 일어나는 일은 더 이상 하늘의 뜻이 아니었고, 자연 변화 또한 인간의 **화복**과는 거리가 멀었다.

매 3 어휘 풀이
인간의 **화복**
→ **화**(재앙)**와 복**(행복).
※ '길흉화복(吉凶禍福)*'을 떠올릴 것!
* 길흉화복: 길한(좋은) 일과 흉한(나쁜) 일, 행복한 일과 불행(禍, 재앙 화)한 일을 아울러 이르는 말.

▶▶

환기 喚起

사전 의미
주의나 여론, 생각 따위를 불러일으킴.

기출 예문
음악의 가치는 음악이 **환기**하는 기쁨이나 슬픔과 같은 특정한 감정이나 정서에서 찾으려 해서는 안 된다.(음악 평론가인 한슬리크의 견해: 음악의 독자적인 아름다움은 음들이 '울리면서 움직이는 형식'에서 비롯된다.)

매 3 어휘 풀이
음악이 **환기**하는 기쁨 → **불러일으킴. 소환하고 야기함**(끌어내어 일으킴).

환기 喚起	환기 換氣
불러일으킴. 야기. 예 시적 분위기를 **환기**하다.	공기를 바꿈(교환). 예 창문을 열어 **환기**하다.

※ '공기를 환기하다'는 단어의 의미가 중복된 표현으로, '공기를 바꾸다' 또는 '환기하다'가 바른 표현이다.

▶▶

1 5 2 회귀 回歸

사전
의미
한 바퀴 돌아 제자리로 돌아오거나 돌아감.

기출
예문
인디언들은 자연적인 힘에 의해 연어가
회귀한다고 믿고 있었는데, 과학자들은
이러한 설명이 경험적으로 검증될 수 없기
때문에 과학적 의미가 없다고 생각했다.

매3
어휘
풀이
자연적인 힘에 의해 연어가 **회귀**한다고
믿다.

→ 회전하여 돌아옴.
　　　　　귀환

▶▶ 다시 볼 내용 메모하기

1 5 3 회의적 懷疑的

사전
의미
어떤 일에 확신을 갖지 못하고 의심을 품는.
또는 그런 것.

기출
예문
실현 가능성에 대해 **회의적**인 시각도 적지
않다.

매3
어휘
풀이
회의적인 시각

→ 의심을 품는 (것). ⑩ **회의적**인 태도
　　懷, 품을 회

▶▶

1 5 4 회자 膾炙

사전
의미
회와 구운 고기라는 뜻으로, 칭찬을 받으며 사람의
입에 자주 오르내림을 이르는 말.

기출
예문
1. 케인스의 생각은 경제학도들 사이에서 인간 심리의 중요성을 강조하는 경구(p.10)로 **회자**되었다.
2. 오늘날 널리 **회자**되고 있는 공론장(公論場)이라는 용어는 공적 문제에 대한 개인의 의견이 공적 영
역으로 확장되는 공개된 담론의 장(場)을 말한다.

매3
어휘
풀이
1. 중요성을 강조하는 경구로 **회자**되다.
2. 널리 **회자**되다.

→ 사람의 입에 자주 오르내림.

▶▶

매3 주간 복습

비문학 어휘	매3어휘 풀이		비문학 어휘	매3어휘 풀이
105 **전제**	앞서(이전) □□된 것.		131 **타성**	나태해진(惰, 나태할 타) □□.
106 **절충**	□□□('알맞게' 정도의 의미) 받아 들여 조절함.		132 **태동**	생겨날 조짐이 일어남. ←□□의 움직임(활동).
107 **정수**	□수. 핵심. 알맹이. 알짜.		133 **통념**	일반적으로 널리 **통**하는 생각(□□).
108 **제고**	끌어(제기) 높임(고□).		134 **통설**	일반적으로 **통**하는 □□.
109 **조명**	비추어(照, 비출 **조**) 살펴봄(□명).		135 **통시적**	□□를 관통하여 살피는 (것).
110 **조사**	비추고(□□) 쏨(발사).		136 **투과**	□□하여 통과함.
111 **조언**	도움말. □□해 주는 말(언어).		137 **파급**	□□가 미침(及, 미칠 급).
112 **종국**	□□하는 판국. 막판. 끝판.		138 **파편화**	□□되어 조각(片, 조각 **편**)으로 변화함.
113 **주창**	□□함.		139 **패권**	(세상을) 제패한 자의 □□.
114 **중추적**	□□이 되는 (것).		140 **편향적**	한쪽 방향으로 치우치는(□□) 경향이 있는 (것).
115 **지경**	□□. ㉌ 처지, 형편		141 **폄하**	남을 깎아내림(□□). 평가절하함.
116 **지상**	□□□ 높음(최상, 정상).		142 **표리**	겉(□□)과 속(**이면**).
117 **지양**	높이 오르기(고양) 위해 그만둠(□□).		143 **피사체**	□□에 찍히는(당하는. **피동**) 대상이 되는 물체.
118 **지연**	시간을 끎(□□하고 **연기**함).		144 **함의**	포함(□□)된 **의미**.
119 **직관적**	□□□으로 느끼고 깨닫는 (것).		145 **해이**	느슨해짐. **이**□ 됨.
120 **직면**	□□ 대면함(맞닥뜨림).		146 **향유**	누리어(**향락**) 가짐(□□).
121 **진부하다**	새롭지 못하다. ㉌□□하다		147 **현저하다**	뚜렷하다. 드러나다(□**현**).
122 **처연하다**	처□하다.		148 **현학적**	□□을 뽐내는 (것).
123 **천명**	하늘(**천**)의 □□.		149 **혜안**	지혜로운 눈(□□).
124 **천성**	타고난 □□.		150 **화복**	화(재앙)와 복(□□).
125 **체납**	납부하는 것을 □□함.		151 **환기**	불러일으킴(소환함. □**기**함.)
126 **체화**	물체로 □□시킴. 신체에 배어서 자기 것으로 □□됨.		152 **회귀**	회전하여 돌아옴(**귀**□).
127 **초연하다**	얽매이지 않음(초□). 느긋하고 □연함.		153 **회의적**	□□을 품는(懷, 품을 회) (것).
128 **최적**	최고로 □□함.		154 **회자**	회와 구운 고기라는 뜻으로, 사람의 □에 자주 오르내림.
129 **추구**	뒤좇아(□□) **구**함.			
130 **취지**	목적. 의도. 뜻. □지.			

※ 정답은 표지에 있습니다. 정답이 생각나지 않을 경우 154번까지 체크한 다음, 해당 어휘 풀이를 꼭 다시 챙겨 보세요!

1주차

001 가정	**002** 가정적	**003** 설정	**004** 장소	**005** 통과	**006** 간격	**007** 인(정)
008 연구	**009** 개략적	**010** 성질	**011** 개방	**012** 신규	**013** 상승	**014** 경각심	**015** 경향
016 풍(부)	**017** 대안, 묘안		**018** (고)백	**019** 이익	**020** 과오	**021** 관례	**022** 변화
023 궁리	**024** 위신	**025** 납득	**026** 소속	**027** 전환	**028** 애(호)	**029** 관문	**030** 문제
031 남발	**032** 증명	**033** 독서	**034** 대체, 대신		**035** 도착	**036** 모의	**037** 손실
038 연장	**039** 개입	**040** 소(멸)	**041** 명백, 분명		**042** 분명	**043** 반발, 반대
044 반대	**045** 위(배), 상(치)		**046** 병행	**047** 병행	**048** 상승	**049** 제목	**050** 복종
051 자강	**052** 비애

2주차

053 대칭적	**054** 빈도	**055** 상호	**056** 상호	**057** 가상(적)	**058** 사건	**059** 사례
060 선택, 선발		**061** 우선	**062** 경험	**063** 호감	**064** 동반	**065** 승리	**066** 시간, 공간
067 효과	**068** 암시적	**069** 환(기)	**070** 인도, 매도		**071** 생산	**072** 기원, 근원
073 추측	**074** 기능	**075** 설명	**076** 귀납	**077** 열등	**078** 계속, 지속		**079** 오차, 착오
080 인식	**081** (완)만, 온(화)		**082** (곡)해	**083** 고소	**084** 지위	**085** 위치, 지위
086 (연)약	**087** 이용	**088** 유혹	**089** 효과	**090** 도전	**091** 손해	**092** (은)닉	**093** 답(습)
094 접촉	**095** 투(사)	**096** (자)본	**097** 자기	**098** 임의	**099** 자기	**100** 조작	**101** 장엄
102 논쟁	**103** (위)배	**104** 타(락)

3주차

105 제시	**106** 절반씩	**107** 골(수)	**108** (고)양	**109** 규(명)	**110** 조명	**111** 보조
112 종료	**113** 주장	**114** 중심	**115** 경우	**116** 지극히	**117** 정지	**118** 지체	**119** 직접적
120 직접	**121** 참신	**122** (처)량	**123** 명령	**124** 성품	**125** 지체	**126** 변화, 변화
127 (초)월, 태(연)		**128** 적합	**129** 추적	**130** 요(지)	**131** 습성	**132** 태아	**133** 개념, 상념
134 설명, 학설		**135** 시대, 시기		**136** 침투	**137** 여파	**138** 파괴	**139** 권력
140 편파, 편중		**141** 폄훼	**142** 표면	**143** 사진	**144** 함축	**145** (이)완	**146** 소유
147 발(현)	**148** 학식	**149** 안목	**150** 행복	**151** 야(기)	**152** (귀)환	**153** 의심	**154** 입

안인숙 매3국어클리닉
cafe.daum.net/anin95

※ 채점하면서 틀렸거나 헷갈린 어휘는 꼭 다시 챙겨 보고, 궁금한 점은 '매3국어클리닉 카페'에 질문하세요!

어휘도 매3이 답이다!

수능 비문학 지문을 꿰뚫는 어휘!

어휘 그 이상의 어휘,
어휘로 인사이트가 생기는
매3인사이트.집!

매3공부법 결합으로,
어휘의 의미가 쉽게 기억되고
낯선 어휘에도 자신감이 생기게 하는
매3인사이트.집!

[매3어휘 풀이]를 적용하여
수능 비문학 지문 속 어휘에
대응할 수 있는 근본적인 힘을 길러 주는
매3인사이트.집!